새로 옮긴

시경

詩經

김학주 譯著

明文堂

▲ 당(唐)나라 오도자(吳道子)가 그린 공자상의 탁본

▲ 산둥성 취푸(曲阜)에 있는 공자의 묘

▲ 취푸(曲阜)의 공자묘 대성전

「시경언해(詩經諺解)」

詩經諺解卷之一

國風

周南

關關雎鳩ㅣ在河之洲ㅣ로다
관관저구ㅣ재하지주ㅣ로다
關關호는雎鳩ㅣ河ㅅ洲에잇도다
窈窕淑女ㅣ君子의好逑ㅣ로다
요조숙녀ㅣ군자의호구ㅣ로다
窈窕호신淑女ㅣ君子의好호ㄴ진녁이로다

○參差荇菜를左右로流之호라
참치행채를좌우로유지호라
參差호荇菜를左右로流호놋다

窈窕淑女를寤寐求之호라
요조숙녀를오매구지호라
窈窕호신淑女를자며끼야求호놋다
求之不得이라寤寐思服호야
구지부득이라오매사복호야
求호야도得디몯혼디라자며끼야思호야服호야
悠哉悠哉라輾轉反側호라
유재유재라전전반측호라
悠호며悠호야輾호며轉호며反호며側호라

주희『시집전』 소아(小雅)

詩卷之九

小雅二

鹿鳴之什二之一

朱熹集傳

雅者正也正樂之歌也其篇本有大小之
殊而先儒說又各有正變之別以今考之
正小雅燕饗之樂也正大雅會朝之樂受
釐陳戒之辭也故或歡欣和說以盡羣下
之情或恭敬齊莊以發先王之德詞氣不
同音節亦異多周公制作時所定也及其
變也則事未必同而各以其聲附之其次
序時世則有不可考者矣

사부비요(四部備要)본 『모시정의』 주송(周頌)

附釋音毛詩注疏卷第十九（十九之二）

毛詩周頌   鄭氏箋 孔穎達疏

昊天有成命郊祀天地也

（本文省略）

〔疏〕

▲ 공자가 금을 타면서 행단(杏壇)에서 제자들을 가르치는 모습

새로 옮긴
시경
詩 經

서문

유가의 경전들 중에서도 삼경(三經)을 들거나 오경(五經)·육경(六經)·구경(九經) 또는 십삼경(十三經)을 들거나를 막론하고 대개의 경우 『시경』은 첫머리에 꼽혀 왔다. 수많은 경전들 가운데에서도 『시경』을 첫째로 내세웠다는 것은, 『시경』이 수많은 경전들 가운데에서도 가장 유가의 존중을 받았음을 뜻한다.

이와 같이 유가에서 가장 존중하여 온 『시경』은 다른 어떤 경전들보다도 중국 문화에 큰 영향을 끼치고 있다고 보아야 할 것이다. 한 걸음 더 나아가 이웃인 우리나라를 비롯하여 일본·베트남 같은 동양의 나라들은 중국의 문화적인 영향권 안에 있어 왔으므로 『시경』은 동양문화 또는 동양사상에 가장 크게 기여한 고전의 하나라고 보아야만 할 것이다.

또한 『시경』은 중국에서도 가장 오래된 시가집이어서 '중국문학의 시조'라 일컬어진다. 따라서 중국문학을 이해하거나 공부하려는 사람이면 『시경』은 반드시 읽어야만 하는 책이다. 그리고 우리 고전문학 또한 중국문학의 많은 영향을 받았다면, 우리 고전문학을 올바로 이해하기 위해서도 『시경』은 꼭 읽어야만 할 책이다.

『시경』은 이처럼 동양문화 또는 동양문학에 중대한 영향을 끼친 가장 중요한 고전의 하나이다. 따라서 동양의 지성인은 물론 동양문화 또는 동양문학을 이해하려는 사람이라면 꼭 읽어야만 할 책이다.

『시경』이 여러 경서들 가운데에서도 가장 존중되어 온 것은 중국인들이 시의 사회적인 효용을 크게 평가하였기 때문이다. 곧 시는 이를 읽는 사람들의 성격과 감정을 순화시키어 이 세상을 살기 좋은 평화세계로 이룩할 수 있다고 믿었다.

덕으로 세상을 다스리려는 왕도(王道)정치에서는 이러한 시야말로 덕을 통한 백성들의 교화를 이룩하는 가장 좋은 통치 수단이라고 인식되었다. 덕으로써 세상을 다스리는 데에는 권력을 바탕으로 한 강요나 인위적인 법령 같은 것은 모두 써서는 안된다.

시라고 해서 모든 시가 왕도정치를 행하는 데 효용이 있다는 것은 아니다. 그 시는 사람들의 성정을 순화시킬 수 있는 훌륭한 작품이 아니면 안된다. 『시경』에는 지금으로부터 2500 내지 3천 년 전의 옛 사람들이 노래했던 시가들이 실려 있다. 순박한 옛 사람들의 생활과 감정을 노래한 시들은 후인들의 마음과 감정에 훌륭한 영향을 끼친다.

그래서 공자도 『논어』 위정(爲政)편에서 '시경 3백 편은 한마디로 표현하면 생각에 사악함이 없는 것이다.' 라고 하였고, 또 팔일(八佾)편에서는 '관저(關雎)는 즐거우면서도 음란하지 않고 슬프면서도 마음을 상하게 하지 않는다.' 고 하였다. 「관저」는 『시경』에 실려있는 첫 번째 시의 제목이다. 다시 말하면, 『시경』의 시들이야말로 덕으로써 세상을 다스리는 데 가장 효용이 크다는 것이다. 『시경』은 이처럼 왕도정치의 가장 효과적인 용구로 인정되었기 때문에 수많은 경서들 중에서도 가장 존중되어 온 것이다.

옛 사람들이나 마찬가지로 지금 사람들도 순박한 옛 사람들의 서정이나 생활습성을 통하여 어지러운 감정과 삐뚤어진 성격을 순화시킬 수 있다. 현대인이란 개인적으로 볼 때에는 지나친 이해관계를 앞세우는 공리적인 경향이 옛날보다 훨씬 뚜렷하고, 세계적으로 볼 적에는 지나치게 자기본위의 집단이나 종족의 이익만을 중시하는 경향이 두드러지고 있다.

아무리 발전한 나라라 하더라도 서양화한 근대국가에는 남의 나라나 남의 종족, 남의 종교를 자기 나라나 자기 종족, 자기 종교와 평등하게 본 나라나 민족은 찾아보기 어렵다. 자기 나라와 경제적으로나 정치적으로나 어떤 이해관계의 충돌이 생기기만 하면 평소에 주장하던 평등이나 박애는 아랑곳없이 대포를 앞세우고 서슴치 않고 남의 나라를 짓밟았다.

그 결과 현대 국가들은 가상의 적에 대비하기 위하여 인류복지에 쓰여지는 몇십 몇백 배의 노력과 경비를 들여가며 군사력을 기르는 데 힘쓰게 되었다. 이렇게 발단된 군사력의 경쟁은 극도로 발전하여 몇몇 강국들의 공격 수단은 하루아침에 전 인류를 멸망시킬 수 있는 능력을 보유하기에 이르렀다. 여기에 이른바 현대의 위기의식이 조성된 것이다. 현대의 위기의식이 절실하면 절실할수록 『시경』을 비롯한 동양의 고전들은 그 의의가 더욱 두드러질 것이다.

그것은 『시경』이 보여주는 옛 사람들의 서정이나 생활 또는 『시경』을 존중하던 옛 사람들의 태도는 현대의 위기를 극복할 수 있는 유일한 길을 보여주고 있기 때문이다. 옛 사람들의 순박한 생활감정이나 인간과 자연에 대한 무한한 사랑은 우선 현대인의 공리적인 개인주의를 초극할 수 있게 만들 것이다.

그리고 이러한 시를 통하여 사람들의 성격과 감정을 순화하고 다스리는 사람의 덕을 자연스럽게 확충시켜 나가려던 덕치주의의 이상은 새로운 세계주의의 가능성을 보여준다. 현대 중국의 국부로 받들어지는 순원(孫文)이 지적했듯이 세계평화의 진정한 길은 이러한 왕도정치가 있을 따름인 것이다. 이렇게 본다면, 『시경』은 현대에 있어서 더욱 존중되어야만 할 경서라 할 것이다.

우리는 한국인으로서 또는 동양인으로서의 자세를 오랫동안 저버려온 듯하다. 근래에 와서 자주의식이란 말이 흔히 얘기되는 것도 이 때문일 것이다. 동양을 모르고 동양의 지성인으로 행세할 수 없고 한국을 모르고 한국의 지성인으로 행세할 수 없다. 서양문화나 서양문학을 전공하는 사람이라 하더라도 튼튼한 자기 자신에 대한 인식을 바탕으로 하여야만 비로소 보람 있는 성과를 이룩할 수 있을 것이다.

여기서 자아를 얘기하면서 동양을 얘기하게 되는 것은 중국을 중심으로 한 동양의 여러 나라들은 같은 문화권 안에서 생활하여 왔기 때문이다. 따라서 진정한 한국의 것을 알기 위하여는 적어도 동양의 단위로 시야를 넓힌 다음 거기에서 어느 것이 한국인가를 가려내어야만 진정한 우리 것을 찾을 수 있을 것이기 때문이다.

따라서 『시경』을 읽는다는 것은 동양의 문학이나 사상을 이해하는 길잡이도 되지만, 올바른 우리 문학이나 사상을 파악케 하는 역할도 하는 것이다. 현대 지성인들에게 『시경』을 강력히 권하는 또 한 가지 이유가 여기에 있다.

『시경』은 수천년 전의 중국의 가요이므로 자구의 해석에서부터 대의의 파악에 이르기까지 여러 가지 문제가 많다. 역대로 수많은 학자들이 시경 자구의 훈고(訓詁) 또는 주석(註釋)에 종사하여 왔으나 아직도 해석상의 여러 가지 문제들은 수없이 해결되지 않은 채로 쌓여 있다.

평생을 『시경』 연구에 바친 대학자들이 그러하거늘 아직 미숙한 필자로서는 심혈을 기울였다 해도 불완전한 곳이 적지않으리라 믿는다. 그러나 적어도 근거없는 함부로 하는 해석만은 피하려고 애썼다. 독자 여러분들의 편달을 빌 따름이다.

신해년 5월 1일

김학주 씀

새로 옮긴 『시경』 서문

　내 최초의 『시경』 번역은 1960년대에 작업을 하여 1971년에 명문당 출판사에서 발간한 것이다. 아마도 우리나라 최초의 현대적인 해설과 주석을 단 완역본이었을 것이다. 그리고 대학에 재직하는 동안 나는 별일이 없는 한 『시경』 강의를 거의 한 해도 빼놓지 않고 1999년 정년퇴직을 할 때까지 30년 넘게 계속하여 맡아왔다. 그러는 동안 『시경』에 대한 이해는 물론 중국 고전문학에 대한 견해 자체가 60년대 이후로 크게 달라졌다.
　내 『시경』 번역을 볼 때마다 잘못된 곳을 수정하고 많은 곳을 다시 고쳐 쓰고 싶었지만 60년대에는 원고료만 받고 출판사에 판권을 완전히 넘겨준 것이라 거기에 손을 댈 수가 없었다. 또 그런 일을 할 시간 여유도 없었다고 자위하고도 있다.
　정년퇴직을 하고 나자 시간여유도 생기어 『시경』의 판권을 되찾은 뒤, 우선 다급하게 잘못되었다고 생각되는 곳을 수정하여 다시 책을 내었다. 서둘다 보니 그 책에는 〈신완역(新完譯)〉이라는 몇 자가 표제 위에 잘못 붙여졌다. 이는 제대로 된 수정본이 아니라고 여겨져 나는 틈나는 대로 완전히 새로 번역한다는 자세로 수정에 손을 대었다. 그러나 이전의 번역이나 해설은 역시 내 생각을 견제하여 작업이 뜻대로 진행되지 않은 것 같다. 방대한 작업을 되도록 쉽게 넘기려는 심리도 작용하여 옛날 것을 되도록 많이 이용하게 되었을 것이다. 앞머리의 「시경 해설」은 많은 부분을 다시 썼다. 그리고 본문의 번역은 〈풍(風)〉의 부분보다는 〈아(雅)〉·〈송(頌)〉 쪽에 더 많은 손이 갔다.

『시경』에는 첫 번째 「물수리(關雎)」 시부터 많은 동물과 식물이 등장하고 여러가지 옛날 쓰던 기물들이 보인다. 이것들은 말로만 해석이나 설명을 하더라도 쉽게 이해하기가 어렵다. 이에 이전 사람들의 그림을 찾아 되도록 많은 곳에 실어놓아 참고로 삼도록 하였다. 시를 이해하는 데 많은 도움이 되기를 바란다.

나 개인으로서는 『시경』 번역의 결정판을 낸다는 마음가짐으로 이 역주에 수정을 가하였다. 독자 여러분의 거리낌 없는 이 책에 대한 고견을 간절히 바라고 있다.

끝으로 어려운 출판 여건에도 불구하고 양서의 간행을 자신의 사명으로 알고 좋은 책을 내는 일에 주야로 노력하고 있는 명문당 김동구 사장에게 이 자리를 빌어 감사의 뜻을 전한다.

2010년 6월 9일
김학주 인헌서실에서

차례

서문 6
새로 옮긴 『시경』 서문 10
일러두기 22
시경 해설 23

제1편 국풍(國風)

제1_ 주남(周南)

1. 물수리(關雎) 89
2. 칡덩굴(葛覃) 92
3. 도꼬마리(卷耳) 96
4. 가지 늘어진 나무(樛木) 99
5. 여치(螽斯) 100
6. 복숭아나무(桃夭) 102
7. 토끼 그물(兎罝) 103
8. 질경이(芣苢) 105
9. 한수는 넓어서(漢廣) 106
10. 여수 방죽(汝墳) 107
11. 기린의 발(麟之趾) 111

제2_ 소남(召南)

1. 까치집(鵲巢) 113
2. 다북쑥 뜯어(采蘩) 115
3. 베짱이(草蟲) 117
4. 개구리밥 뜯어(采蘋) 121
5. 팥배나무(甘棠) 122
6. 이슬길(行露) 124
7. 양 갖옷(羔羊) 126
8. 천둥소리(殷其靁) 127
9. 매실 따기(摽有梅) 129
10. 작은 별(小星) 131
11. 강수는 갈라져 흐르고 (江有汜) 132

12. 들판에서 잡은 노루(野有死麕) 134
13. 어쩌면 저렇게 고울까 (何彼襛矣) 136
14. 몰이꾼(騶虞) 138

제3_ 패풍(邶風)

1. 잣나무 배(柏舟) 141
2. 녹색 옷(綠衣) 145
3. 제비(燕燕) 147
4. 해와 달(日月) 150
5. 바람(終風) 152
6. 북소리(擊鼓) 154
7. 남풍(凱風) 157
8 수꿩(雄雉) 159
9. 박의 마른 잎(匏有苦葉) 162
10. 동풍(谷風) 165
11. 쇠미하였도다(式微) 171
12. 높은 언덕(旄丘) 172
13. 춤(簡兮) 174
14. 샘물(泉水) 177

15. 북문(北門) 180
16. 북풍(北風) 182
17. 얌전한 아가씨(靜女) 184
18. 새 누대(新臺) 186
19. 두 아들(二子乘舟) 187

제4_ 용풍(鄘風)

1. 잣나무 배 (柏舟) 189
2. 담장의 찔레(牆有茨) 191
3. 낭군과 해로해야지(君子偕老) 193
4. 상중(桑中) 196
5. 메추리(鶉之奔奔) 198
6. 정성(定之方中) 200
7. 무지개(蝃蝀) 203
8. 쥐를 보라(相鼠) 205
9. 깃대(干旄) 206
10. 달려라(載馳) 209

제5_ 위풍(衛風)

1. 기수 물굽이(淇奧) 213
2. 숨어 살면서(考槃) 217

3. 높으신 님(碩人) 218
4. 한 남자(氓) 223
5. 낚싯대(竹竿) 229
6. 환란(芄蘭) 231
7. 넓은 황하(河廣) 233
8. 내 님(伯兮) 234
9. 여우(有狐) 236
10. 모과(木瓜) 238

제6_ 왕풍(王風)

1. 기장은 더부룩이(黍離) 241
2. 나랏일에 끌려 나가신 님(君子于役) 244
3. 즐거운 우리 님(君子陽陽) 246
4. 잔잔한 물결(揚之水) 247
5. 골짜기의 익모초(中谷有蓷) 249
6. 토끼는 깡총깡총(兎爰) 251
7. 칡덩굴(葛藟) 254
8. 칡 캐러 가세(采葛) 255
9. 큰 수레(大車) 256
10. 언덕 위의 삼밭(丘中有麻) 259

제7_ 정풍(鄭風)

1. 검은 옷(緇衣) 261
2. 둘째 도령(將仲子) 263
3. 숙의 사냥(叔于田) 266
4. 대숙의 사냥(大叔于田) 267
5. 청고을 사람(淸人) 271
6. 염소 갖옷(羔裘) 274
7. 한길 위에 나서서(遵大路) 275
8. 닭이 우네요(女曰鷄鳴) 276
9. 함께 수레 탄 여자(有女同車) 278
10. 산에는 무궁화(山有扶蘇) 280
11. 낙엽(蘀兮) 282
12. 능구렁이 같은 녀석(狡童) 283
13. 치마 걷고(褰裳) 284
14. 의젓한 님(丰) 285
15. 동문 밖의 마당(東門之墠) 287
16. 비바람(風雨) 288
17. 님의 옷깃(子衿) 289
18. 잔잔한 물결(揚之水) 291
19. 동문을 나서니(出其東門) 292
20. 들판의 덩굴 풀(野有蔓草) 294

21. 진수와 유수(溱洧) 295

제8_ 제풍(齊風)

1. 닭이 우네요(鷄鳴) 298
2. 날랜 솜씨(還) 300
3. 문간에서(著) 301
4. 동녘의 해(東方之日) 303
5. 동녘이 밝지도 않았는데(東方未明) 304
6. 남산(南山) 306
7. 큰 밭(甫田) 309
8. 사냥개 방울(盧令) 310
9. 해진 통발(敝笱) 311
10. 수레 타고(載驅) 314
11. 아아 멋지다(猗嗟) 316

제9_ 위풍(魏風)

1. 칡신(葛屨) 320
2. 분수 가의 진펄(汾沮洳) 321
3. 동산의 복숭아나무(園有桃) 323
4. 민둥산에 올라(陟岵) 326

5. 십묘의 땅(十畝之間) 328
6. 박달나무 베어(伐檀) 329
7. 큰 쥐(碩鼠) 332

제10_ 당풍(唐風)

1. 귀뚜라미(蟋蟀) 336
2. 산에는 스무나무(山有樞) 338
3. 잔잔한 물결(揚之水) 341
4. 산초(椒聊) 343
5. 땔나무 묶어놓고(綢繆) 344
6. 우뚝 선 아가위나무(杕杜) 346
7. 염소 갖옷(羔裘) 348
8. 넉새 깃(鴇羽) 349
9. 어찌 옷이 없으리(無衣) 351
10. 우뚝한 아가위(有杕之杜) 353
11. 칡이 자라(葛生) 345
12. 감초 캐러(采苓) 356

제11_ 진풍(秦風)

1. 수레 소리(車鄰) 360
2. 검정 사마(駟驖) 362

3. 병거(小戎) 363
4. 갈대(蒹葭) 368
5. 종남산(終南) 370
6. 곤줄매기(黃鳥) 372
7. 새매(晨風) 375
8. 옷이 없다면(無衣) 377
9. 위수의 북쪽 기슭(渭陽) 379
10. 처음(權輿) 381

제12_ 진풍(陳風)

1. 완구(宛丘) 384
2. 동문에는 흰 느릅나무(東門之枌) 385
3. 오막살이(衡門) 387
4. 동문 밖 연못(東門之池) 389
5. 동문 밖의 버드나무(東門之楊) 390
6. 묘문(墓門) 391
7. 방죽 위의 까치집(防有鵲巢) 392
8. 달이 떴네(月出) 394
9. 주땅의 숲(株林) 395
10. 못 둑(澤陂) 397

제13_ 회풍(檜風)

1. 염소 갖옷(羔裘) 399
2. 흰 관(素冠) 401
3. 진펄의 양도(隰有萇楚) 402
4. 바람(匪風) 404

제14_ 조풍(曹風)

1. 하루살이(蜉蝣) 406
2. 후인(候人) 408
3. 뻐꾸기(鳲鳩) 410
4. 흘러내리는 샘물(下泉) 412

제15_ 빈풍(豳風)

1. 칠월(七月) 416
2. 부엉이(鴟鴞) 426
3. 동산(東山) 429
4. 깨어진 도끼(破斧) 434
5. 도낏자루 베려면(伐柯) 435
6. 가는 고기그물(九罭) 437
7. 늙은 이리(狼跋) 438

제2편 소아(小雅)

제1_ 녹명지습(鹿鳴之什)

1. 사슴이 울면서(鹿鳴) 445
2. 수레 끄는 네 마리 말(四牡) 448
3. 화려한 꽃(皇皇者華) 452
4. 아가위(常棣) 454
5. 나무를 베네(伐木) 458
6. 하늘이 안정시키사(天保) 462
7. 고사리 캐세(采薇) 465
8. 수레 내어(出車) 470
9. 우뚝한 아가위나무(杕杜) 475
10. 물고기가 걸렸네(魚麗) 478
11. 남해(南陔) 480
12. 백화(白華) 480
13. 화서(華黍) 480

제2_ 남유가어지습(南有嘉魚之什)

1. 남녘의 좋은 고기(南有嘉魚) 481
2. 남산엔 향부자(南山有臺) 482
3. 유경(由庚) 485
4. 숭구(崇邱) 485
5. 유의(由儀) 485
6. 길게 자란 다북쑥(蓼蕭) 486
7. 축축한 이슬(湛露) 488
8. 붉은 활(彤弓) 490
9. 무성한 다북쑥(菁菁者莪) 492
10. 유월(六月) 494
11. 시화를 뜯으러(采芑) 499
12. 탄탄한 수레(車攻) 504
13. 좋은 날(吉日) 508

제3_ 홍안지습(鴻鴈之什)

1. 기러기(鴻鴈) 511
2. 횃불(庭燎) 514
3. 넘쳐흐르는 물(沔水) 515
4. 학의 울음(鶴鳴) 518
5. 기보(祈父) 520
6. 흰 망아지(白駒) 521

7. 꾀꼬리(黃鳥) 524
8. 들판을 가다(我行其野) 526
9. 시냇물(斯干) 528
10. 양이 없다니(無羊) 533

제4_ 절남산지습(節南山之什)

1. 높은 저 남산(節彼南山) 537
2. 사월달(正月) 543
3. 시월 초(十月之交) 552
4. 끝없는 비(雨無正) 558
5. 높은 하늘(小旻) 564
6. 조그만 매(小宛) 568
7. 갈가마귀(小弁) 572
8. 교묘한 말(巧言) 578
9. 제가 무언가(何人斯) 583
10. 항백(巷伯) 588

제5_ 곡풍지습(谷風之什)

1. 동풍(谷風) 592
2. 더부룩한 다북쑥(蓼莪) 594
3. 대동(大東) 597

4. 사월(四月) 603
5. 북쪽 산(北山) 607
6. 큰 수레를 몰지 마라(無將大車) 609
7. 작아지는 빛(小明) 611
8. 쇠 북 울리며(鼓鐘) 615
9. 더부룩한 찔레나무(楚茨) 618
10. 길게 뻗은 남산(信南山) 625

제6_ 보전지습(甫田之什)

1. 큰 밭(甫田) 629
2. 커다란 밭(大田) 632
3. 낙수를 바라보니(瞻彼洛矣) 636
4. 화려한 꽃(裳裳者華) 638
5. 청작새(桑扈) 640
6. 원앙새(鴛鴦) 642
7. 점잖은 관(頍弁) 644
8. 수레 굴대빗장(車舝) 647
9. 쉬파리(靑蠅) 650
10. 손님 잔치(賓之初筵) 651

제7_ 어조지습(魚藻之什)

1. 물고기와 마름풀(魚藻) 658
2. 콩을 따세(采菽) 659
3. 뿔활(角弓) 663
4. 무성한 버드나무(菀柳) 666
5. 도성 양반(都人士) 668
6. 왕골을 자르는데(采綠) 671
7. 기장싹(黍苗) 673
8. 진펄의 뽕나무(隰桑) 675
9. 띠풀(白華) 677
10. 짹짹 우는 새(緜蠻) 680
11. 박잎(瓠葉) 682
12. 우뚝한 바윗돌(漸漸之石) 684
13. 능초꽃(苕之華) 685
14. 무슨 풀이고 시들지 않나(何草不黃) 687

제3편 대아(大雅)

제1_ 문왕지습(文王之什)

1. 문왕(文王) 692
2. 크게 밝음(大明) 698
3. 길게 뻗음(緜) 704
4. 백유나무 떨기(棫樸) 710
5. 한산 기슭(旱麓) 712
6. 거룩하심(思齊) 715
7. 위대하심(皇矣) 718
8. 영대(靈臺) 726
9. 뒷 발자취(下武) 729
10. 문왕 기리는 소리(文王有聲) 731

제2_ 생민지습(生民之什)

1. 사람을 낳으심(生民) 735
2. 길가의 갈대(行葦) 742
3. 취함(旣醉) 745
4. 물오리와 갈매기(鳧鷖) 748
5. 아름답고 즐거움(假樂) 752
6. 공류(公劉) 754

7. 먼 곳의 물을 떠서(泂酌) 760
8. 구부정한 언덕(卷阿) 762
9. 백성들의 수고로움(民勞) 767
10. 하늘이 버리시면(板) 771

제3_ 탕지습(蕩之什)

1. 위대하심(蕩) 777
2. 빈틈없음(抑) 782
3. 부드러운 뽕나무(桑柔) 792

4. 은하수(雲漢) 802
5. 높다람(崧高) 809
6. 백성들(烝民) 815
7. 위대한 한나라(韓奕) 821
8. 강수와 한수(江漢) 827
9. 덕 있는 무용(常武) 832
10. 우러러봄(瞻卬) 836
11. 소공과 하늘(召旻) 841

제4편 송(頌)

■ 주송(周頌)

제1_ 청묘지습(淸廟之什)

1. 청묘(淸廟) 850
2. 하늘의 명(維天之命) 852
3. 맑고 밝음(維淸) 853
4. 공덕 많음(烈文) 853
5. 하늘이 만드심(天作) 855
6. 하늘의 밝은 명(昊天有成命) 856
7. 받들어 올림(我將) 857
8. 철 따라 순찰하심(時邁) 858
9. 강하심(執競) 860
10. 문덕 있으심(思文) 862

제2_ 신공지습(臣工之什)

1. 관리들(臣工) 863
2. 아아(噫嘻) 865
3. 떼 지어 나는 백로(振鷺) 866
4. 풍년(豐年) 867
5. 장님 악공(有瞽) 868
6. 물속(潛) 870
7. 온화함(雝) 871
8. 처음 뵘(載見) 873
9. 손님(有客) 875
10. 무왕(武) 876

제3_ 민여소자지습(閔予小子之什)

1. 소자를 가엾게 여기소서(閔予小子) 878
2. 처음부터 계획을 세워(訪落) 879
3. 공경하라(敬之) 881
4. 일을 삼감(小毖) 882
5. 풀뽑기(載芟) 883
6. 좋은 보습(良耜) 886
7. 제복(絲衣) 888
8. 작(酌) 890
9. 용감함(桓) 891
10. 은덕을 내리심(賚) 892
11. 즐거움(般) 893

■노송(魯頌)

1. 살찌고 큼(駉) 896
2. 살찌고 억셈(有駜) 899
3. 반궁의 물(泮水) 901
4. 비궁(閟宮) 907

■상송(商頌)

1. 굉장하기도 해라(那) 919
2. 공 많으신 조상(烈祖) 922
3. 제비(玄鳥) 924
4. 오래 두고 나타남(長發) 926
5. 은나라의 무용(殷武) 932

여러 나라 임금들의 계보(系譜) 937
찾아보기 942

일러두기

1. 이 책의 번역과 주석 참고서는 당나라 공영달(孔穎達 : 574~648)의 『모시정의(毛詩正義)』(그 속의 毛公의 傳은 '毛傳', 鄭玄의 箋은 '鄭箋', 공영달의 疏는 '孔疏'라 약칭하였음)와 송대 주희(朱熹 : 1130~1200)의 『시집전(詩集傳)』(약칭 集傳), 청대 마서진(馬瑞辰)의 『모시전전통석(毛詩傳箋通釋)』(약칭 通釋) 및 전 대만대학(臺灣大學) 굴만리(屈萬里 : 1906~1979) 교수의 『시경석의(詩經釋義)』(약칭 釋義)를 중심으로 하였다.
2. 그밖에 육조(六朝) 육기(陸璣)의 『모시초목조수충어소(毛詩草木鳥獸蟲魚疏)』(약칭 陸疏), 송대 왕질(王質 : 1127~1198)의 『시총문(詩總聞)』, 엄찬(嚴粲)의 『시집(詩緝)』, 청대 진계원(陳啓源 : 1690 전후)의 『모시계고편(毛詩稽古篇)』, 최술(崔述 : 1740~1816)의 『독풍우지(讀風偶識)』, 호승공(胡承珙 : 1776~1832)의 『모시후전(毛詩後箋)』(약칭 後箋), 진환(陳奐 : 1786~1863)의 『모시전소(毛詩傳疏)』, 방옥윤(方玉潤 : 1811~1883)의 『시경원시(詩經原始)』와 우성오(于省吾)의 『시경신증(詩經新證)』 및 왕인지(王引之 : 1766~1834)의 『경전석사(經傳釋詞)』와 『경의술문(經義述聞)』 등의 책을 문제가 생길 때마다 참고하였다. 그리고 국풍(國風) 1부의 번역은 양주동(梁柱東) 선생의 『시경초(詩經抄)』도 참고하였다.
3. 본문과 시의 배열은 『모시정의』본을 바탕으로 청대 완원(阮元 : 1764~1849)의 교정을 참작하였다. 그리고 시의 분단은 주로 『시집전』을 따랐다.
4. 필요한 주해에는 참고서를 표시하였으나, 그 책의 설을 근거로 하여 필자의 견해를 가미한 것이 있으므로 반드시 꼭 같은 것은 아니다.
5. 시의 번역은 우리말의 리듬에도 주의하였으나 무엇보다도 시의 본 뜻을 살리기에 힘썼다.
6. 책 속의 참고로 실은 동물, 식물 등의 그림은 강원봉(岡元鳳)의 『모시품물도고(毛詩品物圖考)』를 많이 참고하였다.

『시경』해설

1. 『시경』이란

　『시경』은 중국의 가장 오래된 시가집이다. 그 속에는 지금으로부터 2,500여 년 전 내지 3,000년 전의 4-500년 동안 중국 여러 지방에서 노래 부르던 민간의 민요를 중심으로 하여 사대부들의 시가와 종묘에서 조상을 제사지낼 때 조상의 업적을 칭송하던 노래들이 실려 있다.

　『시경』은 중국문학의 시조라고 흔히 말한다. 중국의 시를 중심으로 하는 전통문학은 『시경』에서 비롯되어 발전해 왔기 때문이다. 지금까지도 중국문학의 전통 속에는 『시경』이 끼친 영향이 맥맥히 흐르고 있다.

　중국의 오랜 기록으로는 『시경』보다 이른 것으로 갑골문(甲骨文)이 있고 동 그릇이나 바위 등에 새겨진 금석문(金石文) 등이 있다. 그러나 앞의 것은 점을 치는 일과 그 결과를 간단히 적은 글이고, 금석문도 그릇이나 돌에 특수한 목적 아래 새겨놓은 간략한 내용의 글이다. 『시경』과 거의 같은 시대에 이루어진 책으로 『서경』이 있으나, 이것도 옛날의 사관(史官)이 정치에 관한 일을 적어놓은 글이어서, 그 내용이 정치를 벗어나지 않는 것이다.

　그러나 『시경』은 낮은 백성들로부터 사대부를 거쳐 제후나 천자들이 연주하던 노래의 가사까지도 모아져있어, 그 내용이 다양하다. 옛 서민 생활로부터 궁중의 의식이나 제례까지도 엿볼 수 있는 내용이다. 곧 중국 고대의 정치·사회·종교·문화·민속 등 여러 면을 드러내 보여주는 기록이다.

　따라서 『시경』은 문학뿐만이 아니라 중국 고대의 사회 문화 전반에 걸쳐 무엇보다도 중요한 역사자료가 되는 기록이다. 『시경』은 중국의 전통 문화를 이해하는 데 있어서 무엇보다도 소중한 경전인 것이다.

2. 『시경』이 이루어진 시대

중국에는 태고 적에 황제(黃帝)를 비롯한 삼황오제(三皇五帝)가 있어서 중국 땅을 다스렸다 하나, 삼황이 누구이고 오제가 누구인지도 분명치 않고 그들이 나라를 어떻게 다스렸는지 구체적인 기록도 없다. 사마천(司馬遷, B.C. 145?~B.C.86?)의 『사기(史記)』는 중국역사의 기술을 권1 오제본기(五帝本紀)에서 시작하고 있는데, 여기의 오제는 황제·전욱(顓頊)·제곡(帝嚳)·요(堯)·순(舜)의 다섯 임금이다. 그 뒤를 흔히 삼대(三代)라 부르는 하(夏, B.C. 21C~B.C. 16C)·상(商, B.C. 16C~B.C. 1027)·주(周, B.C. 1027~B.C. 256)의 세 왕조[1]가 계승한다.

유가에서는 요임금과 순임금의 시대를 그들의 이상정치가 이루어졌던 전설적인 시대였다고 떠받들어 온다. 임금은 백성들에게 강요하는 일 없이 덕으로 나라를 다스리고, 백성들은 정부가 있는지조차도 느끼지 못하며, 각자의 생업에 힘쓰면서 평화로운 삶을 누렸다 한다. 진(晉)나라 황보밀(皇甫謐)의 『제왕세기(帝王世紀)』에는 요임금 때 8,90세가 된 노인이 타악기를 두드리며 노래 불렀다는 「격양가(擊壤歌)」가 실려 있는데, 이때의 세상 실정을 잘 표현하고 있다.

해가 뜨면 일어나 일하고
해가 지면 들어가 잠자네.
우물 파 물마시고
농사지어 먹고 사니,

---

1) 여기의 연대 기록은 陳蒙家 『殷墟卜辭綜述』 의거.

> 임금의 권력이
> 나와 무슨 상관이랴!
> 日出而作하고, 日入而息이라. 鑿井而飮하고, 耕田而息하니, 帝力何于我哉오!

공자는 『논어』에서 요임금을 다음과 같이 칭송하고 있다.

"크도다! 요의 임금 됨이여! 위대하도다! 오직 하늘만이 크다고 하였는데, 요임금은 그것을 본떴도다. 너무나 광대해서 백성들은 그것을 무엇이라 불러야 할지도 몰랐다. 위대하도다! 그의 이룩한 공적이여! 빛나도다! 그가 마련한 예의 제도여!"

요임금은 이처럼 어진 마음으로 세상을 다스린 뒤에 임금 자리를 덕이 많다고 알려진 순에게 물려주어 순임금은 요임금의 정치를 더욱 발전시켰다 한다.

이때 이들이 다스리던 황하 중하류의 지방은 황하의 홍수로 백성들이 삶을 크게 위협받고 있었다. 황하의 홍수는 물이 넘칠 뿐만 아니라 흔히 물줄기까지 바꿔가며 넓은 땅을 이리저리 휩쓸었다. 그러기에 태곳적부터 중국을 다스리는 이들의 가장 큰 사명은 이 물을 다스리는 일이었다. 요임금 때부터 이 홍수를 다스리려고 무척 애를 썼지만 성공하지 못하였는데, 순임금 때에 이 홍수를 다스린 위대한 인물이 나타난다. 그가 바로 하나라를 연 우(禹)임금이다. 우임금은 온 나라의 강물을 다스린 큰 공로로 말미암아 순임금으로부터 임금 자리로 물려받는다. 우임금에 이르러서야 중국의 행정구역이 나누어졌고, 여러 가지 정치제도가 생기기 시작한다. 그리고 이전까지는 임금 자리를 나라에서 가장 어진 사람을 골라 그에게 물려주었으나, 하나라로부터 그의 직계 혈육에게 임금 자리를 물려주기 시작한다. 이렇게 나라의 임금 자리가 이어지다가 17대에 가서는, 포악한 임금으로 유명한 걸(桀)임금이 나온다. 걸임금은 포악한 정치를 일삼다가 민심을 잃어 마침내 상나라 탕(湯)임금에게 멸망

당하고 만다.

 탕임금이 세운 상나라는 뒤에 반경(盤庚) 임금(대략 서기 기원전 13세기)이 도읍을 은(殷)으로 옮기어 은나라로 부르기도 한다. 중국의 사학자들은 대체로 이 상나라로부터가 유사시대(有史時代)라 보고 있다. 192-30년대에 들어와 하남(河南)성 안양(安陽)현 소둔(小屯)촌을 중심으로 한 옛날 은나라 도읍터에서 임금들이 거북껍질과 소 죽지뼈로 점을 치고 점친 내용을 뼈 위에 새겨놓은 수많은 갑골(甲骨)이 발견되었다. 그리고 점을 치게 된 까닭이나 점을 친 결과와 점친 사람 같은 것을 기록한 글을 이 뼈조각에 새겨 놓았다. 이 글자를 '갑골문' 이라 부른다. 사마천의 『사기』 은본기(殷本紀)의 상나라를 대대로 이어온 임금들에 관한 기록이 이 갑골문에 의하여 사실이었음이 증명되었다. 동시에 그들의 문화를 실증하는 역사적인 유물도 많이 발견되었기 때문에 상나라를 유사시대라고 보는 것은 매우 과학적이다. 다만 사마천이 무엇을 근거로 은본기의 글을 썼는지는 전혀 알 수가 없다.

 이 중원 땅의 은나라는 황하의 중하류 지역인 지금의 산동(山東)성 동쪽 지방에서 허난성 서쪽 지방 일대에 걸친 지역을 차지하고 있었다. 대체로 상나라는 서기 기원전 16세기로부터 기원전 1027년 무렵에 이르는 시기에 존속한 나라이다. 은나라는 앞에서 얘기한 그들의 갑골문자가 지금까지도 전해지고 있으며, 그 사이 땅 속에서 나온 청동으로 만든 그릇을 통하여 보더라도 이미 상당히 높은 수준의 문화를 발전시키고 있던 나라이다. 정치 사회 제도도 어느 정도 갖추어져 있었고 농업도 상당히 발달한 위에 화폐까지 만들어 썼음이 갑골의 기록에 보이고 있다.

 이에 비하여 은나라를 뒤이은 주나라 민족은 지금의 서안(西安) 서북쪽으로부터 옮겨온 야만민족이었다. 사마천의 『사기』 주본기(周本紀)에 의하면 주나라 선조인 기(棄)는 태(邰, 지금의 陝西省 武功縣 근처) 지방에 살았고, 순임금 아래에서 농사를 돌보는 후직(后稷)이란 벼슬을 하였다. 그러나 아들 불줄(不茁)은 자기 직책을 제대로 수행하지 못하여 오랑캐인 융적(戎狄)들이 사는 곳으로 도망가서 살았다. 다시 불줄의 손자 공류(公劉)가 후직의 직책을 잘 수행하여 주나라의 터전을 이룩하였고, 그의 아들은 빈(豳, 지금의 岐山 북쪽)으로 옮겨와 나라를 세웠다. 그 뒤로 8대 째의 고공단보(古公亶父)가 지금의 서안 서쪽에 있는 주원(周原, 岐山 남쪽 기슭)이란 곳으로 옮겨와 오랑캐인 융적의 습속을 버리고 주나라를 발전시키기 시작하였다. 고공단보는 태왕(太王)이라고도 부르며 주나라는 실제로 여기로부터 출발하고 있다. 자기들의 조상인 태왕의 업적을 칭송한 『시경』 대아(大雅) 「길게 뻗음(緜)」 시에서도 이렇게 읊고 있다.

> 백성들은 처음 다스리기를
> 두수(杜水)로부터 칠수(漆水)에 이르는 지역에서 하셨는데,
> 고공단보께서는 굴을 파고 지내시고
> 집이 없으셨네.
> -----
> 주나라의 넓은 들은 기름져서
> 쓴 나물 씀바귀도 엿처럼 달았네.
> 이에 비로소 계획을 세우시고
> 거북으로 점을 쳐 보시고는
> 머물러 살만하다 여기시고
> 여기에 집을 지으셨네.

> 民之初生에, 自土沮漆이로다.
> 古公亶父이, 陶復陶穴하고, 未有家室이라.
> 周原膴膴하여, 菫荼如飴로다. 受始受謀하고, 受契我龜하사
> 曰止曰時라 하시고, 築室于茲하니라.

그리고는 태왕이 집을 짓던 모습을 길게 자랑삼아 노래하고 있다. 다시 그의 손자인 문왕(文王)은 훌륭한 정치를 베풀며 주변 여러 나라들을 종속시키어 주나라의 세력을 크게 늘여놓았고 도읍을 지금의 시안 근처인 풍(豐)으로 옮겼다. 다시 그의 아들 발(發)인 무왕이 기원전 1027년 무렵에 술과 여자만을 즐기며 백성들을 돌보지 않고 포학한 정치를 일삼은 은나라의 28대 주(紂)임금을 쳐부수어 멸망시킨다. 그리고 중국 황하 유역을 중심으로 하는 북쪽 지방을 한 나라로 합쳐 지금의 중국의 지리적 문화적 터전을 처음으로 마련하게 된다.

무왕은 천하를 통일하고 2년 뒤에 병으로 죽어 어린 아들 성왕(成王)이 임금 자리를 계승하자 무왕의 아우인 주공(周公) 단(旦)이 임금 대신 나라 일을 처리하게 된다. 『순자(荀子)』에서는 주공이 한때 직접 성왕을 물리치고 임금 자리에 올랐었다고 말하고 있다.[2] 어떻든 아직 주나라 정치의 터전이 잡히지 않은 때라 은나라 주왕의 아들 무경(武庚)은 주공의 본심을 의심하는 형제들을 부추기고 또 은나라 계열의 동쪽 동이족의 작은 나라들과 연합하여 반란을 일으킨다.

이에 주공은 직접 군대를 이끌고 동쪽 정벌에 나서서 3년 동안 싸워 무경을 잡아 죽이고 반란을 평정한 이외에도 동이족의 50여 나라를 쳐부수었다. 그리고 주공은 은나라가 쓰고 있던 한자를 이용하여 서로 말이 통하지 않는 여러 나라들에게 행정 명령이나 여러 가지 뜻을 시달하여 나라를 다스리고, 여러 가지 새로운 정치 사회 제도를 마련하였다. 이때 주공이 마련한 새로운 예악제도(禮樂制度)가 중국 전통문화의 터전이 되는 것이다.

은나라에서는 거북 껍질이나 짐승 뼈를 이용하여 점을 쳐서 갑골문을

---

2) 권 4 儒效 편.

남겼지만 주나라는 한자와 수리 개념을 활용하여 『역경』을 이용한 역점(易占)을 발전시켰다. 『역경』의 팔괘(八卦)는 복희씨(伏羲氏)가 만들었으나 그것을 64괘로 발전시킨 것은 주나라 문왕이고 괘사(卦辭)와 효사(爻辭)는 주공이 썼다고 알려지고 있다. 64괘에 괘사와 효사를 합친 것이 『역경』의 경문임으로 이를 『주역(周易)』이라고도 부르게 된 것이다.

『서경』은 요임금과 순임금 및 하나라·은나라·주나라의 옛날 사관들의 기록을 근거로 하여 공자가 편찬한 것으로 전해진다. 그러나 가장 뒤의 주서(周書)의 기록은 대부분이 서주시대에 이루어진 것이지만 상서(商書) 이전 시대에 속하는 기록이라는 것들은 오히려 서주 이후에 이루어진 것이라 여겨지고 있다. 청대 학자들의 고증에 의하면 주서의 「대고(大誥)」에서 「고명(顧命)」에 이르는 12편이 서주 때에 이루어진 가장 오래된 글이라고 하는데, 이 12편은 모두 주공과 관계가 밀접한 글들이다.

『시경』은 특히 첫머리 풍(風)의 주남(周南) 11편을 『모시(毛詩)』에서는 주공 단의 채읍(采邑)인 기산(岐山) 아래 옛 주나라 땅에서 모은 노래의 가사라 하였다. 그리고 빈풍(豳風) 7편은 모두 주공의 정치 업적과 관계가 있는 노래로 해설을 하고 있다. 그리고 풍 중의 중요한 시들과 소아(小雅)·대아(大雅)·주송(周頌) 등이 모두 서주 초기의 노래들이다. 이들 삼경뿐만이 아니라 예에 관한 경전인 『주례(周禮)』·『의례(儀禮)』·『예기(禮記)』 등도 후세에 이루어진 책이지만 거기에 쓰인 여러 가지 예의와 정치에 관한 제도는 그 바탕이 이때 주공에 의하여 이루어진 것이다.

따라서 유가의 기본 경전인 삼경은 대체로 서주시대에 주공에 의하여 그 바탕이 이루어진 것이며, 중국의 전통문화와 학술 사상이 모두 주나라 초기에 주공에 의하여 그 기본 틀이 이루어져 발전하기 시작했다고 할 수 있다. 그러니 공자의 유학은 주공의 사상을 바탕으로 발전한 것이라 할 수 있다. 뒤에 공자는 주공이 마련해놓은 여러 가지 자료와 제도를 바탕으로 하여 만인의 교과서인 오경(五經)을 확정하고 유학을 발전시켰다. 때문에 공자(B.C. 551~B.C. 479)는 만년에 자기 뜻을 제대로 펴지 못하게 되자

> 심하도다, 나의 노쇠함이어! 오랫동안 나는 다시는 꿈에 주공을 만나뵙지 못하였다!
>
> **甚矣 吾衰也**여! **久矣, 吾不復夢見周公**이로다!(『論語』 述而)

하고 한탄하고 있다. 공자는 늘 주공의 이상을 이 세상에 실현시킬 꿈을 꾸어왔던 것이다.

주나라는 중국의 전통문화의 터전을 이룩한 뒤 그것을 다시 꽃피게 하였던 시대라 할 것이다. 그리고 서주(B.C. 1027~B.C. 771) 이후 동주(B.C. 770~B.C. 256)의 춘추시대(B.C. 768~B.C. 476)에 들어와 공자의 유학이 이루어지고 유학이 발전함에 따라 이 유가의 경전에는 전국시대(B.C. 481~B.C. 221)와 진(秦, B.C. 221~B.C. 206)나라를 거쳐 서한(西漢, B.C. 206~A.D. 8) 초기에 이르는 시대의 자료와 사상도 덧보태어져 있음에도 주의를 하여야 한다. 곧 『시경』·『서경』 같은 경전에는 춘추시대의 글까지도 보태어져 있고, 『예기』 등 '삼례'에는 한나라 초기의 글도 보태어져 이루어진 책이다. 특히 『시경』에는 중국 넓은 지방에서 모아들인 민간가요와 함께 그 시대의 지배계급들이 모이는 궁중에서 부르던 노래도 모아져 있다. 따라서 거기에는 사회 각 방면의 생활모양이 생생히 반영되고 있어 문학작품으로서 뿐만이 아니라 중국 고대의 문화와 정치 사회를 연구하는 데 있어서도 귀중한 자료가 되고 있다.

3. 시교(詩敎)와 악교(樂敎)

『시경』은 단순한 시가집이 아니며, 거기에 실린 시들은 단순한 문학작

품이 아니다. 『시경』은 문학뿐만이 아니라 중국 고대의 사회, 문화 전반에 걸쳐 무엇보다도 중요한 역사자료가 되는 기록이다. 그 때문에 『시경』은 다른 유가의 경전들보다도 더 큰 권위를 가지고 중국사회에 군림하여 왔다. 중국 고대사회에 있어서는 한자 자체가 큰 권위를 지니고 세상에 군림하면서, 그 사회와 정치의 성격을 이룩하게 하고, 중국 사람들과 그들 문화의 특징을 형성케 하였다. 그리고 그 한자의 기록 중에서도 후세까지 그들 문화발전에 큰 영향을 끼친 책이 유가의 『시경』·『서경』·『역경』의 삼경이다.

특히 『시경』이 고대 중국의 사회와 정치 위에 지니는 권위는 여기에서 얘기할 '시교'와 '악교'가 이론적인 뒷받침을 하고 있다.

중국 사람들은 예로부터 나라를 다스림에 있어서 언제나 덕으로 다스릴 것을 내세웠다. 세상을 다스리는 정치란 언제나 다스리는 사람의 덕을 바탕으로 하여, 그 덕을 널리 펴 세상 사람들을 교화시킴으로써 자연스럽게 인간의 본성에 따라 다스려야 한다는 것이다. 따라서 다스리는 사람과 다스림을 받는 사람들의 관계도 어떤 제도나 법 또는 권력구조에 의하여 이루어지는 것이 아니라 덕에 의하여 이루어진다.

덕의 수준을 바탕으로 하여 가장 완전하고 훌륭한 덕을 지닌 사람이 하늘의 명을 받아 다스리는 사람이 되어 백성들을 다스린다. 여기에선 인위적인 제도나 법령은 덕 이하의 방편에 불과한 것이지 인간이나 사회를 규제하는 원칙이 될 수 없다.

이러한 덕치주의를 베푸는 데 있어서 가장 좋은 다스림의 방법은 무엇일까? 덕으로 다스린다는 것은 사람의 행위를 규제하여 다스리는 것이 아니라, 사람들의 마음을 자연스럽게 이끌어주어 사람들이 본시부터 지니고 있는 올바른 본성과 감정을 되찾게 하는 것이다. 그러므로 덕으로 사람을 다스리자면, 언제나 사람의 본성과 감정에 호소하여 이를 제대로 감화시켜야 한다. 그러기에 그 수단은 인위적인 규정이나 명령보다도 사람의 본성과 감정을 감화시킬 수 있는 것이어야만 된다.

그러면 사람의 본성과 감정을 가장 잘 움직일 수 있는 것은 무엇일까? 그것은 바로 음악이라는 것이다. 음악이야말로 사람의 본성과 감정을 가장 잘 드러내고 또 그 본성과 감정을 가장 잘 움직일 수 있다고 본 것이다. 그러기에 민심의 동향을 가장 잘 대변해 주는 것도 음악이요, 사람을 가장 올바로 교화시켜 줄 수 있는 것도 음악이라 본 것이다. 여기에서 유가의 '악교사상'이 나왔지만, 실은 유가 이전부터도 중국의 옛 사람들 머릿속엔 이 악교사상이 뿌리박혀 있었던 것이다.

그러기에 한대에 이루어진 「모시서(毛詩序)」에 이렇게 말하고 있다.

"세상이 잘 다스려질 때의 음악은 편안하면서도 즐겁고 그 정치는 조화가 잘 되며, 세상이 어지러울 때의 음악은 원망스러우면서도 노여운 듯하고 그 정치는 도리에 어긋나며, 망해가는 나라의 음악은 슬프면서도 애틋하고 그 나라 백성들은 곤경에 빠진다."

또 『예기』 악기(樂記)를 보면,

"음악을 종묘 같은 데서 임금과 위 아래 신하들이 함께 들으면 모두가 온화하고 공경스럽게 되고, 집안 사람과 고을 사람들이 어른과 젊은 이들이 함께 어울리어 들으면 모두가 온화하고 양순해지고, 집안에서 부자형제들이 함께 들으면 모두가 온화하고 서로 친해진다."

고 하였다. 다시 『서경』 순전(舜典)이나 『주례』 대사악(大司樂)을 보면 음악을 관장하는 사람이 임금과 대부들의 아들의 교육을 담당한다.

『맹자』 진심(盡心) 상편에서

"어진 말은 어진 노래만큼 사람 마음에 깊이 들어가지 못한다."

고 하였다. 『서경』 대우모(大禹謨)를 보면, 순(舜)임금은 무력으로 굴복시키지 못한 묘족(苗族)을 문무(文舞)와 무무(武舞)로써 감화시켜 복종하고 따르게 한다. 이처럼 어진 덕을 지닌 나라를 다스리는 사람이 음악을 통하여 덕에 의한 교화를 펴나갈 때 진실한 정치가 이루어진다는 것이다.

그런데 옛날의 '시'는 바로 '음악'의 가사였다. 따라서 악교와 같은 이론으로 '시교'가 성립된다. 그리하여 옛 임금들이 민심의 동향을 올바로 파악하기 위하여 전국의 노래 가사를 모아놓은 일부가 지금 『시경』으로 편찬되어 우리에게 전해지고 있는 것이다.

그리고 또 『국어(國語)』를 보면 초나라 장왕(莊王, B.C. 613~B.C. 591 재위) 앞에서 신숙주(申叔疇)가

"시를 가르침으로써 그를 밝은 덕으로 인도하고 넓혀주어 그의 뜻을 빛나고 밝게 해준다.(楚語 上)"

고 『시경』의 효용을 논하고 있다. 『시경』의 교육이 바로 올바른 인간교육이라 생각했던 것이다.

공자는 "실행하고 남는 힘이 있으면 그것으로써 글을 배운다"(『論語』學而)고 할 정도의 현실주의자였다. 그럼에도 불구하고 『시경』만은 유가들이 가장 존숭하는 경전의 하나가 된 것은 이러한 시교사상에 연유한다. 그리고 후세 중국의 정통문학이 시를 중심으로 발전하여 왔고, 시의 창작과 유행이 가장 성했던 것도 이러한 시교에 말미암은 것이다.

4. 『시경』의 내용

『시경』에는 도합 305편의 시가 실려 있는데, 이들은 풍(風, 또는 國風) · 소아(小雅) · 대아(大雅) · 송(頌)의 네 부분으로 크게 나누어져 있다. 이 밖에 『모시(毛詩)』 속에는 그 가사가 없어진 것이라고도 하고 본

시 가사가 없는 금(琴)으로 연주하던 곡명이라고도 하는 6편의 제목만이 남아있는 것들이 있다. 이것까지 합치면 311편이 된다. 어쨌든 옛날에는 흔히 그 대체적인 수를 들어 〈시삼백(詩三百)〉이란 말로 『시경』의 호칭을 대신하기도 했었다.

'풍'에는 주남(周南)·소남(召南)·패(邶)·용(鄘)·위(衛)·왕(王)·정(鄭)·제(齊)·위(魏)·당(唐)·진(秦)·진(陳)·회(檜)·조(曹)·빈(豳)의 열다섯 나라의 민요들이 실려있다. 그 지역은 대체로 황하(黃河)와 위수(渭水) 유역을 중심으로 한 중국의 북방이지만 남방의 한수(漢水)와 장강(長江) 근처의 가요까지도 약간 섞여있다. 이것은 아마도 춘추(春秋)시대 이전 주나라 왕실의 세력이 미치고 있던 지역과 합치될 것이다.

이 중에서도 주남과 소남은 옛날부터 주나라 초기의 시로서, 정풍(正風)이라 하여 존중되어 왔다. 옛날에는 주남과 소남은 주공(周公) 단(旦)과 소공(召公) 석(奭)이 다스리던 옛 기(岐)땅(陝西省 岐山縣 부근)에서부터 그 교화가 미친 남부지방에 이르는 곳에서 채집한 민요라 하였다.[3]

그러나 부사년(傅斯年, 1895~1951)이 「주송설(周頌說)」에서 주장한 것처럼, 주남은 주나라 왕조가 직접 다스리던 지역의 남부지역, 소남은 주선왕(周宣王, B.C. 827-782)의 명으로 회수(淮水) 남쪽지방을 개척한 소공호(召公虎)와 관련된 남부지역으로 보는 게 좋을 것 같다. 시의 본문을 보더라도 주남 「여수 방죽(汝墳)」에는 "왕실이 불타는 것 같다(王室如燬)"는 어지러운 세상의 모습을 읊은 대목이 있고, 소남 「어찌 저렇게 고울까(何彼襛矣)」에는 "평왕의 손자(平王之孫)"라는 구절이 보인다. "왕실이 불타는 것 같다"는 것은 세상이 어지러울 때의 현상이니 서주(西周) 말엽이나 동주(東周) 초기의 현상이라고 보아야 할 것이다. 평왕(平王,

---

3) 『毛傳』 및 朱熹의 『詩集傳』 등의 해설.

B.C. 770-B.C. 720 재위)이란 주나라를 동쪽으로 옮긴 임금이다.[4] 따라서 주남과 소남에는 서주 말 동주 초의 작품들이 들어있다고 보는게 좋을 것이다.

'풍'의 뜻에 대해서도 「모시서(毛詩序)」를 비롯하여 옛날 사람들은 거의 모두 풍자(諷刺) 또는 풍간(諷諫)의 뜻을 지닌 풍(諷)자와 통하는 것으로 풀이하였다. 이는 시가 사회실정을 잘 대표하고 있고, 또 시를 통하여 사람들을 올바르고 착하게 이끌 수 있다고 주장한 옛 사람들의 주장에서 나온 것이다. 그러나 대아의 「높다람(崇高)」 시 끝머리에 이런 구절이 있다.

> 길보가 노래를 지으니, 그 가사 매우 위대하네.
> 이 노래 매우 훌륭하여, 신백에게 바치는 바이네.
> **吉甫作誦**하니, **其詩孔碩**이로다. **其風肆好**하여, **以贈申伯**이로다.

여기서 '풍'은 풍요(風謠), 곧 가요와 같은 뜻으로 시 또는 노래를 이르는 말이다. 국풍의 '풍'도 그런 뜻으로 보는 게 옳을 것이다.

다음에 '소아'와 '대아'가 있는데 그 구별은 분명치 못하다. 그 내용으로 보아 이것들은 모두 조정의 정치적인 의식과 관계있는 것들인 것이 분명한데, 정치적인 의식에 크고 작은 구별이 있어 그렇게 나누어진 것이라고도 하고(「毛詩序」), 음악면으로 보아 '소아'는 조정에서 잔치를 벌일 때 쓰던 노래의 가사이고, '대아'는 조정에서 의식을 행할 때에 쓰던 노래의 가사라고도 하며(朱熹『詩集傳』), 그 문체상으로 보아 '풍'은 뜻이 부드럽고도 간곡하여 본뜻이 표현된 말 밖에 있는 형식이고, '아'는 분명하고도 바르고 커서 그 뜻을 곧바로 표현하는 형식인데 순수한 '아'의 문체로 된 시에는 '대'자를 붙여 '대아'라 하였고 '풍'의 문체가

---

[4] 『毛傳』에서는 平王의 "平"을 "正의 뜻"이라 하고, 세상을 平正한 임금인 武王을 가리킨다고 풀이하고 있다.

섞인 시에는 '소'자를 붙여 '소아'라 하였다고 설명하기도 한다(嚴粲 『詩輯』). '대아'에는 주나라 왕실과 관계되는 시가 많고 '소아'에는 임금과 여러 신하들 사이의 일을 노래한 시가 많아, 그 구별을 정치의 크고 무거운 일과 작고 가벼운 일의 차이에서 파악해도 좋을 듯도 하다. 그리고 문체도 소아에 비하여 대아가 더 바르고 우아한 것은 사실이다. 그러나 그렇게만 단정할 수 없는 것은, 소아는 물론 대아 속에도 '풍'과 같은 내용의 노래인 여인을 그리워하는 시 또는 세상의 공정하지 못함을 원망하는 내용의 시들이 끼어있기 때문이다.

옛날에는 '아'는 하(夏)와 독음이 비슷했고 가끔 통용되었다.『순자(荀子)』영욕(榮辱)편에

월나라 사람은 월나라에 편히 살고, 초나라 사람은 초나라에 편히 살며, 군자는 중원 땅에서 편히 산다.

越人安越하고, 楚人安楚하며, 君子安雅하니라.

고 하였는데, 유효(儒效)편에서는 같은 내용을 말을 바꾸어 이렇게 말하고 있다.

초나라에 살면 초나라 풍습을 따르고, 월나라에 살면 월나라 풍습을 따르며, 중원 땅에 살면 중원 풍습에 따른다.

居楚而楚하고, 居越而越하며, 居夏而夏하니라.

앞 영욕편의 '아'는 바로 '하'와 같은 말임을 알 수 있다. 또 『묵자(墨子)』천지(天志) 하편에는 대아 「위대하심(皇矣)」의 "제위문왕(帝謂文王)…."의 여섯 구절을 인용하면서 대하(大夏)라 부르고 있으니, 대아를 가끔 대하라 하였음을 알겠다. '하'는 황하유역의 한문화의 중심지역을 지칭한다. 여러 나라의 국풍들이 각 지방에 유행하였던 토속적인 악조임에 비추어, 이는 '하' 또는 중하(中夏)라 불리던 중원(中原) 일대에 유행하

던 왕조에서 숭상하던 정성의 노래였음이 확실하다. 그렇기 때문에 대아와 소아는 풍보다 내용도 장중하고 형식도 바르고 우아한 것이다. 그리고 대아와 소아 가운데는 「꾀꼬리(皇鳥)」·「들판을 가다(我行其野)」·「무슨 풀이고 시들지 않나(何草不黃)」 등 글로 보아서는 풍이라 할 수밖에 없는 것들도 있는데 음악상의 차이 때문에 아 속에 끼게 된 것이라 보아야 할 것이다. 곧 중원의 낮은 백성들이 부르던 노래라는 것이다.

'송'은 본시 제사를 지낼 때 신이나 조상의 공덕을 칭송하던 노래이다. 청대 완원(阮元, 1764~1849)은 「석송(釋頌)」이란 글[5]에서 송은 곧 용(容)의 뜻이어서 형용(形容)을 말하며, 송은 노래와 함께 형용으로 표현하는 무용까지도 겸하였음을 뜻한다고 풀이하였다. 이 송은 다시 주송(周頌)·노송(魯頌)·상송(商頌)의 세 부분으로 나누어진다. 주송에는 묘당에서 조상에게 제사를 지내면서 후손으로 천자가 되어 그 직책을 올바로 감당치 못할까 두려워하며 조상에게 도움을 요청하는 내용의 것이 1, 2편 있기는 하나, 전혀 슬픔이나 탄식 또는 책망의 뜻과 혼란 및 실정을 드러내는 노래들은 없다. 그리고는 전편이 기쁨과 존경 또는 풍년이나 승리를 노래하는 내용들이다. 그리고 용운(用韻)도 다른 부분보다 일정치 않고 심지어는 전혀 운을 밟지 않은 작품까지도 있다. 이러한 내용이나 문체로 보아 주송은 『시경』 중에서도 가장 오래된 주나라 초기의 주나라가 흥성하던 시기의 작품인듯하다. 그러나 노송 4편은 모두가 당시에 살았었던 희공(僖公)을 칭송하는 작품이며[6], 상송은 은(殷)나라 후손인 송(宋)나라의 노래인데[7] 송나라의 그 당시 임금에게 아부하는 내용

---

5) 『揅經室一集』 권1.
6) 「毛詩序」 참조.
7) 『毛詩』에서는 모두 商나라 노래로 보았으나, 王國維 「說商頌」(『王觀堂先生全集』)·傅斯年 「魯頌商頌述」(『傅孟眞先生集』) 등에서 이것이 宋나라 노래임을 완전히 확정지었다.

을 담은 「은나라의 무용(殷武)」과 같은 작품이 섞여있다. 이러한 노송과 상송이 주송과 자리를 함께하게 된 데에는 『시경』 편집자 또는 정리자의 특수한 입장[8]에 원인이 있을 것이다.

이를 편수로 보면, 풍에 160편, 소아에 74편, 대아에 31편, 송에 40편의 시들이 실려 있다. 편수로 보나 그 다양한 내용으로 보나 『시경』 중에서 가장 중요한 부분은 역시 풍이라 할 것이다. 풍에는 애정시·사회시를 비롯하여 당시의 사회생활 전반에 관계되는 서정시들이 실려 있는데, 특히 후세 중국시 발전에 큰 영향을 끼쳤다.

5. 『시경』과 공자

『시경』은 옛날부터 공자가 직접 편찬한 것이라고 믿어 왔다. 그것은 사마천(司馬遷, B.C. 145~B.C. 86?)의 『사기(史記)』의 공자세가(孔子世家)에,

'옛날부터 시 3,000여 편이 전하여져 왔는데 공자께서 그 중 중복되는 것은 빼고 예의에 합당한 것만을 골라 305편의 『시경』으로 만드셨다.'

라고 기록하고 있는데 근거를 둔 것이다. 그런데 옛날에 "시 3,000여 편"이 있게 된 까닭에 대하여는 반고(班固 : 32~92)의 『한서(漢書)』 예문지(藝文志)의 다음과 같은 기록이 잘 설명해준다.

'옛날에는 시를 수집하는 관리가 있었는데, 임금은 그것으로 풍속을 살펴보고 정치의 잘잘못을 알아, 스스로 그것을 참고로 하여 잘못을 바로잡았다.'

시를 수집하는 관리는 전국 각 지방의 노래의 가사를 모아들이던 관리

---
8) 다음의 '『시경』과 공자' 참조 바람.

이다. 그가 각지의 노래의 가사를 모아오
면, 임금은 그것을 보고 민심의 동향과 정
치의 잘잘못을 알아내어 정치에 참고하였
다는 것이다. 이 시를 수집하는 관리가 모
아들인 시가 3,000여 편이나 있었다는 것
이다.

공자(孔子)

곧 옛날에는 이렇게 하여 모아들인 시가 나라에 3,000여 편이나 있었는데, 공자(B.C. 551~B.C. 479)에 이르러 그 중에서 잘된 것 3백여 편만을 가리어 지금의 『시경』을 편찬하였다는 것이다.

그러나 이미 당대의 공영달을 비롯하여 많은 학자들이 그러한 『시경』을 공자가 편찬했다는 이론을 의심하여 왔다. 특히 『좌전(左傳)』 양공(襄公) 29년(B.C. 544)에 오(吳)나라 공자 계찰(季札)이 노나라에 와서 주나라 음악을 감상하는 가사가 있는데, 이때 계찰이 들은 음악의 내용은 이미 현재의 『시경』 내용과 비슷하기 때문이다. 그때 공자는 겨우 여덟 살이었으니 공사가 『시경』을 완전히 편찬했을 가능성이 적다.

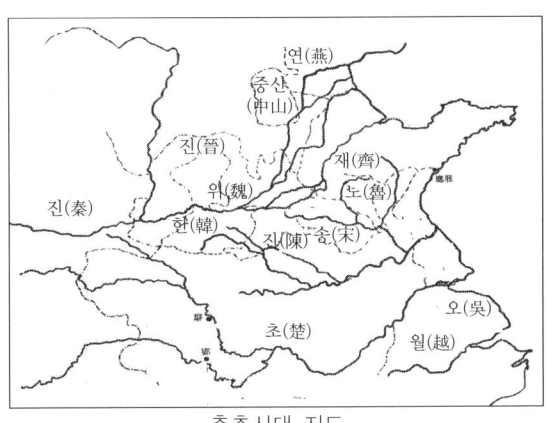
춘추시대 지도

그러나 『논어』 자한(子罕)편을 보면 공자 스스로 이렇게 말하고 있다.

"내가 위(衛)나라로부터 노(魯)나라로 돌아온 뒤에야 음악이 바로잡히고 아(雅)·송(頌)이 각각 제자리를 찾게 되었다."

이곳의 공자가 '아·송이 각각 제자리를 찾았다'고 한 말은 『시경』 중에서도 각별히 아와 송에는 자신이 편찬에 손을 대었다는 말로 받아들여야 할 것이다. 계찰이 주나라 음악을 감상했을 적에는 송에 주(周)·노(魯)·상(商)의 세 가지가 있었음을 말하지 않고 있다. 그리하여 정현(鄭玄, 127-200)은 그의 『시보서(詩譜序)』에서 노송과 상송은 뒤에 공자가 『시경』 속에 편입시킨 것이라 하였다. 노나라는 제후의 나라이며 송나라는 망한 은나라 후손의 나라이니, 이것들이 천자 나라의 '송'과 함께 있을 수는 없는 것이다. 그리고 노송의 「살찌고 큼(駉)」 시와 「살찌고 억셈(有駜)」 시는 송이 아니라 국풍에 가깝고, 또 「반궁의 물(泮水)」·「비궁(閟宮)」 시와 상송의 「은나라의 무용(殷武)」 같은 당시의 임금에게 아첨하는 내용의 시는 그 체재가 '아'에 가깝다.

그런데 공자는 노나라 사람이었고, 또 "나는 은나라 사람이다."[9]고 스스로 말하고 있으니, 노나라의 시와 은(殷)나라의 후손인 송나라의 시를 천자 나라의 송과 함께 넣어두게 된 것은 공자임이 분명하다. 공자가 3,000여 편의 옛날 시를 정리하여 305편의 『시경』으로 만든 것은 아니라 하더라도, 적어도 공자가 위나라에서 노나라로 돌아온 뒤(魯哀公 11년, B.C. 484 이후), 육경(六經)을 편찬하고 그것을 공부하는 모든 사람들이 읽을 교과서로 정하면서 『시경』도 지금의 형태로 모양이 확정되었다고 보아야 할 것이다.

『시경』은 소아·대아·송은 말할 것도 없고, 15 국풍까지도 일단 공자

---

9) 『禮記』 檀弓편에 보이는 말.

의 손을 거쳐 다시 정리된 것임이 사실이다. 공자는 『시경』의 시들을 다시 정리하여 지금 우리가 보는 것과 같은 모양의 『시경』으로 만든 다음, 이것을 모든 사람이 읽어야 할 경전으로 삼았던 것이다.

다만 문제가 되는 것은, 성인 공자께서 어찌하여 연애시나 세상을 원망하는 것 같은 예교에 어긋나는 시들을 그대로 『시경』 속에 남겨놓았는가? 어째서 그러한 음란한 시들이 많은 『시경』을 가지고 모든 사람이 읽어야 할 경전으로 삼으려 했는가? 라고 하는 것이다. 그 해답은 『시경』에 대한 공자의 태도로부터 찾아내는 수밖에 없을 것이다.

『논어』에서 공자는

"「물수리(關雎)」 시는 즐거우면서도 지나치지 아니하고, 슬프면서도 마음을 상하게 하지 않는다.(八佾)"

고 평하고 있다. 이성에 대한 그리움을 노래한 이 시가 "즐거우면서도 지나치지 않다."고 평한 것은, 이 시들이 사람의 본성에 입각한 자연스러운 감정을 노래했다고 생각했기 때문일 것이다.

"슬프면서도 마음을 상하게 하지 않는다."고 한 것은, 애타는 젊은이의 상념이 슬프기는 하지만 사춘기의 자연스런 감정의 발로이기 때문에 마음을 상하게 하지는 않는다고 생각했기 때문이다. 뒤의 학자들처럼 이 시가 '후비(后妃)의 덕'을 노래한 것이라 생각했다면 처음부터 공자는 시평에 '즐겁다, 슬프다'는 말이나 '지나치다, 마음을 상하게 하지 않는다'는 말은 쓰지 않았을 것이다. 다시 『논어』에서 공자는 이런 말도 하고 있다.

"『시경』을 한마디로 평한다면, 곧 '생각에 사악함이 없는 것' 이다.(爲政)"

이것은 『시경』의 노래들이 솔직하고 자연스런 사람들의 감정을 노래한 것이라고 생각하고 평한 말일 것이다.

버림받은 여인이 남편을 원망한다던가, 백성들이 어지러운 세상이나 포악한 위정자를 원망하는 것 같은 내용의 작품들도 꾸밈없는 솔직한 사람들의 서정이라 보았을 것이다. 『시경』의 시들이 모두 예교에 맞는 내용의 작품들이라 생각했다면 구태여 평하는 말에 '사악함'이란 말을 썼을 리가 없는 것이다. 시의 내용에 남을 욕하거나 원망하는 것도 있지만, 이것들도 모두가 사람들의 자연스런 감정을 노래한 것이지, 사악한 마음에서 나온 것은 아니라는 것이다.

공자는 매우 거시적인 입장에서 사람들을 가르치려 하였던 것이다. 공자는 갖가지 사람들의 솔직한 서정이나 여러 가지 시대의 실상 같은 것이 표현되어 있는 『시경』을 읽음으로써 사람들로 하여금 올바른 인간관을 지니게 하고자 하였을 것이다. 『논어』에 이런 말도 보인다.

"사람이면서도 주남(周南)이나 소남(召南)을 공부하지 않으면 마치 벽을 마주보고 서 있는 사람 같을 것이다.(陽貨)"

"시를 배우지 않았으면 말할 상대가 못된다.(季氏)"

모두 『시경』에는 참된 인간의 모습이나 감정을 접할 수 있는 다양한 노래들이 실려있다고 생각했기 때문일 것이다. 다시 말하면 공자는 『시경』을 통하여 단정한 예교만을 가르치려 한 것이 아니라 넓은 뜻의 참된 인간의 실상 같은 것을 가르치려 하였던 것이다.

공자는 다시 시의 본질과는 관계없는 시의 실용성도 인정하고 있었다. 『논어』에는 이런 말도 보인다.

"시는 감정을 일깨울 수도 있고, 사회현상을 살피게 할 수도 있고, 사람들과 잘 어울리게 할 수도 있고, 남을 노여움 없이 원망할 수 있게도 한다. 가까이는 아버지를 잘 섬기게 하고 멀리는 임금을 잘 섬기게 한다. 그리고 풀과 나무와 새와 짐승의 이름을 많이 알게도 한다.(陽貨)"

"『시경』을 다 외웠다 하더라도 그것을 정치에 적용시켜 일에 통달하지 못하고 여러 나라의 사신으로 가서 시로써 응대하지 못한다면, 비록 많이 안다 하더라도 무엇에 쓰겠는가?(子路)"

『시경』을 읽음으로써 참된 인간을 이해하고 올바른 사람이 될 수 있을 뿐만이 아니라 많은 지식을 얻게 된다는 것이다. 그리고도 공자는 직접 정치에도 실지로 응용될 수 있고 외교에도 활용할 수 있는 것이라고 믿은 것이다.

『좌전』을 보면 춘추시대에는 제후들끼리 만나거나 제후가 경대부(卿大夫)들인 사신을 접견할 때에는 언제나 먼저 『시경』의 시를 한 수 또는 한 장씩 서로 읊음으로써, 서로 미리 자기의 뜻과 거기에 대한 상대방의 반응을 암시를 통하여 짐작할 수 있도록 하는 게 습관처럼 되어 있었다.

이때 인용하는 시들은 시의 본뜻과는 관계없이 다른 뜻을 암시하는 것이어서 상당한 시에 대한 지식을 필요로 하였다. 이러한 정치 또는 외교상의 시의 실용은 공자의 본뜻과는 관계없이 이룩된 당시의 기풍이었을 것이다.

공자는 이러한 시대적인 관습이 나쁘지는 않은 것이었으므로 정치 외교상의 시의 실용을 승인했을 따름일 것이다. 아무래도 공자가 『시경』을 가장 중요한 경전으로 내세운 본뜻은 『시경』을 통하여 인간의 참모습을 사람들에게 가르치려는 것이었을 것이다.

공자묘

6. 삼가시(三家詩)

중국의 학술연구는 경학(經學)을 바탕으로 하여 한나라 때부터 시작되고 있다. 그것은 한나라 때에 와서야 한자의 글자체가 통일되어 누구나 읽을 수 있는 경전을 비롯한 책이 이루어졌기 때문이다. 따라서 이때의 책에는 그때 쓰이기 시작한 통일된 새로운 글자체로 쓰인 것과 이전의 여러 가지 다른 옛 글자체로 쓰인 두 가지 종류의 것이 있게 되었다. 그 때문에 중국의 경서에는 금문(今文)과 고문(古文)의 구별이 생겨났다. 본시 금문으로 된 경서란 한대에 통용되던 예서(隷書)로 쓰인 것들을 말하며, 고문이란 진(秦)나라 이전에 유행한 '고문자'로 쓰인 경서의 글을 말하는 것이었다.

금문은 입으로 전해지던 것 또는 옛날 글씨체로 쓰인 책을 다시 예서체의 한자로 옮겨 쓴 것이다. 그리고 고문이란 일부 학자들이나 오래된 집에 남아있던 옛날 글씨체로 쓰인 책들이 뒤에 다시 발견된 것이다. 이 금문과 고문은 경문 자체에도 약간 차이가 있었지만 이것들을 근거로 한 경문의 해석에 있어서는 더욱 차이가 커서 차츰 분쟁으로 발전하였다.

『시경』에 있어서는 한 초에 『시경』을 전한 사람으로 신배공(申培公)과 원고생(轅固生) 및 한영(韓嬰)이 있었는데, 이들은 모두가 금문이며 후세에 이들을 삼가시라 부르게 되었다.

신배공은 노(魯)나라 사람이어서 그의 시에 대한 이론과 해설을 '노시(魯詩)'라 한다. 그는 순자(荀子)의 제자인 부구백(浮丘伯)에게 배운 일도 있으며, 문제(文帝 : B.C. 179~B.C. 157 재위) 때에는 한영과 함께 시경박사(詩經博士)가 되었다. 이들은 한대의 경학박사 가운데서도 가장 초기의 박사들이다.

『한서』 예문지에는 『노고(魯故)』 25권, 『설(說)』 28권이 기록되어 있으나 이것들은 서진(西晉)시대에 이미 없어졌다. 지금도 『신배시설(申培詩

說)』이란 책이 전해지고 있지만, 이는 명나라 때 사람인 풍방(豐坊)이 가짜로 만든 것임이 밝혀졌다.

원고생은 제(齊)나라 사람이어서 그의 시에 대한 이론과 해설을 '제시(齊詩)'라 한다. 그는 경제(景帝 : B.C. 156~B.C. 141 재위) 때에 『시경』으로 박사가 되었다. 『한서』 예문지에는 『제후씨고(齊后氏故)』 20권, 『전(傳)』 39권이 기록되어 있다. 위 책의 작자인 후창(后蒼)이 '제시'를 지었다고 주장하는 학자도 있다(師古 注, 引 應劭). '제시'는 이내 위(魏)대에 없어져 '노시'와 함께 그 상세한 내용을 알 수 없다.

한영은 연(燕)나라 사람으로 문제(文帝) 때에 박사가 되었으며, 경제(景帝) 때에는 상산왕(常山王)의 태부(太傅)를 지낸 사람이다. 그의 시에 대한 이론과 해설을 보통 '한시(韓詩)'라 부르며 『한서』 예문지에는 『한고(韓故)』 36권, 『내전(內傳)』 4권, 『외전(外傳)』 6권, 『설(說)』 41권이 기록되어 있다. '한시'는 삼가시 중에서 생명이 가장 길어 당(唐)대까지 존재(혹은 北宋)하였으며, 지금도 『외전』 10권이 전해지고 있다.

이 삼가시에 대하여는 후세의 학자들이 여러 옛 책에 인용되어 있는 삼가시의 글을 주워모아 새로 그것을 정리 편찬해 놓아 대체적인 성격을 알려주고 있는데, 그중에서도 청대 진교종(陳喬樅 : 1809~1869)의 『삼가시유설고(三家詩遺說考)』, 왕선겸(王先謙 : 1842~1917)의 『시삼가의집소(詩三家義集疏)』 등은 이미 『모시』와 함께 『시경』을 읽는 데의 필수적인 책이 되었다. 『모시』와 함께 '삼가시'를 읽음으로써 좀더 올바른 경문의 이해를 꾀할 수 있으리라 믿는다.

7. 모시(毛詩)

앞에서 말한 것처럼 삼가시는 일찍이 없어져 전하지 않게 되어 송대 이후로는 고문인 『모시』만이 세상에 행세하게 되었다. 지금 우리가 보통 읽고 있는 『시경』이란, 모두가 『모시』를 통해서 전해진 것이다.

『한서』 예문지를 보면, 삼가시를 서술한 뒤에,

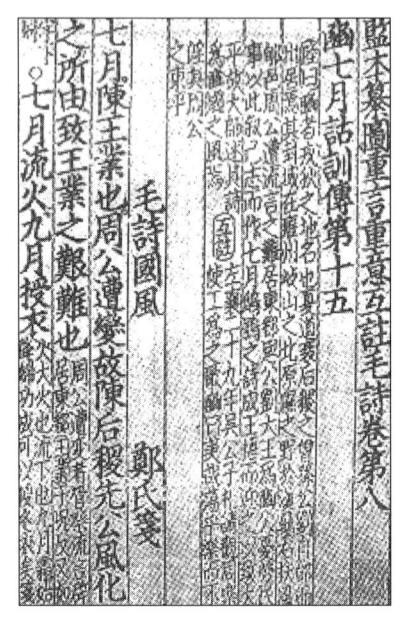

"또 모공(毛公)의 학문이 있는데 스스로 자하(子夏)가 전한 것이라 하여 하간헌왕(河間獻王)이 좋아했지만 학관(學官)에 채택되지 못했다."

라고 말하면서 『모시』 29권, 『모시고훈전(毛詩故訓傳)』 30권을 싣고 있는데 '모공이 전한 책'이라 하였다. 이 중의 『모시고훈전(毛詩故訓傳)』이 바로 지금 우리가 읽는 『시경』인 것이다.

모공이 어떤 사람인지는 알 수 없다. 『한서』에선

"모공은 조(趙)나라 사람이다."

라고만 유림전(儒林傳)에 밝혔다. 그런데 동한의 정현(鄭玄)은 『시보』에서

"노나라 사람 대모공(大毛公)이 『고훈(詁訓)』을 지었고 소모공은 박사가 되었다."

고 하였고, 진나라 사람 육기(陸璣)는 『모시초목조수충어소(毛詩草木鳥獸蟲魚疏)』에서,

"모형(毛亨)이 『고훈전』을 지어 조(趙)나라 모장(毛萇)에게 전했다. 그 때 사람들이 형(亨)을 대모공, 장(萇)을 소모공이라 불렀다."

고 하였다.

여기서 의심스러운 것은, 서한의 반고는 『한서』에서 '모공'만을 얘기했는데, 뒤의 정현에 이르러는 '대모공·소모공'의 둘로 되고, 더 후대의 육기에 이르러는 마침내 '대모공은 모형, 소모공은 모장'으로 이름까지 밝혀진다는 것이다. 옛 일이 시대가 뒤질수록 더욱 자세하여진다는 것은 근거가 없는 이상 일단 의심해야 할 것이다. 『모시』를 전한 사람은 '모공'이라고만 알아두는 것이 가장 옳을 것이다.

『모시』에는 맨 앞머리에 자하(子夏)가 썼다고 알려진 '대서(大序)'가 있고, 각 시의 앞머리에는 자하와 모공이 함께 썼다고 전해지는 '소서(小序)'가 있어 각각 시의 뜻을 설명하고 있다. 이 주장은 정현의 『시보서』에 근거를 둔 것이다. 그런데 육기의 『초목조수충어소』에선 자하는 시 3백 편 본래의 서(大序)를 썼고 한대 위굉(衛宏 : 25 전후)이 「모시서」를 썼다 했다. 『후한서』 유림전에서도 위굉이 「모시서」를 썼다고 하였다.

이밖에도 송대 왕안석(王安石 : 1021~1086)은 '소서'는 시의 작자들이 썼다 했고, 그밖에도 '대서'는 공자가 쓰고 '소서'는 나라의 사관(史官)이 썼다느니(程頤 說), '시서'는 유흠(劉歆 : B.C. 53?~A.D. 23)과 위굉의 합작이라느니(康有爲의 주장) 말이 많다. 어떻든 '시서'의 작자에 대하여는 아직도 정론이 없는 것이다.

「모시서」에서 풀이하는 각 시의 전체 뜻은 실지의 시의 내용과 거리가 있는 것이 많다. 송대 이전에는 어떻든 모두가 '시서'를 믿었지만 구양수(歐陽修 : 1007~1072) 이후로 정초(鄭樵 : 1104~1160)의 『시변망(詩辨妄)』, 주희의 『시서변설(詩序辨說)』이 나오자 날이 갈수록 의심하는 이가 늘어났다. 이 책에서도 시의 뜻을 해설할 적에 일단 「모시서」를 참고하기는 했지만 따르지 않은 시도 상당히 많다.

8. 『시경』의 새로운 방향의 해석

『시경』을 중국의 전통적인 방법과 다른 완전히 새로운 각도에서 읽고 해석한 최초의 업적은 서양에서 나왔다. 프랑스 사람 그라네(Marcel Granet)가 1919년에 낸 『중국의 고대 제의와 노래(Fêtes et Chansons ancienes de la Chine)』이다.

그라네는 사회학 연구에서 시작하여 중국학으로 들어간 학자여서, 『시경』을 통해서 중국 고대사회 연구에 획기적인 업적을 이룰 수가 있었던 것이다. 그는 『시경』을 대함에 있어서, 우선 경학의 시각으로부터 벗어나 『시경』의 시들을 중국 고대사회에 있어서의 제의(祭儀) 및 신앙과 결부시켜 해석하려 하였다. 그는 가요야말로 중국 고대의 계절적인 제의를 드러내는 신앙의 연구자료로써 가장 좋은 문헌이라 생각했던 것이다.

그 결과 『시경』 중에서도 특히 국풍의 작품들은 대부분이 고대의 농민들이 전원적인 계절에 따른 제사를 지냄에 있어서, 젊은 남녀들이 그 자리에서 주고받은 연가 또는 민요라는 입장에서 시를 해석하였다.

따라서 이전의 『모전』 및 『정전(鄭箋)』을 비롯한 중국의 학자들이 풀이하던 것과는 전혀 다른 방향에서 시의 뜻을 파악하게 되었던 것이다. 그리고 자기의 해석을 정당화하기 위하여는 자신이 답사한 운남(雲南)·귀주(貴州) 등지의 소수민족의 풍습을 실증으로 이용하기도 하였다.

그의 연구에는 중국 고문헌에 대한 기초지식의 부족과 지나친 추리와 논단 등이 있어, 시 해석에 적지않은 무리는 있지만 이 새로운 연구방법은 중국학계에 큰 반향을 일으켰다. 이전의 『시경』 연구는 경학의 범위를 벗어나지 못하여, 『시경』 해석에 혁신적인 성과라 평가되는 주희의 『시집권(詩集傳)』, 최술(崔述)의 『독풍우지(讀風偶識)』 등도 『시경』을 경학으로부터 독립시키지는 못하였다. 그러므로 그라네의 연구방법은 획

기적이었다고 할 수 있다.

스웨덴의 유명한 중국 언어학자 칼그렌(Bernhard Karlgren)이 언어학적인 입장을 반영하면서 번역한 『시경』도 주목할만한 새로운 업적이다. 그는 『스웨덴 원동박물관 학보 Bulletin of the Museum of Far Eastern Antiquities』 14권(1942)에서 19권(1947)에 걸쳐 『시경』의 주석(注釋)과 번역을 발표하였다.

그의 『시경』 해석은 무엇보다도 언어학을 바탕으로 한 정확한 글자 뜻의 해석으로부터 출발하고 있다. 그리고 그 방법이 과학적이다. 청대 학자들이 발전시킨 훈고학(訓詁學)의 수준을 한 차원 더 넘어섰다고도 할 수 있다. 다만 수천년 전의 글의 해석은 정확한 글자 뜻만 가지고는 풀기 어려운 것들이 많다는 것이 문제이다.

이 서양 학자들의 새로운 『시경』 연구방법은 일본 학자들에 의하여 먼저 계승되었다. 마쓰모도(松本雅明)의 『시경 제편(諸篇)의 성립에 관한 연구』(1958)를 비롯하여, 시로가와(白川靜)의 『시경연구(詩經研究)』(1967) 등이 그것이다. 그리고 많은 학자들이 『시경』을 중국 고대의 제의와 풍속 또는 가무희(歌舞戲) 등과도 관련지으며, 새로운 해석을 시도하였다. 왕찡시엔(C. H. Wang)의 『종과 북(The Bell and The Drum)』(1974, University of California Press, 1974)도 좋은 평가를 받은 창조적 연구 업적이다.

우리나라에 있어서는 「서한 『시경』 해설에 대한 새로운 이해」·「중국 고적(古籍)의 성격」 등 필자의 논문이(『중국문학사론』, 서울대출판부, 2001, 〈Ⅰ. 고대 문학사의 문제들〉에 실림) 가장 두드러진 그 방면의 업적인 듯하다.

9. 『시경』의 대표적인 주해서(註解書)

1. 『모시정의(毛詩正義)』 40권 : 한 모형(毛亨) 전(傳), 정현(鄭玄) 전(箋). 당 공영달(孔穎達) 소(疏).
   『십삼경주소(十三經注疏)』에 들어있으며, 가장 전통적인 『시경』 주해서임. 이른바 『모전』과 『정전』을 공영달이 보충하여 자세한 해설을 한 책임.

2. 『모시초목조수충어소(毛詩草木鳥獸蟲魚疏)』 2권 : 오(吳) 육기(陸璣) 지음.
   『시경』에 나오는 식물·동물·곤충·물고기 등에 대한 해설.
   『시경』을 읽는 데에 꼭 참고해야 할 책이나, 공영달의 『소』에 거의 전부 인용됨.

3. 『시집전(詩集傳)』 8권 : 송 주희(朱熹) 지음.
   『모시』에만 의거하지 않고, 새로운 시의 해석에 주력한 송학(宋學)을 대표하는 명저임.

4. 『시집(詩緝)』 36권 : 송 엄찬(嚴粲) 지음.
   역시 『모시』만을 따르지 않고, 여조겸(呂祖謙)의 『여씨가숙독시기(呂氏家塾讀詩紀)』 등 여러 학자들의 업적을 종합하며 시의 새로운 해설을 시도한 명저임.

5. 『모시계고편(毛詩稽古編)』 30권 : 청 진계원(陳啓源) 지음.
   『시경』 해설에 관한 청대 고증학의 뛰어난 업적 중의 하나. 저자는 14년 동안 세 번이나 원고를 고쳐 이룩한 책이라 한다.

6. 『모시후전(毛詩後箋)』 30권 : 청 호승공(胡承珙) 지음.
   『모전』과 『정전』을 고증학적인 방법으로 보충 해설한 명저. 고증에 뛰어났다는 평을 받고 있음.

7. 『모시전소(毛詩傳疏)』 30권 : 청 진환(陳奐) 지음.
『모전』만을 근거로 하여 고증학적인 방법으로 시를 해설한 명저임.
8. 『모시전전통석(毛詩傳箋通釋)』 32권 : 청 마서진(馬瑞辰) 지음.
『모전』과 『정전』을 보충 해설한 책으로, 고증의 자료가 풍부하고 방법이 과학적이며 해설이 상세하여, 위 두 책과 함께 청대에 나온 〈삼대양저〉라 할만한 업적임.
9. 『시삼가의집소(詩三家義集疏)』 상·하 : 청 왕선겸(王先謙) 지음.
『삼가시』의 남아 전하는 기록을 모두 모아놓고, 시의 해설에 편의를 제공한 명저임.
10. 『시경석의(詩經釋義)』 상·하 : 굴만리(屈萬里) 지음(臺北, 中華文化出版事業社, 1953).
청대 고증학의 업적과 현대 과학적인 연구성과를 총망라하여 『시경』을 해설한 현대의 가장 뛰어난 주해서임.
11. The Book of Songs ; Arther Waley, 1937, Allen & Urwin. 매끄러운 영문으로 번역된 가장 좋은 번역으로 평가되고 있음.
12. The Shi King ; James Legge, 1935, London, Oxford University Press.
주희의 『시집전』을 위주로 하여 자세한 주석과 함께 원문에 충실한 번역을 한 것으로 평가받는 명저임.

【해설 보충】

서한 학자들의 『시경』 해설에 대한 새로운 이해

1. 서론

『시경』을 공부하면서 늘 마음속에서 떠나지 않는 큰 의문의 하나는 서한에 나온 『모시(毛詩)』와 『삼가시(三家詩)』의 시 해설 내용이 왜 그러한가라는 문제이다. 『시경』에 관한 본격적인 연구는 서한으로부터 시작되고 있고, 서한의 시경학을 대표하는 저술이 『모시』와 『삼가시』이다. 그리고 이들 중 『삼가시』는 일찍이 위(魏)·진(晉)대에 이르러 거의 전해지지 않게 되었으나, 『모시』만은 동한 정현(鄭玄, 127-200)의 『전(箋)』이 나오고, 당대 공영달(孔穎達, 574-648)의 『정의(正義)』가 나오면서 전통적인 『시경』 해설서로서 학계에 군림해 왔다. 그러나 송대로 들어와서는 『모시』를 제쳐 놓고 자기 뜻대로 『시경』을 해설하기 시작하고,[1] 다시 『모시』에 대한 의문까지도 제시하는 학자들이 나오기 시작하였다.[2] 그 결과 청대에 와서는 요제항(姚際恒, 1647-?)의 『시경통론(詩經通論)』이나 최술(崔述, 1740-1816)의 『독풍우지(讀風偶識)』처럼 『시경』 연구의 중점을 『모시』의 시 해설의 부정에 두었다고도 할 수 있는 저술까지도 나왔다. 결국 지금 와서는 『모시』의 시 해설을 그대로 믿는 사람은 극히 드문 형편이 되었다. 굴만리(屈萬里, 1906-1979)의 「선진시대 시 해설의 기풍과 한대 학자들의 시교를 근거로 시를 해설한 그릇됨(先秦說詩的

---

1) 歐陽修의 『詩本義』, 蘇轍의 『詩集傳』 등.
2) 王質의 『詩總聞』, 鄭樵의 『詩辨妄』, 朱熹의 『詩序辨說』 등.

風尚和漢儒以詩敎說詩的迂曲)」(『屈萬里先生文存』 第一册 所載) 같은 논문은 현대의 『시경』에 대한 학자들의 인식을 가장 잘 대표해준다.

그러나 한대의 학자들이 단지 "시교관념" 때문에 『시경』의 시의 뜻을 그릇되게 해설했다고 단정해 버리는 것은 아무래도 속단인 듯하다. 굴만리 교수가 "그릇된 시 해설"의 보기로 들고 있는 「물수리(關雎)」편의 경우를 보자. 우선 『노설(魯說)』로 다음 앞의 두 대목을 인용한 뒤, 다시 그 뒤에 『제시(齊詩)』와 『한시(韓詩)』 및 『모시』를 각각 한 대목씩 인용하고 있다.

"주나라가 쇠약해지자 시가 지어졌는데, 대체로 강왕(康王) 때였다. 강왕은 안방에서의 덕이 부족하여 조회에 늦게 나오는 것을 대신이 풍자하려고 시를 지었던 것이다."[3]

"옛날 주나라 강왕은 문왕의 훌륭한 정치를 계승하였으나, 어느 날 아침 늦게 일어나 부인은 패옥(佩玉)소리를 내며 움직이지 않고, 궁전 문에서는 딱따기를 치지 않자, 「물수리」의 작자가 잘못될 기미를 알고 지은 것이다."[4]

"공자는 시를 분류하면서 「물수리」로 시작을 삼았다. 그것은 가장 위에 계신 분은 백성들의 부모이니, 임금 부인의 행실이 하늘과 땅에 부합되지 못하면 곧 신령스러운 전통을 받들어 만물을 적절히 다스릴 수가 없게 되기 때문이었다. 그러므로 시에서 '아리따운 얌전한 여인은 군자의 좋은 짝이라'고 한 것은, 그의 정숙함을 다하고 그의 절조를 바꾸지 아니하며, 정욕적인 감정을 용모와 몸가짐에 개입시키지 아니하고, 사사로이

---

[3] "周衰而詩作, 蓋康王時也. 康王德缺於房, 大臣刺晏, 故詩作."(王先謙 『詩三家義集疏』에 보임).
[4] "昔周康王承文王之盛, 一朝晏起, 夫人不鳴璜, 宮門不擊柝. 關雎之人, 見幾而作."(上同).

즐기는 뜻을 행동에 드러내지 아니하게 되어야만 임금의 짝이 되어 종묘의 주인 노릇을 할 수 있음을 말한 것이다. 이것이 기강의 으뜸이며 왕자로서의 교화의 발단인 것이다."⁵⁾

"시인은 저구(雎鳩)가 정결하고도 짝을 짓는 데 신중하여 소리로서 추구하면서도 사람이 없는 곳에 숨어 있음을 말하고 있는 것이다. 그러므로 임금이 조정에서 물러나 개인의 거처로 들어가도 후비는 임금을 맞이하여 뵙는 데 법도가 있는 것이다. 궁전 대문에서는 딱따기를 치고 북재비는 북을 울리어, 물러나 편안히 지냄에 몸은 편안하고 뜻은 밝게 되는 것이다. 지금 높은 사람들은 안으로 여색에 기울어져 있다. 현명한 사람이 그 싹을 보았기 때문에「물수리」를 읊어 숙녀는 용모와 몸가짐을 올바로 해야 함을 말함으로써 시대를 풍자한 것이다."⁶⁾

끝으로 굴만리 교수가 인용하고 있는「모시서」는 다음과 같다.

"「물수리」는 후비의 덕을 노래한 것이다. 풍(風)의 시작이어서 천하의 일을 풍자하고 부부관계를 바로잡는 근거가 된다. …그래서「물수리」는 숙녀를 구하여 군자에 짝지어 주는 것을 즐기는 것인데, 걱정은 현명한 이를 추천하는 데에 있고 여색에 빠지는 것은 아니다. 충심으로 양전한 이를 찾으며 현명한 재질의 사람을 생각하되 훌륭함을 손상시키려는 마음은 없는 것이 바로「물수리」의 뜻인 것이다."⁷⁾

---

5) "孔子論詩, 以關雎爲始. 言太上者, 民之父母; 后夫人之行, 不侔乎天地, 則無以奉神靈之統, 而理萬物之宜. 故詩曰: 窈窕淑女, 君子好仇. 言能致其貞淑, 不貳其操, 情欲之感無介乎容儀, 宴私之意不形乎動靜, 夫然後可以配至尊, 而爲宗廟主. 此紀綱之首, 王敎之端也."(上同).
6) "詩人言雎鳩貞潔愼匹, 以聲相求, 隱蔽於無人之處. 故人君退朝, 入於私宮, 后妃御見有度, 應門擊柝, 鼓人上堂, 退反宴處, 體安志明. 今時大人, 內傾於色. 賢人見其萌, 故詠關雎, 說淑女正容儀, 以刺時."(上同).
7) "關雎, 后妃之德也. 風之始也, 所以風天下而正夫婦也. …是以關雎樂得淑女, 以配君子; 憂在進賢, 不淫其色. 哀窈窕, 思賢才, 而無傷善之心焉; 是關雎之義也."

이 밖에도 왕선겸(王先謙, 1842-1917)의 『시삼가의집소(詩三家義集疏)』에는 위에 인용한 것과 다른『노설』4종이 더 모아져 있다. 우리가 허심탄회한 입장에서「물수리」시를 읽어보면 분명히 이는 젊은이가 이상적인 이성을 그리는 시이다. 곧 "요조숙녀는 군자의 좋은 짝"이라는 구절이 이 시의 주제이다. 그런데『모시』나『삼가시』에서는 어찌하여 위와 같은 해설을 하고 있는 것일까? 서한의 학자들은 어리석어서 그처럼 시의 뜻과 관계도 없는 그릇된 해설을 하고 있다고 웃어넘겨도 되는 것일까?

이에는 필시 이유가 있었으리라 생각하는 것이 옳을 것이다. 다만 서한의 학자들이 그러한 풀이를 한 확실한 근거가 전하지 않기 때문에 송대 이후 지금에 이르기까지 학자들은「모시서」나『삼가시』의 해설을 거의 무시하고 자기 나름대로 시를 해석하고 있다. 그러나 그러한 옛 학자들의 업적의 경시는 결국은 시를 올바로 이해하지 못하고 마는 결과를 가져오게 될지도 모른다.

여기에서는 이들 서한 학자들의 시 해설을 합리적으로 받아들일 수 있는 길을 찾아보려는 것이다. 무엇보다도 이들 시는 민간의 가요에서 나온 것이라는 전제 아래 옛날 중국 민간에 이들 가요들이 전해지던 상황을 상정하며 추구해 보려는 것이다. 먼저 이들 서한의『시경』해설은 고사(故事)와 깊은 관련이 있다는 데 먼저 주목하였다. 중국 민간의 가요들은 설서(說書)나 가무희(歌舞戲) 같은 여러 가지 곡예와 함께 널리 유행하고 있다는 사실을 근거로 하여, 서한의『시경』해설도 그러한 희곡적인 민간연예와의 관계 때문에 그런 해설을 하게 된 것이라고 추정하게 되었다. 따라서「모시서」의 주남 시 해설이, 그 시들을 가무희에서 부르던 노래라는 사실을 전제로 한 것임을 주송(周頌)의 대무악장(大武樂章) 등을 참고로 하며 추정하게 되었다. 그리고『시경』의 부(賦)에서 시작하여 초사(楚辭)와 한부(漢賦) 및 속부(俗賦)에 이르는 부 계열의 작품들도 모두 가무희적인 곡예와 관련이 많다는 사실에 착안하게 되었다. 이 소

론은 이러한 서한 학자들의 『시경』 해설의 성격을 추리를 통해서일망정 어느 정도 증명해 보려는 것이다. 이러한 노력이 『시경』의 시들을 올바로 이해하는 데에 큰 도움이 될 수 있기를 바란다.

2. 『모시』·『삼가시』와 고사

『시경』은 서정시가 주류를 이루고 있는데도 「모시서」나 삼가시의 남아 전하는 해설을 보면 상당히 복잡한 고사를 동원하고 있는 경우가 많다. 이미 앞에 든 「물수리」 시의 해설만도 좋은 보기가 된다. 앞에서 왕선겸의 『시삼가의집소』에는 앞 서문에 인용한 것 이외에도 다음과 같은 해설 네 조목이 더 보인다.

"임금의 후비가 일찍 죽고 오래 사는 것을 제어하므로, 나라가 다스려지고 어지러워지는 것과 흥하고 망하는 단서가 된다. 그러므로 후비가 늦게 일어나 허리에 찬 옥을 달랑거리며 활동하자 「물수리」의 작자는 그것을 탄식하며, 여색을 좋아하는 것이 본성을 손상시키고 목숨을 단축시키는 일임을 알기 때문에 법도에 벗어나는 삶에 싫증을 낼 줄 몰라 온 천하가 그 영향을 받아 혼란함이 습속을 이루게 될 것이라 하였다. 그러므로 숙녀가 임금의 짝이 되기를 바라는 것을 읊음으로써 충심과 효심이 두터워지고 어질고 성실해지라는 뜻에서 지은 것이다."[8]

"주나라가 점차 쇠해지자 강왕이 늦게 일어나게 되었다. 필공(畢公)은 탄식을 하면서 옛날의 도를 생각하고, 저 「물수리」의 새는 본성이 두 배필을 갖지 않음에 감동하여, 주공 같은 이를 구하여 얌전한 여자에게 짝

---

8) "后妃之制夭壽, 治亂存亡之端也. 是以佩玉晏鳴, 關雎歎之, 知好色之伐性短年, 離制度之生無厭, 天下將蒙化, 陵夷而成俗也. 故詠淑女, 幾以配上, 忠孝之篤, 仁厚之作也."

지어줌으로써 잘못되는 것을 막고 나빠지는 경향을 없앰으로써 임금을 풍자하여 일깨워주려 한 것이다. 공자는 그런 점을 위대하게 여겨 책의 첫머리에 배열하였다."⁹⁾

"주나라의 도가 무너지자 시인이 잠자리를 근거로 하여 「물수리」를 지었다."¹⁰⁾

"주나라의 강왕 부인이 늦게 조정에 나왔는데, 「물수리」의 작자는 그것을 예견하고 숙녀를 얻어서 군자에게 짝지어 주려 했던 것이다."¹¹⁾

해석이 각양각색이나 대체로 『노시』에서는 주나라의 성왕(B.C. 1115-1079 재위)의 뒤를 이은 강왕(B.C. 1078-1053 재위)이 부인에게 빠져 늦잠을 자느라 조회에도 참석하지 못했던 일과 관련시켜 시를 해설하고 있는데, 문왕의 열다섯 번째 아들인 필공까지도 등장하고 있다. 모두 어디에도 그럴만한 근거라고는 찾아볼 수 없는 얘기들이다. 『한시』에서는 나라에 있어서 후비의 행실의 중요성을 말한 뒤 "지금의 대인들이 안으로 여색에 빠져있어, 현명한 사람이 그런 사실을 보고서 시세를 풍자하기 위하여 「물수리」 시를 읊은 것"이라 설명하고 있다. 『제시』와 『모시』에서는 대체로 후비의 행실을 읊은 거라 말하고 있다. 모두 「물수리」라는 시에서는 전혀 그런 근거를 찾아볼 수 없는 얘기들이다.

시 해설의 근거가 보이지 않을 뿐만 아니라, 짧은 노래의 가사 해설치고는 관계가 전혀 없어 보이는 얘기들이 상당히 여러 가지로 인용되고 있다. 주남의 여덟 번째 시인 「질경이(芣苢)」는 다음과 같은 시가 3장으

---

9) "周漸將衰, 康王晏起. 畢公喟然深思古道, 感彼關雎性不雙侶, 願得周公配以窈窕, 防微消漸, 諷諭君父; 孔氏大之, 列冠篇首."
10) "周道缺, 詩人本之袵席, 關雎作."
11) "周之康王夫人, 晏出朝, 關雎豫見, 思得淑女, 以配君子."

로 이루어져 있는 간단한 시이다.

  질경이를 캐고 캐세, 캐어 오세.
  질경이를 캐고 캐세, 듬뿍 캐세.
  采采芣苢하고, 薄言采之로다.
  采采芣苢하여, 薄言有之로다.

이것은 제1장이고, 제2장과 제3장 모두 이것과 압운한 두 글자(之자의 앞 글자)만이 다를 뿐이다. 시는 이처럼 간단하다. 이 시에 대한『노설』은 다음과 같다.

  "송(宋)나라 사람의 딸로 채(蔡)나라 사람에게 시집간 사람이 있었다. 채나라로 시집간 뒤에 그의 남편이 나쁜 병에 걸려 그의 어머니가 딸을 개가시키려 하였다. 그러나 그 여자는 말하기를 '남편의 불행은 곧 저의 불행이기도 합니다. 어찌 그 분을 떠날 수가 있겠습니까? 혼인의 도는 하나입니다. 그와 결혼식을 올렸다면 평생 바꿀 수가 없는 것입니다. 불행하여 나쁜 병에 걸렸다 하더라도 그 뜻을 바꿀 수는 없습니다. 또한 질경이 풀을 뜯고 또 뜯되, 비록 그 냄새가 나쁘다 하더라도, 처음에는 뜯고 따고 하는 일로 시작하여 끝에 가서는 품고 앞치마에 담고 하여 갈수록 더욱 친근히 하고 있습니다. 하물며 부부의 도에 있어서야 어떠해야 되겠습니까? 그 분에게 큰 일이 난 것도 아니고 또 저를 쫓아내는 것도 아닌데, 어떻게 떠날 수가 있겠습니까?' 그리고는 끝내 그의 어머니 말을 듣지 않았다. 그리고는「질경이」시를 지은 것이다.

  군자가 말하였다. '송나라 여인의 뜻은 매우 정숙하고도 한결같다.'"[12]

---

12) "蔡人之妻者, 宋人之女也. 旣嫁於蔡, 而夫有惡疾, 其母將改嫁之. 女曰; 夫不幸, 乃妾之不幸也, 奈何去之? 適人之道壹, 與之醮, 終身不改, 不幸遇惡疾, 不改其意. 且夫采采芣苢之草, 雖其臭惡, 猶將始於捋采之, 終於懷襭. 浸以益親, 況於夫婦之道乎? 彼無大故, 又不遣妾, 何以得去? 終不聽其母, 乃作芣苢之詩. 君子曰; 宋女之意, 甚貞而壹也."

『한설』에도 다음과 같은 설명을 하고 있다.

"질경이는 택사(澤寫)이다. 질경이는 냄새가 고약한 나물인데, 시인이 어떤 남편에게 나쁜 병이 생겨 부부관계가 잘 이루어지지 않고 그들 뜻대로 되지 않음을 가슴 아파하고, 발분하여 시를 지어 그 일에 대하여 노래한 것이다. 질경이가 비록 냄새가 악한 풀이기는 하나 내가 뜯고 또 뜯기를 그치지 않는 것은 남편에게 비록 나쁜 병이 있다 하더라도 나는 그대로 지키며 떠나가지 않겠다는 것을 노래한 것이다."[13]

이처럼 매우 간단한 시의 해설에 다른 곳에서는 어떠한 근거도 찾아볼 수 없는 복잡한 얘기를 동원하고 있다는 것은, 옛날의 시들이 이러한 얘기와 어떠한 형태로든 관련이 있었다고 보아야만 할 것이다. 옛 학자들이 모두가 근거도 없는 말로 시를 엉터리 해석했다고 단정할 수는 없는 일이기 때문이다.

또한 『모시』에 있어서는 국풍 주남의 시 11편 모두를 후비와 관계있는 작품으로 해설하고, 소남의 시 14편은 대부분의 시들을 모두 부인(제후의 夫人)과 관련이 있는 시로 해설하고 있다. 그리고 국풍 이하 소아에서 송에 이르기까지 모든 시들의 해설을 보면 연이어 여러 편의 시들을 한 사람에 관한 얘기와 관련지어 해설한 곳이 많다.

보기를 들면 위(衛)나라의 시(邶·鄘·衛風)를 보면 「녹색 옷(綠衣)」·「제비(燕燕)」·「해와 달(日月)」·「바람(終風)」·「북소리(擊鼓)」·「숨어 살면서(考槃)」·「높으신 님(碩人)」 등 여러 편을 위나라 장공(莊公)의 부인인 장강(莊姜)의 얘기와 관련시켜 해설하고 있고, 그 속에는 장공과 대규(戴嬀)·완(完, 桓公)·주우(州吁)의 얘기도 엇섞어 있다. 다시 「수꿩(雄雉)」·「박의 마른 잎(匏有苦葉)」·「새 누대(新臺)」·「두 아들(二子乘

---

[13] "芣苢澤寫也. 芣苢臭惡之菜, 詩人傷其君子有惡疾, 人道不通, 求已不得, 發憤而作, 以事興. 芣苢雖臭惡乎, 我猶采采而不已者, 以興君子雖有惡疾, 我猶守而不去也."

舟)」・「메추리(鶉之奔奔)」・「한 남자(氓)」 등의 시에서는 선공(宣公)과 그의 부인 이강(夷姜)과 선강(宣姜) 및 두 아들 급(伋)과 수(壽)에 관한 얘기를 해설에 인용하고 있다. 그 밖에 여러 시 해설에 허목부인(許穆夫人)・송환부인(宋桓夫人)・공강(共姜)・여후(黎侯) 등에 관한 얘기가 동원되고 있다. 왕풍(王風)에 있어서는 「나랏일에 끌려 나가신 님(君子于役)」・「잔잔한 물결(揚之水)」・「칡덩굴(葛藟)」 등을 평왕(平王)을 풍자한 시로 해설하고 있다. 정풍(鄭風)을 보면 「검은 옷(緇衣)」・「둘째 도령(將仲子)」・「숙의 사냥(叔于田)」・「대숙의 사냥(大叔于田)」・「한길 위에 나서서(遵大路)」 등의 시를 무공(武公)과 장공(莊公) 부자의 얘기를 바탕으로 시를 해설하고 있고, 「함께 수레 탄 여자(有女同車)」・「산에는 무궁화(山有扶蘇)」・「낙엽(蘀兮)」・「능구렁이 같은 녀석(狡童)」 등의 해설은 장공의 세자였던 홀(忽)의 얘기를 근거로 하고 있다.

그 밖에 문공(文公)과 고극(高克)의 얘기도 시 해설에 동원되고 있다. 제풍(齊風)에서는 「닭이 우네요(鷄鳴)」와 「날랜 솜씨(還)」를 애공(哀公)의 난행, 「남산(南山)」・「큰 밭(甫田)」・「사냥개 방울(盧令)」・「해진 통발(敝笱)」・「수레 타고(載驅)」・「아아 멋지다(猗嗟)」 등 여러 편을 제나라 양공(襄公)과 그의 누이 문강(文姜)의 음행 등과 관련지어 해설하고 있다. 당풍(唐風)에서는 「산에는 스무나무(山有樞)」・「잔잔한 물결(揚之水)」・「산초(椒聊)」・「넉새 깃(鴇羽)」 등을 진(晉) 소공(昭公)의 얘기, 「어찌 옷이 없으리(無衣)」와 「우뚝한 아가위(有杕之杜)」는 진 무공(武公)의 얘기, 「칡이 자라(葛生)」와 「감초 캐러(采苓)」는 진 헌공(獻公)의 얘기와 관련시켜 해설하고 있다. 다시 진풍(秦風)을 보면 「검정 사마(駟驖)」・「병거(小戎)」・「갈대(蒹葭)」・「종남산(終南)」은 양공(襄公)의 일과, 「새매(晨風)」・「위수의 북쪽 기슭(渭陽)」・「처음(權輿)」은 강공(康公) 및 그의 어머니의 일과 관련시켜 해설하고 있다. 다시 진풍(陳風)에서는 「완구(宛丘)」와 「동문에는 흰 느릅나무(東門之枌)」는 유공(幽公)의 음행, 「주 땅의 숲(株林)」과 「못 둑(澤陂)」은 영공(靈公)과 하희(夏姬)의 음행에 관련시켜 해설하고 있다. 그리고 빈풍(豳風)은 여섯 편 모두를 주공(周公)의 업적과의 관계 아래 해설하고 있다. 소아(小雅)에는 선왕(宣王, B.C. 827-782 재위)을 찬미하고 유왕(幽王, B.C. 781-771 재위)을 풍자한 것이라고 해설한 시가 수십 편에 이르고, 대아(大雅)에는 문왕의 덕을 칭송했다는 작품에 이어 무왕(B.C. 1027-1025 재위)과 성왕(B.C. 1024-? 재위)을 기린 시들에 이어지고, 다시 여왕(厲王, B.C. 878-828 재위)을 풍자하고 선왕을 찬미한 것이라는 작품들이 뒤를 잇고 있다. 송(頌)은 본시가 조상들의 공덕을 찬양하기 위하여 지은 시들이니 그것들이 여러 위대한 조상들의 고사와 관련이 있는 것은 당연하다.

따라서 이들 시는 비록 간단한 노래라 하더라도 상당히 복잡한 고사와 관련을 갖게 되기 마련이다. 보기로 패풍(邶風)의 「해와 달(日月)」 시를 든다. 모두 4장으로 이루어진 시이나 대체로 아래의 첫 장과 같은 내용을 되풀이 노래한 시이다.

> 해와 달은
> 땅을 비추고 있네.
> 그런데 그 분은
> 옛날처럼 대해 주지 않네요.
> 어찌하면 마음을 잡을 수 있을까요?
> 나를 거들떠보지도 않네요.
> 日居月諸여! 照臨下土로다.
> 乃如之人兮여! 逝不古處로다.
> 胡能有定고? 寧不我顧로다.

우리가 보기에는 남편에게 버림받은 부인이 자신의 시름을 노래한 시이다. 그러나 「모시서」에서는 다음과 같은 해설을 하고 있다.

"위나라 장강(莊姜)이 자신을 슬퍼하는 것이다. 주우(州吁)의 난(難)을 당하여 자기가 위의 임금으로부터 보답을 받지 못하고 곤궁해진 것을 슬퍼한 시이다."[14]

이「모시서」의 설명은 다음과 같은 얘기 곡절을 알아야만 이해가 된다. 장강은 위나라 장공의 부인이며 제(齊)나라 임금의 딸인데, 현숙하면서도 자식을 낳지 못하였다. 진(陳)나라에서 온 대규(戴嬀)가 아들 완(完)을 낳아 장강은 그를 친아들처럼 길렀고, 장공이 죽은 뒤엔 뒤를 이어 환공(桓公)이 되었다. 그러나 첩의 아들 주우(州吁)가 평소에도 교만하였는데, 결국은 환공을 죽이고 자신이 권력을 장악하였다. 이런 혼란 속에 장강은 곤경에 처하게 된 것이다. 대강 이런 정도의 고사는 알아야만「모시서」의 해설을 이해할 수가 있다. 다시『노설』에서는 이 시를 다음과 같이 해설하고 있다.

"선강(宣姜)은 제나라 제후의 딸이며 위나라 선공(宣公)의 부인이다. 본시 선공의 부인 이강(夷姜)이 급자(伋子)를 낳아 태자가 되어 있었다. 다시 제나라의 선강에게 장가들어 그는 수(壽)와 삭(朔)을 낳았다. 이강이 죽은 뒤에 선강은 수를 태자로 삼고자 하여, 수와 삭과 더불어 급자를 처치할 모의를 하였다. 마침 선공이 급자를 제나라에 사신으로 보내자, 선강은 곧 몰래 역사들로 하여금 국경에 대기하고 있다가 그를 죽이도록 하면서, '흰 네 마리 말이 끄는 수레를 타고 흰 모절(旄節)을 갖고 오는 자가 있거든 반드시 죽이라'고 일렀다. 수는 이 말을 듣고 태자에게로 달려가 '태자께서는 피하십시오' 하고 알려주었다. 그러나 급자는 말하였다. '안 되오! 아버지의 명을 버린다면 어찌 아들이라 할 수 있겠소?' 수는 태자가 틀림없이 그대로 갈 거라 생각하고, 태자와 술을 마시고는 그의 모절을 갖고 자신이 갔다. 도적들은 그를 죽였다. 급자는 깨어나서 모

---

14)"日月, 衛莊姜傷己也. 遭州吁之難, 傷己不見答於先君, 以至困窮之詩也."

절을 찾았으나 찾지 못하자 급히 뒤쫓아 달려갔다. 가서 보니 수는 이미 죽어 있었다. 급자는 수가 자기를 위하여 죽은 것을 가슴 아파하며 곧 도적들에게 말하였다. '너희들이 죽이고자 한 것은 바로 나이다. 이 사람이야 무슨 죄가 있느냐? 나를 죽여라!' 도적들은 그도 죽여버렸다.

두 아들이 죽은 뒤 삭이 마침내 뒤이어 태자가 되었다. 선공이 죽은 뒤 삭이 그 뒤를 이었는데, 그가 혜공(惠公)이다. 그는 끝내 후손이 없었고, 혼란은 오세(五世)를 두고 이어지다가, 대공(戴公) 때에 이르러서야 안정되었다. 『시경』에 읊기를 '그런데 그 분은 소문이 좋지 않네요' 라 한 것은 이것을 두고 말한 것이다."[15]

시는 간단한데 사설이 무척 길다. 서한 학자들의 대부분의 시 해설이 이러하다. 그런데 송대의 구양수(歐陽修)·왕백(王柏)·주희(朱熹) 이후 「모시서」에 대한 의심이 보편화되면서 『시경』 연구는 이러한 서한 학자들의 고사를 이용한 해설이 잘못임을 증명하려는 노력으로 크게 기울어졌다. 청대에 와서는 요제항(姚際恒)이 『시경통론(詩經通論)』에서 「모시서」를 가짜 해설이라 규정하고 시의 해석에 있어서 「모시서」의 그릇됨을 증명하기에 힘쓰고 있고, 최술(崔述)의 『독풍우지(讀風偶識)』 같은 책은 거의 「모시서」의 부정, 특히 거기에서 시의 해설을 위하여 인용하고 있는 고사가 시와 아무런 관련도 없는 것임을 증명하기 위하여 쓴 것이라 하여도 좋을 것이다.

---

15) 宣姜者, 齊侯之女, 衛宣公之夫人也. 初宣公夫人夷姜生伋子, 以爲太子. 又娶於齊曰宣姜, 生壽及朔. 夷姜旣死, 宣姜欲立壽, 乃與壽及朔謀構伋子. 公使伋子之齊, 宣姜乃陰使力士待之界上而殺之, 曰; 有四馬白旄至者, 必要殺之. 壽聞之, 以告太子曰; 太子其避之. 伋子曰; 不可. 夫棄父之命則惡用子也? 壽度太子必行, 乃與太子飮, 奪之旄而行, 盜殺之. 伋子醒, 求旄不得, 遽往追之, 壽已死矣. 伋子痛壽爲己死, 乃謂盜曰; 所欲殺者乃我也, 此何罪? 請殺我! 盜又殺之. 二子旣死, 朔遂立爲太子, 宣公薨, 朔立, 是爲惠公, 竟終無後, 亂及五世, 至戴公而後寧. 詩曰; 乃如之人兮, 德音無良. 此之謂也."

『독풍우지』의 「통론시서(通論詩序)」를 보면 「모시서」는 동한의 위굉(衛宏, 25 전후)이 지은 것이라 단정하고, 『삼가시』에서도 특히 『노시』(공자가 살았던 곳이라 하여)와 『제시』(공자의 이웃 고장이라 하여)는 공자의 직계 제자들로부터 전해진 것이며, "책이 일찍이 나와 그것을 본 사람들이 많아 억지 해설을 하기가 비교적 어려웠다." 그러나 『모시』는 후세에 나온 것이어서 시 해석에 멋대로 부회를 하게 되었다는 것이다. "『모시』는 늦게 나와 『좌전』이 이미 세상에 유행하고 있었으므로, 그것을 갖다가 억지로 맞추어 해석한 것이다. 그러나 『좌전』의 기록과 시에 대하여 말하고 있는 것을 고증하여 보면 전혀 서로 아무런 관련도 없는 것들이 있다"[16]고 하면서, 「모시서」에서 얘기하고 있는 고사가 그 시의 내용과 전혀 관련이 없음을 증명하고 있다.

그러면서도 중국학자들은 완전히 서한 학자들의 시 해설로부터 벗어나지는 못하고 있다. 예를 들면, 패풍 「녹색 옷(綠衣)」을 해설함에 있어서는 요제항(姚際恒)까지도 그 시가 장강(莊姜)의 고사와 관련이 있음을 인정하고 있고, 최술(崔述)은 『삼가시』만은 받아들이려는 태도이니 더 설명할 필요도 없다. 앞에서 인용한 「물수리」・「질경이」・「해와 달」시의 경우만을 놓고 보더라도, 『모전』이나 마찬가지로 『삼가시』에서 인용하고 있는 고사도 시 본문과의 직접적인 관련 근거는 전혀 찾을 수가 없는 것이다. 아무래도 감히 서한 학자들이 아무런 이유나 근거도 없이 그러한 시 해석을 했다고 단정하는 데에는 무리가 있으므로 그러한 태도를 취하고 있는 듯하다. 좀 더 과감한 「시서」에 대한 부정과 시 본문에 따른 새로운 시의 해석은 주로 외국의 중국학자들에 의하여 진행되고 있다.[17]

---

16) "毛詩之出也晚, 左傳已行於世, 故得以取而牽合之. 然考傳所記及詩所言, 往往有毫不相涉者."
17) 보기를 들면 일본학자 白川 靜은 그의 『詩經硏究』(京都, 朋友書店, 1981) 第二章 說話詩의 硏究에서 『詩經』 해석에 인용되고 있는 西漢 학자들의 여러 가지 說話나 史實이 모두 附會임을 증명하는 데 노력하고 있다.

그러나 서한의 학자들이 근거나 이유도 없이 시의 해석에 그러한 얘기나 설화를 인용했다고 볼 수는 없다. 『시경』의 시들은 틀림없이 여러 가지 고사나 설화와 관계가 있는 노래였다고 보는 게 옳을 것이다. 다만 이 시들이 고사와 어떻게 관련이 되고 있느냐 하는 점이 문제이다.

3.「모시서」의 주남 해설과 송

우선 주남 11편의「모시서」를 보기로 하자. 모두 후비의 덕을 근거로 시를 해설하고 있다.

주남 11편 모시서

(1)「물수리(關雎)」: 후비(后妃)의 덕을 읊은 것이다. 풍(風)의 시작이니, 천하의 일을 풍자하고 부부를 바로잡는 근거인 것이다. 그러므로 그것을 일반 사람들이 쓰고 나라에서도 쓰는 것이다. - 그리하여「물수리」시는 숙녀를 구하여 군자에 짝지어 주는 것을 즐기는 것이다. 걱정은 현명한 이를 추천하는 데에 있고 여색에 빠지지 아니하며, 충심으로 얌전한 이를 추구하고 현명한 재질을 생각하여 훌륭함을 손상케 하는 마음이 없는 것이다. 이것이「물수리」시의 뜻이다.[18]

(2)「칡덩굴(葛覃)」: 후비의 근본을 읊은 것이다. 후비는 부모의 집에 있을 적에는 곧 뜻이 부녀자들의 일에 있었다. 몸소 검소하게 절약하고 빨래한 옷을 입으며 스승을 존경하기 때문에 곧 친정 부모님을 찾아뵙고 천하를 부도(婦道)로 교화시킬 수가 있었던 것이다.[19]

---

[18] "后妃之德也. 風之始也, 所以風天下而正夫婦也, 故用之鄕人焉, 用之邦國焉, 一 是以關雎樂得淑女以配君子, 憂在進賢, 不淫其色, 哀窈窕, 思賢才, 而無傷善之心 焉, 是關雎之義也."

[19] 葛覃: 后妃之本也. 后妃在父母家, 則志在於女工之事, 躬儉節用, 服澣濯之衣, 尊 敬師傅, 則可以歸安父母, 化天下以婦道也.

(3) 「도꼬마리(卷耳)」: 후비의 뜻을 읊은 것이다. 더욱이 군자를 보좌하여 현명한 이를 구하고 벼슬자리를 살핌이 마땅한 것이다. 신하들의 수고로움을 이해하고, 속으로는 현명한 이를 추천할 뜻을 지니되 바르지 않거나 사사로운 뜻으로 사람들을 대하는 마음을 갖지 아니하고, 아침저녁으로 생각하면서 걱정하고 부지런하게 행동하는 것이다.[20]

(4) 「가지 늘어진 나무(樛木)」: 후비가 밑의 첩들을 잘 살펴주는 것이다. 밑의 첩들을 잘 살펴주면서 질투하는 마음이 없음을 말하는 것이다.[21]

(5) 「여치(螽斯)」: 후비가 자손이 많음을 읊은 것이다. 여치처럼 투기를 하지 않음으로써 자손이 많다는 것이다.[22]

(6) 「복숭아 나무(桃夭)」: 후비가 그렇게 만든 것이다. 투기를 하지 않으면 곧 남녀가 올바르게 되어, 제때에 혼인을 함으로써 나라에 시집장가 못 드는 사람이 없게 되는 것이다.[23]

(7) 「토끼 그물(兎罝)」: 후비의 교화를 읊은 것이다. 관저의 교화가 행해지니 모두가 덕을 좋아하게 되어 현명한 사람이 많아진 것이다.[24]

(8) 「질경이(芣苢)」: 후비의 아름다움을 읊은 것이다. 평화스러워지면 부인은 자식이 있음을 즐기는 것이다.[25]

---

20) 卷耳: 后妃之志也. 又當補佐君子, 求賢審官. 知臣下之勤勞, 內有進賢之志, 而無險詖私謁之心, 朝夕思念, 至於憂勤也.
21) 樛木: 后妃逮下也. 言能逮下而無嫉妬之心焉.
22) 螽斯: 后妃子孫衆多也. 言若螽斯不妬忌, 則子孫衆多也.
23) 桃夭: 后妃之所致也. 不妬忌, 則男女以正, 婚姻以時, 國無鰥民也.
24) 兎罝: 后妃之化也. 關雎之化行, 則莫不好德, 賢人衆多也.
25) 芣苢: 后妃之美也. 和平則婦人樂有子矣.

⑼ 「한수는 넓어서(漢廣)」: 덕이 널리 미치게 된 것이다. 문왕(文王)의 도가 남쪽 나라에 퍼져, 아름다운 교화가 강수(江水)와 한수(漢水) 지역에도 퍼져, 예를 범하려는 이가 없게 되어 구애(求愛)를 해도 이루어질 수가 없게 된 것이다.[26]

⑽ 「여수 방죽(汝墳)」: 도(道)의 교화가 행해진 것이다. 문왕의 교화가 여분의 나라에 행해지니, 부인이 그의 군자를 생각하고 올바름으로써 힘쓰도록 격려하는 것이다.[27]

⑾ 「기린의 발(麟之趾)」: 「물수리」 시의 응험이다. 「물수리」 시의 교화가 행해지니 곧 천하엔 예에 어긋나는 짓을 행하는 자가 없게 되어 비록 쇠하여 가는 세상의 공자(公子)라 하더라도 모두 신의가 있고 착실하기가 「기린의 발」에서 읊은 시대와 같다는 것이다.[28]

완원(阮元, 1764-1849)은 「석송(釋頌)」이란 글[29]에서 「모시서」의 "송이란 성덕을 찬미하는 형용(頌者美盛德之形容)"이라 한 말을 부연하여 다음과 같은 이론을 전개하고 있다.

"시는 풍·아·송으로 나누어지는데, 송을 '성덕을 찬미하는 것'이라 풀이한 것은 뒤에 발전한 뜻이며, 송을 '형용'이라고 풀이한 것이 본뜻인 것이다. 또한 '송'이란 글자는 곧 용(容)이란 글자와 같다. …오직 삼송(三頌) 각 장은 모두가 무용(舞容)이기 때문에 송이라 일컫는 것이다. 마치 원나라 이후의 희곡에서 노래하는 자와 춤추는 자가 악기와 더불어 다함께 움직이는 것과 같다. 풍·아는 다만 남송사람들이 악기로 절박하

---

26) 漢廣: 德廣所及也. 文王之道, 被于南國, 美化行乎江漢之域, 無思犯禮, 求而不可得也.
27) 汝墳: 道化行也. 文王之化行乎汝墳之國, 婦人能閔其君子, 猶勉之以正也.
28) 麟之趾: 關雎之應也. 關雎之化行, 則天下無犯非禮, 雖衰世之公子, 皆信厚如麟趾之時也.
29) 『揅經室一集』 卷一 所載.

며 사설을 노래하던 것과 같을 따름이어서 반드시 악기연주의 절박을 따라서 춤추지 않아도 되었다."[30]

그가 송은 모두가 춤이 동반되던 시라고 주장했던 점은 뒤에 왕국유(王國維, 1877-1927)에 의하여 부정되지만,[31] 송의 시들을 원대의 잡극(雜劇)이나 같은 성격의 것으로 보고, 풍·아의 시들을 남송의 강창(講唱)이나 같은 성질의 것으로 본 것은 뛰어난 견해라고 본다. 왕국유가 송의 시들만이 모두 춤을 동반한 것은 아니었음을 논증하며, 송과 풍·아의 차이는 춤이 있고 없는 데서 생긴 것이 아니라 음악의 차이에서 온 것 같다고 논증한 것도 빼어난 견해라 할 수 있다. 곧 왕국유의 의견을 완원의 이론에 확대, 적용시키면 송에도 원 잡극 같은 성격의 노래뿐만이 아니라 남송의 강창 같은 성질의 노래가 있고, 풍과 아에도 남송의 강창 성질의 노래뿐만이 아니라 원 잡극 성격의 노래도 있었다는 말이 된다.

다시 왕국유는 「주대무악장고(周大武樂章考)」[32]에서 주송 중의 (1)「하늘의 밝은 명(昊天有成命)」, (2)「무왕(武)」, (3)「작(酌)」, (4)「용감함(桓)」, (5)「은덕을 내리심(賚)」, (6)「즐거움(般)」의 여섯 편을 주나라 무왕의 음악인 대무(大武)를 춤출 때 노래 부르던 악장이라 하였다.[33] 『예기』 권39 악기(樂記)를 보면 공자는 빈모가(賓牟賈)와의 대화 속에서 '대무'의 연출을 다음과 같이 설명하고 있다.

---

30) "詩分風雅頌, 頌之訓爲美盛德者, 餘義也; 頌之訓爲形容者, 本義也. 且頌字, 卽容字也. …惟三頌各章, 皆是舞容, 故稱爲頌. 若元以後戱曲, 歌者舞者, 與樂器全動作也. 風雅則但若南宋人之歌詞彈詞而已, 不必鼓舞以應鏗鏘之節也."
31) 「說周頌」(『觀堂集林』卷二 所載).
32) 『觀堂集林』卷二 所載.
33) 明 何楷 『詩經世本古義』에서는 「昊天有成命」 대신 「時邁」를 취하고 순서도 달리 하고 있으나 王國維의 考證이 더 뛰어나다.

"'악'이라는 것은 상징을 통하여 이루어지는 것이다. 방패를 들고 우뚝 서 있는 것은 무왕의 일을 상징하는 것이오, 소매를 휘두르며 발을 구르는 것은 태공(太公)의 뜻을 상징하는 것이오, 춤추던 행렬이 어지러워지다가 모두 앉는 것은 주공(周公)과 소공(召公)의 다스림을 상징하는 것이다.

또한 무(武)를 추기 시작할 적에는 북쪽으로 나아갔다가, 재성(再成, 곧 제2장)에서는 상나라를 멸망시키고, 삼성(三成, 제3장)에서는 남쪽으로 내려가고, 사성(四成)에서는 남쪽 나라들이 평정되며, 오성(五成)에서는 섬주(陝州)를 나누어 주공은 왼편을, 소공은 오른편을 다스리게 되며, 육성(六成)에서는 다시 제자리로 돌아와 자리를 채우게 되는 것이다.

천자와 대장이 방울을 흔들며 춤을 지휘하여, 네 번 치고 찌르고 하는 것은 온 중국에 위세가 극성함을 뜻하는 것이다. 부서에 따라 나누어져 나아가는 것은 일이 이미 다 끝났음을 뜻하는 것이다. 제자리에 오래 서 있는 것은 제후들의 내조를 기다리는 것이다."[34]

곧 왕국유는 앞에 든 여섯 편의 시들이 각각 이 6성의 대무에서 1성에 한 편씩 노래 부르던 것이라는 주장이다. 「모시서」를 보면 이 중 「무왕」에 대하여는 "대무를 연주하는 것이다."[35] 「작」에 대하여는 "대무가 완성된 것을 고하는 것이다."[36]고 설명하고 있다. 다시 『좌전』 선공(宣公) 12년을 보면, "무왕이 상나라를 쳐부수고는 송을 지었다.(武王克商作頌曰)"하고는 「철 따라 순찰하심(時邁)」의 시구를, "또 무를 지었다.(又作武)"하고 "그 끝 장은 이러하다.(其卒章曰)"고 말한 아래 「무왕」의 시구를, "그 3장이다.(其三曰)"고 한 아래 「은덕을 내리심」의 시구를, "그 6

---

34) "夫樂者, 象成者也. 摠干而山立, 武王之事也. 發揚蹈厲, 大公之志也. 武亂皆坐, 周召之治也. 且夫武始而北出, 再成而滅商, 三成而南, 四成而南國是疆, 五成而分, 周公左, 召公右, 六成復綴而崇. 天子夾進之, 而駟伐, 盛威於中國也. 分夾而進, 久立於綴, 以待諸侯之至也."
35) "奏大武也."
36) "告成大武也."

장이다.(其六日)"고 한 아래 「용감함」의 시구를 인용하고 있다. 「모시서」를 보면 「하늘의 밝은 명(昊天有成命)」은 "하늘과 땅에 제사를 지내는 것",[37] 「철 따라 순찰하심」은 "지역을 순찰하다가 하늘과 산천에 제사지내는 것",[38] 「은덕을 내리심」은 "묘당에서 공이 있는 신하들을 제후에 봉하는 노래",[39] 「용감함」은 "군사들을 훈련하고 하늘과 정벌할 땅에 대한 제사를 지내는 노래",[40] 「즐거움」은 "지역을 순찰하다가 사악(四嶽)과 강과 바다를 제사하는 노래"[41]라 설명하고 있다. 그러니 이들 여섯 편뿐만이 아니라 주송의 다른 여러 시들도 대무를 춤출 때 노래 불렀을 가능성이 많다. 곧 일성(一成)에 한 편의 시가 아니라 경우에 따라서는 여러 편의 시를 노래 불렀을 가능성도 있다는 것이다.

또 주송 첫머리 청묘지습(淸廟之什)의 앞 세 작품은 공축(工祝, 巫)과 문왕의 시(尸, 神保)가 주고받은 노래인 것 같다고 추리한 학자도 있다.[42] 곧 「하늘의 명(維天之命)」은 공축이 노래한 것이고, 「청묘(淸廟)」는 그에 대하여 화답하는 노래이며, 「맑고 밝음(維淸)」은 다시 공축이 그에 대하여 화답한 노래라는 것이다. 확실한 근거가 없으므로 이를 믿을 수는 없지만 『시경』의 시들 중에는 두 사람 이상의 사람들이 주고받으며 불렀다고 추측되는 시들도 있음을 알 수 있다. 그것은 송 만에 국한되는 문제가 아니라 풍·아에도 똑같이 적용되는 것이다.

앞에서 지적한 것처럼 서한 학자들의 시 해설이 고사 또는 설화와 관련이 많고, 궁정에서도 대무처럼 노래(여러 편의 시)와 춤으로 고사를 연출하는 가무희 같은 곡예가 연출되었음을 생각할 때, 주남 11편 시에 대

---

37) "郊祀天地也."
38) "巡狩告祭柴望也."
39) "大封於廟也."
40) "講武類禡也."
41) "巡狩而祀四嶽河海也."
42) 日本 目加田誠 譯, 『詩經·楚辭』, 中國古典文學大系 15, 平凡社, 1969.

한 『모전』이 모두 후비와 관련되어 있다는 것은, 이들 시가 후비에 관한 고사를 연출하는 강창 또는 희곡 형식에 동원되었던 노래들임을 뜻한다고 여겨진다. 『노시』에서 「물수리」 시를 강왕에 관련지어 해설한 것은, 노나라 지방의 가장 대표적인 곡예에서 그 시가 강왕의 일을 연출할 때 노래 불렀기 때문에 그런 해설을 한 것일 것이다. 따라서 「질경이」 같은 시는 노나라에 있어서는 채나라로 시집간 송나라의 여인이, 자기 남편에게 나쁜 병이 생겨 그의 어머니가 개가할 것을 종용하는데도 불구하고 끝까지 정절을 지키며 남편을 섬기는 얘기를 연출할 때 부르는 노래여서, 앞에 인용한 것과 같은 긴 얘기를 바탕으로 한 해설을 하고 있다는 것이다.

그래야만 「물수리」 시는 내용이 이상적인 이성을 그리는 시인데도, 문왕이 덕이 많은 그의 후비를 구하여 결혼하는 과정을 연출하는 중에 부르던 노래여서 『모전』에서는 "후비의 덕을 노래하는 시"라 풀이하고 있음을 이해하게 된다. 「도꼬마리」 시 같은 것은 나랏일로 집을 떠나 있는 사람이 집을 그리는 시이지만, 문왕이 후비와 떨어져 있을 동안의 일을 연출할 때 노래 부르던 것이어서, 『모전』에서 "후비의 뜻을 노래 부르는 시"라고 풀이한 이유를 이해하게 된다. 그 밖의 시들도 모두 마찬가지이다.

『모전』에서 소남의 시 14편을 모두 제후의 부인과 관련지어 해설한 이유도 그처럼 이해할 수 있다. 그리고 그 밖에 국풍들 중에는 앞에서 설명한 것처럼 한 사람의 고사와 관련된 시가 여러 편씩 연이어 있는 것도, 그 시들이 그 사람에 관한 고사를 연출하는 곡예에서 노래 부르던 것이기에, 그러한 해설을 하고 있다고 보면 될 것이다. 보기를 들면 빈풍 7편은 『모전』에서 모두 주공과의 관련 아래 시의 뜻을 해설하고 있는데, 이것들은 『서경』 금등(金縢)편의 얘기 같은 주공의 고사를 연출할 때 부르던 노래였을 것이다. 시에 대한 이해가 지금 우리가 본문만을 읽고 이해하는 것과는 달랐기 때문에, 『의례』를 보면 향음주례(鄕飮酒禮, 第四)와 향사례(鄕射禮, 第五)·연례(燕禮, 第六) 등에서 음악연주와 노래를 통한 즐김이 무르익으면 끝에 가서 모두 주남의 「물수리」·「칡덩굴」·「도꼬마리」와 소남의 「까치집(鵲巢)」·「다북쑥 뜯어(采蘩)」·「개구리밥 뜯어(采蘋)」를 합창하고 있는데, 이런 연유 때문에 그런 노래들이 지금 우리의 견해와는 다른 뜻으로 해석되어 연주될 수가 있었을 것이다.

『시경』 국풍은 흔히 여러 나라의 민요를 모아 놓은 것이라 말하고 있지만, 지금 우리에게 전해진 것은 순수한 민요의 모습 그대로라 할 수는 없다. 왜냐하면 시의 내용이 상당히 귀족화하여 있기 때문이다. 주남 11편의 시들을 먼저 검토해 보기로 한다. 「물수리」에서는 "종과 북을 울리며 즐긴다." 노래했는데, 종과 북이 함께 동원되는 음악은 귀족들이나 즐기는 아악 같은 음악이다. 「칡덩굴」 시의 여인에게는 귀족에게나 있었던 가정교사 비슷한 "사씨(師氏)"가 있다. 「도꼬마리」도 주인공이 말을 타고 하인을 거느리고 금 술잔과 쇠뿔 잔에 술을 마시니, 집을 그리고 있다 하더라도 귀족의 군인이다. 「가지 늘어진 나무」 시도 밑의 사람들을 돌보아주며 복을 누리는 군자이니 귀족인 듯하다. 「여치(螽斯)」 시는 자손이 많은 것을, 「복숭아 나무(桃夭)」는 화려한 결혼을, 「토끼 그물(兎罝)」은 스스로가 제후의 심복임을, 「여수 방죽(汝墳)」은 군자가 불타는 듯한 왕실에 대한 걱정을, 「기린의 발(麟之趾)」은 공자(公子)와 공족(公族)을 읊고 있으니 모두 순수한 민요 그대로의 모습이라 볼 수는 없다.[43]

진나라 이전시대에는 한자의 자체도 통일되어 있지 않았고 글을 쓰는 용구는 매우 불편했으며, 글은 실상 봉건 지배계급만이 차지하여 쓰고 있던 물건이었다. 따라서 민간의 노래라 하더라도 그것을 전하는 사람, 그것을 베끼는 사람, 그것을 읽는 사람의 의식에 의하여 그 내용에 변화가 생기지 않을 수가 없었을 것이다. 따라서 『시경』의 시들이 민요의 본

---

43) 屈萬里, 「論國風非民間歌謠的本來面目」(『書傭論學集』, 1969, 臺北, 開明書局 所載) 참조.

래 모습에서 약간 벗어나 귀족화된 현상을 보여주고 있다는 것은 당연한 일이다. 그리고 『시경』은 누가 언제 편찬한 것인지 확실치 않지만, 적어도 그것은 공자(B.C. 551-479)에 의하여 정리되어 만인의 교과서인 육경의 하나로 확정된 것이었다. 그리고 서한의 『시경』 연구와 그 시의 해석은 그러한 기초 위에 이루어진 것이다. 따라서 『모전』에 유가적인 윤리의식이 뚜렷이 드러나고 있는 것은 무엇보다도 당연한 일이라 할 수 있다. 『모전』에서 주남의 시들을 천자와 후비의 일에 연관시켜 해설하고, 소남은 제후와 그 부인, 그리고 나머지 대부분의 시들을 어떤 사람의 고사를 바탕으로 하여 그를 찬미하거나 풍자한 것으로 해석하고 있는 것은 그 때문이다.

  그러나 실제로 민간에 있어서나 상류계층의 연예에 있어서도 이 시들은 더욱 다양하고 자유롭게 원용되었을 것이다. 지금도 중국 민간에 유행하고 있는 곡예로는 고사를 창으로 연출하는 탄사(彈詞)와 고사(鼓詞) 종류의 것들이 그 중심을 이루고 있으며,44) 모심기 노래인 앙가(秧歌)와 거지의 장타령인 도정(道情)이나 연화락(蓮花落) 같은 곡예를 보면45) 본 시는 단순한 노래에서 출발하여 노래 부르던 것이나 때와 장소에 따라 고사를 연창하기 시작하여 강창 형식으로 연출되기도 하고, 또 경우에 따라서는 단(旦)·정(淨)·축(丑) 등 서너 명의 각색이 등장하여 고사를 연출함으로써 희곡 형식으로 발전한 것들도 있다. 곧 중국 민간에 있어서는 노래가 경우에 따라서는 고사를 바탕으로 하여 강창 또는 희곡의 형식으로도 연출된 것이다. 이미 『시경』의 시대부터 중국의 민간연예는 그런 성질의 것이었다고 여겨진다. 앞에서 언급한 바와 같이 완원(阮元)

---

44) 李廷宰,「鼓詞系講唱研究」(1999, 서울대 博士學位論文) 참조.
45) 「中國의 民間 曲藝 道情에 대하여」(高大 한국학연구소, 『한국학연구』 8호, 1996 所載) 및 「<蓮花落>의 形成과 發展」(韓國中國戱曲研究會, 『中國戱曲』 第3輯, 1995 所載) 참조.

은 삼송(三頌)은 원대 이후의 노래와 춤으로 고사를 연출하는 희곡과 같은 성격의 것이고, 풍과 아는 남송 때의 강창과 같은 것이라 하였다. 그러나 풍·아·송 모두가 간단한 노래로도 불려지고, 고사를 강창 형식으로 연출하는 데에 이용되기도 하고, 희곡 형식으로 연출하는 데에도 원용되었음이 분명하다.

『시경』연구를 완전히 다른 각도에서 착수한 선구자는 프랑스 학자 Marcel Granet의 「중국 고대의 축제와 노래(Fête et Chansons anciennes de la Chine, 1919)」이다. 그는 운남(雲南)·귀주(貴州) 등 여러 지방의 민속 조사를 근거로 하여,『시경』특히 국풍 대부분의 시편은 본시 고대 농민들의 전원적인 계절제에서 젊은 남녀들이 함께 주고받던 연애가 또는 민요라고 전제하고, 그 시들을 해석하려 노력하였다. 그리고 근래에 와서는 일본 학자 다나까(田仲一成)가 중국 향촌의 제사의식의 조사연구를 바탕으로 『중국연극사』(東京大學出版會, 1998)라는 책을 내고 있다. 모두가 획기적인 연구 성과이다. 중국의 민간연예가 시골 동리의 묘회(廟會)나 사화(社火) 등을 중심으로 하여 계승 연출되어 왔음을 생각할 때, 이런 중국 시가나 연극에 대한 사회학적인 접근 시도는 적절한 것이었다고 해야 할 것이다.

여하튼 중국의 묘회나 사화의 성격을 두고 볼 때『시경』의 시들은 단순한 노래의 가사일 뿐만이 아니라, 강창이나 희곡의 형식으로 일정한 고사나 설화 같은 것을 연출할 때에도 원용되던 가사였다고 보아야 할 것이다. 그래야만『모전』이나『삼가시』의 시 해설을 제대로 이해하게 될 것이다.

4. 부(賦)에 대하여

주책종(周策縱)은『고대 무와 의 및 육시 연구(古巫醫與「六詩」考)』(臺北, 聯經出版事業公司, 1986)에서 시의 <육의(六義)> 또는 <육시(六

詩)>라고 부르는 풍(風)·부(賦)·비(比)·흥(興)·아(雅)·송(頌)의 여섯 가지는 부·비·흥까지도 모두가 시체(詩體)였을 거라 추정하고,[46] 이들 <육시>의 하나하나가 모두 옛 '무'에서 나왔음을 고증하고 있다. 풍·아·송은 시체로서 지금도 우리가 보는 『시경』에 분류되어 있지만, 부·비·흥은 지금 와서는 어떤 시체였는지 알 길이 없게 되었고, 일반적으로는 『모시정의』의 공영달(孔穎達, 574-648) 『소(疏)』에 인용된 동한의 정현(鄭玄)·정중(鄭衆)의 해설 등을 근거로 시의 표현방법을 뜻하는 것이라 믿고 있다. 이 중 '부'만은 후세에 독특한 시체로 다시 발전하기 때문에, 부라는 시체의 성격은 어느 정도 추구해 볼 수가 있을 것으로 믿는다.

주책종은 <육시> 중에서 풍·부·비·흥은 모두 옛날의 '무'인 무범(巫凡)·무비(巫比)·무반(巫盼)[47]과 관계가 있는데, 부는 특히 무반과 관계가 깊으며 일종의 특수한 가무 형식을 갖춘 노래의 가사라 하였다. 따라서 반고(班固, 32-92)가 "부라는 것은 고시의 유파이다."[48]고 말하고, 유희재(劉熙載, 1813-1881)가 "부는 시가 아닌 것이 없으나, 시는 모두가 부인 것은 아니다."[49]고 말한 것은 모두 옳은 말이다. 다만 문제는 부가 어떤 종류의 시였느냐는 것이다. 먼저 옛 학자들의 부에 대한 해석을 살펴보자.

한대 유희(劉熙)는 『석명(釋名)』에서 "그 뜻을 널리 펴는 것을 부라 한다."[50] 하였고, 『시경』 대아 증민(蒸民)의 『모전』에서는 "부는 펴는 것

---

46) <六詩>는 모두가 詩體였기 때문에, 『周禮』를 보면 春官 大師에서 大師의 직무의 하나로 "六詩를 가르쳤다" 하였고, 또 이것들을 모두 묶어 <六詩> 또는 <六義>라 불렀을 것이라는 것이다.
47) 『山海經』 海內西經·大荒西經, 『周禮』 春官 簭人 등에 보임.
48) 「兩都賦序」: "賦者, 古詩之流也."
49) 「藝槪」: "賦無非詩, 詩不皆賦."
50) "敷布其義謂之賦."

(布)"이라 하였고, 왕일(王逸, 89?-158?)은 『초사』 주에서 역시 "부는 펴는 것(鋪)"이라[51] 하였다. 이상은 모두 부라는 글자 뜻을 설명한 것이나, 육기(陸機, 261-303)는 「문부(文賦)」에서 본격적으로 문학의 한 종류인 부를 설명하여 "시는 감정을 따르는 것이어서 묘하고도 아름다우며, 부는 사물을 묘사하는 것이어서 밝고 분명하다."(詩緣情而綺靡, 賦體物而瀏亮) 하였는데, 이선(李善)은 주에서 "부로서는 일을 서술하는 것이기 때문이다."[52]고 설명을 덧붙이고 있다.

부라는 시체는 물건을 펴놓듯이 사물을 묘사하는 문체라는 뜻으로 이상의 논의를 종합할 수가 있을 것이다. 그리고 그것이 '무'에서 나왔고, 노래와 춤도 관련이 있는 것이라면 그것은 가무희 또는 희곡적인 연출과 관계가 깊은 시가였다고도 추측된다.

한편 반고는 『한서』 예문지(藝文志)에서 "노래는 하지 않고 읊는 것을 부라 하는데, 높은 곳에 올라가 부를 할 줄 알아야 대부가 될 수 있다."[53] 하였는데, 주책종은 앞에 든 책에서 『모전』의 "높은 곳에 올라가 부를 할 줄 알아야…대부라 할 수 있다."[54] 한 말을 인용하며, "등고이부(登[升]高而賦)"[55]는 옛 무당들의 전통이고 '대부'는 본시 '무'를 가리키는 말이었음을 고증하고 있다. 다만 부는 "노래는 하지 않고 읊었다." 하였으니, 『좌전』에 무수히 나오는 『시경』의 "모 시를 부했다."는 표현은 시를 노래한 것이 아니라 특수한 방법으로 읊었음을 뜻한다. 그러나 그것이 '무'의 노래에서 나왔고 어떤 사물을 펼쳐놓듯이 길게 묘사한 것이라면, 읊는 방식이 주라 하더라도 사설과 창의 도움도 받는 강창 형식의

---

51) 九章 悲回風 注: "賦, 鋪也."
52) "賦以陳事."
53) "不歌而誦, 謂之賦. 登歌能賦, 可以爲大夫."
54) 鄘風 「定之方中」 『毛傳』: "升高能賦…可以爲大夫."
55) "升(一作陞)은 周나라 때에는 山을 祭祀지내는 祭名이었으며, 뒤에 "高"자를 같은 뜻으로 쓰기도 하였다 한다(周策縱).

연출방식이 주종을 이루었을 가능성도 있다.

지금 우리에게 전해지는 무가에서 나온 최초의 부는 굴원(B.C. 339?-278?)의 이름 아래 전해지는 『초사』에 실린 「구가(九歌)」인데, 이것은 왕일(王逸)이며 주희(1130-1200) 모두가 '무'의 노래의 가사를 개작한 것이라 하였다. 그리고 일본학자 아오끼(青木正兒)가 「초사 구가의 무곡적 구성(舞曲的結構)」[56]에서 「구가」를 축무(祝巫)와 신무(神巫)가 함께 춤을 추면서 서로 주고받은 노래의 가사라고 주장한 이래, 지금은 거의 모든 학자들이 그것은 '무'에 의하여 희곡적으로 연출되던 것임을 받아들이고 있다. 문일다(聞一多, 1899-1948) 같은 이는 「구가」 전체가 여러 명의 무격(巫覡)들에 의하여 춤과 노래로 연출되던 하나의 투곡(套曲)으로 해석하였다.[57] 후지노(藤野岩友)는 『초사』 전체를 '무'의 노래라 규정하고 『무계문학론(巫系文學論)』(大學書房, 1951)이란 책을 썼다.

후지노는 이 책에서 굴원의 대표작이라 칭송되는 「이소(離騷)」도 무의 자서문학(自序文學, 祝辭系文學)으로 분류하고 있는데, 이름은 정칙(正則)이고 자는 영균(靈均)이라는 '무'의 내력과 수양 및 이상을 노래한 강창 형식으로 연출되던 작품이었을 가능성이 많다. 「이소」에는 자신의 자를 '영균'이라 하고, 자신이 존경하는 선배로 영수(靈修)가 나오는데, 왕일 스스로가 「구가」의 주에서 "영(靈)은 '무'를 말한다." "초나라 사람들은 '무'를 영자(靈子)라 불렀다."[58]고 설명하고 있으니, 이들은 모두 '무'의 이름임이 분명하다. 다시 「이소」에는 신무의 이름으로 영분(靈氛)과 무함(巫咸)이 등장한다. 그리고 끝머리에 "나는 팽함(彭咸)이 사는 곳으로 가서 함께 살겠다."[59]고 읊은 구절의 '팽함'에 대하여, 왕일은 이

---

56) 『支那學』 第七卷 第一號 所載.
57) 「什麼是九歌」・「怎樣讀九歌」・「＜九歌＞古歌舞懸解」(『神話與詩』, 中華書局, 1956 所載) 참조.
58) "靈, 謂巫也." "楚人名巫爲靈子."
59) "吾將從彭咸之所居."

들을 "은나라의 대부로 임금에게 간하다가 들어주지 않자 물에 투신자살한 사람이다."[60]고 굴원이 물에 투신자살하였다는 전설에 맞추어 설명하고 있는데, 근거 없는 말임은 이미 많은 학자들이 지적하였다. 그보다는 하천행(何天行)이 주장한 것처럼 『산해경(山海經)』 대황서경(大荒西經)에 보이는 십무(十巫) 중의 유명한 무팽(巫彭)과 무함(巫咸)의 두 사람을 가리키는 말일 가능성이 많다.

『순자』의 「성상(成相)」・「부(賦)」 두 편의 작품은 가장 틀림없는 전국시대의 작품이다. 노문초(盧文弨, 1717-1795)는 「성상」편에 주를 달면서 이렇게 설명하고 있다.

"이 편의 음절은 바로 후세 탄사의 조상이다. 편 앞머리에 말하기를, '만약 장님에게 '상'이 없었다면 얼마나 허전하겠는가?' 하였으니, 뜻이 이미 분명하다. 첫 구절에서 '청성상(請成相)'이라 한 것은 '이 곡을 연주합시다'라는 뜻이다."[61]

「부」편의 글도 성상과 큰 차이가 없으니 후세 탄사 형식으로 연주된 것임을 알 수 있다. 「부」편은 수수께끼식의 대화로 주제를 알아맞히는 형식의 글로 이루어져 있는데, 예(禮)・지(知)・운(雲)・잠(蠶)・침(箴)의 다섯 가지가 주제이고, 끝머리에는 궤시(佹詩)가 한 편 붙어 있다. 궤시는 천하의 치란(治亂)에 대하여 운문으로 서술하고 끝머리에 "기소가왈(其小歌曰)" 하고 『초사』의 "난왈(亂曰)"이나 같은 결말을 짓는 한 대목이 있으니, 모두 읊고 노래하는 형식으로 읽혔던 글인 듯하다. 순자(B.C. 298?-238?)는 유가의 교리를 쉽게 해설하여 선전할 목적으로 민간 곡예의 한 가지 형식을 빌어 「성상」과 「부」편을 썼던 듯하다.

---

60) "彭咸, 殷賢大夫, 諫其君不聽, 自投水而死."
61) 『荀子集解』成相篇注: "此篇音節, 卽後世彈詞之祖. 篇首卽稱如瞽無相, 何倀倀, 義已明矣. 首句請成相, 言請奏此曲也."

지금 우리에게 전하는 본격적인 초기의 부라고 알려진 송옥(宋玉, B.C. 290?-223?)의 대표작인 「고당부(高唐賦)」・「신녀부(神女賦)」도 모두 문답체로 산문과 운문을 함께 써서 무산(巫山) 신녀의 전설을 바탕으로 한 얘기를 서술한 것이다. 문장의 형식이 강창체 또는 희곡체라 할 수 있는 것이고, 고당이나 무산・신녀 등의 지명이나 등장인물이 '무'의 노래와의 관계를 암시해 주고 있다.

한나라 초 가의(賈誼, B.C. 200-168)의 「복조부(服鳥賦)」와 「조굴원부(弔屈原賦)」도 산문과 운문으로 이루어진 가공적인 얘기와 전설을 읊은 것이다. 사마상여(司馬相如, B.C. 179?-117)의 「자허부(子虛賦)」・「상림부(上林賦)」 등도 모두 희극적인 구성의 작품이다. 자허(子虛)와 오유선생(烏有先生)・무시공(亡是公) 등 가공적인 인물들이 허구적인 얘기를 산문과 운문을 섞어 서술하고 있는 것이다. 이 뒤로 이른바 문인들이 지은 부는 차츰 희극적인 성격이 약해지고 사물을 묘사하는 데에 보다 힘을 기울이게 된다.

『사기』 혹리열전(酷吏列傳)의 장탕전(張湯傳)과 『한서』 주매신전(朱買臣傳)을 보면 주매신은 '초사'를 잘함으로써 황제의 환심을 사서 출세했다는 기록이 있다.[62] 서한 때의 초사라는 말은 동한 왕일(89?-158?)의 『초사장구(楚辭章句)』의 경우와는 달리 "초나라 가락으로 하는 설서(說書)" 정도의 뜻을 지닌 말로, 초사를 잘했다는 것은 초사를 설서 형식으로 잘 읊고 노래한 것일 가능성이 많다. 『한서』 왕포전(王褒傳)에는 구강피공(九江被公)을 불러들여 초사를 송독케 했다는 얘기를 쓰면서 그 앞에 "기이한 좋은 것을 널리 모아들였다."는 말이 붙어 있고,[63] 『한서』 지

---

62) 『史記』 酷吏列傳 張湯傳: "始長史朱買臣, 會稽人也, 讀春秋. 莊助使言買臣, 買臣以楚辭, 與助俱幸, 侍中, 爲太中大夫, 用事."
『漢書』 朱買臣傳: "召見說春秋, 言楚辭, 帝甚說之."
63) 『漢書』 王褒傳: "宣帝時, 修武帝故事, 講論六藝群書, 博盡奇異之好, 徵能爲楚辭, 九江被公, 召見誦讀."

리지(地理志)에는 엄조(嚴助)와 주매신이 출세함으로 말미암아 세상에 초사가 전해지게 되었지만 "그것은 너무 기교에만 빠져서 믿음이 적었다."는 설명을 덧붙이고 있다.[64] 초사를 송독하는 것이 민간의 설서 같은 속된 방식이었기 때문일 것이다. 그리고 여기의 초사라는 말은 흔히 지금 우리가 읽고 있는 책으로서의 『초사』와는 다른 "초나라 지방의 설서"라는 말과 비슷한 뜻이었을 것이다. 『사기』 굴원가생열전(屈原賈生列傳)에서 "굴원이 죽은 뒤에 초나라에는 송옥(宋玉)·당륵(唐勒)·경차(景差)의 무리가 있어, 모두 사(辭)를 좋아하여 부(賦)로서 이름이 났었다."[65] 하였는데, "사를 좋아하여 부로서 이름이 났었다."는 것은 초사의 작품을 잘 지었다는 것이 아니라 그것을 이용한 설서를 잘 하였다는 말로 이해해야 할 것이다. 『수서(隋書)』 경적지(經籍志)에 "수나라 때에 도건(道騫)이란 중이 있었는데, 독(讀)을 잘 하고 초성(楚聲)을 할 줄 알았는데 소리 가락이 맑고 애절하였다. 지금도 초사를 전하는 사람들은 모두 건공(騫公)의 소리를 조종으로 받든다."[66]라는 기록이 보인다. 초사의 설서는 당대까지도 이어졌음이 분명하다. 그것은 뒤에 얘기할 속부(俗賦)의 존재 등을 통해서도 알 수 있는 일이다.

그러나 이미 굴원·순자·송옥에서 시작하여 한대 작가들이 지은 부는 모두 '무'의 노래에서 나왔다고는 하지만 순수한 무가나 민간의 곡예 형식과는 상당히 멀어진 것으로 보아야 할 것이다. 순자의 부는 유가사상을 선전하기 위하여 지은 것이고, 송옥 이하의 작가들 부는 귀족이나 황제를 위하여 지은 것이므로, 그 형식이나 문장도 귀족화하지 않을 수가 없었을 것이다. 귀족화란 민간의 희극적인 성격의 상실을 뜻한다고

---

64) 『漢書』 地理志: "吳有嚴助朱買臣, 貴顯漢朝, 文辭并發茂, 故世傳楚辭, 其失巧而少信."
65) "屈原既死之後, 楚有宋玉唐勒景差之徒, 皆好辭而以賦見稱."
66) "隋時有釋道騫, 善讀之, 能爲楚聲, 音韻淸切. 至今傳楚辭者, 皆祖騫公之音."

보아도 좋을 것이다. 따라서 민간에는 진나라 이전시대로부터 후세에 이르도록 보다 희극적인, 곧 강창이나 희곡의 형식을 지닌 부가 유행했을 것이다. 후세의 작가들의 부 중에서도 장형(張衡, 78-139)의 『촉루부(髑髏賦)』, 채옹(蔡邕, 133-192)의 『단인부(短人賦)』, 조식(曹植, 192-232)의 『요작부(鷂雀賦)』 등은 비교적 민간희의 문답과 조희(嘲戲)의 전통을 제대로 계승한 작품이라 여겨진다.

서견(徐堅, 659-729)이 편찬한 『초학기(初學記)』 권19에는 유밀(劉謐)의 「방랑부(龐郎賦)」를 인용하고 있는데, 그 시작이 다음과 같다.

"자리의 여러 군자님들, 모두 귀기울여 들어주소!
내가 엮은 글 들으시라는 거죠, 하간(河間) 지방 일을 얘기한 것이라오."[67]

"귀 기울여 들어 달라." 하였으니, 분명히 이 부는 강창의 일종이다. 또 손광헌(孫光憲, ?-968)의 『북몽쇄언(北夢瑣言)』 권7에는 다음과 같은 기록이 보인다.

"피일휴(皮日休)가 귀융(歸融) 상서(尙書)를 뵈려 하였으나 만나지 못하게 되자, 「협귀사부(挾龜蛇賦)」를 지었는데, 그가 머리를 내밀지 않았다고 비꼰 것이다. 그러자 귀융의 아들도 「피삽혜부(皮靸鞋賦)」를 지어 서로 비방하였다."[68]

부를 지어 거북이나 뱀처럼 "머리를 내밀지 않고" 만나주지 않았던 일을 비꼬고, 또 그러한 부를 지어 비꼰 것을 비방하는 부를 다시 지었다는 것을 보면, 지금 그 작품은 전하지 않고 있지만 강창 형식의 우스갯소리를 위주로 하는 글이었다고 짐작이 간다.

---

67) "坐上諸君子, 各各明耳聽. 聽我作文章, 說此河間事."
68) "皮日休曾謁歸融尙書, 不見. 因撰挾龜蛇賦, 譏其不出頭也. 而歸氏子亦撰皮靸鞋賦, 遞相謗誚."

마침 돈황문권 속에 변문(變文)과 함께 발견된 「안자부(晏子賦)」·「한붕부(韓朋賦)」·「연자부(燕子賦)」·「다주론(茶酒論)」 등의 속부(俗賦)들이 그런 성격의 강창이다. 「다주론」의 첫머리가 이렇게 시작되고 있다.

"생각해 보건대, 신농께서는 모든 풀을 맛보시어 이에 오곡을 가려내셨으며, 헌원(軒轅)은 의복을 만들어 후세 사람들에게 가르쳐주셨으며, 창힐(倉頡)은 문자를 마련하셨고, 공자는 유교의 교리를 밝히셨다. 처음부터 자세히 말할 수는 없으니 그 요점이 되는 부분을 추려 얘기하겠다."[69]

그리고 「연자부」의 첫머리는 이렇게 시작되고 있다.

"이 노래는 자신이 스스로 들어맞아, 천하에 이보다 더한 것이란 없다네.
참새와 제비가 함께 본 노래를 지어 부르겠네."[70]

이상을 보면 사설과 창이 모두 동원되는 변문이나 같은 형식의 민간곡예가 속부였음을 알 수 있다. 그리고 민간에는 줄곧 이런 형식의 부가 설창되어 왔다는 사실을 확인할 수가 있다.

곧 부는 본시부터 시체의 일종이었으며, 초나라 지방을 중심으로 한 민간에 강창이나 희곡과 같은 종류의 곡예로 유행해 온 것임을 알게 된다.

5. 맺는 말

이상 『모전』과 『삼가시』를 중심으로 하는 서한 학자들의 시 해설을 본다면, 그 내용이 모두 상당히 복잡한 고사와 밀접한 관계가 있다. 그것은 결국 서한 학자들이 시를 해설함에 있어 모두 복잡한 고사와의 관계

---

69) "竊見神農曾嘗百草, 五谷從此得分; 軒轅制其衣服, 流傳敎示後人. 倉頡致其文字, 孔丘闡化儒因. 不可從頭細說, 撮其樞要之陳."
70) "此歌身自合, 天下更無過. 雀兒和燕子, 合作開元歌."

아래 진행된 것임을 짐작할 수가 있다. 그들의 해설이 "우곡(迂曲)한 것"이 아니라 그러한 해설을 하고 있는 까닭을 이해해야만 한다. 간단한 시들이 복잡한 고사와 관계를 갖기 위하여 고금의 중국 민간곡예의 일반적인 현상대로 그 시들이 설서를 하거나 희곡을 연출할 때 부르던 노래의 가사일 수밖에 없다. 지금 일반적인 경향처럼 서한 학자들의 시 해설이 모두 우곡하다 또는 엉터리라 단정하고 팽개치는 것은 오히려 후세 사람들의 잘못임을 알게 된다.

지금도 중국의 민간곡예들을 보면, 거의 모든 종류의 것들이 본시는 단순한 노래인 청창에서 출발하거나 그것을 바탕으로 한 것이나, 다시 거기에 고사가 보태어져 강설과 가창을 엇섞어가며 고사를 연출하는 이른바 강창 형식으로 발전하기도 하고, 다시 같은 악곡으로 몇 명의 예인들이 모여 함께 노래와 대화를 사용하여 연출하는 희곡 형식으로 발전하기도 하였다. 곧 한 종류의 곡예 속에는 청창도 있고 강창도 있고 희곡도 있다. 이러한 사정은 이미 진나라 이전시대부터 시작되고 있던 것이 아닐까 하는 추측을 낳게 한다.

『모전』이나 『삼가시』의 시 해설이 고사 또는 설화와 관련이 많다는 것은, 서한 초까지도 『시경』의 시들이 고사와 직접 연결되어 있는 시들이었기 때문이라 보아야 할 것이다. 『시경』의 시들은 서한 때까지도 여러 가지 고사를 연출할 때, 곧 고사나 설화를 강창 또는 희곡 형식으로 연출할 때 원용되기도 한 노래라는 것이다. 보기를 들면 「관저」라는 시는 문왕의 후비 얘기를 연출할 적에도 노래 부르고, 강왕이 결혼한 뒤 조회에 늦게 나온 얘기를 연출할 적에도 노래 부르던 노래의 가사여서, 『모시』와 『삼가시』는 각각 그러한 해설을 하고 있다는 것이다. 그리고 송의 시 여섯 편(또는 그 이상)은 '대무'를 춤출 때 노래 부르던 시라고 하였는데, 풍·아의 시들도 한 가지 고사를 연출하는 데에 여러 편을 함께 노래 불렀을 것이다. 보기를 들면 주남의 시 11편은 모두가 후비에 관한 얘기를 연출할 때 노래 부르고, 빈풍 7편은 모두 『서경』 주서 금등(金縢)편 같은 주공의 얘기를 연출할 때 노래 불렀다는 것이다. 어떻든 이런 해설을 통해서 서한 학자들은 시 본문 자체의 해석보다도 그러한 시의 활용을 통하여 사람들에게 공자가 『시경』을 편찬한 뜻을 알리려 했던 듯하다.

특히 <시의 육의(詩之六義)> 중에서도 '부'는 처음부터 희곡적인 성격이 두드러졌던 듯하다. 『초사』에서 시작하여 한부 및 후세의 속부로 이어지는 부라는 문학 형식은 분명히 '무'의 노래에서 나온 것이며, 가무희의 형식을 그대로 보존하고 있던 곡예이다.

『묵자』 공맹(公孟)편을 보면 묵자의 말 중에 "송시삼백, 현시삼백, 가시삼백, 무시삼백.(誦詩三百, 弦詩三百, 歌詩三百, 舞詩三百.)"이란 말이 보인다. 이는 『시경』의 시들이 여러 가지 방식으로 연출되었음을 보여 주는 실례라 생각된다. "송시"는 시를 특수한 방식으로 읊는 것이고, "현시"는 금으로 반주를 하며 시를 노래한 것이고, "가시"는 시를 노래하는 것이고, "무시"는 시의 노래와 음악에 맞추어 춤도 추던 것이었을 것이다.

이상을 종합해 보면 『시경』의 시들은 단순한 노래의 가사였을 뿐만이 아니라, 고사를 강창 형식으로 연출하는 데에도 활용되었고, 심지어 고사를 이용하여 희곡 형식으로 연출되는 연예에도 원용되었던 노래의 가사이다. 그러니 『시경』은 중국문학사에 있어서 전통문학의 중심을 이루는 시가의 조종이라 받들고 있지만, 다른 한편으로는 중국 소설 희곡의 조종도 되는 것이다.

이러한 성격을 올바로 이해해야만 서한 학자들의 『시경』 해설을 올바로 이해하고, 『시경』의 시들을 제대로 읽고 이해할 수 있을 뿐만이 아니라 중국 전통문학의 특징에 대하여도 올바른 이해를 할 수 있게 될 것이다.

제1편

국풍(國風)

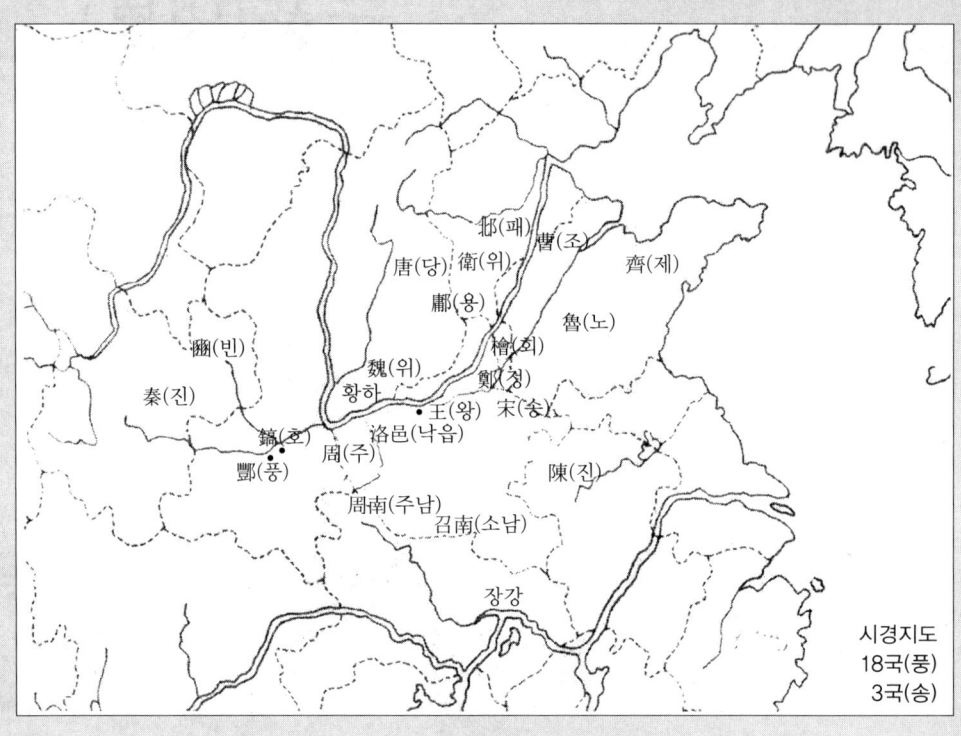

국풍은 단순히 '풍'이라고도 부른다. 국풍이라고 할 적에 '국'이란 제후들의 나라를 말하며, '풍'은 풍요(風謠) 곧 가요를 뜻한다. 국풍에는 주남(周南)으로부터 빈(豳)에 이르는 열다섯 나라의 노래가 실려 있다. 풍·아·송 가운데에서 이처럼 국풍을 『시경』의 앞머리에 놓은 것은 이 시들이 이때 사람들의 생활이나 정서를 '아'나 '송'보다 더 참되고 솔직하게 표현하고 있기 때문일 것이다.

  이 15 국풍의 차례는 『좌전』 양공(襄公) 29년(B.C. 544)에 오(吳)나라 계찰(季札)이 노(魯)나라에 와서 『시경』의 음악을 듣는 기록이 나오는데 그곳의 차례와도 약간 다르고, 정현(鄭玄)의 『시보(詩譜)』와도 약간 다르다. 그러나 대체로 정현의 『시보』와 차례가 다른 것은 정현이 자기 개인의 견해에 따라 다시 배열한 때문일 것이다. 그러나 계찰의 순서와는 큰 차이가 없으니 지금의 국풍 차례는 많은 논의에도 불구하고 진(秦)나라와 한(漢)나라 시대 이래로 전하여 온 옛 모습이라고 볼 수 있다.

  그리고 15 국풍 가운데에서 옛날에는 맨 앞의 '주남'과 '소남'을 정풍(正風), 나머지 열세 나라의 것을 변풍(變風)이라 하여 구별하였으나, 우리는 그러한 구별은 할 필요가 없을 것이다.

제1 주남(周南)

주남이 어느 곳을 가리키는가에 대하여는 옛날부터 의견이 분분하였다. 옛날 학자들 의견에 따르면 '주'는 나라 이름으로 주나라 문왕의 할아버지 태왕(太王) 곧 고공단보(古公亶父)가 도읍했던 땅으로 기산(岐山)의 남쪽(陝西省 岐山縣 부근)에 있었다.

태왕의 아들 계력(季歷)을 거쳐 문왕에 이르러 도읍을 다시 풍(豐) 땅으로 옮기고(B.C. 1136 무렵) 옛 기주(岐周)의 땅을 나누어 주공 단(旦)과 소공(召公) 석(奭)의 채읍(采邑)으로 하였다. '남'은 남쪽에까지 주공이나 소공의 덕에 의한 다스림이 행하여졌다는 뜻에서, 이를 '주남'과 '소남'으로 각각 구별하였다는 것이다(『鄭箋』).

이것은 아무래도 글자의 뜻을 따라 억지로 그럴싸한 해석을 한 것인 듯하다. 그래서 주희는 '주공으로 하여금 국내에서 정치를 하게 하고, 소공에게는 제후들을 다스리게 하여 덕에 의한 다스림이 크게 이루어졌다. 주공이 주나라에서 모은 시에 남쪽 나라의 시가 섞여 있어 이를 주남이라 하고, 소공이 남쪽 여러 나라들에서 모은 시를 소남이라 하였다'고 풀이하였다(『集傳』).

그러나 주남의 「여수 방죽(汝墳)」 시를 보면 "왕실이 불타는 듯하다(王室如燬)"는 구절이 있고, 소남의 「어쩌면 저렇게 고울까(何彼襛矣)」 시를 보면 "평왕(平王 : B.C. 770~B.C. 720 재위, 東周의 첫째 임금)의 손자(平王之孫)"란 구절이 있다. 이들은 분명히 '주남'이나 '소남'의 시들이 서주 말년 나라가 어지러울 때이거나 동주 초에 지어진 시임을 말해주는 것이다. 옛날 학자들의 주장이 잘못되었음이 분명하다. 부사년(傅斯年; 1895~1951)은 '남'은 남쪽의 나라를 뜻하며 '주남'은 주나라 왕조가 직접 다스리던 땅 남쪽의 나라들을 가리킨다 하였다(「周頌說」, 『釋義』 引).

주남의 시들을 보면 「한수는 넓어서(漢廣)」·「여수 방죽(汝墳)」 편이 있고, 「물수리(關雎)」에는 '황화 섬 속에 있다(在河之洲)'는 구절이 있으니 '주남' 땅은 대략 북쪽은 황하로부터 남쪽은 여수(汝水)와 한수(漢水)에 이르는 지금의 하남(河南)성 황하 이남의 서쪽 땅임을 알 수 있다. 주남의 시 열한 편은 모두 '주남' 땅의 노래이며, 그 음악은 남쪽 나라의 가락이었을 것이다.

1. 물수리(關雎)

제1편 국풍(國風)·**89**

關關雎鳩이　　　구욱구욱 물수리가
在河之洲로다.　　황하 섬 속에서 울고 있네.
窈窕淑女는　　　아리따운 고운 아가씨는
君子好逑로다.　　군자의 좋은 배필일세.

參差荇菜를　　　올망졸망 마름풀을
左右流之로다.　　이리저리 헤치며 뜯고 있네.
窈窕淑女를　　　아리따운 고운 아가씨는
寤寐求之로다.　　자나깨나 그리웁네.
求之不得하니　　그리어도 만나지 못하니
寤寐思服로다.　　자나깨나 잊지 못하네.
悠哉悠哉라　　　그리움은 한이 없어,
輾轉反側하도다.　밤새 이리 뒤척 저리 뒤척

參差荇菜를　　　올망졸망 마름풀을
左右采之로다.　　여기저기서 뜯고 있네.
窈窕淑女를　　　아리따운 고운 아가씨와
琴瑟友之로다.　　거문고 타며 함께하고 싶네.
參差荇菜를　　　올망졸망 마름풀을

_{좌 우 모 지}
左右芼之로다.   여기저기서 뜯고 있네.

_{요 조 숙 녀}
窈窕淑女를   아리따운 고운 아가씨와

_{종 고 락 지}
鐘鼓樂之로다.   풍악 울리며 즐기고 싶네.

▲ 마름풀

註解 □關關(관관)-물수리의 울음소리를 적은 것. 그러나 그 울음소리가 어떤지 알 수 없어 '구욱구욱'이라 번역하였다. □雎鳩(저구)-왕저(王雎)라고도 하며(鄭箋), 곽박(郭璞 : 276~324)은 『이아(爾雅)』의 주에서 조(鵰 : 수리)라 풀이하였다. 그밖의 이전 학자들의 해설을 종합하면 수리 종류의 물고기를 잡아 먹는 새, 곧 '물수리'임을 알겠다(正義). □河(하)-황하(黃河), 옛날에는 '하'가 황하를 뜻하는 고유명사였다. □洲(주)-강물 속의 섬. □窈窕(요조)-교양이 있고 아리따운 모습(通釋). □淑(숙)-선(善)자와도 통하며(毛傳), '숙녀'는 바르고 훌륭한 여자(鄭箋)를 말한다. □君子(군자)-『시경』에서는 대체로 높은 벼슬자리에 있는 사람을 가리킨다(부인들은 자기의 남편을 군자라 부르기도 하였다). 공자 이후로는 덕망이 있는 사람의 뜻으로 쓰이게 되었다. 옛날에는 덕있는 사람이 벼슬을 하는 것이라 믿었기 때문이다. 소인(小人)도 본래는 평민의 뜻이었다. □逑(구)-짝, 배필. 述(술)자와 혼동하기 쉽다. □參差(참치)-가지런하지 못하고 들쭉날쭉한 모습. □荇菜(행채)-마름풀. 물속에 자라며, 먹을 수 있다. □左右(좌우)-이리저리. 여기저기. □流(류)-求(구)자와 통하여 좋은 마름풀을 따려고 물속에서 찾아다니는 것. □之(지)-조사. □寤寐(오매)-자나 깨나. '오'는 잠에서 깨는 것, '매'는 잠자는 것. □服(복)-생각하다. 사복(思服)은 생각하는 것. 여기에서의 사(思)는 조사로 보기도 한다. □悠哉(유재)-생각이 끝없이 자꾸 나는 것. □輾轉(전전)-누워서 이리 뒹굴 저리 뒹굴 하는 것. □反側(반측)-반복(反覆). 곧 이리 뒤척 저리 뒤척 하는 것. □采(채)-채취, 뜨는 것. □琴(금)-중국의 옛날 현악기로서 오현(五絃) 혹은 칠현(七絃)임. □瑟(슬)-25현으로 된 중국의 옛 현악기. 금과 슬은 중국의 대표적인 현악기이다. 이러한 악기를 연주하면서 아리따운 아가씨와 잘 살아보고 싶다는 뜻이다. 금슬좋게 지낸다는 말은 여기에서 생긴 말이다. □芼(모)-좋은 마름풀을 따려고 가려내는 것. □鐘鼓(종고)-왕국유(王國維)의 고증에 의하면, 옛날 음악에서 종과 북을 모두 쓴 것은 천자와 제후들이고, 사대부들은 북만을 썼다 한다(『觀堂集林』卷二 釋樂次). 이에 의하면 「관저」의 작자는 평민이 아니라 왕족이었던 것 같다.

解說 「모시서(毛詩序)」에서 '관저' 시는 아리따운 고운 아가씨를 찾아서 남편에게 짝지워주려는 훌륭한 '후비(后妃)의 덕'을 노래한 것이라 하였다. 공영

달(孔穎達)은 「소(疏)」에서 여기의 '후비'는 문왕(文王)의 부인을 가리킨다고 하였다. 이는 주남의 모든 시를 주나라 초기의 작품으로 보았음을 뜻한다. 그러나 아무런 선입감도 없이 이 시를 읽을 때 우리는 바로 이것은 이성을 그리는 시임을 직감할 수 있다. 굴만리(屈萬里) 교수는 '신혼을 축하하는' 시라 보았으나(釋義) 여기서는 끝까지 아리따운 아가씨를 그리는 젊은이의 연시라 보았다.

첫 장에서는 작자가 물가에서 물수리의 울음소리를 들으며 자기의 좋은 짝이 될 아리따운 아가씨를 생각한 것이다. 이 남자는 좋은 집안의 젊은이로서 종묘에 제사 지낼 때 쓸 마름풀(孔疏)을 따러 강가로 나갔던 듯하다. 제2장에서는 마름풀을 찾으면서도 자기가 그리는 아리따운 아가씨를 생각한다. 자나깨나 생각나는 절절한 연정이 이 장에는 넘친다. 제3장에서는 공상으로 비약하여 자기가 얻고자 하던 아리따운 아가씨와 함께 즐겁게 살고픈 소망을 노래한 것이다.

이 시를 읽는 데 가장 문제되는 점이 '관관저구(關關雎鳩)이 재하지주(在河之洲)로다' 하는 첫 구절과 '요조숙녀(窈窕淑女)는 군자호구(君子好逑)로다' 하는 주제와의 연결이다. 옛날에는 '저구'는 암수컷의 구별을 엄히 하는 새니(孔疏), '관관'은 암수컷이 주고 받는 울음소리이며 '저구'는 나면서 정해진 짝이 있어 언제나 짝을 바꾸지 않고 함께 다닌다(集傳)고 하며, 저구를 통하여 요조숙녀를 생각하게 되는 것이라 하였다.

그러나 『모전』과 『집전』 모두 이 첫 구절은 '흥(興)'이라 주를 달고 있다. '흥'이란 작자의 주관적인 연상작용은 있을지언정 반드시 객관적으로 어떤 비유가 성립되는 것은 아니다. 독자는 독자대로 또 다른 연상을 할 수는 있을지언정 옛 사람들이 설명하는 것처럼 억지의 설명을 붙일 필요는 없다.

2. 칡덩굴(葛覃)

葛之覃兮여!   칡덩굴은 길게
施于中谷하여   산골짜기에 뻗어

유 엽 처 처
　　　維葉萋萋로다.　　잎새 무성하네.

　　　황 조 우 비
　　　黃鳥于飛라가　　곤줄박이는 날아다니다가

　　　집 우 관 목
　　　集于灌木하여　　떨기나무 위에 모여앉아

　　　기 명 개 개
　　　其鳴喈喈로다.　　짹짹 지저귀네.

　　　갈 지 담 혜
　　　葛之覃兮여!　　　칡덩굴은 길게

　　　이 우 중 곡
　　　施于中谷하여　　산골짜기에 뻗어

　　　유 엽 막 막
　　　維葉莫莫이로다.　잎새 더부룩하네.

　　　시 예 시 확
　　　是刈是濩하여　　그것을 잘라다가 쪄내어

　　　위 치 위 격
　　　爲絺爲綌하니　　고운 칡베 굵은 칡베 짜,

　　　복 지 무 역
　　　服之無斁이로다.　베옷 지어 입으니 좋을시고.

　　　언 고 사 씨
　　　言告師氏하여　　보모께 아뢰고

　　　언 고 언 귀
　　　言告言歸로다.　　근친을 가려고 하네.

　　　박 오 아 사
　　　薄汚我私하고　　평복도 빨고

　　　박 환 아 의
　　　薄澣我衣로다.　　예복도 빨고 있네.

　　　해 환 해 부
　　　害澣害否리오?　어떤 것은 빨고 어떤 것은 그대로 두겠는가?

　　　귀 녕 부 모
　　　歸寧父母로다.　　돌아가 부모님께 문안드리려는 참인데.

註解 □葛(갈)-칡, 칡덩굴. □覃(담)-뻗다. □兮(혜)-어조사. □施(이)-길게 뻗다. 이(移)와도 통한다. □中谷(중곡)-곡중(谷中). 곧 골짜기 가운데. □維(유)-조사. □萋萋(처처)-풀이 무성한 모양. □黃鳥(황조)-단서(搏黍)라고 『모전』에 풀이하였는데 보통은 여황(驪黃) 또는 황앵(黃鶯)이라 하여 꾀꼬리의 뜻으로 풀이하여 왔다(集傳). 그러나 초순(焦循 : 1763~1820)· 단옥재(段玉裁 : 1735~1815) 같은 이들은 이를 황작(黃雀), 곧 곤줄박이라 주장하여(通釋) 지금은 거의 모두가 그렇게 알고 있다. 참새처럼 생긴 들의 곤줄박이로 보아야만 뒤의 "떨기나무 위에 모여 앉아 짹짹 지저귀네"하고 노래한 구절과도 어울리게 된다. □灌木(관목)-키는 크게 자라지 않고 떨기를 이루어 자라는 나무들. □喈喈(개개)-새들이 짹짹 우는 것. □莫莫(막막)-『모전』은 '다 자란 모양(成就之貌)'이라 하였고, 『공소』에서는 다시 '이를 잘라 쓸 수 있을 만큼 무성하게 자란 모습'이라 부연하였다. 그러나 『광아(廣雅)』에는 '막막은 무성한 것'이라 하였으니 처처(萋萋)와 비슷한 말로 보아도 될 것이다(通釋). □刈(예)-칡덩굴을 자르는 것. □濩(확)-칡 껍질의 섬유를 가려내기 위하여 솥에 넣고 불을 때어 이를 찌는 것. 칡을 쪄낸 다음 껍질을 벗겨 실을 뽑아가지고 칡베를 짰다. □絺(치)-고운 칡베. □綌(격)-거친 칡베. □服(복)-곧 칡베로 옷을 지어 입는 것. □斁(역)-싫증나다. 무역(無斁)은 싫지 않다, 곧 좋다는 뜻. □言(언)-『모전』에선 '나'의 뜻으로 보았으나, 조사로 봄이 옳다(集傳). □師氏(사씨)-여사(女師). 옛날에 내가십 규수는 여사가 있어 부덕(婦德)·부언(婦言)·부공(婦功)을 가르쳤다 한다. 후세의 궁전의 보모(保姆)와 성격이 비슷하다. □歸(귀)-귀녕(歸寧), 곧 여인이 출가한 뒤 친부모를 뵈러 친정을 찾아가는 근친(覲親)을 말함. □薄(박)-『집전』에서는 '적은 것'을 뜻하는 말로 보았으나, 조사임. 『모전』에서도 뒤의 '질경이(苤苢)' 시에서는 조사라 하였다. □汚(오)-『모전』에는 '번(煩)'의 뜻으로 풀이하였는데 옷을 비벼 빠는 것이다 (鄭箋·集傳). □私(사)-평상시에 입는 옷(毛傳·集傳). □澣(환)-옷을 빠는 것. □衣(의)-예복(集傳). □害(해)-어찌, 하(何)의 뜻. 해환해부(害澣害否)는 '무엇은 빨고 무엇은 빨지 않겠는가?' 곧 모두 빨겠다는 뜻.

▲ 곤줄박이

[解説] 「모시서」에는 이 시를 '후비(后妃)의 근본을 노래한 것이다. 후비는 시집에 있어서는 여자가 할 집안일에 뜻을 두고 검소하고 절약하며 깨끗이 빤 옷을 입고, 그의 보모인 스승을 공경하여 돌아가 친정 부모도 편안하게 해드리는 것이다.' 라고 설명하였다. 주희도 이에 바탕을 두고 이 시를 해석하였다.

그러나 이 시는 시집간 부인이 근친갈 날을 앞두고 설레는 마음을 노래한 것이라 봄이 좋겠다. 중국의 옛 풍속으로는 대부 이하 신분의 사람들 부인은 1년에 적어도 한 번은 근친을 가는 것이 예였다(『春秋公羊傳』 莊公 27년 何休注).

부인은 친정에 간다는 기쁨에 괴로움도 잊고 칡덩굴을 잘라다 부지런히 칡베를 짜고, 자기의 옷을 모두 빨아 그날에 대비한다.

그런데 이 시의 작자도 보모인 사씨가 있는 몸이니 후비는 아닐지언정 평민의 아내는 아니라고 보아야 할 것이다.

3. 도꼬마리(卷耳)

采采卷耳로되   도꼬마리 뜯고 또 뜯어도
不盈頃筐이라.   납작바구니에도 차지 못하네.
嗟我懷人하여   아아, 내 그리운 님 생각에
寘彼周行이로다.   바구니도 행길 위에 내던지네.

陟彼崔嵬로되   높은 산에라도 오르려 하나
我馬虺隤로다.   내 말 병이 났네.
我姑酌彼金罍하여   에라, 금잔에 술이나 따라
維以不永懷로다.   기나긴 수심 잊어 볼까?

^{척 피 고 강}
陟彼高岡로되　　돌산에라도 오르려 하나

^{아 마 현 황}
我馬玄黃이로다.　내 말 병이 났네.

^{아 고 작 피 시 굉}
我姑酌彼兕觥하여　에라, 쇠뿔 잔에 술이나 부어

^{유 이 불 영 상}
維以不永傷이로다.　기나긴 시름 잊어 볼까?

^{척 피 저 의}
陟彼砠矣로되　　돌산에라도 오르려 하나

^{아 마 도 의}
我馬瘏矣하고　　내 말 지쳐 늘어졌고

^{아 복 부 의}
我僕痡矣니　　　내 하인 발병 났으니

^{운 하 우 의}
云何吁矣리오?　어떻게 하면 그대 있는 곳 바라볼까나?

註解　□采采(채채) - 나물을 뜯고 또 뜯는 것. □卷耳(권이) - 도꼬마리. 영이(苓耳)라고도 하며(毛傳), 1년생 풀로 봄에는 부드러운 잎새를 뜯어먹고 약재로도 쓴다. □頃筐(경광) - 뒤는 높고 앞은 낮게 만든 대광주리(釋義). □嗟(차) - 아아. 간탄사. □懷(회) - 마음속의 생각, 수심. □寘(치) - 놓다. 내던지다. 치(置)자와 통함. □周行(주행) - '주(周)나라의 국도', '대도(大道)', '한길'. □崔嵬(최외) - 『모전』에는 '꼭대기에 바위가 있는 흙산'이라 풀이하였으나, '높은 산'이라 보면 된다. □虺隤(회퇴) - 말이 지쳐서 나는 병. □姑(고) - 여기서는 고차(姑且), 곧 '잠깐 일을 미뤄 두고'의 뜻, 또는 '에라!'와 같은 말. □罍(뢰) - 술잔. □維(유) - 조사. □永懷(영회) - 오래오래 속에 품고 그리는 것. □玄黃(현황) - '검은 말이 병나면 누렇게 된다'고도 해석하나(毛傳・集傳), 그대로 말이 병든 모습이라 봄이 좋다(釋義). □兕觥(시굉) - 흔히 쇠뿔로 만든 잔이라 풀이하나, 왕국유(王國維 : 1877~1927)의 고증에 의하면 쇠머리같이 생긴 덮개가 달린, 발은 있기도 하고 없기도 한 이(匜) 종류의 술잔이다(『觀堂集林』권3 說觥). □砠(저) - 『모전』에 흙이 꼭대기에 덮여 있는 돌산이라 하였다. □瘏(도) - 특히 말이 지쳐 못 걷는 병(孔疏). □僕(복) - 종, 하인. □痡(부) - 특히 사

람이 지쳐 못 걷는 병(孔疏). ㅁ云何(운하) – 여하(如何), 곧 '어찌하면'의 뜻. ㅁ吁(우) – 소아(小雅) 하인사(何人斯)에 '운하기우(云何其盱)'라는 구절도 있으니, 우(盱)의 뜻으로 빌려 쓴 글자이며 '눈을 부릅뜨고 멀리 바라본다'는 뜻이라 보았다(集傳).

[解説] 이 시도 「모시서」에는 후비(后妃)의 뜻을 노래한 것이라 보았다. 그러나 이 시는 분명히 멀리 집을 떠난 사람이 두고 온 아내 또는 애인을 생각하며 읊은 노래라 봄이 자연스럽다. 첫 절은 여자가 나물 캐다 떠나간 임 생각이 간절하여 나물 바구니 조차 길가에 내던지는 애절한 그리움의 노래이다. 이것은 남자가 멀리 있는 아내가 자기를 그토록 사모하고 있으리라 생각하며 부른 것이라 볼 수 있다.

  둘째 절부터는 그토록 자기를 사랑하고 있을 아내에 대한 작자의 그리움을 노래한 것이다. 남자는 전쟁터에 있는 군인이 아닐까? 마음대로 사랑하는 사람에게로 돌아갈 수 없는 몸이기에, 높은 산이나 언덕에 올라가 아내가 있을 고장을 바라보기라도 했으면 좋으련만 말도 병들고 부하들도 지쳐 있어 운신조차 할 수 없다. 아마 자기도 지쳐 있을 것이다. 아내가 있는 고장 쪽을 바라보지도 못하는 애틋함에 더욱 그리움이 간절하다. 이 시는 특히 젊은 남녀가 노래를 한 절씩 번갈아 부른 것인 듯도 하다.

상나라 때 술그릇 뢰(罍) ▶

4. 가지 늘어진 나무(樛木)

南^남有^유樛^규木^목하니　　남쪽 가지 늘어진 나무에
葛^갈藟^류纍^류之^지로다.　　칡덩굴이 감겨 있네.
樂^낙只^지君^군子^자여!　　즐겁다 우리 님이여!
福^복履^리綏^수之^지로다.　　행복과 벼슬 누리며 편안하시네.

南^남有^유樛^규木^목하니　　남쪽 가지 늘어진 나무에
葛^갈藟^류荒^황之^지로다.　　칡덩굴이 덮여 있네.
樂^낙只^지君^군子^자여!　　즐겁다 우리 님이여!
福^복履^리將^장之^지로다.　　행복과 벼슬이 그분 도와 드리네.

南^남有^유樛^규木^목하니　　남쪽 가지 늘어진 나무에
葛^갈藟^류縈^영之^지로다.　　칡덩굴이 얽혀 있네.
樂^낙只^지君^군子^자여!　　즐겁다 우리 님이여!
福^복履^리成^성之^지로다.　　행복과 벼슬을 이룩하셨네.

註解　□南(남)-남산(集傳), 또는 남쪽. □樛木(규목)-가지가 굽어 밑으로 축 늘어진 나무. □藟(류)-칡(葛)과 같은 종류이나 약간 다른 식물이라 한다(孔疏). 등나무(藤)라 보는 이도 있으나 근거는 없다. 纍(류)-감겨있는 것. □只(지)-글귀 가운데에 쓰이는 조사(王引之『經典釋詞』). □君子(군자)-남편이나 가까운 남자일 것이다. □履(리)-녹(祿)의 뜻(毛傳), 벼슬. □綏(수)-편안한

것. □荒(황)−엄(掩), 곧 덮였다는 뜻(毛傳). □將(장)−돕다. □縈(영)−얽히다.

解説 「모시서」에서는 후비가 질투하지 않고 밑의 여러 남편의 첩들을 두루 돌보아 줌을 읊은 시라 하였다. 가지가 밑으로 늘어진 나무는 밑의 여러 첩들을 감싸주는 후비의 덕을 상징한 것이라 본 것이다. 그러나 이것은 군자를 축복한 시임이 분명하다. 잘 자라서 칡덩굴까지 감겨 올라간 무성한 가지가 처진 나무를 보고, 작자는 군자의 부귀영화를 생각한 것이다.

그러나 그 나무나 칡덩굴이 반드시 무엇을 상징하고 있는가 따질 필요는 없다. 여기에서 군자는 벼슬하고 있는 자기의 남편이나 애인일 수도 있다. 남편 또는 애인의 성공을 비는 한편 자기 가정의 부귀와 행복을 비는 노래라고 볼 수도 있다.

5. 여치(螽斯)

종 사 우
螽斯羽이   여치의 날개짓 소리

선 선 혜
詵詵兮하니,   쓰륵쓰륵 울리는데,

의 이 자 손
宜爾子孫이   그대의 자손들도

진 진 혜
振振兮로다.   여치처럼 번성하기를.

종 사 우
螽斯羽이   여치 날개짓 소리

홍 홍 혜
薨薨兮하니,   붕붕 울리는데,

의 이 자 손
宜爾子孫이   그대의 자손들도

승 승 혜
繩繩兮로다.   여치처럼 끊임없기를.

<small>종 사 우</small>
螽斯羽이   여치 날개짓 소리
<small>집 집 혜</small>
揖揖兮하니,   직직 울리는데,
<small>의 이 자 손</small>
宜爾子孫이   그대의 자손들도
<small>칩 칩 혜</small>
蟄蟄兮로다   여치처럼 많아지기를.

註解 □螽(종) – 여기서는 메뚜기와 같은 종류인 여치. 여치는 날개를 비벼 소리를 내며, 한 번에 많은 알을 낳아 번식시킨다. □斯(사) – 조사(姚際恒 『詩經通論』). □詵詵(선선) – 여치의 날개짓 소리가 많이 나는 모습(通釋). □宜(의) – 앞의 새끼를 많이 치는 여치에서 자손이 많아질 '그대'와의 연결을 위하여 붙인 것이다. 여치처럼 그대도 자손을 많이 낳아 기름이 '의당(宜當)'하다는 뜻을 지니고 있다. □振振(진진) – 많고 성대한 모양(通釋). □薨薨(훙훙) – 여치의 날개짓 소리의 많음을 형용한 말(通考). □繩繩(승승) – 자손이 끊이지 않고 대대로 번창하는 모습. □揖揖(집집) – 여치의 요란한 날개짓 소리를 형용한 말임(通釋). □蟄蟄(칩칩) – 즐겁게 모여있는 모습, 많이 모여있는 모습.

解説 앞의 「가지 늘어진 나무(樛木)」 시는 자기 집의 부귀를 축복한 것임에 비하여, 이 시는 자기 집안의 자손이 번성할 것을 축복한 시이다. 옛 사람들의 행복의 요건은 부귀와 함께 자손이 많은 것이었다.

「모시서」에서는 후비의 자손이 많음을 노래한 것이라 하였다. 후비뿐만 아니라 옛 사람들은 누구나 많은 자손을 갖게 되기 바랐다.

6. 복숭아나무(桃夭)

^{도 지 요 요}
桃之夭夭여!   싱싱한 복숭아나무여!

^{작 작 기 화}
灼灼其華로다.   화사한 꽃 피었네.

^{지 자 우 귀}
之子于歸여!   시집가는 아가씨여!

^{의 기 실 가}
宜其室家로다.   한 집안을 화락케 하리.

^{도 지 요 요}
桃之夭夭여!   싱싱한 복숭아나무여!

^{유 분 기 실}
有蕡其實이로다.   탐스런 열매 열렸네.

^{지 자 우 귀}
之子于歸여!   시집가는 아가씨여!

^{의 기 가 실}
宜其家室이로다.   온 집안을 화락케 하리.

^{도 지 요 요}
桃之夭夭여!   싱싱한 복숭아나무여!

^{기 엽 진 진}
其葉蓁蓁이로다.   푸른 잎새 무성하네.

^{지 자 우 귀}
之子于歸여!   시집가는 아가씨여!

^{의 기 가 인}
宜其家人이로다.   온 집안 식구 화목케 하리.

註解 ▫夭夭(요요) - 『모전』은 '젊고 튼튼한 모습', 『집전』은 '젊고 아름다운 모습'이라 하였는데, 『설문해자(說文解字)』에는 '요요(枖枖)'라 인용하고 '나무가 젊어서 싱싱한 모습'이라 하였다. ▫灼灼(작작) - 꽃이 활짝 피어 곱고 환한 모습. ▫華(화) - 꽃. ▫子(자) - 시집가는 아가씨. 지자(之子)는 '이 아가씨'의 뜻. ▫于(우) - 어(於)와 통하는 조사. ▫歸(귀) - 시집가다. 우귀(于歸)라

할 때 '우(于)'는 현재진행의 뜻을 지니고 있다. ▫宜(의) - 집안을 '마땅하게' 곧 '화락하게' 한다는 뜻. ▫室家(실가) - 집안. ▫蕡(분) - 『집전』에 '열매가 성한 모습'이라 하였다. 또 마서진(馬瑞辰)은 분(賁)과 같은 뜻의 글자로 보았는데(通釋) 여하튼 탐스럽게 열린 복숭아를 형용한 말이라 보면 된다. ▫有(유) - 조사, 유분(有蕡)은 분연(蕡然), 탐스러운 모양. ▫蓁蓁(진진) - 잎새가 무성한 모양. ▫家人(가인) - 시집의 집안 사람들.

[解說] 이 시는 결혼을 축하하는 노래이다. 첫 단의 화려한 복숭아꽃에서는 시집가는 아름다운 아가씨가, 둘째 단의 주렁주렁 탐스럽게 달린 복숭아에서는 무르익은 아가씨의 아름다움이, 셋째 단의 싱싱한 복숭아나무 잎에서는 훌륭한 교양을 쌓은 아가씨의 앞날이 보이는 듯하다.

「모시서」에서는 이를 "후비가 세상 사람들을 바르게 이끌어주어 모두가 제때에 혼인하게 된 것을 노래한 시"라 설명하고 있다.

7. 토끼 그물(兎罝)

^{숙 숙 토 저}
肅肅兎罝를   얼기설기 토끼 그물 치는

^{착 지 쟁 쟁}
椓之丁丁이로다.   말뚝 박는 소리 쩡쩡 울리네.

^{규 규 무 부}
赳赳武夫여!   늠름한 군인은

^{공 후 간 성}
公侯干城이로다.   나라의 방패일세.

^{숙 숙 토 저}
肅肅兎罝를   얼기설기 토끼 그물이

^{시 우 중 규}
施于中逵로다.   언덕 위에 처져 있네.

^{규 규 무 부}
赳赳武夫여!   늠름한 군인은

公侯好仇로다.　　임금님의 좋은 신하일세.

숙숙토저
肅肅兎罝를　　얼기설기 토끼 그물이

시우중림
施于中林이로다.　숲속에 처져 있네.

규규무부
赳赳武夫여!　　늠름한 군인은

공후복심
公侯腹心이로다.　임금님의 심복일세.

註解　□肅肅(숙숙)-축축(縮縮)과 같은 뜻으로 쓴 말로(通釋), 그물이 얼기설기한 모양. □兎(토)-토끼. □罝(저)-그물. □椓(착)-말뚝을 쳐서 박는 것. □丁丁(쟁쟁)-나무를 베거나 말뚝을 박을 때 나는 소리. □赳赳(규규)-무모(武貌), 곧 군인의 늠름한 모습. □武夫(무부)-무인(武人), 곧 군인. □公侯(공후)-제후들의 작위(爵位)로서, 제후 또는 제후의 나라를 가리킨다. □干城(간성)-방패와 성처럼 나라를 지켜주는 것. □施(시)-그물을 치는 것. □逵(규)-큰 길. 보통 구달(九達)의 길이라 하나(毛傳), 그런 곳에 토끼 그물을 친다는 것은 생각할 수도 없는 일이다. 굴만리(屈萬里)는 옛날의 글자 음은 구(九)·구(龜) 등과 같아서 '높은 곳'의 뜻이 아닌가 싶다고 하였다(釋義). 한길보다는 산언덕으로 봄이 좋다. 中逵(중규)는 규중(逵中), 언덕 안. □仇(구)-함께 일할 만한 친구의 뜻. 따라서 호구(好仇)는 좋은 신하를 말한다. □中林(중림)-임중(林中). 곧 숲 가운데. □腹心(복심)-마음이 같은 사람, 곧 심복(心腹)이 될 사람.

解說　이 시는 늠름한 군인을 칭송한 노래이다. 토끼 그물을 보면서 군인들이 나라를 지켜 주는 공을 생각했을 것이다. 작자의 남편이나 애인이 군인이었는지도 모른다. 늠름한 그 임은 토끼 같은 외적을 쳐부수는 토끼 그물 같은 나라의 방패이며 임금님의 훌륭한 신하라는 것이다.

「모시서」에서는 '후비의 덕에 의한 감화에 의하여' '현명한 사람이 많아진 것을 읊은 시'라 하였다.

8. 질경이(芣苢)

采采芣苢하고　　질경이를 캐고 캐세,
薄言采之로다.　　캐어 오세.
采采芣苢하여　　질경이를 캐고 캐세,
薄言有之로다.　　듬뿍 캐세.

采采芣苢하고　　질경이를 뜯고 뜯세,
薄言掇之로다.　　뜯어 오세.
采采芣苢하고　　질경이를 뜯고 뜯세,
薄言捋之로다.　　듬뿍 뜯세.

采采芣苢히여　　질경이를 캐고 캐어,
薄言袺之로다.　　치마 앞에 싸 오세.
采采芣苢하여　　질경이를 뜯고 뜯어,
薄言襭之로다.　　앞치마에 싸 오세.

註解　□采(채)－뜯다, 채취하다. □芣苢(부이)－마작(馬舃) 또는 차전(車前)이라고도 하며(毛傳), 임신했을 때 난산을 고치는 약용초라 한다. 잎새가 크고 이삭이 길게 나며 길가에 흔히 난다. 그리고 봄에는 잎새를 나물로 뜯어 먹기도 한다. 이(苢)는 이(苡)로도 쓴다. □薄言(박언)－두 자 모두 조사. □有(유)－취(取)의 뜻(廣雅), 뜯다. □掇(철)－떨어진 질경이 열매를 줍는 것(陳奐 『毛詩傳

疏). □捋(랄) - 열매를 따는 것(毛傳). □袺(결) - 치마에 물건을 담고 양끝을 붙잡고 오는 것(毛傳). □襭(힐) - 앞치마에 물건을 담고 양끝을 허리띠에 끼는 것(毛傳).

[解說] 나물 캐는 아낙네들의 노래. 봄날 아낙네들이 들판에서 나물을 뜯으며 부른 노래일 것이다. 앞치마에 나물을 뜯어 싸 가지고 돌아오는 우리나라 농촌의 나물 뜯는 여인들을 방불케 한다.
「모시서」에서는 "후비의 아름다움을 읊은 것이다. 세상이 평화로우면 부인들은 자식이 있음을 즐거워 한다."고 풀이하고 있다.

▲ 질경이

9. 한수는 넓어서(漢廣)

南有喬木이로되　　남녘에 우뚝 솟은 나무 있다마는
不可休息이로다.　　그늘이 있어야 쉬어 보지.
漢有游女로되　　한수에는 노니는 여인 있다마는
不可求思로다.　　구애하는 수가 없네.
漢之廣矣여!　　한수는 넓어서
不可泳思며　　헤엄쳐 갈 수 없고
江之永矣여!　　강수는 길어서
不可方思로다.　　뗏목 타고 갈 수도 없네.

翹翹錯薪^{교교착신}에	더부룩한 잡목 틈에서
言刈其楚^{언예기초}로다.	싸리나무만을 베어 오리.
之子于歸^{지자우귀}에	저 아가씨 시집갈 때
言秣其馬^{언말기마}로다.	그의 말에 꼴이라도 먹여 주리.
漢之廣矣^{한지광의}여!	한수는 넓어서
不可泳思^{불가영사}며	헤엄쳐 갈 수 없고
江之永矣^{강지영의}여!	강수는 길어서
不可方思^{불가방사}로다.	뗏목 타고 갈 수도 없네.
翹翹錯薪^{교교착신}에	더부룩한 잡목 중에서
言刈其蔞^{언예기루}로다.	물쑥만을 베어 오리.
之子于歸^{지자우귀}에	저 아가씨 시집갈 때
言秣其駒^{언말기구}로다.	그의 망아지에 풀이라도 먹여 주리.
漢之廣矣^{한지광의}여!	한수는 넓어서
不可泳思^{불가영사}며	헤엄쳐 갈 수 없고
江之永矣^{강지영의}여!	강수는 길어서
不可方思^{불가방사}로다.	뗏목 타고 갈 수도 없네.

註解 ▫喬木(교목) – 가지가 별로 벌어지지 않고 위로만 솟은 나무(集傳).
▫息(식) – 한시(韓詩)에서는 이를 '사(思)'로 쓰고 조사라 보았다. ▫漢(한) – 한

수(漢水). 섬서성(陝西省) 영강현(寧羌縣)에서 시작, 동쪽으로 흘러 양수(漾水)·면수(沔水)로 불리다가 다시 동쪽 포성현(褒城縣)을 거치면서 포수(褒水)를 합쳐 비로소 한수(漢水)라 불리게 된다. 여기서부터 꾸불꾸불 여러 현(縣)을 거치면서 여러 지류를 합쳐 한양현(漢陽縣)에 이르러 장강(長江)으로 합류된다. 곧 장강의 가장 큰 지류 중의 하나임. □游女(유녀)-나가 노니는 여자. 주희의 『집전』에 의하면 강수와 한수 근처의 풍습은 여자들이 나와 노닐기를 잘하였다 한다. □求(구)-구애하다, 구하여 자기 처로 삼다. □思(사)-조사. □泳(영)-헤엄치다. □江(강)-강수(江水). 지금의 장강의 본 이름. □方(방)-떼(毛傳·孔疏). 옛날에는 흔히 뗏목을 타고 먼 곳을 갔다. □翹翹(교교)-여러 가지 나무의 모습(毛傳), 곧 여러 가지 잡목이 길고 짧게 더부룩히 자란 모습. □錯薪(착신)-잡신(雜薪), 곧 여러 가지 잡목들. □言(언)-조사. □刈(예)-베다. 여기서는 잘라오는 것. □楚(초)-싸리나무. □之子(지자)-앞 단의 놀러 나온 여자를 가리킴. □歸(귀)-시집가는 것. □秣(말)-말에게 꼴을 먹여주는 것. □蔞(루)-물쑥. □駒(구)-망아지.

解説 「모시서」에 이 시는 "덕이 널리 미침을 노래한 것이다. 문왕의 도가 남쪽 나라에까지 펼쳐져, 강수와 한수 유역까지도 아름다운 교화가 행하여졌다. 그리하여 예를 어길 생각을 하지 않게 되었으니, 그런 방식으로 여자를 구하여 봤자 되지 않음을 노래한 것이다."라고 하였다.

그러나 이것은 나와 노니는 여인들을 사모하면서도 근처에도 가지 못하는 안타까운 젊은 남자의 노래라고 봄이 좋을 것이다. 나와 노니는 여자들은 양가 처녀들인데 이 시를 노래한 남자는 천한 신분의 사나이인지도 모른다. 여하튼 한수가 넓고 강수가 길어 여자들에게로 못간다는 것은 구실에 불과하다. 신분의 차이 때문에 여인에게 달려갈 용기가 없는 안타까움을 강물에 미룬 것이다.

둘째 단과 끝단에서 땔나무로 싸리나무와 물쑥만을 베어 오겠다는 것은, 한편 이 시의 작자가 낮은 신분인 것을 암시하며, 다른 한편으로는 장가를 들기만 하면 성의를 다하여 알뜰히 가정을 돌보겠다는 소망을 읊은 것이다. 싸리나무와 물쑥은 땔나무로 가장 편리한 나무이다.

그리고 시집가는 날, 당신의 수레를 끌고 갈 말과 망아지에게 풀이라도 먹여 주겠다는 것은, 당신을 위해서 무슨 짓이라도 하여야만 하겠다는 처절한 소망을 노래한 것이다. 그러나 그녀와 남자의 사이에는 넓고 긴 강이 가로막혀 있다.

10. 여수 방죽(汝墳)

遵彼汝墳하여   저 여수 가 방죽 따라 다니며
_{준 피 여 분}

伐其條枚로다.   잔 나뭇가지 베고 있네.
_{벌 기 조 매}

未見君子하니   그대 뵙지 못하니
_{미 견 군 자}

惄如調飢로다.   주린 아침의 음식처럼 그리웠네.
_{역 여 주 기}

遵彼汝墳하여   저 여수 가 방죽 따라 다니며
_{준 피 여 분}

伐其條肄로다.   움 돋은 나뭇가지 베고 있네.
_{벌 기 조 이}

旣見君子하니   그대 만났으니
_{기 견 군 자}

不我遐棄로다.   나를 버리진 않을 것일세.
_{불 아 하 기}

魴魚赬尾어늘   방어 꼬리 붉어지도록 수고했는데도
_{방 어 정 미}

王室如燬로다.   왕실은 불타고 있는 듯하네.
_{왕 실 여 훼}

雖則如燬언정   불타는 듯하다 하더라도
_{수 즉 여 훼}

父母孔邇시니라.   부모님 계시니 다시는 안 떠나시겠지.
_{부 모 공 이}

註解 ▫遵(준)−따르다. 쫓다. ▫汝(여)−여수(汝水). 여하(汝河)라고도 하며

하남(河南)성 경계를 동남으로 흘러 하남성(河南省) 신채현(新蔡縣)에서 회수(淮水)와 합치었다. 그러나 이 강은 물길이 여러 번 바뀌어 옛날의 물길이 어떻게 흘렀었는지 확언하기 어렵다. □墳(분) - 『모전』엔 큰 제방, 곧 방죽이라 하였는데, 마서진은 『설문해자(說文解字)』에 큰 제방이라고도 풀이된 분(坋)자의 뜻으로 빌려 쓴 글자로 보았다(通釋). □伐(벌) - 베다. □條(조) - 『설문해자』엔 작은 가지라 하였다. □枚(매) - 『광아(廣雅)』에는 매(枚)는 조(條)의 뜻이라 하였다. 나뭇가지. □君子(군자) - 작자인 여인의 남편. □惄(녁) - 주린 사람이 음식을 생각하듯 무슨 일을 간절히 생각하는 것. □調(주) - 아침. □飢(기) - 배고픈 것. □肄(이) - 움이 돋아난 새 나뭇가지(毛傳). □遐(하) - '멀리'로 풀이해도 되지만 『시경』 가운데에는 '불하(不遐)'(遐를 간혹 瑕로도 씀)라는 두 글자를 구절의 앞머리에 붙이는 경우가 많은데(간혹 '……不……遐'로 된 것도 있음) 이런 경우 모두 뜻이 없는 조사이다. 이곳에서는 '멀리'로도 뜻은 통하나 통례에 따라 조사로 봄이 좋겠다(釋義). □棄(기) - 버리다. □魴魚(방어) - 편어(鯿魚)라고도 하며(通釋) 몸이 납작하고 네모꼴에 가까운 모양이며 기름기가 배에 많고 맛이 있다 한다. 한수(漢水)·면수(沔水) 등에서 많이 나며 애를 많이 쓰면서 움직이면 꼬리가 붉어진다 한다(孔疏). 『설문해자』에는 방(魴)을 적미어(赤尾魚)라 하였으니 애를 많이 쓰면 꼬리가 붉어진다는 것은 이 고기에 대한 전설인 듯하다. □赬(정) - 붉은 것. 방어정미(魴魚赬尾)는 자기의 남편이 군대에 끌려가 방어의 꼬리가 붉어질 만큼 이미 많은 애를 쓰며 노고를 하였다는 뜻. □燬(훼) - 불타다. 왕실은 주나라 만년의 왕실을 가리키며(옛날에는 모두 殷나라 왕실을 가리키는 것이라 보았는데 옳지 않다. 작자 당대의 왕실을 가리킨다), 여훼(如燬) 곧 '불타는 듯하다'는 것은 시국이 극히 어지러운 것을 비유한 말임. □孔(공) - 매우. □邇(이) - 가까운 것. 부모공이(父母孔邇)는 부모님에게는 효도를 해야 한다, 몸 가까이 부모님이 계시니 다시는 멀리 떠나지 말아 달라는 뜻이다.

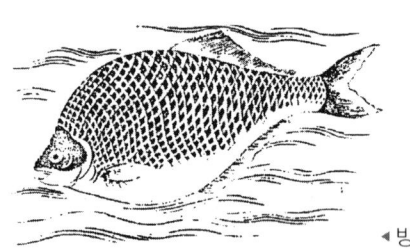

◀방어

解説 이것은 여인이 전쟁터에 나갔다 돌아온 남편을 반기는 시이다. 여인의 집은 여수(汝水) 가. 여인은 남편을 전쟁터에 내보내고 몸소 땔나무를 하는 고초를 겪으면서도 남편이 무사히 하루 빨리 돌아오기만을 간절히 바랐다(1절). 그 결과 남편은 무사히 자기 뜻을 저버리지 않고 돌아왔다. 여인의 마음은 기쁨을 가누지 못했을 것이다(2절). 남편은 이미 애를 쓰고 고생을 하면 꼬리가 붉어진다는 방어의 꼬리가 붉어질 만큼 전쟁터에 나가서 많은 고난을 겪고 왔다. 그러나 나라는 안정되지 못하고 여전히 어지럽다. 나라가 아무리 어지럽다 하더라도 부모님이 계시니 다시는 집을 떠나지 말라는 것이다(3절). 부모님을 파는 것은 동양 여인들의 부덕이며 사실은 다시는 자기 곁을 떠나지 말아 달라는 바람인 것이다.

　이 시도 「모시서」에서는 문왕의 덕화가 여수 가의 나라에까지 미쳤음을 노래한 것이라 하였다. 그러나 시대를 따진다면 "왕실이 불타는 듯하다" 하였으니 주나라 말년 경에 지어진 시이다.

11. 기린의 발(麟之趾)

麟之趾_{인 지 지}여!　　기린의 발이여!
振振公子_{진 진 공 자}는　　여러 훌륭한 제후의 아드님들은
于嗟麟兮_{우 차 린 혜}로다.　아아, 바로 기린 같네.

麟之定_{인 지 정}이여!　　기린의 이마여!
振振公姓_{진 진 공 성}은　　여러 훌륭한 제후의 자손들은
于嗟麟兮_{우 차 린 혜}로다.　아아, 바로 기린 같네.

_{인 지 각}
麟之角이여!   기린의 뿔이여!

_{진 진 공 족}
振振公族은   여러 훌륭한 제후의 일가들은

_{우 차 린 혜}
于嗟麟兮로다.   아아, 바로 기린 같네.

[註解] □麟(린)-기린(麒麟). 중국 고대의 전설적인 동물로 어진 짐승 또는 성스러운 짐승이라 일컬어진다. 태고 때의 황하 유역은 지금보다 기후가 따뜻해서 가끔 기린이 나타났었는데 차차 소멸된 것인지도 모른다. □趾(지)-기린은 발로 산 벌레나 산 풀을 밟지 않는 어진 짐승이라 한다. □振振(진진)-「모전」에서는 믿음직스럽고 점잖은 모습이라 보았으나, '여치(螽斯)' 시에서와 마찬가지로 많고 성한 모습(通釋)이라 봄이 좋겠다. 곧 '여러 훌륭한'의 뜻. □公子(공자)-공후(公侯)인 제후의 아들. □于(우)-우(吁)와 통하는 감탄사. 차(嗟)도 같은 뜻. 곧 우차(于嗟)는 '아아'. □定(정)-정(頂)과 통하는 글자, 이마. □公姓(공성)-공후의 자손들(通釋). □角(각)-뿔. □公族(공족)-공후의 친족들.

[解說] 이 시는 임금의 집안에 훌륭한 자손들이 많음을 기린 시이다. 지금도 재주가 뛰어나고 용모가 수려한 사람을 가리켜 기린아(麒麟兒)라 한다.

「모시서」에서는 "물수리」편의 교화(教化)가 행하여져 천하에 예를 범하는 이가 없게 되었고, 세상은 어지럽지만 제후의 자손들은 모두 기린이 나타나는 태평시대처럼 신의가 있고 성실함을 노래한 것이다."고 풀이하고 있다. 곧 「모시서」에서는 첫 번째의 「물수리」편에서 끝머리 이 시에 이르기까지 '후비의 덕'을 조직적으로 노래한 한 편의 조곡(組曲)이 '주남'이라 보고 있는 것이다.

▶ 기린

제2 소남(召南)

 소남이 어느 곳을 가리키는가에 대한 옛날 이론에 문제가 많음을 이미 앞의 주남 해설에서 대강 지적하였다. 부사년(傅斯年)은 소남은 소목공(召穆公) 호(虎)가 다스리던 남쪽의 나라를 가리킨다 하였는데 가장 합리적이다(周頌說). 소호(召虎)는 강수와 한수 지방을 개척한 사람으로 대아(大雅)「강수와 한수(江漢)」편은 그의 공적을 읊은 것이다.

 소목공 호는 주나라 선왕(宣王 : B.C. 827~B.C. 782 재위)의 명을 받들어 회남(淮南)의 오랑캐들을 평정하였다 한다(『集傳』 江漢편 注). 소남의 시 열네 편 가운데에는 「강수는 갈라져 흐르고(江有汜)」 시가 있고 앞에 든 대아의 「강수와 한수」편과 아울러 생각할 때, 그 땅은 주남의 남쪽으로부터 장강 유역에 이르는 지역이었음을 알겠다. 또 「팥배나무(甘棠)」 시에는 소백(召伯)이 나오는데 이것도 소공 석(奭)이 아니라 소호(召虎)를 가리키는 것이다(甘棠편 召伯 注 참조).

 또 옛날에는 소남의 시들을 모두 주나라 초기의 작품이라 보았지만, 주나라 선왕 이전에는 소남 지역을 평정한 일이 없고 「어쩌면 저렇게 고울까(何彼襛矣)」 시에는 "평왕지손(平王之孫)"이란 구절이 보이니, 빨라야 주 선왕 때로부터 늦은 것은 동주 초엽에 걸친 시기(약 B.C. 837~B.C. 720)의 작품임을 알 수 있다.

1. 까치집(鵲巢)

　　　유　작　유　소
　　維鵲有巢어늘　까치집이 있는데

維_유鳩_구居_거之_지로다.　　구욕새가 살고 있네.

之_지子_자于_우歸_귀에　　아가씨 시집가는데

百_백兩_량御_아之_지로다.　　백 대의 수레로 마중하네.

維_유鵲_작有_유巢_소어늘　　까치집이 있는데

維_유鳩_구方_방之_지로다.　　구욕새가 들고 있네.

之_지子_자于_우歸_귀에　　아가씨 시집가는데

百_백兩_량將_장之_지로다.　　백 대의 수레로 배웅하네.

維_유鵲_작有_유巢_소어늘　　까치집이 있는데

維_유鳩_구盈_영之_지로다.　　구욕새가 차지했네.

之_지子_자于_우歸_귀에　　아가씨 시집가는데

百_백兩_량成_성之_지로다.　　백 대의 수레로 예를 갖추네.

註解　□維(유)-조사. □鵲(작)-까치. □巢(소)-새집. □鳩(구)-비둘기. 『모전』에는 시구(鳲鳩) 또는 길국(桔鞠)이라 하였는데, 엄찬[詩緝]·마서진[通釋]·굴만리[釋義] 등 여러 학자는 구욕(鴝鵒)새라고 주장하였다. 구욕새는 팔가(八哥)라고도 하며, 털 빛은 새까맣고 머리와 배는 약간 녹색의 빛이 나며, 머리 위에 가늘고 긴 깃털이 달렸다. 까치는 매년 시월 뒤에는 새끼를 치고 나가는데 구욕새는 그 까치가 비운 집에 들어와 산다고 한다. □百兩(백량)-백승(百乘)(毛傳), 수레 백 대. 그러나 백은 대강의 숫자로 많은 것을 형용한 말이다. □兩(량)-량(輛), 수레를 세는 단위. □御(아)-영(迎)의 뜻(鄭箋), 마중. □方(방)-유지(有之), 곧 그것을 차지하여 갖는 것(毛傳). □將(장)-배웅하는 것.

□盈(영) – 까치집을 구욕새들이 가득히 차지하고 있는 것. □成(성) – 결혼 의식이 완전히 이루어졌음을 뜻한다.

解説 이것은 아가씨가 시집가는 것을 축하하는 시이다. 백량(百輛)의 수레로 맞이하고 배웅하고 하였다니 백량이 많은 수레를 형용하는 말이라 보더라도 평민의 혼인은 아니다.

「모시서」에서는 "부인의 덕을 읊은 것이다. 나라의 임금은 많은 공을 쌓아 작위를 얻어 제후가 되었는데, 부인은 시집을 와서 그 집안을 차지하게 되었다. 그리하여 덕이 구욕새와 같아 나라 임금의 짝이 될 만하다는 것이다."라고 하였다.

이 시는 훌륭한 집안의 여인(혹은 제후의 딸)이 제후에게 시집가는 것을 축하하는 노래이다. 까치집은 남자가 쌓아놓은 공적을 비유하고, 구욕새는 다 이루어놓은 남의 집안에 주부로 들어가는 여인에게 견준 것일 것이다.

2. 다북쑥 뜯어(采蘩)

우 이 채 번	
于以采蘩을	다북쑥 뜯기를
우 소 우 지	
于沼于沚로다.	연못가 물가에서 하네.
우 이 용 지	
于以用之는	그것을 쓸 곳은
공 후 지 사	
公侯之事로다.	임금님의 제사일세.

우 이 채 번	
于以采蘩을	다북쑥 뜯기를
우 간 지 중	
于澗之中이로다.	산골짜기 시냇물에서 하네.
우 이 용 지	
于以用之는	그것을 쓸 곳은

<ruby>公侯之宮<rt>공 후 지 궁</rt></ruby>이로다.　임금님의 묘당일세.

<ruby>被之僮僮<rt>피 지 동 동</rt></ruby>이여!　낭자 머리의 여인 멋진 모습으로

<ruby>夙夜在公<rt>숙 야 재 공</rt></ruby>이로다.　새벽부터 밤까지 묘당에서 일하네.

<ruby>被之祁祁<rt>피 지 기 기</rt></ruby>여!　낭자 머리의 여인 아름다운 모습으로

<ruby>薄言還歸<rt>박 언 환 귀</rt></ruby>로다.　이제야 돌아가고 있네.

註解　□于以(우이) – 진풍(陳風)「동문에는 흰 느릅나무」 시에 나오는 '월이(越以)' 또는 '원내(爰乃)'와 같은 성질의 조사임(釋義). □蘩(번) – 파호(皤蒿)(毛傳)·백호(白蒿)(孔疏)라고도 하는데, 이것은 우리나라에도 흔한 다북쑥이다. 쑥나물을 바쳐 제사에 썼다 한다(鄭箋). □沼(소) – 연못. □沚(지) – 모래톱·물가. 쑥은 물풀이 아니므로 '우소(于沼)'는 '못가에서', '우지(于沚)'는 '물가'에서로 보았다. □用(용) – 제사에 쓰는 것. □公侯(공후) – 제후. 사(事)는 제사를 가리킴. 옛날에는 임금의 일로서 가장 중요한 것이 하늘과 땅 및 선왕에 대한 제사였다. □澗(간) – 산골짜기의 시냇물. '우간(于澗)'은 '산골짜기의 시냇가에서'. □宮(궁) – 묘당(廟堂)(毛傳). □被(피) – 『모전』에 수식(首飾), 곧 머리를 장식한 것이라 하였는데, 남의 머리타래를 합쳐 쪽을 찌고 장식한 것이라 한다(通釋). 낭자 머리. □僮僮(동동) – 『모전』에서는 "굽실거리며 공경하는 모습"이라 하였는데, 『광아(廣雅)』에 동동(童童 : 僮僮과 통함)은 성(盛)한 것이라 하였다. 굉장히 멋있는 모습. □祁祁(기기) – 대아(大雅)「위대한 한나라(韓奕)」편의 "기기여운(祁祁如雲)"의 '기기(祁祁)'는 구름의 성한 모습을 형용한 것이라 하였다.(『廣雅』) '동동'이나 뒤의 '기기' 모두 멋지고 아름다운 낭자 머리를 한 여인의 모습을 형용한 것이다(王引之 『經義述聞』). □夙夜(숙야) – 새벽부터 밤까지. □公(공) – 공소(公所)의 뜻으로(集傳) 역시 묘당을 가리킨다. □薄言(박언) – 조사. □還歸(환귀) – 제사 일을 끝내고 집으로 돌아가는 것.

解説　「모시서」에서는 부인이 자기 직무를 잘 수행하는 것을 읊은 것이라 하

였다. 남편인 제후를 받들어 제사 일을 돕는 일을 잘 한다는 것이다. 제후의 부인이라면 귀한 신분이지만 제사에 쓸 제물을 마련하기 위하여는 몸소 들로 나가 쑥을 뜯어온다(1절, 2절). 그리고 몸을 단정히 하고는 이른 새벽부터 제사지내는 묘당에 나가 저녁 늦게까지 제사 일을 돌본다(3절).

혹 쑥을 누에 칠 때 쓰는 것으로 보고, 궁(宮)과 공(公)을 누에 치는 방으로 취하여 제후의 누에 치는 방의 누에 치는 부인의 일을 노래한 것이라 보는 이도 있다.

3. 베짱이(草蟲)

요요초충
喓喓草蟲이요　　　베짱이는 울고

적적부종
趯趯阜螽이로다.　메뚜기는 뛰놀고 있네.

미견군자
未見君子하니　　　님 뵐 수 없으니

우심충충
憂心忡忡이로다.　시름마음 뒤숭숭하네.

역기견지
亦旣見止하고　　　뵙게만 된다면

역기구지
亦旣覯止면　　　　만나게만 된다면

아심칙강
我心則降이리라.　이 마음 놓이련만.

척피남산
陟彼南山하여　　　저 남산에 올라가

언채기궐
言采其蕨이로다.　고사리나 뜯어 볼까.

미견군자
未見君子하니　　　님을 뵐 수 없으니

우심철철
憂心惙惙이로다.　시름마음 어수선하네.

^{역 기 견 지}
亦旣見止하고 뵙게만 된다면

^{역 기 구 지}
亦旣覯止면 만나게만 된다면

^{아 심 즉 열}
我心則說이리라. 이 마음 기쁘련만.

^{척 피 남 산}
陟彼南山하여 저 남산에 올라

^{언 채 기 미}
言采其薇로다. 고비나 뜯어 볼까.

^{미 견 군 자}
未見君子하니 님을 뵐 수 없으니

^{아 심 상 비}
我心傷悲로다. 내 마음 서글프네.

^{역 기 견 지}
亦旣見止하고 뵙게만 된다면

^{역 기 구 지}
亦旣覯止면 만나게만 된다면

^{아 심 즉 이}
我心則夷리라. 이 마음 편해지련만.

註解 □喓喓(요요)-벌레 우는 소리를 형용한 말. □草蟲(초충)-『모전』에 '상양(常羊)'이라 하였는데, 『공소』에 의하면 크기가 메뚜기와 같고 이상한 울음소리를 내고 몸은 푸른 빛깔이며, 풀밭 속에 많다고 하였다. '베짱이'인 듯하다. □趯趯(적적)-뛰는 모습. □阜螽(부종)-『모전』에 번(蠜)이라 하였고, 『공소』에는 황자(蝗子)라 하였다. '메뚜기'의 뜻임. □憂心(우심)-시름마음. □忡忡(충충)-근심하는 모습(孔疏). □亦(역)-약(若), 만약(吳昌瑩『經詞衍釋』). 그러나 여러 곳에 뜻없는 조사로도 쓰이고 있다. □止(지)-조사(毛傳). □覯(구)-만나다. □降(강)-마음이 놓인다는 뜻. □言(언)-조사. □蕨(궐)-고사리. □惙惙(철철)-근심하는 모양. 근심이 서린 모양(釋義). □說(열)-기쁜 것. □薇(미)-『모전』에는 채(菜)라 하였고 『설문해자』에는 채(菜)인데 곽(藿)과 비슷하다 하였는데, 『공소』에는 또 산나물이라 하였다. 대동(戴侗)은 『육서고(六

書故)』에서 항안세(項安世)의 말을 인용하여 지금 말로는 야완두(野豌豆)로서 줄기와 잎·꽃·열매가 모두 완두와 비슷하면서도 작다 하였다. 그렇다면 고비가 아니라 '들완두'가 아닐까? 불확실하기에 『집전』에 따라 통설대로 '고비'라 해두었다. ㅁ夷(이) - 곧 '편해진다' 또는 '기뻐하다'의 두 뜻으로 새겨진다.

[解說] 이 시는 먼 곳(전쟁 또는 부역 때문에)에 가 있는 남편을 그리워하는 여인의 마음을 읊은 것이다.

「모시서」에서는 "대부의 처가 예로서 스스로를 지킬 수 있음을 노래한 것"이라고 하였다.

주희는 견해가 펙 진보하였으나 역시 도학자적인 탈을 못벗고 "남쪽의 나라들이 문왕의 교화를 입어 제후나 대부들이 동원되어 밖으로 일을 하러 가게 되었는데, 그 처가 홀로 집에 있으면서 철에 따른 만물의 변화를 느끼고 그의 남편을 이처럼 그리워한 것"이라고 하였다. 그러나 나물을 뜯는 이 시의 작자는 반드시 제후나 대부의 부인이었다고 말하기 힘들다.

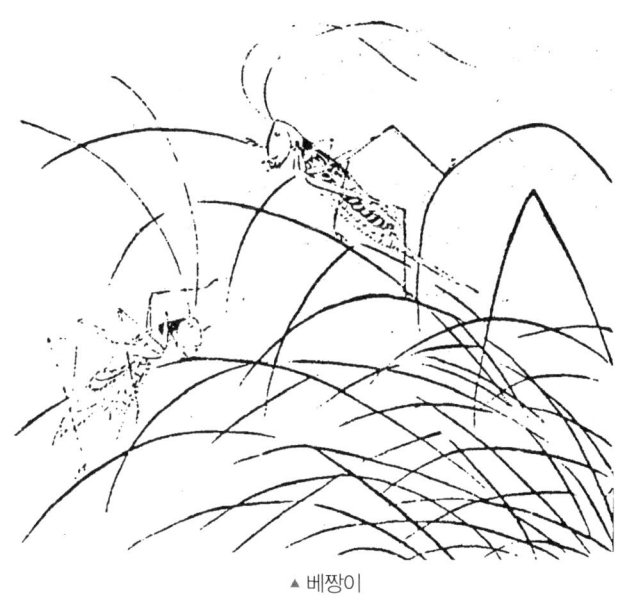

▲ 베짱이

4. 개구리밥 뜯어(采蘋)

<ruby>于以采蘋<rt>우 이 채 빈</rt></ruby>을　　개구리밥 뜯으러
<ruby>南澗之濱<rt>남 간 지 빈</rt></ruby>이로다.　남녘 산골 시냇가로 가세.
<ruby>于以采藻<rt>우 이 채 조</rt></ruby>를　　마름풀 뜯으러
<ruby>于彼行潦<rt>우 피 행 로</rt></ruby>로다.　저 길가 개울로 가세.

<ruby>于以盛之<rt>우 이 성 지</rt></ruby>를　　뜯은 것을 담을 것은
<ruby>維筐及筥<rt>유 광 급 거</rt></ruby>로다.　둥근 바구니 모난 바구니일세.
<ruby>于以湘之<rt>우 이 상 지</rt></ruby>를　　그것을 삶는 것은
<ruby>維錡及釜<rt>유 기 급 부</rt></ruby>로다.　가마솥 옹솥일세.

<ruby>于以奠之<rt>우 이 전 지</rt></ruby>를　　그것을 차려놓는 곳은
<ruby>宗室牖下<rt>종 실 유 하</rt></ruby>로다.　종묘의 대청일세.
<ruby>誰其尸之<rt>수 기 시 지</rt></ruby>오?　누가 그것을 차려놓나?
<ruby>有齊季女<rt>유 제 계 녀</rt></ruby>로다.　어여쁜 막내딸이지.

註解　□蘋(빈) - 개구리밥. 『본초(本草)』에 수평(水萍)에는 세 가지가 있는데, 큰 것은 빈(蘋)이라 하고 중간 것을 행채(荇菜), 작은 것을 부평(浮萍)이라 한다 했다. 물풀의 일종으로 먹을 수 있는 것임. □澗(간) - 산골짜기의 시냇물. □濱(빈) - 물가. □藻(조) - 마름풀. 『모전』엔 취조(聚藻)라 하였는데 조(藻)는 물풀로서 두 가지가 있으며, 그 하나는 줄기의 크기가 비녀 다리 같고 잎은 쑥과 같

으며 한데 몰려나기를 잘하여 취조라 한다(陸疏)고 한다. ▢行(행)-길(孔疏). ▢潦(로)-빗물. ▢行潦(행로)-길 옆에 흐르는 도랑물. 행로를 유로(流潦)(毛傳·集傳), 곧 '흐르는 도랑물'로 보아도 된다. ▢盛(성)-담다. ▢維(유)-조사. ▢筐(광)-모난 광주리. ▢筥(거)-둥근 광주리. 『노시(魯詩)』에 의하면 바닥이 모난 것이 광, 바닥이 둥근 것이 거라 하였다. ▢湘(상)-삶다. ▢錡(기)-발이 달린 솥. ▢釜(부)-발이 없는 솥(毛傳). ▢奠(전)-그릇에 수초로 만든 음식을 담아놓는 것. ▢宗室(종실)-종묘(毛傳). ▢牖下(유하)-문과 창 사이의 앞(鄭箋). 종묘의 대청에 해당하는 곳이다. ▢尸(시)-『이아(爾雅)』『설문(說文)』에서는 모두 '진열하다[陳]'의 뜻으로 풀이하고 있다. 곧 차려놓는 것. ▢齊(제)-『모전』에서는 '공경'의 뜻이라 하였다. 그러나 『한시』에서는 '재(齋)'로 쓰고, '호(好)'의 뜻이라 하였다. 따라서 '유제(有齊)'는 '제연(齊然)'으로 '아름다운', '어여쁜'의 뜻.

|解說| 이것은 제사에 관한 시이다. 「모시서」에는 "대부의 처가 법도를 잘 따르고 있음을 읊은 것이다. 그래서 선조를 받들어 함께 제사를 지낼 수 있는 것이다."라고 풀이하였다. 집안의 주부가 선조의 제사를 받들기 위하여 제1절에서는 개울로 나가 물풀을 뜯어오고, 제2절에서는 이것을 갖다가 요리를 하고, 제3절에서는 이것을 제사상에 차려놓는 것을 읊은 것이다. 이 시는 여인의 훌륭한 행실을 읊은 것임이 확실하다.

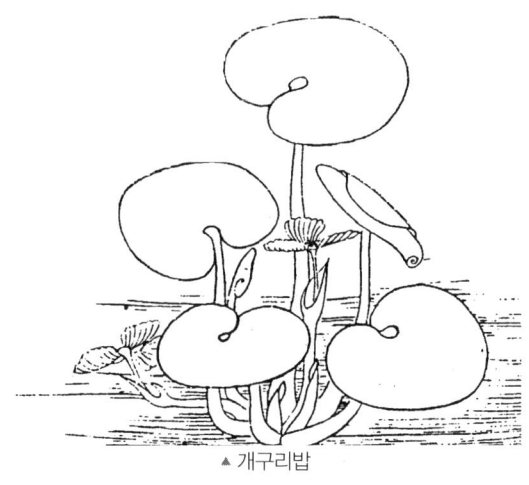

▲ 개구리밥

5. 팥배나무(甘棠)

蔽芾甘棠을   무성한 팥배나무를
勿翦勿伐하라.   자르지도 베지도 마라.
召伯所茇이니라.   소백님이 멈추셨던 곳이니.

蔽芾甘棠을   무성한 팥배나무를
勿翦勿敗하라.   자르지도 꺾지도 마라.
召伯所憩니라.   소백님이 쉬셨던 곳이니.

蔽芾甘棠을   무성한 팥배나무를
勿翦勿拜하라.   자르지도 휘지도 마라.
召伯所說니라.   소백님이 머무셨던 곳이니.

註解 □蔽芾(폐비) — 나무가 무성하게 자라 땅 위로 가지가 덮고 있는 모습. □甘棠(감당) — 두(杜)라고도 하고(毛傳), 두리(杜梨)(集傳) 또는 당리(棠梨)(釋義)라고도 한다.『본초강목(本草綱目)』에도 그 이름이 보이는데 낙엽 아교목(亞喬木). 나무는 배나무 비슷하면서도 작다. 2월에 흰 꽃이 피어 배보다 작은 열매가 열리며 서리가 내릴 때쯤 먹을 수 있다. 팥배나무. □勿(물) — '······마라'는 금지사. □翦(전) — 자르다. □伐(벌) — 베다. 나뭇가지를 자르는 것을 전(翦), 나무 줄기를 자르는 것을 벌(伐)이라 한다(集傳). □召伯(소백) — 옛날에는 소공(召公) 석(奭)이라 보았으나 앞의 소남을 해설할 때 언급한 것처럼 소목공(召穆公) 호(虎)로 봄이 옳다. 옛날 책에서 소백 호는 가끔 공이라 부르기도 하였으나, 소공 석을 '백(伯)'이라 부른 일은 없다. 소백은 또 소아 '기장 싹(黍苗)' 편

과 대아 '높다람(崧高)'에도 보이는데 모두가 소호(召虎)를 가리킨다. 그리고 대아 '강수와 한수(江漢)' 편을 보면 호에 대하여는 소호, 석에 대하여는 소공이라 하여 분명히 구별을 하고 있다(釋義). □茇(발)-『모전』에 초사(草舍)라 하였다. 풀 위에 앉아 쉬는 것. □敗(패)-나뭇가지를 함부로 꺾는 것. □憩(게)-쉬다. □拜(배)-『집전』에는 굴(屈)의 뜻이라 하였으니, 절을 할 때 몸이 굽혀진다는 데서 '굽힌다' '휜다'는 뜻이 나온 것이다. □說(세)-쉬다.

解說 앞의 소백(召伯)에 대한 [주해]에서 말한 것처럼 「모시서」에서는 소공(召公) 석(奭)을 기린 것이라 보았다. 그러나 이 시는 남쪽 나라의 사람들이 소목공(召穆公) 호(虎)를 경애하여 지은 시인 것이다. 팥배나무 밑에서 소목공 호가 백성들을 위하여 일하다 쉬었대서, 그 나무를 건드리지도 말라는 것이다. 잠깐 쉰 나무에 대한 사랑이 이러하니 백성들이 그를 얼마나 따랐던가 짐작이 간다.

◁ 팥배나무

6. 이슬길(行露)

엽 읍 행 로 厭浥行露로되	이슬길이 촉촉하다지만
기 불 숙 야 豈不夙夜하고	어찌 밤낮으로 찾아오진 않고
위 행 다 로 謂行多露오?	길에 이슬이 많다 말하오?

수 위 작 무 각 誰謂雀無角고?	누가 참새에 부리가 없다 했소?
하 이 천 아 옥 何以穿我屋고?	그렇다면 어떻게 우리 지붕을 뚫었겠소?
수 위 여 무 가 誰謂女無家고?	누가 그대에게 집이 없다 했소?
하 이 속 아 옥 何以速我獄고?	그렇다면 어떻게 나를 옥사(獄事)로 불러들였겠소?
수 속 아 옥 雖速我獄이나	비록 나를 옥사로 불러들인다 해도
실 가 부 족 室家不足이라.	당신 집안엔 부족한 게 있소.

수 위 서 무 아 誰謂鼠無牙오?	누가 쥐에 이빨이 없다 했소?
하 이 천 아 용 何以穿我墉고?	그렇다면 어떻게 우리 담을 뚫었겠소?
수 위 여 무 가 誰謂女無家오?	누가 그대에게 집이 없다 했소?
하 이 속 아 송 何以速我訟고?	그렇다면 어떻게 나를 송사로 불러들였겠소?
수 속 아 송 雖速我訟이나	비록 나를 송사로 불러들인다 해도
역 불 여 종 亦不女從하리라.	역시 나는 그대를 따르지 못하겠소.

註解　▫厭浥(엽읍)-젖어서 촉촉한 모습. ▫行(행)-길. ▫夙夜(숙야)-밤낮으로 부지런히 찾아오는 것. ▫謂(위)-핑계 대는 것. 나는 그대에게 가고 싶지만 길에 이슬이 많아 옷이 젖을까 못 간다는 것이다. ▫雀(작)-참새. ▫角(각)-뿔. 여기서는 훼(喙) 새의 부리(釋義). ▫屋(옥)-여기서는 지붕의 뜻. 참새들은 초가의 지붕을 뚫고 들어가 그 속에 둥지를 만든다. ▫女(여)-너. 그대. ▫速(속)-재촉하는 것. 불러들이는 것. ▫獄(옥)-감옥 또는 옥사(獄事). 두 뜻이 다 통한다. ▫室家(실가)-집. 실가가 부족하다는 것은 그대 집안은 혼인을 할 만한 충분한 예를 갖추지 못하였다는 뜻(毛傳). ▫鼠(서)-쥐. ▫牙(아)-어금니. 여기서는 '이빨'의 뜻. ▫穿(천)-뚫다. ▫墉(용)-담. ▫訟(송)-송사(訟事) 또는 소송의 뜻. ▫女從(여종)-'從汝(종여)'의 뜻. 곧 '그대를 따른다' '그대에게 시집간다'는 뜻.

解説　「모시서」에는 "행로(行露)는 소백(召伯)이 송사(訟事)를 처리하는 것을 읊은 것이다. 쇠하고 어지러운 풍속이 사라지고 곧고 신의가 있는 가르침이 일어나서 난폭한 남자들이 정숙한 여자들을 침범할 수 없게 된 것이다."라고 하였다. 소백이 송사를 처리하는 것은 시에는 전혀 드러나지 않는 일이다. 이 시는 여자가 남자가 요구하는 혼약을 강력히 거절하는 내용이다.

　1절에서는 길 위의 이슬을 핑계로 찾아오지도 않는 그대를 믿지 못하겠다는 뜻을 노래하고 있다. 2절에서 참새가 자기집 지붕을 뚫었다는 것은, 3절의 쥐가 자기집 담벽을 뚫었다는 말과 함께 상대방 남자가 자기에게 청혼하여 왔던 지난 일에 비유한 것이다. 그대는 나에게 청혼을 하여와 혼인을 허락한 일이 있지만 지금 와서는 그대에게 시집 못가겠다는 것이다. 그대에게 훌륭한 집이 없어서가 아니라 그대의 집은 갖출 것을 다 갖추지 못하였기 때문이라는 것이다. 옛날부터 이 부족한 것은 바로 '예'를 말한다고 하였다. 약간의 의심은 나지만 그대로 믿어 두기로 한다.

7. 양 갖옷(羔羊)

羔羊之皮를　　　　양 털가죽을
_{고 양 지 피}

素絲五紽로다.　　　흰 실 다섯 타래로 꾸몄네.
_{소 사 오 타}

退食自公하니　　　관청으로부터 퇴근하는데
_{퇴 식 자 공}

委蛇委蛇로다.　　　당당하고 유유하네.
_{위 이 위 이}

羔羊之革을　　　　양 안가죽을
_{고 양 지 혁}

素絲五緎이로다.　　흰 실 다섯 겹으로 꿰맸네.
_{소 사 오 역}

委蛇委蛇하니　　　당당하고 유유하게
_{위 이 위 이}

自公退食이로다.　　관청으로부터 퇴근하네.
_{자 공 퇴 식}

羔羊之縫을　　　　양 갖옷 솔기를
_{고 양 지 봉}

素絲五總이로다.　　흰 실 다섯 겹으로 꾸몄네.
_{소 사 오 총}

委蛇委蛇하니　　　당당하고 유유하게
_{위 이 위 이}

退食自公이로다.　　퇴근을 관청으로부터 하네.
_{퇴 식 자 공}

註解　　□羔羊(고양) - 어린 양을 고(羔), 큰 양을 양(羊)이라 부르는데(毛傳), 여기서는 '어린 양'의 뜻. 옛날에 대부들은 어린 양(羔羊)의 가죽으로 갖옷(裘)을 지어 입었다 한다(毛傳). □皮(피) - 털이 붙어 있는 가죽(通釋). □素(소) - 흰 것. □紽(타) - 실 다섯 겹을 한 타(紽)라 한다(王引之『經義述聞』). 옛날 갖옷은 가죽과 가죽을 잇대고 꿰맨 옷솔기를 보기좋게 꾸미기 위하여 흰 실을 꼬아 그

위에 대고 꿰맸다 한다. 오타(五紽)에 대하여는 설이 많으나 여하튼 여러 겹의 실을 꼬아 가죽옷 솔기에 댄 것으로 보면 된다. ▫退食(퇴식)-퇴근(退勤). 관청으로부터 집으로 돌아와 식사하고 쉬는 것을 뜻한다. ▫公(공)-관공서 또는 조정(朝廷). ▫委蛇(위이)-『한시』에 '위이(逶迤)'로 되어 있는데 길을 어슬렁어슬렁 걷는 모습이다. 여기서 '위이위이(委蛇委蛇)'라 한 것은 대부가 당당한 풍모에다 여유있는 모습으로 천천히 걸어 퇴근하는 모습을 형용한 것이다. ▫革(혁)-보통 피(皮)와 같은 뜻으로 보나, 마서진은 털이 없는 안쪽 가죽이라 하였다(通釋). ▫緎(역)-타(紽)와 비슷한 뜻으로 왕인지는 4타(紽)가 1역(緎)이라 하였다(經義述聞). ▫縫(봉)-꿰매다. 여기서는 꿰맨 옷솔기. ▫總(총)-타(紽)나 역(緎)과 비슷한 뜻으로 4역(緎)이 1총(總)이라 한다(經義述聞).

|解說| 이것은 태평시대에 나라의 관리 노릇하는 대부들의 안락한 모습을 읊은 시이다. 부드럽고 흰 염소 가죽으로 만든 갖옷을 입고 어슬렁어슬렁 퇴근하는 태평성세의 관리가 눈앞에 선하다.

「모시서」에서는 "까치집(鵲巢)" 시의 공이 이루어졌음을 읊은 것이다. 소남의 나라는 문왕의 정치에 교화되어, 벼슬하는 사람들이 모두 절약하고 검소하며 정직하여 덕이 양과 같았다."고 풀이하고 있다.

8. 천둥소리(殷其靁)

殷其靁(은기뢰)이 우르릉 천둥소리
在南山之陽(재남산지양)이로다. 남산 남녘에 울리네.
何斯違斯(하사위사)하여 어찌하여 님은 이곳을 떠나가
莫敢或遑(막감혹황)고? 돌아올 틈도 못 내시는가?
振振君子(진진군자)여! 늠름한 우리 님이여!

歸^귀哉^재歸^귀哉^재어다!	어서 돌아와요, 어서 돌아와요!
殷^은其^기靁^뢰이	우르릉 천둥소리
在^재南^남山^산之^지側^측이로다.	남산 곁에서 울리네.
何^하斯^사違^위斯^사하여	어찌하여 님은 이곳을 떠나
莫^막敢^감遑^황息^식고?	쉬러 올 틈도 없으신가?
振^진振^진君^군子^자여!	늠름한 우리 님이여!
歸^귀哉^재歸^귀哉^재어다!	어서 돌아와요, 어서 돌아와요!
殷^은其^기靁^뢰이	우르릉 천둥소리
在^재南^남山^산之^지下^하로다.	남산 밑에서 울리네.
何^하斯^사違^위斯^사하여	어찌하여 님은 이곳을 떠나가
莫^막或^혹遑^황處^처오?	전혀 틈을 내지 못하시는가?
振^진振^진君^군子^자여!	늠름한 우리 님이여!
歸^귀哉^재歸^귀哉^재어다!	어서 돌아와요, 어서 돌아와요!

註解 □殷(은)-천둥소리(毛傳). □其(기)-조사로서 은기(殷其)는 은연(殷然)의 뜻(釋義). □靁(뢰)-뢰(雷), 우뢰, 천둥. □陽(양)-햇볕이 잘 쬐는 산의 남쪽 기슭. □斯(사)-윗것은 '이 사람'의 뜻으로 군자인 님을 가리키며(鄭箋), 아랫것은 이곳, 곧 집을 가리킨다(集傳). □違(위)-거(去), 곧 떠난다는 뜻(鄭箋). □莫(막)-부정사. □敢(감)-여자의 소망을 나타낸다. '감히'. □或(혹)-'전혀', '조금도'의 뜻을 지니고 있다. 마서진은 혹은 옛날에는 '유(有)'자와 통

하였음을 논증하였는데(通釋) 좋은 견해이다. ㅁ遑(황)-겨를. 자기에게로 돌아올 틈을 가리킨다. ㅁ振振(진진)-믿음직하고 점잖은 모습, 늠름하고 믿음직한 것. ㅁ歸哉(귀재)-'돌아오라!'는 뜻. 남편의 귀가를 바라는 강렬한 여인의 소망을 나타낸다. ㅁ遑息(황식)-돌아와 집에서 쉴 틈. ㅁ處(처)-거(居), 살다(毛傳), 또는 지(止), 머물다의 뜻(通釋). 황처(遑處)는 집으로 돌아와 자기와 함께 머물 틈을 가리킨다.

解說 이 시는 먼 곳(전쟁터 또는 부역 때문)에 가 있는 남편을 그리는 여인의 마음을 읊은 것이다. 천둥소리는 남편이 가 있는 전쟁터나, 여름의 신호로서 계절의 변화를 생각하게 하였을 것이다. 문득 남편 생각이 나자 남편이 하루속히 돌아오기를 바라는 간절한 마음에 불이 붙는다.

「모시서」에서는 "소남의 대부가 나랏일을 처리하기 위하여 멀리 가 편히 몸을 쉴 틈이 없는데, 그의 처가 그의 수고를 동정하여 의롭게 돌아오기를 권한 것이다."라고 풀이하고 있다.

9. 매실 따기(摽有梅)

摽有梅하니　　　　매실 다 떨어지고
<small>표 유 매</small>

其實七兮로다.　　　그 열매 일곱 개 남았네.
<small>기 실 칠 혜</small>

求我庶士는　　　　날 맞을 임자는
<small>구 아 서 사</small>

迨其吉兮인저!　　　좋은 날 놓치지 말기를!
<small>태 기 길 혜</small>

摽有梅하니　　　　매실 다 떨어지고
<small>표 유 매</small>

其實三兮로다.　　　그 열매 세 개 남았네.
<small>기 실 삼 혜</small>

　　　　　　구 아 서 사
　　　　　　求我庶士는　　　날 맞을 임자는

　　　　　　태 기 금 혜
　　　　　　迨其今兮인저!　이 때를 놓치지 말기를!

　　　　　　표 유 매
　　　　　　摽有梅하니　　　매실 다 떨어져

　　　　　　경 광 히 지
　　　　　　頃筐塈之로다.　대바구니에 주워 담았네.

　　　　　　구 아 서 사
　　　　　　求我庶士는　　　날 맞을 임자는

　　　　　　태 기 위 지
　　　　　　迨其謂之인저!　말 난 이 때를 놓치지 말기를!

註解　□摽(표)-『모전』에서는 떨어지다. 곧 락(落)의 뜻이라 하였다. □七(칠)-매실을 다 따고 일곱 개만 나무에 남겼다는 뜻. □求我庶士(구아서사)-내게 장가들기를 바라는 여러 선비. □迨(태)-급(及)의 뜻인데, 다시 말하면 어떤 기회를 놓치지 않는다는 뜻이다. □吉(길)-길일의 뜻. 태기길혜(迨其吉兮)는 곧 길일을 놓치지 말고 자기에게 장가들어 달라는 뜻. □今(금)-『모전』에는 서두르는 말,『집전』에는 '오늘'의 뜻이라 하였다. '이때'의 뜻. □頃筐(경광)-뒤가 높고 앞이 낮은 대바구니(周南 '卷耳' 시 註 참조). □塈(히)-취(取)의 뜻으로 주워담는 것. □謂(위)-'말이 났을 때', 곧 지금 당장의 뜻.『모전』에 의하면 30세를 넘은 남자나 20세를 넘은 여자는 예를 가릴 것 없이 멋대로 장가들고 시집갈 수 있다고 하였다.

解説　「모시서」에선 "매실 따기(摽有梅)는 남녀들이 제때에 결혼하는 것을 읊은 시이다. 소남의 나라는 문왕의 교화를 입어 남녀가 제때에 결혼할 수 있었던 것이다."고 하였다. 그러나 우리가 이 시를 자세히 읽어보면 '남녀급시(男女及時)'가 아니라 시집 못간 노처녀를 비꼰 시임을 알 수 있다. 매실을 따는데 1절에서는 나무에 일곱 개가 남았고, 2절에서는 세 개가 남았는데, 3절에서는 다 따서 광주리에 담아 버렸다. 이는 하루하루 나이 먹어가는 노처녀를 풍자한 것이다.

시간이 흐름에 따라 나무에 달린 매실이 없어져 버리듯이 시집갈 가망성도 나날이 줄어드는 것이다.

그러기에 1절에서는 좋은 날을 놓치지 말고 자기를 데려가 달라고 하였고, 2절에서는 이때를 놓치지 말고 데려가 달라고 하였으며, 3절에서는 말 난 김에 지금 당장 데려가라는 것이다. 그러나 『모전』에 의하면 스무 살만 넘으면 노처녀였었다니 지금의 올드미스와는 사정이 다르다.

10. 작은 별(小星)

혜 피 소 성	
嘒彼小星이	반짝반짝 작은 별이
三五在東이로다.	동녘에 네댓 개.
肅肅宵征하여	잽싸게 밤에 가서
夙夜在公하니	새벽부터 밤까지 관청에 있으니
寔命不同이로다.	정말 팔자가 글렀구나!
嘒彼小星은	반짝반짝 작은 별은
維參與昴로다.	삼성과 묘성인가.
肅肅宵征하여	잽싸게 밤에 가서
抱衾與裯하니	이부자리 안고 일하니
寔命不猶로다.	정말 팔자가 글렀구나!

註解　ㅁ嘒(혜) – 반짝반짝 별이 빛나는 모습(通釋). 대아 '은하수(雲漢)' 시

'유혜기성(有嘒其星)'의 혜(嘒)와 같은 뜻임. □肅肅(숙숙)-잽싼 모습(毛傳). □宵(소)-밤. □征(정)-가다. □夙夜(숙야)-새벽부터 밤까지. 이른 아침에 물러나오고 밤에 출근함을 말한다고 보는 이도 있다(胡承珙『後箋』). □公(공)-관청. □寔(식)-『한시』에는 '실(實)'로 되어 있다. □命(명)-운명, 곧 팔자. '식명부동(寔命不同)'은 운명이 남과 같지 않다. 곧 운명이 이미 글렀다는 뜻. □參(삼), 昴(묘)-28수(宿) 가운데 서쪽의 2수의 이름(集傳). □抱(포)-안다. □衾(금)-이불. □裯(주)-홑이불. 금여주(衾與裯)는 이부자리 전체를 가리키는 말. □猶(유)-같다. 불유(不猶)는 같지 않은 것.

解說 「모시서」에 "「작은 별」은 은혜가 밑에까지 미침을 노래한 것이다. 부인은 투기하는 행동 없이 은혜를 밑의 첩들에게까지도 미치게 하여 임금의 잠자리를 모시게 한다. 그래서 신분이 낮은 첩들은 그들의 팔자에 귀천이 있음을 알고 그의 마음을 다하게 되는 것이다."라고 하였다.
그러나 『한시』에서는 '작은 별'을 조정의 소인들로 보고 낮은 벼슬아치들이 자신의 노고를 읊은 시로 보았다.

11. 강수는 갈라져 흐르고(江有汜)

강 유 사
江有汜어늘   강수는 갈라졌다 다시 합쳐지는데,

지 자 귀
之子歸에   아가씨는 시집가면서

불 아 이
不我以로다.   나를 거들떠보지 않네.

불 아 이
不我以로되   나를 거들떠보지 않지만

기 후 야 회
其後也悔리라.   뒤에는 후회하게 되리라.

강 유 저
江有渚어늘   강수에는 작은 섬 있는데,

<ruby>之子歸<rt>지 자 귀</rt></ruby>에　　아가씨는 시집가면서
<ruby>不我與<rt>불 아 여</rt></ruby>로다.　　나와 함께하려 하지 않네.
<ruby>不我與<rt>불 아 여</rt></ruby>로되　　나와 함께하려 하지 않지만
<ruby>其後也處<rt>기 후 야 처</rt></ruby>리라.　뒤에는 함께 살게 되고 말리라.

<ruby>江有沱<rt>강 유 타</rt></ruby>어늘　　강수는 갈라졌다 또 만나는데,
<ruby>之子歸<rt>지 자 귀</rt></ruby>에　　아가씨는 시집가면서
<ruby>不我過<rt>불 아 과</rt></ruby>로다.　　내게 들리지도 않네.
<ruby>不我過<rt>불 아 과</rt></ruby>로되　　내게 들리지도 않지만
<ruby>其嘯也歌<rt>기 소 야 가</rt></ruby>리라.　결국 탄식하며 슬픈 노래 부르게 되리라.

註解 □氾(사)-강물이 갈라졌다 다시 합치는 것(毛傳). 강수가 갈라져 흐르다 다시 합침은 애인들이 서로 헤어졌다 다시 만나는 것을 상징한 듯하다. □之子(지자)-애인인 아가씨를 가리킴. □歸(귀)-시집가다. □不我以(불아이)-나를 거들떠보지도 않는 것. □渚(저)-작은 섬(毛傳). 강물의 섬도 물이 갈라졌다 다시 합쳐지게 만든다. □與(여)-함께 지내는 것. □處(처)-함께 사는 것(釋義). □沱(타)-「모전」에는 강물이 갈리는 것이라 하였다. 갈라진 강물은 반드시 다시 합쳐진다. □過(과)-자기에게 '들렀다가 가는 것'. □嘯(소)-휘파람. 여기서는 탄식하는 소리를 내는 것. □歌(가)-슬픈 노래를 부르는 것.

解說 이것은 남자가 자기의 애인이 자기를 버리고 시집가는 것을 보고 읊은 시이다.

「모시서」에서는 "첩을 찬미한 것이다. 원망하지 않고 부지런히 일하여 정실부인이 잘못을 뉘우치게 된 것이다."하고 해설하고 있다.

12. 들판에서 잡은 노루(野有死麕)

^{야 유 사 균}
野有死麕이어늘　　들판에서 잡은 노루고기를

^{백 모 포 지}
白茅包之로다.　　흰 띠풀로 싸다 주었네.

^{유 녀 회 춘}
有女懷春이어늘　　아가씨 봄을 그리워하기에

^{길 사 유 지}
吉士誘之로다.　　미남이 유혹한 거지.

^{임 유 복 속}
林有樸樕하고　　숲의 잔 나무 베고

^{야 유 사 록}
野有死鹿이어늘　　들판에서 사슴 잡아

^{백 모 돈 속}
白茅純束하니　　흰 띠풀로 싸가지고 가 보니

^{유 녀 여 옥}
有女如玉이로다.　　아가씨는 구슬 같데요.

^{서 이 태 태 혜}
舒而脫脫兮하여　　'가만가만 천천히

^{무 감 아 세 혜}
無感我帨兮하라.　　내 행주치마는 건드리지 마세요.

^{무 사 방 야 폐}
無使尨也吠하라!　　삽살개 짖지 않게 해요!'

註解　□麕(균)-고라니. 『모전』과 『설문해자』에는 장(麞 : 노루)이라 하였는데, 사슴 비슷하나 약간 작으며 뿔이 없다 한다. 사균(死麕)은 사냥해서 잡은 노루를 말하며, 선물로 그 고기를 여인에게 싸다 준 것이다. □茅(모)-띠풀. 백모(白茅)는 흰 띠풀로서 높이 자라는 다년생초. 잎새는 가늘고 길며 끝이 뾰죽하고 봄이 되면 잎새가 나기 전에 줄기 끝에 꽃이 핀다. 옛날에는 예물을 싸거나 제사에 쓸 술을 받쳐 거르는 데 쓴 정결하다고 믿은 식물이다. □懷春(회춘)-사춘(思春)의 뜻, 이성을 그리워하는 것. □吉士(길사)-미사(美士)(集傳), 곧 멋

진 남자. ▫誘(유)-유혹의 뜻. ▫樸樕(복속)-『모전』에 소목(小木), 작은 나무들이라 하였다. 땔나무를 말하는 것이다(傳疏). ▫鹿(록)-사슴. ▫純(돈)-묶다. ▫束(속)-묶다. ▫舒(서)-서서히, 찬찬히. ▫脫脫(태태)-일을 천천히 진행시키는 모양. ▫感(감)-'움직이는 것' 또는 '손을 대는 것'. ▫帨(세)-패건(佩巾)(毛傳).『예기(禮記)』내칙(內則)편에 의하면 "자식이 부모를 섬기고, 며느리가 시부모를 섬길 때에는 모두 분세(紛帨)를 찼다."고 하였다. 허리에 차는 길이가 무릎 밑에까지 내려오는 앞가리개. '행주치마'와 비슷한 것이었던 것 같다. ▫尨(방)-삽살개. ▫吠(폐)-개가 짖는 것.

|解說| 이것은 젊은 남녀의 연애시이다. 사춘기에 들어선 아름다운 처녀를 미남이 유혹하여 서로 정을 통하게 된다는 것이 이 시의 대의이다. 사냥해서 잡은 노루나 사슴의 고기를 깨끗한 흰 띠풀로 싸서 애인에게 보내주는 것은 원시 수렵시대의 습속이었을 것이다. 제3절은 여자가 찾아온 애인과 밀회를 하면서 한 말이다. 개가 짖어 동네 사람들이나 집안 식구들에게 들키지 않도록 슬며시 내왕하며 살살 자기를 다뤄 달라는 것이다.

「모시서」에서는 "무례함을 싫어하는 것"이라고 하면서 이 시를 풀이하고 있다.

◂ 노루

13. 어쩌면 저렇게 고울까(何彼襛矣)

<ruby>何彼襛矣<rt>하 피 농 의</rt></ruby>오?　　어쩌면 저렇게 고울까?

<ruby>唐棣之華<rt>당 체 지 화</rt></ruby>로다.　　산매자꽃 같구나.

<ruby>曷不肅雝<rt>갈 불 숙 옹</rt></ruby>이리요?　얼마나 위엄 있고 부드러운가?

<ruby>王姬之車<rt>왕 희 지 거</rt></ruby>로다.　　공주님의 수레는.

<ruby>何彼襛矣<rt>하 피 농 의</rt></ruby>오?　　어쩌면 저렇게 고울까?

<ruby>華如桃李<rt>화 여 도 리</rt></ruby>로다.　　복사꽃 오얏꽃 같구나.

<ruby>平王之孫<rt>평 왕 지 손</rt></ruby>과　　　평왕의 손녀가

<ruby>齊侯之子<rt>제 후 지 자</rt></ruby>로다.　　제나라 왕자에게 시집가네.

<ruby>其釣維何<rt>기 조 유 하</rt></ruby>오?　　낚시질을 어떻게 하지?

<ruby>維絲伊緡<rt>유 사 이 민</rt></ruby>이로다.　실 꼬아 낚싯줄을 만들어야지.

<ruby>齊侯之子<rt>제 후 지 자</rt></ruby>요　　　제나라 왕자에게

<ruby>平王之孫<rt>평 왕 지 손</rt></ruby>이로다.　평왕의 손녀가 시집가네.

註解　ㅁ襛(농)-농(穠)으로 쓰기도 하며, 『한시』에는 융(茙)자로 되어 있다. 고운 것, 아름다운 것. ㅁ唐棣(당체)-『모전』에 체(栘)라 하였는데 『육소(陸疏)』에서는 오리(奧李)라 하였다. 작매(雀梅) 또는 차하리(車下李)라고도 하며 야산에 흔하다. 그 꽃은 흰 것과 붉은 것 두 가지가 있는데, 6월에 자두 비슷한 빨간 맛있는 열매가 열린다. 『광아(廣雅)』에 의하면 작리(雀李) 또는 욱리(郁李)라고

도 부른다. 이를 당체(棠棣) 곧 '아가위나무'와 흔히 혼동하나 다른 것이다. '산매자나무'라 옥편의 풀이를 따랐지만 '자두'와 비슷한 과일나무가 아닐까 한다. ▫華(화)－꽃. ▫曷不肅雝(갈불숙옹)－'어찌 공경하고 화합하지 않겠느냐?'는 뜻인데, 말을 바꾸면 '얼마나 공경을 받을 만한 위엄이 있고 화하여지게 하는 부드러움을 지녔느냐?'는 뜻. ▫王姬(왕희)－주나라 임금의 성이 희(姬)씨였으므로 주나라 천자의 공주란 뜻으로 쓰인 것이다(集傳). ▫車(거)－시집갈 때 타고 가는 수레를 가리킴. ▫桃李(도리)－복숭아와 오얏인데 여인의 아름다움에 흔히 비유된다. ▫平王(평왕)－평(平)자를 옛날에는 정(正)(毛傳) 또는 태평의 평의 뜻으로 보았다. 『집전』에서는 평왕은 주나라를 동쪽으로 옮긴 평왕 의구(宜臼)라 하였다. 그 뒤로 명대의 하해(何楷), 청대의 고염무(顧炎武)·육규훈(陸奎勳) 등도 모두 주나라의 평왕으로 보아 그 설이 유력하여졌다. 이곳에서는 평왕의 손녀가 제(齊)나라 제후의 아들에게 출가하는 것이라 보았다(釋義). ▫齊侯之子(제후지자)－제(齊)나라 제후는 누구를 가리키는지 확실치 않다. 『춘추』에 주나라 공주가 제나라로 출가한 기록이 두 군데 있다. 하나는 노장공(魯莊公) 원년, 곧 제양공(齊襄公) 5년이고, 하나는 노장공 11년, 곧 제환공(齊桓公) 3년인데 이 시는 어느 때의 일인지 모른다. 앞의 제양공 때의 일이었을 가능성이 더 많다(釋義). ▫釣(조)－낚시. ▫伊(이)－유(維)와 같은 조사(毛傳). ▫緡(민)－『집전』에서는 실을 모아 꼬아서 낚싯줄을 만든 것이라 하였다.

|解説| 「모시서」에서는 "주나라의 공주를 찬미한 시"라 하였다. 곧 주나라 천자의 공주가 제나라 제후의 아들에게 시집가는 것을 보고 읊은 시이다. 이 시에서 가장 이해하기 힘든 제3절의 낚싯줄 얘기는 실을 모아 낚싯줄을 만들 듯이 성이 다른 두 남녀가 합하여 한쌍의 부부가 됨을 비유한 것 같다.

▲ 산매자

14. 몰이꾼(騶虞)

彼茁者葭^{피절자가}에　　저 싱싱한 갈대밭에
壹發五豝^{일발오파}로다.　화살 한 대 쏘는데 다섯 마리 암돼지,
于嗟乎騶虞^{우차호추우}여!　아아 몰이꾼이여!

彼茁者蓬^{피절자봉}에　　저 싱싱한 다북쑥밭에
壹發五豵^{일발오종}이로다.　화살 한 대 쏘는데 다섯 마리 새끼돼지,
于嗟乎騶虞^{우차호추우}여!　아아 몰이꾼이여!

註解　▫騶虞(추우)-『모전』에서는 '추우'를 살아있는 것은 안 먹는 의로운 짐승이라 하였고, 구양수(歐陽修)는 추(騶)는 추유(騶囿)로서 임금의 사냥하는 장소이며, 우(虞)는 우관(虞官)으로 새와 짐승을 관리하는 사람이라 보았다. '삼가시(三家詩)'에서는 모두 '추우'는 천자의 새와 짐승을 관리하는 관원이라 하였는데, 후자의 해설을 따른다. '추우'는 천자가 사냥을 나가면 몰이꾼을 이끌고 짐승들을 천자가 활을 쏘아 잡기 좋도록 몰아 주었다. ▫茁(절)-풀이 새로 돋아난 모습(毛傳·孔疏). ▫葭(가)-갈대. 여기서는 갈대밭으로 보아야 할 것이다. ▫壹發(일발)-화살 한 대를 쏘는 것. ▫豝(파)-암돼지. 일발오파(壹發五豝)는 추우가 짐승의 관리를 잘하고 몰이를 잘하여 한 번 화살을 쏘려고 보니 저쪽 갈대밭 속에 다섯 마리의 암돼지가 나타났다는 것이다. ▫于嗟乎(우차호)-감탄사, 아아! ▫蓬(봉)-다북쑥. 여기서도 다북쑥밭으로 보아야 할 것이다. ▫豵(종)-낳은 지 1년밖에 안 되는 돼지.

解說　「모시서」에서는 "온 천하가 문왕의 교화를 순수히 입어 동물들이 번식하고 때에 알맞게 사냥을 하여 어질기가 '추우' 같다는 것이다. 곧 왕도가 이루어졌음을 읊은 시이다."고 하였다.

그러나 이것은 단순히 임금의 사냥을 찬미한 시라 봄이 좋겠다. 임금이 한 대의 화살을 쏘려 하며 보니 저쪽 갈대밭에 다섯 마리의 암돼지가 나타났다. 몰이꾼은 어쩌면 저렇게도 몰이를 잘하느냐는 것이다. 제2절에서는 새끼돼지가 다섯 마리 나타났다. 이 돼지들을 쏘아 잡았는지 안 잡았는지는 모른다. 임금의 사냥은 짐승을 잡는 데 목적이 있던 것은 아니었기 때문이다.

제3 패풍(邶風)

주나라 무왕(武王 : B.C. 1122~1116 재위)은 은나라를 쳐부순 뒤, 주(紂)임금의 아들 무경(武庚 : 祿父)을 은나라 유민들이 사는 땅에 세워 은나라의 제사를 받들게 하였다. 그리고 다시 그 땅을 셋으로 나누어 무왕의 아우인 관숙(管叔)과 채숙(蔡叔)·곽숙(霍叔)에게 맡기어 은나라 사람들을 감독케 하였다(『逸周書』作雒편).

그리하여 무경이 다스리던 곳을 패(邶), 관숙이 다스리던 곳을 용(鄘), 채숙이 다스리던 곳을 위(衛)라 부르게 되었는데, 이들을 '삼감(三監 : 세 은나라 백성을 감독하는 사람)'이라 불렀다(『漢書』地理志). 곧 주임금의 도읍이었던 조가(朝歌 : 殷墟라고도 하며 지금의 하남성 淇縣 동북쪽)의 북쪽을 패(邶)라 하고, 남쪽을 용(鄘), 동쪽을 위(衛)라 부른 것이다(鄭玄『詩譜』).

그런데 진(晉)나라 초 때 사람인 황보밀(皇甫謐)의 『제왕세기(帝王世紀)』에는 '은나라 도읍의 동쪽을 위라 부르고 관숙이 감독하였으며, 서쪽을 용이라 부르고 채숙이 감독하였고, 북쪽을 패라 하여 곽숙이 감독하였는데 이들을 삼감이라 한다'고 하였다(張守節『史記正義』인용). 어느 것이 옳은지 알 수 없다.

성왕(成王 : B.C. 1115~1079 재위) 때 무경과 이들 '삼감'이 난을 일으키자 주공(周公)이 동쪽을 정벌하여 그 난을 평정한 뒤에는 강숙(康叔 : 이름은 封)을 '위'에 봉하고 패·용의 땅까지도 다스리게 하였다. 강숙은 조가(朝歌)에 도읍하여 은나라 유민을 다스렸는데, 그의 자손대에 이르러는 패·용의 국경은 유야무야되어 버리고 통틀어 위(衛)라 불렀다. 의공(懿公, B.C. 688~B.C. 661 재위) 때에는 오랑캐(狄)들에게 멸망 당하여 대공(戴公, B.C. 660 재위)이 황하를 건너 동쪽으로 옮아와 조읍(漕

邑 : 지금의 河北省 滑縣)에 도읍하였고, 문공(文公, B.C. 659~635) 때에는 다시 초구(楚丘 : 지금의 山東省 武縣)로 옮아갔으나 모두 위의 본토를 벗어나지는 않는 것이다.

그렇기 때문에 패·용·위의 세 나라의 시는, 실은 모두가 위풍(衛風)이라 할 수 있다. 이들 시의 성읍이나 강물 이름이 같은 고장의 것들이며, 거기에서 읊은 내용도 모두가 위나라 일인 것이다.『좌전』을 보면 위나라의 북궁문자(北宮文子)가 패풍의 '위의체체(威儀棣棣)'를 인용하면서 위시(衛詩)라 하였고, 오(吳)나라 계찰(季札)이 관악(觀樂)할 때(『좌전』襄公 29년)도 악공들이 패·용·위의 노래를 부르자 계찰은 이를 평하면서 위풍이라 말하고 있다.

그래서 마서진(馬瑞辰) 같은 사람은 숫제 옛날에는 패·용·위가 한 편이었던 것을 후세 사람이 셋으로 나눈 것이라 주장하였다(通釋). 처음에는 시를 편집한 이가 패·용의 옛 이름을 보존하려고 이들을 통틀어 '패용위'라 하였는데 후세에 셋으로 나누어 놓은 것이다(釋義). 그러므로 패풍은 패에서, 용풍은 용에서, 위풍은 위에서 채집하였다고 보는 것은 잘못이다.

1. 잣나무 배(柏舟)

汎彼柏舟여!   둥실둥실 잣나무 배는
亦汎其流로다.   하염없이 떠내려가네.
耿耿不寐이   밤새도록 잠 못 이룸은
如有隱憂로다.   뼈저린 시름 때문.

미 아 무 주
微我無酒하여　　술이나 마시면서

이 오 이 유
以敖以遊로다.　　나가 노닐지 못할 것도 아니건만.

아 심 비 감
我心匪鑒이니　　내 마음 거울 아니어니

불 가 이 여
不可以茹로다.　　남이 알아줄 리 없네.

역 유 형 제
亦有兄弟나　　형제도 있다 하나

불 가 이 거
不可以據로다.　　의지할 곳 못되네.

박 언 왕 소
薄言往愬라가　　가서 하소연 하다가

봉 피 지 노
逢彼之怒로다.　　그들의 노여움만 산 것을.

아 심 비 석
我心匪石이니　　내 마음 돌이 아니니

불 가 전 야
不可轉也며,　　굴릴 수도 없고,

아 심 비 석
我心匪席이니　　내 마음 돗자리 아니니

불 가 권 야
不可卷也로다.　　말 수도 없네.

위 의 체 체
威儀棣棣로되　　용모와 행동 의젓하지만

불 가 선 야
不可選也로다.　　믿을 수 없는 그이일세.

우 심 초 초
憂心悄悄하니　　시름은 그지없어

온 우 군 소
慍于羣小로다.　　뭇것들의 미움만 사네.

구 민 기 다
覯閔旣多니　　근심걱정 많다 보니

<ruby>受侮不少<rt>수 모 불 소</rt></ruby>로다.　　수모도 적지않게 당했네.

<ruby>靜言思之<rt>정 언 사 지</rt></ruby>하니　　가만히 생각해보니

<ruby>寤辟有摽<rt>오 벽 유 표</rt></ruby>로다.　　가슴만 두드리게 되네.

<ruby>日居月諸<rt>일 거 월 저</rt></ruby>여!　　해여 달이여!

<ruby>胡迭而微<rt>호 질 이 미</rt></ruby>오?　어째서 번갈아 이지러지는가?

<ruby>心之憂矣<rt>심 지 우 의</rt></ruby>이　　마음의 시름은

<ruby>如匪澣衣<rt>여 비 한 의</rt></ruby>로다.　　빨지 않은 옷 입은 듯.

<ruby>靜言思之<rt>정 언 사 지</rt></ruby>하니　　가만히 생각해보니

<ruby>不能奮飛<rt>불 능 분 비</rt></ruby>로다.　　훨훨 날아가고만 싶네.

註解　□汎(범) – 물 위에 둥둥 뜨는 모양.『모전』에는 범류모(汎流貌)라 하였는데, 윗 범자는 뜨는 모습이고, 둘째 구절의 범자는 떠내려가는 모습(通釋). □柏舟(백주) – 잣나무로 만든 배. □亦(역) – 조사. 『시경』에서는 흔히 앞의 말을 받지 않는 순전한 조사로 쓰인다(通釋). □流(류) – 물결대로 떠내려가는 것(釋義). □耿耿(경경) –『광아(廣雅)』에 불안한 모습이라 하였다. □寐(매) – 잠자다. □隱(은) – 속 아픈 것(毛傳・集傳). □隱憂(은우) – 뼈저린 시름. □微(미) – 비(非)와 같은 뜻이며, 다음 구절인 '이오이유(以敖以遊)'에까지 걸린다. □敖(오) – 소아「사슴이 울면서(鹿鳴)」의『모전』에는 오(敖)는 유(遊)의 뜻이라 하였고, 이곳에서도 '유'와 같은 뜻으로 풀이하였다.『석의(釋義)』에서는 출유(出遊)의 뜻이라 하였다. □匪(비) – 비(非)와 같은 부정사. □鑒(감) – 거울. □茹(여) – 헤아리다, 곧 거울처럼 형상을 비춰내어 남이 그것을 보고 자기의 진심을 알아주는 것. □據(거) – 믿고 의지한다는 뜻. □薄言(박언) – 조사. □愬(소) – 하소연하는 것. 소(訴)와 같은 뜻. □逢(봉) – 만나다. 당하다. □轉(전) – 마음을 전

환시키어 시름을 하지 않는 것. ▫席(석)-자리・돗자리. ▫卷(권)-말다. ▫威儀(위의)-용모와 행동. ▫棣棣(체체)-'부이한습(富而閑習)'(毛傳). 곧 용모가 엄전하고 행동이 의젓한 모습. ▫選(선)-『후한서(後漢書)』주목전주(朱穆傳注)에「절교론(絕交論)」이 실려 있는데, 이 시를 인용함에 "위의체체(威儀棣棣), 불가산야(不可算也)"라 하였다.『삼가시』에서도 선(選)을 산(算)으로 쓰기도 하였다. 옛날에는 선과 산은 쌍성(雙聲)으로 뜻이 통용되었던 것이다. 따라서 '불가선(不可選)'은 현대 중국어의 '불능산(不能算)'과 비슷한 말로서, 작자가 옛날에는 남자의 엄전한 용모와 의젓한 행동을 보고 시집을 갔었는데, 오늘날 와서 생각해 보니 용모나 행동의 의젓함은 아무것도 아니라는 뜻이다. ▫悄悄(초초)-근심하는 모습. ▫慍(온)-성내다. ▫羣小(군소)-여러 소인(小人)들(毛傳). 온우군소(慍于羣小)는 여러 아는 소인들로부터 미움을 받게 되었다는 뜻. ▫覯(구)-만나다. ▫閔(민)-민(憫)과 통하여 근심 걱정의 뜻으로 볼 수도 있고, 병의 뜻으로 볼 수도 있다. ▫受侮(수모)-남들로부터 업신여김을 당하는 것. ▫寤(오)-옛날에는 잠에서 깨어나면의 뜻으로 보았으나 조사로 봄이 옳다(釋義). ▫辟(벽)-가슴을 두드리는 것(毛傳). 원통할 때 하는 행동이다. ▫有摽(유표)-가슴을 두드리는 모양(毛傳). ▫居(거)-저(諸)와 함께 모두 조사(集傳). 일거월저(日居月諸)는 '해여! 달이여!'의 뜻. ▫胡(호)-하(何)의 뜻, 어찌. ▫迭(질)-'서로 번갈아'의 뜻. ▫微(미)-해와 달이 작아진다는 것은 해와 달의 일식과 월식을 뜻한다. 일식이나 월식은 흉조라 여겼다(小雅 '十月之交' 시 참조). ▫澣(한)-빨래하다. 비한의(匪澣衣)는 때묻은 옷을 빨래하지 않고 그대로 입은 것. ▫奮飛(분비)-새가 날개를 떨치고 날아가는 것(毛傳). 불능분비(不能奮飛), 곧 훨훨 날아갈 수도 없다는 것은 날아갔으면 하는 소망을 나타낸다.

|解說|「모시서」에서는 "「잣나무 배」는 어질면서도 등용되지 못함을 노래한 것이다."라고 하였고,『집전』에서는 "부인이 그의 남편에게서 소박을 맞고 자기를 잣나무 배에 비유하여 노래한 것"이라 하였다.

여기에서는 주희의 해설을 근거로 풀이하였다. 제1절에서 흐르는 물에 둥실둥실 떠내려가는 잣나무 배는 어떻게 될지 모르게 된 불안한 여인의 처지를 연상케 한다. 여인은 잠못 이루며 소박맞은 자신을 괴로워한다. 제2절에서 "가서 하소연을 해보려고 해도 그의 노여움만 사게 된다."고 했으니, 남자는 퍽 사나운

사람이었던 것 같다. 그렇기 때문에 여인은 자기의 진정을 알아주지 못하는 남편을 원망한다. 제3절에서는 외모만 보고 반해서 시집갔던 옛날을 뉘우친다. 자기의 이러한 불행은 결국 자기가 씨를 심은 것이라 하여 기분을 전환시켜 보려 하지만, 마음이란 돌멩이처럼 쉽사리 굴리거나 돗자리처럼 걷어치울 수 있는 것이 아니라는 것이다. 제4절에서는 공연히 괴로워하다가 남의 욕만 먹고 수모한 것을 뉘우친다. 남편에게 소박맞은 것만도 억울한데 남들조차 업신여기니 가슴을 치며 한탄할 수밖에 없었으리라. 제5절에서는 일식이 일어나고 월식이 일어나 흉조를 나타내듯 세상은 어지럽게만 느껴진다. 답답한 마음은 때묻은 옷을 그대로 입고 있는 듯하다. 여전히 시름은 씻을 길 없어 새처럼 하늘을 훨훨 날며 답답한 마음을 식혀 봤으면 하고 생각한다.

2. 녹색 옷(綠衣)

綠^녹兮^혜衣^의兮^혜여!	녹색 옷이라니!
綠^녹衣^의黃^황裏^리로다.	녹색 옷에 황색 안을 대었네.
心^심之^지憂^우矣^의여!	마음의 시름이여!
曷^갈維^유其^기已^이오?	언제나 그치려는가?

綠^녹兮^혜衣^의兮^혜여!   녹색 옷이라니!
綠^녹衣^의黃^황裳^상이로다. 녹색 저고리에 황색 치마네.
心^심之^지憂^우矣^의여!   마음의 시름이여!
曷^갈維^유其^기亡^망고?   언제나 없어지려는가?

^{녹 혜 사 혜}
綠兮絲兮여!   녹색으로 흰 실을 물들이다니!

^{여 소 치 혜}
女所治兮로다.   그대가 한 짓이지.

^{아 사 고 인}
我思古人하여   나는 옛사람들이나 생각하며

^{비 무 우 혜}
俾無訧兮로다.   허물 없도록 힘쓰려네.

^{치 혜 격 혜}
絺兮綌兮여!   모시옷 베옷이라니!

^{처 기 이 풍}
凄其以風이로다.   찬바람이 불어오는데.

^{아 사 고 인}
我思古人하니   나는 옛사람을 생각하노니

^{실 획 아 심}
實獲我心이로다.   정말로 내 마음 잡아 주네.

註解   □兮(혜)-조사. 녹혜의혜(綠兮衣兮)는 녹색 천으로 옷을 만드는 것. 『모전』에 녹색은 간색(間色)이라 하였는데, 곧 녹색은 파랑과 노랑의 중간색으로 천한 빛깔을 말한다(集傳). 천한 빛깔로 옷을 만든다는 것은 천한 첩이 본처보다 남편의 사랑을 더 많이 받고 있음을 비유한 것이다. □黃(황)-중앙을 뜻하는 색깔, 흙을 뜻하는 정색(正色)(集傳). □裏(리)-옷의 안. 녹의황리(綠衣黃裏)는 녹색 천으로 옷을 만들고 귀한 빛깔인 노란색 천으로 안을 대었다는 것이다. 이것은 천한 첩이 득세하고 본처인 자기가 밀려나 있음에 비유한 것이다. 또 처음부터 의(衣)자를 제2절에서처럼 '저고리' 또는 '윗옷'의 뜻으로 보고, 천한 녹색으로 저고리를 만들어 입으니 위아래의 질서가 뒤집혔음을 뜻하는 것으로 보아도 좋다. □曷(갈)-언제나의 뜻. □維其(유기)-조사이며 미래를 나타낸다. □已(이)-그치다. □裳(상)-치마. '상'과 대가 될 때 의(衣)는 저고리, 곧 윗옷을 의미한다. □亡(망)-없어지는 것. □綠兮絲兮(녹혜사혜)-엄찬(嚴粲)에 의하면, '본래 이 천한 녹색 옷은 흰 실을 그대(첩을 가리킴)가 물들여 지은 것이다. 그대는 이 흰 실을 녹색으로 물들이고 또 그것으로 저고리를 만들어 황색의 위에 입는가?'의 뜻을 나타낸다 하였다(詩緝). □女(여)-여(汝), 그대.

▫治(치)-옷을 짓는 것. ▫古人(고인)-옛날의 훌륭한 사람. 중국에서는 옛날부터 옛 사람들 가운데에는 훌륭한 사람들이 많았다고 믿어 왔다. 고인을 생각한다는 것은 옛 훌륭한 분들의 어진 행동을 생각하고 그것을 따르겠다는 뜻이다. ▫俾(비)-하여금. 사(使)의 뜻. ▫訧(우)-과오의 뜻. ▫絺(치)-고운 갈포. ▫綌(격)-굵은 갈포. 여기서는 치(絺)는 모시, 격(綌)은 베로 편의상 번역하였다. ▫凄其(처기)-처연(淒然)과 같이 찬바람이 부는 모습. 정실(正室)은 남편에게 버림받고 찬바람이 불어오는 겨울이 닥쳐오는 데도 여름에 입는 베옷을 그대로 입고 있다. ▫實獲我心(실획아심)-옛사람의 어진 행동은 정말 자기의 마음이 구하는 바를 얻게 하였다(集傳). 곧 자기의 마음을 붙들어 준다는 뜻.

|解説| 「모시서」에 "「녹색 옷」 시는 위나라 장강(莊姜 : 衛莊公의 부인으로 齊나라 제후의 딸)이 자기 자신을 슬퍼한 시이다. 첩(莊公의 첩으로 곧 州吁의 어머니)이 남편의 총애를 받아 부인이 자기의 자리를 잃고 이 시를 지은 것이다."라고 하였다.

이 시는 첩에게 밀려난 정실부인이 자기 마음의 시름을 달래기 위하여 읊은 노래라고 보면 좋을 것이다.

3. 제비(燕燕)

燕燕于飛여!　제비들은 펄펄
差池其羽로다.　앞서거니 뒤서거니.
之子于歸에　누이 시집가는데
遠送于野하고　멀리 들에서 전송하고
瞻望弗及하니　바라보아도 보이지 않게 되자
泣涕如雨로다.　눈물 비오듯 흐르네.

_{연 연 우 비}
燕燕于飛여!　　　제비들은 펄펄

_{힐 지 항 지}
頡之頏之로다.　　올라갔다 내려왔다.

_{지 자 우 귀}
之子于歸에　　　누이 시집가는데

_{원 우 장 지}
遠于將之하고　　멀리 그를 전송하고

_{첨 망 불 급}
瞻望弗及하니　　바라보아도 보이지 않게 되자

_{저 립 이 읍}
佇立以泣이로다.　내 마음 정말 괴로워지네.

_{연 연 우 비}
燕燕于飛여!　　　제비들은 펄펄

_{하 상 기 음}
下上其音이로다.　위아래서 짹짹.

_{지 자 우 귀}
之子于歸에　　　누이 시집가는데

_{원 송 우 남}
遠送于南하고　　멀리 남쪽으로 전송하고

_{첨 망 불 급}
瞻望弗及하니　　바라보아도 보이지 않게 되자

_{실 로 아 심}
實勞我心이로다.　내 마음 정말 괴로워지네.

_{중 씨 임 지}
仲氏任只하고　　누이는 믿음직하고

_{기 심 색 연}
其心塞淵하며　　마음은 진실하고 깊으며

_{종 온 차 혜}
終溫且惠하여　　온순하고 부드러워

_{숙 신 기 신}
淑愼其身이요　　그의 몸을 잘 삼가

_{선 군 지 사}
先君之思로　　　아버님 생각 받들어

이 욱 과 인
以勗寡人이로다. 나를 격려하더니.

註解 □燕(연)-제비. 예부터 중국 사람들은 흔히 같은 말을 중첩(重疊)하여 썼다. 연연(燕燕)도 제비의 뜻. □于飛(우비)-재비(在飛), 곧 '날고 있다'는 뜻. □差池(치지)-참치(參差)와 같이 가지런하지 않은 모습. 치지기우(差池其羽)는 제비의 날개 자체가 가지런하게 보이지 않다기보다는 날고 있는 제비의 날개들이 앞서거니 뒤서거니 하여 가지런하게 보이지 않는다는 뜻으로 보아야 할 것이다. □歸(귀)-시집가다. □瞻望(첨망)-먼 곳을 바라보는 것. □泣涕(읍체)-소리없이 눈물 흘리는 것. □頡之頏之(힐지항지)-제비가 높이 올라갔다 내려왔다 하며 나는 것. □將(장)-전송하다. □之(지)-시집가는 사람을 가리킴. □佇立(저립)-오랫동안 멍청히 서 있는 것. □下上(하상)-내려왔다 올라갔다 하는 것. □其音(기음)-제비들이 날며 지저귀는 소리. □南(남)-이 아가씨는 남쪽 나라로 시집가는 것이다. □勞(노)-마음이 수고로워진다는 것은 곧 괴로워진다는 뜻. □仲氏(중씨)-시집가는 아가씨의 자(字). 부인들을 부를 때엔 자를 썼다(孔疏). □任(임)-믿음직한 것, 성실한 것. □只(지)-조사. □塞(색)-진실로. □淵(연)-깊은 것. □終(종)-차(且)와 호응하여, 『시경』에선 '종(終)……차(且)……'는 '기(旣)……차(且)……'의 뜻으로 쓰인다. '…하고도 또…하다'는 뜻. □溫(온)-온화. □惠(혜)-여기서는 순(順)의 뜻. 부드러운 것. □淑(숙)-선(善)과 뜻이 통하여, '잘'의 뜻. □愼(신)-삼가다. □先君(선군)-돌아가신 아버지. □勗(욱)-힘쓰다. 격려하다. □寡人(과인)-임금의 자칭(自稱).

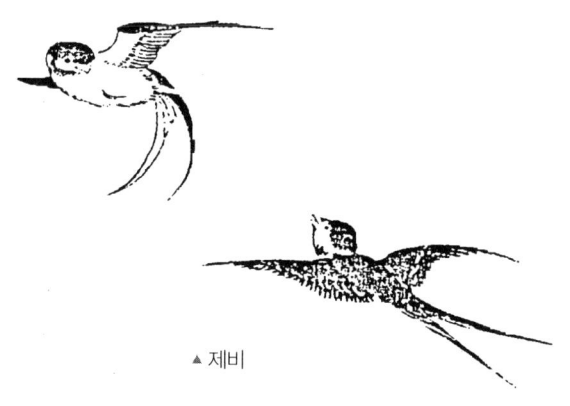

▲ 제비

|解説| 이 시는 위나라 제후의 누이동생이 남쪽 나라로 시집갈 때, 위나라 제후인 그의 오빠가 누이를 전송하며 부른 것이다. 제비는 고신씨(高辛氏)의 비(妃)인 간적(簡狄)이 제비가 준 알을 삼키고 은(殷)나라의 조상인 설(契)을 낳았다는 '현조고매(玄鳥高禖)'의 전설이 있으니, 결혼을 상징하는 새이다. '고매'는 '중매의 신'으로 궁전에서 제사를 지냈으며, 교매(郊禖)라고도 한다.

1절·2절·3절에서는 정든 누이를 떠나 보내는 슬픔을, 4절에서는 어질었던 누이의 행실을 돌이켜 생각한다. 그처럼 현숙한 누이이니 멀리 시집을 가서도 잘살겠지 하는 심정이었을 것이다.

「모시서」에서는 위나라 장강(莊姜)이 돌아가는 첩 대규(戴嬀)를 보내는 시라 하였다. 장강은 아들이 없어 대규가 낳은 아들 완(完)을 자기 아들로 삼았다. 그런데 장공(莊公)이 죽은 뒤 완이 뒤를 이어 환공(桓公)이 되었으나, 주우(州吁)가 그를 죽여 버려 대규는 친정인 진(陳)나라로 쫓겨갔다. 이때 장강이 대규를 들에까지 따라나가 전송하며 읊은 것이 이 시라 한다.

4. 해와 달(日月)

일거월저 日居月諸여!	해와 달은
조림하토 照臨下土로다.	아래 땅을 비추고 있네.
내여지인혜 乃如之人兮여!	그러나 우리 님은
서불고처 逝不古處로다.	옛날처럼 위해 주지 않네요.
호능유정 胡能有定고?	어쩌면 마음을 잡을 수 있을까요?
영불아고 寧不我顧로다.	나를 거들떠보지도 않으니.

_{일 거 월 저}
日居月諸여!　　해와 달은

_{하 토 시 모}
下土是冒로다.　　땅을 덮어 주고 있네.

_{내 여 지 인 혜}
乃如之人兮여!　　그러나 우리 님은

_{서 불 상 호}
逝不相好로다.　　사랑해 주지 않네요.

_{호 능 유 정}
胡能有定고?　　어쩌면 마음을 잡을 수 있을까요?

_{영 불 아 보}
寧不我報로다.　　내 뜻에 보답하려 하지도 않으니.

_{일 거 월 저}
日居月諸여!　　해와 달은

_{출 자 동 방}
出自東方로다.　　동녘에서 뜨고 있네.

_{내 여 지 인 혜}
乃如之人兮여!　　그러나 우리 님은

_{덕 음 무 량}
德音無良이로다.　　말씀이 부드럽지 않네요.

_{호 능 유 정}
胡能有定고?　　어쩌면 마음을 잡을 수 있을까요?

_{비 야 가 망}
俾也可忘이로다.　　거친 말을 않게 되어야 할 텐데.

_{일 거 월 저}
日居月諸여!　　해와 달은

_{동 방 자 출}
東方自出이로다.　　동녘에 뜨고 있네.

_{부 혜 모 혜}
父兮母兮여!　　아버님! 어머님!

_{휵 아 부 졸}
畜我不卒이로다.　　그이는 끝내 나를 좋아하지 않네요.

_{호 능 유 정}
胡能有定고?　　어쩌면 마음을 잡을 수 있을까요?

報我不述이로다.　내게 무도한 짓만 하니.
　　보 아 불 술

註解　□居(거) – 저(諸)와 함께 조사. 일거월저(日居月諸)는 '해야! 달아!' 의 뜻.　□照(조) – 비추다.　□下土(하토) – 아래. 땅.　□乃如(내여) – 그런데, 그러나.　□之人(지인) – 그 사람, 곧 자기의 남편을 가리킴.　□逝(서) – 조사.　□古處(고처) – '이고구상처(以故舊相處)', 곧 옛날처럼 잘 지내는 것(通釋).　□胡(호) – 어찌.　□定(정) – 마음을 안정시키는 것.　□寧(녕) – 내(乃)와 같은 조사(通釋).　□冒(모) – 여기서는 뒤덮는 것.　□相好(상호) – 사랑해 주는 것.　□報(보) – 보답의 뜻으로(集傳) 자기의 뜻에 보답하는 것.　□德音(덕음) – 학자들에 따라 여러 가지 다른 해석을 내리고 있다. 덕은 남의 말을 높이기 위하여 붙인 것이며, 음은 말의 뜻. 덕이 있는 소리가 아니다(略從 孔疏).　□俾(비) – 하여금.　□忘(망) – 망(亡)·실(失)·거(去)의 뜻이며, 앞의 '덕음무량(德音無良)'을 없앤다는 뜻(釋義).　□父兮母兮(부혜모혜) – 큰 일을 당했을 때 호천호부모(呼天呼父母)하는 것으로 '아버지! 어머니!' 의 뜻. 부모가 "끝내 나를 좋아하지 않았다."는 말이 아니다 (釋義).　□畜(휵) – 기르다, 좋아하다.　□卒(졸) – '끝내' 의 뜻.　□述(술) – 옛날에는 휼(遹)자와 통용되었으며, 불술(不述)은 부도(不道)·무도(無道)의 뜻(通釋).

解說　남편에게 버림받은 부인의 시름과 탄식을 읊은 시이다. 매절마다 해와 달을 노래한 것은, 영원히 변함없는 해와 달을 통하여 남편의 변심을 생각했기 때문일 것이다.
　「모시서」에서는 위나라 장강이 자신의 처지를 가슴 아파한 것이라 하였다.

5. 바람(終風)

終風且暴이나　　바람이 사납게 몰아치듯 하다가도
　종 풍 차 포

顧我則笑로다.　　나만 보면 히죽 웃는 그이.
　고 아 즉 소

| 학 랑 소 오 |
| 謔浪笑敖하니 | 함부로 농담하고 장난만 치니 |
| 중 심 시 도 |
| 中心是悼로다. | 내 마음 슬퍼지네. |

| 종 풍 차 매 |
| 終風且霾니 | 바람 불며 흙비 날리듯 하는데 |
| 혜 연 긍 래 |
| 惠然肯來오? | 다소곳이 찾아오겠는가? |
| 막 왕 막 래 |
| 莫往莫來하니 | 오도 가도 않으니 |
| 유 유 아 사 |
| 悠悠我思로다. | 내 시름 그지없네. |

| 종 풍 차 예 |
| 終風且曀요 | 바람 불고 날 음산한데 |
| 불 일 유 예 |
| 不日有曀로다. | 하루도 갤 날이 없네. |
| 오 언 불 매 |
| 寤言不寐하고 | 깨면은 다시 잠 안 오고 |
| 원 언 즉 체 |
| 願言則嚔로다. | 생각하면 가슴 메네. |

| 예 예 기 음 |
| 曀曀其陰하고 | 어둑어둑 음산한 날씨에 |
| 훼 훼 기 뢰 |
| 虺虺其靁로다. | 우르릉 천둥 울리네. |
| 오 언 불 매 |
| 寤言不寐하고 | 깨면은 다시 잠 안 오고 |
| 원 언 칙 회 |
| 願言則懷로다. | 생각하면 마음만 아파지네. |

註解 □終(종)……且(차)…… ─ 앞의 「제비(燕燕)」 시에서 설명했듯이 '기(旣)……차(且)……', 곧 '……하고도……하다' 의 뜻. □顧(고) ─ 돌아보다. □笑(소) ─ 히죽 비웃는 것. □謔(학) ─ 쓸데없는 농담을 하는 것(集傳). □浪(랑) ─ 함

부로 지껄이는 것. 笑(소)도 여기서는 희롱한다는 뜻(通釋). □敖(오) - 조롱하는 것(通釋). □中心(중심) - 심중(心中), 마음속. □悼(도) - 슬픔. □霾(매) - 흙비. 중국의 북부 황하 유역에 흔한 현상으로 바람에 흙먼지가 날려와 비오듯 떨어지는 것. □惠(혜) - 순(順)과 통하여 혜연(惠然)은 순연(順然), 곧 '다소곳이'. □肯來(긍래) - '오려 들겠는가?' 의 뜻. □莫(막) - 여기서는 불(不)과 같은 부정사. □悠悠(유유) - 그지없는 모양. □思(사) - 단순한 생각이 아니라 시름. □曀(예) - 흐리고 바람불다. □不日(불일) - 하루도 넘기지 못하는 것. 불일유예(不日有曀)는 날이 갠 듯 하다가도 하루도 못 넘기고 곧 다시 바람 불고 음산해진다는 뜻. □願(원) - 여기서는 '생각한다' 는 뜻(集傳). □嚏(체) - 정현(鄭玄)은 체(嚏)라고 쓰고 있는데, 체(嚏)는 『설문해자』에 '막히어 나가지 못하는 것' 이라 풀이하고 있다. 숨이 막히듯 가슴이 답답해진다는 뜻으로 봄이 좋겠다(通釋). □曀曀(예예) - 바람불고 날이 흐린 모습. □虺虺(훼훼) - 우렛소리가 울리는 모양. □懷(회) - 여기서는 마음 아파지는 것(毛傳).

解説 남편에게 학대받는 부인이 읊은 시이다. 사납게 부는 바람이란 남편의 기질에 비유한 것일 게다. 함부로 농담하고 장난치고 하는 남편이니 그렇게 봐도 된다.

「모시서」에서는 이 시도 장강(莊姜)이 자신의 처지를 가슴 아파한 노래라고 했다. 주우(州吁)가 자기의 아들삼아 기른 대규(戴嬀)의 아들 완(完)을 죽이고 난폭한 짓을 함부로 하자 장강이 이를 슬퍼하며 부른 노래라는 것이다.

『집전』에서는 난폭한 것을 바로 장공(莊公)이 미혹되어 정신을 차리지 못하는 것으로 보았다.

6. 북소리(擊鼓)

擊鼓其鏜하니 　북소리 둥둥 울리니
격 고 기 당

踊躍用兵이로다. 　무기 들고 뛰어 나서네.
용 약 용 병

_{토 국 성 조}
土國城漕어늘　　도읍의 흙일과 조땅의 성 쌓기 한창인데
_{아 독 남 행}
我獨南行이로다.　나홀로 남쪽으로 싸우러 왔네.

_{종 손 자 중}
從孫子仲하여　　손자중 장군을 따라가서
_{평 진 여 송}
平陳與宋이로다.　진나라 송나라와 강화를 맺게 했네.
_{불 아 이 귀}
不我以歸니　　나를 돌려보내지 않으니
_{우 심 유 충}
憂心有忡이로다.　마음의 걱정으로 하염없네.

_{원 거 원 처}
爰居爰處하고　　이곳에 잤다 저곳에 머물렀다
_{원 상 기 마}
爰喪其馬로다.　말 조차 잃어버리고
_{우 이 구 지}
于以求之를　　말을 찾아
_{우 림 지 하}
于林之下로다.　숲속을 헤매이네.

_{사 생 결 활}
死生契闊을　　죽음과 삶과 만남과 헤어짐을
_{여 자 성 설}
與子成說이로다.　그대와 함께하기로 언약하였지.
_{집 자 지 수}
執子之手하고　　그대의 손 잡고
_{여 자 해 로}
與子偕老로다.　그대와 죽도록 해로하려 했는데.

_{우 차 활 혜}
于嗟闊兮여!　　아아 멀리 떠나왔네!
_{불 아 활 혜}
不我活兮로다!　우리 함께 못살게 되었네!

^{우 차 현 혜}
于嗟洵兮여!   아아 멀리 떨어졌네!
^{불 아 신 혜}
不我信兮로다!   우리 언약 어기게 되었네!

註解 ▫鼓(고)−북. 옛날 군대에서 북은 진군의 호령으로 쓰였다(毛傳). ▫其鏜(기당)−당연(鏜然). 북이 울리는 소리. ▫踊躍(용약)−도약(跳躍)과 같은 말. 뛰어나서는 것. ▫兵(병)−병기, 용병을 전쟁의 뜻으로 풀이하는 것은 후세의 일이다. ▫土(토)−토공(土功)(鄭箋), 곧 토목공사. ▫國(국)−옛날에는 도성(都城)·국도(國都)의 뜻으로 쓰였다. ▫城(성)−성을 보수하는 것(鄭箋). ▫漕(조)−위(衛)나라의 고을 이름. 지금의 하남성 골현(滑縣)에 있었다. ▫南行(남행)−전쟁하러 남쪽으로 가는 것. ▫孫子仲(손자중)−공손문중(公孫文仲)(毛傳)으로 위(衛)나라의 장군 이름. ▫平(평)−화(和), 곧 강화하는 것(集傳). 위나라는 주우(州吁) 때에 진(陳)나라나 송나라를 평정한 일이 없다. 『좌전』 은공(隱公) 4년에 주우가 자립할 때 송(宋)·위(衛)·진(陳)·채(蔡)의 군대들이 정(鄭)나라를 친 일이 있는데, 이로 말미암아 옛날부터 원한이 있던 송·진 두 나라의 사이가 좋아졌다. 호승공(胡承珙)의 『모시후전(毛詩後箋)』에는 강병장(姜炳璋)의 설을 인용하여 "주우는 진나라와 연합하여 정나라를 치고 송나라를 맹주(盟主)로 밀었다. 평진여송(平陳與宋)이라 한 것은 진·송을 연합시킨 일을 말한다."고 하였다. ▫以(이)−여(與)의 뜻으로 이귀(以歸)는 '사귀(使歸)', 돌려보내 준다는 뜻. ▫有忡(유충)−충연(忡然)과 같은 말로 마음의 시름을 형용한다. ▫爰居爰處(원거원처)− '어시거(於是居), 어시처(於是處)', 곧 '여기서 잤다 저기서 머물렀다'의 뜻(集傳). ▫喪(상)−잃다. ▫于以(우이)−원내(爰乃)와 같은 말로 '이에', '그래서'. ▫林之下(임지하)−임중(林中), 숲속의 뜻. ▫契闊(계활)−손혁(孫奕)의 『시아편(示兒編)』에 '계(契)는 합(合)의 뜻이고, 활(闊)은 이(離)의 뜻'이라 하였으니, 계활은 이합(離合)의 뜻(釋義), 헤어졌다 만났다 하는 것. ▫子(자)−그대. 집에 두고 온 아내를 가리킴. ▫成說(성설)−성약(成約). 언약을 하였다는 뜻(通釋). ▫偕老(해로)−죽도록 함께 늙는 것. ▫闊(활)−앞의 계활에서나 마찬가지로 이별의 뜻. ▫活(활)−함께 사는 것. ▫洵(현)−멀리 떠나 있는 것. ▫信(신)−백년해로하자는 언약을 지키는 것.

[解説] 「모시서」에서는 "북소리(擊鼓)는 주우(州吁)를 원망한 시이다. 위나라 주우는 군사를 일으켜 난폭한 짓을 하고 공손문중(公孫文仲)을 장수로 삼아 진나라와 송나라를 강화케 하였다. 나라 사람들은 그의 용감하면서도 무례함을 원망한 것이다."라고 풀이하였다. 이것이 『좌전』 은공 4년의 주우의 전쟁을 배경으로 하고 있는지는 모르지만, 내용은 전쟁에 나간 병사가 사랑하는 아내를 생각하며 읊은 시이다.

제1절에서 이 사람은 북소리를 신호로 용감하게 전쟁터로 나간다. 제2절에서는 손자중(孫子仲) 장군을 따라 큰 공을 세웠음에도 집으로 돌려보내 주지 않는 전쟁의 무자비함을 원망한다. 제3절에서는 전쟁의 고달픔을 읊었다. 제4절에서는 사랑하는 자기의 아내를 생각한다. 그리고 끝의 제5절에서는 전쟁 때문에 이루어지지 못하는 자기 부부의 사랑을 슬퍼하고 있다. 옛날이나 지금이나 전쟁 속에서 군인들이 흔히 느낄 만한 집에 두고 온 아내에 대한 슬픈 사랑과 전쟁을 원망하는 정을 노래한 시이다.

7. 남풍(凱風)

凱風自南으로   따스한 남풍이
(개 풍 자 남)

吹彼棘心하여   대추나무 새싹에 불어와
(취 피 극 심)

棘心夭夭하니   대추나무 새싹 파릇파릇하니
(극 심 요 요)

母氏劬勞하셨도다.   어머님의 노고를 생각케 하네.
(모 씨 구 로)

凱風自南으로   따스한 남풍이
(개 풍 자 남)

吹彼棘薪이라.   대추나무 가지에 불고 있네.
(취 피 극 신)

　　　　모 씨 성 선
　　　　母氏聖善이시나　　어머님은 지혜 많으시고 훌륭한 분이신데
　　　　아 무 령 인
　　　　我無令人이로다.　　우리 형제엔 훌륭한 자 없네.

　　　　원 유 한 천
　　　　爰有寒泉이　　　　맑은 샘물이
　　　　재 준 지 하
　　　　在浚之下로다.　　　준(浚) 고을 아랫녘에 흐르네.
　　　　유 자 칠 인
　　　　有子七人하니　　　아들 칠 형제를 두셨으니
　　　　모 씨 노 고
　　　　母氏勞苦로다.　　　어머님 고생하셨네.

　　　　현 환 황 조
　　　　睍睆黃鳥는　　　　아름다운 꾀꼬리가
　　　　재 호 기 음
　　　　載好其音이로다.　　고운 소리로 지저귀네.
　　　　유 자 칠 인
　　　　有子七人이나　　　아들 칠 형제가 있으나
　　　　막 위 모 심
　　　　莫慰母心이로다.　　어머님 마음 위로해 드리지 못하네.

註解　□凱風(개풍)―남풍의 뜻(毛傳). □棘(극)―『설문해자』에 '극(棘)은 작은 대추로 떨기나무'라 하였고, 『명물초(名物鈔)』에는 "극은 대추 같으면서도 가시가 많고, 나무는 딱딱하고 빛깔은 빨갛고 떨기로 자란다."했다. 이들을 종합컨대 '매추'라는 나무가 아닌가 생각된다. 그러나 '매추'는 흔치 않으므로 '대추'라 하여 둔다. □心(심)―가늘고 작은 것을 뜻하며, 여기서는 대추나무의 어린 새 가시를 가리킨다(集傳·通釋) □夭夭(요요)―어린 나무가 파릇파릇 자라는 모습. 이 어린 새 대추나무 싹이 파릇파릇 자라는 데서 자기들 형제들의 성장을 생각하고, 이에 따른 어머님의 노고를 생각한 것이다. □劬勞(구로)―노고의 뜻. □薪(신)―여기서는 땔나무로 할 만큼 다 자란 대추나무를 가리킨다. 여기서도 남풍은 어머님의 사랑, 대추나무는 다 자란 자기들 형제에 비유한 것이다. □聖(성)―지혜가 뛰어났다는 뜻(孔疏). □令(령)―선(善)과 통하여 영인

(슈人)은 선인(善人), 곧 어머님께 충분한 효도를 할 만한 훌륭한 사람. ▫寒泉(한천)－맑은 샘물. 맑은 샘물은 청령(淸泠)하기 때문에 한천이라 한 것이다. 『방여기요(方輿紀要)』에 의하면, 복양성(濮陽城) 동쪽에 준성(浚城)이 있고, 또 한천도 있다고 하여 한천을 흔히 샘물 이름으로 보기도 하나, 이는 후세의 학자들이 억지 해석을 한 것이다. ▫浚(준)－여기서는 위나라의 고을 이름. 지금의 산동성 복현(濮縣) 근처에 있었다. 한천으로부터 흐르는 물이 모여 준읍(浚邑) 밑을 흘러 준읍 사람들은 이 물을 먹고 산다. 이 형제들은 맑은 샘물을 어머님의 노고에, 이를 마시고 사는 준읍 사람들에 자기들 형제를 견준 것이다. 이 시의 작자도 준읍 근처 사람이었을 것이다. ▫睍睆(현환)－아름다운 것. ▫黃鳥(황조)－곤줄박이. 꾀꼬리가 아님(앞 周南 '葛覃' 시 참조). ▫載(재)－즉(則)과 비슷한 조사. 곤줄박이의 아름다운 노래를 자식들의 흐뭇한 효도에 비유한 것이다. 작자는 흐뭇하게 효도를 다하지 못함을 끝내 자책한다.

解說 「모시서」에서는 이 시를 "효자를 기린 것"이라 하였다.
　그러나 오히려 효자들이 어머님의 은혜를 생각하며 읊은 시라고 봄이 좋겠다. 제1절에서는 따스한 남풍이 어린 대추나무를 자라게 하듯, 어머님이 고생하시며 자기들을 안아 길러주셨음을 노래했다. 제2절에서도 남풍이 대추나무를 성장시켰듯이 어머니는 훌륭하게 자기들을 길러주셨으나, 자기 형제들은 똑똑히 효도를 다하는 이가 없음을 자책한 것이다.
　제3절에서는 자기들 칠 형제를 길러준 어머님의 은혜는 한 고을 사람들을 먹여 살리는 맑은 샘물처럼 위대함을 노래한 것이다. 제4절에서는 아름다운 곤줄박이의 노래처럼 흐뭇한 효도를 어머님께 다하고 싶다. 그러나 아직도 자기 형제들은 어머님께 충분한 효도를 다하지 못하는 회한을 노래한 것이다.

8. 수꿩(雄雉)

雄雉于飛여!　　수꿩이 날아가며
_{웅 치 우 비}

예 예 기 우	
泄泄其羽로다.	푸덕푸덕 날개짓하네.
아 지 회 의	
我之懷矣여!	나의 그리움이여!
자 이 이 조	
自詒伊阻로다.	스스로 마련한 시름인 것을.

웅 치 우 비	
雄雉于飛여!	수꿩이 날아올라
하 상 기 음	
下上其音이로다.	오르락내리락하며 우네.
전 의 군 자	
展矣君子여!	진실로 내 님이여!!
실 로 아 심	
實勞我心이로다.	내 마음 정말 괴롭히네.

첨 피 일 월	
瞻彼日月하니	저 해와 달 바라보니
유 유 아 사	
悠悠我思로다.	내 시름은 그지없네.
도 지 운 원	
道之云遠이니	길은 먼데
갈 운 능 래	
曷云能來리요?	언제면 오시게 되나?

백 이 군 자	
百爾君子여!	여러 군자들이여!
부 지 덕 행	
不知德行가?	덕행을 모르지는 않겠지요?
불 기 불 구	
不忮不求면	남 해치지 않고 탐내지 않으면,
하 용 부 장	
何用不臧이리요?	무슨 일이나 잘 되지 않겠소?

註解 ▫雄(웅)-수컷. ▫雉(치)-꿩. ▫泄泄(예예)-꿩이 날개를 치는 모양(毛

傳). □懷(회)-그리워하는 것. □詒(이)-주다. □伊(이)-기(其)와 같은 뜻, 그 것. □阻(조)-우환(憂患)・걱정, 시름. 자이이조(自詒伊阻)는 '스스로 그러한 걱정을 끼치게 하였다'는 뜻. □展矣(전의)-진실로. 군자(君子) 이하를 강조한 말. □瞻(첨)-해와 달을 바라본다는 것은 쉴새없는 해와 달의 운행을 통하여 세월의 흐름을 느낀 것이다. □云(운)-구절 가운데에 쓰이는 조사. 도지운원(道之云遠)은 남편이 가 있는 곳에서 집으로 오는 길이 멀다는 뜻. □曷(갈)-특히 '언제'의 뜻. □百爾(백이)-'여러' '모든'의 뜻. □君子(군자)-자기 남편처럼 벼슬하고 있는 사람들. □忮(기)-남을 해치는 것(毛傳). □求(구)-탐욕으로 추구하는 것(集傳). □臧(장)-선(善)과 통하여 일이 잘 되는 것.

[解說] 이 시는 잘못을 저질러 귀양 가 있는 남편을 생각하며 그의 처가 지은 시인 듯하다. 펄펄 날아가는 수꿩에서는 귀양가기 전 자기 남편의 화려했던 관리 생활을 연상했을 것이다. 즐거웠던 지난날을 생각하니 귀양 가 있는 남편을 그리는 마음 더욱 간절해진다. 그런데 자기들이 이렇게 된 것은 남편이 잘못을 저질렀기 때문이다. 그러기에 제4절에서는 여러 벼슬하는 사람들에게 다시는 자기들 같은 비극을 겪지 않도록 올바르게 행동해 달라고 충고하는 것이다.

「모시서」에서는 위나라 선공(宣公)을 풍자한 시라 하였다. 선공은 전쟁을 자주 일으키어 오랫동안 집을 나가 종군하는 남편들이 많았으므로 국민들이 이를 걱정하고 이 노래를 불렀다는 것이다. 또 주희의 『집전』에서는 오랫 동안 나랏일로 집을 나가 있는 남편을 생각하며 부인이 지은 시라 하였다.

9. 박의 마른 잎(匏有苦葉)

匏有苦葉이요　　박에는 마른 잎이 달려 있고
濟有深涉이로다.　제수에는 깊은 나루가 있네.
深則厲요　　　　깊으면 옷 입은 채 건너고
淺則揭니라.　　　얕으면 옷 걷고 건너지.

有瀰濟盈이요　　　흥건히 제수 물 넘쳐흐르고
有鷕雉鳴이로다.　꿩꿩 암꿩이 우네.
濟盈不濡軌하며　제수 넘쳐흐르는데도 수레바퀴통도 안 젖고
雉鳴求其牡로다.　암꿩이 우는 것은 수컷을 구함이네.

雝雝鳴鴈이요　　　기럭기럭 기러기 울며 가고
旭日始旦이로다.　환히 아침 햇살 비치네.
士如歸妻인댄　　　총각이 장가들려면
迨氷未泮이니라.　얼음이 다 녹기 전에 해야 하네.

招招舟子하여　　　뱃사공 손짓하여
人涉卬否로다.　　남들은 물을 건너도 나는 안 가려네.
人涉卬否는　　　　남은 건너도 나는 안 가는 것은

앙 수 아 우
卬須我友니라.　　내 벗을 기다리기 때문이네.

註解　□匏(포)−박. □苦(고)−고(枯)와 통하여 고엽(苦葉)은 고엽(枯葉), 마른 잎새(王先謙說, 據釋義). 박에 마른 잎새가 달렸음은 박이 다 여문 것이며, 이는 젊은 남녀의 성숙함을 비유한 것이다. □濟(제)−물 이름. 뒤의「샘물(泉水)」시 '출숙우제(出宿于沛)'의 제수(沛水)를 가리킨다(張文虎說, 據釋義). □涉(섭)−여기서는 물을 건너는 곳, 곧 나루의 뜻이다(釋義). 제수(濟水)에 깊은 나루가 있다는 것은 젊은 남녀가 나이를 먹으면 결혼을 해야 할 터인데, 그 앞에는 깊은 나루와 같은 선녀야만 할 어려움이 가로막혀 있다는 뜻. □厲(려)−옷을 입은 채 물을 건너는 것(毛傳). □揭(게)−옷자락을 걷고 물을 건너는 것. □瀰(미)−물이 철철 넘쳐흐르는 것. 유미(有瀰)는 미연(瀰然), 곧 물이 가득히 흐르는 모양. □有鷕(유요)−요연(鷕然)의 뜻으로 암꿩이 우는 모양. □雉(치)−여기서는 암꿩을 가리킨다. □濡(유)−젖다. □軌(궤)−수레바퀴 굴대가 달린 바퀴 통(王引之『經典釋文』). 제수는 가득히 넘쳐흘러도 건너보면 수레바퀴 통도 젖지 않는다는 것은, 결혼에는 어려움이 많은 듯하지만 실지로 남녀가 하려 들면 아주 간단함에 비유한 것이다. □牡(무)−암꿩이 울면서 수컷을 찾는다는 것은 사춘기의 여인에 비유한 것이다. □雝雝(옹옹)−기러기가 화답하며 우는 모양(毛傳). □鴈(안)−기러기. 기러기는 납채(納采)로서 결혼을 신청할 때 보냈다. 그리고 기러기는 꼭 짝을 지어 다니므로 원만한 남녀의 결혼에 비유한 것이다. □旭(욱)−햇빛이 비치는 것. □旦(단)−아침. 옛날 결혼을 신청하는 납채의 의식은 햇살이 비치기 시작하는 대혼(大昕)의 때에 행하여졌다. 밝은 햇살은 결혼한 남녀의 앞날을 상징하는 것일 게다. □如(여)−약(若)의 뜻, 만약. □歸妻(귀처)−여자로 하여금 시집오게 하는 것(鄭箋). 곧 장가드는 것. □迨(태)−미치다. 급(及)의 뜻. □泮(반)−얼음이 녹는 것. 얼음이 풀리는 것은 음력 정월 중순. 얼음이 풀리기 전에 장가들라는 것은 농사일이 시작되어 바빠지기 전 한가할 때 장가들라는 뜻(姚際恒『詩經通論』). □招招(초초)−소리쳐 부르는 모습(毛傳). 또는 손짓해 부르는 모양(魯詩). □舟子(주자)−뱃사공. □人(인)−딴사람, 곧 남. □卬(앙)−나. 앙부(卬否)는 나는 건너지 않겠다는 뜻. □須(수)−기다리다. 남이 다 제수를 건너도 자기는 건너지 않고 친구를 기다리겠다는 것은,

아무리 장가가라고 중매인이 권하고 또 남들은 전부 장가간다 하더라도 벗처럼 뜻이 맞는 사람이나 적당한 시기가 당도하지 않으면 자기는 함부로 장가들지 않겠다는 뜻이다.

解說 이 시는 「모시서」에는 위나라 선공(宣公)이 그의 부인 이강(夷姜)과 함께 음란한 짓을 하는 것을 풍자한 것이라 하였다. 『집전』에서도 역시 음란함을 풍자한 시라고 하였는데, 시의 내용과 잘 들어맞지 않는다.

이 시는 결혼을 노래한 시일 것이다. 일찍이 여조겸(呂祖謙)이 "이 시는 모두 사물로 비유를 하였지 바로 읊으려고는 하지 않았다."고 하였다(王先謙 『詩三家義集疏』 引). 옛날부터 이 시 해석에 의견이 많았던 것은 이러한 이유가 크게 작용하였다.

제1절은 나이가 차면 어떻게든 남녀는 결혼하게 된다는 것을 읊었다. 제2절에서는 결혼은 어려운 것 같지만 실제로는 젊은 남녀들이 뜻만 맞으면 간단하다는 내용이다. 제3절은 장가를 든다는 것은 젊은 남녀에게 중요한 큰 일이며, 이런 큰 일은 바쁘지 않은 늦은 가을부터 겨울에 걸친 철에 치르는 것이 좋다는 내용이다. 제4절은 남이 아무리 권하더라도 함부로 결혼해서는 안된다는 것이다. 이러한 내용을 모두 비유로 노래했기 때문에 이 시는 이해하기 어렵고 학자들에 따라 견해가 구구하다.

10. 동풍(谷風)

習習谷風_{습습곡풍}에	살랑살랑 동풍 불며
以陰以雨_{이음이우}로다.	흐렸다 비가 왔다 하네요.
黽勉同心_{민면동심}이니	한마음으로 힘써 살아 왔으니
不宜有怒_{불의유노}니라.	성내어서는 안되지요.
采葑采菲_{채봉채비}는	순무나 무를 캠은
無以下體_{무이하체}니라.	뿌리만을 위한 것이 아니에요.
德音莫違_{덕음막위}면	언약을 어기지 않는다면
及爾同死_{급이동사}니라.	그대와 죽도록 함께하려 했어요.
行道遲遲_{행도지지}는	가는 길 차마 발이 안 떨어짐은
中心有違_{중심유위}로다.	마음의 원한 때문이에요.
不遠伊邇_{불원이이}하고	당신은 멀리 나오기는커녕
薄送我畿_{박송아기}로다.	나를 문 안에서 내보냈지요.
誰謂荼苦_{수위도고}오?	누가 씀바귀를 쓰다 했나요?
其甘如薺_{기감여제}로다.	내 처지엔 냉이보다도 달아요.
宴爾新昏_{연이신혼}하여	그대는 신혼 재미에
如兄如弟_{여형여제}하도다.	형제처럼 그 각시와 즐기겠지요.

경 이 위 탁
涇以渭濁이나　　경수 때문에 위수가 흐려진다 해도

식 식 기 지
湜湜其沚로다.　　파랗게 맑을 때가 있다네요.

연 이 신 혼
宴爾新昏하여　　그대는 신혼 재미에

불 아 설 이
不我屑以하도다.　　나를 거들떠보지도 않네요.

무 서 아 량
毋逝我梁하고　　내가 놓은 어살에는 가지 말고

무 발 아 구
毋發我笱하라!　　내 통발도 다치지 마세요!

아 궁 불 열
我躬不閱이어늘　　내 몸도 받아들여지지 않거늘

황 휼 아 후
遑恤我後아!　　뒷걱정할 겨를이 있겠어요?

취 기 심 의
就其深矣면　　깊은 물이 닥치면

방 지 주 지
方之舟之오,　　뗏목이나 배 타고 건너고,

취 기 천 의
就其淺矣면　　얕은 물이 닥치면

영 지 유 지
泳之游之니라.　　자맥질이나 헤엄쳐 건넜지요.

하 유 하 무
何有何亡고 하고　　부한지 가난한지 상관하지 않고

민 면 구 지
黽勉求之니라.　　그저 애써 일만 했었지요.

범 민 유 상
凡民有喪이면　　남의 집에 큰일 생기면

포 복 구 지
匍匐救之니라.　　힘을 다해 도와주고요.

불 아 능 혹
不我能慉이요　　그런데도 나를 좋아하지 않고

^{반 이 아 위 수}
反以我爲讎하도다. 오히려 나를 원수로 삼네요.

^{기 조 아 덕}
旣阻我德하니 내 좋은 점은 물리치시니

^{고 용 불 수}
賈用不售로다. 팔리지 않는 물건 같은 나에요.

^{석 육 공 육 국}
昔育恐育鞫하여 옛날 살림할 때엔 궁해질까 애태우며

^{급 이 전 복}
及爾顚覆이러니, 그대와 함께 고생했는데,

^{기 생 기 육}
旣生旣育하여 살림살이 할 만하니깐

^{비 여 우 독}
比予于毒이로다. 나를 독벌레처럼 여기는군요.

^{아 유 지 축}
我有旨蓄은 우리가 맛있는 마른 나물 장만하는 것은

^{역 이 어 동}
亦以御冬이니라. 겨울철 잘 지내기 위한 것이지요.

^{연 이 신 혼}
宴爾新昏하니 이제 그대는 신혼 즐기고 있으니

^{이 아 어 궁}
以我御窮이로다. 나는 궁할 때나 필요한 거였네요.

^{유 광 유 궤}
有洸有潰하여 우악스럽고 퉁명스럽게

^{기 이 아 이}
旣詒我肄로다. 내게 고생만을 시키려 하네요.

^{불 념 석 자}
不念昔者에 옛날에

^{이 여 래 기}
伊余來墍로다. 나만을 사랑하던 일 잊고 있네요.

註解 □習習(습습) – 부드러운 모양(毛傳). □谷風(곡풍) – 동풍(東風). 곡(谷)은 곡(穀)과 통하여 곡식을 자라게 하는 바람이라 하여, 곡풍을 동풍이라 부르게 되었다 한다(孔疏). 엄찬(嚴粲)은 전씨설(錢氏說)을 좇아 '곡중지풍(谷中之

風'이라 풀이했다. □以(이)-내(乃)의 뜻(王引之『經典釋詞』). 이음이우(以陰以雨)는 흐렸다 비가 왔다 한다는 뜻. 이 구절은 동풍처럼 부드러워야 할 부부 사이에 파탄이 생겼음을 비유한 것. □黽勉(민면)-힘쓰다, 노력하다. □不宜有怒(불의유노)-성을 내는 것이 당연한 일이 아니라는 뜻. □采(채)-채(採), 뜯다, 캐다. □葑(봉)-순무. □菲(비)-순무.『공소』에 의하면 봉(葑)과 비(菲)는 무와 순무의 종류로서 아래위를 다 먹을 수 있는 것이라 하였고,『집전』에서는 봉은 만정(蔓菁), 곧 순무, 비는 무와 비슷한데 줄기가 약간 굵고 잎새가 두꺼우며 길고 털이 달렸다(陸璣『毛詩草木鳥獸蟲魚疏』도 대략 같음)고 하였다. 여기서는 봉은 순무, 비는 무로 풀이하였다. □無(무)-불(不)의 뜻. □下體(하체)-뿌리로서, 무이하체(無以下體)는 뿌리만을 보고 위 잎새까지 맛이 없다고 내버리지 않는다는 뜻. 이것은 자기의 처가 나이들어 얼굴이 시든 것만 생각하고, 옛날에 고생했던 일이나 그의 미덕까지 버리고 딴 여자에게 다시 장가가면 안된다는 뜻을 지녔다. □德音(덕음)-앞의「해와 달(日月)」시 참조. 여기서는 남편의 언약을 가리킨다. □違(위)-어기다. □及(급)-여(與)의 뜻, 더불어. □同死(동사)-죽도록 함께 사는 것. □行道(행도)-남편에게 쫓겨나가는 길. □遲遲(지지)-발걸음이 떼어지지 않는 모양. □違(위)-원(怨), 또는 원한의 뜻(韓詩). □伊(이)-조사. □邇(이)-가까운 것. 불원이이(不遠伊邇)는 남편이 자기가 떠남에 멀리는커녕 집 안에서 전송한 것을 강조한 말임. □薄(박)-조사. □畿(기)-문안. □荼(도)-씀바귀. 쓴 나물의 일종. □苦(고)-쓴 것. □薺(제)-냉이. 맛이 단 나물의 일종. 기감여제(其甘如薺)는 세상 사람들이 쓴 나물 같다는 괴로움은 지금의 자기 처지에서 보면 모두 달기가 냉이와 같을 것이라는 뜻. 자기의 현재 고민을 강조한 말이다. □宴(연)-즐기는 것. □昏(혼)-혼(婚)과 통하는 글자로서, 신혼(新昏)은 신혼(新婚)의 뜻. □涇(경)-경수(涇水)로서 감숙성(甘肅省) 경계에서 남북 두 갈래로 흘러내리는 물이 융덕현(隆德縣)과 평량현(平涼縣)에서 합치어 경천현(涇川縣)에서 섬서성(陝西省) 경계로 들어가 동남쪽으로 빈현(邠縣)·예천현(醴泉縣)·경양현(涇陽縣)을 거쳐 고릉현(高陵縣)에서 위수(渭水)와 합쳐진다. □渭(위)-위수로서 감숙성에서 시작, 동남쪽으로 흘러 청수현(清水縣)에 이르러 섬서성 경계로 들어와 고릉현에서 경수와 합친 뒤 다시 동쪽으로 흘러 조읍현(朝邑縣)에서 낙수(洛水)와 합쳐 황하로 합류된다. 옛날부터 경수는 흐리고 위수는 맑아서 '경위(涇渭)를 분명히 따진다'는 말이 생겨났다. ☐湜湜(식식)-물이 맑은 모양(集傳). ☐沚(지)-『설문해자』에는 이를 인용함에 '지(止)'로 썼고, 마서진은 '수지즉청(水止則淸: 물이 멈추면 곧 맑아진다)'의 뜻으로 풀이하였다(通釋). 여하튼 이 구절은 위수는 경수 때문에 흐려지지만 흘러가다 보면 또 맑아지는 일도 있는데, 자기의 남편은 한번 신혼 재미에 빠져 자기를 버리더니 영영 자기를 거들떠보지 않는다는 뜻으로 쓴 것이다. ☐屑(설)-혈(絜), 곧 헤아리다의 뜻(毛傳). 설이(屑以)는 '헤아려주는 것', '거들떠보는 것'. ☐毋(무)-금지사(禁止詞). ☐梁(양)-돌로 냇물에 보를 막고 가운데를 틔어 고기를 통하게 하여 놓은 것(集傳). 적당한 말이 없어 어살(魚箭)이라 번역하였다. ☐發(발)-물건을 드는 것. ☐笱(구)-통발. 앞의 양(梁)의 물이 통하는 곳에 대어놓고 고기를 잡는 발. 앞의 어살은 이 시를 읊은 여인이 이룩하여 놓은 남편의 집안을, 통발은 자기가 하던 그 집안의 살림살이를 비유한 것이다. 쫓기어는 났지만 시집에 대한 미련을 지워버리지는 못한다. ☐躬(궁)-몸. 아궁(我躬)은 자기 자신. ☐閱(열)-받아들여지다, 용납되다. ☐遑(황)-겨를. ☐恤(휼)-근심하다. ☐就(취)-나아가다. 취기심(就其深)은 '나아가다 깊은 물이 닥치면'의 뜻. ☐方(방)-앞의 주남「한수는 넓어서(漢廣)」시에 나왔던 것처럼 '뗏목'. 방지(方之)는 '그곳을 뗏목을 타고 건너는 것'. ☐泳(영)-자맥질하는 것. ☐游(유)-헤엄치다. 이 구절은 살림살이의 단맛 쓴맛을 다 보았음에 비유한 말이다. ☐有(유)-부유(富有). ☐亡(무)-무(無)와 통하여 가난한 것을 뜻함. '하유하무(何有何亡)'는 부하건 가난하건 상관 않는 것. ☐求之(구지)-살림 늘이기에만 애썼다는 뜻. ☐民(민)-이웃의 동네 사람들을 가리킴. ☐喪(상)-상사(喪事), 곧 궂은 일을 가리킴(孔疏). ☐匍匐(포복)-팔다리를 다 쓰며 힘을 다하는 것(鄭箋). 기어다니는 것. ☐慉(훅)-훅(畜), 훅(嬌)과 통하는데, 『광아(廣雅)』에 훅(嬌)은 호(好)의 뜻이라 하였고 『설문해자』에는 미(媚)의 뜻이라 하였다. 이 '미'도 호(好), 곧 '좋아한다'는 뜻(通釋). ☐讎(수)-원수. ☐阻(조)-막히다. 여기서는 각(卻)의 뜻(鄭箋), 물리치는 것. ☐德(덕)-자기의 좋은 점(釋義). ☐賈(고)-물건을 파는 것. ☐用(용)-이(以)·이(而)의 뜻. ☐售(수)-팔리는 것. ☐育(육)-위의 글자는 가족을 양육하는 것, 곧 생활의 뜻. 아래 글자는 장육(長育)의 뜻, 자라는 것. ☐鞠(국)-궁한 것. 육국(育鞠)은 궁하게 되는 것. '석육공육국(昔育恐育鞠)'은 '옛날 가족을 양육할 때엔 궁하게 될까 두려워하였다'는 뜻. 촉(蜀)의 『석경(石經)』에는 밑의 육(育)자가 없이 이 구절을 '석육공국(昔育恐鞠)'이라 하였다. ☐及爾(급이) - '그대와 더불어'. ☐顚覆(전복) - 환난(患難)과 괴로움을 맛보는 것(鄭箋). ☐生(생) - 생업(生業), 살림을 이루는 것. ☐育(육) - 장성하는 것. 곧 '기생기육(旣生旣育)'은 '살림살이를 재물이나 신체면에서 할 만하게 된 것'. ☐子(여) - 나. ☐毒(독) - 독 있는 벌레의 뜻(鄭箋). ☐旨(지) - 맛있는 것. ☐蓄(축) - 축채(蓄菜), 곧 건채(乾菜), 마른 나물. ☐御(어) - 어(禦)와 통함. 어동(御冬)이란 겨울 나물 없을 때를 대비하는 것임. '겨울에 먹기 위하여 마른 나물을 장만한다.'는 것은 바로 뒤 구절 '신혼을 즐기기 위하여 자기로서 궁함을 막은 셈이라'는 말에 비유한 것임. ☐洸(광) - 무모(武貌)라 하였으니(集傳), 우악스러운 것. ☐潰(궤) - 노색(怒色)이라 하였으니(集傳), 퉁명스러운 것. '유광유궤(有洸有潰)'는 광연궤연(洸然潰然), 우악스럽고 퉁명스러운 것. ☐詒(이) - 주다. 끼치다. ☐肄(이) - 노고의 뜻. ☐伊(이) - 조사. ☐來(래) - 조사. ☐曁(기) - 쉬다. 『모전』엔 식(息)의 뜻이라 하였고, 정현은 이를 안식(安息)으로 풀이하였다(鄭箋). 마서진은 기(曁)는 은(慇)의 가차자이며, 은(慇)은 애(愛)의 옛 글자라 보았다. 따라서 '이여래기(伊余來曁)'는 유여시애(維余是愛), 곧 나만을 사랑하는 것(通釋).

|解說| 이 시는 남편에게 버림받은 아내가 읊은 것이다. 남편은 새색시에게 장가들어 신혼 재미에 빠져 정실 부인은 거들떠 볼 줄도 모른다. 제1절에서는 자기를 버린 남편을 원망하면서도 옛날의 서로 사랑하던 시절을 생각한다.

제2절에서는 남편에게 쫓겨나던 쓰라림을 되새겨 본다. 제3절에서는 아직도 버리지 못하는 시집에 대한 미련을 노래한다. 제4절에서는 부지런히 집안 살림하며 이웃들과도 잘 지내던 옛일을 되새겨 본다. 제5절에서는 자기의 노고로 살 만하게 되자 자기를 버리는 남편을 원망한다. 끝절에서는 옛날 사랑했던 시절을 잊어버린 남편을 원망한다.

「모시서」에서는 "부부가 올바른 도를 잃은 것을 풍자한 시"라 하였다. 정실 부인을 버리고 다른 여자에게 장가든 남편을 풍자한 것으로 본 것이다.

11. 쇠미하였도다(式微)

式微式微어늘　　　쇠미하고 쇠미해졌거늘
胡不歸오?　　　　 어째서 돌아가시지 않나이까?
微君之故면　　　　임금님 자신을 위하려는 때문이 아니라면
胡爲乎中露리요?　 어찌하여 이슬 맞으며 지내고 계십니까?

式微式微어늘　　　쇠미하고 쇠미해졌거늘
胡不歸오?　　　　 어째서 돌아가시지 않나이까?
微君之躬이면　　　임금님 한 몸만을 생각하는 것이 아니라면
胡爲乎泥中이리요? 어찌하여 진흙 속에 지내고 계십니까?

註解 □式(시)-조사. □微(미)-『집전』에 쇠(衰)의 뜻이라 하였으니 쇠미(衰微)의 뜻. 여(黎)나라 제후가 오랑캐들에게 쫓기어 위(衛)나라에 와 있으나 아무런 구원도 없으니, 지위가 쇠미해졌다는 말(孔疏). '식미식미(式微式微)'라 거듭 말한 것은 쇠미해지고 또 쇠미해졌다고 강조하는 것이다(毛傳). □胡(호)-어찌. □微(미)-비(非)의 뜻. □故(고)-'때문'. '미군지고(微君之故)'는 '임금님 자신을 위하려는 때문만이 아니라면'의 뜻. □胡爲(호위)-하위(何爲)의 뜻, 어찌하여. □中露(중로)-위나라의 들판 이슬 속에서 지내는 것. □微君之躬(미군지궁)-'임금님 자신만을 생각하는 것이 아니라면'의 뜻. □泥中(니중)-빠져나오기 힘든 진흙 속같이 구원 없는 어려운 환경을 가리킴.

解說 「모시서」에 따르면 "쇠미하였도다"는 여(黎)나라 제후가 위나라에 머물러 있었는데, 그의 신하가 돌아가기를 권하는 뜻으로 읊은 것"이라고 한다. 정

현은 또 "여나라 제후는 적인(狄人)들에게 쫓기어 그 나라를 버리고 위나라에 도망쳐 살고 있었다."고 『전(箋)』에서 설명했다. 여나라는 대략 지금의 산서성 장치현(長治縣) 서쪽 근방에 있었던 제후의 나라이며, 여나라 제후는 위나라의 동쪽 변경인 지금의 하남성(河南省) 준현(濬縣)에 머물러 있었다.

12. 높은 언덕(旄丘)

_{모 구 지 갈 혜}
旄丘之葛兮여!   높은 언덕의 칡덩굴은

_{하 탄 지 절 혜}
何誕之節兮오?   얼마나 마디 사이가 넓어졌는가?

_{숙 혜 백 혜}
叔兮伯兮여!   위나라 대부들이여!

_{하 다 일 야}
何多日也오?   얼마나 여러 날이 갔는가?

_{하 기 처 야}
何其處也오?   어째서 그렇게 속 편히 있을까?

_{필 유 여 야}
必有與也로다.   반드시 딴 나라 군사와 함께 오려는 게지.

_{하 기 구 야}
何其久也오?   어째서 그렇게 오래 걸릴까?

_{필 유 이 야}
必有以也로다.   반드시 무슨 까닭이 있겠지?

_{호 구 몽 융}
狐裘蒙戎이어늘   여우 갖옷도 너덜너덜해졌는데

_{비 거 부 동}
匪車不東이로다.   그들의 수레는 동쪽으로 오지 않네.

_{숙 혜 백 혜}
叔兮伯兮여!   위나라 대부들이여!

_{미 소 여 동}
靡所與同이로다.   함께 협력하지 않으려는 것이구려.

쇄 혜 미 혜
瑣兮尾兮로다　　쇠약해졌도다

유 리 지 자
流離之子여!　　떠돌아다니는 이들이여!

숙 혜 백 혜
叔兮伯兮여!　　위나라 대부들이여!

유 여 충 이
褎如充耳로다.　　꽉 귀를 막고 있는 듯하네.

註解　□旄丘(모구)－앞이 높고 뒤가 낮은 언덕(毛傳). □葛(갈)－칡. □誕(탄)－넓은 것. 탄지절(誕之節)은 마디와 마디 사이가 넓은 것. 칡덩굴은 처음 날 때엔 마디와 마디 사이가 좁지만 자랄수록 마디 사이가 넓어진다. 마디 사이가 넓다는 것은 세월이 흘렀음을 뜻하는 것이다(嚴粲 『詩緝』). □叔伯(숙백)－위(衛)나라의 여러 신하들, 곧 대부들을 가리킨다. □多日(다일)－여러 날이 된 것. 여(黎)나라 제후가 위나라에 몸을 기탁한 지 오래 되었다는 것이다. □處(처)－여기서는 안처(安處)의 뜻으로(集傳), 위나라 대부들이 여나라 제후를 도와줄 생각은 않고 속 편히 지내고 있음을 말한다. □與(여)－여국(與國)의 뜻으로(集傳), 친한 나라들의 군사들과 함께 오려는 것인가 보다라는 뜻. □以(이)－까닭·원인의 뜻. □狐裘(호구)－여우 털가죽 옷으로 대부들이 입는 옷. 여기서는 여나라 제후와 신하들이 입고 있는 옷을 가리킨다. □蒙戎(몽융)－『모전』에 난모(亂貌)라 하였는데, 주희는 해어져 어지러운 모습이란 뜻을 보충하였다(集傳). 곧 너덜너덜한 것. □匪(비)－『광아(廣雅)』에 피(彼)의 뜻이라 하였고, 비(匪)와 피(彼)자는 옛날에 통용되었다(通釋). 비거(匪車)는 위나라의 수레를 가리킴. □東(동)－동쪽으로 오는 것. 여나라 제후는 앞「쇠미하였도다(式微)」시 해설에서 설명한 것처럼 위나라 동쪽 경계에 와 있었다. 따라서 동(東)은 위나라에서 여나라 제후를 구원하러 수레를 타고 동쪽으로 오는 것. □靡(미)－불(不)자와 같은 부정사임. □同(동)－동력(同力), 곧 동심(同心), 마음을 함께하는 것(釋義). □瑣(쇄)－세(細), 시원찮아진 것(集傳). □尾(미)－미(微)의 뜻, 쇠미한 것(『설문해자』). 따라서 쇄(瑣)나 미(尾)나 모두 여나라 제후와 그의 일행의 몸이 쇠약해진 것을 뜻한다. □流離(유리)－자기의 고장을 떠나 떠돌아다니는 것. 유리지자(流離之子)는 여나라 제후와 그의 일행을 가리킨다. □褎(유)－「모

제1편 국풍(國風)·**173**

전」에는 '옷을 잘 차려입는 것' 이라 하고, 『집전』에는 '많이 웃는 모습' 이라 하였는데, 뜻이 잘 통하지 않는다. 굴만리는 마서진이 척학표(戚學標)의 『한학해성설(漢學諧聲說)』을 인용하여 유(褎)는 의(衣)자에 채(采)자 음을 합쳐 이루어진 것이라 한 주장을 받아들이고, 유(褎)는 부(裒)와 통하여 충만하다, 막혀있다는 뜻이 있다고 하였다. □如(여)－연(然)과 같은 조사. 유여(褎如)는 유연(褎然)으로 귀를 꽉 막고 있는 모양을 형용한 말이다(釋義). □充耳(충이)－색이(塞耳), 곧 귀를 막고 모르는 체 하는 것.

解說 「모시서」에서 이 시는 여(黎)나라 제후의 신하들이 위(衛)나라 제후를 꾸짖은 것이라 하였다. 여나라 제후는 적인(狄人)들에게 쫓기어 위나라에 와 머물고 있었는데, 위나라는 방백(方伯)으로서 제후들을 연합하고 거느리는 직책을 다하여 여나라 제후를 돕지 않았다. 그래서 여나라 신하가 위나라를 꾸짖는 노래를 지은 것이다.

13. 춤(簡兮)

간 혜 간 혜
簡兮簡兮여　　익숙하고 익숙하게

방 장 만 무
方將萬舞로다.　　막춤을 추고 있네.

일 지 방 중
日之方中에　　해는 한낮인데

재 전 상 처
在前上處로다.　　그이는 앞줄 첫머리에 서 있네.

석 인 우 우
碩人俣俣하니　　키 헌칠한 그이가

공 정 만 무
公庭萬舞로다.　　궁전 뜰에서 춤을 추네.

유 력 여 호
有力如虎로　　힘은 호랑이 같고

집 비 여 조
執轡如組로다.   비단 끈을 다루듯 고삐 쥐고 있네.

좌 수 집 약
左手執籥하고   왼손엔 피리 들고

우 수 병 적
右手秉翟이라.   오른손엔 꿩깃 들었네.

혁 여 악 자
赫如渥赭어늘   붉게 얼굴 상기되니

공 언 석 작
公言錫爵하시다. 임금께서 술잔 내리시네.

산 유 진
山有榛하고   산에는 개암나무

습 유 령
隰有苓이로다.   진펄엔 감초가 자라네.

운 수 지 사
云誰之思오?   누가 그리워지나?

서 방 미 인
西方美人이로다. 서쪽의 고운 님이지.

피 미 인 혜
彼美人兮여   그 고운 님은

서 방 지 인 혜
西方之人兮로다. 서쪽 사람이라네.

▶ 개암나무

註解 ▫簡(간)-『모전』엔 대(大), 『공소』엔 대덕(大德), 『집전』엔 간이(簡易)의 뜻으로 각각 풀이하였으나 적절치 않다.『국어(國語)』오어(吳語) 위소(韋昭)의 주에 간(簡)은 습(習)의 뜻이라 하였으니 이를 취하였다(釋義). '간혜간혜(簡兮簡兮)'는 곧 춤을 익히고 익히었다는 뜻. ▫方將(방장)-차장(且將), 곧 '……하려 하고 있다'는 뜻. ▫萬舞(만무)-춤의 총명(總名)(孔疏). 방패나 도끼를 들고 추는 무무(武舞)와 꿩깃과 피리를 들고 추는 문무(文舞)를 통틀어 일컫는 말. ▫方中(방중)-해가 막 정남(正南)에 온 것. 한낮을 가리킴. ▫在前上處(재전상처)-앞줄 맨 첫머리에 있는 것(鄭箋). ▫碩人(석인)-대인(大人)의 뜻. 키가 큰 사람. ▫俁俁(우우)-사람의 키가 큰 모양. ▫公庭(공정)-종묘의 뜰이라 하였다. 그러나 왕질(王質)의 『시총문(詩總聞)』에서는 이는 제사지내는 곳이 아니라 술마시고 즐기는 장소인 듯하니 '제후의 궁정'을 말한다 하였다. 여기서는 위나라의 궁정을 말한다. ▫組(조)-『모전』에는 직조(織組)라 하였으니 비단 실로 인끈(綬)을 짜는 것임. '집비여조(執轡如組)'는 말고삐를 잡고 춤을 추는 품이 비단 실로 끈을 짜듯 익숙하다는 뜻. 이 구절은 무무(武舞)를 형용한 것이다. ▫籥(약)-피리. ▫秉(병)-손으로 잡는 것. ▫翟(적)-여기서는 꿩의 깃(毛傳). ▫赫如(혁여)-혁연(赫然)으로 붉게 상기되어 오는 모양. ▫渥赭(악자)-춤추는 사람의 얼굴이 상기되어 붉게 물드는 것. ▫公(공)-위나라 제후를 가리킴. ▫言(언)-조사. ▫錫(석)-하사(下賜), 내려주다. ▫爵(작)-술잔. 이 제3절은 문무(文舞)를 형용한 것이다. ▫榛(진)-개암나무. ▫隰(습)-진펄. ▫苓(령)-풍냉이. 한약재에 쓰이는 복령(茯苓). 그러나 『모전』에선 대고(大苦 : 씀바귀?)라 하고 『정전』에선 『본초(本草)』에 감초(甘草)라 하였다 했다. 여하튼 '산에는 개암나무가 있고 진펄에는 감초가 있'는 말은 주위 환경에 따라 그곳에 알맞은 식물이 자라듯이 나라의 환경에 따라 올바른 정치가 이루어진다는 것이다. 그런데 이 춤이라는 것도 나라의 환경을 이룩하는 중요한 요건의 하나이다. 그러면 이 춤은 무엇을 지향하고 있는가? 다음에 그 해답이 나온다. ▫云(운)-조사. ▫誰之思(수지사)-그 춤은 '누구를 생각케 하는가?' '누가 그리워지나?'의 뜻. ▫西方美人(서방미인)-주나라 초기의 훌륭한 임금을 가리킨다. 중국에선 일찍부터 시에서 미인을 임금에 비유하였다(보기: 屈原『離騷』). 곧 이 춤은 주나라 문왕이나 무왕 같은 성군의 훌륭한 정치를 상징하고 있다는 뜻이다.

[解説] 이 시는 어떤 훌륭한 무인의 춤을 읊은 것이다. 제1절에서는 춤을 추려는 때이고, 제2절은 무무(武舞)를 추는 것, 제3절은 문무(文舞)를 추는 것, 제4절에서는 이러한 무무나 문무는 주나라 문왕이나 무왕의 정치를 형용하는 것이라는 것이다.

이 시는 『모전』에선 3절로 나누었으나 『집전』을 따라 4절로 나누었다. 「모시서」에서는 나라가 어지러워져 현명한 사람이 뜻을 못 얻고 춤이나 추는 천한 지위에 있음을 탄식한 것이라 해설하고 있다.

14. 샘물(泉水)

비피천수
毖彼泉水이　　　　콸콸 흐르는 저 샘물은

역류우기
亦流于淇로다.　　기수로 흘러들고 있네.

유회우위
有懷于衛하여　　위나라가 그리워

미일불사
靡日不思하니,　　하루도 생각 않는 날 없으니,

연피제희
孌彼諸姬와　　　예쁜 내 하녀들과

요여지모
聊與之謀하도다.　돌아갈 일을 의논해 보네.

출숙우제
出宿于泲하고　　제수 가에 와서 묵고

음전우녜
飮餞于禰로다.　　예수 가에서 작별했었지.

여자유행
女子有行이면　　 여자가 시집을 가면

원부모형제
遠父母兄弟로다.　부모형제와도 멀어지는 것이네.

문아제고
問我諸姑하고　　고모들에게 안부 여쭙고

^{수 급 백 자}
遂及伯姊로다.   언니들도 만나고 싶네.

^{출 숙 우 간}
出宿于干하고   간 땅에 가서 묵고

^{음 전 우 언}
飮餞于言이로다.   언 땅에서 작별하네.

^{재 지 재 할}
載脂載舝하여   기름치고 굴대빗장 꽂고

^{선 거 언 매}
還車言邁면   수레를 돌려 달려가면

^{천 진 우 위}
遄臻于衛하여   바로 위나라에 다다를 테니

^{불 하 유 해}
不瑕有害로다.   안될 것도 없으련만.

^{아 사 비 천}
我思肥泉하고   나는 비천을 생각하고

^{자 지 영 탄}
茲之永歎이로다.   긴 한숨 짓네.

^{사 수 여 조}
思須與漕하니   수땅과 조땅을 생각하니

^{아 심 유 유}
我心悠悠로다.   시름만이 그지없네.

^{가 언 출 유}
駕言出遊하여   수레 타고 나가 놀며

^{이 사 아 우}
以寫我憂로다.   내 시름이나 풀어 볼까!

註解   □毖(비)-『모전』엔 샘물이 처음 흐르기 시작하는 모습이라 하였으니 '졸졸 흐르는 것'. 그러나 『설문해자』에는 비(泌)라 인용하고 협류(俠流)의 뜻이라 하였다. 협류라면 물이 빠르게 콸콸 흐르는 모양. 후자를 취한다. □淇(기)-기수(淇水)로 지금의 하남성 양음현(湯陰縣)·기현(淇縣) 등을 거쳐 흘러 위하(衛河)에 합쳐진다. 이 구절은 샘물도 모두 콸콸 흘러 이 시의 작자의 고향인 기수(淇水)로 합쳐 들어가는데 자기만은 고향에 가 보지도 못하고 있음을 노래한

것이다. □靡(미)-불(不)과 같은 부정사임. □孌(연)-예쁘다. 곱다. □諸姬(제희)-위나라의 여인이 시집올 때 데려온 여러 몸종들을 가리킨다. □聊(요)-차(且)와 같은 조사. □謀(모)-어떻게 하면 위나라의 고향에 돌아가 볼 수 있을까 의논하는 것. □泲(제)-『수경주(水經注)』에 의하면 형양현(滎陽縣) 동쪽으로는 제수가 두 갈래의 강물로 되어 있다. 그 지류를 북제(北泲)라 하는데 양무현(陽武縣)·제양현(泲陽縣)·정도현(定陶縣)의 북쪽을 거쳐 남제(南泲)에 합쳐진다. 남제는 양무현·제양현·정도현의 남쪽을 거치는데, 여기서는 북제를 가리키는 듯하다(『釋義』引 朱右曾說). □餞(전)-옛날 길을 떠나는 사람은 길의 신에게 제사지낸 뒤, 전송하는 사람들과 이별의 술잔을 들고 떠났다. 그것이 음전(飮餞)이다. 시간적으로 볼 때 음전이 먼저고 출숙(出宿)이 뒤이지만 출숙을 먼저 든 것은 음전은 출숙할 길 떠나는 사람을 위한 것이기 때문이라 한다(孔疏). □禰(녜)-강물 이름으로 대녜구(大禰溝) 또는 원수(寃水)라고도 부르며, 지금의 산동성 하택현(菏澤縣) 서남쪽을 흘렀다(『釋義』引朱右曾說). 일부 학자들은 제(泲)와 녜(禰)를 모두 지명이라 하였다(毛傳). 모두 위나라로부터 시집올 때에 거쳐온 땅이라고 본 것이다. □行(행)-시집가는 것. □問(문)-문안드리고 싶다는 뜻. □姑(고)-고모. 아버지의 자매(姊妹)(毛傳). □遂及(수급)-'그런 뒤에는 ……에게로 문안드리고 싶다' 는 뜻. □伯姊(백자)-언니들. 백형(伯兄)과 같은 용법(嚴粲『詩緝』). □干(간)-지명. 지금의 하북성 청풍현(淸豐縣) 서남쪽에 있었다(『釋義』引 朱右曾說). □言(언)-지명으로 『방여기요(方輿紀要)』에 나오는 섭성(聶城)인 듯하며 청풍현 북쪽에 있었다(『釋義』引朱右曾說). 이것은 위나라로 돌아가는 노정을 머리에 그려본 것. □載(재)-즉(則)과 같은 조사. □脂(지)-수레바퀴 굴대에 기름을 치는 것. □舝(할)-할(轄)과 같은 글자. 차축의 끝머리 바퀴 통 옆에 꽂는 쇠로 수레를 안 쓸 때엔 빼어 두었다가 수레를 탈 때 이것을 꽂는다. □還車(선거)-수레를 몰아 위나라로 돌아가는 것. □言(언)-이(以)와 같은 조사. □邁(매)-달려가는 것. □遄(천)-빠른 것. □臻(진)-이르다. □瑕(하)-불하(不瑕, 或作遐)라는 말을 구수(句首)에 쓸 때 하(瑕)자는 모두 조사이다(周南「汝墳」시 참조). '불하유해(不瑕有害)' 는 '해로울 것도 없다', '안 될 것도 없다' 는 뜻. □肥泉(비천)-위나라 조가(朝歌) 부근에 있던 강물 이름(水經注). 이 아가씨가 시집올 때 지나온 곳을 추억하는 것이다. □須(수)-조(漕)와 함께 모두 위나라 고을 이름. 수(須)는 지금의 하남성 골현(滑縣) 동남쪽, 조는 조(曹)라고도 쓰며 곧 백마현(白馬縣)으로 골현 동쪽에 있었다(胡承珙 『毛詩後箋』). ▫悠悠(유유) – 시름이 그지없는 모양. ▫駕(가) – 수레를 타는 것. ▫言(언) – 조사. 이(以) 또는 이(而)의 뜻. ▫寫(사) – 쏟다. 사(瀉)와 통하는 글자.

解説 「모시서」에 딴 나라 제후에게 시집간 위나라 출신 여자가 친정에 돌아가고 싶은 마음을 읊은 것이라고 하였다. 옛날에는 여자가 한번 출가하면 아무리 친정에 가보고 싶어도 마음대로 길을 떠날 수가 없었다. 고향의 본가를 그리는 여인의 마음이 잘 나타나 있다.

15. 북문(北門)

출 자 북 문 出自北門하니	북문을 나서니
우 심 은 은 憂心殷殷하도다.	근심 걱정 태산일세.
종 구 차 빈 終窶且貧이어늘	궁하고 가난하거늘
막 지 아 간 莫知我艱이로다.	내 어려움 아무도 몰라주네.
이 언 재 已焉哉라!	아서라!
천 실 위 지 天實爲之시니	실로 하늘이 하시는 일이거늘
위 지 하 재 謂之何哉리요!	말해 무엇하리!
왕 사 적 아 王事適我어늘	나랏일 내게 돌아오고
정 사 일 비 익 아 政事一埤益我로다.	정사도 모두 내게 밀려지네.

<ruby>我入自外<rt>아 입 자 외</rt></ruby>하니 　　내가 밖에서 돌아가니

<ruby>室人交徧讁我<rt>실 인 교 편 적 아</rt></ruby>로다. 　집사람들은 번갈아 모두 나를 책하네.

<ruby>已焉哉<rt>이 언 재</rt></ruby>라! 　　　　아서라!

<ruby>天實爲之<rt>천 실 위 지</rt></ruby>시니 　　실로 하늘이 하시는 일이거늘

<ruby>謂之何哉<rt>위 지 하 재</rt></ruby>리요! 　말해 무엇하리!

<ruby>王事敦我<rt>왕 사 퇴 아</rt></ruby>어늘 　　나랏일 내게 던져지고

<ruby>政事一埤遺我<rt>정 사 일 비 유 아</rt></ruby>로다. 　정사도 모두 내게 맡겨지네.

<ruby>我入自外<rt>아 입 자 외</rt></ruby>하니 　　내가 밖에서 돌아가니

<ruby>室人交徧摧我<rt>실 인 교 편 최 아</rt></ruby>로다. 　집사람들은 번갈아 모두 나를 핀잔하네.

<ruby>已焉哉<rt>이 언 재</rt></ruby>라! 　　　　아서라!

<ruby>天實爲之<rt>천 실 위 시</rt></ruby>시니 　　실로 하늘이 하시는 일이거늘

<ruby>謂之何哉<rt>위 지 하 재</rt></ruby>리요! 　말해 무엇하리!

註解 □殷殷(은은) – 근심하는 모양(鄭箋). □終(종)……且(차)…… – '기(旣)……차(且)……'의 뜻, …하고 또…하다. □窶(구) – 가난한 것. 여기서는 궁한 것. □艱(간) – 어려운 것. □已焉哉(이언재) – '아서라!', '두어라!' 의 뜻. □王事(왕사) – 공사(公事)·나랏일. □適(적) – 지(之)의 뜻이며(毛傳), '돌아온다', '닥친다' 의 뜻. □一(일) – 일체, 모두. □埤益(비익) – 더 할 일이 밀려진다는 뜻. □室人(실인) – 집 사람들. □交(교) – 번갈아, 교대로(鄭箋). □徧(편) – 모두. □讁(적) – 꾸짖다, 곧 책(責)하는 것. □敦(퇴) – 내던져지는 것(鄭箋). □埤遺(비유) – 더 맡겨지는 것. □摧(최) – 빈중거리는 것(鄭箋). 또는 꾸

짖고 욕하는 것(通釋).

解説 「모시서」에 이 시는 뜻을 얻지 못하고 낮은 벼슬로 가난하게 사는 위나라의 충신이 정사가 올바로 되지 않는 것과 자기의 불우한 처지를 읊은 것이라 하였다. 그는 나랏일은 힘에 겹게 처리하면서도 집안이 가난하여 매일 퇴근하면 집안 식구들의 공격을 받는다. 이것은 나라의 정사가 바로서지 않았기 때문이다. 그렇지만 이것은 하늘의 뜻인 걸 어찌하랴 하고 체념한다.

16. 북풍(北風)

북 풍 기 량 北風其涼하고	북풍은 쌀쌀하고
우 설 기 방 雨雪其雱하도다.	눈이 펑펑 내린다.
혜 이 호 아 惠而好我로	점잖고 나를 좋아하는 이와
휴 수 동 행 攜手同行하리라.	손잡고 함께 떠나 버릴까?
기 허 기 사 其虛其邪아!	어이 우물쭈물하랴!
기 극 지 차 既亟只且로다.	빨리 떠나야지.

북 풍 기 개 北風其喈하고	북풍은 씽씽 불고
우 설 기 비 雨雪其霏하도다.	눈이 펄펄 날린다.
혜 이 호 아 惠而好我로	점잖고 나를 좋아하는 이와
휴 수 동 귀 攜手同歸하리라.	손잡고 함께 도망쳐 버릴까?

| 기 허 기 사
其虛其邪아! | 어이 우물쭈물하랴! |
| 기 극 지 차
既亟只且로다. | 빨리 떠나야지. |

막 적 비 호 莫赤匪狐며	붉다고 보면 모두 여우이고
막 흑 비 오 莫黑匪烏로다.	검다고 보면 모두 까마귀다.
혜 이 호 아 惠而好我로	점잖고 나를 좋아하는 이와
휴 수 동 거 攜手同車하리라.	손잡고 수레 타고 떠나 버릴까?
기 허 기 사 其虛其邪아!	어이 우물쭈물하랴!
기 극 지 차 既亟只且로다.	빨리 떠나야지.

註解 □其涼(기량)-양연(涼然)으로 쌀쌀한 것. □雨(우)-동사로 비나 눈이 내리는 것. □其雱(기방)-방연(雱然)으로 눈이 많이 내리는 모양(毛傳). □惠(혜)-성질이 착하고 이진 사람, 점잖은 사람(鄭箋). □攜手(휴수)-서로 손잡고 끄는 것. □行(행)-위(衛)나라를 도망쳐버리는 것. □虛(허)-서(舒)의 뜻으로 빌려 쓴 글자, 사(邪)는 서(徐)의 뜻으로 빌려 쓴 글자. 따라서 '기허기사(其虛其邪)'는 '천천히 해도 되겠는가? 천천히 해도 되겠는가?'의 뜻. 빨리 위나라를 벗어나자는 뜻을 나타낸다. □亟(극)-빨리. 속히. □只且(지차)-모두 조사. □其喈(기개)-빠른 모양(毛傳), 곧 씽씽 부는 것. □霏(비)-눈이나 비가 내리는 것. 여기서는 눈이 심한 모양(毛傳). 눈이 바람에 날리는 모양(集傳). □歸(귀)-위풍 「큰 쥐(碩鼠)」에서 살기 좋은 나라를 찾는 것처럼 어디든 즐겁게 살 수 있는 곳으로 가 버리자는 뜻(傳疏). □狐(호)-여우. □烏(오)-까마귀. 이 두 구절은 위나라 사회는 붉게 보면 모두가 여우 같은 인간들이고, 검게 보면 모두 까마귀 같은 인간들이라는 뜻이다. 여우나 까마귀는 사람들이 상서롭지 못한 짐승이라 여기고 있었다(集傳). □車(거)-수레를 타고 도망하는 것.

解說 「모시서」에 포악함을 풍자한 것이라 하였다. 위나라에서 포악한 정치를 하게 되자 백성들 중에는 위나라를 버리고 딴 나라로 도망치려는 사람이 많았다. 이 시는 이러한 위나라의 학정을 풍자하며 살기 좋은 나라를 그리는 사람의 마음을 읊은 것이다. 씽씽 부는 북풍과 펄펄 날리는 눈은 위나라의 학정을 비유한 말일 것이다.

17. 얌전한 아가씨(靜女)

靜女其姝이
_{정 녀 기 주}　　아리따운 얌전한 아가씨가

俟我於城隅로다.
_{사 아 어 성 우}　나를 성 모퉁이에서 기다리고 있네.

愛而不見하여
_{애 이 불 견}　　사랑하면서도 만나지 못하니

搔首踟躕로다.
_{소 수 지 주}　　머리 긁적이며 서성거리네.

靜女其孌이
_{정 녀 기 련}　　예쁜 얌전한 아가씨가

貽我彤管이로다.
_{이 아 동 관}　　내게 빨간 피리를 선사했네.

彤管有煒하니
_{동 관 유 위}　　빨간 피리 더욱 고운 것은

說懌女美로다.
_{열 역 녀 미}　　아가씨 아름다움 좋아하기 때문이네.

自牧歸荑하니
_{자 목 귀 제}　　들판에서 삘기 뽑아다 선사하니

洵美且異로다.
_{순 미 차 이}　　정말 예쁘고도 특이하네.

匪女之爲美요
_{비 녀 지 위 미}　삘기 네가 예쁘다기보다도

미 인 지 이
美人之貽니라.　　고운 님 선물이라 좋은 거지.

註解　□靜(정)-『모전』엔 정정(靜貞)이라 풀이하였으니, 정녀(靜女)는 얌전한 아가씨. □姝(주)-아리따운 것, 이쁜 것(毛傳). 기주(其姝)는 주연(姝然)으로 여자의 모습이 아리따움을 형용한 말. □俟(사)-기다리다. □隅(우)-모퉁이. □搔首(소수)-머리를 긁다. 마음이 언짢을 때 사람들은 흔히 머리를 긁적긁적한다. □踟躕(지주)-머뭇거리다, 서성이다. □其孌(기련)-예쁜 모양. □貽(이)-선사하는 것. □彤(동)-빨간 것. □管(관)-여자들이 바늘 같은 것을 넣어두는 통이라기도 하고, 붓통 또는 악기라고도 하며 정론이 없다. 여기서는 편의상 대나무로 만든 악기라 보고 피리라 번역하였으나, 주희도 무슨 물건인지 확실치 않다고 했다(集傳). 여하튼 여자가 남자 애인에게 선물한 정표임에는 틀림없다. □有煒(유위)-위연(煒然)으로 빨간 모양. □說懌(열역)-기쁘다. □牧(목)-외야(外野)(集傳). 짐승을 치는 곳(釋義). □歸(귀)-역시 선물을 보내는 것(集傳). □荑(제)-띠풀의 처음 돋아나는 부드러운 순(毛傳). 삘기. □洵(순)-신(信), '진실로'(鄭箋). □異(이)-특이한 것. □女(녀)-'너', 띠풀을 가리킴(集傳). 그러나 비(匪)를 피(彼)와 통하는 글자로 보고 비녀(匪女)를 피녀(彼女), 곧 '그 아가씨'로 풀이하기도 한다(釋義). □美人之貽(미인지이)-띠풀이 그토록 곱고 특이하게 보이는 것은 띠풀 자체가 아름답기보다는 '미인이 보낸 것이기 때문'이라는 뜻.

解說　이것은 아름다운 연인을 가진 남자가 지은 사랑의 노래다. 그는 만나기로 약속한 장소에서 그녀가 나타날 때까지 기다리는 시간에 마음 조이며, 그 여자가 보내준 선물을 보면서 연정을 불태운다.

「모시서」에서는 시국을 풍자한 시라 하였다. 위나라 제후가 무도(無道)하고 부인이 덕이 없는 것을 읊은 시라는 것이다. 견해는 다르지만 역시 남녀관계를 노래한 시로 본 점은 같다.

18. 새 누대(新臺)

新臺有泚하고 새 누대는 산뜻하고
河水瀰瀰로다. 황하물은 질펀하다.
燕婉之求러니 고운 님 찾아왔건만
籧篨不鮮이로다. 형편없는 더러운 자 만났네.

新臺有洒하고 새 누대는 솟아 있고
河水浼浼이로다. 황하물은 평평하다.
燕婉之求러니 고운 님 찾아왔건만
籧篨不殄이로다. 죽지도 않는 더러운 자 만났네.

魚網之設이러니 고기 그물을 쳤는데
鴻則離之로다. 큰 기러기가 걸렸네.
燕婉之求에   고운 님을 찾았는데
得此戚施로다. 이런 꼽추 같은 자가 걸렸네.

註解 □臺(대)-누대. □泚(자)-선명한 모양(鮮明貌)(毛傳). □瀰瀰(미미)-물이 많은 모양(毛傳). 이 두 구절은 위나라 선공(宣公)이 새로 지은 누대가 황하 옆에 솟아 있는 모습을 노래한 것이다. □燕婉(연완)-『문선(文選)』의 서경부(西京賦) 이선주(李善注)에는 『한시(韓詩)』를 인용하여 '연완(嬿婉)'이라 쓰고 있는데 미색(美色), 곧 이쁘다는 뜻으로 풀이하였다. 여기서는 선공의 아들 급

(伋)을 형용한 말이다. □之(지) – 시(是)의 뜻. □籧篨(거저) – 몸을 굽히지 못하는 보기 흉한 병(毛傳)으로, 선공을 욕하는 말이다. □洒(최) – 높은 것. □浼浼(매매) – 물이 땅과 거의 같은 높이로 평평한 것(毛傳). □殄(진) – 없어지다, 멸하다, 죽다. □鴻(홍) – 큰 기러기. □離(리) – 걸리다. □戚施(척시) – 몸을 뒤로 젖히지 못하는 병(毛傳). 역시 선공을 욕하는 말임. 꼽추병일 것이다.

解說 「모시서」에서는 위나라 선공(宣公)을 풍자한 시라 하였다. 위나라 선공은 자기 아들 급(伋)을 위하여 제(齊)나라 제후의 딸을 며느리로 삼기로 했다. 그러나 제나라 여인을 보고는 선공 자신이 반해버리어 그를 자기 처로 삼아버렸다. 그때 선공은 황하 가에 새로운 누대를 지어놓고 그곳에서 제나라 여인이 오는 것을 기다렸다. 이 시는 선공의 이러한 악덕을 풍자한 것이다. 위나라 선공은 이름이 진(晋)이고 환공의 아우이다. 그리고 이때 위나라로 시집온 제나라 제후의 딸은 선강(宣姜)이었다.

19. 두 아들(二子乘舟)

　이 자 승 주
二子乘舟하여　　두 아들이 배를 타고
　범 범 기 경
汎汎其景이로다.　두둥실 멀리 갔네.
　원 언 사 자
願言思子하니　　고운 님 찾아왔건만
　중 심 양 양
中心養養이로다.　마음이 언짢아지네.

　이 자 승 주
二子乘舟하여　　두 아들이 배를 타고
　범 범 기 서
汎汎其逝로다.　　두둥실 떠나갔네.
　원 언 사 자
願言思子하니　　그들을 생각할 때마다

불 하 유 해
　　不瑕有害로다.　　탈 없기만 바랐네.

註解　□二子(이자) - 위나라 선공(宣公)의 두 아들 급(伋)과 수(壽). □乘舟(승주) - 배를 타고 황하를 건너가는 것(해설 참조). 이들은 같은 배를 타고 건넌 것이 아니라 수(壽)가 먼저 갔었다. □汎汎(범범) - 둥둥 물 위에 떠다니는 모양. □景(경) - 경(憬)과 통하며, 노송 '반궁의 물(泮水)' 시의 '경역회이(憬役淮夷)'의 『모전』에 멀리 떠나가는 형용이라 하였다(王引之『經義述聞』). □願(원) - 『모전』엔 매(每)의 뜻이라 하였으니 '……할 때마다'의 뜻. □言(언) - 조사. □養養(양양) - 마음을 못잡고 걱정하는 모양(毛傳). □逝(서) - 가다. □不瑕(불하) - 하(瑕)는 하(遐)로도 쓰며 조사(앞의 '泉水' 시 참조). 단, 바람이나 소망을 나타내고 있다.

解說　「모시서」에 급(伋)과 수(壽)를 그리워하여 부른 노래라 하였다. 위나라 선공은 자기 아버지 장공(莊公)의 첩, 곧 자기의 서모인 이강(夷姜)과 통하여 급(伋 : 一作 急子)이라는 아들을 낳았다. 앞의 「새 누대(新臺)」시에서 말한 급의 부인으로 맞아들이려다 선공이 차지해 버린 선강(宣姜)은 수(壽)와 삭(朔)의 두 아들을 낳았다. 이강은 선강에게 사랑을 빼앗기고 목매어 죽었다. 이에 선강은 수와 함께 급을 없애버리려는 계획을 세웠다. 그 결과 선공은 급을 제나라에 사자로 보내고, 중간에 도적들로 하여금 그를 죽여 버리도록 하였다.
　이 계획을 수가 알고 급에게 딴 곳으로 몸을 피할 것을 권했으나 급은 "아버지의 명을 저버릴 수 없다."하여 그대로 제나라를 향해 떠나기로 하였다. 이에 수는 급을 보내는 전별연(餞別宴)에 술을 취하게 만들고, 급의 사자의 표지인 기를 가지고 수 자신이 제나라로 가다 도적의 손에 죽어 버렸다. 뒤에 급도 이를 알고 뒤쫓아가 "너희들은 수를 나로 오인하고 죽였으니 나를 죽여 달라."고 하였다. 도적들은 이에 급도 죽여버렸다. 『좌전』 환공 20년과 『모전』에 대략 이러한 얘기가 적혀 있다.
　이 시는 서로 앞다투어 황하를 건너 제나라로 가는 길에서 죽음을 택했던 급과 수의 두 이복형제들을 애도하여 지은 것이다. 이때는 이미 이러한 의인들이 대단히 드물게 된 시대였다.

제4 용풍(鄘風)

용(鄘)에 대하여는 앞의 패풍(邶風) 해제(解題)에서 이미 설명하였음.

1. 잣나무 배(柏舟)

범 피 백 주	
汎彼柏舟이	두둥실 잣나무 배가
재 피 중 하	
在彼中河로다.	황하물 가운데 떠 있네.
담 피 량 모	
髧彼兩髦이	늘어진 다팔머리 총각이
실 유 아 의	
實維我儀니	실로 내 배필이었으니
지 사 시 미 타	
之死矢靡他로다.	죽어도 딴 마음 안 가지리이다.
모 야 천 지	
母也天只시니	어머님은 하늘 같으신 분
불 량 인 지	
不諒人只아!	저를 몰라주시나이까!

범 피 백 주	
汎彼柏舟이	두둥실 잣나무 배가
재 피 하 측	
在彼河側이로다.	황하물 가에 떠 있네.
담 피 량 모	
髧彼兩髦이	늘어진 다팔머리 총각이
실 유 아 특	
實維我特이니	실로 내 짝이었으니

지 사 시 미 특
　　　之死矢靡慝이로다.　죽어도 허튼 마음 안 가지리이다.
　　　모 야 천 지
　　　母也天只시니　　　어머님은 하늘 같으신 분
　　　불 량 인 지
　　　不諒人只아!　　　저를 몰라주시나이까!

註解 □汎(범)-여기서는 물에 떠있는 형용. □中河(중하)-하중(河中), 하(河)는 황하. □髧(담)-머리가 늘어뜨려진 모양. □髦(모)-머리를 눈썹 위에까지 늘어뜨린 다팔머리(毛傳). 옛날 중국에서 부모를 모시고 있는 사람들은 다팔머리를 하고 있었다 한다(毛傳). 양모(兩髦)라 한 것은 이마 양쪽으로 늘어뜨렸기 때문이며, 부모가 돌아가신 뒤에야 이 다팔머리를 없앴다(集傳). 이 다팔머리 총각은 이 시를 지은 공강(共姜)의 약혼자 공백(共伯)을 가리킨다. □維(유)-조사. □儀(의)-짝, 곧 배필의 뜻. □之(지)-지(至)의 뜻(毛傳), 이르도록. □矢(시)-맹세하다. □靡他(미타)-무타심(無他心), 딴 마음이 없다는 뜻. □只(지)-조사. □母也天(모야천)-어머님은 자식을 보살피시는 은혜가 하늘과 같은 분이라는 뜻. 또 사람이 어려움에 닥쳤을 때 호천호부모(呼天呼父母)하는 '어머니! 하나님!'의 뜻으로 보기도 한다(釋義). □諒(량)-여기서는 양해해주는 것. 이 구절은 어째서 수절하려는 자기의 마음을 알아주지 않으시느냐는 뜻. □特(특)-의(儀)나 마찬가지로 배필 또는 짝의 뜻. □慝(특)-사악한 것. 미특(靡慝)은 개가(改嫁)하겠다는 허튼 마음은 갖지 않겠다는 뜻.

解說 아직 출가하지 않은 처녀의 약혼자가 죽었다. 그 여자의 어머니는 다시 다른 남자에게로 출가시키려 하지만, 처녀는 죽은 약혼자를 잊지 못한다. 다른 남자에게는 죽어도 시집가지 않겠다는 여자의 마음을 읊은 것이 이 시이다.

「모시서」에서는 공강(共姜)이 스스로 맹세하는 노래라 하였다. 곧 이 시의 약혼자는 위나라 세자였던 공백(共伯), 시를 지은 그의 약혼녀는 공강이라 하였다. 공백은 위나라 희후(僖侯)의 아들이며 이름을 여(餘)라 하였다.

2. 담장의 찔레 (牆有茨)

_{장 유 자}
牆有茨하니   담장에 찔레가 났는데
_{불 가 소 야}
不可埽也로다.   쓸어 버릴 수도 없네.
_{중 구 지 언}
中冓之言은   방 안의 얘기는
_{불 가 도 야}
不可道也로다.   말할 수도 없는 것,
_{소 가 도 야}
所可道也인댄   말해도 된다 해도
_{언 지 추 야}
言之醜也로다.   말해 봤자 더러울 뿐일 것을!

_{장 유 자}
牆有茨하니   담장에 찔레가 났는데
_{불 가 양 야}
不可襄也로다.   치워 버릴 수도 없네.
_{중 구 지 언}
中冓之言은   방 안의 얘기는
_{불 가 상 야}
不可詳也로다.   자세히 말할 수도 없는 것,
_{소 가 상 야}
所可詳也인댄   자세히 말해도 된다 해도
_{언 지 장 야}
言之長也로다.   말해 봤자 길어만 질 것을!

_{장 유 자}
牆有茨하니   담장에 찔레가 났는데
_{불 가 속 야}
不可束也로다.   묶어다 버릴 수도 없네.
_{중 구 지 언}
中冓之言은   방 안의 얘기는

<small>불 가 독 야</small>
不可讀也로다.   떠들 수도 없는 것,
<small>소 가 독 야</small>
所可讀也인댄   떠들어도 된다 해도
<small>언 지 욕 야</small>
言之辱也로다.   떠들어 봤자 욕이나 될 것을!

註解 □牆(장) - 담. □茨(자) - 질려(蒺藜)로서(毛傳), 『이아(爾雅)』의 곽주(郭注)에 의하면 덩굴로 자라고 잎새가 가늘며 열매가 세모꼴로 생기어 사람들이 찔린다고 하였다. 『옥편(玉篇)』에 '납가새'라 하였는데 '찔레'가 아닌가 한다. □埽(소) - 소(掃)의 본 글자. 담장에 찔레가 났는데 이를 당장 쓸어 없앨 수가 없다. 찔레엔 가시가 있어 찔리기도 쉽지만 담장도 이에 따라 무너지기 쉽다. 위(衛)나라의 선강(宣姜)이 선공(宣公)이 죽자 그의 서자(庶子)인 공자(公子) 완(頑)과 정을 통하였다. 이런 음란한 남녀들은 없애버리고 싶지만 나라가 이에 따라 어지러워질까봐 손을 못 대겠다는 뜻을 지녔다. □冓(구) - 구(構)와 통하여 집 또는 방의 뜻. 따라서 중구(中冓)는 방 안(胡承珙『毛詩後箋』). □道(도) - 말하다. □醜(추) - 더러운 것. □襄(양) - 양(攘)과 통하여 제거의 뜻. □詳(상) - 상세한 것. □束(속) - 묶어다 버리는 것(毛傳). □讀(독) - 읽어주듯 얘기하는 것(集傳).

解說 「모시서」에서는 위나라 사람들이 그들의 임금을 풍자한 것이 이 시라 하였다. 패풍(邶風)의 「새 누대(新臺)」와 「두 아들(二子乘舟)」에서 본 것처럼 위나라 선공은 음탕하고 불륜한 임금이었다. 그런데 그 부인이 된 선강도 불륜을 행하였다. 선공이 죽은 뒤 선강의 아들 삭(朔)이 임금이 되었는데, 이가 혜공(惠公)이며 아직 나이가 어렸다. 그래서 선강은 임금의 어머니가 되었는데도 자기의 배다른 서자인 소백(昭伯), 즉 공자 완(頑)과 정을 통하였다. 이 완은 선강의 남편이 될 뻔한 급(伋)의 형이다. 이 시는 선강의 이러한 불륜을 풍자한 것이라는 것이다.

3. 낭군과 해로해야지(君子偕老)

君子偕老이니　　　낭군과 해로해야지!

副笄六珈하고　　　쪽찌고 여섯 개 구슬 박은 비녀 꽂고서

委委佗佗하며　　　얌전한 걸음걸이에

如山如河하고　　　산처럼 무겁고 황하처럼 넓은 기품 지녔고

象服是宜어늘　　　왕후의 예복이 딱 어울리는데

子之不淑은　　　　그대의 정숙하지 못함은

云如之何오?　　　 어떻게 된 일인가?

玼兮玼兮하니　　　빛나고 고운 것은

其之翟也로다.　　　그의 꿩깃 그린 예복일세.

鬒髮如雲하니　　　검은 머리 구름 같으니

不屑髢也로다.　　　가발이 필요 없네.

玉之瑱也요　　　　옥돌 귀막이 달고

象之揥也며　　　　상아 머리꽂게 꽂고

揚且之皙也로다.　 넓은 이마는 깨끗하고 희네.

胡然而天也오?　　 어찌 그렇게 하늘처럼 높은 자리에 있는가?

胡然而帝也오?　　 어찌 그렇게 제왕처럼 권세가 대단한가?

차 혜 차 혜
瑳兮瑳兮하니　　곱고 흰 것은

기 지 전 야
其之展也로다.　　그의 흰 예복일세.

몽 피 추 치
蒙彼縐絺하니　　고운 모시 걸친 것은

시 설 반 야
是紲袢也로다.　　여름 속적삼일세.

자 지 청 양
子之淸揚이오　　그의 눈은 청명하고

양 저 지 안 야
揚且之顏也로다.　　훤한 이마 시원하네.

전 여 지 인 혜
展如之人兮여!　　정말 이러한 사람이야말로

방 지 원 야
邦之媛也로다.　　나라의 미인일세.

▲ 흰 예복　　　　▲ 구슬박은 비녀

註解 ▫君子(군자)-지위 있는 사람을 가리키며, 한편 선강(宣姜)의 남편을 가리킨다. ▫偕老(해로)-한 남편과 늙어 죽기까지 함께 사는 것. ▫副(부)-후부인(后夫人)의 머리장식으로 머리털을 짜서 만든다 한다(毛傳). 그러니 쪽을 찐 것이 아닐까 한다. ▫筓(계)-비녀. ▫珈(가)-『정전(鄭箋)』엔 가(加)하는 것이라 풀이했고,『공소』엔 다시 구슬을 비녀에 박아 장식하는 것이라 했다. 육가(六珈)는 여섯 개의 구슬로서 장식한 것일 거라『공소』에 설명했는데, 후인들은 석연치 않게 여기면서 별다른 해석을 못내렸다. ▫委委佗佗(위위타타)-소남(召南)「양갖옷(羔羊)」의 '위이(委蛇) 곧 위이(委迤)'와 같은 말. 점잖고 얌전하게 걷는 모습이디(釋義). ▫如山如河(여산여하)-옹용자득(雍容自得)한 모양(集傳)으로, 그 미인의 기품이 산처럼 진중하고 황하처럼 넓고 시원하다는 것이다. ▫象服(상복)-적의(翟衣)라고도 하며 문채가 그려 있는 왕후나 제후 부인의 예복의 하나. ▫宜(의)-딱 어울린다는 뜻. ▫淑(숙)-정숙(貞淑)의 뜻. ▫云(운)-조사. ▫如之何(여지하)-'그것은 어떻게 된 것이냐'는 뜻. ▫玼(차)-매우 아름다운 모양(毛傳).『설문해자』에는 새 옥빛이 고운 것이라 했다. ▫翟(적)-궐적(闕翟)으로서, 꿩깃이 그려진 왕후 육복(六服)의 하나(通釋). ▫鬒(진)-『모전』에는 검은 머리라 하였으나,『설문해자』에는 머리숱이 많은 것이라 하였다. 양쪽 다 통한다. ▫不屑(불설)-소용없다, 필요없다는 뜻. ▫髢(체)-가발의 뜻. ▫瑱(진)-『모전』엔 색이(塞耳), 충이(充耳)라 하였다.『주례(周禮)』 진사(進師)의 수에 형계(衡筓) 밑으로 끈으로 진(瑱)을 매어 단다고 하였다. 이에 따르면 귀장식의 일종이다. ▫象(상)-상아. ▫揥(체)-머리를 긁는 데 쓰이던 머리 꽂이개로서 장식으로도 쓰였다(毛傳). ▫揚(양)-눈썹 위 이마가 넓은 것(毛傳). ▫且(저)-조사. ▫晳(석)-사람의 피부가 흰 것. ▫胡(호)-어찌. 앞에 나온 진(瑱)과 천(天), 체(揥)와 제(帝)자는 옛날에는 독음이 같았으며 같은 뜻을 나타냈다. 곧 앞의 귀막이인 진(瑱)은 하늘과 같은 선강의 지위를, 체(揥)는 그의 천제와 같은 권세를 나타낸다. ▫瑳(차)-『설문해자』에 옥빛이 깨끗하고 흰 모양이라 하였다. ▫展(전)-전의(展衣)로서 왕후육복(王后六服)의 하나이며 흰 빛이었다(通釋). ▫蒙(몽)-입다. ▫縐絺(추치)-고운 갈포로 된 옷. ▫繼絆(설반)-더운 때 입는 반연(袢延)(毛傳). '반연'은 여름에 입는 속적삼 같은 것(通釋). ▫子(자)-선강을 가리킴. ▫淸揚(청양)-눈이 청명한 것(後箋).『모전』에서는 청(淸)은 눈이 청명한 것, 양(揚)은 이마가 넓은 것으로 보았다. ▫且(저)-조사. ▫顔

(안) - 얼굴. □展(전) - 진실로. □邦(방) - 나라. □媛(원) - 미인의 뜻.

解説 「모시서」에서는 위나라 임금의 부인을 풍자한 시라 하였다. 곧 위나라 선강(宣姜)을 풍자한 시라는 것이다. 부인은 음란해서 남편 선공을 바르게 섬기지 못하고 불륜을 행하였다. 그래서 선강의 화려한 복식과 아름다운 용모를 들면서, 마땅히 남편인 군자와 해로하여야 함을 노래한 것이라 한다.

4. 상중(桑中)

원 채 당 의	
爰采唐矣를	새삼을 캐러
매 지 향 의	
沫之鄕矣로다.	매고을로 갔었네.
운 수 지 사	
云誰之思오?	누구를 생각하고 갔던고?
미 맹 강 의	
美孟姜矣로다.	어여쁜 강씨네 맏딸이지.
기 아 호 상 중	
期我乎桑中하여	상중에서 나와 만나
요 아 호 상 궁	
要我乎上宮하고	상궁으로 나와 갔었는데
송 아 호 기 지 상 의	
送我乎淇之上矣로다.	기수 가까지 바래다주더군.

원 채 맥 의	
爰采麥矣를	보리를 베러
매 지 북 의	
沫之北矣로다.	매고을 북쪽엘 갔었네.
운 수 지 사	
云誰之思오?	누구를 생각하고 갔던고?
미 맹 익 의	
美孟弋矣로다.	어여쁜 익씨네 맏딸이지.

<small>기 아 호 상 중</small> 期我乎桑中하여	상중에서 나와 만나
<small>요 아 호 상 궁</small> 要我乎上宮하고	상궁으로 나와 갔었는데
<small>송 아 호 기 지 상 의</small> 送我乎淇之上矣로다.	기수 가까지 바래다주더군.
<small>원 채 봉 의</small> 爰采葑矣를	순무를 뽑으러
<small>매 지 동 의</small> 沬之東矣로다.	매고을 동쪽엘 갔었네.
<small>운 수 지 사</small> 云誰之思오?	누구를 생각하고 갔던고?
<small>미 맹 용 의</small> 美孟庸矣로다.	어여쁜 용씨네 맏딸이지.
<small>기 아 호 상 중</small> 期我乎桑中하여	상중에서 나와 만나
<small>요 아 호 상 궁</small> 要我乎上宮하고	상궁으로 나와 갔었는데
<small>송 아 호 기 지 상 의</small> 送我乎淇之上矣로다.	기수 가까지 바래다 주더군.

註解 ▫爰(원)-이에. 조사임. ▫唐(당)-몽채(蒙菜)(毛傳)·여라(女蘿)(爾雅釋草)라고도 하며 우리말로는 새삼. 토사자과(菟絲子科)의 일년생 기생 식물로 산과 들에 자람. 잎이 없고 줄기는 가늘며 덩굴짐. 싹이 터 좀 자라면 다른 초목에 감기어 숙주에서 양분을 취하여 자람. 한약재로도 쓰인다. ▫沬(매)-위나라 고을 이름. 매방(妹邦)이라고도 하며, 하남성 기현(淇縣) 근방에 있었다. ▫鄕(향)-고을. ▫云(운)-조사. ▫誰之思(수지사)-'누구를 생각하고 갔었느냐'는 뜻. ▫孟(맹)-맏딸(鄭箋). ▫姜(강)-저명한 집안의 성(毛傳). 제(齊)나라 임금의 성으로, 본시 강태공(姜太公)이 그곳에 봉해졌다. ▫期(기)-약속을 하고 만나는 것. ▫桑中(상중)-매(沬) 땅에 있는 작은 땅이름(毛傳). ▫要(요)-영(迎)과 같은 뜻(集傳). 곧 맞아들이는 것. 데리고 가는 것. ▫上宮(상궁)-『모전』에 지명이라 하였으나, 상중(桑中)이 지명이니 상궁(上宮)은 집이름일 것이다. 마서진은 『맹

자」조기주(趙岐注)를 인용하여 상궁(上宮)은 누각 이름이라 하였다(通釋). ㅁ淇(기)-기수(淇水). 하남성 임현(林縣)·탕음현(湯陰縣) 등지를 거쳐 기현에서 위하(衛河)와 합쳐진다. 기지상(淇之上)은 기수 가의 뜻. ㅁ弋(익)-익(弋)을『춘추』에서는 사(姒)로도 쓰며(公羊傳·穀梁傳), 하후씨(夏后氏)의 후예로 역시 귀족이었다 한다(集傳). ㅁ葑(봉)-순무. ㅁ庸(용)-역시 성(姓)인데, 주희는 '그런 성은 들어보지 못했으나 역시 귀족이었을 것이다.'고 하였다(集傳). 호승공(胡承珙)과 마서진(馬瑞辰)은 용(庸)은 염(閻)자 대신 빌려 쓴 글자인 것 같다고 하였다(毛詩後箋·通釋).

|解說| 이것은 남녀의 밀회를 읊은 시이다.
「모시서」에서는 위나라의 임금 집안이 음란해져서 상류 집안의 남녀들까지도 마구 연애하는 것을 풍자한 것이라 하였다.

5. 메추리가 쌍쌍(鶉之奔奔)

_{순 지 분 분}
鶉之奔奔하고   메추리도 쌍쌍이 날고

_{작 지 강 강}
鵲之彊彊이로다.   까치도 짝지어 놀고 있네.

_{인 지 무 량}
人之無良을   옳지 못한 그 사람을

_{아 이 위 형}
我以爲兄가!   나는 형으로 받들어야 하나!

_{작 지 강 강}
鵲之彊彊하고   까치도 짝지어 놀고,

_{순 지 분 분}
鶉之奔奔이로다.   메추리도 쌍쌍이 날고 있네.

_{인 지 무 량}
人之無良을   옳지 못한 그 사람을

아 이 위 군
我以爲君가!   나는 임금의 부인으로 모셔야 하나!

註解 □鶉(순)-메추라기라고도 부르는 꿩과의 새. □奔奔(분분)-언제나 짝지어 살고 쌍쌍이 날아다니는 모양(鄭箋). 『좌전』·『예기』·『여씨춘추』에서는 이를 인용하여 '분분(賁賁)'이라 쓰고 있다. □鵲(작)-까치. □彊彊(강강)-분분(奔奔)과 비슷한 말(鄭箋). 『예기』에서는 이를 인용 '강강(姜姜)'이라 쓰고 있다. □無良(무량)-'옳음이 없는 것', 곧 '옳지 못한 것'. □我(아)-『모전』이나 『집전』 모두 공자 완(頑)의 동생뻘인 혜공(惠公)이 자기를 지칭한 것이라 하였으나, 일반적인 위나라 사람을 가리키는 것으로 봄이 무난한 듯하다. □君(군)-소군(小君)의 뜻임(毛傳). 소군이란 임금의 부인이며 곧 선강(宣姜)을 가리킨다.

解説 「모시서」에서는 이 시도 위나라 선강(宣姜)이 자기의 서자인 공자 완(頑)과 음란한 짓을 한 것을 풍자한 것이라 하였다. 곧 앞절은 공자 완을, 뒷절은 선강을 풍자한 것이라는 뜻이다. 메추리와 까치를 든 것은 선강은 그러한 새들만도 못하다는 뜻에서이다.

▲ 메추리

6. 정성(定之方中)

<small>정 지 방 중</small>
定之方中이어늘　　　정성(定星)이 남녘 하늘 가운데 빛나는데

<small>작 우 초 궁</small>
作于楚宮이로다.　　　초구(楚丘)에 궁실을 짓네.

<small>규 지 이 일</small>
揆之以日하여　　　　해로서 방위를 재어

<small>작 우 초 실</small>
作于楚室이로다.　　　초구에 궁실을 짓네.

<small>수 지 진 률</small>
樹之榛栗과　　　　　그곳에 개암나무 밤나무와

<small>의 동 자 칠</small>
椅桐梓漆하니　　　　의나무 오동나무 가래나무 옻나무 심는데

<small>원 벌 금 슬</small>
爰伐琴瑟이로다.　　　이를 베어다가 금(琴)과 슬(瑟)을 만들 것이라네.

<small>승 피 허 의</small>
升彼虛矣하여　　　　저쪽 큰 언덕에 올라

<small>이 망 초 의</small>
以望楚矣로다.　　　　초구를 바라보네.

<small>망 초 여 당</small>
望楚與堂과　　　　　초구 땅과 당읍(堂邑)과

<small>경 산 여 경</small>
景山與京하고　　　　큰 산 높은 언덕을 살피고

<small>강 관 우 상</small>
降觀于桑하며　　　　내려와 뽕나무밭을 둘러보며

<small>복 운 기 길</small>
卜云其吉이러니　　　거북점 치니 길하다 했는데

<small>종 언 윤 장</small>
終焉允臧이로다.　　　끝내 정말 좋구려.

<small>영 우 기 령</small>
靈雨旣零이어늘　　　단비가 부슬부슬 내리는데

명 피 관 인
　　　命彼倌人하되　　　　수레몰이에게 명하기를
　　　성 언 숙 가
　　　星言夙駕하여　　　　'날 개어 별 나오면 일찍이 수레 내어
　　　세 우 상 전
　　　說于桑田이라 하도다.　뽕나무밭에 나가 쉬자' 하였다네.
　　　비 직 야 인
　　　匪直也人은　　　　　저 곧은 양반은
　　　병 심 색 연
　　　秉心塞淵이라　　　　마음가짐이 성실하고 깊어서
　　　내 빈 삼 천
　　　騋牝三千이로다.　　　큰 말 암말 모두 수천 마리 되었네.

註解　□定(정) – 별 이름. 북방지수(北方之宿)로 영실성(營室星)이라고도 한다(毛傳). □方中(방중) – 저녁 때 사방에 바른 위치에 있는 것(毛傳). 중(中)이란 정남쪽 하늘 위에 오는 것을 말하며, 이 별이 정남쪽에 자리잡는 것은 소설(小雪) 때라야 하는데(鄭箋), 소설은 양력 11월 22, 23일에 해당한다. 이때쯤 되면 농사가 거의 끝나 노동력이 남기 때문에 궁실을 짓는 것 같은 토목공사를 하기에 알맞았다. 그래서 이 정성을 영실성(營室星)이라고도 불렀다 한다. □楚(초) – 초구(楚丘)로서(毛傳), 땅이름. □宮(궁) – 궁실(集傳). 『모전』에서 종묘(宗廟)라 풀이하고 있다. □揆之以日(규지이일) – 해의 위치로서 방위를 재어 결정하는 것(毛傳). 옛날에는 8척(尺)의 얼(臬)을 세워 해가 뜨고 지는 그림자로서 동서를 정하고, 해가 가운데 왔을 때의 그림자를 참작하여 남북을 정하였다(集傳). □楚室(초실) – 초궁(楚宮)과 비슷한 말로 초구(楚丘)의 궁실. □榛(진) – 밤과 비슷하나 약간 작은 열매가 달린다. □栗(률) – 밤나무. □椅(의) – 자(梓)와 같은 종류의 좋은 목재가 되는 나무인데(毛傳) 어떻게 다른지 알 수 없어 '의나무' 라 했다. □桐(동) – 오동나무. □梓(자) – 가래나무. □漆(칠) – 옻. 옻나무. □琴(금) – 5현 또는 7현의 악기. □瑟(슬) – 25현의 악기. 앞에 든 진(榛)·률(栗)·의(椅)·자(梓)·동(桐)·칠(漆)의 여섯 가지 나무는 모두 금과 슬을 만드는 데 적합한 목재가 된다고 한다. □升(승) – 오르다. □虛(허) – 허(墟)와 통하여 '큰 언덕' 의 뜻. 혹은 이를 옛 성의 뜻으로 보고 조(漕) 땅의 옛 성이라 보기도 한다(毛傳). □望楚(망초) – 초구 근방을 바라보며 지세를 살피는

것. □堂(당)-그 곁의 당읍(堂邑)(孔疏). □景山(경산)-큰 산(毛傳). □京(경)-높은 언덕(毛傳). 초구 근방의 지세를 살피어 나라를 세울 준비를 하는 것이다. □降(강)-'내려오다가'의 뜻. □觀(관)-시찰의 뜻. □桑(상)-뽕나무밭(孔疏). 지세가 누에를 치기에 좋은 백성들이 정착할 만한 곳인가를 본 것이다(毛傳). □卜(복)-마른 거북 껍질을 불로 지져 그 균열(龜裂)로서 일의 길흉을 판단하는 점. 옛날 중국에선 나라의 모든 큰일을 이 점복(占卜)으로 결정하였다. □云(운)-조사. 이곳이 도읍지로서 적합한가 어떤가 점을 쳐본 것이다. □終焉(종언)-끝내, 마침내의 뜻. 종연(終然)이라 된 책도 있으나 『당석경(唐石經)』이나 『상태본(相台本)』에는 모두 언(焉)으로 되어 있으니 연(然)은 잘못 쓴 것이다(後箋). □靈(령)-선(善)자와 통하여(鄭箋), 영우(靈雨)는 식물이 자라는 데 좋은 비, 곧 '단비'의 뜻. □零(령)-빗방울이 후둑후둑 떨어지는 것. □倌人(관인)-수레를 관리하는 사람(毛傳). □星(성)-비가 개이고 밤에 별이 나오는 것(鄭箋). 정자(正字)로는 姓이라 씀이 옳은데, 姓은 청(晴)의 옛 글자(通釋). 『설문해자』에 '姓은 비가 오다 밤에 개여 별이 나오는 것'이라 하였다. □言(언)-조사. □夙(숙)-이른 새벽. □駕(가)-수레를 내어 타는 것. □說(세)-머물러 쉬며 농사일을 살피는 것(集傳). □匪(비)-피(彼)와 통하며 위(衛)나라 문공을 가리킨다. □秉心(병심)-마음가짐. □塞(색)-성실한 것(鄭箋). □淵(연)-깊은 것. □騋(내)-키가 7척이 넘는 큰 말(毛傳). □牝(빈)-빈마(牝馬). 따라서 내(騋)는 수말을 가리킨다. □三千(삼천)-대략의 수로서 정확한 숫자가 아니며, 말 수천 마리는 나라가 부함을 뜻한다.

|解説| 「모시서」에 「정성」시는 위나라 문공(文公)을 기린 시라 하였다. 위나라는 적인(狄人)들에게 멸망되어 위나라 사람들은 동쪽으로 황하를 건너 조읍(漕邑) 들판에 머물렀는데, 제(齊)나라 환공(桓公)이 이적(夷狄)들을 물리치고 그를 이곳에 봉하였다. 문공은 초구(楚丘)로 옮아와 성을 쌓고 저자를 연 다음 궁실을 지었다. 그것은 때에 알맞았으므로 백성들이 기뻐했다. 그리고 나라도 강성하여졌음을 노래한 것이라는 뜻이다.

정현은 그의 『전(箋)』에서 이를 또 다음과 같이 보충 설명하였다. "춘추 민공(閔公) 2년 겨울, 적인(狄人)이 위나라에 침입하여 의공(懿公)은 적인과 형택(熒

澤)에서 싸우다 패하였다. 송(宋)나라 환공(桓公)은 위나라의 유민을 맞아 황하를 건너게 하고 대공(戴公)을 세워 조(漕) 땅에 움막 짓고 살게 했다. 대공은 즉위한 지 1년 만에 죽었다. 노(魯)나라 희공(僖公) 2년에 제나라 환공은 초구에 성을 쌓고 위를 이에 봉하였다. 이에 문공이 즉위하여 나라를 세웠던 것이다."

7. 무지개(蝃蝀)

蝃^체蝀^동在^재東^동이로되	무지개가 동녘에 떠 있어도
莫^막之^지敢^감指^지로다.	아무도 감히 손가락질 않네.
女^여子^자有^유行^행은	여자는 시집을 가면
遠^원父^부母^모兄^형弟^제니라.	부모형제를 멀리하게 되는 것을.
朝^조隮^제于^우西^서하니	아침에 무지개가 서쪽에 떠 있는데
崇^숭朝^조其^기雨^우로다.	식전 내내 비가 오네.
女^여子^자有^유行^행은	여자는 시집을 가면
遠^원兄^형弟^제父^부母^모니라.	형제부모를 멀리하게 되는 것을.
乃^내如^여之^지人^인也^야여!	이 사람은
懷^회昏^혼姻^인也^야로다.	혼인할 생각만 하지만,
大^대無^무信^신也^야하니	너무 신의가 없고
不^부知^지命^명也^야로다.	올바른 도리를 모르는 사람일세.

註解 □蝃蝀(체동)-무지개. □莫之敢指(막지감지)-아무도 이것을 감히 손가락질 않는다는 뜻. 지금도 중국의 북방 풍습에 아이들이 무지개를 손가락질 하면 손가락이 썩는다, 또는 손이 굽어진다 하여 무지개에 손가락질을 못하게 한다고 한다. 옛날 풍습에도 이런 것이 있었던 듯하다(釋義). 여기서 무지개는 한번 시집갔던 과부를 비유한 것이다. 수절하는 과부는 아무리 예뻐도 아무도 건드리지 않는 법이라는 뜻. □有行(유행)-시집을 가는 것. 패풍(邶風)「샘물(泉水)」시에도 이미 나왔다. □隮(제)-무지개. □崇朝(숭조)-종조(終朝)로서 해뜰 때부터 식전까지를 말함(毛傳). 중국 속담에도 '동쪽 무지개는 천둥이 치고 서쪽 무지개는 비가 온다'는 말이 있다. 여기서 비가 온다는 것은 과부인 자기에게 구혼하는 자들이 있음을 비유한 말인 듯하다. □乃如(내여)-말 뜻을 다른 방향으로 돌리는 역할을 하는 말. 패풍「해와 달(日月)」시에도 나왔음. □懷(회)-생각하는 것. □昏(혼)-혼(婚)과 통하는 글자. □姻(인)-혼인. □大(대)-태(太)와 통하여 '너무나'의 뜻. □命(명)-올바른 도리, 정리(正理)(集傳).

解說 이 시는 젊은 과부가 자기에게 구혼하는 남자를 거절하는 노래이다. 제1절은 무지개를 아무도 손가락질 못하듯 과부는 건드려서는 안되며, 여자는 일단 시집을 가면 외롭게 지내는 것은 당연한 일이라는 내용이다. 제2절은 서쪽에 무지개가 뜨듯이 젊은 자기가 과부가 되자 비오는 것처럼 짓궂게 남자들이 보챈다. 그렇지만 자기는 부모형제 곁은 떠나지 않겠다는 내용이다. 제3절은 지금 자기에게 구혼하는 이 사람은 덮어놓고 혼인이나 하려드는 전혀 믿음직하지 않은 남자이며(이 남자도 전에 혼인한 일이 있었던 듯하다), 여자가 시집을 다시 갈 수 없는 과부라는 사실도 모르는 사람이란 내용이다.

「모시서」에서는 위나라 문공(文公)이 올바른 도로 백성들을 잘 교화하여 사람들이 음란한 행위를 하지 못하도록 만든 것을 읊은 시라 하였다.

8. 쥐를 보라(相鼠)

_{상 서 유 피}
相鼠有皮어늘   쥐를 보아도 가죽이 있는데
_{인 이 무 의}
人而無儀로다.   사람이면서도 체모가 없네.
_{인 이 무 의}
人而無儀면   사람이 체모가 없다면
_{불 사 하 위}
不死何爲아?   죽지 않고 무얼 하는가?

_{상 서 유 치}
相鼠有齒어늘   쥐를 보아도 이빨이 있는데
_{인 이 무 지}
人而無止로다.   사람이면서도 버릇이 없네.
_{인 이 무 지}
人而無止면   사람이 버릇이 없다면
_{불 사 하 사}
不死何俟오?   죽지 않고 무얼 기다리나?

_{상 서 유 체}
相鼠有體어늘   쥐를 보아도 몸집이 있는데
_{인 이 무 례}
人而無禮로다.   사람이면서도 예의가 없네.
_{인 이 무 례}
人而無禮면   사람이 예의가 없다면
_{호 불 천 사}
胡不遄死오?   어째서 빨리 죽지 않는가?

註解 □相(상)-보다. □鼠(서)-쥐. □皮(피)-가죽. 체모를 비유한 것이다. □儀(의)-체모·위의(威儀)의 뜻. □齒(치)-이빨. 분별 있게 행동하여야 하는 사람의 버릇에 비유했음. □止(지)-용지(容止)(集傳). 『한시(韓詩)』에서는 절(節), 곧 예절이라 하였다. 여하튼 우리말로는 '버릇없다'는 '버릇' 정도의 뜻. □俟(사)-기다리다. □體(체)-사람의 체면에 비유한 것. □胡(호)-어

찌. 口遄(천) – 빠른 것.

解説 「모시서」에 "쥐를 보라"는 무례함을 풍자한 것이다. 위나라 문공은 그의 여러 신하들을 잘 바로잡았으나, 벼슬을 하는 사람들 중에는 선공의 영향으로 예의가 없는 자들이 아직도 있어 이를 풍자한 것이다."고 하였다.

9. 깃대(干旄)

혈 혈 간 모 孑孑干旄이	나풀나풀 깃대 끝의 쇠꼬리가
재 준 지 교 在浚之郊로다.	준고을 교외에 나부끼고 있네.
소 사 비 지 素絲紕之하고	흰 비단 실로 깃발을 시쳤고
양 마 사 지 良馬四之로다.	좋은 말 네 마리가 수레를 끄네.
피 주 자 자 彼姝者子는	저 어진 양반은
하 이 비 지 何以畀之오?	어떻게 답례를 할까?

혈 혈 간 여 孑孑干旟이	나풀나풀 새매 그린 깃대가
재 준 지 도 在浚之都로다.	준고을 아랫마을에 나부끼고 있네.
소 사 조 지 素絲組之하고	흰 비단 실 수실을 깃발에 달았고
양 마 오 지 良馬五之로다.	좋은 말 다섯 마리가 수레를 끄네.
피 주 자 자 彼姝者子는	저 어진 양반은
하 이 여 지 何以予之오?	무엇으로 보답을 하려 할까?

혈 혈 간 정
孑孑干旌이　　나풀나풀 깃대 끝의 꿩깃이

재 준 지 성
在浚之城이로다.　　준고을 도성에 나부끼고 있네.

소 사 축 지
素絲祝之하고　　흰 비단 실을 꼬아 깃발에 매었고

양 마 육 지
良馬六之로다.　　좋은 말 여섯 마리가 수레를 끄네.

피 주 자 자
彼姝者子는　　저 어진 양반은

하 이 고 지
何以告之오?　　어떤 말씀을 하실 건가?

註解 ㅁ孑孑(혈혈)－깃발의 모양(毛傳). 『집전』엔 특출한 모습이라 하였다. 깃대가 우뚝 솟은 모양, 또는 깃발이 나부끼는 모양. ㅁ干(간)－간(竿)과 통하여 깃대의 뜻. ㅁ旄(모)－모우(旄牛)의 꼬리로 만든 장목을 대 위에 꽂은 깃대이며, 이것은 대부들의 깃발(毛傳). 그것을 수레 뒤에 꽂고 다녔다(集傳). 간모는 깃대 위에 쇠꼬리를 꽂은 것. ㅁ浚(준)－위나라 고을 이름. 패풍(邶風) 「남풍(凱風)」 시 참조. ㅁ郊(교)－고을의 밖, 교외(爾雅). ㅁ素(소)－흰 것. ㅁ絲(사)－비단 실. ㅁ紕(비)－깃발의 가를 흰 비단 실을 꼬아 시쳐놓은 것(鄭箋). ㅁ之(지)－깃발을 가리킴. ㅁ四之(사지)－네 마리의 말이 수레를 끄는 것. 옛날의 수레 제도는 안쪽에 두 마리의 복마(服馬), 바깥 앞쪽에 두 마리의 참마(驂馬), 도합 네 마리의 말이 수레를 끄는 게 표준이었다(孔疏). ㅁ姝(주)－본래는 미녀의 뜻이었으나 여기서는 대부가 수레를 타고 찾아가는 현명한 사람을 가리킨다(鄭箋). ㅁ子(자)－현명한 사람을 가리킴. 상대방에 대한 존칭. ㅁ畀(비)－주다, 곧 여(與)의 뜻으로 대부의 방문에 대한 현명한 사람의 답례를 말함. ㅁ旟(여)－새매가 그려져 있는 깃발. ㅁ都(도)－하읍(下邑)(毛傳). 흔히 도거(都居)라고도 하며(『穆天子傳』·『管子』 水地 편) 백성들이 모여 사는 곳(釋義). ㅁ組(조)－깃발의 장식으로 흰 비단 실로 만든 수실이 달려있는 것. ㅁ五之(오지)－뒤의 육지(六之)와 함께 순서대로 운을 맞추기 위하여 써넣은 숫자이며, 실은 모두 사마(四馬)라 봄이 옳다(釋義). ㅁ予(여)－주다, 곧 여(與)의 뜻. 곧 보답을 말한다. ㅁ旌(정)－오채(五采)의 꿩깃을 모아 깃대 끝에 꽂은 깃발(集傳). ㅁ城(성)－도성(都城)의 뜻(毛

傳). ㅁ祝(축) – 촉(囑)으로 씀이 옳으며(鄭箋), 장식으로 흰 비단 실을 꼬아 깃발에 매어 단 것.

解說 이 시는 위나라의 대부가 위나라 제후의 사자로서 초야에 묻혀 있는 어진 사람의 집을 찾아가는 모습을 읊은 것이다.

「모시서」에서는 현명하고 훌륭한 사람을 찬미한 시이다. 위나라 문공의 신하에는 훌륭하고 어진 사람을 좋아하는 이가 많아서 그들이 훌륭한 도리를 얘기하는 것을 듣기 좋아하였다고 했다.

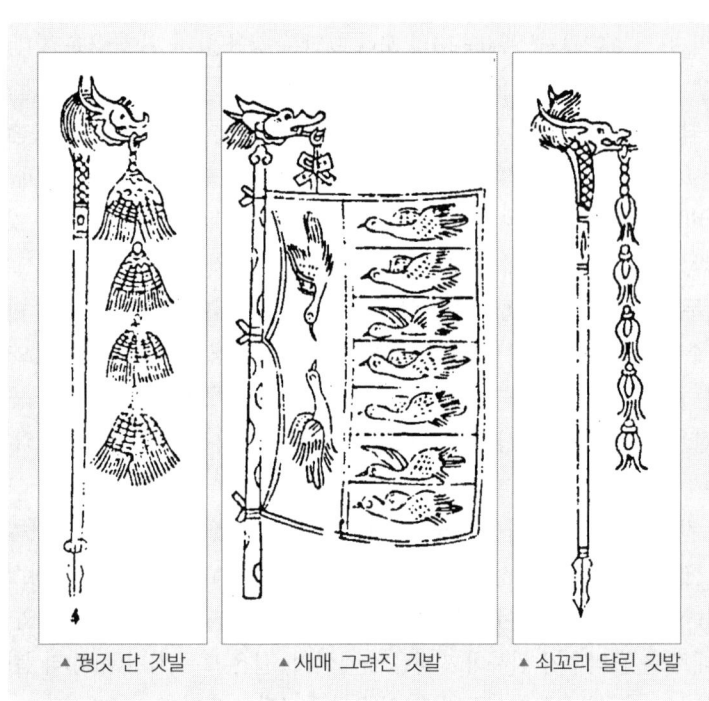

▲ 꿩깃 단 깃발　　▲ 새매 그려진 깃발　　▲ 쇠꼬리 달린 깃발

10. 달려라(載馳)

_{재 치 재 구}
載馳載驅하여　　달리고 달리어 가
_{귀 언 위 후}
歸唁衛侯하리다.　위나라 임금을 위문하고저.
_{구 마 유 유}
驅馬悠悠하여　　멀리 말을 달리어 가
_{언 지 어 조}
言至於漕로다.　　조 땅에 이르고저.
_{대 부 발 섭}
大夫跋涉이나　　대부는 산 넘고 물 건너가련만
_{아 심 즉 우}
我心則憂로다.　　내 마음은 근심에 차네.

_{기 불 아 가}
旣不我嘉하니　　나를 잘한다고 하는 이 없으니
_{불 능 선 반}
不能旋反이로다.　나는 돌아갈 수 없네.
_{시 이 부 장}
視爾不臧이나　　그대들은 좋지 않게 여김을 알지만
_{아 사 불 원}
我思不遠이로다.　내 생각은 위나라를 떠나지 못하네.
_{기 불 아 가}
旣不我嘉하니　　나를 잘한다고 하는 이 없으니
_{불 능 선 제}
不能旋濟로다.　　나는 강물 건너 돌아갈 수 없네.
_{시 이 부 장}
視爾不臧이나　　그대들은 좋지 않게 여김을 알지만
_{아 사 불 비}
我思不閟로다.　　나는 생각지 않을 수가 없네.

_{척 피 아 구}
陟彼阿丘하여　　저 언덕에 올라가
_{언 채 기 망}
言采其蝱이로다.　패모(貝母)나 캐어볼까.

<ruby>女子善懷<rt>여 자 선 회</rt></ruby>나　　여자는 생각이 많다 하나
<ruby>亦各有行<rt>역 각 유 행</rt></ruby>이라.　그래도 모두 이유는 있는 것.
<ruby>許人尤之<rt>허 인 우 지</rt></ruby>하니　허나라 사람들 내 행동 탓하지만
<ruby>衆穉且狂<rt>중 치 차 광</rt></ruby>이로다.　유치하고도 어리석은 짓이네.

<ruby>我行其野<rt>아 행 기 야</rt></ruby>하니　내가 위나라 들에 가면
<ruby>芃芃其麥<rt>봉 봉 기 맥</rt></ruby>이로다.　보리가 더부룩히 자라 있으련만.
<ruby>控于大邦<rt>공 우 대 방</rt></ruby>이나　큰 나라에 호소하고도 싶지만
<ruby>誰因誰極<rt>수 인 수 극</rt></ruby>고?　누구를 믿을 것이며 누가 와줄 건가?
<ruby>大夫君子<rt>대 부 군 자</rt></ruby>여!　대부와 군자들이여!
<ruby>無我有尤<rt>무 아 유 우</rt></ruby>하라.　나를 탓하지 말아 주오.
<ruby>百爾所思<rt>백 이 소 사</rt></ruby>는　여러분들 생각은
<ruby>不如我所之<rt>불 여 아 소 지</rt></ruby>니라.　내 생각에 미칠 수 없는 것이네.

註解　□載(재)-조사. 즉(則)과 같은 글자. □馳(치)-달려가다. □唁(언)-조상하다. □衛侯(위후)-위나라 제후.『정전(鄭箋)』에선 대공(戴公)을 가리킨다고 하였다. 이 시는 선강(宣姜)의 딸(頑과의 사이에 난)인 허(許)나라 목공(穆公)의 부인이 위나라가 오랑캐의 공격을 받아 멸망한 것을 걱정하며 노래한 것이라 한다(해설 참조). □悠悠(유유)-먼 것, 아득한 모양(毛傳). □言(언)-조사. □漕(조)-위나라 고을 이름. 패풍「샘물(泉水)」시 참조. □大夫(대부)-허나라 목공(穆公) 부인이 위나라를 위문하기 위하여 보내는 사자. □跋涉(발섭)-『모전』엔 풀밭을 가는 것이 발(跋)이고, 물을 건너가는 것이 섭(涉)이라

하였으니, '발섭'은 산 넘고 물 건너는 것. □嘉(가)-선(善)과 통함, 훌륭한 것. '기불아가(旣不我嘉)'는 허나라 사람들이 목공 부인이 위나라를 위문하는 행동을 잘하는 일이라 여기지 않는 것(鄭箋). □旋反(선반)-위나라로 돌아가는 것(集傳). □視(시)-보아 알고 있다는 뜻. □爾(이)-그대들, 허나라 사람들을 가리킴(鄭箋). □臧(장)-선(善)과 통하여 부장(不臧)은 불선(不善), 좋지 않은 것. □我思不遠(아사불원)-위나라로부터 생각이 멀리 떠나지 못한다는 뜻(毛傳). □濟(제)-물을 건너가다. 선제(旋濟)는 강물을 건너 위나라로 돌아가는 것. □閟(비)-폐지(閉止)하는 것, 그만두는 것. □陟(척)-오르다. □阿丘(아구)-한쪽은 높고 한쪽은 낮게 생긴 언덕(毛傳). □蝱(망)-등에, 패모(貝母)(毛傳). 패모는 백합과의 다년생 풀이며, 잎은 좁고 길고, 몇 개씩 돌아가며 달림. 3, 4월에 꽃이 피고 뿌리는 기침・담을 다스리는 데 흔히 쓰이는 한약재, 또는 마음이 울결(鬱結)한 병을 고치는 데도 쓰인다 한다(集傳). 여기서는 위나라 걱정으로 응결된 자기의 마음을 고치기 위하여 패모나 캐러 가자는 뜻. □善(선)-잘하는 것, 많은 것(鄭箋). □懷(회)-생각. □行(행)-도(道)(毛傳), 곧 도리・이유의 뜻. □尤(우)-탓하다. □衆(중)……且(차)……-'종(終)…차(且)', 곧 '기(旣)…차(且), …하고도 …하다'는 뜻. □穉(치)-치(稚)와 같은 자로 유치하다는 뜻(毛傳). □狂(광)-마음의 득실을 잘 모르는 것(傳疏), 곧 어리석은 것. □其野(기야)-위나라의 들. □芃芃(봉봉)-더부룩한 모양, 잘 자란 모양(毛傳). □控(공)-공소(控訴)・호소의 뜻. 위나라의 구원을 호소한다는 뜻. □誰(수)-어느 나라의 뜻. □因(인)-사람의 힘에 말미암는 것. 남의 힘을 믿는 것(『通釋』). □極(극)-와주는 것. □大夫(대부)-군자와 함께 허나라의 높고 낮은 모든 관리들을 가리킨다. □百爾(백이)-여러분. 백(百)은 여러 사람, 이(爾)는 그대들의 뜻을 지녔다(鄭箋). □所之(소지)-소사(所思), 곧 생각하는 것, 걱정하는 것.

|解說| 「모시서」에 이 시는 허(許)나라 목공(穆公)의 부인이 지은 것이라고 하였다. 패풍의 「새 누대(新臺)」・「두 아들(二子乘舟)」시 해설에서 설명한 것처럼 위나라 선공(宣公)은 그의 아들 급(伋)과 수(壽)를 죽여, 삭(朔)이 그의 뒤를 이어 혜공(惠公)이 되었다. 혜공은 선공과 선강(宣姜) 사이의 아들이다. 혜공이 죽은 뒤에는 그의 아들 의공(懿公)이 뒤를 이었다. 이때 곧 노(魯) 민공(閔公) 2년 12월에

적인(狄人)이 위나라를 공격하여 의공은 죽음을 당하였다.

그 뒤를 대공(戴公 : 이름은 申)이 이었으나 1년 만에 죽고, 문공(文公 : 이름은 燬)이 뒤를 이었다. 이들은 혜공의 서형인 완(頑)이 선강과 통하여 낳은 아들들이다. 완과 선강의 사이에는 이들 이외에도 또 세 명의 자식이 있었는데 허나라 목공의 부인도 그 중의 한 사람이다.

이 시는 목공 부인이 그의 친정인 위나라가 망하는 것을 걱정하고 지은 시이다. 『모전』에서는 대공 때의 시라 하였으나 의공 때일 가능성도 있고 확실치 않아 학자에 따라 이론이 구구하다. 『모전』에선 5절로 이 시를 나누었으나 『집전』에선 4절로 나누었다. 여기서는 주희의 방식을 따랐다.

제5 위풍(衛風)

위나라에 대하여는 이미 패풍(邶風)에서 설명하였으니 참조하기 바란다.

1. 기수 물굽이(淇奧)

瞻彼淇奧하니 　저 기수 가 물굽이를 바라보니
綠竹猗猗로다. 　왕골과 마디풀이 우거져 있네.
有匪君子여! 　훌륭하신 우리 님이여!
如切如磋하며 　깎고 다듬고
如琢如磨로다. 　쪼고 간 듯하시네.
瑟兮僩兮며 　묵직하고 위엄 있고
赫兮咺兮하니 　훤하고 의젓하시니
有匪君子여! 　훌륭하신 우리 님이여!
終不可諼兮로다. 　내내 잊을 수 없겠네.

瞻彼淇奧하니 　저 기수 가 물굽이를 바라보니
綠竹靑靑이로다. 　왕골과 마디풀이 푸르르하네.

_{유 비 군 자}
有匪君子여!　　훌륭하신 우리 님이여!

_{충 이 수 영}
充耳琇瑩이며　　귀막이는 아름다운 옥돌이오

_{괴 변 여 성}
會弁如星이로다.　관의 구슬 장식은 별처럼 반짝이네.

_{슬 혜 한 혜}
瑟兮僩兮며　　묵직하고 위엄 있고

_{혁 혜 훤 혜}
赫兮咺兮하니　　훤하고 의젓하시니

_{유 비 군 자}
有匪君子여!　　훌륭하신 우리 님이여!

_{종 불 가 훤 혜}
終不可諼兮로다.　내내 잊을 수 없겠네.

_{첨 피 기 욱}
瞻彼淇奧하니　　저 기수 가 물굽이를 바라보니

_{녹 죽 여 책}
綠竹如簀이로다.　왕골과 마디풀이 쌓인 듯 우거졌네.

_{유 비 군 자}
有匪君子여!　　훌륭하신 우리 님이여!

_{여 금 여 석}
如金如錫하며　　금과도 같으시고 주석과도 같으시며

_{여 규 여 벽}
如圭如璧이로다.　옥 홀(笏)과도 같으시고 옥벽(玉璧)과도 같으시네.

_{관 혜 작 혜}
寬兮綽兮며　　너그럽고 여유 있으신 모습으로

_{의 중 교 혜}
猗重較兮로다.　수레 옆 나무에 기대셨네.

_{선 희 학 혜}
善戱謔兮로되　　우스갯소리도 잘하시지만

_{불 위 학 혜}
不爲虐兮로다.　도가 지나치지는 않으시다네.

註解　□瞻(첨)-바라보는 것. □淇(기)-물 이름. 하남성에 있다(패풍 「泉水」 시 참조). □奧(욱)-『좌전』·『예기』·『대학』에 이 시를 인용했는데 욱(澳)으로

되어 있다. 물굽이진 안쪽을 욱(奧)이라 한다. □綠(록)−왕추(王芻)(毛傳). 물가에 나며, 잎은 대나무같이 가늘고 얇고, 줄기는 둥글고 작고, 찐 뒤 노란 물감을 만들 수 있으며 녹욕초(菉蓐草)라고도 흔히 부른다(多隆阿『毛詩多識』) 한다. 왕골의 일종인 듯하다. □竹(죽)−편죽(萹竹)(毛傳). 호승공(胡承珙)에 의하면 편죽, 편축(萹蓄)이라고도 하며(後箋), 우리말로는 마디풀. 여과(藜科)의 일년생 풀로 길 옆 같은 데 흔하다. 줄기와 잎은 황달·곽란·복통 등에 약재로 쓰인다. 주희는 '녹죽(綠竹)'을 '푸른 대'라 하였으나 중국의 북방 기수 근처엔 우거진 대나무가 없다고 한다. □猗猗(의의)−아름답게 무성한 모양(毛傳). □匪(비)−비(斐)와 통하여 유비(有匪)는 비연(斐然)의 뜻. 문채나는 모양. 결국 사람이 훌륭한 것. □君子(군자)−여기서는 위나라의 무공(武公)을 가리킨다고도 한다(毛詩序). □切(절)−깎는 것. □磋(차)−가는 것. 절(切)과 차(磋)는 뼈나 뿔 같은 것을 칼로 깎고 줄로 갈아 다듬는 것. 차(磋)는 차(瑳)로도 쓴다. □琢(탁)−돌이나 옥을 쪼아 다듬는 것. □磨(마)−옥이나 돌을 가는 것. '절차탁마(切磋琢磨)'는 『모전』에서는 그의 배움이 이루어진 것을 말한다고 보았고, 『집전』에서는 그의 덕을 끊임없이 닦는 것을 말한다고 하였다. 학문을 포함한 자기수양에 비유한 것이라 보면 될 것이다. □瑟兮(슬혜)−긍장지모(矜莊之貌)(毛傳), 곧 무게 있고 당당해 보이는 것. □僩(한)−위엄이 있는 모양(集傳). □赫(혁)−사람이 훤해 보이는 것. 『모전』엔 밝은 덕이 훤한 것이라 하였다. □咺(훤)−의젓한 모양. □終(종)−끝내. 아무래도. □諼(훤)−잊다. □靑靑(청청)−푸릇푸릇한 것. 청(菁)과 통하여 무성한 모양으로 보아도 좋다(集傳). □充耳(충이)−진(瑱), 곧 귀를 덮도록 관 양편에 구슬을 매단 장식(鄘風「君子偕老」시 참조). □琇瑩(수영)−옥돌. 미석(美石)(毛傳). 천자만이 옥으로 진(瑱)을 만들었고 제후들은 옥돌로 만들었다 한다(集傳). □會(괴)−봉(縫), 곧 옷 같은 것을 꿰맨 솔기. □弁(변)−피변(皮弁)으로 가죽으로 만든 주(周)나라 관(冠)의 일종. □如星(여성)−관의 솔기는 오색 구슬로 장식하였으므로 별처럼 그 구슬들이 반짝반짝하는 것. □簀(책)−『모전』에 적(積)이라 하였으니 풀이 쌓여 있듯이 무성한 것. □錫(석)−주석. 금과 석은 고급 금속으로서 무공의 덕에 비유한 것이다. □圭(규)−제후가 조회나 제사 때 지녔던 물건이며, 옥으로 만들었다. 위쪽은 둥글고 아래쪽은 네모꼴의 모양이었다. □璧(벽)−평평하고 둥글며 중간에 구멍이 있는 옥으로 만든 기물. 규벽(圭璧)은 그의 점잖고 훌륭한 성품에 비유한 것이다. □寬(관)−관대한 것.

□綽(작) - 여유가 있는 것. □猗(의) - 의지하다, 곧 의(倚)와 통하는 글자. □較(교) - 수레 양쪽 가에 가로 세워놓은 나무. 그 높이가 식(軾)보다 높기 때문에 중교(重較)라 한다(阮元『考工記』車制圖解說). □戱謔(희학) - 농담 또는 우스갯소리를 하는 것. □虐(학) - 극(劇)자와 통하여 지나치거나 너무 심한 것.

|解說| 「모시서」에 의하면 이 시는 위나라 무공(武公)의 덕을 칭송한 것이라 한다.

서간(徐幹)의 『중론(中論)』 제4 허도(虛道)편에도 "옛날 위나라 무공은 나이가 90이 넘었는데도(『國語』에는 나이가 95세라 했음) 밤낮으로 게을리하지 않고 올바른 도에 대한 가르침을 들을 것을 생각하였다.…… 위나라 사람들이 그의 덕을 칭송하여 「기수 물굽이」 시를 읊었다."고 하였다. 여하튼 훌륭한 군자를 칭송한 시임에는 틀림이 없다.

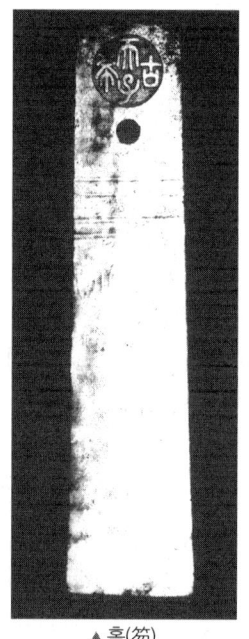

▲ 홀(笏)

▲ 옥벽(玉璧)

2. 숨어 살면서(考槃)

考槃在澗하니　　산골 시냇가에 움막을 이룩하니
碩人之寬이로다.　어진 숨어 사는 사람의 마음은 넓네.
獨寐寤言하니　　혼자 자다 깨어나 말하노니
永矢弗諼이로다.　이 생활 안 잊겠다 언제나 다짐하네.

考槃在阿하니　　울퉁불퉁한 언덕에 움막을 이룩하니
碩人之薖로다.　 어진 숨어 사는 사람의 마음은 크네.
獨寐寤歌하니　　혼자 자다 깨어나 노래하노니
永矢弗過로다.　 딴 생각 안하겠다 언제나 다짐하네.

考槃在陸하니　　높고 평평한 땅에 움막을 이룩하니
碩人之軸로다.　 어진 숨어 사는 사람의 마음은 한가롭네.
獨寐寤宿하니　　혼자 자다 깨어도 그대로 누워
永矢弗告이로다.　이 즐거움 남에게 얘기 않겠다 언제나 다짐하네.

註解　□考(고) - 이루다, 곧 성(成)의 뜻(毛傳). □槃(반) - 『모전』에선 즐기는 것, 『집전』에선 머뭇거리는 것. 곧 숨어 사는 것을 가리킨다 풀이하였다. 그러나 윤계미(尹繼美)는 『시지리공략(詩地理攻略)』에서 '나무를 걸치어 집을 만드는 것' 곧 '움막을 짓는 것'이라 보았다. □碩人(석인) - 패풍 '춤(簡兮)'에도 나왔듯이 석(碩)이 대(大)의 뜻이므로 '큰 덕을 지닌 사람' 곧 '어진 숨어 사는 사

람'의 뜻이다. □寬(관)-마음이 넓은 것. □寐(매)-자다. □寤(오)-잠을 깨는 것. □言(언)-혼잣말을 하는 것. □永(영)-언제나. □矢(시)-맹세하다. □諼(훤)-잊는 것. □阿(아)-곡릉(曲陵)의 뜻(毛傳)으로, 꾸불꾸불 울퉁불퉁한 언덕. □薖(과)-마음이 관대한 모양(毛傳). □弗過(불과)-『모전』에서는 다시는 조정으로 들어가 벼슬하지 않겠다는 뜻으로 보았고, 『집전』에서는 이 생활을 버리지 않고 이대로 종신하겠다는 뜻으로 보았다. □陸(육)-높고 평평한 땅(集傳). □軸(축)-서성대며 가지 않는 모습이라 『집전』에선 보았는데, 앞 절들의 뜻에서 볼 때 서성대며 가지 않을 수 있는 마음의 한가로운 모습이라 봄이 좋겠다. □宿(숙)-자다 깨어 그대로 누워 있는 것. □告(고)-숨어 사는 삶의 즐거움을 남에게 얘기하는 것.

解說 어진 사람이 은퇴하여 한가로이 살고 있는 모습을 노래한 것이다. 옛날부터 세상이 어지러울 때에는 세상에서 물러나 숨어 살면서 자기의 덕을 닦는 것이 어진 사람의 도라고 믿어왔다.

「모시서」에서는 위나라 장공(莊公)을 풍자한 시라 하였다. 장공은 정치를 잘 못하여 어진 이들이 물러나 궁하게 살게 된 것을 풍자한 것이라 보았다.

3. 높으신 님(碩人)

碩人其頎하니   높으신 님은 훤칠한데,
衣錦褧衣로다.   비단옷 위에 엷은 겉옷 입으셨네.
齊侯之子요   제나라 임금의 따님이요
衛侯之妻요   위나라 임금님의 아내요
東宮之妹요   태자님의 누이시고

형 후 지 이
邢侯之姨요   형(邢)나라 임금의 처제시고
담 공 유 사
譚公維私로다. 담(譚)나라 임금은 형부가 되신다네.

수 여 유 제
手如柔荑요   손은 부드러운 삘기 같고
부 여 응 지
膚如凝脂요   살갗은 엉긴 기름처럼 매끄럽고
영 여 추 제
領如蝤蠐요   목은 흰 나무벌레 같고
치 여 호 서
齒如瓠犀요   이는 박씨 같으며
진 수 아 미
螓首蛾眉로다. 매미 이마에다 나방의 수염 눈썹.
교 소 천 혜
巧笑倩兮며   생끗 웃을 때의 어여쁜 입 모습
미 목 반 혜
美目盼兮로다. 아름다운 눈은 맑기도 하네.

석 인 오 오
碩人敖敖하니 높으신 님은 훤칠한데
세 우 농 교
說于農郊로다. 다 와서 교외에 머물렀었지.
사 무 유 교
四牡有驕하고 장대한 네 필 말이 수레를 끄는데
주 분 표 표
朱幩鑣鑣하며 붉은 천을 감은 말재갈이 고왔고
적 불 이 조
翟茀以朝로다. 꿩깃으로 장식한 포장 친 수레 타고 조정으로 들어 오셨네.
대 부 숙 퇴
大夫夙退하여 대부들은 일찍 물러나며
무 사 군 로
無使君勞로다. 임금님을 번거롭게 하지 말자고 했었지.

河水洋洋하여　　황하물은 넘실넘실
　하 수 양 양

北流活活이어늘　북쪽으로 콸콸 흘러가고
　북 류 괄 괄

施罛濊濊하면　　철석철석 걷어올리는 고기 그물에서는
　시 고 활 활

鱣鮪發發하며　　잉어 붕어가 팔딱거리고
　전 유 발 발

葭菼揭揭로다.　갈대랑 달이랑 살랑살랑 나부꼈지.
　가 담 게 게

庶姜孼孼하고　　여러 시녀(侍女)들 성장하고 뒤따르고
　서 강 얼 얼

庶士有朅이로다.　여러 관원들은 늠름한 모습으로 전송했었지.
　서 사 유 걸

註解　□碩人(석인) - 앞의 「숨어 살면서(考槃)」 시와 패풍 「춤(簡兮)」 시에도 나왔다. 석(碩)은 대(大)의 뜻으로 '큰 덕을 지닌 사람'이라 앞에서는 풀이하였으나, 여기서는 존귀한 사람을 가리키는 말로서(嚴粲 『詩緝』) 위나라 장공(莊公)의 부인 장강(莊姜)을 가리킨다고 보았다. □頎(기) - 키가 큰 모양(毛傳). 기기(其頎)는 기연(頎然)으로 장강의 키 크고 아름다운 모습을 형용한 것이다. □錦(금) - 비단, 수놓은 비단옷(毛傳). 문채가 있는 비단옷. □褧(경) - 홑옷, 곧 단의(襌衣)의 뜻. 『설문해자』에 경(褧)은 경(絅)이라 하였고, 경(絅)은 모시 종류의 옷감이며 경의(褧衣)는 모시같이 얇은 천으로 만든 홑옷(『後箋』). 비단옷의 문채가 너무 드러남을 꺼리어 겉에 또 '경의'를 입었다 한다(集傳). □子(자) - 딸의 뜻. □東宮(동궁) - 태자, 제(齊)나라 장공(莊公)의 태자 득신(得臣)을 가리킨다. 장강은 태자의 누이동생이었다. □邢(형) - 형(邢)은 지금의 하북성 형태현(邢台縣)에 있던 나라 이름(『釋義』). 주공(周公)의 아들이 봉하여졌던 나라라 하나, 형후(邢侯)가 누구인지는 확실치 않다. □姨(이) - 처의 자매를 이(姨)라 한다 하였으니(毛傳), 여기서는 처제의 뜻. □譚(담) - 담(覃)이라고도 쓰며, 지금의 산동성 제남(濟南) 동쪽에 있던 나라 이름(『釋義』). 담공(譚公)이 누구인지도 모른다. □私(사) - 자매의 남편이라 하였으니(毛傳), 여기서는 형부의 뜻이다. □荑(제) - 삘기. 띠풀이 처음 돋아날 적의 부드러운 싹을 말한다(集傳).

▫膚(부)-살갗, 곧 피부. ▫凝脂(응지)-지방이 하얗게 엉긴 것. 그처럼 피부가 희고 매끈하다는 뜻. ▫領(령)-목. 경(頸)과 같은 뜻. ▫蝤蠐(추제)-나무 속에서 나무를 갉아먹는 희고 긴 굼벵이 같은 벌레(孔疏). 목이 그처럼 희고 부드럽다는 뜻. ▫瓠犀(호서)-박 속의 씨(毛傳), 곧 이가 박 속의 씨가 박혀 있듯 희고 가지런하다는 뜻. ▫蠎(진)-『정전(鄭箋)』엔 청청(蜻蜻)이라 하였는데,『공소』에선 '청청'은 매미 같으면서도 약간 작은 아름다운 무늬가 있는 곤충이며, 이마가 넓고 네모꼴이라 하였다. 매미의 일종인 듯하다. 진수(蠎首)는 매미의 머리처럼 넓은 이마를 가진 얼굴. 용풍「낭군과 해로 해야지(君子偕老)」시에서도 미인의 조건으로 넓은 이마가 나왔으니 옛날에는 이마가 넓어야 미인으로 알았던 모양이다. ▫蛾眉(아미)-나방의 촉각처럼 가늘고 길게 굽어 있는 고운 눈썹. ▫巧笑(교소)-방긋 예쁘게 웃는 것. ▫倩(천)-여기서는 입매가 예쁜 것(毛傳). ▫盼(반)-눈의 흑백이 분명한 맑은 눈(毛傳). ▫敖敖(오오)-키 크고 날씬한 모양. ▫說(세)-머무는 것(孔疏). ▫農郊(농교)-교외의 농사 짓고 있는 곳(毛傳). ▫四牡(사무)-수레를 끄는 네 마리의 말(毛傳). ▫有驕(유교)-교연(驕然)으로 말이 장대한 모양(毛傳). ▫朱幩(주분)-붉은 천. 임금의 말은 붉은 천으로 재갈을 감아 장식하였다(毛傳). ▫鑣鑣(표표)-장식이 아름다운 모양(毛傳). ▫翟茀(적불)-적(翟)은 꿩깃으로 수레를 장식한 것, 불(茀)은 수레에 포장을 친 것(毛傳).『공소』에 의하면 수레에 친 포장을 꿩깃으로 장식한 것이 적불(翟茀)이다. ▫朝(조)-조견(朝見)(傳疏). 제후를 정식으로 뵙는 것. ▫大夫(대부)-결혼식장에 모였던 높은 관원들을 가리킨다. ▫夙退(숙퇴)-신혼의 임금 부부를 위하여 일찍 물러나는 것이다. ▫君(군)-임금. 위나라 장공을 가리킨다. ▫勞(로)-수고롭기보다는, 번거롭게 만드는 것. ▫洋洋(양양)-성대한 모양(毛傳). 진풍(陳風)「오막살이(衡門)」시의『모전』에서는 광대한 모양이라 하였다. ▫北流(북류)-황하는 제나라 서쪽, 위나라 동쪽에서 북쪽으로 흘러가 바다로 들어갔다. ▫活活(괄괄)-흘러가는 모습이라(毛傳) 하였으나,『설문해자』에 의하면 물이 흘러가는 소리. ▫施罛(시고)-강물에 고기그물을 쳐놓는 것. ▫濊濊(활활)-흐름이 장애를 받는 모양(『설문해자』), 곧 그물을 쳐놓아 흐름이 장애를 받는 것이다. ▫鱣(전)-『모전』엔 리(鯉:잉어)라 하였으나, 정현은『전(箋)』에서 '전(鱣)은 큰 고기로 입이 턱 밑에 붙었고 길이가 2, 3장(丈)이나 되며 강남지방에서는 황어(黃魚)라고도 부른다. 잉어와는 전연 다르다'고 하였다. 또

주희는 '용같이 생긴 고기이며…… 큰 것은 천여 근(斤)'이라 하였다(集傳). 그러나 강물에 이런 고기가 날 것 같지 않아서 『모전』을 따른다. □鮪(유)-『집전』에 전(鱣)과 비슷하면서도 작다 하였으니 '붕어'라 해 두었다. □發發(발발)-고기가 그물에 걸리어 꼬리치는 모양(陸德明『經典釋文』). □葭(가)-갈대. □菼(담)-갈대 비슷하면서도 약간 작은 달의 싹. □揭揭(게게)-길게 자란 모습(毛傳). □庶姜(서강)-제(齊)나라 성을 지닌 사람으로 장강을 따라 위나라로 온 같은 성의 몸종들. □孼孼(얼얼)-장식이 굉장한 것(毛傳). □庶士(서사)-장강의 출가를 전송하는 여러 사람들, 곧 여러 관원들(毛傳). □揭(걸)-늠름한 모양(毛傳).

|解説| 「모시서」에선 "높으신 님"은 장강(莊姜)을 동정한 것이다. 장공이 첩들에게 빠져 첩들이 손위를 넘보게 되었으나 장강은 어질어 응대하지 않았다. 그러나 끝내 자식이 없어 나라 사람들이 동정하고 걱정한 것이다."라고 하였다.

『좌전』 은공(隱公) 3년에도 "위나라 장공은 제나라 태자 득신의 누이동생 장강에게 장가들었다. 장강은 아름다우면서도 자식이 없어 위나라 사람들이 「높으신 님」을 읊은 것이다."라고 하였다.

그러나 내용을 음미할 때 이는 장강이 제나라로부터 위나라로 시집올 때의 성대하고 아름답던 장면을 되새기며 시인이 노래한 것이다. 제1절은 장강을 소개하는 내용이고, 제2절은 장강의 아름다움을 노래한 것이고, 제3절은 장강이 시집오는 날 위나라의 풍경을 읊은 것이고, 제4절은 장강이 떠나오는 제(齊)나라의 광경을 읊은 것이다.

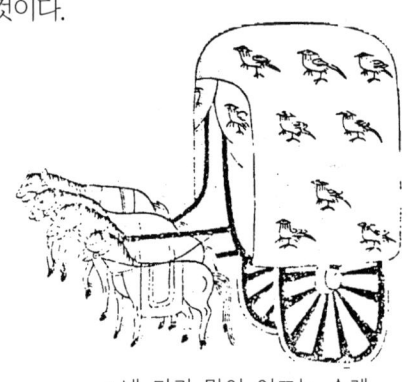

▲ 네 마리 말이 이끄는 수레

4. 한 남자(氓)

맹 지 치 치 氓之蚩蚩이	어수룩한 한 남자가
포 포 무 사 抱布貿絲러니	돈 갖고 실을 사러 왔었는데
비 래 무 사 匪來貿絲요	실을 사러 온 게 아니라
내 즉 아 모 來卽我謀라.	와서는 바로 내게 수작을 걸었다네.
송 자 섭 기 送子涉淇하여	결국 그이를 전송하러 기수를 건너
지 우 돈 구 至于頓丘라.	돈구까지 갔었지.
비 아 건 기 匪我愆期요	내가 기약을 미뤘던 게 아니라
자 무 양 매 子無良媒니라.	그대에게 변변한 중매인이 없어 결혼 못했던 것.
장 자 무 노 將子無怒어다	그래서 그대에게 성내지 말고
추 이 위 기 秋以爲期하니라.	가을을 기약하자고 했었지.

승 피 궤 원 乘彼垝垣하여	무너진 담 위에 올라서서
이 망 복 관 以望復關이로되	그대 있는 복관을 바라보아도
불 견 복 관 不見復關하여	복관의 그대는 나타나지 않아
읍 체 연 련 泣涕漣漣로다.	눈물만 줄줄 흘렸었네.
기 견 복 관 旣見復關하니	그러나 복관의 그대를 만나자
재 소 재 언 載笑載言이라.	웃고 얘기했었지.

爾卜爾筮하여　　　그대는 거북점과 역점을 다 쳤는데
體無咎言하니　　　점괘에 나쁘다는 말이 없자
以爾車來하여　　　그대의 수레 몰고 와
以我賄遷이로다.　나를 혼수와 함께 데려갔었지.

桑之未落엔　　　　뽕나무 잎이 떨어지기 전엔
其葉沃若이라.　　그 잎새 싱싱하였지.
于嗟鳩兮여!　　　아아, 비둘기야!
無食桑葚하라.　　오디는 따먹고 취하지 마라.
于嗟女兮여!　　　아아, 여자들이여!
無與士耽하라.　　남자에게 빠지지 마라.
士之耽兮는　　　　남자가 빠지는 것은
猶可說也어니와　그래도 할 말이 있지만
女之耽兮는　　　　여자가 빠지는 것은
不可說也니라.　　말할 수도 없는 거라네.

桑之落矣니　　　　뽕나무잎 시들어서
其黃而隕이로다.　누렇게 떨어졌네.
自我徂爾하여　　　나는 그대에게로 가서

삼 세 식 빈
三歲食貧이로다.　삼 년을 가난에 굶주렸지.

기 수 상 상
淇水湯湯하니　기수물은 넘실넘실

점 거 유 상
漸車帷裳이니라.　수레 포장을 적셨었지.

여 야 불 상
女也不爽이로되　여자로서 잘못이 없는데도

사 이 기 행
士貳其行이니라.　남자인 그대는 처음과 행동이 달라졌네.

사 야 망 극
士也罔極하니　남자란 믿을 수 없는 것

이 삼 기 덕
二三其德이로다.　마음이 이리저리 흔들리네.

삼 세 위 부
三歲爲婦하여　삼 년을 그대 부인으로

미 실 로 의
靡室勞矣하고　방에서 쉴새없이 수고하였고

숙 흥 야 매
夙興夜寐하여　새벽 일찍 일어나 밤늦게 자면서

미 유 조 의
靡有朝矣로다.　아침도 모르고 일했지.

언 기 수 의
言旣遂矣어늘　언약이 이루어지자

지 우 포 의
至于暴矣로되　그는 난폭해졌으나

형 제 부 지
兄弟不知하고　형제들은 알지도 못하고

희 기 소 의
咥其笑矣로다.　나를 보고 허허 웃기만 했네.

정 언 사 지
靜言思之하니　가만히 생각해 보니

궁 자 도 의
躬自悼矣로다.　내 자신이 더욱 슬퍼지네.

급 이 해 로	
及爾偕老러니	그대와 해로 하쟀더니

노 사 아 원	
老使我怨이로다.	늙을수록 나로 하여금 원망케 하네.

기 즉 유 안	
淇則有岸하고	기수도 물가 언덕이 있고

습 즉 유 반	
隰則有泮이로다.	진펄에도 가가 있다네.

총 각 지 연	
總角之宴엔	처녀적 즐길 때엔

언 소 안 안	
言笑晏晏하고	말하고 웃고 하여 부드럽기만 하였고

신 서 단 단	
信誓旦旦하니	믿음으로 맹세할 때에도 성실하였으니

불 사 기 반	
不思其反이로다.	그가 이렇게 바뀔 줄은 생각 못했지.

반 시 불 사	
反是不思하니	바뀔 줄은 생각도 않았는데

역 이 언 재	
亦已焉哉로다!	이제는 끝장이 났는가!

註解 □氓(맹)-『모전』엔 민(民)이라 풀이했는데, 여기서는 누군지도 모르는 남자(集傳), 또는 '항간의 남자'의 뜻(通釋). □蚩蚩(치치)-어리석은 모양(通釋), 또는 무지한 모양. 남자를 원망하고 욕한 것이다(集傳). □布(포)-돈, 곧 폐(幣)의 뜻(毛傳). 옛날에는 포(布)로서 돈을 대용하였다. 돈은 유포(流布)한다는 뜻에서 '포'라 한다고도 한다. □貿(무)-여기서는 사는 것(孔疏). □匪(비)-아닌 것. 비(非)와 통함. □謀(모)-여기서는 결혼할 것을 꾀하는 것(鄭箋), 곧 수작을 거는 것이다. □涉淇(섭기)-기수를 건너다. 여기에 이르러는 남자와 이미 정을 통하고 난 뒤 헤어질 때 전송한 것이다. □頓丘(돈구)-땅 이름(集傳). 지금의 하북성 청풍현(淸豐縣) 서남쪽 25리 되는 곳에 있었다(釋義). □愆(건)-과(過)와 통하여, 건기(愆期)는 기약을 거저 지나치는 것. □媒(매)-옛날 중국의 예법에 결혼은 반드시 중매를 통하여 혼인을 진행시켰다. 따라서 그대에게 중매쟁이가 없었다는 것은, 나 때문이 아니라 너 때문에 결혼을 못하

였다는 뜻이 된다. □將(장)-조사. □期(기)-결혼을 기약하는 날짜. □垝(궤)-무너진 것. □垣(원)-담. □復關(복관)-남자가 살던 지명. 역시 지금의 하북성 청풍현에 있었다. □漣漣(연련)-눈물이 줄줄 흘러내리는 모양. □載(재)-조사로 즉(則)의 뜻. □卜(복)-거북의 껍질을 불로 지져 균열을 보고 치는 점. □筮(서)-시초(蓍草)로 만든 점가치로 역괘를 따져 치는 점. □體(체)-귀조서괘(龜兆筮卦)(孔疏), 곧 점괘. □咎言(구언)-나쁘다는 말. □車來(거래)-수레를 몰고 오는 것. □賄(회)-재물. 회천(賄遷)은 혼수인 재물을 싸가지고 남자를 따라 시집가는 것. □桑(상)-뽕나무잎을 가리킴. □沃若(옥약)-무성한 모습(鄭箋), 또는 윤택한 모습(集傳). □于嗟(우차)-아아. □鳩(구)-『모전』에 골구(鶻鳩)라 하였는데, 산작(山雀) 비슷하면서도 작고 꼬리는 청흑색이며 우는 소리를 많이 낸다고 하였다(集傳). 이 새는 오디를 잘 따먹으며, 많이 먹으면 취하여 그 본성을 잃게 된다 한다. 여기서 구는 비둘기와 다른 새인 듯하나 알 수 없어 번역에선 그대로 '비둘기'라 하였다. □葚(심)-오디. □耽(탐)-과히 즐기는 것. □說(설)-얘기하고 설명하는 것. □隕(운)-떨어지다. □徂(조)-가다. □食貧(식빈)-가난하게 먹을 것도 제대로 못먹고 고생하는 것. □湯湯(상상)-물이 넘실거리는 모양(毛傳). □漸(점)-젖다. □帷(유)-부인들의 수레 가장자리에 친 휘장. 유상(帷裳)은 그것을 치마처럼 늘어뜨려 장식한 것(孔疏). 이 구절을 『모전』에선 어려움을 무릅쓰고 수레 타고 시집가던 때를 말한 것이라 하였고, 『집전』에서는 시집에서 쫓겨올 때를 읊은 것이라 하였는데 『모전』의 해석을 따른다. □爽(상)-차(差)의 뜻, 곧 어긋남, 잘못됨. □貳其行(이기행)-그의 행동이 두 가지다, 곧 옛날의 행동과 지금이 다르다는 뜻. □罔極(망극)-무량(無良), 곧 옳지 못함, 믿을 수 없음의 뜻. 『시경』에 나오는 모든 망극은 모두 이러한 뜻을 지녔다(釋義). □二三(이삼)-이랬다저랬다 하는 것. □德(덕)-행동 또는 마음. □爲婦(위부)-처노릇을 하는 것. □靡室(미실)-방에 들어가 쉴 새도 없는 것. □靡有朝(미유조)-아침도 모르고 부지런히 일했다는 뜻. □言(언)-언약. □遂(수)-이루다. □咥(희)-웃는 모양. □躬自(궁자)-자기 자신. □悼(도)-슬픈 것. □岸(안)-언덕. □隰(습)-진펄. □泮(반)-반(畔)과 통하여 가의 둔덕의 뜻(鄭箋). 기수(淇水)에도 물가 언덕이 있고 진펄에도 가의 둔덕이 있다는 것은 모든 일이 끝이 있으되 자기의 시름만이 끝이 없다는 뜻. □總角(총각)-옛날에 아이들이 결혼하기 전에는 머리를 양쪽으로 땋아 놓아 이를 총각이라 하였다.

후세에는 남자를 가리키는 말로 쓰이게 되었으나, 여기서는 처녀의 뜻으로 쓰인 것이다. ▫宴(연) – 즐기다. ▫晏晏(안안) – 화유(和柔)한 모양(毛傳), 부드러운 모양. ▫誓(서) – 맹세. ▫旦旦(단단) – 달달(怛怛)과 통하며(孔疏), 성실한 것, 정성되고 참된 것(鄭箋). ▫反(반) – 형편이 반대로 바뀌어지는 것. ▫亦已焉哉(역이언재) – '역시 끝장이 났는가!'의 뜻.

|解説| 남자에게 버림받은 여인의 설움을 노래한 것이 이 시이다. 첫절에서는 연애하고 약혼한 과정을 노래했고, 제2절에서는 시집가던 때의 일을 읊었고, 제3절에서는 시집가서 고생했던 일을 후회했고, 제4절에서는 고생 끝에 남편의 마음이 변하여졌음을 노래했고, 제5절에서는 일만 하다 결국 남편에게 쫓겨난 일을 노래했고, 제6절에서는 옛날을 회고하며 지금의 자기를 슬퍼한 것이다.

「모시서」에서는 시세를 풍자한 시라 하였다. 나라가 어지러워지면 자기들끼리 눈이 맞아 결혼하는 일이 더욱 흔해진다. 이 시는 문란해진 남녀의 결혼관계를 노래한 것이니 그렇게 볼 수도 있을 것이다.

5. 낚싯대(竹竿)

_{적 적 죽 간}
籊籊竹竿으로　　기다란 대막대 들고

_{이 조 우 기}
以釣于淇로다.　　기수에서 낚시질을 하고 있네.

_{기 불 이 사}
豈不爾思리요?　　어찌 그대 생각지 않겠는가?

_{원 막 치 지}
遠莫致之로다.　　멀어서 데려올 수가 없는 거지.

_{천 원 재 좌}
泉源在左요　　샘물은 왼편에 흐르고

_{기 수 재 우}
淇水在右로다.　　기수는 오른편에 흐르고 있네.

_{여 자 유 행}
女子有行이면　　여자란 시집을 가면

_{원 부 모 형 제}
遠父母兄弟로다.　　부모형제와도 멀어진다더니.

_{기 수 재 우}
淇水在右하고　　기수는 오른편에 흐르고

_{천 원 재 좌}
泉源在左로다.　　샘물은 왼편에 흐르고 있네.

_{교 소 지 차}
巧笑之瑳하고　　생긋 웃을 때엔 흰 이가 옥처럼 고왔고

_{패 옥 지 나}
佩玉之儺로다.　　허리에 찬 구슬이 댕그랑 거렸네.

_{기 수 유 유}
淇水滺滺하니　　기수는 넘실넘실 흐르고

_{회 즙 송 주}
檜楫松舟로다.　　전나무 노 달린 소나무 배가 떠 있네.

_{가 언 출 유}
駕言出遊하여　　수레나 타고 나가 놀면서

<u>以寫我憂</u>하리라.　내 시름 씻어 볼까.
　　　이 사 아 우

註解　□籊籊(적적)-대가 길고 휘청거리는 모습(毛傳). □竿(간)-장대. □釣(조)-낚시. 이 첫 두 구절은 이 시를 쓴 사람의 눈에 비치고 있는 정경이다(釋義). □爾(이)-그대. 시집간 옛날의 애인을 가리킨다(釋義). □致(치)-오게 하는 것(集傳). 막치지(莫致之)는 이곳에 데려오지 못한다는 뜻. □泉源(천원)-샘물의 근원. 위주(衛州) 공성(共城)에 있는 백천(百泉)으로 강물 이름이라고도 한다(嚴粲『詩緝』). □行(행)-시집가는 것. 패풍「샘물(泉水)」시에도 이 구절이 나왔다. 여자란 시집을 가면 부모형제와도 멀어진다 하였으니 하물며 자기야 말해 무엇하겠느냐는 뜻. □巧笑(교소)-예쁜 웃음(앞의「碩人」시 참조). □瑳(차)-『모전』에는 교소모(巧笑貌)라 하였고,『집전』에선 웃을 때 이가 옥처럼 나와 빛나는 것을 형용한 것이라 했다. 이것은 옛 애인의 아름다운 모습을 상상한 것이다. □佩玉(패옥)-부인들이 허리 양편에 차던 구슬. □儺(나)-걸음걸이에 따라 절도있게 패옥이 부딪쳐 댕그랑거리는 것.『모전』에선 '행동에 절도가 있는 것'이라 하였다. □滺滺(유유)-물이 흐르는 모양(毛傳). □檜(회)-전나무. □楫(즙)-노. □駕(가)-수레를 모는 것. 이 구절도 패풍「샘물(泉水)」시에 나왔음.

解說　이 시는 시집을 가버린 옛 애인을 그리는 남자의 노래다. 제1절에서는 기수(淇水)에서 낚시질을 하다 옛 애인 생각을 한다. 제2절에서는 그가 시집가 버려 자기를 지금도 생각하고 있을지 모른다는 안타까움을 노래하였다. 제3절에서는 그의 아름다운 옛 모습을 회상하고 있다. 끝 절에서는 이미 돌이킬 수 없게 된 관계이니 시름을 잊어라도 보자는 것이다.

「모시서」에서는 시집간 위나라 여자가 친정인 고향을 그리는 시라 하였다.

6. 환란(芄蘭)

_{환 란 지 지}
芄蘭之支여!　　환란 덩굴 가지여!

_{동 자 패 휴}
童子佩觿로다.　아이가 뼈 송곳 찼네.

_{수 즉 패 휴}
雖則佩觿나　　비록 뼈 송곳은 찼어도

_{능 불 아 지}
能不我知로다.　우리를 알아보지 못하네.

_{용 혜 수 혜}
容兮遂兮하니　흔들흔들 느슨히

_{수 대 계 혜}
垂帶悸兮로다.　늘어진 띠만이 덜렁거리네.

_{환 란 지 엽}
芄蘭之葉이여!　환란 덩굴 잎새여!

_{동 자 패 접}
童子佩韘이로다.　아이가 깍지를 찼네.

_{수 즉 패 접}
雖則佩韘이나　비록 깍지는 찼어도

_{능 불 아 갑}
能不我甲이로다.　우리와 어울리지 못하네.

_{용 혜 수 혜}
容兮遂兮하니　흔들흔들 느슨히

_{수 대 계 혜}
垂帶悸兮로다.　늘어진 띠만이 덜렁거리네.

註解　□芄蘭(환란) – 나마(蘿摩)라고도 부름, 들판에 자라는 다년생 덩굴 풀. 줄기가 다른 식물에 감기어 자라며 잎새는 마주보며 붙어 있다. 그 줄기나 잎새를 자르면 흰 즙이 나오며 여름에 겉은 희고 속은 자줏빛의 꽃이 핀다. 열매는 씨에 흰 긴 털이 나서 솜에 대용할 수 있으며 인주를 만드는 데도 쓴다. 줄기 껍질에서도 섬유를 채취할 수 있으며 부드러운 잎새는 식용으로 쓰인다.　□支

(지)-『당석경(唐石經)』과 『설원(說苑)』에서는 이 시를 인용함에 지(枝)로 썼다, 가지. ▫童子(동자)-위나라 혜공(惠公)을 가리킨다고도 하며, '아이'의 뜻. ▫觿(휴)-코끼리 이빨로 만든 송곳같은 물건으로 실의 매듭을 푸는 데 쓰였다(孔疏). 그것을 장식으로 허리에 차고 다녔는데 성인들이 차는 것이지 아이들이 차는 것은 아니다. ▫能(능)-이(而)와 같은 조사(王引之『經義述聞』). ▫容兮(용혜)-용용(容容)의 뜻으로 흔들흔들하는 모양(『史記』 淮陰侯列傳). ▫遂(수)-추(墜)와 통하여 밑으로 늘어진 모양(釋義). ▫帶(대)-패(佩)를 다는 혁대와 옷을 묶는 대대(大帶)가 있는데 '대대'가 밑으로 늘어진다(傳疏). ▫悸(계)-이리저리 움직이는 것(釋義). '대대'를 늘어뜨리는 것도 아이들은 해서 안될 짓이다. ▫韘(접)-활을 쏠 때 끼는 깍지. 코끼리 이빨로 만들고 가죽끈으로 오른쪽 엄지손가락에 끼웠다 한다(傳疏). 그리고 말타기 활쏘기를 할 때엔 이를 허리에 찼다(毛傳). ▫甲(갑)-압(狎)과 통하여(毛傳), 친하게 어울리는 것.

|解説| 「모시서」에 환란(芄蘭)은 위나라 혜공(惠公)을 풍자한 것이라 하였다. 그는 어려서 임금자리에 올랐으나 교만하고 무례하여 대부들이 그를 풍자한 것이라 한다.

▲ 환란

7. 넓은 황하(河廣)

誰謂河廣고?　　누가 황하를 넓다고 했나?
一葦杭之로다.　　한 개의 갈대로도 건널 수 있는 것을.
誰謂宋遠고?　　누가 송나라 멀다고 했나?
跂予望之로다.　　발돋움만 해도 바라볼 수 있는 것을.

誰謂河廣고?　　누가 황하를 넓다고 했나?
曾不容刀로다.　　칼조차 들어갈 틈이 없는 것을.
誰謂宋遠고?　　누가 송나라를 멀다고 했나?
曾不崇朝로다.　　아침 전에 갈 수가 있는 곳을.

[註解]　□葦(위)－갈대의 한 종류(集傳). □一(일)－『공소』에선 '일'을 한 다발로 보았지만 그대로 '한 개' 또는 '한 잎'으로 봄이 좋다. □杭(항)－건너다. 도(渡)의 뜻(集傳). □跂(기)－발뒤꿈치를 드는 것. □予(여)－나. □刀(도)－『정전』에선 '작은 배'라 하였으나 그대로 칼로 보고, 이 구절은 자기 마음에 황하가 칼도 받아들이지 못할 만큼 아주 좁게 느껴진다는 뜻으로 봄이 좋겠다(釋義). □崇朝(숭조)－종조(終朝), 곧 아침 식전 동안에 걸으면서 갈 거리도 안될 듯하다는 뜻. 용풍(鄘風) '무지개(蝃蝀)' 시에도 나왔음.

[解說]　「모시서」에는 "송(宋)나라 양공(襄公)의 어머니가 위나라로 돌아와 송나라에 대한 그리운 정을 버릴 수가 없어서 이 시를 지었다."고 하였다. 특히 두고 온 아들 양공을 그리워했다고 한다. 양공의 어머니는 위나라 대공(戴公)과 문공(文公)의 누이동생이며 송나라 환공(桓公)의 부인이었다.

그러나 송나라 양공 때에 위나라는 이미 도읍을 황하의 남쪽으로 옮겨와 있었으니, 송나라를 가려면 황하를 건널 필요가 없었다. 따라서 「모시서」의 해설은 믿을 수가 없다. 송나라 왕질(王質)은 『시총문(詩總聞)』에서 위나라에 와서 사는 송나라 사람이 가지 못하는 고향을 생각하며 부른 노래라 하였는데 그럴듯하다 (『釋義』).

8. 내 님(伯兮)

^{백 혜 흘 혜}
伯兮揭兮하니   내 님은 용감한

^{방 지 걸 혜}
邦之桀兮로다.   나라의 영걸.

^{백 야 집 수}
伯也執殳하고   내 님은 긴 창 들고

^{위 왕 전 구}
爲王前驅로다.   임금님 앞장서네.

^{자 백 지 동}
自伯之東으로   내 님이 동으로 가시자

^{수 여 비 봉}
首如飛蓬이라.   머리는 나부끼는 쑥대 같네.

^{기 무 고 목}
豈無膏沐이리오마는   어찌 기름 바르고 머리 감지 못하랴마는

^{수 적 위 용}
誰適爲容고?   누구를 위해 화장할꼬?

^{기 우 기 우}
其雨其雨여!   비 좀 와라 비 좀 와라!

^{고 고 출 일}
杲杲出日이로다.   쨍쨍 햇빛만 나네.

^{원 언 사 백}
願言思伯이라   님 생각에

甘^감心^심首^수疾^질이로다.　　머리 아픈들 뉘를 탓하리.

焉^언得^득諼^훤草^초하여　　어데서 망우초(忘憂草) 얻어다

言^언樹^수之^지背^배로다.　　그것을 뒤꼍에 심어 봤으면.

願^원言^언思^사伯^백이라　　님 생각에

使^사我^아心^심痗^매로다.　　내 마음만 병드네.

▲ 망우초

註解 □伯兮(백혜) - 군자, 곧 남편의 호칭(鄭箋). □朅(흘) - 무모(武貌)(毛傳), 곧 용감한 것. □桀(걸) - 걸(傑)과 통하여 영걸(英傑)의 뜻. □殳(수) - 길이 1장(丈) 2척(尺)의 날 없는 창(毛傳). □前驅(전구) - 선구(先驅). 앞장서는 사람. □之(지) - 전쟁에 나간 것. □首(수) - 머리. □飛蓬(비봉) - 가을에 바람에 날리는 엉클어진 다북쑥. □膏(고) - 머리에 기름 바르는 것. □沐(목) - 머리감는 것. 고목(膏沐)은 여자의 화장을 통틀어 대표한 것이다. □適(적) - 마서진은 『일체경음의(一切經音義)』를 인용, 기쁘다, 곧 열(悅)의 뜻으로 보았다(通釋). □容(용) - 화장하는 것. 중국의 속담에 '여자는 자기를 좋아하는 사람을 위하여 화장한다'는 말이 있다(集傳). □其雨(기우) - 비가 왔으면 하는 뜻(集傳). □杲(고) - 고(杲)는 나무 위에 해가 떠 있는 모양으로, 고고(杲杲)는 햇빛이 쨍쨍 나는 것. □言(언) - 조사. □甘心(감심) - 마음속으로 달게 여기는 것. □首疾(수질) - 두통. □諼草(훤초) - 사람으로 하여금 근심을 잊게 하는 풀. 어딘가 그런 풀이 있었으면 하는 뜻(孔疏). 『집전』에선 합환(合歡)이라고도 하며 이걸 먹으면 걱정이 없어지는 풀이라 하였다. □背(배) - 집의 북쪽 옆. 『모전』에선 북당(北堂)이라 하였는데 부인은 북당에 산다. 우리말로는 뒤꼍일 것이다. □瘧(매) - 병들다.

解説 부인이 전쟁에 나가 오랫동안 돌아오지 않는 남편을 생각하며 노래한 것이다.

「모시서」에서는 "자기 남편이 전쟁에 나가 임금님의 앞장을 서고 있는데, 오래 되어도 돌아오지 않아 이 노래를 부른것" 이라 풀이하고 있다.

9. 여우(有狐)

有狐綏綏하니　　여우가 어슬렁어슬렁
在彼淇梁이로다.　기수 돌다리 위를 어정거리네.

| 심 지 우 의
心之憂矣는 | 마음의 근심은

| 지 자 무 상
之子無裳이니라. | 그이 바지가 다 떨어지지나 않았을까 하는 것.

| 유 호 수 수
有狐綏綏하니 | 여우가 어슬렁어슬렁

| 재 피 기 려
在彼淇厲로다. | 기수가 언덕을 어정거리네.

| 심 지 우 의
心之憂矣는 | 마음의 근심은

| 지 자 무 대
之子無帶이니라. | 그이 띠도 없지 않을까 하는 것.

| 유 호 수 수
有狐綏綏하니 | 여우가 어슬렁어슬렁

| 재 피 기 측
在彼淇側이로다. | 기수 물가를 어정거리네.

| 심 지 우 의
心之憂矣는 | 마음의 근심은

| 지 자 무 복
之子無服이니라. | 그이 옷이 다 떨어지지나 않았을까 하는 것.

註解 ▫狐(호)-여우. ▫綏綏(수수)-천천히 걸어다니는 모양(通釋).『집전』에선 홀로 짝을 찾아다니는 모습이라 하였다. ▫淇(기)-강 이름. ▫梁(량)-돌다리. 다리. ▫裳(상)-여기서는 남자이니 아래 바지. 무상(無裳)은 결국 바지가 다 떨어진 것. 알뜰한 아내의 마음이 이 구절에서 느껴진다. ▫厲(려)-명(明)나라 하해(何楷)의『시경세본고의(詩經世本古義)』에선 '물가의 높은 언덕' 이라 하였다. ▫帶(대)-띠. ▫服(복)-옷. 제1절에서는 바지, 2절에서는 띠를 근심하고 3절에서는 전체적으로 옷이 떨어지지 않았을까 근심한 것이다.

解說 이 시도 멀리 나가 있는 남편을 그리는 여자의 노래이다(崔述『讀風偶識』). 기수(淇水) 언저리를 홀로 어슬렁거리고 있는 여우에서 이 여인은 자기의 외로움을 느끼고 남편을 생각했을 것이다.

「모시서」에서는 위나라의 남녀들이 때를 놓치고 늦게 결혼함으로써 자기의 짝을 제때 찾아 가정을 이루지 못하게 되는 일이 많으므로 이를 풍자한 것이라 하였다.

10. 모과(木瓜)

투 아 이 목 과
投我以木瓜에　　나에게 모과를 보내주었으나

보 지 이 경 거
報之以瓊琚니,　　아름다운 패옥으로 보답하나니,

비 보 야
匪報也요　　　　보답이 아니라

영 이 위 호 야
永以爲好也니라.　영원히 친하게 지내자는 것일세.

투 아 이 목 도
投我以木桃에　　나에게 복숭아를 보내주었으나

보 지 이 경 요
報之以瓊瑤니,　　아름다운 옥으로 보답하나니,

비 보 야
匪報也요　　　　보답이 아니라

영 이 위 호 야
永以爲好也니라.　영원히 친하게 지내자는 것일세.

투 아 이 목 리
投我以木李에　　나에게 오얏을 보내주었으나

보 지 이 경 구
報之以瓊玖니,　　아름다운 옥돌로 보답하나니,

비 보 야
匪報也요　　　　보답이 아니라

영 이 위 호 야
永以爲好也니라.　영원히 친하게 지내자는 것일세.

註解 □投(투)-던져 주는 것. 곧 물건을 보내주는 것. □木瓜(목과)-모과나무 열매. 모과나무는 능금나무과의 낙엽 교목. 중국이 원산지이며 껍질은 갈색, 과실은 큰 타원형으로 큰 배와 비슷한데 가을에 누렇게 익으며 약제로 쓰인다. □瓊(경)-붉은 옥돌. □琚(거)-패옥. 『모전』엔 경(瓊)은 미옥(美玉), 거(琚)는 패옥(佩玉) 이름이라 했다. 여하튼 이 구절은 남이 값싼 물건을 보내주면 값진 물건으로 그 뜻에 보답한다는 뜻이다. □匪(비)-부정사. □爲好(위호)-친하게 잘 지내는 것. 이 구절은 그렇게 값진 물건을 답례로 보내는 것은 보답보다도 그 사람과 친하게 잘 지내자는 뜻이 담겨있다는 것이다. □木桃(목도)-목리(木李)와 함께 학자에 따라 설이 구구하다. 여기서는 그대로 '복숭아'라 하였으나 마서진(馬瑞辰)은 목과(木瓜)의 별종이라 하였다(通釋). □瑤(요)-아름다운 옥돌. □玖(구)-왕풍 「언덕 위의 삼 밭」 시의 『모전』에 '구'는 옥돌 다음가는 돌이라 하였으니, 역시 보석의 일종이다.

解説 이 시는 친구 사이 또는 애인 사이에 물건을 주고받으며 부른 노래이다(崔述 『讀風偶識』).

「모시서」에서는 이는 제나라 환공(桓公)을 기린 시라 하였다. 용풍 「달려라(載馳)」 시에서 설명했듯이 위나라가 적인(狄人)의 침략을 받아 멸망하고 대공(戴公)이 조(漕) 땅에 움막을 짓고 머무르고 있을 때 제 환공은 군대를 보내어 그를 보호하며 수레와 말 및 그릇과 옷을 보내주었다. 대공이 죽은 뒤에 문공(文公)이 뒤를 잇자, 환공은 또 초구(楚丘)에 성을 쌓고 그를 이곳에 봉하며 많은 물건을 보내주었다. 위나라 사람들이 이를 생각하고 그의 은혜를 갚으려는 뜻을 노래한 것이라 한다.

제 6 왕풍(王風)

　주나라의 11대 임금인 유왕(幽王 : B.C. 781~771 재위)은 신(申)나라 강씨(姜氏)에게 장가들어 태자 의구(宜臼)를 낳았다. 그뒤 유왕은 포사(褒姒)에게 빠져 그가 백복(伯服)을 낳자 강씨와 의구를 쫓아내어 의구는 신나라로 도망하였다. 강씨의 아버지 신나라 제후는 이를 알고 오랑캐 견융(犬戎)을 시켜 주나라 무왕 이래의 도읍지인 종주(宗周), 곧 호경(鎬京)을 공격케 하여 유왕은 여산(驪山) 기슭 희(戱)땅에서 죽었다. 진(晋)나라 문후(文侯, B.C. 780~B.C. 746 재위)와 정(鄭)나라 무공(武公, B.C. 770~B.C. 744 재위) 등은 이에 의구를 신나라로부터 모셔다 주왕으로 세우니 이가 평왕(平王 : B.C. 770~720 재위)이다.

　평왕은 제후들의 힘으로 천자가 되었기 때문에 왕조의 위엄이 떨어지고 오랑캐들의 힘이 날로 세어져, 이를 피하여 도읍을 낙읍(洛邑 : 지금의 河南省 洛陽)으로 옮겼다. 낙읍은 성왕(成王) 때 주공이 이룩한 도시이며, 이로부터 주나라를 동주(東周)라 하여 앞의 서주(西周)와 구별한다. 이 낙읍에선 평왕의 뒤로 환왕(桓王)·장왕(莊王)·희왕(僖王)·혜왕(惠王)·양왕(襄王)·항왕(項王)·광왕(匡王)·정왕(定王)·간왕(簡王)·영왕(靈王)·경왕(景王, B.C. 544~B.C. 520 재위)으로 이어지면서 주나라의 명맥을 지탱하였다.

　이 왕풍은 이들 중 앞의 평왕과 환왕(B.C. 719~697 재위)·장왕(B.C. 696~680 재위) 3대에 걸친 시대의 시를 낙읍 근처에서 수집한 것이라 전하여진다. 주나라가 천자의 나라라고는 하지만, 이때에는 이미 제후들과 마찬가지로 정치 명령이 그들의 왕기(王畿) 안에서만 행하여지고 그 밖에는 영향을 미치지 못하였다. 이들 시도 주풍(周風)이라 할 만한 것이나 그대로 주나라 왕실을 존중하는 뜻에서 왕풍이라 한 것이다.

1. 기장은 더부룩이 (黍離)

彼黍離離어늘　　　　기장은 더부룩히 자라고
<small>피 서 이 리</small>

彼稷之苗로다.　　　　피 싹도 돋았구나.
<small>피 직 지 묘</small>

行邁靡靡하고　　　　걸음걸이 맥없고
<small>행 매 미 미</small>

中心搖搖로다.　　　　마음속 허전하네.
<small>중 심 요 요</small>

知我者는　　　　　　나를 아는 이는
<small>지 아 자</small>

謂我心憂어늘,　　　　내 마음에 시름 있다 하겠지마는,
<small>위 아 심 우</small>

不知我者는　　　　　나를 모르는 이는
<small>부 지 아 자</small>

謂我何求오 로다.　　 내게 무얼 하고 있느냐고 말하리라.
<small>위 아 하 구</small>

悠悠蒼天이여!　　　　끝없이 푸른 하늘이여!
<small>유 유 창 천</small>

此何人哉오?　　　　 이건 누구 때문입니까?
<small>차 하 인 재</small>

彼黍離離어늘　　　　기장은 더부룩히 자라고
<small>피 서 이 리</small>

彼稷之穗로다.　　　　피 이삭도 돋았구나.
<small>피 직 지 수</small>

行邁靡靡하고　　　　걸음걸이 맥없고
<small>행 매 미 미</small>

中心如醉로다.　　　　마음은 술취한 듯.
<small>중 심 여 취</small>

知我者는　　　　　　나를 아는 이는
<small>지 아 자</small>

제1편 국풍(國風) • **241**

위 아 심 우	
謂我心憂어늘,	내 마음에 시름 있다 하겠지마는,

부 지 아 자
不知我者는   나를 모르는 이는

위 아 하 구
謂我何求오 로다.   내게 무얼 하고 있느냐고 말하리라.

유 유 창 천
悠悠蒼天이여!   끝없이 푸른 하늘이여!

차 하 인 재
此何人哉오?   이건 누구 때문입니까?

피 서 이 리
彼黍離離어늘   기장은 더부룩히 자라고

피 직 지 실
彼稷之實이로다. 피 이삭도 여물었네.

행 매 미 미
行邁靡靡하고   걸음걸이 맥없고

중 심 여 열
中心如噎이로다. 마음속은 막히는 듯.

지 아 자
知我者는   나를 아는 이는

위 아 심 우
謂我心憂어늘,   내 마음에 시름 있다 하겠지마는,

부 지 아 자
不知我者는   나를 모르는 이는

위 아 하 구
謂我何求오 로다. 내게 무얼 하고 있느냐고 말하리라.

유 유 창 천
悠悠蒼天이여!   끝없이 푸른 하늘이여!

차 하 인 재
此何人哉오?   이건 누구 때문입니까?

|註解| ▫黍(서)—메기장. ▫離離(이리)—이삭이 나와 늘어진 모양(孔疏). ▫稷(직)—피. ▫苗(묘)—곡식 싹. ▫行邁(행매)—걸어가는 것. ▫靡靡(미미)—지지

(遲遲)와 같은 뜻으로(毛傳), 걸음이 잘 나아가지 않는 것. □搖搖(요요) – 근심이 있어도 호소할 곳 없는 모양(毛傳). □何求(하구) – 무엇을 구하는가? 곧 무얼 하고 있는가의 뜻. □悠悠(유유) – 먼 모양(毛傳). 아득히 끝없는 것. □蒼天(창천) – 푸른 하늘. 시름을 하늘에 호소하는 것이다. □此(차) – 나라가 이렇게 된 것. □何人哉(하인재) – 누가 이렇게 만든 것이냐는 뜻. □穗(수) – 곡식 이삭. □實(실) – 이삭이 여무는 것. □噎(열) – 숨이 막히는 것(孔疏), 가슴이 막히듯이 답답해지는 것.

解説 「모시서」에서는 서주의 도읍이었던 종주(宗周), 곧 호경(鎬京)이 폐허처럼 되어있는 모습을 보고 슬퍼한 것이라 하였다. 주나라 평왕(平王 : B.C. 770~720 재위) 때 도읍을 낙읍(洛邑)으로 옮긴 뒤, 주나라의 대부가 나랏일에 동원되어 집을 나가 이전 서주 때의 도읍 터인 호경에 갔다. 그곳에서 그는 옛날의 종묘와 궁전은 다 허물어져 버리고 흥망성쇠는 아랑곳없이 그 땅에 기장과 피만이 수북히 자라고 있는 것을 보았다. 주나라가 쇠약해진 것을 슬퍼하며 이 시를 지은 것이다.

▲ 기장(黍)

2. 나랏일에 끌려 나가신 님(君子于役)

君子于役_{하여}　　우리 님은 나랏일에 끌려 나가

不知其期_{로다.}　　돌아올 날 속절없네.

曷至哉_{오?}　　언제나 오시려나?

鷄棲于塒_{하고}　　닭은 홰에 오르고

日之夕矣_니　　해 저물자

羊牛下來_{로다.}　　소와 양도 돌아오는데,

君子于役_{이여!}　　나랏일에 끌려 나간 우리 님이여!

如之何勿思_{리요!}　　그 어이 그립지 않으리!

君子于役_{하여}　　우리 님은 나랏일에 끌려 나가

不日不月_{이로다.}　　몇날 몇달인지 속절없네.

曷其有佸_{고?}　　언제면 만나게 되려나?

鷄棲于桀_{하고}　　닭은 우리에 들고

日之夕矣_니　　해 저물자

羊牛下括_{이로다.}　　소와 양도 내려오는데,

君子于役_{이여!}　　나랏일에 끌려 나간 우리 님이여!

^{구 무 기 갈}
苟無飢渴이어다! 목마름 굶주림이나 겪지 않으시기를!

註解 ▫君子(군자) – 부인이 남편을 부르는 말. ▫役(역) – 행역(行役). 나라의 명으로 토목공사나 멀리 국경을 지키는 일에 끌려나가는 것. ▫于役(우역) – 재역(在役). 나랏일에 끌려나가 있다는 뜻. ▫其期(기기) – 돌아올 날짜(集傳). ▫曷(갈) – 언제의 뜻. 갈지(曷至)는 언제면 돌아오나. ▫棲(서) – 새가 깃드는 것. ▫塒(시) – 『이아(爾雅)』 곽주(郭注)에는 '담을 뚫어 닭을 깃들게 하는 곳' 이라 하였다. 여하튼 서우시(棲于塒)는 닭이 홰에 오르는 것이라 보면 될 것이다. ▫如之何(여지하) – 여하(如何)를 강조한 말, 그 어찌, 어찌하여. ▫勿思(물사) – 생각하지 않는 것, 곧 그리워하지 않는 것. ▫不日不月(불일불월) – 나랏일에 끌려나가서 돌아올 날도 달도 모른다는 뜻(鄭箋). ▫佸(활) – 와서 만나는 것(毛傳). ▫桀(걸) – 닭이 홰에 오르는 것(毛傳). ▫下括(하괄) – 앞의 하래(下來)와 같은 뜻. 내려오다, 돌아오다. ▫苟(구) – 어떤 일을 바라는 소망이 포함되어 있다. ▫飢(기) – 굶주리다. ▫渴(갈) – 목마른 것.

解說 대부가 오랫동안 나랏일에 끌려 나가 있어 그의 처가 남편을 그리며 읊은 노래이다(『集傳』).

「모시서」에서는 평왕 때의 절도 없이 나랏일에 백성들을 동원하는 것을 풍자한 것이라 하였다.

3. 즐거운 우리 님(君子陽陽)

<ruby>君子<rt>군자</rt></ruby>-<ruby>陽陽<rt>양양</rt></ruby>하여   즐거운 우리 님은

<ruby>左<rt>좌</rt></ruby><ruby>執<rt>집</rt></ruby><ruby>簧<rt>황</rt></ruby>하고   왼손에 생황 들고

<ruby>右<rt>우</rt></ruby><ruby>招<rt>초</rt></ruby><ruby>我<rt>아</rt></ruby><ruby>由<rt>유</rt></ruby><ruby>房<rt>방</rt></ruby>하니   오른손으로 나를 방으로 부르니

<ruby>其<rt>기</rt></ruby><ruby>樂<rt>락</rt></ruby><ruby>只<rt>지</rt></ruby><ruby>且<rt>저</rt></ruby>여!   정말 즐겁네.

<ruby>君子<rt>군자</rt></ruby>-<ruby>陶陶<rt>도도</rt></ruby>하여   흥겨운 우리 님은

<ruby>左<rt>좌</rt></ruby><ruby>執<rt>집</rt></ruby><ruby>翿<rt>도</rt></ruby>하고   왼손에 새깃 들고

<ruby>右<rt>우</rt></ruby><ruby>招<rt>초</rt></ruby><ruby>我<rt>아</rt></ruby><ruby>由<rt>유</rt></ruby><ruby>敖<rt>오</rt></ruby>하니   오른손으로 나를 춤자리로 부르니

<ruby>其<rt>기</rt></ruby><ruby>樂<rt>락</rt></ruby><ruby>只<rt>지</rt></ruby><ruby>且<rt>저</rt></ruby>여!   정말 즐겁네.

註解 □陽陽(양양)-양양(揚揚)과 통하여 즐거운 모습. □左(좌)-왼손. □簧(황)-생황(笙簧). 관악기의 일종으로 13 내지 19개의 가는 대를 바가지로 만든 바탕에 묶어 세우고 주전자 귀대 비슷한 부리로 분다. □右(우)-오른손. □招(초)-부르다. □由(유)-종(從), …으로(鄭箋). □房(방)-거실. □只且(지저)-조사. □陶陶(도도)-흥겨운 모습. □翿(도)-춤추는 사람이 드는 새깃으로 만든 일산[翳] 같은 물건(孔疏). □敖(오)-연무지위(燕舞之位)(鄭箋), 곧 춤추는 자리.

解說 이 시는 부부의 화락함을 노래한 것이다. 『집전』에서는 나랏일에 끌려 나갔다가 돌아온 남편을 맞이하여 즐기는 모습으로 보았다.

「모시서」에서는 주나라를 걱정하는 시라 하였다. 군자들이 어지러운 세상이 되자, 하는 일 없이 적당히 녹이나 받아먹으며 몸을 보전하고 해를 멀리하며 지낸다는 것이다.

4. 잔잔한 물결(揚之水)

揚^양之^지水^수는　　　잔잔한 물결은

不^불流^류束^속薪^신이로다.　　나무 다발도 떠내려 보내지 못하네.

彼^피其^기之^지子^자여!　　　사랑하는 이어!

不^불與^여我^아戍^수申^신이로다.　함께 지내지 못하고 나는 신땅에 수자리 사네.

懷^회哉^재懷^회哉^재로다!　　　그립고 그리운지고!

曷^갈月^월予^여還^환歸^귀哉^재오?　어느 달이면 나는 돌아가게 되나?

揚^양之^지水^수는　　　잔잔한 물결은

不^불流^류束^속楚^초이로다.　　싸리 다발도 떠내려 보내지 못하네.

彼^피其^기之^지子^자여!　　　사랑하는 이어!

不^불與^여我^아戍^수甫^보로다.　함께 지내지 못하고 나는 보땅에 수자리 사네.

懷^회哉^재懷^회哉^재로다!　　　그립고 그리운지고!

曷^갈月^월予^여還^환歸^귀哉^재오?　어느 달이면 나는 돌아가게 되나?

揚^양之^지水^수는　　　잔잔한 물결은

不^불流^류束^속蒲^포로다.　　개버들 다발도 떠내려 보내지 못하네.

彼^피其^기之^지子^자여!　　　사랑하는 이어!

<u>불 여 아 수 허</u>
不與我戍許로다.　　함께 지내지 못하고 나는 허땅에 수자리 사네.

<u>회 재 회 재</u>
懷哉懷哉로다!　　그립고 그리운지고!

<u>갈 월 여 환 귀 재</u>
曷月予還歸哉오?　　어느 달이면 나는 돌아가게 되나?

註解　□揚(양)－격양(激揚)의 뜻으로 보기도 하나(毛傳), 유양(悠揚)의 뜻으로 보아 물이 잔잔히 흐르는 모습이라 한 『집전』의 해설을 따랐다. □束薪(속신)－묶어놓은 땔나무 다발. 힘이 없어 나무 한 다발도 떠내려 보내지 못하는 잔잔한 물은 주나라 왕실의 무력함을 비유한 것이라 한다. 주 왕실이 무력하기 때문에 주나라 사람이 제후의 나라에까지 와서 수자리를 살게 된 것이다. □其(기)－조사. □之子(지자)－시자(是子)로서 집에 두고 온 작자의 아내, 사랑하는 사람. 정풍(鄭風)「염소 갖옷(羔裘)」시, 위풍(魏風)「분수가의 진펄(汾沮洳)」시에도 같은 구절이 있으니 참고 바란다. □戍(수)－수자리, 곧 변경 수비. □申(신)－나라 이름. 강성(姜姓)이며 평왕의 어머니 친정 나라. 지금의 하남성 신양현(信陽縣)에 있었다(釋義). □懷(회)－그립다는 뜻. □曷(갈)－하(何)의 뜻으로 갈월(曷月)은 '어느 달'. □楚(초)－싸리나무. 역시 땔나무(薪)의 일종이다. □甫(보)－나라 이름. 역시 강성(姜姓)의 나라, 여(呂)나라라고도 불렀다. 선왕(宣王) 때에 '여'를 '보'라 고쳤다 한다. 지금의 하남성 남양(南陽) 근처(釋義). □蒲(포)－포류(蒲柳)(鄭箋), 곧 갯버들로서 역시 땔나무의 일종. □許(허)－나라 이름. 역시 강성(姜姓)이었으며 지금의 하남성 허창(許昌) 근처에 있었다(釋義).

解說　멀리 수자리 가 있는 주나라 사람이 그의 집 생각을 노래한 것이 이 시이다. 「모시서」에서는 이 시는 주나라 평왕을 풍자한 것이라 하였다. 평왕이 동쪽으로 옮겨간 뒤로는 남방의 초(楚)나라가 강성하여져 이를 막아야 했다. 그러나 제후의 나라에는 이미 주왕의 정치 명령이 통하지 않아 제후들로 하여금 나라를 지키게 할 수 없었으므로, 주나라 사람들이 직접 남쪽의 신(申)·보(甫)·허(許) 나라의 국경을 지켜야만 하였다.

그리고 주나라 환왕·장왕 이전에는 신나라와 보나라 땅이 초나라의 압력을 받지 않았으며, 환왕·장왕 이후에는 신나라와 보나라는 멸망하였으니, 이것은 환왕과 장왕 때의 노래로 보아야 한다(『釋義』引 傅斯年說).

5. 골짜기의 익모초(中谷有蓷)

中谷有蓷하니　　골짜기에 익모초가 있는데
暵其乾矣로다.　　가뭄에 말라 있네.
有女仳離하여　　집 떠나온 여인이 있어
嘅其嘆矣로다.　　깊은 한숨 짓네.
嘅其嘆矣는　　　깊은 한숨 짓는 것은
遇人之艱難矣니라.　남편으로 말미암은 고난 때문이라.

中谷有蓷하니　　골짜기에 익모초가 있는데
暵其脩矣로다.　　가뭄에 시들었네.
有女仳離하여　　집 떠나온 여인이 있어
條其歗矣로다.　　긴 한숨 몰아쉬네.
條其歗矣는　　　긴 한숨 몰아 쉬는 것은
遇人之不淑矣니라.　남편으로 말미암은 불행 때문이라.

中谷有蓷하니　　골짜기에 익모초가 있는데

_{한 기 습 의}
暵其濕矣로다.　　가뭄에 말라가네.

_{유 녀 비 리}
有女佌離하여　　남편과 이별한 여인이 있어

_{철 기 읍 의}
啜其泣矣로다.　　훌쩍이며 우네.

_{철 기 읍 의}
啜其泣矣나　　훌쩍이며 울고

_{하 차 급 의}
何嗟及矣리요!　　한탄한들 무엇하리!

註解　□中谷(중곡)-곡중(谷中), 골짜기 가운데. □蓷(퇴)-익모초. 잎새가 환(萑) 같고 모가 난 줄기에 흰 꽃이 피며, 꽃은 마디 사이에 핀다. 익모초는 '암눈비앗'이라고도 부르며 잎과 줄기를 약재로 쓰는데 특히 줄기를 익모초라 부른다. 길가에도 흔하다. □暵(한)-마른 것. 한기(暵其)는 가뭄에 마른 모습. 골짜기에까지 가뭄이 들어 익모초가 말랐다면 이것은 굉장한 가뭄이다. 자기가 겪고 있는 고난에 비유한 것이다. □佌離(비리)-별리(別離)와 같은 말. 남편과 이별한 것. □嘅(개)-탄식하는 소리(集傳). □嘆(탄)-탄식하다. □遇(우)-당한 것.『정전(鄭箋)』에 인(人)은 남편을 가리킨다고 하였으나, 집안 사람으로 보아도 된다. □艱難(간난)-궁액(窮厄)(鄭箋). 고난의 뜻. □脩(수)-소(翛)와 통하여, 점점 시들어가는 모습(郝敬『詩經原解』). □條(조)-긴 모양(毛傳). □歗(소)-소(嘯)의 옛날 글자로서 휘파람 부는 소리 같은 긴 한숨을 짓는 것.『집전』에는 歗는 슬픔이 깊어 한숨이 끊이지 않는 것이라 하였다. □淑(숙)-선(善)과도 통하며, 불숙(不淑)은 부조(不弔)와 같은 불행의 뜻(王國維『觀堂集林』). □濕(습)-급(㵎)과 같은 뜻으로(王引之『經義述聞』) 말라들어가고 있는 것. □啜

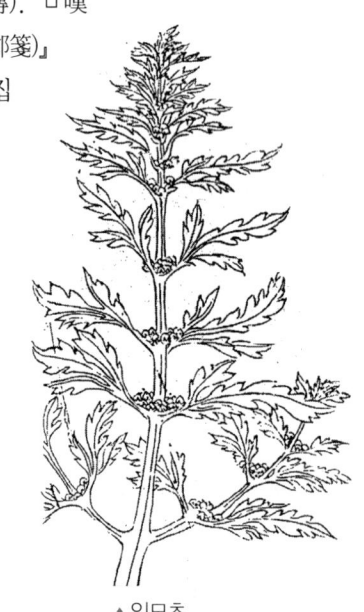
▲ 익모초

(철)-훌쩍거리며 우는 것. ▫泣(읍)-울다. 이곳의 소(歗)는 1절의 탄(歎)보다 심하고, 읍(泣)은 소(歗)보다도 심한 것이다. ▫嗟(차)-탄식하다. 하차급(何嗟及)은 '차하급(嗟何及)'의 글자 순서를 바꾸어 뜻을 강조한 것으로 '탄식을 해봤자 무엇이 되겠는가'의 뜻.

解說 이 시는 고난을 견디다 못해 남편과 이별한 여인이 읊은 시이다.
「모시서」에서는 주나라를 걱정하는 시라 하였다. 부부의 관계도 나날이 나빠지고 있는데 흉년까지 들어 굶주림 때문에 집안 사람들이 서로 떨어져 사는 일이 많게 되었다는 것이다. 각 절의 첫머리의 "말라가는 익모초"는 그가 겪는 흉년에 비유한 것이라 보았다. 그러나 그 고난은 단순한 부부 사이의 불화였다고 보는 게 더 좋을 듯하다.

6. 토끼는 깡총깡총(兎爰)

유 토 원 원 有兎爰爰이어늘	토끼는 깡총깡총 뛰는데
치 리 우 라 雉離于羅로다.	꿩이 그물에 걸렸네.
아 생 지 초 我生之初에	내가 처음 났을 때엔
상 무 위 尙無爲러니	아무 탈도 없었는데
아 생 지 후 我生之後에	내가 자란 뒤에는
봉 차 백 리 逢此百羅하니	이런 숱한 어려움 만나니
상 매 무 와 尙寐無吪로다.	아예 꼼짝 않고 잠이나 내내 들었으면.
유 토 원 원 有兎爰爰이어늘	토끼는 깡총깡총 뛰는데

^{치 리 우 부}
雉離于罦로다.　　　꿩이 그물에 걸렸네.

^{아 생 지 초}
我生之初에　　　내가 처음 났을 때엔

^{상 무 조}
尙無造러니　　　아무렇지도 않았는데

^{아 생 지 후}
我生之後에　　　내가 자란 뒤에는

^{봉 차 백 우}
逢此百憂하니　　　이런 숱한 걱정 생기니

^{상 매 무 각}
尙寐無覺이로다.　　아예 깨지 말고 잠이나 내내 들었으면.

^{유 토 원 원}
有兎爰爰이어늘　　토끼는 깡총깡총 뛰는데

^{치 리 우 충}
雉離于罿이로다.　　꿩이 그물에 걸렸네.

^{아 생 지 초}
我生之初에　　　내가 처음 났을 때엔

^{상 무 용}
尙無庸이러니　　　아무런 일도 없었는데

^{아 생 지 후}
我生之後에　　　내가 자란 뒤에는

^{봉 차 백 흉}
逢此百凶하니　　이런 숱한 흉한 일 일어나니

^{상 매 무 총}
尙寐無聰로다.　　아예 귀 막고 잠이나 내내 들었으면.

註解　□兎(토)-토끼. □爰爰(원원)-규제받지 않고(孔疏), 자유롭게 서서히 (毛傳) 뛰어다니는 모습. □雉(치)-꿩. □離(리)-걸리다. □羅(라)-그물. □尙 (상)-'그래도'의 뜻. □無爲(무위)-아무 탈도 없는 것, 무사한 것(集傳). □逢 (봉)-만나다. □百罹(백리)-여러 가지 걱정(毛傳). □尙(상)-바라다, 원하다. □寐(매)-잠자다. □吪(와)-움직이다. □罦(부)-복거(覆車)(毛傳) 또는 번거 (翻車)(孔疏)라고도 하며, 수레채에다 그물을 달아 수레바퀴의 회전에 따라 그

물이 펴져 새를 잡도록 만들어진 그물(孔疏). □無造(무조)-무위(無爲), 아무런 일도 없는 것. 『모전』에 조(造)는 위(爲)의 뜻이라 하였다. □罿(충)-『모전』엔 철(罬)이라 하였는데 『공소』에선 『이아』를 인용. 철(罬)은 부(罦)의 뜻이라 하였다. 첫 장의 라(羅)와 2장의 부(罦) 및 3장의 충(罿)은 종류가 각각 다른 그물일 것이나, 토끼나 새를 잡는 그물임에는 모두 틀림없다. 옛날에는 토끼나 꿩은 모두 같은 그물로 잡았다(通釋). □庸(용)-사(事)와 통하여(釋義), 무용(無庸)은 무사한 것. □凶(흉)-흉한 일. □無聰(무총)-아무것도 듣지 않는 것. 모든 세상일을 모른 체할 수 있었으면 좋겠다는 뜻.

|解説| 이 시는 어지러운 세상을 만난 것을 개탄한 것이다. 걸어다니는 토끼도 그물에 안 걸리고 자유롭게 뛰노는데 날아다니는 꿩은 그물에 걸려 있다. 못나고 간사한 사람은 출세하는데 올바른 사람은 박해를 당하는 것이 어지러운 세상의 공통된 특징이다. 그러기에 이 시의 작자는 어지러운 세상을 견딜 수 없어 차라리 잠이라도 영영 들어 버렸으면 하고 바라는 것이다.

「모시서」에서는 주나라를 걱정하는 시라 하였다. 주나라 환왕(桓王 : B.C. 719~697 재위)이 믿음을 잃어 제후들이 배반하고, 원한을 사 재난이 연이어졌고, 전쟁과 부역에 백성들은 시달렸다. 그래서 군자들은 그들의 삶을 즐겁게 여기지 않았다고 하였다.

7. 칡덩굴(葛藟)

_{면 면 갈 류}
緜緜葛藟이　　　길게 뻗은 칡덩굴이

_{재 하 지 호}
在河之滸로다.　　황하 언덕 위에 자라고 있네.

_{종 원 형 제}
終遠兄弟하고　　끝내 형제들은 멀리하고

_{위 타 인 부}
謂他人父로다.　　남을 아버지라 부르고 있네.

_{위 타 인 부}
謂他人父로되　　남을 아버지라 부르고는 있지만

_{역 막 아 고}
亦莫我顧로다.　　그는 나를 돌보아주지 않네.

_{면 면 갈 류}
緜緜葛藟이　　　길게 뻗은 칡덩굴이

_{재 하 지 사}
在河之涘로다.　　황하 물가에 자라고 있네.

_{종 원 형 제}
終遠兄弟하고　　끝내 형제들은 멀리하고

_{위 타 인 모}
謂他人母로다.　　남을 어머니라 부르고 있네.

_{위 타 인 모}
謂他人母로되　　남을 어머니라 부르고는 있지만

_{역 막 아 유}
亦莫我有로다.　　그는 나를 가까이 않네.

_{면 면 갈 류}
緜緜葛藟이　　　길게 뻗은 칡덩굴이

_{재 하 지 순}
在河之漘이로다.　황하 언덕에 자라고 있네.

_{종 원 형 제}
終遠兄弟하고　　끝내 형제들은 멀리하고

謂他人昆^{위 타 인 곤}이로다.　남을 형이라 부르고 있네.

謂他人昆^{위 타 인 곤}이로되　남을 형이라 부르고는 있지만

亦莫我聞^{역 막 아 문}이로다.　그는 나를 모르는 체하네.

註解　□綿綿(면면)−길게 끊이지 않고 뻗어있는 모양(毛傳). □葛藟(갈류)−주남(周南)「가지 늘어진 나무(樛木)」시에도 나왔듯이 칡덩굴. 칡덩굴은 뿌리와 줄기가 끊이지 않고 길게 뻗어 있는데, 자기는 난세를 당하여 집안 사람들과 헤어져 객지살이를 하고 있음을 뜻하는 것이다. □滸(호)−언덕 위(集傳). □終(종)−마침내, 지금은. □他人(타인)−남. 위타인부(謂他人父)는 남을 아버지라 부르는 것. □顧(고)−돌보아주는 것. □涘(사)−물가. □有(유)−우(友)와 뜻이 가까워 친애의 뜻. 『좌전』소공(昭公) 25년 두주(杜注) 의거(釋義). □漘(순)−『모전』엔 수엄(水隒)이라 하였는데, 수엄은 물가의 층진 언덕의 뜻. □昆(곤)−형(兄)의 뜻. □聞(문)−들은체하는 것, 곧 아는체하는 것.

解說　이 시는 객지에 유랑하는 나그네가 집생각을 하며 부른 노래이다. 객지에서 생활방편으로 의부모·의형제를 맺어보지만 아무레도 친 골육 같은 정은 가지 않는다.

「모시서」에서는 왕족들이 평왕을 풍자한 시라 하였다. 주나라 왕실의 도가 쇠하여 평왕이 그의 집안 사람들까지도 버렸음을 풍자한 것이라 하였다.

8. 칡 캐러 가세(采葛)

彼采葛兮^{피 채 갈 혜}여!　칡 캐러 가세!

一日不見^{일 일 불 견}이　하루 못보면

여 삼 월 혜
　　　如三月兮로다.　　석 달이나 못본 듯

　　　피 채 소 혜
　　　彼采蕭兮여!　　쑥 캐러 가세!
　　　일 일 불 견
　　　一日不見이　　하루 못보면
　　　여 삼 추 혜
　　　如三秋兮로다.　　세 해나 못본 듯.

　　　피 채 애 혜
　　　彼采艾兮여!　　약쑥 캐러 가세!
　　　일 일 불 견
　　　一日不見이　　하루 못보면
　　　여 삼 세 혜
　　　如三歲兮로다.　　삼 년이나 못본 듯.

　　|註解|　□蕭(소)-쑥. □三秋(삼추)-세 가을. 실제로는 3년이나 같은 말임.
　　□艾(애)-약쑥(毛傳).

　　|解說|　이것은 젊은이의 사랑 노래이다. 여자에게 애인이 있어 여자는 칡 캐러
가느니 쑥 뜯으러 가느니 하고 남자 애인을 만나러 간다. 잠깐을 못만나도 하루
가 삼 년처럼 길게 느껴져 가만히 있지를 못한다.
　　「모시서」에서는 남의 모함을 두려워하는 것을 읊은 시라 하였다.

9. 큰 수레(大車)

　　　대 거 함 함
　　　大車檻檻하니　　큰 수레가 덜컥덜컥 가는데
　　　취 의 여 담
　　　毳衣如菼이로다.　　부드러운 파란 털옷 입은 이 탔네.

256 · 새로 옮긴 시경

기 불 이 사
　　豈不爾思리요?　　어찌 그대를 생각 않으리?

　　외 자 불 감
　　畏子不敢이니라.　그대가 두려워 감히 못가는 거지.

　　대 거 톤 톤
　　大車啍啍하니　　큰 수레가 덜컹덜컹 가는데

　　취 의 여 문
　　毳衣如璊이로다.　부드러운 붉은 옥빛 털옷 입은 이 타고 가네.

　　기 불 이 사
　　豈不爾思리요?　　어찌 그대를 생각 않으리?

　　외 자 불 분
　　畏子不奔이니라.　그대가 두려워 달려가지 못하는 거지.

　　곡 즉 이 실
　　穀則異室이나　　살아서는 딴 집이라 하더라도

　　사 즉 동 혈
　　死則同穴하리라.　죽어서는 같은 구덩이에 묻히리라.

　　위 여 불 신
　　謂子不信인댄　　나를 미덥지 않다고 한다면,

　　유 여 교 일
　　有如皦日이니라.　밝은 해를 두고 맹세하리라.

註解　▫大車(대거)−대부(大夫)가 타는 큰 수레(毛傳). ▫檻檻(함함)−수레가 가는 소리(毛傳). ▫毳(취)−솜털, 짐승의 부드러운 털. 이것으로 짠 천을 취포(毳布). 취포로 만든 옷이 취의(毳衣)로, 이것은 대부의 옷이라 한다(鄭箋). ▫如菼(여담)−갈싹처럼 파랗다는 뜻(集傳). ▫不敢(불감)−감히 내가 옛 애인이라고 나서지 못하는 것. 옛날 애인은 출세하여 임금의 대부로 큰 수레를 타고 지나가고 있다. ▫啍啍(톤톤)−수레가 무거운 듯 천천히 가는 모양(毛傳). ▫璊(문)−붉은 옥. 여문(如璊)은 취의가 붉은 옥처럼 붉다는 뜻. ▫奔(분)−옛 애인 앞으로 달려나가는 것. ▫穀(곡)−생(生), 살아있는 것(毛傳). ▫異室(이실)−딴 집에 따로따로 떨어져 사는 것. ▫穴(혈)−묘혈(墓穴), 무덤 구덩이(鄭箋). ▫同穴(동혈)−한 구덩이에 묻히는 것. ▫謂(위)−'······라 한다' '······라 생각한다'

제1편 국풍(國風)・**257**

는 뜻. □暾(교) - 흰 것(毛傳). '유여교일(有如暾日)'은 나의 맹세는 희고 밝은 해처럼 뚜렷하다는 뜻(孔疏).

[解說] 이것은 출세를 하여 대부의 수레를 타고 지나가는 옛 애인을 보고 여자가 부른 노래이다. 옛 애인은 이미 자기와 신분이 달라져 자기는 감히 옛 애인에게 달려가거나 그를 부를 수도 없는 입장이 되어 있다. 그러나 자기의 사랑은 영원히 변함없을 거라는 것이다. 대부는 이미 이 여자를 까맣게 잊고 있을 것이다. 그러나 죽어서라도 한무덤에 묻히고 싶다는 것이다.

「모시서」에서는 주나라 대부를 풍자한 시라 하였다. 세상의 예의가 허물어지고 남녀들이 음란해져 옛일을 빌어 현재의 상태를 풍자한 것이다. 특히 대부들이 남녀들 사이에 일어나는 소송문제를 해결하지 못하는 것을 풍자한 것이라 하였다.

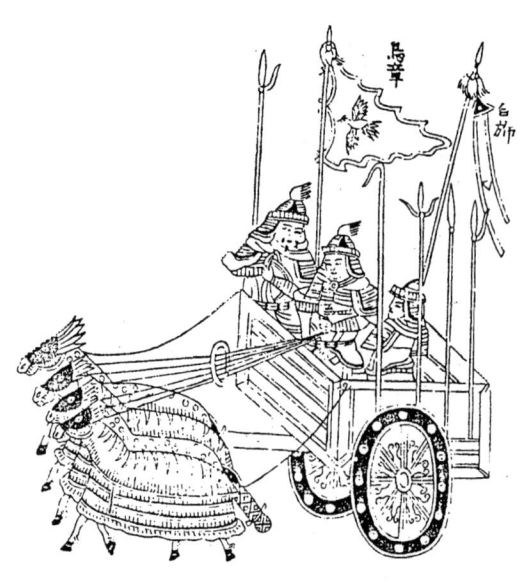

▲ 큰 수레

10. 언덕 위의 삼밭(丘中有麻)

_{구 중 유 마}
丘中有麻하니　　언덕 위에 삼이 자라고 있네.

_{피 류 자 차}
彼留子嗟여!　　저 유씨댁 아드님이여, 아아!

_{피 류 자 차}
彼留子嗟여!　　저 유씨댁 아드님이여, 아아!

_{장 기 래 시 시}
將其來施施로다.　바라선대 다시 선정을 베푸시기를.

_{구 중 유 맥}
丘中有麥하니　　언덕 위에 보리가 자라고 있네.

_{피 류 자 국}
彼留子國이여!　　저 유씨댁 아드님의 고을이여!

_{피 류 자 국}
彼留子國이여!　　저 유씨댁 아드님의 고을이여!

_{장 기 래 식}
將其來食이로다.　바라건대 다시 다스리러 오시기를.

_{구 중 유 리}
丘中有李하니　　언덕 위에 오얏나무 자라고 있네.

_{피 류 지 자}
彼留之子여!　　저 유씨댁 아드님이여!

_{피 류 지 자}
彼留之子여!　　저 유씨댁 아드님이여!

_{이 아 패 구}
貽我佩玖로다.　당신은 우리에게 허리에 차는 옥 같은 선정을
　　　　　　　　베풀어 주셨거니.

註解　□丘中(구중) - 언덕 위의 메마른 자갈 땅(毛傳). □麻(마) - 삼이 자라고 있는 것. 이 구절은 유씨네 아들이 와서 선정을 베풀어 메마른 언덕 위의 땅에

도 삼이나 보리·오얏이 무성하게 자라 살기좋게 되었음을 나타낸다. ▫留(류)－대부의 성(姓)(毛傳), 곧 후세의 유(劉)씨라 한다(釋義). 유(留)와 유(劉)는 옛날엔 통용되었다(通釋). ▫嗟(차)－감탄사.『모전』에선 자차(子嗟)를 유씨의 자(字)로 보았다. ▫其(기)－조사. ▫施(시)－선정을 베푸는 것. 안지추(顏之推)의『안씨가훈(顏氏家訓)』서증(書證)편에는 하북(河北)의『모시』에는 '시시(施施)'라 되어 있으나 강남(江南)의 구본(舊本)에는 '시'가 한 자만 있다고 하였다. 한 자만 있는 것이 본래의 모습일 것 같다. ▫國(국)－유자(留子)가 옛날 다스렸던 고을.『모전』엔 자국(子國) 역시 유씨의 자(字)이며 자차(子嗟)의 아버지라 하였다. ▫食(식)－식읍(食邑)의 식으로, 고을을 다스리는 것(張紋『詩貫』). ▫貽(이)－주다. ▫佩(패)－허리에 차다. ▫玖(구)－『모전』에선 옥 다음가는 보석이라 하였다. 패구(佩玖)는 허리에 차는 장식으로 유씨의 선정에 비유한 것이다.

|解說|『모시서』에 "이 시는 어진 이를 생각하며 노래한 것이다. 장왕(莊王: B.C. 696~682 재위)이 밝지 못하여 어진 이들이 쫓기어나니 나라 사람들이 그들을 생각하며 이 시를 지은 것이다."라고 설명하였다. 그 지방을 다스리던 유씨의 선정을 생각하며 그 고을 사람들이 그를 흠모하여 부른 노래일 것이다.

제7 정풍(鄭風)

주나라 선왕(宣王 : B.C. 827~782 재위)이 그의 배다른 동생 우(友)를 왕실에서 직접 다스리는 지역 안에 있는 함림(咸林) 땅에 봉하였는데, 그 사람이 정(鄭)나라 환공(桓公, B.C. 806~771 재위)이다. 함림은 뒤에 섬서성 동주부(同州府)의 화주(華州)가 되었고, 지금은 섬서성 화현(華縣) 근처의 땅이다. 환공은 주나라 유왕(幽王 : B.C. 781~771 재위)의 대사도(大司徒)를 지냈는데 서쪽의 견융(犬戎)이 침입하여 유왕은 죽음을 당했고 환공도 죽었다. 그래서 그의 아들 굴돌(掘突)이 뒤를 이어 정나라의 무공(武公, B.C. 770~744 재위)이 되었다.

정나라 무공은 진(晋)나라 문후(文侯)와 함께 평왕(B.C. 770~720 재위)이 주나라를 동쪽으로 옮길 적에 공을 세워 괵(虢)·회(鄶) 등 10읍(邑)의 땅을 얻었다. 그리고 도읍을 회(檜 : 하남성 開封府 新鄭縣) 땅으로 옮겼다. 무공 뒤로 장공(莊公)·여공(厲公)·소공(昭公)−자미(子亹)−자영(子嬰)−여공(厲公)·문공(文公)·목공(繆公) 등으로 대가 이어지다가 몇 세대 뒤 강공(康公, B.C. 395~B.C. 375) 때 한(韓)나라에게 멸망 당하였다. 이 정풍 21편은 모두가 동주(東周 : B.C. 770~256) 시대의 작품으로 보인다. 그리고 정풍은 연애시가 대부분이어서 옛날부터 대표적인 음란한 노래라고 알려져 있다.

1. 검은 옷(緇衣)

緇衣之宜兮여!　　검은 옷이 참 잘 어울리네!

_{폐 여 우 개 위 혜}
敝予又改爲兮리로다.　　해어지면 내 다시 지어 드리지요.

_{적 자 지 관 혜}
適子之館兮라가　　　　당신이 출근하셨다가,

_{환 여 수 자 지 찬 혜}
還予授子之粲兮리로다.　돌아오면 내 당신에게 음식을 차려 올리지요.

_{치 의 지 호 혜}
緇衣之好兮여!　　　　　검은 옷이 참 좋네!

_{폐 여 우 개 조 혜}
敝予又改造兮리로다.　　해어지면 내 다시 만들어 드리지요.

_{적 자 지 관 혜}
適子之館兮라가　　　　당신이 출근하셨다가,

_{환 여 수 자 지 찬 혜}
還予授子之粲兮리로다.　돌아오면 내 당신에게 음식을 차려 올리지요.

_{치 의 지 석 혜}
緇衣之蓆兮여!　　　　　검은 옷이 참 점잖네!

_{폐 여 우 개 작 혜}
敝予又改作兮리로다.　　해어지면 내 다시 맞추어 드리지요.

_{적 자 지 관 혜}
適子之館兮라가　　　　당신이 출근하셨다가,

_{환 여 수 자 지 찬 혜}
還予授子之粲兮리로다.　돌아오면 내 당신에게 음식을 차려 올리지요.

註解　□緇衣(치의)-검은 옷.『모전』엔 경사(卿士)들이 조회에 나갈 때 입는 정복이라 하였다. □宜(의)-잘 어울리는 것. 그의 덕이 그의 옷과 잘 어울린다는 뜻(孔疏). □敝(폐)-옷이 해어지는 것. □改爲(개위)-다시 옷을 만드는 것. □適(적)-나아가다. □館(관)-『공소』에 의하면 천자의 궁전 안에는 구경(九卿)들이 여러 가지 공사를 처리하는 집이 아홉 개 있었다. 이것을 관이라 한다. 따라서 적자지관(適子之館)은 당신이 공사를 처리하는 사무실로 출근한다는 뜻. □還(환)-출근했다 돌아오는 것, 곧 퇴근. □授(수)-주는 것, 올리는 것. □粲(찬)-찬(餐)과 통하여(毛傳), 맛있는 음식. □改造(개조)-1절의 개위(改爲), 3절의 개작(改作)이나 마찬가지로 '다시 만드는 것'. □蓆(석)-『집전』에선 정자(程子)의

설을 인용하여 '편안하다'는 뜻으로, 옷이 그의 덕과 어울리면 편안해진다고 설명하였다. 약간 다르지만 '점잖게 보인다'는 뜻으로 잡았다.

解說 「모시서」에 "「검은 옷」은 무공(武公)을 기린 것이다. 무공 부자(父 桓公)는 다 같이 주나라 왕실의 사도(司徒)로서 그들의 직책을 잘 처리하여 나라 사람들이 이들을 훌륭하게 여기어 그들의 덕을 기린 것이다. 그리하여 나라를 다스리는 데 훌륭한 직책을 다한 공을 밝히었다."라고 하였다. 시에서 조복(朝服)인 검은 옷이 해어지면 그것을 다시 지어 주겠다, 퇴근하면 맛있는 음식을 차려 올리겠다고 한 것은 나라 사람들이 그를 매우 존경하고 따르는 것을 뜻하는 것이다. 그러나 여자가 멋진 남편이나 애인을 두고 노래한 것이라 볼 수도 있다.

2. 둘째 도령(將仲子)

장 중 자 혜 將仲子兮여!	둘째 도련님!
무 유 아 리 無踰我里하고	우리 마을에 넘어 들어와
무 절 아 수 기 無折我樹杞어다.	우리 집 산버들 꺾지 마세요.
기 감 애 지 豈敢愛之리요?	어찌 나무가 아깝겠어요?
외 아 부 모 畏我父母니라.	저의 부모님이 두려워서지요.
중 가 회 야 仲可懷也나	도련님도 그립기는 하지만
부 모 지 언 父母之言은	부모님의 말씀도
역 가 외 야 亦可畏也니라.	역시 두려워요.
장 중 자 혜 將仲子兮여!	둘째 도련님!

무 유 아 장
無踰我牆하고　　　우리 집 담을 넘어와

무 절 아 수 상
無折我樹桑이어다.　　우리 집 뽕나무 꺾지 마세요.

기 감 애 지
豈敢愛之리요?　　　어찌 나무가 아깝겠어요?

외 아 제 형
畏我諸兄이라.　　　저의 손 윗분들이 두려워서지요.

중 가 회 야
仲可懷也나　　　　도련님도 그립기는 하지만

제 형 지 언
諸兄之言은　　　　손 윗분들의 말씀도

역 가 외 야
亦可畏也니라.　　　역시 두려워요.

장 중 자 혜
將仲子兮여!　　　　둘째 도련님!

무 유 아 원
無踰我園하며　　　　우리 집 뜰 안으로 넘어와

무 절 아 수 단
無折我樹檀이어다.　　우리 집 박달나무 꺾지 말아요.

기 감 애 지
豈敢愛之리요?　　　어찌 나무가 아깝겠어요?

외 인 지 다 언
畏人之多言이라.　　　남의 말 많음이 두려워서지요.

중 가 회 야
仲可懷也나　　　　도련님도 그립기는 하지만

인 지 다 언
人之多言은　　　　남의 말 많음도

역 가 외 야
亦可畏也니라.　　　역시 두려워요.

註解　▫將(장)－조사.『모전』에선 청(請), 곧 '제발'의 뜻으로 보았다. ▫仲子(중자)－둘째 아들. 여자편에서 하는 말이니 '둘째 도련님'(釋義).『모전』에서는 정나라 대부인 채중(祭仲)이라 보고,『집전』에서는 남자의 자(字)라 하였다.

264 • 새로 옮긴 시경

□踰(유)-넘다. □里(리)-옛날에는 다섯 집을 인(鄰), 오린(五鄰)을 리(里)라 하였으니 곧 스물다섯 집이 '리'이다(孔疏). 그 리의 주위에는 경계에 도랑이 있거나 나무가 심어져 있었는데 그 경계를 넘어오지 말라는 것이다. □杞(기)-산버드나무. 아수기(我樹杞)는 내가 심은 산버드나무. □愛(애)-아끼다. □之(지)-버드나무를 가리킴. □可懷(가회)-그리워지는 것. □牆(장)-집 주위에 두른 담. □諸兄(제형)-한 집안의 연장자들, 곧 집안의 손윗분들. □園(원)-뜰 가에 두른 울. 그 안에 나무를 심는데, 원(園)은 앞의 장(牆) 안에 있어 더욱 집에 접근한 것이다. □檀(단)-박달나무.

|解説| 이것은 남의 눈을 피해 사랑을 속삭이는 젊은 남녀들의 밀회를 노래한 것이다. 밀회의 어려움은 짜릿한 밀회의 기쁨과도 통한다.

「모시서」에서는 정나라 장공(莊公)을 풍자한 시라 하였다. 장공이 그의 어머니(武姜)의 강요에 못이겨 그의 아우(共叔段)를 해치게 되었음을 풍자한 것이라 하였다. 장공의 일은 『좌전』 은공(隱公) 원년에 보인다.

▲ 산버들

3. 숙의 사냥(叔于田)

叔^숙于^우田^전하니　　숙이 사냥 나가니

巷^항無^무居^거人^인이로다.　거리에 사는 사람이 없는 듯.

豈^기無^무居^거人^인이리요?　어찌 사는 사람이 없을까요?

不^불如^여叔^숙也^야의　　숙처럼

洵^순美^미且^차仁^인이니라.　정말 아름답고 어진 이가 없는거지.

叔^숙于^우狩^수하니　　숙이 사냥 나가니

巷^항無^무飮^음酒^주로다.　거리엔 술 마시는 사람이 없는 듯.

豈^기無^무飮^음酒^주리요?　어찌 함께 술 마시는 이 없을까요?

不^불如^여叔^숙也^야의　　숙처럼

洵^순美^미且^차好^호니라.　정말 아름답고도 좋은 이가 없는거지.

叔^숙適^적野^야하니　　숙이 들에 나가니

巷^항無^무服^복馬^마로다.　거리에 말 탄 사람이 없는 듯.

豈^기無^무服^복馬^마리요?　어찌 말 탄 사람이 없을까요?

不^불如^여叔^숙也^야의　　숙처럼

洵^순美^미且^차武^무니라.　정말 아름답고도 늠름한 이가 없는거지.

[註解] □叔(숙) - 이 시에 나오는 여자가 사랑하는 남자의 자(字)(崔述『讀風偶識』). □田(전) - 사냥. 우전(于田)은 재전(在田), 곧 사냥하고 있다는 뜻. □巷(항) - 마을 안의 길(毛傳). □無居人(무거인) - 사는 사람이 없듯이 허전하다는 뜻. □洵(순) - 신(信)과 통하여 '진실로' '정말로'. □狩(수) - 사냥하는 것. □好(호) - 정의가 통하는 좋은 사람. □服(복) - 말 타는 것. 복마(服馬)는 승마(鄭箋). □武(무) - 무위(武威)가 있는 것, 곧 늠름한 것.

[解說] 여자가 사랑하는 남자를 기린 시이다. 사랑하는 여인의 눈에는 자기의 애인이 세상에서 가장 훌륭해 보인다. 숙(叔)이라는 그 애인이 마을에 없다는 소리만 들어도 온 마을이 텅빈 듯이 허전하게 느껴진다(崔述 『讀風偶識』 참조).

「모시서」에서는 장공을 풍자한 시라 하였다. 숙은 장공의 아우 공숙단(共叔段)을 가리키며, 숙이 경성(京城)에 있으면서 군사를 이끌고 사냥을 나가니 나라 사람들이 기뻐하며 그에게로 모여들었다. 그래서 공숙단을 해친 장공을 이 시로서 풍자한 것이라는 것이다. 『집전』도 대체로 이 설을 따르면서도 남녀 사이의 사랑을 노래한 시인 것도 같다 하였다.

4. 대숙의 사냥(大叔于田)

叔于田하니   숙이 사냥을 가는데
乘乘馬로다.   네 필 말이 끄는 수레를 탔네.
執轡如組하고   고삐 잡은 솜씨는 비단 실을 다루듯 하고
兩驂如舞로다.   두 참마(驂馬)는 춤추는 듯하네.
叔在藪하니   숙이 늪에 드니
火烈具擧로다.   불꽃이 활활 한꺼번에 오르네.

| 단 석 폭 호
檀裼暴虎하여 | 웃통을 벗고 맨손으로 범 잡아
| 헌 우 공 소
獻于公所로다. | 임금님께 바쳤다네.
| 장 숙 무 뉴
將叔無狃어다 | 숙께서는 너무 자주 사냥하지 마시기를
| 계 기 상 여
戒其傷女하노라. | 당신 다칠까 조심스럽네요.

| 숙 우 전
叔于田하니 | 숙이 사냥을 가는데
| 승 승 황
乘乘黃이로다. | 네 필 누런 말이 끄는 수레를 탔네.
| 양 복 상 양
兩服上襄하고 | 두 복마(服馬)가 앞에서 끌고
| 양 참 안 행
兩驂鴈行이로다. | 두 참마는 나란히 가네.
| 숙 재 수
叔在藪하니 | 숙이 늪에 드니
| 화 렬 구 양
火烈具揚이로다. | 불꽃이 활활 한꺼번에 타오르네.
| 숙 선 사 기
叔善射忌하고 | 숙은 활 잘 쏘시고
| 우 량 어 기
又良御忌시러니 | 말 잘 타신다더니
| 억 경 공 기
抑磬控忌하고 | 말을 달렸다 멈췄다 하고
| 억 종 송 기
抑縱送忌로다. | 활을 쏘기도 하고 새를 쫓기도 하시네.

| 숙 우 전
叔于田하니 | 숙이 사냥을 가는데
| 승 승 보
乘乘鴇로다. | 네 필 얼룩말이 끄는 수레를 탔네.

양 복 제 수	
兩服齊首하고	두 복마는 머리가 가지런하고
양 참 여 수	
兩驂如手로다.	두 참마는 양손처럼 움직이네.
숙 재 수	
叔在藪하니	숙이 늪에 드니
화 열 구 부	
火烈具阜로다.	불꽃이 훨훨 한꺼번에 번지네.
숙 마 만 기	
叔馬慢忌하고	숙의 말은 느려지고
숙 발 한 기	
叔發罕忌러니	숙의 활쏘기가 뜸해지더니
억 석 붕 기	
抑釋掤忌하고	화살통 뚜껑을 풀고
억 창 궁 기	
抑鬯弓忌로다.	활을 활집에 넣으시네.

註解 □乘(승)-위의 것은 '탈 승'자, 승가(乘駕)의 뜻으로 말수레를 모는 것(孔疏). 아래 승마(乘馬)는 네 필의 말이 끄는 수레(釋義). 육덕명(陸德明)은 『경전석문(經典釋文)』에서 첫 구 '숙의 사냥(叔于田)'은 '대숙의 사냥(大叔于田)'이라 쓴 책도 있으나 잘못이라 하였다. 제목은 똑같은 '숙의 사냥'이 두 개 겹치게 되기 때문에, 이를 구별하기 위하여 긴 쪽에 '대'자를 하나 더 붙이어「대숙의 사냥」이라 한 것이다(嚴粲 『詩緝』). □轡(비)-말고삐. □組(조)-도장이 든 주머니를 허리띠에 매다는 데 쓰는 인끈, 곧 수(綬)를 실로 짜는 것. '집비여조(執轡如組)'는 고삐를 잡고 말을 모는 솜씨가 비단 실로 인끈을 짤 때 실을 다루듯 날래 보인다는 뜻. □驂(참)-네 필이 끄는 마차는 수레의 멍에를 중심으로 하여 복마(服馬) 두 마리는 안쪽, 참마(驂馬) 두 마리는 밖에 서서 수레를 끌었다. 양참(兩驂)은 바깥쪽에서 수레를 끄는 두 필의 말. □如舞(여무)-말을 잘 몰아 말이 수레를 끄는 모습이 춤추는 듯하다는 뜻. □藪(수)-큰 늪. 늪에는 새나 짐승이 많이 모인다(毛傳). □烈(열)-활활 타오르는 것(釋義). □具(구)-구(俱)의 뜻(毛傳), 모두, 한꺼번에. □舉(거)-일어나는 것. '화열구거(火烈具舉)'는 짐승을 몰기 위하여 늪의 사방에서 한꺼번에 불을 지르는 것.

▫檀裼(단석)-웃통을 벗어젖히는 것(孔疏). ▫暴虎(폭호)-맨손으로 호랑이를 때려잡는 것(毛傳). ▫公所(공소)-임금이 있는 곳, 곧 정나라 장공의 궁전을 가리킴. ▫將(장)-바라다. ▫狃(뉴)-익숙하도록 자주 하는 것. ▫戒(계)-경계하다. ▫女(여)-너. 숙(叔)을 가리킴. ▫乘黃(승황)-네 마리의 누런 말이 끄는 수레(毛傳). ▫兩服(양복)-수레를 끄는 양편의 복마(服馬). ▫襄(양)-『정전』에선 가(駕)의 뜻이라 하였는데, 상가(上駕)는 앞선 말의 뜻으로 상사(上駟)와 같다(集傳). 복마가 참마보다 약간 앞서게 됨을 뜻한다. ▫鴈行(안행)-기러기가 줄이어 날아가듯 두 참마는 복마의 약간 뒤에 나란히 달려간다는 뜻(集傳). ▫具揚(구양)-앞절의 구거(具擧)처럼 짐승몰이 불이 사방에서 한꺼번에 타오르는 것. ▫忌(기)-조사. ▫御(어)-수레를 모는 것. 어(馭)와 통함. ▫抑(억)-조사(集傳). ▫磬(경)-말을 달리게 하는 것. ▫控(공)-말을 멈추게 하는 것(毛傳). ▫縱(종)-화살을 쏘는 것(毛傳). ▫送(송)-새를 뒤쫓는 것(毛傳). ▫鴇(보)-검고 흰색에 잡색의 털이 섞인 얼룩말(毛傳). ▫齊(제)-가지런한 것. ▫首(수)-머리. ▫如手(여수)-자기의 두 손처럼 마음대로 움직이는 것. ▫阜(부)-성한 것. ▫慢(만)-느려지다. 말의 동작이 느려졌다는 것은 사냥이 다 끝나감을 뜻한다. ▫發(발)-활을 쏘는 것. ▫罕(한)-드물게 되다. ▫釋掤(석붕)-메었던 화살 통을 풀어놓는 것(嚴粲『詩緝』). ▫鬯(창)-활집. 여기서는 동사로 쓰여 창궁(鬯弓)은 활을 활집에 거두어 넣는 것(集傳).

|解説| 이 시도 앞의 「숙의 사냥」과 마찬가지로 사냥하는 용감한 애인의 모습을 여인이 노래한 것이다.

「모시서」에서는 이것도 장공을 풍자한 시라 하였다. "공숙단(共叔段)이 재주가 많고 용감하여 의롭지 못하면서도 백성의 신망을 얻었는데 이를 막지 못한 장공을 풍자한 것"이라 하였다.

5. 청고을 사람(淸人)

淸人在彭하니 청 고을 사람이 팽(彭) 땅에 와 있는데
駟介旁旁이로다. 갑옷 걸친 네 말이 버젓이 수레를 끄네.
二矛重英하고 겹으로 붉은 칠한 두 창을 세우고
河上乎翶翔이로다. 황하 기슭을 왔다갔다 노니네.

淸人在消하니 청고을 사람이 소(消) 땅에 와 있는데
駟介麃麃로다. 갑옷 걸친 네 말이 늠름히 수레를 끄네.
二矛重喬하고 겹으로 꿩깃 단 두 창을 세우고
河上乎逍遙로다. 황하 기슭을 왔다갔다 하네.

淸人在軸하니 청고을 사람이 축(軸) 땅에 와 있는데
駟介陶陶로다. 갑옷 걸친 네 말이 신나게 수레를 끄네.
左旋右抽하고 왼손으로 기를 돌렸다 오른손으로 칼을 뺐다 하며
中軍作好로다. 군인들 거느리면서 즐기고 있네.

註解 □淸(청) – 정나라 고을 이름. 지금의 하남성 중모현(中牟縣) 서쪽에 있었다(釋義). '청인'은 청고을 사람들로 고극(高克)이 거느렸던 사람들. □彭(팽) – 정나라의 고을 이름. 뒤에는 위나라로 들어가 미자하(彌子瑕)의 채읍(采邑)이 되었었다. 지금의 하남성 연진현(延津縣)과 골현(滑縣) 경계 근처였으며

황하 기슭에 있었다(『釋義』引朱右曾說). ▫駟(사)-수레를 끄는 네 마리 말. ▫介(개)-갑옷. ▫旁旁(방방)-소아(小雅) 「북쪽 산(北山)」 시, 대아 「백성들(蒸民)」・「위대한 한나라(韓奕)」 시의 '방방(彭彭)'과 같이 성대한 모습(盛貌)(『通釋』). '사개방방(駟介旁旁)'은 갑옷을 입은 네 마리 말이 버젓이 수레를 끈다는 뜻. ▫矛(모)-창. 『정전(鄭箋)』에는 이모(二矛)는 추모(酋矛)와 이모(夷矛)의 두 가지 창이라 하였으나, 두 개의 '추모'라 봄이 옳다(『通釋』). '추모'는 길이 4척의 창(孔疏). ▫重(중)-겹. ▫英(영)-영식(英飾), 곧 아름답게 장식하기 위하여 창대를 조각하고 붉은 칠을 하는 것. 한 창에 겹으로 영식을 하였다. 『공소』엔 '이모'의 장단이 달라 겹으로 보이기 때문에 중영(重英)이라 했다고 하였는데 잘못이다(通釋). ▫河上(하상)-황하 기슭. ▫翱翔(고상)-할 일 없이 왔다갔다 노니는 것. '하상호고상(河上乎翱翔)'은 '고상호하상(翱翔乎河上)'을 뒤집어놓은 글이다. ▫消(소)-황하 기슭에 있는 땅 이름(毛傳). ▫麃麃(표표)-용감한 모양, 늠름한 모양. ▫喬(교)-꿩. 鷮(교)자가 생략된 것으로 『한시』에서는 교(鷮)라 적고 있다. 교는 꿩의 일종이며, 창자루 위쪽과 창날 바로 밑에 꿩깃으로 장식한 것을 말한다. 아래 위로 두 번 장식했기 때문에 중교(重喬)라 하였다(通釋). ▫逍遙(소요)-놀며 거니는 것. ▫軸(축)-황하 기슭의 땅 이름(毛傳). ▫陶陶(도도)-신나는 모양, 왕풍 「즐거운 우리 님(君子陽陽)」 시 참조. ▫旋(선)-깃발을 흔들면서 지휘하는 것. ▫抽(추)-칼을 뽑는 것. ▫左右(좌우)-왼손과 오른손을 가리킴. 따라서 '좌선우추(左旋右抽)'는 왼손으론 기를 휘두르고 오른손으론 칼을 빼어들고 지휘하는 형용을 하는 것. '추(抽)'는 『삼가시(三家詩)』엔 '도(搯)'로 되어 있는데, 『설문해자』에 의하면 '도'는 칼을 뽑아 칼질을 익히는 것이다. '추'를 '도'의 뜻으로 보면 더욱 좋다(通釋). 『모전』엔 '선(旋)'은 수레를 돌리는 것, '추'는 화살을 뽑아 쏘는 것이라 했다. ▫中軍(중군)-군중(軍中)(通釋), 군대를 거느리는 것. ▫好(호)-낙(樂)과 통하여(釋義), 작호(作好)는 작락(作樂), 곧 즐기는 것.

|解說| 「모시서」에 「청고을 사람」 시는 문공(文公)을 풍자한 것이라 하였다. 정나라 문공에겐 고극(高克)이라는 장수가 있었는데 재물과 이익을 탐내고 그의 임금은 돌보지 않았다. 그래서 문공은 그를 싫어하고 멀리 보내려 하였으나 뜻대로 못하고 있었다. 때마침 하북(河北)의 위나라를 적인(狄人)이 침공하였다.

정나라는 하남에 있었으나 적인의 내침을 두려워하여, 문공은 고극으로 하여금 군사를 거느리고 가서 황하 기슭을 지키게 하였다.

고극은 청고을 부하들을 이끌고 가서 방비하였으나 아무리 지나도 소환하지 않아 그의 군대가 흩어져 버렸다. 고극은 이어 진(陳)나라로 도망하였다(孔疏). 『좌전』 민공(閔公) 2년에도 이러한 기사를 싣고 정나라 사람들이 그래서 「청고을 사람」 시를 읊었다고 하였다. 어떤 군인을 기린 시로 보아도 좋을 것이다.

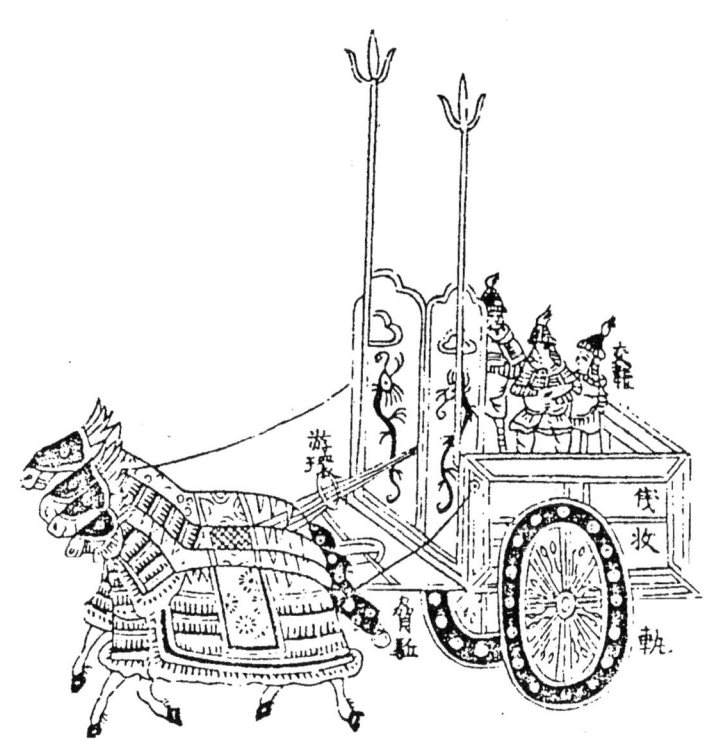

▲ 갑옷 걸친 네 말이 끄는 두 창을 세운 병거

6. 염소 갖옷(羔裘)

<ruby>羔裘<rt>고 구</rt></ruby><ruby>如濡<rt>여 유</rt></ruby>하니   염소 갖옷은 윤기가 나고
<ruby>洵直且侯<rt>순 직 차 후</rt></ruby>로다.   정말 부드럽고도 아름답게 보이네.
<ruby>彼其之子<rt>피 기 지 자</rt></ruby>여!   우리 님이어!
<ruby>舍命不渝<rt>사 명 불 유</rt></ruby>로다.   명을 받아 변함 없이 일하시네.

<ruby>羔裘豹飾<rt>고 구 표 식</rt></ruby>하니   염소 갖옷에 범 가죽으로 소매깃 다니
<ruby>孔武有力<rt>공 무 유 력</rt></ruby>이로다.   정말 늠름하고 힘있게 보이네.
<ruby>彼其之子<rt>피 기 지 자</rt></ruby>여!   우리 님이어!
<ruby>邦之司直<rt>방 지 사 직</rt></ruby>이로다.   나라의 백성 바로 다스리는 일 맡으셨네.

<ruby>羔裘晏兮<rt>고 구 안 혜</rt></ruby>요   염소 갖옷은 산뜻하고
<ruby>三英粲兮<rt>삼 영 찬 혜</rt></ruby>로다.   세 가지 장식이 선명하네.
<ruby>彼其之子<rt>피 기 지 자</rt></ruby>여!   우리 님이어!
<ruby>邦之彦兮<rt>방 지 언 혜</rt></ruby>로다.   나라의 인재이시네.

註解 ▫羔裘(고구)-치의(緇衣)와 함께 제후의 조복(朝服)으로(鄭箋), 부드러운 염소 털가죽으로 만든 옷. ▫濡(유)-젖은 듯이 윤기가 나는 것. ▫洵(순)-신(信)과 통하여 '정말로'. ▫直(직)-순(順)의 뜻으로(集傳), 부드러워 뵈는 것. ▫侯(후)-아름다운 것(集傳). ▫其(기)-조사. ▫之子(지자)-시자(是子)(鄭箋). '피기지자(彼其之子)'는 이 갖옷을 입고 있는 사람을 가리킨다(集傳). ▫舍命

(사명)-금문(金文)에 자주 보이며, 부명(敷命) 또는 포명(布命)의 뜻으로 명령을 실행하는 것. ▫渝(유)-변하는 것. ▫豹飾(표식)-표범 가죽으로 소매깃을 다는 것(毛傳). ▫孔(공)-매우. ▫武(무)-늠름한 것. ▫有力(유력)-힘있어 보이는 것. ▫司(사)-주관의 뜻. ▫直(직)-사람들의 잘못을 바로잡는 것(王引之 『經義述聞』). ▫晏(안)-산뜻한 것. ▫英(영)-영식(英飾). '삼영(三英)'이란 세 가지 장식으로 꾸민 것. ▫粲(찬)-선명한 것. ▫彦(언)-뛰어난 인재.

解説 누군지는 알 수 없는 한 대부를 기린 것이다(『集傳』). 대부는 염소 갖옷을 입고 다니는데, 이에 어울리는 많은 훌륭한 일들을 하였다.
「모시서」에서는 조정을 풍자한 것이라 하였다. 옛날 군자를 노래함으로써 그렇지 못한 당시의 조정을 풍자하였다는 것이다.

7. 한길 위에 나서서(遵大路)

遵大路兮하여 (준 대 로 혜)   한길 위에 따라 나서서
摻執子之袪兮로다. (삼 집 지 지 기 혜)   임의 소매 부여잡네.
無我惡兮하고 (무 아 오 혜)   나를 싫어 마시고
不寁故也어다. (잠 불 고 야)   옛정 버리지 말아주세요.

遵大路兮하여 (준 대 로 혜)   한길 위에 따라 나서서
摻執子之手兮로다. (섬 집 자 지 수 혜)   임의 손을 부여잡네.
無我魗兮하고 (무 아 추 혜)   나를 미워 마시고
不寁好也어다. (불 잠 호 야)   옛사랑 버리지 말아주세요.

註解 □遵大路(준대로) - 한길에 따라 나서는 것. □摻執(삼집) - 부여잡는 것. □袪(거) - 옷소매. □惡(오) - 싫어하다. □寁(잠) - 갑자기 버린다는 뜻. □故(고) - 고구(故舊)로서, 옛정. □魗(추) - 『집전』에선 추악(醜惡), 미워하는 것. 「모전」에선 '버린다'는 뜻으로 보았다. □好(호) - 옛사랑.

解說 남자에게 버림받은 여자가 떠나가는 애인을 부여잡고 옛사랑을 호소하는 노래이다.

「모시서」에서는 군자들을 생각하며 부른 노래라 하였다. 정나라 장공이 올바른 도리를 잃자, 군자들이 나라를 떠나므로 나라 사람들이 군자들을 말리기 위하여 노래 부른 것이라 본 것이다.

8. 닭이 우네요(女曰鷄鳴)

女曰鷄鳴이어늘 (여왈계명)	아내가 말하기를 '닭이 우네요',
士曰昧旦이라. (사왈매단)	남편이 말하기를 '아직 어두운데'.
子興視夜하라! (자흥시야)	'일어나 밖을 좀 보세요!'
明星有爛하니 (명성유란)	'샛별이 반짝이고 있으니
將翺將翔하며 (장고장상)	나가 돌아다니며
弋鳧與鴈하리라. (익부여안)	오리나 기러기 주살로 잡을 테요.'
弋言加之면 (익언가지)	'주살로 잡아오시면,
與子宜之라. (여자의지)	당신 위하여 안주를 만들지요.

宜言飮酒하며　　　안주 만들어 놓고 술 마시며
與子偕老하리라.　　당신과 해로해야지요.
琴瑟在御하니　　　금과 슬도 손닿는 데 있으니
莫不靜好로다.　　　모두가 즐겁고 행복하네요.'

知子之來之면　　　'당신이 오시는 것을 알면
雜佩以贈之하리라.　여러 가지 허리에 차는 옥을 드리리이다.
知子之順之면　　　당신이 제게 알뜰하심을 알면
雜佩以問之하리라.　여러 가지 허리에 차는 옥으로 문안드리리이다.
知子之好之면　　　당신이 저를 좋아하심을 알면
雜佩以報之하리라.　여러 가지 허리에 차는 옥으로 보답하리이다.'

註解　□士(사)-앞에 나온 '여(女)'의 남편. □昧旦(매단)-'컴컴한 새벽'. 『집전』에선 단(旦)을 '밝을 단' 자로 보고 날이 밝으려 하면서도 아직 어두운 때를 말한다고 하였다. □子(자)-처가 남편을 가리키는 말. □興(흥)-일어나다. □視夜(시야)-밤이 어떻게 되었는가, 곧 날이 얼마나 밝았는가를 보는 것. □明星(명성)-샛별. 금성(金星)이라고도 하며 새벽에 동쪽 하늘에 크게 빛난다. □有爛(유란)-밝게 빛나는 모양. 將(장)-조사. □翶翔(고상)-왔다갔다 노니는 것 (앞의 '淸人'시 참조). □弋(익)-주살. 격사(繳射)라고도 하며(鄭箋), 실로 화살을 매고 나는 새를 쏘도록 되어 있는 것(孔疏). □鳧(부)-오리. □鴈(안)-기러기. □言(언)-조사. □加(가)-화살이 오리나 기러기에 맞는 것(集傳). □宜(의)-적당히 맛을 내어 요리하는 것(集傳). □宜(의)-앞의 의(宜)자와 마찬가지로 안주를 만드는 것. □御(어)-쓰다, 곧 용(用)의 뜻. '재어(在御)'는 바로

언제나 쓸 수 있도록 손 닿는 데 있는 것.『공소』에는 『곡례(曲禮)』를 인용하여 사(士)는 아무 일도 없을 적에는 금슬을 거두지 않는다 하였다. 따라서 '금슬재어(琴瑟在御)'는 온 집안이 편안하다는 뜻도 나타낸다고 보았다. ㅁ莫不(막불)-'……아님이 없다', 곧 '모두'의 뜻. ㅁ靜好(정호)-가호(嘉好)의 뜻으로 (通釋), 즐겁고 행복한 것. ㅁ來之(래지)-집으로 돌아오는 것. ㅁ雜佩(잡패)-허리에 차는 여러 가지 옥.『모전』에 의하면 형(珩)·황(璜)·거(琚)·우(瑀)·형아(衡牙) 등이 있었다. ㅁ贈(증)-주다. 선물하다. 대진(戴震)의『정모시고정(鄭毛詩考正)』에 '운(韻)으로 보아 증은 이(貽)로 씀이 옳다'고 하였다. ㅁ順之(순지)-자기와 화순한 것, 곧 자기에게 알뜰한 것. ㅁ問(문)-보내주는 것. ㅁ好(호)-애호의 뜻.『공소』에서는 그에게 덕이 있어 좋아하는 것이라 설명하고 있다. ㅁ報(보)-보답의 뜻으로, 그의 덕과 애정에 보답하는 것을 말한다.

解說 이 시는 부부의 알뜰한 사랑을 노래한 것이다. 제1절은 부부가 새벽 잠에서 깨어나 주고받는 대화이며, 제2절은 남편이 아내에게 알뜰한 사랑과 행복을 일러준 것이다. 제3절은 이해하기가 어려워 학자들에 따라 여러 가지로 해석이 다르다. 여기에서는 여인이 남편에게 한 말로 취하였다. 곧 제3절은 아내가 남편의 따뜻한 사랑을 요청한 것이다. 자기를 아껴주고 사랑해 주기만 하면 자기도 그에 못지않게 알뜰한 정성으로 남편을 섬기겠다는 말이다. 남편이 손님을 모셔오면 대접을 잘하겠다는 뜻으로 풀이하기도 한다.

「모시서」에서는 "덕을 좋아하지 않는 것을 풍자한 것이다. 옛날 일을 노래함으로써 지금 사람들은 덕을 좋아하지 않고 여색(女色)만 좋아하는 것을 풍자한 것이다."고 하였다.

9. 함께 수레 탄 여자(有女同車)

有女同車하니   한 여인이 나와 함께 수레 타고 있는데
(유녀동거)

顏如舜華로다.   얼굴이 무궁화 같네.
(안여순화)

장 고 장 상
將翱將翔하니 　　왔다갔다 거닐면
패 옥 경 거
佩玉瓊琚로다. 　　아름다운 허리에 찬 옥이 달강달강.
피 미 맹 강
彼美孟姜이여! 　　어여쁜 강씨댁 맏딸이여!
순 미 차 도
洵美且都로다. 　　정말 아름답고 예쁘네.

유 녀 동 행
有女同行하니 　　한 여인이 나와 함께 길을 가는데
안 여 순 영
顔如舜英이로다. 　　얼굴이 무궁화 같네.
장 고 장 상
將翱將翔하니 　　왔다갔다 거닐면
패 옥 장 장
佩玉將將이로다. 　　허리에 찬 옥 소리 잘강잘강.
피 미 맹 강
彼美孟姜이여! 　　어여쁜 강씨댁 맏딸이여!
덕 음 불 망
德音不忘이로다. 　　칭송하는 말 끊임없겠네.

註解　□有女同車(유녀동거) - 한 여인이 자기와 함께 수레를 탄 것. 주희(朱熹)는 이를 음란한 시로 보고 음란한 남녀가 같은 수레를 타고 간다고 보았으나(集傳), 옛날에 음란한 자들이 공공연히 한 수레를 탔을 리가 없다. 부부가 한 수레를 타고 가는 것으로 봄이 좋을 것이다(釋義). □舜華(순화) - 목근(木槿)(毛傳)으로 무궁화. □將(장) - 조사. □翱翔(고상) - 왔다갔다 노니는 것(앞의 「女曰鷄鳴」・「淸人」및 齊風「載驅」시 참조). □佩玉瓊琚(패옥경거) - 경거(瓊琚)라는 아름다운 옥으로 만든 옥을 허리에 찼다는 뜻(衛風「木瓜」시에도 瓊琚가 나왔음). □孟姜(맹강) - 강씨 집 맏딸(鄘風「桑中」시 참조). 강씨는 제나라 제후 집안의 딸일 가능성이 많다(毛傳). □洵(순) - 신(信)과 통하여 '진실로'. □都(도) - 미(美)의 뜻, 아름다운 것. 『전국책』에 '처자의복려도(妻子衣服麗都)'란 말이 있는데, '여도'는 여미(麗美)의 뜻(釋義). □同行(동행) - 수레를 타고 함께

길을 가는 것. ▫舜英(순영) – 순화(舜華)와 같이 무궁화꽃. ▫將將(창창) – 구슬이 달랑거리는 소리(集傳). ▫德音(덕음) – 『시경』의 여러 곳에 보이는데, 이들을 종합해 보면 두 가지 뜻으로 쓰임을 알 수 있다. 곧 하나는 남의 말을 높이어 말하는 것이고, 다른 하나는 상대방을 기리는 말을 뜻한다. 이곳에서는 아름다운 맹강을 기리는 말을 가리킨다(釋義). ▫不忘(불망) – 불이(不已)의 뜻, 곧 끊임없는 것(釋義).

|解說| 이것은 결혼하는 남자가 신부의 아름다움을 노래한 것이다(釋義).
「모시서」에서는 홀(忽)을 풍자한 것이라 보았다. 정나라 장공의 세자 홀이 제나라에 공을 세워 제나라 제후가 그의 딸을 주려 하였으나, 홀은 제나라 임금의 딸이 어진 여자임에도 장가들지 않았다. 그리하여 끝내는 제나라의 도움을 얻지 못하여 쫓겨났는데 나라 사람들이 그것을 풍자한 것이라 본 것이다.

10. 산에는 무궁화(山有扶蘇)

山有扶蘇하고 산에는 무궁화가 있고
隰有荷華로다. 늪에는 연꽃이 있네.
不見子都러니 만나기 전에는 미남이라더니
乃見狂且로다. 만나 보니 미친 못난 녀석이네.

山有橋松하고 산에는 큰 소나무가 있고
隰有游龍이로다. 늪에는 하늘거리는 말 여뀌가 있네.
不見子充이러니 만나기 전에는 호남이라더니

乃見狡童이로다.　만나 보니 능구렁이 같은 녀석이네.

註解　口扶蘇(부소)－부서(扶胥)라고도 한다(毛傳). 부소는 부목(扶木)·부상(扶桑)이라고도 하며 무궁화의 별종으로 꽃은 홍·백·황의 세 가지가 있는데, 그중에서도 붉은 것이 가장 아름다우며 여름에서 가을에 이르는 사이에 핀다. 편의상 '무궁화'라 번역하였으나, 무궁화와는 비슷하면서도 약간 다른 꽃나무이다. 口隰(습)－여기서는 '늪'의 뜻. 口荷華(하화)－연꽃. '부소'와 '하화'는 자기가 처녀 때 그리던 멋진 배필을 비유한 것이다. 口不見(불견)－만나지 못하고 중매쟁이의 말만 들었을 때. 口子(자)－남자를 가리킴. 口都(도)－미(美)의 뜻(앞의 '有女同事' 시 참조). 따라서 자도(子都)는 미남의 뜻. 口乃見(내견)－시집가서 남편을 만나본 것. 口狂(광)－미친 것 같은 것. 口且(차)－저(伹)와 통하는 글자로 졸(拙), 곧 못난 것(通釋). 口橋(교)－교(喬)의 뜻으로 큰 것. 『경전석문(經典釋文)』엔 '교(喬)'로 되어 있다. 口游(유)－가지와 잎이 하늘거리는 것(集傳). 口龍(용)－마료(馬蓼)로서 잎새가 크고 빛이 희며, 물 가운데 자란다(集傳), 말여뀌. 왕부지(王夫之)의 『시경패소(詩經稗疏)』에 의하면 '마료'는 수초가 아니며, 유룡(游龍)은 홍료(紅蓼)라 하였다. 홍료는 수홍화·홍초(毛傳)라고도 한다. 우리말로는 무어라 해야 좋을지 알 수 없어 양주동 교수 번역을 따라 '말여뀌'라 하였으나 약간 다른 것인 듯하다. 口子充(자충)－자도(子都)와 비슷한 말, 미남(集傳). 『공소』엔 성스러운 성실한 사람이라 하였다. 口狡童(교동)－'교활한 아이', 곧 '능구렁이 같은 녀석'.

解說　여자가 결혼을 후회하는 시이다. 시집가기 전에는 남편 될 사람이 미남이란 말을 들었는데 가서 보니 못나고 교활한 남자더라는 것이다(王質『詩總聞』).

「모시서」에서는 앞의 「함께 수레 탄 여자(有女同車)」와 같이 정나라 세자 홀(忽)을 풍자한 시로 보았다. 홀이 아름답다고 여기는 여자는 진실로 아름다운 여자가 아니라는 내용이라는 것이다. 주희는 음란한 여자가 그의 애인에게 농담하는 내용을 읊은 것이라 보았다.

11. 낙엽(蘀兮)

_{탁 혜 탁 혜}
蘀兮蘀兮여!   마른 나무 잎새야, 마른 나무 잎새야!

_{풍 기 취 녀}
風其吹女리라.   바람이 너를 날려 보낼라.

_{숙 혜 백 혜}
叔兮伯兮여!   여러 남자님들아!

_{창 여 화 녀}
倡予和女리라.   그대들이 노래 부르면 내 화답할게.

_{탁 혜 탁 혜}
蘀兮蘀兮여!   마른 나무 잎새야, 마른 나무 잎새야!

_{풍 기 표 여}
風其漂女리라.   바람이 너를 날려 보낼라.

_{숙 혜 백 혜}
叔兮伯兮여!   여러 남자님들아!

_{창 여 요 녀}
倡予要女리라.   그대들이 노래 부르면 내 받아 부를게.

註解 □蘀(탁)―낙엽 또는 고엽(枯葉). 여기서는 마르기만 하고 아직 떨어지지 않은 나무 잎새(集傳). □女(여)―너. □叔(숙)―백(伯)과 함께『집전』에 남자의 자(字)라 하였는데, 여러 남자들을 가리키는 말. □倡(창)―창(唱)과도 통하여, 먼저 노래를 시작하는 것(釋義). □漂(표)―떠가다, 날리다. 표(飄)와 같은 뜻(集傳). □要(요)―성(成)의 뜻으로(集傳), 노래를 받아 끝맺어주는 것.

解說 이 시는 이성을 그리는 음탕한 여자의 노래이다(集傳). 낙엽이 바람에 날린다는 것은 남자들이 자기로부터 멀어질 것을 걱정하는 것이다. 자기는 남자들이 끌기만 하면 얼마든지 응하겠다는 것이다.

「모시서」에서는 이것도 홀(忽)을 풍자한 것이라 보았다. 임금은 약하고 신하가 강하여 앞에서 이끌어 주지 않아도 스스로 움직이게 되었기 때문이라 한다.

12. 능구렁이 같은 녀석(狡童)

_{피 교 동 혜}
彼狡童兮여!   저 능구렁이 같은 녀석은!

_{불 여 아 언 혜}
不與我言兮로다.   나와 말도 않네.

_{유 자 지 고}
維子之故로   자기 때문에

_{사 아 불 능 찬 혜}
使我不能餐兮로다. 나는 밥도 먹히시 않는데.

_{피 교 동 혜}
彼狡童兮여!   저 능구렁이 같은 녀석!

_{불 여 아 식 혜}
不與我食兮로다.   나와 음식도 함께 안 먹네.

_{유 자 지 고}
維子之故로   자기 때문에

_{사 아 불 능 식 혜}
使我不能息兮로다. 나는 잠도 못 자게 되었는데.

註解 ▫狡童(교동) – 교활한 능구렁이 같은 녀석(앞의 '山有扶蘇' 시 참조). ▫與我言(여아언) – 나와 함께 얘기하는 것. ▫維(유) – 조사. 진환(陳奐)은 '위(爲)' 곧 '…때문에'의 뜻으로 보았다(傳疏). ▫子(자) – 교동을 가리킴. ▫故(고) – 연고·까닭. ▫餐(찬) – 여기서는 음식을 먹는 것. 이 구절은 근심 때문에 먹을 경황이 없다는 뜻(毛傳). ▫不與我食(불여아식) – 앞 절의 '불여아언(不與我言)'과 같은 내용으로 나와 함께 음식을 먹지 않는다, 곧 남자에게 버림받은 것을 나타낸다. ▫息(식) – 안식, 편히 잠자는 것.

解說 남편에게 버림받은 여자가 전 남편을 그리워하며 원망하는 노래이다. 주희는 버림받은 음탕한 여자가 그 남자를 희롱하는 말로 보고 끝 구를 "그대 때문에 내가 밥을 못먹겠는가?"라고 읽었다.

제1편 국풍(國風) • **283**

「모시서」에서는 이것도 홀(忽)을 풍자한 시라 하였다. 홀이 현명한 사람들과 일을 꾀하지 못하여 권세를 부리는 신하가 나랏일을 멋대로 처리하는 것을 풍자한 것이라는 것이다.

13. 치마 걷고(褰裳)

<small>자 혜 사 아</small>
子惠思我면　　　그대가 날 사랑한다면

<small>건 상 섭 진</small>
褰裳涉溱이로다.　치마 걷고 진수(溱水)라도 건너가리라.

<small>자 불 아 사</small>
子不我思면　　　그대가 날 생각 않는다면야

<small>기 무 타 인</small>
豈無他人이리요?　세상에 사내가 그대뿐일까?

<small>광 동 지 광 야 저</small>
狂童之狂也且여!　바보 같은 미친 녀석아!

<small>자 혜 사 아</small>
子惠思我면　　　그대가 날 사랑한다면

<small>건 상 섭 유</small>
褰裳涉洧이로다.　치마 걷고 유수(洧水)라도 건너가리라.

<small>자 불 아 사</small>
子不我思면　　　그대가 날 생각 않는다면야

<small>기 무 타 사</small>
豈無他士리요?　세상에 남자가 그대뿐일까?

<small>광 동 지 광 야 저</small>
狂童之狂也且여!　바보 같은 미친 녀석아!

註解　□惠(혜)-애(愛)의 뜻. 혜사(惠思)는 애모(愛慕). □褰(건)-옷자락을 걷는 것. □裳(상)-치마. □涉(섭)-건너다. □溱(진)-정나라에 있는 강 이름(集傳). □豈無他人(기무타인)-'어찌 딴 사람이 없겠느냐?' 곧 '어찌 세상에 남자가 너뿐이겠느냐?'는 뜻. □狂童(광동)-미친 녀석(앞의 「狡童」시 참조).

아래 '광'은 미친 것같이 바보짓을 하는 것. ㅁ且(저)-조사. ㅁ洧(유)-정나라에 있는 강물 이름(集傳). ㅁ士(사)-장가들지 않은 남자를 일컫는 말(集傳).

|解説| 사랑이 식어가는 애인을 둔 여인이 남자의 식어가는 애정을 꾸짖은 것이다. 그대가 나를 사랑해 준다면 나는 무슨 짓이라도 하겠다. 치마 걷고 넓은 강이라도 건너라면 건너겠다. 그렇지만 그대가 끝내 마음이 변한다면 나도 딴 남자를 고를 테니 알아서 하라는 내용이다(集傳).

「모시서」에서는 나라를 바로잡아줄 것을 바라는 시라 하였다. 미친 것 같은 녀석들이 멋대로 날뛰어, 나라 사람들이 큰 나라가 자기네들을 바로잡아 줄 것을 바라는 뜻을 노래한 것이라 했다.

14. 의젓한 님(丰)

자 지 봉 혜 子之丰兮여!	그대의 의젓함이여!
사 아 호 항 혜 俟我乎巷兮어늘	나를 길거리에서 기다렸거늘
회 여 불 송 혜 悔予不送兮로다.	나는 그대 따라가지 않았음을 뉘우치네.

자 지 창 혜 子之昌兮여!	그대의 씩씩함이여!
사 아 호 당 혜 俟我乎堂兮어늘	나를 동리 어귀에서 기다렸거늘
회 여 부 장 혜 悔予不將兮로다.	나는 그대 좇아가지 않았음을 뉘우치네.

| 의 금 경 의
衣錦褧衣하고 | 비단 저고리 위에 홑저고리 걸치고 |
| 상 금 경 상
裳錦褧裳하고 | 비단 치마 위에 홑치마 걸치고 |

$\overset{\text{숙 혜 백 혜}}{\text{叔兮伯兮}}$여!　　　여러 남자들이여!

$\overset{\text{가 여 여 행}}{\text{駕予與行}}$하리라.　　수레만 몰고 오면 나는 따라가리라.

$\overset{\text{상 금 경 상}}{\text{裳錦褧裳}}$하고　　비단 치마 위에 홑치마 걸치고

$\overset{\text{의 금 경 의}}{\text{衣錦褧衣}}$하고　　비단 저고리 위에 홑저고리 걸치고

$\overset{\text{숙 혜 백 혜}}{\text{叔兮伯兮}}$여!　　　여러 남자들이여!

$\overset{\text{가 여 여 귀}}{\text{駕予與歸}}$하리라.　　수레만 몰고 오면 나는 그대에게 시집가리라.

註解　□丰(봉)-『모전』엔 풍만한 모습이라 하고『옥편(玉篇)』엔 용모가 좋은 모양이라 하였다. 남자의 풍채가 좋은 모양을 나타내는 말이다. □俟(사)-기다리다. □巷(항)-문 밖의 길거리, 골목. □送(송)-본래 보내주는 것이나, 여기서는 따라가는 것(釋義). □昌(창)-『모전』에 성장(盛壯)한 모양이라 했으니, 씩씩한 것. □堂(당)-동리 어귀. □將(장)-앞의 송(送)과 같은 뜻, 좇아가다. □衣(의)-저고리. □褧衣(경의)-비단옷 위에 걸치는 얇은 천으로 된 홑저고리(衛風「碩人」참조). □褧裳(경상)-얇은 홑치마. 비단옷에 얇은 홑옷을 걸치는 것은 서민 여자들이 시집갈 때 보통 입는 옷차림이다(鄭箋). □叔(숙)-백(伯)과 함께 남자들을 가리키는 말(앞의「蘀兮」참조). □駕(가)-남자가 장가들려고 수레를 몰고 오는 것. □與行(여행)-함께 따라가는 것. □與歸(여귀)-함께 따라 시집가는 것.

解説　이 시는 여자가 어느 남자의 구혼을 거절했다가 후회하는 노래이다(集傳).

「모시서」에서는 혼란함을 풍자한 것이라 하였다. 곧 여자가 남자를 따르지 않는 어지러움을 풍자한 시로 본 것이다.

15. 동문 밖의 마당(東門之墠)

東門之墠_{동문지선}이여! 동문 밖의 마당이 있어!
茹藘在阪_{여려재판}이로다. 언덕에는 꼭두서니가 자라고 있네.
其室則邇_{기실즉이}나 그의 집은 가까이 있지만
其人甚遠_{기인심원}이로다. 그이와는 퍽 먼 듯하네.

東門之栗_{동문지률}이여! 동문 밖의 밤나무여!
有踐家室_{유천가실}이로다. 집들이 늘어서 있네.
豈不爾思_{기불이사}리요? 어찌 그대가 그립지 않으리?
子不我卽_{자불아즉}이로다. 그대는 내게 와주지도 않는걸!

註解 □墠(선) - 『모전』엔 '땅을 닦아 평평하게 만들어 놓은 것'이라 하였고, 『공소』엔 '땅을 닦고 풀을 뽑아 놓은 곳'이라 설명하였다. 제사를 지내기 위하여 땅을 깨끗이 치워놓은 마당일 것이다. 이곳의 「동문 밖의 마당(東門之墠)」과 뒤에 나오는 「동문을 나서니(出其東門)」를 아울러 생각할 때 정나라 도읍의 동문 밖은 사람들이 나가 놀며 즐기는 곳이었던 듯하다 (王質 『詩總聞』). □茹藘(여려) - 모수(茅蒐)(毛傳) 또는 천초(茜草)(孔疏)라고도 하며, 붉은 염료를 만드는 '꼭두서니'. 꼭두서니는 다년생 덩굴풀로 산과 들에 난다. 초가을에 꽃

▲ 꼭두서니

이 피고 동그란 열매가 달린다. □阪(판)-언덕. □其室(기실)-그이의 집. □邇(이)-가까운 것. □其人甚遠(기인심원)-그 사람과 만나기가 힘들어 가까이는 있지만 심히 멀리 있는 듯하다는 뜻. □栗(률)-밤나무. □有踐(유천)-빈풍「도끼자루 베려면(伐柯)」시의 『모전』에 '행렬의 형용'이라 하였다. 여기서는 집들이 줄지어 있는 모양. □家室(가실)-가옥의 뜻. □卽(즉)-취(就)와 통하여(毛傳), 남자가 여인을 찾아오는 것.

解說 사랑하는 남자를 그리는 여인의 노래이다.
「모시서」에는 "어지러움을 풍자한 시이다. 남녀가 예를 갖추기를 기다리지 않고 서로 정을 통하는 자들이 있었던 것이다."라고 설명하고 있다.

16. 비바람(風雨)

風雨淒淒어늘 (풍우처처) 비바람 쌀쌀히 몰아치는데
鷄鳴喈喈로다. (계명개개) 닭의 울음 교교히 들려오네.
旣見君子하니 (기견군자) 우리 님을 만났으니
云胡不夷리요? (운호불이) 어이 마음 편치 않으리?

風雨瀟瀟어늘 (풍우소소) 비바람 횡횡 몰아치는데
鷄鳴膠膠로다. (계명교교) 닭의 울음 꼬꼬하고 들려오네.
旣見君子하니 (기견군자) 우리 님을 만났으니
云胡不瘳리요? (운호불료) 어이 마음병 낫지 않으리?

^{풍 우 여 회}
風雨如晦어늘　　비바람 컴컴하게 몰아치는데
^{계 명 불 이}
鷄鳴不已로다.　　닭의 울음 그치지 않네.
^{기 견 군 자}
旣見君子하니　　우리 님을 만났으니
^{운 호 불 희}
云胡不喜리요?　어이 마음 기쁘지 않으리?

註解　□淒淒(처처)-쌀쌀한 모양(孔疏). □喈喈(개개)-닭이 우는 소리(周南「葛覃」시에도 보임). □君子(군자)-기다리던 남편을 가리킴. □云胡(운호)-여하(如何)의 뜻(周南「卷耳」시에도 보임), 어찌, 어찌하여. □夷(이)-평(平)의 뜻으로(集傳), 마음이 편한 것. □瀟瀟(소소)-비바람이 사납게 몰아치는 소리. □膠膠(교교)-닭이 우는 모양(毛傳). □瘳(료)-마음의 병이 낫는 것(毛傳). '추'로도 읽는다. □如晦(여회)-컴컴한 모양. □已(이)-그치다.

解說　오랫동안 나랏일에 징발 당하여 멀리 떠나가 있다 돌아온 남편을 맞아들인 아내의 기쁨을 노래한 것이다. 비바람 몰아치는 이른 새벽 닭울음에 잠이 깨었어도 남편을 맞아들인 여인의 마음은 미냥 즐겁기만 하다. 진에 남편이 밀리 가 있을 때 같았으면, 이러한 쓸쓸한 새벽이면 외로움에 베갯잇을 눈물로 적셨을 것이다.

「모시서」에서는 이 시는 "군자를 생각하는 시이다."고 하였다. 세상이 어지러우니 자기의 법도를 바꾸지 않는 군자를 생각하게 된다는 것이다.

17. 님의 옷깃(子衿)

^{청 청 자 금}
靑靑子衿이여!　　파란 임의 옷깃이여!
^{유 유 아 심}
悠悠我心이로다.　내 마음의 시름 하염없네.

_{종 아 불 왕}
縱我不往이라도　　비록 나는 못 간다 해도

_{자 녕 불 사 음}
子寧不嗣音오?　　임은 어찌 소식도 없나?

_{청 청 자 패}
靑靑子佩여!　　파란 임의 허리에 차는 옥 끈이여!

_{유 유 아 사}
悠悠我思로다.　　내 마음의 시름 하염없네.

_{종 아 불 왕}
縱我不往이라도　　비록 나는 못 간다 해도

_{자 녕 불 래}
子寧不來오?　　임은 어찌하여 오지도 않나?

_{도 혜 달 혜}
挑兮達兮하며　　왔다갔다 하며

_{재 성 궐 혜}
在城闕兮로다.　　성 누각에 오르는 마음

_{일 일 불 견}
一日不見이면　　하루를 못 만나면

_{여 삼 월 혜}
如三月兮로다.　　석 달을 못 본 것 같네.

【註解】 □靑靑(청청)-파랑기만 한 것(孔疏). □子(자)-남자를 가리킴(集傳). □靑衿(청금)-『모전』에선 학자의 옷이라 하고, 이 시는 '학교가 폐한 것을 풍자한 것'이라 하였다. 그러나 『예기』 심의(深衣)에는 '부모님이 다 계시면 옷깃을 파란 천으로 단다'고 하였다. 그러므로 학자뿐만 아니라 부모님을 모신 사람은 모두 푸른 옷깃을 달았다 한다. □悠悠(유유)-생각이 긴 모양(集傳). 시름이 하염없는 모양. □縱(종)-비록. □寧(영)-어찌. □嗣音(사음)-소식을 전하는 것. □佩(패)-허리에 차는 옥(毛傳). 청패(靑佩)는 허리에 차는 옥을 매어 다는 파란 수실 달린 끈. □挑達(도달)-왔다갔다 하는 모습. □城闕(성궐)-성문 위에 있는 망루.

【解說】 여자가 사랑하는 남자의 모습을 그리며 보고 싶은 그리움을 노래한 것

이다(釋義).

「모시서」에서는 "학교의 문을 닫은 것을 풍자한 것"이라고 풀이하였다. 난세에는 학교를 잘 유지하지 못한다는 것이다. 앞의 주에서도 설명했듯이 '파란 천의 옷(靑衿)'은 학자만의 옷이 아니므로 이 해설에는 문제가 있는 듯하다.

18. 잔잔한 물결(揚之水)

揚之水는　　　　　잔잔한 물결은
不流束楚로다.　　　싸리 다발도 떠내려 보내지 못하네.
終鮮兄弟요　　　　형제는 많지 않고
維子與女니,　　　　오직 나와 너뿐,
無信人之言하라　　남의 말은 듣지 마라
人實迋女니라.　　　남이란 정말 너를 속이려는 것이니.

揚之水는　　　　　잔잔한 물결은
不流束薪이로다.　　땔나무 다발도 떠내려 보내지 못하네.
終鮮兄弟요　　　　형제는 많지 않고
維子二人이니,　　　오직 우리 둘뿐,
無信人之言하라　　남의 말은 듣지 마라
人實不信이니라.　　남이란 정말 믿을 수 없는 거니.

[註解] □揚之水(양지수)-잔잔한 물결. 왕풍에도「잔잔한 물결」이 나오니 참고 바람. □束楚(속초)-싸리나무 다발. □終(종)-기(旣)의 뜻(傳疏), '…하거니와'. □鮮(선)-많지 않다. 적다는 뜻. □子(여)-형(兄) 자신. □女(여)-형이 동생을 가리킨 말. □迋(광)-속이다. 광(誑)과 같은 글자(毛傳). □束薪(속신)-땔나무 다발. □子(여)-'우리'의 뜻으로 앞절의 '여여여(子與女)'를 가리킨다.

[解說] 다른 사람들의 이간질로 말미암아 뜻이 안맞는 형제의 형이 이를 슬퍼하며 아우에게 한 노래이다(王質『詩總聞』).
「모시서」에서는 올바른 신하가 없음을 동정한 시라 하였다. 홀(忽)에게는 충신과 훌륭한 사람이 밑에 없어 마침내 죽고 말았기 때문에 이 시를 짓게 되었다는 것이다. 그리고『집전』에선 형제를 남녀 사이에 비유한 것으로 보았다.

19. 동문을 나서니(出其東門)

出其東門하니   동문을 나서니
_{출 기 동 문}

有女如雲이로다.   여자들이 구름 같네.
_{유 녀 여 운}

雖則如雲이나   비록 구름같이 많다 하나
_{수 즉 여 운}

匪我思存이로다.   나의 마음 둔 여자는 없네.
_{비 아 사 존}

縞衣綦巾이   흰 옷에 파란 수건 쓴 여자만이
_{호 의 기 건}

聊樂我員이로다.   나를 즐겁게 해줄 것인데.
_{요 락 아 원}

出其闉闍하니   성문 밖을 나서니
_{출 기 인 도}

^{유 녀 여 도}
有女如荼로다. 여자들이 삘기 같네.

^{수 즉 여 도}
雖則如荼나 비록 삘기처럼 많다 하나

^{비 아 사 저}
匪我思且로다. 나의 마음 쏠리는 여자는 없네.

^{호 의 여 려}
縞衣茹藘이 흰 옷에 꼭두서니 수건 쓴 여자만이

^{요 가 여 오}
聊可與娛로다. 함께 즐길 만한데.

註解 □東門(동문) — 정나라 성 동쪽 문(孔疏). 앞의「동문 밖의 마당(東門之墠)」참조. □如雲(여운) — 구름처럼 많다는 뜻(毛傳). □匪(비) — 아님. 비(非)의 뜻. □思存(사존) — 생각이 있는 것, 곧 마음을 둔 것. □縞衣(호의) — 흰 옷. □綦(기) — 파란 쑥색(『모전』). □巾(건) — 패건(佩巾) 또는 머리에 쓰는 수건. '기건(綦巾)'은 쑥색의 수건. 이 '호의'와 '기건'은 시집가지 않은 처녀들의 복색이었다 한다(通釋). 그리고 '호의기건'을 한 처녀는 작자의 애인을 뜻한다. □聊(료) — 조사. □員(원) — 운(云)과 같은 조사(孔疏). □闉(인) — 곡성(曲城)으로, 성문 밖에 다시 둥글게 성벽을 쌓아 성문을 막은 것(孔疏). □闍(도) — 성문의 대(臺)(孔疏). 따라서 '출기인도(出其闉闍)'란 성문 밖으로 나가는 것. □荼(도) — 띠꽃(集傳), 곧 삘기가 패어 흰 꼬리를 내민 것(鄭箋). '여도(如荼)'는 여자들이 삘기처럼 곱고 많은 것을 가리킨다. 이곳의 '도'는 패풍「동풍(谷風)」시의 도(荼 : 씀바귀)와는 다른 것이다. □且(저) — 조사. 또 조(徂)자와 통하여, '사저(思且)'는 '생각이 가는 것', 곧 '마음이 쏠린다'는 뜻으로 보기도 한다(鄭箋). □茹藘(여려) — 꼭두서니로 물들인 빨간 수건을 말한다(鄭箋).

解說 한 여자만을 사랑하는 남자의 연가이다. 정나라 유흥지인 동문 밖을 나가 보면 아름다운 여인들이 많이 있기는 하나 자기 마음을 즐겁게 하여 주는 이는 단 한 사람, 흰 옷에 파란 수건 쓴 여자뿐이라는 것이다.

「모시서」에서는 어지러움을 슬프게 여기는 시라 하였다. 정나라의 공자(公子)

들이 계속 서로 다투어 전란이 끊이지 않았으므로, 남녀가 서로 떨어지게 되어 백성들이 그의 집안을 보전하려 하여 이런 시를 읊었다는 것이다.

20. 들판의 덩굴 풀(野有蔓草)

野有蔓草하니 들판에 덩굴 풀
零露漙兮로다. 이슬이 방울방울 맺혀 있네.
有美一人하니 아름다운 한 사람이 있는데
淸揚婉兮로다. 맑은 눈에 넓은 이마가 이쁘기도 하네.
邂逅相遇하니 뜻밖에 서로 만나니
適我願兮로다. 내 소원대로 들어맞았네.

野有蔓草하니 들판에 덩굴 풀
零露瀼瀼이로다. 이슬이 흥건히 내려 있네.
有美一人하니 아름다운 한 사람이 있는데
婉如淸揚이로다. 예쁜 맑은 눈과 넓은 이마를 가졌네.
邂逅相遇하니 뜻밖에 서로 만나니
與子偕臧이로다. 그대나 나나 다 좋게 된 걸세.

註解 □蔓草(만초) - 덩굴 풀. □零(영) - 물방울이 떨어지는 것. □漙(단) - 『경전석문(經典釋文)』엔 단(團)으로 되어 있으며, 곧 '이슬이 방울방울 맺힌 모양(通釋). □淸(청) - 눈이 맑은 것. □揚(양) - 이마가 넓은 것(鄘風「君子偕老」시에 나왔음). □婉(완) - 예쁜 것. □邂逅(해후) - 우연히 만나는 것(毛傳). □適(적) - 꼭 들어맞는 것. □瀼瀼(양양) - 소아「길게 자란 다북쑥(蓼蕭)」시의 『모전』에 '이슬이 많이 내린 모양'이라 하였다. □婉如(완여) - 완연(婉然). 예쁜 모양. □子(자) - 여자를 가리킴. □偕(해) - 함께하는 것. □臧(장) - 선(善)의 뜻으로, 잘된 것. '여자해장(與子偕臧)'은 '그대와 함께 나까지 모두가 좋게 되었다'는 뜻.

解說 남녀가 들판에서 우연히 만나 서로 사랑하게 되는 것을 노래한 것이다(集傳).

「모시서」에서는 남녀가 우연히 자기 뜻에 맞는 상대를 만나게 될 것을 바라는 마음을 읊은 노래라 보았다. 임금은 정치를 잘 못하고 백성들은 전란에 시달리어 사람들은 남녀가 우연히 잘 만나게 되기 바라며 이런 시를 읊었다는 것이다.

21. 진수와 유수(溱洧)

진 여 유 溱與洧이	진수와 유수는
방 환 환 혜 方渙渙兮어늘,	넘실넘실 흐르고 있는데,
사 여 녀 士與女이	남자와 여자가
방 병 간 혜 方秉蕑兮로다.	난초를 들고 있네.
여 왈 관 호 女曰'觀乎'잇가?	여자가 '가 볼까요?' 하니
사 왈 기 저 士曰'旣且로다.'	남자 대답이 '벌써 갔다 왔는걸.'

차 왕 관 호 유 지 외	
'且往觀乎洧之外인저!	'그래도 유수 가로 구경 가요!
순 우 차 락	
洵訏且樂이라.'	정말 재미있고 즐거울 텐데.'
유 사 여 녀	
維士與女이	남자와 여자는
이 기 상 학	
伊其相謔하며	어울리어 희희덕 거리며
증 지 이 작 약	
贈之以勺藥이로다.	작약을 서로 꺾어 주네.

진 여 유	
溱與洧이	진수와 유수는
유 기 청 의	
瀏其淸矣어늘,	파랗게 맑은데,
사 여 녀	
士與女이	남자와 여자가
은 기 영 의	
殷其盈矣로다.	수없이 나와 있네.
여 왈 관 호	
女曰 '觀乎잇가?'	여자가 '가 볼까요?' 하니
사 왈 기 저	
士曰 '旣且로다.'	남자 대답이 '벌써 갔다 왔는걸.'
차 왕 관 호 유 지 외	
'且往觀乎洧之外인저!	'그래도 유수 가로 구경 가요!
순 우 차 락	
洵訏且樂이라.'	정말 재미있고 즐거울 텐데.'
유 사 여 녀	
維士與女이	남자와 여자는
이 기 장 학	
伊其將謔하며	어울리어 희희덕거리며
증 지 이 작 약	
贈之以勺藥이로다.	작약을 서로 꺾어 주네.

註解 ㅁ溱(진) — 유(洧)와 함께 정나라에 있는 강물 이름. 앞의 「치마 걷고

(襄裳)」시에 나왔음. ▫方(방) - 현재를 나타내는 조사. ▫渙渙(환환) - 봄 물이 많이 넘치는 모양(毛傳). ▫士(사) - 남자. ▫秉(병) - 잡다. 손에 드는 것. ▫蕑(간) - 들에 나는 난초. 정나라 풍속으로 삼월 상사(上巳)날이 되면 진수와 유수 가에서 죽은 이의 혼을 불러 그의 넋을 위로하고, 난초를 들고 상서롭지 않은 것을 몰아내었다 한다(韓詩). ▫觀乎(관호) - 진수와 유수 가로 가서 죽은 이의 혼을 불러 그의 넋을 위로하고 상서롭지 않은 것을 몰아내는 행사를 구경하였느냐는 뜻. ▫且(저) - 조(徂)와 통하여, 기저(旣且)는 벌써 가 봤다는 뜻(釋義). ▫洧之外(유지외) - 유수 가를 말한다. 이 구절은 여자가 남자에게 권하는 말이다. ▫洵(순) - 진실로. ▫訏(우) - 『한시(韓詩)』엔 우(訏)를 우(盱)라 쓰고 즐거운 모습이라 하였다(三家詩義集疏). 따라서 '순우차락(洵訏且樂)'은 '정말 재미있고 또 즐겁다'는 뜻. ▫伊(이) - 이(咿)와 통하여, 이기(伊其)는 이연(咿然)과 같은 말로, 웃는 소리를 형용한 말(釋義). ▫謔(학) - 희롱하다. ▫勺藥(작약) - 『한시』에 이초(離草)라 하였는데, 이별할 때 이 풀을 주었다 한다(三家詩義集疏). 진계원은 작약은 강리(江蘺), 곧 '궁궁이'라 하였는데(稽古編), 확실치 않아 그대로 '작약'이라 번역하였다. 이는 헤어질 때 작약을 꺾어 애인에게 준 것이다(孔疏). ▫瀏其(유기) - 물이 맑은 모양. ▫殷(은) - 많은 것. ▫盈(영) - 진수와 유수 사이에 가득 차 있다는 뜻. ▫將(장) - 『정전』에 '대(大)'의 뜻으로 보았으나, 주희는 '상(相)'자를 잘못 쓴 것이라 보았다(集傳).

|解説| 사랑하는 남녀가 들에 나와 즐기는 모습을 노래한 것이 이 시이다. 『한시』에 의하면 3월 상사(上巳)날 진수와 유수에 나와 죽은 이의 혼을 불러 그의 넋을 위로하고 난초를 손에 들고 상서롭지 않은 것을 몰아낼 때 애인 두 사람이 함께 물가로 나간 것이다(集傳).

「모시서」에서는 나라에 음란한 풍습이 크게 성행하여 어지러운 것을 풍자한 것이라 하였다.

제 8 제풍(齊風)

주나라 무왕이 은나라를 쳐부순 뒤 아버지인 문왕 때부터의 공신인 태공망(太公望) 여상(呂尙)을 봉한 곳이 이 제나라이다. 제나라는 동쪽은 바다로부터 서쪽은 황하, 남쪽은 산동(山東) 목릉(穆陵)에서부터 북쪽은 산동 무체(無棣)에 이르는, 곧 지금의 산동성 동북부에 해당하는 땅이었다. 태공은 영구(營丘 : 지금의 산동성 昌樂縣 동남쪽)에 도읍하였는데, 5세 호공(胡公)에 이르러는 박고(薄姑, 一作 蒲姑 : 지금의 산동성 博興縣 근처)로 옮겼고, 다시 그의 아들 헌공(獻公)은 임치(臨菑 : 지금의 산동성 臨淄縣)로 도읍을 옮겼다. 전국시대 초기에 강공(康公, B.C. 400~B.C. 376 재위)으로부터 전화(田和)가 제나라 임금자리를 빼앗아(B.C. 379) 그로부터 환공(桓公, B.C. 375~B.C. 358 재위)이 제후가 되어 제나라는 전씨의 나라가 되었는데, 전씨는 본시 진(陳)씨여서 뒤에는 보통 진씨의 나라라고 한다.

1. 닭이 우네요(鷄鳴)

鷄旣鳴矣니,   '닭이 우네요,
朝旣盈矣라.   조정엔 대신들이 모였겠어요.'
匪鷄則鳴이요 '닭 울음소리가 아니라
蒼蠅之聲이로다. 쉬파리 소리일 것이오.'

東方明矣니, '동녘이 밝았네요,

조 기 창 의	
朝旣昌矣라.	조정엔 대신들이 많이 모였겠어요.'

비 동 방 즉 명
匪東方則明이요   '동녘이 밝은 것이 아니라

월 출 지 광
月出之光이로다.   달빛 비치는 것일 거요.'

충 비 홍 홍
蟲飛薨薨이라도   '뭇 벌레 윙윙 날아도

감 여 자 동 몽
甘與子同夢이로되   당신과 누워 단꿈 즐기고 싶지만

회 차 귀 의
會且歸矣리니   대신들 모였다 돌아갈 테니

무 서 여 자 증
無庶予子憎이로다.   나 때문에 당신 미움 사는 일 없어야지요.'

註解 □鷄旣鳴(계기명)-새벽 닭이 우는 것. □朝(조)-조정, 조회하는 곳. □盈(영)-군신들이 조회하러 가득히 모인 것(孔疏). 이 구절은 어진 비(妃)가 임금인 남편에게 조회에 나가기를 재촉하는 말이다. □蒼蠅(창승)-쉬파리. 이 구절은 남편이 일찍 일어나지 않으려고 핑계대는 말이다. □昌(창)-앞절의 영(盈)과 마찬기지로 여러 관원들이 조회에 많이 모인 것.『공소』에선 영(盈)보다 더욱 많이 모였다는 뜻에서 창(昌)이라 하였다고 했다. □薨(홍)-벌레가 나는 소리. 주남「여치(螽斯)」시에도 보였음. 새벽이 되어 벌레들이 윙윙 날기 시작한 것이다. □甘(감)-'……하고 싶다' '……즐기고 싶다' 는 뜻. □同夢(동몽)-함께 누워 단꿈을 즐기는 것. □會且歸(회차귀)-여러 대신들이 조회하러 모였다가 임금이 나오지 않으므로 그대로 돌아가는 것(集傳). □庶(서)-서기(庶幾)의 뜻, 바라는 마음을 나타낸다. □予(여)-나 때문에(集傳). □子憎(자증)-백관들이 임금을 미워하게 되는 것.

解說 「모시서」엔 「닭이 우네요」 시는 현명한 부인을 생각하는 것이라 하였다. 제나라 애공(哀公)이 여색에 빠져 정사를 돌보지 않음에, 어질고 곧은 부인이 밤낮으로 경계하여 올바로 되기를 바라는 뜻으로 읊은 것이라 하였다.

애공(哀公) 때의 작품인지는 모르지만 어진 부인이 남편인 임금으로 하여금 정사를 올바로 돌보도록 재촉하는 내용임이 틀림없다. 시인이 그러한 어진 부인을 기린 것이 이 시이다(集傳).

2. 날랜 솜씨(還)

_{자 지 선 혜}
子之還兮여!   그대는 날래기도 했지!

_{조 아 호 노 지 간 혜}
遭我乎峱之間兮하여   나와 노산 골짜기에서 만나

_{병 구 종 량 견 혜}
並驅從兩肩兮러니,   나란히 달리며 두 마리 큰 짐승을 뒤쫓았는데,

_{읍 아 위 아 현 혜}
揖我謂我儇兮로다.   그대는 내게 인사하며 나보고 날쌔다 했지.

_{자 지 무 혜}
子之茂兮여!   그대는 멋지기도 했지!

_{조 아 호 노 지 도 혜}
遭我乎峱之道兮하여   나와 노산 산길에서 만나

_{병 구 종 량 무 혜}
並驅從兩牡兮러니,   나란히 달리며 두 마리 수짐승을 뒤쫓았는데,

_{읍 아 위 아 호 혜}
揖我謂我好兮로다.   그대는 내게 인사하며 나보고 멋지다 했지.

_{자 지 창 혜}
子之昌兮여!   그대는 잘하기도 했지!

_{조 아 호 노 지 양 혜}
遭我乎峱之陽兮하여   나와 노산 남쪽 기슭에서 만나

_{병 구 종 량 랑 혜}
並驅從兩狼兮러니,   나란히 달리며 두 마리의 이리를 뒤쫓았는데,

_{읍 아 위 아 장 혜}
揖我謂我臧兮로다.   그대는 내게 인사하며 나보고 잘한다 했지.

註解 ▫還(선)-날랜 모양(毛傳). ▫猱(노)-제(齊)나라에 있던 산 이름. ▫間(간)-산골짜기의 뜻. ▫並驅(병구)-그대〔子〕와 내〔我〕가 나란히 말을 달리는 것(孔疏). ▫從(종)-뒤쫓는 것. ▫肩(견)-세살 된 짐승(毛傳), 곧 큰 짐승. ▫揖(읍)-손을 맞잡고 허리를 약간 굽히는 간단한 경례. ▫儇(현)-여기서는 앞의 선(還)과 비슷한 뜻으로, 역시 날렵한 것. ▫茂(무)-미(美)와 통하여, 사냥하는 솜씨가 멋지다는 뜻. ▫牡(무)-수컷. ▫好(호)-사냥을 잘한다는 뜻으로, 앞의 미(美)와 비슷한 말. ▫昌(창)-역시 여기서는 사냥을 잘한다는 뜻. ▫陽(양)-산의 남쪽 기슭. ▫狼(랑)-이리. ▫臧(장)-선(善)과 통하여 사냥하는 재주가 좋다는 말. 앞의 창(昌)과 비슷한 뜻.

解説 사냥의 즐거움을 노래한 것이다. 사냥길에 만난 친구는 사냥하는 솜씨가 놀라운 멋진 남자였다. 그래도 그는 사냥이 끝난 뒤에 자기더러 오히려 어쩌면 그렇게 사냥을 멋지게 하느냐고 칭찬한다. 은연중 사냥하는 씩씩한 기상이 시 속에 느껴진다. 이들은 물론 평민이 아니라 사대부들이었을 것이다.
「모시서」에선 정사를 어지럽히는 것을 풍자한 시라 하였다. 제나라 애공(哀公)이 나랏일은 제쳐놓고 지나치게 사냥을 즐기어 나라 사람들도 이에 물들어 사냥 잘하는 것을 칭찬하게 된 것이라 하였다.

3. 문간에서(著)

<small>사 아 어 저 호 이</small>
俟我於著乎而러니   나를 문간에서 기다리셨는데,

<small>충 이 이 소 호 이</small>
充耳以素乎而요   귀막이는 흰 실끈에다

<small>상 지 이 경 화 호 이</small>
尚之以瓊華乎而로다. 꽃 새긴 옥돌을 달으셨었거니.

<small>사 아 어 정 호 이</small>
俟我於庭乎而러니   나를 뜰에서 기다리셨는데,

^{충 이 이 청 호 이}
充耳以靑乎而요   귀막이는 파란 실끈에다

^{상 지 이 경 영 호 이}
尙之以瓊瑩乎而로다.   꽃같은 옥돌을 달으셨었거니.

^{사 아 어 당 호 이}
俟我於堂乎而러니   나를 대청에서 기다리셨는데,

^{충 이 이 황 호 이}
充耳以黃乎而요   귀막이는 누런 실끈에다

^{상 지 이 경 영 호 이}
尙之以瓊英乎而로다.   꽃 모양의 옥돌을 달으셨었거니.

註解 □俟(사)-기다리다. □著(저)-문병(門屛)의 사이(毛傳), 곧 정문 안의 양쪽 숙(塾) 사이를 저(宁)라 하는데, 저(著)는 저(宁)와 통한다(孔疏). 숙(塾)은 문간 양쪽에 있는 방. 따라서 저(著)는 '문간'의 뜻. □乎而(호이)-조사. □充耳(충이)-귀를 덮도록 만들어진 장식, 곧 진(瑱)(위풍「淇奧」시 참조). 귀막이. □素(소)-소사(素絲). 이소(以素)는 흰 실로 충이(充耳)의 끈을 만든 것. 그 끈으로 옥돌을 매달아 진(瑱)으로 쓴다(孔疏). □尙(상)-가(加)의 뜻(集傳), 더 보태는 것. □瓊(경)-위풍「모과(木瓜)」시 『모전』에 '옥돌로 빛이 아름다운 것'이라 하였다. 경화(瓊華)는 옥돌을 꽃 모양으로 조각한 것. 이것을 소사에 매달아 충이(充耳)가 되는 것이다(釋義). □庭(정)-대문에서 안문까지 이르는 사이(集傳). □靑(청)-푸른 실. □瑩(영)-영(榮)자 대신 쓴 글자로 역시 꽃의 뜻. 『이아』에 '나무는 화(華)라 하고 풀은 영(榮)이라 한다' 하였다. 따라서 경영(瓊瑩)은 앞의 경화(瓊華)와 같은 말. □堂(당)-대청. □黃(황)-노란 실. 충이의 끈을 처음엔 소(素), 다음엔 청(靑), 여기서는 황(黃)이라 하였는데, 귀막이의 끈을 여러 가지 색깔의 실을 엮어서 만들었기 때문이다. 『공소』에 임금은 다섯 가지 색깔, 경대부(卿大夫)는 세 가지 색깔이라 하였다. □瓊英(경영)-꽃 모양의 옥돌, 경화(瓊華)와 같은 말(毛傳).

解說 출가한 여자가 시집올 때의 일을 되새기며 노래한 것이다. 여기에서 저(著)에서 기다리고, 정(庭)에서 기다리고, 또 당(堂)에서 기다렸다는 것은 친영(親迎)의 예에 따라 신랑이 신부를 기다린 것이다. 『의례(儀禮)』에 "신랑은 수레를

타고 먼저 돌아와 문밖에서 기다린다." 하였다. 곧 친영의 예는 신랑이 혼례가 끝난 뒤 한발짝 먼저 자기 집으로 돌아와 신부가 시집오는 것을 문밖에서부터 마중하였던 것이다.

그런데 이 시에서는 문밖에서 신랑이 기다리지 않고 문간 안에서 기다린다. 그러기에 「모시서」에서는 당시의 습속을 풍자한 시이다. 당시의 습속에서는 친영하지 않는 것을 풍자한 것이라는 것이다.

4. 동녘의 해(東方之日)

東方之日兮여! 동녘의 해 같은
彼姝者子이 저 아름다운 여인이
在我室兮로다. 내 방에 와 있네.
在我室兮하여 내 방에 와서는
履我卽兮로다. 내 뒤만 붙어 다니네.

東方之月兮여! 동녘의 달 같은
彼姝者子이 저 아름다운 여인이
在我闥兮로다. 우리집 안에 와 있네.
在我闥兮하여 우리집 안에 와서는
履我發兮로다. 내 뒤만 따라다니네.

註解 □姝者子(주자자) - 이 시를 읊은 남자의 애인인 '아름다운 여인'. □在

我室(재아실) – 내 방에 놀러 와 있다는 뜻. □履(리) – 발자국을 밟으며 뒤에 붙어 다니는 것(集傳). □卽(즉) – 바싹 붙어 남녀가 행동하는 것을 말한다. □闥(달) – 여기서는 문안의 뜻(毛傳). □發(발) – 행(行)의 뜻(毛傳), 다니는 것. 이아발혜(履我發兮)는 이아즉(履我卽)과 같은 말로 늘 바싹 붙어 다니는 것. 1절의 즉(卽)은 오는 것, 발(發)은 돌아가는 것으로 보고 낮에 왔다 밤에 돌아가는 것이라 풀이하기도 한다. 해와 달은 단순히 여인의 아름다움에 견준 것이다.

解說 이 시는 남녀의 사랑을 노래한 것이다. 여자가 남자 집에 찾아와 정답게 노는 모습을 읊은 것이다.

「모시서」에서는 예도가 쇠약해진 것을 풍자한 시라 하였다. 임금과 신하가 도리에 벗어난 짓을 하고 남녀가 음란한 짓을 하는 것은 예도로 세상을 교화하지 못하기 때문이라는 것이다. 어떻든 연애하는 남녀를 노래한 것이 틀림없는 듯하다.

5. 동녘이 밝지도 않았는데(東方未明)

東方未明이어늘 동녘이 밝지도 않았는데
顚倒衣裳이로다. 옷을 허둥지둥 거꾸로 입네.
顚之倒之는 거꾸로 입을 정도로 허둥지둥 하는 것은
自公召之로다. 임금님 처소에서 부르기 때문.

東方未晞어늘 동녘에 동이 트지도 않았는데
顚倒裳衣로다. 옷을 거꾸로 허둥지둥 입네.
倒之顚之는 거꾸로 입을 정도로 허둥지둥 하는 것은

| 자 공 령 지 |
| 自公令之로다. | 임금님 처소에서 명이 내렸기 때문.

| 절 류 번 포 |
| 折柳樊圃면 | 버들가지 꺾어 채전에 울을 치면

| 광 부 구 구 |
| 狂夫瞿瞿어늘, | 어리석은 자도 경계를 알고 조심하거늘,

| 불 능 신 야 |
| 不能辰夜하여 | 아침 저녁도 분별 못하고

| 불 숙 즉 모 |
| 不夙則莫로다. | 너무 이르지 않으면 너무 늦게 부르시네.

註解　□顚倒(전도)-허둥지둥 거꾸로 입는 것. 전도의상(顚倒衣裳)은 곧 저고리를 아래, 바지를 위에 입는 것(孔疏). □公(공)-공소(公所). 임금의 처소. □召(소)-조회에 부르는 것. □晞(희)-동이 트는 것. □樊(번)-울타리. □圃(포)-채소밭. □狂夫(광부)-형편없이 어리석은 남자(孔疏), 곧 어리석은 자. □瞿(구)-구(懼)와 통하는 글자. 구구(瞿瞿)는 두려워하며 조심하는 모양. 이 구절은 버들가지를 꺾어 채전에 울타리를 만들어 놓으면, 아무리 약하기 짝이 없다 하더라도 누구나 보면 바로 채전의 경계를 알고 조심하게 된다는 뜻. 이렇게 어리석은 자도 간단한 한계를 분별하는데 임금은 아무것도 분별할 줄 모른다는 말이다. □辰(신)-신(晨)과 통하여, 불능신야(不能辰夜)는 '아침저녁의 차이도 분별 못하는 것'(集傳). □不夙則莫(불숙즉모)-임금이 신하들을 '너무 일찍 소집하지 않으면 너무 늦게 소집한다'는 뜻.

解說　「모시서」에 "동녘이 밝지도 않았는데"는 절도(節度)가 없음을 풍자한 것이다. 조정의 생활에 절도가 없고 때 없이 명령이 내리어 시간을 알리는 일을 맡은 관리는 그의 직책을 수행할 수 없었던 것이다."라고 설명하고 있다. 첫 절과 둘째 절은 너무 이른 새벽에 명령이 갑자기 내리어 신하가 허둥지둥하며 옷을 거꾸로 주워 입는 모양을 노래한 것이고, 끝 절은 그처럼 절도 없이 아무 때나 명을 내리는 임금을 비난한 것이다.

6. 남산(南山)

^{남 산 최 최}
南山崔崔어늘　　남산은 높다란데

^{웅 호 수 수}
雄狐綏綏로다.　　수여우가 어슬렁거리고 있네.

^{노 도 유 탕}
魯道有蕩이어늘　　노나라로 가는 길 평평한데

^{제 자 유 귀}
齊子由歸로다.　　제나라 임금의 딸이 이 길로 시집갔다네.

^{기 왈 귀 지}
旣曰歸止어늘　　이미 시집가 버린 것을

^{갈 우 회 지}
曷又懷止오?　　어째서 또 그리워하는가?

^{갈 구 오 량}
葛屨五兩이요　　칡신 다섯 켤레가 모두 짝이 있고

^{관 유 쌍 지}
冠緌雙止나라.　　갓끈도 두 가닥이 한 벌이네.

^{노 도 유 탕}
魯道有蕩이어늘　　노나라로 가는 길 평평한데

^{제 자 용 지}
齊子庸止로다.　　제나라 임금의 딸이 이 길로 시집갔다네.

^{기 왈 용 지}
旣曰庸止어늘　　이미 가 버린 것을

^{갈 우 종 지}
曷又從止오?　　어째서 또 뒤따라가는가?

^{예 마 여 지 하}
蓺麻如之何오?　　삼을 심자면 어떻게 하지?

^{횡 종 기 묘}
衡從其畝니라.　　종횡으로 밭을 갈아야지.

^{취 처 여 지 하}
取妻如之何오?　　장가를 들려면 어떻게 하지?

^{필 고 부 모}
必告父母니라.　　반드시 부모님께 아뢰야지.

^{기 왈 고 지}
旣曰告止어늘　　　이미 아뢰고 데려간 것을

^{갈 우 국 지}
曷又鞠止오?　　　어째서 또 괴롭히는가?

^{석 신 여 지 하}
析薪如之何오?　　장작을 쪼개려면 어떻게 하지?

^{비 부 불 극}
匪斧不克이니라.　도끼가 없으면 하는 수 없지.

^{취 처 여 지 하}
取妻如之何오?　　장가를 들려면 어떻게 하지?

^{비 매 부 득}
匪媒不得이니라.　중매가 없으면 안 되는 거지.

^{기 왈 득 지}
旣曰得止어늘　　　이미 중매 넣어 장가들었거늘

^{갈 우 극 지}
曷又極止오?　　　어째서 또 곤란하게 만드는가?

註解　□南山(남산)-제(齊)나라의 남산(毛傳). □崔崔(최최)-높고 큰 모양. □雄(웅)-수컷. □狐(호)-여우. □綏綏(수수)-서서히 왔다갔다하는 모양(衛風 '有狐' 시 참조).『정전』엔 수여우가 짝을 찾아 남산 위를 어슬렁거리고 있는 것이며, 노(魯)나라 환공(桓公)의 부인이며 자기 누이인 문강(文姜)과 정을 통한 제나라 양공(襄公)에 비유한 것이라 하였다. 자기 누이와 정을 통한 양공의 짓은 수여우가 짝을 찾아다니는 것처럼 수치스럽고도 가증스럽다는 것이다. □魯道(노도)-노나라로 가는 길(集傳). 문강(文姜)은 노나라 환공에게 출가하였다. □蕩(탕)-평탄(平坦)한 것. 유탕(有蕩)은 평평한 모양(釋義). □齊子(제자)-제나라 제후의 자녀, 곧 문강을 가리킴(孔疏). □由(유)-종(從)의 뜻으로(集傳), '이 길을 따라서'의 뜻. □歸(귀)-시집가는 것. □曰(왈)-지(止)와 함께 조사. □曷(갈)-어찌. 하(何)의 뜻. □懷(회)-잊지 않고 사모하는 것. 이 구절은 문강은 이미 출가하여 남편이 있는데 양공은 어째서 또 잊지 못하고 쫓아가 정을 통하였느냐는 뜻. □葛屨(갈구)-칡 껍질로 만든 신. □兩(양)-둘, 짝. 이 구절은 이해하기 어렵다. 『집전』을 따라 "칡신이 다섯 켤레 있어도 모두 짝이 있다."는 뜻으로 번역하여 둔다. □冠綏(관유)-얼굴 양편으로 늘어져 맬 수 있도록 된

갓끈. ▫庸(용)-용(用)의 뜻으로, 앞의 유(由)와 마찬가지로(通釋), 이 길을 통하여 노나라로 시집갔다는 뜻. ▫從(종)-뒤쫓아가 음란한 짓을 하는 것(孔疏). ▫蓺(예)-곡식을 심는 것. ▫衡(횡)-횡(橫)과 통함, 가로. ▫衡從其畝(횡종기묘)-가로 세로 밭을 가는 것. 『제민요술(齊民要術)』에 "삼을 심는 데에는 많이 갈수록 좋으며, 가로 세로 일곱 번 이상 갈면 삼대에 잎새도 없이 잘 자란다."고 하였다. ▫取妻(취처)-장가드는 것. ▫必告父母(필고부모)-부모님에게 아뢰는 것. 부모님께 말씀드려 의견을 따르는 것. ▫鞫(국)-궁(窮)의 뜻으로 문강의 처지를 곤란하게 만드는 것. ▫析(석)-쪼개다. ▫薪(신)-장작. ▫匪(비)-비(非)와 같은 뜻, …아니면. ▫斧(부)-도끼. ▫克(극)-능(能)의 뜻. ▫媒(매)-중매. 옛날에는 반드시 중매인을 사이에 두고 혼인을 하였다. ▫不得(부득)-불능(不能)의 뜻, 곧 결혼하지 못하는 것. ▫極(극)-궁(窮)과 통하여 곤란한 것.

解說 「모시서」에 "「남산」 시는 양공(襄公)을 풍자한 것이다. 새나 짐승과 같은 짓으로 그의 누이와 간통하여, 대부들은 이러한 악행을 보자 이 시를 짓고 떠나간 것이다."라고 하였다. 제나라 양공은 희공(僖公)의 아들이며, 그 누이란 바로 문강이다. 문강은 노나라 환공(桓公)에게 출가하였지만 오빠인 양공과 뒤에 간음하였다. 『좌전』 환공 18년에도 이에 관한 기록이 있으니 참고 바란다.

7. 큰 밭(甫田)

無田甫田^{무전보전}이어다　큰 밭은 갈지 마라
維莠驕驕^{유유교교}로다.　가라지만 무성할 걸.
無思遠人^{무사원인}이어다　멀리 간 사람 생각마라
勞心忉忉^{노심도도}로다.　마음만 뜨끈뜨끈 괴로운 것을.

無田甫田^{무전보전}이어다　큰 밭은 갈지 마라
維莠桀桀^{유유걸걸}이로다.　가라지만 덥수룩할걸.
無思遠人^{무사원인}이어다　멀리 간 사람 생각마라
勞心怛怛^{노심달달}이로다.　마음만 시끈시끈 괴로운 것을.

婉兮變兮^{완혜런혜}여!　젊고 예뻤는데!
總角丱兮^{총각관혜}를　떠꺼머리 총각도
未幾見兮^{미기견혜}하니　얼마간 헤어졌다 만나보니
突而弁兮^{돌이변혜}로다.　갑자기 관 쓴 어른 되었더라던데.

註解　ㅁ田(전) – 밭을 갈다. ㅁ甫田(보전) – 큰 밭(毛傳). ㅁ莠(유) – 가라지, 밭에 많이 나는 잡초의 일종. ㅁ驕驕(교교) – 양웅(揚雄)의 『법언(法言)』에 이를 '교교(喬喬)'라 인용하고 있다. 따라서 교교(驕驕)는 높이 무성하게 자란 모양. 큰 밭은 힘에 겨워 제대로 관리 못하므로 잡초만 무성하게 될 거라는 것이다. 이것은 쓸데없이 분수에 넘치는 짓은 안하는 것이 좋다는 뜻. ㅁ忉忉(도도) – 근

심하는 모양(毛傳). □桀桀(걸걸)-앞의 교교(驕驕)와 비슷한 뜻의 말, 무성하게 자란 모양(毛傳). □怛怛(달달)-앞의 도도(忉忉)와 비슷한 뜻, 몹시 근심하는 모양(毛傳). □婉孌(완련)-젊고 예쁜 모양. □總角(총각)-남자가 장가들기 전에 두 가닥으로 땋아 올린 머리. □丱(관)-머리를 두 가닥으로 땋은 모양. □未幾(미기)-얼마간의 기간. 이별하고 있는 기간. □見(견)-만나는 것. □突而(돌이)-돌연(突然), 갑자기. □弁(변)-고깔. 관(冠)의 일종. 옛날에는 남자는 20세에 관을 쓰기 시작하는 예식을 행하였다.

[解說] 멀리 가 있는 남편을 생각하는 여인의 노래이다. 첫 절과 제2절에서 멀리 있는 사람을 생각하지 말라는 것은, 여인의 가눌 수 없는 깊은 시름 때문이다. 생각지 않으려 할수록 님의 모습은 더욱 그리워만 진다. 제3절에서는 남편의 바뀌었을 모습을 생각한 것이다. 더 늙지나 않았을까? 더 여위지는 않았을까? 떠꺼머리총각을 한참 만에 만나 보면 관을 쓴 어른이 되어 있어 잘 몰라보는 일이 있는데, 하물며 자기 남편이야 옛 모습을 그대로 지니고 있겠느냐는 것이다.

「모시서」에서는 "대부가 제나라 양공(襄公)을 풍자한 것이다. 그는 예의도 지키지 않으면서 큰 공을 추구하고, 덕을 닦지 아니하면서 제후들이 따르기를 바라며, 뜻만이 커서 마음을 수고롭게 하여 구하는 것이 도리에 맞지 않았기 때문이다."라고 하였다.

8. 사냥개 방울(盧令)

盧令令이요 (노 영 령) 사냥개 방울 달랑달랑하고,
其人美且仁이로다. (기 인 미 차 인) 그 사람 멋지고 어질기도 하지.
盧重環이요 (노 중 환) 사냥개 큰 고리 작은 고리 달았고,
其人美且鬈이로다. (기 인 미 차 권) 그 사람 멋지고 씩씩하기도 하지.

노 중 매
盧重鋂요					사냥개는 두 고리 달랑달랑하고,
기 인 미 차 시
其人美且偲로다.				그 사람 멋지고 억세기도 하지.

註解 □盧(노)-사냥개.『공소』에선『전국책』을 인용, 한(韓)나라의 노(盧)는 천하의 가장 날쌘 개라 했다. □슈슈(영령)-개 목에 단 고리가 울리는 소리(毛傳). 옛날에는 방울 대신 둥근 고리를 두 개 이상 달았다. □其人(기인)-개를 데리고 사냥하는 사람. □美且仁(미차인)-외모가 멋지고 마음씨는 어질어 보인다는 뜻. □重環(중환)-『모전』에 '자모환(子母環)'이라 하였는데,『공소』에 의하면 큰 고리가 작은 고리를 함께 달고 있는 것. 역시 개의 목에 방울처럼 달던 것이다. □鬈(권)-『정전』에 '용감하고 씩씩한 것'이라 풀이하였다. □重鋂(중매)-하나의 큰 고리에 두 개의 작은 고리가 꿰어 있는 것(孔疏). □偲(시)-『경전석문(經典釋文)』에선『설문해자』를 인용, '시(偲)는 강한 것'이라 풀이하고 있다.

解說 사냥하는 사람의 멋진 모습을 노래한 것이 이 시다.
「모시서」에서는 정사를 돌보지 않는 임금을 풍자한 시라 하였다. 양공이 지나치게 사냥을 좋아하고 백성들은 돌보지 않는 것을 옛사람의 모습을 노래함으로써 풍자한 것이라 본 것이다.

9. 해진 통발(敝笱)

폐 구 재 량
敝笱在梁하니				해진 통발을 어살에 대어 놓았더니
기 어 방 환
其魚魴鰥이로다.				방어 환어가 멋대로 들락날락.
제 자 귀 지
齊子歸止하니				제나라 임금 딸이 시집을 가니

　　　　기 종 여 운
　　　　其從如雲이로다.　　따라가는 이 구름 같네.

　　　　폐 구 재 량
　　　　敝笱在梁하니　　해진 통발을 어살에 대어 놓았더니
　　　　기 어 방 서
　　　　其魚魴鱮로다.　　방어 연어가 멋대로 들락날락.
　　　　제 자 귀 지
　　　　齊子歸止하니　　제나라 임금 딸이 시집을 가니
　　　　기 종 여 우
　　　　其從如雨로다.　　따라가는 이 비오듯 많네.

　　　　폐 구 재 량
　　　　敝笱在梁하니　　해진 통발을 어살에 대어 놓았더니
　　　　기 어 유 유
　　　　其魚唯唯로다.　　고기들이 거침없이 들락날락.
　　　　제 자 귀 지
　　　　齊子歸止하니　　제나라 임금 딸이 시집을 가니
　　　　기 종 여 수
　　　　其從如水로다.　　따라가는 이 강물과 같네.

註解　□敝(폐)-해진 것. □笱(구)-통발. 대나 싸리를 엮어 봇물 막은 가운데를 트고 거기에 대어 놓아 흘러 내려오는 고기를 잡는 물건. □梁(량)-고기를 잡기 위해 막아 놓은 어살. 가운데를 트고 통발을 대어 놓는다. 구(笱)와 량(梁)은 패풍「동풍(谷風)」시에도 나왔으니 참고 바란다. □魴(방)-방어. 주남「여수 방죽(汝墳)」시에 나왔음. □鱮(환)-고기 이름일 것이나 무슨 고기인지 알 수 없다. 왕인지(王引之)는 환(鱮)은 곧 흔(鰥)으로 양주(揚州) 지방에서 흔자어(鰥子魚)라 하는 고기라 하였다(經義述聞). 잉어 종류의 큰 고기인 듯하다. 이렇게 봇물 가운데 대어놓은 통발이 해져 있어 큰 고기들이 마음대로 들락날락 거리는 것을 출가하는 행렬의 성대함에 비유한 것이다. □齊子(제자)-문강(文姜). 앞의「남산」시 참조. □歸(귀)-『집전』에선 일단 출가했다 제나라로 돌아오는 것이라 보았으나, 출가하는 것으로 봄이 타당하다. □止(지)-조사. □如雲(여운)-구름처럼 굉장하다는 뜻(毛傳). □鱮(서)-연어. □如雨(여우)-빗방

울이 떨어지듯 많다는 뜻(毛傳). □唯唯(유유) - 멋대로 들락날락하는 모양(毛傳). □如水(여수) - 강물처럼 많다는 뜻.

解說 이것은 제나라의 문강(文姜)이 노나라 환공(桓公)에게 시집갈 때의 모양을 노래한 것이다(釋義).

그러나 「모시서」에서는 문강을 풍자한 시로 보았다. 제나라 사람들이 노나라 환공이 허약하여 문강을 단속하지 못했기 때문에 음란한 짓을 하여 두 나라의 환난이 생긴 것을 싫어하여 노래한 것이라는 것이다. 해진 통발을 노나라 환공에 비유한 것이라 본 것이다.

주희는 또 문강이 양공을 만나러 제나라로 오는 모양을 읊은 것이라 보았다. 문강은 남편 환공이 권위가 약한 것을 이용하여 염치도 없이 많은 종자를 몰고 제나라로 돌아와 양공과 음행을 하였다는 것이다.

▲ 방어

10. 수레 타고 (載驅)

^{재 구 박 박}
載驅薄薄하니　수레 타고 달각달각 오는데
^{점 불 주 곽}
簟茀朱鞹이로다.　대로 엮은 가리개에 붉은 가죽 장식했네.
^{노 도 유 탕}
魯道有蕩이어늘　노나라로부터 오는 길은 평평한데
^{제 자 발 석}
齊子發夕이로다.　제나라 임금 딸은 새벽에 떠나왔다네.

^{사 려 제 제}
四驪濟濟하니　멋진 네 마리 검은 말이 수레를 끄는데
^{수 비 니 니}
垂轡濔濔로다.　늘어진 고삐가 치렁치렁하네.
^{노 도 유 탕}
魯道有蕩이어늘　노나라로부터 오는 길은 평평한데
^{제 자 개 제}
齊子豈弟로다.　제나라 임금 딸은 태연히 즐거워하네.

^{문 수 상 상}
汶水湯湯하고　문수는 넘실넘실 흐르고
^{행 인 방 방}
行人彭彭이로다.　늘어진 고삐가 치렁치렁하네.
^{노 도 유 탕}
魯道有蕩이어늘　노나라로부터 오는 길은 평평한데
^{제 자 고 상}
齊子翱翔이로다.　제나라 임금 딸은 의젓이 수레 타고 노니는 듯하네.

^{문 수 도 도}
汶水滔滔하고　문수는 출렁출렁 흐르고
^{행 인 표 표}
行人儦儦로다.　길가는 사람들은 북적북적하네.
^{노 도 유 탕}
魯道有蕩이어늘　노나라로부터 오는 길은 평평한데

　　　　제 자 유 오
　　　　齊子遊敖로다.　제나라 임금 딸은 버젓이 수레 타고 노닐 듯 오네.

註解　▫載(재)-조사. ▫驅(구)-수레를 타고 달리는 것. ▫薄薄(박박)-수레가 빨리 달리는 소리(毛傳). ▫簟(점)-『모전』에 네모꼴 무늬의 자리라 하였는데, 『공소』엔 대나무로 만든 자리로 그 무늬가 네모꼴이라고 풀이하였다. ▫茀(불)-수레의 가리개(毛傳). 부인들의 수레에는 앞뒤에 발을 쳐서 안이 보이지 않도록 하였다(衛風「碩人」시 참조). 점불(簟茀)은 대나무를 네모꼴 무늬가 이루어지도록 엮어 수레 가리개로 한 것. ▫朱鞹(주곽)-붉은 가죽으로 만든 수레 장식. 『모전』에 제후의 노거(路車)는 붉은 가죽 바탕에 새 깃으로 장식을 하였다 했다. 노거는 제후들의 수레이며 그 수레의 몸통을 붉은 가죽으로 싸고 그 위에 꿩깃으로 장식을 하였다. ▫魯道(노도)-노나라로 가는 길, 또는 노나라에서 오는 길. ▫有蕩(유탕)-탕연(蕩然)으로 평탄한 것(앞의 「南山」시 참조). ▫齊子(제자)-제나라 임금의 딸, 문강(文姜)(앞의 「南山」·「敝笱」시 참조). ▫發夕(발석)-『모전』에 저녁에 출발하여 아침에 도착하는 것이라 하였는데, 마서진(馬瑞辰)에 의하면 '발석'은 단석(旦夕)의 뜻으로 이른 새벽에 출발하여 저녁에 도착하는 것(通釋). 문강이 염치도 없이 빨리 양공을 만나려고 서둘렀음을 말한 것이다. ▫四驪(사려)-수레를 끄는 네 마리 검은 말. '려'는 검은 말임. ▫濟濟(제제)-아름다운 모양(毛傳). ▫轡(비)-고삐. ▫濔濔(니니)-부드러운 모습(集傳). 많이 늘어져 있는 것. ▫豈(개)-개(愷)와 통하여 낙(樂)의 뜻(毛傳), 즐기는 것. ▫弟(제)-제(悌)와 통하여 편안한 것(毛傳). 따라서 개제(豈弟)는 평안함을 즐기며 태연히 수레를 타고 오는 것. ▫汶水(문수)-강물 이름. 본류를 대문하(大汶河)라고 하는데 제나라 남쪽 노나라 북쪽 경계를 흘렀다. 지금의 내무현(萊蕪縣) 동북쪽 원산(原山)에서 시작 서남쪽으로 흘러 태안현(泰安縣) 동쪽을 거치며 석문(石汶)·모문(牟汶)·북문(北汶)·소문(小汶) 등 지류를 를 합쳐 문상현(汶上縣)에 이르러 서쪽 운하에 합치었다. ▫湯湯(상상)-물이 많이 흐르는 모양(集傳). 위풍「한 남자(氓)」시에도 나왔음. ▫彭彭(방방)-많은 모양(毛傳). ▫行人(행인)-동행인, 곧 문강의 시종들. 음행을 하러 오는 문강의 시종이 많다는 것은 그의 뻔뻔스러움을 말한다. ▫翺翔(고상)-수레를 타고 유유히 노닐 듯 오는 것. 역시 문강의 부끄러움 모르는 행동을 말한 것

이다(鄭風「淸人」시 참조). ㅁ滔滔(도도)-물이 흐르는 모양(毛傳). ㅁ儦儦(표표)-사람이 많은 모양(毛傳). ㅁ遊敖(유오)-노니는 것. 오유(敖遊), 고상(翱翔)과 비슷한 말이다(集傳).

[解說] 노나라 환공에게 시집간 문강이 그의 친오빠인 제나라 양공과 밀회하기 위하여 달려오는 모습을 노래한 것이다. 문강은 염치도 없이 수레와 장식을 성대히 하고 많은 시종들을 거느리고 한길을 달려 제나라로 음행을 하러 온다.

「모시서」에서는 제나라 사람들이 양공을 풍자한 시라 하였다. 예의도 모르고 수레와 옷을 성대히 차리고 큰 고을의 한길을 달려와 문강과 음행을 하여 백성들에게까지도 나쁜 영향을 끼쳤기 때문이라 하였다.

11. 아아 멋지다(猗嗟)

의 차 창 혜	
猗嗟昌兮여!	아아 멋지다!
기 이 장 혜	
頎而長兮로다.	헌칠하게 키도 크네.
억 약 양 혜	
抑若揚兮러니	화살을 위아래로 겨누는데
미 목 양 혜	
美目揚兮하고,	아름다운 눈에 넓은 이마 지녔고,
교 추 창 혜	
巧趨蹌兮하여	잽싸게 교묘히 움직이며
사 즉 장 혜	
射則臧兮로다.	활도 참 잘 쏘누나.

의 차 명 혜	
猗嗟名兮여!	아아 훌륭하다!
미 목 청 혜	
美目淸兮로다.	아름다운 눈은 맑기도 하지.
의 기 성 혜	
儀旣成兮하고	활 쏘는 의식을 다 갖추고

_{종 일 석 후}
終日射侯하되　하루 종일 과녁을 쏘는데

_{불 출 정 혜}
不出正兮하니　한번도 표적에서 빗나가지 않으니

_{전 아 생 혜}
展我甥兮로다.　정말 우리 임금의 조카일세.

_{의 차 련 혜}
猗嗟孌兮여!　아아 잘났다!

_{청 양 완 혜}
淸揚婉兮로다.　맑은 눈에 넓은 이마 곱기도 하지.

_{무 즉 선 혜}
舞則選兮하고　거동은 가락에 맞고

_{사 즉 관 혜}
射則貫兮려니,　쏘면은 과녁을 뚫는데,

_{사 시 반 혜}
四矢反兮하니　네 화살이 똑같은 곳에 꽂히니

_{이 어 란 혜}
以禦亂兮로다.　세상의 어지러움 막고도 남겠네.

註解　ㅁ猗(의)-의(猗)와 통하는 아름다움을 나타내는 감탄사. ㅁ嗟(차)-감탄사. ㅁ昌(창)-대단한 모양(毛傳), 곧 용모가 뛰어난 것. ㅁ頎(기)-키가 헌칠한 것. 기이장(頎而長)은 헌칠하게 키가 큰 것. ㅁ抑(억)-누르다. ㅁ揚(양)-들어올리다. ㅁ若(약)-조사. 이 구절은 활을 쏠 때 화살을 겨누는 모습이다.『노자(老子)』77장에도 "하늘의 도(道)는 활을 잡아당기는 것과 같다. 높으면 누르고[抑之] 낮으면 든다[擧之]."고 하였으니 "누르는 것[抑之]과 드는 것[揚之], 곧 억약양(抑若揚)은 화살을 올렸다 내렸다." 하며 겨냥하는 것이 분명하다(釋義). ㅁ揚(양)-이마가 넓은 것(鄘風「君子偕老」시에 나왔음). ㅁ趨(추)-빠른 걸음으로 움직이는 것(孔疏). ㅁ蹌(창)-잽싸게 움직이는 모양(毛傳). 이 구절도 활을 쏠 때의 잽싼 동작을 말한 것이다. ㅁ射(사)-활쏘기. ㅁ臧(장)-선(善)과 통하여, 잘하는 것(鄭箋). ㅁ名(명)-굉장한 것. 이 시의 각 절 첫 구는 모두 용모의 성대함을 서술한 것이다(通釋). ㅁ儀(의)-사의(射儀). 활쏘기를 할 때에는 일정한 의식이 있었다. ㅁ成(성)-비(備)의 뜻으로(鄭箋), 사의(射儀)가 다 갖추

어진 것. □射(석) - 맞히다. □侯(후) - 천이나 가죽을 쳐서 만든 과녁. □正(정) - 후(侯) 가운데의 까만 표적(標的)(孔疏). □展(전) - 진실로. □我甥(아생) - 우리 임금의 생질. 노나라 장공(莊公)은 환공과 문강 사이에 난 아들이므로 양공의 생질뻘이다. 이 시는 장공을 기린 것이다. □孌(연) - 예쁜 것. 웅장하고 아름다운 모양(毛傳). □淸(청) - 눈이 청명한 것. □揚(양) - 이마가 넓은 것 (鄘風 '君子偕老' 시 참조). □選(선) - 가지런하다는 뜻(毛傳), 여기서는 춤과 음악의 가락이 잘 맞는 것(孔疏). 여기의 춤은 활을 쏘는 사람이 활과 화살을 들고 추는 흥무(興舞)로서 활쏘기 의례의 하나이다(王引之『周禮述聞』). □貫(관) - 과녁을 뚫는 것(孔疏), 표적에 들어맞는 것(毛傳). □四矢(사시) - 한 벌의 화살(毛傳). 활쏘기 할 때면 승시(乘矢)라 하여 네 대의 화살을 한 벌로 하여 한꺼번에 쏘았다. □反(반) - 반복의 뜻(鄭箋)으로, 네 대의 쏜 화살이 거듭하여 똑같은 표적에 들어맞는 것. □禦亂(어란) - 사방의 어지러움을 막는 것. 사의에서 네 대의 화살을 한 벌로 하여 한꺼번에 쏘는 것은 사방을 지킨다는 뜻을 지녔다 한다(鄭箋).

解説 이 시는 제나라 사람들이 노나라 장공(莊公)의 뛰어난 용모와 활 쏘는 솜씨를 찬양한 것이다. 장공은 환공과 문강의 사이에서 난 아들인데 제나라 양공의 아들이라는 소문도 있었던 듯하다.

그래서 「모시서」에서는 노나라 장공을 풍자한 시라 하였다. 장공이 이처럼 훌륭한 용모와 활 쏘는 솜씨를 지니고 있으면서도 예로써 어머니의 음행을 막지 못하여 자식의 도를 잃은 것을 풍자한 것이라 하였다. 그러나 시를 통해 볼 때 별로 풍자의 기미는 느껴지지 않는다.

제9 위풍(魏風)

『좌전』양공(襄公) 29년에 "숙후(叔侯, 晉나라)가 말하기를, 우(虞)·괵(虢)·초(焦)·활(滑)·곽(霍)·양(揚)·한(韓)·위(魏)는 모두 희성(姬姓)이라고 하였다."는 기사가 있다. 이로써 위나라는 주나라 왕실과 같은 희성의 나라임을 알겠다. 위나라는 주나라 초기에 시작된 듯하나 처음에 누구를 봉하였고 어떻게 대가 이어졌는지 알 수가 없다.

그 땅은 남쪽은 하곡(河曲 : 黃河가 山西省 永濟縣에서 동쪽으로 구부러져 芮城縣으로 들어가는 근방)으로부터 북쪽은 분수(汾水)에 이르는 청(淸)나라 해주(解州) 땅과 비슷하였다. 노(魯)나라 민공(閔公) 2년(周惠王 17년 : B.C. 660)에 진(晉)나라 헌공(獻公)이 위나라를 쳐부수고 대부 필만(畢萬)의 채읍(采邑)으로 삼아주었다. 그 뒤 필만의 후손이 한(韓)나라·조(趙)나라와 손을 잡고 진(晉)나라를 멸한 다음, 그 나라를 한·조와 위(魏)나라의 셋으로 쪼개어 다시 위나라가 생겨났다(B.C. 453). 그러나 이것은 바로 전국시대 칠웅(七雄) 중의 위나라이며 이곳에 나오는 위나라가 아니다.

주희는『집전』에서 소식(蘇軾)의 말을 인용하여 "위나라 땅은 오랫동안 진나라에 합쳐 있어, 위풍의 시들은 모두 진나라 작품인 것 같다. 그래서 당풍의 앞에 놓였으니, 패풍과 용풍이 위풍 앞에 놓인 거나 마찬가지다."라고 하였다. 그리고 다시 "시 가운데 공행(公行)·공로(公路)·공족(公族)은 모두가 진나라 벼슬이니 실은 모두 진시(晉詩)인 듯하나, 위나라에도 이런 벼슬이 있었는지 알 수 없는 일이다."라고 하였다.

그러나 위풍의 시에는 원망과 노여움을 띤 노래가 많으니 정치가 어지럽고 나라가 위태롭던 때의 작품인 듯하다. 필만이 이곳에 봉해진 때(閔公 2년 : B.C. 660)부터 오(吳)나라 계찰(季札)이 노(魯)나라로 와서 주나라 옛 음악을 감상한 사이(魯 襄公 29년 : B.C. 544. 국풍의 시들은 이보다 뒤에 나온 작품은 없다) 백여 년 동안에는 이러한 현상이 없었다고 보아야 할 것이다. 정현(鄭玄)의 『시보(詩譜)』에는 위풍을 주나라 평왕(平王 : B.C. 770~720 재위)과 환왕(桓王 : B.C. 719~697 재위) 때의 작품, 곧 희성(姬姓)의 위나라 시라 하였는데 그럴 가능성이 많다(釋義).

1. 칡신(葛屨)

규 규 갈 구
糾糾葛屨로   엉성한 칡신으로

가 이 리 상
可以履霜이로다.   서리 땅이라도 밟겠네.

섬 섬 여 수
摻摻女手로   갓 시집온 고운 손으로

가 이 봉 상
可以縫裳이로다.   바지라도 깁게 하겠네.

요 지 극 지
要之襋之하여   바지 허리 달고 저고리 깃 달아

호 인 복 지
好人服之로다.   좋은 님 입히셨네.

호 인 제 제
好人提提하여   좋은 님은 점잖아

완 연 좌 피
宛然左辟하고   공손히 왼편으로 비켜 다니고

패 기 상 체
佩其象揥로다.   상아 족집게 차셨네.

유 시 변 심
維是褊心이니   다만 마음이 급하고 편협하여

시 이 위 자
是以爲刺하노라.   풍자를 하게 되네.

註解　□糾糾(규규)−동여맨 모양(毛傳). 엉성히 얽어놓은 모양(孔疏). □葛屨

(갈구)-칡 껍질로 엮어 만든 신. □履霜(이상)-서리 온 땅을 밟고 다니는 것. 여름에 신는 칡신을 겨울에 신게 한다는 것은 위(魏)나라 사람들의 편협한 행동을 뜻하는 것이다. □摻摻(섬섬)-섬섬(纖纖)과 같은 말로(毛傳), 곱고 가는 모양(孔疏). □女手(여수)-시집와 석 달도 안된 여자의 손. 옛날에는 시집가 석 달이 되어야 묘당(廟堂)에 인사드리고 바느질 같은 부녀자들의 일을 하였다(集傳). □裳(상)-치마. 여기서는 남자의 하의. □要(요)-요(褑)와 통하여 '바지 허리'(孔疏). □襋(극)-저고리의 깃(孔疏). □好人(호인)-좋은 님. 남편을 가리킨다. □提提(제제)-안서(安舒)한 모양(集傳). 행동이 점잖게 보이는 것(通釋). □宛然(완연)-사양하는 모양(集傳), 곧 공손한 것. □辟(피)-피(避)와 통하여 '좌피(左辟)'는 길에서 만나면 공손히 왼편으로 비켜서는 것(集傳). □佩(패)-허리에 차는 것. □象掃(상체)-상아로 만든 족집게. 용풍 「낭군과 해로 해야지」시에서는 귀부인의 머리장식의 일종으로 나왔으나, 여기에서는 남자가 허리에 차는 장식이라 한다(成僕의 『詩說考略』). □褊心(변심)-마음이 급하고 좁은 것(鄭箋), 곧 성급하고 편협한 것. □刺(자)-풍자의 뜻. '시이위자(是以爲刺)'는 이 시를 지은 목적을 말하는 것이다.

解説 「모시서」에 "칡신" 시는 마음이 조급하고 좁은 것을 풍자한 것이다. 위나라 땅이 비좁아 백성들은 잔꾀가 많고 이익을 탐하고 임금은 검소하나 인색하고 마음이 조급하고 좁아서 덕으로 다스리지 못하였다."고 하였다.
　이 시는 학자마다 거의 해설이 모두 다르고 이해하기도 어려운 내용이다. 그러나 이 시는 임금이 아니라 어떤 대부를 여자가 풍자한 것이라 봄이 좋을 것이다.

2. 분수 가의 진펄(汾沮洳)

^{피 분 저 여} 彼汾沮洳에	분수 가의 진펄에서
^{언 채 기 모} 言采其莫로다.	나물을 캐네.
^{피 기 지 자} 彼其之子는	우리 님은

美_미無_무度_도로다.　　　아름답기는 하나 도량이 없네.

美_미無_무度_도하니　　　아름다우면서도 도량이 없으니

殊_수異_이乎_호公_공路_로로다.　　임금님 수레 맡은 대부답지 않으시네.

彼_피汾_분一_일方_방에　　　분수 한쪽 가에서

言_언采_채其_기桑_상이로다.　　뽕을 따네.

彼_피其_기之_지子_자는　　　우리 님은

美_미如_여英_영이로다.　　　아름답기 꽃 같네.

美_미如_여英_영이로되　　　아름답기 꽃 같다지만

殊_수異_이乎_호公_공行_행이로다.　　임금님 병거(兵車) 맡은 대부답지 않으시네.

彼_피汾_분一_일曲_곡에　　　분수 한 모퉁이에서

言_언采_채其_기藚_속이로다.　　쇠귀나물을 뜯네.

彼_피其_기之_지子_자는　　　우리 님은

美_미如_여玉_옥이로다.　　　아름답기 옥과 같네.

美_미如_여玉_옥이로되　　　아름답기 옥과 같다지만

殊_수異_이乎_호公_공族_족이로다.　　임금님 집안 맡은 대부답지 않으시네.

註解　ㅁ汾(분)-강 이름. 지금의 산서성 영무현(寧武縣) 서남쪽 관잠산(管涔山)에서 시작하여 서남쪽으로 정낙현(靜樂縣)·옛 태원부(太原府)·분주(汾州)·곽주(霍州)·평양(平陽)·강주(絳州) 등 여러 부(府)와 주(州)의 경계를 거

쳐 형하현(滎河縣) 북쪽에서 황하로 들어간다(釋義). ▫沮洳(저여)-물이 들어와 낮고 습한 땅(集傳), 곧 진펄. ▫言(언)-기(其)와 함께 조사. ▫莫(모)-나물.『모전』엔 그저 채(菜)라고만 하였는데『집전』에는 "버드나무처럼 잎새가 두껍고 길며 털이 달렸고 국을 끓여 먹을 수 있는 나물"이라 하였으니, 고유명사인 듯하다. ▫之子(지자)-시자(是子)로(鄭箋) '우리 님', 곧 대부를 가리킨다. ▫度(도)-도량(度量), 기량(器量).『모전』이나『집전』에선 뒤의 '미여영(美如英)'이나 '미여옥(美如玉)'과 말씨를 맞추려고, '미무도(美無度)'를 '잴 수 없을 만큼 아름답다'는 뜻으로 보았다. ▫殊異(수이)-특이하다, '……답지 않다'는 뜻. ▫公路(공로)-제후의 노거(路車)를 관장하는 관리, 대부들이 맡았다(釋義). ▫一方(일방)-한편, 한쪽. ▫英(영)-꽃. ▫公行(공행)-공로(公路)와 비슷한 관리로서, 제후의 싸움터에서 타는 수레를 관장하였으며 멀리 길을 갈 적에 따라다니며 시종을 하는 일을 맡았다(釋義). ▫曲(곡)-물이 굽이쳐 흐르는 곳(集傳). ▫藚(속)-쇠귀나물. 수석(水舄)·우순(牛脣)이라고도 하며(毛傳), 마디풀로 된 식물(孔疏). ▫公族(공족)-제후의 종족들을 관장하는 관리. 역시 대부들이 임명되었다(釋義).

解說 「모시서」에서는 "검소한 것을 풍자한 시"라고 보았다. 그들 임금이 검소하고 부지런하면서도 예의를 모르는 것을 풍자하였다는 것이다.

그러나 앞의「칡신」시와 마찬가지로 위나라 대부들의 '미무도(美無度)', 곧 겉은 멋지고 아름답지만 속에는 제대로 된 생각이 없음을 풍자한 것이라 봄이 좋을 것이다. 이들 대부는 이처럼 생각이 모자라는데도 공로(公路)나 공행(公行)·공족(公族) 같은 높은 벼슬을 하고 있다. 그러니 이런 관리들은 외양은 좀 초라하더라도 제대로 된 생각이 있어야만 한다는 것이다.

3. 동산의 복숭아나무(園有桃)

園有桃하니　　　　　동산의 복숭아나무 있어
원 유 도

其^기實^실之^지殽^효로다.　　그 열매 따먹네.

心^심之^지憂^우矣^의니　　마음에 시름 있으니

我^아歌^가且^차謠^요로다.　　노래나 실컷 불러볼까.

不^부知^지我^아者^자는　　나를 모르는 사람들은

謂^위我^아士^사也^야驕^교로다.　　내게 당신은 교만하다고 하네.

彼^피人^인是^시哉^재어늘　　그분은 곧으신 분인데

子^자曰^왈何^하其^기로다.　　당신은 왜 그러느냐고 하네.

心^심之^지憂^우矣^의를　　마음의 시름을

其^기誰^수知^지之^지리요?　　그 누가 알아주리?

其^기誰^수知^지之^지리요?　　그 누가 알아주리?

蓋^개亦^역勿^물思^사로다.　　생각을 말아야지.

園^원有^유棘^극하니　　동산에 대추나무 있어

其^기實^실之^지食^식이로다.　　그 열매 따먹네.

心^심之^지憂^우矣^의니　　마음에 시름 있으니

聊^요以^이行^행國^국이로다.　　바람이나 쏘여볼까.

不^부知^지我^아者^자는　　나를 모르는 사람들은

謂^위我^아士^사也^야罔^망極^극이로다.　　내게 당신이 옳지 못하다고 하네.

피 인 시 재	
彼人是哉어늘	그분은 곧으신 분인데
자 왈 하 기	
子曰何其로다.	당신은 왜 그러느냐고 하네.
심 지 우 의	
心之憂矣를	마음의 시름을
기 수 지 지	
其誰知之리요?	그 누가 알아주리?
기 수 지 지	
其誰知之리요?	그 누가 알아주리?
개 역 물 사	
蓋亦勿思로다.	생각을 말아야지.

註解 ▫其實(기실) – 복숭아 열매. ▫殽(효) – 먹는 것(集傳). 효(肴)와도 통한다. ▫歌且謠(가차요) – 가요로 노래하는 것. 시름을 풀기 위해 노래라도 불러볼까의 뜻. 『모전』엔 반주에 맞추어 노래하는 것을 가(歌), 목소리로만 노래하는 것을 요(謠)라 한다고 했다. ▫士也驕(사야교) – "나를 모르는 사람들"이 하는 말로, 사(士)는 바로 아(我)를 가리켜 하는 말로 '당신' 정도의 뜻. 교(驕)는 교만한 것. ▫彼人(피인) – 임금을 가리키는 말(鄭箋). 피인시재(彼人是哉)는 임금은 잘못하는 일이 없다는 뜻. ▫子(자) – 그대. ▫其(기) – 조사. ▫日何其(왈하기) – '어째서, 그런 말을 하는가'의 뜻. 곧 이 구절은 앞의 "나를 모르는 사람들"이 임금은 잘못하는 일도 없는데 어째서 당신은 불평하고 근심하는가 하고 말한다는 뜻. ▫蓋(개) – 발어사. ▫勿思(물사) – 생각을 말자, 근심을 말자는 뜻. ▫棘(극) – 대추 비슷한 야생 관목으로, 대추보다 작은 열매가 열리는 나무. 패풍 「남풍(凱風)」 시에도 나왔음. ▫聊(요) – 또한, 잠시, 차(且)의 뜻. ▫行國(행국) – 나라 안을 돌아다니는 것(集傳). 옛날에는 도성도 국(國)이라 하였으니 '바람을 쐬는 것' 정도로 이해하여도 된다. ▫罔極(망극) – '무량(無良)', 곧 '좋지 못한 것', '옳지 못한 것'. 위풍「한 남자(氓)」시 참조(釋義).

解說 「모시서」에도 이 시는 "시국을 풍자한 것"이라고 하였다. 정치가 제대로 안됨을 걱정하는 어진 사람이 자기 나라가 쇠약해지고 있음을 걱정하는 노래라는 뜻이다.

그러나 여기의 '피인(彼人)'을 임금이 아니고 남자가 사랑하던 여자로 보아도 좋을 듯하다. 그렇다면 이 시는 애인과 갈등이 생긴 남자의 노래가 된다.

4. 민둥산에 올라(陟岵)

陟彼岵兮_{척피호혜}하여 　민둥산에 올라
瞻望父兮_{첨망부혜}로다. 　아버지 계신 곳 바라보노라니
父曰_{부왈}; 　아버님 말씀 떠오르네.
嗟予子行役_{차여자행역}하여 　'아아, 내 아들 전장에 나가
夙夜無已_{숙야무이}로다. 　밤낮으로 쉴 새도 없을 테지.
上愼旃哉_{상신전재}하여 　부디 조심하였다가
猶來無止_{유래무지}하라. 　지체 없이 돌아오너라.'

陟彼屺兮_{척피기혜}하여 　푸른 산에 올라
瞻望母兮_{첨망모혜}로다. 　어머니 계신 곳 바라보노라니
母曰_{모왈}; 　어머님 말씀 떠오르네.
嗟予季行役_{차여계행역}하여 　'아아, 내 막둥이 전장에 나가
夙夜無寐_{숙야무매}로다. 　밤낮으로 잠잘 틈도 없을 테지.
上愼旃哉_{상신전재}하여 　부디 조심하였다가
猶來無棄_{유래무기}하라. 　우릴 버리지 말고 돌아오너라.'

$$
\begin{array}{ll}
\overset{척}{陟}\overset{피}{彼}\overset{강}{岡}\overset{혜}{兮}하여 & 산마루에 올라 \\
\overset{첨}{瞻}\overset{망}{望}\overset{형}{兄}\overset{혜}{兮}로다. & 형님 계신 곳 바라보노라니 \\
\overset{형}{兄}\overset{왈}{曰}； & 형님 말씀 떠오르네. \\
\overset{차}{嗟}\overset{여}{予}\overset{제}{弟}\overset{행}{行}\overset{역}{役}하여 & '아아, 내 아우 전장에 나가 \\
\overset{숙}{夙}\overset{야}{夜}\overset{필}{必}\overset{해}{偕}로다. & 밤낮으로 여럿이 고생하고 있을 테지. \\
\overset{상}{上}\overset{신}{愼}\overset{전}{旃}\overset{재}{哉}하여 & 부디 조심하였다가 \\
\overset{유}{猶}\overset{래}{來}\overset{무}{無}\overset{사}{死}하라. & 죽지 말고 돌아오너라.'
\end{array}
$$

註解 □陟(척)-오르다. □岵(호)-민둥산. 초목이 없는 산(毛傳). □瞻望(첨망)-멀리 바라보는 것. □父(부)-실제로는 아버지 계신 곳을 말함. □父曰(부왈)-아버님의 목소리가 들리는 듯하다는 말(集傳). □嗟(차)-아아. □行役(행역)-나라의 토목일이나 군대의 일로 멀리 끌려나가는 것. □夙夜(숙야)-이른 새벽부터 밤 늦게까지. 결국은 '밤낮'이나 비슷한 말. □無已(무이)-쉬지 못하는 것, 휴식이 없는 것. □上(상)-상(尙)과 통하여 '부디'의 뜻(集傳). □愼(신)-조심하는 것. □旃(전)-'지언(之焉)'의 소리가 합친 것으로(經典釋詞) 지(之)와 같은 조사. □無止(무지)-머물러 있지 마라, 곧 우물쭈물 말라는 뜻. □屺(기)-초목이 있는 산(毛傳). 따라서 '푸른 산'의 뜻. □季(계)-막둥이. □無寐(무매)-잠도 못자고 일하는 것. □無棄(무기)-어머니인 당신을 '저버리지 마라'는 뜻. □岡(강)-산등성이. □偕(해)-여러 부역하는 사람과 같이 고생하는 것.

解説 「모시서」에 이 시는 "효자가 나랏일로 멀리 나가 부모를 생각하는 노래이다. 위나라는 미약하여 자주 외국의 침략을 당하였고 큰 나라를 위하여 백성들이 끌려나가는 일이 많아서 부모형제들이 서로 떨어져 살게 되는 일이 많았다. 그래서 이 시가 지어진 것이다."고 하였다.

5. 십묘의 땅(十畝之間)

十畝之間兮여!
_{십 묘 지 간 혜}
십묘 넓이의 땅이어!

桑者閑閑兮니
_{상 자 한 한 혜}
뽕 따는 이들이 잘 지내는 곳이니

行與子還兮로다.
_{행 여 자 선 혜}
그대와 더불어 그리로 돌아갈까.

十畝之外兮여!
_{십 묘 지 외 혜}
십묘의 땅 근처여!

桑者泄泄兮니
_{상 자 예 예 혜}
뽕 따는 이들이 한가히 지내는 곳이니

行與子逝兮로다.
_{행 여 자 서 혜}
그대와 더불어 그리로 갈까.

註解 □十畝之間(십묘지간) — 십묘 되는 넓이의 땅 사이. 묘(畝)는 땅 넓이의 단위로서 6척 사방을 보(步 : 우리나라의 坪)라 하고, 100보를 묘라 하였다. 따라서 10묘는 1천 평(坪) 정도의 땅. □桑者(상자) — 뽕따는 사람. □閑閑(한한) — 사람들이 만족스런 모습으로 잘 지내는 모양(集傳). □行(행) — 장차. 장(將)의 뜻(集傳). □子(자) — '그대'. 뜻이 맞는 친구(集傳). □還(선) — 벼슬을 집어치우고 전원으로 돌아가는 것(集傳). □外(외) — 밖, 근처. □泄泄(예예) — 한한(閑閑)과 비슷한 말로(集傳), 한가로이 잘 지내는 모양. □逝(서) — 벼슬을 버리고 그곳 전원으로 가 버릴까 하는 것.

解說 어진 사람이 벼슬을 그만두고 친구와 함께 전원으로 돌아갈 뜻을 노래한 것이 이 시이다. 후세 도연명(陶淵明)의「귀거래사(歸去來辭)」와 비슷한 시상이라 할 것이다.

「모시서」에선 "시국을 풍자한 시"로 보았다. 나라가 점차 어지러워져 백성들은 살 곳이 없어졌다. 그래서 사람들이 전원으로 돌아가려 한 것이라고 하였다.

6. 박달나무 베어(伐檀)

감 감 벌 단 혜	
坎坎伐檀兮하여	쾅쾅 박달나무 베어
치 지 하 지 간 혜	
寘之河之干兮하니	황하 가에 놓고 보니
하 수 청 차 련 의	
河水清且漣猗로다.	황하물 맑게 물놀이 치고 있네.
불 가 불 색	
不稼不穡이어늘	씨 뿌리고 거두지도 않거늘
호 취 화 삼 백 전 혜	
胡取禾三百廛兮며	어째서 수백 호의 전세(田稅) 곡식을 거두어들이며,
불 수 불 렵	
不狩不獵이어늘	짐승 사냥도 않거늘
호 첨 이 정 유 현 훤 혜	
胡瞻爾庭有縣貆兮오?	어째서 그대 집 뜰엔 걸려 있는 담비가 보이는가?
피 군 자 혜	
彼君子兮여!	진실한 군자들이어!
불 소 찬 혜	
不素餐兮로다.	일 않고 밥 먹지 않는 법이라네.

감 감 벌 폭 혜	
坎坎伐輻兮하여	쾅쾅 바퀴살 감 베어
치 지 하 지 측 혜	
寘之河之側兮하니	황하 곁에 놓고 보니
하 수 청 차 직 의	
河水清且直猗로다.	황하물 맑고 평평히 흐르네.
불 가 불 색	
不稼不穡이어늘	씨 뿌리고 거두어들이지도 않거늘
호 취 화 삼 백 억 혜	
胡取禾三百億兮며	어째서 곡식 수억 다발을 거두어들이며,
불 수 불 렵	
不狩不獵이어늘	짐승 사냥도 않거늘

_{호 첨 이 정 유 현 특 혜} 胡瞻爾庭有縣特兮오?	어째서 그대 집 뜰엔 걸려 있는 큰 짐승이 보이는가?
_{피 군 자 혜} 彼君子兮여!	진실한 군자들이어!
_{불 소 식 혜} 不素食兮로다.	놀면서 밥 먹지 않는 법이라네.
_{감 감 벌 륜 혜} 坎坎伐輪兮하여	쾅쾅 수레바퀴 감 베어
_{치 지 하 지 순 혜} 寘之河之漘兮하니	황하 물가에 놓고 보니
_{하 수 청 차 륜 의} 河水淸且淪猗로다.	황하물 맑게 잔물결 지우고 있네.
_{불 가 불 색} 不稼不穡이어늘	씨뿌리고 거두어들이지도 않거늘
_{호 취 화 삼 백 균 혜} 胡取禾三百囷兮며	어째서 수백 창고의 곡식을 거두어들이며,
_{불 수 불 렵} 不狩不獵이어늘	짐승 사냥도 않거늘
_{호 첨 이 정 유 현 순 혜} 胡瞻爾庭有縣鶉兮오?	어째서 그대 집 뜰엔 걸려 있는 메추리가 보이는가?
_{피 군 자 혜} 彼君子兮여!	진실한 군자들이어!
_{불 소 손 혜} 不素飧兮로다.	하는 일 없이 밥 먹지 않는 법이라네.

註解 □坎坎(감감)-나무를 찍는 소리(毛傳). □伐檀(벌단)-박달나무를 베다. 제2절과 3절에선 폭(輻)과 윤(輪) 감을 베는 것으로 보아, 여기서는 수레 감으로 박달나무를 벤 것으로 봄이 좋겠다. □寘(치)-놓다. 치(置)와 통하는 글자. □干(간)-물가. □漣(연)-바람이 불어 물에 잔물결이 이는 것(毛傳). □猗(의)-조사. □稼穡(가색)-곡식을 씨뿌리고 거두어들이고 하는 것, 곧 농사짓는 것. □胡(호)-어찌. □禾(화)-곡식. □廛(전)-『모전』엔 '한 장정이 받아 농사짓는 땅'의 뜻이라 했는데, 『정전』에서 한 장정은 땅 100묘(畝)를 받는데 이것

을 1전(廛)이라 한다 했다. 화삼백전(禾三百廛)은 3백 명의 장정이 받는 땅, 곧 삼백호분(三百戶分)의 땅에 대한 세금을 받아들이는 것을 말한다(釋義). ▫狩(수)―사냥하다. ▫獵(렵)―사냥. 엄격히 따지면 겨울 사냥을 수(狩), 밤에 하는 사냥을 렵(獵)이라 하는데(鄭箋), 수렵(狩獵)을 그대로 '사냥'이라 봄이 좋다. ▫爾(이)―너. 탐욕(貪慾)한 관리를 가리킴. ▫縣(현)―매달다. 현(懸)과 통함. ▫貆(훤)―담비. 동물 이름. ▫君子(군자)―정말 덕이 있고 높은 지위에 있는 사람. ▫素餐(소찬)―아무런 하는 일 없이 밥먹고 지내는 것. ▫輻(폭)―수레바퀴 살. 여기서는 바퀴살을 만들 재목으로, 벌폭(伐輻)은 앞의 벌단(伐檀)과 실제로는 같은 말임. ▫直(직)―직파(直波)(毛傳) 또는 직류(直流)(釋義)의 뜻으로 흔히 보는데, 물이 평평하면 흐르는 물이 곧게 보인다고 한 엄찬(嚴粲)의 설을 취한다(詩緝). ▫億(억)―만만(萬萬)으로(毛傳), 여기서는 곡식을 묶은 다발 수를 말한다(鄭箋). ▫特(특)―세살 된 짐승으로(毛傳), 결국은 다 자란 큰 짐승의 뜻. ▫輪(륜)―여기서는 '바퀴 감'의 뜻. ▫漘(순)―물가. ▫淪(륜)―바람에 물이 작은 무늬를 이루어 구르는 것 같은 물결을 이루는 것(毛傳). ▫囷(균)―네모꼴로 지은 창고를 '창(倉)', 둥글게 지은 창고를 '균'이라 한다. ▫鶉(순)―메추리. ▫素飧(소손)―놀면서 밥 먹고 지내는 것, 앞의 소찬(素餐), 소식(素食)과 같은 말.

解說「모시서」에 "「박달나무 베어」는 탐욕을 풍자한 것"이라 하였다. 그러나 시를 풀이함에 있어 옛날에는 각 절 앞의 박달나무를 베어다 황하 가에 놓는다는 것은 유능한 인재를 등용치 않음을 풍자한 것이라 하고, 또 수레를 만들려고 박달나무를 베는 것은 뒤에 보이는 '군자'라 하였다. 그러나 앞의 세 구는 '흥(興)'으로서 그토록 직접적인 비유를 하고 있는 것은 아니다.

 박달나무를 베고 있는 것은 이 노래를 지은 시인이거나 그와 비슷한 백성들인 것이다. 박달나무를 베어 짊어지고 오다 황하 가에 내려놓고 바라보니 강물은 맑기만 하더라. 그런데 우리나라는 이 강물처럼 맑지 못하고 어째서 탐욕한 소인들이 많은 것일까? 이 탐욕한 소인들은 농사도 안 짓고 사냥도 않는데도 그들 집에는 언제나 산더미 같은 곡식과 많은 짐승들이 있다. 이러니 나라꼴이 제대로 될 게 무언가.

진정한 벼슬하는 군자라면 하는 일 없이 녹(祿)만 먹어서는 안 되는 것이라는 게 이 시의 대의인 것이다. 뒤의 「큰 쥐」 시와 아울러 읽을 때 극도로 어지러웠던 위나라의 실정이 눈에 보이는 듯하다.

7. 큰 쥐(碩鼠)

<small>석 서 석 서</small> 碩鼠碩鼠여!	큰 쥐야 큰 쥐야!
<small>무 식 아 서</small> 無食我黍어다.	우리 기장 먹지 마라.
<small>삼 세 관 여</small> 三歲貫女어늘	삼 년 너를 섬겼는데도
<small>막 아 긍 고</small> 莫我肯顧로다.	날 돌보아주지 않는구나.
<small>서 장 거 여</small> 逝將去女하여	이제는 너를 떠나
<small>적 피 낙 토</small> 適彼樂土하리라.	저 즐거운 땅으로 가련다.
<small>낙 토 낙 토</small> 樂土樂土여!	즐거운 땅 즐거운 땅이어!
<small>원 득 아 소</small> 爰得我所로다.	거기 가면 내 편히 살리라.
<small>석 서 석 서</small> 碩鼠碩鼠여!	큰 쥐야 큰 쥐야!
<small>무 식 아 맥</small> 無食我麥이어다.	우리 보리 먹지 마라.
<small>삼 세 관 여</small> 三歲貫女어늘	삼 년 너를 섬겼는데도
<small>막 아 긍 덕</small> 莫我肯德이로다.	날 위해주지 않는구나.
<small>서 장 거 여</small> 逝將去女하여	이제는 너를 떠나

適彼樂國하리라.　저 즐거운 나라로 가련다.
樂國樂國이여!　즐거운 나라 즐거운 나라여!
爰得我直이로다.　거기 가면 내 곧게 살리라.

碩鼠碩鼠여!　큰 쥐야 큰 쥐야!
無食我苗어디.　우리 곡식 먹지 마라.
三歲貫女어늘　삼 년 너를 섬겼는데도
莫我肯勞로다.　날 보살펴주지 않는구나.
逝將去女하여　이제란 너를 떠나
適彼樂郊하리라.　저 즐거운 고장으로 가련다.
樂郊樂郊여!　즐거운 고장 즐거운 고장이어!
誰之永號리요.　거기엔 긴 한숨 쉴 일 없으리라.

註解　▫碩鼠(석서)-『공소』에 의하면 들에 있는 큰 쥐의 일종으로, 백성들을 착취하는 관리에 비유한 것. ▫黍(서)-기장. ▫三歲(삼세)-여러 해의 뜻. 삼(三)은 정수가 아니다. ▫貫(관)-여기서는 섬긴다[事·仕]는 뜻(毛傳). 관(慣)과 통하여 '사귀었다'는 뜻으로 보아도 좋다(集傳). ▫女(여)-너. 그대. ▫顧(고)-생각해 주는 것(集傳). ▫逝(서)-조사. ▫去女(거여)-'내가 있는 곳을 떠나'의 뜻. ▫適(적)-가다. ▫樂土(낙토)-즐거운 땅. 살기 좋은 땅. ▫得我所(득아소)-'내 몸을 편히 할 곳을 얻는다'는 뜻(釋義). ▫肯德(긍덕)-은덕과 은혜를 베푸는 것, 위해 주는 것. ▫得我直(득아직)-나의 곧은 삶을 얻는다. 곧 올바르게 살게 된다는 뜻. ▫苗(묘)-곡식 싹. ▫勞(로)-보살펴주는 것, 위로해주는 것. ▫郊(교)-고장, 교외. ▫樂郊(낙교)-낙토(樂土)·낙국(樂國)과 같은 말

이다. ▫之(지)-기(其)와 같은 조사(通釋), 수지(誰之)는 수기(誰其). ▫永(영)-장(長)의 뜻, 긴 것. ▫號(호)-호호(號呼), 한숨 쉬는 것, 아파서 울부짖는 것.

[解說] 「모시서」에 "무겁게 세금을 거두어들이는 것을 풍자한 것이다."라고 하였다. 여기의 큰 쥐는 백성들을 돌보지 않고 자신의 욕심대로 세금을 많이 거두어들이는 위정자에게 비유한 것이다. 위나라의 위정자들은 백성들을 착취하기만 했지 백성들을 전혀 위하지 않았다. 그러기에 백성들은 그토록 살기 힘든 위나라를 떠나 어디엔가 있을 살기 좋은 낙원을 찾아가고 싶다는 것이다. 낙원은 실제로 이 세상에 없는 것인지도 모른다.

그러나 고된 착취 밑에 신음하는 백성들의 머릿속에는 있을지도 모를 즐거운 이상향이 아물거리는 것이다. 앞의 「박달나무 베어」 시에서 본, 놀면서도 산더미 같은 곡식과 많은 짐승을 거두어들이는 탐욕한 관리들이 많은 이상 백성들은 이처럼 어려운 처지에 빠지지 않을 수가 없을 것이다.

제10 당풍(唐風)

　『좌전』과 『사기』의 기록에 의하면 주나라 성왕(成王 : B.C. 1115~1079 재위)이 그의 외삼촌 숙우(叔虞)를 당(唐)에 봉하였다 한다. 당나라는 본시 요(堯) 임금의 도읍이 있던 지역으로 지금의 산서성(山西省) 태원(太原) 일대(太行山·恆山의 서쪽 太原·太岳 평야 일대)에 걸친 지역이었으며 도읍은 그곳 진양(晉陽 : 지금의 산서성 태원)에 있었다. 『사기』 진세가(晉世家)에 보면 "당숙자섭(唐叔子燮)이 진후(晉侯)가 되었다."는 기록이 있어, 후세 사람들은 이를 근거로 당을 진(晉)이라 고쳐 부르게 되었다.
　그러나 마서진(馬瑞辰) 같은 이는 『국어』와 『여씨춘추』의 기록을 근거로 숙우 때부터 당을 진이라 부르기도 하였다고 주장하였다(『通釋』). 그 뒤로 무후(武侯)를 거쳐 성후(成侯) 때엔 곡옥(曲沃 : 지금의 산서성 聞喜縣)으로 도읍을 옮겼고, 다시 여공(厲公)·정공(靖公)·희후(釐侯, B.C. 840~B.C. 823 재위)·헌공(獻公)으로 이어져 오다가 다음 목공(穆公) 때엔 도읍을 강(絳 : 지금의 산서성 絳縣)으로 옮겼고, 다시 상숙(殤叔)·문후(文侯)를 거쳐 소후(昭侯, B.C. 745~B.C. 740 재위) 때엔 익(翼 : 지금의 산서성 翼城縣 동남쪽)으로 도읍을 다시 옮겼다.
　그리고 소후는 그의 아버지 문후의 동생 성사(成師)를 곡옥에 봉하여 환숙(桓叔)이라 불렀다. 그 뒤로 효후(孝侯)·악후(鄂侯)·애후(哀侯)로 대가 이어지는데 환숙의 손자인 무공(武公, B.C. 705~B.C. 677 재위)이 애후의 아우 진후(晉侯) 민(湣)을 쳐부수고 진나라를 차지하였다. 그 다음이 헌공(獻公)인데 그는 앞에 나온 위나라를 병합시켰으며 진나라의 세력은 이후로 더욱 세어졌다. 그리고 여러 대 뒤 정공(靜公, B.C. 377~B.C. 376) 때 진나라는 망하였다. 당풍은 실은 이러한 진나라의 시인 것이다.

1. 귀뚜라미(蟋蟀)

<small>실 솔 재 당</small>
蟋蟀在堂하니　　귀뚜라미 집에 드니

<small>세 율 기 모</small>
歲聿其莫로다.　　이 해도 저무는구나.

<small>금 아 불 락</small>
今我不樂이면　　지금 우리 못 즐기면

<small>일 월 기 제</small>
日月其除리라.　　세월은 덧없이 흘러가리.

<small>무 이 대 강</small>
無已大康하고　　다만 지나치게 즐기지만 말고

<small>직 사 기 거</small>
職思其居하라.　　언제나 집안일도 생각해야지.

<small>호 락 무 황</small>
好樂無荒이니　　즐김은 좋아하되 지나치지 않도록

<small>양 사 구 구</small>
良士瞿瞿니라.　　훌륭한 선비라면 조심해야지.

<small>실 솔 재 당</small>
蟋蟀在堂하니　　귀뚜라미 집에 드니

<small>세 율 기 서</small>
歲聿其逝로다.　　이 해도 다 가누나.

<small>금 아 불 락</small>
今我不樂이면　　지금 우리 못 즐기면

<small>일 월 기 매</small>
日月其邁리라.　　세월은 덧없이 가 버리리.

<small>무 이 대 강</small>
無已大康하고　　다만 지나치게 즐기지만 말고

<small>직 사 기 외</small>
職思其外하라.　　언제나 밖의 일도 생각해야지.

<small>호 락 무 황</small>
好樂無荒이니　　즐김은 좋아하되 지나치지 않도록

<small>양 사 궤 궤</small>
良士蹶蹶니라.　　훌륭한 선비라면 정신 차려야지.

실 솔 재 당
蟋蟀在堂하니　　귀뚜라미 집에 드니

역 거 기 휴
役車其休로다.　　짐수레도 일 없어지누나.

금 아 불 락
今我不樂이면　　지금 우리 못 즐기면

일 월 기 도
日月其慆라.　　세월은 덧없이 지나가리.

무 이 대 강
無已大康하고　　다만 지나치게 즐기지만 말고

직 사 기 우
職思其憂하라.　　언제나 걱정도 생각해야지.

호 락 무 황
好樂無荒이니　　즐김은 좋아하되 지나치지 않도록

양 사 휴 휴
良士休休니라.　　훌륭한 선비라면 편안히 즐겨야지.

註解　ㅁ蟋蟀(실솔) − 귀뚜라미. ㅁ在堂(재당) − 방문 가까이 문밖에 있는 것(孔疏). 빈풍「칠월(七月)」시에 "시월엔 귀뚜라미가 침상 밑으로 들어오네.(十月蟋蟀入我牀下)"라 하였으므로, 『모전』에 '재당(在堂)'은 음력 9월이라 하였다. ㅁ歲(세) − '이 해'의 뜻. ㅁ聿(율) − 조사. ㅁ莫(모) − 저물다. ㅁ日月(일월) − 세월의 뜻. ㅁ除(제) − 가다. 거(去)의 뜻(毛傳). ㅁ已(이) − 옛날에는 이(以)자와 통함(經詞衍釋). ㅁ大(대) − 태(太)와 통하여 '너무나'의 뜻. ㅁ康(강) − 락(樂)과 뜻이 통함. 즐기는 것. ㅁ職(직) − 『이아』 석고(釋詁)에 '직(職)은 상(常)의 뜻'이라 하였다. 상(常)은 '언제나'. ㅁ居(거) − 살고 있는 곳의 일, 곧 집안일을 말한다. ㅁ荒(황) − 지나치게 즐기는 것. ㅁ良士(양사) − 훌륭한 사람. ㅁ瞿(구) − 구(懼)와도 통하여, '구구(瞿瞿)'는 너무 즐기다 본분에 어긋남이 없을까 '조심하는 모양'. ㅁ逝(서) − 가다. ㅁ邁(매) − 지나가다. ㅁ其外(기외) − 집 밖의 일(釋義), 곧 남을 위한 일이나 나랏일. ㅁ蹶蹶(궤궤) − 놀라 일어나는 모양. 여기서는 놀라 일어나듯 정신 바짝 차리는 것. ㅁ役車(역거) − 백성들이 짐을 실어 나르는 데 쓰는 수레. 곡식을 거두어들일 때에도 이 수레를 썼다(孔疏). ㅁ休(휴) − 쉬게 되는 것. 일이 없어지는 것. 따라서 "짐수레도 일이 없어진다."는 것은 농사일이 끝나 한가해진 것을 말한다. ㅁ慆(도) − 지나다. 과(過)의 뜻(毛傳). ㅁ思其憂

(사기우)-근심스런 일이 닥칠 것을 생각하여 조심하는 것. ㅁ休休(휴휴)-도(道)를 즐기는 모양(毛傳), 편안하고 여유있는 모양(集傳).

|解說| 당나라의 풍속은 부지런하고 검소하여 백성은 1년 내내 조금도 쉬지 않고 부지런히 일한다. 연말의 한가한 때가 되어야 서로 음식을 차려놓고 술마시며 즐겼다. 이때 일이 끝났음을 기뻐하여 너무나 지나치게 본분에 어긋나도록 즐겨서는 안된다고 경계하는 뜻을 노래한 것이 이 시이다(集傳).
「모시서」에서는 진(晋)나라 희공(釐公)을 풍자한 것이라 하였다. 검소하면서도 예의는 잘 지키지 않아 사람들이 희공을 걱정하였다는 것이다. 진(晋)이라고 부르는 당나라 지방은 요임금의 영향으로 검소하고도 예의가 발랐다 한다.

2. 산에는 스무나무(山有樞)

<small>산 유 추</small>
山有樞하고　　　산에는 스무나무 있고

<small>습 유 유</small>
隰有楡로다.　　　진펄엔 느릅나무 있네.

<small>자 유 의 상</small>
子有衣裳이로되　　그대는 옷을 두고도

<small>불 예 불 루</small>
弗曳弗婁하고,　　몸에 걸치지도 두르지도 않고,

<small>자 유 거 마</small>
子有車馬로되　　　그대 수레와 말을 두고도

<small>불 치 불 구</small>
弗馳弗驅로다.　　타지도 달리지도 않고 있네.

<small>완 기 사 의</small>
宛其死矣면　　　만약 그대 죽어 버리면

<small>타 인 시 유</small>
他人是愉리라.　　딴 사람 좋은 일만 되리.

<small>산 유 고</small>
山有栲하고　　　산에는 복 나무 있고

| 습 유 뉴
隰有杻로다. | 진펄엔 박달나무 있네. |

| 자 유 정 내
子有廷內하되 | 그대는 집을 두고도 |

| 불 쇄 불 소
弗洒弗埽하고, | 물 뿌리고 쓸지 않고, |

| 자 유 종 고
子有鐘鼓하되 | 그대는 종과 북을 두고도 |

| 불 고 불 고
弗鼓弗考로다. | 치지도 두드리지도 않고 있네. |

| 완 기 사 의
宛其死矣면 | 만약 그대 죽어 버리면 |

| 타 인 시 보
他人是保라. | 딴 사람이 모두 차지하리. |

| 산 유 칠
山有漆하고 | 산에는 옻나무 있고 |

| 습 유 률
隰有栗이로다. | 진펄에는 밤나무 있네. |

| 자 유 주 식
子有酒食하되 | 그대는 술과 음식이 있는데 |

| 하 불 일 고 슬
何不日鼓瑟하고 | 어이 날마다 슬을 타고 |

| 차 이 희 락
且以喜樂하여 | 재미있게 즐기며 |

| 차 이 영 일
且以永日고? | 날을 보내지 않는가? |

| 완 기 사 의
宛其死矣면 | 만약 그대 죽어 버리면 |

| 타 인 입 실
他人入室하리라. | 딴 사람이 그대 집 차지하리. |

註解 ▫杻(추)-스무나무.『모전』엔 치(菑)라 하였으나,『공소(孔疏)』에 '자유(刺榆)'라 하였다. 자유는 느릅나뭇과의 낙엽교목으로 '스무나무'. ▫隰(습)-진펄. ▫榆(유)-느릅나무. ▫曳(예)-옛날 옷은 길어서 입고 다니면 땅에

제1편 국풍(國風) • **339**

끌렸다(孔疏), 옷을 몸에 걸쳐 길게 늘어뜨리는 것. ▫婁(루)-끌다. 옷을 몸에 둘러 옷자락이 땅에 끌리는 것. ▫馳(치)-달리다. ▫驅(구)-수레나 말을 모는 것. ▫宛(완)-약(若)과 같은 뜻, 만약(經詞衍釋). ▫愉(유)-기쁘게 해줄 따름이라는 뜻. ▫栲(고)-산저(山樗)로서(毛傳), 가죽나무와 비슷하면서도 빛이 좀 흰 복나무(孔疏). ▫杻(뉴)-「모전」엔 억(檍), 곧 박달나무라 했다. ▫廷(정)-정(庭)과 통하여, 정내(廷內)는 정중(庭中), 곧 '집안'을 가리킨다. ▫洒(쇄)-쇄(灑)와 같은 글자, 물뿌리다. ▫埽(소)-쓸다. 소(掃)의 본자. ▫鐘(종)-악기인 종. ▫鼓(고)-북. 두드리다. ▫考(고)-치다. ▫保(보)-보유의 뜻(孔疏), 곧 가져 버리는 것. ▫漆(칠)-옻나무. ▫栗(률)-밤나무. ▫瑟(슬)-현악기의 일종(周南 「關雎」시 참조). 고슬(鼓瑟)은 슬을 타는 것. ▫喜樂(희락)-재미있게 즐기는 것. ▫永(영)-종(終)과도 통하여 영일(永日)은 종일(終日)의 뜻(釋義). ▫入室(입실)-방으로 들어가는 것, 여기에서는 온 집안을 몽땅 차지해 버리는 것을 뜻한다.

|解說| 검소하게 절약이나 하다 제때에 즐기지 못하고 보면, 죽을 때에는 후회나 하게 될 거라는 내용이다. 대부들이 친구에게 제때에 즐기며 살라는 뜻으로 노래 부른 것이라 봄이 좋을 것이다(集傳). 수레와 말이나 종과 북 및 슬(瑟) 같은 악기는 서민들이 가질 물건은 못되기 때문이다.

「모시서」에서는 진나라 소공(昭公)을 풍자한 시라 했다. 소공이 올바른 도를 닦아 나라를 바르게 다스리지 못하고, 재물이 있으되 제대로 쓰지 못하며, 종과 북이 있으되 스스로 즐기지 못하고, 조정이 있으되 물 뿌리고 쓸지도 못하며, 정치는 어지러워 백성은 흩어져서 나라는 망해가고 있고, 이웃 나라들은 나라를 빼앗으려고 노리고 있는데도 깨닫지 못하여, 나라 사람들이 시를 지어 그를 풍자한 것이라고 하였다.

▲ 스무나무

3. 잔잔한 물결(揚之水)

揚_양之_지水_수에	잔잔한 물결 속에
白_백石_석鑿_착鑿_착이로다.	흰 돌이 깨끗하네.
素_소衣_의朱_주襮_박으로	흰옷에 붉은 수놓은 깃 달아
從_종子_자于_우沃_옥하리라.	곡옥(曲沃)으로 가 님께 바치리.
旣_기見_견君_군子_자면	우리 님 뵙게만 된다면
云_운何_하不_불樂_락이리요?	어찌 즐겁지 않으리?

揚_양之_지水_수에 잔잔한 물결 속에
白_백石_석皓_호皓_호로다. 흰 돌이 새하얗네.
素_소衣_의朱_주繡_수로 흰옷에 수놓은 붉은 깃 달아
從_종子_자于_우鵠_곡하리라. 곡(鵠)땅으로 가 님께 바치리.
旣_기見_견君_군子_자면 우리 님 뵙게만 된다면
云_운何_하其_기憂_우리요? 어찌 걱정 속에 지내리?

揚_양之_지水_수에 잔잔한 물결 속에
白_백石_석粼_인粼_린이로다. 흰 돌이 빛나네.
我_아聞_문有_유命_명이나 나는 명령 내리셨음 알고 있으나
不_불敢_감以_이告_고人_인이로다. 감히 남에게 알리지는 못하네.

[註解] ▫揚之水(양지수) – 왕풍과 정풍에도 같은 제목의 시가 있다. 흔히 격앙된 물이라 보지만, 여기서는 유양(悠揚)한 물, 잔잔한 물이라 보았다. ▫鑿鑿(착착) – 선명한 모양(毛傳). ▫素衣(소의) – 흰 옷. ▫朱襮(주박) – 붉은 수를 놓은 깃을 단 것. 소의주박(素衣朱襮)은 제후의 옷(毛傳). ▫沃(옥) – 곡옥(曲沃: 지금의 山西省 聞喜縣). 여기서의 자(子)는 환숙(桓叔)을 가리키며(孔疏), 이 구절은 제후의 옷을 만들어 가지고 곡옥으로 가서 환숙에게 바치고 그를 따르겠다는 뜻임. ▫旣見君子(기견군자) – 곡옥에 가서 환숙을 만나는 것. ▫云(운) – 조사. 운하(云何)는 여하(如何), 어찌. ▫皓皓(호호) – 결백한 것(毛傳), 깨끗하고 흰 것. ▫朱繡(주수) – '주박'이나 마찬가지로 옷깃에 붉은 수를 놓은 것(集傳). ▫鵠(곡) – 곡옥의 고을 이름(毛傳). ▫云何其憂(운하기우) – 어째서 걱정하며 지내겠느냐, 곧 아무런 걱정도 없게 될 것이라는 뜻. ▫粼粼(인린) – 물이 맑아 돌이 보이는 모양(集傳). ▫命(명) – 명령 · 정명(政命)으로 환숙이 진나라를 차지하려는 계획을 가리킨다. 그렇기 때문에 뒤 구절에 '감히 사람들에게 알리지 못한다'고 한 것이다. 비밀이 누설되면 큰일이기 때문이다.

[解說] 진(晋)나라 소공(昭公)은 곡옥(曲沃) 땅을 떼어 숙부인 성사(成師)를 그곳에 봉하였다. 이가 환숙(桓叔)이다. 그 뒤로 환숙은 덕이 있어 날로 강성하여지고 반대로 소공은 덕이 없어 미약해졌다. 진나라 사람들은 이에 소공을 배반하고 환숙을 따르려는 사람이 많아졌다. 이 시는 그러한 경향을 노래한 것이다. 『좌전』 환공(桓公) 2년에 이에 관한 기록이 있다.

「모시서」에서는 진나라 소공을 풍자한 노래라 보았다. 소공이 나라를 쪼개어 환숙을 곡옥 땅에 봉하였는데, 환숙은 강성해지고, 소공은 미약하여 나라 사람들이 소공을 배반하고 환숙을 따르려 한 것을 노래한 시라는 것이다. 그리고 첫 구 "잔잔한 물결 속에 흰 돌이 깨끗하다."는 것은, 물은 소후에, 돌은 환숙에 비유한 것이라 보기도 하나 이것은 '흥(興)'의 표현방법이어서 직접 비유를 한 것은 아니라고 보아야 한다.

4. 산초(椒聊)

椒<small>초</small>聊<small>료</small>之<small>지</small>實<small>실</small>이	산초나무 열매가
蕃<small>번</small>衍<small>연</small>盈<small>영</small>升<small>승</small>이로다.	알알이 열어 한 됫박이 넘겠네.
彼<small>피</small>其<small>기</small>之<small>지</small>子<small>자</small>는	우리 님은
碩<small>석</small>大<small>대</small>無<small>무</small>朋<small>붕</small>이로다.	위대하기 이를 데 없네.
椒<small>초</small>聊<small>료</small>且<small>저</small>여!	산초야!
遠<small>원</small>條<small>조</small>且<small>저</small>로다.	가지가 길게 뻗었구나.
椒<small>초</small>聊<small>료</small>之<small>지</small>實<small>실</small>이	산초나무 열매가
蕃<small>번</small>衍<small>연</small>盈<small>영</small>匊<small>국</small>이로다.	알알이 열어 두 줌이 넘겠네.
彼<small>피</small>其<small>기</small>之<small>지</small>子<small>자</small>는	우리 님은
碩<small>석</small>大<small>대</small>且<small>차</small>篤<small>독</small>이로다.	위대하고 성실하시네.
椒<small>초</small>聊<small>료</small>且<small>저</small>여!	산초야!
遠<small>원</small>條<small>조</small>且<small>저</small>로다.	가지가 길게 뻗었구나.

註解 □椒(초)-산초. 후추나 산초일 것 같은데 어느 쪽인지 알 수 없다. □聊(료)-어조사. □蕃(번)-번성하다. 많다. □衍(연)-넓다. 번성하다. 번연(蕃衍)은 열매가 알알이 많이 맺힌 것. □盈升(영승)-그 열매를 따 담은 것이 됫박에 넘치는 것. □彼其(피기)-조사로 강조의 뜻을 나타냄. □之子(지자)-시자(是子)로 환숙을 가리킨다(鄭箋). □碩大(석대)-위대한 것. □無朋(무붕)-무비(無比)의 뜻(毛傳). 비길 데가 없는 것. □且(저)-어조사. □遠條(원조)-가지가 길게 멀리 뻗은 것(集傳). □匊(국)-국(掬)과 통하여 두 손으로 받들어 드는 것.

제1편 국풍(國風) • **343**

ㄴ 篤(독) - 행동이 독실(篤實)한 것, 성실한 것.

解説 「모시서」에서는 역시 진나라 소공을 풍자한 시라 하였다. 곡옥의 환숙(桓叔)이 강성하여지고 정치를 잘해 나가는 것을 보고, 그의 후손들이 성대하여져 진나라를 차지하게 될 것을 알고 노래한 것이라 하였다. 산초의 열매는 환숙의 자손이 번성함에 비유하고, 끝의 산초나무 가지가 멀리 뻗었다는 것은 국운의 발전에 비유한 것으로 본 것이다.

5. 땔나무 묶어놓고 (綢繆)

주 무 속 신
綢繆束薪하니   땔나무 다발을 묶어놓고 나니

삼 성 재 천
三星在天이로다.   삼성이 하늘에 반짝이네.

금 석 하 석
今夕何夕고?   오늘 저녁이야말로 어찌된 저녁인가?

견 차 량 인
見此良人이로다.   우리 님을 만났네.

자 혜 자 혜
子兮子兮여!   아아, 아아!

여 차 량 인 하
如此良人何오?   이 좋은 님을 어이할까?

주 무 속 추
綢繆束芻하니   꼴 다발을 묶어놓고 나니

삼 성 재 우
三星在隅로다.   삼성이 동남쪽에 반짝이네.

금 석 하 석
今夕何夕고?   오늘 저녁이야말로 어찌된 저녁인가?

견 차 해 후
見此邂逅로다.   우리 님을 만났네.

자 혜 자 혜
子兮子兮여!   아아, 아아!

여 차 해 후 하
如此邂逅何오?   이렇게 만났으니 어이할까?

주 무 속 초
綢繆束楚하니   싸리 다발을 묶어놓고 나니

삼 성 재 호
三星在戶로다.   삼성이 문 위에 반짝이네.

금 석 하 석
今夕何夕고?   오늘 저녁이야말로 어찌된 저녁인가?

견 차 찬 자
見此粲者로다.   어여쁜 님을 만났네.

자 혜 자 혜
子兮子兮여!   아아, 아아!

여 차 찬 자 하
如此粲者何오?   이 어여쁜 님을 어이할까?

註解 ▫綢繆(주무) – 전면(纏綿)의 뜻(毛傳)으로, 나무 다발을 얽어 묶은 모양(孔疏). ▫薪(신) – 땔나무. ▫三星(삼성) – 삼성(參星)(毛傳). 『정전』엔 심성(心星)이라 하였는데 모두 28수(宿) 중의 하나. 『공소』에 의하면 삼성은 10월, 심성은 2월에 나타난다 한다. 별이 나타남은 저녁을 뜻하며, 옛날에는 결혼을 밤에 하였다. ▫何夕(하석) – 어찌된 저녁인가. 얼마나 즐거운 저녁이냐의 뜻. ▫良人(양인) – 『모전』엔 미실(美室), 곧 아름다운 처(妻)라 하고, 『집전』엔 남편을 가리킨다고 했다. 남자건 여자건 '좋은 님', 곧 애인을 가리키는 말임에는 틀림없다. ▫子(자) – 자(咨)와 같은 감탄사. 아아. 여기서는 기쁨을 나타내는 감탄사이다. ▫芻(추) – 마소에게 먹일 풀. ▫隅(우) – 하늘의 동남쪽 모퉁이(毛傳). ▫邂逅(해후) – 뜻밖에 만나는 것(鄭風의 「野有蔓草」 시에 보임). ▫楚(초) – 싸리. ▫戶(호) – 방문(集傳). 재호(在戶)는 방문 위 하늘에 있다는 뜻. ▫粲(찬) – 미(美)와 통하여(集傳), 찬자(粲者)는 미인으로 애인을 가리킨다.

解說 「모시서」에서는 진(晉)나라가 어지러운 것을 풍자한 시라 하였다. 나라가 어지러워 제때에 남녀가 혼인하지 못함을 노래한 것이라 본 것이다.

주희는 때를 놓쳤다가 결혼하게 된 것을 노래한 것이라 보았다. 그러나 이 시는 분명히 사랑하는 남녀들의 밀회의 즐거움을 노래한 것이다. 땔나무나 꼴과 싸리다빌을 낚는다는 것은 낮이면 누구나 하던 일인 것이다. 해가 진 뒤 저녁에 애인을 만났다. 애인을 만난 연인들의 기쁨은 말로 다 표현할 수도 없다. 그러기에 "이 밤은 얼마나 즐거운 밤이냐?"고 하였고, '아아, 아아! 이 임을 어이할까?' 라고 한 것이다. 더구나 결혼한 사이라면 해후란 표현이 당치 않으며, 이러한 감동이 솟아오르기 힘들 것이다.

6. 우뚝 선 아가위나무(杕杜)

유 체 지 두 有杕之杜여!	우뚝 선 아가위나무여!
기 엽 서 서 其葉湑湑로다.	잎새가 더부룩하네.
독 행 우 우 獨行踽踽하니	홀로 외로이 길을 가노니
기 무 타 인 豈無他人이리오만	어이 남이야 없으랴만
불 여 아 동 부 不如我同父니라.	모두 내 형제만은 못하네.
차 행 지 인 嗟行之人은	아아, 길가는 사람들은
호 불 비 언 胡不比焉고?	어째서 내게 친하게 굴지 않나?
인 무 형 제 人無兄弟어늘	나는 형제도 없거늘
호 불 차 언 胡不佽焉고?	어째서 도와주지 않나?
유 체 지 두 有杕之杜여!	우뚝 선 아가위나무여!
기 엽 청 청 其葉菁菁이로다.	잎새가 무성하네.
독 행 경 경 獨行睘睘하니	홀로 쓸쓸히 길을 가노니

豈無他人^{기무타인}이리오만   어이 남이야 없으랴만
不如我同姓^{불여아동성}이니라.   모두 내 형제만은 못하네.
嗟行之人^{차행지인}은   아아, 길가는 사람들은
胡不比焉^{호불비언}고?   어째서 내게 친하게 굴지 않나?
人無兄弟^{인무형제}어늘   나는 형제도 없거늘
胡不佽焉^{호불차언}고?   어째서 도와주지 않나?

註解 □杕(체)-나무가 외로이 우뚝 선 모양(毛傳). 유체(有杕)는 체연(杕然). □杜(두)-과일 빛이 붉은 아가위(赤棠)를 두(杜)라 하고(毛傳), 흰 것을 당(棠)이라 한다. □湑湑(서서)-무성한 모양(孔疏). □踽踽(우우)-외로운 모양(毛傳). □他人(타인)-남들. □同父(동부)-아버지를 같이한 형제의 뜻(集傳). □嗟(차)-감탄사. □行之人(행지인)-행인. □比(비)-친근히 하는 것. □人(인)-자기는 '사람으로서' 형제가 없다는 뜻. □佽(차)-돕다. □菁菁(청청)-무성한 모양. □睘睘(경경)-의지할 곳 없는 모양(毛傳). □同姓(동성)-성(姓)이 같은 일가들. 그러나 여기서는 형제를 중심으로 말한 것이라 본다.

解說 이 시는 형제 없는 쓸쓸하고 외로운 심정을 노래한 것이다. 첫 구에 나오는 아가위나무도 외로운 작자의 모습을 상징한 것일 게다. 길에 오가는 사람들은 많지만 모두가 남이요, 자기의 외로움을 덜어 줄 형제나 혈육은 하나도 없다는 것이다.

「모시서」에선 이 시를 시국을 풍자한 것으로 보았다. 임금이 그의 친족들과 친하게 지내지 못하여 집안 사람들이 흩어져 살게 되니, 홀로 지내며 형제도 없게 되어, 곧 곡옥(曲沃)에게 나라를 빼앗길 형편이 되었다는 것이다. 이 시의 외로운 사람을 자기 친족과도 잘 지내지 못하여 형제도 없이 외로이 지내는 진(晋)나라 임금으로 본 것이다.

7. 염소 갖옷(羔裘)

고 구 표 거
羔裘豹袪로　　표범가죽 소매 달린 염소 갖옷 입고

자 아 인 거 거
自我人居居로다.　우리 백성을 미워하면서 부리고 있네.

기 무 타 인
豈無他人이리요?　어찌 딴 사람이 없을까요?

유 자 지 고
維子之故니라.　　그대와의 옛정 때문에 그대로 일하는 거지.

고 구 표 수
羔裘豹褎로　　표범가죽 소매 달린 염소 갖옷 입고

자 아 인 구 구
自我人究究로다.　우리 백성을 싫어하면서 부리고 있네.

기 무 타 인
豈無他人이리요?　어찌 딴 사람이 없을까요?

유 자 지 호
維子之好니라.　　그대와의 정의 때문에 그대로 일하는 거지.

註解　□羔裘(고구)－염소 털가죽으로 만든 옷으로 경대부들이 입었다. 소남「양 갖옷(羔羊)」시, 정풍「염소 갖옷(羔裘)」시 참조. □豹(표)－표범. □袪(거)－소매. 표거(豹袪)는 표범가죽으로 소매를 단 것. □自(자)－용(用)의 뜻(毛傳)으로, 부리는 것(鄭箋). □我人(아인)－우리 백성. □居居(거거)－악한 마음을 품고 친하게 굴지 않는 모양(毛傳). □故(고)－고구(故舊)의 뜻(鄭箋)으로, 옛정. 옛정을 저버릴 수 없어 딴 고을로 가지 못한다는 말. □褎(수)－옷소매. 거(袪)와 같은 뜻(毛傳). □究究(구구)－앞의 거거(居居)와 비슷한 말(毛傳), 싫어하는 모양. □好(호)－은호(恩好)(孔疏). 옛날에 서로 돌보아주면서 잘 지낸 것을 뜻함.

解説　「모시서」에 시국을 풍자하는 시라 하였다. 진(晉)나라 사람들이 그들 나라의 벼슬하는 사람들이 백성들의 괴로움을 생각하여 주지 않음을 원망한 것이라

본 것이다. 여기의 벼슬자리에 있는 사람이 채읍(采邑)을 가지고 있는 진나라의 경대부 중의 한 사람이며 백성들은 그 채읍에 살고 있는 사람들이다. 백성들은 몰인정한 대부의 행동을 생각할 때 고을을 버리고 딴 곳으로 떠나가 살고도 싶지만 여러 가지 옛날의 은정에 매어 못 떠난다는 것이다.

8. 넉새 깃(鴇羽)

_{숙 숙 보 우}
肅肅鴇羽이   푸드득 넉새 깃 날리며

_{집 우 포 허}
集于苞栩로다.   상수리나무 떨기에 내려앉네.

_{왕 사 미 고}
王事靡盬하여   나랏일로 쉴 새 없어

_{불 능 예 직 서}
不能蓺稷黍하니   차기장 메기장 못 심었으니

_{부 모 하 호}
父母何怙오?   부모님은 무얼 믿고 사시나?

_{유 유 창 천}
悠悠蒼天이여!   아득한 푸른 하늘이여!

_{갈 기 유 소}
曷其有所오?   언제면 안정될 수 있을까요?

_{숙 숙 보 익}
肅肅鴇翼이   푸드득 넉새 날개 치며

_{집 우 포 극}
集于苞棘이로다.   대추나무 떨기에 내려앉네.

_{왕 사 미 고}
王事靡盬하여   나랏일로 쉴 새 없어

_{불 능 예 서 직}
不能蓺黍稷하니   메기장 차기장 못 심었으니

_{부 모 하 식}
父母何食고?   부모님은 무얼 잡숫고 사시나?

유 유 창 천
悠悠蒼天이여!　　아득한 푸른 하늘이여!

갈 기 유 극
曷其有極고?　　언제면 끝장이 나게 될까요?

숙 숙 보 항
肅肅鴇行이　　푸드득 넉새 줄지어 날아

집 우 포 상
集于苞桑이로다.　　뽕나무 떨기에 내려앉네.

왕 사 미 고
王事靡盬하여　　나랏일로 쉴 새 없어

불 능 예 도 량
不能蓺稻粱하니　　벼 수수 못 심었으니

부 모 하 상
父母何嘗고?　　부모님은 무얼 잡숫고 지내시나?

유 유 창 천
悠悠蒼天이여!　　아득한 푸른 하늘이여!

갈 기 유 상
曷其有常고?　　언제면 제대로 잘살게 될까요?

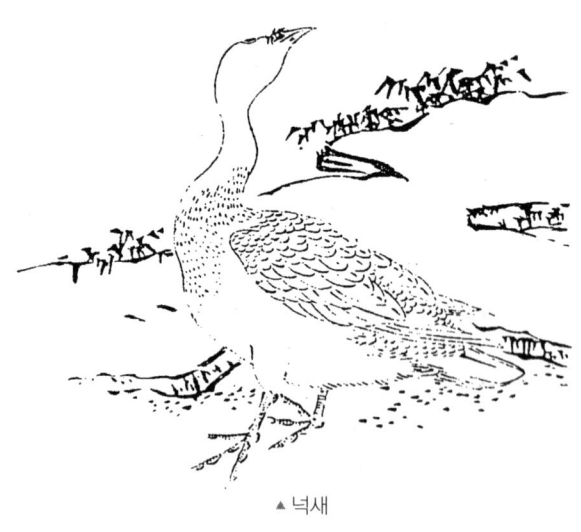

▲ 넉새

[註解] □肅肅(숙숙)-넉새가 날개치는 소리. □鴇(보)-넉새. 날개 길이 60cm, 꽁지 길이 2, 30cm 가량이나 되는 기러기 비슷하면서도 큰 새. 부리와 다리는 닭과 같으나 뒷발톱이 없다. □集(집)-새들이 나무 위에 내려앉는 것. 집(集)의 본자는 雧으로 새[隹]가 세 마리 나무 위에 내려앉은 형상을 나타낸 것이다. □苞(포)-나무떨기. □栩(허)-상수리나무. □王事(왕사)-나랏일. □靡盬(미고)-불식(不息), 곧 쉬지 않는 것(經義述聞). □蓺(예)-곡식을 심는 것. □稷(직)-차기장. □黍(서)-메기장. □怙(호)-믿다. 의지하다. □曷(갈)-여기서는 '언제면' 의 뜻. □所(소)-안신지소(安身之所). 몸 편히 둘 곳. □棘(극)-대추 같으면서도 작은 나무(邶風 「凱風」 시에 보임). □極(극)-백성들을 억지로 동원하는 나랏일의 끝, 종말. □行(항)-기러기 같은 새들이 줄을 지어 나는 것. □粱(량)-고량(高粱) 종류의 곡식, 곧 수수. □嘗(상)-맛보다, 곧 잡숫는 것. □常(상)-평상(平常). 유상(有常)은 옛날 평상 때와 같이 안정되어 백성들을 억지로 동원하는 나랏일이 없어지는 것.

[解說] 「모시서」에 시국을 풍자한 시라 하였다. 진나라는 소공(昭公) 뒤로 5세 동안 더욱 나라가 어지러워졌다. 그리하여 군자들도 나랏일에 끌려나가는 일이 잦게 되어 부모를 봉양할 여가가 없어서 이 시를 지었다는 것이다.

넉새라는 보(鴇)는 나뭇가지에 내려앉지 못하는 새라 한다(集傳). 따라서 넉새가 나무 위에 내려앉았다는 사실부터가 부조리한 사회를 풍자한 것이라 보기도 한다.

9. 어찌 옷이 없으리(無衣)

기 왈 무 의 칠 혜
豈曰無衣七兮리오?   어찌 일곱 가지 무늬 옷이 없으리오?

불 여 자 지 의
不如子之衣의   당신 옷의

안 차 길 혜
安且吉兮로다.   편안하고 좋음만은 못해서지요.

<ruby>豈<rt>기</rt></ruby><ruby>曰<rt>왈</rt></ruby><ruby>無<rt>무</rt></ruby><ruby>衣<rt>의</rt></ruby><ruby>六<rt>육</rt></ruby><ruby>兮<rt>혜</rt></ruby>리오?　어찌 여섯 가지 무늬 옷이 없으리오?

<ruby>不<rt>불</rt></ruby><ruby>如<rt>여</rt></ruby><ruby>子<rt>자</rt></ruby><ruby>之<rt>지</rt></ruby><ruby>衣<rt>의</rt></ruby>의　당신 옷의

<ruby>安<rt>안</rt></ruby><ruby>且<rt>차</rt></ruby><ruby>燠<rt>욱</rt></ruby><ruby>兮<rt>혜</rt></ruby>로다.　편안하고 따스함만은 못해서지요.

註解　□七(칠)-『모전』에서 후백(侯伯)의 예는 7명(命)이고 면복(冕服)은 7장(章)이라 하였다. 7장이란 화의삼장(畫衣三章 : 雉·火·宗彝), 수상사장(繡裳四章 : 藻·粉米·黼·黻)의 일곱 가지 옷에 수놓는 무늬를 뜻한다. 이는 제후 중에서도 후백의 옷인데, 천자의 명에 의하여 입게 되는 옷이다. 진나라 무공(武公)은 이제까지 이 옷을 입을 자격이 없었던 것이다. □子(자)-천자를 가리키며, 자지의(子之衣)는 천자의 명에 의하여 입게 되는 옷을 말한다. □六(육)-『모전』에 천자의 경(卿)은 6명(命)으로 수레와 깃발과 옷을 여섯 가지 무늬로 장식한다 하였다. 『정전(鄭箋)』에서는 앞절에서는 7이라 하고 여기에서 6으로 내려온 것은 겸양하는 것이다. 감히 후백이 꼭 될 수가 없다면 6명(命)의 옷이라도 받아 천자의 경(卿)들 속에 끼이게 되는 것이 좋겠다는 뜻을 나타낸다 하였다. □燠(욱)-따스한 것.

解說　「모시서」에 "어찌 옷이 없으리"는 진나라 무공(武公)을 풍자한 것이다. 무공이 진나라를 차지했을 때 그의 대부가 천자의 사신에게 임명하기를 청하면서 이것을 지은 것이다."고 하였다. 시에서 후백(侯伯)들이 입는 7명(命)의 옷이나 천자의 경(卿)들이 입는 6명(命)의 옷을 내려줬으면 좋겠다는 뜻을 나타낸 것은 곧 후백이나 적어도 경(卿)에 임명해 달라는 뜻을 말한 것이다.

　무공의 이름은 칭(稱), 곡옥(曲沃)의 환숙(桓叔)의 손자이다. 진나라를 합병하고는 보물로 주(周)나라 희왕(釐王)에게 뇌물을 써서 천자인 주왕은 그를 진나라 제후로 명하였다(『史記』 晉世家). 이 시는 무공을 기리거나 풍자한 것이라기보다 주왕에게 뇌물을 보내면서 무공의 사신이 왕명을 청한 시라고 봄이 좋을 것이다.

10. 우뚝한 아가위(有杕之杜)

<u>유 체 지 두</u>
有杕之杜이   우뚝한 아가위가

<u>생 우 도 좌</u>
生于道左로다.   길 왼쪽에 자라 있네.

<u>피 군 자 혜</u>
彼君子兮여!   저 어진 군자님!

<u>서 긍 적 아</u>
噬肯適我로다.   내게로 와 주셨으면.

<u>중 심 호 지</u>
中心好之나   마음속으로 그를 좋아하는데,

<u>갈 음 식 지</u>
曷飮食之리요?   어찌 하면 그와 음식을 함께하게 될까?

<u>유 체 지 두</u>
有杕之杜이   우뚝한 아가위가

<u>생 우 도 주</u>
生于道周로다.   길 오른쪽에 자라 있네.

<u>피 군 자 혜</u>
彼君子兮여!   저 어진 군자님!

<u>서 긍 래 유</u>
噬肯來遊로다.   놀러와 주셨으면.

<u>중 심 호 지</u>
中心好之나   마음속으로 그를 좋아하는데,

<u>갈 음 식 지</u>
曷飮食之리요?   어찌 하면 그와 음식을 함께하게 될까?

註解 □有杕(유체)-나무가 우뚝히 자란 모양. 체연(杕然)의 뜻. □杜(두)-아가위. 앞의 「우뚝 선 아가위 나무(杕杜)」시 참조. □彼君子(피군자)-작자가 그리는 훌륭한 사람. □噬(서)-『한시』엔 서(逝)로 되어 있으며, 조사. □適我(적아)-내게로 오는 것. □曷(갈)-어찌하면. □飮食(음식)-함께 음식을 먹는 것. □周(주)-『한시』에 우(右)라 하였으니, 오른쪽의 뜻(通釋).

解説 「모시서」에서는 진나라 무공(武公)을 풍자한 시라 하였다. 무공이 자기 홀로 나랏일을 결정하고 자기 종족만을 감싸면서 어진 이를 등용하여 자기 일을 돕도록 하지 않았기 때문이라는 것이다.

그러나 여기에서는 일반적으로 쓸쓸할 때 자기가 좋아하는 사람을 그리는 시로 풀이하였다(釋義).

11. 칡이 자라(葛生)

갈 생 몽 초
葛生蒙楚하고   칡은 자라 싸리나무를 덮었고

렴 만 우 야
薟蔓于野로다.   가위톱 덩굴은 들에 뻗어 있네.

여 미 무 차
予美亡此하니   내 님 여기 없으니

수 여 독 처
誰與獨處오?   그 누구와 함께 지내나?

갈 생 몽 극
葛生蒙棘하고   칡은 자라 대추나무를 덮었고

렴 만 우 역
薟蔓于域이로다. 가위톱 덩굴은 무덤 위에 뻗어 있네.

여 미 무 차
予美亡此하니   내 님 여기 없으니

수 여 독 식
誰與獨息고?   그 누구와 함께하나?

각 침 찬 혜
角枕粲兮하고   소뿔 베개는 반들반들 하고

금 금 란 혜
錦衾爛兮로다.   비단 이불은 곱기만 하네.

여 미 무 차
予美亡此하니   내 님 여기 없으니

수 여 독 단	
誰與獨旦고?	그 누구와 이 밤을 보내나?

하 지 일	
夏之日과	긴 여름날

동 지 야	
冬之夜여!	긴 겨울밤이여!

백 세 지 후	
百歲之後에	백 년 뒤

귀 우 기 거	
歸于其居하리라.	그의 무덤에라도 함께 묻히리.

동 지 야	
冬之夜와	긴 겨울밤

하 지 일	
夏之日이여!	긴 여름날이여!

백 세 지 후	
百歲之後에	백 년 뒤

귀 우 기 실	
歸于其室하리라.	그의 무덤 속에서라도 함께 지내리.

註解 □葛(갈)-칡. □蒙(몽)-덮다. □楚(초)-싸리나무. □蘞(렴)-가위 톱. 한약재로 쓰이는 덩굴풀로 잎이 가늘고 무성하며 까만 열매가 달리지만 먹지는 못한다. □蔓(만)-덩굴. 갈(葛)과 렴(蘞)은 모두 덩굴풀로 다른 나무에 의지하여 자란다. 이는 여자가 남편에 의지하는 삶을 비유한 것이다. □美(미)-미인으로 그의 남편을 가리킨다(鄭箋). □亡此(무차)-무차(無此). 이곳에 없다는 뜻. □誰與獨處(수여독처)-'수여(誰與)오? 독처(獨處)로다'로 이해함이 빠르다. 곧 '누구와 함께 지내는가? 홀로 지낸다'는 뜻(鄭箋). 다시 말하면 아무도 없이 홀로 지내는 것. □棘(극)-대추나무 비슷한 나무(邶風「凱風」시, 唐風「鴇羽」시에도 보임). □域(역)-영역(塋域)(毛傳), 곧 무덤 위. □息(식)-머물러 있는 것. □角枕(각침)-소뿔로 장식된 베개. □粲(찬)-선명한 것. □衾(금)-이불. □爛(란)-찬란한 것. 이곳의 금침(衾枕)은 시집올 때 해가지고 온 물건들이다. □旦(단)-새벽까지 밤을 새우는 것(集傳). □百歲之後(백세지후)-결국은 죽은 뒤의 뜻. □居(거)-무덤을 가리킨다(鄭箋). □室(실)-묘실(墓室), 곧 무덤 속을 가리킨다.

[解說] 「모시서」에 진나라 헌공(獻公)을 풍자한 노래라 하였다. 그는 전쟁을 좋아하여 나라 사람들 중에 집안 식구들과 헤어져야만 하게 된 사람들이 많았다고 하였다.

이 시는 전쟁으로 말미암아 멀리 전쟁터로 가서 살아 돌아올 기약도 없는 남편을 그리는 여인의 마음을 노래한 것이라 봄이 좋을 것이다.

12. 감초 캐러(采苓)

채 령 채 령 采苓采苓을	감초를 캐러
수 양 지 전 首陽之巓가?	수양산 꼭대길 가나?
인 지 위 언 人之爲言을	남의 말은
구 역 무 신 苟亦無信이어다.	절대로 믿지를 마소.
사 전 사 전 舍㫋舍㫋하고	말을 들어도 흘려버리고
구 역 무 연 苟亦無然이면	절대로 그렇게 여기지 않는다면
인 지 위 언 人之爲言이	남의 말이
호 득 언 胡得焉이리요?	어쩔 수 있겠나요?
채 고 채 고 采苦采苦를	씀바귀를 캐러
수 양 지 하 首陽之下아?	수양산 밑엘 가나?
인 지 위 언 人之爲言을	남의 말은
구 역 무 여 苟亦無與어다.	절대로 알은체도 마소.

사전사전	
舍旃舍旃하고	말을 들어도 흘려버리고
구역무연	
苟亦無然이면	절대로 그렇게 여기지 않는다면
인지위언	
人之爲言이	남의 말이
호득언	
胡得焉이리요?	어쩔 수 있겠나요?

채봉채봉	
采葑采葑을	순무를 캐러
수양지동	
首陽之東가?	수양산 동쪽엘 가나?
인지위언	
人之爲言을	남의 말은
구역무종	
苟亦無從이어다.	절대로 따르지 마소.
사전사전	
舍旃舍旃하고	말을 들어도 흘려버리고
구역무연	
苟亦無然이면	절대로 그렇게 여기지 않는다면
인지위언	
人之爲言이	남의 말이
호득언	
胡得焉이리요?	어쩔 수 있겠나요?

註解 □荅(령)-복령. 감초(甘草)(毛傳). 패풍(邶風) 「춤(簡兮)」 시에 보임. □首陽(수양)-산 이름. 중국의 옛날 기록에 나오는 수양산은 다섯 개가 있는데, 이곳의 수양은 포판(蒲阪)의 수양산으로 뇌수산(雷首山)이라고도 불렀다. 지금의 산서성 영제현(永濟縣) 경계에 있다. □巔(전)-산꼭대기. 감초는 야산에도 흔한 풀인데 하필 높은 수양산 꼭대기로 그것을 캐러 갈 이유가 없다. 이것은 터무니없는 얘기니 이러한 남의 말은 듣지 말라는 것이다. □苟(구)-차(且)의 뜻. 역(亦)과 합쳐 강조의 뜻을 나타냄. □無信(무신)-물신(勿信). 믿지말라는 뜻. 윗 구절의 '위(爲)'는 어떤 책에는 '위(僞)'로도 되어 있고 위(爲)와

위(僞)는 통하므로 '위언(爲言)'을 '거짓말'이라 보기도 한다. □舍(사)-사(捨), 버리다. □旃(전)-지언(之焉)의 합성으로 조사. 위풍 「민둥산에 올라(陟岵)」시에도 보임. 사전(舍旃)은 남의 말을 들으면 '흘려 버려라'는 뜻. □無然(무연)-그렇다고 인정하지 않는 것. □胡(호)-어찌. □得(득)-마음을 얻는 것. 거짓말을 하여 마음을 얻으면 농간을 부리게 되는 것이다. □苦(고)-고채(苦菜)(毛傳), 씀바귀. □與(여)-용(用)과 통하여 무여(無與)는 무용(無用)(毛傳). 아는 체도 않는 것. □葑(봉)-순무.

[解說] 「모시서」에선 진나라 헌공을 풍자한 시라 하였다. 헌공이 남을 모함하는 말을 잘 들었기 때문에 이 시를 노래했다는 것이다. 일반적으로 남의 허튼 말을 잘 듣는 사람들을 경계하는 노래로 봄이 좋을 것이다.

제11 진풍(秦風)

　진나라는 『서경』 우공(禹貢)편에 보이는 옹주(雍州) 조서산(鳥鼠山)을 중심으로 하는 땅(장안 서쪽, 지금의 감숙성 隴西를 중심으로 하는 지역)에 있었다. 옛날에 백익(伯益 : 伯翳라고도 함)이 하(夏)나라 우(禹)임금이 나라의 강물을 다스리는 일을 도와 공을 세워 영(嬴)이라는 성을 받았다. 그 뒤 중휼(中潏)이 서융(西戎) 땅에 살며 서쪽 변경을 지켰다. 다시 6세손 대락(大駱)은 성(成)과 비자(非子)의 두 아들을 낳았는데, 비자는 주나라 효왕(孝王) 때(B.C. 909~895 재위)에 주나라를 섬기어 효왕은 그를 부용(附庸 : 諸侯에 속하는 작은 나라)으로 삼아 진(秦)땅(甘肅省 天水縣 부근)을 채읍(采邑)으로 내리었다.

　선왕(宣王) 때(B.C. 827~780 재위)에 서융이 성(成)의 온 집안을 멸하자 선왕은 비자의 증손 진중(秦仲, B.C. 844~B.C. 822 재위)을 대부로 삼아 서융을 치게 하였다. 그러나 그는 서융에게 패하여 죽음을 당하였다. 그러나 지금의 감숙성(甘肅省)은 서융에 가까운 미개지였는데 진나라 사람들이 들어가 비로소 문화생활을 그 지역에 보급시켰다고 한다.

　진중의 아들 장공(莊公, B.C. 821~B.C. 778 재위)은 견구(犬丘 : 陝西省 興平縣 동남)로 옮겨갔고, 또 그 아들 양공(襄公, B.C. 777~B.C. 766 재위)은 서융 때문에 주나라가 동쪽 낙읍(洛邑)으로 옮길 때 군사로서 평왕(平王 : B.C. 770~720 재위)을 호송하였다. 그리하여 평왕은 양공을 제후로 봉하고 기산(岐山)으로부터 서쪽 땅을 떼어주었다. 이에 비로소 진나라는 제후의 나라가 된 것이다. 다시 현손 덕공(德公, B.C. 677~B.C. 676 재위) 때에는 옹(雍 : 지금의 陝西省 興平縣)으로 도읍을 옮기었다. 여기에는 대체로 서주 말엽 시기를 전후한 때의 진나라에서 유행한 시가 실려 있는 것 같다.

1. 수레 소리(車鄰)

有車^{유거린린}鄰鄰하고 　수레 소리 덜컹덜컹

有馬白^{유마백전}顛이로다. 　이마에 흰털 난 말이 끄네.

未見^{미견군자}君子로되 　우리 님을 뵙지 못하고 있으나

寺人^{시인지령}之令이로다. 　내시들을 통하면 뵐 수 있다네.

阪有^{판유칠}漆하고 　언덕엔 옻나무

隰有^{습유률}栗이로다. 　진펄엔 밤나무.

旣見^{기견군자}君子하여 　우리 님을 만나서

並坐鼓^{병좌고슬}瑟이로다. 　나란히 앉아 슬을 뜯네.

今者^{금자불락}不樂이면 　지금 즐기지 못하면

逝者其^{서자기질}耋이리라. 　세월은 흘러 덧없이 늙게 될걸세.

阪有^{판유상}桑하고 　언덕엔 뽕나무

隰有^{습유양}楊이로다. 　진펄엔 버드나무.

旣見^{기견군자}君子하여 　우리 님을 만나서

並坐鼓^{병좌고황}簧이로다. 　나란히 앉아 생황을 부네.

今者^{금자불락}不樂이면 　지금 즐기지 못하면

逝者其^{서자기망}亡이리라. 　세월은 흘러 덧없이 죽게 될걸세.

註解 □鄰鄰(린린) – 여러 수레가 가는 소리(毛傳). □白顚(백전) – 적상(的顙)(毛傳)으로, 이마에 흰털이 있는 말(孔疏), 대성마(戴星馬)라고도 한다. □君子(군자) – 진중(秦仲)을 가리킨다(集傳). 진나라는 양공(襄公)의 조부인 진중 때에 비로소 주나라 선왕(宣王)의 명으로 대부(大夫)가 되어 주나라를 섬겼다. □未見君子(미견군자) – 진중을 아직 못 만난 것으로, '그를 만나려면'의 뜻. □寺人(시인) – 시인(侍人), 내시. □令(령) – 사(使)와 뜻이 통하여, 시인지령(寺人之令)은 내시를 시켜 통하면 군자는 뵐 수 있게 된다는 말. □阪(판) – 언덕. □漆(칠) – 옻나무. □隰(습) – 진펄. □栗(률) – 밤나무. 언덕엔 옻나무가 있고 진펄엔 밤나무가 있다는 것은 이 나라의 화평과 부를 말한다. □瑟(슬) – 현악기의 일종. □鼓瑟(고슬) – 슬을 뜯는 것이나, 풍악을 울리며 즐기는 것을 뜻한다. □逝者(서자) – 흘러가는 것, 곧 세월의 흐름. □耋(질) – 80세 노인, 곧 늙음을 뜻한다. □楊(양) – 버드나무, 가지가 늘어지지 않는 것을 양(楊), 늘어지는 것을 유(柳)라 한다. □簧(황) – 생황(笙簧)(王風의 「君子陽陽」에 보임). 생황은 부는 것이나 앞의 고슬(鼓瑟)과 마찬가지로 풍악을 울림을 뜻하므로 고황(鼓簧)이라 한 것이다. □亡(망) – 사망의 뜻.

解說 「모시서」에 진중(秦仲)을 찬미한 시라 하였다. 진나라는 서융(西戎) 가까운 땅에 살고 있어 문화정도가 매우 낮았으나, 주나라 대부가 된 진중에 이르러 비로소 수레와 말 및 예의와 음악에 관한 여러 가지 제도와 윗분을 모시는 예의가 갖추어졌다. 이 시는 이처럼 진나라의 문화수준을 높인 진중을 찬미한 것이라 본 것이다. 이때는 예의제도가 마련되어 있었다고는 하지만 임금과 신하 사이에 별로 번잡한 예절 없이 간단히 서로 즐길 수가 있었다. 그렇기 때문에 준마가 끄는 수레를 몰고 가는 높으신 진중을 뵐 사람은 반드시 내시만 통하면 언제나 만날 수가 있었던 것이다.

한편 이 시는 애인을 만나 즐기려는 일반적인 연정을 노래한 것이라 볼 수도 있다.

2. 검정 사마 (駟驖)

駟^사驖^철孔^공阜^부하니　커다란 검정 사마가 수레 끄는데

六^육轡^비在^재手^수로다.　여섯 고삐를 한손에 쥐었네.

公^공之^지媚^미子^자이　공이 사랑하는 사람들이

從^종公^공于^우狩^수로다.　공 따라 사냥가네.

奉^봉時^시辰^신牡^무하니　암놈 수놈 짐승들 몰아오는데

辰^신牡^무孔^공碩^석이로다.　그 암놈 수놈들 모두 크기도 하네.

公^공曰^왈左^좌之^지하고　공이 '왼편으로 몰아라' 고 말하고

舍^사拔^발則^즉獲^획이로다.　화살을 쏘아 잡네.

遊^유于^우北^북園^원하니　북쪽 동산에 노니는데

四^사馬^마旣^기閑^한이로다.　사마는 길도 잘 들었네.

輶^유車^거鸞^란鑣^표요　가벼운 수레 끄는 말재갈에 달린 방울 소리 나고

載^재獫^렴歇^헐驕^교로다.　사냥개는 수레에 실리어 의젓이 쉬고 있네.

註解　□駟(사) - 수레를 끄는 두 마리 복마(服馬)와 두 마리 참마(驂馬). □驖(철) - 검붉은 말. □孔阜(공부) - 매우 큰 것. □轡(비) - 고삐. 사마(四馬)의 고삐는 본래 여덟이나, 양쪽 참마의 안쪽 고삐는 수레에 매어 두어 여섯 줄만이 수레 모는 사람 손에 쥐어진다. 그러므로 육비(六轡)라 한 것이다(孔疏). □公(공) - 진나라 양공. □媚(미) - 사랑하다. □子(자) - 공의 신하들. □狩(수) - 사

냥하는 것. □奉(봉)-두 손을 펴고 짐승을 몰아 한 곳에 모아놓고 임금이 쏘기를 기다리는 것(何楷『詩經世本古義』). □時(시)-시(是)와 같은 조사. □辰(신)-『모전』에선 그때그때에 나는 짐승들이라 하였으나, 마서진(馬瑞辰)은 신(麎)과 통하여 무(牡)에 대가 되는 암짐승을 뜻한다고 하였다(通釋). □碩(석)-크다. □左之(좌지)-'왼쪽으로 몰아라'는 뜻. 옛날에 짐승을 쏠 때에는 짐승의 왼쪽을 맞히는 것이 법도였다(孔疏). 그래서 이는 짐승을 왼편에서 쏠 수 있도록 몰아라는 말이다. □舍(사)-방(放)의 뜻, 곧 화살을 쏘는 것. □拔(발)-화살을 쥐고 뽑는 화살 끝, 곧 괄(括)의 뜻(孔疏). □遊于北園(유우북원)-사냥이 끝나고 북쪽 정원으로 놀러가는 것. □四馬(사마)-앞의 사철(駟驖), 수레를 끈 네 마리 말. □閑(한)-조습(調習)의 뜻으로, 길이 잘 든 것(集傳). □輶(유)-가벼운 수레. 유거(輶車)는 공이 탄 수레가 아니라 사냥할 때에 짐승을 뒤쫓고 쏘고 할 때 타는 가벼운 수레(孔疏). □鸞(란)-봉황새 비슷한 전설적인 새. □鑣(표)-말재갈. 난표는 말재갈에 단 난새의 소리를 닮은 방울. □獫(렴)-사냥개의 일종. □歇(헐)-쉬다. 헐교(歇驕)는 뽐내며 뛰던 다리를 쉬는 것(嚴粲『詩緝』).

解説 「모시서」에 의하면 이 시는 진나라 양공을 기린 것이다. 진나라는 양공 때에 이르러 비로소 제후가 되어 사냥과 놀이를 즐길 수가 있었다 한다. 전체적으로 볼 때 임금의 사냥을 찬미한 시임에는 틀림없다.

3. 병거(小戎)

<small>소 융 천 수</small>
小戎俴收요   병거(兵車)의 앞뒤 턱은 나지막한데

<small>오 목 양 주</small>
五楘梁輈로다.   다섯 군데 가죽 감은 멍에의 수레채 끝은 구부정했네.

<small>유 환 협 구</small>
游環脅驅하고   고삐 낀 가죽 고리 및 복마(服馬)와 참마(驂馬) 사이의
           가죽 끈이 있고

<small>음 인 옥 속</small>
陰靷鋈續하며   앞턱 판 위에 맨 가슴걸이 끈은 흰 쇠고리로 이었으며

_{문 인 창 곡}
文茵暢轂이요　　범가죽 방석에 커다란 바퀴통 달렸는데

_{가 아 기 주}
駕我騏馵로다.　청흑색 말과 발목 흰 준마가 수레를 끌었네.

_{언 념 군 자}
言念君子하니　우리 님 생각하니

_{온 기 여 옥}
溫其如玉이로다. 온유하기 옥과 같네.

_{재 기 판 옥}
在其板屋하니　오랑캐들의 판자집에 계실 것이니

_{난 아 심 곡}
亂我心曲이로다. 내 마음속 어지러워지네.

_{사 무 공 부}
四牡孔阜하고　큼직한 네 수말이 수레 끌고

_{육 비 재 수}
六轡在手로다.　여섯 고삐를 한손에 쥐었네.

_{기 류 시 중}
騏駵是中하고　청흑색 말과 검은 말갈기의 붉은 말이 가운데서 끌고

_{과 려 시 참}
騧驪是驂이로다. 검은 입의 누런 말과 검은 말이 밖의 참마였네.

_{용 순 지 합}
龍盾之合이요　용 그린 방패를 여러 개 합쳐 세우고

_{옥 이 결 납}
鋈以觼軜이로다. 흰 쇠고리에 참마의 안고삐를 매었네.

_{언 념 군 자}
言念君子하니　우리 님 생각하니

_{온 기 재 읍}
溫其在邑이로다. 온유한 모습으로 오랑캐 고을에 계시겠지.

_{방 하 위 기}
方何爲期오?　언제나 돌아오시려나?

_{호 연 아 념 지}
胡然我念之오? 어찌하여 나는 이토록 님이 그리울까?

_{천 사 공 군}
俴駟孔群하고　엷은 갑옷 걸친 네 필 말은 서로 잘 어울리고

구 모 옥 순
　　厹矛鋈錞이로다.　세모 창은 흰 쇠를 밑에 대었네.

　　몽 벌 유 원
　　蒙伐有苑하고　　여러 새깃이 그려진 방패가 고왔고

　　호 창 루 응
　　虎韔鏤膺이로다.　호랑이 가죽 활집엔 중간에 조각한 쇠가 박혀 있네.

　　교 창 이 궁
　　交韔二弓하고　　엇갈리게 활집엔 두 활이 꽂혀있고

　　죽 폐 곤 등
　　竹閉緄縢이로다.　활대엔 활도지개 대고 줄로 묶어놓았네.

　　언 념 군 자
　　言念君子하여　　우리 님을 생각하니

　　재 침 재 흥
　　載寢載興하도다.　자나깨나 그립네.

　　염 염 양 인
　　厭厭良人이어!　　점잖은 님의 모습이어!

　　질 질 덕 음
　　秩秩德音이로다.　가지가지 사랑의 말 잊을 수 없네.

註解　□小戎(소융) – 병거(兵車)(毛傳). 신하들이 타는 병거이기 때문에 소융이라 한다. 대융(大戎)이 군의 앞장을 서고 그 뒤에 소융이 따랐다 한다(孔疏). □俴(천) – 얕은 것. 천(淺)과 통함. □收(수) – 수레 위에 실은 짐을 떨어지지 않게 하는 수레턱나무, 진(軫)(毛傳). 병거는 짐을 많이 싣지 않고 가볍도록 턱나무가 얕게 되어 있다. 큰 수레의 안 턱나무는 앞 턱나무에서 뒤 턱나무까지 길이가 8척인데 병거는 4척 4촌에 불과하므로 천진(淺軫)이라 한다(孔疏). □五楘(오목) – 멍에의 다섯 군데를 가죽으로 감은 것. □梁輈(양주) – 수레채의 앞쪽이 다리 모양 구부정한 것을 말한다(孔疏). 수레채는 큰 수레는 원(轅), 병거와 전거(田車) 및 승거(乘車)는 주(輈)라 한다. □游環(유환) – 두 복마의 등 위에 가죽으로 만든 고리를 앞뒤로 이동하도록 달아놓은 것. 여기에 두 참마의 바깥쪽 고삐를 꿰어 수레 모는 사람이 손에 쥐어 참마가 밖으로 빠져나가지 않도록 하였다(集傳). □脅驅(협구) – 가죽으로 만들어 앞 멍에의 양 끝에 매고 뒤는 수레 턱나무 양쪽에 매어 복마의 옆구리 바깥쪽에 늘어져 참마가 달릴 때 안으로 들어옴을 막는 역할을 하는 것(集傳). □陰(음) – 암범(揜軓)이라 하여(毛傳), 수레 앞

턱나무를 덮어 막은 판(板)이며(集傳), 턱나무를 감춘다는 뜻에서 음이라 한 것이다. ㅁ靷(인)-두 가닥의 가죽으로 만든 끈으로 앞쪽은 참마의 목에 걸고, 뒤 끝은 음판(陰版) 위에 매어둔다(集傳). ㅁ鋈(옥)-흰 쇠(毛傳). 옥속(鋈續)은 흰 쇠로 가슴걸이 끈을 잇는 고리를 만든 것(鄭箋). 흰 쇠란 백동·백철·백은 등을 모두 말한다. ㅁ文茵(문인)-문채 있는 자리, 곧 호피를 깐 것(毛傳). ㅁ暢(창)-장(長), 긴 것(毛傳). ㅁ轂(곡)-바퀴 통. 창곡(暢轂)은 긴 바퀴 통. 대거의 바퀴 통은 1척 반, 병거의 바퀴 통은 3척 2촌이었다 한다(集傳). ㅁ騏(기)-청흑색의 말(孔疏). ㅁ騹(주)-왼편 발목이 흰 말. ㅁ言(언)-조사. ㅁ君子(군자)-여인이 남편을 가리키는 말. 이 앞 구절까지는 여인이 남편이 종군할 때의 위세 있던 군 대열을 생각한 것이고, 여기서부터 지금의 그리움을 말하는 것이다. ㅁ溫其如玉(온기여옥)-남편의 모습이 옥처럼 온유하다는 뜻. ㅁ板屋(판옥)-판자 집. 서융(西戎)의 판자 집(毛傳). 『한서』지리지(地理志)에 의하면 천수(天水)·농서(隴西：甘肅省)의 산에는 나무가 많고 주민들은 판자로 집을 짓는다 하였다(孔疏). ㅁ心曲(심곡)-마음의 깊은 곳. 그리워도 만날 수 없으니 마음이 어지러워지는 것이다(釋義). ㅁ四牡(사무)-수레를 끄는 사마가 모두 수말임을 뜻함. ㅁ孔阜(공부)-심히 크다는 뜻. 앞의 「검정 사마(馴驖)」시에도 보임. ㅁ六轡(육비)-여섯 줄의 고삐. 「검정 사마」시에도 보임. ㅁ騏(기)-청흑색 말. ㅁ駵(류)-검은 갈기의 붉은 말. 류(騮)라고도 쓴다(鄭箋). ㅁ是中(시중)-사마 중에서 가운데 쪽의 두 마리 복마를 뜻한다(鄭箋). ㅁ騧(과)-주둥이가 검고 털이 누런 말. ㅁ驪(려)-검은 말.「검정 사마」시에도 보임. ㅁ驂(참)-복마 바깥쪽의 두 마리 말. ㅁ龍盾(용순)-용이 그려져 있는 방패(毛傳). ㅁ合(합)-합쳐서 수레에 싣는 것(毛傳). 수레의 넓이는 한 개의 방패로 막을 수 없기 때문에 여러 개의 방패를 합쳐 벌여놓고 화살을 막는다, 곧 차전패(遮箭牌)라 하는 것이다. ㅁ鋈(옥)-도금을 하는 것. ㅁ觼(결)-참마의 안쪽 고삐를 매어놓는 고리. 이 고리는 수레 앞턱나무에 달려 있다(孔疏). ㅁ軜(납)-참마의 안쪽 고삐. ㅁ在邑(재읍)-서쪽 변경 오랑캐들의 고을에 계시다는 뜻(集傳). ㅁ方(방)-장(將)의 뜻(通釋), 장차. ㅁ期(기)-귀기(歸期). 돌아올 날. ㅁ胡然(호연)-'어쩌면 그렇게도'의 뜻. ㅁ俴(천)-엷은 갑옷을 입힌 것(鄭箋). ㅁ群(군)-네 마리 말이 잘 어울리는 것(鄭箋). ㅁ厹(구)-세모 창. ㅁ矛(모)-창. ㅁ鋈錞(옥순)-세모 창 밑을 흰 쇠로 입혀 놓은 것. ㅁ蒙(몽)-잡(雜), 여럿(鄭箋). ㅁ伐(벌)-중간(中干)(毛

傳). 중간 크기의 방패. 몽벌(蒙伐)은 여러 가지 새 깃의 무늬를 그린 중간 크기의 방패. □苑(원)-무늬가 고운 모양(集傳). 유원(有苑)은 원연(苑然). □韔(창)-활집. 호창(虎韔)은 호랑이 가죽으로 만든 활집(毛傳). □鏤(루)-쇠에 조각하여 장식으로 붙이는 것. 루응(鏤膺)은 활집의 중간 앞쪽(가슴)에 쇠에 조각한 것을 장식으로 붙인 것(嚴粲『詩緝』). □交韔二弓(교창이궁)-활집에 두 활을 엇갈리게 꽂아놓는 것(毛傳). □竹閉(죽폐)-비(柲)로, 활도지개라고도 하며, 궁경(弓檠). 활대 안쪽에 대나무로 만든 활도지개를 대고 묶은 다음 활집에 활을 넣어둔다(孔疏). □緄(곤)-끈, 줄. □縢(등)-묶다. □載(재)-조사. 즉(則) (釋義). □載寢載興(재침재흥)-자나깨나 남편이 그립다는 뜻. □厭厭(염염)-안정의 뜻(釋義)으로, 점잖은 것. □良人(양인)-좋은 님. 남편을 가리킨다. □秩秩(질질)-차례가 있는 모양(集傳). □德音(덕음)-애정의 말. 질질덕음(秩秩德音)은 한 마디 한 마디 얘기한 여러 가지 애정의 기약.

解説 「모시서」에서는 진나라 양공을 기린 시라 하였다. 양공은 주나라 평왕의 명을 받들어 서융(西戎)을 정벌하러 갔다. 여기에 나오는 군자나 님은 부인이 임금인 양공을 흠모하여 그렇게 부른 것이란다. 어떻든 이 시를 음미해 보면 이것은 전쟁에 나간 남편을 그리는 여인의 노래임을 알 수 있다. 그의 남편은 졸병이 아니라 경대부(卿大夫)로서 장군이었을 것이다.

그러기에 무위(武威)도 당당하게 그이가 출정하던 광경이 눈에 선하지만 돌아오지 않는 그가 사무치게 그리운 것이다.

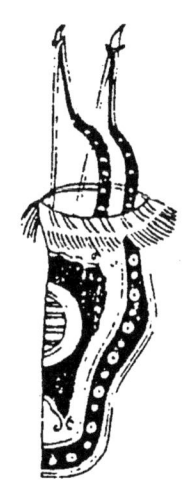
▲ 호랑이가죽 활집

4. 갈대(蒹葭)

_{겸 가 창 창}
蒹葭蒼蒼이로되　　갈대는 푸르른데

_{백 로 위 상}
白露爲霜이로다.　　흰 이슬은 서리가 되어 가네.

_{소 위 이 인}
所謂伊人이　　바로 그이는

_{재 수 일 방}
在水一方이로다.　　강물 저쪽에 계시네.

_{소 회 종 지}
遡洄從之러니　　물결 거슬러 올라가 그분 따르려니

_{도 조 차 장}
道阻且長하고,　　길이 험하고도 멀고,

_{소 유 종 지}
遡游從之러니　　물결 따라 건너가 그분 따르려니

_{완 재 수 중 앙}
宛在水中央이로다.　　여전히 강물 가운데 계시네.

_{겸 가 처 처}
蒹葭淒淒로되　　갈대는 무성한데

_{백 로 미 희}
白露未晞로다.　　흰 이슬 촉촉하네.

_{소 위 이 인}
所謂伊人이　　바로 그이는

_{재 수 지 미}
在水之湄로다.　　강물 가에 계시네.

_{소 회 종 지}
遡洄從之러니　　물결 거슬러 올라가 그분 따르려니

_{도 조 차 제}
道阻且躋하고,　　길 험하고 가파르고,

_{소 유 종 지}
遡游從之러니　　물결 따라 건너가 그분 따르려니

_{완 재 수 중 지}
宛在水中坻로다.　　여전히 강물 속의 섬에 계시네.

| 겸 가 채 채
蒹葭采采하니 | 갈대는 더부룩한데
| 백 로 미 이
白露未已로다. | 흰 이슬 멎지 않네.
| 소 위 이 인
所謂伊人이 | 바로 그이는
| 재 수 지 사
在水之涘로다. | 강물 기슭에 계시네.
| 소 회 종 지
溯洄從之러니 | 물결 거슬러 올라가 그분 따르려니
| 도 조 차 우
道阻且右하고, | 길 험하여 꾸불꾸불하고,
| 소 유 종 지
溯游從之러니 | 물결 따라 건너가 그분 따르려니
| 완 재 수 중 지
宛在水中沚로다. | 여전히 강물 가 모래톱에 계시네.

註解 □蒹(겸)-달, 갈대의 일종. □葭(가)-갈대. '가'는 '겸'과는 종류가 약간 다른 갈대이다. 그러나 겸가(蒹葭)로 합치면 갈대 종류의 풀을 통칭한 것으로 봄이 좋을 것이다. □所謂(소위)-'바로 그' '찾으려는 그'의 뜻. □伊人(이인)-'그 이'. □一方(일방)-저쪽, 가기 힘든 곳을 말함(毛傳). □溯洄(소회)-물결을 거슬러 올라가는 것. □從之(종지)-그를 따르는 것, 여기서는 그에게로 가는 것. □阻(조)-험한 것. □長(장)-멀다는 뜻. □溯游(소유)-물결 따라 건너가는 것(毛傳). □宛(완)-저 멀리 빤히 보이는 것. □凄(처)- 처(萋)로 된 판본도 있으니, 처처(凄凄)는 곧 처처(萋萋)로, 풀이 무성한 모양. □晞(희)-마르다. □湄(미)-물가. □躋(제)- 가기 힘든 오르막길로 되어 있는 것(鄭箋). □坻(지)-강물 가운데의 섬(孔疏). □采采(채채)-처처(萋

萋)와 같은 말(毛傳). 무성한 모양. □涘(사) – 물가. □右(우) – 우회, 곧 빙 돌아가게 됨을 뜻한다(鄭箋). □沚(지) – 모래톱.

解說 사랑하는 사람을 두고도 가까이 할 수 없는 안타까운 연인의 마음을 노래한 것이다. 여기서 강물은 그와 연인 사이의 간격을 상징하는 것이며, 험하고도 먼 길은 그에게 가까이 할 방법의 어려움을 말하는 것이다.
「모시서」에서는 진나라 양공을 풍자한 노래라 하였다. 주나라 예를 따라서 나라를 굳히지 못하는 정치를 하기 때문이라는 것이다.

5. 종남산(終南)

종 남 하 유
終南何有오?   종남산에 무엇이 있나?

유 조 유 매
有條有梅로다. 산추나무 매화나무가 있지.

군 자 지 지
君子至止하니   우리 님이 오셨는데

금 의 호 구
錦衣狐裘로다. 비단옷에 여우 갖옷.

안 여 악 단
顔如渥丹하니   얼굴은 붉은 물 들인 듯하니

기 군 야 재
其君也哉로다. 정말 우리 임금일세.

종 남 하 유
終南何有오?   종남산에 무엇이 있나?

유 기 유 당
有紀有堂이로다. 산버들 아가위가 있지.

군 자 지 지
君子至止하니   우리 님이 오셨는데

불 의 수 상
黻衣繡裳이로다. 불무늬 저고리에 수놓은 바지.

佩玉將將하니　　　허리에 찬 옥이 잘강잘강하니
_{패 옥 장 장}

壽考不忘이로다.　　만수무강하시리라.
_{수 고 불 망}

註解　□終南(종남) – 장안의 명산, 지금의 섬서성 서안(西安) 남쪽에 있다. □條(조) – 산추(山楸)나무. 껍질과 잎새는 희고 나무 빛깔도 희며 결이 고와서 거판(車板)의 좋은 재목으로 친다(孔疏). □止(지) – 조사. □錦衣(금의) – 채색 있는 비단옷. □狐裘(호구) – 흰 여우 털가죽으로 만든 옷(孔疏). 조정에서 입는 예복이었다 한다(毛傳). □渥(악) – 젖다. 물들다. □渥丹(악단) – 얼굴이 '붉게 물을 들인 것 같다.' □其(기) – 야(也)·재(哉)와 함께 모두 조사이며, 강조의 뜻을 나타낸다. □紀(기) – 기(杞)와 통하여 산버들. □堂(당) – 당(棠)과 통하여, 아가위(『經義述聞』). □黻(불) – 흑청색을 엇섞어가며 두 기(己)자를 맞붙여 이어놓은 것 같은 모양으로 만든 무늬. 불의(黻衣)는 불무늬를 놓은 저고리. □繡(수) – 수를 놓다. □裳(상) – 치마. □將將(창창) – 구슬이 부딪쳐 울리는 소리. 창창(鏘鏘)과 같은 말(鄭風 「有女同車」 시에도 보임). □壽考(수고) – 늙도록 오래 사는 것. □忘(망) – 망(亡)과 통하여, 불망(不忘)은 불망(不亡)·불이(不已), 없어지지 않다, 끊이지 않다, 멈추지 않다의 뜻. '수고불망'은 곧 만수무강(萬壽無疆)과 같은 말.

解說　이 시는 진나라 사람들이 그들의 임금을 기린 시이다.
「모시서」에는 진나라 양공이 서융을 친 공으로 주의 평왕으로부터 주나라의 옛 땅인 기산(岐山) 서쪽 땅을 받아 제후가 되었다. 그때 주나라의 오래된 신하들이 한편으로 양공을 칭찬하며, 한편으로는 경계심을 갖도록 당부한 것이 이 시라 하였다. 이 시에서 기린 임금이 「모시서」의 설을 따르지 않는다 하더라도 양공일 가능성은 많다.

6. 곤줄매기(黃鳥)

交交黃鳥이　　　짹짹 울면서 곤줄매기가
止于棘이로다.　　대추나무에 앉았네.
誰從穆公고?　　　누가 목공을 따라갔나?
子車奄息이로다.　자거씨의 엄식이란 분이지.
維此奄息은　　　이 엄식이란 분이야말로
百夫之特이로다.　백 사람 몫의 훌륭하신 분이었지.
臨其穴하여　　　무덤구덩이에 들어갈 때에는
惴惴其慄이로다.　두려움에 떨었으리라.
彼蒼者天이여!　　저 푸른 하늘이여!
殲我良人이로다.　우리 훌륭한 분을 죽이셨네요.
如可贖兮인댄　　만약 그분 몸을 대속(代贖)할 수 있다면
人百其身이로다.　백 사람으로라도 그분을 되찾으련만.

交交黃鳥이　　　짹짹 울면서 곤줄매기가
止于桑이로다.　　뽕나무에 앉았네.
誰從穆公고?　　　누가 목공을 따라갔나?
子車仲行이로다.　자거씨의 중항이란 분이지.

유 차 중 항 維此仲行은	이 중항이란 분이야말로
백 부 지 방 百夫之防이로다.	백 사람을 당해내실 만한 분이었지.
임 기 혈 臨其穴하여	무덤구덩이에 들어갈 때에는
췌 췌 기 률 惴惴其慄이로다.	두려움에 떨었으리라.
피 창 자 천 彼蒼者天이여!	저 푸른 하늘이여!
섬 아 양 인 殲我良人이로다.	우리 훌륭한 분을 죽이셨네요.
여 가 속 혜 如可贖兮인댄	만약 그분 몸을 대속할 수 있다면
인 백 기 신 人百其身이로다.	백 사람으로라도 그분을 되찾으련만.

교 교 황 조 交交黃鳥이	짹짹 울면서 곤줄매기가
지 우 초 止于楚로다.	싸리나무에 앉았네.
수 종 목 공 誰從穆公고?	누가 목공을 따라갔던가?
자 거 침 호 子車鍼虎로다.	자거씨의 침호란 분이지.
유 차 침 호 維此鍼虎는	이 침호란 분이야말로
백 부 지 어 百夫之禦로다.	백 사람을 막아내실 만한 분이었지.
임 기 혈 臨其穴하여	무덤구덩이에 들어갈 때에는
췌 췌 기 률 惴惴其慄이로다.	두려움에 떨었으리라.
피 창 자 천 彼蒼者天이여!	저 푸른 하늘이여!

섬 아 양 인
殲我良人이로다.　　우리 훌륭한 분을 죽이셨네요.

여 가 속 혜
如可贖兮인댄　　만약 그분 몸을 대속할 수 있다면

인 백 기 신
人百其身이로다.　　백 사람으로라도 그분을 되찾으련만.

註解　□交交(교교)-교교(咬咬)와 통하여 새가 우는 소리(通釋). □黃鳥(황조)-곤줄매기. 주남(周南)「칡덩굴葛覃」시 참조. □棘(극)-대추와 비슷한 나무. □從(종)-남의 죽음을 따라 죽는 것(集傳).『좌전』문공(文公) 6년에 의하면 진나라 목공(穆公)이 죽었을 때 그의 유명(遺命)으로 자거씨(子車氏)의 세 아들, 곧 이 시에 나오는 엄식(奄息)과 중항(仲行)·침호(鍼虎)를 순장(殉葬)하였다. 진나라 사람들은 이들의 죽음을 슬퍼하고「곤줄매기」를 노래불렀다 한다. □子車(자거)-성. 엄식은 이름. □特(특)-필(匹)의 뜻을 지녔고, 필은 당(當)과 통한다(通釋). 따라서 백부지특(百夫之特)은 백 사람을 당해낼 만한 사람.『모전』엔 백부의 덕을 당해낼 만한 사람이라 하였다. □穴(혈)-묘혈. 목공이 묻히는 무덤 구덩이(鄭箋). □惴(췌)-두려워하는 것. 췌췌는 두려워하는 모습. □慄(률)-두려워서 떨다. □蒼者(창자)-창연(蒼然), 푸르른 것. 창자천(蒼者天)은 푸르른 하늘. □殲(섬)-죽여버리는 것(釋義). □良人(양인)-훌륭한 사람. 엄식을 가리킨다. □如(여)-만약. □贖(속)-어떤 물건을 주고 다른 것으로 바꾸는 것. □人百其身(인백기신)-딴 사람 백 명으로라도 그의 한 몸과 바꾸겠다는 말. □仲行(중항)-이름. □防(방)-당(當)의 뜻(鄭箋)으로, 그의 훌륭함이 백 사람을 당한다는 말(嚴粲『詩緝』). □楚(초)-싸리나무. □鍼虎(침호)-사람 이름. □禦(어)-당(當)의 뜻(毛傳)으로, 그의 지혜가 백 사람을 당한다는 말.

解說　「모시서」에 "「곤줄매기」시는 세 훌륭한 신하를 애도한 것이다. 진나라 사람들은 목공이 이 사람들을 자기를 따라 무덤에 묻는 순장(殉葬)을 하도록 하여 이를 풍자하는 뜻으로 이 시를 지었다."고 하였다.

　『좌전』문공 6년에 자거씨의 엄식·중항·침호의 세 아들이 목공의 유명에 따라 목공이 죽었을 때 함께 순장을 하였음을 기록하고 있다. 그 밖에도 그때 순장한

사람이 17명이 있었다 하였는데,『사기』진본기(秦本紀)에 의하면 순장한 사람이 177명이었다 한다.『정전』에 의하면 자거씨는 진나라 대부의 성이라 한다. 목공을 따라 순장한 사람들 중에서도 이 자거씨의 세 아들이 가장 현명하였던 듯하다.

7. 새매(晨風)

_{율 피 신 풍} 鴥彼晨風하고	새매는 씽씽 날아가고
_{울 피 북 림} 鬱彼北林이로다.	북쪽 숲은 우거져 있네.
_{미 견 군 자} 未見君子하여	님을 뵙지 못하여
_{우 심 흠 흠} 憂心欽欽이로다.	마음의 시름 그지없네.
_{여 하 여 하} 如何如何로	어째서 어째서
_{망 아 실 다} 忘我實多오?	나를 그렇게도 잊어버리나요?

_{산 유 포 력} 山有苞櫟하고	산에는 도토리나무 떨기
_{습 유 육 박} 隰有六駁이로다.	진펄에는 느릅나무 떨기.
_{미 견 군 자} 未見君子하여	님을 뵙지 못하여
_{우 심 미 락} 憂心靡樂이로다.	마음의 시름 풀릴 날 없네.
_{여 하 여 하} 如何如何로	어째서 어째서
_{망 아 실 다} 忘我實多오?	나를 그렇게도 잊어버리나요?

| _{산 유 포 체}
山有苞棣하고 | 산에는 아가위 떨기 |

습 유 수 수
隰有樹檖로다.   진펄에는 팥배나무 떨기.

미 견 군 자
未見君子하여   님을 뵙지 못하여

우 심 여 취
憂心如醉로다.   마음 시름 술취한 듯하네.

여 하 여 하
如何如何로   어째서 어째서

망 아 실 다
忘我實多오?   나를 그렇게도 잊어버리나요?

▲ 새매

註解 □駯(율)-빠르게 날아가는 모양(毛傳). □신풍(晨風)-새매, 곧 전(鸇)으로(毛傳), 청황색이며 구부정한 부리로 비둘기·제비·참새들을 잡아먹고 산다(孔疏). □鬱(울)-무성한 모양(集傳). □君子(군자)-부인이 남편을 지칭하는 말. □欽欽(흠흠)-근심하며 잊지 못하는 모양(集傳). □多(다)-심(甚)의 뜻(釋義). 실다(實多)는 정말 심하다는 뜻. □櫟(력)-도토리나무. □六(육)-육(宍)과 통하여 떨기로 난 것(『釋義』引 俞樾說). □駁(박)-본시는 준마(駿馬)의 뜻(一本作 駮). 그러나 여기서는 재유(梓楡)라는 나무 이름(陸疏·集傳). 가래나무(梓)나 느릅나무(楡)와 비슷한 나무로 생각되지만 알 수 없어 편의상 '느릅나무' 라 번역하였다. 『모전』을 비롯한 옛날 해설서에는 모두 말과 비슷한 짐승 이름이라

하였으나 제3절과 아울러 생각할 때 나무 이름이라 봄이 옳을 것이다. ▫靡(미)-아니다, 없다. 미락(靡樂)은 즐거움이 없는 것. ▫棣(체)-당체(唐棣). 아가위나무. ▫檖(수)-팥배나무. 앞의 수(樹)는 '심어져 있다'는 게 본뜻이나, 포(苞)와 같은 '떨기'라는 뜻으로 썼을 것이다.

▲ 느릅나무

|解說| 부인이 그의 남편을 생각하며 부른 노래(集傳). 그의 남편은 집을 나가 자기를 생각하는 일 없이 멋대로 돌아다니고 있는 것이다.

「모시서」에서는 진나라 강공(康公)을 풍자한 시라 하였다. 강공은 목공이 이루어 놓은 나랏일을 저버리고 어진 신하들을 내치는 것을 풍자한 것이라 본 것이다.

8. 옷이 없다면 (無衣)

기 왈 무 의
豈曰無衣오?   어찌 옷이 없다 하오?

여 자 동 포
與子同袍로다.   당신과 두루마기를 함께 입겠소.

왕 우 흥 사
王于興師시어든   왕께서 군사를 일으키신다면

수 아 과 모
修我戈矛하여   나의 짧은 창 긴 창 닦아

여 자 동 구
與子同仇하리이다.   당신과 원수를 함께 치리이다.

기 왈 무 의
豈曰無衣오?   어찌 옷이 없다 하오?

여 자 동 탁
與子同澤이로다.   당신과 속옷을 함께 입겠소.

^{왕 우 흥 사}
王于興師시어든   왕께서 군사를 일으키신다면

^{수 아 모 극}
修我矛戟하여   나의 긴 창 갈래 창 닦아

^{여 자 해 작}
與子偕作하리이다.   당신과 함께 일어나리이다.

^{기 왈 무 의}
豈曰無衣오?   어찌 옷이 없다 하오?

^{여 자 동 상}
與子同裳이로다.   당신과 바지를 함께 입겠소.

^{왕 우 흥 사}
王于興師시어든   왕께서 군사를 일으키신다면

^{수 아 갑 병}
修我甲兵하여   나의 갑옷과 무기를 닦아

^{여 자 해 행}
與子偕行하리이다.   당신과 함께 가리이다.

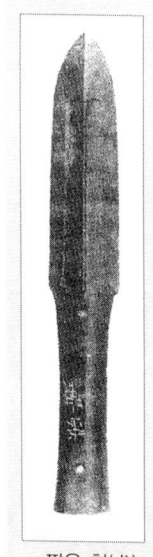
▲ 짧은 창(戈)

▲ 긴 창(矛)

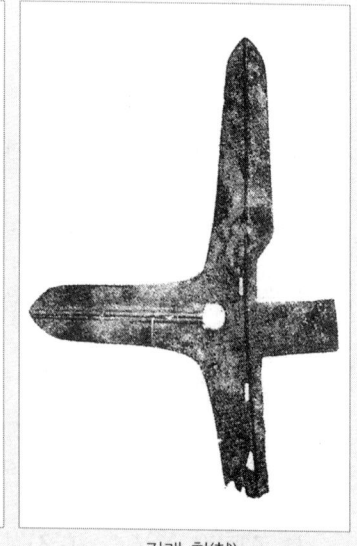
▲ 갈래 창(戟)

註解 ㅁ袍(포) - 두루마기, 겉에 입는 긴 옷. 당신과 두루마기를 함께 입겠다는 것은 한마음 한뜻으로 생사고락(生死苦樂)을 함께 하겠다는 말이다. 제2절의 속옷, 제3절의 바지를 함께 입겠다는 것도 마찬가지 뜻이다. ㅁ王(왕) - 주나라 평왕(平王)을 가리키는 것으로 보았다(釋義). ㅁ興師(흥사) - 군사를 일으키는 것. ㅁ戈(과) - 창. 길이 6척 6촌(毛傳). ㅁ矛(모) - 창. 길이 2장(丈)의 긴 창(毛傳). ㅁ同仇(동구) - 원수를 함께하고 대적하는 것. ㅁ澤(택) - 설의(褻衣), 속옷(鄭箋). ㅁ戟(극) - 거극(車戟)이라고도 하는(毛傳) 갈래진 창으로, 길이 1장 6척(孔疏). ㅁ偕(해) - 함께하다. ㅁ作(작) - 일어나다, 기(起)의 뜻. ㅁ裳(상) - 남자의 하의. ㅁ行(행) - 전쟁에 나가는 것.

解説 굴만리(屈萬里)는 진나라 양공이 주나라 평왕을 호위하여 나라의 도읍을 낙읍(洛邑)으로 옮기던 때의 일을 읊은 것이 아닌가 한다고 했다. 천자인 주나라 평왕이 동쪽으로 도읍을 옮겨갈 때 진나라의 장군인 대부나 진나라 양공의 입장에서 충성을 맹서하는 뜻으로 노래 불렀을 것이다.

「모시서」에서는 진나라 임금이 전쟁을 좋아하여 자주 전쟁을 하는 것을 백성들이 풍자한 것이라 하였다.

9. 위수의 북쪽 기슭(渭陽)

我送舅氏하여	외숙을 전송하러
日至渭陽이로다.	위수 북쪽 기슭까지 왔네.
何以贈之오?	무엇을 선물로 드릴까?
路車乘黃이로다.	수레와 누런 수레 끄는 네 마리 말로 하지.
我送舅氏하니	외숙을 전송하노라니

유 유 아 사
悠悠我思로다.　　꼬리에 꼬리를 잇는 여러 가지 감회.

하 이 증 지
何以贈之오?　　무엇을 선물로 드릴까?

경 괴 옥 패
瓊瑰玉佩로다.　　아름다운 허리에 매다는 옥돌로 하지.

註解　□舅(구) - 외삼촌. 구씨(舅氏)는 외삼촌, 외숙(外叔). 외숙은 진나라 중이(重耳)이고 시를 읊는 사람은 진나라 강공(康公)이라 한다(뒤의 해설 참조). □渭(위) - 위수(渭水). □陽(양) - 강의 북쪽 기슭. 북쪽 기슭은 남향 경사로 햇볕이 잘 쬐이므로 양이라 한다. 진나라는 이때 옹(雍 : 지금의 陝西省 鳳翔縣 남쪽)에 도읍하고 있었다. 위양(渭陽)에 이른다는 것은 동쪽으로 가서 외숙을 함양(咸陽 : 지금의 陝西省 長安縣)으로 전송하는 것이다. 함양은 옹에서 보아 위수 북쪽 기슭에 있다(鄭箋). □贈(증) - 이별의 선물을 주는 것. □路車(노거) - 제후의 수레(集傳). □乘黃(승황) - 정풍「대숙의 사냥(大叔于田)」시의 『모전』에 수레를 끄는 네 마리 말이 모두 누런 것을 말한다고 하였다. □悠悠(유유) - 긴 모습. 여기에선 외숙을 보내노라니 돌아가신 어머님 생각, 외숙이 겪은 여러 가지 고난 등이 꼬리에 꼬리를 물고 떠오른 것이다. □思(사) - 감회, 생각. □瓊(경) - 붉은 옥. □瑰(괴) - 옥돌 이름. 경괴(瓊瑰)는 옥 다음가는 아름다운 돌. □玉佩(옥패) - 허리에 매달고 다니는 옥.

解說　진(秦)나라 강공(康公)의 어머니인 목공(穆公)의 부인(곧 秦姬)은 진(晉)나라 헌공(獻公)의 딸로서, 목공 부인의 이모제(異母弟)에 중이(重耳 : 晉나라 文公)가 있었다. 따라서 중이는 강공의 외삼촌이 된다. 진나라 헌공은 여희(驪姬)라는 여자에 빠져, 여희의 모함으로 헌공은 여러 공자들을 죽이려 하였다.

중이는 그러한 어려움을 피하여 여러 나라를 유랑한 끝에 마침내는 진나라로 망명하였다. 이것을 '여희의 난(難)'이라 한다. 뒤에 이 중이는 마침내 진(晉)나라로 돌아갈 수 있게 되었다. 그때 목공 부인은 이미 세상을 떠났고 태자였던 강공이 중이를 전송하였다. 이 시는 이때 강공이 중이를 전송하며 읊은 노래이다.

「모시서」에서는 강공이 어머니를 생각하며 부른 노래라 하였다. 외숙을 전송하며 돌아가신 어머님을 생각했을 것은 말할 것도 없겠지만, 그래도 주제는 중이의 전송이라 봄이 옳을 것이다.

10. 처음(權輿)

_{어 아 호 하 옥 거 거}
於我乎夏屋渠渠러니   나에게 커다란 집에서 융숭한 대접하시더니

_{금 야 매 식 무 여}
今也每食無餘로다.   지금은 먹는 것도 근근히 끼니를 이을 정도.

_{우 차 호}
于嗟乎!   아아!

_{불 승 권 여}
不承權輿로다.   처음과는 달라지셨구나.

_{어 아 호 매 식 사 궤}
於我乎每食四簋러니   나에게 끼니마다 성찬을 베푸시더니

_{금 야 매 식 불 포}
今也每食不飽로다.   지금은 먹을 때마다 배불러 보지도 못하네.

_{우 차 호}
于嗟乎!   아아!

_{불 승 권 여}
不承權輿로다.   처음과는 달라지셨구나.

註解 □夏(하) – 대(大)의 뜻(毛傳). 따라서 하옥(夏屋)은 큰 집. □渠渠(거거) – 근근(勤勤)과 통하여 은근(殷勤)한 것. 여기서는 융숭히 대접하는 것. □每食無餘(매식무여) – 끼니 때마다 남는 것이 없는 것, 곧 음식을 조금 주며 형편없이 대접하는 것. □于嗟(우차) – 감탄사, 아아. □權輿(권여) – 처음의 뜻(集傳). 불승권여(不承權輿)는 처음과 같은 좋은 대접을 계속하지 않는다는 뜻. □簋(궤) – 흙을 구워 만든 그릇으로 모난 것을 보(簠), 둥근 것을 궤(簋)라 한다. 보에는 쌀과 수수를 담았고, 궤에는 메기장과 차기장을 담았다(孔疏). 그러나 여기서 궤는 밥과 반찬 그릇 전체를 대표한다. 그리고 성찬을 대접하는 것을 말한다(集傳). □飽(포) – 배부른 것.

[解説] 「모시서」에선 강공을 풍자한 것이라 하였다. 강공이 처음에는 정치를 잘하려 하였으나, 뒤에 가서는 아버지인 목공의 옛 신하들과 어진 이들을 잊고, 끝내는 그들을 버렸음을 풍자한 것이라 본 것이다.

강공이 가까이한 인재들은 알고 보면 헛된 이름만 뒤쫓는 염치도 모르는 무리였다. 그러나 이 시를 읽어보면 분명히 처음에는 융숭한 대접을 받던 사람이 뒤에 가서 쫓겨나 자신의 불평을 노래한 것이라 여겨진다.

제12 진풍(陳風)

　　진나라는 정현(鄭玄 : 127~200)의 『시보(詩譜)』에 의하면 복희씨(伏羲氏)가 다스리던 고장이라 한다. 순(舜)임금의 후손에 우알보(虞閼父)라는 이가 있었는데, 주나라 무왕(武王 : B.C. 1134~B.C. 1116)의 질그릇 굽는 일을 관장하는 도정(陶正)이란 벼슬을 지냈다. 무왕은 그의 재주가 뛰어난 데다가 순임금의 후손임을 참작하여 그의 아들 규만(嬀滿)을 진나라에 봉하여 완구(宛丘) 땅 곁에 도읍하게 하고 맏딸 태희(太姬)를 처로 삼게 하였다. 이 규만이 진나라 호공(胡公)이다.

　　진나라 땅은 우공(禹貢) 예주(豫州)의 동쪽(지금의 河南省 開封府 동쪽 지역으로 남쪽은 安徽省 毫州에 이르는 일대)에 해당한다. 그곳은 땅이 넓고 평평하며 유명한 산이나 큰 호수가 없는 고장인데, 서쪽으로는 외방산(外方山 : 곧 嵩高山)이 바라보이고 동쪽은 맹저(盟豬 : 지금의 河南省 商丘縣 동북쪽에 있는 호수 이름)에 닿아있는 곳이다. 태희는 자식이 없어 무당과 푸닥거리 및 귀신가무를 즐겼으므로 민속도 그 영향을 많이 받았다(이상 대체로 『詩譜』의 기록을 따랐음).

　　그 뒤로 5세(世)인 유공(幽公, B.C. 854~B.C. 832 재위)은 주나라 여왕(厲王) 때에 해당하며, 희공(釐公, B.C. 831~B.C. 796 재위) · 무공(武公) · 이공(夷公) · 평공(平公) · 문공(文公) · 환공(桓公) · 여공(厲公) · 장공(莊公) · 선공(宣公, B.C. 692~B.C. 648) · 목공(穆公) · 공공(共公) · 영공(靈公) 등등으로 이어지다가, 몇 대 뒤 민공(湣公, B.C. 501~B.C. 478) 때 초(楚)나라 혜왕(惠王)에게 멸망 당하였다. 지금의 하남성(河南省) 회양현(淮陽縣)엔 진나라 도읍의 옛터가 있다.

1. 완구(宛丘)

<small>자 지 탕 혜</small>
子之湯兮로　　　　그대는 방탕하게

<small>완 구 지 상 혜</small>
宛丘之上兮로다.　　완구 위에서 놀고 있네.

<small>순 유 정 혜</small>
洵有情兮나　　　　정말 하고 싶어하는 듯하나

<small>이 무 망 혜</small>
而無望兮로다.　　　바라는 일은 아닐세.

<small>감 기 격 고</small>
坎其擊鼓하고　　　덩덩 북을 치며

<small>완 구 지 하</small>
宛丘之下로다.　　　완구 밑에서 놀고 있네.

<small>무 동 무 하</small>
無冬無夏히　　　　겨울 여름 없이

<small>치 기 로 우</small>
值其鷺羽로다.　　　백로깃 들고 춤을 추네.

<small>감 기 격 부</small>
坎其擊缶하고　　　통통 항아리 두드리며

<small>완 구 지 도</small>
宛丘之道로다.　　　완구로 가는 길에서 놀고 있네.

<small>무 동 무 하</small>
無冬無夏히　　　　겨울 여름 없이

<small>치 기 로 도</small>
值其鷺翿로다.　　　백로깃 부채 들고 춤을 추네.

註解　□湯(탕)-탕(蕩)과 통하여(毛傳), 방탕 또는 방탕하게 노는 것. □宛丘(완구)-사방이 높고 가운데가 움푹 들어간 언덕(毛傳). 뒤에는 지명이 되어 나라 사람들의 바람 쏘이며 노는 장소로 변하였다. 『수경주(水經注)』에 의하면 완구는 진나라의 성 남쪽의 길 동쪽에 있었으며, 동문에서 완구에 이르는 곳은 모두가 춤추고 노래하는 장소였으며, 이곳이 바로 '완구로 가는길' 이라고 한 곳이

다(顧鎭 『虞東學詩』). ▫洵(순)-신(信)과 통하여 '정말로' '진실로'의 뜻. ▫有情(유정)-마음이 있는 것, 하고 싶어하는 것. ▫無望(무망)-바라는 일은 아니라는 뜻. ▫坎其(감기)-감연(坎然)으로 북소리를 형용한 말(毛傳), 덩덩. ▫値(치)-지(持)의 뜻(毛傳), 손에 드는 것. ▫鷺羽(로우)-백로의 깃으로 만든 춤추는 사람이 손에 들고 추던 부채같이 생긴 물건. 패풍의 「춤(簡兮)」 시에는 꿩깃으로 만든 적우(翟羽)를 들고 춤을 추었다. ▫缶(부)-질그릇. 『모전』엔 앙(盎)이라 하였는데, 『공소』에선 이 '부를 두드린다' 했으니 악기의 일종이라 본 것이다. 여하튼 질그릇으로 된 항아리 모양의 것을 두드리며 박자를 맞추었던 것이다. ▫宛丘之道(완구지도)-완구로 가는 길. ▫翿(도)-새깃으로 만든 춤추는 사람이 손에 든 물건. 앞의 우(羽)와 같은 말.

|解說| 「모시서」에는 진나라 유공(幽公)을 풍자한 시라 하였다. 유공은 방탕하고 어지럽고 무도하게 멋대로 놀았다 한다.
 그러나 이 시의 대상이 꼭 유공이라 할 만한 확증은 없다. 완구 근처는 사람들이 놀고 즐기는 장소였다 하니 유공이 아니라 상층계급의 사람들이 절도 없이 방탕하게 노는 것을 풍자한 것이라 봄이 좋을 것이다.

2. 동문에는 흰 느릅나무(東門之枌)

東^동門^문之^지枌^분과　　　동문의 흰 느릅나무

宛^완丘^구之^지栩^허여!　　　완구의 도토리나무여!

子^자仲^중之^지子^자가　　　자중씨네 따님이

婆^파娑^사其^기下^하로다.　　　그 밑에서 춤을 추네.

穀^곡旦^단于^우差^채하여　　　좋은 날을 가리어

南^남方^방之^지原^원이로다.　남쪽 들에 모였네.

不^부績^적其^기麻^마하고　삼베 길쌈은 아니하고

市^패也^야婆^파娑^사로다.　날렵하게 춤만 추네.

穀^곡旦^단于^우逝^서하여　좋은 날에 놀러 나와

越^월以^이鬷^종邁^매로다.　여럿이 함께 가고 있네.

視^시爾^이如^여荍^교러니　그대를 보니 금규화 같은데

貽^이我^아握^악椒^초로다.　내게 한줌의 산초를 주네.

註解　□枌(분)-흰 느릅나무. 백유(白楡)(毛傳), 껍질인 흰 느릅나무. □栩(허)-도토리나무, 참나무. □子仲(자중)-진나라 대부의 성(姓)(毛傳). □之子(지자)-시자(是子)로(孔疏), 『정전』에선 남자로 보았으나, 주희는 여자, 곧 자중씨네 딸로 보았다(集傳). □婆娑(파사)-춤을 너울너울 추는 모양. □其下(기하)-동문의 느릅나무와 완구의 도토리나무 밑을 말한다. 앞의 「완구」 시에서 지적했듯이 진나라 도성의 동문으로부터 남쪽의 완구에 이르는 일대는 춤추고 노는 장소였다. □穀(곡)-선(善)과 통함(毛傳). 곡단(穀旦)은 좋은 날 아침. □于(우)-조사. □差(채)-가리다. 택(擇)의 뜻(鄭箋). □南方之原(남방지원)-남쪽의 들, 곧 완구 땅을 가리킨다. □不績其麻(부적기마)-그들이 늘 짜던 삼베도 짜지 않는 것. 市(패)-패(沛), 패(帗)와 통한다. 『한서』 예악지(禮樂志)에 '영지래(靈之來), 신재패(神哉沛)'라 하였는데, 주(注)에 '패(沛)는 질모(疾貌)'라 하였다. 이곳에서는 춤을 '날렵하게 추는 모양'(釋義). □逝(서)-놀러가는 것. □越以(월이)-조사. □鬷(종)-여러 사람들(集傳). □邁(매)-멀리 가는 것. 종매는 여럿이 함께 놀러 나가는 것. □荍(교)-금규화(錦葵花), 형규(荊葵)라고도 하며 분홍색에 자줏빛 무늬가 있는 꽃이 핀다. □貽(이)-사랑의 선물로 보내는 것. □握(악)-한 줌. □椒(초)-산초(山椒).

解説 젊은 남녀가 교외로 몰려나가 노래하고 춤추며 즐기는 모습을 노래한 것이다(集傳).

「모시서」에서는 남녀들이 할 일을 제쳐놓고 어지러이 놀아남을 싫어한 나머지 이 시를 읊었다고 하였다.

3. 오막살이(衡門)

衡門之下에	오막살이집일망정
可以棲遲로다.	다리 뻗고 살리로다.
泌之洋洋하니	샘물이 넘쳐흐르고 있으니
可以樂飢로다.	주림은 면할 수 있는 것.
豈其食魚를	어찌 물고기를 먹는데
必河之魴이리요?	꼭 황하의 방어라야만 할까?
豈其取妻를	어찌 장가를 드는데
必齊之姜이리요?	꼭 제나라 강씨네 딸이어야 할까?
豈其食魚를	어찌 물고기를 먹는데
必河之鯉리요?	꼭 황하의 잉어라야만 할까?
豈其取妻를	어찌 장가를 드는데
必宋之子리요?	꼭 송나라 자(子)씨네 딸이어야 할까?

註解 □衡門(형문)-막대기를 세우고 위에 나무를 가로대어 놓은 극히 초라한 문(毛傳). 형문지하(衡門之下)는 그러한 초라한 문이 달린 오막살이집을 뜻한다. □棲遲(서지)-마음 편히 푹 쉬는 것. 여기서는 마음 편히 다리 뻗고 살아감을 뜻한다. □泌(비)-『모전』에 천수(泉水)라 하였다. 샘물. □洋洋(양양)-물이 넓은 모습이나, 샘물을 형용한 것이므로 넘쳐흐르는 모양이라 보았다. □樂(요)-료(療)와 통하여 병을 고치는 것. 『한시외전(韓詩外傳)』·『열녀전(列女傳)』 같은 데에는 이 시를 인용함에 모두 '료(療)'라 썼다. 『정전』에선 朳(료)의 뜻이라 하였는데, 朳(료)는 료(療)와 같은 글자이다. 따라서 요기(樂飢)는 주림을 면하는 것(通釋). □魴(방)-황하의 방(魴)과 이(鯉)는 지금까지도 맛있기로 유명하다 한다. 고기를 먹는 데 꼭 황하의 방어가 맛있대서 그것만을 먹어야 할 필요가 없다는 것은, 사람은 반드시 출세하여 부귀영화를 누리고 살아야만 하는 것은 아니라는 뜻. □齊(제)-나라 이름. □姜(강)-제나라 임금의 성(姓). 제강(齊姜)은 제나라의 강씨 성을 가진 여자로, 귀족의 아름다운 여자를 가리킨다. □宋(송)-오래된 큰 나라 이름. □子(자)-송나라의 성. 앞의 제지강(齊之姜)과 마찬가지로 아름다운 귀족의 딸을 가리킨다.

解說 『한시외전』에 「오막살이」 시는 어진 사람이 세상에 나가지 않고 은거하는 생활을 노래한 것이라 하였다. 제1절은 초라한 초막에 샘물 마시며 살아가도 즐거움은 그 속에 있음을 노래한 것이다. 그리고 제2절과 제3절에서는 하필 맛있는 좋은 고기만을 먹고, 귀족 집안의 아름다운 여자에게 장가들어 살아야만 할 게 무엇이 있느냐는 뜻을 노래하고 있다.

「모시서」에서는 희공(僖公)에게 권유하는 뜻을 노래한 시라 하였다. 희공은 일을 삼가기는 하면서도 자기 뜻을 올바로 세워 일하지 않았음으로 사람들이 올바른 뜻을 세우라고 권유한 시라는 것이다.

그러나 이 시는 좋은 음식에 미녀를 처로 두고 살아야만 꼭 즐거운 것이 아니라 소박한 은자의 생활 속에도 즐거움이 있는 것을 읊은 시라고 봄이 좋을 것이다.

4. 동문 밖 연못(東門之池)

東門之池(동문지지)는　　동문 밖 연못은

可以漚麻(가이구마)로다.　삼 담그기 좋은 곳.

彼美淑姬(피미숙희)는　　아름다운 좋은 아가씨는

可與晤歌(가여오가)로다.　짝지어 노래할만한 상대일세.

東門之池(동문지지)는　　동문 밖 연못은

可以漚紵(가이구저)로다.　모시 담그기 좋은 곳.

彼美淑姬(피미숙희)는　　아름다운 좋은 아가씨는

可與晤語(가여오어)로다.　짝지어 얘기할만한 상대일세.

東門之池(동문지지)는　　동문 밖 연못은

可以漚菅(가이구관)이로다.　왕골 담그기 좋은 곳.

彼美淑姬(피미숙희)는　　아름다운 좋은 아가씨는

可與晤言(가여오언)이로다.　짝지어 의논할만한 상대일세.

註解　□東門(동문) – 진나라 도성의 동문으로 즐기고 노는 장소였다. □池(지) – 연못, 해자. □漚(구) – 물에 담그는 것(毛傳). 구마(漚麻)는 삼을 물에 담가두는 것. 삼을 물에 담가두면 껍질이 부드러워진다. 그러면 그 껍질을 벗기어 베를 짤 실을 만드는 것이다. □淑(숙) – 선(善)과 통하여 훌륭한 것, 좋은 것. □姬(희) – 원래 주나라 임금의 성. 이 희씨(姬氏) 집안에서 미녀들이 많이 나, 희씨는 아름답고 훌륭한 부인을 이르는 말로 변하였다(孔疏). □晤(오) – 우

(遇)와 뜻이 통하는데(毛傳), 우는 또 우(偶)와 통하여 '짝을 짓는 것' 곧 결혼을 뜻한다. 오가(晤歌)는 그 여자와 부부로 짝이 되어 함께 노래하는 것. ▫紵(저)-모시. ▫菅(관)-왕골.

解説 미인을 만나 함께 춤추고 노래하며 즐기는 정경을 노래한 것이 이 시이다. 노래 부른 사람은 물론 남자이다. 삼이나 모시·왕골을 담그기 좋겠다는 동문 밖의 연못 근처는 대표적인 진나라의 즐기고 노는 장소였다 한다.

「모시서」에서는 시국을 풍자한 시라 하였다. 그의 임금이 음란함을 걱정하여 어진 여자로서 임금의 짝이 되도록 하려는 것을 노래한 시라는 것이다.

5. 동문 밖의 버드나무(東門之楊)

東門之楊은 동문 밖의 버드나무는
其葉牂牂이로다. 잎새가 더풀더풀.
昏以爲期러니 저녁에 만나기로 했는데
明星煌煌이로다. 샛별 반짝이도록 임은 오지 않네.

東門之楊은 동문 밖의 버드나무는
其葉肺肺로다. 잎새가 너풀너풀.
昏以爲期러니 저녁에 만나기로 했는데
明星晢晢이로다. 샛별 반짝이도록 임은 오지 않네.

註解 ▫楊(양)-가지가 늘어지지 않는 버드나무. ▫牂牂(장장)-무성한 모

양(毛傳). 애인과 만나기로 약속한 동문 밖 밀회장소에는 잎새 무성한 버드나무만이 서 있다. ▫期(기) - 만나기로 애인과 기약한 것. ▫明星(명성) - 계명성(啓明星), 샛별. ▫煌煌(황황) - 크게 반짝이는 모양(集傳). 샛별이 반짝이는 새벽까지 애인을 기다렸으나 그는 오지 않았다는 뜻. ▫肺肺(패패) - 나뭇잎이 너풀너풀한 모양, 앞의 장장(牂牂)과 비슷한 말(毛傳). ▫晢晢(제제) - 반짝반짝 빛나는 모양, 앞의 황황(煌煌)과 비슷한 말(毛傳).

解說 밀회하기로 약속을 하고도 오지 않는 애인을 기다리는 연인의 노래이다(集傳).
「모시서」에서는 "시국을 풍자한 시"라 하였다. 결혼을 제때에 하지 못한 남녀가 혼인 약속을 어기어 신부가 오지 않는 일 조차도 있기 때문이라는 것이다.

6. 묘문(墓門)

墓門有棘하니	묘문 밖의 대추나무를
斧以斯之로다.	도끼로 자르고 있네.
夫也不良하니	저이의 착하지 못함은
國人知之로다.	백성들이 다 알고 있네.
知而不已하고	아는데도 그치지 않고
誰昔然矣로다.	예대로 그 모양이네.

| 墓門有梅하니 | 묘문 밖의 매화나무엔 |
| 有鴞萃止로다. | 올빼미가 모여들었네. |

夫也不良하니　　저이가 착하지 못하여
_{부 야 불 량}

歌以訊之로다.　　노래로서 알려주네.
_{가 이 신 지}

訊予不顧하니　　알려줘도 거들떠보지 않으니
_{신 여 불 고}

顚倒思予리라.　　신세 망치게 되어야 나를 생각하리.
_{전 도 사 여}

註解　▫墓門(묘문)-진나라 성문의 이름(後箋). 옛날에는 흔히 성 북쪽에 장사지냈으니 북문이 아닐까 한다. ▫棘(극)-가시 달린 대추나무(邶風「凱風」시에 보임). ▫斧(부)-도끼. ▫斯(사)-자르는 것. 가시 달린 대추나무를 자름은 악한 자가 나쁜 짓을 함을 뜻한다. ▫夫(부)-저 사람. 애인이라면 상대방을 가리킨다. ▫不良(불량)-불선(不善), 좋지 못한 것, 나쁜 짓을 하는 것. ▫誰(수)-주(疇)와 통하여, 수석(誰昔)은 주석(疇昔), 곧 '옛날'의 뜻. ▫鴞(효)-올빼미. 나쁜 새임. ▫萃(췌)-모이다. ▫止(지)-조사. 매화나무는 살기 좋았던 진나라에, 올빼미는 이곳의 '불량한 사람'에 비유한 것이다. ▫訊(신)-고(告)의 뜻(毛傳). 잘못을 알려주는 것. ▫顧(고)-돌아보다, 거들떠보다. ▫顚倒(전도)-넘어지다, 실패하다, 곧 신세 망치게 되는 것.

解說　이 시는 행실이 좋지 못한 자기 애인을 원망하는 시이다.
「모시서」에서는 진타(陳佗)를 풍자한 것이라 하였다. 진타는 문공의 아들로서 큰아들 면(免)을 죽이고 대신 임금 자리에 올라간 사람이다. 그는 훌륭한 스승이 없어 그토록 나쁜 짓을 저질러 백성들에게 해를 입혔다는 것이다.

7. 방죽 위의 까치집(防有鵲巢)

防有鵲巢하고　　방죽 위에는 까치집이 있고
_{방 유 작 소}

^{공 유 지 초}
邛有旨苕로다.　언덕에는 맛있는 완두가 있네.
^{수 주 여 미}
誰侜予美하여　누가 나의 임을 꾀어
^{심 언 도 도}
心焉忉忉오?　내 마음을 괴롭히노?

^{중 당 유 벽}
中唐有甓하고　뜰 가운데 길엔 오지벽돌 깔렸고
^{공 유 지 역}
邛有旨鷊이로다.　언덕에는 고운 잡초가 났네.
^{수 주 여 미}
誰侜予美하여　누가 나의 임을 꾀어
^{심 언 척 척}
心焉惕惕고?　내 마음을 아프게 하노?

註解　□防(방) – 방축 또는 제방. □鵲(작) – 까치. □巢(소) – 새 둥지. □邛(공) – 언덕. 구(丘)의 뜻(毛傳). □旨(지) – 맛있는 것. □苕(초) – 초요(苕饒)라고도 하며 덩굴 풀. 줄기는 완두처럼 가늘고 잎새는 질여(蒺藜)처럼 파라며, 줄기와 잎새를 모두 먹을 수 있고 소두곽(小豆藿)과 비슷하다 한다(毛傳). 완두 비슷한 콩인 듯하다. 이 첫 두 구절은 흥으로 자연의 질서대로 잘 되어가는 작자의 눈에 띤 현상을 노래한 것이다. 눈앞의 현상은 자연스러운데 자기만이 애인과의 사이에 갈등이 생겨 마음 아픈 것이다. □侜(주) – 거짓말로 남을 꾀는 것. □予美(여미) – 여소미지인(予所美之人)(孔疏), 곧 나의 사랑하는 사람. □忉忉(도도) – 근심하는 모양. □中(중) – 중정(中庭)(毛傳). 가운데 뜰. □唐(당) – 당도(堂塗)라고도 하며 가운데 뜰의 문에서 당하까지 이르는 길(孔疏). 당은 대청에 해당한다. □甓(벽) – 오지벽돌. 중국에서는 집이나 성을 쌓는 데 옛날부터 흙으로 구운 오지 벽돌을 많이 썼다. 집안의 뜰에는 지금도 거의 벽돌을 깐다. □鷊(역) – 『모전』에 수초(綬草)라 하였는데 작은 잡색의 수실 무늬 비슷한 풀(孔疏). □旨(지) – 맛있다는 뜻이나, 역이 아름다운 풀이니 '곱다'는 뜻으로 봄이 좋을 듯하다(後箋). □惕惕(척척) – 도도(忉忉)와 같이 근심하는 모양.

解説 마음이 흔들리고 있는 애인을 둔 연인의 노래. 그는 애인이 남의 꾀임수에 빠져 마음이 흔들리는 것이라고 걱정하고 있다.

「모시서」에서는 남을 모함하여 해치는 것을 걱정한 시라 하였다. 진나라 선공(宣公)이 남을 모함하는 말을 잘 들어 군자들이 걱정하고 두려워 하였다는 것이다.

8. 달이 떴네(月出)

_{월 출 교 혜}
月出皎兮하니 달이 떠 환하게 비치니

_{교 인 료 혜}
佼人僚兮로다. 아름다운 님의 얼굴 떠오르네.

_{서 요 규 혜}
舒窈糾兮여! 아리따운 그대여!

_{노 심 초 혜}
勞心悄兮로다. 마음의 시름 어이하리.

_{월 출 호 혜}
月出皓兮하니 달이 떠 희게 비치니

_{교 인 류 혜}
佼人懰兮로다. 아름다운 님의 얼굴 그립네.

_{서 유 수 혜}
舒懮受兮여! 얌전한 그대여!

_{노 심 초 혜}
勞心慅兮로다. 마음의 시름 가이없네.

_{월 출 조 혜}
月出照兮하니 달이 떠 밝게 비치니

_{교 인 료 혜}
佼人燎兮로다. 아름다운 님의 얼굴 보는 듯.

_{서 요 소 혜}
舒夭紹兮여! 몸매 고운 그대여!

勞心慘兮로다.　마음의 시름 한이 없네.
노 심 참 혜

註解 □皎(교)-달이 환하게 비치는 것. □佼人(교인)-미인으로 애인을 가리킨다. □僚(료)-여기서는 아름다운 모양(毛傳). 달을 보니 아름다운 애인의 모습이 떠오른다는 뜻. □舒(서)-조사. 별 뜻이 없음(通釋). □窈糾(요교)-아리따운 것. 요조(窈窕)(周南「關雎」시 참조)와 같은 말(通釋). □勞(노)-『회남자(淮南子)』정신편(精神篇) 고유주(高誘 注)에 의하면 우(憂)의 뜻, 걱정하는 것. □悄(초)-근심하는 것. □晧(호)-달빛이 밝게 비치는 것. □懰(류)-예쁜 것, 아름다운 것. □懮受(유수)-『옥편(玉篇)』에 의하면 서지지모(舒遲之貌)(釋義), 곧 애인의 얌전한 거동을 형용한 말. □慅(초)-근심하는 모양(孔疏). □燎(료)-밝은 것(集傳). 이 구절은 애인의 고운 모습이 밝게 떠오른다는 말. □夭紹(요소)-요소(要紹)와 같은 말로서 고운 자태와 얼굴 모습(『後箋』·『通釋』). □慘(참)-조(懆)라고도 쓰며『설문해자』에 의하면 '근심으로 불안한 모양'이다.

解說 밝은 달을 쳐다보며 애인을 생각하는 연인의 노래이다.『집전』에도 "남녀가 서로 좋아하며 서로를 생각하는 시(男女相悅而相念之詞)"라 하였다.
그러나「모시서」에서는 호색(好色)함을 풍자한 시라 하였다. 벼슬하는 사람들이 덕은 좋아하지 않고 아름다운 여자를 좋아하였기 때문이라 하였다.

9. 주땅의 숲(株林)

胡爲乎株林고?　　무엇하러 주(株)땅의 숲에 갔나?
호 위 호 주 림

從夏南이라.　　　하남에게 갔던 거지.
종 하 남

匪適株林이요　　　주땅의 숲에 간 게 아니라
비 적 주 림

<small>종 하 남</small>
從夏南이라.　　하남에게 간 거라네.

<small>가 아 승 마</small>
駕我乘馬하고　　네 말이 끄는 수레 타고

<small>세 우 주 야</small>
說于株野로다.　　주 땅의 들에 가 머물렀네.

<small>승 아 승 구</small>
乘我乘駒하고　　네 망아지가 끄는 수레 타고

<small>조 식 우 주</small>
朝食于株로다.　　주 땅에 가서 조반도 함께 먹었네.

註解　□胡(호) – 어찌. □株(주) – 하씨(夏氏)의 고을. 지금의 하남성 자성현(柘城縣)에 해당한다(釋義). 주림은 주 땅의 숲. 마서진(馬瑞辰)은 임(林)은 야(野)의 별칭으로 주림은 뒤의 주야(株野)와 같은 곳이라 하였다(通釋). 여기에 하희(夏姬)의 집이 있었다. □夏南(하남) – 하징서(夏徵舒)를 가리킴. 이 시는 진나라의 영공(靈公)이 그의 대부(大夫) 하숙경(夏叔卿)이 죽은 뒤 그의 처 하희와 정을 통하였다. 하징서는 하희의 아들로서 자가 자남(子南)이다. 하씨 성에 자남이란 자를 합쳐 하남이라 한 것이다. 어머니를 들지 않고 아들 이름을 댄 것은 그가 호주이기 때문이다(孔疏). □匪(비) – 아니다. 비(非). □駕(가) – 수레를 타는 것. □我(아) – 진나라 사람들이 영공의 입장에서 아(我)라 한 것이다(鄭箋). □乘馬(승마) – 사마(四馬). 네 마리의 수레를 끄는 말. 승(乘)은 사(四)의 뜻. □說(세) – 머무는 것. □株野(주야) – 하희의 집이 있는 곳, 주 땅의 들판. □駒(구) – 키 크기가 6척 이하의 말을 구라 한다(集傳). 위의 승(乘)은 앞의 가(駕)와 마찬가지로 수레를 타는 것. 아래 승(乘)은 사(四)의 뜻. □朝食(조식) – 아침 식사를 하는 것.

解說　「모시서」에 「주 땅의 숲」은 진나라 영공(靈公)을 풍자한 것이라 하였다. 영공은 그의 대부 하숙경이 죽자, 그의 처 하희(夏姬)를 간음하러 아침저녁으로 쉴새없이 주 땅을 왕래하였다. 하희는 대부 하징서의 어머니이다. 『좌전』 선공(宣公) 9년과 10년에도 이에 대한 기록이 보인다.

10. 못 둑(澤陂)

彼澤之陂엔   저 연못 둑 너머엔
有蒲與荷로다.   부들과 연꽃이 있네.
有美一人이여!   아름다운 임이여!
傷如之何오?   이 시름 어이할꼬?
寤寐無爲하고   자나깨나 아무 일 못하고
涕泗滂沱로다.   눈물만 비오듯.

彼澤之陂엔   저 연못 둑 너머엔
有蒲與蕑이로다.   부들과 들 난초가 있네.
有美一人이여!   아름다운 임이여!
碩大且卷이로다.   멋지고 훌륭하고 어여쁜지고.
寤寐無爲하고   자나깨나 아무 일 못하고
中心悁悁이로다.   마음속만 타는 듯.

彼澤之陂엔   저 연못 둑 너머엔
有蒲菡萏이로다.   부들과 연꽃이 있네.
有美一人이여!   아름다운 임이여!
碩大且儼이로다.   멋지고 훌륭하고 의젓한지고.

오 매 무 위
寤寐無爲하고   자나깨나 아무 일 못하고

전 전 복 침
輾轉伏枕하도다.   뒹굴뒹굴하다간 베개에 머리 묻네.

註解 □澤(택)-못, 호수. □陂(파)-파(坡)와 통하여 방죽, 제방(堤防)의 뜻. □蒲(포)-부들. 수초(水草)로 줄기를 말려 자리를 만드는 데 쓴다. □荷(하)-연, 연꽃. □美一人(미일인)-여자가 남자 애인을 가리키는 듯하다, 아름다운 님. □無爲(무위)-아무 일도 손에 잡히지 않아 못하는 것. □涕(체)-눈물을 흘리는 것. □泗(사)-콧물을 흘리는 것. □滂沱(방타)-큰 비가 오듯 하는 것. □蕳(간)-들난초. 산란(山蘭)이 아니라 택란(澤蘭). 『모전』엔 난이라고만 하였다(鄭風「溱洧」시에도 보임). □碩(석)-외양이 멋진 것. □大(대)-행동이 훌륭한 것. □卷(권)-권(婘)이라 『석문(釋文)』에 있으니, 어여쁘다는 뜻(釋義). □悁悁(연연)-읍읍(悒悒)과 같은 말로(毛傳), 근심하는 모양. □菡(함)-연꽃 봉오리. □萏(담)-연꽃 봉오리. 함담은 연꽃 봉오리, 활짝 핀 연꽃은 부용(芙蓉)이라 한다. □儼(엄)-긍장(矜莊)한 모양(毛傳), 곧 의젓한 것. □輾轉(전전)-이리 뒹굴 저리 뒹굴 잠 못이루는 것. □伏枕(복침)-베개에 머리를 파묻는 것. 마음의 괴로움이 극에 달하였을 때 눈물과 시름을 가눌 수 없어 하는 행동.

解說 여자가 사랑하는 남자를 그리워하며 몸부림치는 연시이다.
「모시서」에서는 시국을 풍자한 시라 하였다. 진나라 영공이 나라 안에서 신하들과 음란한 짓을 하여 남녀 관계가 문란해진 것을 걱정하여 가슴 아픈 것을 노래한 시라는 것이다.

제 / 3 회풍(檜風)

 회(檜)는 회(鄶)라고도 쓰며 축융(祝融)의 후예로 운(妘) 성이었다 한다. 그 임금들의 계보는 지금 알 길이 없으며 주나라 평왕(平王 : B.C. 770~B.C. 720) 때 정(鄭)나라 무공(武公)에게 멸망 당하였다. 그 영역은 하남성 숭산(嵩山)의 북쪽에서 형택현(滎澤縣) 남쪽에 걸친 땅이며, 진수(溱水)와 유수(洧水) 사이에 도읍하고 있었다 한다. 그러나 정나라는 회나라를 차지하여 진수와 유수 사이에 도읍하고 있었고, 정풍에는 여러 번 진수와 유수가 나왔다.
 여기에 또 따로 회나라 시를 모아놓았으니 그것은 지역과 노래의 가락이 정풍과 달랐기 때문이 아니라 정나라에 합병되기 이전의 시들이기 때문일 것이다. 그러므로 회풍의 시 네 편은 모두가 주나라 평왕이 나라를 동쪽으로 옮기기 이전의 작품으로 보아야 할 것이다. 회나라 도성의 옛 터가 지금의 하남성 밀현(密縣) 동북쪽에 있다(『釋義』).

1. 염소 갖옷(羔裘)

고 구 소 요 羔裘逍遙라가	염소 갖옷 입고 노닐다가
호 구 이 조 狐裘以朝로다.	여우 갖옷 입고 조회보시네.
기 불 이 사 豈不爾思리오?	어찌 당신 그립지 않으리?
노 심 도 도 勞心忉忉로다.	내 시름 그지없는 것을.

고 구 고 상
羔裘翺翔이라가　　염소 갖옷 입고 거닐다가

호 구 재 당
狐裘在堂이로다.　　여우 갖옷 입고 공당에 계시네.

기 불 이 사
豈不爾思리요?　　어찌 당신 그립지 않으리?

아 심 우 상
我心憂傷이로다.　　내 마음 걱정 근심뿐인 것을.

고 구 여 고
羔裘如膏하니　　염소 갖옷은 윤기 흘러

일 출 유 요
日出有曜로다.　　햇빛에 번쩍이네.

기 불 이 사
豈不爾思리요?　　어찌 당신 그립지 않으리?

중 심 시 도
中心是悼로다.　　마음이 슬퍼지는 것을.

註解　口羔裘(고구)-소남의 「양 갖옷(羔羊)」, 정풍의 「염소 갖옷(羔裘)」, 당풍의 「염소 갖옷(羔裘)」에 보임, 염소 갖옷. 口逍遙(소요)-왔다갔다하며 마음 내키는 대로 노니는 것. 고구는 제후가 조회를 할 때 치의(緇衣)와 함께 입는 옷인데(集傳), 놀러다닐 때 고구를 입었음은 제후가 법도에 벗어나는 짓을 하는 것이다. 口狐裘(호구)-여우 갖옷, 금의(錦衣)와 함께 천자를 찾아가 뵐 때 입는 옷(集傳). 조회에 호구를 입는 것도 제후가 정치를 법도대로 하지 않음을 뜻한다. 口朝(조)-조회. 口爾(이)-그대, 자기가 사랑하는 사람. 고관인데 자기를 별로 생각해 주지 않는 듯하다. 口勞(노)-우(憂)의 뜻, 시름. 앞의 진풍 「달이 떴네(月出)」시에 보임. 口忉忉(도도)-근심하는 모양. 口翺翔(고상)-왔다갔다 노니는 것. 소요(逍遙)와 비슷한 말(毛傳). 口堂(당)-공당(公堂). 제후가 정사를 처리하는 곳(傳疏). 口傷(상)-근심하는 것. 口如膏(여고)-기름처럼 윤기가 나는 것. 口曜(요)-빛나다. 口悼(도)-슬퍼지다.

解說　「모시서」에 의하면 대부가 올바른 도를 따라 그의 임금을 버리려 하는 것이다. 나라는 작고 위급한데, 임금이 올바른 도는 따르지 않고 옷이나 잘 입고 왔

다갔다 노닐기만 좋아하며 정치에 힘쓰지 않음으로 이 시를 읊은 것이라 하였다.
　　시를 읽어보면 한 여인이 높은 자리에 있는 자기 애인을 생각하며 자기를 거들떠보아 주지 않음을 원망하는 내용의 노래인 것도 같다.

2. 흰 관(素冠)

시 견 소 관 혜
庶見素冠兮여!　　　흰 관 쓴 그이 보고파라!

극 인 란 란 혜
棘人欒欒兮하고　　 병든 이 몸 여위고

노 심 단 단 혜
勞心慱慱兮로다.　　괴로운 마음 이를 곳 없네.

서 견 소 의 혜
庶見素衣兮여!　　　흰 옷 입은 그이 보고파라!

아 심 상 비 혜
我心傷悲兮니　　　 내 마음은 서러워지나니

료 여 자 동 귀 혜
聊與子同歸兮로다.　 그대와 함께하고 싶네.

서 견 소 필 혜
庶見素韠兮여!　　　흰 폐슬 입은 그이 보고파라!

아 심 온 결 혜
我心蘊結兮니　　　 내 마음에 시름 쌓이나니

료 여 자 여 일 혜
聊與子如一兮로다.　 그대와 한몸이 되고 싶네.

註解　□庶(서) – 서기(庶幾)로 소망을 나타낸다. □素冠(소관) – 뒤의 소의(素衣)·소필(素韠)과 함께 상복으로 보고 3년상을 치르지 못함을 풍자한 것이라 하였다(毛傳). 그러나 고인의 상복은 베올의 굵기로서 상의 경중을 정하였지 반드시 흰색을 숭상한 것은 아니다. 옛날의 관례(冠禮)에도 소관을 썼는데 『의례』 사관례(士冠禮) 시관(始冠)에 정현은 "백포관(白布冠)은 지금의 상관(喪冠)과 같

은 것"이라 주하였다. "지금의 상관과 같다"고 하였으니 옛날에는 그렇지 않았음이 분명하다. 정풍의 「동문을 나서니(出其東門)」 시에도 여자들이 평시에 입는 옷으로 호의(縞衣), 곧 흰옷이 나왔다(以上 『釋義』). 청나라 적호(翟灝)의 『통속편(通俗編)』 권25의 논증에 의하면 흰색을 흉한 색깔이라 하여 싫어하게 된 것은 당대 이후라 한다. 따라서 이곳의 소관은 깨끗하고 소박한 복장을 한 사람을 뜻하는 것으로 본다. □棘(극)-척(瘠)과 통하여, 극인(棘人)은 그리움에 병들어 몸이 여윈 사람(通釋). □欒欒(란란)-몸이 여윈 모양(毛傳). 이 구절은 여자가 자신을 노래한 것임. □勞(노)-우(憂)의 뜻, 시름. □慱慱(단단)-근심하는 모양. □聊(료)-차(且)와 같은 조사. □子(자)-소의(素衣)한 사람. 그리운 사람을 가리킴. □同歸(동귀)-다음 절의 여일(如一)과 비슷한 말로, 함께하는 것(通釋). 『공소』에선 행동을 같이하는 것이라 하였다. □韠(필)-폐슬(蔽膝)(集傳), 무릎 가리개. □蘊結(온결)-마음에 한 같은 것이 쌓이고 맺히는 것. □如一(여일)-한몸처럼 마음과 행동을 같이하는 것.

[解説] 여자가 사랑하는 남자를 그리는 사랑의 노래이다. 그러나 「모시서」에서는 3년상을 못 지키는 것을 풍자한 시라 하였다.

3. 진펄의 양도(隰有萇楚)

隰有萇楚하니   진펄의 양도는
猗儺其枝로다.   가지가 아름답기도 하네.
夭之沃沃하니   싱싱하고 아름다운 것이
樂子之無知하노라.   마치 그대에게 짝이 없어 즐거워하는 것 같네.

隰有萇楚하니   진펄의 양도는

|아 나 기 화|
|猗儺其華로다.|꽃이 아름답기도 하네.

요 지 옥 옥
夭之沃沃하니 싱싱하고 아름다운 것이

낙 자 지 무 가
樂子之無家하노라. 마치 그대가 혼인하지 않고 있어 즐거워하는 것 같네.

습 유 장 초
隰有萇楚하니 진펄의 양도는

아 나 기 실
猗儺其實이로다. 열매가 아름답기도 하네.

요 지 옥 옥
夭之沃沃하니 싱싱하고 아름다운 것이

낙 자 지 무 실
樂子之無室하노라. 마치 그대가 결혼하지 않고 있어 즐거워하는 것 같네.

註解 □隰(습)-진펄. □萇楚(장초)-요익(銚弋)이라고도 하는데(毛傳),『육소(陸疏)』엔 지금의 양도(羊桃)라 하였다. 잎은 길고 좁으며 꽃은 자적색(紫赤色), 가지와 줄기는 부드러워 한 자 넘게 자라면 덩굴이 져 풀위에 뻗는다 한다(孔疏). 우리나라에서 흔히 '보리수'라 하지만 분명히 다른 식물이어서 그대로 '양도'라 하였다. □猗儺(아나)-『모전』엔 유순(柔順), 『공소』엔 지조유약(枝條柔弱)이라 하였다. 그러나『경의술문(經義述聞)』엔 아나(阿難)와 같은 미성(美盛)한 모양이라 하였다. 곧 아름답고 무성한 모양. □夭(요)-소호모(少好貌)(集傳), 곧 싱싱하고 아름다운 것.『공소』엔 '도지요요(桃之夭夭)'의 '요요'와 같은 뜻으로 싱싱한 것이라 했다. □沃沃(옥옥)-장교(壯佼)한 모양(毛傳), 곧 튼튼하고 아름다운 것. □無知(무지)-'지'는 필(匹)의 뜻으로(鄭箋), 그의 짝이 없는 것. □華(화)-꽃. □無家(무가)-아직 결혼을 못하여 자기 집을 이루지 못하고 있는 것. 앞 장의 '무지(無知)' 끝 장의 '무실(無室)'과 같은 뜻임. □無室(무실)-앞의 '무가(無家)'와 같은 뜻.

解說 이 시는 오랜만에 다시 만난 옛 애인이 아직도 결혼 안한 몸임을 알고 기

뻐하는 노래이다. 프랑스 학자 Marcel Granet는 구성상으로 보아 주남의 「복숭아나무(桃夭)」와 비슷한 성격의 시라 풀이하였다.

「모시서」에서는 멋대로 하는 것을 꺼리어 지은 시라 하였다. 그들 임금이 멋대로 음란한 짓을 하여, 정욕이 없는 깨끗한 사람을 그리워한 노래라는 것이다.

4. 바람(匪風)

<small>비 풍 발 혜</small>
匪風發兮하고 큰 바람 몰아치는 속에

<small>비 거 걸 혜</small>
匪車偈兮로다. 수레 달려가고 있네.

<small>고 첨 주 도</small>
顧瞻周道하니 주나라로 가는 길 돌아보니

<small>중 심 달 혜</small>
中心怛兮로다. 내 마음 슬퍼지네.

<small>비 풍 표 혜</small>
匪風飄兮하고 회오리바람 속에

<small>비 거 표 혜</small>
匪車嘌兮로다. 수레 뒤흔들리며 가고 있네.

<small>고 첨 주 도</small>
顧瞻周道하니 주나라로 가는 길 돌아보니

<small>중 심 조 혜</small>
中心弔兮로다. 내 마음 아파지네.

<small>수 능 팽 어</small>
誰能亨魚에 누가 물고기를 삶을 때

<small>개 지 부 심</small>
漑之釜鬵고? 가마솥에 물을 부을 건가?

<small>수 장 서 귀</small>
誰將西歸에 누가 서쪽 주나라로 가서

<small>회 지 호 음</small>
懷之好音고? 좋은 소식 갖고 올 건가?

|註解| ▫匪(비) – 피(彼)와 통하는 조사. 뒤의 비(匪)자도 마찬가지이다(『經義述聞』). ▫發(발) – 바람이 크게 이는 것. 크게 바람이 부는 것을 풍발(風發)이라고도 한다(『詩緝』). ▫偈(걸) – 빨리 달리는 것(毛傳). 바람이 몰아치는 속을 수레가 달려가고 있다. ▫顧瞻(고첨) – 뒤돌아보는 것. ▫周道(주도) – 주나라로 가는 길(集傳). ▫怛(달) – 슬퍼하는 것. ▫飄(표) – 회오리바람. ▫嘌(표) – 수레가 흔들리며 가는 모양(集傳). ▫弔(조) – 마음 아파하는 것. ▫亨(팽) – 삶는 것. 팽(烹)의 본자. ▫漑(개) – 고기 넣은 가마솥에 물을 알맞게 붓는 것(『詩緝』). ▫釜(부) – 가마솥. ▫鬵(심) – 큰 가마솥. ▫西歸(서귀) – 서쪽의 주나라로 가는 것. 회나라는 주나라의 동쪽에 있었다. ▫懷(회) – 갖고 오는 것. ▫好音(호음) – 좋은 소식(釋義).

|解說| 옛사람들은 모두 어지러운 회(檜)나라 정치를 풍자한 시라 하였다. 시인이 정치가 잘 되던 서주시대를 그리워하고 있다는 것이다.

「모시서」에서는 "주나라의 도를 그리워하는 노래"라 하였다. 나라가 작은데도 정치가 어지러워 환난이 닥칠까 걱정되어 주나라의 도를 그리워하였다는 것이다. 그러나 이 시는 분명히 주나라에 가 있는 애인을 그리는 시이다. 3장에서 물고기를 삶는다는 것은 혼인이 이루어지는 데 비유한 것이다.

제14 조풍(曹風)

『사기』의 조숙세가(曹叔世家)에 의하면 주나라 무왕이 은나라 주왕을 쳐부순 뒤 아우 숙진탁(叔振鐸)을 조(曹)에 봉하였다. 그 영역은 지금의 산동성 가택현(菏澤縣)과 정도현(定陶縣) 일대에 해당한다. 지금의 정도현에 조나라 도읍터가 남아 있다. 임금의 세계(世系)는 6세인 이백(夷伯, B.C. 864~B.C. 835 재위)은 주나라 여왕(厲王) 때, 8세인 대백(戴伯, B.C. 834~B.C. 796 재위)은 주나라 선왕(宣王) 때, 9세인 혜백(惠伯, B.C. 795~B.C. 760 재위)은 주나라 유왕(幽王)에서 동주 평왕 초기에 해당하며, 13세 장공(莊公, B.C. 701~B.C. 671 재위) 때에는 제(齊)나라 환공(桓公)이 패자(覇者)가 되었고, 26세 백양(伯陽, B.C. 501~B.C. 488 재위) 때에 송(宋)나라 경공(景公)에게 멸망 당하였다.

1. 하루살이(蜉蝣)

蜉蝣之羽여!	하루살이 깃 같네!
衣裳楚楚로다.	옷이나 깨끗이 입으려 하니.
心之憂矣여!	마음의 시름이여!
於我歸處오?	어디로 나는 가 살아야 하나?
蜉蝣之翼이여!	하루살이 날개 같네!
采采衣服이로다.	화려한 옷이나 입으려 드니.

$\underset{\text{심 지 우 의}}{\text{心之憂矣}}$여!   마음의 시름이여!

$\underset{\text{오 아 귀 식}}{\text{於我歸息}}$고?   어디로 나는 가 쉬어야 하나?

$\underset{\text{부 유 굴 열}}{\text{蜉蝣掘閱}}$이어!   하루살이 굴 파고 나올 때 같네!

$\underset{\text{마 의 여 설}}{\text{麻衣如雪}}$이로다.   눈 같은 베옷이나 입으려 하니.

$\underset{\text{심 지 우 의}}{\text{心之憂矣}}$여!   마음의 시름이여!

$\underset{\text{오 아 귀 세}}{\text{於我歸說}}$오?   어디로 나는 가 머물러야 하나?

註解 ▫蜉蝣(부유)-하루살이. ▫楚楚(초초)-선명한 모습(毛傳), 깨끗한 것. 하루살이는 덧없는 인생에 비유한 것이다. 사람들이 나라가 위태로운 것을 걱정하며 나라를 위하는 일은 하려 들지 않고 하루살이의 일생처럼 화려한 옷이나 입고 살다 죽으려는 듯하다는 말. ▫於我歸處(오아귀처)-『정전』에선 '어하의귀호(於何依歸乎)?' 라 하고 귀(歸)를 의귀(依歸)의 뜻이라 하였다. 그런데 임의광(林義光)은 오(於)는 옛 오(烏)자로서, 어찌 오(烏)는 '어느 곳'의 뜻이라 하였다(『詩經通解』). 따라서 이 구절은 '어느 곳으로 나는 돌아가 거처해야 하는가?'의 뜻임. ▫翼(익)-날개. ▫采采(채채)-『모전』에 중다(衆多)의 뜻이라 하였는데, 『소(疏)』에선 문채가 중다한 것이라 하였다. 곧 화려한 모양이다. ▫掘(굴)-파다. ▫閱(열)-혈(穴)과 통한다, 구멍. 송옥(宋玉)의 『풍부(風賦)』의 '공혈내풍(空穴來風)'을 『장자(莊子)』에선 '공열내풍(空閱來風)'이라 함과 같다(通釋). 따라서 굴열(掘閱)은 구멍을 뚫고 하루살이 유충이 흙속으로부터 처음 나올 때를 의미한다. ▫說(세)-사식(舍息)의 뜻(集傳). 쉬는 것.

解說 「모시서」에 사치함을 풍자한 것이 이 시라 하였다. 풍자의 대상은 조(曹)나라 소공(昭公)이라 하였다.

  일반적으로 대부들이 나랏일에는 마음을 두지 않고 화려한 옷이나 걸치고 하루하루를 즐기려는 경향을 근심하여 노래한 것이라 봄이 무난할 것이다. 작자가 노래의 끝머리에서 "어디로 나는 가서 살까?" 한 것은 이러한 사치스러운 풍조에서 망국의 조짐을 예견했던 때문일 것이다.

2. 후인(候人)

彼候人兮는 _{피 후 인 혜}	저 후인들은
何戈與祋로다. _{하 과 여 대}	어깨에도 긴 창 짧은 창 메고 있네.
彼其之子엔 _{피 기 지 자}	저 간사한 자들 중에는
三百赤芾이로다. _{삼 백 적 불}	대부(大夫) 행세하는 자 수백 명이네.
維鵜在梁이어늘 _{유 제 재 량}	사다새가 어살에 있는데
不濡其翼이로다. _{불 유 기 익}	날개도 적시지 않네.
彼其之子는 _{피 기 지 자}	저 간사한 자들은
不稱其服이로다. _{불 칭 기 복}	그들 옷이 행동과 안 어울리네.
維鵜在梁이어늘 _{유 제 재 량}	사다새가 어살에 있는데
不濡其咮로다. _{불 유 기 주}	부리도 적시지 않네.
彼其之子는 _{피 기 지 자}	저 간사한 자들은
不遂其媾로다. _{불 수 기 구}	그들 은총이 행동과 안 어울리네.
薈兮蔚兮하여 _{회 혜 위 혜}	뭉게뭉게 구름 일더니

^{남 산 조 제}
　南山朝隮로다.　　남산에 아침 무지개 떴네.
　^{완 혜 련 혜}
　婉兮孌兮의　　　어리고 예쁜
　^{계 녀 사 기}
　季女斯飢로다.　　소녀들은 굶주리고 있네.

註解 □候人(후인) - 길에서 손님을 맞아들이고 전송하고 하는 관리(毛傳). 사방에서 오는 이를 조정으로 모시고 들어가거나 전송할 때 무기를 들고 간악한 자들의 난동을 막는다(孔疏). 곧 호위병과 비슷한 낮은 역할의 관리. 어진이가 이런 낮은 관리 노릇을 하고 있다는 것이다. □何(하) - 하(荷)와 통하여, 눌러메고 있는 것(毛傳). □戈(과) - 길이 6척 6촌의 창(孔疏). □祋(대) - 수(殳)와 통하여(毛傳), 길이 1장 2척의 창(孔疏). □之子(지자) - 시자(是子)로 소인들을 가리킨다(詩緝). □三百(삼백) - 3백인. 3은 개수(槪數)로 수백인, 곧 많은 인수를 나타냄. □芾(불) - 필(韠)의 뜻으로(毛傳), 회풍「흰 관(素冠)」에 나온 '앞가리개'.『공소』에 의하면 불과 필은 같은 것이나, 제사 지낼 때 입는 옷일 경우에는 불, 다른 옷일 경우에는 필이라 한다고 한다.『모전』에는 또 대부 이상은 '붉은 앞가리개에 큰 수레를 탄다(赤芾乘軒)'고 하였다. 이곳의 석불(赤芾)은 적불승헌(赤芾乘軒)한 대부 자림을 하고 있는 사람들을 뜻한다. □鵜(제) - 사다새. 제호(鵜鶘)라고도 부르는 흰 물새. 부리는 길고 깃털은 푸르며 아래의 부리 밑바닥에 큰 주머니가 있어 물고기를 잡아 넣었다가 새끼를 먹인다. □梁(량) - 돌과 나무로 물을 막아놓은 어살. 중간을 틔워놓아 물이 흘러내리게 하고 거기에 발을 대어 고기를 잡는다. □濡(유) - 젖다. 사다새는 물 가운데에서 날개를 적시며 고기를 잡아먹어야 하는 건데 보 둑 위에 앉아 있다. 할 일을 않고 감투만 쓴 소인들에 비유한 것이다. □稱(칭) - 어울리다. 불칭기복(不稱其服)은 그 소인들의 행동이 그들이 입고 있는 관복과 어울리지 않는다는 말. □咮(주) - 새의 입부리. □遂(수) - 칭(稱)의 뜻(集傳). 어울리는 것. □媾(구) - 총(寵)의 뜻(集傳)으로, 총애, 은총. □薈(회) - 풀이 많이 난 것. □蔚(위) - 초목이 우거진 것. 회(薈)와 위(蔚)는 본래 초목이 우거진 모양이나, 여기서는 구름이 뭉게뭉게 일어나는 모양(毛傳). □隮(제) - 무지개. 조제(朝隮)는 아침에 무지개가 서편으로 뜨는 것. 용풍「무지개(蝃蝀)」시에 보임. 옛날 사람들은 무지개를 요상한 기운으

로 보았다. □婉(완)-『모전』엔 나이 적은 모습이라 하였다. 어여쁜 모양. □孌(련)-예쁜 것. □季女(계녀)-소녀. □飢(기)-굶주리다. 소녀들은 능력도 없고, 소인들에게는 시집을 가지 않아 굶주리는 것이다.

解説 「모시서」에서는 임금이 소인들만 가까이 하는 것을 풍자한 시라 하였다. 조(曹)나라 공공(共公)이 어진 군자는 멀리하고 소인만을 가까이 하였기 때문이라는 것이다. 어진 군자는 낮은 관리인 후인(候人) 노릇을 하고 있고, 소인들은 대부가 되어 떵떵거리며 잘 살고 있는 세상을 꼬집은 것이다.

3. 뻐꾸기(鳲鳩)

시 구 재 상
鳲鳩在桑하니　　뻐꾸기가 뽕나무에 앉았는데

기 자 칠 혜
其子七兮로다.　　새끼 일곱 마리 데리고 있네.

숙 인 군 자
淑人君子는　　　훌륭한 군자님은

기 의 일 혜
其儀一兮로다.　　그의 언행 한결같네.

기 의 일 혜
其儀一兮하고　　언행은 한결같고

심 여 결 혜
心如結兮로다.　　마음은 맺어놓은 듯 단단하네.

시 구 재 상
鳲鳩在桑하니　　뻐꾸기가 뽕나무에 앉았는데,

기 자 재 매
其子在梅로다.　　그 새끼들은 매화나무에 있네.

숙 인 군 자
淑人君子는　　　훌륭한 군자님은

기 대 이 사
其帶伊絲로다.　　흰 실 띠를 띠었네.

其^기帶^대伊^이絲^사하고　　흰 실 띠를 띠고

其^기弁^변伊^이騏^기로다.　관 솔기엔 구슬 달았네.

鳲^시鳩^구在^재桑^상하니　뻐꾸기가 뽕나무에 앉았는데,

其^기子^자在^재棘^극이로다.　그 새끼들은 대추나무에 있네.

淑^숙人^인君^군子^자는　　훌륭한 군자님은

其^기儀^의不^불忒^특이로다.　언행 도에 어긋나지 않네.

其^기儀^의不^불忒^특하니　언행 도에 어긋나지 않으니

正^정是^시四^사國^국이로다.　온 세상이 그를 본뜨네.

鳲^시鳩^구在^재桑^상하니　뻐꾸기가 뽕나무에 앉았는데,

其^기子^자在^재榛^진이로다.　그 새끼들은 개암나무에 있네.

淑^숙人^인君^군子^자는　　훌륭한 군자님은

正^정是^시國^국人^인이로다.　나라 사람들이 본뜨네.

正^정是^시國^국人^인하니　나라 사람들이 본뜨니

胡^호不^불萬^만年^년이리요?　어찌 만수무강 않으시랴?

註解　▫鳲鳩(시구) – 포곡(布穀)이라고도 하는 '뻐꾹새'. ▫七(칠) – 개수로 '여러 마리'의 뜻을 나타낸다. ▫淑(숙) – 선(善)과 통하여, 숙인(淑人)은 선인(善人), '훌륭한 사람'. 따라서 숙인과 군자는 동격으로 같은 사람이다. 소아(小雅) 「쇠북(鼓鐘)」 시에도 이런 표현을 쓰고 있다. ▫儀(의) – 거동. 의일(儀一)은

언행이 한결같은 것. ▫如結(여결)-물건을 꼭 매어둔 것처럼 분산되지 않는 것(集傳). ▫帶(대)-큰 띠(大帶). 큰 띠란 천자로부터 사(士)에 이르기까지 모두가 착용하는 관복의 띠(孔疏). 이 큰 띠는 흰 실로 짜서 만들고 잡색의 장식을 한다(集傳). ▫伊(이)-조사. ▫絲(사)-흰 실. ▫弁(변)-피변(皮弁)으로(毛傳) 제후가 조회할 때나 천자를 뵐 때 쓰던 주나라 관의 일종(孔疏). ▫騏(기)-기(璂)로 씀이 옳으며(鄭箋), 기는 피변의 솔기에 다섯 색깔

▲ 뻐꾸기

의 구슬을 꿰어 장식한 것(孔疏). 제후의 피변임. 사(士)의 피변에는 그런 장식이 없다. ▫不忒(불특)-언동이 정도에 어긋남이 없다는 뜻이다. ▫正(정)-바로 잡히게 된다는 뜻인데, 말을 바꾸면 '본뜬다' 는 말(釋義). ▫四國(사국)-사방의 나라로 천하를 가리킴. ▫榛(진)-개암나무. ▫正是國人(정시국인)-온나라 사람들이 본뜨게 되는 것. ▫胡(호)-어찌. ▫萬年(만년)-만세, 만수무강의 뜻.

解説 이 시는 조(曹)나라 사람이 그들을 지배하는 높은 자리에 있는 어떤 사람을 찬미한 시이다.

「모시서」에서는 벼슬하는 사람들이 마음을 쓰는 것이 한결같지 않음을 풍자한 것이라 하였다. 곧 벼슬하는 사람 중에는 군자가 없고 마음 쓰임이 모두가 한결같지 않다는 것이다. 그러나 시의 내용은 오히려 군자를 우러러보는 마음을 노래한 것으로 보인다.

4. 흘러내리는 샘물(下泉)

洌彼下泉이 찬 샘물이 흘러내려
열 피 하 천

^{침 피 포 랑}
浸彼苞稂이로다.　가라지 포기를 적시네.

^{개 아 오 탄}
愾我寤嘆하며　퓨우 하고 자다 깨어 탄식하며

^{염 피 주 경}
念彼周京이로다.　주나라 도읍을 생각하네.

^{열 피 하 천}
洌彼下泉이　찬 샘물이 흘러내려

^{침 피 포 소}
浸彼苞蕭로다.　쑥대 포기를 적시네.

^{개 아 오 탄}
愾我寤嘆하며　퓨우 하고 자다 깨어 탄식하며

^{염 피 경 주}
念彼京周로다.　주나라 도성을 생각하네.

^{열 피 하 천}
洌彼下泉이　찬 샘물이 흘러내려

^{침 피 포 시}
浸彼苞蓍로다.　시초 포기를 적시네.

^{개 아 오 탄}
愾我寤嘆하며　퓨우 하고 자다 깨어 탄식하며

^{염 피 경 사}
念彼京師로다.　저쪽 서울을 생각하네.

^{봉 봉 서 묘}
芃芃黍苗를　아름다운 기장 싹을

^{음 우 고 지}
陰雨膏之로다.　단비가 적셔 주네.

^{사 국 유 왕}
四國有王하니　천하의 임금님 계신데

^{순 백 로 지}
郇伯勞之로다.　순백(郇伯)이 위로해 드리네.

註解　□冽(열)-찬 것. □下泉(하천)-샘물이 흘러내리는 것(毛傳). □浸(침)-적시다. □苞(포)-떨기. 진풍(秦風)「새매(晨風)」시 등에 이미 보임. □稂

(랑)-가라지. 유(莠)의 종류로(集傳) 벼와 비슷한 풀. 낭은 물속에선 잘 자라지 않으므로, 가라지 포기를 샘물이 흘러내려 적신다는 것은 나라의 정치가 올바로 되고 있지 않음에 비유한 것이다. ▫愾(개)-탄식하는 소리(毛傳). ▫寤(오)-자다가 깨어나는 것(孔疏). ▫周京(주경)-주나라 왕조의 도읍. 제2절의 경주(京周), 제3절의 경사(京師)도 모두 같은 말임. 주나라 천자의 도읍을 생각한다는 것은 조나라 같은 작은 나라가 어지러운데도 이를 잘 거느리지 못하도록 미약해진 왕조의 권위를 탄식하는 것이다. ▫蕭(소)-쑥. ▫蓍(시)-시초. 점칠 때 쓰는 점가치를 만드는 풀. ▫芃芃(봉봉)-아름다운 모양(毛傳). 소아「기장 싹(黍苗)」시의 『모전』에선 장대한 모양이라 하였다. ▫膏之(고지)-단비가 내려 곡식을 적시었다는 뜻. ▫四國(사국)-사방의 나라, 곧 천하. ▫有王(유왕)-천자가 있어 천하를 다스리고 있다는 말. ▫郇伯(순백)-순력(荀躒), 곧 지백(知伯)을 말한다. 『좌전』 소공(昭公) 22년에 "왕자 조(朝)가 난을 일으키어 진적담(晉籍談)과 순력(荀躒)이 구주(九州)의 군사를 거느리고 난을 평정하여 경왕(敬王)을 왕성으로 맞아들였다."라고 하였고, 소공 26년에는 "지백 등이 다시 경왕을 보좌하여 성주(成周)로 들어갔다."라고 하였다. 따라서 나라가 이처럼 어려운 때 지백(知伯)이 천자를 도와 많은 공을 이뤘음을 조나라 사람들이 찬미한 것이다(釋義). ▫勞(로)-위로하는 것(釋義).

|解說| 이 시는 조나라 사람들이 주나라 왕도의 쇠미함을 걱정하는 한편 주나라 천자를 도와 많은 공을 세운 순백(郇伯)을 찬미한 것이다. 이 시가 『시경』 3백 편 중에서 가장 늦게 지어진 것인 듯하다.

순백은 순나라 임금으로 주나라 문왕의 아들이며 주백(州伯)으로서 제후들을 다스림에 공을 세운 사람이라는 것이다(鄭箋). 순백이 순력(荀躒)이라는 것은 명나라 때 하해(何楷)의 『시경세본고의(詩經世本古義)』와 마서진(馬瑞辰)의 『시경통석(詩經通釋)』에서 증명하고 있다.

「모시서」에서는 임금이 나라를 잘 다스려줄 것을 생각하면서 부른 노래라 하였다. 조나라 사람들은 공공(共公)이 아래 백성들을 몹시 괴롭히어 제대로 살아갈 수가 없음을 걱정하고, 현명한 임금과 훌륭한 장관들을 그리워하게 되었다는 것이다.

제 15 빈풍(豳風)

　빈(豳)은 나라 이름으로 기산(岐山)의 북쪽(지금의 陝西省 邠邑縣 부근) 평평하고 낮은 들에 있었다. 옛날 우(虞)나라와 하(夏)나라 때에 기(棄)라는 사람이 후직(后稷 : 농사일을 관장하는 관리)이 되어 태(邰 : 지금의 섬서성 武功縣) 땅에 봉함을 받아, 후직이라 호를 정하였고 성이 희(姬)씨였다.

　기(棄)의 아들 불줄(不窋)은 맡은 직책을 완수하지 못하여 오랑캐인 융적(戎狄)들이 사는 서북쪽 변두리 땅으로 쫓겨났다. 불줄은 국요(鞠陶)를 낳았고 국요는 공류(公劉)를 낳았는데, 공류는 후직의 일을 잘 발전시키어 백성들이 부유하게 잘살도록 되었다. 그리고 지세를 잘 살피어 살기 좋은 빈(豳)땅에 도읍을 하였다.

　대아의 「공류(公劉)」는 이러한 공류의 업적을 찬양한 시이다. 그 뒤로 8세를 지나 고공단보(古公亶父), 곧 태왕(太王)이 빈의 동남쪽, 기산의 남쪽인 주(周 : 지금의 섬서성 鳳翔府 岐山縣)로 옮겨갔다. 이것을 기주(岐周)라 부른다. 다시 태왕의 손자 문왕(文王)은 풍(豐 : 지금의 섬서성 鄠縣)으로 옮겨갔고, 그는 나라를 다스리라는 하늘의 명을 하늘로부터 받았다 한다.

　다음의 무왕(武王)은 호(鎬 : 지금의 섬서성 長安縣)로 도읍을 옮겼으며, 은(殷)나라 주왕(紂王)을 쳐부수어 천자가 되었다. 이상과 같이 빈나라는 주나라로 발전하는데, 빈땅은 공류로부터 고공단보에 이르는 10세에 걸친 주나라 선대의 임금들이 차지하고 있었다. 이 빈땅을 중심으로 유행하였던 노래가 빈풍인 것이다. 그런데『모전』을 비롯하여 한나라 때의 학자들은 모두 이 빈풍 7편의 시를 주공(周公)의 업적과의 관련 아래 풀이하고 있는 것이 특징이다.

1. 칠월(七月)

칠 월 유 화 七月流火하고	칠월엔 화성이 서쪽으로 내려오고
구 월 수 의 九月授衣하니라.	구월엔 겹옷을 준비하네.
일 지 일 필 발 一之日觱發하고	동짓달엔 찬바람 일고
이 지 일 율 렬 二之日栗烈이라.	섣달엔 추위 매서워진다네.
무 의 무 갈 無衣無褐이면	옷 준비 없다면
하 이 졸 세 何以卒歲리요?	어떻게 이 해를 넘길 건가?
삼 지 일 우 사 三之日于耜하고	일월엔 쟁기 손질하고
사 지 일 거 지 四之日擧趾로다.	이월엔 밭을 간다네.
동 아 부 자 同我婦子하여	아내가 자식들과 함께
엽 피 남 묘 饁彼南畝하면	남향 비탈 밭으로 밥을 날라 오면
전 준 지 희 田畯至喜로다.	권농(勸農)은 매우 기뻐하네.

칠 월 유 화 七月流火하고	칠월엔 화성이 서쪽으로 내려오고
구 월 수 의 九月授衣하니라.	구월엔 겹옷을 준비하네.
춘 일 재 양 春日載陽하고	봄날 햇살 따스해지고
유 명 창 경 有鳴倉庚이라.	꾀꼬리 울기 시작한다네.
여 집 의 광 女執懿筐하여	여인네들은 움푹한 대광주리 들고

준 피 미 행	
遵彼微行하여	오솔길 따라
원 구 유 상	
爰求柔桑하니라.	부드러운 뽕잎 따러 가네.
춘 일 지 지	
春日遲遲하여	봄날은 길어져
채 번 기 기	
采蘩祁祁로되	수북히 쑥 뜯는데
여 심 상 비	
女心傷悲하니	여인네 마음은 서글퍼지니
태 급 공 자 동 귀	
殆及公子同歸로다.	공자(公子)님 따라 함께 시집가고 싶어서이네.
칠 월 유 화	
七月流火하고	칠월엔 화성이 서쪽으로 내려오고
팔 월 환 위	
八月萑葦니라.	팔월엔 갈대를 베네.
잠 월 조 상	
蠶月條桑이러니	누에치는 삼월 되면 뽕을 따는데
취 피 부 장	
取彼斧斨하여	도끼를 가져다
이 벌 원 양	
以伐遠揚이요	멀리 위로 뻗은 가지는 자르고
의 피 여 상	
猗彼女桑이라.	부드러운 가지는 휘어잡고 뽕잎 따네.
칠 월 명 격	
七月鳴鵙하고	칠월엔 왜가리가 울고
팔 월 재 적	
八月載績이로다.	팔월엔 길쌈을 한다네.
재 현 재 황	
載玄載黃하여	검은 천 누런 천 짜가지고
아 주 공 양	
我朱孔陽으로	제일 고운 붉은 천으론
위 공 자 상	
爲公子裳이로다.	공자(公子)님 바지 지어 드리네.

사 월 수 요 四月秀葽하고	사월엔 아기풀 이삭이 패고
오 월 명 조 五月鳴蜩로다.	오월엔 매미가 우네.
팔 월 기 확 八月其穫하고	팔월엔 이른 곡식 베고
십 월 운 탁 十月隕蘀이니라.	시월 달엔 낙엽이 지네.
일 지 일 우 학 一之日于貉이러니	동짓달엔 짐승사냥 하는데
취 피 호 리 取彼狐狸하여	여우와 살쾡이 잡아
위 공 자 구 爲公子裘로다.	공자님 갖옷 지어 드리네.
이 지 일 기 동 二之日其同하여	섣달엔 모두 함께 사냥을 나가
재 찬 무 공 載纘武功이라.	무술도 연마한다네.
언 사 기 종 言私其豵하고	작은 짐승은 개인이 갖고
헌 견 우 공 獻豜于公이로다.	큰 짐승은 임금에게 바치네.
오 월 사 종 동 고 五月斯螽動股하고	오월엔 여치가 울고
육 월 사 계 진 우 六月莎鷄振羽로다.	유월엔 베짱이가 운다네.
칠 월 재 야 七月在野하고	귀뚜라미는 칠월엔 들에
팔 월 재 우 八月在宇하며	팔월엔 처마 밑에
구 월 재 호 九月在戶하고	구월엔 문앞에 있다가
십 월 실 솔 十月蟋蟀이	시월엔 귀뚜라미가

입 아 상 하	
入我牀下로다.	침상 밑으로 들어오네.
궁 질 훈 서	
穹窒熏鼠하고	그러면 집안의 구멍 막고 쥐를 불로 그슬려 쫓으며
색 향 근 호	
塞向墐戶로다.	북향 창 막고 문을 진흙으로 바르네.
차 아 부 자	
嗟我婦子여!	아아, 처자들이여!
왈 위 개 세	
曰爲改歲니	해가 바뀌려 하고 있으니
입 차 실 처	
入此室處어다!	방으로 들어와 편히 쉬기를!

육 월 식 울 급 욱	
六月食鬱及薁하고	유월엔 돌배와 머루 따먹고
칠 월 팽 규 급 숙	
七月亨葵及菽하며	칠월엔 나물과 콩 삶아 먹으며
팔 월 박 조	
八月剝棗하고	팔월엔 대추 떨고
십 월 확 도	
十月穫稻하여	시월엔 벼 베어
위 차 춘 주	
爲此春酒하여	봄 술 담아
이 개 미 수	
以介眉壽로다.	잔 올리며 노인들 장수 비네.
칠 월 식 과	
七月食瓜하고	칠월엔 참외 따먹고
팔 월 단 호	
八月斷壺하며	팔월엔 박을 따며
구 월 숙 저	
九月叔苴하고	구월엔 삼씨 줍고
채 도 신 저	
采茶薪樗하며	씀바귀 캐고 개똥나무 베며
사 아 농 부	
食我農夫로다.	농사 일꾼 잘 먹이네.

九月築場圃하고   구월엔 채소밭에 마당 닦고
十月納禾稼하나니,   시월엔 곡식 거두어들이는데,
黍稷重穋과   메기장 차기장과 늦 곡식 이른 곡식
禾麻菽麥이니라.   벼 삼 콩 보리라네.
嗟我農夫여!   아아 농부들이여!
我稼旣同하니   우리 곡식 다 모아들였으니
上入執宮功이니라.   고을로 들어가 집 일 하여야 하네.
晝爾于茅하고   낮에는 띠 풀 베어들이고
宵爾索綯하여   밤에는 새끼 꼬아
亟其乘屋이니   빨리 지붕 이어야 하니
其始播百穀이니라.   내년이면 여러 곡식 씨 뿌려야 하기 때문이라네.

二之日鑿氷沖沖하여   섣달엔 탕탕 얼음 깨어
三之日納于凌陰이니라.   일월엔 그것을 얼음 창고에 넣네.
四之日其蚤에   이월엔 이른 아침에
獻羔祭韭로다.   염소와 부추로 제사지내고 얼음 창고 문 여네.
九月肅霜하고   구월엔 된서리 내리고
十月滌場이로다.   시월엔 타작마당 치운다네.

봉 주 사 향
　　朋酒斯饗하고　　　　　두어 통 술로 잔치 벌이고
　　왈 살 고 양
　　曰殺羔羊이로다.　　　 염소 잡아 안주 마련하네.
　　제 피 공 당
　　躋彼公堂하여　　　　　그리고는 임금의 처소로 올라가
　　칭 피 시 굉
　　稱彼兕觥하고　　　　　술잔 들면서
　　만 수 무 강
　　萬壽無疆이로다.　　　 만수무강을 비네.

註解　□七月(칠월) – 지금의 음력 7월과 같다. 이 시에서는 모두 하력(夏曆)을 쓰고 있는데, 주나라의 선조인 공류(公劉)가 하(夏)나라 사람이기 때문에 그렇게 쓴 것 같다. □流(유) – 흘러내리는 것(毛傳). □火(화) – 화성(火星)(鄭箋)·대화(大火) 또는 심성(心星)·남성(南星)이라고도 부른다. 이 별은 6월 초저녁엔 정남쪽에 보이다가 7월이 되면 점점 서쪽으로 내려간다. 유화(流火)는 화성이 서쪽으로 내려가는 것을 말한다. □授衣(수의) – 겨울 준비로 가족에게 겹옷을 지어 주는 것. □一之日(일지일) – 하력 11월. 주나라 역법으로는 정월에 해당한다. 11월을 일지일(一之日)이라 한 것은 10을 단위로 할 때 11월은 다시 첫날

▲ 왜가리

제1편 국풍(國風)·**421**

로 접어드는 달이기 때문에 그렇게 말한 것이다. 따라서 뒤에 나오는 이지일(二之日)은 12월(周曆 2월), 삼지일(三之日)은 1월(주력 3월), 사지일(四之日)은 3월(주력 4월)에 각각 해당한다. □觱發(필발) – 쌀쌀한 바람이 이는 것(毛傳). □栗烈(율렬) – 한기(寒氣)의 뜻으로(毛傳) 추위가 심해지는 것. □衣(의) – 고귀한 사람의 옷. □褐(갈) – 털로 짠 천으로 만든 옷으로 천한 사람들이 입는 옷을 가리킨다(鄭箋). 따라서 무의무갈(無衣無褐)은 귀천을 막론하고 누구나 옷 준비가 없다면의 뜻. □卒歲(졸세) – 한 해를 마치는 것. 동짓달과 섣달은 춥기 때문에 옷이 없으면 견디지 못할 것이라는 뜻이다. □耜(사) – 여기서는 보습뿐만 아니라 쟁기를 전부 뜻한다. 우사(于耜)는 쟁기를 손질하는 것. 우(于)는 위(爲)와 통하여(通釋) 손질한다는 뜻. □舉趾(거지) – 발을 들어 쟁기를 밟으며 밭을 가는 것. □婦子(부자) – 처와 자식. □饁(엽) – 들로 밥을 날라다 주는 것(集傳). □南畝(남묘) – 남쪽 양지 비탈쪽 밭. □畯(준) – 권농관(勸農官). 『모전』엔 농사를 보살피는 관리라 했다. □載(재) – 조사. □陽(양) – 햇볕이 따뜻하게 내려쬐는 것. □倉庚(창경) – 이황(離黃)이라고도 하며, '꾀꼬리'. □懿(의) – 여기서는 깊다는 뜻(孔疏). □筐(광) – 대광주리. 의광(懿筐)은 바닥이 깊은 대광주리(毛傳). □遵(준) – 따르다. □微行(미행) – 미세한 길(孔疏). 오솔길. □爰(원) – 이에. 조사. □求(구) – 뽕잎을 따라 간다는 뜻을 나타냄. □遲遲(지지) – 더딘 것(毛傳). 해가 더디다는 것은 날이 '길어진 것'. □蘩(번) – 백호(白蒿)라고도 하며(毛傳), 쑥의 일종. 소남(召南)「다북쑥 뜯어(采蘩)」시에도 보임. □祁祁(기기) – 많은 모양. □女心傷悲(여심상비) – 묘령(妙齡)의 여인들이 봄철에 이성을 그리고 서글퍼지는 것이다. 그러나 옛 분들은 공자(公子)가 결혼을 할 때 그를 따라 자기도 시집가게 되어 있으므로 부모 곁을 떠날 것을 생각하여 마음이 서글퍼지는 것이라 풀이하였다. □殆(태) – 장(將)의 뜻, 장차. □及(급) – 여(與). '더불어'의 뜻(毛傳). □公子(공자) – 임금의 아들, 또는 귀족 집안의 자제. □歸(귀) – 시집가는 것. □萑葦(환위) – 갈대를 베어 모으는 것. 뒤에 발 같은 걸 만드는 데 쓴다(毛傳·孔疏). □蠶月(잠월) – 누에를 치는 달(集傳). 이는 3월을 뜻하며 '칠월' 시에 3월을 들지 않은 것은 잠월(蠶月)이 곧 3월이기 때문이다(顧東高『毛詩訂詁』). □條桑(조상) – 가지를 잘라놓고 뽕잎을 따는 것(集傳). □斧(부) – 도끼. □斨(장) – 자루를 끼는 구멍이 사각형인 도끼(毛傳). □遠揚(원양) – 가지가 멀리 뻗은 것과 위로 치뻗은 것. □猗(의) – 기(掎)와 통하여 가지를 '휘어당기는 것'(後

箋). □女桑(여상)-어리고 긴 뽕나무 가지(鄭箋). □鵙(격)-왜가리. 백로라고도 부른다(毛傳). □載(재)-조사. □績(적)-길쌈하는 것. □玄(현)-검은 것. 황(黃)과 아래의 주(朱)와 함께 각각 실에 물감을 들여 천을 짠 것. □孔(공)-매우. □陽(양)-밝은 것. □裳(상)-치마. 공자는 남자이므로 남자의 바지. □秀(수)-풀의 이삭이 돋아나는 것. □葽(요)-아기풀. 원지(遠志)라고도 하며 맛이 써서 고요(苦葽)라고도 한다. 4월에 뿌리와 잎새를 따 말렸다가 약으로 쓴다(『詩緝』). □蜩(조)-매미. □穫(확)-익은 곡식을 베는 것(集傳). □隕(운)-떨어지다. □蘀(탁)-낙엽지는 것. □于貉(우학)-여우, 담비 같은 짐승들을 사냥하는 것(集傳). □狸(리)-살쾡이. □同(동)-임금과 신하 및 백성들이 다 함께 사냥하는 것(鄭箋). □纘(찬)-계속하여 익히는 것. □武功(무공)-무사(武事)·군사(軍事). 사냥은 짐승을 잡는 것보다도 무사를 익히는 데 큰 목적이 있었다. □言(언)-조사. □私(사)-사사로이 개인이 잡은 것을 갖는 것. □豵(종)-한 살 된 돼지. 그러나 여기서는 작은 짐승을 뜻한다. □豜(견)-세 살 된 돼지(毛傳). 여기서는 종(豵)과 대조가 되며 큰 짐승을 말한다. □公(공)-빈공(豳公), 빈나라 임금(集傳). □斯螽(사종)-주남「여치(螽斯)」시의 '종사'와 같은 여치. □動股(동고)-두 다리를 비벼 소리를 내는 것. 여치가 운다는 뜻. □莎(사)-범메뚜기. 사계(莎雞)는 베짱이. □振羽(진우)-날개를 떨며 소리를 내는 것. 앞의 '동고'와 같은 말. □在野(재야)-뒤에 나오는 귀뚜라미가 들에 있다는 뜻. □在宇(재우)-집 처마밑에 있다는 뜻(集傳). □戶(호)-방문. □蟋蟀(실솔)-귀뚜라미. □牀(상)-방안의 침상. 귀뚜라미는 날씨가 추워짐에 따라 들에서 점점 사람 있는 곳으로 가까이 들어온다. 여기서는 귀뚜라미를 빌어 기온의 변화를 노래한 것이다 (孔疏). □穹(궁)-궁(窮)과 통하고, 다시 공(空)과도 뜻이 통하여 '구멍'(釋義). 궁질(穹窒)은 집안의 벽이나 담 같은 데 난 구멍을 모두 막는 것. □熏鼠(훈서)-불을 때어 불기와 연기로 쥐구멍을 그슬려 쥐들을 쫓아내는 것. □向(향)-북쪽으로 향한 창(毛傳). 색향(塞向)은 북쪽으로 난 창을 막는 것. □墐戶(근호)-일반 백성들은 대나 싸리를 짜서 만든 문을 썼으므로 그대로 두면 겨울에 찬바람이 많이 들어온다. 이에 진흙을 문에 발라 바람을 막는 것이다(孔疏). □日(왈)-조사. □改歲(개세)-해가 바뀌는 것. 해가 바뀌는 동짓달 섣달은 몹시 춥다. □入此室處(입차실처)-밖에 있지 말고 방으로 들어와 편히 추운 겨울을 지내자는 뜻. □鬱(울)-체(棣), 곧 아가위 종류(毛傳). 열매는 크기가 오얏만 하며 빨갛고 맛이 있다. 그리고 『본초(本草)』에는 작리(雀李) · 거하리(車下李)라고도 한다 했다(孔疏). 다른 과일인 듯하지만 '돌배' 라 번역했다. ▫薁(욱) – 『모전』엔 '영욱(蘡薁)' 이라 하였는데, 『공소』엔 울(鬱)과 비슷한 과일이라 하였다. 통설을 따라 '머루' 라 번역했으나(釋義), 머루가 아닌 듯하다. 머루는 가을에 익는다. ▫亨(팽) – 삶다. 팽(烹)의 본자. ▫葵(규) – 아욱. 그러나 『집전』에는 채야(菜也)라 하였을 뿐이어서 무슨 나물인지 알 수 없다. ▫菽(숙) – 콩. ▫剝棗(박조) – 나무에 달린 대추를 두드려 떠는 것. ▫春酒(춘주) – 술을 담아 겨울 동안 익혀서 봄에 걸러 마시는 술(孔疏). ▫介(개) – 돕는 것. ▫眉(미) – 여기서는 눈썹이 긴 노인의 뜻. 개미수(介眉壽)는 술을 올리며 노인을 오래오래 사시도록 공경하는 것. ▫瓜(과) – 참외. ▫壺(호) – 호(瓠)와 통하여(毛傳), 단호(斷壺)는 박을 덩굴로부터 따내는 것. ▫叔(숙) – 줍다. ▫苴(저) – 여기서는 암삼의 씨를 말함(毛傳). 식용으로 쓰인다(孔疏). ▫茶(도) – 씀바귀. ▫薪(신) – 땔나무로 자르는 것. ▫樗(저) – 개똥나무. 땔나무로 밖에 쓰이지 못하는 나쁜 나무. ▫食(사) – 먹이다. ▫場圃(장포) – 여름에는 채소를 심었던 집 옆의 채전을 곡식을 타작할 마당으로 만드는 것(鄭箋). ▫納(납) – 추수를 하여 거두어들이는 것(鄭箋). ▫禾稼(화가) – 농사 지은 곡식들. ▫黍(서) – 메기장. ▫稷(직) – 차기장. ▫穋(륙) – 올벼. 늦게 익는 곡식을 중(重), 일찍 익는 곡식을 륙(穋)이라고도 한다(毛傳). ▫既同(기동) – 이미 다 모아들인 것(鄭箋). ▫上入(상입) – 들로부터 마을의 집으로 들어가는 것. ▫執(집) – 일하는 것. 작(作)의 뜻(釋義). ▫宮功(궁공) – 집 손질. ▫爾(이) – 조사. ▫于茅(우모) – 지붕을 이을 띠풀을 거두어들이는 것. ▫宵(소) – 밤. ▫索(삭) – 새끼. ▫綯(도) – 새끼꼬다. ▫亟(극) – 급히의 뜻(鄭箋). ▫乘屋(승옥) – 지붕에 올라가 지붕을 잇는 것. ▫其始播百穀(기시파백곡) – 좀 쉬었다가 '내년에 다시 여러 곡식들을 씨 뿌리고 농사지어야 될 터이니' 일을 빨리 끝내라는 뜻. ▫鑿(착) – 얼음을 깨는 것. ▫沖沖(충충) – 얼음을 깨는 소리. ▫凌陰(능음) – 얼음 창고(毛傳). ▫蚤(조) – 조(早)와 통하여 조조(早朝), 곧 이른 아침. ▫獻羔祭韭(헌고제구) – 염소를 잡아 제물로 바치고 부추로 제물을 장만하여 제사지내는 것. 얼음을 얼음 창고에 넣을 때와 얼음을 처음 꺼낼 때엔 추위를 관장하는 신(孔疏)에게 제사를 지냈다(鄭箋). 여기서는 얼음 창고를 여는 제사임. ▫肅霜(숙상) – 된서리. ▫滌場(척장) – 추수한 곡식의 타작이 다 끝나 마당을 깨끗이 치우는 것. ▫朋(붕) – 양준(兩樽)의 뜻(毛傳). 두 술통. 붕주(朋酒)는 두 술통의 술을 준비하는 것. ▫斯(사) – 조사. ▫饗(향) – 잔치를 벌이다. ▫曰(왈) – 조사. ▫殺羔羊(살고양) – 염소를 잡는 것. ▫躋(제) – 오르다. ▫公堂(공당) – 군지당(君之堂)(集傳), 곧 빈나라 임금이 있는 곳. ▫稱(칭) – 들다. ▫兕(시) – 외뿔이 달린 들소. ▫觥(굉) – 뿔 술잔. ▫萬壽無疆(만수무강) – 한없이 오래 사는 것. 만세(萬歲).

|解說| 이 시는 빈나라 농민의 일 년 동안의 생활 모양과 농촌의 정경을 노래한 것이다. 굴만리(屈萬里)는 "칠월"이란 시는 주공을 따라 동쪽 정벌에 나섰던 빈나라 사람들이 향토를 생각하며 지은 것인 듯하다(釋義)"고 하였다.

「모시서」에서는 왕업(王業)을 노래한 것이라 하였다. 곧 주공이 형제들의 모함을 받는 변고를 당하여 동도(東都)에 있으면서, 후직을 비롯한 조상들이 농사일을 잘하도록 덕으로 다스린 실상을 노래하며, 왕업을 이룩하기가 어려운 것임을 알린 것이라는 것이다.

본래 빈이라는 나라 자체는 주공과 아무런 관계가 없다. 그런데도 「모시서」에선 이 시를 주공과의 관계 아래 뜻을 풀이하였고, 빈풍의 모든 시들을 주공과 관련이 있는 것이라 하였다. 굴만리는 주공이 동정할 때 빈나라 옛땅 사람들이 많이 따라갔던 것 같다고 하였다. 그렇기 때문에 이때 부른 노래는 모두가 빈땅 노래의 가락이며 주공의 동쪽 정벌과 관계가 있다는 것이나(釋義).

▲ 살쾡이

2. 부엉이(鴟鴞)

_{치 효 치 효}
鴟鴞鴟鴞여!   부엉아 부엉아!

_{기 취 아 자}
旣取我子어니   내 자식 이미 잡아갔으니

_{무 훼 아 실}
無毀我室이어다.   내 둥주리까지 부수지는 마라.

_{은 사 근 사}
恩斯勤斯하여   알뜰살뜰 가꿔온 터라

_{육 자 지 민 사}
鬻子之閔斯니라.   어린 자식이 가엾단다.

_{태 천 지 미 음 우}
迨天之未陰雨에   장마비 오기 전에

_{철 피 상 토}
徹彼桑土하여   뽕나무 뿌리 가져다가

_{주 무 유 호}
綢繆牖戶로다.   창과 문 얽었네.

_{금 여 하 민}
今女下民이   이제 너희들 낮은 백성이

_{혹 감 모 여}
或敢侮予아!   누가 감히 나를 업신여기는가!

_{여 수 길 거}
予手拮据하여   나는 손과 발이 다 닳도록

_{여 소 랄 도}
予所捋荼하고   갈대 꽃 꺾어 드리고

_{여 소 축 조}
予所蓄租로다.   띠풀 모아들였네.

_{여 구 졸 도}
予口卒瘏하니   내 입은 마침내 병까지 났는데

_{왈 여 미 유 실 가}
曰予未有室家니라.   내게 둥주리가 없었기 때문일세.

予^여羽^우譙^초譙^초하고　　　내 날개 무지러지고

予^여尾^미翛^소翛^소어늘　　　내 꼬리 닳아빠졌건만

予^여室^실翹^교翹^교하여　　　내 둥주리는 아직도 위태롭게

風^풍雨^우所^소漂^표搖^요하니　　비바람에 흔들리니

予^여維^유音^음曉^효曉^효로다.　　나는 오직 짹짹 두려움에 우네.

註解　□鴟(치)-부엉이. □鴞(효)-올빼미. 치효(鴟鴞)는 휴류(鵂鶹)라고도 하는 고약하다고 알려진 새, 다른 새의 새끼를 잡아먹고 산다 한다(集傳). 부엉이나 올빼미일 것 같다. □旣取我子(기취아자)-무경(武庚)이 이미 관(管)나라와 채(蔡)나라를 망쳐놓은 것에 비유한 것이다(集傳). 무경・관・채에 대하여는 해설을 참조 바람. □毁(훼)-허물다. □我室(아실)-나의 둥주리. 주(周)나라 왕실에 비유한 것임(集傳). □斯(사)-조사. 은사근사(恩斯勤斯)는 사랑을 기울이며 부지런히 집을 가꿨다는 뜻. □鬻子(육자)-어린아이, 주나라의 어린 성왕(成王)을 비유한 말. □閔(민)-민(憫)자와 통하여 불쌍하게 여기는 것. □陰雨(음우)-장마비. □徹(철)-취(取)의 뜻, 가져오는 것. □桑土(상토)-상근(桑根)(毛傳), 뽕나무 뿌리. 토(土)는 두(杜)의 가차로서 뿌리의 뜻(傳疏). □綢繆牖戶(주무유호)-주(綢)와 무(繆)는 얽는다는 뜻. 유(牖)는 창, 호(戶)는 드나드는 문. 창과 문을 얽었다는 것은 새 둥지를 만들었다는 뜻. □下民(하민)-하토(下土)의 낮은 백성들(集傳). □侮(모)-업신여기다. □拮据(길거)-손과 입을 움직여 수고하는 것(集傳), 몸을 움직여 무척 수고하는 것. □捋(랄)-채취(採取)의 뜻. □荼(도)-환초(萑苕)로서(毛傳), 갈대꽃. 이것을 꺾어다가 새 둥지에 까는 것이다(傳疏). □租(조)-조(苴)의 가차로서 띠풀. 새 둥지에 띠풀을 뜯어다 까는 것(通釋). □卒(졸)-췌(瘁)와 통하여 병(病)의 뜻(集傳). □瘏(도)-병들다. □曰(왈)-조사, 원인을 말해 준다. □譙譙(초초)-새깃이 일하느라 무지러지는 것. □翛翛(소소)-새 꼬리가 일하느라 무지러진 것. □翹翹(교교)-위태로운 모습(毛傳). □漂搖(표요)-물에 떠있는 것같이 흔들거리는 것. □曉曉(효효)-두려워 소리치는 것.

[解説] 「모시서」에 「부엉이」 시는 주공이 어지러운 정치를 바로잡기 위하여 부른 노래라 하였다. 성왕(成王)은 주공의 속마음을 이해하지 못하자 주공은 이 시를 지어 보냈는데, 성왕이 「부엉이」라는 제목을 붙였다고 하였다. 주나라 무왕은 은나라 주왕(紂王)을 멸한 뒤 그의 아들 무경(武庚 : 祿父)을 죽이지 않고 은나라 옛 땅에 봉하여 제사를 잇게 하였다. 그리고 자기의 형제인 관숙·채숙·곽숙(霍叔)의 세 사람을 삼감(三監)이라 하여 무경을 감독하도록 하였다. 무왕이 죽자 어린 성왕이 즉위하여, 그의 숙부인 주공이 성왕을 보좌하였다. 이때 무경은 주공의 형제인 삼감을 꾀어 주공이 주나라 왕위를 탐내고 있다고 허튼 소문을 퍼뜨리게 하였다.

그리하여 성왕을 옆에서 도와주던 주공은 세상 사람들의 의혹을 피하기 위하여 동쪽 땅으로 갔었다. 그 뒤 2년 만에 일부 사람들이 허튼 소문을 퍼뜨렸음이 판명되었다. 주공은 이에 이 「부엉이」 시를 지어 성왕에게 보냄으로써 나라를 생각하는 자기의 뜻을 밝혔다 한다. 부엉이는 주공을 모함한 자들에 비유하고, 엉성한 둥주리는 어지럽고 불안한 나라를 상징하고 있다고 보는 것이다. 이는 『서경』 금등(金縢) 편에 있는 기록을 근거로 한 것이다.

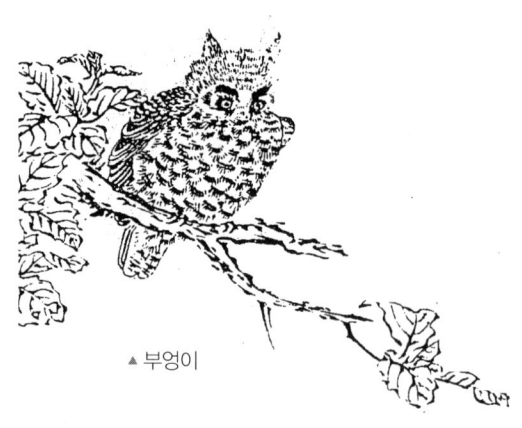

▲ 부엉이

3. 동산(東山)

^{아 조 동 산}
我徂東山하여　　우린 산동에 가

^{도 도 불 귀}
慆慆不歸라.　　오랫동안 돌아오지 못했었네.

^{아 래 자 동}
我來自東할새　　동쪽으로부터 돌아올 적엔

^{영 우 기 몽}
零雨其濛이러라.　보슬비 보슬보슬 내렸었네.

^{아 동 왈 귀}
我東曰歸에　　우리는 동쪽에서 돌아갈 날 생각하며

^{아 심 서 비}
我心西悲라.　　서쪽 그리움에 슬퍼했었네.

^{제 피 상 의}
制彼裳衣하며　　돌아가 입을 평복 지으며

^{물 사 행 매}
勿士行枚로다.　다시는 군대에 나가지 않겠다고 했네.

^{연 연 자 촉}
蜎蜎者蠋이　　꿈틀꿈틀 뽕나무 벌레 기는

^{증 재 상 야}
烝在桑野러니　뽕나무밭에서

^{퇴 피 독 숙}
敦彼獨宿하며　웅크리고 홀로 지새우며

^{역 재 거 하}
亦在車下로다.　수레 밑에서 밤을 보냈네.

^{아 조 동 산}
我徂東山하여　　우린 산동에 가

^{도 도 불 귀}
慆慆不歸라.　　오랫동안 돌아오지 못했었네.

^{아 래 자 동}
我來自東할새　　동쪽으로부터 돌아올 적엔

^{영 우 기 몽}
零雨其濛이러라.　보슬비 보슬보슬 내렸었네.

과라지실
果臝之實이   열매 달린 하눌타리 덩굴이

역이우우
亦施于宇로다.   처마 밑에 뻗어 있었네.

이위재실
伊威在室하고   방안엔 쥐며느리 기고

소소재호
蠨蛸在戶로다.   문에는 말거미 줄이 처져 있었네.

정탄녹장
町畽鹿場하고   사슴 놀이터엔 여기저기 사슴 발자국

습요소행
熠燿宵行이로되 밤길에는 도깨비불 번쩍이지만

불가외야
不可畏也요   고향은 두렵기는커녕

이가회야
伊可懷也로다.   다정하기만 한 곳이었네.

아조동산
我徂東山하여   우린 산동에 가

도도불귀
慆慆不歸라.   오랫동안 돌아오지 못했었네.

아래자동
我來自東할새   동쪽으로부터 돌아올 적엔

영우기몽
零雨其濛이러라. 보슬비가 보슬보슬 내렸었네.

관명우질
鸛鳴于垤하고   개미 둑에선 황새가 울고

부탄우실
婦歎于室하며   아내는 집에서 한숨지으며

쇄소궁질
洒埽穹窒이러니, 쓸고 닦고 쥐구멍 막고 있을 때,

아정율지
我征聿至라.   출정했던 내가 돌아왔네.

유퇴과고
有敦瓜苦이   데굴데굴 쪽박이

烝在栗薪이라.	쌓아놓은 밤나무 땔감 위에 뒹굴고 있었네.
自我不見이	그러고 보니 내가 떠난 지
于今三年이로다.	벌써 삼 년이 되었구려.

我徂東山하여	우린 산동에 가
慆慆不歸러라.	오랫동안 돌아오지 못했었네.
我來自東할새	동쪽으로부터 돌아올 적엔
零雨其濛이러라.	보슬비가 보슬보슬 내렸었네.
倉庚于飛하여	꾀꼬리가 푸드득
熠燿其羽로다.	고운 날개깃 자랑하고 있었네.
之子于歸에	아내가 시집올 때
皇駁其馬로다.	누런 말 붉은 말이 수레 끌었었지.
親結其縭하고	장모는 아내 허리에 수건 매주며
九十其儀로다.	온갖 의식 갖추어 시집보내셨지.
其新孔嘉하니	신혼 때 그토록 즐거웠으니
其舊如之何리오?	오래된 지금이야 더욱 어떠하랴!

註解 □徂(조) - 전쟁에 나간 것. □東山(동산) - 산동(山東)의 뜻. 주나라 도읍은 서쪽 풍호(豐鎬 : 지금의 섬서성 鄠縣 동쪽)였고 무경(武庚)의 은나라는 동쪽 조가(朝歌 : 지금의 하남성 淇縣 동북쪽)에 도읍하고 있었다. 무경과 관숙(管

叔)·채숙(蔡叔)·곽숙(藿叔)의 삼감(三監)이 난을 일으키어 주공이 동쪽으로 갔다. 이들은 태항산(太行山) 동쪽에 있어 태항산 동쪽으로 정벌을 갔었기 때문에 산동으로 출정한 것이 된다. ▫慆慆(도도)-오랫동안을 말함. ▫零雨(영우)-보슬비. ▫其濛(기몽)-이슬비가 내리는 모양. ▫我東(아동)-우리가 산동에 있을 때. ▫日歸(왈귀)-돌아갈 것을 생각하는 것. ▫西悲(서비)-서쪽의 집 생각을 하고 돌아가지 못하는 자기 처지를 슬퍼했다는 뜻. ▫裳衣(상의)-집에 돌아가 군복과 바꿔 입을 평복. ▫士(사)-사(事)의 뜻(毛傳), 곧 종사하는 것. ▫行(행)-행진(行陣(鄭箋), 행군. ▫枚(매)-옛날 군인이 행군을 할 때엔 떠들지 않기 위하여 젓가락 같은 대나무로 만든 매(枚)를 모두 입에 물었다. 따라서 행매(行枚)는 군사 행동을 말한다. 물사행매(勿士行枚)는 다시는 군대 일에 종사하지 않겠다고 마음먹었다는 뜻. ▫蜎(연)-벌레가 꿈틀거리는 것. ▫蠋(촉)-뽕나무벌레. 누에 비슷하게 생긴 벌레. ▫烝(증)-발어사. ▫桑野(상야)-들판의 뽕나무. 뽕나무밭. ▫敦(퇴)-홀로 자는 사람이 추워서 몸을 둥글게 웅크리고 새우잠을 자는 모양(釋義). ▫果臝(과라)-괄루(栝樓), 또는 천과(天瓜)라고도 하며, 잎은 외와 같고 덩굴이 뻗으며 청흑색이다. 6월에 꽃이 피고 7월에 열매가 열린다. 우리말로 '하눌타리(?)'. 열매는 과루인(瓜蔞仁), 뿌리는 과루근(瓜蔞根), 뿌리의 가루인 천화분(天花粉)은 한약재로 쓰인다. 이 구절부터는 종군했을 때를 상상하며 노래한 것이다. ▫施(이)-뻗다. ▫宇(우)-집의 처마. 앞의 「칠월」 시에 보임. ▫伊威(이위)-벌레 이름으로 위서(委黍)(毛傳), 또는 서부(鼠婦)라고도 하는 '쥐며느리'. 몸빛은 청흑색, 썩은 나무나 마루밑 같은 습한 곳에 산다. 몸은 타원형이고 여러 개의 발이 달려 있다. ▫蠨蛸(소소)-다리가 긴 거미(傳疏). ▫町畽(정탄)-사슴의 발자국(通釋). ▫鹿場(녹장)-사슴이 나와 노는 장소. ▫熠燿(습요)-『모전』에선 인(燐)이라 하였는데, 『설문해자』에 "인(燐)은 귀화(鬼火)"라 하였다. 귀화는 '도깨비불'. ▫宵(소)-밤. ▫伊(이)-그곳. 시(是)의 뜻. ▫懷(회)-그리운 것. ▫鸛(관)-물새로서 학(鶴)과 비슷하다고 했으니(集傳), '황새(?)'. ▫垤(질)-개미둑. ▫婦(부)-작자의 아내. ▫洒(쇄)-물로 닦는 것. ▫埽(소)-쓸다. ▫穹窒(궁질)-쥐구멍을 막는 것. 앞의 「칠월」 시에 나왔음. ▫聿(율)-조사. 율지(聿至)는 마침 돌아왔다는 뜻. ▫有敦(유퇴)-퇴연(敦然)으로 데굴데굴한 것. ▫瓜苦(과고)-고포(苦匏)로 맛이 쓴 조그만 박. 이 작은 쪽박들이 데굴데굴하게 널려 있다는 것이다. ▫烝(증)-조

사. □栗薪(율신) - 땔나무로 하려고 밤나무를 잘라 쌓아놓은 밤나무더미. □倉庚(창경) - 꾀꼬리. 앞의 「칠월」 시에 보임. □熠燿(습요) - 곱게 빛나는 모양. 앞의 제2절의 습요(熠燿)와는 뜻이 다르다. □之子(지자) - 시자(是子)로 자기의 아내를 가리킴. □于歸(우귀) - 시집오는 것, 시집왔던 당시를 생각하는 것임. □皇(황) - 황백색. □駁(박) - 류(駠)의 뜻으로 검은 갈기가 달린 붉은 말(集傳). 황백색의 말과 적흑색의 말이 신부가 탄 수레를 끌었었다는 뜻이다. □縭(리) - 부인의 위(褘)(毛傳). 결혼할 때 부인이 허리에 차는 수건으로 신부의 어머니가 그것을 채워준다(孔疏). 따라서 친(親)은 신부의 어머니를 가리킨다. □九十(구십) - 구종십종(九種十種)의 뜻으로 여러 가지의 뜻(孔疏). 儀(의) - 예절. 시집가는 여자가 갖추어야 할 여러 가지 예의범절. □新(신) - 신혼 때. □孔嘉(공가) - 대단히 부부의 사이가 좋았다는 뜻. □如之何(여지하) - 그러했던 우리의 사이가 '어떠하겠느냐', 말할 것도 없이 더욱 좋을 것이 아니겠느냐는 뜻.

|解説| 「모시서」에서는 주공의 동쪽 정벌을 노래한 시라 하였다. 이 정벌에 종군했던 사람이 3년 만에 집으로 돌아와 그때의 집 생각과 고향생각을 노래한 작품이다. 앞의 「부엉이」 시에서도 약간 언급된 것처럼 은나라 주왕의 아들 무경은 관숙·채숙·곽숙의 삼감을 꾀어 반란을 일으키었다. 이에 주공은 그들이 있는 동쪽 지방을 정벌하여 3년 만에 이들을 평정했던 것이다.

제1절에선 전쟁에 나가 있을 때의 간절했던 집 생각과 종군의 노고를 회상하고 있다. 제2절에서 종군했을 때의 고향 생각을 노래한 것이다. 제3절에선 전쟁터로부터 집에 돌아왔을 당시의 정경을 노래한 것이다. 제4절에선 자기가 결혼하던 때를 생각하며 아내에 대한 사랑을 노래한 것이다.

▲ 황새

4. 깨어진 도끼(破斧)

_{기 파 아 부}
旣破我斧하고　　내 도끼 깨어졌고

_{우 결 아 장}
又缺我斨이로되　내 싸움도끼도 이가 다 빠졌으나

_{주 공 동 정}
周公東征하여　　주공께서 동쪽 지방 정벌하여

_{사 국 시 황}
四國是皇이로다.　온 세상 바로잡으셨네.

_{애 아 인 사}
哀我人斯이　　　우리 백성 아끼시는 마음

_{역 공 지 장}
亦孔之將이로다.　너무도 위대하시네.

_{기 파 아 부}
旣破我斧하고　　내 도끼 깨어졌고

_{우 결 아 의}
又缺我錡로되　　내 톱도 이가 다 빠졌으나

_{주 공 동 정}
周公東征하여　　주공께서 동쪽지방 정벌하여

_{사 국 시 와}
四國是吪로다.　　온 세상 바로 잡으셨네.

_{애 아 인 사}
哀我人斯이　　　우리 백성 아끼시는 마음

_{역 공 지 가}
亦孔之嘉로다.　　너무도 훌륭하시네.

_{기 파 아 부}
旣破我斧하고　　내 도끼 깨어졌고

_{우 결 아 구}
又缺我銶로되　　내 연장자루도 부서졌으나

_{주 공 동 정}
周公東征하여　　주공께서 동쪽 지방 정벌하여

_{사 국 시 주}
四國是遒로다.　　온 세상 평화롭게 하셨네.

<small>애 아 인 사</small>
哀我人斯이   우리 백성 아끼시는 마음
<small>역 공 지 휴</small>
亦孔之休로다.   너무도 아름다우시네.

註解 □斧(부)-도끼. □缺(결)-이가 빠진 것. □斨(장)-자루 구멍이 모진 도끼. 부(斧)·장(斨)과 제2·3절의 기(錡)·구(銶)는 반드시 전부가 병기였다고 보기보다는, 행군할 때 길을 닦는 데 쓰는 연장을 위주로 든 것이라 봄이 좋겠다(詩緝). 그러나 장(斨)은 앞에 부(斧)가 나왔으니 날 넓은 무기로서의 도끼인 듯하다. 장은 앞의 「칠월」 시에도 나왔다. 그리고 도끼가 부서지고 이가 다 빠졌다는 것은 종군의 노고와 그 기간이 긴 것을 뜻하는 것이다. □東征(동정)-무경과 삼감인 관숙·채숙·곽숙을 친 것. 앞의 「부엉이」·「동산」 두 시 참조. □四國(사국)-사방의 나라, 온 세상(集傳). □皇(황)-광(匡)의 뜻(毛傳). 바로잡다. □哀(애)-련(憐)과 통하여 '아끼고 사랑하는 것'. □我人(아인)-우리 백성들. □斯(사)-조사. □孔(공)-매우. □將(장)-큰 것. □錡(의)-『집전』엔 끌의 한 종류라 하였으나, 마서진(馬瑞辰)은 거(鋸), 곧 톱과 같은 것이라고 하고 있다(通釋). □吪(와)-화(化)와 통하여(毛傳), 교화 또는 바로잡는 것. □嘉(가)-훌륭한 것. □銶(구)-『모전』엔 '목속(木屬)'이라 하였는데, 마서진은 끌 자루라 하였다(通釋). 그러나 한걸음 더 나아가 여러 가지 연장의 나무로 된 자루를 뜻하는 것으로 보았다. □遒(주)-모아서 단단하게 만드는 것(集傳). 곧 세상이 난리 없이 평화롭도록 만드는 것. □休(휴)-아름다운 것.

解說 「모시서」에서 이 시는 주공을 기린 것이라 하였다. 단순히 주공의 동쪽 지방 정벌의 위대한 업적을 기렸을 뿐만 아니라, 동쪽 지방 정벌의 어려움과 세상을 위한 공헌도 아울러 노래한 것이라 봄이 좋을 것이다.

5. 도낏자루 베려면 (伐柯)

<small>벌 가 여 하</small>
伐柯如何오?   도끼자루감 베자면 어떻게 하지?

　　　　비 부 불 극
　　　　匪斧不克이니라.　　도끼 아니면 안 되는 거지.
　　　　취 처 여 하
　　　　取妻如何오?　　　장가들려면 어떻게 하지?
　　　　비 매 부 득
　　　　匪媒不得이니라.　　중매인 아니면 안 되는 거지.

　　　　벌 가 벌 가
　　　　伐柯伐柯엔　　　　나무 베어 도끼자루 만들려면
　　　　기 칙 불 원
　　　　其則不遠이로다.　　그 본이 멀지 않은 데 있다네.
　　　　아 구 지 자
　　　　我覯之子하여　　　내 님을 맞아
　　　　변 두 유 천
　　　　籩豆有踐이로다.　　예를 갖추어 성혼하네.

註解　□伐柯(벌가)-도끼자루를 만들려고 나무를 베는 것. □匪(비)-비(非)와 같은 부정사. □不克(불극)-도끼자루 만들 나무를 벨 수 없다는 뜻, 곧 불가능한 것. □媒(매)-중매쟁이. 중국에선 옛날에 반드시 중매인을 중간에 두고 혼사를 이루었다. □則(칙)-규범(規範), 본보기의 뜻. 기칙(其則)은 도끼자루를 만들 나무를 벨 때 표준으로 삼을 만한 본보기. 그 본보기는 바로 나무를 베는 도끼에 자루가 있으므로 "멀지 않은 데 있다."고 한 것이다. □覯(구)-만나다. □之子(지자)-시자(是子). 결혼하는 상대방을 가리킴. □籩(변)-대나무로 만든 뒤의 두(豆) 같은 모양의 제사 때 쓰는 그릇. 과일이나 포 같은 것을 담는 데 쓴다(釋義). □豆(두)-질그릇이나 구리로 만든 굽 높은 제사 그릇이며, 전이나 부침 같은 음식을 담는 데 썼다(釋義). □踐(천)-행렬을 이룬 모양(毛傳). 이렇게 음식이 담긴 그릇을 벌여놓는다는 것은 혼인의 예식을 이룩함을 뜻한다.

解說　이는 예에 따라 이루는 결혼을 노래한 것이다(釋義). 도끼자루와 도끼는 결혼과 혼례에 비유한 것이다.
　「모시서」에서는 이 시도 주공을 기린 것이라 하였다. 그리고 주희(朱熹)는 동쪽 사람들이 주공을 만나는 기쁨을 결혼하는 데 비유하여 노래한 것이라 하였다.

6. 가는 고기그물(九罭)

_{구 역 지 어} 九罭之魚이	가는 고기그물에 걸린 고기가
_{준 방} 鱒魴이로다.	송어와 방어이네.
_{아 구 지 자} 我覯之子하니	우리 님 뵈오니
_{곤 의 수 상} 袞衣繡裳이로다.	용 그린 웃옷에 수놓은 바지 입으셨네.
_{홍 비 준 저} 鴻飛遵渚로되,	기러기 날아와 모래톱에 노닐고 있는데,
_{공 귀 무 소} 公歸無所아?	공께서 돌아가면 계실 곳 없겠는가?
_{어 여 신 처} 於女信處시니라.	그대들에게 잠시 머물러 계신 것이네.
_{홍 비 준 륙} 鴻飛遵陸이로되,	기러기 날아와 뭍에서 노닐고 있는데,
_{공 귀 불 복} 公歸不復이로다.	공께서 돌아가면 다시 오지 않으실거네.
_{어 여 신 숙} 於女信宿이시니라.	그대들에게 잠깐 머물러 계신 것이네.
_{시 이 유 곤 의 혜} 是以有袞衣兮니,	그래서 용 그린 옷 입으신 분 여기 계시는 것,
_{무 이 아 공 귀 혜} 無以我公歸兮어다!	우리 주공 돌아가게 하지 마오!
_{무 사 아 심 비 혜} 無使我心悲兮어다!	우리 마음 슬프게 하지 마오!

註解 ▫罭(역) – 물고기 그물. 구역(九罭)에 대하여 『모전』엔 작은 고기 잡는 그물이라 했는데, 『공소(孔疏)』에선 어망으로 고기 들어가는 곳이 아홉 군데 있어 구역이라 한다고 했다. ▫鱒(준) – 혼(鯶)과 비슷하면서도 비늘이 가늘고 눈이 빨간 고기(集傳). '송어(?)'. ▫魴(방) – 방어. 주남(周南) 「여수 방죽(汝墳)」

시에 보임. □覯(구)-만나다. □之子(지자)-시자(是子)로 주공을 가리킨다. □袞衣(곤의)-용이 그려져 있는 웃옷(孔疏).『모전』엔 권룡(卷龍)이라 하였는데 천자의 옷에 그린 용은 하나는 올라가고 하나는 내려오는 두 마리 용임에 비하여, 상공(上公)의 옷에 그린 용은 내려오는 용으로서 몸이 둥글게 굽어 있기 때문이다. 곤의수상(袞衣繡裳)은 용이 그려져 있는 웃옷과 수가 놓여져 있는 바지. □鴻(홍)-기러기. □渚(저)-모래톱. 기러기가 모래톱에 날고 있음은 주공이 동쪽 땅에 머물고 있음에 비유한 것임. □公(공)-주공. □所(소)-거소. □女(여)-너. 동쪽 땅의 백성들을 일컫는 말. □信(신)-두 밤 자는 것(毛傳). □處(처)-머물고 있다는 뜻. 신처(信處)는 주공이 동쪽 땅에 임시로 머물고 있음을 뜻한다. □陸(륙)-뭍. 높고 평평한 땅(集傳). □復(복)-동쪽 땅으로 되돌아오는 것. □信宿(신숙)-앞의 신처(信處)와 같은 말. □袞衣(곤의)-용 그린 옷을 입은 사람. 주공을 가리킴.

解説 주공이 동쪽 지방을 정벌하고 서쪽 주나라로 돌아가려 하자, 동쪽 땅에 사는 사람들이 주공이 돌아감을 애석히 여기어 부른 노래이다.

「모시서」에서는 주공을 기린 시라 하였다. 주나라 대부들이 조정에서 주공의 진심을 이해하지 못하는 것을 풍자한 시라는 것이다.

7. 늙은 이리(狼跋)

^{낭 발 기 호}
狼跋其胡요   늙은 이리 앞으로 나아가려다 제 턱 밑의 늘어진 혹 밟고

^{재 치 기 미}
載疐其尾로다.   뒤로 물러서려다 제 꼬리에 걸려 넘어지네.

^{공 손 석 부}
公孫碩膚하시니 주공께서는 허우대가 크신데

^{적 석 궤 궤}
赤舃几几로다.   붉은 신이 잘 어울리시네.

^{낭 치 기 미}
狼跋其尾요　늙은 이리 뒤로 물러서려다 제 꼬리에 걸려 넘어
　　　　　　　지고

^{재 발 기 호}
載跋其胡로다.　앞으로 나아가려다 제 턱 밑의 늘어진 혹 밟네.

^{공 손 석 부}
公孫碩膚하시니　주공께서는 허우대가 크신데

^{덕 음 불 하}
德音不瑕로다.　그분의 큰 덕 기리는 말 끊임없네.

註解　□狼(낭)−이리. □跋(발)−밟다. □胡(호)−턱 밑의 늘어진 혹(集傳). 늙은 이리 턱 밑에는 늘어진 살이 혹이 되어 붙는다(毛傳). 낭발기호(狼跋其胡)는 늙은 이리가 앞으로 가려다 그의 턱 밑에 늘어진 혹이 밟히어 가지 못한다는 뜻. □載(재)−조사. '곧'의 뜻. □疐(치)−넘어지다. 치기미(疐其尾)는 늙은 이리가 뒤로 물러서려다 자기 꼬리에 걸려 넘어진다는 뜻. 이 구절은 주공이 허튼 소문으로 말미암아 동쪽 땅으로 피신했던 일에 비유한 것이다(集傳). □公孫(공손)−왕손(王孫)과 비슷한 말로 주공을 가리킨다. □碩膚(석부)−허우대가 좋은 것(釋義). □赤舃(적석)−붉은 신. 상공(上公)의 복장인 면복(冕服)의 신(集傳). □几几(궤궤)−편안하고 의젓한 모양(集傳), 곧 잘 어울리는 것. □德音(덕음)−성덕(盛德)을 기리는 말, 큰 덕을 칭송하는 말. □瑕(하)−이(已)의 뜻(大雅「思齊」의 鄭箋), 끊이는 것. 덕음불하(德音不瑕)는 소아(小雅) 「남산엔 향부자(南山有臺)」 시의 덕음불이(德音不已)와 같은 말이다.

解說　「모시서」에 "늙은 이리" 시는 주공을 기린 것이다. 주공이 성왕을 대신하여 나랏일을 처리하자, 멀리로는 네 나라(管·蔡·霍과 武庚)가 허튼 소문을 퍼뜨리고 가까이로는 임금이 알아주지도 않았다. 주나라 대부가 그럼에도 그가 성인다움을 잃지 않았던 것을 기린 것이다."라고 하였다.

제2편
소아(小雅)

주희는 『시집전』의 주에서, 소아의 아(雅)는 정(正)의 뜻이며 정악(正樂)의 노래를 뜻한다 하였다. 옛날에는 또 '아'는 중원(中原) 땅을 뜻하는 하(夏)와 뜻이 통하였으니 『순자』 영욕(榮辱)편에 "월나라 사람은 월나라에서 사는 게 편하고, 초나라 사람은 초나라에 사는 게 편하며, 군자는 중원 땅에 사는 게 편하다(越人安越, 楚人安楚, 君子安雅)."고 하였고, 같은 책 유효(儒效)편에선 "초나라에 살면 초나라 풍습을 따르고, 월나라에 살면 월나라 풍습을 따르며, 중원 땅에 살면 중원 풍습을 따른다(居楚而楚, 居越而越, 居夏而夏)."고 하였다. 이 두 마디를 아울러 생각할 때 앞의 '아'는 바로 '하' 임을 알 것이다. 또 『묵자』 천지(天志) 하편에선 대아 황의(皇矣)편의 '제위문왕(帝謂文王)……' 여섯 구절을 인용하고 이를 '대하(大夏)'라 하였으니 아가 하와 통하였음이 더욱 분명하다.

하나라는 옛날 문화수준이 높았던 황하 유역 일대의 땅이며, '아'는 이 중원 일내에 유행하고 왕조에서 '정성(正聲)'이라 숭상하는 음악이었다(釋義). 여러 나라 민요인 국풍에 비하여 하나라로부터의 음악의 전통을 이어받은 정악이 '아'이다. 따라서 그 음악은 '풍'보다 더 장중하고 우아하였을 것이다.

소아와 대아의 구별에 대하여 주희는 그의 『시집전』에서 다음과 같이 말하였다.

"정소아(正小雅)는 잔치를 벌일 때 연주하던 음악이고, 정대아(正大雅)는 회조(會朝) 때 연주하던 음악이며, 제사지낸 고기를 받고 음복(飮福)할 때 훈계하는 말을 노래한 것이다. ……그렇기 때문에 말씨도 같지 않고 음절 또한 다르다."

이처럼 '아'는 잔치와 조회에 쓰인 음악이기 때문에 대부분이 사대부들의 작품이라 여겨진다. 그러나 소아 가운데에는 적지않은 국풍에 가까운 「곤줄매기(黃鳥)」·「들판을 가다(我行其野)」·「동풍(谷風)」·「무슨 풀이고 시들지 않나(何草不黃)」 같은 작품들이 들어 있다. 이들은 가사의 풍격으로 보아서는 '풍'과 비슷하지만 악조가 다르기 때문에 '아' 속에 들어 있을 것이다.

'아'는 용도와 음절에 있어서는 소아와 대아로 구분되었지만, 가사의 풍격에도 차이가 있다 하여 옛날부터 이들을 '정소아(正小雅)'와 '변소아(變小雅)', '정대아(正大雅)'와 '변대아(變大雅)'로 다시 구별하였다. 앞에 인용한 주희의 말에 '정(正)'자를 소아와 대아 앞에 붙인 것도 그러한 뜻에서이다.

정현(鄭玄)은 「사슴이 울면서(鹿鳴)」에서부터 「무성한 다북쑥(菁菁者莪)」에 이르는 16편(笙詩 6편을 합치면 22편)을 정소아, 「유월(六月)」이하를 변소아라 하였고, 대아는 「문왕(文王)」부터 「구부정한 언덕(卷阿)」에 이르는 18편을 정대아, 「백성들의 수고로움(民勞)」이하를 변대아라 하였다. 국풍도 정현은 주남과 소남을 정풍, 나머지를 변풍이라 하였다. 그리고 이들 '정시'는 주나라 무왕으로부터 강왕(康王)에 이르는 성세(B.C. 1027~B.C. 1053)의 작품이고, '변시'는 의왕(懿王 : B.C. 934~B.C. 910) 이후의 시라는 것이다. 국풍은 물론 소아와 대아도 이들을 '정변'으로 나누어 다룬 것은 경학자들이 『시경』을 유가의 경전으로 풀이하기 위하여 생각해 낸 방법이라 보아도 좋을 것이다.

제1 녹명지습(鹿鳴之什)

　아와 송의 시들은 여러 나라의 구별이 없어 10편을 1권으로 묶어 습(什)이라 하였는데, 군법(軍法)에 10명을 1습(一什)이라 함과 같은 것이다(集傳). 『공소』에선 또 아와 송은 편수가 많아서 한데 묶어놓기 어려우므로 10편을 한 권으로 나누어 묶고, 매 권 첫머리의 시를 습장(什長)으로 하여 한 권의 시를 모두 기느리게 한 것이라 하였다. 아와 송의 시들을 '……습(什)'으로 나누어 묶어놓은 것은 편의를 위한 것이라 보면 될 것이다.

1. 사슴이 울면서(鹿鳴)

呦呦鹿鳴하며 (유유녹명)	메에메에 사슴이 울며
食野之苹이로다. (식야지평)	들의 다북쑥 뜯고 있네.
我有嘉賓하여 (아유가빈)	내게 좋은 손님 오시어
鼓瑟吹笙이로다. (고슬취생)	슬 뜯고 생황 불며 즐기네.
吹笙鼓簧하고 (취생고황)	생황 불며
承筐是將하니, (승광시장)	폐백 광주리 받들어 올리니,
人之好我이 (인지호아)	나를 좋아하는 이가
示我周行이로다. (시아주행)	내게 위대한 도(道)를 알려주네.

제2편 소아(小雅) • 445

_{유 유 녹 명}
呦呦鹿鳴하며　　　　메에메에 사슴이 울며

_{식 야 지 호}
食野之蒿로다.　　　　들의 쑥을 뜯고 있네.

_{아 유 가 빈}
我有嘉賓하니　　　　내게 좋은 손님 오셨으니

_{덕 음 공 소}
德音孔昭로다.　　　　그분의 명성 매우 밝으시네.

_{시 민 부 조}
視民不恌하니　　　　백성들에게 두터운 애정 보이시니

_{군 자 시 칙 시 효}
君子是則是傚로다.　　군자들도 본뜨고 따르네.

_{아 유 지 주}
我有旨酒하여　　　　내게 맛있는 술 있어

_{가 빈 식 연 이 오}
嘉賓式燕以敖로다.　　좋은 손님 맞아 잔치 베풀어 즐기게 하네.

_{유 유 녹 명}
呦呦鹿鳴하며　　　　메에메에 사슴이 울며

_{식 야 지 금}
食野之芩이로다.　　　들의 금풀 뜯고 있네.

_{아 유 가 빈}
我有嘉賓하여　　　　내게 좋은 손님 오시어

_{고 슬 고 금}
鼓瑟鼓琴이로다.　　　슬 뜯고 금 타며 즐기네.

_{고 슬 고 금}
鼓瑟鼓琴하니　　　　슬 뜯고 금 타며 즐기니

_{화 락 차 담}
和樂且湛이로다.　　　화평하고 즐거움에 젖어드네.

_{아 유 지 주}
我有旨酒하여　　　　내게 맛있는 술 있어

_{이 연 락 가 빈 지 심}
以燕樂嘉賓之心이로다.　잔치 베풀어 좋은 손님의 마음 즐겁게 해 드리네.

註解　▫呦呦(유유)-사슴 우는 소리(毛傳). ▫芩(평)-뇌소(賴蕭)라고도 하며

(鄭箋), 쑥의 일종. 다북쑥(?). □嘉賓(가빈)-자기와 뜻이 맞는 좋은 손님. □瑟(슬)-현악기의 일종(周南「關雎」시 참조). □笙(생)-생황(笙簧)이라고 하는 취주악기. 생이나 슬은 모두 즐길 때 연주하는 음악에 쓰이는 악기임. □簧(황)-생과 황을 구별할 때에 황은 생 속에 든 피리 혀 같은 것. 큰 생은 19황, 작은 생엔 13황이 있는데, 생황을 불면 황이 진동하여 소리를 낸다. 따라서 취생고황(吹笙鼓簧)은 생황을 부는 것. □承(승)-받들다. □筐(광)-폐백을 담는 광주리(孔疏). □將(장)-진봉(進奉)의 뜻(釋義), 받들어 올리는 것. 손님을 맞아 잔치를 베풀고 풍악을 울리면서 폐백을 올린다. 손님을 극진히 환대하는 것이다. 폐백은 옛날 사람들이 처음 만날 때에 주고받던 예물이다. □周行(주행)-본시 주나라로 가는 길(毛傳). 주나라로 가는 길은 큰길이었으므로 대도(大道), 위대한 도의 뜻으로 전용된 것이다(孔疏). 손님은 덕이 있는 분이라 잔치를 즐기며 좋은 말을 하며 인륜의 올바른 훌륭한 도가 무엇인가를 말해 주는 것이다. □蒿(호)-긴(蔮)이라고도 하며(毛傳), 청호(青蒿)라고도 한다 하니(集傳), 제1절의 평(苹)과 비슷한 쑥이면서도 더 파란 것인 듯하다. □德音(덕음)-덕으로 말미암은 명성. 여기서는 손님의 명성. □孔(공)-매우. □視(시)-보여주다. 옛날 시(示)자(鄭箋). □恌(조)-투박(偸薄), 각박의 뜻(集傳). 불조(不恌)는 각박하지 않은 것, 곧 백성들에 대한 두터운 애정을 뜻함. □則(칙)-법도로 따르는 것, 본받는 것. □傚(효)-본받다. □旨酒(지주)-맛좋은 술(孔疏). □式(식)-조사(釋義). □燕(연)-연(宴)과 통함(釋義). 잔치하는 것. □敖(오)-오유(敖遊)의 뜻으로(孔疏), 즐겁게 노는 것. □芩(금)-『모전』엔 초야(草也)라 하였는데, 『육소(陸疏)』에 의하면 줄기는 비녀대 같고 잎은 대나무 같은 덩굴풀로, 습지 낮은 개펄에 나며 마소도 이를 즐겨 먹는다 했다. □湛(담)-오래 즐기는 것. 젖어드는 것. □燕樂(연락)-잔치로 즐기는 것.

▲ 사슴

[解説] 「모시서」에 "「사슴이 울면서」 시는 여러 신하와 훌륭한 손님을 위하여 잔치를 벌이는 것"이라 하였다. 『의례(儀禮)』만 보아도 향음주례(鄕飮酒禮)·연례(燕禮) 등에서 모두 「사슴이 울면서」를 노래하고 있다. 그리고 '향음주(鄕飮酒)' 편 정현의 주에 「사슴이 울면서」란 임금과 신하 및 사방에서 온 손님들의 잔치에 도를 강구하고 덕을 닦는 노래라고 하였다. 이 시는 임금이 여러 신하와 훌륭한 손님을 모시고 잔치할 때 쓰는 것이었으나 뒤에는 일반 사람들까지도 잔치에 쓰게 되었다.

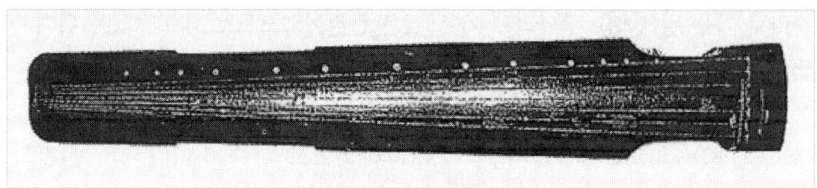

▲ 송대의 금(琴) 윗면

▲ 송대의 금(琴) 바닥면

2. 수레 끄는 네 마리 말(四牡)

사 무 비 비 四牡騑騑러니	네 마리 말 수레 끌고 달리고 달리는데
주 도 위 지 周道委遲로다.	주나라로 가는 길은 꾸불꾸불 끝이 없네.
기 불 회 귀 豈不懷歸리요?	어찌 돌아가고 싶지 않으리?

| 왕 사 미 고
王事靡盬니 | 나랏일이 끝나지 않으니 |
| 아 심 상 비
我心傷悲로다. | 내 마음 애달퍼지네. |

| 사 무 비 비
四牡騑騑러니 | 네 마리 말 수레 끌고 달리고 달리는데 |
| 탄 탄 락 마
嘽嘽駱馬로다. | 갈기 검은 흰 말들 헐떡헐떡 하네. |
| 기 불 회 귀
豈不懷歸리요? | 어찌 돌아가고 싶지 않으리? |
| 왕 사 미 고
王事靡盬니 | 나랏일이 끝나지 않으니 |
| 불 황 계 처
不遑啓處로다. | 편히 앉았을 틈도 없네. |

| 편 편 자 추
翩翩者鵻이 | 펄펄 나는 집비둘기가 |
| 재 비 재 하
載飛載下하여 | 날아가다 내려와서 |
| 집 우 포 허
集于苞栩로다. | 상수리나무 떨기에 모여 앉네. |
| 왕 사 미 고
王事靡盬니 | 나랏일이 끝나지 않으니 |
| 불 황 장 부
不遑將父로다. | 아버님 봉양할 틈도 없네. |

| 편 편 자 추
翩翩者鵻이 | 펄펄 집비둘기는 |
| 재 비 재 지
載飛載止하여 | 날아가다 멈추면서 |
| 집 우 포 기
集于苞杞로다. | 산버들 떨기에 모여앉네. |
| 왕 사 미 고
王事靡盬니 | 나랏일이 끝나지 않으니 |
| 불 황 장 모
不遑將母로다. | 어머님 봉양할 틈도 없네. |

가 피 사 락
駕彼四駱하고   네 마리 말이 끄는 수레 몰고

재 취 침 침
載驟駸駸이로다.   쏜살같이 달리고 있네.

기 불 회 귀
豈不懷歸리요?   어찌 돌아가고 싶지 않으리?

시 용 작 가
是用作歌하니   그래서 노래 지어 부르노라니

장 모 래 심
將母來諗이로다.   어머님이 그립기만 하네.

註解   □四牡(사무)-한 수레를 끄는 네 마리 수말. □騑騑(비비)-쉬지 않고 달리는 모양(毛傳). □周道(주도)-주행(周行)과 같은 말로 주나라로 가는 길(釋義). 회풍(檜風)「바람(匪風)」에 보임. □委遲(위지)-『한시』엔 왜이(倭夷)로 되어 있으며, 멀리 도는 모양(集傳), 곧 꾸불꾸불하고 먼 것. □懷歸(회귀)-고향인 주나라로 돌아갈 것을 생각하는 것. □靡盬(미고)-쉴 틈이 없다, 끝나지 않고 바쁘다.『경의술문(經義述聞)』에 '고(盬)는 식(息)의 뜻이니, 왕사미고(王事靡盬)는 나랏일이 멈추어 쉬지 않는다는 뜻이다'고 하였다. □嘽嘽(탄탄)-숨이 차 헐떡거리는 모양(毛傳). □駱(락)-검은 갈기의 흰말. 낙마(駱馬)는 네 마리 말을 가리킨다. □遑(황)-겨를. □啓處(계처)-무릎을 땅에 대고 편히 앉아 쉬는 것. 계(啓)는 궤(跪)와 뜻이 통한다(毛傳). 처(處)는 거(居)의 뜻(毛傳). □翩翩(편편)-펄펄 나는 모양. □雛(추)-부불(夫不)(毛傳), 또는 발구(鵓鳩)라고도 하며, '집비둘기'. □載(재)-즉(則)과 같은 조사. □苞(포)-떨기. □栩(허)-상수리나무, 참나무. 포허(苞栩)는 당풍(唐風)「넉새 깃(鴇羽)」시에도 보임. 펄펄 집비둘기가 날아가다 내려와 상수리나무 떨기에 모여 앉는다는 것은, 사람도 나랏일로 오랫동안 나가 일하다가 집으로 돌아와 편히 쉬는 날이 있다는 것이다. 그러나 작자는 아직도 집에 돌아오지 못하여 애태우고 있는 것이다. □將(장)-봉양(奉養), 부양의 뜻. □杞(기)-산버들. □駕(가)-수레를 타는 것. □駱(락)-검은 갈기의 흰말. 사락(四駱)은 수레를 끄는 네 마리 말을 뜻함. □驟(취)-달리다. □駸駸(침침)-달리는 모양(毛傳). □諗(심)-『모전』에 염(念)의 뜻이라 하였다. 생각하다.『경전석사(經傳釋詞)』에 의하면 '래(來)'는 '시(是)'와 통한다 했으니, 장모래심(將母來諗)은 유모시념(惟母是念), 곧 어머님 생각만 나는 것(釋義).

解說 「모시서」에 사신이 온 것을 위로하는 노래라 하였다. 그러나 본문을 보면 주나라 사람이 나랏일로 먼 곳으로 떠나 일하면서 부모님을 그리며 돌아갈 날을 생각하는 노래이다. 뒤에 와서 사신을 위로할 때 주로 쓰이는 노래로 변했을 것이다.

『의례』의 향음주·연례를 보면 모두 앞의 「사슴이 울면서(鹿鳴)」 및 뒤의 「화려한 꽃(皇皇者華)」과 함께 이 시를 노래 부르고 있다. 『춘추좌전』에는 제후들이 사신을 맞아 이들을 노래한 기록이 여러 곳에 보인다. 이렇게 보면 「사슴이 울면서」와 「사마(四牡)」 및 「화려한 꽃」 시는 뒤에 와서는 본래의 성격을 벗어나 엄격한 구별 없이 적당히 쓰였던 것 같다.

▲ 네 마리 말이 끄는 수레

3. 화려한 꽃(皇皇者華)

<ruby>皇皇者華<rt>황 황 자 화</rt></ruby>이   화려한 꽃이

<ruby>于彼原隰<rt>우 피 원 습</rt></ruby>이로다.   언덕의 진펄에 피어있네.

<ruby>駪駪征夫<rt>신 신 정 부</rt></ruby>이   말달리어 길 가는 사람은

<ruby>每懷靡及<rt>매 회 미 급</rt></ruby>이로다.   언제나 맡은 사명 다하지 못할까 걱정하네.

<ruby>我馬維駒<rt>아 마 유 구</rt></ruby>이니   내 수레 모는 말은 망아지인데

<ruby>六轡如濡<rt>육 비 여 유</rt></ruby>로다.   이를 모는 여섯 줄 고삐는 매끈하네.

<ruby>載馳載驅<rt>재 치 재 구</rt></ruby>하여   이리 달리고 저리 달리면서

<ruby>周爰咨諏<rt>주 원 자 추</rt></ruby>하도다.   두루 물어 할 일의 계획을 짜네.

<ruby>我馬維騏<rt>아 마 유 기</rt></ruby>이니   내 수레 모는 말은 검푸른 색인데

<ruby>六轡如絲<rt>육 비 여 사</rt></ruby>로다.   이를 모는 여섯 줄 고삐는 가지런하네.

<ruby>載馳載驅<rt>재 치 재 구</rt></ruby>하여   달리고 또 달리면서

<ruby>周爰咨謀<rt>주 원 자 모</rt></ruby>하도다.   두루 물어 할 일을 꾀하네.

<ruby>我馬維駱<rt>아 마 유 락</rt></ruby>이니   내 수레 모는 말은 갈기 검은 흰말인데

<ruby>六轡沃若<rt>육 비 옥 약</rt></ruby>이로다.   이를 모는 여섯 줄 고삐는 번지르르하네.

<ruby>載馳載驅<rt>재 치 재 구</rt></ruby>하여   달리고 또 달리면서

주 원 자 탁
周爰咨度하도다.　　두루 물어 할 일을 헤아리네.

아 마 유 인
我馬維駰이니　　내 수레 모는 말은 얼룩말인데
육 비 기 균
六轡旣均이로다.　　여섯 줄 고삐가 고르기도 하네.
재 치 재 구
載馳載驅하여　　달리고 또 달리면서
주 원 자 순
周爰咨詢하도다.　　두루 묻고 할 일을 생각하네.

註解　□皇皇(황황)-황황(煌煌)과 통하여(毛傳), 휘황(輝煌)한 것. 여기서는 화려한 모양. □華(화)-꽃. □原(원)-높고 평평한 땅(毛傳). □隰(습)-진펄. □駪駪(신신)-빨리 달리는 모양. 여럿이 함께 가는 모양. □征夫(정부)-길을 가는 사람(毛傳). 사신 스스로를 가리킨 말임. □靡及(미급)-불급(不及), 미급(未及), 미치지 못하는 것. 사신으로서의 사명에 미급함이 있을까 걱정하는 것임. □駒(구)-망아지. □六轡(육비)-수레를 끄는 네 마리 말의 여섯 줄 고삐(앞에 여러 번 보임). □濡(유)-선택(鮮澤), 곧 곱게 윤이 나는 것(毛傳). □載(재)-조사. □馳(치)-말 달리다. □驅(구)-수레를 몰다. □周(주)-두루. □爰(원)-조사. □咨(자)-묻다. 자(諮)와 통함. □諏(추)-꾀하다. 자추(咨諏)는 사명에 미급함이 있을까 하여 여러 사람들에게 일을 묻고 상의하고 하며 그 나라에 가서 할 일을 예비하는 것. □騏(기)-청흑색의 말. □如絲(여사)-길쌈하는 실처럼 고르게 당기어 있는 것. □謀(모)-꾀하다. 앞의 추(諏)와 비슷한 말(集傳). □駱(락)-검은 갈기의 흰말. □沃若(옥약)-여유(如濡)와 비슷한 말(集傳), 윤이 나는 것. □度(탁)-헤아리다. 역시 앞의 모(謀)와 비슷한 말(集傳). □駰(인)-엷은 흑색과 백색의 털이 섞인 말(毛傳). □詢(순)-꾀하다. 앞의 추(諏)·모(謀)·탁(度)과 비슷한 말.

解說　「모시서」에 이 시는 임금이 사신을 보낼 때 부른 노래라 하였다. 내용을 보면 사신으로 가는 사람이 도중의 감회를 노래한 것이다. 뒤에 사신을 보낼 때

부르는 노래로 많이 쓰인 듯하다(釋義). 그러나 앞에서 이미 언급한 것처럼 「사슴이 울면서」·「화려한 꽃」 시와 함께 뒤에는 쓰이는 곳이 더 많아졌다.

4. 아가위(常棣)

_{상 체 지 화}
常棣之華이   아가위 꽃은

_{악 부 위 위}
鄂不韡韡로다.   꽃송이가 울긋불긋하네.

_{범 금 지 인}
凡今之人은   많은 사람들 중에

_{막 여 형 제}
莫如兄弟니라.   형제보다 더한 이는 없지.

_{사 상 지 위}
死喪之威에   죽고 장사지내는 두려운 일에는

_{형 제 공 회}
兄弟孔懷하고   형제를 가장 생각케 되고

_{원 습 부 의}
原隰裒矣에   들판과 진펄에 나가서도

_{형 제 구 의}
兄弟求矣하니라. 형제를 서로 찾게 되네.

_{척 령 재 원}
脊令在原하니   할미새가 들에서 호들갑 떨듯

_{형 제 급 난}
兄弟急難이로다. 다급하고 어려울 적엔 형제가 돕게 되네.

_{매 유 량 붕}
每有良朋이나   좋은 벗은 있다 해도

_{황 야 영 탄}
況也永歎이니라. 그저 긴 탄식이나 해줄 뿐이네.

兄弟鬩于牆이나　형제가 집안에서는 다툰다 해도
外禦其務니라.　밖으로부터 침해가 있으면 함께 대적하네.
每有良朋이나　좋은 벗은 있다 해도
烝也無戎이니라.　도움이 되진 못하는 것.

喪亂旣平하여　어려움과 혼란 극복하여
旣安且寧하면　안정되어 편안해진 뒤에는
雖有兄弟라도　비록 형제가 있다 해도
不如友生이로다.　벗만 못할 수도 있다네.

儐爾籩豆하고　성찬을 벌여놓고
飮酒之飫엔　배부르게 먹고 마실 때
兄弟旣具라야　형제가 다 있어야만
和樂且孺니라.　오래도록 화목하고 즐거울 수 있다네.

妻子好合이　처와 자식들이 잘 화합하는 모습이
如鼓瑟琴로다.　마치 금슬 연주하는 것 같네.
兄弟旣翕하니　형제가 다 모여
和樂且湛이니라.　언제까지나 화목하고 즐겁게 지낸다네.

宜_의爾_이室_실家_가하고 그대의 집안 화목케 하고
樂_낙爾_이妻_처帑_노하며, 그대의 처자들 즐겁게 하며,
是_시究_구是_시圖_도면 그렇게 지내도록 궁리하고 꾀하면
亶_단其_기然_연乎_호인저! 정말 그렇게 될 것일세!

註解 □常(상)-당(棠)과 같은 글자로, 상체(常棣)는 당체(棠棣)·당체(唐棣), 아가위(通釋). □鄂(악)-꽃받침. 악(萼)과 통하는 글자. □不(부)-부(拊)로 씀이 옳으며, 부(拊)는 악족(鄂足), 곧 꽃받침대(鄭箋). 악부(鄂不)는 지금 말로는 악부(萼跗), 꽃받침. 부(跗)는 부(拊)와 통함. □韡韡(위위)-꽃이 울긋불긋한 모양. □凡今之人(범금지인)-모든 지금 세상의 사람들. □死喪(사상)-사람의 죽음과 장례에 대한 것. □威(위)-두려운 것. 외(畏)의 뜻(毛傳). □孔(공)-매우. □懷(회)-염려해 주는 것. □裒(부)-들이나 진펄에 사람들이 모이는 것(鄭箋). □求(구)-서로 찾고 돕는 것. □脊令(척령)-척령(鶺鴒)이라고도 쓰며, 옹거(雝渠)라고도 한다(毛傳). 우리말로는 할미새. 참새 종류로서 다리와 꼬리가 길고 부리가 뾰족하며, 등은 청회색, 배는 백색, 목 밑은 까만 무늬가 있다(陸疏). 날 때에는 울고 들까불고 하여(毛傳) 큰일이 난 듯이 날아다닌다. 이는 사람에게 어려운 사고가 생겼음에 비유한 것이다. □急難(급난)-다급하고 어려운 일. □每(매)-비록. 수(雖)의 뜻(鄭箋). 良朋(양붕)-좋은 벗. 況(황)-조사(集傳). □永歎(영탄)-길게 탄식하는 것. □鬩(혁)-싸우다. □于牆(우장)-담 안, 곧 집안(孔疏). □禦(어)-막다. □務(무)-모(侮)와 통하여, 밖으로부터 모욕(侮辱)이 가해 오는 것(鄭箋). 『좌전』엔 이 구절을 인용함에 '모(侮)'로 쓰고 있다. □烝(증)-조사(集傳). □戎(융)-돕는 것. 조(助)의 뜻(集傳). □喪亂(상란)-앞의 사상(死喪)·급난(急難)·외모(外侮) 같은 것

▲ 아가위

을 통틀어 하는 말, 어려움과 혼란. ▫旣安且寧(기안차녕)-안정되어 편안하게 된 뒤. ▫友生(우생)-친구들. ▫儐(빈)-진(陳)의 뜻으로(毛傳), 진열(陳列)하는 것, 차려놓는 것. ▫籩(변)-과일 같은 것을 담는 대그릇. ▫豆(두)-요리한 음식을 담는 나무 그릇. 변두(籩豆)는 본시 제사지낼 때 쓰는 그릇이나, 여기서는 음식을 잘 장만한 것을 뜻한다. ▫飫(어)-배부른 것. ▫具(구)-구(俱)의 뜻. 다 무고히 형제가 모여 있는 것. ▫孺(유)-유(濡)와 같은 뜻의 글자로, 즐거움이 '오래 가는 것'(釋義). ▫好合(호합)-잘 화합하는 것. ▫瑟琴(슬금)-옛날의 현악기. 슬과 금을 합주할 때 가락이 조화되는 것은 부부가 잘 어울려 즐겁게 사는 것을 뜻한다. ▫翕(흡)-합(合)의 뜻(毛傳), 모이는 것. ▫湛(담)-즐거움이 오래 가는 것. 앞의 「사슴이 울면서(鹿鳴)」 시에 보임. ▫宜(의)-잘 화합케 하는 것. ▫帑(노)-처자. ▫究(구)-궁리하다. ▫圖(도)-꾀하다. ▫亶(단)-신(信)과 통하여 '진실로'의 뜻(毛傳). ▫其然(기연)-그렇게 된다. 화합하고 즐겁게 된다는 뜻.

[解說] 「모시서」에 「아가위」는 형제들이 잔치할 때 부른 노래라 하고, 또 무왕의 형제인 관숙(管叔)과 채숙(蔡叔)이 올바른 도리에서 벗어남을 가엾게 여기어 이 시를 지었다고 하였다. 시의 내용은 8절을 통틀어 형제의 우애를 강조한 것이다.

▲ 금을 연주하는 흙 인형

5. 나무를 베네(伐木)

^{벌 목 쟁 쟁}
伐木丁丁이어늘   나무 베는 소리 쩡쩡 울리는데

^{조 명 앵 앵}
鳥鳴嚶嚶하고   새들은 삑삑 울면서

^{출 자 유 곡}
出自幽谷하여   깊은 골짜기에서 날아와

^{천 우 교 목}
遷于喬木하도다.   큰 나무로 날아가네.

^{앵 기 명 의}
嚶其鳴矣는   삑삑 우는 것은

^{구 기 우 성}
求其友聲이로다.   자기 벗 찾는 소리지.

^{상 피 조 의}
相彼鳥矣라도   새들을 봐도

^{유 구 우 성}
猶求友聲이어늘   벗을 찾는 소리 내거늘

^{신 이 인 의}
矧伊人矣이   하물며 사람이

^{불 구 우 생}
不求友生가?   친구를 찾지 않겠는가?

^{신 지 청 지}
神之聽之면   삼가 벗과 잘 어울리면

^{종 화 차 평}
終和且平이니라.   언제나 화평케 되리라.

^{벌 목 호 호}
伐木許許어늘   나무 베는 소리 탕탕 울리는데

^{시 주 유 여}
釃酒有藇하고   맛좋은 전국술에

^{기 유 비 저}
旣有肥羜하여   살진 어린 양 잡아

^{이 속 제 부}
以速諸父하니   성이 같은 여러 존경하는 친구들 부르니

寧_영適_적不_불來_래언정　마침 일 있어 오지 못하는 이 있으나

微_미我_아弗_불顧_고니라.　나를 가벼이 보는 것은 아니네.

於_오粲_찬洒_쇄埽_소하고　아아, 방을 깨끗이 쓸고 닦고

陳_진饋_궤八_팔簋_궤로다.　여러 그릇의 음식 차려놨네.

旣_기有_유肥_비牡_무하여　살진 수 짐승 잡아

以_이速_속諸_제舅_구하니　성이 다른 여러 친구들도 부르니

寧_영適_적不_불來_래언정　마침 일이 있어 오지 못하는 이 있으나

微_미我_아有_유咎_구니라.　나를 싫어하는 것은 아니네.

伐_벌木_목于_우阪_판이어늘　산비탈에서 나무를 베고 있는데

釃_시酒_주有_유衍_연하고　빛 좋은 전국 술에

籩_변豆_두有_유踐_천하니　가지런히 음식 차려놓으니

兄_형弟_제無_무遠_원이로다.　형제 같은 벗들 친하게 즐기네.

民_민之_지失_실德_덕은　사람들이 화합하지 못함은

乾_건餱_후以_이愆_건이니　시원찮은 음식 탓이니

有_유酒_주湑_서我_아하고　술 있으면 거르고

無_무酒_주酤_고我_아하여　술 없으면 사다가

坎_감坎_감鼓_고我_아하고　둥둥 북치고

준 준 무 아
蹲蹲舞我하며　　덩실덩실 춤추며

태 아 하 의
迨我暇矣하여　　한가한 틈을 타서

음 차 서 의
飮此湑矣로다.　걸러놓은 술 마셔보세.

[註解]　□丁(쟁)-쟁쟁(丁丁)은 도끼로 나무를 찍는 소리. □嚶(앵)-앵앵(嚶嚶)은 새가 우는 소리. □幽谷(유곡)-깊은 산골짜기. □喬木(교목)-큰 나무. □相(상)-보다. □矧(신)-하물며. □伊(이)-조사. □友生(우생)-친구. 앞의 「아가위(常棣)」시에 보임. □神(신)-『이아(爾雅)』 석고(釋詁)에 신(愼)의 뜻이라 하였다(通釋). 삼가는 것. 신지(神之)는 친구와의 관계를 삼가 잘 지키는 것. □聽(청)-청종(聽從)의 뜻. 좋은 말을 잘 듣고 잘 어울리는 것(通釋). □終(종)……且(차)-'……하고도 ……하다', 곧 '기(旣)……차(且)……'의 뜻(釋義). □許許(호호)-『설문해자(說文解字)』엔 '소소(所所)'로 인용하고 '나무 베는 소리'라 하였다. 『옥편(玉篇)』에도 '소(所)는 벌목성(伐木聲)이라' 했으니, 호호(許許)도 나무 베는 소리로 봄이 좋다(通釋). □釃(시)-술을 거르는 것. 그러나 『설문해자』에 '일왈순야(一曰醇也)'라 했으니, 여기서는 순주(醇酒), 곧 전국 술의 뜻으로 봄이 좋겠다(通釋). □有藇(유여)-여연(藇然)으로 술이 맛있는 것. □羜(저)-어린 양. □速(속)-부르다, 초청하다. □諸父(제부)-친구 중에서 같은 성(姓)이면서도 존경하는 사람들(集傳). □寧(녕)-차라리. □適(적)-마침 일이 생기어의 뜻. □微(미)-비(非), …아닌 것. □顧(고)-거들떠보는 것. □於(오)-감탄사. □粲(찬)-깨끗하고 밝은 것. □洒(쇄)-물을 뿌리는 것, 물 뿌리고 닦는 것. □埽(소)-쓸다. 쇄소(洒埽)는 친구들을 초청할 방을 깨끗이 쓸고 닦는 것. □饋(궤)-음식(釋義). □簋(궤)-음식을 담는 그릇(秦風 '權輿'에 보임. 팔궤(八簋)는 여러 그릇의 뜻(集傳). □牡(무)-수짐승. □諸舅(제구)-친구 중 성(姓)이 다르면서도 존경하는 사람들(集傳). □咎(구)-허물, 싫어하는 것. □阪(판)-산비탈. □有衍(유연)-연연(衍然)으로 아름다운 모양(毛傳). 술빛이 좋은 것. □踐(천)-벌여놓은 모양(毛傳). 빈풍(豳風) 「도끼자루 베려면(伐柯)」시에도 보임. □兄弟(형제)-형제처럼 친한 친구. □無遠(무원)-멀리하지 않다. 가까이서 친근히 즐겁게 지내는 것. □德(덕)-혜(惠)·화(和)와 통하여, 실

덕(失德)은 화합함을 잃는 것(釋義). ▫餱(후)-말린 밥. 건후(乾餱)는 형편없는 음식으로 대접함을 말한다. ▫愆(건)-허물. ▫湑(서)-술을 거르다. 서아(湑我)는 술을 '내게 걸러다오' '술을 걸러라'의 뜻. ▫酤(고)-술을 사오다. ▫坎坎(감감)-북치는 소리. ▫蹲(준)-준준(蹲蹲)은 덩실덩실 춤추는 모양. ▫迨(태)-미치다. ▫暇(하)-틈. ▫湑(서)-거른 술.

解説 「모시서」에 「나무를 베네」 시는 친구나 오래 사귄 사람들을 잔치할 때 부르는 노래라 하였다. 옛날 임금이 가례(嘉禮)로서 신하를 대접하는 사람들로 집안 사람들과 형제들·오래 사귄 친구들·공경대부(公卿大夫)·공후백자남(公侯伯子男)이 있었다. 여기에서 말한 '친구나 오래 사귄 사람'이란 '오래된 친구들'을 뜻한다.

▲ 두(豆) -제기

6. 하늘이 안정시키사(天保)

$\substack{\text{천 보 정 이}\\ \text{天保定爾}}$하사　　　하늘이 당신을 안정시키사

$\substack{\text{역 공 지 고}\\ \text{亦孔之固}}$로다.　　매우 굳건케 되었네.

$\substack{\text{비 이 단 후}\\ \text{俾爾單厚}}$이시니　당신의 복을 크고 두터이 하셨으니

$\substack{\text{하 복 부 제}\\ \text{何福不除}}$리요?　어떤 복인들 갖추어지지 않은게 있겠는가?

$\substack{\text{비 이 다 익}\\ \text{俾爾多益}}$이시니　당신에게 이롭게 하셨으니

$\substack{\text{이 막 불 서}\\ \text{以莫不庶}}$로다.　그 때문에 많은 복받지 않은 것 없네.

$\substack{\text{천 보 정 이}\\ \text{天保定爾}}$하사　　　하늘이 당신을 안정시키사

$\substack{\text{비 이 전 곡}\\ \text{俾爾戩穀}}$이로다.　당신에게 복록 누리게 하셨네.

$\substack{\text{경 무 불 의}\\ \text{罄無不宜}}$하여　모든 일 합당하게 하시어

$\substack{\text{수 천 백 록}\\ \text{受天百祿}}$이로다.　하늘이 내리시는 갖가지 복 받으셨네.

$\substack{\text{강 이 하 복}\\ \text{降爾遐福}}$하시되　당신에게 큰 복 내리시기를

$\substack{\text{유 일 부 족}\\ \text{維日不足}}$이니라.　받는 날이 부족할세라 많이 내리시네.

$\substack{\text{천 보 정 이}\\ \text{天保定爾}}$하사　　　하늘이 당신을 안정시키사

$\substack{\text{이 막 불 흥}\\ \text{以莫不興}}$이라.　흥성하지 않는 일이 없네.

$\substack{\text{여 산 여 부}\\ \text{如山如阜}}$하고　높은 산과도 같고 큰 땅덩이와도 같고

| 여 강 여 릉
如岡如陵하며 | 높은 산등성이와도 같고 높은 언덕과도 같으며 |
| 여 천 지 방 지
如川之方至하여 | 강물이 막 흘러오듯 하니 |
| 이 막 부 증
以莫不增이로다. | 그 때문에 불어나지 않는 것이 없네. |

| 길 견 위 치
吉蠲爲饎하여 | 좋은 날 정결하게 음식 마련하여 |
| 시 용 효 향
是用孝享하고 | 조상께 효성스럽게 바치고 |
| 약 사 증 상
禴祠烝嘗을 | 사철마다 제사를 |
| 우 공 선 왕
于公先王하사 | 선공과 선왕들께 드리어 |
| 군 왈 복 이
君曰卜爾하시니 | 선군께서 너에게 복을 내려주겠다고 하시니 |
| 만 수 무 강
萬壽無疆하시도다. | 만수무강 하실걸세. |

| 신 지 조 의
神之弔矣하사 | 조상들의 신이 가상히 여기시어 |
| 이 이 다 복
詒爾多福하고 | 당신께 많은 복 내리셨고 |
| 민 지 질 의
民之質矣하여 | 백성들 안정되어 |
| 일 용 음 식
日用飮食이라 | 잘 먹고 마시며 살아가고 있으니 |
| 군 려 백 성
羣黎百姓이 | 여러 백성들과 관원들이 |
| 변 위 이 덕
徧爲爾德이로다. | 모두 당신의 덕분이라 하네. |

| 여 월 지 긍
如月之恒하고 | 달이 밝아지는 듯 |
| 여 일 지 승
如日之升하며 | 해가 떠오르는 듯 |

여 남 산 지 수
如南山之壽하여　　남산이 무궁함같이 수하시며

불 건 불 붕
不騫不崩하고　　이지러지지도 무너지지도 않고

여 송 백 지 무
如松栢之茂하여　　소나무 잣나무가 무성하듯

무 불 이 혹 승
無不爾或承이로다.　　당신의 왕업 끊임없이 이어지리라.

註解　□保(보)-안(安)의 뜻으로(鄭箋), 보정(保定)은 안정의 뜻. □爾(이)-너, 당신. 임금을 가리킨다. □孔(공)-'매우'. □固(고)-굳건한 것. □俾(비)-······으로 하여금, 사(使)와 뜻이 같음. □單(단)-『설문해자』에 '대(大)'의 뜻이라 하였다(通釋). 단후(單厚)는 하늘이 당신에게 복록(福祿)을 크고 두터이 내리셨다는 뜻. □除(제)-갖추다. 비(備)의 뜻. 『역경』 췌괘(萃掛) 상전(象傳)에 '군자는 병기를 갖추어 놓고, 불의의 사고를 경계한다(君子以除戎器, 戒不虞).'라는 구절에 대하여 우번(虞翻)은 '제(除)는 수(脩)의 뜻이라'고 하였는데, '수'도 갖춘다는 뜻이다(釋義). □益(익)-이(利), 이익. □庶(서)-중(衆)의 뜻으로(毛傳) 많은 복록을 뜻함. □戩穀(선곡)-복록의 뜻. □罄(경)-진(盡), 곧 '모두'의 뜻(毛傳). □百祿(백록)-여러 가지 모든 녹(祿). □遐(하)-가(嘏)와 통하여 '대(大)'의 뜻(通釋). □維日不足(유일부족)-복록을 너무 많이 내리시어 받기에 시간이 모자랄듯하다는 뜻. □興(흥)-모든 나랏일이 흥성하는 것. □阜(부)-대륙(大陸)을 부(阜)라 한다고 한다(集傳). '큰 땅덩어리'. □岡(강)-산등성이. □陵(릉)-큰 언덕. 산(山)·부(阜)·강(岡)·능(陵)은 모두 임금의 복록이 매우 크고 풍부함을 형용한 것이다. □吉(길)-좋은 날을 가리는 것. □蠲(견)-깨끗한 것. □饎(치)-술과 음식, 음식. □孝享(효향)-효도하는 마음을 가지고 조상들께 음식을 올리는 것(孔疏). □禴(약)-여름 제사. □祠(사)-봄 제사. □烝(증)-겨울 제사. □嘗(상)-가을제사. □公(공)-선공(先公). 태왕(太王) 이 전의 임금이 되지 못하였던 조상들. □先王(선왕)-태왕(太王) 이후의 선대 임금들(孔疏). □君(군)-선군(先君). □卜(복)-주다, 복을 내려준다는 뜻. 복이(卜爾)는 너의 제사에 대한 보답으로 복을 내려주겠다는 말. □吊(조)-금문(金文) 숙(叔)자는 예서(隸書)의 조(吊)자와 모양이 비슷한데, 옛날에는 숙(叔)은

숙(淑)과 통용되었다. 그래서 숙(淑 : 叔)자는 흔히 조(弔)자로 잘못 쓰여졌다. 이 조(弔)자도 숙(淑)자가 잘못 쓰인 것인 듯하며, 숙(淑)은 선(善)과 통한다(釋義). 여기서는 신(神)이 임금을 '좋게 보는 것'. □詒(이)-주다. 이(貽)와 통함. □質(질)-성(成), 이룩하다(毛傳). 안정시키다(傳疏). 여기의 성민(成民)은 백성들을 '안정시키는 것'(釋義). □日用飮食(일용음식)-백성들의 기본 욕망을 가리키는 말로 편히 살아감을 뜻하는 것임. □羣黎(군려)-백성들. □百姓(백성)-본시 백관(百官), 여러 관리의 뜻. 후대(東周 이후)에 인민을 가리키는 말로 바뀌었다. □徧(변)-모두. □爲爾德(위이덕)-'당신의 덕 때문'. □恒(긍)-상현(上弦)의 뜻으로, 달이 밝아지는 것. □壽(수)-무궁(無窮)함을 뜻함. □騫(건)-이지러지다. □崩(붕)-무너지다. □栢(백)-잣나무. 송백지무(松栢之茂)는 소나무와 잣나무가 사철 언제나 무성한 것. □或(혹)-조사(經傳釋詞). □承(승)-계승, 이어가는 것.

|解說|「모시서」에 이 시는 신하가 임금에게 보답하는 뜻으로 노래하는 것이라 하였다. 그래서 내용을 보면 임금의 덕과 은총을 기린 것이다. 주희는 또 "임금은 「사슴이 울면서」 이하 다섯 가지 시로써 그의 신하들을 잔치하고, 잔치에 부름을 받은 신하는 이 시를 노래함으로써 그의 임금에 보답한 것이다."라고 설명하였다(集傳).

7. 고사리 캐세(采薇)

采薇采薇여 고사리 캐세, 고사리 캐세,
채 미 채 미

薇亦作止로다. 고사리가 돋아났네.
미 역 작 지

曰歸曰歸여 돌아가세, 돌아가세,
왈 귀 왈 귀

歲亦莫止로다. 이 해도 다 저물어 가네.
세 역 모 지

미실미가 靡室靡家는	집도 절도 없는 것은
험윤지고 玁狁之故로다.	험윤 오랑캐들 때문일세.
불황계거 不遑啓居도	편히 앉아 쉴 틈 없는 것도
험윤지고 玁狁之故로다.	험윤 오랑캐들 때문일세.

채미채미 采薇采薇여	고사리 캐세, 고사리 캐세,
미역유지 薇亦柔止로다.	고사리가 부드럽네.
왈귀왈귀 曰歸曰歸여	돌아가세, 돌아가세,
심역우지 心亦憂止로다.	마음에는 걱정만 느네.
우심열렬 憂心烈烈하여	마음의 걱정 타오르듯
재기재갈 載飢載渴이로다.	굶주리고 목마른 듯하네,
아수미정 我戍未定이니	우리 싸움은 평온한 날 없으니
미사귀빙 靡使歸聘이로다.	사람을 보내어 문안드릴 수도 없네.

채미채미 采薇采薇여	고사리 캐세, 고사리 캐세,
미역강지 薇亦剛止로다.	고사리도 뻣뻣해졌네.
왈귀왈귀 曰歸曰歸여	돌아가세, 돌아가세,
세역양지 歲亦陽止로다.	이 해도 시월이 됐네.

왕 사 미 고 王事靡盬하니	나랏일 끊임없어
불 황 계 처 不遑啓處로다.	편히 앉아 쉴 틈도 없네.
우 심 공 구 憂心孔疚니	걱정하는 마음 매우 아프니
아 행 불 래 我行不來니라.	나는 집 떠나 돌아가지 못하기 때문이네.

피 이 유 하 彼爾維何오?	저기 환한 게 무엇일까?
유 상 지 화 維常之華로다.	아가위 꽃이라네.
피 로 사 하 彼路斯何오?	저 큰 수레는 무엇일까?
군 자 지 거 君子之車로다.	장수님의 수레라네.
융 거 기 가 戎車旣駕하니	전투용 수레 몰고 가는데
사 무 업 업 四牡業業이로다.	수레 끄는 네 마리 말 크고 튼튼하네.
기 감 정 거 豈敢定居리요?	어찌 편안히 지낼 수 있나?
일 월 삼 첩 一月三捷이로다.	한 달에 세 번은 싸워 이기고 있다네.

가 피 사 무 駕彼四牡하니	네 마리 말이 끄는 수레 몰고 가는데
사 무 규 규 四牡騤騤로다.	네 마리 말은 튼튼하기도 하네.
군 자 소 의 君子所依하고	장군께서는 위에 타시고
소 인 소 비 小人所腓로다.	졸개들은 뒤따르고 있네.

$$\underset{사}{四}\underset{무}{牡}\underset{익}{翼}\underset{익}{翼}하고 \qquad 수레 끄는 네 마리 말 가지런하고$$

$$\underset{상}{象}\underset{미}{弭}\underset{어}{魚}\underset{복}{服}이로다. \qquad 상아 박은 활고자엔 물개 가죽 입혔네.$$

$$\underset{기}{豈}\underset{불}{不}\underset{일}{日}\underset{계}{戒}리요? \qquad 어찌 매일 경계 않으리?$$

$$\underset{험}{獫}\underset{윤}{狁}\underset{공}{孔}\underset{극}{棘}이로다. \qquad 험윤 오랑캐 침략으로 다급한데.$$

$$\underset{석}{昔}\underset{아}{我}\underset{왕}{往}\underset{의}{矣}엔 \qquad 옛날 내가 집 떠날 때엔$$

$$\underset{양}{楊}\underset{류}{柳}\underset{의}{依}\underset{의}{依}러니 \qquad 버드나무 가지 푸르렀는데$$

$$\underset{금}{今}\underset{아}{我}\underset{래}{來}\underset{사}{思}엔 \qquad 지금 와서는$$

$$\underset{우}{雨}\underset{설}{雪}\underset{비}{霏}\underset{비}{霏}로다. \qquad 눈만 펄펄 날리고 있네.$$

$$\underset{행}{行}\underset{도}{道}\underset{지}{遲}\underset{지}{遲}하고 \qquad 가는 길 더디기만 하고$$

$$\underset{재}{載}\underset{갈}{渴}\underset{재}{載}\underset{기}{飢}하며 \qquad 목마른 듯 굶주린 듯$$

$$\underset{아}{我}\underset{심}{心}\underset{상}{傷}\underset{비}{悲}어늘 \qquad 내 마음 서글프지만$$

$$\underset{막}{莫}\underset{지}{知}\underset{아}{我}\underset{애}{哀}로다. \qquad 아무도 내 슬픔 몰라주네.$$

註解 □薇(미) – 고사리, 고비. 대소채(大巢菜)라고도 하는 산나물. 소남(召南) '초충(草蟲)' 시에도 보임. □作(작) – 생(生)의 뜻(毛傳), 돋아나는 것. □止(지) – 조사. □日(왈) – 조사. 왈귀(曰歸)는 돌아가자. □莫(모) – 날이 저무는 것. 모(暮)의 본자(本字). □靡室靡家(미실미가) – 실가(室家)가 없는 것, 집이 없는 것. 나랏일로 집을 나간 사람이 낯선 고장에 있는 것을 뜻함. □獫狁(험윤) – 중국의 서북쪽에 살던 오랑캐들. 은주(殷周) 시대의 호칭으로 몽고족을 뜻하며 진한(秦漢) 때에는 흉노(匈奴)라 불렀다. 옛날부터 이들은 중원(中原)으로 자주 침입하여 중국을 괴롭혀 왔다. □遑(황) – 겨를. □啓居(계거) – 무릎을 땅에 대고

편히 앉아 있는 것(앞의 '四牡' 시에 보임). □柔(유)-부드럽게 돋아있는 것. □烈烈(열렬)-근심하는 모양(集傳). □載(재)-조사. 즉(則)과 같은 뜻. □飢渴(기갈)-근심하는 마음이 목마른 듯, 굶주린 듯하다는 말. □戍(수)-수자리. 여기서는 변경에서의 전쟁을 말함. □未定(미정)-정처(定處)가 없는 것, 안정된 편안한 날이 없는 것. □歸(귀)-귀(饋)와 통하는데 『방언(方言)』에 '귀(饋)는 사(使)의 뜻'이라 했다. …하게 하는 것(通釋). □聘(빙)-빙문(聘問)으로 사람을 보내서 문안드리는 것. □剛(강)-뻣뻣해진 것. □陽(양)-10월. 옛날엔 음양사상을 바탕으로 10월을 '양'이라 하였다. □靡盬(미고)-불식(不息)의 뜻. 쉴 새가 없는 것. 앞의 「사무(四牡)」시 참조. □啓處(계처)-편히 지내다. 앞의 계거(啓居)와 같은 말. □疚(구)-병 들은 것, 아픈 것. □來(래)-귀래(歸來), 돌아오는 것. □爾(이)-『설문해자』에 이(薾)로 인용되었으며, 꽃이 성한 모양(毛傳). □常(상)-상체(常棣)·당체(棠棣), '아가위'. □路(로)-노거(路車), 수레의 뜻. □斯(사)-유(維)와 같은 조사(經傳釋詞). □君子(군자)-장수를 뜻함(鄭箋). □戎車(융거)-병거(兵車), 전차. □業業(업업)-장(壯)한 모양(毛傳), 튼튼한 모양. □定居(정거)-일정한 곳에 머물러 사는 것. □捷(첩)-싸워 이기는 것. □騤騤(규규)-말이 강해 뵈는 것. □依(의)-수레에 타는 것(集傳). □腓(비)-『모전』엔 피하고 타지 않는 것이라 하였는데, 『집전』엔 정자(程子)를 인용 '비(腓)는 따라 움직이는 것이다. 발과 장딴지처럼 발이 움직이면 따라 움직이는 것이다'고 하였다. □翼翼(익익)-가지런히 줄지은 모양(集傳). □象(상)-상아(象牙). □弭(미)-활고자. □魚(어)-어수(魚獸). 돼지같이 생겼는데 동해에 나며, 그 가죽은 등에는 얼룩무늬가 있고, 배는 새파란 빛이다(孔疏). '물개'가 아닐까? 어복(魚服)은 물개 가죽으로 입힌 것. □日戒(일계)-매일 경계하는 것. □棘(극)-급(急)의 뜻(毛傳). □孔棘(공극)-매우 다급한 것. □依依(의의)-성(盛)한 모양(韓詩)「薛君章句」, 見 『文選』註). 뒤에 '그리움에 잊지를 못하는 모양'을 뜻하는 말로 바뀌었다. □思(사)-조사. □霏(비)-눈비가 부슬부슬 오는 것. □遲遲(지지)-더딘 모양. □載渴載飢(재갈재기)-여기서도 마음이 목마르고 배고프듯 애탄다는 뜻. □莫(막)-'아무도 …… 못한다'는 뜻.

解説 「모시서」에 「고사리 캐세」는 변경을 지키러 전쟁터에 나가는 사람을 보낼 때 부르는 노래라 하였다. 내용은 변경을 지키러 나간 사람이 자기의 노고를

읊은 것이다.「모시서」에 또 이어서 이 시는 문왕 때 서쪽으론 곤이(昆夷)의 침입이 있고 북쪽으론 험윤(玁狁)의 침략이 있어, 천자가 나라를 지키려고 장수에게 명하여 장수를 국경 지키는 싸움터에 내보낼 때 부른 노래라 하였다.

그러나 왕국유(王國維)의 『귀방곤이험윤고(鬼方昆夷玁狁考)』(『觀堂集林』 권 13)에 의하면, 은나라 말엽에서 주나라 초기에 이르기까지는 이들을 귀방(鬼方)이라 불렀고 서주 중엽 이후에야 험윤이란 이름이 생겼다. 그러므로 이것은 문왕(文王) 때(B.C. 1130 이전)의 시가 아니라 적어도 서주 중엽 이후의 시라고 봄이 옳겠다. 뒤의「수레 내어(出車)」·「유월(六月)」 같은 시들과 아울러 생각할 때 선왕(宣王) 때(B.C. 827~B.C. 782)의 작품일 것이라고 굴만리는 주장하였다(釋義).

8. 수레 내어(出車)

我出我車하여 　　내 수레 내어

于彼牧矣로다. 　　들판에 나와 있네.

自天子所로 　　천자 계신 곳에서

謂我來矣로다. 　　내게 오라고 명하셨기 때문이네.

召彼僕夫하여 　　하인 불러

謂之載矣하고 　　수레를 준비하게 하고

王事多難하니 　　나랏일에 어려움이 많아서

維其棘矣로다. 　　급히 서둘러 온 걸세.

아 출 아 거
我出我車하여　　내 수레 내어

우 피 교 의
于彼郊矣로다.　　들판으로 나왔네.

설 차 조 의
設此旐矣하고　　거북과 뱀 그린 깃발 꽂고

건 피 모 의
建彼旄矣하니　　소꼬리 털 단 깃대 세우니

피 여 조 사
彼旟旐斯이　　여러 가지 깃발들이

호 불 패 패
胡不旆旆리요?　　얼마나 바람에 펄럭이는가?

우 심 초 초
憂心悄悄하니　　마음은 그래도 걱정뿐인데

복 부 황 췌
僕夫況瘁로다.　　내 하인까지도 병이 났네.

왕 명 남 중
王命南仲하사　　임금님께서 남중에게 명하시어

왕 성 우 방
往城于方이로다.　　방(方) 땅에 가 성을 쌓게 하셨네.

출 거 방 방
出車彭彭하고　　수레 내어 떠나니 위세 당당하고

기 조 앙 앙
旂旐央央이로다.　　여러 가지 깃발은 화사하기도 하네.

천 자 명 아
天子命我하사　　천자께서 우리에게 명하시어

성 피 삭 방
城彼朔方하시니　　북녘 땅에 성을 쌓게 하셨으니

혁 혁 남 중
赫赫南仲이여　　용감한 남중은

험 윤 우 양
獫狁于襄이로다.　　험윤 오랑캐들을 쳐 없앨걸세.

제2편 소아(小雅) • 471

昔我往矣에   전에 내가 떠날 때엔
黍稷方華러니   기장이 한창 패고 있었는데
今我來思엔   지금 와서는
雨雪載塗로다.   눈 내리어 길이 진흙투성이네.
王事多難하여   나랏일 어려움이 많아
不遑啓居로다.   편히 지낼 틈도 없네.
豈不懷歸리요?   어찌 돌아가고 싶지 않으리?
畏此簡書니라.   군령이 두려워 못가는 거지.

喓喓草蟲하고   직직 여치가 울고
趯趯阜螽이로다.   팔딱팔딱 메뚜기는 뛰는데
未見君子하여   님을 뵙지 못하여
憂心忡忡이로다.   마음의 시름 그지없네.
既見君子라야   님을 뵈어야
我心則降이로다.   내 마음 안정되겠네.
赫赫南仲이여   용감한 남중(南仲)이
薄伐西戎이로다.   서쪽 오랑캐들 쳐 부셨네.

春_춘日_일遲_지遲_지하고　　봄날은 길고

卉_훼木_목萋_처萋_처하니　　풀과 나무 우거지자

倉_창庚_경喈_개喈_개며　　꾀꼬리가 삑삑 우는 속에

采_채蘩_번祁_기祁_기로다.　　쑥을 수북히 뜯네.

執_집訊_신獲_획醜_추하고　　많은 적을 베고 사로잡은 뒤

薄_박言_언還_환歸_귀로다.　　돌아오게 되었네.

赫_혁赫_혁南_남仲_중이여　　용감한 남중(南仲)이

玁_험狁_윤于_우夷_이로다.　　험윤 오랑캐들을 평정하였네.

註解　▫我出我車(아출아거)-우리의 병거(兵車)를 내어 전쟁터로 나갔다는 뜻.　▫牧(목)-목지(牧地)(毛傳). 『이아(爾雅)』에 읍외(邑外)를 교(郊), 교외(郊外)를 목(牧)이라 한다고 한 것은 잘못이며, 목(牧)은 교(郊)와 같이 고을에서 멀리 떨어진 들판(通釋). 여기서는 바로 작자가 와 있는 전쟁터를 뜻한다.　▫天子(천자)-주(周)나라 임금.　▫自天子所(자천자소)-주왕(周王)이 계신 곳으로 부터.　▫謂我來(위아래)-나를 이곳으로 오도록 하였다. 곧 출정 명령이 내린 것을 뜻한다. 『광아(廣雅)』에 '위(謂)는 사(使)의 뜻'이라 하였다.　▫僕夫(복부)-하인.　▫謂之載(위지재)-실을 만한 물건들을 싣게 하는 것. 곧 출정 준비.　▫棘(극)-다급한 것.　▫郊(교)-고을 밖의 교외. 여기서는 앞의 목(牧)과 마찬가지로 와 있는 전쟁터인 들판을 가리킨다.　▫旐(조)-거북과

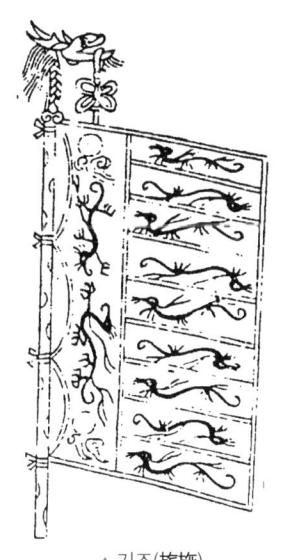

▲ 기조(旂旐)

뱀이 그려져 있는 깃발. 옛날 깃발에 아홉 가지가 있었는데, 모두 그려 있는 무늬와 용도가 달랐다. □旄(모)-모우(旄牛)의 쇠꼬리로 만든 장식을 깃대 위에 단 것. 후세에는 모우의 꼬리 대신 꿩깃 같은 것으로 기장목을 만들어 꽂았다. □旟(여)-새매가 그려져 있는 깃발. 용풍(鄘風)「깃대(干旄)」시에 보임. □斯(사)-조사. □旆旆(패패)-깃발이 펄럭이는 모양(集傳). □悄悄(초초)-근심하는 모양. □況(황)-'더욱이'의 뜻. □瘁(췌)-병이 든 것. □南仲(남중)-장군 이름.『한서(漢書)』인표(人表)에 남중을 선왕(宣王) 때 사람이라 들었고, 허혜정(鄦惠鼎)에 남중이 나오는데 왕국유(王國維)는 바로 이 시의 남중이라 하였다. 그리고 혜갑반(兮甲盤)과 괵계반(虢季盤)은 모두 선왕 때의 동기(銅器)인데 험윤 정벌에 관한 기사가 적혀 있다(『鬼方昆夷玁狁考』). □城(성)-성(城)을 수축하는 것. □方(방)-지명(地名). 바로 「유월(六月)」시의 '침호급방(侵鎬及方)'의 방(方)이다. 왕국유는 종주(宗周) 이기(彝器)에 흔히 보이는 방(菶) 또는 방경(菶京)이라 하였다. 그곳은 포(蒲) 땅(秦나라의 蒲版, 뒤의 蒲州)에 해당한다(王國維『周菶京考』). □彭彭(방방)-중성(衆盛)한 모양, 위세가 굉장한 모양. 제풍(齊風)「수레 타고(載驅)」시에 보임. □旂(기)-청황(青黃) 교룡(交龍)이 그려진 깃발(毛傳). □央央(앙앙)-선명한 모양(毛傳). □朔方(삭방)-북방. □赫(혁)-위세와 명성이 밝게 빛나는 것(集傳). 용감한 것. □襄(양)-제(除)의 뜻(毛傳). 쳐 없애는 것. □黍(서)-메기장. □稷(직)-차기장. □方華(방화)-막 꽃이 피어 있다. 곡식이므로 '막 이삭이 패어 있었다'는 뜻. □塗(도)-진흙. □簡書(간서)-계명(戒命)(毛傳), 곧 군령(軍令). 이 군령 때문에 집에 돌아가지 못한다는 것이다. □喓(요)-벌레 소리. □草蟲(초충)-여치. 이하 6구는 고향과 아내를 생각하는 상상이며 소남(召南)「베짱이(草蟲)」시와 내용이 같다. 어느 것이 먼저 지어졌는지 모르지만 문맥상으로 보아 이곳의 문구는 삽입된 형식이므로 소남의「베짱이」시가 먼저 지어진 것이라 본다. □趯(적)-뛰는 것. □阜螽(부종)-메뚜기. □忡(충)-근심하는 것. □降(항)-안정의 뜻. □薄(박)-조사. □西戎(서융)-험윤을 가리킴. □遲遲(지지)-해가 지는 것이 더디다, 곧 해가 길다는 뜻. □卉(훼)-풀. □萋(처)-풀이 무성한 것. □倉庚(창경)-꾀꼬리. □喈(개)-새가 우는 소리. □蘩(번)-애탕쑥. □祁祁(기기)-수북한 모양. 빈풍(豳風)「칠월(七月)」시에 보임. □執訊(집신)-신문할 만한 적을 생포하는 것(通釋). □獲(획)-괵(馘)과 통하여 적을 죽이고 그 왼편 귀를 자르는 것. □醜

(추)-중(衆)의 뜻(通釋), 여러, 많은. □薄言(박언)-모두 조사. □夷(이)-평
(平)과 통하여(毛傳), 평정되었다는 뜻.

解說 「모시서」에 「수레 내어」는 전쟁에서 돌아온 장수를 위로할 때 부른 노래
라 하였다. 이 시의 내용은 험윤 정벌에 나갔던 군인이 돌아와 그때 일을 회고하
며 노래한 것이다. 그때의 장수가 남중이었다.
『한서』 흉노전(匈奴傳)에 이 시를 선왕(宣王) 때에 지은 것이라 하였다.

9. 우뚝한 아가위나무(杕杜)

有杕之杜에　　　우뚝한 아가위나무엔
有睆其實이로다.　주렁주렁 열매가 열렸네.
王事靡盬라　　　나랏일이 끝나지 않아
繼嗣我日이로다.　우리 임의 고된 나날들 이어지고 있네.
日月陽止하여　　세월은 흘러 시월이 되어
女心傷止하니　　여인의 마음 서글퍼지니
征夫遑止어다!　　집 떠난 우리 님은 돌아올 틈 내시기를!

有杕之杜에　　　우뚝한 아가위나무는
其葉萋萋로다.　　잎새가 무성하네.
王事靡盬라　　　나랏일이 끝나지 않아

아 심 상 비	
我心傷悲로다.	내 마음 슬퍼만 지네.

훼 목 처 지	
卉木萋止하여	풀과 나무 무성해져서

여 심 비 지	
女心悲止니	여인의 마음은 슬퍼만 지니

정 부 귀 지	
征夫歸止어다!	집 떠난 우리 님은 돌아오시기를!

척 피 북 산	
陟彼北山하여	저 북산에 올라

언 채 기 기	
言采其杞로다.	구기자를 뜯네.

왕 사 미 고	
王事靡盬라	나랏일이 끝나지 않아

우 아 부 모	
憂我父母로다.	우리 부모님 걱정 끼치시네.

단 거 천 천	
檀車幝幝하고	박달나무 수레는 터덜터덜

사 무 관 관	
四牡痯痯하니	수레 끄는 말은 타박타박 지나가니

정 부 불 원	
征夫不遠이로다!	집 떠난 우리 님 돌아오실 날 멀지 않았겠지!

비 재 비 래	
匪載匪來라	수레 타고 돌아오지 않으니

우 심 공 구	
憂心孔疚로다.	걱정하는 마음 병 되었네.

기 서 부 지	
期逝不至라	기약한 날이 가도 오시지 않아

이 다 위 휼	
而多爲恤이로다.	걱정은 더하여만 가네.

복 서 해 지	
卜筮偕止하여	거북점 시초 점 다 쳐보자

會言近止하니　　　　모두 돌아올 날 가까웠다 하니
征夫邇止로다!　　　집 떠난 님은 가까이 오고 계시겠지!

註解　□有杕(유체)-나무가 우뚝한 모양. □杜(두)-아가위 나무. 당풍(唐風) 「우뚝 선 아가위 나무(杕杜)」에도 이 구가 보였음. □睆(환)-열매가 달린 모양(毛傳). □靡鹽(미고)-쉴 새가 없는 것. 일이 계속 있는 것. □嗣(사)-이어지다, 계속되다. □我日(아일)-우리 님의 고된 싸움터에서의 나날. □陽(양)-음력 10월(앞 「采薇」 시에 보임). □止(지)-조사. □征夫(정부)-전쟁터에 나가 있는 사람. □遑(황)-돌아올 틈을 낸다는 뜻. □萋萋(처처)-나뭇잎이 무성한 모양. □卉(훼)-풀. □陟(척)-오르다. □言(언)-조사. □杞(기)-구기자. 길가나 들에 나는 낙엽 관목. 여름에 담자색(淡紫色) 꽃이 피며 고추 비슷한 빨간 열매가 달림. 열매를 구기자(枸杞子), 잎새를 구기엽(枸杞葉), 근피(根皮)는 지골피(地骨皮)라 하여 한약재로 쓰임. □憂(우)-걱정을 끼쳐 드리는 것. □檀(단)-박달나무. □嘽嘽(천천)-『모전』에 '해진 모양' 이라고 하였으나, 탄탄(嘽嘽)과 같은 뜻으로 수레가 터덜거리는 모양을 형용한 것이라 봄이 좋을 듯하다(釋義). 앞의 「사마(四牡)」 참조. □痯痯(관관)-말이 지쳐서 타박타박 맥없이 걷는 모양. □不遠(불원)-돌아갈 날이 멀지 않은 듯하다는 말. □載(재)-여기서는 수레를 타는 것. 비재(匪載)는 수레를 타고 오지 않는다는 것. 비래(匪來)는 돌아오지 않는 것. □疚(구)-오랜 병. □期(기)-돌아오기로 기약한 날짜. □逝(서)-지나가는 것. □恤(휼)-근심하는 것. □卜(복)-말린 거북 껍질을 불로 지져 껍질에 금이 가는 모양을 보고 길흉을 판단하는 점. □筮(서)-시초(蓍草)로 만든 점가치로 역괘(易掛)에 맞춰 길흉을 판단하는 점. 옛날에는 국가나 개인을 막론하고 이 복서(卜筮)로 큰일을 결정지었다. □偕(해)-두 가지 점을 다 치는 것. □會(회)-합(合)의 뜻(鄭箋). 회언(會言)은 똑같이 말했다는 뜻. □近(근)-남편의 돌아올 날이 가까워져 온 것. □邇(이)-남편이 가까이 오고 있으리라는 뜻.

解說　「모시서」에 "우뚝한 아가위 나무」는 전쟁터로부터 돌아온 사람들을 위로하는 노래라 하였다. 그러나 내용은 전쟁터에 나간 남편이 돌아오기를 기다리

는 아내의 마음을 노래한 것이다. 오랜만에 전쟁터로부터 돌아온 장사들은 이 노래를 듣고 모두 감격의 눈물을 흘렸을 것이다.

10. 물고기가 걸렸네(魚麗)

魚_어麗_려于_우罶_류하니   물고기가 통발에 걸렸는데
鱨_상鯊_사로다.   날치와 모래무지 같은 걸세.
君_군子_자有_유酒_주하니   군자에게 술이 있는데
旨_지且_차多_다로다.   맛좋고도 풍성하네.

魚_어麗_려于_우罶_류하니   물고기가 통발에 걸렸는데
魴_방鱧_례로다.   방어와 가물치 같은 걸세.
君_군子_자有_유酒_주하니   군자에게 술이 있는데
多_다且_차旨_지로다.   풍성하고도 맛이 좋네.

魚_어麗_려于_우罶_류하니   물고기가 통발에 걸렸는데
鰋_언鯉_리로다.   메기와 잉어 같은 걸세.
君_군子_자有_유酒_주하니   군자에게 술이 있는데
旨_지且_차有_유로다.   맛좋고도 많다네.

물 기 다 의
物其多矣니　　음식이 풍성하니

유 기 가 의
維其嘉矣로다.　좋기도 하구나.

물 기 지 의
物其旨矣니　　음식이 맛있으니

유 기 해 의
維其偕矣로다.　함께 먹세나.

물 기 유 의
物其有矣니　　음식이 많이 있으니

유 기 시 의
維其時矣로다.　마침 잘된 것일세.

註解　□麗(리)-걸리다. 리(罹)와 통함. □罶(류)-냇물을 막아 가운데 급류를 만들고 그곳에 쳐놓은 발. □鱨(상)-날치. 『육소(陸疏)』엔 일명 황협어(黃頰魚)라 한다고 했다. □鯊(사)-모래무지. 이 구절은 술안주의 풍성함을 암시하는 것이다. □旨(지)-맛있는 것. □魴(방)-방어. □鱧(례)-가물치. □鰋(언)-메기. □鯉(리)-잉어. □有(유)-다(多), 많이 있는 것(集傳). □嘉(가)-선(善)과 통하여 좋다는 뜻. □維其(유기)-조사로 강조의 뜻을 나타낸다. □偕(해)-함께 즐기는 것. □時(시)-때에 알맞는 것.

解說　『모시서』에서는「물고기가 걸렸네(魚麗)」는 여러 가지 물건이 풍성하고 많아서 예의를 갖출 수 있음을 찬미한 것이라 하였다.

그러나 주희가 "잔치에 통용되던 악가"(集傳)라고 한 설명이 이해하기 간단하다. 또 주희의 『시집전』에선 시의 배열을 바꾸어 뒤의 가사가 없는 세 편의 노래가 이 시 앞에 놓여 있으나, 본래의 짜임새를 따른다.

◀ 날치

11. 남해(南陔)

뒤의 「백화(白華)」·「화서(華黍)」와 함께 이 3편은 제목만 있고 시는 없다. 「모시서」에선 '그 가사가 없어진 것'이라 했고, 주희는 '이것은 생(笙)으로 연주하던 악곡이어서 곡은 있으나 가사가 없는 것'이라 하였다(集傳). 학자에 따라 견해가 분분하다. 「모시서」에 「남해」는 효자가 서로 경계하며 부모를 봉양하는 뜻을 지닌 것이라 하였다.

12. 백화(白華)

이것도 가사는 없고 생(笙)으로 연주하던 악곡 이름이다. 「모시서」에 이것은 효자의 깨끗한 마음을 나타내는 음악이라고 했다.

13. 화서(華黍)

이것도 역시 가사 없는 생으로 연주하던 악곡 이름이다. 「모시서」에 한 해의 날씨가 좋아 곡식이 잘 자라 풍년이 든 것을 기리는 악곡이라 하였다. 향음주례에 슬(瑟)을 타면서 「사슴이 우네(鹿鳴)」·「사마(四牡)」·「화려한 꽃(皇皇者華)」을 노래한 뒤, 생이 당(堂) 아래로 들어오고 경(磬)이 남북을 면하여 서서 「남해(南陔)」·「백화(白華)」·「화서(華黍)」를 연주한다고 했다. 연례(燕禮)에서도 이와 비슷하다. 그러므로 이들은 가사 없는 생으로 연주하던 곡명이었음이 분명하다.

제2 남유가어지습(南有嘉魚之什)

1. 남녘의 좋은 고기(南有嘉魚)

南_남有_유嘉_가魚_어하니　　남녘엔 좋은 고기들이
烝_증然_연罩_조罩_조로다.　　득실득실 팔딱이네.
君_군子_자有_유酒_주하니　　군자에게 술이 있어
嘉_가賓_빈式_식燕_연以_이樂_낙이로다.　좋은 손 맞아 잔치하고 즐기네.

南_남有_유嘉_가魚_어하니　　남녘엔 좋은 고기들이
烝_증然_연汕_산汕_산이로다.　　득실득실 헤엄치네.
君_군子_자有_유酒_주하니　　군자에게 술이 있어
嘉_가賓_빈式_식燕_연以_이衎_간이로다.　좋은 손 맞이 잔치하고 노네.

南_남有_유樛_규木_목하니　　남녘의 가지 처진 나무엔
甘_감瓠_호纍_류之_지로다.　　단박 덩굴이 감겨있네.
君_군子_자有_유酒_주하니　　군자에게 술이 있어
嘉_가賓_빈式_식燕_연綏_수之_지로다.　좋은 손 맞아 잔치하며 잘 지내네.

_{편 편 자 추}
翩翩者鵻이 펄펄 나는 집비둘기가

_{증 연 래 사}
烝然來思로다. 떼 지어 날아왔네.

_{군 자 유 주}
君子有酒하니 군자에게 술이 있어

_{가 빈 식 연 우 사}
嘉賓式燕又思로다. 좋은 손 맞아 잔치하며 술 권하네.

註解 □嘉魚(가어)-크고 맛있는 좋은 물고기(孔疏). □烝(증)-중(衆)과 통하여 증연(烝然)은 많은 모양. □罩罩(조조)-많은 물고기들이 펄떡거리는 모양. 조(罩)는 통발 비슷한 고기잡는 물건이니, 통발에 고기가 걸려 펄떡거리는 데서 뜻이 온 것이다. □式(식)-조사. □燕(연)-잔치하다. □汕汕(산산)-많은 물고기떼들이 헤엄치는 모양. □衎(간)-즐기는 것. □樛木(규목)-가지가 밑으로 처진 나무(周南「樛木」참조). □瓠(호)-박. 박에는 단것과 쓴것이 있는데, 단박(甘瓠)은 먹을 수 있다(集傳). □綏(수)-편안하다. □翩翩(편편)-새가 나는 모양. □鵻(추)-집비둘기. 앞의 「사마(四牡)」참조. □又(우)-우(右)의 고자(古字)로 유(侑)지와 통하여(通釋), 여기서는 술을 권하는 것. □思(사)-조사.

解說 「모시서」에 이 시는 현명한 사람과 더불어 즐김을 노래한 것이라 하였다. 그리고 『집전』에서는 잔치에 통용되던 노래라 하였다. 1절과 2절의 물고기는 좋은 손님들이 많이 모였음에, 3절의 가지 처진 나무와 거기에 얽힌 박덩굴은 주인과 손님의 화합에, 4절의 집비둘기는 많은 손들과의 화락에 비유한 것이다. 또 이것들은 풍성한 잔치 음식도 암시하고 있다 해도 괜찮을 것이다.

2. 남산엔 향부자(南山有臺)

_{남 산 유 대}
南山有臺하고 남산엔 향부자

　　　　북 산 유 래
　　　　北山有萊로다.　　북산엔 명아주풀.
　　　　낙 지 군 자
　　　　樂只君子여　　　즐거울사 우리 임은
　　　　방 가 지 기
　　　　邦家之基로다.　　나라의 터전일세.
　　　　낙 지 군 자
　　　　樂只君子여　　　즐거울사 우리 임은
　　　　만 수 무 기
　　　　萬壽無期로다.　　만수무강하실 걸세.

　　　　남 산 유 상
　　　　南山有桑하고　　남산엔 뽕나무
　　　　북 산 유 양
　　　　北山有楊이로다.　북산엔 버드나무.
　　　　낙 지 군 자
　　　　樂只君子여　　　즐거울사 우리 임은
　　　　방 가 지 광
　　　　邦家之光이로다.　나라의 빛일세.
　　　　낙 지 군 자
　　　　樂只君子여　　　즐거울사 우리 임은
　　　　만 수 무 강
　　　　萬壽無疆이로다.　만수무강하실 걸세.

　　　　남 산 유 기
　　　　南山有杞하고　　남산엔 산버들
　　　　북 산 유 리
　　　　北山有李로다.　　북산엔 오얏나무.
　　　　낙 지 군 자
　　　　樂只君子여　　　즐거울사 우리 임은
　　　　민 지 부 모
　　　　民之父母로다.　　백성들의 부모일세.
　　　　낙 지 군 자
　　　　樂只君子여　　　즐거울사 우리 임은
　　　　덕 음 불 이
　　　　德音不已로다.　　명성이 한이 없네.

남 산 유 고	
南山有栲하고	남산엔 복나무,

南山有栲하고　　남산엔 복나무,

北山有杻로다.　　북산엔 참죽나무.

樂只君子여　　즐거울사 우리 임은

遐不眉壽리요?　　어찌 오래오래 수하지 않으시랴?

樂只君子여　　즐거울사 우리 임은

德音是茂로다.　　명성이 자자하네.

南山有枸하고　　남산엔 탱자나무,

北山有楰로다.　　북산엔 산유자나무.

樂只君子여　　즐거울사 우리 임은

遐不黃耇리요?　　어찌 오래오래 사시지 않으시랴?

樂只君子여　　즐거울사 우리 임은

保艾爾後로다.　　후손들도 보호해 주실 걸세.

註解　□臺(대)－부수(夫須)(毛傳), 사초(莎草) 또는 육초(陸草)라고도 하는 도롱이를 만드는 풀. '향부자'(?). □萊(래)－명아주. 풀 이름으로 잎은 먹기도 하고 약에 쓰인다. □只(지)－조사. □無期(무기)－일정한 때가 없이 무한한 것. 무강(無彊)의 뜻. □杞(기)－산버들. □德音(덕음)－명성(名聲)·성예(聲譽). 기리는 말. □栲(고)－복나무. 산저(山樗)라고도 한다(毛傳). □杻(유)－참죽나무. 『모전』에 억(檍)이라 하였다. □遐(하)－옛날엔 호(胡)와 통하여 '하(何)'의 뜻. □眉壽(미수)－오래도록 사는 것. 빈풍(豳風)「칠월」시에 보임. 하불미수(遐不眉壽)는 어찌 오래 살지 않겠느냐, 곧 오래 산다는 뜻(釋義). □茂(무)－성하다,

자자하다. □枸(구)-탱자나무.『모전』에 '지구(枳枸)'라 하였다. 지(枳)도 탱자나무임. □楰(유)-산유자나무. 서유(鼠楰)라고도 한다(毛傳). □黃(황)-황발(黃髮)로 노인은 머리가 희어졌다가 다시 노랗게 된다 (孔疏). □耈(구)-오래 사는 것. □艾(예)-예(乂)와 통함. 보예(保艾)는 『서경』 강고(康誥)의 '보예(保乂)'와 같은 말로 보호하고 다스려주는 것. □爾(이)-너, 그대. □後(후)-후손·후세(後世).

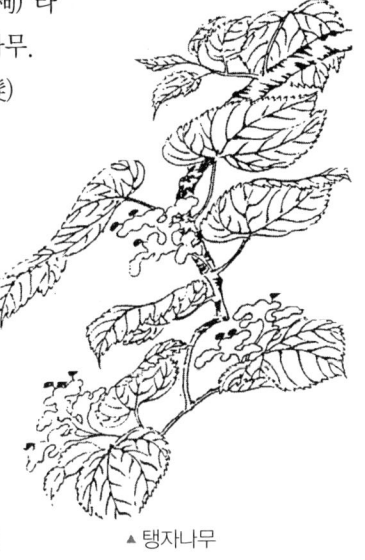
▲ 탱자나무

|解説| 「모시서」엔 어진 이를 얻어 즐기는 노래라 하였다. 그러나 이것도 앞의 「남녘의 좋은 고기(南有嘉魚)」처럼 일반적으로 잔치할 때 쓰던 노래이다(集傳).

3. 유경(由庚)

가사가 없는 생곡(笙曲). 「모시서」에 만물이 올바른 도를 따르고 있다는 뜻을 지니고 있다 하였다.

4. 숭구(崇丘)

이것도 생곡(笙曲) 이름. 「모시서」에 만물이 높고 큼을 다 추구하고 있음을 기리는 뜻을 지니고 있다고 하였다. 「숭구」란 제목 자체가 높고 크다는 뜻이다(通釋).

5. 유의(由儀)

이것도 생곡(笙曲) 이름. 「모시서」에 「유의」는 만물이 생겨나고 자라남이 모두 제대로 되고 있다는 뜻을 지닌 것이라 하였다.

6. 길게 자란 다북쑥(蓼蕭)

蓼彼蕭斯_{육 피 소 사}에	길게 자란 다북쑥에
零露湑兮_{영 로 서 혜}로다.	이슬이 촉촉히 내리네.
旣見君子_{기 견 군 자}하니	우리 님을 만나 뵈니
我心寫兮_{아 심 사 혜}로다.	내 마음 시원하네.
燕笑語兮_{연 소 어 혜}하니	즐거이 웃고 얘기하니
是以有譽處兮_{시 이 유 예 처 혜}로다.	기쁘고 편안하네.

蓼彼蕭斯_{육 피 소 사}에 　　길게 자란 다북쑥에
零露瀼瀼_{영 로 양 양}이로다. 　이슬이 방울방울 맺히네.
旣見君子_{기 견 군 자}하니 　　우리 님을 만나 뵈니
爲龍爲光_{위 룡 위 광}이로다. 　영광스런 일일세.
其德不爽_{기 덕 불 상}하니 　　그분의 덕엔 흠이 없으니
壽考不忘_{수 고 불 망}이로다. 　끝없이 오래 사시리.

^{육 피 소 사}
蓼彼蕭斯에　　　　길게 자란 다북쑥에

^{영 로 니 니}
零露泥泥로다.　　　이슬이 듬뿍 내리네.

^{기 견 군 자}
旣見君子하니　　　우리 님을 만나 뵈니

^{공 연 개 제}
孔燕豈弟로다.　　　매우 즐겁고 흐뭇하네.

^{의 형 의 제}
宜兄宜弟하니　　　형제간에 우애 좋으니

^{영 덕 수 개}
令德壽豈로다.　　　아름다운 덕망 오래 가고 즐겁네.

^{육 피 소 사}
蓼彼蕭斯에　　　　길게 자란 다북쑥에

^{영 로 농 농}
零露濃濃이로다.　　이슬이 축축히 내리네.

^{기 견 군 자}
旣見君子하니　　　우리 님을 만나 뵈니

^{조 혁 충 충}
儵革沖沖하고　　　쇠장식 달린 고삐 늘어뜨리고 있고

^{화 란 옹 옹}
和鸞雝雝하니　　　수레 방울 소리 달랑달랑 거리니

^{만 복 유 동}
萬福攸同이로다.　　온갖 복이 다 모여드네.

註解　□蓼(육)-풀이 길게 자란 모양(毛傳). □蕭(소)-쑥. □斯(사)-조사. □零(령)-물방울이 뚝뚝 떨어지는 것. □湑(서)-이슬이 많이 내려 젖는 모양. 당풍(唐風) '체두(杕杜)' 시에 보임. □寫(사)-사(瀉)와 통하며, 패풍(邶風) 「샘물(泉水)」 시의 '이사아우(以寫我憂)'의 사(寫)와 같은 뜻(釋義). 근심이 없어져 '후련해지는 것'. □燕(연)-즐기다. □譽(예)-즐기다. 有譽(유예)는 즐겁게, 기쁘게의 뜻임. □處(처)-편안히 지내는 것(集傳). □瀼瀼(양양)-이슬이 많은 모양. □龍(룡)-총(寵)과 통하여 영광스러운 것. 위룡위광(爲龍爲光)은 영광된 것. □爽(상)-어긋나는 것. □忘(망)-이(已)와 통하여 불망(不忘)은 불이(不已)의

뜻. 끝이 없는 것. 진풍(秦風) 「종남산(終南)」 시에 보임. ▫泥泥(니니) - 이슬에 흠뻑 젖어 있는 모양(毛傳). ▫豈(개) - 개(愷)와 통하여, 즐겁게 지내는 것. ▫弟(제) - 이(易)의 뜻(毛傳). 마음 가벼운 것, 흐뭇한 것. 따라서 개제(豈弟)는 즐겁고 흐뭇한 것. ▫宜兄宜弟(의형의제) - 형제들의 의가 좋은 것. ▫令(령) - 아름다운 것. ▫壽(수) - 오래 가는 것. ▫濃濃(농농) - 이슬이 짙은 모양. ▫儵(조) - 쇠로 만든 고삐 끝의 장식. ▫革(혁) - 가죽 고삐(釋義). ▫沖沖(충충) - 충충(忡忡)으로도 쓰며 장식 달린 말고삐의 끝이 늘어져 있는 모양. ▫和(화) - 란(鸞)과 함께 모두 방울 이름. 수레 앞 가로나무(軾)에 달린 것을 화(和), 말재갈에 달린 것을 란(鸞)이라 한다(集傳). ▫雝雝(옹옹) - 방울 소리. 패풍(邶風) 「박의 마른 잎(匏有苦葉)」 시에 보임. ▫攸(유) - 소(所), 장소를 뜻함. ▫同(동) - 한 곳에 모이는 것.

|解說| 「모시서」엔 은택(恩澤)이 온 세상에 미침을 노래한 것이라 하였다. 시의 내용을 천자의 덕에 감복하여 먼 나라의 임금들이 찾아뵙는 것이라 보았기 때문이다.

　주희도 제후들이 천자를 찾아뵐 때 천자가 잔치를 베풀어 너그러운 마음을 보여주는 것을 노래한 것이라 하였다. 그리고 "만나 뵙다(旣見)"라는 말이 있는 것으로 미루어 처음 잔치할 때 노래한 것 같다고 하였다(集傳).

7. 축축한 이슬(湛露)

湛湛露斯여　　　　축축한 이슬은
匪陽不晞로다.　　　햇볕 나기 전엔 안 마르겠네.
厭厭夜飮하니　　　흐뭇한 술자리 밤에 벌어졌으니
不醉無歸로다.　　　취하지 않고는 돌아가지 못하리라.

$$\underset{잠\ 잠\ 로\ 사}{湛湛露斯}여$$ 축축한 이슬이

$$\underset{재\ 피\ 풍\ 초}{在彼豐草}로다.$$ 무성한 풀밭에 내렸네.

$$\underset{염\ 염\ 야\ 음}{厭厭夜飮}하니$$ 흐뭇한 술자리가 밤에

$$\underset{재\ 종\ 재\ 고}{在宗載考}로다.$$ 큰 집에 차려졌네.

$$\underset{잠\ 잠\ 로\ 사}{湛湛露斯}여$$ 축축한 이슬이

$$\underset{재\ 피\ 기\ 극}{在彼杞棘}이로다.$$ 산버들과 대추나무에 내렸네.

$$\underset{현\ 윤\ 군\ 자}{顯允君子}는$$ 밝고 진실한 군자들은

$$\underset{막\ 불\ 령\ 덕}{莫不令德}이로다.$$ 모두가 아름다운 덕을 지닌 분들일세.

$$\underset{기\ 동\ 기\ 의}{其桐其椅}여$$ 오동나무 가래나무에

$$\underset{기\ 실\ 이\ 리}{其實離離}로다.$$ 열매가 주렁주렁.

$$\underset{개\ 제\ 군\ 자}{豈弟君子}는$$ 즐겁고 편안한 군자들은

$$\underset{막\ 불\ 령\ 의}{莫不令儀}로다.$$ 모두가 아름다운 거동을 하시네.

註解 ▫湛湛(잠잠)−이슬이 많이 내린 모양(毛傳). ▫陽(양)−햇볕. ▫晞(희)−마르다. ▫厭厭(염염)−흐뭇한 모양. ▫豐(풍)−여기서는 무성한 것. ▫宗(종)−종실(宗室). 큰 집. 천자는 천하의 대종(大宗)이니, 곧 천하 제후의 종실이 되는 것이다(陳奐『傳疏』). ▫載(재)−조사. ▫考(고)−잔치가 이루어졌다는 뜻. ▫顯(현)−밝다. ▫允(윤)−진실하다. ▫令(령)−아름다운 것. ▫桐(동)−오동나무. ▫椅(의)−가래나무. ▫離離(이리)−늘어진 모양(毛傳). ▫豈弟(개제)−즐겁고 화락한 것(앞의 「蓼蕭」시 참조). ▫儀(의)−거동.

[解説] 「모시서」에 「축축한 이슬」은 천자가 제후들에게 잔치를 베풀 때 부르는 노래라 하였다. 『좌전』 문공(文公) 4년에도 영무자(甯武子)가 "옛날 제후가 왕을 찾아와 뵈올 때 왕은 그들에게 잔치를 베풀어 즐겁게 하여 주었는데 이때에 「축축한 이슬」을 읊었다."고 한 말을 기록하고 있다. 시에서 듬뿍 내린 이슬은 천자의 은택에, 이슬을 맞은 풀이나 나무들은 제후들에 비유한 것일 게다. 그리고 끝 절의 오동나무와 가래나무 열매는 나라의 풍요로움과 임금과 신하의 화락함에 비유한 것인 듯하다.

8. 붉은 활(彤弓)

彤弓弨兮를 (동 궁 초 혜)   줄이 느슨한 붉은 활을
受言藏之러니 (수 언 장 지)   잘 받아서 간직했다가
我有嘉賓하니 (아 유 가 빈)   내게 좋은 손님 오사
中心貺之하며 (중 심 황 지)   진심으로 그에게 선물하며
鐘鼓旣設하고 (종 고 기 설)   종과 북 벌여놓고
一朝饗之로다. (일 조 향 지)   아침부터 큰 잔치 벌이네.

彤弓弨兮를 (동 궁 초 혜)   줄이 느슨한 붉은 활을
受言載之러니 (수 언 재 지)   받아서 잘 간수했다가
我有嘉賓하니 (아 유 가 빈)   내게 좋은 손님 오사
中心喜之하며 (중 심 희 지)   진심으로 기뻐서 그에게 주며

^{종 고 기 설}
鐘鼓旣設하고   종과 북을 벌여놓고

^{일 조 우 지}
一朝右之로다.   아침부터 술 권하네.

^{동 궁 초 혜}
彤弓弨兮를   줄이 느슨한 붉은 활을

^{수 언 고 지}
受言櫜之러니   받아서 활집에 넣어두었다가

^{아 유 가 빈}
我有嘉賓하니   내게 좋은 손님 오자

^{중 심 호 지}
中心好之하며   진심으로 좋아서 그에게 주며

^{종 고 기 설}
鐘鼓旣設하고   종과 북을 벌여놓고

^{일 조 수 지}
一朝醻之로다.   아침부터 술잔 주고받네.

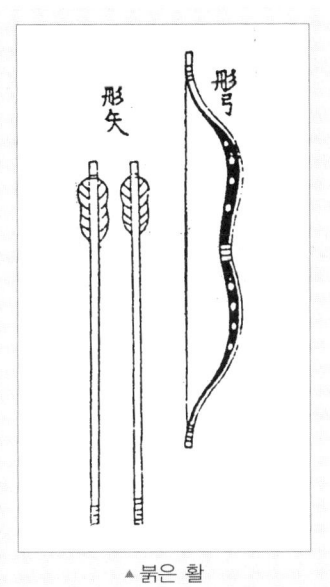

▲ 붉은 활

▲ 종(鐘)

[註解] ▫彤弓(동궁)-붉은 활. 천자가 공이 많은 제후에게 내리는 것임. ▫弨(초)-활줄을 팽팽하게 해놓지 않고 느슨히 풀어놓은 것(毛傳). 천자가 제후들에게 주는 활은 줄을 팽팽히 매지 않은 활이었다. ▫藏(장)-활 만드는 장인이 만들어 바치는 활을 받아 궁전 안에 잘 간직해 두는 것(集傳). ▫我(아)-나, 천자를 뜻함. ▫嘉賓(가빈)-좋은 손님, 공 있는 제후를 가리킨다. ▫貺(황)-주다, 선물하다. ▫鐘鼓(종고)-종과 북, 실은 잔치할 때 쓰인 모든 악기들을 대표한 것이다. ▫一朝(일조)-바로 그 아침의 뜻. 그에게 잔치하는 성의가 큼을 나타낸다. ▫饗(향)-손님에게 베푸는 큰 잔치를 향(饗)이라 한다(集傳). ▫載(재)-간수하다. 장(藏)과 뜻이 통함(通釋). ▫喜之(희지)-그에게 기뻐하며 붉은 활을 주었다는 뜻. ▫右(우)-유(侑)와 통하여, 잔치를 벌여놓고 술을 권하는 것(通釋). ▫櫜(고)-활집. 여기서는 동사로 활집에 잘 넣어 두는 것. ▫醻(수)-술을 권하는 것. 수(酬)와 통하는 글자.

[解說] 「모시서」에 이 시는 천자가 공 있는 제후에게 잔치를 베풀 때 부르는 노래라 하였다. 붉은 활은 공로를 표창하는 물건이다.

9. 무성한 다북쑥(菁菁者莪)

菁菁者莪이 무성한 다북쑥이
在彼中阿로다. 언덕 가운데 자랐네.
旣見君子하니 군자를 만나보니
樂且有儀로다. 즐겁고 예의바르네.

菁菁者莪이 무성한 다북쑥이
在彼中沚로다. 모래톱 가운데 자랐네.

기 견 군 자	
旣見君子하니	군자를 만나보니
아 심 즉 희	
我心則喜로다.	내 마음 기뻐지네.

청 청 자 아	
菁菁者莪이	무성한 다북쑥이
재 피 중 릉	
在彼中陵이로다.	언덕 위에 자랐네.
기 견 군 자	
旣見君子하니	군자를 만나보니
석 아 백 붕	
錫我百朋이로다.	많은 재물이 들어온 듯.

범 범 양 주	
汎汎楊舟이	둥실둥실 버드나무 배는
재 침 재 부	
載沉載浮로다.	물결 따라 출렁대네.
기 견 군 자	
旣見君子하니	군자를 만나보니
아 심 즉 휴	
我心則休로다.	내 마음 기쁨에 차네.

註解 ▫菁菁(청청)-무성한 모양. ▫莪(아)-다북쑥. 나호(蘿蒿)라는 쑥의 일종(毛傳). ▫阿(아)-언덕. 중아(中阿)는 언덕 가운데의 뜻. ▫儀(의)-예의(禮儀). ▫沚(지)-모래톱. ▫陵(능)-큰 언덕. ▫錫(석)-주다. 사(賜)와 통함. ▫朋(붕)-십패(十貝)를 말한다. 옛날에는 조개(貝)를 화폐로 썼는데, 10패는 열 개의 조개를 한 줄에 꿰어 놓은 것(釋義). ▫汎汎(범범)-물에 떠다니는 모양. ▫楊舟(양주)-버드나무로 만든 배(毛傳). ▫載沉載浮(재침재부)-뱃머리가 올라왔다 내려갔다 하는 것. ▫休(휴)-아름답다, 기쁘다. 희(喜)와 뜻이 통함(經義述聞).

解說 「모시서」에서는 인재를 기름을 즐기는 것이라 하였다. 단순히 손님을 맞아 잔치할 때 즐거움을 노래한 것이라 보아도 좋겠다. 무성한 다북쑥은 친구

의 덕이나 우정 같은 것과 연상관계가 있을 것이다. 끝 절의 물위를 둥둥 떠다니는 버드나무 배는 친구와의 잔치의 즐거움에 비유한 것이라 하겠다.

10. 유월(六月)

六月棲棲^{육월서서}하여	유월은 뒤숭숭하니
戎車旣飭^{융거기칙}하고	병거(兵車)를 정비한 뒤
四牡騤騤^{사무규규}하고	튼튼한 네 마리 말로 끌게 하고
載是常服^{재시상복}이로다.	군복 입은 이들 올라탔네.
玁狁孔熾^{험윤공치}하여	험윤 오랑캐들 매우 험악하여
我是用急^{아시용급}이라.	나는 이들을 막으러 왔네.
王于出征^{왕우출정}하사	임금님께서 출정을 명하시어
以匡王國^{이광왕국}이로다.	나라를 안정시키려는 걸세.
比物四驪^{비물사려}는	가지런한 네 마리 검은 말은
閑之維則^{한지유칙}이로다.	길이 잘 들어 절도가 있네.
維此六月^{유차육월}에	이번 유월에
旣成我服^{기성아복}이로다.	내 군복 지어 입었네.
我服旣成^{아복기성}하고	다 지은 나의 군복 입고
于三十里^{우삼십리}로다.	하루 30리 진군을 하였네.

왕 우 출 정
王于出征하사　　임금님께서 출정을 명하시어
이 좌 천 자
以佐天子로다.　　천자님을 돕는 걸세.

사 무 수 광
四牡脩廣하여　　네 마리 말은 크고도 살쪄
기 대 유 옹
其大有顒이로다.　덩치가 큼지막하네.
박 벌 험 윤
薄伐玁狁하여　　험윤 오랑캐를 쳐부수어
이 주 부 공
以奏膚公이로다.　큰 공을 이루려네.

유 엄 유 익
有嚴有翼하고　　위엄으로 부하 이끌며
공 무 지 복
共武之服이로다.　신중히 전쟁에 임하였네.
공 무 지 복
共武之服하여　　신중히 전쟁에 임하여
이 정 왕 국
以定王國이로다.　우리나라 안정시켰네.

험 윤 비 여
玁狁匪茹하여　　험윤 오랑캐는 강하여
정 거 초 호
整居焦穫하고　　초호 땅을 다 점령하고
침 호 급 방
侵鎬及方하여　　호(鎬) 땅과 방(方) 땅에까지 침입하여
지 우 경 양
至于涇陽이로다.　경수(涇水) 북쪽까지 왔다네.
직 문 조 장
織文鳥章하고　　얼룩덜룩 새매 무늬 깃발 세우고
백 패 앙 앙
白旆央央이로다.　흰 기폭 펄럭이네.

제2편 소아(小雅) • **495**

원 융 십 승	
元戎十乘으로	큰 병거(兵車) 열 대가
이 선 계 행	
以先啓行이로다.	부대의 앞장서서 달리네.

융 거 기 안	
戎車旣安이로되	병거는 편안하나
여 지 여 헌	
如輊如軒하고	덜컹덜컹 달리고 있고
사 무 기 길	
四牡旣佶하니	네 마리 말은 건장한데
기 길 차 한	
旣佶且閑이로다.	건장하고도 길 잘 들었네.
박 벌 험 윤	
薄伐玁狁하고	험윤 오랑캐 쳐부수고
지 우 대 원	
至于大原이로다.	대원 땅에 이르렀네.
문 무 길 보	
文武吉甫는	글 잘하고 용감한 장수 길보께서 지휘하셨으니
만 방 위 헌	
萬邦爲憲이로다.	온 나라의 규범이 될 분이시네.

길 보 연 희	
吉甫燕喜는	길보(吉甫)님 기뻐하심은
기 다 수 지	
旣多受祉로다.	많은 승리 거뒀기 때문이네.
내 귀 자 호	
來歸自鎬하니	호(鎬)땅으로부터 돌아와 보니
아 행 영 구	
我行永久로다.	내가 떠난 지 오랜 되었네.
음 어 제 우	
飮御諸友하니	여러 벗들에게 음식을 권하는데
포 별 회 리	
炰鼈膾鯉로다.	자라구이와 잉어회도 있네.
후 수 재 의	
侯誰在矣요?	동료 중에는 누가 있는가?

장중효우
張仲孝友로다.　　효도와 우애에 뛰어난 장중(張仲)이 있네.

註解　□棲(서) - 서(栖)와 통하여, 서서(棲棲)는 『논어』 헌문(憲問)편의 '공자는 무엇 때문에 서성거리고 있는가?(丘何爲是栖栖者歟)'의 서서(栖栖)와 같은 뜻. 서서(栖栖)는 서성거리는 것. 여기서는 나라 형세가 뒤숭숭함을 말한다. □戎車(융거) - 병거(兵車). □飭(칙) - 정비하는 것. □騤騤(규규) - 튼튼한 것, 강한 것. □常服(상복) - 병거 타는 사람들이 입는 군복으로, 위변복(韋弁服)이었다(鄭箋). 상복(常服)은 '유니폼'의 뜻. 재시상복(載是常服)은 군복 입은 사람들을 실었다는 뜻. □玁狁(험윤) - 앞의 「고사리 캐세(采薇)」·「수레 내어(出車)」 참조. □孔(공) - 매우, 심히. □熾(치) - 기세가 대단한 것. □用急(용급) - 대진(戴震)의 『모정시고정(毛鄭詩考正)』에 의하면 '용계(用戒)'가 옳으며, 이에 대비하다, 그들을 막다의 뜻. 『염철론(鹽鐵論)』에 '아시용계(我是用戒)'라 인용하였고 급(急)자는 운도 맞지 않는다고 했다. □王于出征(왕우출정) - 임금이 출정하라 명을 내리신 것. □匡(광) - 바로잡다. □王國(왕국) - 우리 임금의 나라, 곧 우리나라. □比(비) - 가지런한 것. □物(물) - 모물(毛物)(毛傳), 털짐승. 비물(比物)은 가지런한 털짐승인 수레를 끄는 네 마리 말. □驪(려) - 검은 말. □閑(한) - 한습(嫺習)의 뜻, 길이 잘 든 것. □維(유) - 유(有)의 뜻. 유칙(維則)은 질서가 있는 것. □服(복) - 군복, 융복(戎服)을 뜻함. □于三十里(우삼십리) - 사행삼십리(師行三十里)(毛傳), 곧 군대가 하루에 30리 진군했다는 뜻. □佐(좌) - 돕다. □脩(수) - 키가 큰 것. □廣(광) - 말이 살찐 것(釋義). □有顒(유옹) - 옹연(顒然). 큰 모양. □薄(박) - 조사. □奏(주) - 위(爲)의 뜻(毛傳)으로 '이루는 것'. □膚(부) - 큰 것. □公(공) - 공(功)과 통함(毛傳). □嚴(엄) - 위엄이 있는 것. □翼(익) - 새의 날개처럼 양편에 부하를 거느린 것. 유엄유익(有嚴有翼)은 엄연익연(嚴然翼然)의 뜻. □共(공) - 공(恭)과 통함. 삼가다, 신중히 하다. □服(복) - 일. 공무지복(共武之服)은 신중히 전쟁하는 일에 힘쓰겠다는 뜻. □茹(여) - 부드러운 것. 비여(匪茹)는 반대로 강한 것. □焦穫(초확) - 땅 이름. 지금의 섬서성 경양현(涇陽縣) 경계에 있었다(釋義). □鎬(호) - 지명. 방(方) 땅에서 멀지 않은 곳이며 호경(鎬京)은 아니다. □方(방) - 지명. 앞의 「수레 내어(出車)」 시에 보였음. □涇陽(경양) - 경수(涇水)의 북쪽. 경수 하류의 위수(渭水)와 합쳐

지는 부근을 가리킨다. 험윤(玁狁)은 지금의 산서성 서부로부터 이 부근으로 침입해 온 것이다(王國維 『觀堂集林』 卷十三 鬼方昆夷玁狁考). □織(직)-지(識)로 씀이 옳으며, 지(識)는 치(幟)와 통한다(通釋). 깃발. 따라서 직문(織文)은 무늬가 있는 기. □鳥章(조장)-새매 같은 표지를 그린 깃발. □旆(패)-기. 백패(白旆)는 흰 긴 천을 조(旐) 밑에 달아놓은 것(通釋). □央央(앙앙)-선명한 모양(毛傳). 「수레 내어」 시에도 보임. □元(원)-큰 것. □戎(융)-융거(戎車). □十乘(십승)-수레 열 대. 이들은 군의 선봉이다(集傳). □先啓行(선계행)-앞서 길을 인도해 나가는 것, 곧 선봉의 뜻임. □如輊如軒(여지여헌)-수레의 앞이 낮았다 뒤가 낮았다 하며 덜컹거리고 가는 모습. □佶(길)-여기서는 장건(壯健)한 모양(鄭箋), 건장한 것. □閑(한)-한숙(嫻熟)의 뜻. 길이 잘 든 것, 훈련이 잘된 것. □大原(대원)-땅 이름. 한(漢)나라 한동군(漢東郡)으로 지금의 산서성 서부(釋義). □文武(문무)-능문능무(能文能武)의 뜻. 대아(大雅) 「높다람(崧高)」・「백성들(烝民)」은 모두 길보(吉甫)의 작품이며 여기에서는 또 군사를 거느리고 있으니 정말로 글도 잘하고 병법에도 뛰어난 사람인 것 같다(釋義). □吉甫(길보)-윤길보(尹吉甫)로(毛傳), 이때의 장수(鄭箋). □憲(헌)-법으로 받든다, 모범으로 삼는다는 뜻. □燕(연)-즐기다. □祉(지)-복, 행운. 여기서는 승리. □我行永久(아행영구)-내가 떠난 지 오래되었다는 뜻. □飮御(음어)-음식과 술을 대접하는 것. □炰(포)-포(炮)와 같은 자로 '굽는 것'. □鼈(별)-자라. □膾(회)-생고기(生膾). □鯉(리)-잉어. □侯(후)-유(維)와 같은 조사. □張仲(장중)-길보(吉甫)의 초대를 받아 왔던 친구 중의 한 사람. □孝友(효우)-부모님께 효도 잘하고 형제 사이엔 우애 좋기로 이름난 사람.

|解説| 「모시서」에 「유월」 시는 선왕(B.C. 827~B.C. 782 재위)의 북쪽 정벌을 노래한 것이라 하였다. 앞의 「고사리 캐세(采薇)」・「수레 내어(出車)」 시와 비슷한 때의 작품일 것이다.

내용을 보면 왕명으로 윤길보(尹吉甫)란 장군이 북쪽 국경을 침입해 온 험윤을 정벌하고 개선하였는데, 이때 종군했던 사람이 이를 노래한 것이다.

11. 시화를 뜯으려(采芑)

박 언 채 기
薄言采芑를　　시화를 뜯으려

우 피 신 전
于彼新田하고　　묵은 밭으로도 가고

우 차 치 묘
于此菑畝로다.　　새로 일군 밭으로도 가네.

방 숙 리 지
方叔涖止하니　　방숙(方叔)께서 납시는데

기 거 삼 천
其車三千으로　　그의 수레 3천 대 동원하여

사 간 지 시
師干之試로다.　　군사들 적을 막는 훈련시키네.

방 숙 솔 지
方叔率止하고　　방숙께서 이들 거느리고

승 기 사 기
乘其四騏하니　　검푸른 네 마리 말이 끄는 수레 타셨는데

사 기 익 익
四騏翼翼이로다.　　검푸른 네 마리 말은 가지런하기도 하네.

노 거 유 석
路車有奭하니　　붉은 노거(路車)에

점 불 어 복
簟茀魚服하고　　대자리로 가리개 하고 물개 가죽 화살집 달았으며

구 응 조 혁
鉤膺鞗革이로다.　　말 배 띠엔 고리 달리고 말고삐엔 장식 달렸네.

박 언 채 기
薄言采芑를　　시화를 뜯으려

우 피 신 전
于彼新田하고　　새로 일군 밭으로도 가고

우 차 중 향
于此中鄕이로다.　　묵은 밭 가운데로도 가네.

방 숙 리 지
方叔涖止하니　　방숙께서 납시는데

제2편 소아(小雅)・499

| 기 거 삼 천
其車三千이오 | 그의 수레 3천 대를 동원했고 |

| 기 조 앙 앙
旂旐央央이로다. | 청황 용 깃발이며 거북과 뱀 그린 깃발이 아름답게 펄럭이네. |

| 방 숙 솔 지
方叔率止하니 | 방숙께서 이들 거느리는데 |

| 약 기 착 형
約軝錯衡하고 | 수레의 굴통대에는 가죽 감고 멍에에는 무늬 새기고 |

| 팔 란 창 창
八鸞瑲瑲이로다. | 여덟 개의 방울이 짤랑거리네. |

| 복 기 명 복
服其命服하니 | 천자께서 내리신 옷 입었는데 |

| 주 불 사 황
朱芾斯皇하고 | 주황색 앞가리개 곱기도 하고 |

| 유 창 총 형
有瑲葱珩이로다. | 파란 패옥이 잘랑거리네. |

| 율 피 비 준
鴥彼飛隼이 | 펄펄 나는 새매가 |

| 기 비 여 천
其飛戾天이라가 | 하늘 위를 빙빙 돌다간 |

| 역 집 원 지
亦集爰止로다. | 나무 위에 내려 앉아 쉬네. |

| 방 숙 리 지
方叔涖止하니 | 방숙께서 납시는데 |

| 기 거 삼 천
其車三千으로 | 그의 수레 3천 대를 동원하여 |

| 사 간 지 시
師干之試로다. | 군사들 적을 막는 훈련시키네. |

| 방 숙 솔 지
方叔率止하고 | 방숙께서 이들을 거느리는데 |

| 정 인 벌 고
鉦人伐鼓하고 | 징치고 북 치며 |

陳^진師^사鞠^국旅^려로다.　군사들 벌여놓고 훈시하네.

顯^현允^윤方^방叔^숙이　밝고도 진실한 방숙께선

伐^벌鼓^고淵^연淵^연하고　북소리 둥둥 울리며

振^진旅^려闐^전闐^전이로다.　북소리 따라 군사들을 정비하네.

蠢^준爾^이蠻^만荊^형이　어리석은 형(荊) 땅의 오랑캐가

大^대邦^방爲^위讎^수로다.　큰 나라를 원수로 삼네.

方^방叔^숙元^원老^로시니　방숙께선 나라의 원로이시니

克^극壯^장其^기猶^유로다.　그의 계략은 뛰어나네.

方^방叔^숙率^솔止^지하고　방숙께서 부하를 거느리시고

執^집訊^신獲^획醜^추로다.　많은 적을 사로잡고 목을 잘랐네.

戎^융車^거嘽^탄嘽^탄하고　병거(兵車) 소리 덜컹덜컹

嘽^탄嘽^탄焞^퇴焞^퇴하여　덜컹덜컹 달캉달캉

如^여霆^정如^여雷^뢰로다.　천둥 울리고 벼락 치듯 하네.

顯^현允^윤方^방叔^숙이여　밝고 진실한 방숙께서는

征^정伐^벌玁^험狁^윤하고　험윤 오랑캐 정벌하시고

蠻^만荊^형來^래威^위로다.　형(荊) 땅의 오랑캐들도 굴복시키었네.

|註解| □薄言(박언)-모두 조사. □其(기)-『공소(孔疏)』에 의하면 '기'는 씀

바퀴 비슷하고 줄기는 청백색, 그 잎을 뜯으면 흰 즙이 나온다. 부드러운 것은 날로 먹을 수 있으며 삶아서 나물로 먹을 수 있다 한다. '시화'인 듯도 하지만 확실치 않다. ▫新田(신전)-일군 지 2년 되는 밭(毛傳), 묵은 밭. ▫菑畝(치묘)-일군 지 1년 되는 밭(毛傳), 새로 일군 밭. ▫方叔(방숙)-경사(卿士)로서 이때의 장수. 어떤 사람인지 자세히 알 수 없다. ▫涖(리)-리(苙)와 통하며, 군사를 거느리고 나오는 것. 사마병법(司馬兵法)에 의하면 병거 1승에 갑사(甲士) 3인과 보졸(步卒) 72인이 따른다 했으니(鄭箋) 대 부대이다. 또 『공소』에는 천자는 육군(六軍)으로 천 승인데, 여기선 3천 승이라 했으니 18군이라 했다. 그러나 여기서는 5백 승이 1군으로 3천 승은 6군으로 봄이 무난하다(通釋). ▫師(사)-군사(軍師), 군대. ▫干(간)-간(扞)의 뜻(毛傳)으로 적을 대적하는 것. ▫試(시)-연습(練習), 훈련의 뜻. ▫騏(기)-털빛이 검푸른 말. ▫翼翼(익익)-정제(整齊)한 모양, 가지런한 모양. 앞「고사리 캐세(采薇)」시 참조. ▫路車(노거)-제후들이 타는 큰 수레. 여기서는 융로(戎路)로서(集傳), 제후들이 타는 융거(戎車). ▫有奭(유석)-석연(奭然). 붉은 모양. 제후들의 노거(路車)는 붉은 가죽을 수레채에 대었다(齊風「載驅」시 참조. ▫簟笰(점불)-네모 무늬의 대자리로 만든 수레 가리개(齊風「載驅」시 참조. ▫魚服(어복)-어수(魚獸) 가죽을 입힌 화살집. 앞의「고사리 캐세」시에 보임. ▫鉤(구)-말 배띠의 쇠고리(釋義). ▫膺(응)-말 배띠. ▫鯈革(조혁)-가죽 고삐에 달린 쇠장식. 앞의「길게 자란 다북쑥(蓼蕭)」시 참조. ▫鄕(향)-소(所)의 뜻(毛傳). 소(所)는 또 처(處)와 통하여, 중향(中鄕)은 묵은 밭 가운데의 뜻(傳疏). ▫旂(기)-청황 용이 그려진 기. ▫旐(조)-거북과 뱀이 그려진 기. ▫央央(앙앙)-아름답게 펄럭이는 모양. ▫約(약)-묶다. 속(束)의 뜻. ▫軝(기)-수레의 굴통대. 병거의 굴통대는 길게 나와 있는데, 약기(約軝)는 그것을 붉은 가죽으로 동여맨 것이다(毛傳·集傳). ▫錯(착)-무늬를 새긴 것(毛傳). ▫衡(형)-수레의 멍에. ▫八鸞(팔란)-여덟 개의 방울. 말재갈 양편에 달린 방울을 란(鸞)이라 하며, 말이 네 마리이기 때문에 팔란(八鸞)인 것이다. ▫瑲瑲(창창)-방울 소리. ▫命服(명복)-천자가 명한 그의 신분에 맞는 옷. ▫芾(불)-불(韍)과 통하여 폐슬(蔽膝). 앞가리개. 주불(朱芾)이라 하였지만, 옛날 예복의 불(芾)은 천자는 순주(純朱)고 제후는 주황(朱黃)이었으니 '주황색의 폐슬(蔽膝)'로 보아야 한다(孔疏). ▫皇(황)-황(煌)의 뜻(集傳). 빛나는 것. ▫有瑲(유창)-창연(瑲然). 잘랑거리는 것.

▫菼(총)-푸른 것. ▫珩(형)-맨 위쪽에 달린 패옥(佩玉)(集傳). ▫鴥(율)-빨리 나는 모양. 진풍(秦風) 「새매(晨風)」시에 보임. ▫隼(준)-새매. ▫戾天(여천)-하늘에 닿을 듯이 높이 나는 것. ▫亦(역)-조사. ▫集(집)-새가 나무 위에 앉는 것. ▫爰止(원지)-이에 머물러 쉬는 것(釋義). ▫鉦(정)-징. 옛날의 군대는 북을 치면 진격하고 징을 치면 멈추었다(毛傳). ▫鉦人伐鼓(정인벌고)-징잡이와 북잡이가 따로 있어 징잡이는 징을 치고 북잡이는 북을 친다는 말이 생략된 것임(鄭箋). ▫鞠旅(국려)-옛날 군대는 전쟁을 하기 전에 장수가 부하를 모아놓고 '서(誓)'라 하여 전쟁에 관한 훈시를 하였다. 국려(鞠旅)는 군사들을 모아놓고 훈시를 하는 것(鄭箋). ▫顯(현)-밝은 것. ▫允(윤)-진실한 것. ▫淵淵(연연)-북소리(毛傳). ▫振旅(진려)-군사들을 정비하여 전쟁에 대비하는 것. ▫闐闐(전전)-북소리가 울리는 것. ▫蠢(준)-어리석은 것. ▫爾(이)-조사. ▫蠻(만)-남쪽 오랑캐. ▫荊(형)-초(楚)의 뜻. 초(楚) 땅의 오랑캐들을 방숙(方叔)이 친 것이다. ▫大邦(대방)-대국, 곧 중국. ▫讎(수)-원수. ▫克壯(극장)-매우 장하다, 매우 뛰어나다. ▫猶(유)-지모(智謀)의 뜻, 계략을 세우는 지혜. ▫訊(신)-포로, 생포자. ▫獲(획)-괵(馘)과 통하여 적을 죽인 뒤 왼쪽 귀를 베는 것. ▫醜(추)-중(衆)의 뜻, 많은 적. 이 구절은 「수레 내어」시에 보였으니 참조할 것. ▫嘽嘽(탄탄)-많은 수레 소리. 앞의 「사마」시에 보임. ▫焞焞(퇴퇴)-탄탄(嘽嘽)과 같이 수레 소리를 형용한 것이라 봄이 좋으며, 왕풍(王風) 「큰 수레(大車)」시의 '톤톤(啍啍)'과 같은 뜻일 것이다(釋義). ▫霆(정)-천둥. ▫雷(뢰)-우레. ▫來(래)-시(是)와 같은 조사(釋義). ▫威(위)-위세에 굴복하는 것.

▲ 시화(采芑)

[解說] 「모시서」에 「시화를 뜯으러」는 선왕의 남쪽 정벌을 노래한 것이라 하였다.

선왕 때에 초(楚) 땅의 오랑캐들이 배반하였으므로 선왕은 방숙(方叔)에게 명하여 이를 치게 하였다. 이때 종군했던 사람이 방숙의 공을 노래한 것이 이 시이다. 1절과 2절, 3절은 방숙이 군사들을 조련하는 모습을 읊었고, 맨 끝절에서야 비로소 남쪽 정벌을 노래하고 있다.

12. 탄탄한 수레(車攻)

아 거 기 공
我車旣攻하고　　수레는 탄탄하고

아 마 기 동
我馬旣同하여　　말도 잘 갖추어

사 무 농 롱
四牡龐龐하니　　건장한 네 마리 말이 끄는

가 언 조 동
駕言徂東이로다.　수레 타고 동쪽으로 가네.

전 거 기 호
田車旣好하고　　사냥 수레 훌륭하고

사 무 공 부
四牡孔阜로다.　　네 마리 말도 장대하네.

동 유 보 초
東有甫草어늘　　동쪽 보전(甫田)으로

가 언 행 수
駕言行狩로다.　　수레 타고 사냥가네.

지 자 우 묘
之子于苗하니　　우리 님 사냥 나가시는데

선 도 효 효
選徒囂囂로다.　　졸개들 고르느라 떠들썩.

건 조 설 모
建旐設旄하고　　여러 가지 무늬의 깃대 꽂아놓고
박 수 우 오
搏獸于敖로다.　　오산(敖山)에서 짐승을 잡네.

가 피 사 무
駕彼四牡하니　　네 마리 말이 끄는 수레 타니
사 무 혁 혁
四牡奕奕이로다.　네 마리 말은 장대하기도 하네.
적 불 금 석
赤芾金舃으로　　붉은 앞가리개에 금장식 신 신고
회 동 유 역
會同有繹이로다.　늘어서서 천자를 뵙네.

결 습 기 차
決拾旣佽하고　　활깍지와 팔찌 끼고
궁 시 기 조
弓矢旣調로다.　　활과 화살을 다 골랐네.
사 부 기 동
射夫旣同하여　　활을 쏜 사람들 다 모여
조 아 거 시
助我擧柴로다.　　잡은 짐승 쌓는 일을 거드네.

사 황 기 가
四黃旣駕하니　　누런 네 마리 말이 끄는 수레 탔는데
양 참 불 의
兩驂不猗로다.　　양쪽 곁말도 쪽 고르네.
불 실 기 치
不失其馳하니　　알맞게 달려 주니
사 시 여 파
舍矢如破로다.　　쏜 살은 정통으로 들어맞네.

소 소 마 명
蕭蕭馬鳴하고　　말은 허흥 울고
유 유 패 정
悠悠旆旌이로다.　깃발은 길게 나부끼네.

도 어 불 경
徒御不驚하고   걷는 자나 탄 사람 모두 조용히 움직이고

대 포 부 영
大庖不盈이로다.   임금님 푸줏간은 가득 차네.

지 자 우 정
之子于征하니   우리 님 행군하시는데

유 문 무 성
有聞無聲이로다.   행렬은 조용하기만 하네.

윤 의 군 자
允矣君子여   진실로 군자이시고

전 야 대 성
展也大成이로다.   정말 큰일 이루시는 분이네.

註解 □攻(공)-견고(堅固)의 뜻(毛傳), 곧 탄탄한 것. □同(동)-제(齊)의 뜻(毛傳). 잘 갖춘 것. □龐龐(농롱)-강성(强盛)한 모양(傳疏). □徂(조)-가다. □東(동)-동도(東都) 쪽. □田車(전거)-사냥할 때 타는 수레. □孔(공)-매우. □阜(부)-크다, 장대하다. □甫草(보초)-땅 이름으로 보전(甫田). 뒤에는 정(鄭)나라 땅이 된 지금의 개봉부(開封府) 중모현(中牟縣) 서포전택(西圃田澤)임. 선왕(宣王) 때에는 정나라가 없었기 때문에 보전은 동도(東都) 기내에 속하였다(集傳). □苗(묘)-수렵의 통칭. 사냥의 뜻(集傳). □徒(도)-사냥을 돕는 졸개들. □嘵(효)-효(嚣)와 같은 글자, 시끄러운 것. □旐(조)-거북과 뱀이 그려진 기. □旄(모)-쇠꼬리로 만든 기장목. 건조설모(建旐設旄)는 여러 가지 장군의 깃발을 세운 것. □搏(박)-잡다. □敖(오)-산 이름. 지금의 개봉부 영택현(榮澤縣) 서북쪽에 오산(敖山)이 있는데 바로 그것이다(傳疏). □奕奕(혁혁)-훈련이 잘된 모양, 굉장한 모양. □赤芾(적불)-붉은 앞가리개. 앞의「시화를 뜯으러(采芑)」시의 주불(朱芾)과 같은 말. □舄(석)-신. 금석(金舄)은 붉은 신에 금 장식을 한 것(集傳). 금석은 적불과 함께 제후들의 신과 옷임(毛傳). □會(회)-시현(時見). 곧 부정기로 일이 있을 때 제후가 천자를 찾아뵙는 것(毛傳). □同(동)-조현. 여러 제후들이 한꺼번에 천자를 찾아뵙는 것(毛傳). □有繹(유역)-역연(繹然)으로, 죽 늘어서 있는 모양. □決(결)-상골(象骨)로 만든 활줄을 당길 때 오른손 엄지 손가락에 끼는 깍지(集傳). □拾(습)-활을 쏠 때 왼팔

에 끼는 가죽으로 만든 팔찌(集傳). □佽(차)-돕다, 나란히 하다. □調(조)-고르다. □射夫(사부)-활 쏘는 사람, 회동(會同)한 제후들(傳疏). □同(동)-다 같이 모이는 것. □柴(시)-『설문해자(說文解字)』에 자(柴)로 되어 있으며, 잡은 짐승을 쌓는 것(集傳). 잡은 짐승이 많음을 뜻한다. □四黃(사황)-네 마리의 누런 말. □不猗(불의)-한쪽으로만 바르지 않게 쏠리지 않는 것(集傳). □馳(치)-달리다. 여기서는 달리는 법(孔疏). □舍矢(사시)-활을 쏘는 것. □如破(여파)-깨질 듯이 힘차게 들어맞는 것. □蕭蕭(소소)-말이 우는 소리. □悠悠(유유)-길게 늘어뜨린 모습. □旆(패)-기. □旌(정)-기장목, 깃발. □徒(도)-보졸(步卒), 걸어다니는 졸개들. □御(어)-수레 모는 사람(集傳). □不驚(불경)-조용히 행동하여 사람들을 놀라게 하지 않는 것. □大庖(대포)-임금의 푸줏간. □不(부)-비(조)와 통한다. 크게, 대단히. □有聞(유문)-군대들이 싸움에 나간다는 소문을 들은 것. □無聲(무성)-행군을 하는데도 아무 소리도 안 나는 것. □允(윤)-진실로. □展(전)-진실로. □大成(대성)-이룬 것이 큰 것.

解說 「모시서」에는 이 시를 다음과 같이 설명하고 있다.

"탄탄한 수레"는 선왕이 옛날의 안정을 되찾은 것을 읊은 것이다. 선왕은 안으로 나라 안을 잘 다스리고 밖으로는 오랑캐들을 물리쳐 문왕과 무왕 때의 나라 땅을 모두 되찾았다. 수레와 말의 제도를 조정하고 성과 무기를 정비하고는 다시 제후들을 동도(東都)로 모아놓고 사냥을 하면서 수레를 모는 군사들을 뽑은 것을 노래한 것이다."

『묵자』의 명귀(明鬼)편에도 "주나라 선왕은 제후들을 모아 포전(圃田 : 甫田) 땅에서 사냥을 하였는데 수레가 수백 승이나 되었다."고 하였다. 아마 이 시는 이때 사냥에 참가하였던 어느 사람이 지은 것일 것이다. 주희에 의하면 제1절은 동도로 가려는 것을 읊고, 제2절은 보전으로 사냥가려는 것, 제3절은 동도에 이르러 사냥을 하며 수레몰이 군사를 뽑는 모양, 제4절은 제후들이 동도로 천자를 뵈러 오는 것을, 제5절은 제후들이 모두 모여 사냥하는 것, 제6절은 사냥할 때의 말 몰기와 활쏘기에 뛰어난 재주를, 제7절은 사냥을 마친 것을, 제8절은 이러한 모든 일이 처음부터 끝까지 훌륭하게 진행된 것을 전체적으로 서술한 것이다.

13. 좋은 날(吉日)

吉日維戊에 　　좋은 날 무일(戊日)을 가려
旣伯旣禱로다. 　말조상에 제사하며 사냥 잘되길 비네.
田車旣好하고 　사냥 수레 튼튼하고
四牡孔阜어늘 　네 마리 말은 장대한데
升彼大阜하며 　큰 언덕에 올라
從其羣醜로다. 　여러 짐승 뒤쫓네.

吉日庚午에 　　좋은 날 경오날에
旣差我馬로다. 　말을 골라 탔네.
獸之所同하니 　짐승 모이는 곳에 가니
麀鹿麌麌어늘 　암사슴 수사슴이 수두룩
漆沮之從하여 　칠저수로부터 짐승을 쫓아
天子之所로다. 　천자 계신 곳으로 몰아오네.

瞻彼中原하니 　저 언덕 바라보니
其祁孔有로다. 　짐승이 우글우글 많기도 하네.
儦儦俟俟요 　　뛰는 놈에 서성대는 놈

혹 군 혹 우
　　或羣或友어늘　　떼를 지은 놈 짝을 짓고 있는 놈들을
　　실 솔 좌 우
　　悉率左右하여　　오른편 왼편에서 모두 몰아다
　　이 연 천 자
　　以燕天子로다.　　천자님을 즐겁게 해드리네.

　　기 장 아 궁
　　旣張我弓하고　　활줄을 잡아당기고
　　기 협 아 시
　　旣挾我矢하여　　화살을 낀 다음
　　발 피 소 파
　　發彼小豝하고　　작은 암돼지도 쏘고
　　에 차 대 시
　　殪此大兕하여　　큰 들소도 잡아
　　이 어 빈 객
　　以御賓客하고　　손님들 대접하며
　　차 이 작 례
　　且以酌醴로다.　　좋은 술도 따르네.

註解　□戊(무) – 천간(天干)의 기수(奇數)는 강일(剛日), 우수(偶數)는 유일(柔日)이라 하는데, 무(戊)날은 강일에 해당한다(釋義). 말 타는 일 같은 바깥일은 강일이 좋다 한다. □伯(백) – 말의 조상(毛傳). 사냥에는 말의 힘을 빌게 되기 때문에, '기백(旣伯)'은 말의 조상에게 그의 말이 강건하기를 빈 것이다(孔疏). □旣禱(기도) – 많은 짐승이 잡히도록 비는 것(毛傳). □田車(전거) – 사냥 수레. □升(승) – 오르다. □阜(부) – 언덕. □羣醜(군추) – 짐승의 무리(鄭箋). □庚午(경오) – 경오날. 역시 강일(剛日)임. □差(채) – 가리다, 고르다. □同(동) – 모이는 것(鄭箋). 소동(所同)은 모이는 장소. □麀(우) – 암사슴. □麌麌(우우) – 우글우글하는 모양(毛傳). □漆沮(칠저) – 강물 이름. 대진(戴震)은 바로 『서경』의 우공(禹貢)에 나오는 칠저(漆沮)'가 이것이라 하였다(毛鄭詩考正). 칠저수(漆沮水)는 서안(西安) 부경(府境)을 거쳐 흐른다. □之(지) – 조사, 시(是)의 뜻. □從(종) – 짐승을 뒤쫓는 것. □瞻(첨) – 바라보다. □中原(중원) – 언덕 가운데. □其祁(기기) – 기연(祁然)의 뜻, 많은 모양. □孔有(공유) – 많이 있다는 뜻. □儦儦

(표표)-달리는 모양(毛傳). □俟俟(사사)-서성대는 모양(毛傳). □羣(군)-세 마리 이상이 떼지은 것. □友(우)-두 마리가 짝을 지은 것(毛傳). □悉率左右(실솔좌우)-좌우에서 모두가 짐승을 천자에게 활을 쏘기 알맞도록 모는 것(鄭箋). □燕(연)-즐기다. □挾(협)-끼는 것. □發(발)-발사의 뜻. □豝(파)-암돼지. □殪(에)-죽다. 여기서는 잡는 것. □兕(시)-외뿔난 들소. □御(어)-음식을 올리는 것. □酌(작)-술잔에 술을 따르는 것. □醴(예)-좋은 술의 일종.

|解說| 「모시서」에 「좋은 날」은 선왕의 사냥을 찬미한 노래라 하였다.
　시의 내용이 천자의 사냥을 아름답게 형용한 노래임에는 틀림없으나 그 천자가 선왕이라는 증거는 없다.

제3 홍안지습(鴻鴈之什)

1. 기러기(鴻鴈)

_{홍 안 우 비}
鴻鴈于飛하여　　기러기가 날아가며

_{숙 숙 기 우}
肅肅其羽로다.　　파닥파닥 날개 치네.

_{지 자 우 정}
之子于征하여　　우리들은 집을 버리고 떠나 와

_{구 로 우 야}
劬勞于野로다.　　들판에서 고생하였네.

_{원 급 긍 인}
爰及矜人하고　　임금님의 배려가 불쌍한 사람들에게도 미치고

_{애 차 환 과}
哀此鰥寡로다.　　홀아비 과부들도 동정해 주셨네.

_{홍 안 우 비}
鴻鴈于飛라가　　기러기가 날아가다

_{집 우 중 택}
集于中澤이로다.　　못 가운데 내려앉네.

_{지 자 우 원}
之子于垣하고　　우리들은 담을 쌓고

_{백 도 개 작}
百堵皆作이로다.　　수많은 집을 지었네.

_{수 즉 구 로}
雖則劬勞로되　　비록 고생은 하였지만

_{기 구 안 택}
其究安宅이로다.　　마침내는 편히 살 곳 얻었네.

_{홍 안 우 비}
鴻鴈于飛하여　　기러기가 날아가다

哀鳴嗸嗸로다.　　끼럭끼럭 슬피 우네.
애 명 오 오

維此哲人은　　이 어진 사람들은
유 차 철 인

謂我劬勞어늘,　　우리에게 고생한다고 하는데,
위 아 구 로

維彼愚人은　　저 어리석은 자들은
유 피 우 인

謂我宣驕로다.　　우리에게 건방지다고 하네.
위 아 선 교

註解　□鴻(홍)-큰 기러기. 큰 기러기를 홍(鴻), 작은 기러기를 안(鴈)이라 한다(毛傳). □肅肅(숙숙)-날개치는 소리. 당풍(唐風) 「넉새 깃(鴇羽)」 시에 보임. 이 기러기는 유랑민 자신들에 비유한 것이다. □之子(지자)-집을 버리고 떠돌아 다니는 사람들이 자신들을 가리키는 말(集傳). □征(정)-길을 나선 것. □劬勞(구로)-고생하는 것. 패풍(邶風) 「남풍(凱風)」 시에 보임. □爰及(원급)-그리고 임금님의 보살핌이 미쳤다는 뜻. □矜人(긍인)-자기들처럼 떠돌아다니며 고생하는 불쌍한 사람들. □哀(애)-애련(哀憐)의 뜻, 불쌍히 여기는 것. 애(哀)자는 아래위로 걸린다. □鰥(환)-홀아비. □寡(과)-과부. 이 구절은 윗 구절과 합쳐서, '우리처럼 불쌍한 사람들과 홀아비나 과부들을 임금님이 가련하게 여기시고 동정하셨다'는 말. □中澤(중택)-택중(澤中). 기러기가 못에 내려앉음은 유민들이 편히 살 곳을 얻음에 비유한 것이다. □于垣(우원)-담을 치는 것. □堵(도)-『모전』엔 '1장(丈)을 판(版)이라 하고, 오판(五版)을 도(堵)라 한다' 하였다(『韓詩』엔 8척을 판이라 했고, 『鄭箋』에서 6척을 판이라 한다고 했다). 1장(丈)은 그 길이, 5판(版)은 그 높이를 말하는 것이다. 판은 높이 2척(尺)이기 때문에 5판은 그 높이가 역시 1장이 된다. 여기서 백도(百堵)라 한 것은 집의 담이나 벽을 많이 쌓은 것을 말한다. □究(구)-마침내의 뜻(集傳). □嗸(오)-오(嗷)로도 쓰며, 오오(嗸嗸)는 슬피 우는 소리. □哲人(철인)-밝고 지혜있는 사람, 어진 사람. □宣驕(선교)-교만하게 보이는 것. 자기들의 슬픔과 괴로움을 얘기하면 어진 사람들은 고생한다고 하지만, 그렇지 않은 사람들은 건방진 얘기 말라고 한다는 것이다.

[解說] 「모시서」에서는 이것도 선왕을 기리는 시라 하였다. 많은 백성들이 가족과 떨어져 편히 안정된 삶을 누리지 못하는 것을 위로하며 그들을 편안히 모여 살도록 해주고, 불쌍한 사람들이나 과부에 이르기까지도 도움을 받지 않은 이가 없게 되었다는 것이다.

『집전』의 해설을 따라 유랑민들 스스로가 노력 끝에 안정된 삶을 누리게 된 것을 기뻐하고, 옛날의 유랑 생활을 회고하며 지은 작품이라고 볼 수도 있을 것이다.

▲ 큰 기러기

2. 횃불(庭燎)

夜如何其오?	밤이 어떻게 되었나?
夜未央하니	밤이 다 가지 않아
庭燎之光이로다.	횃불을 비치고 있네.
君子至止하니	제후들이 당도하느라
鸞聲將將이로다.	방울 소리만 쨍그렁쨍그렁.

夜如何其오?	밤이 어떻게 되었나?
夜未艾하니	밤이 다 가지 않아
庭燎晣晣이로다.	횃불 환하게 밝히고 있네.
君子至止하니	제후들이 당도하느라
鸞聲噦噦로다.	방울 소리만 뎅그렁뎅그렁.

夜如何其오?	밤이 어떻게 되었나?
夜鄕晨이로되	날이 새어 가고 있으나
庭燎有煇로다.	횃불을 밝히고 있네.
君子至止하니	제후들이 당도하느라
言觀其旂로다.	그들의 깃발이 나부끼네.

註解　□夜未央(야미앙)-날이 새지 않은 것. □庭燎(정료)-뜰에 세워 놓는 횃불. □君子(군자)-제후들을 가리킴(集傳). □鸞(란)-말재갈 양편에 달린 방울. □將將(장장)-방울 소리. □艾(예)-절(絕)(『左傳』昭公 元年 및 哀公 二年의 杜預 注), 곧 끊이다. 또는 지(止)(『小爾雅』), 곧 멎다의 뜻. □晣晣(절절)-밝은 모양, 환하게 밝히는 것. □噦噦(홰홰)-말방울 소리. □鄕(향)-향(向)과 통함. 향신(鄕晨)은 새벽이 되어 가는 것. □有煇(유휘)-휘연(煇然). 빛나는 모양, 밝은 모양. □旂(기)-제후들의 수레에 꽂는 깃발.

解說　이 시는 새벽 일찍이 조회하러 궁중으로 제후들이 모여드는 모양을 노래한 것이다.

「모시서」에선 이것 역시 선왕을 기린 것이라 하였다.

3. 넘쳐흐르는 물(沔水)

沔彼流水이	넘쳐흐르는 물은
朝宗于海로다.	바다로 모두 흘러드네.
鴥彼飛隼이	휙휙 나는 새매는
載飛載止로다.	날다가 나무에 앉네.
嗟我兄弟와	아아 내 형제와
邦人諸友여!	나라 안의 여러 친구들이여!
莫肯念亂하니	나라의 어지러움 생각도 않으려 드는데,
誰無父母오?	어느 누구인들 부모님 계시지 않는가?

_{면 피 유 수}
沔彼流水이　　넘쳐흐르는 물이

_{기 류 상 상}
其流湯湯이로다.　넘실넘실 흐르고

_{율 피 비 준}
鴥彼飛隼이　　획획 나는 새매는

_{재 비 재 양}
載飛載揚이로다.　높이 날아 올라가네.

_{염 피 부 적}
念彼不蹟하니　　법도를 따르지 않는 자들 생각 때문에

_{재 기 재 행}
載起載行이로다.　가만히 못 있고 일어나 서성거리네.

_{심 지 우 의}
心之憂矣여!　　마음의 시름이여!

_{불 가 미 망}
不可弭忘이로다.　버릴 수도 잊을 수도 없구나.

_{면 피 비 준}
沔彼飛隼이　　획획 나는 새매가

_{솔 피 중 릉}
率彼中陵이로다.　언덕 위를 날고 있네.

_{민 지 와 언}
民之訛言은　　백성들의 뜬소문은

_{영 막 지 징}
寧莫之懲고?　　막을 수도 없는 건가?

_{아 우 경 의}
我友敬矣면　　내 친구들이 삼가기만 한다면

_{참 언 기 흥}
讒言其興가?　　남을 모함하는 말이 생기겠는가?

註解　▫沔(면)-물이 가득 넘쳐흐르는 것. ▫朝(조)-제후들이 봄에 천자를 찾아 뵙는 것. ▫宗(종)-여름에 제후들이 천자를 찾아 뵙는 것. 조종(朝宗)은 제후들이 천자 한 분에게로 다 모여들며 충성을 바치듯이 강물도 모두가 바다로 흘러든다는 말. ▫鴥(율)-새가 획획 나는 것. ▫隼(준)-새매. ▫兄弟(형제)-

형제가 성이 같은 사람들임에 비하여, 제우(諸友)는 성이 다른 친구들. ㅁ邦人(방인)-나라 사람. ㅁ肯(긍)-하려 드는 것. ㅁ亂(난)-나라의 어지러움. ㅁ父母(부모)-천자가 백성들의 부모라는 뜻이다. ㅁ湯湯(상상)-물결치며 흐르는 모양. ㅁ揚(양)-높이 올라가는 것. ㅁ蹟(적)-법도, 법도를 따르는 것(集傳). ㅁ載起載行(재기재행)-방안에서 일어나 서성거리는 것. 마음에 걱정과 고민이 있음을 나타낸다. ㅁ弭(미)-그치다, 없어지다. ㅁ率(솔)-따라 나는 것. ㅁ中陵(중릉)-능중(陵中), 언덕 가운데. ㅁ訛言(와언)-나라를 어지럽히는 뜬소문. ㅁ寧(녕)-내(乃)의 뜻(集傳). 이에. ㅁ懲(징)-멎게 하는 것(毛傳). ㅁ敬(경)-경(儆)과 통하여, 여러 가지 일을 삼가는 것. ㅁ讒言(참언)-남을 모함하는 말. 나라가 어지러우면 남을 모함하는 말이 많아진다.

解說 이 시는 나라가 어지러워짐을 근심하는 노래이다(集傳).
「모시서」에선 선왕에게 바른 말을 드리는 노래라 하였다. 시의 내용은 백성들이 뜬소문을 퍼뜨리며 남을 모함하는 도에 어긋나는 짓 하는 것을 책하며 천자에 대하여 충성을 다할 것을 노래하고 있다.

▲ 새매

4. 학의 울음(鶴鳴)

鶴鳴于九皐하니　학이 높은 언덕에서 우니
聲聞于野로다.　소리가 온 들에 퍼지네.
魚潛在淵이라가　물고기는 깊은 연못에 잠겼다가
或在于渚로다.　물가로 나오기도 하네.
樂彼之園에　즐겁게도 저 동산에는
爰有樹檀하고　박달나무가 자라고 있고
其下維蘀이로다.　그 밑에는 개암나무도 있네.
它山之石이　다른 산의 돌이
可以爲錯이로다.　이곳의 옥을 가는 숫돌이 되네.

鶴鳴于九皐하니　학이 높은 언덕에서 우니
聲聞于天이로다.　소리가 하늘에 퍼지네.
魚在于渚라가　물고기는 물가에 있다가
或潛在淵이로다.　깊은 연못에 잠기기도 하네.
樂彼之園에　즐겁게도 저 동산에는
爰有樹檀하고　박달나무가 자라고 있고
其下維穀이로다.　그 밑에는 닥나무도 있네.

_{타 산 지 석}
它山之石이   다른 산의 돌로
_{가 이 공 옥}
可以攻玉이로다. 이곳의 옥을 갈 수 있다네.

註解 □九(구)-고(高)의 뜻(釋義), 높은 것. □皐(고)-물가의 언덕(釋義). 학의 울음소리는 8리(里) 또는 9리의 멀리까지 들린다(集傳). 이 구절은 은사(隱士)가 숨어 살기는 하지만 그의 명성은 널리 퍼진다는 뜻. □潛(잠)-물에 잠기다. □淵(연)-연못. □渚(저)-물가. 물고기가 못 속에 잠겼다가 물가에 나와 있기도 한다는 것은, 세상에 나가 일을 하다 뜻대로 되지 않으면 물러나 몸을 닦는 군자의 생활태도에 비유한 것이다. □園(원)-숨어 사는 사람이 사는 집의 동산. □檀(단)-박달나무. □蘀(탁)-석(檡)과 같은 뜻의 글자(『經義述聞』)로 개암나무. □它(타)-타(他)와 같은 자, 다른 곳. □錯(착)-숫돌. 옥돌을 가는 숫돌. 이 구절은 다른 나라의 인재들도 잘 써서 나라를 다스려야 함을 비유한 것이다. □榖(곡)-『모전』에는 악목(惡木), 나쁜 나무라 하였다. 그러나 곡목(榖木)은 저(楮)라고도 하는 껍질로 종이를 만드는 관목(灌木)(釋義). 닥나무. □攻(공)-갈다.

解説 방옥윤(方玉潤)의 『시경원시(詩經原始)』에 이 시는 세상으로부터 숨어 사는 뜻을 노래한 시라 하였다. 시를 보면 매 절의 앞 7구는 숨어 사는 사람이 살고 있는 곳의 풍물을 비유를 섞어가며 읊은 것이고, 끝 두 구절은 세상으로부터 숨어 사는 뜻을 노래하고 있다고 볼 수 있다.

「모시서」에서는 선왕을 깨우치려는 뜻을 지닌 노래라 하였다. 선왕으로 하여금 아직 벼슬하지 않고 있는 현명한 사람들을 찾아 쓰도록 하려는 뜻을 담고 있다는 것이다.

▲학

5. 기보(祈父)

祈父여!　　　　　　　기보님!
　기 보

予王之爪牙어늘　　　　나는 임금님의 발톱이요 이빨이거늘
　여 왕 지 조 아

胡轉予于恤하여　　　　어째서 나를 어려운 처지로만 몰아넣어,
　호 전 여 우 휼

靡所止居오?　　　　　편히 살 수 없게 합니까?
　미 소 지 거

祈父여!　　　　　　　기보님!
　기 보

予王之爪士어늘　　　　나는 임금님의 발톱 같은 군사이거늘
　여 왕 지 조 사

胡轉予于恤하여　　　　어째서 나를 어려운 처지로만 몰아넣어
　호 전 여 우 휼

靡所底止오?　　　　　제대로 살 수 없게 합니까?
　미 소 지 지

祈父여!　　　　　　　기보님!
　기 보

亶不聰이로다.　　　　정말로 귀가 어두우십니다.
　단 불 총

胡轉予于恤하여　　　　어째서 나를 어려운 처지로만 몰아넣어
　호 전 여 우 휼

有母之尸饔고?　　　　어머님이 집안일로 고생하시게 하십니까?
　유 모 지 시 옹

註解 ㅁ祈父(기보) - 육군(六軍 : 천자의 군대)을 관장하는 직책을 맡고 있는 관리(毛傳), 곧 사마(司馬)임(集傳). ㅁ爪(조) - 손톱. 여기서는 짐승의 발톱. ㅁ牙(아) - 어금니. 짐승은 발톱으로 할퀴고 이로 물어뜯으며 싸움한다. 자기가 임금님의 발톱과 이빨이라는 것은 용맹스런 군사임을 비유로 드러낸 것이다. ㅁ恤(휼) - 근심하는 처지(集傳), 어려운 처지. ㅁ止居(지거) - 머물러 편히 사는 것.

520・새로 옮긴 시경

□爪士(조사) - 조아지사(爪牙之士)의 뜻(集傳), 발톱과 이빨 같은 군사. □底(지) - 안정의 뜻. □亶(단) - 진실로. □不聰(불총) - 귀가 밝지 못하다는 뜻. 옛날 월왕(越王) 구천(句踐)도 오(吳)나라를 칠 때 늙은 부모님만 계시고 형제가 없는 사람들은 모두 집으로 돌려보냈고, 위(魏)나라 공자(公子) 무기(無忌)가 조(趙)나라를 구할 때도 형제가 없는 독자들은 돌아가 부모님을 봉양하도록 하였다 한다. 옛날부터 늙은 부모가 있으면서도 형제가 없는 사람은 나랏일에 끌고가는 것을 면제해 주는 것이 원칙이었는데도 기보(祈父)인 당신은 이런 법칙을 듣지 못했느냐는 뜻이다. □尸(시) - 베풀다. 차리다. □饔(옹) - 밥, 식사. 시옹(尸饔)은 늙은 어머니가 손수 집에서 밥상을 차려 올리는 것. 이것은 늙은 어머니가 집안일로 고생하고 있음을 뜻한다.

[解說] 『집전』에 이 시는 오랫동안 전쟁에 나가 있는 군사가 자기를 집으로 돌려보내 주지 않음을 원망하는 노래라 하였다. 그래서 이 군사는 지금의 국방장관에 해당하는 기보(祈父)를 부르며 오랫동안 종군했는데도 노부모가 계신 자기를 왜 안 돌려보내느냐는 것이다.

「모시서」에서는 이 시는 선왕을 풍자한 것이라 하였다. 기보를 잘못 임명하여, 그가 자신의 직책을 다하지 못하고 있음을 노래한 것이라는 것이다.

6. 흰 망아지(白駒)

<ruby>皎皎白駒<rt>교 교 백 구</rt></ruby>이   새하얀 흰 망아지가

<ruby>食我場苗<rt>식 아 장 묘</rt></ruby>로다.   우리 밭의 곡식 싹을 뜯어먹었네.

<ruby>縶之維之<rt>집 지 유 지</rt></ruby>하여   붙잡아 매어놓아

<ruby>以永今朝<rt>이 영 금 조</rt></ruby>로다.   오늘 아침까지도 잡아두네.

<ruby>所謂伊人<rt>소 위 이 인</rt></ruby>이   바로 저 현명한 사람이

어 언 소 요 於焉逍遙인저!	이곳에 와서 노닐었으면!
교 교 백 구 皎皎白駒이	새하얀 흰 망아지가
식 아 장 곽 食我場藿이로다.	우리 밭의 콩싹을 뜯어먹었네.
집 지 유 지 縶之維之하여	붙잡아 매어놓아
이 영 금 석 以永今夕이로다.	오늘 저녁까지도 잡아두네.
소 위 이 인 所謂伊人이	바로 저 현명한 사람이
어 언 가 객 於焉嘉客인저!	이곳의 좋은 손님 되었으면!
교 교 백 구 皎皎白駒이	새하얀 흰 망아지가
분 연 래 사 賁然來思로다.	쏜살같이 달려오네.
이 공 이 후 爾公爾侯하여	당신을 공(公)이나 후(侯)로 봉하여
일 예 무 기 逸豫無期로다.	끝없이 편히 즐기게 하여 주리라.
신 이 우 유 愼爾優游하고	당신은 한가롭게 노는 것 삼가고
면 이 둔 사 勉爾遁思인저!	당신이 은퇴할 적 지녔던 뜻에 성실하시기를!
교 교 백 구 皎皎白駒이	새하얀 흰 망아지가
재 피 공 곡 在彼空谷이로다.	저 깊은 골짜기에 있네.
생 추 일 속 生芻一束이러니	싱싱한 꼴 한 다발을 먹이고 있는데

<u>기 인 여 옥</u>
其人如玉이로다.   그 사람은 깨끗하기 옥과 같네.

<u>무 금 옥 이 음</u>
毋金玉爾音하여   자신의 명성을 금이나 옥처럼 여기고

<u>이 유 하 심</u>
而有遐心이어다!   우리를 멀리하는 마음 갖지 마시기를!

註解 □皎皎(교교)-흰 모양, 새하얀 것. □駒(구)-망아지. □場(장)-채전, 포(圃)의 뜻(集傳). □苗(묘)-곡식 싹. □縶(집)-잡아 매는 것. □維(유)-끈으로 매는 것. □永(영)-종(終)의 뜻. ⋯⋯까지. □伊人(이인)-저 사람. 현명한 사람을 가리킨다. □於焉(어언)-어시(於是). '이곳에'의 뜻(後箋). □逍遙(소요)-노닐며 쉬는 것. □藿(곽)-콩잎. 콩싹의 뜻으로 보아도 좋다. □嘉客(가객)-좋은 손님. □賁然(분연)-빠른 모양(集傳). 분(賁)은 '비'로도 읽는다. □思(사)-조사. □爾公爾侯(이공이후)-당신을 공(公)에라도 봉하고 후(侯)에라도 봉해 주겠다. 곧 높은 벼슬을 주겠다는 뜻. □逸豫(일예)-편히 즐기는 것. □無期(무기)-끝이 없는 것. □愼(신)-삼가서 지나치지 않게 하라는 뜻(集傳). □優游(우유)-속 편히 한가롭게 노는 것. □勉(면)-힘써 성실히 하는 것. □遁(둔)-숨다, 은둔하다. □空(공)-『한시(韓詩)』에 궁(穹)으로 되어 있는데, 궁곡(穹谷)은 깊은 골짜기의 뜻. □生芻(생추)-싱싱한 마소에게 먹이는 꼴풀. □音(음)-명성(名聲)의 뜻. □毋金玉爾音(무금옥이음)-그대의 명성만을 너무 금이나 옥처럼 귀중히 여기지 말라는 뜻. □有遐心(유하심)-윗 구의 무(毋)에 걸려 '나를 멀리하려는 마음을 갖지 말라'는 뜻.

解說 이 시는 현명한 사람을 좋아하는 임금의 마음을 읊은 것이다. 흰 망아지는 현명한 사람에 비유한 것이다. 흰 망아지가 자기 밭의 곡식을 뜯어먹었다고 집안에 매어두듯이 현명한 사람을 조정으로 모셔다 잡아놓고 벼슬을 주어 일을 맡겨야 한다는 것이다.

「모시서」에서는 이것도 대부가 선왕을 풍자한 것이라 하였다. 임금이 현명한 신하들을 잡아두지 못하는 것을 풍자하는 노래라는 것이다.

7. 곤줄매기(黃鳥)

黃^황鳥^조黃^황鳥^조여!　　곤줄매기야 곤줄매기야!

無^무集^집于^우穀^곡하고　　닥나무에 떼 지어 앉지 말고

無^무啄^탁我^아粟^속이어다.　　우리 조 쪼아 먹지 마라.

此^차邦^방之^지人^인은　　이 나라 사람들은

不^불我^아肯^긍穀^곡하니　　나를 잘 대해 주지 않으니

言^언旋^선言^언歸^귀하여　　되돌아가서

復^복我^아邦^방族^족하리라.　　우리 일가들 사는 고장에서 살련다.

黃^황鳥^조黃^황鳥^조여!　　곤줄매기야 곤줄매기야!

無^무集^집于^우桑^상하고　　뽕나무에 떼 지어 앉지 말고

無^무啄^탁我^아粱^량이어다.　　우리 수수 쪼아 먹지 마라.

此^차邦^방之^지人^인은　　이 나라 사람들은

不^불可^가與^여明^명하니　　믿고 살 수 없으니

言^언旋^선言^언歸^귀하여　　되돌아가서

復^복我^아諸^제兄^형하리라.　　우리 형님들 계신 고장에서 살련다.

黃^황鳥^조黃^황鳥^조여!　　곤줄매기야 곤줄매기야!

| 무 집 우 허
無集于栩하고   참나무에 떼 지어 앉지 말고

무 탁 아 서
無啄我黍어다.   우리 기장 쪼아 먹지 마라.

차 방 지 인
此邦之人은   이 나라 사람들은

불 가 여 처
不可與處하니   함께 살 수 없으니

언 선 언 귀
言旋言歸하여   되돌아가서

복 아 제 부
復我諸父하리라.   우리 아저씨들 계신 고장에서 살련다.

註解 □黃鳥(황조)-곤줄매기. 진풍(秦風)「곤줄매기(黃鳥)」시 참조. □集(집)-고자(古字)를 雧으로 쓰며 나무 위에 많은 새가 앉아 있는 것을 뜻하는 글자이다. □穀(곡)-'닥나무'. 앞의 「학의 울음(鶴鳴)」시 참조. □啄(탁)-쪼아 먹다. □穀(곡)-선(善)과 통하여(毛傳), 잘 지내는 것. □言(언)-조사. □言旋言歸(언선언귀)-발길을 돌려 돌아가는 것. □復(복)-되돌아가다. □邦(방)-고토(故土), 옛 땅의 뜻. □邦族(방족)-동족이 사는 옛 땅. □粱(량)-고량(高粱)이라는 '수수' 종류의 곡식(釋義). 뒤에 서(黍)가 나오므로 이깃은 '수수'라 봄이 좋다. □明(명)-맹(盟)으로 씀이 옳으며, '맹'은 믿음의 뜻(鄭箋). 여명(與明)은 따라서 믿고 지내는 것. □栩(허)-상수리나무, 참나무. □黍(서)-기장. □與處(여처)-더불어 잘 살아가는 것. □諸父(제부)-아버지와 형제뻘 되는 분들.

解說 이 시는 타향에 떠돌아다니는 사람이 고향으로 돌아가고 싶은 마음을 읊은 것이다. 아무래도 낯선 땅은 나그네에게 서먹서먹하기만 하다. 매 절의 앞머리에서 곤줄매기에게 자기의 곡식을 쪼아 먹지 말라는 것은, 나그네에게 쓸데없이 냉대를 하지 말라는 뜻을 지닌 듯하다.

▲ 소루쟁이

「모시서」에선 이것도 선왕을 풍자한 것이라 하였다. 선왕이 백성들을 올바로 예에 따라 이끌어주지 못하여 집안사람들과 잘 어울려 살지 못하고 있는 것을 풍자한 노래라는 것이다.

8. 들판을 가다(我行其野)

我行其野_{라가}   들판을 가다가
蔽芾其樗_{로다.}   무성한 개똥나무 그늘에 쉬네.
昏姻之故_로   사돈이기 때문에
言就爾居_{로되}   그대의 집을 찾아갔으나
爾不我畜_{하니}   그대는 나를 먹여 주지도 않으니
復我邦家_{로다.}   내 고향 집으로 되돌아가네.

我行其野_{라가}   들판을 가다가
言采其蓫_{이로다.}   소루쟁이를 뜯네.
昏姻之故_로   사돈이기 때문에
言就爾宿_{로되}   그대 있는 곳 찾아갔으나
爾不我畜_{하니}   그대는 나를 먹여 주지도 않으니
言歸斯復_{이로다.}   되돌아가려네.

아 행 기 야	
我行其野라가	들판을 가다가
언 채 기 복	
言采其葍이로다.	예무를 뽑네.
불 사 구 인	
不思舊姻하고	옛 혼인은 생각지 않고
구 이 신 특	
求爾新特이로다.	그대들은 새 짝을 찾고 있네.
성 불 이 부	
成不以富요	정말 부자 되어 잘 살려는 것이 아니라
역 지 이 이	
亦祇以異니라.	그저 괴이한 짓을 하고 있을 뿐이네.

註解 □蔽(폐)-나무 그늘에서 쉬는 것. □芾(비)-무성한 것. □樗(저)-개똥나무. □昏(혼)-혼(婚)과 통함. 혼인. □姻(인)-혼인하는 것. 신부의 아버지와 신랑의 아버지는 서로 '혼인(昏姻)'이라 부른다 한다(鄭箋). '사돈'. □畜(휵)-양(養)의 뜻으로 밥을 먹여 주는 것. □蓫(축)-소루쟁이. 양제(羊蹄)라고도 하는(陸疏) 나쁜 나물(毛傳). 사돈집에서 푸대접받고 요기하기 위하여 나물을 뜯는 것이다. □葍(복)-예무. 부(葍)라고도 하며(鄭箋), 그 뿌리는 새하얗고 삶아 먹는다(陸疏). 『모전』에는 역시 나쁜 나물이라 하였다. □特(특)-배필의 뜻(集傳). □成(성)-성(誠)의 뜻, 진실로. 『논어』에는 '성(誠)'으로 인용하고 있다. □祇(지)-다만. □異(이)-괴이한 것.

解說 사돈집에 혼인을 성사시키러 먼 길을 찾아갔다. 사돈에게 푸대접받고 고생하며 들판 길을 되돌아오며 부른 노래이다.

　『모전』엔 이 시도 선왕을 풍자한 것이라 하였다. 임금이 정치를 잘 못하여 민심이 어지러워졌기 때문에 혼례를 어기는 일이 흔하게 되었음을 풍자한 노래라는 것이다.

9. 시냇물(斯干)

秩秩斯干하고 <small>질질사간</small>　시냇물은 맑게 흐르고
幽幽南山이로다. <small>유유남산</small>　저 멀리 남산이 솟아 있네.
如竹苞矣요 <small>여죽포의</small>　대나무 빽빽히 자라고
如松茂矣로다. <small>여송무의</small>　소나무도 우거져 있네.
兄及弟矣이 <small>형급제의</small>　형과 아우는
式相好矣요 <small>식상호의</small>　사이좋게 지내며
無相猶矣로다. <small>무상유의</small>　서로 탓하는 일 없네.

似續妣祖하고 <small>사속비조</small>　할머니 할아버지 제사를 받들며
築室百堵하고 <small>축실백도</small>　수백 칸 집을 짓고
西南其戶로다. <small>서남기호</small>　서쪽과 남쪽으로 문을 냈네.
爰居爰處하며 <small>원거원처</small>　여기에 편히 살며
爰笑爰語로다. <small>원소원어</small>　웃고 떠들며 지내네.

約之閣閣하고 <small>약지각각</small>　널판을 잘 붙들어 매고
椓之橐橐하니 <small>착지탁탁</small>　공이로 그 속에 흙을 쳐 벽을 만드니
風雨攸除하고 <small>풍우유제</small>　비바람 막혀지고

| 조 서 유 거 |
鳥鼠攸去하여　　새와 쥐 멀리 가서

| 군 자 유 우 |
君子攸芋로다.　　군자가 잘 살게 되었네.

| 여 기 사 익 |
如跂斯翼하고　　집은 발돋움하고 팔 벌린 형상

| 여 시 사 극 |
如矢斯棘하며　　집 모퉁이는 화살촉처럼 반듯하며

| 여 조 사 혁 |
如鳥斯革하고　　추녀는 새가 날개 편 모양이오

| 여 휘 사 비 |
如翬斯飛하니　　꿩이 나는 것처럼 아름다우니

| 군 자 유 제 |
君子攸躋로다.　　군자가 여기에 오르게 되었네.

| 식 식 기 정 |
殖殖其庭하고　　마당은 평평하고도 반듯하고

| 유 각 기 영 |
有覺其楹하며　　기둥은 쭉 곧으며

| 쾌 쾌 기 정 |
噲噲其正하고　　대청은 훤하고

| 홰 홰 기 명 |
噦噦其冥하니　　방안은 아늑하니

| 군 자 유 녕 |
君子攸寧이로다.　　군자가 여기에 편히 살게 되었네.

| 하 관 상 점 |
下莞上簟하니　　밑에는 돗자리 위에는 대자리

| 내 안 사 침 |
乃安斯寢이로다.　　여기에서 편히 잠자네.

| 내 침 내 흥 |
乃寢乃興하여　　자고 일어나

| 내 점 아 몽 |
乃占我夢하니　　내 꿈을 점치는데

$\underset{길}{吉}\underset{몽}{夢}\underset{유}{維}\underset{하}{何}$오?　　무슨 좋은 꿈을 꾸었나?

$\underset{유}{維}\underset{웅}{熊}\underset{유}{維}\underset{비}{羆}$와　　곰과 말곰에

$\underset{유}{維}\underset{훼}{虺}\underset{유}{維}\underset{사}{蛇}$로다.　독사와 뱀을 꿈꿨지.

$\underset{대}{大}\underset{인}{人}\underset{점}{占}\underset{지}{之}$하니　점치는 이가 점쳐 보더니

$\underset{유}{維}\underset{웅}{熊}\underset{유}{維}\underset{비}{羆}$는　　곰과 말곰은

$\underset{남}{男}\underset{자}{子}\underset{지}{之}\underset{상}{祥}$이요　아들 낳을 꿈이요

$\underset{유}{維}\underset{훼}{虺}\underset{유}{維}\underset{사}{蛇}$는　　독사와 뱀은

$\underset{여}{女}\underset{자}{子}\underset{지}{之}\underset{상}{祥}$이로다.　딸 낳을 꿈이라네.

$\underset{내}{乃}\underset{생}{生}\underset{남}{男}\underset{자}{子}$하여　곧 아들을 낳아

$\underset{재}{載}\underset{침}{寢}\underset{지}{之}\underset{상}{牀}$하고　침대에 뉘어놓고

$\underset{재}{載}\underset{의}{衣}\underset{지}{之}\underset{상}{裳}$하며　좋은 옷 입혀 주고

$\underset{재}{載}\underset{롱}{弄}\underset{지}{之}\underset{장}{璋}$이로다.　서옥(瑞玉) 가지고 놀게 하네.

$\underset{기}{其}\underset{읍}{泣}\underset{황}{喤}\underset{황}{喤}$이라　울음소리 쩡쩡 울리는 것 보아

$\underset{주}{朱}\underset{불}{芾}\underset{사}{斯}\underset{황}{皇}$하여　붉은 앞 가리개에 고운 옷 입은

$\underset{실}{室}\underset{가}{家}\underset{군}{君}\underset{왕}{王}$이로다.　집안의 훌륭한 가장 되겠네.

$\underset{내}{乃}\underset{생}{生}\underset{녀}{女}\underset{자}{子}$하여　딸을 낳아

재 침 지 지
　　　載寢之地하고　　땅바닥에 뉘어놓고
　　　재 의 지 체
　　　載衣之裼하며　　포대기로 싸주며
　　　재 롱 지 와
　　　載弄之瓦로다.　 오지 실패 가지고 놀게 하네.
　　　무 비 무 의
　　　無非無儀라　　　잘못 없고 그른 짓 안하는 것으로 보아
　　　유 주 식 시 의
　　　唯酒食是議하여　오직 술과 음식 잘 만들 생각하며
　　　무 부 모 이 리
　　　無父母詒罹로다.　부모님 걱정 끼치는 일 하지 않겠네.

註解　□秩秩(질질)-『이아(爾雅)』에 맑은 모양이라 하였다. □干(간)-간(澗)과 통하여 산골짜기의 시냇물(毛傳). □幽幽(유유)-심원(深遠)한 모양(毛傳), 깊고 아득한 모양. □如(여)-그리고. 이(而)와 통함(朱彬『經傳考證』). 아래 여(如)자도 이(而)의 뜻(釋義). □苞(포)-풀과 나무가 무성한 것. □式(식)-조사(集傳). □猶(유)-우(尤)와 통하여(鄭箋), 서로 옥신각신하는 것. □似(사)-사(嗣)와 통하여, 사속(似續)은 계승의 뜻. □妣(비)-옛날에는 할머니 윗분들을 모두 비(妣), 할아버지 윗분들을 모두 조(祖)라 하였다. 사속비조(似續妣祖)는 조상들이 제사를 이어 받든다는 뜻. □百堵(백도)-짓는 집의 큼을 나타내는 것이다(앞의 「鴻鴈」시 참조). □約(약)-묶다, 붙들어 매다. □閣閣(각각)-『한시(韓詩)』엔 격격(格格)으로 되어 있으며, 담틀의 나무 판대기를 꼭꼭 동여매는 모양(通釋). □椓(착)-나무공이로 흙을 치는 것(釋義). □橐橐(탁탁)-공이로 흙을 쳐 다지는 소리. □攸(유)-유(由) 또는 용(用)의 뜻, …으로 말미암아. 이상 모두 같음(經典釋詞). □芋(우)-우(宇)와 같은 뜻으로, 집에 사는 것(經義述聞). □跂(기)-발돋움하는 것. □翼(익)-새의 날개처럼 양팔을 쭉 편 것(毛傳). 이 구절은 집 전체의 모양을 형용한 것이다. □棘(극)-능렴(稜廉), 곧 모난 것(毛傳). 이 구절은 집의 모퉁이가 화살촉의 모처럼 반듯하다는 뜻. □革(혁)-『한시』에 혁(鞹)으로 되어 있으니, '날개를 편 모양'. 이 구절은 지붕 추녀를 형용한 것이다. □翬(휘)-꿩. 지붕 추녀가 꿩이 날 때의 날개 모양 같고, 또 그처럼 색깔이 곱다는 뜻. □躋(제)-집 뜰 위로 올라가는 것. □殖殖(식식)-평평하고

반듯한 모양(毛傳). □覺(각) - 직(直)의 뜻(鄭箋). 유각(有覺)은 각연(覺然), 곧 은 모양. □楹(영) - 기둥, 본래는 문 앞의 두 기둥만을 영(楹)이라 하였다(釋義). □噲噲(쾌쾌) - 밝고 훤한 모양(通釋). □正(정) - 정중(正中)의 곳, 곧 대청을 뜻한다(釋義). □噦噦(홰홰) - 매매(昧昧)와 같은 뜻으로, 어둑어둑하고 아늑한 것(通釋). □冥(명) - 어두운 곳, 곧 대청 안의 방을 말한다(集傳). □莞(관) - 왕골로 짠 돗자리. □簟(점) - 대자리. □羆(비) - 말곰. 보통 곰보다 다리나 몸이 크다. □虺(훼) - 독사. □大人(대인) - 점치는 사람을 존경한 말. 옛사람들은 점을 존중하였으므로 점치는 사람까지 존경했다. □祥(상) - 상서. 남자지상(男子之祥)은 남자를 낳을 상서로운 꿈이라는 뜻. 곰이나 말곰은 양물(陽物)로 산에 있고 힘이 세고 튼튼하므로 아들을 뜻한다. 독사나 뱀은 음물(陰物)로 굴 속에 살며 유약(柔弱)하고 숨어 있기를 잘하므로 딸을 낳을 꿈이라는 것이다(集傳). □載(재) - 조사. 즉(則)의 뜻. □牀(상) - 침대. 아기를 침대에 눕힌다는 것은 존중함을 뜻한다(毛傳). □裳(상) - 의상(衣裳)의 뜻으로 옷을 잘 입힘을 뜻한다(集傳). □璋(장) - 서옥. 반규(半珪)(毛傳), 규(珪). 『공소(孔疏)』엔 왕숙(王肅)을 인용하여 '여러 신하들이 왕을 따라 의식을 행할 적에는 장(璋)을 들었다'고 하였다. 여기서 '서옥을 가지고 놀게 한다'는 것은 미리 고관이 되기를 바라는 뜻에서이다. □喤喤(황황) - 큰 소리로 우는 모양(集傳). □朱芾(주불) - 붉은 앞가리개. 슬갑은 옛날 추위를 막기 위하여 바지 위에 끼어 입던 무릎 아래까지 내려오는 옷이다. 천자의 불(芾)은 순수한 붉은 색, 제후의 불(芾)은 누런 빛이 섞인 붉은 색이라 했으니 아들이 뒤에 자라서 왕이나 제후가 되기를 바라는 것이다. □皇(황) - 황(煌)과 통하여 옷이 선명한 모양. □君王(군왕) - 여기서는 훌륭한 가장의 뜻으로 쓴 것임(釋義). □褐(체) - 포대기. □瓦(와) - 방전(紡塼)(毛傳). 길쌈할 때 실을 감는 흙을 구워 만든 실패. 농와(弄瓦)는 여자아이에게 길쌈이나 바느질을 잘하게 자라라는 뜻으로 실패를 갖고 놀게 한 것이다. □非(비) - 어긋나는 것, 그릇된 것. □儀(의) - 무의(無儀)는 그릇된 행동, 좋지 못한 행동. 맨 위의 무(無)자는 비(非)와 무의(無儀)를 모두 부정한다. □議(의) - 얘기하며 관심을 갖는 것. □詒罹(이리) - 근심을 끼치는 것.

解説 이것은 새집을 짓고 아들딸 낳고 잘사는 사람의 기쁨을 노래한 것이다. 제1절에서는 집 주위의 좋은 환경과 형제간의 우애를 노래했고, 제2절에서는 집

짓고 조상의 제사를 받들며 즐겁게 사는 것을, 제3절에서는 단단히 벽을 쳐 집을 지었음을, 제4절에서는 집과 지붕의 멋진 모양을, 제5절에서는 뜰과 대청 방의 우아한 모양을, 제6절에서는 새 집 짓고 들어가 꾼 꿈을, 제7절에서는 아들과 딸 낳을 꿈의 내용을, 제8절에서는 아들 낳아 잘 기르는 모양을, 제9절에서는 딸 낳아 바르게 기르는 모양을 각각 노래한 것이다.

「모시서」에서는 이 시는 선왕이 집안을 잘 이룬 것을 노래한 것이라 하였다.

10. 양이 없다니(無羊)

| 수 위 이 무 양 |
| 誰謂爾無羊이리요? | 누가 그대에게 양이 없다던가? |
| 삼 백 유 군 |
| 三百維群이로다. | 3백 마리의 떼가 있는데. |
| 수 위 이 무 우 |
| 誰謂爾無牛리요? | 누가 그대에게 소가 없다던가? |
| 구 십 기 순 |
| 九十其犉이로다. | 커다란 소가 아흔 마리나 되는데. |
| 이 양 래 사 |
| 爾羊來思하니 | 그대의 양이 오는 것을 보니 |
| 기 각 즙 즙 |
| 其角濈濈이로다. | 뿔들이 길쭉길쭉하네. |
| 이 우 래 사 |
| 爾牛來思하니 | 그대의 소가 오는 것을 보니 |
| 기 이 습 습 |
| 其耳濕濕이로다. | 귀들이 쫑긋쫑긋 움직이네. |

| 혹 강 우 아 |
| 或降于阿하고 | 어떤 놈은 언덕을 내려가고 |
| 혹 음 우 지 |
| 或飮于池하며 | 어떤 놈은 못에서 물을 마시고 |
| 혹 침 혹 와 |
| 或寢或訛로다. | 어떤 놈은 누워 자고 어떤 놈은 움직이네. |

이 목 래 사	
爾牧來思하니	그대의 목동이 오는 것을 보니
하 사 하 립	
何蓑何笠하고	도롱이에 삿갓 쓰고
혹 부 기 후	
或負其餱로다.	밥까지 싸 짊어지고 있네.
삼 십 유 물	
三十維物이라	서른 가지 색깔 다 있으니
이 생 즉 구	
爾牲則具로다.	그대는 여러가지 제물을 다 갖추고 있는 거네.

이 목 래 사	
爾牧來思하니	그대의 목동 오는 것 보니
이 신 이 증	
以薪以蒸하고	굵고 가는 땔나무 베고
이 자 이 웅	
以雌以雄이로다.	암컷 수컷 짐승도 잡았네.
이 양 래 사	
爾羊來思하니	그대의 양떼 오는 것 보니
긍 긍 긍 긍	
矜矜兢兢하고	두려워하는 듯 온순하고
불 건 불 붕	
不騫不崩하며,	멋대로 흩어지지도 않으며,
휘 지 이 굉	
麾之以肱하니	팔을 한번 휘저으니
필 래 기 승	
畢來旣升이로다.	모두 우리로 올라오네.

목 인 내 몽	
牧人乃夢하니	목동이 꿈을 꾸었는데
중 유 어 의	
衆維魚矣요	많은 물고기와
조 유 여 의	
旐維旟矣로다.	여러 가지 깃발이라네.
대 인 점 지	
大人占之하니	점쟁이가 점쳐 보더니

衆^중維^유魚^어矣^의는　　　　많은 물고기는

實^실維^유豐^풍年^년이요　　　풍년임이 틀림없고

旐^조維^유旟^여矣^의는　　　여러 가지 깃발은

室^실家^가溱^진溱^진이로다.　집안 창성할 징조라네.

註解　□犉(순)-키가 7척이 넘는 소(爾雅), 곧 큰 소를 뜻한다. 구십기순(九十其犉)은 큰 소가 90마리나 된다는 뜻. □思(사)-조사. □濈濈(즙즙)-뿔이 모여 있는 모습(通釋). □濕濕(습습)-움직이는 모양(釋義). □阿(아)-언덕, 큰 언덕. □訛(와)-움직이고 있는 것(毛傳). □何(하)-짊어지다. 하(荷)와 통함. □蓑(사)-도롱이. □笠(립)-삿갓. □餱(후)-목동이 비올 때를 대비하여 도롱이와 삿갓을 걸치고 밥까지 준비하고 양떼 뒤를 슬슬 따라다니는 것이다. 양이나 소는 그러면 자기들 멋대로 자연스럽게 자란다. □物(물)-여러 가지 색깔의 소를 말하며 '삼십유물(三十維物)은 삼백유군(三百維羣), 구십기순(九十其犉)과 구법이 꼭 같으니 여러가지 색깔의 소 30마리를 뜻한다' 고 하였다(王國維『戩壽堂殷墟書契考』). □牲(생)-제물(祭物)로 쓸 짐승. □具(구)-갖추다. 옛날에는 제사에 따라 제물로 쓰는 소의 색깔도 달랐다. 여기서는 30가지 여러가지 색깔의 소가 있으니 아무 제사에라도 쓸 수 있을 만큼 모든 색깔의 소가 갖추어져 있다는 뜻이다. □薪(신)-굵은 땔나무(毛傳). □蒸(증)-가는 땔나무(毛傳). □雌(자)-암컷. □雄(웅)-수컷. 이 구절은 목동이 한가한 때를 이용하여 땔나무도 해오고 사냥하여 여러 가지 짐승도 잡아온다는 뜻. □矜矜(긍긍)-긍지를 갖는 모양(釋義). □兢兢(긍긍)-조심하는 모양(釋義). 긍긍(矜矜)이나 긍긍(兢兢)은 모두 양이 온순하고 점잖은 것을 형용한 말이다(釋義). □不騫不崩(불건불붕)-앞의 「하늘이 안정시키사(天保)」 시에도 보였으며, 여기서는 양떼가 흩어지지 않음을 뜻한다. □麾(휘)-지휘하다. □肱(굉)-팔. □升(승)-우리로 올라오는 것. □衆維魚(중유어)-많은 물고기(釋義引 俞樾說). 어(魚)는 여(餘)·유(裕)와 비슷한 음이어서 많은 고기는 풍년을 뜻한다. □旐(조)-거북과 뱀을 그린 기. □旟(여)-새매를 그린 기. □溱溱(진진)-창성(昌盛)하는 것.

解説 이 시는 많은 양과 소를 기르고 있는 목장을 보고 노래한 것이다. 「모시서」에서는 역시 선왕이 짐승을 잘 기른 것을 노래한 것이라 하였다.

제 4 절남산지습(節南山之什)

1. 높은 저 남산(節彼南山)

_{절 피 남 산}
節彼南山이어!   우뚝히 높은 저 남산이어!

_{유 석 암 암}
維石巖巖이로다.   바위가 울퉁불퉁 하네.

_{혁 혁 사 윤}
赫赫師尹이어!   의젓하신 태사(大師)와 윤씨(尹氏)여!

_{민 구 이 첨}
民具爾瞻이로다.   백성들이 모두 당신들만 바라보네.

_{우 심 여 담}
憂心如惔이로되   마음이 시름으로 애가 타고 있지만

_{불 감 희 담}
不敢戱談이로다.   감히 허튼 소리 하는 것 아닐세.

_{국 기 졸 참}
國旣卒斬이어늘   나라는 망하고 있거늘

_{하 용 불 감}
何用不監고?   어째서 거들떠보지도 않는가?

_{절 피 남 산}
節彼南山이어!   우뚝히 높은 저 남산이어!

_{유 실 기 아}
有實其猗로다.   넓직한 언덕이 있네.

_{혁 혁 사 윤}
赫赫師尹이어!   의젓하신 태사와 윤씨여!

_{불 평 위 하}
不平謂何오?   잘 다스리지 않고 무얼 하는 것인가?

_{천 방 천 차}
天方薦瘥하여   하늘은 지금 큰 고통 내리시어

상란홍다 喪亂弘多로다.	환란이 매우 심하네.
민언무가 民言無嘉어늘	백성들 좋게 말하는 이 없거늘
참막징차 憯莫懲嗟로다.	전혀 삼가고 회개하지도 않네.

윤씨대사 尹氏大師여!	윤씨와 태사여!
유주지지 維周之氐로다.	그대들은 주나라의 초석이네.
병국지균 秉國之均이면	나라를 고루 다스렸다면
사방시유 四方是維로다.	온 세상이 평화로웠을 것이네.
천자시비 天子是毗하여	천자님 잘 보좌하여
비민불미 俾民不迷로다.	백성들 미혹되지 않도록 했어야 했네.
부조호천 不弔昊天이여!	불행 하도다, 하늘이여!
불의공아사 不宜空我師니라.	우리 백성들 궁하게 만들지 마시기를.

불궁불친 弗躬弗親이면	몸소 실천하지 않으면
서민불신 庶民弗信이로다.	백성들은 믿지 않을 것이네.
불문불사 弗問弗仕하며	물어보지도 않고 일하지도 않으면서
물망군자 勿罔君子어다.	군자들을 속이지 말아야 하네.
식이식이 式夷式已하고	정치를 공평히 잘 하고 그릇된 짓을 하지 않으며
무소인태 無小人殆로다.	백성들을 위태롭게 하지 말았어야지.

| 쇄 쇄 인 아 | |
| 瑣瑣姻亞는 | 먼 여러 인척들까지 |

즉 무 무 사
則無膴仕니라. 모두 높은 벼슬을 주는 짓은 말아야 했네.

호 천 불 용
昊天不傭하여 하늘의 명은 그대로만 있지 않아

강 차 국 흉
降此鞠訩하고, 이토록 무거운 재난을 내리셨고,

호 천 불 혜
昊天不惠하여 하늘이 사랑하지 않으시어

강 차 대 려
降此大戾시로다. 이러한 큰 환난을 내리셨네.

군 자 여 계
君子如屆면 관리들이 바르다면

비 민 심 결
俾民心闋하고, 민심은 안정될 것이고,

군 자 여 이
君子如夷면 관리들이 잘 다스린다면

오 노 시 위
惡怒是違라. 증오와 원한이 없을 것이네.

부 조 호 천
不弔昊天이여! 불행하도다, 하늘이여!

난 미 유 정
亂靡有定하고 혼란으로 안정되지 못하고

식 월 사 생
式月斯生하여 나날이 더 어지러워져

비 민 불 녕
俾民不寧이로다. 백성들이 편히 살지 못하게 되었네.

우 심 여 정
憂心如酲하니 마음의 시름 술병 난 듯

수 병 국 성
誰秉國成이리요? 누가 나라를 제대로 다스릴 건가?

부 자 위 정
不自爲政하여 스스로 정치를 바르게 하지 않아

|졸 로 백 성|
卒勞百姓이로다.　　마침내 백성들 고생케 되었네.

가 피 사 무
駕彼四牡하니　　네 마리 말이 끄는 수레를 타고 가는데

사 무 항 령
四牡項領이로다.　　네 마리 말의 목은 굵기도 하네.

아 첨 사 방
我瞻四方하니　　나는 사방을 둘러보아도

축 축 미 소 빙
蹙蹙靡所騁이로다.　마음 움츠러들어 달려갈 곳도 없네.

방 무 이 악
方茂爾惡하니　　그대들은 나쁜 짓 한창이니

상 이 모 의
相爾矛矣로다.　　그대들을 보면 창으로 찔러 죽이고 싶다네.

기 이 기 역
旣夷旣懌이면　　평화롭게 잘 다스리어 즐거이 살게만 된다면

여 상 수 의
如相酬矣로다.　　그대들 만나면 술잔 주고받으며 잔치하련만.

호 천 불 평
昊天不平하시고　　하늘은 나라 잘 다스리지 못 한다 여기시고

아 왕 불 녕
我王不寧이시어늘,　우리 임금님은 편안치 않으시거늘,

부 징 기 심
不懲其心하고　　그들은 마음을 바로잡지 않고

복 원 기 정
覆怨其正이로다.　　도리어 올바른 이들을 원망하네.

가 보 작 송
家父作誦하여　　가보(家父)가 이에 시를 지어

이 구 왕 흉
以究王訩하나니　　임금님의 환난 까닭을 추구하였으니

식 와 이 심
式訛爾心하여　　그대들 마음 고치어

이 휵 만 방
以畜萬邦이어다.　　세상 바로 다스리기를.

註解　□節(절)-높은 모양, 우뚝 솟은 모양(毛傳). □巖巖(암암)-바위가 쌓여 있는 모양. 높은 남산의 바위는 태사(大師)와 윤씨(尹氏)의 높은 지위에 비유한 것임. □赫赫(혁혁)-지위의 높음을 형용한 말. 사윤(師尹)은 태사와 윤씨(尹氏)로 모두 벼슬 이름. 옛날에는 윤씨를 그 성으로 보았으나 옳지 않다. 옛날에는 내사윤(內史尹)과 작책윤(作册尹)을 가끔 윤씨(尹氏)라고도 불렀다(釋義). 태사는 삼공(三公)의 하나이며(集傳), 윤씨와 함께 나라의 정사를 도맡은 높은 벼슬이다(王國維『書作册詩尹氏說』). □具(구)-모두의 뜻. □瞻(첨)-우러러보는 것. □惔(담)-애타는 것. □戲談(희담)-장난으로 말하는 것(鄭箋), 곧 농담하는 것. □卒(졸)-마침내. □斬(참)-칼로 베다, 멸망의 뜻. □監(감)-살피다. □有實(유실)-넓고 큰 모양. □猗(아)-언덕. 아(阿)와 통함(通釋). □不平(불평)-공평히 잘 다스리지 않는 것(鄭箋). □謂何(위하)-'무엇하는 것인가?', '어쩌자는 건가?' □薦(천)-중(重)의 뜻(毛傳), 무거운 것. □瘥(차)-병, 고통. □喪亂(상란)-화란(禍亂), 환란. □弘(홍)-큰 것, 넓은 것. □嘉(가)-선(善)의 뜻, 훌륭한 것. 민언무가(民言無嘉)는 백성들은 당신들에 관하여 좋은 말을 하는 이가 없다는 뜻. □憯(참)-증(曾)의 뜻(毛傳), 일찍이, 전혀. □懲(징)-경계하는 것, 삼가는 것. □嗟(차)-탄식하나, 회개하다. □氐(저)-근본, 초석. □秉國(병국)-나라의 권세를 잡고 다스리는 것. □之均(지균)-시균(是均). 고르게 다스리는 것. □維(유)-유지, 지탱하는 것(釋義). 평화가 유지되는 것. □毗(비)-보좌하는 것(鄭箋). □不弔(부조)-불숙(不淑)의 뜻으로 불행과 같은 말(鄘風「君子偕老」시 참조). □昊天(호천)-넓고 푸른 하늘. 기가 막히어 하늘을 부르는 것이다. □空(공)-궁(窮)의 뜻(毛傳), 곤궁한 것. □師(사)-중(衆)과 통하여 민중의 뜻. □弗躬弗親(불궁불친)-몸소 자신이 일을 올바로 실천하지 않는 것. □仕(사)-사(事)의 뜻(集傳), 일하는 것. □罔(망)-속이다. □君子(군자)-일반 관리들을 가리킨다. □式(식)-조사. □夷(이)-정치를 공평히 잘 하는 것. □已(이)-나쁜 짓을 그만두는 것. □小人(소인)-낮은 백성들. 덕이 없는 사람을 가리키는 것은 뒤에 생긴 뜻이다. □殆(태)-위태로운 것. □瑣瑣(쇄쇄)-잘다란 모양. □姻(인)-사돈의 뜻(鄭箋). □亞(아)-동서(同婿)(毛傳). 인아(姻亞)는 따라서 인척

(姻戚)들을 뜻한다. ▫膴仕(무사)−분에 넘치게 높은 벼슬을 주어 일하게 하는 것. ▫傭(용)−『한시(韓詩)』에 용(庸)으로 쓰고 있으니, '상(常)' 의 뜻(朱彬『經傳考證』). 곧 호천불용(昊天不傭)은 하늘의 뜻은 그대로만 있지 않다. 올바른 일을 하는 이는 돕고 나쁜 짓만 하는 자는 멸망시킨다는 뜻. ▫鞠(국)−궁한 것, 어려운 것. ▫訩(흉)−어지러운 것. 국흉(鞠訩)은 궁란(窮亂)·재난(災難)의 뜻. ▫戾(려)−일상에서 일이 어긋나는 것, 곧 환난(患難)을 뜻한다. ▫君子(군자)−높은 관리들, 곧 태사와 윤씨를 가리킨다. ▫如(여)−만약. ▫屆(계)−극(極)과 뜻이 통하여(毛傳), 극(極)은 정(正), 바르다는 뜻(釋義). ▫闋(결)−마음이 '가라앉는다' 는 뜻. ▫夷(이)−공평히 다스리는 것. ▫惡(오)−증오. ▫怒(노)−노한(怒恨), 또는 원한의 뜻. ▫違(위)−거(去)의 뜻(毛傳)으로 없어지는 것. ▫式月斯生(식월사생)−'다달이 더욱 생긴다', 곧 어지러움이 '나날이 더해진다' 는 뜻. ▫酲(정)−술병. ▫成(성)−평(平)과 통하여(集傳), 정치를 공평하게 하는 것. ▫勞(노)−노고(勞苦), 곧 고생시키는 것. ▫項領(항령)−목이 큰 것, 곧 네 마리 말의 장대함을 뜻한다. ▫蹙蹙(축축)−어지러운 나라꼴을 보고 마음이 '위축되는 것'. ▫騁(빙)−말 달리는 것. ▫方(방)−방금. ▫茂(무)−무성한 것. ▫相(상)−보다. ▫矛(모)−창, 창으로 찔러 죽이겠다는 뜻. ▫夷(이)−공평히 다스리는 것. ▫既夷既懌(기이기역)−'그대들 정치를 공평히 잘하여 우리가 기뻐하게 되면' 의 뜻. ▫醻(수)−수(酬)와 같은 자로서, 술잔을 주고받는 것. ▫不平(불평)−평화롭게 잘 다스린다고 여기지 않는 것. ▫懲(징)−마음을 다잡아 고치는 것. ▫覆(복)−'반대로' 의 뜻. ▫其正(기정)−그렇게 된 것의 정당함. ▫家父(가보)−이 시를 지은 대부의 이름. ▫誦(송)−낭송할 수 있는 시를 뜻한다. ▫究(구)−추구하는 것(釋義). ▫王訩(왕흉)−임금이 재난을 당하게 된 것. ▫式(식)−조사. ▫訛(와)−움직이다. 고치다. ▫畜(휵)−정치를 잘하여 잘 살도록 하는 것.

解說 이 시는 가보(家父)라는 주나라의 대부가 정사를 제대로 돌보지 않는 태사(大師)와 윤씨(尹氏)를 꾸짖은 노래이다.

「모시서」에서는 가보가 유왕(幽王)을 풍자한 것이라 하였다. 시 가운데 '나라가 마침내 망하였다' 는 말이 있는 것으로 미루어 평왕 이후 동주 초기의 작품이 아닌가 한다(釋義).

2. 사월달(正月)

正月繁霜하니　　　　사월 달에 서릿발 날리니
我心憂傷하고,　　　　내 마음 서글퍼지고,
民之訛言이　　　　　　백성들 사이의 뜬소문은
亦孔之將이로다.　　　너무나 흉흉하네.
念我獨兮하여　　　　내 홀로 이런 생각하노라
憂心京京하니,　　　　마음의 시름 그지없으니,
哀我小心하고　　　　내 소심함이 가엾고
瘋憂以痒이로다.　　　근심으로 병이 되네.

父母生我하여　　　　부모님은 날 낳으시어
胡俾我瘉오?　　　　　어찌하여 나를 괴로움 당하게 하셨나?
不自我先이든　　　　나보다 먼저 낳든지
不自我後로다.　　　　내 뒤에 낳든지 하시지 않고.
好言自口하고　　　　좋은 말도 입에서 나오고
莠言自口로다.　　　　나쁜 말도 입에서 나온다네.
憂心愈愈하여　　　　근심은 한이 없어
是以有侮로다.　　　　남의 업신여김까지 받게 되었네.

| 우 심 경 경
憂心惸惸하여 | 근심 그지없어 |

念我無祿하노라. | 나의 먹고 살 길 없음을 생각하네. |

民之無辜이 | 죄 없는 백성들도 |

并其臣僕이로다. | 모두 잡혀가 종이 되네. |

哀我人斯여! | 슬프다, 우리 백성들! |

于何從祿고? | 어디 가서 먹고 살아야 하나? |

瞻烏爰止면 | 저 까마귀 내려앉으려면 |

于誰之屋고? | 누구의 집에 앉아야 하나? |

瞻彼中林하니 | 저 숲속 바라보니 |

侯薪侯蒸이로다. | 굵은 나무 잔나무 무성하네. |

民今方殆어늘 | 백성들은 지금 살아가기 힘든데 |

視天夢夢이로다. | 하늘은 바라보아도 흐리멍텅하기만 하네. |

旣克有定이면 | 안정시키려만 든다면 |

靡人弗勝이로다. | 이를 막을 사람 없으련만. |

有皇上帝는 | 위대한 하나님은 |

伊誰云憎이오? | 누구를 미워하시는 건가요? |

謂山蓋卑나 | 산이 낮다고들 하지만 |

위강위릉
爲岡爲陵이니라.　　산등성이도 언덕도 있네.

민지와언
民之訛言을　　　　백성들 사이의 그릇된 말을

영막지징
寧莫之懲이로다.　　아무도 막지 못하네.

소피고로
召彼故老하여　　　노인 어른들을 불러서도

신지점몽
訊之占夢이로다.　　꿈을 점치는 일이나 물어보네.

구왈여성
具曰予聖이라 하니　모두 자기는 성인이라 하는데

수지오지자웅
誰知烏之雌雄고?　　어느 누가 까마귀 암 수컷을 알아보는가?

위천개고
謂天蓋高나　　　　하늘이 높다고들 하지만

불감불국
不敢不局이요,　　　몸은 굽히지 않을 수 없고,

위지개후
謂地蓋厚나　　　　땅이 두텁다고들 하지만

불감불척
不敢不蹐이로다.　　조심해 걷지 않을 수 없네.

유호사언
維號斯言은　　　　이러한 말을 큰 소리로 하는 것은

유륜유척
有倫有脊이로다.　　도리에 맞고 이치에 닿기 때문이네.

애금지인
哀今之人은　　　　슬프게도 지금 사람들은

호위훼역
胡爲虺蜴고?　　　어째서 독사나 도마뱀처럼 구는가?

첨피판전
瞻彼阪田하니　　　저 울퉁불퉁한 메마른 밭을 보니

유울기특
有菀其特이로다.　　잘 자란 곡식 싹이 무성하네.

天<small>천</small>之<small>지</small>杌<small>올</small>我<small>아</small>이	하늘이 나를 위태롭게 하시는 것이
如<small>여</small>不<small>불</small>我<small>아</small>克<small>극</small>이시로다.	나를 이기지 못할 상대 대하듯이 하시네.
彼<small>피</small>求<small>구</small>我<small>아</small>則<small>칙</small>이	저들이 내 잘못을 찾는 짓은
如<small>여</small>不<small>불</small>我<small>아</small>得<small>득</small>하고,	마치 나를 잡지 못할까 걱정하는 듯이 하고,
執<small>집</small>我<small>아</small>仇<small>구</small>仇<small>구</small>이	나를 원수를 잡듯 잡는 짓은
亦<small>역</small>不<small>불</small>我<small>아</small>力<small>력</small>이로다.	나를 힘으로 당해내지 못할 상대 대하듯이 하네.
心<small>심</small>之<small>지</small>憂<small>우</small>矣<small>의</small>여!	마음의 시름이어!
如<small>여</small>或<small>혹</small>結<small>결</small>之<small>지</small>로다.	맺힌 듯이 엉켜있네.
今<small>금</small>玆<small>자</small>之<small>지</small>正<small>정</small>은	지금 이 나라 정치는
胡<small>호</small>然<small>연</small>厲<small>려</small>矣<small>의</small>오?	어찌 그리 악독하기만 한가?
燎<small>요</small>之<small>지</small>方<small>방</small>揚<small>양</small>을	불꽃이 막 타오르는 것을
寧<small>영</small>或<small>혹</small>滅<small>멸</small>之<small>지</small>오?	누가 끌 수가 있겠는가?
赫<small>혁</small>赫<small>혁</small>宗<small>종</small>周<small>주</small>를	위대한 주나라를
褒<small>포</small>姒<small>사</small>烕<small>혈</small>之<small>지</small>로다.	포사(褒姒)가 멸망시켰네.
終<small>종</small>其<small>기</small>永<small>영</small>懷<small>회</small>러니	긴 생각 끝내려니
又<small>우</small>窘<small>군</small>陰<small>음</small>雨<small>우</small>로다.	또 장마비가 괴롭히네.
其<small>기</small>車<small>거</small>旣<small>기</small>載<small>재</small>하고	수레에 짐을 싣고 가다가

내 기 이 보	
乃棄爾輔하여	짐판을 떼어 버리어
재 수 이 재	
載輸爾載하니	짐이 모두 떨어지자
장 백 조 여	
將伯助予로다.	남에게 날 도와 달라 하는 꼴이네.

무 기 이 보	
無棄爾輔하고	그대의 짐판을 떼어 버리지 말고
운 우 이 폭	
員于爾輻하고,	그대의 바퀴 살을 늘리고,
누 고 이 복	
屢顧爾僕하면	그대의 하인을 잘 돌보아주면
불 수 이 재	
不輸爾載하여,	그대의 짐이 떨어지지 않고,
종 유 절 험	
終踰絕險이	마침내 험한 길을 넘어가게 되는 것이
증 시 불 의	
曾是不意라.	생각도 못할 정도로 쉬울 것이네.

어 재 우 소	
魚在于沼로되	물고기가 연못에 있지만
역 비 극 락	
亦匪克樂이로다.	즐기지 못하고 있네.
잠 수 복 의	
潛雖伏矣나	물속에 잠기어 있어도
역 공 지 작	
亦孔之炤로다.	매우 뚜렷이 드러나네.
우 심 참 참	
憂心慘慘하고	시름하는 마음 슬퍼지고
염 국 지 위 학	
念國之爲虐이로라.	나라의 포학한 정치 생각케 되네.

피 유 지 주	
彼有旨酒하고	저들에겐 맛있는 술 있고
우 유 가 효	
又有嘉殽하여	또 좋은 안주 있어

흡 비 기 린
洽比其鄰하며　　　　이웃과 의좋게 지내며

혼 인 공 운
昏姻孔云이어늘　　　인척들과도 아주 잘 지내고 있는데

염 아 독 혜
念我獨兮하여　　　　나는 외로운 생각에 젖어

우 심 은 은
憂心慇慇이로다.　　　근심으로 마음 아프네.

차 차 피 유 옥
佌佌彼有屋하고　　　저들은 깨끗한 집 있고

속 속 방 유 곡
蔌蔌方有穀이어늘,　　다달다달 수레바퀴 나란히 하고 다니거늘,

민 금 지 무 록
民今之無祿하여　　　백성들은 지금 살 길 없어

천 요 시 착
天夭是椓이로다.　　　젊고 튼튼한 이들도 해를 당하고 있네.

가 의 부 인
哿矣富人이로되　　　부자는 그래도 괜찮지만

애 차 경 독
哀此惸獨이로다.　　　외롭고 의지할 곳도 없는 이들이 불쌍하네.

註解　□正月(정월)-하력(夏曆)으로 4월. 이 달은 정양지월(正陽之月)이라 하여 정월이라 부른다. 하력(夏曆)은 음력과 같다.『사기』의 역서(曆書)에 '하(夏)나라의 정월(正月)은 정월로, 은(殷)나라는 정월을 12월로, 주(周)나라는 정월을 11월로 하였다' 고 하였다. 중국에서는 한(漢)나라 이후로 계속 이 하력(夏曆)의 정월, 곧 음력이 쓰였다. □繁霜(번상)-서리가 많이 내리는 것. □訛言(와언)-요언(謠言), 곧 뜬소문. □孔(공)-매우, 심히. □將(장)-커다란 것. □京京(경경)-근심이 없어지지 않는 모양. □瘋(서)-'근심'. □痒(양)-병이 난 것. □胡(호)-어찌. □瘉(유)-병이 낫는 것. 여기서는 병의 뜻(毛傳). □不自我先(부자아선)-나를 앞서 낳아 주어 고통을 받고 살게 하지 못하였다는 뜻. □不自我後(부자아후)-나를 뒤에 낳아 주어 고통을 당하지 않도록 않으셨다는 뜻. □蔌(유)-추한 것, 나쁜 것. □愈愈(유유)-『이아(爾雅)』의 유유(瘐瘐)와 같은 뜻으로, 병든 모양(通釋). □是以(시이)-이처럼 시름으로 인하여 남에게 싫어

하는 바 되었으므로의 뜻. ▫侮(모) - 업신여기는 것. ▫惸惸(경경) - 근심하는 모양. ▫無祿(무록) - 식록(食祿)이 없는 것, 곧 먹고 살 방도가 없는 것(釋義). ▫辜(고) - 죄(罪). ▫幷(병) - '다 같이'의 뜻. ▫臣僕(신복) - 포로가 되어 와 종이 된 자나, 죄를 져서 종이 된 자. 여기서는 나라가 망하여 백성들이 죄 없이도 잡혀가 종노릇하게 생겼다는 뜻. ▫于何(우하) - 어디로 가서. ▫從祿(종록) - 먹고 살 길을 찾는 것. ▫烏(오) - 까마귀. 중국의 옛날 풍속에 까마귀는 부잣집에 앉는다 했다. 이 구절은 온 세상 백성들이 가난하니 까마귀는 뉘 집에 앉아야 되느냐는 뜻(釋義). ▫中林(중림) - 숲 속. ▫侯(후) - 유(維)와 같은 조사(鄭箋). ▫薪(신) - 굵은 나무. ▫蒸(증) - 가는 나무(앞 「無羊」 시에 보임). ▫殆(태) - 위태로운 것. ▫夢(몽) - 『설문(說文)』에 '분명하지 않은 것'이라 하였다. 몽몽(夢夢)은 흐리터분한 것. ▫定(정) - 나라를 안정시키는 것. ▫靡人弗勝(미인불승) - 이기지 못할 사람이 없다, 곧 '누가 막더라도 물리치고 뜻대로 할 수 있다'는 뜻. ▫有皇(유황) - 위대한 것. ▫伊(이) - 운(云)과 함께 조사. ▫憎(증) - 미워하다. ▫謂山蓋卑(위산개비) - '산이 낮다고들 한다', 뒤의 '그릇된 말'을 말한다. ▫岡(강) - 산등성이. ▫陵(릉) - 언덕. ▫懲(징) - 지(止)의 뜻. 막아 그만두게 하는 것(鄭箋). 앞의 「넘쳐 흐르는 물(沔水)」 시에도 이 구절이 보였음. ▫召(소) - 부르다. ▫故老(고로) - 나이 많고 존경받는 사람(釋義). ▫訊(신) - 묻다. ▫占夢(점몽) - 꿈을 점쳐보는 것. 쓸데 없는 일을 뜻한다. ▫具(구) - 모두. ▫予聖(여성) - 스스로 나는 성인이어서 무엇이나 다 안다고 말하는 것. 까마귀는 겉으로 보아 암수컷을 분간하기 어렵게 생겼다. ▫局(국) - 몸을 굽히는 것. ▫蹐(척) - 조심조심 걷는 것. ▫號(호) - 부르짖는 것. ▫斯言(사언) - 이러한 말들, 바로 앞의 네 구절을 가리킨다. ▫倫(륜) - 법도. 도리. ▫脊(척) - 이치, 원리(毛傳). 유륜유척(有倫有脊)은 도리와 이치에 맞는 것. ▫虺(훼) - 독사. ▫蜴(역) - 도마뱀. ▫阪田(판전) - 울퉁불퉁하고 메마른 밭(毛傳). ▫菀(울) - 무성한 것. ▫特(특) - 뛰어나게 무성한 곡식 싹(毛傳). 이 뛰어나게 잘 자란 곡식은 어려움 속에 허덕이는 작자의 모습을 대조적으로 말한 것이다. ▫杌(올) - 움직이다. 이 글자는 올(兀)자의 음을 땄으며, 올(兀)의 뜻도 지니고 있다. 올(兀)은 위험의 뜻도 있으니 올(杌)도 '위태로움'의 뜻으로 봄이 좋다(釋義). ▫克(극) - 이기다. 여불아극(如不我克)은 '나를 이기지 못하는 듯이 한다', 곧 '이기지 못하는 사람을 대하듯 온 능력을 다하여 위태로운 처지로 몰아넣는다'는 뜻. 뒤의 여불아득(如不我得), 역불아력(亦不我力)도 같은 식의 표현임. □則(칙)-우성오(于省吾)의 『시경신증(詩經新證)』에 의하면 패(敗)와 옛날에는 통하였다. 패(敗)는 괴(壞)의 뜻을 지녀 '잘못'의 뜻을 나타낸다. 이 구절은 '나라의 정치를 맡은 자들은 나를 해치려고 나의 잘못만을 찾는다'는 뜻(釋義). □如不我得(여불아득)-'나를 어찌지 못하는 것처럼 한다', 곧 심하게 구는 것을 뜻한다. □仇仇(구구)-원수가 원수를 대하듯 하는 것. □亦不我力(역불아력)-'또한 나를 힘으로 당해내지 못하는 이 대하듯 한다'는 뜻. □結(결)-마음속에 맺히는 것. □正(정)-정치(集傳). 『논어』에 '정(政)은 정야(正也)'라 하였다. □厲(려)-사나운 것. 악독한 것. □燎(요)-화전(火田), 불꽃. □揚(양)-성해지는 것, 더해지는 것. □寧(녕)-내(乃), 곧(經典釋詞). □宗周(종주)-호경(鎬京). 서주(西周)의 서울. 종주로서 주나라를 대표한 것이다. □褒姒(포사)-유왕(幽王)의 황후. 유왕은 포사에게 빠져 나라를 어지럽히어 서주는 마침내 견융(犬戎)에게 멸망 당하게 되었다. □威(혈)-멸(滅)과 뜻이 통하여(毛傳), 멸망의 뜻. □懷(회)-마음속에 품고 있는 시름. □寱(군)-군색하게 한다, 곧 '괴롭힌다'는 뜻. □載(재)-짐을 싣는 것. □輔(보)-수레 양편 가에 대어놓은 짐판, 짐판 안에 짐을 싣는다(傳疏). 위의 재(載)자는 조사, 즉(則)의 뜻. □輸(수)-떨어뜨리다. □伯(백)-나이 많은 사람들. 요샛말로는 '노형들'의 뜻(釋義). □助子(조여)-날 도와 달라고 하는 것. 이 수레의 짐을 떨어뜨림은 나라의 정사를 그르침에 비유한 것이다. □員(운)-늘이는 것. □輻(폭)-바퀴살. 바퀴살을 늘이어 수레 바퀴를 튼튼하게 만드는 것. □屢(루)-자주. □僕(복)-수레를 모는 하인. 하인을 자주 돌아봄으로써 주의를 시켜 수레를 잘 몰도록 하는 것이다. '복'은 밑의 관리들에게 비유한 것. □踰(유)-넘다. □絶險(절험)-극히 험한 길. □不意(불의)-뜻밖에 생각해 보지도 못한 것처럼 수레가 짐을 싣고 험한 길을 잘 넘어가게 될 것이라는 뜻. 정신을 차려 사리에 맞도록 정치를 하면 나라는 의외로 쉽게 잘 다스려질 것이라는 뜻. □沼(소)-연못. □匪克樂(비극락)-즐길 수가 없다는 뜻. □潛雖伏(잠수복)-수잠복(雖潛伏)(釋義). 비록 잠기어 엎드려 있다 하더라도. □炤(작)-밝고 뚜렷한 것. □慘慘(참참)-시름으로 말미암아 마음이 슬퍼지는 것. □虐(학)-포학(暴虐)한 짓을 하는 것. □彼(피)-소인배의 위정자들을 가리킴. □旨酒(지주)-맛있는 술. □嘉殽(가효)-맛있는 안주, 좋은 안주. □洽(흡)-화합의 뜻. □比(비)-친하게 지내는 것. □鄰(린)-이웃. □昏姻(혼인)-사돈들, 여기서는 인척들 모두를 가리킨다. ▫云(운)-우(友)와 같은 뜻으로(鄭箋), 친하게 잘 지내는 것. ▫慇慇(은은)-마음 아픈 모양(毛傳). ▫佌佌(차차)-선명한 모양, 깨끗하고 환한 모양. ▫蔌蔌(속속)-수레바퀴가 굴러가는 소리를 형용한 말(釋義). 속속방유곡(蔌蔌方有穀)은 『한시(韓詩)』와 『후한서(後漢書)』 채옹전(蔡邕傳) 주(注)에 이를 인용하였는데 모두 '유'자가 없다. 그리고 또 채옹전(蔡邕傳) 주에는 '곡(穀)'을 '곡(轂)'으로 쓰고 있는데, 이현(李賢)은 '방(方)은 병(竝)의 뜻이어서, 방곡(方轂)은 수레바퀴 통을 나란히 하고 수레가 달리는 것'이라 하였다. 이상은 소인들은 화려한 집에 살면서 수레를 나란히 하고 달리며 놀러다니고 있다는 뜻이다(釋義). ▫夭夭(천요)-『한시』엔 '요요(夭夭)'로 되어 있는데, '요요(夭夭)'가 옳다. 요요(夭夭)는 젊고 튼튼한 모양, 여기서는 '젊고 튼튼한 사람'을 가리킨다. ▫椓(착)-해(害)의 뜻(鄭箋), 곧 해침을 당하는 것. ▫哿(가)-가(可)와 통하여 '괜찮다'는 뜻. ▫惸獨(경독)-홀아비·과부·자식 없는 노인·고아 같은 의지할 곳 없는 외로운 사람들.

|解説| 이 시는 소인들이 정권을 잡고 올바른 사람들에게는 해를 가하고 있는 어지러운 정치를 한탄한 것이다.

「모시서」에서는 대부가 유왕을 풍자한 시라 하였다. 시 중에 '위대한 주나라를 포사(褒姒)가 멸망시켰다'는 구절이 있다. 포사는 유왕의 부인이니 앞의 「높은 저 남산(節南山)」 시와 마찬가지로 이 시는 서주가 이미 망한 뒤의 동주 초기의 시가 아닌가 한다(釋義).

3. 시월 초(十月之交)

十月之交_인 (십월지교)　　시월 달

朔日辛卯_에 (삭일신묘)　　초하루인 신묘날에

日有食之_{하니} (일유식지)　　일식이 일어나니

亦孔之醜_{로다.} (역공지추)　　매우 나쁜 일일세.

彼月而微_{하고} (피월이미)　　저번엔 월식이 있었고

此日而微_{하니,} (차일이미)　　이번엔 일식이 일어났으니,

今此下民_이 (금차하민)　　지금 우리 백성들은

亦孔之哀_{로다.} (역공지애)　　매우 슬퍼하고 있네.

日月告凶_{하여} (일월고흉)　　해와 달이 불행을 알리려고

不用其行_{이로다.} (불용기행)　　본래대로 돌지 않는 것일세.

四國無政_{하고} (사국무정)　　온 세상 정치가 올바로 되지 않고

不用其良_{이로다.} (불용기량)　　올바른 방법으로 다스리지 않기 때문이네.

彼月而食_은 (피월이식)　　저번의 월식은

則維其常_{이로되} (즉유기상)　　흔히 있는 일이라 하지만

此日而食_은 (차일이식)　　이번의 일식은

于何不臧_{고?} (우하부장)　　어디에 잘못이 있기 때문인가?

엽 엽 진 전
燁燁震電이 번쩍번쩍 번갯불 따라 벼락 치니

불 녕 불 령
不寧不令이로다. 불안하고 편안치 않네.

백 천 비 등
百川沸騰하고 온 강물 끓어오르고

산 총 줄 붕
山冢崒崩하여, 산봉우리 와르르 무너져,

고 안 위 곡
高岸爲谷이요 높은 언덕이 골짜기 되고

심 곡 위 릉
深谷爲陵이로다. 깊은 골짜기 언덕이 되었네.

애 금 지 인
哀今之人은 슬프다, 지금의 관리들은

호 참 막 징
胡憯莫懲고? 어찌하여 정신 차리지 못하는가?

황 보 경 사
皇父卿士와 경사(卿士)인 황보씨와

번 유 사 도
番維司徒와 사도(司徒)인 번씨와

가 백 유 재
家伯維宰와 재부(宰夫)인 가백과

중 윤 선 부
仲允膳夫와 선부(膳夫)인 중윤과

추 자 내 사
棸子內史와 내사(內史)인 추씨와

궤 유 취 마
蹶維趣馬와 취마(趣馬)인 궤씨와

거 유 사 씨
楀維師氏는 사씨(師氏)인 거씨는

염 처 선 방 처
豔妻煽方處로다. 모두가 요염한 포사(褒姒)와 어울려 지내네.

억 차 황 보
抑此皇父이 아아! 황보씨가

제2편 소아(小雅)・**553**

| 기 왈 불 시
豈曰不時리요? | 어찌 자신이 옳지 않다 하겠는가? |

| 호 위 아 작
胡爲我作하되 | 어째서 나를 부리면서도 |

| 불 즉 아 모
不卽我謀오? | 내게 와 의논하지 않는가? |

| 철 아 장 옥
徹我牆屋하고 | 우리 집과 담은 무너지고, |

| 전 졸 오 래
田卒汙萊로다. | 밭에는 마침내 물 고이고 잡초가 났네. |

| 왈 여 부 장
曰予不戕이오 | 자기가 망쳐놓은 것이 아니라 |

| 예 즉 연 의
禮則然矣로다. | 정치의 법도가 그렇게 만들었다네. |

| 황 보 공 성
皇父孔聖하여 | 황보씨는 너무 꾀가 많아 |

| 작 도 우 상
作都于向하고, | 상(向) 땅에 자기의 성을 만들고, |

| 택 삼 유 사
擇三有事하여 | 멋대로 삼경을 골라 쓰면서 |

| 단 후 다 장
亶侯多藏이로다. | 정말 그는 많은 재물 모았네. |

| 불 은 유 일 로
不憖遺一老하여 | 옛 훌륭한 신하를 한 사람이라도 남기어 |

| 비 수 아 왕
俾守我王하고, | 우리 임금님 지키게 하려 하지 않고, |

| 택 유 거 마
擇有車馬하여 | 수레와 말 있는 자들 모두 골라 |

| 이 거 조 상
以居徂向이로다. | 상(向) 땅으로 데려갔네. |

| 민 면 종 사
黽勉從事하고 | 힘써 일을 하면서도 |

| 불 감 고 로
不敢告勞로다. | 감히 괴로움은 말하지 못하네. |

무 죄 무 고
無罪無辜어늘   죄도 허물도 없는데

참 구 효 효
讒口囂囂로다.   모함하는 말만 분분하네.

하 민 지 얼
下民之孽은   백성들의 받는 벌은

비 강 자 천
匪降自天이요,   하늘로부터 내려진 것이 아니라,

준 답 배 증
噂沓背憎하여   모이면 말 많고 등지면 서로 미워하여

직 경 유 인
職競由人이니라. 다투어 모함 일삼는 자들 때문에 온 것이네.

유 유 아 리
悠悠我里여   그지없는 내 시름은

역 공 지 매
亦孔之痗로다.   너무나 뼈저리네.

사 방 유 선
四方有羨이어늘   온 세상 즐거워하거늘

아 독 거 우
我獨居憂로다.   나만 홀로 근심 속에 지내네.

민 막 불 일
民莫不逸이어늘   백성들 모두 즐기거늘

아 독 불 감 휴
我獨不敢休로다. 나만 홀로 쉬지도 못하네.

천 명 불 철
天命不徹하니   하늘의 명을 따르지 않으니

아 불 감 효 아 우 자 일
我不敢傚我友自逸이로다. 나는 감히 내 친구들 따라 편히 즐기지 못하겠네.

註解   □十月(십월) - 주나라 역법에 따른 10월. □交(교) - 날짜와 달이 마주치게 되는 월초(月初)(毛傳). □朔日(삭일) - 월삭(月朔), 곧 한 달의 초하룻날(釋義). □辛卯(신묘) - 이날의 간지(干支). □食(식) - 식(蝕)과 통하여, 일유식지(日有食之)는 일식(日蝕)이 일어난 것. 『춘추(春秋)』에도 일식을 모두 '일유식지(日

有食之'라 쓰고 있다. □孔(공)-매우. □醜(추)-추악한 조짐이라는 뜻. 옛날에는 임금이 올바른 정치를 못하면 하늘은 천재지변으로 경고하였는데, 일식이나 지진 같은 것이 바로 그것이라 믿었다. □彼(피)-'저번' 또는 '전번'. 따라서 뒤의 '차(此)는' 이번의 뜻. □微(미)-작아지는 것으로 일월의 식(蝕)을 뜻한다(邶風「柏舟」시 참조). □哀(애)-애련(哀憐)의 뜻으로 불쌍하다는 뜻. □行(행)-도(道), 올바른 길. '불용기행(不用其行)'은 불유기도(不由其道), 곧 '올바른 도를 따르지 않았기 때문'의 뜻(釋義). □四國(사국)-온 나라, 곧 천하의 뜻. □無政(무정)-올바른 정치를 하지 않아 나라가 어지러운 것. □良(량)-훌륭한 정치의 뜻. 훌륭한 사람이라 보는 것이 보통이나, 앞의 '불용기행(不用其行)'과 이 '불용기량(不用其良)'을 같은 어법으로 다룰 때에는 '올바른 방법으로 다스리지 않았기 때문'으로 풀이함이 좋다(釋義). □常(상)-보통 있는 일이란 뜻. □于何(우하)-어디에, 어하(於何)의 뜻. □臧(장)-선(善)과 통하여 부장(不臧)은 불선(不善), '잘못'. □燁(엽)-엽(燁)과 같은 자. 엽엽(燁燁)은 번갯불이 번쩍번쩍 하는 모양. □震(진)-벼락치는 것. □寧(녕)-편안한 것. 따라서 불녕(不寧)은 불안한 것. □令(령)-선(善)과 통하여 불령(不令)은 불선(不善), '좋지 않다'는 뜻. □百川(백천)-모든 냇물. □沸騰(비등)-끓어오르는 것. □冢(총)-산꼭대기. □崒(줄)-졸(卒)로 쓰인 판본도 있으며, 졸(猝)의 뜻으로, 졸(猝)은 급(急)과 통한다(經義述聞). □崩(붕)-산이 무너지는 것. 이상은 지진의 모양을 형용한 것으로『국어(國語)』주어(周語) 상(上)에도 "유왕(幽王) 2년에 서주의 삼천(三川 : 涇水·渭水·洛水)이 모두 흔들렸다." 또 "이 해엔 삼천(三川)이 마르고 기산(岐山)이 무너졌다."고 하였다. □岸(안)-언덕. □憯(참)-증(曾)의 뜻. 일찍이(毛傳). □懲(징)-정신을 차리는 것. □皇父(황보)-사람의 자(字)(鄭箋). □卿士(경사)-여기에서는 육경(六卿)의 우두머리(後箋). □番(번)-사람의 씨(氏)(鄭箋). □司徒(사도)-벼슬 이름으로, 온 나라의 토지의 지적도와 인민의 수를 관장한다(鄭箋). □家伯(가백)-사람의 자(字)(鄭箋). □宰(재)-재부(宰夫)(鄭衆 周禮注. 재부는 조정의 법도를 바로잡고 여러 벼슬아치들의 직위와 직무를 다스리는 관리이다(周禮 天官). □仲允(중윤)-사람의 자(字)(鄭箋). □膳夫(선부)-임금의 음식과 반찬을 관장하는 관리(鄭箋). □聚(취)-사람의 씨(氏)(鄭箋). □內史(내사)-벼슬자리를 만들고 없애는 일과 사람들을 죽이고 살릴 수 있는 법을 맡은 관리(鄭箋). □蹶(궤)-사람의 씨(氏)(鄭箋). □趣馬(취마)-임금의 말에 관한 일을 관장하는 관리(鄭箋). □楀(거)-사람의 씨(氏)(鄭箋). □師氏(사씨)-조정 관원들의 잘잘못에 관한 일을 관장하는 관리(鄭箋). □豔(염)-요염한 것. 염처(豔妻)는 포사(襃姒)를 가리킨다. □煽(선)-성한 것, '염처선'은 권세가 한창인 포사를 가리킴. □方處(방처)-병처(並處). 나란히 하여 어울려 지내는 것(釋義). □抑(억)-희(噫)와 옛날에는 통용되어, 감탄사(釋). □時(시)-시(是)자와 통용되어, 불시(不是)는 옳지 않다고 하는 것. □作(작)-사역(使役)의 뜻(釋義), 일을 시키는 것. □卽(즉)-취(就)의 뜻. 나아가다. □謀(모)-모의(謀議), 또는 의논하는 것. □徹(철)-무너지는 것. □牆屋(장옥)-담과 집. □汙(오)-웅덩이, 물이 고이는 것. □萊(래)-밭을 묵혀 잡초가 나는 것. □戕(장)-해치다, 망치다(鄭箋). □禮(례)-상례(常禮), 법도, 일상적인 법도. □孔聖(공성)-매우 성인답다. 여기서는 풍자의 뜻을 지니어 '매우 꾀가 많다', '매우 약다'는 뜻. □都(도)-자기의 성(城)을 뜻함(釋義). □向(상)-고을 이름. 지금의 하남성 제원현(濟源縣) 경계에 있었다(釋義). 황보의 이러한 행동은 미리 피난의 준비를 하는 것이다. □三有事(삼유사)-나랏일을 맡은 삼경(三卿). 택삼유사(擇三有事)는 황보 자신이 삼경들을 택하여 일을 멋대로 하였다는 뜻. □亶(단)-진실로. □侯(후)-조사. □多藏(다장)-모아들인 재물이 많은 것. □憖(은)-원하다, 하려 하다. □遺一老(유일로)-한 사람의 현명한 노인이라도 남기는 것. □不憖(불은)-…을 하려 하지 않다. 다음 구절에까지 걸린다. □居(거)-어조사. □徂(조)-가다. □黽勉(민면)-일에 힘쓰다. □從事(종사)-황보(皇父)를 따라 일하는 것. □告勞(고로)-노고를 얘기하는 것. □讒(참)-남을 모함하는 것. □嘵(효)-시끄러운 것. □孽(얼)-죄를 받는 것. □噂(준)-『좌전』과 『설문해자』에 모두 준(僔)으로 되어 있으니(釋義) '모인다'는 뜻. □沓(답)-중복되는 것, 말이 많은 것. 준답(噂沓)은 모이면 말이 많은 것. □背憎(배증)-헤어지면 미워하는 것. □職(직)-전주(專主)의 뜻(釋義). '오로지 위주로 하는 것'. □競(경)-다투는 것. 직경유인(職競由人)은 '다툼을 위주로 하는 사람으로 말미암는다'는 뜻. □里(리)-리(瘣)로 쓴 곳도 있으며, 근심의 뜻(通釋). □痗(매)-병이 되다. □四方(사방)-온 천하. □羨(선)-부러워하다. 여기서는 즐기는 것. □逸(일)-편히 즐기다. □徹(철)-올바른 도를 따르는 것, 길을 따르는 것. □傚(효)-본받다. □我友(아우)-함께 같은 관리들을 본뜨는 것.

[解説] 이 시는 「모시서」엔 대부가 유왕을 풍자한 것이라 하였고, 『정전』에서는 여왕(厲王)을 풍자한 것이라 하였다.

그런데 여왕 25년 10월 초하루 신묘날과 유왕 6년 10월 초하루 신묘날엔 모두 일식이 있었다. 그러나 유왕 2년엔 또 서주의 삼천(三川 : 涇水・渭水・洛水)에 모두 지진이 있었다 하니(『國語』 周語 上), 이 시의 내용은 유왕과 합치된다. 이로 미루어 볼 때 이 시는 유왕 때에 지어졌다고 봄이 타당하다. 시의 내용을 보면 황보(皇父)씨의 아래 관리인 대부가 황보씨 등 정치를 도맡고 있는 사람들을 풍자한 노래임이 틀림없다.

4. 끝없는 비(雨無正)

이제까지 보아 온 『시경』에 실린 시의 제목은 거의 모두가 첫 구절에서 두세 글자를 딴 것이었다. 그러나 이 시에는 '끝없는 비(雨無正)'라는 말이 아무 데도 나오지 않는다. 주희는 그의 『시집전』에서 송나라 학자 유안세(劉安世)의 말을 인용하여 "일찍이 『한시』를 읽어 보니 「우무극(雨無極)」이란 시가 있었는데……『모시』에 비하여 시의 앞머리에 '우무기극(雨無其極), 상아가색(像我稼穡)' 이란 여덟 자가 더 있었다."고 하면서 유안세의 말이 그럴듯하다고 했다. "비가 끝없이 와서 우리 농사지은 곡식을 모두 망쳤다."는 이 『모시』에서 없어진 첫 구절은 어지러운 정치가 온 국민의 생활을 망쳤다는 비유일 것이다. '정(正)'은 '극(極)'의 뜻으로 '우무정'은 '우무극' 과 같은 말이다. 모르는 사이에 『모시』에선 이 첫 구가 떨어져 달아난 것이라 봄이 좋을 것이다.

| 浩浩昊天이 | 넓고 넓은 하늘은 |
| 不駿其德하사, | 그 은덕이 일정하지 않으시어, |

降^강喪^상饑^기饉^근하고	난리와 흉년을 내리시고
斬^참伐^벌四^사國^국이로다.	천하 사람들을 서로 싸워 죽게 하셨네.
旻^민天^천疾^질威^위는	하늘이 무서운 위엄을 보이시는 것은
弗^불慮^려弗^불圖^도로다.	사람들이 올바로 생각하고 올바로 행동하지 않기 때문이네.
舍^사彼^피有^유罪^죄는	저 죄지은 자들은
旣^기伏^복其^기辜^고하고,	그들의 허물을 숨기고,
若^약此^차無^무罪^죄는	우리 죄 없는 사람들은
淪^윤胥^서以^이鋪^포로다.	모두가 징벌을 받고 있네.
周^주宗^종旣^기滅^멸하여	주나라 왕실은 이미 멸망하여
靡^미所^소止^지戾^려하니,	머물러 살 곳도 없으니,
正^정大^대夫^부離^리居^거하여	높은 관리들은 모두 떠나가
莫^막知^지我^아勩^예로다.	우리의 괴로움은 아랑곳도 하지 않네.
三^삼事^사大^대夫^부는	삼공(三公)과 대부들은
莫^막肯^긍夙^숙夜^야하고,	부지런히 나랏일 하려 들지 않고,
邦^방君^군諸^제侯^후는	나라의 제후들은
莫^막肯^긍朝^조夕^석이로다.	아침저녁으로 임금님 섬기려 들지 않네.
庶^서曰^왈式^식臧^장이어늘	제발 잘 되기 바라건만

覆_복出_출爲_위惡_악이로다.　　도리어 더욱 악화되고 있네.

如_여何_하昊_호天_천은　　어째서 하늘은

辟_벽言_언不_불信_신고?　　법도에 맞는 말은 믿지 않으시는가?

如_여彼_피行_행邁_매하여　　나라는 이대로 가다가

則_즉靡_미所_소臻_진이로다.　　어떻게 될 것인지 모르겠네.

凡_범百_백君_군子_자는　　모든 관리들은

各_각敬_경爾_이身_신이어다.　　각기 자기 몸을 공경히 지녀야 하네.

胡_호不_불相_상畏_외리요?　　어찌하여 두려워 않는가?

不_불畏_외于_우天_천가?　　하늘이 두렵지 않은가?

戎_융成_성不_불退_퇴하고　　병란이 일어나 물러갈 줄 모르고

飢_기成_성不_불遂_수로다.　　흉년이 들어 안정되지 않고 있네.

曾_증我_아暬_설御_어이　　오직 우리 임금님 가까이 모시는 신하들만이

憯_참憯_참日_일瘁_췌로다.　　애타게 날마다 걱정하고 있네.

凡_범百_백君_군子_자는　　모든 관리들은

莫_막肯_긍用_용訊_신이요,　　다른 사람에게 물어보지도 않고,

聽_청言_언則_즉答_답하고　　비위 맞추는 말은 바로 받아들이고

譖_참言_언則_즉退_퇴로다.　　간하는 바른 말은 물리쳐 버리네.

哀^애哉^재不^불能^능言^언이여!　　슬프다 말 못함이여!
匪^비舌^설是^시出^출이니　　혀로 다 말하지 못하니
維^유躬^궁是^시瘁^췌로다.　　몸만이 병드네.
哿^가矣^의能^능言^언이여!　　좋겠네, 말 잘하는 사람들이여!
巧^교言^언如^여流^류하여　　교묘한 말 물 흐르듯 하여
俾^비躬^궁處^처休^휴로다.　　사기의 몸만 편히 보전하네.

維^유曰^왈于^우仕^사로되　　나도 벼슬을 하고 있기는 하나
孔^공棘^극且^차殆^태로다.　　매우 위급한 처지이네.
云^운不^불可^가使^사는　　일 못하겠다고 하려니
得^득罪^죄于^우天^천子^자요　　천자님에게 죄짓게 되고
亦^역云^운可^가使^사는　　일을 하겠다 나서려니
怨^원及^급朋^붕友^우로다.　　동료들의 원한을 사겠네.

謂^위爾^이遷^천于^우王^왕都^도로되　　그대들을 도읍으로 옮겨와 살게 하려 하나
曰^왈予^여未^미有^유室^실家^가로다.　　우리는 그곳에 집이 없다 핑계 대네.
鼠^서思^사泣^읍血^혈하고　　걱정 근심에 피눈물 흘리고
無^무言^언不^부疾^질이로다.　　말하면 마음 아프지 않은 일이란 없네.
昔^석爾^이出^출居^거엔　　전에 그대들이 떠나갈 적엔

誰^수從^종作^작爾^이室^실고?　　누가 따라가 그대들 집을 지어 주었나?

註解　ㅁ浩浩(호호)-넓고도 큰 모양(集傳). ㅁ昊(호)-넓고도 큰 것. ㅁ駿(준)-장(長)의 뜻(毛傳). '오래오래', '언제나'의 뜻으로, '상(常)'과도 통한다. ㅁ德(덕)-은덕. 은혜(集傳). 부준기덕(不駿其德)은 하늘은 덮어놓고 '언제까지나 똑같이 사랑하시지 않는다', 곧 사람이 정도를 따라 올바른 행동을 하면 사랑하고, 도에 벗어나는 일을 하면 벌을 내린다는 뜻. ㅁ喪(상)-상란(喪亂), 흉년을 가리킴. ㅁ饑(기)-굶주리다. ㅁ饉(근)-굶주리는 것.『묵자(墨子)』칠환(七患)편엔 '한 가지 곡식을 거두지 못하게 된 것을 근(饉), 오곡을 모두 거두지 못하게 된 것을 기(饑)라 한다'고 하였고,『모전』엔 곡식이 안된 것을 기(饑), 푸성귀가 안된 것을 근(饉)이라 한다고 했다. ㅁ斬伐(참벌)-살벌(殺伐). 서로 죽이고 치고 하는 것. ㅁ四國(사국)-천하. 여기서는 천하의 사람들을 가리킴. ㅁ旻天(민천)-넓고 맑은 하늘을 가리키는 말. ㅁ疾威(질위)-포학(暴虐)과 같은 말(集傳). 지독한 위엄을 보이다. ㅁ慮(려)-생각하다. ㅁ圖(도)-꾀하다. 불려불도(弗慮弗圖)는 '천하 사람들이 올바른 길을 생각지 않고 올바른 일을 꾀하지 않았기 때문이다'라는 뜻(釋義). ㅁ舍(사)-용서받다. 사(赦)와 통함(釋義). ㅁ有罪(유죄)-죄 지은 사람들. ㅁ伏(복)-은(隱), 숨다(經義述聞). ㅁ其辜(기고)-그들의 허물. ㅁ淪(륜)-모두. ㅁ胥(서)-서로. ㅁ鋪(포)-괴로움을 당하다, 징벌을 받다. ㅁ周宗(주종)-주(周)나라 종족(宗族)(通釋), 주나라 왕실. ㅁ戾(려)-정(定)의 뜻(毛傳). 지려(止戾)는 머물러 사는 것. ㅁ正(정)-장(長)과 통하여 장관(長官)의 뜻. 따라서 정대부(正大夫)는 장관대부(鄭箋). ㅁ離(이)-이산(離散), 떠나가는 것. ㅁ居(거)-어조사. ㅁ勩(예)-노고(勞苦), 괴로움. ㅁ三事(삼사)-삼유사(三有事), 삼공(三公)의 뜻(鄭箋). ㅁ夙夜(숙야)-새벽부터 밤까지, 부지런히. 이 시는 주나라가 동쪽으로 옮겨갈 때의 작품으로 궁정 없는 피난길이어서 군신의 예가 문란하여져 있음을 말하는 것이다. ㅁ朝夕(조석)-제후들이 아침저녁으로 조정에 나와 일하는 것. ㅁ庶曰(서왈)-서기(庶幾)로 '바람'을 뜻함. ㅁ式(식)-조사. ㅁ臧(장)-착하다, 잘 되다. ㅁ覆(복)-반(反)의 뜻(毛傳), 반대로. ㅁ出爲惡(출위악)-악한 짓을 하는 것. ㅁ辟(벽)-법. 벽언(辟言)은 법도에 맞는 말. ㅁ彼(피)-주나라를 가리킴. ㅁ邁(매)-가는 것. 행매(行邁)는 길 가듯

앞으로 나아가는 것. □臻(진)-이르다. □靡所臻(미소진)-어디로 갈지 모른다, 어떻게 될지 모른다는 뜻. □凡百(범백)-'모든'. □君子(군자)-관리들을 뜻함. □畏(외)-두려워하다. □戎成(융성)-전란이 형성된 것. □不退(불퇴)-물러나지 않는다, 가라앉지 않는다는 뜻. □飢(기)-굶주리다. 기(饑)와 같은 자. □遂(수)-안(安)의 뜻(毛傳), 곧 안정되는 것. □曾(증)-일찍이. 여기선 '다만'의 뜻(釋義). □蟄御(설어)-가까이서 시중하고 따라다니는 신하. □憯憯(참참)-근심하는 모양(鄭箋). □日瘁(일췌)-나날이 병이 심해지는 것. □訊(신)-남에게 어떤 길이 올바른 것인가 묻는 것. □聽言(청언)-청종(聽從)하는 말, 곧 그들의 비위에 맞는 말(通釋). □答(답)-대답하고 받아들이는 것. □譖言(참언)-간언(諫言), 귀에 거슬리는 말(通釋). □退(퇴)-물리치고 받아들이지 않는 것. □不能言(불능언)-교묘하게 아첨하는 말을 할 줄 모르는 사람, 곧 현명한 사람(毛傳). □匪舌是出(비설시출)-혀로 다 자기의 뜻을 표현하지 못한다는 뜻. 그의 마음은 정도에 벗어나지 않으므로 다른 위정자들의 귀에 그의 말이 거슬리기 때문에 말 못하는 것이다. □躬(궁)-자신. □瘁(췌)-병들다. □哿(가)-가(可)와 통하여(毛傳), 가의(哿矣)는 '좋겠네'의 뜻. 풍자하는 것이다. □能言(능언)-능언자(能言者), 말 잘하는 사람들. □處休(처휴)-좋은 처지에 몸이 놓이게 하는 것. □仕(사)-벼슬하는 것. □孔棘且殆(공극차태)-매우 급하고 위험하다, 곧 위급한 처지에 있는 것. □使(사)-일을 하는 것. □朋友(붕우)-동료들. 원급붕우(怨及朋友)는 동료들이 그를 질투하여 원망하게 되는 것(釋義). □王都(왕도)-왕성(王城). 동조(東周)의 서울(洛邑 서쪽). □鼠(서)-우(憂)의 뜻, 근심하는 것. □泣(읍)-소리없이 눈물 흘리며 우는 것. 읍혈(泣血)은 피눈물을 흘리는 것. □無言不疾(무언부질)-자기의 말은 미움을 사지 않는 말이 없다, 곧 자기의 옳은 말은 모두가 싫어하고 반대한다는 뜻. □昔爾出居(석이출거)-옛날 그대들이 나라가 어지러워졌을 때 피난하려고 나가 살던 때(釋義).

|解説| 이 시는 주나라가 도읍을 낙읍(洛邑)으로 옮겨 갈 무렵의 어지러운 시국을 한탄한 작품이다.

『모전』에는 대부가 유왕을 풍자한 것이라 하였다. 시의 내용을 살펴보면, 대부들이 천자의 곁을 다 떠나간 뒤에 천자를 모시고 있던 신하가 지은 시이다. 유왕을 풍자했다기보다는 정치를 올바로 하지 않아 나라를 멸망시킨 뒤에도, 새로

옮겨온 도읍인 낙읍으로 오지 않으려 드는 경대부들을 풍자한 것이라 볼 수 있다.

5. 높은 하늘(小旻)

주희의 『집전』에선 소씨(蘇氏)의 말을 인용하여 "이 「높은 하늘」과 뒤의 「조그만 매(小宛)」·「갈가마귀(小弁)」·「작아지는 빛(小明)」 네 시는 모두 제목에 '소(小)' 자를 붙였는데 그것은 소아의 작품임을 나타내기 위해서이다. 소아에 있는 작품을 '소'라 하였으므로 대아에 있는 것들은 「소공과 하늘(召旻)」·「대명(大明)」이라 하였는데, 대아에는 '완(宛)'·'변(弁)'에 관한 시는 없다. 아마도 공자가 이를 빼버린 듯하다."고 하였다. 그러나 「조그만 매」·「갈가마귀」 두 시는 첫머리가 '완피(宛彼)' '변피(弁彼)'여서, '완(宛)', '변(弁)' 한 자를 제목으로 쓰려니 「한 남자(氓)」·「위대하심(蕩)」·「빈틈 없음(抑)」 같은 작품이 있기는 하나 어색하다. 그래서 「높은 하늘(小旻)」 뒤에 이들이 나오므로 무의식중에 '소(小)' 자가 그 뒤에 붙여진 것이 아닌가 한다(釋義). 어떻든 「높은 하늘(小旻)」의 '소(小)' 자는 그래도 '소아'의 뜻을 지닌 것이라 봄이 무난할 것 같다.

민 천 질 위
旻天疾威하사　　　　높은 하늘은 천벌을

부 우 하 토
敷于下土로다.　　　　온 땅에 펴시었네.

모 유 회 휼
謀猶回遹하니　　　　정치를 해 나가는 품이 그릇 되었으니

하 일 사 저
何日斯沮리요?　　　　언제면 천벌이 그치겠는가?

모 장 부 종
謀臧不從하고　　　　좋은 계획은 따르지 않고

| 불 장 복 용
不臧覆用이로다. | 반대로 나쁜 계획만 쓰고 있네.

| 아 시 모 유
我視謀猶컨대 | 계획하는 일만 보아도

| 역 공 지 공
亦孔之邛이로다. | 매우 병폐가 많네.

| 흡 흡 자 자
潝潝訿訿하니 | 여럿이 모여 모의하고 또 서로 욕하고 하니

| 역 공 지 애
亦孔之哀로다. | 너무나 가엾은 일일세.

| 모 지 기 장
謀之其臧은 | 좋은 계획은

| 즉 구 시 위
則具是違하고 | 모두 버리고

| 모 지 부 장
謀之不臧은 | 좋지 않은 계획은

| 즉 구 시 의
則具是依로다. | 모두 따르고 있네.

| 아 시 모 유
我視謀猶컨대 | 계획하는 것을 보건댄

| 이 우 호 지
伊于胡底오? | 어떻게 하려는 건지 모르겠네.

| 아 귀 기 염
我龜旣厭하고 | 거북점도 우리를 미워하고

| 불 아 고 유
不我告猶로다. | 우리에게 좋은 점괘 보여주지 않네.

| 모 부 공 다
謀夫孔多로되 | 꾀하는 사람들 매우 많은데도

| 시 용 부 집
是用不集이로다. | 일은 잘 되지 않네.

| 발 언 영 정
發言盈庭이나 | 발언하는 자들 뜰에 가득하나

| 수 감 집 기 구
誰敢執其咎오? | 누가 감히 그 잘못 책임질 것인가?

| 여 비 행 매 모
如匪行邁謀하니 | 길을 가보지도 않고 갈 곳을 의논하는 것 같아서, |

| 시 용 부 득 우 도
是用不得于道로다. | 정도에서 벗어나게 되는 걸세. |

| 애 재 위 유
哀哉爲猶여! | 슬프다, 정책을 펴는 꼴이어! |

| 비 선 민 시 정
匪先民是程하고 | 옛 분들을 본뜨지도 않고 |

| 비 대 유 시 경
匪大猶是經하며 | 위대한 도를 법도로 삼지도 않으며 |

| 유 이 언 시 청
維邇言是聽하고 | 오직 경박한 말만 듣고 |

| 유 이 언 시 쟁
維邇言是爭이로다. | 경박한 말로 다투고 있네. |

| 여 피 축 실 우 도 모
如彼築室于道謀하니 | 집을 지으려는 사람이 길 가던 사람과 설계하는 것같이 하니 |

| 시 용 불 궤 우 성
是用不潰于成이로다. | 그래서 끝내 잘 되지 않는 것일세. |

| 국 수 미 지
國雖靡止로되 | 나라는 비록 안정되지 못하였으나 |

| 혹 성 혹 부
或聖或否로다. | 어떤 이는 만사에 통달했고 어떤 이는 그렇지 않네. |

| 민 수 미 무
民雖靡膴로되 | 백성들은 많지 않더라도 |

| 혹 철 혹 모
或哲或謀며 | 어떤 이는 현명하고 어떤 이는 꾀 많으며 |

| 혹 숙 혹 예
或肅或艾로다. | 어떤 이는 신중하고 어떤 이는 일을 잘 한다네. |

| 여 피 류 천
如彼流泉하여 | 저 흐르는 샘물처럼 |

| 무 륜 서 이 패
無淪胥以敗어다. | 모든 물건을 적셔 망쳐버리듯 함께 망하지 말기를. |

불 감 폭 호	
不敢暴虎하고	감히 맨손으로 호랑이 못 잡고

불 감 빙 하	
不敢馮河로다.	감히 걸어서 황하를 건너지는 못하네.

인 지 기 일	
人知其一하고	사람들은 한 가지 일하는 방법만을 알고

막 지 기 타	
莫知其他로다.	다른 좋은 방법은 알지 못하네.

전 전 긍 긍	
戰戰兢兢하여	두려워하듯 조심하기를

여 림 심 연	
如臨深淵하고	깊은 못에 가까이 가듯 하고

여 리 박 빙	
如履薄冰하라.	엷은 얼음판 밟고 가듯 해야 하네.

註解 □旻(민)-높고 아득한 것. 민천(旻天)은 아득히 높은 하늘. □疾威(질위)-포학한 것(「雨無正」시. 集傳). 여기서는 천벌을 뜻한다. □敷(부)-펴다. □下土(하토)-하늘 밑의 땅, 온 세상을 뜻함. □謀猶(모유)-나라 다스리는 일을 꾀하는 것, 곧 정치의 계획·계책. □回(회)-사(邪)의 뜻(毛傳). 사악한 것. □遹(휼)-벽(辟)의 뜻(毛傳). 그릇된 것. 따라서 회휼(回遹)은 그릇되고 사악한 것. □斯(사)-천벌을 가리킴. □沮(저)-그치다. □臧(장)-선(善)과 통하여 훌륭한 것. □覆(복)-반(反)의 뜻. 복용(覆用)은 반대로 쓰다(鄭箋). □邛(공)-공(𢀜)으로도 씀, 병이 나는 것. □潝潝(흡흡)-서로 화합하는 것. 여럿이 모여서 나쁜 모의를 하는 것. □訿訿(자자)-서로 욕하는 것(集傳). □依(의)-따른다, 좇는다는 뜻. □伊(이)-발어사. □于胡(우호)-'어하(於何)', 어떻게, 어디에. □底(지)-이르다. □龜(귀)-점치는 데 쓰는 거북. □厭(염)-미워하다. □不我告猶(불아고유)-나에게 꾀를 고하여 주지 않는다, 곧 거북점이 좋은 점괘를 보여주지 않게 되었다는 뜻. □謀夫(모부)-꾀하는 사람. □集(집)-일을 이루다. □發言(발언)-발언하는 사람. □執其咎(집기구)-그 계획의 '잘못을 책임지는 것'. □匪(비)-비(非)의 뜻. □行邁(행매)-길을 가는 것. □用(용)-이(以)와 통하여 시용(是用)은 시이(是以), 이 때문에, 그래서. □不得于道(부득우도)-정도(正道)에서 벗어나는 것. □先民(선민)-고인(古人), 옛분들. □程(정)-본뜨는 것.

▫大猶(대유)—대도(大道) (毛傳). ▫經(경)—상(常) 또는 법과 통하여 일정한 법도로 삼는 것. ▫邇言(이언)—깊이나 무게 없는 가벼운 말. ▫築室(축실)—집을 짓는 것. ▫于道謀(우도모)—길가에서 길가는 사람을 붙들고 설계하는 것. ▫潰(궤)—수(遂)의 뜻(毛傳). 끝내, 마침내. ▫靡止(미지)—안정되지 않다, 잘 살 곳이 없다. ▫聖(성)—만사에 환히 통달한 것. ▫否(부)—그렇지 않은 것. ▫膴(무)—많은 것. ▫哲(철)—명철(明哲)한 것, 어진 것. ▫謀(모)—총명하게 꾀하는 것. ▫肅(숙)—신중히 일하는 것. ▫艾(예)—예(乂)와 통하는 글자. 잘 다스리다, 일을 잘하다. ▫淪(륜)—물에 빠지는 것. 물에 젖는 것. ▫胥(서)—서로. ▫敗(패)—패망·멸망. 이 구절은 샘물이 흘러내리면서 모든 것을 물로 적시는 것처럼, 어진 사람이나 좋은 사람들이 악한 자들과 함께 어울려 망하지 않도록 하라는 뜻임. ▫暴虎(폭호)—맨손으로 호랑이를 잡는 것. 정풍 「대숙의 사냥(大叔于田)」 시에도 보였음. ▫馮河(빙하)—강물을 걸어서 건너는 것. ▫人知其一(인지기일)—사람들은 맨손으로 호랑이를 잡거나 걸어서 황하를 건너는 것 같은 안 되는 방법 한 가지만을 안다는 뜻. ▫戰戰(전전)—두려워 떠는 모습(毛傳). ▫兢兢(긍긍)—경계하는 모양(毛傳).

解說 임금이 나쁜 계책을 따라 나라를 다스리어 나라를 혼란에 빠뜨리고 있음을 대부가 풍자한 것이 이 시이다.
「모시서」에선 이것도 유왕을 대부가 풍자한 것이라 하였다. 반드시 유왕이라는 증거는 없지만 유왕 때 같은 혼란기의 작품임엔 틀림없다.

6. 조그만 매(小宛)

宛彼鳴鳩이 조그만 매가
_{완 피 명 구}

翰飛戾天이로다. 날개 치며 하늘로 날아가네.
_{한 비 려 천}

我心憂傷하여 내 마음 시름에 겨워
_{아 심 우 상}

염석선인	
念昔先人이로다.	옛 조상들을 생각하네.
명발불매	
明發不寐하고	새벽까지 잠 못 이루며
유회이인	
有懷二人이로다.	부모님을 그리네.

인지제성
人之齊聖은　　　사람이 총명하고 예지가 있으면
음주온극
飮酒溫克이어늘,　술 마셔도 온유할 수 있거늘,
피혼부지
彼昏不知는　　　저 멍청한 지혜 없는 사람은
일취일부
壹醉日富로다.　언제나 취하여 날로 교만해지네.
각경이의
各敬爾儀어다　　모두 자기 행동을 삼가야지
천명불우
天命不又니라.　하늘의 명이 도와주지 않을 걸세.

중원유숙
中原有菽하니　　언덕 가운데 자란 콩을
서민채지
庶民采之로다.　백성들이 따고 있네.
명령유자
螟蛉有子어늘　　뽕나무벌레 새끼를
과라부지
蜾蠃負之로다.　나나니벌이 업고 다니네.
교회이자
敎誨爾子하여　　자식들을 가르치고 깨우치어
식곡사지
式穀似之어라.　그처럼 선하게 만들어야지.

제피척령
題彼脊令하니　　할미새를 보니
재비재명
載飛載鳴이로다.　날아가며 울고 있네.

我日斯邁하고　　　우리는 나날이 발전하고

而月斯征이로다.　　다달이 나아가야 하네.

夙興夜寐하여　　　일찍 일어나고 늦게 자면서

無忝爾所生이어라.　낳아 주신 부모님 욕되게 말아야지.

交交桑扈이　　　　짹짹 청작새가

率場啄粟이로다.　　마당에서 곡식을 찾아 쪼며 돌아다니고 있네.

哀我塡寡하여　　　슬프게도 나는 병들고 궁지에 몰려

宜岸宜獄이로다.　　감옥에 갇혀 있네.

握粟出卜하여　　　곡식 한줌 내어 점쳐 묻노니

自何能穀고?　　　어떻게 하면 잘될 수 있겠는가?

溫溫恭人이　　　　온유하고 공손함이

如集于木이로다.　　나무 위에 앉아 있는 듯.

惴惴小心이　　　　무서운 듯 소심함이

如臨于谷이로다.　　깊은 골짜기를 앞에 두고 있는 듯.

戰戰兢兢이　　　　두려운 듯 조심함이

如履薄冰이로다.　　엷은 얼음판 위를 밟고 가듯 한다네.

註解 □宛(완)-작은 모양. □鳴鳩(명구)-골조(鶻鵰)라고도 하는 '매'(毛傳). □翰(한)-날개치는 것. □戾天(여천)-하늘 높이 나는 것. 앞의 「시화를 뜯으러(采芑)」시에 보임. □先人(선인)-선조, 옛분들. □明發(명발)-날이 새려고 훤해지는 것(集傳). □二人(이인)-부모님을 가리킴(集傳). □齊(제)-지혜와 생각이 밝은 것(經義述聞). 제성(齊聖)은 따라서 총명하고 예지가 있는 것을 말한다(上同). □溫克(온극)-극온(克溫), 온유(溫柔)할 수 있는 것(釋義). □昏(혼)-머리가 멍청한 것. □不知(부지)-무지한 사람, 총명치 못한 사람. □壹(일)-쭉, 언제나의 뜻. □富(부)-복(畐)과 통하는데, 『설문해자』에 '복(畐)은 만(滿)의 뜻'이라 하였다(通釋). 따라서 부(富)는 자만(自滿), 또는 교만의 뜻이다. 일부(日富)는 날로 자만해지는 것. □儀(의)-행동의 뜻. □又(우)-옛날의 우(右)자로서 우(佑)자와 통한다(釋義), 돕다. □中原(중원)-원중(原中), 언덕 가운데. □菽(숙)-콩. □螟蛉(명령)-뽕나무벌레(毛傳). □蜾蠃(과라)-토봉(土蜂), 또는 세요봉(細腰蜂)이라고도 하는 나나니벌. 『공소』에 의하면 뽕나무벌레의 어린 새끼를 나나니벌이 나무에서 업어다 7일 만에 자기 새끼로 만든다 한다. 이는 옛날 사람들이 나나니벌이 뽕나무벌레 새끼를 잡아다 먹는 것을 잘못 본 것이지만, 자식들을 교육시켜 훌륭한 사람을 만드는 데 비유한 것이다. □誨(회)-가르치다. □式(식)-조사. □穀(곡)-선(善)의 뜻. 여기서는 선하게 만드는 것. □似之(사지)-'그 나나니벌처럼'의 뜻. □題(제)-보다. □脊令(척령)-척령(鶺鴒)이라고도 쓰며, '할미새'. □日斯邁(일사매)-날로 꾸준히 발전하는 것. □月斯征(월사정)-달로 꾸준히 나아가는 것. 일매월정(日邁月征)은 쉬지 않고 노력하는 것을 말한다. □忝(첨)-욕되는 것. □爾所生(이소생)-그대를 낳은 이, 곧 부모님을 가리킨다(集傳). □交交(교교)-교교(咬咬)와 통하여 새 울음소리(秦風「黃鳥」시 참조). □桑扈(상호)-청작(靑雀) 또는 절지(竊脂)라고도 하는 새 이름(孔疏). 이 새는 고기만을 먹으며 부리는 구부러져 있다. 우리말로는 무슨 새인지 분명치 않아 '청작새'라 해두었다. □率場(솔장)-마당을 찾아다니는 것. □啄(탁)-쪼다. 고기를 먹어야 할 청작새가 곡식을 쫀다는 것은 본성에 어긋나는 일이며, 작자가 겪고 있는 괴로움에 비유한 것이다. □塡(전)-전(瘨)과 통한다(集傳). 병이 든 것. □寡(과)-사람이 홀로 있는 것도 과(寡)라 하지만, 재물이 적은 것도 과(寡)임으로, 과(寡)는 바로 궁(窮)의 뜻이다(通釋). 전과(塡寡)는 '병들고 궁한 것'. □宜(의)-옛날엔 차(且)자와 형체가 비

숫했으며(通釋), 뜻도 같은 조사(釋義). ㅁ岸(안) - 『한시(韓詩)』와 『설문해자』 등에 인용된 것에는 한(犴)으로 되어 있다. 한(犴)은 작은 고을의 옥(獄)이고, '옥'은 나라의 감옥이라고 구별하기도 하였다. ㅁ握粟(악속) - 복채로 내놓으려고 곡식을 손에 움켜쥐고 가는 것. ㅁ自何能穀(자하능곡) - '무엇부터 어떻게 하면 잘 될 수 있을까'의 뜻. ㅁ溫溫(온온) - 부드럽고 따스한 모양(毛傳). ㅁ恭人(공인) - 남에게 공손하게 하는 것. ㅁ如集于木(여집우목) - 나무 위에 올라앉은 것 같은 것. 떨어지지 않을까 조심함을 뜻한다. ㅁ惴(췌) - 근심하고 두려워하는 것. ㅁ如臨于谷(여림우곡) - 골짜기 절벽 위에 가까이 가는 것 같다. 그처럼 두려워하고 조심함을 뜻한다.

[解說] 이 시는 시국을 원망하면서도 올바로 살아가려고 스스로 경계하는 마음을 노래한 것이다. 제1절에서는 조상과 부모님을 생각하며 스스로 경계하고, 제2절에서는 지금의 높은 관리들은 술만 마시고 노는데 하늘의 명을 두려워할 줄 알아야 한다는 것이고, 제3절에서는 자식이란 오랜 시일을 통하여 교육을 잘 시켜야 함을 노래한 것이고, 제4절에서는 부모님께 욕되지 않게 꾸준히 바른 길로 노력해야 함을 노래했고, 제5절에서는 이토록 올바로 살려 애쓰는 데도 세상이 어지러워 자기가 많은 해를 입고 있음을 노래했고, 제6절인 마지막 절에는 언제나 신중히 조심하며 살아가야 함을 노래한 것이다.
「모시서」에서는 선왕을 풍자한 것이라 하였다. 다시 정현은 여왕(厲王), 공영달은 유왕(幽王)을 풍자한 것이라 의견을 달리하였다. 어떻든 시를 읽을 때 임금을 직접 풍자한 곳은 발견되지 않는다.

7. 갈가마귀(小弁)

弁彼鸒斯이 푸드득 갈가마귀가
歸飛提提로다. 떼 지어 날아가네.
民莫不穀이어늘 백성들 모두 잘 지내거늘

아 독 우 리	
我獨于罹로다.	나 홀로 괴로워하네.
하 고 우 천	
何辜于天고?	무슨 죄를 하늘에 졌나?
아 죄 이 하	
我罪伊何오?	내 죄가 무엇인가?
심 지 우 의	
心之憂矣여!	마음의 시름이여!
운 여 지 하	
云如之何오?	어찌하면 좋은가?

척 척 주 도	
踧踧周道엔	평평한 한길에는
국 위 무 초	
鞫爲茂草로다.	무성한 풀이 가득히 우거졌네.
아 심 우 상	
我心憂傷하여	내 마음 시름이 깊어
녁 언 여 도	
怒焉如擣로다.	생각할수록 방망이로 가슴을 치는 것 같네.
가 매 영 탄	
假寐永嘆하고	옷 입은 채 누워 긴 탄식하며
유 우 용 로	
維憂用老로다.	걱정으로 늙어만 가네.
심 지 우 의	
心之憂矣여!	마음의 시름이여!
진 여 질 수	
疢如疾首로다.	열병으로 머리 아픈 듯하네.

유 상 여 재	
維桑與梓도	뽕나무와 가래나무를 대하여도
필 공 경 지	
必恭敬止니,	반드시 공경하나니,
미 첨 비 부	
靡瞻匪父요	눈에 보이는 것 모두가 아버님이요
미 의 비 모	
靡依匪母로다.	마음에 그리는 것 모두가 어머님이기 때문일세.

불 촉 우 모 不屬于毛아?	터럭까지도 이어받지 않았는가?
불 리 우 리 不離于裏아?	살결조차도 물려받지 않았는가?
천 지 생 아 天之生我어늘	하늘이 나를 내셨는데
아 신 안 재 我辰安在오?	내게는 때가 안 오려는가?

울 피 류 사 菀彼柳斯엔	무성한 저 버드나무엔
명 조 혜 혜 鳴蜩嘒嘒로다.	맴맴 매미 우는 소리,
유 최 자 연 有漼者淵엔	깊은 연못가엔
환 위 비 비 萑葦淠淠로다.	달과 갈대가 더부룩하네.
비 피 주 류 譬彼舟流이	마치 물에 뜬 배가
부 지 소 계 不知所屆로다.	어디로 가고 있는지 모르는 것 같네.
심 지 우 의 心之憂矣여!	마음의 시름이여!
불 황 가 매 不遑假寐로다.	옷 입은 채 잘 겨를도 없구나.

록 사 지 분 鹿斯之奔하니	사슴이 뛰어가는데
유 족 기 기 維足伎伎로다.	다리가 휘청휘청 하네.
치 지 조 구 雉之朝雊는	꿩이 아침에 우는 것은
상 구 기 자 尙求其雌로다.	그의 짝 암놈 찾는 거라네.
비 피 괴 목 譬彼壞木이	마치 병들어 죽은 나무가

| 질 용 무 지
疾用無枝로다. | 병으로 말라 가지도 없는 것 같네. |
| 심 지 우 의
心之憂矣여! | 마음의 시름이여! |
| 영 막 지 지
寧莫之知로다. | 아무도 알아주는 이 없네. |

| 상 피 투 토
相彼投兎하면 | 토끼 그물 쳐놓은 걸 봐도 |
| 상 혹 선 지
尙或先之요, | 간혹 빠져나가는 수가 있고, |
| 행 유 사 인
行有死人하면 | 길가에 죽은 사람 있으면 |
| 상 혹 근 지
尙或墐之로다. | 누가 묻어 주기도 하네. |
| 군 자 병 심
君子秉心은 | 임금님 마음 쓰심은 |
| 유 기 인 지
維其忍之로다. | 너무나 잔인하시네. |
| 심 지 우 의
心之憂矣여! | 마음의 시름이여! |
| 체 기 운 지
涕旣隕之로다. | 눈물만이 흘러 떨어지네. |

| 군 자 신 참
君子信讒을 | 임금님이 모함하는 말 믿으시기를 |
| 여 혹 수 지
如或醻之로다. | 마치 술잔 받으시는 것처럼 하시네. |
| 군 자 불 혜
君子不惠하고 | 임금님은 사랑해 주지도 않고 |
| 불 서 구 지
不舒究之로다. | 잘 돌보아 주지도 않으시네. |
| 벌 목 기 의
伐木掎矣하고 | 나무를 베려면 한쪽을 잡아당기며 잘라야 하고 |
| 석 신 타 의
析薪杝矣어늘 | 장작을 쪼개려면 결을 따라야 하거늘 |

　　　　사 피 유 죄
　　　　舍彼有罪하고　　　죄지은 자는 놓아두고
　　　　여 지 타 의
　　　　予之佗矣로다.　　모두 내게 책임지우시네.

　　　　막 고 비 산
　　　　莫高匪山이오　　　높지 않다면 산이 아니며
　　　　막 준 비 천
　　　　莫浚匪泉이로다.　깊지 않다면 샘이 아니지.
　　　　군 자 무 이 유 언
　　　　君子無易由言이니　임금은 남의 말 가벼이 따라서는 안 될 것이니
　　　　이 속 우 원
　　　　耳屬于垣이니라.　귀는 담에도 붙어 있다 하였네.

　　　　무 서 아 량
　　　　無逝我梁하고　　　내 어살에 가지도 말고
　　　　무 발 아 구
　　　　無發我笱어다.　　내 통발을 꺼내지도 마라.
　　　　아 궁 불 열
　　　　我躬不閱이어늘　　내 몸도 용납되지 못하거늘
　　　　황 휼 아 후
　　　　遑恤我後아?　　　내 뒷일을 걱정할 겨를이 있겠는가?

註解　□弁(반)-날개를 치며 나는 모양(集傳). 주송(周頌)「일을 삼감(小毖)」시의 '번비유조(拚飛維鳥)'의 번(拚)과 통한다. □鸒(여)-갈가마귀. 까마귀보다 약간 작고 배가 희며 떼지어 날아다니기 좋아한다(孔疏). □斯(사)-조사. □提提(시시)-무리를 지어 날아가는 모양. □穀(곡)-선(善), 잘 지내는 것. □罹(리)-근심하는 것. □辜(고)-죄(罪)의 뜻. □云(운)-조사. □踧踧(척척)-평평한 모양. □周道(주도)-주나라로 가는 길, 한길. □鞠(국)-영(盈)의 뜻, 가득한 것. □惄(녁)-주남(周南)「여수 방죽(汝墳)」시의 『모전』엔 '기의(飢意)'라 하였다. 배가 고픈 듯 마음으로 걱정하는 것. □擣(도)-방망이, 방망이로 치는 것. □假寐(가매)-의관(衣冠)을 벗지 않고 그대로 자는 것(毛傳). □用(용)-이(以)의 뜻, …때문에. □疢(진)-열병. □疾首(질수)-두통의 뜻, 머리 아픈 것. □桑與梓(상여재)-『오대사(五代史)』에 왕건립(王建立)이 말하기를, '뽕나무[桑]는

삶을 기르고 가래나무(梓)는 죽은 이를 보낸다. 이것이 뽕나무와 가래나무가 언제나 공경받는 이유라.' 하였다. 곧 뽕나무는 누에를 길러 길쌈을 하게 하고, 가래나무로는 관(棺)을 만드는 것이다. ▫止(지)-조사. ▫靡瞻匪父(미첨비부)-'우러러보면 아버지 아님이 없다', 곧 '눈을 뜨고 보면 모두가 아버지 모습을 생각게 한다'는 뜻. ▫依(의)-마음에 그리는 것, 마음이 기울어지는 것. ▫靡依匪母(미의비모)-'마음속으로 그리게 되는 것이 어머님 아님이 없다', 곧 '생각만 하면 언제나 어머니가 그리워진다'는 뜻. ▫不屬于毛(불촉우모)-'터럭도 부모와 연결되어 있지 않은가?', 곧 '터럭도 부모님에게서 물려받은 것이 아닌가?'의 뜻. ▫離(리)-붙다, 이어지다. ▫裏(리)-리(理)와 통하여 살결. 사람의 몸의 털은 외부를, 살결은 사람의 몸의 내부를 말한다. ▫辰(신)-좋은 때(釋義). ▫安在(안재)-'어디 있는가?' '언제나 오려는가?'의 뜻. ▫菀(울)-무성한 것. ▫蜩(조)-매미. ▫嘒嘒(혜혜)-매미가 우는 소리. ▫有漼(유최)-최연(漼然), 깊은 모양. ▫者(자)-조사. ▫萑(환)-달, 갈대의 일종. ▫葦(위)-갈대. ▫淠淠(비비)-무성한 모양. ▫譬(비)-비유하면 '마치 ……과 같다'는 뜻. ▫舟流(주류)-배가 흐르는 물에 떠내려가는 것. ▫屆(계)-이르다. ▫不遑假寐(불황가매)-'옷 입은 채 잠잘 경황도 없다'. 옛날에는 그래도 옷 입은 채 잠을 좀 잤는데의 뜻. ▫伎(기)-기(跂)와 통하여, 기기(伎伎)는 발의 움직임이 더딘 모양(毛傳). 사슴이 그의 무리를 떠나지 않으려고 어정어정 걸어가는 모양으로(鄭箋), 부모님 곁을 지키려는 작자의 심정을 비유한 것이다. ▫雊(구)-수꿩이 우는 것. ▫壞(괴)-외(瘣)와 통하여, 나무가 병들고 상한 것(毛傳). ▫用(용)-이(以)의 뜻, …때문에. ▫寧(녕)-내(乃)의 뜻, 조사. ▫莫之知(막지지)-아무도 그러한 자기의 시름을 알아주지 않는 것. ▫相(상)-보다. ▫投(투)-엄(掩)의 뜻으로(鄭箋), 토끼를 잡으려고 그물을 치는 것(通釋). ▫先(선)-개(開)의 뜻으로 개방되어 빠져나가는 것(通釋). 토끼가 빠져나가는 행운도 있는데 자기는 없음을 말한다. ▫墐(근)-묻다, 매장하다. 임자 없는 시체를 장사지내 주는 수도 세상엔 있는데 자기를 동정하는 이는 없음을 뜻한다. ▫君子(군자)-임금을 가리키는 말. 정현(鄭玄)은 유왕을 가리킨다 하였다. ▫秉心(병심)-마음가짐, 마음쓰임. ▫忍(인)-잔인한 것(釋義). ▫涕(체)-눈물. ▫隕(운)-떨어지다. ▫君子(군자)-자기를 쫓아낸 임금을 가리킨다. ▫譖(참)-근거 없이 모함하는 말. ▫醻(수)-술잔을 주고받는 것. ▫惠(혜)-사랑하는 것. ▫舒究(서구)-잘 구명(究

明)해 보는 것. 살피고 돌보아주는 것. ▫️掎(기)-한쪽으로 잡아당기는 것. 큰 나무를 베자면 한쪽으로 잡아당기며 잘라야 한다. ▫️析(석)-쪼개다. ▫️薪(신)-장작. ▫️扡(타)-나뭇결을 따라 쪼개는 것. 이처럼 모든 일은 사리를 따라야 하는데, 자기 임금은 덮어놓고 남이 모함하는 말만 믿고 자기를 멀리한다는 뜻. ▫️舍(사)-놓아두는 것. ▫️有罪(유죄)-죄가 있는 사람. ▫️佗(타)-『설문해자』에 '짊어진다'는 뜻이라 하였다. 죄를 자기에게 짊어지우는 것(釋義). ▫️莫高匪山(막고비산)-높지 않은 산은 없다, 산은 모두 높다는 뜻. ▫️浚(준)-물이 깊은 것. 이 높은 산과 샘물은 군자(君子)의 자중함과 위엄에 견준 것이다. ▫️君子(군자)-임금을 가리킴. ▫️易(이)-경이(輕易). 가볍고 쉽게 여기는 것. ▫️由言(유언)-남의 말을 따르는 것. ▫️垣(원)-담. 담에도 귀가 연결되어 있다는 것은 모든 말을 빼놓지 않고 잘 들어야만 함을 뜻하는 말임. ▫️梁(양)-고기를 잡을 통발을 대기 위하여 냇물을 막고 가운데만 틔워놓은 '어살'. ▫️笱(구)-통발. ▫️躬(궁)-자신(自身). ▫️閱(열)-용납되다. ▫️遑(황)-겨를. ▫️恤(휼)-근심하다. ▫️我後(아후)-내 뒤의 일. 이상 4구는 패풍(邶風)「동풍(谷風)」에도 똑같은 구절이 있다. 앞뒤의 글로 보아 이 「갈가마귀」 시가 패풍의 시구를 인용한 것 같다.

解說「모시서」에는 유왕(幽王)을 풍자한 시라 하였다. 유왕이 포사(褒姒)를 총애하여 태자 의구(宜臼)를 폐하였으므로 태자의 스승이 이것을 지었다는 것이다.
　주희는 의구 자신이 지은 노래이라 하였고(集傳), 『삼가시(三家詩)』에서는 윤길보(尹吉甫)의 아들 백기(伯奇)가 지은 것이라 하였다. 어떻든 조정에서 모함으로 말미암아 쫓겨난 신하의 노래인 듯하다.

8. 교묘한 말(巧言)

悠悠昊天은　　아득히 높은 하늘은
유유호천

曰父母且니라.　백성들의 부모라 하였네.
왈부모저

無罪無辜어늘　죄도 없고 허물도 없는데
무죄무고

| 난 여 차 무
亂如此憮아? | 어지러움 이토록 크게 내리는가? |

_{호 천 이 위}
昊天已威시나　　하늘은 이미 벌을 내리셨으나

_{여 신 무 죄}
予愼無罪로다.　　나는 정말 죄가 없네.

_{호 천 태 무}
昊天泰憮시나　　하늘은 큰 벌 내리셨으나

_{여 신 무 고}
予愼無辜니라.　　나는 정말 허물없네.

_{난 지 초 생}
亂之初生은　　어지러움이 처음 생겨나는 것은

_{참 시 기 함}
僭始旣涵하고,　　남을 모함하는 데서 시작되어 자라나고,

_{난 지 우 생}
亂之又生은　　어지러움이 자꾸만 생겨나는 것은

_{군 자 신 참}
君子信讒이니라.　　임금이 모함하는 말을 믿기 때문이네.

_{군 자 여 노}
君子如怒면　　임금이 모함하는 말에 노하신다면

_{난 서 천 저}
亂庶遄沮하고,　　어지러움은 바로 막아질 것이고,

_{군 자 여 지}
君子如祉면　　임금이 어진 말을 기뻐하신다면

_{난 서 천 이}
亂庶遄已리라.　　어지러움은 바로 끝일 것이네.

_{군 자 누 맹}
君子屢盟하니　　임금이 약속을 자주 바꾸시니

_{난 시 용 장}
亂是用長하고,　　어지러움은 그 때문에 더해지고,

_{군 자 신 도}
君子信盜하니　　임금이 소인을 믿으니

_{난 시 용 포}
亂是用暴로다.　　어지러움은 그래서 더 심해지네.

| 도 언 공 감
盜言孔甘하여 | 소인의 말은 매우 달콤하여 |

| 난 시 용 담
亂是用餤이로다. | 어지러움은 그때문에 더해진다네. |

| 비 기 지 공
匪其止共하고 | 그들은 함께 일할 자들이 못되고 |

| 유 왕 지 공
維王之邛이로다. | 임금에게 병폐만 되네. |

| 혁 혁 침 묘
奕奕寢廟는 | 커다란 궁전과 종묘는 |

| 군 자 작 지
君子作之하고, | 선왕들이 지은 것이고, |

| 질 질 대 유
秩秩大猷는 | 분명한 위대한 법도는 |

| 성 인 막 지
聖人莫之니라. | 성인이 정하셨네. |

| 타 인 유 심
他人有心을 | 저들이 지닌 마음을 |

| 여 촌 탁 지
予忖度之니라. | 내 헤아려 알 수 있네. |

| 적 적 참 토
躍躍毚兎이 | 깡총깡총 뛰는 약은 토끼도 |

| 우 견 획 지
遇犬獲之니라. | 개를 만나면 잡히고 만다네. |

| 임 염 유 목
荏染柔木을 | 야들야들한 부드러운 나무를 |

| 군 자 수 지
君子樹之로다. | 임금이 심고 계시네. |

| 왕 래 행 언
往來行言을 | 왔다 갔다 하는 사람들의 떠도는 말을 |

| 심 언 수 지
心焉數之로다. | 임금은 마음으로 헤아리며 들어야 하네. |

| 이 이 석 언
蛇蛇碩言도 | 실속 없는 큰소리도 |

^{출 자 구 의}
出自口矣요,　　입으로부터 나오고,

^{교 언 여 황}
巧言如簧은　　생황 소리 같은 교묘한 말은

^{안 지 후 의}
顔之厚矣로다.　낯가죽 두꺼운 자들이 한다네.

^{피 하 인 사}
彼何人斯오?　　저들은 어떤 자들인가?

^{거 하 지 미}
居河之糜하고　황하 가 습지에 살고

^{무 권 무 용}
無拳無勇이로되　힘도 없고 용기도 없으나

^{직 위 난 계}
職爲亂階로다.　어지러움 일으키는 짓만을 일삼고 있네.

^{기 미 차 종}
旣微且尰하니　정강이에 종기 나고 발도 부르텄는데

^{이 용 이 하}
爾勇伊何오?　　그대들 무슨 용기가 있겠는가?

^{위 유 장 다}
爲猶將多나　　속임수 많이 쓰고 있지만

^{이 거 도 기 하}
爾居徒幾何오?　그대들과 함께하는 무리가 얼마나 되겠는가?

註解 □悠悠(유유)-아득히 먼 모양, 아득한 것. □且(저)-어조사. 왈부모저(日父母且)는 '하늘은 백성들의 부모라 한다'는 뜻. □憮(무)-무(膴)와 통하여, 큰 것, 심한 것. □已(이)-이미. □威(위)-위노(威怒)의 뜻으로 천벌이 내리는 것을 말한다. □愼(신)-성(誠)과 통하여(毛傳), 진(眞)의 뜻. 참말로, 정말. □泰憮(태무)-너무 크다, 매우 크다. 심히 큰 벌을 내리시는 것. □僭(참)-참(譖)과 뜻이 통하여, 참언(讒言)의 뜻(釋義). 남을 모함하는 말. □涵(함)-함양(涵養)의 뜻. 자라나는 것. □君子(군자)-모두 임금을 가리킨다. □怒(노)-참언을 하는 사람에 대하여 노하는 것. □庶(서)-거의. □遄(천)-'바로', '곧'. □沮(저)-막다. □祉(지)-기뻐하는 것(集傳), 곧 현명한 사람을 좋아하는 것. □屢盟(누맹)-

이미 한 약속을 자꾸만 바꾸는 것. ▫用(용)-이(以)의 뜻, 따라서 시용(是用)은 시이(是以), …때문에. ▫長(장)-자라나는 것, 더해지는 것. ▫盜(도)-남을 모함하는 자, 소인을 가리킴. ▫暴(포)-맹렬해지는 것(釋義), 사나워지는 것. ▫餤(담)-본시는 진식(進食)의 뜻이나 여기서는 음식을 즐기듯 좋아하게 되어 점점 더해지는 것. ▫止(지)-갑골문자에서 족(足)과 같은 글자로 쓰임(釋義). 따라서 지공(止共)은 '족공(足共)', '함께 할 만한 것'. ▫邛(공)-병폐가 되는 것. 앞의 「높은 하늘(小旻)」시에 보임. ▫奕奕(혁혁)-큰 모양. ▫寢(침)-사람이 사는 곳, 곧 궁전을 말함. ▫廟(묘)-신을 모신 곳, 곧 종묘를 말함(大雅 「崧高」시 孔疏). ▫秩秩(질질)-차례가 뚜렷한 모양. ▫猷(유)-도(道), 또는 나라의 법도. ▫莫(막)-정하다. 정(定)의 뜻(集傳). ▫忖度(촌탁)-헤아려 알아맞히는 것. ▫躍躍(적적)-적적(趯趯)과 같은 뜻으로, 뛰어다니는 모양(釋義). ▫毚(참)-교활한 토끼, 약은 것(毛傳). ▫兎(토)-토끼. ▫遇犬獲之(우견확지)-'개를 만나면 잡힌다', 곧 소인들의 남을 모함하는 마음을 알아맞힐 수 있음에 비유한 것이다. ▫荏染(임염)-부드러운 모양. ▫柔木(유목)-부드러운 나무. 가래나무·오동나무·옻나무 같은 좋은 재목이 되는 나무를 가리키며(毛傳), 현명한 사람의 바른 말에 비유한 것이다(鄭箋). ▫樹(수)-심다. ▫行言(행언)-떠도는 말, 길거리에서 하는 말(釋義). ▫數(수)-옳고 그름을 '분별하는 것'(集傳). ▫蛇蛇(이이)-이이(訑訑)(『孟子』에 보임)와 같은 말로서 '큰소리로 세상을 속이는 모양'(通釋). ▫碩言(석언)-큰 소리. ▫如簧(여황)-생황(笙簧) 같은 악기 소리처럼 듣기 좋다는 뜻. ▫顏之厚(안지후)-요샛말로는 '낯가죽이 두꺼운 것', 곧 뻔뻔스러운 것. ▫彼(피)-남을 모함하는 자들을 가리킴. ▫麋(미)-미(湄)와 통하는 글자로 물가. 간사한 그 녀석은 황하 가의 습지 좋지 못한 땅에 살고 있다는 뜻. ▫拳(권)-힘의 뜻(毛傳). ▫職(직)-일삼는 것. ▫亂階(난계)-어지러움을 한 가지 한 가지 더 많이 만든다는 뜻. ▫微(미)-한양(骭瘍)으로(毛傳), 정강이에 종기가 나는 병. ▫尰(종)-발이 붓는 병(毛傳). ▫伊(이)-유(維)와 같은 조사. ▫猶(유)-『광아(廣雅)』에는 기(欺)의 뜻이라 하였으니, '속임수'. ▫將(장)-방(方) 또는 차(且)의 뜻, 지금, 막(釋義). ▫爾居徒(이거도)-너희와 함께하는 무리들.

解説 이 시는 남을 모함하는 말로 말미암아 자리를 쫓겨난 사람이 소인의 남을 모함하는 말을 믿는 임금을 풍자하며 자기의 처지를 노래한 것이다. 제목의 교묘한 말(巧言)은 소인들의 간사한 남을 모함하는 말을 말하며, 이처럼 시의 내용을 제목으로 딴 것은 『시경』에선 예외에 속한다.

「모시서」에서는 대부가 유왕을 풍자한 것이라 하였다. 이 시에 나오는 군자를 유왕으로 본 것이다.

9. 제가 무언가(何人斯)

彼何人斯오? (피하인사)	제가 무엇 하는 자인가?
其心孔艱이로다. (기심공간)	마음이 매우 고약하네.
胡逝我梁하되 (호서아량)	어째서 우리 어살엔 가면서
不入我門고? (불입아문)	우리 집엔 들어오지 않는가?
伊誰云從고? (이수운종)	저자는 누구를 따라다니나?
維暴之云이로다. (유포지운)	바로 포공이라네.
二人從行하나니 (이인종행)	두 사람이 함께 다니는데,
誰爲此禍오? (수위차화)	누가 이런 화근을 만들었나?
胡逝我梁하되 (호서아량)	어째서 우리 어살엔 가면서
不入唁我오? (불입언아)	내게 들어와 위문하지는 않는가?

제2편 소아(小雅)・583

시 자 불 여 금
始者不如今이러니   처음에는 지금 같지 않았는데

운 불 아 가
云不我可로다.   지금은 나를 좋다고 하지 않네.

피 하 인 사
彼何人斯오?   제가 무엇 하는 자인가?

호 서 아 진
胡逝我陳고?   우리 뜰앞 길을 어째서 지나가는가?

아 문 기 성
我聞其聲이로되   나는 그의 목소리는 듣고 있지만

불 견 기 신
不見其身이로다.   그의 몸은 보지 못하네.

불 괴 우 인
不愧于人이라도   사람들에겐 부끄럽지 않다 하더라도

불 외 우 천
不畏于天가?   하늘도 두렵지 않은가?

피 하 인 사
彼何人斯오?   제가 무엇 하는 자인가?

기 위 표 풍
其爲飄風이로다.   그는 회오리바람처럼 싸다니네.

호 부 자 북
胡不自北고?   어째서 북쪽으로부터 불어오지 않는가?

호 부 자 남
胡不自南고?   어째서 남쪽으로부터 불어오지 않는가?

호 서 아 량
胡逝我梁고?   어째서 우리 어살엔 가는가?

지 교 아 심
祇攪我心이로다.   다만 내 마음만 휘저어놓네.

이 지 안 행
爾之安行이로되   그대는 편안히 여유 있게 다니면서도

역 불 황 사
亦不遑舍로다.   내게 와 쉴 겨를은 없다네.

爾之亟^행行이니　　　그대는 급히 뛰어 다니고 있으니

遑脂爾車아?　　　그대 수레에 기름 칠 틈은 있겠는가?

壹者之來어늘　　　한번 오면 될 것을

云何其盱리요?　　　어째서 눈 빠지도록 기다리게 하는가?

爾還而入하면　　　그대가 되돌아 들어오면

我心易也리나,　　　내 마음 가벼워지련만,

還而不入하니　　　되돌아 들어오지 않으니

否難知也로다.　　　정말 이해하기 어렵구나.

壹者之來면　　　한번만 와준다면

俾我祇也니라.　　　내 마음 안정되련만.

伯氏吹壎하고　　　맏형은 훈을 불고

仲氏吹篪로다.　　　둘째 형은 저를 불고 있네.

及爾如貫이러니　　　그대와 함께 어울리어 잘 지내렸더니

諒不我知로다.　　　정말 나를 몰라주네.

出此三物하고　　　개 돼지 닭 잡아놓고

以詛爾斯하리라.　　　그대를 저주하리라.

제2편 소아(小雅) • 585

위 귀 위 역
　　爲鬼爲蜮하면　　　귀신이나 단호가 되면

　　즉 불 가 득
　　則不可得이로다.　　남들이 볼 수 없을 것이네.

　　유 전 면 목
　　有靦面目하니　　　얼굴 부끄럽게도

　　시 인 망 극
　　視人罔極이로다.　　남에게 좋지 않게 보이네.

　　작 차 호 가
　　作此好歌하여　　　이러한 좋은 노래 지어

　　이 극 반 측
　　以極反側하노라.　　비뚤어진 그대들 마음 바로잡으려는 것이네.

註解　□彼何人斯(피하인사)-앞의「교묘한 말(巧言)」시에도 나왔지만 '제가 무어길래' 정도의 상대방을 비하하는 뜻을 지녔다. □艱(간)-간험(艱險)의 뜻, 곧 '고약하다'. □梁(양)-고기 잡으려고 물을 막아놓은 '어살'. 어살에 간다는 것은 자기에게 이익이 생길 곳에만 간다는 뜻. □我門(아문)-우리 집 문. □云(운)-시(是)와 같은 조사(經傳釋詞). □從(종)-종행(從行), 동행의 뜻. □暴(포)-포공(暴公)을 가리킨다(毛傳). 포공은 경사(卿士)로서 친구인 소공(蘇公)을 모함하여, 소공이 이 시를 지어 절교하였다 한다(毛詩序). □之(지)-시(是)와 같은 조사. □云(운)-구절 끝머리에 붙이는 조사, 단정의 뜻을 나타냄. □二人(이인)-포공(暴公)과 그를 따르는 자. □禍(화)-포공과 작자의 사이가 벌어지게 된 불행을 가리킴. □唁(언)-작자 소공(蘇公)이 참언으로 벼슬자리를 물러나 있는 것을 위문함을 뜻한다(鄭箋). □始者(시자)-'처음에', '그전에'. □可(가)-'좋은 것', '괜찮은 것'. □陳(진)-당도(堂塗)(毛傳)로서, 당 앞에서 대문에 이르는 길. □愧(괴)-부끄러워하다. □飄(표)-회오리바람. □胡不自北(호부자북)-어째서 회오리바람이 북쪽에서 불어오듯 나타나 나를 만나지 않는가?의 뜻. 호부자남(胡不自南)도 같음. □祇(지)-지(只)의 뜻. 다만. □攪(교)-흔들다. □安行(안행)-천천히 다니는 것(集傳). □不遑舍(불황사)-내 집에 와서 머물러 쉴 겨를도 없다는 뜻. □亟(극)-급한 것. □脂(지)-기름을 치는 것. □壹者(일자)-'한 번'의 뜻. □盱(우)-눈빠지도록 바라는 것. □易(이)-쉬운 것, 안이한 것.

▫否(부)-옛날에는 '不(불)'의 뜻으로 썼는데, 불(不)은 비(조)와 통하여 '정말', '너무'의 뜻. ▫難知(난지)-이해하기 어려운 것. ▫祇(기)-안정의 뜻. ▫伯氏(백씨)-큰형. ▫壎(훈)-흙을 구워 만든 악기. 크기는 거위알만 하고 위는 뾰죽하고 밑은 평평하여 저울추처럼 생겼다. 여섯 개의 구멍이 있으며, 작은 것은 달걀만한 것도 있다. ▫仲氏(중씨)-중형(仲兄). ▫篪(지)-저, 횡적(橫笛). 대나무로 만들고 길이 1척(尺) 4촌(寸), 둘레 3촌, 7공(孔)인데 1공이 또 위로 나 있는 악기. 이 구절은 백형(伯兄)·중형(仲兄)과 함께 악기를 불 때 형제들이 우애 좋은 것처럼, 또 음악이 화음되듯 그대와 잘 지내고 싶었다는 뜻. ▫貫(관)-꿰는 것. 이 구절은 그대와 한 줄에 꿴 듯 잘 어울리어 함께 지내고 싶었다는 뜻. ▫諒(량)-신(信)과 통하여, '정말로'. ▫三物(삼물)-돼지와 개와 닭. ▫詛(조)-저주하는 것. 위 세 가지 물건을 내어놓고 제사지내며 그대를 저주하여 신으로 하여금 그대에게 재앙을 내리도록 하겠다는 뜻(釋義). ▫蜮(역)-단호(短狐)라고 하며(毛傳), 강물에 사는데 강물에 비친 사람의 그림자를 보면 이를 쏘아 병들어 죽게 한다고 한다. '사영(射影)'이라고도 부른다. 또는 모래를 물었다 사람을 쏘아, 맞으면 피부에 부스럼이 나게 된다고도 한다(孔疏). 하여튼 역(蜮)도 귀신처럼 사람의 눈에 잘 뜨이지 않는 것이다. ▫不可得(불가득)-볼 수가 없다는 뜻(集傳). ▫有靦(유전)-전연(靦然), 부끄러워하는 것. ▫面目(면목)-'볼 낯'. ▫視(시)-보이다. ▫罔極(망극)-불량(不良)·불선(不善), 좋지 않은 것(釋義). ▫極(극)-정(正)과 통하여 올바른 것(釋義). ▫反側(반측)-'반대로 기울어만 가는 그대의 마음'을 가리킨다(集傳).

▲ 훈(壎)

解説 「모시서」에 의하면 이 시는 소공(蘇公)이란 사람이 포공(暴公)을 풍자한 것이라 한다. 포공은 경사(卿士)로서 그의 친구인 소공을 모함하여 소공은 이 시를 짓고 그와 절교하였다 한다. 여기의 소공이란 사람은 어디에 근거를 둔 인물인지 알 길이 없다. 그러나 내용을 볼 때 자기에게 좋지 못한 짓을 하고 자기를 멀리하려는 포공이란 친구를 멀리하여 끊어버리려는 시임에는 틀림없다.

10. 항백(巷伯)

萋兮斐兮하여 _{처혜비혜}　　얼룩덜룩 아름답게

成是貝錦이로다. _{성시패금}　　조개무늬 비단이 짜였네.

彼譖人者는 _{피참인자}　　저 남을 모함하는 자들은

亦已大甚이로다. _{역이태심}　　너무 심한 짓을 하네.

哆兮侈兮하여 _{치혜치혜}　　커다랗고 널따랗게

成是南箕로다. _{성시남기}　　남기성이 하늘에 떠 있네.

彼譖人者는 _{피참인자}　　저 남을 모함하는 자는

誰適與謀오? _{수적여모}　　누구와 주로 모의를 하는가?

緝緝翩翩하여 _{즙즙편편}　　조잘조잘 약삭빠른 말로

謀欲譖人이로다. _{모욕참인}　　남을 모함하려고 꾀하네.

愼爾言也니 _{신이언야}　　그대들은 말을 삼가야 할 것이니

_{위 이 불 신}
謂爾不信이니라.　그대들을 못 믿겠기 때문이네.

_{첩 첩 번 번}
捷捷幡幡하여　속삭속삭 조잘대며
_{모 욕 참 언}
謀欲譖言이로다.　남을 모함하려고 꾀하고 있네.
_{기 불 이 수}
豈不爾受리오만　어찌 그런 말 받아들이지 않을 수 있을까마는
_{기 기 여 천}
旣其女遷이로다.　뒤에는 그대들 버림받을 것이네.

_{교 인 호 호}
驕人好好로되　교만한 자들은 좋아하고 있지만
_{노 인 초 초}
勞人草草로다.　수고하는 사람들은 시름에 잠겨 있네.
_{창 천 창 천}
蒼天蒼天이여!　푸른 하늘이여 푸른 하늘이여!
_{시 피 교 인}
視彼驕人하고　저 교만한 자들을 보시고
_{긍 차 로 인}
矜此勞人하소서.　이 수고하는 사람들은 가엾이 여기소서.

_{피 참 인 자}
彼譖人者는　저 남을 모함하는 자들은
_{수 적 여 모}
誰適與謀오?　누구와 모의를 하는가?
_{취 피 참 인}
取彼譖人하여　저 남을 모함하는 자들을 잡아
_{투 비 시 호}
投畀豺虎하리라.　승냥이와 범에게 던져 주리라.
_{시 호 불 식}
豺虎不食이어든　승냥이나 범도 먹지 않으면
_{투 비 유 북}
投畀有北하리라.　북녘 땅에 던져 버리리라.

| 유 북 불 수
有北不受어든 | 북녘 땅에서도 받지 않으면 |

| 투 비 유 호
投畀有昊하리라. | 하늘에 던져 드리리라. |

| 양 원 지 도
楊園之道는 | 양원으로 가는 길은 |

| 의 우 묘 구
猗于畝丘로다. | 묘구 곁으로 나 있네. |

| 시 인 맹 자
寺人孟子이 | 내관인 맹자가 |

| 작 위 차 시
作爲此詩하노니 | 이 시를 지었으니 |

| 범 백 군 자
凡百君子는 | 여러 군자들은 |

| 경 이 청 지
敬而聽之어다! | 공경히 이 노래 들으시기를! |

註解 ▫萋(처)-풀이 푸성한 것, 무늬가 얼룩덜룩 화려한 것. ▫斐(비)-무늬가 아름다운 것. ▫貝錦(패금)-조개 모양의 무늬가 있는 비단(釋義). 이는 간사한 남을 참해하는 자들의 번드르한 말에 견준 것임. ▫譖人(참인)-남을 모함하는 자들. ▫大甚(태심)-태심(太甚). 너무 심하게 자기를 모함하였다는 뜻. ▫哆(치)-큰 모양(毛傳). ▫侈(치)-벌려 있는 모양(集傳). 이 구절은 남기성좌(南箕星座)를 형용한 말임. ▫南箕(남기)-기성(箕星). 28수(宿)의 하나. 네 개의 별로 이루어진 성좌임(孔疏). 이것도 번드르한 남을 모함하기 잘하는 자들의 교묘한 말에 비유한 말이다. ▫適(적)-주(主)의 뜻(集傳), 주로. ▫緝(즙)-즙(戢)과 통하여, 즙즙(緝緝)은 『설문해자』엔 '즙즙(戢戢)'으로 인용하였고, 속살대는 모양(毛傳). ▫翩翩(편편)-편편(諞諞)으로 씀이 옳으며 교묘한 말을 하는 모양(通釋). ▫捷捷(첩첩)-첩첩(倢倢)과 통하여 약삭빠른 말을 하는 모양(通釋). ▫幡幡(번번)-자꾸 되풀이하는 모양(集傳). ▫爾(이)-남을 모함하는 자들을 가리킴. ▫受(수)-임금이 남을 모함하는 자들의 교묘한 말을 그대로 믿고 받아들이는 것. ▫女(여)-너, 그대. ▫遷(천)-임금이 너희들의 거짓을 알고 결국은 너희들

을 쫓아내어 버릴 것이라는 뜻. ▫驕人(교인)-교만한 자들, 남을 모함하는 자들을 가리킴. ▫好好(호호)-기뻐하는 모양(毛傳). ▫勞人(노인)-애쓰며 괴로워하는 사람, 곧 남의 모함을 받아 고생하는 자기를 가리킨다. ▫草草(초초)-노심초사하는 모양(毛傳). ▫矜(긍)-불쌍히 여기는 것. ▫畀(비)-주다. ▫豺(시)-승냥이. ▫有北(유북)-북녘의 추운 불모지(集傳), 또 옛날 사람들은 북방은 흉한 고장이라 여겼다(釋義). ▫有昊(유호)-호천(昊天), '하늘'. 하늘로 보내어 벌을 받도록 하겠다는 뜻. ▫楊園(양원)-정원 이름(毛傳). 시인(寺人)인 맹자(孟子)가 살고 있는 곳인 듯하다. ▫之道(지도)-가는 길. ▫猗(의)-의(倚)와 통하여, 가까이 나 있다는 뜻(釋義). ▫畝丘(묘구)-언덕 이름(毛傳). 양원으로 가는 길이 높은 언덕 옆에 나 있다는 것은, 자기는 낮은 신분이나 높은 올바른 길을 따라 살고 있음에 비유한 것이다. ▫寺人(시인)-내시와 같은 벼슬(毛傳). 맹자는 시인인 작자의 이름.

|解說| 이 시는 시인(寺人)인 맹자(孟子)가 남을 모함하는 자들의 간사함을 풍자한 시이다. 항백(巷伯)은 시인의 우두머리이다. 남을 모함하는 자들이 시인을 모함하여 해쳤으니, 그 화가 항백에게까지도 미칠까 하여 제목을 '항백'이라 한 것이다(鄭箋).

「모시서」에서는 역시 유왕을 풍자한 것이라 하였다. 남을 모함하는 자들이 유왕에게 시인을 모함하여 해친 것이라고 본 것이다.

제6 곡풍지습(谷風之什)

1. 동풍(谷風)

習習谷風하니 　산들산들 동풍이 부니
維風及雨로다. 　바람 따라 비가 오네.
將恐將懼엔 　살기 어렵고 걱정 많았을 적엔
維予與女러니, 　오직 나와 너뿐이었는데,
將安將樂엔 　편히 즐겁게 살만 하게 되자
女轉棄予로다. 　그대는 돌아서서 나를 버리네.

習習谷風이 　산들산들 불던 동풍이
維風及頹로다. 　사납게 불어오네.
將恐將懼엔 　살기 어렵고 걱정 많았을 적엔
寘予于懷러니, 　나를 품안에 품어 주더니,
將安將樂엔 　편히 즐겁게 살만 하게 되자
棄予如遺로다. 　나를 잊은 듯 버리네.

習習谷風이 　산들산들 동풍이

維山崔嵬로다.　　높은 산에 불어오네.
無草不死하고　　풀이 모두 죽고
無木不萎로다.　　나무도 모두 시드네.
忘我大德하고　　나의 큰 은덕은 잊고
思我小怨이로다.　나에 대한 조그만 원한만 생각하네.

註解　▫習習(습습)-부드러운 모습, '살랑살랑'. ▫谷風(곡풍)-동풍. 패풍(邶風)「동풍」시 참조. 여기서 동풍이 산들산들 분다는 것은 남편과 잘 지내던 때를 비유한 것이다. ▫恐懼(공구)-생활에 위협을 받고 여러 가지 걱정이 많은 것. ▫頹(퇴)-바람이 사납게 부는 것. 여기서 부드러운 동풍이 사나워졌다는 것은 즐거웠던 남편과의 사이에 파탄이 생긴 것을 비유한 것이다. ▫寘(치)-치(置)와 같은 자로서 여기서는 품에 품는 것. ▫如遺(여유)-'버린 것인 듯', '잊은 듯'. ▫崔嵬(최외)-산이 높은 모양. ▫萎(위)-초목이 시드는 것. 동풍이 불어오는데도 초목이 모두 말라 죽는다는 것은 자기 가정의 행복이 끝났음을 말한 것이다.

解説　이 시는 패풍의 「동풍」과 비슷한 내용으로, 남편에게 버림받은 여인의 노래이다(釋義).
「모시서」에서는 유왕을 풍자한 것이라 하였다. 천하의 풍속이 각박해져서 친구 사이의 의리가 없어진 것을 노래한 것이라고 하였다. 그러나 시의 내용으로 보아 친구 사이보다는 부부 사이라고 느껴진다.

2. 더부룩한 다북쑥(蓼莪)

蓼蓼者莪니 (육륙자아)
더부룩하게 다북쑥이 자라 있다면

匪莪伊蒿로다. (비아이호)
다북쑥이 아니라 약쑥이지.

哀哀父母여! (애애부모)
슬프다 부모님이어!

生我劬勞셨도다. (생아구로)
나를 낳고 기르시느라 수고하셨네.

蓼蓼者莪니 (육륙자아)
더부룩하게 다북쑥이 자라 있다면

匪莪伊蔚로다. (비아이위)
다북쑥이 아니라 왕쑥이지.

哀哀父母여! (애애부모)
슬프다 부모님이어!

生我勞瘁셨도다. (생아노췌)
나를 낳고 기르시느라 고생하셨네.

缾之罄矣는 (병지경의)
텅 빈 작은 병은

維罍之恥로다. (유뢰지치)
큰 항아리 대하기 부끄럽네.

鮮民之生은 (선민지생)
가난한 사람들의 삶은

不如死之久矣로다. (불여사지구의)
일찍 죽어 버림만 같지 못하네.

無父何怙며 (무부하호)
아버지 안 계시니 누구를 의지할 것이며

無母何恃오? (무모하시)
어머니 안 계시니 누구에게 기대겠나?

出則銜恤이요 (출즉함휼)
나가서는 걱정만 하게 되고

입 즉 미 지	
入則靡至로다.	들어와서는 기댈 곳이 전혀 없네.

부 혜 생 아	
父兮生我하시고	아버님 날 낳으시고
모 혜 국 아	
母兮鞠我시로다.	어머님 날 기르셨네.
부 아 육 아	
拊我畜我하시고	쓰다듬고 돌보아주시고,
장 아 육 아	
長我育我시로다.	키워주고 길러주셨네.
고 아 복 아	
顧我復我하시며	돌아보시고 또 돌아보시며
출 입 복 아	
出入復我하시니,	나갔다 들어와서는 다시 돌보아 주셨으니,
욕 보 지 덕	
欲報之德이로되	이 은혜 갚고자 하나
호 천 망 극	
昊天罔極이시로다.	하늘이 무정하시네.

남 산 열 렬	
南山烈烈하고	남산은 높다랗고
표 풍 발 발	
飄風發發이로다.	회오리바람 사납네.
민 막 불 곡	
民莫不穀이어늘	사람들은 모두 잘 지내거늘
아 독 하 해	
我獨何害오?	왜 나만 홀로 해를 입는가?

남 산 율 률	
南山律律하고	남산은 우뚝하고
표 풍 불 불	
飄風弗弗이로다.	회오리바람 몰아치네.
민 막 불 곡	
民莫不穀이어늘	사람들은 모두 잘 지내거늘

아 독 부 졸
我獨不卒이로다.   나만 홀로 부모님 끝내 모시지 못하네.

註解 □蓼蓼(육륙)-길고 크게 자란 모양. □莪(아)-다북쑥. □蒿(호)-쑥. 아(莪)와 호(蒿)는 본래 같은 쑥이나, 봄에 나물로 뜯을 때를 아(莪), 대가 길게 자란 것을 호(蒿)라 한다(釋義). 아가 길게 자라 지금은 아가 아니라 호라 한 것은, 어린 자식을 부모님들이 길러주어 지금은 어른이 된 자기에 비유한 것이다. □劬(구)-수고하는 것. □蔚(위)-일명 마신호(馬薪蒿), 쑥의 일종, 보통 쑥보다 대가 굵고 크다(釋義). □勞瘁(노췌)-고생하는 것. □缾(병)-병(瓶). □罄(경)-그릇이 비어 있는 것. □罍(뢰)-술그릇, 술통. 병(缾)이나 뢰(罍)나 모두 비슷한 모양의 질그릇으로, 병에 물을 길어다 뢰에 부어 둔다. 병이 텅 비어 있으면 뢰엔 따라서 물이 찰 날이 없으므로 병이 비면 뢰의 수치가 되는 것이다. 이것은 부모님이 편히 지내시지 못함은 아들의 책임임을 비유한 것이다(釋義). □鮮(선)-드물다, 적다. 선민(鮮民)은 가난한 백성. □怙(호)-믿다, 의지하다. □恃(시)-의지하다. □銜恤(함휼)-근심을 지니는 것. 집을 나가서는 여러 가지 걱정을 하게 된다는 뜻. □靡至(미지)-무소귀(無所歸), 갈 곳이 없는 것(集傳). 이 구절은 '집에 들어와 부모님이 안 계시면 갈 곳이 없는 것같이 느껴진다'는 뜻. □鞠(국)-기르다, 양육하다. □拊(부)-쓰다듬어주는 것. □畜(휵)-돌보아주다. □長(장)-키우다. □育(육)-기르다. □顧(고)-돌아보다. □復(복)-또 다시 돌아보는 것. 부모가 나 가실 때에는 반복해서 되돌아 보았다는 뜻이다. □罔極(망극)-착함이 없는 것, 무정한 것. 보통은 끝이 없다, 한이 없다의 뜻으로 풀고 있다. 호천망극(昊天罔極)은 하늘이 무정해서 은혜를 갚지 못하고 있다는 뜻. □烈烈(열렬)-높고 큰 모양(集傳). □飄(표)-회오리바람. □發發(발발)-바람이 세게 부는 모양(毛傳). □穀(곡)-선(善)의 뜻으로, '잘

▲ 큰 항아리(罍)

지내는 것'. ▫律律(율률)-우뚝히 솟은 모양. ▫弗弗(불불)-바람이 세게 부는 모양. ▫不卒(부졸)-끝까지 모시지 못하는 것.

解說 이 시는 백성들이 고생하며 사는 중에도 효자가 그의 부모를 끝까지 봉양하지 못하는 안타까움을 노래한 것이다.

「모시서」에선 역시 유왕을 풍자한 시라고 하였다. 세상의 습속이 각박해져서 친구들 사이의 우의가 그릇된 것을 노래한 것이라 보았다.

3. 대동(大東)

有饛簋飧^{유몽궤손}하고	그릇엔 밥이 수북하고
有捄棘匕^{유구극비}로다.	대추나무 주걱은 구부정하네.
周道如砥^{주도여지}하고	한길은 숫돌처럼 평평하고
其直如矢^{기직여시}로다.	곧기가 화살 같네.
君子所履^{군자소리}로되	관원들은 밟고 다니지만
小人所視^{소인소시}로다.	낮은 백성들은 보기만 하는 것이네.
睠言顧之^{권언고지}하니	휙 뒤돌아보니
潸焉出涕^{산언출체}로다.	줄줄 눈물만 흐르네.
小東大東^{소동대동}이어!	소동 지방과 대동 지방이어!
杼柚其空^{저축기공}이로다.	북과 도투마리가 다 비었네.

규 규 갈 구	
糾糾葛屨로	엉성한 칡 신으로
가 이 리 상	
可以履霜이로다.	서리 위를 밟고 다니고 있네.
조 조 공 자	
佻佻公子이	외로운 공자께서
행 피 주 행	
行彼周行이로다.	저 한길을 가고 있네.
기 왕 기 래	
旣往旣來에	왔다 갔다 할 적마다
사 아 심 구	
使我心疚로다.	내 마음 아파지네.

유 열 궤 천	
有冽氿泉에	차가운 산허리 샘물에
무 침 확 신	
無浸穫薪이어다.	땔나무를 적시지 마라.
계 계 오 탄	
契契寤歎하니	괴로움에 잠 깨어 탄식하니
애 아 탄 인	
哀我憚人이로다.	이 고생하고 있는 자만이 슬프네.
신 시 확 신	
薪是穫薪이면	땔나무를 해놓았다면
상 가 재 야	
尙可載也로다.	싣고 가면 될 것이네.
애 아 탄 인	
哀我憚人이면	이 고생하고 있는 자를 가엾이 여긴다면
역 가 식 야	
亦可息也니라.	쉴 수 있도록 해주면 될 것이네.

동 인 지 자	
東人之子는	동쪽 땅 사람들은
직 로 불 래	
職勞不來로되,	수고하고도 위로받지는 못하는데,
서 인 지 자	
西人之子는	서쪽 땅 사람들은

粲粲衣服이로다.　　화려한 옷 입고 지내네.

舟人之子는　　주(周)나라 사람들은

熊羆是裘하고,　　곰이나 말곰 갖옷 입고 지내며,

私人之子를　　자기 집안 사람들을

百僚是試로다.　　온갖 벼슬자리에 쓰네.

或以其酒로되　　혹 술이 있다 해도

不以其漿로다.　　술국이 없네.

鞙鞙佩璲도　　치렁치렁해야 할 인끈도

不以其長이로다.　　길이가 제대로 길지 못하네.

維天有漢하여　　하늘엔 은하수가 있어

監亦有光하고,　　희미하게 빛나고 있고,

跂彼織女하니　　직녀를 바라보니

終日七襄이로다.　　하루 종일 일곱 번이나 베틀에 오르네.

雖則七襄이나　　일곱 번이나 베틀에 오르면서도

不成報章이로다.　　천은 제대로 짜지 못하네.

睆彼牽牛이　　반짝거리는 저 견우성은

不以服箱이로다.　　수레를 끌지 않네.

東^동有^유啓^계明^명하고　　　동쪽에는 샛별이 있고

西^서有^유長^장庚^경하며,　　서쪽에는 금성이 있으며,

有^유捄^구天^천畢^필이　　　구부정한 천필 성좌는

載^재施^시之^지行^행이로다.　　줄지어 벌여 있네.

維^유南^남有^유箕^기로되　　　남쪽에 키 같은 기성이 있으나

不^불可^가以^이簸^파揚^양하고,　곡식을 까부를 수는 없는 거고,

維^유北^북有^유斗^두로되　　　그 북쪽에는 국자 같은 남두성 있으나

不^불可^가以^이挹^읍酒^주漿^장이로다.　술이나 국을 뜰 수는 없네.

維^유南^남有^유箕^기하니　　　남쪽에 기성이 있는데

載^재翕^흡其^기舌^설하고,　　혀를 내밀고 물려는 듯하고,

維^유北^북有^유斗^두하니　　　북쪽에 북두칠성이 있는데

西^서柄^병之^지揭^게이로다.　　서쪽으로 자루가 뻗어 있네.

註解　▫有饛(유몽)－밥을 수북이 담은 모양. 곧 몽연(饛然). ▫簋(궤)－기장 같은 것을 담는 대나무로 만든 그릇. 여기서는 밥그릇. ▫飧(손)－밥, 저녁밥. ▫捄(구)－『모전』엔 장모(長貌), 곧 긴 모양이라 하였으나, 마서진(馬瑞辰)이 구부정히 긴 모양의 뜻임을 증명하였다(通釋). ▫棘(극)－대추나무. ▫匕(비)－숟가락, 주걱. 이 구절에선 작자가 풍성한 생활을 생각한 것이다. ▫周道(주도)－주나라의 국도(國道), '한길'. ▫如砥(여지)－숫돌처럼 평평하다는 뜻. ▫君子(군자)－관리들. ▫履(리)－밟고 다니는 것. ▫小人(소인)－지위 없는 낮은 백성. ▫所視(소시)－보기만 한다는 뜻. 옛날 주나라의 국도는 관리들

만이 다닐 수 있었고 평민들은 통행을 금하였으므로 그것을 보기만 했다는 것이다(釋義). ▫睠(권)-돌아보는 것. ▫言(언)-조사. 권언(睠言)은 권연(睠然)과 같은 말로 '뒤돌아보는 모양'. ▫潸焉(산언)-눈물을 흘리는 모양. ▫小東(소동)-한(漢)나라의 동군(東郡), 곧 지금의 산동성 복현(濮縣) 일대에 해당하는 지방. ▫大東(대동)-노(魯)나라 동쪽, 지금의 산동성 제성(濟城) 일대임(『釋義』引 傅斯年「大東小東說」). ▫杼(저)-북. 베틀의 씨줄을 담는 물건. ▫柚(축)-도투마리. 베틀의 날줄을 감아 둔 물건(集傳). 베틀의 북과 도투마리가 텅 비어 있다는 것은 대동(大東)과 소동(小東) 지방 백성들의 생활이 곤궁함을 말하는 것이다. ▫糾糾(규규)-칡신의 짜여진 모양. ▫葛(갈)-칡. ▫屨(구)-신발. ▫履霜(이상)-서리 내린 땅을 밟고 가는 것. 이 두 구절은 위풍(魏風)「칡신(葛屨)」시에 보였음. ▫佻佻(조조)-홀로 가는 모양(毛傳). ▫公子(공자)-『모전』에 담(譚)나라 공자(公子)를 가리킨다고 하였는데, 알 수 없다. 『모전』에 의하면 동쪽 나라들이 부역(賦役)에 시달리고 재물에 궁함을 담나라 대부가 풍자한 것이라 한다. 그러나 담나라와 이 시의 관계가 무엇에 근거를 둔 것인지 알 길은 없다. ▫疚(구)-서쪽 주나라 사람들은 아랑곳 없는데, 담나라 공자만이 백성들을 위하여 헛된 노고를 한다는 뜻. ▫有冽(유열)-열연(冽然), 추운 모양, 차가운 모양. ▫氿泉(궤천)-산허리에서 흘러나오는 샘물(毛傳). ▫穫(확)-여기서는 나무를 하는 것. 확신(穫薪)은 해놓은 땔나무. 모아놓은 땔나무를 물에 적시지 말라는 것은 쓸데없이 더 백성들을 수고롭히지 말라는 뜻(集傳). ▫契契(계계)-근심하고 괴로워하는 모양. ▫寤歎(오탄)-잠자다 깨어나서 잠을 못이루고 탄식하는 것. ▫憚人(탄인)-작자와 같이 고생만 하는 사람들. 이 구절은 고생은 이미 한 것이지만 조금 동정이라도 하여 주었으면 잘살 수 있겠다는 뜻을 나타낸 것이다. ▫東人之子(동인지자)-'동쪽 나라의 사람들'을 가리킴(釋義). ▫職(직)-주(主)와 통하여 직로(職勞)는 '주로 수고만 시키는 것'. ▫來(래)-노래(勞來)의 뜻으로, 위로하는 것. ▫西人之子(서인지자)-서쪽 나라의 사람들, 곧 주나라 사람들을 가리킨다. ▫粲粲(찬찬)-선명한 모양, 화려한 모양. 동쪽의 자기들만 고생하지 서쪽 천자의 주나라 사람들은 옷 잘 입고 잘산다는 뜻. ▫舟(주)-주(周)로 씀이 옳다(鄭箋). ▫舟人之子(주인지자)-주나라 사람들. ▫熊(웅)-곰. ▫羆(비)-말곰. ▫裘(구)-갖옷. ▫私人(사인)-대아(大雅)「높다람(崧高)」시의 '천기사인(遷其私人)의 '사인'과 같은 말로, 대부 밑에서 일하는 사람을 가리킨다. 사인지자(私人之子)는 주나라의 대부 밑에서 일하는 사람들이니, 곧 동쪽 나라에서 벼슬하는 사람들(釋義). ▫百僚(백료)-모든 벼슬자리. ▫試(시)-시험하다, 쓰다. 벼슬자리엔 전부 주나라 사람들만 쓰고 있다는 것이다. ▫或以其酒(혹이기주)-'간혹 술이 있다 하더라도'의 뜻(釋義). ▫漿(장)-여기서는 술안주로 마시는 술국을 말함. ▫鞙鞙(현현)-노리개를 길게 늘어뜨린 모양(集傳). ▫璲(수)-수(繸)와 통하여 수수(綬繸), 곧 '인끈'의 뜻(通釋). 인끈은 길수록 귀한 것인데, 여기서 길지 않다고 한 것은 곤궁한 모양을 나타낸 것이다. ▫漢(한)-은하(銀河). ▫監(감)-보다, 살피다. ▫亦(역)-조사. ▫跂(기)-발돋움하고 바라보는 것(釋義 引 毛奇齡說). ▫織女(직녀)-별 이름. ▫襄(양)-베틀에 오르는 것. 종일칠양(終日七襄)은 하루에 일곱 번이나 베틀에 오르는 것. 별이 돌아가는 데 있어 묘시(卯時)와 유시(酉時) 사이에 별이 일곱 번 위치를 옮긴다(集傳)는 데서 그렇게 말한 것인데, 동쪽 백성들의 노고에 비유한 것이다. ▫報(보)-반(反)의 뜻으로(毛傳), 베를 짤 때 북이 한번 왔다갔다 하는 것(孔疏). ▫章(장)-무늬를 이루는 것. 불성보장(不成報章)은 곧 불성포백(不成布帛), 천을 이루지 못하는 것을 뜻한다. ▫睆(환)-별이 반짝거리는 것. ▫牽牛(견우)-별 이름. ▫服(복)-가(駕)의 뜻으로(釋義), 수레를 끄는 것. ▫箱(상)-거상(車箱)으로(毛傳), 수레를 뜻한다. ▫啓明(계명)-금성(金星)으로 '샛별'. ▫長庚(장경)-계명(啓明)과 같은 별이나, 저녁 서쪽에 있을 때에는 장경(長庚), 새벽 동쪽에 있을 때에는 계명(啓明)이라 부른다. ▫有捄(유구)-성좌의 모양이 구부정하고 긴 것. ▫天畢(천필)-성좌 이름. 필(畢)은 짐승을 잡는 그물로 긴 자루에 달린 그물. 이 성좌의 모양이 그렇게 생긴 데서 붙여진 이름(釋義). ▫載(재)-조사. ▫施(시)-벌여 있는 것. ▫行(행)-행렬, 줄지은 것(釋義). ▫箕(기)-성좌 이름으로, 농촌에서 곡식을 불리는 데 쓰는 키같이 생긴 데서 붙여진 이름. ▫簸揚(파양)-키로 곡식을 까불러 불리는 것. ▫斗(두)-남두성(南斗星)(孔疏). 옛날의 말, 지금의 국자같이 생긴 성좌로 기성(箕星) 북쪽에 있다. ▫挹(읍)-떠내는 것. ▫翕(흡)-인(引), 끌어내는 것(鄭箋). ▫載翕其舌(재흡기설)-입을 벌려 혀를 내밀고 밑의 사람들을 물으려는 형상처럼 보인다는 것이다. 기성(箕星)은 네 개의 별로 이루어져 있다. ▫西柄(서병)-남두성(南斗星)의 자루가 언제나 서쪽으로 뻗어 있음을 뜻한다(集傳). ㅁ揭(게)-들다. 국자 같이 생긴 남두성은 자루를 들어 밑의 사람들의 물건을 떠가려는 듯이 보인다는 것이다. 이 구절은 하늘의 별들을 보면서 고생하는 자기들을 모른 체하는 하늘을 원망한 것이다.

解說 「모시서」에 "대동"은 어지러움을 풍자한 것이다. 동쪽 나라들은 부역에 시달리고 재물에 궁하여 담(譚)나라 대부가 이 시를 지어 병폐를 알린 것이다."고 하였다.
　이 시가 동쪽 나라 사람들이 서쪽 주나라 사람들과의 차별대우로 말미암은 불평 및 생활고를 노래한 것임에는 틀림없다. 동쪽 나라 사람이란 주나라에게 멸망 당한 은(殷)나라의 백성일 것이다. 은나라 백성들의 주나라에 대한 저항은 오랫동안 계속되었고, 주나라는 은나라 백성들을 억누르기 위하여 온갖 애를 썼다. 이러한 정세에서 오는 차별대우에다 생활고까지 겹쳐 이러한 시가 나왔을 것이다. 다만 담나라 대부를 작자라고 한 근거만은 아는 수가 없다.

4. 사월(四月)

사 월 유 하 四月維夏요	사월엔 여름이 시작되고
육 월 조 서 六月徂暑니라.	유월엔 더위가 한창이네.
선 조 비 인 先祖匪人가?	조상들은 사람이 아닌가?
호 녕 인 여 胡寧忍予오?	어쩌면 차마 나를 이렇게 하실까?
추 일 처 처 秋日凄凄하니	가을이 되어 쌀쌀해지니
백 훼 구 비 百卉具腓로다.	모든 초목이 시드네.
난 리 막 의 亂離瘼矣니	난리에 병까지 났으니

| 원 기 적 귀
爰其適歸오? | 어디로 돌아가야 하는가? |

| 동 일 열 렬
冬日烈烈하고 | 겨울이 되어 추위 매서워지고 |

| 표 풍 발 발
飄風發發이로다. | 회오리바람 씽씽이네. |

| 민 막 불 곡
民莫不穀이어늘 | 백성들은 모두 잘 지내거늘 |

| 아 독 하 해
我獨何害오? | 어째서 나만 홀로 해를 당하는가? |

| 산 유 가 훼
山有嘉卉하니 | 산에 아름다운 초목 있으니 |

| 후 율 후 매
侯栗侯梅로다. | 밤나무와 매화나무 일세. |

| 폐 위 잔 적
廢爲殘賊하니 | 남을 해치는 짓이 버릇이 되었는데, |

| 막 지 기 우
莫知其尤로다. | 누구의 탓인지도 모르겠네. |

| 상 피 천 수
相彼泉水하니 | 저 샘물을 보니 |

| 재 청 재 탁
載淸載濁이로다. | 맑았다 흐렸다 하네. |

| 아 일 구 화
我日構禍하니 | 나는 매일 화를 당하고 있는데 |

| 갈 운 능 곡
曷云能穀고? | 언제면 잘 지내게 될 건가? |

| 도 도 강 한
滔滔江漢이 | 넘실거리는 강수와 한수는 |

| 남 국 지 기
南國之紀니라. | 남쪽 나라들을 윤택케 하네. |

| 진 췌 이 사
盡瘁以仕어늘 | 병이 나도록 일하였거늘 |

^{영 막 아 유}
寧莫我有오?　　어째서 나와 잘 지내지 않는가?

^{비 단 비 연}
匪鶉匪鳶이　　수리와 솔개가

^{한 비 려 천}
翰飛戾天하고,　하늘 위를 퍼덕이며 날고 있고,

^{비 전 비 유}
匪鱣匪鮪이　　전어와 유어가

^{잠 도 우 연}
潛逃于淵이라.　못 속으로 잠기어 도망치네.

^{산 유 궐 미}
山有蕨薇요　　산에는 고사리와 고비가 있고

^{습 유 기 이}
隰有杞桋로다.　진펄에는 구기자와 가나무가 있네.

^{군 자 작 가}
君子作歌하여　군자가 이 노래 지어

^{유 이 고 애}
維以告哀하노라.　슬픔을 노래하는 바이네.

註解 ㅁ四月(사월) – 뒤의 유월(六月)과 함께 하력(夏曆)임. ㅁ維夏(유하) – 여름이 시작되는 것. 4월에 입하(立夏)가 있다. ㅁ徂暑(조서) – '더위로 간다', 곧 '한창 더워진다' 는 뜻. ㅁ匪人(비인) – 사람으로 취급하지 않는 것. ㅁ寧(녕) – 내(乃)의 뜻(釋義). 이에. ㅁ忍(인) – 차마, 어찌. ㅁ凄凄(처처) – 쌀쌀해지는 것. ㅁ卉(훼) – 여기서는 초목의 뜻으로, 백훼(百卉)는 모든 초목. ㅁ腓(비) – 병이 나는 것. ㅁ瘼(막) – 병이 나는 것. ㅁ爰(원) – 『공자가어(孔子家語)』에 '해(奚)'로 인용되어 있어,

▲ 수리

'어디로'의 뜻(集傳). □烈烈(열렬)-매섭게 추운 모양(鄭箋). □飄(표)-회오리바람. □發發(발발)-씽씽 이는 모양. 이상 네 구절은 앞의「더부룩한 다북쑥(蓼莪)」시에도 보였음. □侯(후)-維(유)와 같은 조사(鄭箋). □廢(폐)-세(忕)와 통하여 익숙해지는 것. 버릇이 되는 것.(毛傳) □殘賊(잔적)-남을 해치는 것. □尤(우)-잘못, 죄의 뜻(鄭箋). □相(상)-보다. □構(구)-구(溝)의 뜻. 만나다, 당하다. □曷云(갈운)-하일(何日), 언제나, 언제면. □能穀(능곡)-능선(能善). '잘살 수 있게 되겠는가'의 뜻. □滔(도)-물이 질편한 것. □江(강)-강수(江水). □漢(한)-한수(漢水). □紀(기)-기강(紀綱), 중심이 되는 줄기. 남국의 중심이 되는 줄기를 이루어 윤택하게 한다는 뜻. □瘁(췌)-병이 나는 것. □仕(사)-일하는 것. □寧(녕)-어찌. □有(유)-우(友)와 통하여 가까이 잘 지내는 것(釋義). □匪(비)-피(彼)와 통하여, 저것(釋義). 이하 같음. □鶉(단)-수리. □鳶(연)-솔개. □翰(한)-날개, 나래. □鱣(전)-전어. □鮪(유)-유어. 모두 위풍(衛風)「높으신 님(碩人)」시에 보임. □蕨(궐)-고사리. □薇(미)-고비. □杞(기)-구기자나무. □栜(이)-가나무. 잎새는 참나무 같은데 껍질이 희고 엷으며 나무가 단단해서 수레바퀴 통을 만드는 데 흔히 쓰인다(釋義).

[解說] 이 시도 난세를 당하여 자기의 가난하고 불우함을 스스로 탄식하는 시이다.

「모시서」에선 유왕을 대부가 풍자한 것이라 하였다.

▲ 솔개

5. 북쪽 산(北山)

陟^척彼^피北^북山^산하여	북쪽 산에 올라가

陟彼北山하여　　　북쪽 산에 올라가
言采其杞로다.　　　구기자를 뜯네.
偕偕士子이　　　　 튼튼한 벼슬아치가
朝夕從事로되,　　　아침저녁으로 일을 하지만,
王事靡盬라　　　　나랏일 제대로 되지 않아
憂我父母로다.　　　부모님이 걱정되네.

溥天之下이　　　　넓은 하늘 밑은
莫非王土며,　　　　임금님 땅 아닌 곳 없으며,
率土之濱이　　　　바다 안 땅 위의 모든 사람들은
莫非王臣이어늘　　모두가 임금님 신하이거늘
大夫不均하여　　　대부들을 고루 쓰지 않아
我從事獨賢이로다.　나만 일하느라 홀로 수고하네.

四牡彭彭하고　　　수레 끄는 네 마리 말 튼튼하고
王事傍傍이로다.　　나랏일은 많기도 하네.
嘉我未老하고　　　다행히 나는 늙지 않았고
鮮我方將하니　　　기쁘게도 나는 한창 때라

旅力方剛_{하여}　　정력이 왕성하여
經營四方_{이로다.}　온 나라를 보살피네.

或燕燕居息_{이어늘}　어떤 자는 편히 쉬고 있는데
或盡瘁事國_{하고,}　어떤 이는 온갖 고생 다하며 나라 섬기고,
或息偃在牀_{이어늘}　어떤 자는 침대에 누워 쉬고 있는데
或不已于行_{이로다.}　어떤 이는 쉴 새 없이 돌아다녀야 하네.

或不知叫號_{어늘}　어떤 자는 부르는 명령도 알지 못하고 있는데
或慘慘劬勞_{하고,}　어떤 이는 고되게 일하며 고생만 하고 있고,
或棲遲偃仰_{이어늘}　어떤 자는 뒹굴뒹굴 편히 놀고 있는데
或王事鞅掌_{이로다.}　어떤 이는 나랏일로 급히 돌아치네.

或湛樂飲酒_{어늘}　어떤 자는 즐기고 술 마시기에 바쁘거늘
或慘慘畏咎_{하고,}　어떤 이는 고되게 허물이 두려워 일만 하고,
或出入風議_{어늘}　어떤 자는 들락날락하며 큰소리만 치고 있거늘
或靡事不爲_{로다.}　어떤 이는 안하는 일 없이 수고하네.

註解　□偕偕(해해) – 튼튼하고 억센 모양(毛傳). □士子(사자) – 사자(仕者), 나랏일을 하는 벼슬아치(毛傳). □靡盬(미고) – 부지(不止). 쉴 새가 없는 것, 제대로 되지 않는 것. □溥(부) – 넓은 것(釋義). □率(솔) – 모든. □濱(빈) – 물

가, 바닷가를 뜻함. ▫大夫不均(대부불균) - 임금이 대부들을 고루 사용하고 고루 대우하는 것. ▫獨賢(독현) - '홀로 어진 것처럼'의 뜻. ▫彭彭(방방) - 힘있고 튼튼한 것. ▫傍傍(방방) - 성(盛)한 것(釋義), 곧 많은 것. ▫嘉(가) - '다행히도'의 뜻. ▫鮮(선) - '기쁘게도', 앞의 '가(嘉)'와 비슷한 뜻. ▫將(장) - 장(壯)과 통하여(毛傳), 방장(方將)은 '막 한창'이란 뜻. ▫旅(려) - 려(膂)와 통하여(集傳), 여력(膂力)은 힘, 또는 정력. ▫經營(경영) - 여러 가지 일을 계획하고 처리하는 것. ▫四方(사방) - 온 나라를 가리킴. ▫燕燕(연연) - 즐기는 모습. ▫盡瘁(진췌) - 병이 나도록 수고를 다하는 것. ▫偃(언) - 누워 있는 것. ▫于行(우행) - '돌아다니고 있다'는 뜻. ▫不知叫號(부지규호) - 오라고 부르는 명령도 아랑곳없이 깊숙이 들어앉아 편히 지낸다는 뜻. ▫慘慘(참참) - 고된 모양, 처참한 모양. ▫棲遲(서지) - 놀며 편히 지내는 것. 진풍(陳風) 「오막살이(衡門)」 시에 보임. ▫偃仰(언앙) - 이리저리 뒹굴뒹굴하며 편히 지내는 것. ▫鞅(앙) - 하(荷), 짊어지는 것. ▫掌(장) - 봉(捧), 손으로 들고 다니는 것(鄭箋). 따라서 앙장(鞅掌)은 짐을 짊어지고 물건을 들고 다닌다는 뜻으로 수고를 많이 함을 가리킨다. ▫湛(담) - 빠지는 것. ▫畏咎(외구) - 일을 잘 못하여 죄를 지게 되지나 않을까 두려워하는 것. ▫風議(풍의) - 바람을 일으키듯 멋대로 떠들고 다니는 것. ▫靡事不爲(미사불위) - 무사불위(無事不爲), 안하는 일이 없다는 뜻으로 지나치게 수고함을 뜻한다.

|解説| 이 시는 『맹자』에 의하면 나랏일에 고생을 하면서도 부모님을 제대로 봉양 못하는 사람의 작품이라 한다. 일은 남보다 몇배 더 하면서도 남처럼 대우를 못 받는 데 대한 불평이 전편에 나타나 있다.

「모시서」에서는 전체 뜻은 비슷하게 풀이하면서도 역시 유왕을 풍자한 것이라 하였다.

6. 큰 수레를 몰지 마라(無將大車)

無將大車어다   큰 수레를 몰지 마라,
_{무 장 대 거}

祇_지自_자塵_진兮_혜리라.	스스로 먼지만 뒤집어쓰고 말 것을.
無_무思_사百_백憂_우어다	여러 가지 걱정 생각 마라
祇_지自_자疧_저兮_혜리라.	스스로 병만 들게 될 것을.

無_무將_장大_대車_거어다　큰 수레를 몰지 마라
維_유塵_진冥_명冥_명이리라.　먼지만 자욱히 일어날 것을.
無_무思_사百_백憂_우어다　여러 가지 걱정 생각 마라
不_불出_출于_우熲_경이리라.　불안에서 벗어나지 못할 것을.

無_무將_장大_대車_거어다　큰 수레를 몰지 마라
維_유塵_진雝_옹兮_혜리라.　먼지만 뿌옇게 덮어쓸 것을.
無_무思_사百_백憂_우어다　여러 가지 걱정 생각 마라
祇_지自_자重_중兮_혜리라.　스스로 거북하게만 될 것을.

註解　□將(장)-부진(扶進)의 뜻(鄭箋), 곧 몰고 나아가는 것. □大車(대거)-짐을 싣고 다니는 수레로서 소가 끈다(孔疏). □祇(지)-다만, 오직. □自塵(자진)-스스로 먼지를 뒤집어쓰는 것. □疧(저)-기(疧)로 씀이 옳다(釋義). 병이 나는 것. □冥冥(명명)-자욱히 먼지가 나는 모양. □熲(경)-경(耿)과 통하여, 경경(耿耿)의 뜻, 곧 마음이 불안한 것. □雝(옹)-앞을 가리도록 자욱히 먼지가 이는 것. □重(중)-루(累)의 뜻(鄭箋), 곧 거북한 일이 생기는 것.

解說　「모시서」에서는 주나라의 어진 대부가 소인과 함께하였음을 후회한 것이 이 시라고 하였다. 주나라 유왕 무렵엔 소인이 많았는데 현명한 사람이 이들과 함께 일을 하다 결국은 모함을 당하여 소인들과 함께한 것을 후회하게 되었

다는 것이다.(鄭箋).『순자』나『한시』에서도 이와 비슷한 뜻으로 이 시를 풀이하고 있다.

『모전』에 의하면 대거(大車)는 소인들이 모는 수레, 곧 짐수레라 한다. 대거를 몰지 말라는 것은 소인과 함께 일하지 말라는 뜻이다. 일을 소인과 함께 하면 여러 가지 걱정이 생길 뿐이라는 것이다.

7. 작아지는 빛(小明)

明明上天이	밝고 밝은 하늘이
照臨下土니라.	아래 땅을 비추고 있네.
我征徂西하여	나는 서쪽으로 종군하여
至于艽野로다.	먼 거친 들판에 와 있네.
二月初吉이러니	이월 초하룻날 집 떠나
載離寒暑로다.	추위와 더위에 시달려 왔네.
心之憂矣여!	마음의 시름이여!
其毒大苦로다.	그 괴로움 너무나 쓰네.
念彼共人하니	얌전한 그이 생각하니
涕零如雨로다.	눈물만 비 오듯 하네.
豈不懷歸리요?	어찌 돌아가고 싶지 않으리?
畏此罪罟니라.	법이 두려워 못가는 거지.

석 아 왕 의	
昔我往矣엔	옛날 내가 떠나올 땐

일 월 방 제	
日月方除로다.	봄기운이 퍼지던 때였지.

갈 운 기 환	
曷云其還고?	언제나 돌아가게 되려나?

세 율 운 모	
歲聿云莫로다.	이 해도 저물어 가는데.

염 아 독 혜	
念我獨兮하니	내 외로이 생각하니

아 사 공 서	
我事孔庶로다.	내 할 일이 너무나 많고나.

심 지 우 의	
心之憂矣여!	마음의 시름이여!

탄 아 불 하	
憚我不暇로다.	수고하느라 돌아갈 틈도 없네.

염 피 공 인	
念彼共人하여	저 얌전한 그이 생각하며

권 권 회 고	
睠睠懷顧로다.	떠나온 곳 그리워 돌아보고 또 돌아보네.

기 불 회 귀	
豈不懷歸리요?	어찌 돌아가고 싶지 않으리?

외 차 견 노	
畏此譴怒니라.	처벌이 두려워 못가는 거지.

석 아 왕 의	
昔我往矣엔	옛날 내가 떠나올 땐

일 월 방 욱	
日月方奧이로다.	날씨 따뜻해지던 때였네.

갈 운 기 환	
曷云其還고?	언제면 돌아가게 되려나?

정 사 유 축	
政事愈蹙이로다.	나랏일은 더욱 급박해지네.

세 율 운 모	
歲聿云莫하니	이 해도 다 저물어 가니

^{채 소 확 숙}
采蕭穫菽이리라.　쑥도 베고 콩도 거뒀으리라.

^{심 지 우 의}
心之憂矣여!　마음의 시름이여!

^{자 이 이 척}
自詒伊戚이로다.　스스로 이런 걱정 안은 것일세.

^{염 피 공 인}
念彼共人하니　저 얌전한 그이 생각하니

^{흥 언 출 숙}
興言出宿이로다.　잠 못 이루고 일어나 밖으로 나가네.

^{기 불 회 귀}
豈不懷歸리요?　어찌 돌아가고 싶지 않으리?

^{외 차 반 복}
畏此反覆이로다.　죄 뒤집어쓸까 두려워 못가는 거지.

^{차 이 군 자}
嗟爾君子여!　아아 높은 관리들이어!

^{무 항 안 처}
無恒安處어라.　언제나 편히 살려고만 해서는 안 되네.

^{정 공 이 위}
靖共爾位하여　다스림에 당신들의 자리 삼가며

^{정 직 시 여}
正直是與하고,　바르고 곧게 일하고,

^{신 지 청 지}
神之聽之면　신중히 법도를 따르면

^{식 곡 이 녀}
式穀以女리라.　당신들로 말미암아 모든 일 잘 되리라.

^{차 이 군 자}
嗟爾君子이어!　아아 높은 관리들이어!

^{무 항 안 식}
無恒安息이어다.　언제나 편히 놀려고만 해서는 안 되네.

^{정 공 이 위}
靖共爾位하여　다스림에 당신들의 자리 삼가며

^{호 시 정 직}
好是正直하고,　바르고 곧음을 좋아하고,

神之聽之하여　　신중히 법도를 따르면서
개 이 경 복
介爾景福이어다.　커다란 복을 추구하기를.

註解　▫征徂西(정조서) — 서쪽으로 정벌을 하러 가는 것, 험윤(玁狁)을 정벌하러 가는데 종군한 것이다(釋義). ▫芃野(구야) — 거칠고 먼 땅(毛傳), 오랑캐 땅을 뜻한다. ▫二月(이월) — 하력(夏曆) 2월(集傳). ▫初吉(초길) — 초하룻날(毛傳). ▫載(재) — 조사. ▫離(리) — 이(罹)와 통하여 이한서(離寒暑)는 '추위와 더위의 시달림을 겪었다'는 뜻. ▫毒(독) — 마음이 독약을 먹는 것처럼 괴로운 것(鄭箋). ▫共(공) — 공(恭)과 통하여, 공인(共人)은 '얌전한 사람'으로 시를 읊는 객지에 나와 고생하는 사람의 아내를 가리킨다(釋義). ▫涕(체) — 눈물. 눈물 흘리는 것. ▫零(령) — 물방울이 뚝뚝 떨어지는 것. ▫罪罟(죄고) — 죄망(罪網), 또는 법망(法網)의 뜻. 자기 마음대로 집으로 돌아가려니 법망에 걸리게 될 것이 두렵다는 뜻. ▫除(제) — 낡은 기운이 없어진다, 곧 제구생신(除舊生新)의 뜻으로(毛傳), 작자가 떠나올 때에는 '낡은 옛 기운은 물러가고 새로운 기운이 솟아나는' 2월이었다는 뜻(集傳). ▫曷云(갈운) — 하시(何時), 언제나(集傳). ▫聿(율) — 마침내. ▫莫(모) — 모(暮)와 같은 뜻. 저물다. ▫孔庶(공서) — 심중(甚衆), 대단히 많다는 뜻. ▫憚(탄) — 수고로운 것. ▫暇(하) — 틈, 겨를. ▫睠(권) — 돌아보다. 「대동(大東)」시에도 보임. 권권(睠睠)은 돌아보는 모양. ▫懷顧(회고) — 그리움에 온 길을 되돌아보는 것. ▫譴怒(견노) — 죄책(罪責)의 뜻(集傳). 죄를 문책하는 것. ▫奧(욱) — 욱(燠)과 같은 글자, 따스한 것. ▫蹙(축) — 급박의 뜻. ▫采蕭(채소) — 땔나무로 쑥대를 베는 것. ▫穫(확) — 수확하다, 거둬들이다. ▫菽(숙) — 콩. ▫詒(이) — 끼치다, 주다. ▫戚(척) — 근심하다. 패풍(邶風)「수꿩(雄雉)」시 참조. ▫興(흥) — 자다 일어나는 것. ▫宿(숙) — 숙소. ▫反覆(반복) — 죄를 뒤집어쓰는 것. ▫君子(군자) — 높은 벼슬하는 사람들. ▫恒(항) — 항상. ▫安處(안처) — 일 않고 편히 지내는 것. ▫靖(정) — 일을 처리하는 것. ▫共(공) — 공(恭)의 뜻(釋義), 삼가다. ▫與(여) — 함께 일하는 것. ▫神(신) — 신(愼)과 통하여, 삼가는 것. ▫聽(청) — 청종(聽從), 곧 법도를 따르는 것, 앞의「나무를 베네(伐木)」시 참조. ▫式

(식)-조사. □穀(곡)-선(善)의 뜻. 착한 것, 좋은 것. □以(이)-급(及), 미치다(釋義). 식곡이녀(式穀以女)는 즉선급어녀(則善及於女), 좋은 일이 그대에게 미치리라는 뜻. □介(개)-빌다, 추구하다. □景(경)-큰 것. 이 끝 두 구의 군자들에 대한 충고는 그들이 일을 잘 못하여 자기가 지금 이런 먼 오랑캐 땅에 와서 고생하고 있다고 생각했기 때문이다.

解説 주나라의 대부가 2월에, 서쪽 땅으로 종군하여 해가 다 가도록 돌아가지 못하게 되자, 하늘을 우러르며 호소하는 것이 이 시이다(集傳). 그런데 앞의 「고사리 캐세(采薇)」나 「유월(六月)」시 등과 함께 생각할 때 여기의 '서쪽 원정'은 선왕(宣王) 때 험윤(獫狁) 정벌을 뜻할 것이다(釋義).

「모시서」엔 대부가 난세에 벼슬함을 후회한 것이라 하였다. 「작아지는 빛(小明)」이란 제목에 대하여 『모전』에선 '유왕의 밝음이 날로 작아져 그의 정사가 어긋나고 있음을 뜻한다.'고 하였다. 그러나 '밝음이 작아진다.'는 것은 임금의 정사보다도 자기의 암담한 마음을 나타내는 것이라 여겨진다. 그리운 고향엔 갈 수도 없고 매일 거친 들판에서 고생을 하자니 모든 광명이 줄어드는 듯한 기분을 느꼈을 것이다.

8. 쇠 북 울리며(鼓鐘)

고 종 장 장 鼓鐘將將하고	쇠 북 딩딩 울리고
회 수 상 상 淮水湯湯하니	회수는 넘실거리는데
우 심 차 상 憂心且傷이로다.	내 마음 시름에 상하네.
숙 인 군 자 淑人君子여	훌륭한 군자님은
회 윤 불 망 懷允不忘이로다.	언제나 진실함을 지니고 계셨네.

고 종 개 개
鼓鐘喈喈하고 　　쇠 북 덩덩 울리고

회 수 개 개
淮水湝湝하니 　　회수는 철철 흐르는데

우 심 차 비
憂心且悲로다. 　　마음은 시름으로 슬퍼지네.

숙 인 군 자
淑人君子여 　　　훌륭한 군자님은

기 덕 불 회
其德不回로다. 　　그 덕에 그릇됨이 없으셨네.

고 종 벌 고
鼓鐘伐鼛하고 　　쇠 북 치고 북 치고

회 유 삼 주
淮有三洲하니 　　회수에는 세 개의 섬이 있는데

우 심 차 추
憂心且妯로다. 　　마음은 시름에 서글퍼지네.

숙 인 군 자
淑人君子여 　　　훌륭한 군자님은

기 덕 불 유
其德不猶로다. 　　그 덕이 한이 없으셨네.

고 종 흠 흠
鼓鐘欽欽하고 　　쇠 북 둥둥 울리고

고 슬 고 금
鼓瑟鼓琴하며 　　슬 뜯고 금 치며

생 경 동 음
笙磬同音이로다. 　생황과 경도 함께 연주하네.

이 아 이 남
以雅以南하고 　　아악도 연주하고 남쪽 음악도 연주하며

이 약 불 참
以籥不僭이로다. 　피리 춤은 질서가 정연하네.

註解　□將將(장장) - 쇠 북소리. 음악을 연주할 때 종과 북을 쓰는 것은 제후 이상 신분의 사람들이다. □湯湯(상상) - 강물이 넘실넘실 흐르는 모양. 이

시로 애도하는 사람의 무덤이 회수(淮水)가 보이는 곳에 있었던 것 같다(釋義). ▫淑人君子(숙인군자)-애도하는 대상인 죽은 사람을 가리킴. ▫懷(회)-지니다, 품다. ▫允(윤)-진실함의 뜻. ▫不忘(불망)-불이(不已) (釋義), 끊임없는 것, 언제나 그러한 것. ▫喈喈(개개)-장장(將將)과 같이 쇠 북이 울리는 소리(毛傳). ▫湝湝(개개)-앞의 상상(湯湯)과 같이 강물이 넘실거리며 흐르는 모양(毛傳). ▫回(회)-사(邪)의 뜻, 간사한 것. 따라서 불회(不回)는 그릇됨이 없었다는 말. ▫鼛(고)-큰북. ▫洲(주)-섬. ▫妯(추)-슬퍼하는 것. ▫不猶(불유)-불이(不已), 끊임없는 것, 한이 없는 것. ▫欽欽(흠흠)-쇠 북이 울리는 소리. ▫笙(생)-생황. ▫磬(경)-돌로 만든 타악기. ▫同音(동음)-함께 소리를 내는 것, 곧 합주하는 것. ▫雅(아)-아악(雅樂)으로 중원(中原)의 정악(正樂)을 뜻한다(釋義). ▫南(남)-남쪽 나라의 음악(毛傳). ▫籥(약)-피리를 손에 들고 추는 문무(文舞)(鄭箋). ▫不僭(불참)-어지럽지 않고 질서있게 잘 진행되는 것.

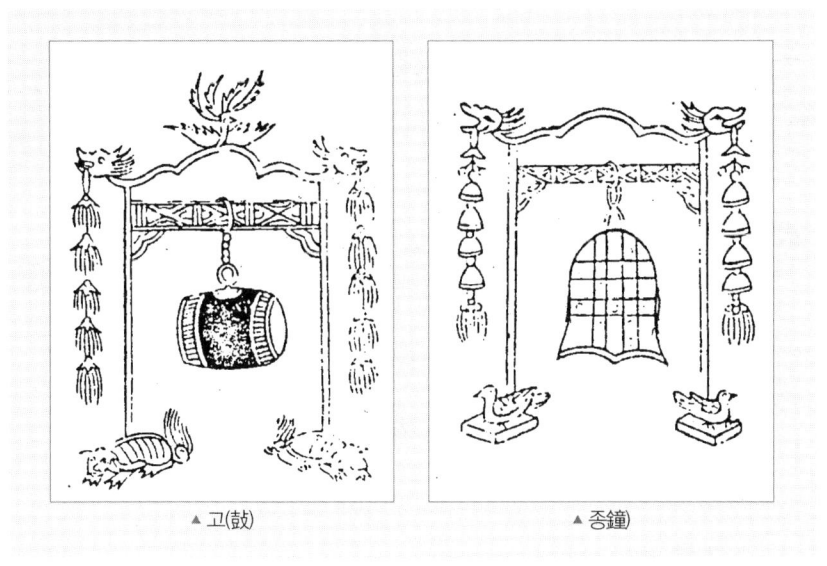

▲ 고(鼓)　　　　　　　　▲ 종(鐘)

|解説| 「모시서」에는 이 시는 유왕을 풍자한 것이라고만 하였다. 『집전』에선 무엇을 읊은 건지 알 수 없다고 하였다.

굴만리(屈萬里)는 '남쪽 나라의 어떤 임금을 애도하는 시가 아닌가 한다' 고 했는데 가장 시의 내용과 가까운 풀이인 것 같다(釋義). 궁중에서 연주되고 있는 아악의 화음을 들으면서 그 악기들의 음의 조화처럼 훌륭한 덕망을 지녔던 옛사람을 생각하는 것이다. 여기에 연주되고 있는 음악 자체도 그분을 추도하는 의식에서 연주되고 있는 것인지도 모른다.

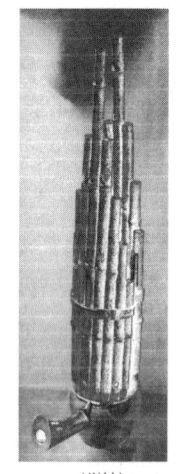

▲ 생(笙)

9. 더부룩한 찔레나무(楚茨)

楚楚者茨엔　　　　더부룩한 찔레나무엔
言抽其棘이로다.　　가시가 뾰죽뾰죽.
自昔何爲오?　　　옛날부터 무얼 하였나?
我蓺黍稷이니라.　　메기장과 차기장 심었지.
我黍與與하고　　　메기장도 무성하고
我稷翼翼이로다.　　차기장도 우거졌네.
我倉旣盈하고　　　창고에도 가득 차고
我庾維億이로다.　　노적가리 산더미 같게 되었네.
以爲酒食하여　　　술과 음식 장만하여

| 이 향 이 사
以享以祀로다. | 제물 차려 제사지내네. |

이 타 이 유
以妥以侑하고 신주를 안치하고 술을 올리며

이 개 경 복
以介景福이로다. 큰 복 내려주시기 비네.

제 제 창 창
濟濟蹌蹌하고 여럿이 왔다갔다 하며

결 이 우 양
絜爾牛羊하여 소와 양 깨끗이 잡아

이 왕 증 상
以往烝嘗이로다. 제사를 지내러 가네.

혹 박 혹 형
或剝或亨하고 과일을 깎기도 하고 고기를 삶기도 하고

혹 사 혹 장
或肆或將이로다. 벌여놓기도 하고 바치기도 하네.

축 제 우 팽
祝祭于祊하니 축관이 사랑 문 안에서 제사지내니

사 사 공 명
祀事孔明이로다. 제사가 매우 성대히 진행되네.

선 조 시 황
先祖是皇하여 조상들 돌아오시어

신 보 시 향
神保是饗이로다. 신들께서 제사를 받아 드시네.

효 손 유 경
孝孫有慶하여 효성스런 자손들 경사스럽게도

보 이 개 복
報以介福하니 큰 복을 보답으로 받아

만 수 무 강
萬壽無疆이로다. 만수무강하겠네.

집 찬 적 적
執爨踖踖하고 날렵하게 음식 만들고

위 조 공 석
爲俎孔碩이로다. 제기에 큰 짐승 담아 올리네.

혹 번 혹 적 或燔或炙하고	굽기도 하고 지지기도 하고
군 부 막 막 君婦莫莫하여,	주부는 공경히 움직이며,
위 두 공 서 爲豆孔庶하니	음식 매우 많이 장만하는데
위 빈 위 객 爲賓爲客이로다.	손님들 위한 것이라네.
헌 수 교 착 獻醻交錯하니	술잔 서로 주거니 받거니
예 의 졸 도 禮儀卒度하고,	예의 모두 법도에 맞고,
소 어 졸 획 笑語卒獲하니	웃고 얘기하며 모두가 화합하니
신 보 시 격 神保是格이로다.	조상들의 혼이 내려오셨네.
보 이 개 복 報以介福하여	큰 복 내려주시어
만 수 유 작 萬壽攸酢이로다.	장수하게 되셨네.

아 공 한 의 我孔熯矣하여	잘 삼가서
식 례 막 건 式禮莫愆이로다.	예에 어긋남이 없네.
공 축 치 고 工祝致告하되	축관이 기도를 드리기를
조 뢰 효 손 徂賚孝孫이로다.	효성스런 자손에게 복 내려 주십사 비네.
필 분 효 사 苾芬孝祀하니	향 피우고 제사 드리니
신 기 음 식 神嗜飮食하고,	조상의 신은 음식을 즐기시고,
복 이 백 복 卜爾百福하되	여러 가지 복 내려 주시기를

| 여 기 여 식
如幾如式이로다. | 바라는 대로 법도대로 하시네.

| 기 제 기 직
旣齊旣稷하고 | 공경스럽고 날렵하고

| 기 광 기 칙
旣匡旣敕하니 | 올바르고 정제하게 제사지내니

| 영 석 이 극
永錫爾極하되 | 오래도록 복 내리심을

| 시 만 시 억
時萬時億이로다. | 이루 헤아릴 수 없이 많이 하시네.

| 예 의 기 비
禮儀旣備하고 | 예의 다 갖추고

| 종 고 기 계
鐘鼓旣戒하며, | 악기도 모두 갖추어 연주하며,

| 효 손 조 위
孝孫徂位하니 | 효성스런 자손 자리에 드니

| 공 축 치 고
工祝致告로다. | 축관이 기도를 드리네.

| 신 구 취 지
神具醉止하여 | 신들이 모두 취하여

| 황 시 재 기
皇尸載起로다. | 신주가 자리에서 일어나시네.

| 고 종 송 시
鼓鐘送尸하니 | 풍악 울리며 신주를 전송하니

| 신 보 율 귀
神保聿歸로다. | 조상들의 신들이 마침내 돌아가시네.

| 제 재 군 부
諸宰君婦이 | 여러 사람들과 주부가

| 폐 철 부 지
廢徹不遲하고, | 재빨리 제상 물리고,

| 제 부 형 제
諸父兄弟이 | 집안 여러 사람들이

| 비 언 연 사
備言燕私로다. | 모두 모여 잔치하네.

^{악 구 입 주}
樂具入奏하여   악기 모두 들여와 연주하며

^{이 수 후 록}
以綏後祿이로다. 편안히 복을 누리네.

^{이 효 기 장}
爾殽旣將하고   여러 가지 안주 갖다 놓고

^{막 원 구 경}
莫怨具慶이로다. 아무런 한 없이 모두가 즐기네.

^{기 취 기 포}
旣醉旣飽하여   모두 취하고 배부른 뒤에

^{소 대 계 수}
小大稽首로다.   윗사람 아랫사람들이 서로 절하네.

^{신 기 음 식}
神嗜飮食하고   신이 음식을 즐기시고

^{사 군 수 고}
使君壽考로다.   자손들 오래오래 살게 하시네.

^{공 혜 공 시}
孔惠孔時하고   매우 순조롭고 매우 알맞게

^{유 기 진 지}
維其盡之하니,   온갖 예를 다하니,

^{자 자 손 손}
子子孫孫이   자자손손이

^{물 체 인 지}
勿替引之로다.   끊임없이 번성하겠네.

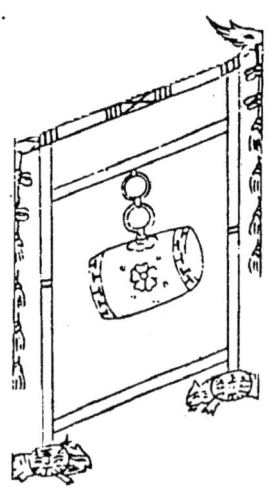

▶ 북

註解 □楚楚(초초)-무성하고 빽빽한 모양(集傳). □茨(자)-찔레나무. □言(언)-조사. □抽(추)-추출(抽出), 곧 솟아나 있다는 뜻(釋義). □棘(극)-가시. □自昔何爲(자석하위)-옛날 사람들은 어떻게 살았는가? 옛날부터 무얼 하고 살았는가? □蓺(예)-심다, 가꾸다. □黍稷(서직)-차기장과 메기장. 예부터 제물로 쓰이는 대표적인 곡식이었다. □與與(여여)-무성한 모양(鄭箋). □翼翼(익익)-우거진 모양(鄭箋). □庾(유)-곡식을 노천에 쌓아놓은 '노적가리'. □億(억)-많은 것을 형용한 말. 享(향)-제물을 바치는 것. 妥(타)-조상의 신을 대신하는 '시(尸)'를 맞이하여 편안히 자리에 앉히는 것(鄭箋). □侑(유)-음식을 '시(尸)'에게 권하는 것(鄭箋). □介(개)-빌다. □景(경)-큰 것. □濟濟(제제)-사람이 많은 모양. □蹌蹌(창창)-제사 준비를 위하여 사람들이 왔다갔다 하는 모양. □絜(결)-깨끗한 것. 결(潔)과 통함. □牛羊(우양)-제물로 쓸 소와 양. □烝(증)-겨울 제사. □嘗(상)-가을 제사(鄭箋). 여기서 증상(烝嘗)은 일반적인 제사 전부를 가리킨다. □剝(박)-과일을 깎는 것. □亨(팽)-팽(烹)과 같은 자. 고기를 삶는 것. □肆(사)-진(陳)의 뜻으로(毛傳), 제물을 진열하는 것. □將(장)-제물을 받들고 나가는 것. □祝(축)-제사지낼 때 신에게 비는 역할을 하는 사람. □祊(팽)-사당의 문 안을 뜻하며, 사당 문 안에서 축(祝)이 먼저 제사지내는 것은 신들을 인도하는 뜻에서이다(鄭箋). □孔明(공명)-'매우 분명한 것', '매우 분명히 제대로 다 갖추어신 것'. □皇(황)-왕(旺)과 통하여(鄭箋), 돌아오는 것. □神保(신보)-신고(神考), 곧 돌아가신 아버지나 할아버지를 가리킴(王國維『觀堂集林』卷一〈與友人論詩書中成語書〉). □饗(향)-신이 제사를 받아 잡수시는 것, 제사를 흠향하는 것. □孝孫(효손)-효성스런 자손. □執爨(집찬)-부엌일을 하는 것, 곧 음식을 만드는 것. □踖踖(적적)-『이아(爾雅)』에 '빠른 것'이라 했다(釋義), 빨리 움직이는 것. □俎(조)-짐승 제물을 담는 제기(集傳). 위조(爲俎)는 짐승 제물(牲)을 그릇에 담은 것. □燔(번)-고기를 굽는 것(鄭箋). □炙(적)-고기를 불에 지지는 것(鄭箋). □君婦(군부)-주부(主婦)와 같은 말(集傳). □莫莫(막막)-공경하고 삼가는 모양(通釋). □豆(두)-안주 같은 것을 담는 제기. □庶(서)-많다는 뜻. □爲賓爲客(위빈위객)-위빈객(爲賓客), 제사에 참여한 사람들을 위한 것이라는 뜻(釋義). □獻(헌)-주인이 손님에게 술을 따라 권하는 것(鄭箋). □醻(수)-주인이 술을 마신 뒤 다시 손님이 술을 마시는 것(鄭箋). □交錯(교

착)-서로 주거니 받거니 하는 것. ㅁ卒(졸)-'모두'의 뜻(鄭箋). ㅁ度(도)-법도에 맞는 것(毛傳). ㅁ獲(획)-득(得)과 통하여 득의(得宜), 잘 화합하는 것(集傳). ㅁ格(격)-신이 강림하는 것(釋義). ㅁ攸(유)-이(以)의 뜻(釋義). ㅁ酢(작)-보(報), 곧 보답하는 것(集傳). ㅁ熯(한)-『금문(金文)』에선 근(勤)·근(覲)·근(謹)을 모두 '근(堇)'이라고 썼다. 따라서 이 한(熯)자는 '근(謹)' 곧 삼간다는 뜻이다(于省吾『詩經新證』). ㅁ式禮莫愆(식례막건)-'예에 어긋남이 없다'는 뜻. ㅁ工(공)-관(官)과 통하여 공축(工祝)은 관축(官祝)·축관(祝官), 곧 제사지낼 때 축을 읽는 관원(通釋). ㅁ致告(치고)-기도를 드리는 것. ㅁ徂賚(조뢰)-신이 가서 복을 내려 달라고 하는 것(釋義). ㅁ苾芬(필분)-향을 피는 것, 향기가 나는 것. ㅁ嗜(기)-즐기다. ㅁ卜(복)-주다. ㅁ幾(기)-기(期)와 통하여(毛傳), 여기(如幾)는 기대한 것처럼. ㅁ式(식)-법(法)의 뜻(毛傳). 여식(如式)은 법도대로. ㅁ齊(제)-재(齋)와 통함(釋義), 공경스러운 것. ㅁ稷(직)-질(疾)과 통하여(毛傳), 일을 날렵하게 하는 것. ㅁ匡(광)-올바르게 하다. ㅁ敕(칙)-정제(整齊)히 하는 것(釋義). ㅁ錫(식)-사(賜)의 뜻, 내려 주다. ㅁ極(극)-중정(中正)과 통하여, '선(善)'의 뜻. 좋은 일. ㅁ時(시)-시(是)와 통함, 조사(鄭箋). ㅁ萬(만)-억(億)과 함께 내리시는 좋은 일이 많음을 뜻한다. ㅁ戒(계)-비(備)와 통하여, 갖추는 것(釋義). ㅁ孝孫徂位(효손조위)-제사가 끝난 뒤 제사를 지낸 자손이 당하(堂下) 서쪽으로 가서 자리잡는 것이다(毛傳). ㅁ神(신)-제사를 함께 받는 신임. ㅁ皇(황)-대(大)의 뜻. 존경의 뜻으로 붙인 것임. ㅁ尸(시)-제사 때 제사를 받는 조상을 산 사람으로 상징하는 것으로, 대개 죽은 사람의 손자뻘 되는 사람들로 한다. 신을 대신하는 시(尸)들이 모두 취한 뒤 일어나 나간다(孔疏). ㅁ聿(율)-마침내. ㅁ宰(재)-대부 집안에서 일하는 가신(家臣). 제재(諸宰)는 가신들(釋義). ㅁ廢(폐)-치우는 것. ㅁ徹(철)-거두다. 곧 제사 지낸 물건들을 철거하는 것. ㅁ不遲(부지)-동작이 빠름을 뜻한다. ㅁ諸父兄弟(제부형제)-제사에 참석한 온 집안 사람들을 가리킴. ㅁ備(비)-'모두 모여'의 뜻. ㅁ言(언)-조사. ㅁ燕私(연사)-사연(私燕)으로, 제사가 끝난 뒤 집안 사람들끼리 모여 하는 잔치(鄭箋). 묘(廟)에서 제사를 지내고 침(寢)에서 잔치를 하기 때문에, 잔치를 하려고 제사지낼 때의 악기도 모두 침(寢)으로 들여와 연주하는 것이다(集傳). ㅁ綏(수)-편안한 것. ㅁ祿(녹)-복(福)의 뜻. 이수후록(以綏後祿)은 다 안정된 뒤에야 복을 누린다는 것이다(毛傳). □殽(효)-안주. □將(장)-음식을 들여오는 것. □莫怨(막원)-무원(無怨), 곧 이곳에 모인 여러 일가들 사이에 아무런 원망도 없는 것. □具慶(구경)-모두가 다 같이 경하하며 즐기는 것. □小大(소대)-장유(長幼), 윗사람과 아랫사람. □稽首(계수)-끝으로 모두 함께 두 번 절하는 것. □考(고)-수고(壽考)는 오래 늙도록 사는 것. □惠(혜)-순(順)과 통하여(鄭箋), 모든 제사 일이 순조롭게 끝난 것. □時(시)-시(是)와 통하여 모두가 제대로 잘된 것(釋義). □盡之(진지)-진례(盡禮). 모든 예를 다한 것(釋義). □替(체)-바꾸다. 물체(勿替)는 '바뀌지 않다' 곧 끊임없이 이어진다는 뜻임. □引(인)-인장(引長), 곧 계속하여 번성한다는 뜻.

|解説| 이것은 빈틈없는 예법에 따라 지내는 제사를 노래한 시이다.

「모시서」에서는 유왕을 풍자한 것이라 보고, 정치가 번거롭고 부세가 무거워 밭은 묵고 황폐하여져서 굶주림과 재난이 겹쳐 백성들은 마침내 유랑하게 되었으므로 제사를 올바로 지내지 못하게 되었다. 이에 군자가 옛일을 생각하며 지은 것이 이 시라는 것이다. 유왕 때의 작품인지는 모르지만, 상상의 노래일 가능성은 많다.

주희도 『집전』에서 여씨(呂氏)를 인용하여 임금의 덕이 밝고 정치가 올바로 돌아가는 때가 아니면, 이러한 제사가 행해지기는 어려웠으리라고 보았다.

10. 길게 뻗은 남산(信南山)

信彼南山은	길게 뻗은 남산은
維禹甸之로다.	우임금이 다스리신 땅.
畇畇原隰을	잘 일구어 놓은 언덕과 진펄을
曾孫田之로다.	증손자가 경작하고 있네.

아 강 아 리	
我疆我理하니	경계 잡고 잘 다스리니

남 동 기 묘	
南東其畝로다.	남북 동서로 이랑이 뻗었네.

상 천 동 운	
上天同雲하고	하늘엔 구름 덮이고

우 설 분 분	
雨雪雰雰이로다.	눈이 펄펄 날렸네.

익 지 이 맥 목	
益之以霢霂하여	뒤에는 보슬비까지 내리어

기 우 기 악	
旣優旣渥하고,	넉넉하고 윤택해지고,

기 점 기 족	
旣霑旣足하여	흠뻑 적시며 흡족히 내리어

생 아 백 곡	
生我百穀이로다.	모든 곡식 싹트게 하네.

강 역 익 익	
疆場翼翼하고	밭의 경계 가지런하고

서 직 욱 욱	
黍稷彧彧이로다.	메기장 차기장 무성하네.

증 손 지 색	
曾孫之穡하여	증손자가 이를 거두어

이 위 주 식	
以爲酒食하여	술과 음식 장만하여 가지고

비 아 시 빈	
畀我尸賓하니	신주와 손님들께 드리니

수 고 만 년	
壽考萬年이로다.	만년토록 오래오래 잘 살겠네.

중 전 유 려	
中田有廬하고	밭 가운데엔 움막이 있고

강 역 유 과	
疆場有瓜로다.	밭에는 외가 있네.

시 박 시 저	
是剝是菹하여	이를 따다 껍질 벗기고 소금에 절여

献<small>헌</small>之<small>지</small>皇<small>황</small>祖<small>조</small>하니,　조상님께 바치니,
曾<small>증</small>孫<small>손</small>壽<small>수</small>考<small>고</small>하여　증손자는 오래오래 살며
受<small>수</small>天<small>천</small>之<small>지</small>祜<small>호</small>로다.　하늘의 복 받겠네.

祭<small>제</small>以<small>이</small>淸<small>청</small>酒<small>주</small>하고　맑은 술로 제사지내고
從<small>종</small>以<small>이</small>騂<small>성</small>牡<small>무</small>하여　붉은 수소 통째로 잡아
享<small>향</small>于<small>우</small>祖<small>조</small>考<small>고</small>로다.　조상들께 바치네.
執<small>집</small>其<small>기</small>鸞<small>란</small>刀<small>도</small>하여　방울 달린 칼 들고
以<small>이</small>啓<small>계</small>其<small>기</small>毛<small>모</small>하고　털은 벗겨내고
取<small>취</small>其<small>기</small>血<small>혈</small>膋<small>료</small>로다.　피와 기름 받아내네.

是<small>시</small>烝<small>증</small>是<small>시</small>享<small>향</small>하니　제물을 차려 올리니
苾<small>필</small>苾<small>필</small>芬<small>분</small>芬<small>분</small>하고　향기 진동하고
祀<small>사</small>事<small>사</small>孔<small>공</small>明<small>명</small>이로다.　제사 잘 지내네.
先<small>선</small>祖<small>조</small>是<small>시</small>皇<small>황</small>하사　조상들 돌아오셔서
報<small>보</small>以<small>이</small>介<small>개</small>福<small>복</small>하니　큰 복으로 보답하시니
萬<small>만</small>壽<small>수</small>無<small>무</small>疆<small>강</small>이로다.　만수무강할 걸세.

註解　□信(신) - 신(伸)과 통용되어, '길게 뻗어 있다'는 뜻. 이곳의 남산은 영원히 창성하는 조상과 자손들의 관계를 상징한 것이다. □禹(우) - 우왕(禹王), 하(夏)나라 첫 번째 임금으로 중국 강물을 다스린 공으로 순(舜)임금으로

부터 임금 자리를 물려받아 천자가 되었다. □甸(전) — 다스리다. □昀昀(윤윤) — 밭을 개간해 놓은 모양. □曾孫(증손) — 제사 지내는 사람을 가리킨다(集傳). □疆(강) — 밭의 경계를 분명히 하는 것(集傳). □理(리) — 밭의 도랑이나 길 같은 것을 잘 정리하는 것(集傳). □南東其畝(남동기묘) — 밭이랑이 남북으로 또는 동서로 잘 뻗어 있다는 뜻. □同雲(동운) — 눈이 오려고 구름이 하늘을 덮은 것. □雨(우) — 동사로 눈이 '내리는 것'. □雰(분) — 눈이 펄펄 날리는 것. □益(익) — 겨울에는 눈이 와 쌓였었는데, 봄이 오자 '그 위에 더 ……'의 뜻. □霢(맥) — 이슬비. □霂(목) — 부슬부슬 내리는 비. □優(우) — 넉넉한 것. □渥(악) — 윤택한 것. 우(優)·악(渥) 모두 풍요함을 뜻한다(集傳). □霑(점) — 적시다. 족(足)과 함께 풍요를 나타낸다. □埸(역) — 밭의 경계. □翼翼(익익) — 정제(整齊)한 모양, 가지런한 모양. □彧(욱) — 무성한 것. □穡(색) — 곡식을 거두는 것. □畀(비) — 주다. □中田(중전) — 전중(田中)의 뜻(鄭箋), 밭 가운데. □廬(려) — 농사짓는 편의를 위하여 밭 가운데 만들어 놓은 움막(鄭箋). □疆埸(강역) — '밭 경계 안'을 뜻함. □瓜(과) — 외. □剝(박) — 껍질을 벗기는 것. □菹(저) — 김치처럼 소금에 절여 만든 음식. □皇(황) — 큰 것. □祜(호) — 복. □淸酒(청주) — 맑은 술, 제사에 쓰는 술임(鄭衆『周禮』注). □從(종) — 통째로 제물로 쓰는 것. □騂(성) — 붉은 소. □鸞(란) — 칼에 달린 방울. □啓(계) — 여기서는 벗기는 것. 짐승의 털을 벗긴다는 것은 순결함을 고하는 것이라 한다(鄭箋). □膋(료) — 창자 기름. 피로써는 제물을 죽였음을 고하고, 기름으로써는 이를 태워 신에게 냄새를 알린다 한다(鄭箋). □是烝是享(시증시향) — 제물을 올리는 것. □苾(필) — 향기가 나는 것. □芬(분) — 향기, 향기가 나다. □皇(황) — 왕(旺)과 통하여 '돌아오는 것'. 이상 네 구절은 앞의「더부룩한 찔레나무(楚茨)」시에도 보임.

解説 앞의「더부룩한 찔레나무(楚茨)」시와 마찬가지로 제사 지내는 것을 노래한 시이다.

「모시서」에서는 유왕을 풍자한 시라고 하였다. 유왕이 옛 임금들의 하던 일을 계승하지 않았음으로 군자가 옛날 일을 생각하면서 부른 노래라고 해설을 하고 있다.

제6 보전지습(甫田之什)

1. 큰 밭(甫田)

倬_탁彼_피甫_보田_전이여	훤한 큰 밭에서
歲_세取_취十_십千_천이로다.	한 해에 많은 양의 세를 받아드리네.
我_아取_취其_기陳_진하여	묵은 곡식은 가져다
食_사我_아農_농人_인하니,	농군들을 먹이니,
自_자古_고有_유年_년이로다.	오래 전부터 풍년이 이어지네.
今_금適_적南_남畝_묘하여	남쪽 밭으로 나가
或_혹耘_운或_혹耔_자하니	김매고 북돋우니
黍_서稷_직薿_의薿_의로다.	메기장 차기장 무성하네.
攸_유介_개攸_유止_지하고	나와서 움막에 머물러 쉬면서
烝_증我_아髦_모士_사로다.	훌륭한 농부들 만나보네.
以_이我_아齊_제明_명과	수북히 담은 제삿밥과
與_여我_아犧_희羊_양으로	제물로 잡은 양으로
以_이社_사以_이方_방이로다.	땅의 신과 사방에 제사지내네.

아 전 기 장	
我田旣臧하니	우리 밭 이렇게 좋아졌으니

농 부 지 경
農夫之慶이로다.　　농부들의 복이네.

금 슬 격 고
琴瑟擊鼓하고　　금슬 뜯고 북 치며

이 어 전 조
以御田祖하여,　　밭의 신을 모셔다가,

이 기 감 우
以祈甘雨하고　　단비 내리기를 빌고

이 개 아 직 서
以介我稷黍하여　　차기장 메기장 잘되기 빌어

이 곡 아 사 녀
以穀我士女로다.　　남녀 모두 잘 먹고 살기 바라네.

승 손 래 시
曾孫來止하니　　증손자가 오시자

이 기 부 자
以其婦子로　　농부의 부인이

엽 피 남 무
饁彼南畝로다.　　남쪽 밭으로 밥을 날라 오네.

전 준 지 희
田畯至喜하고　　권농관은 몹시 기뻐하며

양 기 좌 우
攘其左右하여　　좌우의 음식을 들어

상 기 지 부
嘗其旨否로다.　　맛이 어떤가 먹어보네.

화 이 장 묘
禾易長畝하니　　벼 밭을 끝까지 다 매니

종 선 차 유
終善且有로다.　　잘 자라서 풍성하네.

증 손 불 노
曾孫不怒하고　　증손자는 성낼 일 없고

농 부 극 민
農夫克敏이로다.　　농민은 잽싸게 일하네.

曾孫之稼이 증손자네 곡식이
如茨如梁하고, 지붕도 같고 다리도 같이 쌓였고,
曾孫之庾이 증손자네 노적가리는
如坻如京이로다. 언덕도 같고 산등성이도 같네.
乃求千斯倉하고 이에 많은 창고 장만해 놓고
乃求萬斯箱이로다. 많은 수레 준비하네.
黍稷稻粱이 메기장 차기장 벼 수수가 모두
農夫之慶이로다. 농부들의 복일세.
報以介福하니 큰 복으로 보답 받으니
萬壽無疆이로다. 만수무강하시겠네.

註解 ▫倬(탁)−큰 모양. ▫甫(보)−큰 것. ▫取(취)−세를 받는 것. ▫十千(십천)−만(萬)으로, 많다는 뜻(釋義). 『정전』에선 정전법(井田法)으로 이를 풀이하고 있으나 이 시대에 정전법이 실행되었다는 증거는 없다. ▫陳(진)−여기서는 묵은 곡식. ▫食(사)−먹이다. ▫自古(자고)−자석(自昔), 옛날부터. ▫有年(유년)−풍년의 뜻(毛傳). ▫南畝(남묘)−남쪽 양지바른 밭. ▫耘(운)−김매다. ▫耔(자)−북돋는 것. ▫薿(의)−무성한 것. ▫攸(유)−조사. ▫介(개)−사(舍)의 뜻으로, 밭의 움막에 머무는 것(鄭箋). ▫止(지)−지식(止息), 쉬는 것. ▫烝(증)−진(進)의 뜻으로(毛傳), 접견하는 것(釋義). ▫髦士(모사)−농부 가운데에서도 뛰어난 사람. ▫齊(제)−자(粢)의 뜻(集傳). 제삿밥. ▫明(명)−성(成)과 통하여 성(盛)의 뜻, 수북히 담는 것. ▫犧羊(희양)−제물로 쓰려고 잡은 양. ▫社(사)−후토(后土)의 신에게 제사지내는 것(毛傳). ▫方(방)−사방의 신에게 제사지내는 것(孔疏). ▫臧(장)−선(善)의 뜻으로, 밭농사가 잘된 것. ▫慶(경)−복

(福)의 뜻. □御(어)-맞이하다. □田祖(전조)-농사를 처음으로 시작하신 분(毛傳), 곧 신농씨(神農氏)(孔疏). □介(개)-빌다. □穀(곡)-양(養)과 통하며 먹여 살리는 것. □士女(사녀)-자기 영읍(領邑) 안의 남녀들. □曾孫(증손)-앞의「길게 뻗은 남산(信南山)」시에서와 같이 제사 지내는 사람이며(集傳), 동시에 이 고을의 영주(領主). 농부는 그의 소작인이나 마찬가지이다. □婦子(부자)-농부의 부인. □饁(엽)-들판으로 가져다 먹는 식사. □畯(준)-권농관. 이상 세 구절은 빈풍(豳風)「칠월(七月)」시에 보였음. □攘(양)-취(取), 잡다, 들다(集傳). □嘗其旨(상기지)-음식이 맛있나 없나 맛보는 것. □易(이)-치(治)의 뜻으로(毛傳), 김매고 북돋우는 것을 말한다(傳疏). □長畝(장묘)-경묘(竟畝)로(集傳), 밭을 끝까지 다 김매고 북돋우는 것. □終(종)……且(차)……-'기(旣)……차(且)……' 의 뜻, 곧 '……하거니와 또 ……하다' 는 뜻. □有(유)-많은 것, 풍성한 것. □敏(민)-빠른 것. □稼(가)-농사지은 것. □茨(자)-초가지붕처럼 많이 쌓인 것(鄭箋). □梁(량)-다리가 높다랗게 걸려 있듯 곡식이 많이 쌓인 것. □庾(유)-곡식의 노적가리. □坻(지)-저(阺)와 통함. 언덕. □京(경)-고구(高丘), 높은 언덕. □斯(사)-조사. □乃求千斯倉(내구천사창)-곡식을 저장하기 위하여 많은 창고를 구하는 것. □箱(상)-거상(車箱)으로 짐 싣는 수레. 많은 곡식을 운반하기 위하여 만상(萬箱)을 구하는 것이다. □梁(양)-수수.

|解說| 이 시는 넓은 땅을 갖고 있는 높은 관리가 농부들을 잘 돌보아주어 농부들이 농사에 힘을 써서 풍성한 수확을 거둔 뒤, 땅의 신 및 사방의 신과 전조(田祖)에게 제사지내는 모양을 읊은 것이다.

「모시서」에서는 역시 유왕을 풍자한 것으로 보고 군자가 현재를 슬퍼하며 옛날을 생각하는 것이라 하였다.

2. 커다란 밭(大田)

大^대田^전多^다稼^가하니   커다란 밭에 농사 많이 짓나니

既_기種_종既_기戒_계하여　씨 고르고 농구 갖추어
既_기備_비乃_내事_사로다.　농사일 잘 준비하였네.
以_이我_아覃_염耜_사로　날카로운 쟁기로
俶_숙載_재南_남畝_묘하여　남쪽 밭에 일을 시작하여
播_파厥_궐百_백穀_곡이로다.　여러 가지 곡식 씨 뿌리네.
既_기庭_정且_차碩_석하여　꼿꼿하고 크게 자라
曾_증孫_손是_시若_약이로다.　증손자가 만족하네.

既_기方_방既_기皁_조하여　이삭 내밀어 패고
既_기堅_견既_기好_호로다.　단단히 잘 여물었네.
不_불稂_랑不_불莠_유하고　잡초와 가라지 자라지 못하게 하고
去_거其_기螟_명螣_득과　명충과 황충과
及_급其_기蟊_모賊_적하여　벌레와 해충을 잡아내어
無_무害_해我_아田_전穉_치로다.　밭곡식에 해가 없게 되었네.
田_전祖_조有_유神_신은　밭의 신께서
秉_병畀_비炎_염火_화로다.　벌레들을 잡아 불길 속에 던져 주시네.

有_유渰_엄萋_처萋_처하여　구름이 뭉게뭉게 일더니
興_흥雨_우祁_기祁_기하여　비가 듬뿍 내리어

_{우 아 공 전}
雨我公田하고   공전을 적시고

_{수 급 아 사}
遂及我私로다.   개인 밭도 적셔 주네.

_{피 유 불 확 치}
彼有不穫穉하고   저기엔 베지 않은 벼가 있고

_{차 유 불 렴 제}
此有不斂穧로다.   여기엔 베어 놓은 들이지 않은 벼가 있네.

_{피 유 유 병}
彼有遺秉하고   저기엔 남은 볏 다발 있고

_{차 유 체 수}
此有滯穗하니   여기엔 빠트린 벼 이삭 있으니

_{이 과 부 지 리}
伊寡婦之利로다.   그것은 과부 같은 이들 차지일세.

_{증 손 래 지}
曾孫來止하여   증손자가 오시자

_{이 기 부 자}
以其婦子로   농부의 부인은

_{엽 피 남 묘}
饁彼南畝하니   남쪽 밭으로 밥을 날라 오니

_{전 준 지 희}
田畯至喜로다.   권농관은 매우 기뻐하네.

_{내 방 인 사}
來方禋祀러니   사방의 신에게 정결히 제사 드리는데

_{이 기 성 흑}
以其騂黑과   붉은 소 검은 소 잡고

_{여 기 서 직}
與其黍稷으로   메기장 차기장으로 밥 지어

_{이 향 이 사}
以享以祀하며   제물 올리고 제사지내며

_{이 개 경 복}
以介景福이로다. 큰 복을 비네.

註解   □多稼(다가)-많은 농사를 짓는 것. □種(종)-선종(選種), 씨를 가리

는 것(鄭箋). □戒(계)-비(備)와 통하여 농구(農具)를 갖추는 것(鄭箋). □乃事(내사)-기사(其事). 농사일 준비에 관한 일. □覃(염)-날카로운 것. □耜(사)-쟁기의 보습. □俶(숙)-비로소, 시작하다. □載(재)-일. □厥(궐)-그것. □庭(정)-곧다. □碩(석)-큰 것. □若(약)-낙(諾)과 통하여, '만족', 흡족한 것(釋義). □方(방)-방(房)과 통하여 이삭이 패어 꽃피는 것(鄭箋). □皁(조)-이삭이 패기는 하였으나 아직 여물지 않은 것(毛傳). □堅(견)-곡식알이 단단히 잘 여무는 것(鄭箋). □稂(랑)-가라지, 곡식을 해치는 잡초. 조풍(曹風)「흘러내리는 샘물(下泉)」시에 보임. □莠(유)-가라지 풀. □螟(명)-곡식 대 속을 먹는 해충(毛傳). □螣(특)-곡식의 잎새를 먹는 해충(毛傳). □蟊(모)-곡식 뿌리를 먹는 해충(毛傳). □賊(석)-곡식 마디를 먹는 해충(毛傳). □穉(치)-어린 곡식 싹. □田祖(전조)-신농씨(神農氏). 농사의 신. 앞「큰 밭(甫田)」시에 보임. □秉(병)-잡다. □畀(비)-주다. □炎(염)-불을 피우는 것. 밤에 밭 사이에다 불을 피워놓으면 해충들이 모두 날아와 불에 타 죽는다. 이것은 마치 밭의 신인 신농씨가 벌레들을 잡아 불꽃 속으로 던져주는 것 같다는 것이다. □有渰(유엄)-엄연(渰然), 구름이 피어오르는 모양. □萋萋(처처)-구름이 뭉게뭉게 이는 모양(集傳). □祁祁(기기)-성대한 모양. 여기서는 비가 듬뿍 내림을 형용한 것이다. □公田(공전)-나라 관청의 밭. 정전제(井田制)에선 9등분한 밭 가운데에서 그중의 하나를 공전으로 하였다. □私(사)-개인 소유의 땅. □穫(확)-수확하다. □穉(치)-'벼'의 뜻. □不斂穧(불렴제)-베어만 놓고 거둬들이지는 않은 벼. □遺(유)-버리다. □秉(병)-볏 다발. □滯(체)-누유(漏遺), 곧 흘러 빠뜨린 것. □穗(수)-벼 이삭. □寡婦之利(과부지리)-과부 같은 노동 능력이 없는 사람들이 이 빠뜨린 볏 다발이나 벼 이삭을 주워 자기의 몫으로 한다는 뜻. 이상 네 구는 앞「큰 밭(甫田)」시에도 보였음. □來(래)-조사. □方(방)-사방의 신에 대한 제사. □禋(인)-정결히 제사지내는 것. □騂(성)-붉은 소. □黑(흑)-검은 짐승.

解説 이것도 농사짓고 풍년을 감사드리는 제사를 지내는 모습을 노래한 것이다. 앞의「큰 밭(甫田)」시에서도 본 것처럼 옛날에는 밭을 소유하고 있는 높은 관리가 따로 있고, 그 밑에서 농부는 농사를 지었던 것이다.

「모시서」에서는 이것도 유왕을 풍자한 것이라 하였다. 어려운 처지에서 옛날의 평화로웠던 농촌을 생각하면서 읊은 시라는 것이다.

3. 낙수를 바라보니(瞻彼洛矣)

瞻彼洛矣하니   낙수를 바라보니
_{첨 피 락 의}

維水泱泱이로다.   강물이 넘실거리고 있네.
_{유 수 앙 앙}

君子至止하시니   임금님 오셔서 머무시니
_{군 자 지 지}

福祿如茨로다.   복과 녹이 지붕처럼 쌓였네.
_{복 록 여 자}

韎韐有奭하니   붉은 가죽 군복 입고
_{매 갑 유 혁}

以作六師로다.   전군을 지휘하시네.
_{이 작 육 사}

瞻彼洛矣하니   낙수를 바라보니
_{첨 피 락 의}

維水泱泱이로다.   강물이 넘실거리고 있네.
_{유 수 앙 앙}

君子至止하시니   임금님 오셔서 머무시니
_{군 자 지 지}

鞞琫有珌이로다.   칼집 위아래 장식 아름답네.
_{병 봉 유 필}

君子萬年토록   군자님은 만년토록
_{군 자 만 년}

保其家室이로다.   집안을 보전하시겠네.
_{보 기 가 실}

瞻彼洛矣하니   낙수를 바라보니
_{첨 피 락 의}

維水泱泱이로다.   강물 넘실거리고 있네.
_{유 수 앙 앙}

군자지지
君子至止하시니　　임금님 오셔서 머무시니

복록기동
福祿既同이로다.　　복과 녹이 다 모였네.

군자만년
君子萬年토록　　　임금님은 만년토록

보기가방
保其家邦이로다.　　나라를 보전하시겠네.

註解　□瞻(첨)-우러러보다, 바라보다. □洛(낙)-낙수(洛水). □泱泱(앙앙)-강물이 넘실넘실 흐르는 모양. □君子(군자)-주나라 임금을 가리킨다(集傳). □如茨(여자)-짚으로 이어놓은 초가지붕과 같다는 뜻으로, 많은 것을 형용한 것이다. □靺(매)-茅蒐(모수)라는 풀로 물들인 붉은 가죽(集傳). □韐(갑)-韠(필) 대신 걸치는 옛 군복. □有奭(유혁)-혁연(奭然), 붉은 모양. □六師(육사)-6군으로 천자의 군대 전체를 뜻함. □鞞(병)-칼집. □琫(봉)-『석명(釋名)』에 의하면 '칼집의 입에 장식한 것을 봉(琫), 밑 끝쪽의 장식을 병(鞞)이라 한다' 고 하였는데, '병(鞞)' 은 병(鞞)과 같은 글자이다(釋義). □有珌(유필)-필연(珌然), 칼집 장식이 아름다운 모양. □同(동)-취(聚)의 뜻(集傳). 모이다. □家邦(가방)-국가(國家)의 뜻.

解説　주희는 "이것은 천자가 제후들을 동도(東都:洛邑)에 모아놓고 군대를 지휘할 적에 제후가 천자를 기린 시"라 하였다(集傳). 그러나 여기의 낙수는 서주(西周)의 강물 이름이다. 동주(東周)의 낙수는 '낙(雒)' 이라 썼으며 옛날에는 서로 혼용되지 않았다(殷王栽『經韵樓集』참조). 어떻든 주나라 천자를 기린 시임에는 틀림없는 듯하다.

「모시서」에선 이 시도 유왕을 풍자한 시라 하였다. 제후들에게 작위(爵位)를 내리고 잘한 일에 대하여는 상을 주고 잘못한 일에 대하여는 벌을 주던 옛 어진 임금을 생각하면서 유왕의 그릇된 정치를 풍자한 것이라 하였다.

4. 화려한 꽃(裳裳者華)

<ruby>裳裳者華<rt>상 상 자 화</rt></ruby>여!   화려한 꽃 피었고
<ruby>其葉湑兮<rt>기 엽 서 혜</rt></ruby>로다.   잎새도 무성하네.
<ruby>我覯之子<rt>아 구 지 자</rt></ruby>하니   우리 님을 만나니
<ruby>我心寫兮<rt>아 심 사 혜</rt></ruby>로다.   내 마음 시원해지네.
<ruby>我心寫兮<rt>아 심 사 혜</rt></ruby>하니   내 마음 시원해지니
<ruby>是以有譽處兮<rt>시 이 유 예 처 혜</rt></ruby>로다.   편히 즐기게 되네.

<ruby>裳裳者華<rt>상 상 자 화</rt></ruby>여!   화려한 꽃 피었는데
<ruby>芸其黃矣<rt>운 기 황 의</rt></ruby>로다.   노란 꽃이 각별히 많네.
<ruby>我覯之子<rt>아 구 지 자</rt></ruby>하니   우리 님을 만나보니
<ruby>維其有章矣<rt>유 기 유 장 의</rt></ruby>로다.   몸가짐 의젓하시네.
<ruby>維其有章矣<rt>유 기 유 장 의</rt></ruby>니   몸가짐 의젓하시니
<ruby>是以有慶矣<rt>시 이 유 경 의</rt></ruby>로다.   그래서 복이 있는 거라네.

<ruby>裳裳者華<rt>상 상 자 화</rt></ruby>여!   화려한 꽃 피었는데
<ruby>或黃或白<rt>혹 황 혹 백</rt></ruby>이로다.   노란 것도 있고 흰 것도 있네.
<ruby>我覯之子<rt>아 구 지 자</rt></ruby>하니   우리 님을 만나보니
<ruby>乘其四駱<rt>승 기 사 락</rt></ruby>이로다.   네 마리 말이 끄는 수레 타셨네.

승 기 사 락
乘其四駱하니　　　네 마리 말이 끄는 수레 타셨는데

육 비 옥 약
六轡沃若이로다.　　여섯 줄의 고삐 윤이 나네.

좌 지 좌 지
左之左之하여　　　왼쪽으로 가야할 때엔 왼쪽으로

군 자 의 지
君子宜之하고,　　　군자님은 알맞게 처신하시고,

우 지 우 지
右之右之하여　　　오른쪽으로 가야할 때엔 오른쪽으로

군 자 유 지
君子有之로다.　　　군자님은 모든 이와 벗하시네.

유 기 유 지
維其有之시니　　　군자님은 모든 이와 벗하시니

시 이 사 지
是以似之로다.　　　그래서 후손이 잘 이어지게 되는 거라네.

註解 □裳(상) - 옛날에는 '상(常)'과 같은 자여서, 『설문해자』에는 상(常)을 상(裳)으로 쓰기도 하였다. 그리고 고본(古本)에는 '상상(裳裳)'을 '상상(常常)'으로 쓴 것도 있는데(集傳), 『광아(廣雅)』에 의하면 '상상(常常)은 성(盛)의 뜻' 굉장한 것, 화려한 것(通釋). □湑(서) - 무성한 모양(毛傳). □覯(구) - 만나다, 만나보다. □之子(지자) - 시자(是子)로 이 시에서 찬미하는 높은 벼슬자리에 있는 사람을 가리킨다. □寫(사) - 사(瀉)와 통하여, 마음이 시원해지는 것. 이 구는 앞의「길게 자란 다북쑥(蓼蕭)」시에도 보였음. □譽處(예처) - 안락(安樂)의 뜻, 앞의「길게 자란 다북쑥」시 참조. □芸(운) - 많은 것(通釋). □章(장) - 법칙의 뜻도 지니어, 유장(有章)은 행동이 예에 맞아 의젓한 것(釋義). □慶(경) - 복의 뜻. □駱(락) - 검은 갈기의 흰말. 사락(四駱)은 검은 갈기의 흰 털빛 사마가 끄는 수레. □轡(비) - 고삐. □沃若(옥약) - 윤이 나는 모양. 이상 네 구절은 앞의「화려한 꽃(皇皇者華)」시에 보임. □左之左之(좌지좌지) - 왼쪽 일을 하여야 되면 왼쪽 일을 하는 것. 『모전』에선 좌(左)는 양도(陽道)로 조회와 제사에 관한 일, 우(右)는 음도(陰道)로 상사(喪事)와 군사(軍事)에 관한 일을 가리킨다 하였다. □君子(군자) - 제후를 가리키는 것 같다. □宜(의) - 합당하게 잘 처리하는 것.

ㅁ有(유)-우(友)와 통하여 '벗하는 것'. ㅁ似(사)-사(嗣)와 통하여(毛傳), 후손이 잘 이어지는 것.

|解說| 이 시는 내용으로 볼 때 어느 제후나(集傳) 높은 지위에 있는 사람을(釋義) 기린 것이다.
「모시서」에서는 옛날의 벼슬하던 이를 읊음으로써 벼슬 질서를 엉망으로 만든 유왕을 풍자한 것이라 하였다.

5. 청작새(桑扈)

交交桑扈여!　　　　　쨱쨱 우는 청작새여!
_{교 교 상 호}

有鶯其羽로다.　　　　그 깃이 곱기도 하네.
_{유 앵 기 우}

君子樂胥하니　　　　　임금님은 즐기고 계시니
_{군 자 낙 서}

受天之祜로다.　　　　하늘의 복 받은 것일세.
_{수 천 지 호}

交交桑扈여!　　　　　쨱쨱 우는 청작새여!
_{교 교 상 호}

有鶯其領이로다.　　　그 목이 곱기도 하네.
_{유 앵 기 령}

君子樂胥하니　　　　　임금님은 즐기고 계시니
_{군 자 락 서}

萬邦之屛이로다.　　　모든 나라의 울타리 되시네.
_{만 방 지 병}

之屛之翰하니　　　　　울타리 되시고 담 기둥 되시니
_{지 병 지 한}

百辟爲憲이로다.　　　모든 제후들이 본받으시네.
_{백 벽 위 헌}

불 즙 불 난	
不戢不難하니	크게 화목하고 크게 공경하니
수 복 불 나	
受福不那로다.	받으시는 복도 매우 많으시네.

시 굉 기 구	
兕觥其觩하고	뿔잔은 구부정한데
지 주 사 유	
旨酒思柔로다.	맛있는 술은 좋기도 하네.
피 교 비 오	
彼交匪敖하니	사귐에 교만하지 않으시니
만 복 래 구	
萬福來求로다.	만복이 모여드네.

註解 □交交(교교)-교교(咬咬)와 통하여 새소리 모양. □桑扈(상호)-청작(靑雀) 또는 절지(竊脂)라고도 하는 수리 종류의 새. 앞의「조그만 매(小宛)」시에 보임. □鶯(앵)-고운 모양. 유앵(有鶯)은 앵연(鶯然). □君子(군자)-천자를 가리킴. □胥(서)-개(皆)자와 통하는데,『광아(廣雅)』석언(釋言)에 '개(皆)는 가(嘉)의 뜻'이라 하였다. 가(嘉)는 또 낙(樂)의 뜻을 지니어, 낙서(樂胥)는 즐긴다는 뜻(通釋). □祜(호)-복. □領(령)-목. □屛(병)-울타리, 보호자의 뜻. □翰(한)-간(幹)과 통하여 '담기둥'의 뜻(孔疏). □百辟(백벽)-모든 제후들을 가리킴. □憲(헌)-법. □不(불)-비(丕)와 통하여, 크다는 뜻(釋義). □戢(즙)-즙(濈)과 통하여, 화목, 화합의 뜻. □難(난)-난(懘)과 통하여, 공경하는 것(通釋). □那(나)-많은 것. □兕(시)-외뿔 소. □觥(굉)-소뿔로 만든 술잔. □其觩(기구)-구부정한 모양. □思(사)-조사. □柔(유)-가(嘉)·선(善), 좋은 것.(通釋). □敖(오)-오(傲)와 같은 글자, 교만한 것. □求(구)-구(逑)와 통하여, '모이는 것'(經義述聞).

▲ 청작새

[解說] 이 시는 천자를 찬미한 시이다. 주희는 천자가 제후들을 모아놓고 잔치할 때 부르던 노래로 보았으나, 천자의 입장에서 부른 노래라 보기는 힘들다.
「모시서」에선 이것도 위아래 사람들 모두가 예의 없게 만든 유왕을 풍자한 시라고 하였다. 그러나 청작새의 아름다운 깃이 천자의 덕을 상징하고 있음에는 틀림이 없다.

6. 원앙새(鴛鴦)

원 앙 우 비
鴛鴦于飛어늘　　　원앙새가 날고 있는데
필 지 라 지
畢之羅之로다.　　　새그물 치네.
군 자 만 년
君子萬年을　　　　임금님은 만년토록
복 록 의 지
福祿宜之로다.　　　복과 녹 누리시겠네.

원 앙 재 량
鴛鴦在梁하니　　　원앙새가 어살에 있는데
즙 기 좌 익
戢其左翼이로다.　　왼편 날개를 거두었네.
군 자 만 년
君子萬年을　　　　임금님은 만년토록
의 기 하 복
宜其遐福이로다.　　큰 복 누리시겠네.

승 마 재 구
乘馬在廏하니　　　타는 말이 마구간에 있으니
최 지 말 지
摧之秣之로다.　　　꼴 썰고 먹이 먹이네.
군 자 만 년
君子萬年을　　　　임금님은 만년토록

복 록 애 지	
福祿艾之로다.	복과 녹을 받으시겠네.

승 마 재 구	
乘馬在廄하니	타는 말이 마구간에 있으니

말 지 최 지	
秣之摧之로다.	먹이와 꼴 썰어 먹이네.

군 자 만 년	
君子萬年을	임금님은 만년토록

복 록 수 지	
福祿綏之로다.	복과 녹으로 편안하시겠네.

註解 □鴛鴦(원앙)-암수컷 사이가 좋기로 유명한 물새 이름. □畢(필)-자루는 긴데 작은 그물이 달린 그물 이름. □羅(라)-여기서는 모두 동사로서 그물을 치는 것. □宜(의)-『설문해자』에 '소안(所安)'이라 풀이하였다. 의지(宜之)는 따라서 이를 편히 누리는 것. □梁(량)-어살, 고기를 잡기 위해 냇물을 막아 놓은 보. □戢(즙)-원앙새가 왼쪽 날개만을 거둔다는 것은 암·수컷이 서로 기대기 위해서이다. □遐(하)-대(大), 큰 것(釋義). □乘馬(승마)-타는 말. □廄(구)-마구간. □摧(최)-좌(莝)의 뜻으로(毛傳), 꼴이나 여물을 써는 것. □秣(말)-짐승에게 사료를 먹이는 것. □艾(애)-양(養)의 뜻(毛傳), 누리는 것. □綏(수)-편안한 것.

解說 이것은 천자의 덕을 송축하는 시이다. 궁중의 잔치 자리에서 신하들이 노래했음직하다. 제1절·제2절의 원앙새는 평화시대를 상징하는 듯하지만 시의 내용과 어떤 직접적인 관련이 있는지는 알 수 없다. 그리고 제3절·제4절의 말에게 꼴을 썰어 먹인다는 것은 천자에 대하여 충성스럽게 일하겠다는 작자의 뜻을 노래한 것이리라.

「모시서」에서는 이것도 유왕을 풍자한 시라 하였다.

▼원앙새

7. 점잖은 관(頍弁)

有頍者弁을
<small>유 규 자 변</small>
점잖은 관은

實維伊何오?
<small>실 유 이 하</small>
무엇 하러 썼는가?

爾酒既旨하고
<small>이 주 기 지</small>
맛있는 술 있고

爾殽既嘉하니
<small>이 효 기 가</small>
좋은 안주 있는데

豈伊異人이리요?
<small>기 이 이 인</small>
어찌 저들이 모두 남남일까?

兄弟匪他로다.
<small>형 제 비 타</small>
다름 아닌 형제들일세.

蔦與女蘿이
<small>조 여 여 라</small>
겨우살이와 댕댕이넝쿨이

施于松栢이로다.
<small>이 우 송 백</small>
소나무와 잣나무에 감겨 있네.

未見君子엔
<small>미 견 군 자</small>
군자들 만나기 전엔

憂心奕奕이러니,
<small>우 심 혁 혁</small>
마음의 시름 컸는데,

既見君子하니
<small>기 견 군 자</small>
군자들 만나니

庶幾說懌이로다.
<small>서 기 열 역</small>
내 마음 기뻐지네.

有頍者弁을
<small>유 규 자 변</small>
점잖은 관은

實維何期오?
<small>실 유 하 기</small>
무엇 때문에 썼는가?

爾酒既旨하고
<small>이 주 기 지</small>
맛있는 술 있고

爾殽既時하니
<small>이 효 기 시</small>
때에 맞는 안주 있는데

기 이 이 인	
豈伊異人이리요?	어찌 저들이 모두 남남일까?

형 제 구 래	
兄弟具來로다.	형제들이 모두 모인 걸세.

조 여 여 라	
蔦與女蘿이	겨우살이와 댕댕이덩굴이

시 우 송 상	
施于松上이로다.	소나무 위에 감겨 있네.

미 견 군 자	
未見君子엔	군자들 만나기 전엔

우 심 병 병	
憂心怲怲이러니,	마음의 시름 그지없더니,

기 견 군 자	
旣見君子하니	군자들 만나니

서 기 유 장	
庶幾有臧이로다.	내 마음 즐거워지네.

유 규 자 변	
有頍者弁을	점잖은 관을

실 유 재 수	
實維在首로다.	머리에 쓰고 있네.

이 주 기 지	
爾酒旣旨하고	맛좋은 술 있고

이 효 기 부	
爾殽旣阜하니,	풍성한 안주 있는데,

기 이 이 인	
豈伊異人이리요?	어찌 저들이 모두 남남일까?

형 제 생 구	
兄弟甥舅로다.	형제와 숙질들이라네.

여 피 우 설	
如彼雨雪에	눈이 내릴 때

선 집 유 산	
先集維霰이로다.	먼저 싸락눈이 내리네.

사 상 무 일	
死喪無日하고	언제 죽을지도 모르는 목숨

無幾相見하니,　　서로 만날 날 많지 않을 테니,
무 기 상 견

樂酒今夕하여　　이 밤에 술을 즐기며
낙 주 금 석

君子維宴이로다.　군자들이 잔치하네.
군 자 유 연

註解　□有頍(유규)-규연(頍然)으로 점잖은 모양의 변(弁)을 형용하는 말. □弁(변)-피변(皮弁)으로 주나라의 관(冠). □實(실)-시(是), 이것, 그것(鄭箋). □維(유)-위(爲)의 뜻(傳疏). 실유이하(實維伊何)는 그러한 관을 쓰고 모인 것은 무엇 때문인가의 뜻. □殽(효)-술안주. □異人(이인)-딴 남. 거기 모인 사람들은 모두 사이가 먼 딴 남들이겠느냐?는 뜻. □匪他(비타)-'다름 아니라', 바로 형제들의 모임이라는 뜻. □蔦(조)-겨우살이. □女蘿(여라)-토사(菟絲)라고도 하며 '댕댕이덩굴'(?). 조(蔦)나 여라(女蘿)나 모두가 덩굴풀임. □施(이)-뻗다. 주남(周南)「칡덩굴(葛覃)」시에도 보임. 이 구절은 형세들이 서로 믿고 의지함에 비유한 것임. □君子(군자)-여기 모인 형제들을 가리킴. □奕奕(혁혁)-크게 시름하는 모양. □說(열)-기뻐하다. □懌(역)-기뻐하다. □期(기)-조사로서 하기(何期)는 무엇 때문인가?(鄭箋). □怲(병)-근심하다. □臧(장)-선(善)의 뜻, 마음이 안정되는 것. □首(수)-머리. □阜(부)-풍성한 것. □甥(생)-생질·조카. □舅(구)-외삼촌. 생구(甥舅)는 숙질(叔姪) 관계의 인척들 전부를 가리킨다. □霰(산)-싸락눈. 눈이 크게 오려면 처음에는 반드시 따스한 기온에 눈이 내리는데, 눈이 따스한 기운을 만나 뭉쳐지면 싸락눈이 된다. 그리고 추위가 더해지면 차츰 큰 눈으로 변한다고 한다(鄭箋). □死喪無日(사상무일)-'얼마 안가 사람은 죽는다' '사람의 목숨이 짧다'는 뜻. □無幾相見(무기상견)-목숨이 짧으므로 따라서 '만날 날도 얼마 되지 않는다'는 뜻.

▲ 겨우살이와 댕댕이 덩굴

[解說] 이 시는 형제와 친척들이 모여 술마시고 즐기며 잔치하는 것을 읊은 노래이다(集傳).

「모시서」에서는 이것도 유왕이 포악한 정치를 하여 친한 사람이 없게 되었으므로 친족들과도 함께 즐기지 못하여 외로이 망해가고 있음을 여러 신하들이 풍자하는 뜻에서 지은 시로 보았다.

8. 수레 굴대빗장(車舝)

間關車之舝兮여!
간 관 거 지 할 혜
굴대빗장 빙글빙글 도는 수레 타고

思孌季女逝兮로다.
사 련 계 녀 서 혜
어여쁜 막내딸 시집가는 날.

匪飢匪渴이라
비 기 비 갈
주리고 목마른 듯 그리웠으니

德音來括이로다.
덕 음 래 괄
만나서 님의 목소리 듣고 싶네.

雖無好友라도
수 무 호 우
다른 좋은 벗 없다 해도

式燕且喜로다.
식 연 차 희
즐기며 기뻐하리라.

依彼平林에
의 피 평 림
무성한 나무숲엔

有集維鷮로다.
유 집 유 교
꿩들이 모여 있네.

辰彼碩女는
신 피 석 녀
멋있는 저 날씬한 아가씨는

令德來敎로다.
영 덕 래 교
훌륭한 덕을 가르침 받았네.

式燕且譽하여
식 연 차 예
즐기며 안락하게 살아가면서

好爾無射이로다.
호 이 무 역
한없이 그대 좋아하리라.

雖無旨酒라도　　　맛있는 술 없다 해도

式飮庶幾로다.　　　마셔 주기 바라네.

雖無嘉殽라도　　　좋은 안주 없다 해도

式食庶幾로다.　　　먹어 주기 바라네.

雖無德與女니　　　비록 덕이 없다 해도 그대와 함께 있게 되었으니

式歌且舞로다.　　　노래하고 춤추세나.

陟彼高岡하여　　　높은 산등성이에 올라

析其柞薪이로다.　　　갈참나무 상작을 패네.

析其柞薪하니　　　갈참나무 장작을 패노라니

其葉湑兮로다.　　　그 잎새 무성하기도 하네.

鮮我覯爾하니　　　그대를 만났으니

我心寫兮로다.　　　내 마음 후련해지네.

高山仰止며　　　높은 산은 우러러보고

景行行止로다.　　　한길은 걸어 다니는 것.

四牡騑騑하니　　　네 마리 말이 터벅터벅 수레 끄는데

六轡如琴이로다.　　　여섯 줄 고삐가 거문고 줄 같네.

覯爾新昏하여　　　그대 만나 새로 결혼하여

以(이)慰(위)我(아)心(심)이로다.　　내 마음 즐겁기만 하네.

註解　▫間關(간관) - 빙빙 돌아가는 것(通釋). ▫舝(할) - 수레 굴대빗장, 수레 굴대 양편에 바퀴가 빠지지 않도록 꽂아놓은 빗장. 패풍(邶風)「샘물(泉水)」시에 보임. ▫思(사) - 조사. ▫孌(련) - 예쁜 것. 아름다운 것. ▫季女(계녀) - 막내딸. ▫逝(서) - 시집을 가는 것. 匪飢匪渴(비기비갈) - 정말로 배고프고 목마른 것이 아니라 신부를 보고픈 마음이 기갈(飢渴)이 들린 듯하다는 뜻. ▫德音(덕음) - 그리운 이의 목소리. ▫來(래) - 조사로 시(是)와 같은 뜻(釋義). ▫括(괄) - 괄(佸)과 통하며, '만나는 것'. 덕음래괄(德音來括)은 만나서 그의 목소리를 듣는 것. ▫燕(연) - 즐기다. 다른 벗은 없다 해도 신부가 있으니 즐기고 기뻐할 만하다는 뜻. ▫依(의) - 은(殷)과 통하여, 무성한 것(通釋). ▫平林(평림) - 평평한 땅의 숲. ▫鷮(교) - 꿩. 꿩의 아름다움을 신부에 비유한 것이다. ▫辰(신) - 시(時)의 뜻이며, 시(時)는 선(善)과 통하여(앞의 「頍弁」 시 毛傳), '멋있는 것'. ▫碩女(석녀) - 키가 큰 여인. ▫令(령) - 아름다운 것. ▫敎(교) - 가르침을 받았다는 뜻. ▫譽(예) - 안락의 뜻, 앞의 「길게 자란 다북쑥(蓼蕭)」 시에 보였음. ▫爾(이) - 신부를 가리킴. ▫射(역) - 싫어하다. ▫與女(여녀) - 그대와 더불어 지내게 된 것. ▫析(석) - 쪼개다. ▫柞(작) - 갈참나무. 작신(柞薪)은 갈참나무 장작. ▫湑(서) - 무성한 것(鄭箋). 이것은 현재의 즐거운 풍경을 노래한 것이다. ▫鮮(선) - 사(斯)의 뜻, 지금, 이제. 「더부룩한 다북쑥(蓼莪)」 시에 보임. ▫覯(구) - 만나다. ▫爾(이) - 신부를 가리킴. ▫寫(사) - 사(瀉)와 통하여, 마음이 시원해지는 것. ▫景行(경행) - 대도(大道), 한길. 이상 두 구절은 모든 일이 법도대로 되어감을 말한 것이다. ▫騑騑(비비) - 말이 터벅터벅 걷는 모양. ▫六轡如琴(육비여금) - 여섯 줄의 고삐가 가야금 줄 같다, 곧 여섯 줄의 고삐가 잘 조화됨을 말한 것임. ▫新昏(신혼) - 신혼(新婚). ▫慰(위) - 위로를 받는다, 기뻐진다는 뜻.

解說　이 시는 신혼의 즐거움을 노래한 것이다(集傳).
「모시서」에선 이것도 유왕을 풍자한 것이라 하고 포사(褒姒)가 무도한 짓을 멋대로 하기 때문에 주나라 사람들이 현명한 여자를 구하여 임금에게 짝지어 주고 싶어서 이 시를 노래한 것이라 하였다.

9. 쉬파리(靑蠅)

營營靑蠅이　　　　윙윙 쉬파리 날다가
止于樊이로다.　　　울타리에 앉았네.
豈弟君子는　　　　 점잖으신 군자님은
無信讒言이어다.　　남 모함하는 말 믿지 마시기를.

營營靑蠅이　　　　윙윙 쉬파리 날다가
止于棘이로다.　　　대추나무에 앉았네.
讒人罔極하여　　　남을 모함하는 자들은 나쁜 자들이어서
交亂四國이로다.　　온 나라를 어지럽히네.

營營靑蠅이　　　　윙윙 쉬파리 날다가
止于榛이로다.　　　개암나무에 앉았네.
讒人罔極하여　　　남을 모함하는 자들은 나쁜 자들이어서
構我二人이로다.　　우리들 서로 미워하게 하네.

[註解] □營營(영영)-왔다갔다 하며 나는 소리(集傳). □靑蠅(청승)-'쉬파리'. 남을 모함하기 잘하는 자들에게 견준 것이다. □豈弟(개제)-'점잖은 것'. 제풍(齊風)「수레 타고(載驅)」시에 보였음. □君子(군자)-임금을 가리킴. □罔極(망극)-무량(無良), 곧 '나쁜 것'. □榛(진)-개암나무. □構(구)-구합(構合)의 뜻으로, 서로가 미워하는 것.

解說 이는 남을 모함하기 잘하는 자들을 쉬파리에 비유하며 풍자한 시이다. 「모시서」에서는 역시 남을 모함하는 말을 잘 믿는 유왕을 풍자한 시로 보았다.

10. 손님 잔치(賓之初筵)

賓之初筵에   손님 모여 잔치 시작하는데
左右秩秩이로다.   왼쪽 오른쪽 모두 질서 정연하네.
籩豆有楚하고   음식 그릇 많기도 하고
殽核維旅로다.   고기 갈비 벌여 있네.
酒旣和旨하여   술은 맛있게 빚어져
飮酒孔偕로다.   매우 즐겁게 술 마시네.
鐘鼓旣設하고   풍악을 벌여놓고
擧醻逸逸이로다.   술잔 들고 왔다갔다 하네.
大侯旣抗하고   큰 과녁 펼쳐지고
弓矢斯張이로다.   활에 살 먹여 당기네.
射夫旣同하니   활 쏜 이 다 모이자
獻爾發功이로다.   활 쏜 결과 아뢰네.
發彼有的하고   활 쏘아 과녁 맞히고는
以祈爾爵이로다.   상대방이 술잔 들기 바라네.

약 무 생 고	
籥舞笙鼓하고	생황과 북의 반주로 문무를 추고

악 기 화 주
樂旣和奏로다.　　음악을 합주하네.

증 간 열 조
烝衎烈祖하니　　여러 조상들 즐겁게 해드리는데

이 흡 백 례
以洽百禮로다.　　모든 것이 예에 합당하네.

백 례 기 지
百禮旣至하니　　모든 예 갖추어지니

유 임 유 림
有壬有林이로다.　　모임 매우 성대하네.

석 이 순 가
錫爾純嘏하니　　큰 복 신께서 내려주시니

자 손 기 담
子孫其湛이로다.　　자손들의 즐거움일세.

기 담 왈 락
其湛曰樂하니　　그 즐거움 무르익자

각 주 이 능
各奏爾能이로다.　　각기 자기 재주 발휘하네.

빈 재 수 구
賓載手仇하고　　손님들이 술잔 주고받고

실 인 입 우
室人入又로다.　　주인도 들어와 한몫 끼네.

작 피 강 작
酌彼康爵하니　　큰 잔에 술 부으니

이 주 이 시
以奏爾時로다.　　과녁 맞힌 분들 위해서일세.

빈 지 초 연
賓之初筵에　　손님 모여 잔치 시작하는데

온 온 기 공
溫溫其恭이로다.　　점잖고 공손하네.

기 미 취 지
其未醉止엔　　취하지 않았을 적엔

威儀反反_{위의반반}이러니　　위엄과 예의에 조심하더니
日旣醉止_{왈기취지}엔　　술 취한 뒤엔
威儀幡幡_{위의번번}이로다.　위엄과 예의가 불안해지네.
舍其坐遷_{사기좌천}하고　　자리를 떠나 옮겨 다니며
屢舞僊僊_{루무선선}이로다.　자주 너울너울 춤추네.
其未醉止_{기미취지}엔　　아직 취하지 않았을 적엔
威儀抑抑_{위의억억}이러니　　위엄과 예의가 빈틈없더니
日旣醉止_{왈기취지}엔　　술 취한 뒤엔
威儀怭怭_{위의필필}이로다.　위엄과 예의가 허술해지네.
是日旣醉_{시왈기취}면　　이래서 술 취하면
不知其秩_{부지기질}이로다.　질서를 모른다 했시.

賓旣醉止_{빈기취지}하여　　손님들 술 취하여
載號載呶_{재호재노}하고　　소리치고 떠들고 하며
亂我籩豆_{난아변두}하며　　음식 그릇 어지럽히고
屢舞僛僛_{루무기기}로다.　비틀비틀 연이어 춤추네.
是日旣醉_{시왈기취}면　　이래서 술 취하면
不知其郵_{부지기우}로다.　자기 잘못도 모른다 했지.

제2편 소아(小雅) • 653

측변지아	
側弁之俄하고	관을 비스듬히 쓰고

루무사사
屢舞傞傞로다.　　더풀더풀 계속 춤추네.

기취이출
旣醉而出하면　　술 취하여 바로 자리 뜬다면

병수기복
並受其福이로되　　서로가 다행한 일이지만

취이불출
醉而不出하면　　술 취한 뒤에도 가지 않으면

시위벌덕
是謂伐德이로다.　덕을 해치는 짓이 된다네.

음주공가
飮酒孔嘉는　　술 마시는 것이 매우 좋다는 것은

유기령의
維其令儀니라.　오직 예의를 잘 지킬 때일세.

범차음주
凡此飮酒에　　이처럼 술 마시는데

혹취혹부
或醉或否로다.　어떤 이는 취하고 어떤 이는 안 취했네.

기립지감
旣立之監하고　　그래서 감시자 세우고

혹좌지사
或佐之史하니,　기록자 두어 그들 돕게 하였으니,

피취부장
彼醉不臧은　　술 취하여 탈선하는 것은

불취반치
不醉反恥로다.　취하지 않은 이가 부끄러이 여기는 일이네.

식물종위
式勿從謂하고　　공연히 많이 들라 하지 말고

무비대태
無俾大怠어다.　취하여 행동이 너무 태만하지 않아야 되네.

비언물언
匪言勿言하고　　부당한 말도 하지 말고

_{비 유 물 어}
匪由勿語로다.　　법도에 어긋나는 말은 하지 말아야 하네.

_{유 취 지 언}
由醉之言은　　술 취하여 떠들다 보면

_{비 출 동 고}
俾出童羖이로다.　수양은 뿔이 없다는 식의 말 나오게 된다네.

_{삼 작 불 식}
三爵不識이니　세 잔이면 의식 잃게 되는 것을

_{신 감 다 우}
矧敢多又리오?　하물며 더 마시라 권해서야 되겠는가?

註解　▫初筵(초연) – 처음 자리에 앉아 잔치를 시작할 때. ▫秩秩(질질) – 질서 있는 모양. ▫籩豆(변두) – 대나무 또는 나무로 만든 여러 가지 음식 그릇. ▫楚(초) – 차(且)의 뜻으로 많은 모양(通釋). ▫殽(효) – 주로 육류로 만든 음식(通釋). ▫核(핵) – 핵(覈)으로 인용된 곳도 있으며, 뼈가 붙어 있는 '갈비' 같은 고기들(通釋). ▫旅(려) – 진열하다, 벌여놓다. ▫和(화) – 조화의 뜻. ▫旨(지) – 맛있는 것. ▫偕(해) – 해(諧)와 통하여, 화해의 뜻. ▫醻(수) – 주인이 다시 손님에게 술잔을 따라 올리는 것. 거수(擧醻)는 그 술잔을 들어 올리는 것. ▫逸逸(일일) – 질서있게 왔다갔다 하는 것(毛傳). ▫大侯(대후) – 군후(君侯)로서(毛傳), 큰 과녁. 후(侯)는 천이나 가죽으로 만든 과녁임. ▫抗(항) – 거(擧)의 뜻으로(毛傳), 천이나 가죽으로 만든 과녁을 치는 것. ▫射夫(사부) – 여러 활쏘는 사람들(鄭箋). ▫同(동) – 모이는 것(釋義). ▫獻(헌) – 아뢰다. 주(奏)의 뜻(鄭箋). ▫發(발) – 발시(發矢), 화살을 쏘는 것. ▫功(공) – 중적지공(中的之功), 곧 과녁에 맞힌 결과(鄭箋). ▫彼(피) – 화살을 가리킴. ▫有的(유적) – 과녁에 맞힌 것. ▫爵(작) – 술잔. 이기이작(以祈爾爵)은 사례(射禮)에 있어선 이긴 사람이 진 사람에게 술을 먹이게 되어 있으므로, 활을 쏠 때 자기가 과녁을 더 많이 맞히어 상대방에게 술을 더 많이 먹이려 든다는 것이다(鄭箋). ▫籥舞(약무) – 피리를 손에 들고 추는 문무(文舞)(毛傳). ▫笙鼓(생고) – 생황과 북, 문무(文舞)에 반주되는 악기. ▫和奏(화주) – 합주의 뜻. 여러 소리가 조화된대서 화주(和奏)라 한 것이다. ▫烝(증) – 조사. ▫衎(간) – 즐기는 것. ▫烈祖(열조) – 여러 조상들(集傳). ▫洽(흡) – 들어맞는 것. ▫至(지) – 비(備)의 뜻(釋義), 갖추다. ▫有壬(유임) – 임연(壬然), 큰 모양(毛傳). ▫有林(유림) – 임연(林然)으로 숲처럼 그 예

(禮)가 굉장한 것을 형용했음(通釋). □錫(석)-주다. □純(순)-대(大), 큰 것(鄭箋). □嘏(가)-복. □湛(담)-오래 즐기다. 기담왈락(其湛曰樂)은 '그 즐김이 즐겁게 되었다', 곧 '즐김이 무르익었다'는 뜻. □奏(주)-나타내 보이는 것. □能(능)-활 잘 쏘는 솜씨를 말한다(通釋). □載(재)-조사, 즉(則)의 뜻. □手(수)-취(取)의 뜻(毛傳). □仇(구)-짝, 여기서는 술잔을 주고받는 것. □室人(실인)-주인(毛傳). □入(입)-차(次)로 들어가는 것(毛傳). □次(차)-위석(幃席)을 친 활쏘기 할 때의 옷을 갈아입는 방 같은 곳(釋義). □又(우)-또. 손님과 술잔을 주고받는 것. □康(강)-대(大), 큰 것(通釋). □爵(작)-술잔. □奏(주)-위(爲), 위하다. □時(시)-시(是)의 뜻으로 과녁에 맞은 것을 가리킨다. 곧 큰 잔에 술을 부어 '화살을 과녁에 맞힌 사람을 위하여 못 맞힌 사람에게 마시게 하도록 한다'는 뜻(傳疏). □溫溫(온온)-온화한 모양. □其恭(기공)-공손한 모양. □反反(반반)-신중한 모양(毛傳). □幡幡(번번)-되풀이하는 모양(「巷伯」시에 보임). 여기서는 행동이 불안한 모양을 나타낸다(釋義). □舍(사)-사(捨)의 뜻, 버리다. □僛僛(선선)-경거모(輕擧貌), 행동을 가벼이 하는 모양(釋義). □抑抑(억억)-빈틈없는 모양(毛傳). □怭怭(필필)-업신여기고 허술히 행동하는 모양. □秩(질)-질서의 뜻. □號(호)-소리치는 것. □呶(노)-시끄럽게 떠드는 것. □僛僛(기기)-뒤뚱뒤뚱 기울어지는 모양(集傳). □郵(우)-과(過)와 통하여, 여기서는 '허물'의 뜻. □側(측)-기울어지는 것. □俄(아)-기울어지는 것. □傞傞(사사)-쉬지 않고 자꾸만 춤추는 모양(毛傳). □出(출)-떠나가는 것. □並受其福(병수기복)-주인이나 손님이나 다 다행하고 좋은 일이라는 뜻. □伐(벌)-패(敗)의 뜻(經義述聞). 망치는 것. □令(령)-아름다운 것. □儀(의)-예의, 거동. □監(감)-사례(射禮)를 감독하는 사람. 〈향사례(鄕射禮)〉의 '입사정(立司正)' 주(注)에 '게을리하여 예를 잃는 자는 사정(司正)을 세워 감독케 한다' 하였으니, 이곳의 '감(監)'은 '사정'과 같은 것이다(通釋). □史(사)-기록을 하는 관리. 옛날 술을 마실 적엔 모두 감을 세워 예에 벗어남을 막았는데, 노인들은 또 '사'를 두어 감을 도와 말하는 것을 감시하게 하였다. 다만 젊은이들은 '사'가 없었다(通釋). □不臧(부장)-좋지 못한 짓. □不醉(불취)-취하지 않은 사람. □反恥(반치)-반대로 수치로 알았다는 뜻. □式(식)-조사. □謂(위)-권면(勸勉)의 뜻을 나타낸다. 곧 덩달아 그에게 권하여 더 많이 마시도록 하지 말라는 뜻. □無俾大怠(무비대태)-술 많이 마신 자로 하여금 크게 예에 태만하도록 만

들지 말라는 뜻. ▫匪言(비언) – 부당한 말(釋義). ▫由(유) – 식(式)과 통하며, 식(式)은 법(法)의 뜻. 따라서 비유(匪由)는 법도에 벗어나는 말(通釋). ▫由醉之言(유취지언) – 취하여 나오는 말. ▫童(동) – 민둥산. 독(禿)과 통함. ▫羖(고) – 수양. 동고(童羖)는 뿔 없는 수양. 비출동고(俾出童羖)는 술에 취하면 수양은 모두 뿔이 있는데도 뿔 없는 수양이 있다는 것과 같은 말을 하게 된다는 뜻. ▫不識(불식) – 의식을 잃게 되는 것. ▫矧(신) – 하물며. ▫又(우) – 유(侑)의 가차자(假借字)로, 술을 권하는 것(釋義).

|解説| 「모시서」에선 이것을 위(衛)나라 무공(武公)이 유왕(幽王)을 풍자한 시라 하였다. 주희의 『집전』에서는 위나라 무공이 술을 마시고 잘못을 뉘우치어 이 시를 지었다고 하였다. 그러나 모두 위나라 무공을 인용한 근거가 분명치 않다.

이것은 마서진(馬瑞辰) 등의 견해대로 대사례(大射禮)의 모습을 노래한 것이라 봄이 좋겠다. 옛날 임금들은 제사를 지내기에 앞서 반드시 대사례를 거행하였다(通釋·釋義). 대사례를 하기 시작할 때부터 대사례가 끝나 잔치를 하는 과정을 전부 노래하고, 잔치에서 술을 많이 마시고 탈선하는 행동이 흔함을 훈계한 것이다.

▲ 술잔

제7 어조지습(魚藻之什)

1. 물고기와 마름풀(魚藻)

어 재 재 조
魚在在藻하니   물고기가 마름 풀 사이에 노는데

유 분 기 수
有頒其首로다.   머리가 큼지막하네.

왕 재 재 호
王在在鎬하사   임금님께서는 호경에 계시면서

개 락 음 주
豈樂飮酒로다.   술 마시며 즐기시네.

어 재 재 조
魚在在藻하니   물고기가 마름 풀 사이에 노는데

유 신 기 미
有莘其尾로다.   꼬리가 기다랗네.

왕 재 재 호
王在在鎬하사   임금님께서는 호경에 계시면서

음 주 락 개
飮酒樂豈이로다.   즐기며 술 마시네.

어 재 재 조
魚在在藻하니   물고기가 마름 풀 사이에 노는데

의 우 기 포
依于其蒲로다.   부들도 옆에 자랐네.

왕 재 재 호
王在在鎬하사   임금님께서는 호경에 계시면서

유 나 기 거
有那其居로다.   안락하게 지내시네.

[註解] □藻(조)-마름 풀, 물풀. □有頒(유분)-분연(頒然)으로 머리가 큰 모양. □鎬(호)-호경(鎬京), 서주(西周)의 서울. 지금의 섬서성 장안현(長安縣) 서쪽이었다. □豈(개)-즐기다. 개(愷)와 같은 자. □有莘(유신)-신연(莘然)으로, 긴 모양. □蒲(포)-부들, 물풀. 의우기포(依于其蒲)는 부들 가까이에서도 논다는 뜻. □那(나)-편안하다, 안락하다.

[解説] 이 시는 천자를 기린 것이다.「모시서」에선 유왕을 풍자하기 위하여 옛 무왕(武王)을 생각하면서 노래한 것이라 보았다.
주희는 천자가 제후들에게 잔치를 베풀자 제후가 천지를 기린 시로 보았나. 마름 풀 사이의 물고기는 훌륭한 천자를 상징함에는 틀림없다.

2. 콩을 따세(采菽)

채 숙 채 숙 采菽采菽하여	콩을 따서 콩을 따서
광 지 거 지 筐之筥之로다.	모진 광주리 둥근 광주리에 담네.
군 자 래 조 君子來朝에	군자님들 내조하신다는데
하 석 여 지 何錫予之오?	무얼 내려주시려나?
수 무 여 지 雖無予之나	내려줄 것이 없다고 하시면서도
노 거 승 마 路車乘馬로다.	큰 수레와 말 내려 주시네.
우 하 여 지 又何予之오?	또 무엇을 내리시는가?
현 곤 급 보 玄袞及黼로다.	검은 곤룡 저고리에 보 무늬 바지라네.
필 불 함 천 觱沸檻泉에	솟아오르는 샘물가에서

<ruby>言<rt>언</rt>采<rt>채</rt>其<rt>기</rt>芹<rt>근</rt></ruby>이로다.　　미나리를 뜯네.

<ruby>君<rt>군</rt>子<rt>자</rt>來<rt>래</rt>朝<rt>조</rt></ruby>에　　군자님들 내조하시는

<ruby>言<rt>언</rt>觀<rt>관</rt>其<rt>기</rt>旂<rt>기</rt></ruby>로다.　　깃발이 저기 보이네.

<ruby>其<rt>기</rt>旂<rt>기</rt>淠<rt>비</rt>淠<rt>비</rt></ruby>하고　　깃발 수없이 나부끼고

<ruby>鸞<rt>란</rt>聲<rt>성</rt>嘒<rt>혜</rt>嘒<rt>혜</rt></ruby>로다.　　말방울 소리 짤랑거리네.

<ruby>載<rt>재</rt>驂<rt>참</rt>載<rt>재</rt>駟<rt>사</rt></ruby>하고　　네 마리 말이 끄는 수레 몰고

<ruby>君<rt>군</rt>子<rt>자</rt>所<rt>소</rt>屆<rt>계</rt></ruby>로다.　　군자님들 오고 계시네.

<ruby>赤<rt>직</rt>芾<rt>불</rt>在<rt>재</rt>股<rt>고</rt></ruby>하고　　붉은 슬갑 넓적다리까지 내려오고

<ruby>邪<rt>사</rt>幅<rt>폭</rt>在<rt>재</rt>下<rt>하</rt></ruby>로다.　　그 밑엔 행전을 치셨네.

<ruby>彼<rt>피</rt>交<rt>교</rt>匪<rt>비</rt>紓<rt>서</rt></ruby>하니　　몸에 꼭 끼지도 허술하지도 않으니

<ruby>天<rt>천</rt>子<rt>자</rt>所<rt>소</rt>予<rt>여</rt></ruby>로다.　　천자께서 내리신 것일세.

<ruby>樂<rt>낙</rt>只<rt>지</rt>君<rt>군</rt>子<rt>자</rt></ruby>여,　　즐겁도다 군자님들,

<ruby>天<rt>천</rt>子<rt>자</rt>命<rt>명</rt>之<rt>지</rt></ruby>로다.　　천자께서 임명하셨네.

<ruby>樂<rt>낙</rt>只<rt>지</rt>君<rt>군</rt>子<rt>자</rt></ruby>여!　　즐겁도다 군자님들이어!

<ruby>福<rt>복</rt>祿<rt>록</rt>申<rt>신</rt>之<rt>지</rt></ruby>로다.　　복과 녹이 거듭 더해지네.

<ruby>維<rt>유</rt>柞<rt>작</rt>之<rt>지</rt>枝<rt>지</rt></ruby>엔　　갈참나무 가지엔

<ruby>其<rt>기</rt>葉<rt>엽</rt>蓬<rt>봉</rt>蓬<rt>봉</rt></ruby>이로다.　　잎새가 무성하네.

| 낙 지 군 자 |
| 樂只君子여! | 즐겁도다 군자님들이어!
| 전 천 자 지 방
| 殿天子之邦이로다. | 천자님의 나라를 안정시키시네.
| 낙 지 군 자
| 樂只君子여! | 즐겁도다 군자님들이어!
| 만 복 유 동
| 萬福攸同이로다. | 온갖 복이 다 모이네.
| 평 평 좌 우
| 平平左右이 | 점잖은 신하들
| 역 시 솔 종
| 亦是率從이로다. | 모두가 따르고 있네.

| 범 범 양 주
| 汎汎楊舟는 | 두둥실 버드나무 배는
| 불 리 유 지
| 紼纚維之로다. | 밧줄로 매어 있네.
| 낙 지 군 자
| 樂只君子여! | 즐겁도다 군자님들이어!
| 천 자 규 지
| 天子葵之로다. | 천자께서 모든 일 살펴 주시네.
| 낙 지 군 자
| 樂只君子여! | 즐겁도다 군자님들이어!
| 복 록 비 지
| 福祿膍之로다. | 복과 녹이 두터워지네.
| 우 재 유 재
| 優哉游哉히 | 의젓하고 점잖게
| 역 시 려 의
| 亦是戾矣로다. | 모두가 당도하셨네.

註解 □菽(숙)-콩. □筐(광)-모진 대광주리. □筥(거)-둥근 대광주리. 여기서는 모두 동사로서 '광주리에 담는다'는 뜻. □君子(군자)-제후들을 가리킴. □錫(석)-내리다, 주다. □予(여)-내리다, 주다. 천자가 내조(來朝)한 제후들에게 선물로 내리는 것. □雖無予之(수무여지)-'비록 줄 것이 없다고 한다'는 뜻으로, 내릴 물건이 대단치 않다는 겸사(謙辭)(鄭箋), 곧 '별것은 아니지만'

'대단치는 않지만'. 제후들이 타는 노거(路車)와 말을 내릴 것이라는 것이다. ▫玄(현)-검은 것. ▫袞(곤)-곤룡포. 둥글게 말린 용이 그려 있는 옷. 현곤(玄袞)은 검은 천에 둥근 용이 그려 있는 저고리를 말한다(鄭箋). 구장법복(九章法服)의 하나(孔疏). ▫黼(보)-도끼 모양이 연이어지는 흑백 무늬. 구장법복(九章法服)에선 보(黼) 무늬가 바지에 그려져 있었으므로, 여기서는 보 무늬를 수놓은 바지를 뜻한다. ▫觱沸(필불)-샘물이 솟아나는 모양(毛傳). ▫檻泉(함천)-지금 솟아오르고 있는 샘물(毛傳). ▫芹(근)-미나리. ▫觀(관)-보인다는 뜻. ▫旂(기)-여기서는 제후의 수레에 꽂힌 여러 가지 깃발을 뜻함. ▫淠淠(비비)-많은 깃발이 펄럭이는 모양(毛傳).「갈가마귀(小弁)」시『모전』참조. ▫鸞(란)-말재갈에 달린 방울. ▫嘒嘒(혜혜)-잘랑잘랑 나는 소리. ▫載驂載駟(재참재사)-참마(驂馬)와 복마(服馬)의 네 마리 말이 수레를 끄는 것. ▫屆(계)-이르다. ▫芾(불)-슬갑. 제후들은 붉은 슬갑을 걸치었다(曹風 '候人' 시에도 보임). 슬갑은 앞을 가리는 것이어서 아래 폭은 넓적다리게까지 이른다. 그래서 재고(在股)라 한 것이다. ▫邪幅(사폭)-후세의 행전(行纏)처럼(鄭箋) 무릎에서 발목까지를 천으로 묶은 것. 사폭은 따라서 불(芾) 밑에 있으므로 '재하(在下)'라 한 것이다(釋義). ▫彼(피)-『순자(荀子)』에 이 시를 인용함에 '비(匪)'로 쓰고 있다, 부정사임. ▫交(교)-교(絞)의 뜻으로 몸에 꼭 끼는 것. 피교(彼交)는 몸에 꼭 끼지 않는 것. ▫紓(서)-허술한 것. ▫申(신)-거듭하는 것. ▫柞(작)-갈참나무. ▫蓬蓬(봉봉)-무성한 모양(毛傳). ▫殿(전)-진(鎭)과 통하여, 안정시키는 것. ▫同(동)-모이는 것. ▫平(평)-편(便)과 통하여, 평평(平平)을『한시(韓詩)』엔 '편편(便便)'이라 적고 있다. 편편(便便)은 점잖고 우아한 것. ▫左右(좌우)-제후들의 신하들(集傳). ▫亦(역)-조사. ▫率從(솔종)-모두가 따르는 것. ▫汎汎(범범)-물에 둥실둥실 떠있는 모양. ▫楊舟(양주)-버드나무로 만든 배. ▫紼(불)-뱃머리 밧줄(毛傳). ▫纚(리)-유(維)나 마찬가지로 붙들어 매는 것(集傳). ▫葵(규)-규(揆)와 통하여(毛傳), 제후들의 치적이나 덕을 살피는 것. ▫膍(비)-두터운 것. ▫優游(우유)-제후들이 내조(來朝)하는 모습으로 의젓하고 점잖은 것. ▫亦是戾(역시려)-'어시지(於是至)'의 뜻으로, '모두가 내조하였다', '모두가 당도하였다'는 뜻.

|解説| 이 시는 제후들이 천자께 내조하는 모양을 시인이 노래한 것이다. 1절

첫머리의 콩, 2절 첫머리의 샘물, 4절 첫머리의 갈참나무, 5절 첫머리의 버드나무 배는 모두 흥(興)으로서 꼭 무엇을 비유한 것이라 설명하기 힘들다. 시인의 머릿속에서 제후들이 내조하는 모습과 어떤 연상 작용이 있었을 것이나 알 수 없다. 단순히 이 때 작자의 눈을 끈 한 가지 풍경이었는지도 모른다.

「모시서」에서는 역시 유왕을 풍자하기 위하여 옛일을 노래 부른 것이라 보았다.

3. 뿔활(角弓)

성성각궁 騂騂角弓이	잘 휜 뿔 활은
편기반의 翩其反矣로다.	핑 하고 튕겨지네.
형제혼인 兄弟昏姻은	형제나 친척들은
무서원의 無胥遠矣어다.	서로 멀리하지 말아야지.
이지원의 爾之遠矣면	그대가 멀리하면
민서연의 民胥然矣하고	백성들도 따라 그렇게 하고
이지교의 爾之敎矣면	그대가 가르치면
민서효의 民胥傚矣니라.	백성들은 따라 본받게 되네.
차령형제 此令兄弟는	훌륭한 형제들은
작작유유 綽綽有裕로되	너그러이 정이 넘치지만
불령형제 不令兄弟는	좋지 못한 형제들은

交相爲瘉로다.　　　서로 헐뜯기 일쑤이지.

民之無良은　　　　좋지 못한 백성들은

相怨一方하고,　　　오직 남을 원망하고,

受爵不讓하나니　　　벼슬만은 사양하지 않으니

至于己斯亡이로다.　자신을 망치게 되는 일이네.

老馬反爲駒하고　　　늙은 말 망아지라 생각하고

不顧其後로다.　　　뒷일은 생각 않는 것 같네.

如食宜饇하고　　　　먹는 데에는 남보다 배 부르려 들고

如酌孔取로다.　　　술 마시는 데에는 남보다 많이 마시려 드네.

毋敎猱升木하라!　　원숭이에게 나무 오르게 하지 말게!

如塗塗附니라.　　　진흙에 진흙을 더 바르는 짓일세.

君子有徽猷면　　　　군자가 아름다운 도 지킨다면

小人與屬하리라.　　소인들도 의지하게 될 걸세.

雨雪瀌瀌로되　　　　눈이 펑펑 내리지만

見晛曰消로다.　　　햇빛만 나면 녹네.

莫肯下遺하고　　　　겸손히 남을 따르려 들진 않고

| 식 거 루 교
式居婁驕로다. | 늘 교만하게만 구네.

| 우 설 부 부
雨雪浮浮로되 | 눈이 펄펄 내리지만

| 견 현 왈 류
見晛曰流로다. | 햇빛만 보면 녹네.

| 여 만 여 모
如蠻如髦하니 | 오랑캐들처럼 행동하니

| 아 시 용 우
我是用憂로다. | 나는 늘 걱정이네.

註解 ▫騂騂(성성)-활이 조화되게 잘 구부러진 모양(集傳). ▫角弓(각궁)-뿔로 장식된 활(集傳). ▫翩(편)-반대로 튕겨지는 모양(毛傳). ▫反(반)-반대로 튕겨지는 것(毛傳). 활은 쏘지 않을 때 활줄을 풀어놓으면 바깥쪽으로 활대가 튕겨진다. 형제나 골육(骨肉)이라 하더라도 도에 어긋나는 행동을 하면 이 화살대 줄을 풀어놓듯이 서로 멀어진다는 것이다. ▫兄弟昏姻(형제혼인)-친족·친척을 다 가리킨다.「점잖은 관(頍弁)」시의 '형제생구(兄弟甥舅)'나 같은 말임. ▫胥(서)-서로. ▫傚(효)-본받다. ▫슈(령)-선(善)의 뜻, 훌륭한 것. ▫綽綽(작작)-너그러운 모양. ▫裕(유)-여유가 있는 것. 이 구절은 형제간에 우애가 넘침을 뜻한다. ▫瘉(유)-병. 여기서는 헐뜯는다는 뜻. ▫無良(무량)-불량(不良), 좋지 않은 것. ▫一方(일방)-자기의 입장에서 남만을 '일방적으로' 원망하는 것. ▫至于己(지우기)-'자기 자신에 대하여 말하면'. ▫斯(사)-조사. ▫老馬反爲駒(노마반위구)-힘없는 늙은 말이 젊은 망아지처럼 생각하는 것. 능력없는 소인들이 자기가 유능한 것처럼 행동함에 비유한 말(集傳). ▫不顧其後(불고기후)-'뒷날은 돌아다보지도 않는 것', 곧 눈앞의 작은 이익에 급급한 것. ▫宜(의)-차(且), 또한(앞의 '小宛'시 참조). ▫饇(어)-배부른 것. ▫酌(작)-술을 따르는 것. ▫取(취)-술잔을 들어 마시는 것. ▫猱(노)-원숭이. 원숭이는 소인에 비유한 것으로, 원숭이를 나무에 올려보내지 말라는 것은 소인에게 간사한 짓을 하도록 허용하지 말라는 것이다. ▫如塗塗附(여도도부)-진흙에 진흙을 더 바르는 것 같은 짓, 곧 간사한 소인들에게 간사한 짓을 하도록 하여주는 쓸데없는 짓에 비유한 말. ▫君子(군자)-임금을 가리킴. ▫徽(휘)-아름다운 것.

▫斿(유)-도(道), 도리. ▫小人(소인)-낮은 백성들. ▫屬(촉)-의지하고 따르게 되는 것. ▫瀌瀌(표표)-눈이 많이 내리는 모양(鄭箋). ▫晛(현)-햇빛, 햇빛이 나다. 눈이 아무리 많이 와도 햇볕만 보면 녹아 버린다는 것은, 소인들이 아무리 등쌀을 대더라도 임금님이 잘 다스리면 아무런 문제도 생기지 않고 오히려 교화를 받아 소인들이 없어지고 만다는 뜻. ▫遺(유)-수(隨), 따르는 것(鄭箋). 하유(下遺)는 자기를 낮추고 남의 의견을 따르는 것. ▫式(식)-조사. ▫居(거)-처신의 뜻. ▫婁(루)-루(屢)와 통하며, 『순자』비상(非相)편에서는 이 시를 인용함에 '누(屢)'로 쓰고 있다. 거루교(居屢驕)는 처신이 언제나 교만하다는 뜻. ▫浮浮(부부)-눈이 많이 내리는 모양, 앞의 표표(瀌瀌)와 같은 뜻(毛傳). ▫流(류)-소(消)와 같이 눈이 '녹는 것'(通釋). ▫蠻(만)-남쪽 오랑캐. ▫髦(모)-서이(西夷), 서쪽 오랑캐의 별명(鄭箋). ▫用(용)-이(以), …때문에.

|解說| 「모시서」에 "부형들이 유왕을 풍자한 것이다. 집안 사람들과 친히 지내지 않고 아첨 잘하는 간사한 자들을 좋아하여 집안끼리 서로 원망하므로 이 시를 지었다."고 하였다.

유왕이 대상인지는 몰라도 임금이 간사한 무리들의 남을 모함하는 말을 믿어 한 집안 사람들이 서로 원망하게 되었음을 풍자한 시임에는 틀림없을 것 같다.

4. 무성한 버드나무(菀柳)

유 울 자 류
有菀者柳에   무성한 버드나무 밑에

불 상 식 언
不尙息焉가?   쉬기 바라지 않는가?

상 제 심 도
上帝甚蹈하시니   하늘은 매우 엄하시니

무 자 닐 언
無自暱焉이어다.   스스로 나쁜 짓 하지 말게.

비 여 정 지
俾予靖之면   내게 그런 자들을 다스리게 하신다면

| 후 여 극 언
後予極焉하리라. | 곧 나는 그런 자들을 처벌하리라.

| 유 울 자 류
有菀者柳에 | 무성한 버드나무 밑에
| 불 상 게 언
不尙愒焉가? | 쉬기를 바라지 않는가?
| 상 제 심 도
上帝甚蹈하시니 | 하늘은 매우 엄하시니
| 무 자 닐 언
無自瘵焉이어다. | 스스로 못뙤 짓 하지 말게.
| 비 여 정 지
俾予靖之면 | 내게 그런 자들을 다스리게 하신다면
| 후 여 매 언
後予邁焉하리라. | 곧 나는 그런 자들을 쫓아내리라.

| 유 조 고 비
有鳥高飛하여 | 새가 높이 날아
| 역 부 우 천
亦傅于天이로다. | 하늘에 닿을 듯하네.
| 피 인 지 심
彼人之心은 | 저자의 마음은
| 우 하 기 진
于何其臻고? | 어떻게 되어먹은 것인가?
| 갈 여 정 지
曷予靖之리요? | 언제면 내가 그를 다스리게 될까?
| 거 이 흉 긍
居以凶矜이로다. | 흉악하고 위태롭게 처신하네.

註解 ▫有菀(유울)-울연(菀然), 무성한 모양. ▫尙(상)-바라다. ▫焉(언)-의문조사. '무성한 버드나무 그늘에 쉬고 싶지 않은가?' 라는 말은 '임금님의 덕으로 다스리는 세상 속으로 들어와 법도대로 올바로 살고 싶지 않은가?' 의 뜻을 지녔다. ▫蹈(도)-『모전』에 동(動)의 뜻이라 하였는데, 동(動)은 변(變)과 통하여 사람의 행동에 따라 엄하게 기쁨이나 노함을 나타낸다는 뜻(通釋). ▫瘵(닐)-병(病)의 뜻으로(經義述聞), 병폐가 될 나쁜 짓을 하는 것. ▫靖(정)-다스

리는 것. □後(후)-'뒤에 곧'의 뜻. □極(극)-주(誅)의 뜻(鄭箋), 곧 처벌하는 것. □愒(게)-게(憩)와 통함, 쉬는 것. □瘵(채)-병폐가 될 못된 짓을 하는 것. □邁(매)-여기서는 내보내는 것, 곧 추방의 뜻. □亦(역)-조사. □傅(부)-지(至)의 뜻(毛傳). 이르다. □臻(진)-이르다. 우하기진(于何其臻)은 그자의 마음이 어디로 갈 건가? 곧 그의 마음이 어떻게 되어 갈 건가?의 뜻. □曷(갈)-하시(何時), 언제, 어느 때. □居(거)-처신(處身)하는 것. □矜(긍)-위(危)의 뜻(毛傳). 위태로운 것.

解説 이 시는 어떤 간악한 자를 두고 노래한 것임이 분명하다.
「모시서」에서는 이 시도 "유왕을 풍자한 것이다. 포악하여 친한 사람들이 없고 형벌을 제대로 쓰지 않아 제후들이 따르려하지 않았음으로, 왕자가 제후들을 제대로 거느리지 못한 것을 노래한 것이다."고 하였다.

5. 도성 양반(都人士)

彼都人士는　　도성 양반은
狐裘黃黃이로다.　누런 여우 갖옷 입으셨네.
其容不改하고　　얼굴에 위엄이 있고
出言有章이로다.　말은 조리가 있네.
行歸于周하니　　아가씨가 주나라로 시집오는데
萬民所望이로다.　만백성이 우러러보네.
彼都人士는　　도성 양반은

$\underset{대}{臺}\underset{립}{笠}\underset{치}{緇}\underset{촬}{撮}$이로다.   풀로 짠 삿갓이나 검은 천의 관을 쓰시네.

$\underset{피}{彼}\underset{군}{君}\underset{자}{子}\underset{녀}{女}$는   저 군자님의 따님은

$\underset{주}{綢}\underset{직}{直}\underset{여}{如}\underset{발}{髮}$이로다.   머리숱이 많고도 윤기가 나네.

$\underset{아}{我}\underset{불}{不}\underset{견}{見}\underset{혜}{兮}$니   우린 다시 만날 수 없게 되었으니

$\underset{아}{我}\underset{심}{心}\underset{불}{不}\underset{열}{說}$이로다.   내 마음 기쁘지 않네.

$\underset{피}{彼}\underset{도}{都}\underset{인}{人}\underset{사}{士}$는   도성 양반은

$\underset{충}{充}\underset{이}{耳}\underset{수}{琇}\underset{실}{實}$이로다.   옥돌로 귀막이 하셨네.

$\underset{피}{彼}\underset{군}{君}\underset{자}{子}\underset{녀}{女}$는   저 군자님의 따님은

$\underset{위}{謂}\underset{지}{之}\underset{윤}{尹}\underset{길}{吉}$이로다.   얌전하기 윤씨나 길씨 집 규수 같다네.

$\underset{아}{我}\underset{불}{不}\underset{견}{見}\underset{혜}{兮}$니   우린 다시 만날 수 없게 되었으니

$\underset{아}{我}\underset{심}{心}\underset{원}{苑}\underset{결}{結}$이로다.   내 마음 서러워지네.

$\underset{피}{彼}\underset{도}{都}\underset{인}{人}\underset{사}{士}$는   도성 양반은

$\underset{수}{垂}\underset{대}{帶}\underset{이}{而}\underset{려}{厲}$로다.   늘어진 띠가 휘청거리네.

$\underset{피}{彼}\underset{군}{君}\underset{자}{子}\underset{녀}{女}$는   저 군자님의 따님은

$\underset{권}{卷}\underset{발}{髮}\underset{여}{如}\underset{채}{蠆}$로다.   곱슬머리가 갈충 같네.

$\underset{아}{我}\underset{불}{不}\underset{견}{見}\underset{혜}{兮}$니   우린 다시 만날 수 없게 되었으니

$\underset{언}{言}\underset{종}{從}\underset{지}{之}\underset{매}{邁}$하리라.   그녀를 따라가기라도 할까?

$$\begin{matrix}\overset{비\ 이\ 수\ 지}{匪伊垂之}요 & \text{그가 띠를 늘어뜨린 것이 아니라} \\ \overset{대\ 즉\ 유\ 여}{帶則有餘}로다. & \text{띠가 여유 있기 때문이네.} \\ \overset{비\ 이\ 권\ 지}{匪伊卷之}요 & \text{그가 머리를 만 것이 아니라} \\ \overset{발\ 즉\ 유\ 여}{髮則有旟}로다. & \text{머리끝이 올라갔기 때문이네.} \\ \overset{아\ 불\ 견\ 혜}{我不見兮}니 & \text{우린 다시 만날 수 없게 되었으니} \\ \overset{운\ 하\ 우\ 의}{云何旴矣}오? & \text{얼마나 가슴 아프겠는가?}\end{matrix}$$

註解　□都(도)-왕도(王都)(集傳), 도성(都城). □不改(불개)-유상(有常)의 뜻(集傳), 곧 위엄이 있는 것. □有章(유장)-조리가 있는 것. 이곳까지 네 구절은 신랑의 모습을 형용한 것임. □行歸(행귀)-시집가는 것. 행귀우주(行歸于周)는 주(周)나라 호경(鎬京)으로 출가하는 것(釋義). □臺(대)-앞의「남산유대(南山有臺)」시에 나왔던 대(臺)로서, 사초(莎草)를 뜻함. '향부자' 라 하였으나 맞는지 알 수 없으며, 삿갓을 만드는 것으로 보아 잎이나 줄기가 길고 질긴 '왕골' 종류의 풀이 아닌가 한다. □笠(립)-삿갓. □緇(치)-검은 것. □撮(촬)-관(冠)의 뜻(毛傳), 작아서 머리 위를 잡은 듯하여 촬(撮)이라 한다(集傳). 치촬(緇撮)은 검은 포관(布冠)(毛傳). □君子(군자)-상당한 지위에 있는 사람을 가리킴. 군자녀(君子女)는 신부. □綢(주)-조(稠)와 통하며, 주직(綢直)은 머리숱이 많은 것. □如(여)-머리에 윤기가 남을 뜻한다. □充耳(충이)-'귀막이', 진(瑱). □琇(수)-옥돌. □實(실)-색(塞)의 뜻으로, 귀를 막은 것. 충이수실(充耳琇實)은 '옥돌로 귀를 막는 충이(充耳)를 하고 있다' 는 뜻. □尹(윤)-윤씨(尹氏). □吉(길)-길(姞)과 통하여 길씨(姞氏)(鄭箋). 윤씨와 길씨는 주나라 왕실과 혼인해 온 오래된 집안이라 한다(鄭箋). □苑(원)-울(菀)로 되어 있는 판본이 많으며, 같은 글자임. 원결(苑結)은 마음에 시름이 쌓이는 것. □厲(려)-띠가 늘어져 있는 모양(集傳). □蠆(채)-갈충. 헐(蠍)과 같은 벌레. □言(언)-조사. □從之邁(종지매)-그를 따라가고 싶다는 뜻. □有餘(유여)-남음이 있는 것, 여유가 있는 것. □旟(여)-양(揚)(毛傳), 올라간 것. 유여(有旟)는 여연(旟然)으로, 머리가

말려 올라간 것. ㅁ盱(우) – 병(病)의 뜻. ㅁ云何(운하) – 얼마나. 이 구절은 주남 (周南)「도꼬마리(卷耳)」시에도 보임.

解說　이 시는 귀한 집안의 따님이 주나라로 출가하는 모양을 노래한 것이다 (釋義). 주나라의 신랑은 시종 훌륭한 모습에 성장을 한 멋진 남자로 노래되고 있다. 노래하는 사람은 신부를 짝사랑하던 남자인 듯하다.
　「모시서」에서는 "주나라 사람이 의복이 정상적이지 않음을 풍자한 것이다. 옛날의 윗 사람들은 의복이 한결같고 의젓하며 정상적이어서 그 아래 백성들도 잘 이끌어주어 백성들의 마음이 화합되었다. 지금은 다시는 옛날같은 윗사람을 볼 수 없게 된 것을 가슴 아파한 것이다."고 하였다.

6. 왕골을 자르는데(采綠)

종 조 채 록
終朝采綠로되　　　아침 내내 왕골을 잘라도

불 영 일 국
不盈一匊이로다.　　한줌도 차지 않네.

여 발 곡 국
予髮曲局하니　　　내 머리 뒤엉켰으니

박 언 귀 목
薄言歸沐하리라.　　돌아가 머리나 감을까.

종 조 채 람
終朝采藍로되　　　아침 내내 쪽풀을 캤으나

불 영 일 첨
不盈一襜이로다.　　앞치마 한 자락에도 차지 않네.

오 일 위 기
五日爲期나　　　　닷새 날을 기약했으나

육 일 불 첨
六日不詹이로다.　　엿새가 되어도 오지 못하네.

지 자 우 수
之子于狩하면　　　우리 님 사냥 나가시면

^{언 창 기 궁}
言韔其弓하고,　　활을 활집에 넣고,

^{지 자 우 조}
之子于釣하면　　우리 님 낚시 가시면

^{언 륜 지 승}
言綸之繩이로다.　낚싯줄을 간추리네.

^{기 조 유 하}
其釣維何오?　　어떤 것을 낚던가?

^{유 방 급 서}
維魴及鱮로다.　방어와 연어일세.

^{유 방 급 서}
維魴及鱮여　　방어와 연어를

^{박 언 관 자}
薄言觀者로다.　구경이나 해볼까?

註解　□終朝(종조)－새벽부터 아침밥을 먹을 때까지(毛傳). □綠(록)－왕추(王芻)라고도 하는 왕골의 일종(衛風「淇奧」시 참조). □匊(국)－한줌. 자르기 쉬운 왕골을 아침 내내 잘랐어도 한줌도 되지 않는다는 것은 시름이 깊음을 말한다. □曲局(곡국)－권곡(卷曲). 머리가 엉클어져 있는 모양(釋義). 머리가 엉클어져 있다는 것도 시름의 깊음과 일의 고달픔을 말한다. □沐(목)－머리 감는 것. □藍(람)－남색(藍色) 물을 들이는 데 쓰이는 풀. 쪽. □襜(첨)－앞치마. 일첨(一襜)은 앞치마 자락에 하나 가득 담은 것. □爲期(위기)－돌아가 머리 감고 쉬기로 기약한 것. □詹(첨)－이르다. 불첨(不詹)은 부지(不至)의 뜻. □之子(지자)－작자의 남편. 이 구절부터는 남편이 나라의 일을 끝내고 돌아왔을 때의 상상이다. □狩(수)－사냥하는 것. □韔(창)－활집. 여기서는 동사로 활집에 넣는 것. □綸(륜)－실을 간추리는 것(集傳). □繩(승)－낚싯줄. □魴(방)－방어. □鱮(서)－연어. □薄(박)－언(言)과 함께 조사. □觀者(관자)－관지(觀之)와 같은 말로 구경하는 것.

解說　「모시서」에서는 부부가 서로 떨어져 있음을 원망하는 시로 보았다. 유왕 때에는 부부가 서로 떨어져 있음을 원망하는 사람이 많았다는 것이다. 남편은 나

랏일에 끌려 나가 돌아오겠다고 약속한 날이 지나도 소식이 없다. 그러기에 여인은 손에 잡히지 않는 왕골을 자르고 남초를 뜯으며 남편을 그리는 것이다.

7. 기장싹(黍苗)

_{봉 봉 서 묘}
芃芃黍苗를　　무성한 기장 싹을
_{음 우 고 지}
陰雨膏之로다.　단비가 적시네.
_{유 유 남 행}
悠悠南行하니　멀리 남쪽으로 가는 길
_{소 백 로 지}
召伯勞之로다.　소백께서 돌보아 주실 걸세.

_{아 임 아 련}
我任我輦하고　수레에 짐을 싣고
_{아 거 아 우}
我車我牛로다.　수레에 소를 매었네.
_{아 행 기 집}
我行旣集하고　우리 가서 일 다 이루고
_{개 운 귀 재}
蓋云歸哉오?　언제면 돌아오게 될까?

_{아 도 아 어}
我徒我御요　걷는 사람 탄 사람
_{아 사 아 려}
我師我旅로다.　작은 무리 큰 무리.
_{아 행 기 집}
我行旣集하고　우리 가서 일 다 이루고
_{개 운 귀 처}
蓋云歸處오?　언제면 돌아와 편히 살게 될까?

_{숙 숙 사 공}
肅肅謝功을　빈틈없이 사성의 일을

소백영지 召伯營之로다.	소백께서 다스리시네.
열렬정사 烈烈征師를	위엄 당당히 길 가는 무리를
소백성지 召伯成之로다.	소백께서 지휘하시네.

원습기평 原隰旣平하고	들판 진펄 다 다스려지고
천류기청 泉流旣淸이로다.	샘물 냇물 다 맑아졌네.
소백유성 召伯有成하니	소백님 일 다 이루시니
왕심즉녕 王心則寧이로다.	임금님 마음도 편해지리라.

註解 □芃芃(봉봉)-풀이 무성한 모양. □膏(고)-기름지게 하다. 여기서는 단비가 푹 적시는 것을 말한다. □悠悠(유유)-아득한 모양. □召伯(소백)-소(召)나라 목공(穆公) 호(虎)를 가리킨다. 소남(召南)「팥배나무(甘棠)」시에 자세하니 참고 바람. □勞(로)-위로, 돌보아 주는 것(鄭箋). □任(임)-재(載)의 뜻, 짐을 싣는 것. □輦(련)-가(駕)의 뜻(通釋), 수레. 아임아련(我任我輦)은 나의 수레에 나의 짐을 싣는 것. □我車我牛(아거아우)-수레의 멍에에다 소를 메우는 것(通釋). □我行旣集(아행기집)-우리가 남쪽으로 가는 일을 다 이루는 것(鄭箋). 집(集)은 성(成)의 뜻임. □蓋(개)-합(盍)과 옛날에는 통용되어, '개운(蓋云)'은 '하시(何時)', 언제나, 어느 때면, '운(云)'은 조사(釋義). □徒(도)-도보(徒步), 걷는 사람. □御(어)-수레 탄 사람(毛傳). □師旅(사려)-옛날 군제(軍制)에선 5백 인을 '여(旅)', 오려(五旅)을 '사(師)'라 하였다(鄭箋). 『좌전』정공(定公) 4년에 '임금이 길을 나설 적에는 사(師)가 따르고 공경이 길을 나설 적에는 여(旅)가 따른다' 하였다. □肅肅(숙숙)-빈틈 없는 모양, 엄정한 모양(鄭箋). □謝(사)-땅 이름, 선왕(宣王)이 신백(申伯)을 봉한 땅(해설 참조). 지금의 하남성 신양현(信陽縣) 근처에 있었다(釋義). □營(영)-경영의 뜻. □烈烈(열렬)-위엄이 당당한 모양(鄭箋). □征師(정사)-남쪽으로 가고 있는 여러 사람들. □成(성)-조성(組成)의 뜻, 부대를 편성하여 이끄는 것. □平(평)-땅을 다

스렸음을 말한다(毛傳). ㅁ淸(청) – 맑아지다, 강물이 다스려졌음을 말한다(毛傳).

解說 주희는 '선왕(宣王)이 신백(申伯)을 사(謝) 땅에 봉하고 소(召)나라 목공(穆公)에게 명하여 성읍으로 가서 다스리도록 하였다. 그리하여 소백은 무리들을 이끌고 일하러 남쪽으로 갔는데, 이때 남쪽으로 가는 무리 속의 한 사람이 이 시를 지은 것이다' 라고 해설하였다(集傳).
「모시서」에선 유왕을 풍자한 것이라 하고 소백을 소공(召公) 석(奭)으로 본 듯하다.

8. 진펄의 뽕나무(隰桑)

습 상 유 아 隰桑有阿하고	진펄의 뽕나무 아름답고
기 엽 유 나 其葉有難로다.	잎새가 무성하네.
기 견 군 자 旣見君子하니	우리 님을 만났으니
기 락 여 하 其樂如何오?	즐거움이 어떠하겠는가?

습 상 유 아 隰桑有阿하고	진펄의 뽕나무 아름답고
기 엽 유 옥 其葉有沃이로다.	잎새가 야드르하네.
기 견 군 자 旣見君子하니	우리 님을 만났으니
운 하 불 락 云何不樂이리요?	어찌 즐겁지 않으리?

습 상 유 아 隰桑有阿하고	진펄의 뽕나무 아름답고

其葉有幽로다.　　잎새가 더부룩하네.
기 엽 유 유

旣見君子하니　　우리 님을 만났으니
기 견 군 자

德音孔膠로다.　　굳게굳게 언약을 하네.
덕 음 공 교

心乎愛矣어늘　　마음으로 사랑하거늘
심 호 애 의

遐不謂矣리요?　어찌 사랑한다 말하지 않으리?
하 불 위 의

中心藏之어늘　　마음속에 품고 있거늘
중 심 장 지

何日忘之리요?　어찌 하룬들 그대 잊으리?
하 일 망 지

註解　□隰桑(습상)-진펄 가운데 자란 뽕나무. □有阿(유아)-이언(阿然)으로 아름다운 모양(毛傳). □有難(유나)-나연(難然)으로 무성한 모양(毛傳). □君子(군자)-사랑하는 사람을 가리킨다. □有沃(유옥)-「모전」에선 부드러운 모양, 「집전」에선 광택모(光澤貌), 「광아(廣雅)」에선 아름다운 모양이라 각각 풀이했으나, 결국은 같은 뜻이다. 부드러운 뽕잎은 광택도 있고 아름답기도 한 것이다. □云何(운하)-여하(如何), 어찌. □有幽(유유)-무성(盛)한 모양(通釋). □德音(덕음)-사랑을 언약하는 말. □膠(교)-굳다. □遐(하)-하(何)와 통하여(集傳), 어찌. □謂(위)-사랑을 고백하는 것. □藏(장)-사랑을 간직하고 있는 것.

解說　이 시는 정풍(鄭風)의 「비바람(風雨)」시와 비슷한 노래로 남녀의 사랑을 읊은 것이다(釋義). 무성한 진펄의 뽕나무는 아름다운 남녀의 사랑을 상징하는 것일 게다.
　「모시서」에선 "유왕을 풍자한 시이다. 소인은 벼슬을 하고 군자들은 밀려나 있어서, 군자들이 나와 마음을 다하여 일하는 것이 보고 싶었던 것이라."고 풀이하고 있다. 주희는 군자는 무엇을 가리키는 것인지 확실치 않다고 하였다. 모두 이를 연애 시로 보지 않으려는 도학자적인 입장에서 그렇게 풀이한 듯하다.

9. 띠풀(白華)

白華菅兮하고
_{백 화 관 혜}
띠풀을 마전하고

白茅束兮니라.
_{백 모 속 혜}
흰 띠풀로 묶어 두네.

之子之遠하여
_{지 자 지 원}
우리 님 멀리 가시어

俾我獨兮로다.
_{비 아 독 혜}
나를 외롭게 만드셨네.

英英白雲하고
_{영 영 백 운}
뭉게뭉게 흰 구름 일고

露彼菅茅로다.
_{노 피 관 모}
띠풀에는 이슬이 내렸네.

天步艱難하니
_{천 보 간 난}
시국이 어려워지고 있어

之子不猶로다.
_{지 자 불 유}
우리 님은 돌아오려 하지 않네.

滮池北流하여
_{퓨 지 북 류}
퓨지 물은 북쪽으로 흘러

浸彼稻田이로다.
_{침 피 도 전}
저쪽 논을 적시네.

嘯歌傷懷하고
_{소 가 상 회}
가슴 아파 휘파람 불고 노래하며

念彼碩人이로다.
_{염 피 석 인}
님을 그리워하네.

樵彼桑薪하여
_{초 피 상 신}
뽕나무 가지 잘라다가

卬烘于煁이로다.
_{앙 홍 우 심}
아궁이에 불을 때네.

維彼碩人이여!
_{유 피 석 인}
우리 님이어!

실 로 아 심	
實勞我心이로다.	정말 내 마음 괴롭히네.

고 종 우 궁	
鼓鐘于宮하면	궁 안에서 종을 두드리면
성 문 우 외	
聲聞于外로다.	밖에까지 소리가 들리지.
염 자 조 조	
念子懆懆로되	애타도록 그대 그리거늘
시 아 매 매	
視我邁邁로다.	나를 거들떠보지도 않네.

유 추 재 량	
有鶖在梁하고	두루미는 어살에 있고
유 학 재 림	
有鶴在林로다.	학은 숲 속에 있네.
유 피 석 인	
維彼碩人이여!	우리 님이어!
실 로 아 심	
實勞我心이로다.	정말 내 마음 괴롭히네!

원 앙 재 량	
鴛鴦在梁하니	원앙새가 어살에 있는데
즙 기 좌 익	
戢其左翼이로다.	왼쪽 날개를 거두고 있네.
지 자 무 량	
之子無良하여	우리 님은 야속하게도
이 삼 기 덕	
二三其德이로다.	이리저리 마음이 바뀌는 듯하네.

유 편 사 석	
有扁斯石은	나직하게 닳은 돌은
이 지 비 혜	
履之卑兮니라.	밟아서 낮아진 것일세.
지 자 지 원	
之子之遠하여	우리 님은 멀리 가셔서

　　　　비 아 저 혜
　　　俾我疷兮로다.　　　나를 병나게 하셨네.

註解　▫白華(백화) – 야간(野菅)이라고도 하며(毛傳), 모(茅)의 종류인데(孔疏), 띠풀보단 윤기가 더 있고 털이 달리지 않았다(釋義). 봄에 흰꽃이 핀대서 백화라 한듯하다. ▫菅(관) – 띠풀을 베어다 마전한 것을 관(菅)이라 한다(毛傳). 띠풀의 섬유(纖維)가 마전을 하면 부드럽고 질기어 여러 가지로 쓰일 수 있게 된다. ▫白茅束(백모속) – 흰 띠풀로 그것을 묶는다. 작자는 이러한 일을 하며 멀리 간 자기의 남편을 그리는 것이다. ▫之子(지자) – '나의 님', 남편. ▫英英(영영) – 뭉세뭉게, 흰 구름의 모양(毛傳). ▫露(노) – 이슬이 내리는 것. 흰 구름과 이슬에 젖은 띠풀도 작자의 눈에 흔히 띈 정경의 하나였던 듯하다. ▫天步(천보) – 시운(時運)·시국(時局)과 같은 말(集傳). ▫猶(유) – 돌아오기를 꾀하는 것. ▫滮池(퓨지) – 못 이름. 풍(豐)과 호경(鎬京) 사이에 있었다(通釋). ▫浸(침) – 적시다. 퓨지(滮池)의 물이 논을 적시고 있다는 것은 작자의 눈앞의 정경이면서도 작자가 바라는 임금님의 은혜나 평화를 상징하는 듯하다. ▫碩人(석인) – 위대한 사람, 멀리 떠나가 있는 남편을 가리킨다. ▫樵(초) – 땔나무를 하다. ▫桑薪(상신) – 땔나무로 쓸 뽕나무 가지. ▫卬(앙) – 나, 작자. ▫烘(홍) – 불을 때는 것. ▫煁(심) – '아궁이'의 뜻(毛傳). ▫勞(로) – 마음을 수고롭히는 것, 남편에 대한 그리움에 마음을 수고롭히는 것. ▫鼓鐘(고종) – 종을 치다. 종(鐘)을 궁 안에서 치면 밖에까지 들린다는 것은 임금의 정치가 백성에 미치는 영향을 뜻한 듯하다. ▫懆懆(조조) – 시름으로 불안한 모양(釋義). ▫邁邁(매매) – 거들떠보지도 않는 모양(集傳). ▫鶖(추) – 두루미. 학(鶴) 비슷하면서도 좀더 크고 긴 목에 빨간 눈을 가졌고 뱀을 잘 잡아먹는다 한다(釋義). 두루미와 학도 자기와는 인연이 먼 평화시대를 상징하는 듯하다. ▫戢(즙) – 거두어들이다. 이상 두 구는 앞의 「원앙새(鴛鴦)」 시에 보임. ▫二三其德(이삼기덕) – 마음이나 행동이 이리저리 바뀌는 것. 위풍(衛風) 「한 남자(氓)」 시에도 보였음. ▫有扁(유편) – 편연(扁然), 낮은 모양. ▫履(리) – 밟다. ▫卑(비) – 낮아지다. ▫疷(저) – 기(痽)로 씀이 옳으며, 병(病)의 뜻. 앞 「큰 수레를 몰지 마라(無將大車)」 시에 보임.

解説　집을 떠나 멀리 가 있는 남편을 그리는 여인의 마음을 노래한 것이 이 시

이다(釋義). 각 절의 앞 대목으로 미루어 보아 이 님은 시국이 어지러워 나랏일로 나가 있던 것 같다.

「모시서」에서는 유왕이 황후인 신(申)씨를 내치고 포사(褒姒)를 총애하여 밑의 나라들까지도 첩이 본처의 자리에 오르고, 서자(庶子)가 적자(嫡子)의 자리에 오르게 되어 세상이 어지러워졌으므로, 나라가 제대로 다스려지지 않게 되었다. 주나라 사람들이 이를 풍자한 것이 이 시라 하였다.

10. 짹짹 우는 새(緜蠻)

綿蠻黃鳥이   짹짹 우는 곤줄매기가
止于丘阿로다.   언덕 아래 골짜기에 앉아 있네.
道之云遠하니   길이 머니
我勞如何오?   나의 수고로움 어떠하겠는가?
飮之食之하고   마실 것 주고 먹여 주며
敎之誨之하며   가르쳐 주고 깨우쳐 주며
命彼後車하여   뒤쪽 수레에라도
謂之載之로다.   태워 주었으면!

綿蠻黃鳥이   짹짹 우는 곤줄매기가
止于丘隅로다.   언덕 모퉁이에 앉아 있네.
豈敢憚行이리요?   어찌 감히 가기를 꺼리랴?

畏^외不^불能^능趨^추로다.　두려워 빨리 가지 못할 뿐이지.

飮^음之^지食^사之^지하고　마실 것 주고 먹여 주며

敎^교之^지誨^회之^지하며　가르쳐 주고 깨우쳐 주며

命^명彼^피後^후車^거하여　뒤쪽 수레에라도

謂^위之^지載^재之^지로다.　태워 주었으면!

緜^면蠻^만黃^황鳥^조이　짹짹 우는 곤줄매기가

止^지于^우丘^구側^측이로다.　언덕 가에 앉아 있네.

豈^기敢^감憚^탄行^행이리요?　어찌 감히 가기를 꺼리랴?

畏^외不^불能^능極^극로다.　두려워 가지 못하는 거지.

飮^음之^지食^사之^지하고　마실 것 주고 먹여 주며

敎^교之^지誨^회之^지하며　가르쳐 주고 깨우쳐 주며

命^명彼^피後^후車^거하여　뒤쪽 수레에라도

謂^위之^지載^재之^지로다.　태워 주었으면!

註解　□緜蠻(면만)－작은 새의 우는 소리(集傳), 짹짹. □黃鳥(황조)－곤줄매기. 앞에서 여러 번 나왔음. □丘(구)－언덕. □阿(아)－언덕이 구부러져 움푹한 곳. □食(사)－먹여주다. □敎(교)－무엇을 어떻게 할 건지 미리 가르쳐 주는 것(鄭箋). □誨(회)－일을 할 때 어떻게 하여야 한다고 깨우쳐주는 것(鄭箋). □謂(위)－사(使)의 뜻, …하여주다. 앞의「수레 내어(出車)」시에도 보임. □隅(우)－모퉁이. □憚(탄)－꺼리다. □趨(추)－빨리 달려가는 것(集傳). □極

(극)-목적지에 도달하는 것.

解說 미천한 신하가 나랏일에 끌려 나가 일하는 괴로움을 읊은 것이 이 시이다(釋義). 여기에서 매 절의 첫머리에 나오는 '곤줄매기'는 미천한 작자 자신에 비유한 것인 듯하다.
「모시서」에서는 미천한 사람이 나라의 어지러움을 풍자한 것이라 하였다. 대신들은 어진 마음을 쓰지 않고 미천한 사람들을 돌보아주지 않고 음식을 먹도록 해주거나 일을 가르쳐주지도 않으며, 자기네 수레에 태워주지 않아 이 시를 짓게 되었다고 하였다. 그러나 시의 내용으로 보아 일반적인 어지러움보다는 나랏일에 끌려 나가 일하는 괴로움을 읊은 것이라고 봄이 좋은 것 같다.

11. 박잎(瓠葉)

幡幡瓠葉을   펄렁펄렁 박잎을
采之亨之로다.   따다 삶네.
君子有酒하니   군자에게 술 있으니
酌言嘗之로다.   술 따라주며 권하네.

有兔斯首하여   머리 하얀 토끼를 잡아
炮之燔之로다.   굽고 지지네.
君子有酒하니   군자에게 술 있으니
酌言獻之로다.   술 따라 손님에게 권하네.

有兔斯首하여   머리 하얀 토끼를 잡아

번 지 적 지
燔之炙之로다.　지지고 볶네.

군 자 유 주
君子有酒하니　군자에게 술 있으니

작 언 작 지
酌言酢之로다.　술 따라 주고받네.

유 토 사 수
有兎斯首하여　머리 하얀 토끼를 잡아

번 지 포 지
燔之炮之로다.　볶고 굽네.

군 자 유 주
君子有酒하니　군자에게 술 있으니

작 언 수 지
酌言醻之로다.　술 따라 술 권하네.

註解 □幡幡(번번)-여기서는 잎새가 나풀거리는 모양. □瓠(호)-박잎은 나물로 만들어 간단한 술안주로 쓰는 것이다. □亨(팽)-팽(烹)과 같은 글자. 삶다. □嘗(상)-술맛을 보게 하는 것. □斯(사)-백(白)의 뜻. 사수(斯首)는 머리가 흰 토끼로, 토끼 가운데에서도 작은 것임(鄭箋). □炮(포)-짐승을 털째 진흙에 싸서 굽는 것. □燔(번)-불 위에 고기를 썰어 굽는 것. 이들은 모두 술안주임. □酌(작)-술을 술잔에 따르는 것. □言(언)-조사. □獻(헌)-바치다. 음주(飮酒)의 예에 있어 주인이 처음에 술을 따라 손님에 올리는 것을 헌(獻)이라 한다. □炙(적)-고기를 꼬챙이에 꿰어 불 위에 굽는 것. □酢(작)-손님이 주인이 바치는 술을 받아 마시고 다시 술을 따라 주인에게 올리는 것을 말한다. □醻(수)-주인이 술을 마시고 다시 술을 부어 손님에게 권하는 것.

解説 이것은 잔치하고 술 마실 때 부르던 노래이다(集傳).
「모시서」에선 역시 사람들이 옛날 예가 잘 지켜지던 때를 생각하면서 유왕을 풍자한 노래로 보았다.

12. 우뚝한 바윗돌(漸漸之石)

漸漸之石(참참지석)이어!   우뚝한 바윗돌이어!
維其高矣(유기고의)로다.   높기도 하네.
山川悠遠(산천유원)하니   산천이 아득하니
維其勞矣(유기로의)로다.   수고도 많았네.
武人東征(무인동정)하여   무사들은 동쪽으로 정벌을 가서
不皇朝矣(불황조의)로다.   천자님 뵈올 틈도 없네.

漸漸之石(참참지석)이어!   우뚝한 바윗돌이어!
維其卒矣(유기졸의)로다.   높이도 솟았네.
山川悠遠(산천유원)하니   산천이 아득하니
曷其沒矣(할기몰의)오?   언제나 목적지에 다다를 건고?
武人東征(무인동정)하여   무사들은 동쪽으로 정벌을 가서
不皇出矣(불황출의)로다.   빠져나올 겨를도 없네.

有豕白蹢(유시백적)으로   멧돼지가 흰 발로
烝涉波矣(증섭파의)로다.   물을 건너네.
月離于畢(월리우필)하니   달이 필성(畢星) 만났으니
俾滂沱矣(비방타의)로다.   큰 비가 오겠네.

武^무人^인東^동征^정하여　　무사들은 동쪽으로 정벌을 가서

不^불皇^황他^타矣^의로다.　　딴전 필 겨를도 없네.

|註解|　□漸漸(참참) – 참참(嶄嶄)과 같은 말로 '높은 모양'(通釋). □皇(황) – 겨를. 황(遑)과 통함. □朝(조) – 천자님을 뵙는 것. □崒(줄) – 줄(崒)과 통하여, 높은 모양(釋義). □曷(할) – 하시(何時), 언제나. □沒(몰) – 진(盡)의 뜻으로(毛傳), 정벌할 동쪽의 땅에 도착하는 것. □出(출) – 부대로부터 빠져 나오는 것. □豕(시) – 돼지. □蹢(적) – '발굽'. □烝(승) – 조사. □涉(섭) – 물을 건너는 것. □波(파) – 물, 물결. 돼지가 물로 뛰어드는 것은 비가 크게 올 징조라 보았다(毛傳). □離(리) – 붙다. □畢(필) – 별 이름. 앞의 「대동(大東)」시에 보였음. 옛날부터 달이 필성(畢星)을 만나게 되면 큰 비가 내린다고 믿어왔다(毛傳). □俾(비) – ……으로 하여금. □滂沱(방타) – 큰 비가 내리는 것. □他(타) – 타사(他事), 딴 일, 딴전.

|解說|　이 시는 동쪽으로 정벌을 나간 장수가 지은 것이다. 제1·제2 두 절 첫머리의 높은 바위는 무사들의 용감한 모습에 비유한 것이며, 제3절의 큰 비는 멀리 전쟁터로 나가는 괴로움을 말해주는 것이다.

「모시서」에서는 아래 제후의 나라에서 유왕을 풍자한 것이라 하고 있다. 동쪽 오랑캐들이 배반을 하고 순종하지 않자 동쪽의 그들을 정벌하게 하였는데, 전쟁이 오래 가자 군인들이 병이 나고 어려움을 당하게 되었기 때문에 이러한 시를 지었다는 것이다.

13. 능초꽃(苕之華)

苕^초之^지華^화여!　　능초꽃이어!

芸^운其^기黃^황矣^의로다.　　노랗게 많이도 피었네.

제2편 소아(小雅) • **685**

심 지 우 의	
心之憂矣여!	마음의 시름이여!
유 기 상 의	
維其傷矣로다.	가슴만 아프네.

초 지 화	
苕之華여!	능초꽃이어!
기 엽 청 청	
其葉靑靑이로다.	잎새가 푸릇푸릇하네.
지 아 여 차	
知我如此면	내 이럴 줄 알았더라면
불 여 무 생	
不如無生이로다.	차라리 태어나지도 않았을 것이네.

장 양 분 수	
牂羊墳首하고	암양은 머리가 커다랗고
삼 성 재 류	
三星在罶로다.	삼성이 통발 속에 비치고 있네.
인 가 이 식	
人可以食로되	사람은 먹어야만 하는데
선 가 이 포	
鮮可以飽로다.	배를 채울 수 있는 이는 드무네.

註解 □苕(초)-능초풀. 진풍(陳風)「방죽 위의 까치집(防有鵲巢)」시에도 보였음. □芸(운)-무성한 것. □其黃(기황)-꽃 빛깔이 노란 것. 「화려한 꽃(裳裳者華)」시에도 이 구절이 보였음. 시인은 화려한 능초꽃을 보면서 반대로 쇠미해 가고만 있는 나라 형편을 슬퍼한 것이다.
□牂(장)-암양. □墳首(분수)-머리가 큰 것. 양의 몸이 마르면 머리가 크게 보인다(集傳). □三星(삼성)-삼수(參宿). 별 이름. □罶(류)-통발. 삼성(三星)이 통발 속에 있다는 것은, 통발에 고기가 한 마리도 걸리지 않아서 물이 고요하므로 하늘의 별이 비치고 있는 것이다. 이상 두 구절은 모두 흉년과 민생(民生)의 어려움을 암시하는 것이다. □鮮(선)-드문 것.

▲능초꽃

解說 이것은 살기 어려워진 세상을 한탄한 시이다.
「모시서」에도 대부가 오랑캐들이 연달아 중원 땅을 침공하여 전쟁이 끊이지 않고 기근이 계속되고 있는 시국을 한탄한 것이라 하였다. 다만 그 시대를 역시 유왕 때로 보았다.

14. 무슨 풀이고 시들지 않나(何草不黃)

하 초 불 황 何草不黃고?	무슨 풀이고 시들지 않는가?
하 일 불 행 何日不行고?	어느 날이고 길 가지 않는가?
하 인 부 장 何人不將고?	어느 누구고 길 걷지 않는가?
경 영 사 방 經營四方이로다.	사방에 일이 많네.

하 초 불 현 何草不玄고?	무슨 풀이고 마르지 않는가?
하 인 불 긍 何人不矜고?	어느 누구고 병들지 않는가?
애 아 정 부 哀我征夫이	슬프게도 이 나그네는
독 위 비 민 獨爲匪民이로다.	홀로 사람 구실 못하네.

비 시 비 호 匪兕匪虎이	외뿔소와 호랑이가
솔 피 광 야 率彼曠野로다.	넓은 들을 쏘다니고 있네.
애 아 정 부 哀我征夫이	슬프게도 이 나그네는
조 석 불 하 朝夕不暇로다.	아침이고 저녁이고 쉴 겨를 없네.

有芃者狐이 　　텁수룩한 여우가
率彼幽草로다. 　　무성한 풀밭을 쏘다니네.
有棧之車이 　　높다란 수레가
行彼周道로다. 　　한길을 달리고 있네.

註解 ▫何草不黃(하초불황)－풀이 모두 누렇게 시든 것으로, 늦은 가을이거나 겨울이 시작되는 때임을 말해준다. 그리고 나라가 망해 가면 누구나가 괴로움을 당하게 됨을 암시하는 말이다. ▫將(장)－행(行)의 뜻, 길을 가는 것. 주송(周頌)「공경하라(敬之)」시『모전』. ▫經營四方(경영사방)－사방을 경영하다, 곧 나라에 여러 가지 어려움이 많이 생긴 것을 뜻한다. ▫玄(현)－적흑색(赤黑色)(鄭箋). 역시 풀이 시든 것을 말한다. ▫矜(관)－환(鰥)과 같은 자로, 늙은 홀아비가 본뜻.『한시(韓詩)』엔 환(鰥)으로 되어 있다.『이아(爾雅)』에 의하면 환(鰥)은 병(病)의 뜻임(經義述聞). ▫匪民(비민)－비인(匪人)과 같은 말로, 사람 구실을 못하는 것. 마소처럼 부림을 당하고 있음을 뜻한다(釋義). ▫匪(비)－피(彼), 저것, 그것. ▫兕(시)－외뿔소. ▫率(솔)－순(循)의 뜻(集傳), 행(行)과 통하여, 다니는 것. ▫曠(광)－넓은 것. 짐승들의 자유로움에서 자기의 부자유를 생각한 것이다. 또 위정자를 짐승에 비긴 것인지도 모른다. ▫暇(하)－겨를, 쉴 겨를. ▫有芃(유봉)－봉연(芃然)으로 텁수룩한 여우털을 형용한 것이다. ▫幽草(유초)－심초(深草), 깊은 풀밭 속. ▫有棧(유잔)－잔연(棧然)으로 수레가 높은 모양(通釋).

解說 주나라가 망하여 가자 전쟁과 나랏일이 끊임없게 되었으므로 나랏일에 끌려 나간 사람들이 자기의 괴로움을 읊은 것이 이 시이다(集傳).

「모시서」에서는 밑의 제후의 나라들이 유왕을 풍자한 것으로 보았다. 사방의 오랑캐들이 연이어 중원을 침공하고 주나라를 배반하여 전쟁이 끊이지 않고, 백성들을 짐승처럼 다루고 있어 군자가 걱정이 되어 지은 시라는 것이다.

제3편
대아(大雅)

앞의 '소아'에서 해설한 것처럼 '대아'는 주로 조정에서 임금과 신하들이 회합할 때 노래 불렀던 것이다. 잔치를 벌일 때의 음악이 위주인 '소아'에 비하여 악곡이나 가사가 더욱 우아했을 것임은 말할 것도 없다.

다시 말하면 민요인 '국풍'으로부터 '소아'보다도 한층 더 멀어진 것이 '대아'이다. 주나라 왕조의 선조들의 공덕을 기린 시들이 많은데, 얼핏 보기에 이는 '송'과 성격이 비슷하나, '송'은 제사지낼 때 부르던 노래임에 비하여 '대아'의 시들은 제사가 끝난 뒤에 부르던 노래이다.

그리고 후세에는 조정에서 임금과 신하들이 회합할 때는 말할 것도 없고, '소아'처럼 잔치할 때에도 '대아'를 노래 불렀던 것 같다.

제1 문왕지습(文王之什)

1. 문왕

<small>문 왕 재 상</small>
文王在上하사　　문왕께선 하늘 위에 계시는데

<small>오 소 우 천</small>
於昭于天이로다.　아아, 하늘에 뚜렷하시네.

<small>주 수 구 방</small>
周雖舊邦이나　　주나라는 오래된 나라라 하지만

<small>기 명 유 신</small>
其命維新이로다.　받은 하늘의 명은 새롭기만 하네.

<small>유 주 불 현</small>
有周不顯하니　　주나라 임금은 매우 밝게 나라 다스리시니

<small>제 명 불 시</small>
帝命不時로다.　 하늘의 명이 매우 적절히 내려진 것이네.

<small>문 왕 척 강</small>
文王陟降하시며　문왕께선 하늘땅을 오르내리며

<small>재 제 좌 우</small>
在帝左右시니라. 하나님 곁을 떠나지 않으시네.

<small>미 미 문 왕</small>
亹亹文王의　　　부지런히 애쓰신 문왕의

<small>영 문 불 이</small>
令聞不已시로다. 아름다운 기림 끊이지 않네.

<small>진 석 재 주</small>
陳錫哉周하사　　주나라에 많은 복 내려주시어

<small>후 문 왕 손 자</small>
侯文王孫子시로다.문왕 자손들이 누리시네.

<small>문 왕 손 자</small>
文王孫子이　　　문왕 자손들은

692 • 새로 옮긴 시경

| 본 지 백 세
本支百世로다. | 백세토록 집안이 번성하네. |
| 범 주 지 사
凡周之士도 | 모든 주나라의 신하들도 |
| 불 현 역 세
不顯亦世로다. | 대대로 매우 현명하네. |

| 세 지 불 현
世之不顯하니 | 대대로 매우 현명하니 |
| 궐 유 익 익
厥猶翼翼이로다. | 그들의 계획은 신중하고 충성되네. |
| 사 황 다 사
思皇多士이 | 훌륭한 많은 신하들이 |
| 생 차 왕 국
生此王國이로다. | 이 왕국에 생겨나네. |

| 왕 국 극 생
王國克生하니 | 그들이 왕국에 생겨나니 |
| 유 주 지 정
維周之楨이로다. | 주나라의 기둥감이네. |
| 제 제 다 사
濟濟多士하여 | 많은 신하들 있어 |
| 문 왕 이 녕
文王以寧이시로다. | 문왕께서는 편히 지내시네. |

| 목 목 문 왕
穆穆文王이여! | 덕이 많은 문왕이여! |
| 오 즙 희 경 지
於緝熙敬止시로다. | 아아, 끊임없이 공경하셨네. |
| 가 재 천 명
假哉天命이 | 위대한 하늘의 명이 |
| 유 상 손 자
有商孫子로다. | 상나라 자손들에게 내려졌네. |

| 상 지 손 자
商之孫子이 | 상나라 자손들은 |
| 기 리 불 억
其麗不億이로되, | 그 수 헤아릴 수 없건만, |

상 제 기 명	
上帝既命하사	하늘이 명을 새로 내리시어
후 우 주 복	
侯于周服이로다.	주나라에 그들이 복종케 되었네.

후 복 우 주	
侯服于周하니	주나라에 복종케 되었으니
천 명 미 상	
天命靡常이로다.	하늘의 명은 일정하기만 한 것은 아닐세.
은 사 부 민	
殷士膚敏하여	은나라 관원들은 점잖고 민첩하게 움직이며
관 장 우 경	
祼將于京하니,	주나라 도성에서 신을 불러 모시는 술 따라 올리니,
궐 작 관 장	
厥作祼將엔	그들이 신을 불러 모시는 술 올릴 때엔
상 복 보 후	
常服黼冔로다.	언제나 보무늬 바지에 은관을 썼네.
왕 지 신 신	
王之藎臣이니	우리 임금님의 충성스런 신하 되었으니
무 념 이 조	
無念爾祖어다!	그대들 조상은 생각 말기를!

무 념 이 조	
無念爾祖아?	그대들 조상 생각 않는가?
율 수 궐 덕	
聿脩厥德이어다.	그분들 같은 덕을 닦아야 하네.
영 언 배 명	
永言配命하여	오래도록 하늘의 명을 지키어
자 구 다 복	
自求多福이니라.	스스로 많은 복을 누렸었네.
은 지 미 상 사	
殷之未喪師엔	은나라가 민심을 잃지 않았을 적에는
극 배 상 제	
克配上帝로다.	하늘의 뜻을 따를 줄 알았다네.
의 감 우 은	
宜鑑于殷이니	마땅히 은나라를 거울 삼을지니

준 명 불 이
駿命不易니라.　　위대한 천명은 지키기 쉽지 않다네.

명 지 불 이
命之不易니　　하늘의 명 지키기 쉽지 않으니

무 알 이 궁
無遏爾躬이어다.　그대들 대에서 끊이지 않도록 해야 하네.

선 소 의 문
宣昭義問하고　　훌륭한 명성 밝게 빛나게 하고

유 우 은 자 천
有虞殷自天이어다.또 나라처럼 하늘의 명 잃지 않도록 걱정해야 하네.

상 천 지 재
上天之載는　　하늘의 하시는 일은

무 성 무 취
無聲無臭로다.　소리도 없고 냄새도 없다네.

의 형 문 왕
儀刑文王하면　　문왕을 본받으면

만 방 작 부
萬邦作孚하리라.　온 세상이 믿고 따르게 되리.

註解 □上(상)-하늘 위. 문왕의 영혼이 하늘 위에 계시다는 뜻. □於(오)-'아아!' □昭(소)-하늘에 존재가 뚜렷하다는 뜻. □舊邦(구방)-오래된 나라. 주나라는 태왕(太王) 때부터 주라 하였으므로 오래된 나라이며, 문왕에 이르러 하늘의 명을 받았으므로『書經』康誥·君奭편 등) '새롭다(維新)'고 한 것이다. □有周(유주)-주나라를 다스리는 임금들. □不(불)-비(丕)의 뜻(釋義). 매우, 크게. 아래도 같음. □帝(제)-상제(上帝), 하나님. □時(시)-시(是)와 통하여, 불시(不時)는 하늘의 명이 은(殷) 대신 주나라에 내려진 것이 '매우 옳은 일'이라는 뜻. □陟降(척강)-하늘에 올라갔다 땅으로 내려왔다 하는 것. □左右(좌우)-'곁', 양 옆. □亹亹(미미)-부지런히 힘쓰는 모양(毛傳). □令聞(영문)-아름다운 명성. □陳錫(진석)-신석(申錫)의 뜻, 신(申)은 거듭한다는 뜻이니, '신석'은 복을 거듭하여 내려주시는 것(通釋). □哉(재)-재(在)와 옛날에는 통용되어, '어(於)'의 뜻(于省吾『詩經新證』). □侯(후)-유(維)와 같은 조사. □孫子(손자)-자손(子孫)과 같은 말. □本(본)-본종(本宗). 지(支)는 서계(庶系)를 가리킨

제3편 대아(大雅)・**695**

다. 본지백세(本支百世)는 문왕의 종족과 서족이 모두 번창하여 백세 지나도록 끊이지 않는다는 뜻. ▫亦世(역세) - 혁세(奕世)와 같은 말로(『魏書』禮志엔 奕世,『後漢書』藝術傳 注엔 奕代로 인용되어 있다), 영세(永世), 여러 세대(通釋). ▫猶(유) - 나라를 다스리는 계책. ▫翼翼(익익) - 신중하고 충성된 모양(鄭箋). ▫思(사) - 조사. ▫皇(황) - 황(煌)과 통함, 빛나다, 훌륭하다. ▫楨(정) - 담틀의 양쪽 가에 댄 나무. 주지정(周之楨)은 곧 주나라의 기둥이나 들보감이란 말과 같다. ▫濟濟(제제) - 많은 모양. ▫文王以寧(문왕이녕) - 문왕은 그들이 있음으로써 편히 잘 지냈다는 뜻. ▫穆穆(목목) - 아름다운 것(毛傳), 덕이 많은 것. ▫於(오) - 아아. ▫緝熙(즙희) - 끊이지 않고 계속되는 것(戴震『毛鄭詩考正』). ▫止(지) - 조사. ▫假(가) - 큰 것. ▫有商(유상) - 상(商)나라를 다스린 사람. ▫麗(리) - 수(數)의 뜻(毛傳). ▫不億(불억) - 부지우억(不止于億). 헤아릴 수 없다는 말(鄭箋). ▫侯(후) - 유(維)와 같은 조사. ▫于周服(우주복) - 복우주(服于周). 주나라에 복종하는 것. ▫靡常(미상) - 일정하지 않은 것. 천명은 한 사람에게만 머물러 있는 것이 아니라, 잘못하면 언제든 덕있는 딴 사람에게로 넘어간다는 것이다. ▫膚(부) - 아름다운 것, 점잖은 것. ▫敏(민) - 빠른 것, 민첩한 것. ▫祼(관) - 제사 지낼 적에 창주(鬯酒)를 시(尸)에게 올리면 '시'가 술을 받아 땅에 부으면서 신(神)을 내려오게 하는 의식임. ▫將(장) - 받들다. ▫京(경) - 주경(周京), 주나라 도성. 이상 2절은 패망한 은나라 사람이 주나라에서 제사를 돕고 있음을 노래한 것이다. ▫黼(보) - 아래 바지에 보무늬를 놓은 것. 소아(小雅) 「콩을 따세(采菽)」 시에도 보임. ▫冔(후) - 은나라의 관(冠)(毛傳). ▫藎臣(신신) - 충성을 다하는 신하(集傳), 충성스런 신하. ▫聿(율) - 마침내. ▫永(영) - 영구히. ▫言(언) - 조사. ▫配命(배명) - 하늘이 준 명을 지키는 것. 영언배명(永言配命)은 영구히 하늘이 준 명을 보전하는 것(王國維「與友人論詩書中成語書」,『觀堂集林』卷一). ▫喪師(상사) - 백성들을 잃는 것. 미상사(未喪師)는 은나라의 정치가 제대로 되어가던 때를 가리킴. ▫克(극) - 능(能)의 뜻. ▫配(배) - 배합, 뜻을 맞추는 것(集傳). ▫鑒(감) - 거울. ▫駿(준) - 큰 것. ▫不易(불이) - 보전키 쉽지 않다는 뜻. ▫遏(알) - 대(代)가 단절되는 것. ▫宣(선) - 넓히다, 밝히다. ▫昭(소) - 밝다, 밝히다. ▫義(의) - 선(善)과 통하며, 문(問)은 문(聞)과 통하여, 의문(義問)은 앞에 나온 영문(令聞)과 같은 말. 곧 그의 아름다운 명성(傳疏). ▫有(유) - 우(又), 또한(集傳). ▫虞(우) - 염려하다. ▫自天(자천) - 하늘이 천명을 내렸다가 다시 하늘이 그 명을 거두어들이는 것. □載(재)-일. □臭(취)-냄새. □儀刑(의형)-본으로 삼는 것, 본뜨는 것. □作(작)-즉(則)의 뜻. 갑골문(甲骨文)에선 사(乍)를 즉(則)으로 쓰고 있는데, 작(作)은 사(乍)를 따랐으므로 의당 즉(則)과도 통하였다(釋義). □孚(부)-믿는 것.

|解說| 「모시서」에선 "문왕이 천명을 받아 주나라를 이룩한 것을 읊은 것"이라 하였다.

주희는 다시 "주공이 문왕의 덕을 계승 발전시키며 주나라가 상나라를 대신하여 하늘의 명을 받게 된 것은 모두 문왕의 덕 때문임을 밝히어 성왕을 훈계한 것"이 이 시라 하였다. 『여씨춘추(呂氏春秋)』 고악편(古樂篇)에서 이 시를 인용하고 주공이 지은 것이라 한 데 근거를 둔 것 같다.

▲ 주나라 문왕 초상, 『삼재도회』 인물권에서

2. 크게 밝음(大明)

^{명 명 재 하} 明明在下하고	땅 위에 문왕의 덕이 밝게 밝혀지고 있고
^{혁 혁 재 상} 赫赫在上이로다.	하늘에는 주나라가 받은 하늘의 명이 밝게 빛나고 있네.
^{천 난 침 사} 天難忱斯라	하늘은 믿고만 있기 어려운 것이니
^{불 이 유 왕} 不易維王이로다.	임금 노릇은 쉬운 것이 아니네.
^{천 위 은 적} 天位殷適이러니	은나라 자손이 천자의 자리에 있었으나
^{사 불 협 사 방} 使不挾四方이로다.	하늘은 세상을 다스리지 못하게 하셨네.
^{지 중 씨 임} 摯仲氏任이	지나라 임씨네 둘째딸 태임(大任)이
^{자 피 은 상} 自彼殷商으로	은나라로부터
^{내 가 우 주} 來嫁于周하사	주나라 왕계(王季)에게로 시집을 와서
^{왈 빈 우 경} 曰嬪于京이로다.	주나라의 주부(主婦)가 되시었네.
^{내 급 왕 계} 乃及王季로	그리고 왕계님과 함께
^{유 덕 지 행} 維德之行이로다.	덕을 닦으셨네.
^{태 임 유 신} 大任有身하사	이 태임께서 아기를 배시어
^{생 차 문 왕} 生此文王이로다.	문왕을 낳으셨네.
^{유 차 문 왕} 維此文王은	문왕께서는

소 심 익 익	
小心翼翼하시고,	삼가고 조심하시고,
소 사 상 제	
昭事上帝하사	하늘을 밝게 섬기어
율 회 다 복	
聿懷多福이로다.	많은 복을 누리셨네.
궐 덕 불 회	
厥德不回하사	그분의 덕은 도에 어긋나지 않아
이 수 방 국	
以受方國하시니라.	사방 나라들을 받아들이었네.

천 감 재 하	
天監在下하여	하늘은 세상을 살피시어
유 명 기 집	
有命旣集이로다.	명을 내리셨네.
문 왕 초 재	
文王初載에	문왕께서 일을 시작하심에
천 작 지 합	
天作之合하시니,	하늘이 배필을 마련하셨으니,
재 흡 지 양	
在洽之陽과	흡수의 북쪽
재 위 지 사	
在渭之涘에	위수 가에
문 왕 가 지	
文王嘉止하신	문왕이 아름답다고 여기신
대 방 유 자	
大邦有子시로다.	큰 나라의 따님이 계셨네.

대 방 유 자	
大邦有子하니	큰 나라에 따님이 계셨는데
견 천 지 매	
俔天之妹로다.	하늘의 소녀 같은 분이셨네.
문 정 궐 상	
文定厥祥하고	좋은 날을 가려 예식날 정하고
친 영 우 위	
親迎于渭할새,	위수 가로 나가 친히 신부 맞으셨는데,

造舟爲梁하시니　　　배 이어 다리 놓으시니

不顯其光이로다.　　　그 빛이 매우 밝았네.

有命自天하니　　　하늘로부터 명이 내려지니

命此文王하사　　　이 문왕에게 명하시어

于周于京이로다.　　　주나라에 도읍 마련하고 다스리도록 하셨네.

纘女維莘이　　　아름다운 신나라의 따님이

長子維行하여　　　맏아드님 문왕과 덕을 닦아

篤生武王이로다.　　　무왕을 낳으셨네.

保右命爾하사　　　하늘이 그분을 보호하고 돕고 명하시어

燮伐大商이로다.　　　상나라를 치게 하셨네.

殷商之旅이　　　상나라의 군사들은

其會如林이로다.　　　숲의 나무처럼 모여 있었네.

矢于牧野하되　　　목야에서 군사들에게 훈시하시기를

維予侯興이라.　　　'내가 들고 일어났다.

上帝臨女하시니　　　하늘이 그대들과 함께 하고 계시니

無貳爾心하라.　　　그대들 마음 변치 마라!' 하셨네.

牧野洋洋하고　　　목야는 널따란데

^{단 거 황 황}
檀車煌煌하며   박달나무 수레 아름다웠고,

^{사 원 방 방}
駟騵彭彭이로다.   수레 끄는 배 흰 검붉은 네 마리 말은 매우 장대하였네.

^{유 사 상 보}
維師尙父이   태사이신 태공망이

^{시 유 응 양}
時維鷹揚하고   마치 매가 날듯,

^{양 피 무 왕}
涼彼武王하여   무왕을 도와서

^{사 벌 대 상}
肆伐大商하니   상나라를 쳤는데

^{회 조 청 명}
會朝淸明이로다.   전쟁을 하던 날 아침은 맑고 밝았네.

註解 □明明(명명)－밝고 밝은 것. □在下(재하)－지상(地上). 온 세상. 문왕과 무왕의 덕이 온 세상을 밝히고 있다는 뜻. □赫赫(혁혁)－밝게 빛나는 것. □在上(재상)－천상(天上). 주나라가 받은 천명이 하늘에 밝게 빛나고 있다는 뜻. □忱(침)－신(信)의 뜻(毛傳), 믿는 것. □斯(사)－조사. □天位(천위)－천자의 자리(集傳). □適(적)－적嫡, 직계 자손의 뜻으로, 은적(殷適)은 은나라 주왕(紂王)을 가리킨다(毛傳). □挾(협)－달(達)의 뜻(毛傳). 왕위를 잘 계승하여 나라를 다스리는 것. 옛날에는 왕위를 계승하지 못하는 것을 '불달사방(不達四方)', '사방을 다스리지 못하였다'고 하였다(通釋). 이 첫 절은 문왕과 무왕이 주나라를 이룩한 공을 대체적으로 찬양한 것임. □摯(지)－은나라 기내(畿內)의 나라 이름(鄭箋). 주우증(朱右曾)의 『시지이징(詩地理徵)』에 "군국지(郡國志)』주에 『설문(說文)』을 인용하여 여남(汝南) 평여(平輿)에 지정(摯亭)이 있다."고 하였다. 평여(平輿)는 지금의 하남성 여양현(汝陽縣)임(釋義). □仲氏(중씨)－중녀(中女)(毛傳), 둘째딸. □任(임)－성(姓). 지나라 임씨네 둘째딸 곧 태임(大任)을 가리킨다. □殷商(은상)－상나라는 반경(盤庚) 임금 때 은으로 도읍을 옮기고 국호도 은이라 고쳤다. 그래서 여기서는 은상(殷商)이라 한 것이다. □曰(왈)－율(聿)과 같은 조사. □嬪(빈)－부(婦), 주부(毛傳). □京(경)－주경(周京), 주나라

도읍(集傳). ▫王季(왕계)-태왕(太王)의 아들이며 문왕의 아버지. ▫行(행)-덕을 행하다, 곧 덕을 닦는 것. ▫大任(태임)-문왕의 어머니. ▫身(신)-임신, 아기를 배는 것(鄭箋). 제2절은 문왕의 탄생을 노래한 것임. ▫翼翼(익익)-공경하고 조심하는 모양(毛傳). ▫懷(회)-보유하는 것, 누리는 것. ▫回(회)-정도에서 어긋나는 것(毛傳). 제3절은 문왕이 덕을 닦아 천명을 받았음을 노래했음. ▫監(감)-살피는 것. ▫在下(재하)-땅 위의 세상. ▫集(집)-주나라에 명(命)을 '이르게 한 것'. ▫載(재)-일. ▫合(합)-배(配)의 뜻으로(毛傳), 배필. ▫洽(흡)-강물 이름. 합수(郃水)라고도 하는데(通釋), 곧 『수경주(水經注)』에 나오는 분수(瀵水)임(朱右曾 『詩地理徵』). ▫陽(양)-강물의 북쪽. ▫渭(위)-위수(渭水). ▫涘(사)-물가. ▫嘉(가)-아름다운 것. ▫止(지)-조사. ▫大邦(대방)-신(莘)나라를 가리킴. ▫子(자)-여자, 따님의 뜻으로 문왕의 황후인 태사(太姒)를 가리킴. 제4절에선 문왕이 배필을 얻은 경위를 노래했음. ▫俔(견)-비유하다, 비슷하다. ▫妹(매)-『주역』의 귀매(歸妹)의 매(妹)와 같은 뜻으로, 소녀를 가리킴(釋義 引 俞樾). ▫文(문)-예(禮), 예식 올리는 날을 말함(集傳). ▫祥(상)-길(吉)과 통하여 길한 날의 뜻. '문정궐상(文定厥祥)'은 예에 따라 결혼할 길한 날을 정하는 것. ▫造舟爲梁(조주위량)-배를 물에 나란히 띄워놓고 그 위에 널판을 깔아 다리를 만드는 것. 후세의 부교(浮橋)와 비슷하다(孔疏). 이는 뒤에 『주례(周禮)』로 고정되어 정중한 친영의 예로 발전하여, 천자는 조주(造舟), 제후는 유주(維舟), 대부는 방주(方舟), 사(士)는 특주(特舟)를 한다고 하였다(毛傳). ▫不(불)-비(丕)의 뜻. 크게, 매우. 이 제5절은 문왕의 결혼을 노래한 것임. ▫纘(찬)-찬(孅)과 통하여(通纘), 아름다운 것, 고운 것. ▫莘(신)-나라 이름. 앞의 주 참조. ▫長子(장자)-맏아들. 문왕을 가리킴. ▫行(행)-앞의 "유덕지행(維德之行)"의 '행'과 같은 뜻으로, 덕을 닦는 것. ▫篤(독)-조사임(通釋). ▫右(우)-우(佑)와 통함. 돕다. ▫爾(이)-조사, 그이. '보우명이(保右命爾)'는 하늘이 그분을 보호하고 돕고 명하여 주는 것. ▫燮(섭)-조사(釋義). 문왕이 은나라를 쳐부술 무왕을 낳은 경위를 이 제6절은 노래한 것임. ▫旅(려)-무리, 군사들. ▫其會如林(기회여림)-무왕과 대적하기 위하여 숲의 나무처럼 많이 모였다는 뜻. ▫矢(시)-서(誓)와 통하여, 전쟁하기 전에 임금이 전 장병에게 하는 훈시. ▫牧野(목야)-땅 이름. 지금의 하남성 기현(淇縣) 근처. 이하 3구는 서사(誓詞)임. ▫侯(후)-조사. ▫女(여)-장병들을 가리킴. ▫貳心(이심)-변

심(變心), 마음이 바뀌는 것. 이 제7절은 무왕이 은나라를 쳐부수려 일어선 것을 노래한 것임. ▫洋洋(양양) — 넓은 모양. ▫煌煌(황황) — 선명한 모양(鄭箋), 아름다운 모양. ▫駵(원) — 배가 희고 갈기는 검고 몸은 붉은 말임. ▫彭彭(방방) — 튼튼하고 장대한 모양(集傳). ▫師(사) — 태사(太師). 전 장병을 거느리는 사람. ▫尙父(상보) — 태공망(太公望)의 호(號). 성은 강씨(姜氏)로 여망(呂望)·여상(呂尙)이라고도 부른다. 무왕의 재상으로 그를 도와 주나라를 세우는 데 지극히 큰 공을 세웠다. ▫鷹揚(응양) — 매가 나는 듯이 활약하는 것(毛傳). ▫涼(량) — 돕는 것. ▫肆(사) — 조사(釋義). ▫會朝(회조) — 회전(會戰)하는 날 아침, 전쟁하는 날 아침. ▫淸明(청명) — 날씨가 맑고 밝은 것. 이 끝절은 무왕이 여망의 도움을 받으며, 은나라를 쳐부술 때의 모양을 노래한 것이다.

解說 이것은 문왕과 무왕을 기리는 시로서, 주나라 초기의 작품인 듯하다(釋義).

「모시서」에선 문왕이 밝은 덕이 있었기 때문에 하늘이 다시 무왕에게 명을 내리셨음을 노래한 것이라 하였다. 제목을 「대명(大明)」이라 한 것은 소아의 「작아지는 빛(小明)」시와 구별하기 위한 것이다.

▲ 매

3. 길게 뻗음(緜)

<ruby>緜緜瓜瓞<rt>면 면 과 질</rt></ruby>이여!　　길게 뻗은 외 덩굴이여!

<ruby>民之初生<rt>민 지 초 생</rt></ruby>은　　백성들을 처음 다스리신 것은

<ruby>自土沮漆<rt>자 토 저 칠</rt></ruby>이로다.　　두수로부터 칠수에 이르는 지역이었네.

<ruby>古公亶父<rt>고 공 단 보</rt></ruby>이　　고공단보께서는

<ruby>陶復陶穴<rt>도 복 도 혈</rt></ruby>하고　　굴을 파고 기거하시고

<ruby>未有家室<rt>미 유 가 실</rt></ruby>이로다.　　집이 없으셨네.

<ruby>古公亶父<rt>고 공 단 보</rt></ruby>이　　고공단보께서

<ruby>來朝走馬<rt>내 조 주 마</rt></ruby>하여　　일찍이 말을 달리어

<ruby>率西水滸<rt>솔 서 수 호</rt></ruby>하사　　서쪽 칠수 가를 따라

<ruby>至于岐下<rt>지 우 기 하</rt></ruby>로다.　　기산 밑으로 오셨네.

<ruby>爰及姜女<rt>원 급 강 녀</rt></ruby>로　　여기에서 태강과 함께

<ruby>聿來胥宇<rt>율 래 서 우</rt></ruby>로다.　　마침내 더불어 사시게 되었네.

<ruby>周原膴膴<rt>주 원 무 무</rt></ruby>하여　　주나라의 넓은 들은 비옥하여

<ruby>菫荼如飴<rt>근 도 여 이</rt></ruby>로다.　　쓴 나물 씀바귀도 엿처럼 달았네.

<ruby>爰始爰謀<rt>원 시 원 모</rt></ruby>하고　　이에 비로소 계획을 세우시고

<ruby>爰契我龜<rt>원 계 아 귀</rt></ruby>하사,　　거북으로 점쳐 보시고는,

曰<small>왈</small>止<small>지</small>曰<small>왈</small>時<small>시</small>라 하시고　이곳에 머물러 살기로 하시고
築<small>축</small>室<small>실</small>于<small>우</small>茲<small>자</small>로다.　여기에 집을 지으셨네.

迺<small>내</small>慰<small>위</small>迺<small>내</small>止<small>지</small>하니　머물러 살게 되자
迺<small>내</small>左<small>좌</small>迺<small>내</small>右<small>우</small>하고,　왼쪽 오른쪽 땅 모두 다스리고,
迺<small>내</small>疆<small>강</small>迺<small>내</small>理<small>리</small>하고　땅 경계 긋고 땅 정리하고
迺<small>내</small>宣<small>선</small>迺<small>내</small>畝<small>묘</small>하니,　밭 갈고 이랑 내니,
自<small>자</small>西<small>서</small>徂<small>조</small>東<small>동</small>하여　서쪽으로부터 동쪽에 이르기까지
周<small>주</small>爰<small>원</small>執<small>집</small>事<small>사</small>로다.　두루 일이 잘 처리 되었네.

乃<small>내</small>召<small>소</small>司<small>사</small>空<small>공</small>하고　집 짓는 일 맡은 사공 부르고
乃<small>내</small>召<small>소</small>司<small>사</small>徒<small>도</small>하여,　백성 돌보는 일 맡은 사도를 불러,
俾<small>비</small>立<small>립</small>室<small>실</small>家<small>가</small>로다.　집을 세우게 하였네.
其<small>기</small>繩<small>승</small>則<small>즉</small>直<small>직</small>하고　터는 먹줄을 따라 곧게 닦고
縮<small>축</small>版<small>판</small>以<small>이</small>載<small>재</small>하여　담틀 세우고 그 안에 흙을 넣고 다져서
作<small>작</small>廟<small>묘</small>翼<small>익</small>翼<small>익</small>이로다.　엄정하고 바르게 묘당 이룩했네.

捄<small>구</small>之<small>지</small>陾<small>잉</small>陾<small>잉</small>하여　흙 수레에 척척 흙 담아다
度<small>탁</small>之<small>지</small>薨<small>홍</small>薨<small>홍</small>하고,　담틀에 퍽퍽 흙 쳐넣고,
築<small>축</small>之<small>지</small>登<small>등</small>登<small>등</small>하며　탕탕 흙 다지며

削屢馮馮하여,　　척척 높은 곳 깎아 내려서,
삭 루 빙 빙

百堵皆興하니　　모든 담벽 다 세우니
백 도 개 흥

鼛鼓弗勝이로다.　북을 치며 일을 독려할 필요도 없었네.
고 고 불 승

迺立皐門하니　　바깥 성곽 문을 세우니
내 립 고 문

皐門有伉하고,　　바깥 성곽 문 우뚝하고,
고 문 유 항

迺立應門하니　　궁전의 정문을 세우니
내 립 응 문

應門將將하며,　　정문은 반듯하고,
응 문 장 장

迺立冢土하니　　땅의 신 모시는 사당 세우자
내 립 총 토

戎醜攸行이로다.　못된 오랑캐들은 떠나갔네.
융 추 유 행

肆不殄厥慍이로되　오랑캐들의 불만이 끊이지 않았으나
사 부 진 궐 온

亦不隕厥問이로다.　그들을 돌보아주는 일 게을리 하지 않으셨네.
역 불 운 궐 문

柞棫拔矣하고　　갈참나무 백유나무 뽑아내어
작 역 발 의

行道兌矣하니,　　사방으로 길 통하게 하자,
행 도 태 의

混夷駾矣하고　　오랑캐들 두려워 뛰어 도망치며
곤 이 태 의

維其喙矣로다.　　어쩔 줄을 모르더라네.
유 기 훼 의

虞芮質厥成하니　우나라와 예나라가 잘잘못 가리려고 왔다가
우 예 질 궐 성　　화해하였으니

$\underset{\text{문}}{文}\underset{\text{왕}}{王}\underset{\text{궤}}{蹶}\underset{\text{궐}}{厥}\underset{\text{생}}{生}$이니라.　문왕께서 그들을 감동시킨 때문이었네.

$\underset{\text{여}}{予}\underset{\text{왈}}{曰}\underset{\text{유}}{有}\underset{\text{소}}{疏}\underset{\text{부}}{附}$하고　내가 보니 먼 사람들은 친근하여지고

$\underset{\text{여}}{予}\underset{\text{왈}}{曰}\underset{\text{유}}{有}\underset{\text{선}}{先}\underset{\text{후}}{後}$하며,　내가 보니 먼저 친해진 이는 뒷사람을 끌어들이며,

$\underset{\text{여}}{予}\underset{\text{왈}}{曰}\underset{\text{유}}{有}\underset{\text{분}}{奔}\underset{\text{주}}{奏}$하고　내가 보니 모두가 부지런히 뛰어다니며 섬기었고

$\underset{\text{여}}{予}\underset{\text{왈}}{曰}\underset{\text{유}}{有}\underset{\text{어}}{禦}\underset{\text{모}}{侮}$라 하니라.내가 보니 외부로부터의 침략을 막아주었네.

註解 ▫緜緜(면면)-면면(綿綿)으로도 쓰며 끊어지지 않고 계속 이어지는 모양(毛傳). ▫瓞(질)-조그만 외. 따라서 과(瓜)는 좀 큰 외임(毛傳). 많은 외가 달린 외 덩굴이 길게 뻗어 있는 것은 주나라 왕실의 세계(世系)가 계속 이어지면서 끊어지는 일이 없음에 비유한 것이다. ▫民之初生(민지초생)-생민지시(生民之始)와 같은 말로, 주나라가 시작된 공류(公劉) 때를 가리킨다. ▫土(토)-제시(齊詩)를 따라 '두(杜)'로 봄이 옳으며, 두는 강 이름(經義述聞). ▫沮(저)-조(徂)와 통하여, …까지. 자토저칠(自土沮漆)은 두수(杜水)로부터 칠수(漆水)에 이르기까지의 뜻임(經義述聞). 두수는 지금의 섬서성 인유현(麟遊縣) 근처를 흐르고, 칠수(漆水)는 섬서성 동관현(同官縣) 동북쪽 대신산(大神山)에서 시작하여 서남쪽으로 요현(耀縣)까지 흘러와 저수(沮水)와 합쳐진다 한다(經義述聞). 그러나 이는 옛날의 칠저수(漆沮水)이며, 칠수는 지금의 섬서성 빈현(邠縣) 부근에 있었을 것이다. 공류는 빈(豳)땅에 있었으므로 이 칠수 유역이 빈현(邠縣)이어야만 한다(釋義). ▫古公亶父(고공단보)-고공(古公)은 호(號), 단보(亶父)는 자(字)로서 곧 태왕(太王)임. ▫陶(도)-도(掏)와 통함. 땅을 파는 것. ▫復(복)-복(覆)과 통하여, 『설문해자(說文解字)』에는 '도복(陶覆)'으로 인용하고 있음. 곧 여러 갈래의 복잡한 굴(穴은 곧은 단순한 굴임)을 파는 것. 이는 옛날 사람들의 혈거생활을 말해 주는 것이다. ▫家室(가실)-땅 위에 지은 집. 이상 제1절은 주초의 미개생활, 곧 주나라가 이루어지기 이전 시대의 생활을 노래한 것이다. ▫朝(조)-조(早)와 통하여(集傳), 내조(來朝)는 일찍이 오는 것. 이것은 오랑캐(狄)들을 피하여 움직이는 것이다. ▫率(솔)-'…을 따라', 또는 '……부터'(釋義). ▫水滸(수호)-빈(豳)땅 서쪽의 칠수 가를 말한다. ▫岐(기)-기산(岐山). 지금의 섬서성

기산현(岐山縣)에 있음. 태왕은 오랑캐들을 피하여 빈땅 서쪽 칠수 가로부터 남쪽의 양산(梁山)을 넘고 다시 서쪽으로 가 기산 아래에 당도한 것이다. □爰(원)-이에. 조사임. □姜女(강녀)-강성(姜姓)의 여자. 태왕의 비(妃)인 태강(太姜)을 가리킨다. □聿(율)-마침내. □胥(서)-서로. □宇(우)-거(居)의 뜻(毛傳). 사는 것. 이 제2절은 태왕이 기산 아래로 옮겨온 것을 노래한 것임. □原(원)-들. □膴膴(무무)-기름지고 아름다운 모양(鄭箋). □菫(근)-조두(鳥頭)라고도 부르는 쓴 나물. □荼(도)-씀바귀. □飴(이)-엿. □爰始爰謀(원시원모)-나라 다스릴 계획(謀)을 시작하는 것. □契(계)-거북 껍질에 타원형의 조그만 구멍을 칼로 뚫음을 말한다. 그 구멍을 불로 지져 점을 치는 것이다(孔疏). □龜(귀)-점치는 데 쓰는 껍질만을 말린 거북. □時(시)-是(시)의 뜻으로 이곳을 가리킨다. 이 구절은 점의 결과가 이곳에 머물러 살아도 좋다고 했다는 것이다. 이 제3절은 기산 아래 정착하게 되는 과정을 노래한 것이다. □迺(내)-내(乃)와 같은 조사, 이에. □慰(위)-『방언(方言)』과 『광아(廣雅)』에 모두 '거(居)의 뜻'이라 하였으니, 내위내지(迺慰迺止)는 머물러 사는 것. □迺左迺右(내좌내우)-좌우의 땅을 모두 잘 다스리는 것. □疆(강)-땅의 경계를 정하는 것. □理(리)-땅에 도랑을 파고 길을 내어 정리하는 것(集傳). 이 구절은 소아(小雅)「길게 뻗은 남산(信南山)」에도 보임. □宣(선)-쟁기로 밭을 가는 것(通釋). □畝(묘)-밭이랑을 내는 것. □徂(조)-가는 것. □周(주)-모두, 두루. □執事(집사)-일을 잘 처리하는 것. 이 제4절은 기산 밑 주나라 땅을 다스리기 시작하는 모습을 노래한 것임. □召(소)-부르다. □司空(사공)-토목공사를 맡은 벼슬 이름(毛傳). □司徒(사도)-백성들을 부리는 일을 맡은 벼슬 이름(毛傳). □繩(승)-목수들의 먹줄. 집터를 먼저 먹줄로 반듯하게 잡아놓는 것이다. □縮版(축판)-담틀 판(版)을 새끼로 동여매는 것(縮)임(通釋). □載(재)-흙을 쳐넣는 것. □廟(묘)-종묘(宗廟). 도읍을 세우는 데 종묘부터 짓는 것이다. □翼翼(익익)-매우 반듯한 모양(集傳). 제5절은 관리들에게 명하여 궁실과 종묘를 짓는 것을 노래한 것이다. □捄(구)-『설문해자』에 '흙수레에 흙을 퍼 담는 것'이라 하였다. □陾陾(잉잉)-흙을 퍼 담는 소리. □度(탁)-흙을 담틀 속에 던져 넣는 것(鄭箋). □薨薨(홍홍)-흙을 던져 넣는 소리(釋義). □築(축)-공이로 담틀 속에 흙을 굳게 다지는 것. □登登(등등)-흙을 다지는 소리. □削(삭)-깎다. □屢(루)-루(婁)·루(僂)와 통하여, 흙이 높이 솟아있는 곳을 가리킴(通釋). □馮

馮(빙빙)-높은 곳의 흙을 깎아 내리는 소리. ▫堵(도)-담. ▫鼛(고)-큰 북. ▫鼓(고)-북을 치는 것. 일을 할 때에 북을 쳐 여러 사람들을 움직였다. 일하는 사람이 너무 많고, 자진해서 빠르게 움직이기 때문에 북을 제대로 쳐대지 못하는 것이다. 이 제6절에서는 궁전 담벽을 치는 모양을 노래한 것이다. ▫皐門(고문)-왕궁의 바깥 성곽 문(毛傳). ▫伉(항)-항(亢)과 통하여 유항(有伉)은 항연(伉然)으로 우뚝한 모양. ▫應門(응문)-왕궁의 정문(毛傳). ▫將將(장장)-바르고 의젓한 모양(毛傳). ▫冢土(총토)-대사(大社)(毛傳). 토지의 신을 제사지내는 곳. ▫戎(융)-서융(西戎), 서쪽 오랑캐. ▫醜(추)-못된 자들(釋義). ▫攸行(유행)-떠나가는 것(釋義). 기산 아래는 본시 곤이(混夷)들이 살고 있던 곳인데 태왕이 이곳에 나라를 세웠으므로 오랑캐들이 쫓겨가는 것이다. 이 제7절은 궁전을 세우고 나라를 평정하는 모양을 노래한 것이다. ▫肆(사)-조사(釋義). ▫殄(진)-끊다. ▫厥(궐)-곤이(混夷)들을 가리킴. ▫慍(온)-성냄, 불만. ▫不隕(불운)-떨어뜨리다, 소홀히 하다, 게을리하다. ▫問(문)-휼문(恤問). 돌보는 것(釋義). 이상 두 구절은 『맹자』에서 말한 "문왕이 곤이를 섬긴 것"을 노래한 것이다. ▫柞(작)-갈참나무. ▫棫(역)-백유나무. 떨기로 자라는 관목(灌木)으로 가시가 달렸으며, 귀고리 같은 먹는 빨간 열매가 달리고, 백유(白桜)라고도 함(孔疏·集傳 등 참조). ▫拔(발)-뽑다. ▫兌(태)-잘 통하도록 하는 것. ▫混夷(곤이)-서북쪽에 있던 오랑캐 이름(釋義). ▫駾(태)-달려가는 것, 뛰어 도망치는 것. ▫喙(훼)-곤(困)의 뜻으로(毛傳), 어쩔 줄 모르는 것. 이상 제8절은 태왕이 곤이를 덕으로 다스리는 모양을 노래한 것이다. ▫虞(우)-나라 이름. 지금의 산서성(山西省) 해현(解縣)에 있었다. ▫芮(예)-나라 이름. 지금의 산서성 예성현(芮城縣)에 있었다. ▫質(질)-질정(質正), 잘잘못을 가리는 것(集傳). ▫成(성)-평(平)의 뜻(毛傳)으로, 화해하는 것. 우(虞)나라와 예(芮)나라의 임금은 밭을 두고 오랫동안 서로 싸워왔다. 그들은 서백(西伯) 문왕은 어진 사람이라 하니, 가서 누가 옳은가 물어보자고 하였다. 두 임금이 함께 주나라 경계 안을 들어와 보니, 밭가는 사람은 서로 밭둔덕을 양보하고 길가는 자는 서로 길을 양보하며, 모두가 서로 양보하며 살아가고 있었다. 이를 보고 두 나라 임금은 감동하여 우리 같은 소인들은 군자의 마당을 밟기도 안됐다고 말하며 다투던 밭을 서로 양보하여 화해하고 물러갔다. 여기서는 이 일을 읊은 것이다(毛傳). ▫蹶(궤)-감동시키는 것. ▫生(생)-옛날에는 성(性)의 뜻으로 쓰여, '문왕이 그들의 성품을 감동시켰다' 는 뜻(通釋). ▫予曰(여왈) - 시인 자신의 말임(鄭箋). ▫疏(소) - 소원한 사람들. ▫附(부) - 친하게 가까워지는 것(釋義). ▫先後(선후) - 먼저 친해진 자가 뒷사람을 인도하여 친하게 하는 것(釋義). ▫奔(분) - 달리다. ▫奏(주) - 주(走)로 쓴 곳도 있어(經典釋文), 분주(奔奏)는 분주히 신하들이 뛰어다니면서 보좌하는 것(通釋). ▫禦(어) - 막다, 방어하다. ▫侮(모) - 외모(外侮). 외부로부터의 침략. 마지막 제9절은 문왕의 덕치를 노래한 것이다.

[解說] 「모시서」에 「길게 뻗음」 시는 "문왕이 일어난 것은 태왕에게서 근본이 이루어진 때문임을 노래한 것이다."라고 하였다. 태왕에 근거를 둔 문왕의 덕치를 노래한 것은 분명하며, 주나라 초기의 작품일 것이다(釋義).

4. 백유나무 떨기(棫樸)

<table>
<tr><td>봉 봉 역 복
芃芃棫樸을</td><td>더부룩한 백유나무 떨기를</td></tr>
<tr><td>신 지 유 지
薪之槱之로다.</td><td>땔나무와 모닥불 감으로 자르네.</td></tr>
<tr><td>제 제 벽 왕
濟濟辟王을</td><td>위엄 있으신 임금님을</td></tr>
<tr><td>좌 우 취 지
左右趣之로다.</td><td>신하들이 빠른 걸음으로 섬기네.</td></tr>
<tr><td>제 제 벽 왕
濟濟辟王을</td><td>위엄 있으신 임금님의 제사를</td></tr>
<tr><td>좌 우 봉 장
左右奉璋이로다.</td><td>신하들이 옥잔 들고 돕네.</td></tr>
<tr><td>봉 장 아 아
奉璋峨峨하니</td><td>옥잔을 공경히 들고 있는 모습</td></tr>
<tr><td>모 사 유 의
髦士攸宜로다.</td><td>뛰어난 분들에게 잘 어울리네.</td></tr>
</table>

淲彼涇舟를 두둥실 경수 위의 배에서
烝徒楫之로다. 많은 사람들이 노 젓고 있네.
周王于邁하시니 주나라 임금님 나가시니
六師及之로다. 온 군사들이 뒤따르네.

倬彼雲漢이 밝은 저 은하수가
爲章于天이로다. 하늘에 무늬를 이루고 있네.
周王壽考하시니 주나라 임금님 만수무강하시니
遐不作人이리요? 어찌 인재들을 잘 쓰지 않으시랴?

追琢其章에 무늬를 새기고 쪼는 데
金玉其相이로다. 쇠와 옥을 자료로 쓰네.
勉勉我王이어 우리 임금님께선 부지런히
綱紀四方이로다. 온 세상 바로 다스리시네.

註解 □芃芃(봉봉)-무성한 모양, 초목이 더부룩한 것. □棫(역)-앞의 「길게 뻗음(緜)」시에 보임. '백유나무'. □樸(복)-나무가 떨기로 나는 것(集傳). □槱(유)-제사지낼 때 모닥불을 놓는 나무(鄭箋). □濟濟(제제)-공경스런 모양(鄭箋), 위엄이 있는 모양. □辟(벽)-임금. 벽왕(辟王)은 뒤의 주왕(周王)과 같은 분을 가리킴. □左右(좌우)-신하들. □趣(취)-빠른 동작으로 섬기는 것(鄭箋). □璋(장)-장찬(璋瓚)으로 제사지낼 때 신하들이 이를 들고 제사를 돕는 것이다(鄭箋). '옥잔'이라 번역해 두었다. □峨峨(아아)-장찬(璋瓚)을 공경히 받

들고 있는 모양. ㅁ髦士(모사)-재능이 뛰어난 사람(앞의 '甫田'시에 보였음). ㅁ宜(의)-어울리는 것, 합당한 것. ㅁ淠(비)-배가 떠가는 모양(毛傳). ㅁ涇(경)-경수(涇水). 지금의 감숙성(甘肅省) 화평현(化平縣)에서 시작 동쪽으로 흘러 경천현(涇川縣)에서 섬서성으로 들어가며 동남쪽으로 흘러가다 위수(渭水)로 합쳐진다. ㅁ烝(증)-무리. ㅁ楫(즙)-여기서는 동사로 노를 젓는 것. ㅁ邁(매)-나아가는 것. ㅁ六師(육사)-6군(六軍), 천자의 군대. ㅁ及(급)-뒤따르는 것. ㅁ倬(탁)-밝은 모양(小雅 '甫田'시의 『毛傳』). ㅁ雲漢(운한)-은하(銀河). ㅁ章(장)-무늬. ㅁ壽考(수고)-오래오래 사는 것. ㅁ遐(하)-하(何)와 통함(集傳), 어찌. ㅁ作人(작인)-인재를 등용하여 나라를 잘 다스리는 것(釋義). ㅁ追(추)-조(彫)와 통함(毛傳), 쇠에 무늬를 새기는 것. ㅁ琢(탁)-옥의 무늬를 드러나게 끌 같은 것으로 쪼는 것. ㅁ相(상)-질(質)의 뜻(毛傳), 바탕, 자료. ㅁ綱紀(강기)-법도대로 올바로 다스리는 것. ㅁ四方(사방)-온 세상.

[解說] 이는 분명히 주나라의 어느 임금님을 기린 시이다. 무성한 백유나무나 경수의 배, 하늘의 은하 모두 임금님의 훌륭한 덕과 품위에 견준 것이다.
「모시서」에서는 문왕이 신하를 잘 등용함을 노래한 것이라 하였다.

5. 한산 기슭(旱麓)

瞻彼旱麓하니 한산 기슭 바라보니
榛楛濟濟로다. 개암나무 호나무가 우거졌네.
豈弟君子여! 점잖으신 임금님이어!
干祿豈弟로다. 점잖게 녹을 받고 지내시네.

瑟彼玉瓚에 산뜻한 옥돌 잔엔

황류재중
黃流在中이로다.　　황금 입이 가운데 붙었네.

개제군자
豈弟君子여!　　점잖으신 임금님이어!

복록유강
福祿攸降이로다.　　복과 녹이 내려지네.

연비려천
鳶飛戾天하고　　솔개는 하늘 위를 날고

어약우연
魚躍于淵이로다.　　고기는 연못에 뛰고 있네.

개제군자
豈弟君子여!　　점잖으신 임금님이어!

하부작인
遐不作人이리요?　　어찌 인재들을 잘 쓰지 않으시랴?

청주기재
淸酒旣載하고　　맑은 술 따라놓고

성무기비
騂牡旣備로다.　　붉은 수소 잡아 갖추었네.

이향이사
以享以祀하여　　제물을 차려놓고 제사지내며

이개경복
以介景福이로다.　　큰 복을 비시네.

슬피작역
瑟彼柞棫을　　우거진 갈참나무와 백유나무를

민소료의
民所燎矣로다.　　백성들이 잘라다 때네.

개제군자
豈弟君子여!　　점잖으신 임금님이어!

신소로의
神所勞矣로다.　　신령들도 위로해 주시네.

막막갈류
莫莫葛藟이　　무성한 칡덩굴이

제3편 대아(大雅) • **713**

이 우 조 매
施于條枚로다.　　나뭇가지 위로 뻗어 있네.
개 제 군 자
豈弟君子여!　　점잖으신 임금님이어!
구 복 불 회
求福不回로다.　　구하시는 복 어김없이 얻을 것이네.

註解　□瞻(첨)-우러러보다. □旱(한)-산 이름. 지금의 섬서성 한중성남(漢中城南) 65리 되는 곳에 있다. □麓(록)-산기슭. □榛(진)-개암나무. □楛(호)-호나무. 줄기가 싸리나무 비슷하며 붉은빛이 나고 화살대 만드는 데도 쓰인다. □濟濟(제제)-많은 모양(毛傳). 나무들이 무성한 것은 임금님의 덕에 비유한 것이다. □豈弟(개제)-개제(愷悌)로도 쓰며, 점잖은 것. □君子(군자)-주나라 임금을 가리킨다. □干(간)-구하다, 추구하다. □祿(록)-하늘이 내리는 녹으로, 복과 같은 뜻. □瑟(슬)-깨끗하고 고운 모양(鄭箋). □玉瓚(옥찬)-옥으로 손잡이를 한 그릇. 앞의「백유나무 떨기(棫樸)」시 장(璋)의 주(註)를 참조 바람. □黃(황)-황금으로 만들어 누런 것. □流(류)-물을 따르는 입. 찬(瓚)에는 유(流)가 있는데 황금으로 만들어 황류(黃流)라 한 것이며, 가운데 그것이 달려 있어 '재중(在中)'이라 한 것이다(通釋). 가운데 황류가 달린 옥찬(玉瓚)은 임금님의 덕과 올바른 다스림을 상징한 것이다. □攸(유)-소(所)와 같은 글자. □鳶(연)-솔개. □戾(려)-이르다. □躍(약)-뛰다. 솔개가 하늘에 날고 있고, 고기가 연못 속에서 뛰고 있다는 것은 올바른 도를 따라 움직여지고 있는 성군이 다스리는 세상에 비유한 것이다. □遐(하)-하(何)의 뜻, 어찌. 이 구절은 앞의「백유나무 떨기」시에도 보였음. □淸酒(청주)-맑은 술. □載(재)-설(設)의 뜻(『文選』李善 註 所引『韓詩章句』). 술을 따라 놓는 것. □騂(성)-붉은 소. 성무(騂牡)는 소아「길게 뻗은 남산」시에 보였음. □介(개)-빌다. □景(경)-큰 것. □瑟(슬)-많은 모양(毛傳). □燎(료)-불을 때다. 백성들이 갈참나무나 백유나무로 불을 때며 산다는 것은 평화로운 세상을 뜻한다. □勞(로)-위로의 뜻. □莫莫(막막)-무성한 모양. 주남「칡덩굴(葛覃)」시에 보였음. □葛藟(갈류)-칡덩굴. □施(이)-뻗다. □條(조)-나뭇가지. □枚(매)-나무 줄기(周南「汝墳」시『毛傳』). 나무 위에 칡덩굴이 무성하게 뻗어 덮여있다는 것은 임금님의 교화가 백성들에게 널리 펴져 있음을 비유한 것이다. □回(회)-사(邪)의 뜻

으로, 불회(不回)는 어긋남이 없는 것.

解說 이 시도 주나라 임금님의 덕을 기린 것이다.
「모시서」에서는 주나라 임금들이 조상들의 위대한 업적을 계승 발전시켰음을 노래한 것으로 보았다. 선조인 후직(后稷)과 공류(公劉)의 유업을 대대로 닦아 태왕(太王)과 왕계(王季)가 거듭 복록을 가져오도록 하였다는 것이다. 태왕과 왕계를 지적한 근거는 알 수 없으나 주나라 천자의 덕을 기린 시임에는 틀림없다.

6. 거룩하심(思齊)

思齊大任이 (사제태임)   거룩하신 태임이

文王之母시로다. (문왕지모)   문왕의 어머님이시네.

思媚周姜하니 (사미주강)   시어머님 태강을 사랑하시며

京室之婦로다. (경실지부)   왕실의 주부 노릇 하셨네.

大姒嗣徽音하시고 (태사사휘음)   태사께서 그 뒤에 아름다운 명성 이으시고

則百斯男이로다. (즉백사남)   많은 아들 낳으셨네.

惠于宗公하사 (혜우종공)   문왕께서는 선왕들 잘 따르시어

神罔時怨하고 (신망시원)   신령들 원망 없으시고

神罔時恫이로다. (신망시통)   신령들 마음 아픈 일도 없게 되셨네.

刑于寡妻하사 (형우과처)   당신 부인부터 바르게 대하시어

제3편 대아(大雅) • 715

　　　　지 우 형 제
　　　　至于兄弟하시고　　　형제들을 바르게 이끌고
　　　　이 어 우 가 방
　　　　以御于家邦하니라.　　집안과 나라를 다스리셨네.

　　　　옹 옹 재 궁
　　　　雝雝在宮하고　　　　부드러운 모습으로 궁전에 계시고
　　　　숙 숙 재 묘
　　　　肅肅在廟로다.　　　　공경하는 모습으로 묘당에 계시네.
　　　　불 현 역 림
　　　　不顯亦臨하고　　　　밝게 나라에 임하시고
　　　　무 역 역 보
　　　　無射亦保하시니라.　　싫증내는 일 없이 백성들 보살펴 주셨네.

　　　　사 융 질 부 진
　　　　肆戎疾不殄하사　　　큰 잘못은 엄하게 징계하시어
　　　　열 가 불 하
　　　　烈假不瑕시로다.　　　폐해를 모두 없애시었네.
　　　　불 문 역 식
　　　　不聞亦式하고　　　　들은 말은 따르시고
　　　　불 간 역 입
　　　　不諫亦入하시니라.　　간하는 말은 받아들이셨네.

　　　　사 성 인 유 덕
　　　　肆成人有德하고　　　어른들은 덕이 있고
　　　　소 자 유 조
　　　　小子有造로다.　　　　아이들은 이루는 일이 있게 되었네.
　　　　고 지 인 무 역
　　　　古之人無斁하사　　　옛 성인 같은 문왕께서는 싫어하는 일 없이
　　　　예 모 사 사
　　　　譽髦斯士시로다.　　　훌륭한 선비 다 골라 쓰셨네.

註解　□思(사)-조사. □齊(제)-재(齋)와 통하여 장엄한 것(釋義), '거룩하심'. □大任(태임)-태임(太任)으로도 쓰며, 왕계(王季)의 비(妃)로서 문왕의 어머니.「크게 밝음(大明)」시 참조. □媚(미)-사랑하다. □周姜(주강)-태왕의 비이며, 왕계의 어머님인 태강(太姜).「길게 뻗음(緜)」시 참조. 미주강(媚周姜)

은 태임이 태강을 사랑하여 효성으로 섬김을 말한다. ▫京室(경실)－왕실의 뜻. ▫婦(부)－주부(主婦). ▫大姒(태사)－태사(太姒)로도 쓰며 문왕의 비.「크게 밝음」시 참조. ▫嗣(사)－계승의 뜻. ▫徽(휘)－아름다운 것. ▫音(음)－명성의 뜻, 휘음(徽音)은 아름다운 명성을 가리킨다. ▫斯(사)－조사. ▫百男(백남)－다남(多男), 많은 아들. ▫惠(혜)－순(順)의 뜻, 따르다. ▫宗公(종공)－선공(先公)과 같은 말로(通釋), 선왕들의 신을 가리킨다. ▫神(신)－선왕들의 신. ▫罔(망)－없는 것. ▫時(시)－시(是)의 뜻. ▫怨(원)－원망하다. ▫恫(통)－한(恨)하다, 마음 아파하다. ▫刑(형)－『경전석문(經典釋文)』에서 한시(韓詩)를 인용하여 '형(刑)은 정(正)의 뜻'이라 하였다, 바르게 대하는 것. ▫雝雝(옹옹)－온화한 모양, 부드러운 모양. ▫肅肅(숙숙)－공경하는 모양(毛傳). ▫不(불)－비(丕)의 뜻. 매우, 크게. ▫亦(역)－뒤의 것과 함께 모두 조사. ▫臨(임)－나라의 정사에 임하는 것. ▫射(역)－싫어하다. ▫保(보)－백성들을 편안히 보호하는 것. ▫肆(사)－조사. ▫戎(융)－큰 것. ▫疾(질)－잘못. ▫不(불)－모두 비(丕)의 뜻, 매우, 크게. ▫殄(진)－징계하는 것. ▫烈(열)－려(癘)와 통하여. 병, 폐해. ▫假(가)－가(瘕)와 통하여, 병(病)의 뜻이며, '병폐'를 의미한다(通釋).『정전』에서도 병의 뜻이라 하였다. ▫瑕(하)－하(遐)와 통하여, 이(已), 없애는 것(鄭箋). 넷째 구절의 불(不)자는 비(丕)와 통하나, 다음 구절의 것과 함께 조사임. ▫亦(역)－조사. ▫式(식)－쓰다, 따르다. ▫入(입)－받아들이는 것. ▫肆(사)－조사. ▫成人(성인)－어른. ▫小子(소자)－아이들. ▫有造(유조)－성취함이 있다는 뜻(集傳), 이루는 일이 있는 것. ▫古之人(고지인)－문왕(文王)을 가리킴(集傳). ▫斁(역)－싫어하다. ▫譽(예)－기리다. ▫髦(모)－선(選)의 뜻(爾雅), 고르다, 뽑다. ▫斯士(사사)－훌륭한 선비들을 말한다.

|解說| 이 시도 문왕의 덕을 노래한 것이다. 특히 그 위대한 덕의 바탕이 되는 일들을 노래했다(集傳).

「모시서」에서도 문왕이 성인다운 까닭을 노래한 것이라 하였다.

7. 위대하심(皇矣)

황 의 상 제
皇矣上帝이　　　　위대하신 하늘께선

임 하 유 혁
臨下有赫하사　　　밝게 땅 위에 임하시어

감 관 사 방
監觀四方하시고　　세상을 살펴보시고

구 민 지 막
求民之莫하니라.　백성들의 아픔을 알아보시네.

유 차 이 국
維此二國이　　　　하나라와 은나라가

기 정 불 획
其政不獲하니　　　정치를 잘하지 못하니

유 피 사 국
維彼四國으로　　　사방의 나라들이 서로 의논하여

원 구 원 탁
爰究爰度하니라.　올바른 길을 추구하고 좋은 방법 헤아리게 하였네.

상 제 기 지
上帝耆之하시고　　하늘이 노하시고

증 기 식 곽
憎其式廓이라.　　나라를 잘못 다스리는 것을 미워하셨네.

내 권 서 고
乃眷西顧하사　　　이에 서쪽 주나라를 돌아보시고

차 유 여 택
此維與宅하니라.　여기에 천명을 내리시게 되었네.

작 지 병 지
作之屛之하니　　　나무를 자르고 치우는데

기 치 기 예
其菑其翳로다.　　말라 죽고 시들어 죽은 나무들이네.

수 지 평 지
脩之平之하니　　　땅을 닦고 평평하게 하는데

| 기 관 기 렬 | |
| 其灌其栵이로다. | 떨기나무와 움이 난 나무를 없애네. |

| 계 지 벽 지 | |
| 啓之辟之하니 | 파고 일구고 하는데 |

| 기 정 기 거 | |
| 其檉其椐로다. | 능수버들 영수목을 베어 없애네. |

| 양 지 척 지 | |
| 攘之剔之하니 | 치우고 베고 하는데 |

| 기 염 기 자 | |
| 其檿其柘로다. | 산뽕나무 들뽕나무를 베어 없애네. |

| 제 천 명 덕 | |
| 帝遷明德하시니 | 하늘이 밝은 덕 지닌 분에게로 명을 옮기시니 |

| 관 이 재 로 | |
| 串夷載路로다. | 서쪽 오랑캐들은 쇠퇴하였네. |

| 천 립 궐 배 | |
| 天立厥配하시니 | 하늘이 그분의 배필 정해주시니 |

| 수 명 기 고 | |
| 受命旣固시로다. | 받은 천명이 매우 확고해졌네. |

| 제 성 기 산 | |
| 帝省其山하시니 | 하늘이 그곳 산을 살피시니 |

| 작 역 사 발 | |
| 柞棫斯拔하고 | 갈참나무 백유나무 다 뽑혔고 |

| 송 백 사 태 | |
| 松栢斯兌로다. | 소나무 잣나무도 치워져 있네. |

| 제 작 방 작 대 | |
| 帝作邦作對하시니 | 하늘은 나라를 세우고 다스릴 사람 정하셨으니 |

| 자 태 백 왕 계 | |
| 自大伯王季시로다. | 태백과 왕계께서 덕을 쌓기 시작했기 때문이네. |

| 유 차 왕 계 | |
| 維此王季이 | 왕계께서는 |

| 인 심 즉 우 | |
| 因心則友하사 | 마음에 우애가 많으시어 |

| 즉 우 기 형 | |
| 則友其兄하시고 | 그의 형님 위하시고 |

| 즉 독 기 경
則篤其慶하사 | 자신의 행복 두터이 하신 위에 |
| 재 석 지 광
載錫之光이로다. | 빛나는 덕을 드러내셨네. |
| 수 록 무 상
受祿無喪하여 | 받으신 복 잃지 않으시어 |
| 엄 유 사 방
奄有四方이로다. | 마침내 온 세상 다스리게 되셨네. |

| 유 차 왕 계
維此王季를 | 이 왕계님에 대하여 |
| 제 탁 기 심
帝度其心이로다. | 하늘은 그 마음을 헤아리셨네. |
| 맥 기 덕 음
貊其德音하고 | 그의 명성이 위대하고 |
| 기 덕 극 명
其德克明이로다. | 그의 덕이 매우 밝았네. |
| 극 명 극 류
克明克類하고 | 밝고 훌륭하게 다스리고 |
| 극 장 극 군
克長克君이로다. | 어른 노릇 임금 노릇 잘 하셨네. |
| 왕 차 대 방
王此大邦하여 | 이 큰 나라의 임금님 되어 |
| 극 순 극 비
克順克比시로다. | 하늘의 뜻 따라 백성들과 친화 하셨네. |
| 비 우 문 왕
比于文王하사 | 문왕에 이르러서도 |
| 기 덕 미 회
其德靡悔하시니, | 그 덕에 흠 없으니, |
| 기 수 제 지
旣受帝祉이 | 이미 받은 하늘의 복이 |
| 이 우 손 자
施于孫子하나라. | 자손들에게까지도 베풀어지게 되었네. |

| 제 위 문 왕
帝謂文王하시되, | 하늘에서 문왕에게 이르셨네. |

무연반원 無然畔援하고	'절대로 도를 어기며 딴 짓 하지 말고
무연흠선 無然歆羨하며,	절대로 탐욕을 부리지 말 것이며,
탄선등우안 誕先登于岸하라!	무엇보다도 송사를 공평히 처리하라!'
밀인불공 密人不恭하니	밀나라 사람들이 건방져서
감거대방 敢距大邦하여	감히 주나라에 항거하며
침원조공 侵阮徂共이라.	원 땅과 공 땅을 침략하였네.
왕혁사노 王赫斯怒하고	임금님은 크게 성내시고
원정기려 爰整其旅하사	군사를 동원하여
이안조려 以按徂旅하여	그 무리들을 정벌함으로써
이독우주호 以篤于周祜하고	주나라의 복을 두터이 하고
이대우천하 以對于天下하시니라.	천하에 본을 보이셨네.

의기재경 依其在京하사	문왕께선 편안히 도성에 계시면서
침자원강 侵自阮疆하여,	원 땅으로부터 진군케 하여,
척아고강 陟我高岡이로다.	아군이 높은 산등성이를 모두 올라가 점령하였네.
무시아릉 無矢我陵하니	적은 언덕 위에 진을 치지 못하였으니
아릉아아 我陵我阿이로다.	어느 곳이나 우리 언덕 우리 산등성이가 되었기 때문이네.
무음아천 無飮我泉하니	우리 샘물도 마시지 못하였으니

아 천 아 지	
我泉我池이로다.	모두 우리 샘 우리 연못이 되었기 때문이네.

도 기 선 원
度其鮮原하여   그리고 선원 땅을 넘어서

거 기 지 양
居岐之陽하고   기산 남쪽 기슭 차지하고

재 위 지 장
在渭之將이로다.   위수 가에 도읍을 정하셨네.

만 방 지 방
萬邦之方하여   모든 나라들이 따르게 되어

하 민 지 왕
下民之王이시로다.   온 세상 백성들의 임금 되셨네.

제 위 문 왕
帝謂文王하시되,   하늘이 문왕께 이르셨네.

여 회 명 덕
予懷明德이나   '나는 밝은 덕을 지닌 사람 좋아하나

부 대 성 이 색
不大聲以色하고   말과 얼굴 빛으로 크게 나타내지는 않고

부 장 하 이 혁
不長夏以革이니,   언제나 매와 회초리로 치지도 않으니,

불 식 부 지
不識不知라도   알건 모르건 간에

순 제 지 칙
順帝之則하라.   하늘의 법도를 따르라.'

제 위 문 왕
帝謂文王하시되,   하늘이 또 문왕께 이르셨네.

순 이 구 방
詢爾仇方하고   '그대 이웃 나라와 의논하고

동 이 형 제
同爾兄弟하여   그대 형제들과 힘을 합쳐,

이 이 구 원
以爾鉤援과   그대의 갈고리와 사다리와

여 이 림 충
與爾臨衝으로   그대의 임거와 충거로

이 벌 숭 용
以伐崇墉하라.　　숭나라 성을 쳐라.'

임 충 한 한
臨衝閑閑하고　　임거와 충거는 덜컹거리고

숭 용 언 언
崇墉言言이로다.　　숭나라 성은 높고 컸네.

집 신 연 련
執訊連連하고　　주렁주렁 엮듯 포로들 잡고

유 괵 안 안
攸馘安安이로다.　　적의 목 잘라 의젓이 바치네.

시 류 시 마
是類是禡하여　　유제 지내고 마제 지내어

시 치 시 부
是致是附하시니,　　모두 와서 복종케 하시니,

사 방 이 무 모
四方以無侮로다.　　온 세상 넘보는 자 없게 됐네.

임 충 불 불
臨衝茀茀하고　　임거와 충거는 탄탄하고

숭 용 흘 흘
崇墉仡仡이로다.　　숭나라 성은 높고 컸네.

시 벌 시 사
是伐是肆하고　　치고 무찌르고

시 절 시 홀
是絕是忽하니　　자르고 없애시니

사 방 이 무 불
四方以無拂이로다.　　온 세상 거스리는 자 없게 되었네.

註解 □皇(황) – 위대한 것. □下(하) – 하지(下地), 땅. □有赫(유혁) – 혁연(赫然), 밝은 모양. □監觀(감관) – 살펴보다. □莫(막) – 『한서(漢書)』・『잠부론(潛夫論)』등에 막(瘼)으로 인용하고 있으니, 백성들의 '아픔'. □二國(이국) – 하(夏)나라와 은(殷)나라(毛傳). □不獲(불획) – 부득(不得), 부득선(不得善), '잘하지 못하는 것'. □四國(사국) – 사방의 나라. □爰(원) – 조사. □究(구) – 찾아보다(集傳), 일을 꾀하다(毛傳). □度(탁) – 헤아리다. □耆(기) – 시(諸)와 통하여, 노하는 것(廣雅). □式(식) – 조사. □廓(곽) – 공허의 뜻으로, 올바른 정치를 못

하는 것(釋義). □眷(권)-돌아보다. □西(서)-서쪽의 주(周)나라를 가리킴. □顧(고)-돌아보다. □宅(택)-거(居)의 뜻, 함께 지내는 것(毛傳). □作(작)-책(柞)과 통하여, 나무를 베어버리는 것(經義述聞). □屛(병)-치우다, 없애다. □菑(치)-나무가 선 채로 죽은 것(毛傳). □翳(예)-나무가 자연히 죽은 것. 이 절은 태왕(太王)이 기(岐) 땅으로 나라를 옮겼을 때의 일을 노래한 것이다. 이처럼 나무를 베어 없애고 험한 산과 숲으로 이루어진 땅에 살 곳을 마련하였다는 것이다. □灌(관)-관목(灌木), 떨기로 자란 나무(毛傳). □栵(렬)-얼(枿)의 뜻으로, 벤 나무등걸에서 다시 움이 솟는 것(經義述聞). □啓辟(계벽)-개벽(開闢)과 같은 뜻으로, 개간해 나가는 것. □檉(정)-능수버들. □椐(거)-영수목(靈壽木)으로 마디가 분명하여 지팡이를 만드는 데 많이 쓰는 나무(孔疏). □攘(양)-치우다, 없애다. □剔(척)-잘라 내는 것. □檿(염)-산뽕나무, 활대나 멍에 만드는 데 많이 쓰인다. □柘(자)-산뽕나무. 그 나무는 활대를 만드는 데 염(檿)보다도 좋은 재목으로 친다. □帝(제)-하늘, 하나님. □明德(명덕)-밝은 덕을 지닌 사람. 태왕(太王)을 가리킴. □串夷(관이)-곤이(混夷)로, 서쪽의 오랑캐 이름. □載(재)-즉(則), 조사. □路(로)-척(瘠)으로 된 판본도 있으며(鄭箋), 피척(疲瘠) 곧 쇠퇴의 뜻(通釋). □配(배)-배필(配匹). 태강(太姜)을 가리킴. □省(성)-살피다. □柞棫斯拔(작역사발)-「길게 뻗음(緜)」시의 '작역사의(柞棫斯矣)'와 같은 말. 갈참나무와 백유나무를 뽑아내고 땅을 개척하는 것이다. □兌(태)-잘 통하게 하는 것.「길게 뻗음(緜)」시 참조. □作邦(작방)-나라를 세우는 것. □作對(작대)-이를 다스릴 임금을 세우는 것. □大伯(태백)-왕계(王季)의 형님. 이 두 분으로부터 주나라의 위세가 천하에 떨치게 되었다는 것이다. □王季(왕계)-형 태백(太伯)에게 우애를 다하였고, 태백도 뒤에 공덕이 크다는 이유에서 왕계에게 왕위를 사양하였다. □因心(인심)-애쓰지 않아도 마음이 저절로 그렇게 되는 것(集傳). □友(우)-우애, 우의. □慶(경)-경사스러움, 행복. □載(재)-조사. □錫(석)-주는 것. 보여주는 것. □光(광)-빛나는 덕. 태백이 왕위를 사양한 겸양의 덕을 말한다. □喪(상)-잃는 것. □奄(엄)-마침내, 문득. □貊(맥)-『예기』악기(樂記)에 '막(莫)'으로 인용하고 있는데, 막(莫)은 큰 것(釋義). □德音(덕음)-성예, 명성. □類(류)-선(善)의 뜻으로, 나라를 잘 다스리는 것. □長(장)-우두머리 노릇을 잘하는 것. □大邦(대방)-주나라를 가리킨다. □順(순)-백성들의 뜻에 따르고 그들과 친밀히

지내는 것. ㅁ比(비)-이르다, 미치다. ㅁ靡(미)-무(無)의 뜻. 미회(靡悔)는 뉘우칠 만한 흠이 없는 것. ㅁ祉(지)-복, 행복. ㅁ施(이)-뻗는 것. ㅁ無然(무연)-'그렇게 하지 말라'는 뜻. ㅁ畔(반)-반(叛)과 통하여 도를 위반하는 것(集傳). ㅁ援(원)-딴 짓을 하는 것(集傳). 반원(畔援)은 곧 마음이 도를 어기고 딴 곳으로 가는 것. ㅁ歆羨(흠선)-탐욕을 부리는 것. ㅁ誕(탄)-조사. ㅁ登(등)-성(成)의 뜻(鄭箋)으로, 평(平)과도 통하여 공평하게 처리하는 것(釋義). ㅁ岸(안)-한(犴)과 통하여, 옥송(獄訟)·송사(訟事)의 뜻(鄭箋). ㅁ密(밀)-밀수씨(密須氏)의 나라(毛傳). 지금의 감숙성(甘肅省) 영대현(靈臺縣)에 있었다(釋義). 밀인(密人)은 밀나라 사람들. ㅁ距(거)-거(拒)와 통하여, 저항의 뜻. ㅁ阮(원)-공(共)과 함께 모두 나라 이름으로, 지금의 감숙성 경천현(涇川縣)에 둘 다 있었다. ㅁ徂(조)-가는 것. 이 구절은 밀수씨(密須氏)가 원(阮)과 공(共) 두 나라에 침입하였음을 말한다. ㅁ赫(혁)-불끈 성을 내는 모양. ㅁ旅(려)-군대의 뜻. ㅁ按(안)-정벌하는 것. 『맹자』엔 '알(遏)'로 인용하였는데, 같은 뜻이다. 조려(徂旅)는 밀수씨의 무리에게로 가서. ㅁ祜(호)-복, 행복. ㅁ對(대)-양(揚)의 뜻(廣雅). 곧 '이대우천하(以對于天下)'는 '천하에 밝히었다'는 것과 같은 말임(通釋). ㅁ依(의)-편안한 모양(集傳). ㅁ京(경)-주나라 도성. ㅁ侵(침)-진군을 하는 것. ㅁ阮疆(원강)-원나라 지방의 뜻. ㅁ矢(시)-벌이다. 진을 치는 것(鄭箋). ㅁ阿(아)-큰 언덕. 대릉(大陵)(鄭箋). ㅁ度(도)-넘어가는 것(釋義). ㅁ鮮原(선원)-땅 이름, 기주(岐周)에 가까운 곳에 있는 땅임(釋義). ㅁ將(장)-측(側), '가'의 뜻. ㅁ方(방)-향(向)의 뜻으로(鄭箋), 모든 나라의 마음이 향하여져 복종하게 되는 것. ㅁ懷(회)-생각하고 돌봐주는 것(集傳). ㅁ聲(성)-기뻐하고 노여워하는 소리를 내는 것. ㅁ色(색)-기뻐하고 노여워하는 얼굴의 빛을 나타내는 것. ㅁ長(장)-상(常)의 뜻(廣雅), 언제나. ㅁ夏(하)-하초(夏楚)로 서당에서 학생들을 벌 줄 때 쓰던 회초리. ㅁ革(혁)-편(鞭)으로 관청에서 벌 줄 때 쓰던 가죽 채찍(通釋). ㅁ不識不知(불식부지)-별로 아는 체 꾀하지 않는 것. 고유(高誘)가 주(注)한 『여씨춘추』와 『회남자』에는 모두 '불모이당(不謀而當), 불려이득(不慮而得)', 곧 '꾀하지 않아도 들어맞고 생각하지 않아도 도리에 맞는 것'으로 '불식부지'를 풀이하고 있다. ㅁ則(칙)-법. ㅁ詢(순)-꾀하다, 의논하다(鄭箋). ㅁ仇(구)-원수처럼 언제나 생각하게 되는 이웃의 뜻. ㅁ方(방)-'나라'. 구방(仇方)은 이웃 여러 나라(鄭箋). ㅁ同(동)-협동(協同), 힘을 합치는 것. ㅁ鉤(구)-갈

고리. □鉤援(구원)-갈고리를 성벽 위에 걸치고 성을 오르도록 만든 사다리(毛傳). 성을 공격할 때 쓰는 무기. □臨(임)-임거(臨車). 衝(충)-충거(衝車)(毛傳). 모두 성을 공격할 때 쓰는 수레 위에 사다리 등의 장치를 달아놓은 무기임. □崇(숭)-나라 이름. 이 나라는 춘추시대까지 존속하여 진(秦)나라에 편입었다. 숭후(崇侯) 호(虎)가 주왕(紂王)을 선동하여 무도한 짓을 일삼고 있으므로 하늘이 명하시어 그 나라를 치도록 한 것이다(鄭箋). □墉(용)-성(城)의 뜻. □閑閑(한한)-덜컹거리는 모양(毛傳). □言言(언언)-높고 큰 모양(毛傳). □執訊(집신)-포로들. 소아「수레 내어(出車)」시에 보였음. □連連(연련)-연속되는 모양(集傳). □攸(유)-조사(經義述聞). □馘(괵)-적의 왼편 귀를 자른 것. 전과의 증거로 이 자른 귀를 갖다 바쳤다. □安安(안안)-의젓한 모양, 유유한 모양(傳疏). □類(유)-군대가 출정할 때에 하나님께 제사지내는 것. □禡(마)-군대가 머문 곳에서 신에게 지내는 제사(集傳). □附(부)-친해지는 것. 치부(致附)는 그 고장 사람들을 와서 복종하고 친하게 지내도록 만드는 것. □四方(사방)-온 세상. □侮(모)-업신여기다. □茀茀(불불)-강성한 모양(毛傳). □仡仡(흘흘)-언언(言言)과 같은 말로 높고 큰 것(毛傳). □肆(사)-무찌르는 것. □忽(홀)-멸(滅)의 뜻으로(毛傳), 다 없애버리는 것. □拂(불)-어기는 것, 거스리는 것.

|解説| 「모시서」에서 이 시는 주나라를 기린 것이다. 하늘은 은나라를 대신할 나라로 주나라를 고르셨다. 주나라는 대대로 덕을 닦았는데 그 중에서도 문왕이 가장 훌륭했다고 하였다.

주희는 이 시를 좀더 구체적으로 설명하여 "이 시는 태왕(太王)과 태백(太伯)·왕계(王季)의 덕과 문왕이 밀(密)나라와 숭(崇)나라를 친 일을 노래한 것이다."라고 하였다.

8. 영대(靈臺)

　　　　경 시 영 대
　　　經始靈臺하여　　　영대를 이룩하기 시작하여

經^경之^지營^영之^지할새,　설계하고 짓고 할 때,

庶^서民^민攻^공之^지하여　백성들이 나서서 일해 주어

不^불日^일成^성之^지로다.　며칠 못 가 이룩되었네.

經^경始^시勿^물亟^극이로되　이룩하기 시작할 적에 서두르지 말라 하셨으나

庶^서民^민子^자來^래로다.　백성들은 자식이 어버이 일 돕듯 모여들었네.

王^왕在^재靈^영囿^유하시니　임금님께서 영대 정원에 계시는데

麀^우鹿^록攸^유伏^복이로다.　암사슴 수사슴 엎드려 노네.

麀^우鹿^록濯^탁濯^탁하고　암사슴 수사슴 살쪄 윤이 흐르고

白^백鳥^조鶴^학鶴^학이로다.　백조는 깨끗하고 희기도 하네.

王^왕在^재靈^영沼^소하시니　임금님께서 영대 연못에 계시는데

於^오牣^인魚^어躍^약이로다.　아아! 연못 가득히 고기가 뛰네.

虡^거業^업維^유樅^종이오　종과 경틀에 기둥 나무와 가로 나무가 아래위에 있고

賁^분鼓^고維^유鏞^용이로다.　큰 북과 큰 종이 매어 있네.

於^오論^론鼓^고鐘^종하니　아아! 절주 따라 종을 치니

於^오樂^락辟^벽廱^옹이로다.　아아! 천자님 공부하는 곳 즐겁네.

於^오論^론鼓^고鐘^종하니　아아! 절주 따라 종을 치니

於^오樂^락辟^벽廱^옹이로다.　아아! 천자님 공부하는 곳 즐겁네.

^{타 고 봉 봉}
鼉鼓逢逢하며 　　악어 북 둥둥 울리며
^{몽 수 주 공}
矇瞍奏公이로다. 　판수 장님 음악을 연주하네.

註解　▫經(경)-재는 것. 측량하고 설계하는 것. ▫靈臺(영대)-훌륭한 대(臺)의 뜻으로, 문왕(文王)의 대 이름. ▫營(영)-일을 하다, 경영하다. ▫攻(공)-일을 하는 것(毛傳). ▫不日(불일)-'며칠 못 되어', 짧은 기간을 말한다. ▫亟(극)-빠른 것. ▫子來(자래)-서민들이 기뻐하고 모두 자식들이 아버지의 일을 돕듯이 달려와 일하였다는 뜻. ▫囿(유)-새와 짐승을 기르는 곳(毛傳). 옛날엔 천자는 백 리, 제후는 40리 사방의 '유'가 있었다 한다(毛傳). 영유(靈囿)는 역시 문왕의 유를 가리킨다. ▫麀(우)-암사슴. ▫伏(복)-엎드리다. ▫濯濯(탁탁)-살찌고 윤기 흐르는 모양(集傳). ▫鶴鶴(학학)-깨끗하고 흰 모양. ▫靈沼(영소)-문왕의 동산에 있는 연못. ▫於(오)-감탄사. ▫牣(인)-가득한 것. ▫虡(거)-종(鐘)이나 경(磬)을 매다는 틀. 특히 틀의 기둥을 말하며, 가로지른 나무는 순(栒)이라 한다(毛傳). ▫業(업)-순(栒) 위에 대어놓은 무늬를 새겨놓은 큰 판(鄭箋). ▫樅(종)-업(業) 위 종(鐘)이나 경(磬)을 다는 곳, 곧 주송「장님 악공(有瞽)」시에 나오는 숭아(崇牙)를 말한다(毛傳·集傳). ▫賁(분)-큰 북. ▫鏞(용)-큰 쇠 북, 곧 대종(大鐘)(毛傳). ▫於(오)-감탄사. ▫論(론)-륜(倫)의 뜻으로(鄭箋), 질서가 있는 모양. ▫辟廱(벽옹)-천자가 공부하며 대사(大射) 같은 예를 행하는 곳(集傳). ▫鼉(타)-타룡(鼉龍) 또는 저파룡(豬婆龍)이라고도 부르는 악어의 일종(釋義). 타고(鼉鼓)는 그 악어 가죽으로 만든 북. ▫矇(몽)-눈알이 있으면서도 보이지 않는 장님(毛傳). ▫瞍(수)-눈알이 없는 장님(毛傳). 옛날의 악사(樂師)들은 모두 장님들이었으므로 악사들을 가리킨다. ▫奏公(주공)-『여씨춘추』 고유(高誘) 주(注) 및 『사기집해(史記集解)』에서는 모두 '주공(奏功)'이라 이 시를 인용하고 있다. 『초사(楚辭)』 왕일(王逸) 주에서는 '주공(奏工)'이라 인용하고 있다. 음악의 한 악장을 연주하는 것(釋義). 주(奏)는 연주의 뜻.

解說　이는 문왕이 쉬고 즐기는 것을 기린 시이다. 『맹자』에서는 이를 문왕 때의 작품으로 보고 있다.

「모시서」에서는 백성들이 따르기 시작함을 노래한 것이라 하였다. 문왕은 쉬고 즐기는 것도 올바른 도에 벗어나지 않도록 하였기 때문에 백성들도 문왕이 쉬고 즐기는 것을 함께 기뻐하였다는 내용이다.

9. 뒷 발자취(下武)

下武維周하여   주나라는 뒷 발자취 이어
世有哲王이로다.   대대로 어진 임금 나셨네.
三后在天하시고   세 임금 하늘에 계시고
王配于京이로다.   임금님은 도성에서 그분들 뜻 받드시네.

王配于京하사   임금님은 도성에서 그분들 뜻 받드시며
世德作求로다.   대대로 이어온 덕을 추구하시네.
永言配命하사   영원히 하늘의 명에 합당하도록
成王之孚로다.   임금님으로서의 믿음 이룩하시네.

成王之孚하시니   임금님으로서의 믿음 이룩하시니
下土之式이로다.   세상 사람들 본받네.
永言孝思하니   언제나 효도 다하시니
孝思維則이로다.   효도는 선왕들 본받으신 걸세.

_{미 자 일 인}
媚茲一人하니　　이 한 분을 모두가 사랑하니

_{응 후 순 덕}
應侯順德이로다.　합당하게 덕을 잘 닦았기 때문이네.

_{영 언 효 사}
永言孝思하사　　언제나 효도 다 하시며

_{소 재 사 복}
昭哉嗣服이로다.　계승한 일 밝히시네.

_{소 자 내 허}
昭茲來許하사　　이렇게 앞으로도 잘 밝히시어

_{승 기 조 무}
繩其祖武면,　　조상들의 발자취 이으시면,

_{오 만 사 년}
於萬斯年에　　　만년토록

_{수 천 지 호}
受天之祜리라.　하늘의 복 받으시리라.

_{수 천 지 호}
受天之祜하시니　하늘의 복 받으시니

_{사 방 래 하}
四方來賀로다.　사방에서 축하드리러 오네.

_{어 만 사 년}
於萬斯年에　　　만년토록

_{불 하 유 좌}
不遐有佐아?　　어찌 하늘의 도움이 없으시랴?

註解　□下(하)-'다음' 또는 '뒤'의 뜻. □武(무)-발자취. □三后(삼후)-돌아가신 태왕(太王)·문왕(文王)·무왕(武王)의 세 임금님(釋義). □王(왕)-성왕(成王)을 가리킴(釋義). □配(배)-합(合)의 뜻. 선왕들의 뜻에 '알맞도록' 하는 것. □京(경)-주나라의 도성 호경(鎬京). □世(세)-세세(世世)로, 대대로. □作求(작구)-추구하는 것. □言(언)-조사. □配(배)-합당한 것, 합치되는 것. □命(명)-천명. □成王之孚(성왕지부)-'임금님으로서의 믿음을 이루시었다'는 뜻이나, 성왕(成王)이라는 임금님의 칭호를 풀이한 것으로도 볼 수

있다. ▫下土(하토) - 상천(上天)의 대가 되는 말, 사람들이 사는 세상. ▫式(식) - 본뜨다. ▫言(언) - 사(思)와 함께 조사임. ▫則(칙) - 그의 선인들을 본받는다는 뜻(毛傳). ▫媚(미) - 사랑하다, 따르다. ▫一人(일인) - 임금님, 성왕을 가리킴. ▫應(응) - 응당히, 합당하게. ▫侯(후) - 유(維)와 같은 조사. ▫順德(순덕) - 덕을 따르는 것, 덕에 힘쓰는 것. ▫昭(소) - 밝히다. ▫嗣(사) - 계승의 뜻. ▫服(복) - 일. ▫來許(내허) - 앞으로 올 날, 장래의 뜻(釋義). ▫繩(승) - 잇다, 계승하다. ▫武(무) - 발자취. ▫於(오) - 감탄사. ▫斯(사) - 조사. ▫祜(호) - 복. ▫遐(하) - 하(何), 어찌(集傳). ▫佐(좌) - 돕다.

解説 이는 성왕(成王)을 찬미한 시이다. 성왕은 선왕들의 위대한 발자취를 계승하여 나라를 잘 다스렸다는 것이다.

「모시서」에서는 무왕이 문왕의 유업을 잘 계승하였음을 노래한 것으로 보았다.

10. 문왕 기리는 소리(文王有聲)

文王有聲하니   문왕 기리는 소리 있으니
遹駿有聲이로다.   그 소리 크기도 하네.
遹求厥寧하여   세상의 안녕 추구하여
遹觀厥成하니   그분이 이룩하신 성과를 보니
文王烝哉로다.   문왕은 위대하시네.

文王受命하사   문왕께서 하늘의 명 받으시어
有此武功이로다.   무공을 세우셨네.

既_기伐_벌于_우崇_숭하고　　숭나라를 치고 나서
作_작邑_읍于_우豊_풍하니　　풍 땅에 도읍을 만드셨으니
文_문王_왕烝_증哉_재로다.　　문왕은 위대하시네.

築_축城_성伊_이淢_혁하여　　성을 쌓고 해자를 파서
作_작豊_풍伊_이匹_필이로다.　　풍 땅을 잘 어울리게 만드셨네.
匪_비棘_극其_기欲_욕하고　　욕심대로 급히 이루시지 않으시고
遹_휼追_추來_내孝_효하니　　선왕의 뜻 따라 효도 다하셨으니
王_왕后_후烝_증哉_재로다.　　임금님은 위대하시네.

王_왕公_공伊_이濯_탁은　　임금님이 위대하심은
維_유豊_풍之_지垣_원이로다.　　풍 땅에 쌓은 성 같으시네.
四_사方_방攸_유同_동하여　　사방의 제후 모여들어
王_왕后_후維_유翰_한하니　　임금님의 기둥 되니
王_왕后_후烝_증哉_재로다.　　임금님은 위대하시네.

豊_풍水_수東_동注_주는　　풍수가 동쪽으로 흐름은
維_유禹_우之_지績_적이로다.　　우임금의 공적이네.
四_사方_방攸_유同_동하여　　사방의 제후 모여들어
皇_황王_왕維_유辟_벽하니　　대왕님을 받들어 모시니

^{황 왕 증 재}
皇王烝哉로다.　　　대왕님은 위대하시네.

^{호 경 벽 옹}
鎬京辟廱하고　　　호경에 배움터 세우시고
^{자 서 자 동}
自西自東과　　　　서쪽으로부터 동쪽에 이르기까지
^{자 남 자 북}
自南自北으로　　　남쪽으로부터 북쪽에 이르기까지
^{무 사 불 복}
無思不服하니　　　복종치 않는 이 없게 되었으니
^{황 왕 증 재}
皇王烝哉로다.　　　대왕님은 위대하시네.

^{고 복 유 왕}
考卜維王이　　　　점을 쳐 보시고 임금님이
^{택 시 호 경}
宅是鎬京이로다.　　호경으로 도읍을 옮겨 오셨네.
^{유 귀 정 지}
維龜正之하고　　　거북이 바로 일러주고
^{무 왕 성 지}
武王成之하시니　　무왕께서 이루셨으니
^{무 왕 증 재}
武王烝哉로다.　　　무왕은 위대하시네.

^{풍 수 유 기}
豐水有芑하니　　　풍수 가에 시화가 자랐거늘
^{무 왕 기 불 사}
武王豈不仕시리요?　무왕께서 어찌 일하지 않으시리?
^{이 궐 손 모}
詒厥孫謀하사　　　이룩할 계획 세우시어
^{이 연 익 자}
以燕翼子하시니　　자손들 편안히 보호하셨으니
^{무 왕 증 재}
武王烝哉로다.　　　무왕은 위대하시네.

註解 □聲(성)-기리는 소리, 명성. □遹(휼)-율(聿)과 통하여 조사(通釋). □駿(준)-큰 것. □厥(궐)-그것. 궐녕(厥寧)은 세상 사람들의 안녕(安寧). □遹觀厥成(휼관궐성)-'그것을 이루심을 보게 되었다' 는 뜻. □烝(증)-미(美) (釋義), '아름답다' '위대하다' 는 뜻. □崇(숭)-나라 이름(앞의 '皇矣' 시 참조). □邑(읍)-도읍. □豐(풍)-지금의 섬서성 호현(鄠縣)으로 문왕이 도읍하였던 곳. □伊(이)-조사. □淢(혁)-해자. 밖으로부터의 침입을 막기 위하여 성 밑에 파놓은 도랑. □匹(필)-짝이 되는 것, 잘 어울리는 것. □棘(극)-급하게, 급히. □欲(욕)-개인의 욕심대로. □追(추)-선왕(先王)들을 추모해서 그 뜻을 따르는 것. □來孝(내효)-효도를 다하는 것. □后(후)-임금. □王后(왕후)-문왕을 가리킨다. □公(공)-공(功)과 통하여, 공로. □濯(탁)-큰 것. □垣(원)-담. 여기서는 성벽을 가리킨다. □四方(사방)-사방의 제후들. □同(동)-회동의 뜻. □翰(한)-간(幹)의 뜻으로(毛傳), 기둥이 되는 것. □豐水(풍수)-강물 이름, 동북쪽으로 흘러 풍읍 동쪽을 거쳐 위수(渭水)에 합쳐진 다음 황하로 흘러든다. □禹(우)-우(禹)임금. □績(적)-공적. 우임금이 세상의 강물을 다스린 것을 말하는 것이다. □皇王(황왕)-대왕(大王). □辟(벽)-임금으로 모시고 섬기는 것. □皇王(황왕)-무왕(武王)을 가리킨다. □鎬京(호경)-주나라 도읍. 무왕이 그 곳으로 옮겼음. 소아「물고기와 마름풀(魚藻)」 시에 보였음. □辟廱(벽옹)-천자가 공부하는 곳. 여기서는 벽옹에서 무왕이 공부한 것을 말한다(集傳). □思(사)-조사. □服(복)-복종의 뜻. □考(고)-점을 쳐 알아보는 것. □宅(택)-도읍을 옮겨와 자리잡았음을 말한 것임. □正(정)-올바로 점괘(占卦)에 나타나는 것. □成(성)-점을 쳐 길흉을 물어본 다음 호경으로 도읍을 옮기는 일을 이루었다는 뜻. □芑(기)-풀 이름으로, 시화. 소아「시화를 뜯으러(采芑)」 시 참조. □仕(사)-봉사하는 것, 일하는 것. □詒(이)-남겨주는 것. □孫(손)-순(順)의 뜻(鄭箋)으로 따르는 것, 이룩하는 것. □謀(모)-계획. □燕(연)-편안히 지내다. □翼(익)-돕는 것. □子(자)-자손들의 뜻.

解說 이 시는 문왕이 도읍을 풍 땅으로 옮긴 일과 무왕이 다시 도읍을 호경(鎬京)으로 옮겼던 일을 중심으로 문왕과 무왕의 공덕을 기린 것이다.

「모시서」에서는 무왕이 문왕의 정벌을 계승하여 주(紂)왕을 친 것을 노래한 것이라 하였다.

제 2 생민지습(生民之什)

1. 사람을 낳으심(生民)

_{궐 초 생 민}
厥初生民은　　　　처음 사람을 낳으신 분은

_{시 유 강 원}
時維姜嫄이로다.　　바로 강원이란 분이네.

_{생 민 여 하}
生民如何오?　　　사람을 어떻게 낳으셨나?

_{극 인 극 사}
克禋克祀하여　　　정결히 잘 제사지내시어

_{이 불 무 자}
以弗無子하고　　　자식 없는 나쁜 징조 없애시고

_{리 제 무 민}
履帝武敏하사　　　하나님의 발자국 엄지발가락 밟으시자
　　　　　　　　　감동을 받으시어

_{흠 유 개 유 지}
歆攸介攸止니라.　거기에 쉬어 머무셨네.

_{재 진 재 숙}
載震載夙하사　　　곧 아기 배고 공경히 몸 간수하시어

_{재 생 재 육}
載生載育하시니　　아기 낳아 기르셨으니

_{시 유 후 직}
時維后稷이시로다.　이분이 바로 후직이시네.

_{탄 미 궐 월}
誕彌厥月하여　　　아기 낳으실 달이 차서

_{선 생 여 달}
先生如達하시니,　 첫 아기를 양처럼 쉽게 낳으셨으니,

_{불 탁 불 복}
不坼不副하시며　　째지지도 터지지도 않으시고

제3편 대아(大雅) • 735

| 무 재 무 해 |
| 無菑無害시니라. | 재난도 해도 없으셨네.

이 혁 궐 령
以赫厥靈하니 | 영험함 밝게 드러났으니

상 제 불 녕
上帝不寧이로다. | 하나님께서 편안히 보살펴 주신 때문일세.

불 강 인 사
不康禋祀하사 | 정결한 제사에 매우 즐거워 하사

거 연 생 자
居然生子로다. | 의젓하게 아들 낳도록 하셨네.

탄 치 지 애 항
誕寘之隘巷이로되 | 아기를 좁은 골목에 버렸으나

우 양 비 자 지
牛羊腓字之하고, | 소와 양도 감싸고 돌보아 주었고,

탄 치 지 평 림
誕寘之平林이로되 | 넓은 숲 속에 버렸으나

회 벌 평 림
會伐平林하고, | 마침 숲의 나무 베러 온 이들이 돌보아 주었고,

탄 치 지 한 빙
誕寘之寒氷이로되 | 찬 얼음판 위에 버렸으나

조 복 익 지
鳥覆翼之로다. | 새들이 날개로 덮어주고 깔아 주었네.

조 내 거 의
鳥乃去矣하여 | 새들이 날아가자

후 직 고 의
后稷呱矣하시니, | 후직께서 우시니,

실 담 실 우
實覃實訏하여 | 소리가 길고 커서

궐 성 재 로
厥聲載路로다. | 그 소리가 행길에까지 들렸다네.

탄 실 포 복
誕實匍匐하고 | 곧 기어 다니게 되시고

극 기 극 억
克岐克嶷하시며 | 지능과 식별력이 뛰어났으며

| 이 취 구 식 |
| 以就口食이로다. | 음식을 찾아 잡수시게 되었네.

예 지 임 숙
蓺之荏菽하시니 | 콩을 심으시니

임 숙 패 패
荏菽旆旆하고, | 콩은 너풀너풀 자랐고,

화 역 수 수
禾役穟穟하며 | 벼도 줄지어 탐스럽게 자랐으며

마 맥 몽 몽
麻麥幪幪하고 | 삼과 보리도 무성하게 자라고

과 질 봉 봉
瓜瓞唪唪이로다. | 외 덩굴도 쭉쭉 자랐다네.

탄 후 직 지 색
誕后稷之穡은 | 후직께서 농사를 지은 것은

유 상 지 도
有相之道로다. | 백성들을 돕기 위한 것이었네.

불 궐 풍 초
茀厥豐草하고 | 많은 잡초 뽑아내고

종 지 황 무
種之黃茂로다. | 거기에 곡식 심어 무성케 하셨네.

실 방 실 포
實方實苞하여 | 싹이 뾰죽뾰죽 올라오더니

실 종 실 유
實種實褎하고, | 쭉쭉 길게 자랐으며,

실 발 실 수
實發實秀하며 | 꽃이 피고 이삭 패고

실 견 실 호
實堅實好하여 | 줄기 굳게 잘 자라서

실 영 실 률
實穎實栗하니, | 이삭 처지고 잘 여무니,

즉 유 태 가 실
卽有邰家室이로다. | 태나라를 세워 집안을 거느리게 되셨네.

탄 강 가 종
誕降嘉種하니 | 하늘이 좋은 곡식 씨 내려주셨으니

제3편 대아(大雅) • **737**

유 거 유 비	
維秬維秠와	검은 기장 메기장과

<u>유 문 유 기</u>
維穈維芑로다.   붉은 차조 흰 차조네.

<u>긍 지 거 비</u>
恒之秬秠하여   검은 기장 메기장 두루 심어

<u>시 확 시 묘</u>
是穫是畝로다.   거두어서 밭에 쌓아놓았네.

<u>항 지 미 기</u>
恒之穈芑하여   붉은 차조 흰 차조 두루 심어 거두어서

<u>시 임 시 부</u>
是任是負하고   메기도 하고 지기도 하고

<u>이 귀 조 사</u>
以歸肇祀로다.   집으로 돌아와 제사지내셨네.

<u>탄 아 사 여 하</u>
誕我祀如何오?   제사는 어떻게 지내셨나?

<u>혹 용 혹 유</u>
或舂或揄하여   곡식을 찧고 빻고 해서

<u>혹 파 혹 유</u>
或簸或蹂하고,   불리고 비비고 한 뒤,

<u>석 지 수 수</u>
釋之叟叟하여   설설 그것을 일어

<u>증 지 부 부</u>
烝之浮浮로다.   푹 그것을 쪄놓는다네.

<u>재 모 재 유</u>
載謀載惟하여   좋은 날을 가리어

<u>취 소 제 지</u>
取蕭祭脂하며   쑥을 기름에 섞어 태우며

<u>취 저 이 발</u>
取羝以軷하고   수양으로 길의 신에 제사지내고

<u>재 번 재 렬</u>
載燔載烈하여   고기를 지지고 구워 올리며

<u>이 흥 사 세</u>
以興嗣歲로다.   내년의 풍년을 비셨다네.

卬盛于豆하니　　제기에 제물을 담는데
_{앙 성 우 두}

于豆于登이로다.　　접시도 있고 대접도 있네.
_{우 두 우 등}

其香始升하여　　그 향기 올라가
_{기 향 시 승}

上帝居歆하시니　　하나님이 즐겨 드시니
_{상 제 거 흠}

胡臭亶時니라.　　매우 향기롭고 정성되고 훌륭하였기 때문이네.
_{호 취 단 시}

后稷肇祀로　　후직께서 제사지내기 시작하신 뒤로
_{후 직 조 사}

庶無罪悔하여　　거의 아무런 잘못이나 허물없이
_{서 무 죄 회}

以迄于今이로다.　　지금까지 이르렀네.
_{이 흘 우 금}

註解 □厥初生民(궐초생민)-기시생인(其始生人). 주나라의 사람을 처음으로 낳는 것(集傳). □時(시)-시(是)와 통함. □姜嫄(강원)-주나라의 조상인 후직 (后稷)의 어머니여서 주나라 사람을 처음 낳으신 분이라 한 것이다. 강(姜)은 성, 원(嫄)은 이름. □克禋克祀(극인극사)- '정결히 잘 제사를 지내시어'의 뜻. □弗 (불)-제거하는 것(毛傳). 이불무자(以弗無子)는 제사를 지내어 '자식이 없게 되는 상서롭지 못한 요인을 제거하였다'는 뜻. □履(리)-밟다. □帝(제)-상제(上帝), 하나님. □武(무)-발자국. □敏(민)-무(拇)의 뜻으로, 엄지발가락(鄭箋). □歆(흠)-흔(欣)의 뜻, 기쁜 듯 감동이 되는 것. 강원(姜嫄)은 남편 없이 하나님의 엄지발가락 자국을 밟고 마음이 기뻐지면서 임신을 하였다. □攸(유)-조사. □介(개)-사식(舍息), 곧 머물러 쉬는 것(小雅「甫田」시 鄭箋). '유개유지(攸介攸止)'는 하나님의 발가락 자국 위에 잠깐 머물러 쉬어 있었다는 뜻. □載(재)- 즉, 조사. □震(진)-신(娠)의 뜻(集傳), 임신하는 것. □夙(숙)-숙(肅)과 통하여 (鄭箋), 아기를 밴 뒤 몸가짐을 공경히 하는 것. □載生載育(재생재육)-아기를 낳아 기른 것. □后稷(후직)-본명이 기(棄). 주나라의 시조로, 요(堯)임금 때 직관(稷官)으로 탁(坏)에 봉함을 받아 후직이라 부르게 되었다. 무왕은 그의 15세 손임. □誕(탄)-조사(集傳). □彌厥月(미궐월)-임신한 뒤 열 달이 다 차는 것.

▫先生(선생)-수생(首生)(集傳), 첫 번째로 낳는 것. ▫達(달)-양의 새끼(鄭箋). 양의 새끼는 쉽게 낳는다(集傳). ▫坼(탁)-터지다. ▫副(복)-째지는 것. 탁(坼)과 복(副)은 모두 어머니가 아기를 낳을 때 어머니의 몸이 손상됨을 말한다. 어머니의 몸의 손상은 첫 아기 때 더욱 심하다. ▫菑(재)-재(災)와 같은 자, 재난. 모자에게 모두 아무런 재해도 없었다는 말. ▫赫(혁)-밝은 것. ▫厥靈(궐령)-하나님의 영험하심. ▫不(불)-비(丕)의 뜻, 크게, 매우. ▫不康(불강)-비강(丕康)으로 제사를 '크게 편안하게 받아들이는 것'. ▫居然(거연)-남편이 없이도 '의젓하게' 의 뜻. ▫誕(탄)-모두 발어사. ▫寘(치)-가져다 버리는 것. ▫隘(애)-좁은 것. ▫巷(항)-골목. 강원이 후직을 낳았을 때 아버지 없는 자식이라 하여 죽으라는 뜻에서 아무 데나 갖다 버린 것이다. ▫腓(비)-비(芘)와 통하며(集傳, 小雅 '采薇' 시 鄭箋), 비호(庇護)의 뜻(釋義), 감싸주는 것. ▫字(자)-애호(愛護), 돌보아주는 것. ▫平林(평림)-평지로 된 숲(小雅 '車舝' 시에 보임). ▫會(회)-'마침'. ▫覆(복)-새가 날개로 아기를 덮어주는 것. ▫翼(익)-날개를 아기 몸 밑에 깔아 주는 것(毛傳). ▫呱(고)-아기가 우는 것. ▫實(실)-시(是)와 통함. ▫覃(담)-소리가 긴 것. ▫訏(우)-소리가 큰 것. 이 구절은 아기의 울음소리가 길고 컸다는 뜻. ▫載(재)-만(滿), 가득차다(集傳). 재로(載路)는 만로(滿路)로서 행길에까지 크게 들리었다는 뜻. 아기 때 후직을 이처럼 버리려 하였으나 기적이 나타나 살았으므로 다시 데려다 길렀다. ▫實(실)-시(是)의 뜻. ▫匍匐(포복)-기다, 기어다니다. 한두 살 어린 아기 때를 말함. ▫岐(기)-지의(知意), 지능이 뛰어난 것(毛傳). ▫嶷(억)-식(識), 식별력이 뛰어난 것(毛傳). ▫以就口食(이취구식)-음식을 자신이 찾아먹게 되는 것(集傳). ▫蓺(예)-곡식을 심는 것. ▫荏(임)-콩. ▫菽(숙)-콩. 임숙(荏菽)은 대두(大豆)(鄭箋). ▫旆旆(패패)-길게 자란 모양(毛傳). ▫禾(화)-벼. ▫役(역)-열(列)의 뜻(毛傳), 곧 늘어선 것. ▫穟穟(수수)-곡식 싹이 탐스럽게 잘 자란 모양(毛傳). ▫幪幪(몽몽)-더부룩하다, 무성한 모양. ▫瓞(질)-외 덩굴. ▫唪唪(봉봉)-『설문해자』에 봉봉(菶菶)이라 인용하고 있다. 봉(菶)은 풀이 우거진 것. ▫穡(색)-곡식을 거두는 것. 여기서는 농사짓는 것. ▫相(상)-돕다. ▫茀(불)-불(弗)과 통하여 제거의 뜻(釋義). ▫豐草(풍초)-많은 잡초. ▫黃茂(황무)-무성한 것(小雅 '苕之華' 시 참조). ▫方(방)-시(始), 시작(廣雅). ▫苞(포)-포(包)와 통하며, 곡식 싹이 처음 나기 시작하여 아직 펴지지도 않은 것. ▫種(종)-묘(苗)가 땅 위로 나

와서 아직 크게 자라지는 않은 것(釋義). □褎(유)-묘(苗)가 점점 자라는 것(釋義 引 程瑤田). □發(발)-꽃이 피는 것. □秀(수)-이삭이 패어 나오는 것. □堅(견)-줄기가 세어지는 것. □好(호)-잘 자란 것. 견호(堅好)는 소아(小雅)「커다란 밭(大田)」시에도 보였음. □穎(영)-이삭이 수그러지는 것(毛傳). □栗(률)-이삭이 여무는 것(通釋). □邰(태)-강원(姜嫄)의 나라임. 지금의 섬서성 무공현(武功縣)에 있었다. 이 구절은 후직이 그의 어머니의 나라인 태(邰)나라에 봉함을 받았다는 뜻. □降(강)-하늘에서 내려보내는 것. □嘉(가)-선(善), 좋은 것. 種(종)-곡식 씨. □秬(거)-검은 기장. □秠(비)-거(秬)와 같은 종류이나, 한 껍질 속에 두 개의 기장 알이 들어 있는 것(毛傳). □穈(문)-붉은 차조. 적량속(赤粱粟)(孔疏). □芑(기)-흰 차조. 백량속(白粱粟)(孔疏). □恒(긍)-두루 심는 것(鄭箋). □穫(확)-곡식을 거두는 것. □畝(묘)-거둔 곡식을 밭에 쌓아 놓는 것(集傳). □任(임)-어깨에 둘러메는 것(集傳). □負(부)-등에 짊어지고 나르는 것. □歸(귀)-밭에서 집으로 돌아오는 것. □肇(조)-조사. □舂(용)-절구질하다. □揄(유)-절구에서 찧은 곡식을 끄집어내는 것(毛傳). □簸(파)-키로 곡식을 까부는 것. 소아(小雅)「대동(大東)」시 참조. □蹂(유)-곡식을 비벼 겨를 벗겨내는 것(釋義). □釋(석)-곡식을 물에 이는 것(集傳). □叟叟(수수)-곡식을 물에 이는 소리(毛傳). □烝(증)-찌는 것. 증(蒸)과 같은 자. □浮浮(부부)-김이 오르는 모양(毛傳). □載(재)-즉, 곧. □謀惟(모유)-좋은 날을 점쳐 택하는 것. □蕭(소)-쑥. □脂(지)-기름. 쑥을 갖다 기름에 섞어 태움으로써 제사 때 신에게 알리는 것(釋義). □羝(저)-수양. □軷(발)-길 제사(路祭). 길 제사엔 두 가지가 있는데, 하나는 길을 떠날 때 조상에게 지내는 제사요, 다른 하나는 겨울에 길의 신에게 지내는 제사이다. 여기서는 후자를 말한다(釋義). □燔(번)-고기를 굽는 것. 소아(小雅)「박잎(瓠葉)」시에 보임. □烈(열)-고기를 꼬챙이에 꿰어 불에 굽는 것(毛傳). □興(흥)-풍년이 되도록 비는 것. □嗣歲(사세)-다음 해, 내년. 다음 해를 일으키어 지난 해의 풍년을 계승토록 하는 것(毛傳). □卬(앙)-나. 후직을 가리킴. □盛(성)-그릇에 담는 것. □豆(두)-제기. □登(등)-두(豆)와 같이 제기이나, '두'는 굽이 달린 접시 같은 것임에 비하여 '등'은 국을 담을 수 있도록 만든 것임(孔疏). □居(거)-조사(釋義). □歆(흠)-신이 제사를 받아들이는 것, 제물을 드시는 것. □胡(호)-대(大), 큰 것(廣雅). □臭(취)-제물의 향기를 가리킴. □亶(단)-성(誠), 정성스러운 것. □時(시)-

선(善), 훌륭한 것(通釋). ▫庶(서) – 거의. ▫悔(회) – 잘못의 뜻. 죄회(罪悔)는 죄과(罪過)와 같은 말임. ▫迄于今(흘우금) – 주나라가 지금까지 아무런 죄과없이 나라를 잘 다스려 왔다는 뜻.

[解說] 「모시서」에 "「사람을 낳으심」이란 시는 조상을 높인 것이다. 후직이 강원(姜嫄)에게서 태어나, 문왕과 무왕의 공은 그들의 조상인 후직으로부터 나왔다는 것이다. 그렇기 때문에 후직을 높이어 하늘의 짝이 되게 하였다."라고 하였다.

2. 길가의 갈대(行葦)

敦彼行葦를 _{단 피 행 위}	빽빽히 솟는 길가의 갈대를
牛羊勿踐履면, _{우 양 물 천 리}	소나 양도 밟지 않으면,
方苞方體하여 _{방 포 방 체}	더부룩이 자라서
維葉泥泥리라. _{유 엽 니 니}	잎새 무성하리라.
戚戚兄弟이 _{척 척 형 제}	친한 형제들이
莫遠具爾면, _{막 원 구 이}	멀리 헤어지지 않고 함께 있으면,
或肆之筵하고 _{혹 사 지 연}	자리도 서로 깔아주고
或授之几리라. _{혹 수 지 궤}	안석도 받쳐 주며 잔치하리라.
肆筵設席하고 _{사 연 설 석}	자리를 겹으로 깔고
授几有緝御로다. _{수 궤 유 집 어}	안석 받쳐 주며 시중드네.

或^혹獻^헌或^혹酢^작하고　　술잔 주고받은 뒤

洗^세爵^작奠^전斝^가로다.　　다시 술잔 씻어 술 권하고 술잔 받네.

醓^담醢^해以^이薦^천하고　　삶은 고기 조린 고기 올리고

或^혹燔^번或^혹炙^적하며,　　구운 고기 구운 간도 올리며,

嘉^가殽^효脾^비臄^약하고　　좋은 안주로 머리고기도 올리고

或^혹歌^가或^혹咢^악이로다.　　노래 부르며 북도 울리네.

敦^조弓^궁旣^기堅^견하고　　무늬 새긴 활은 억세고

四^사鍭^후旣^기鈞^균이로다.　　네 화살촉 쪽 고르네.

舍^사矢^시旣^기均^균이로되　　쏜 화살 다 들어 맞기는 하지만

序^서賓^빈以^이賢^현이로다.　　맞힌 성적으로 손님 차례 매기네.

敦^조弓^궁旣^기句^구하고　　무늬 새긴 활 잡아당기고

旣^기挾^협四^사鍭^후하여　　네 화살을 끼어

四^사鍭^후如^여樹^수하니　　네 화살 다 맞히니

序^서賓^빈以^이不^불侮^모로다.　　손님 차례 뒤져도 업신여기는 이 없네.

曾^증孫^손維^유主^주하니　　증손자가 주인인데

酒^주醴^례維^유醹^유로다.　　단술 전국술 내어놓네.

酌^작以^이大^대斗^두하여　　큰 국자로 술을 떠서

이 기 황 구
以祈黃耉로다.　　노인들의 수를 비네.

황 구 태 배
黃耉台背를　　등 굽은 늙은 노인을

이 인 이 익
以引以翼하고,　　이끌고 부축해 드리고,

수 고 유 기
壽考維祺하여　　오래오래 사시도록 시중하며

이 개 경 복
以介景福이로다.　　큰 복을 비네.

註解 □敦(단)-빽빽이 모여 자라 있는 모양(毛傳). □行(행)-길. 행위(行葦)는 길가의 갈대. □踐(천)-밟고 가다. □履(리)-밟다. □苞(포)-무성한 것. □體(체)-형체를 이루는 것(鄭箋), 곧 제대로 자라는 것. □泥泥(니니)-니니(苨苨)로 쓰인 곳도 있으며, 무성한 모양(釋義). 戚戚(척척)-마음속으로 서로 친한 모양(毛傳). □具(구)-구(俱)의 뜻으로 모두 함께 있는 것(鄭箋). □爾(이)-차(此)의 뜻(毛鄭詩考正), 곧 '이곳에'. □肆(사)-베풀다, 펴다. □筵(연)-대자리. □几(궤)-안석. 앉을 때 기대는 상. 나이가 젊은이에게는 자리를 깔아주고 나이가 많은 이들에게는 안석까지 마련해주고서 잔치를 벌이는 것이다. □設席(설석)-자리를 겹으로 까는 것(毛傳). □緝御(집어)-계속하여 시중 드는 것(集傳). □獻(헌)-주인이 손님에게 술을 올리는 것. □酢(작)-손님이 답례로 술잔을 주인에게 따라 주는 것. □爵(작)-술잔. 세작(洗爵)은 주인이 술을 받아 마신 뒤 다시 그 잔을 씻어 손님에게 권하는 것. □奠(전)-잔을 올리는 것. □斝(가)-옥잔. 가(斝)는 작(爵)보다 약간 크며, 술잔을 하(夏)나라의 것은 잔(醆), 은(殷)나라의 것은 가(斝), 주(周)나라의 것은 작(爵)이라 하였다(毛傳). □醓(담)-간장을 넣고 고기를 삶은 것. 해(醢)보다 국물이 약간 많은 것(集傳). □醢(해)-간장에 고기를 넣어 조린 것. □薦(천)-음식을 올리는 것. □燔(번)-굽다. □炙(적)-고기를 굽는 것. 고기를 구운 것을 번(燔), 간을 구운 것을 적(炙)이라 한다(鄭箋). □殽(효)-안주. □脾(비)-함(函)과 통하여, 입 아래 근처 고기 또는 혀. □臄(갹)-입 위 언저리의 고기(集傳). □咢(악)-북을 치는 것. □敦(조)-조(雕)와 통하여, 조각하다, 아로새기다. 조궁(敦弓)은 여러 가지

그림이 새겨진 활. 천자는 조궁을 가졌었다(毛傳). □堅(견)-힘있어 보이는 것(集傳). □鍭(후)-깃이 없는 쇠 활촉만이 달린 화살. 사후(四鍭)는 옛날 사례(射禮)에선 네 대씩의 화살을 한꺼번에 쏘았기 때문이다. □鈞(균)-무게나 생김새가 쪽 고름을 말한다. □舍(사)-쏘는 것. □均(균)-다 들어맞는 것(毛傳). □序賓(서빈)-손님들의 순서를 정하는 것. □賢(현)-활을 쏘아 많이 맞힌 사람. □句(구)-구(彀)와 통함(集傳). 활시위를 잔뜩 당기는 것. □如樹(여수)-손으로 갖다 꽂은 듯이 모두 다 제대로 가서 들어맞았다는 뜻(集傳). □侮(모)-업신여기다. □曾孫(증손)-제사지내는 사람을 말한다(集傳). □醴(례)-단술. □醹(유)-전국 술. □大斗(대두)-자루의 길이가 서 자나 되는 국자(毛傳). □祈(기)-수(壽)를 비는 것. □黃(황)-황발(黃髮). 노인은 머리가 희어졌다 다시 누렇게 된다. 황구(黃耈)는 노인. 소아「남산에 향부자(南山有臺)」시에도 보였음. □台(태)-대(鮐)와 통함. 태배(台背)는 사람이 아주 늙으면 등에 복어의 껍질 무늬 같은 무늬가 생긴다. 그러므로 '태배'는 늙은이를 뜻한다(毛傳·鄭箋). □引(인)-인도하는 것. □翼(익)-옆에서 부축하는 것(鄭箋). □祺(기)-길하게 잘 살도록 해 드리는 것. □介(개)-비는 것. □景(경)-큰 것.

|解説| 이 시는 제사를 끝낸 뒤 부형들과 어른들을 모시고 잔치하는 시이다(集傳). 첫머리에 길가의 갈대를 밟지 않으면 무성하게 잘 자랄 것이라고 한 것은, 사람이란 착한 본성을 다치지 않고 잘 발전시켜야 함을 말한 것이다.

「모시서」에서는 "안으로는 온 집안사람들이 화목하고 밖으로는 노인들을 존경하고 섬기는 충후(忠厚)함을 노래한 것"이라 하였다. 『모전』에서는 8절로 이 시를 나누고 있으나 여기서는 『집전』을 따라 4절로 나누었다.

3. 취함(旣醉)

旣醉以酒하고 　술에 이미 취하였고
旣飽以德이로다. 　덕에 이미 배불렀네.

| 군자만년 | |
| 君子萬年을 | 임금님께선 만년토록 |

| 개이경복 | |
| 介爾景福이로다. | 큰 복 누리시기 비네. |

| 기취이주 | |
| 旣醉以酒하고 | 술에 이미 취하였고 |

| 이효기장 | |
| 爾殽旣將이로다. | 안주도 많이 들었네. |

| 군자만년 | |
| 君子萬年을 | 임금님께선 만년토록 |

| 개이소명 | |
| 介爾昭明이로다. | 밝게 빛나시기 비네. |

| 소명유융 | |
| 昭明有融하니 | 매우 밝게 빛나니 |

| 고랑령종 | |
| 高朗令終이로다. | 고상하고 밝고 끝내 훌륭하시겠네. |

| 영종유숙 | |
| 令終有俶하니 | 끝내 훌륭함이 대단하시니 |

| 공시가고 | |
| 公尸嘉告로다. | 임금님의 시동 좋은 말씀 하시네. |

| 기고유하 | |
| 其告維何오? | 무슨 좋은 말씀인가? |

| 변두정가 | |
| 籩豆靜嘉하고 | 제기의 제물도 훌륭하였고 |

| 붕우유섭 | |
| 朋友攸攝하니 | 신하들이 제사를 도왔는데 |

| 섭이위의 | |
| 攝以威儀로다. | 돕는데에 위엄과 예의가 있었다네. |

| 위의공시 | |
| 威儀孔時하니 | 위엄과 예의 매우 합당하니 |

| 군자유효자 | |
| 君子有孝子로다. | 임금님은 효자들을 두셨네. |

| 효자불궤 | |
| 孝子不匱하니 | 효자의 효도 다함 없으시니 |

^{영 석 이 류}
永錫爾類로다.　　　영원토록 복 내리시겠네.

^{기 류 유 하}
其類維何오?　　　무슨 복을 내리시는가?

^{실 가 지 곤}
室家之壼하고　　　온 집안 화목하고

^{군 자 만 년}
君子萬年을　　　　임금님께 만년토록

^{영 석 조 윤}
永錫祚胤이로다.　　영원히 후손 이어지게 해주는 거네.

^{기 윤 유 하}
其胤維何오?　　　어떠한 후손일까?

^{천 피 이 록}
天被爾祿하여　　　하늘이 그들에게 복을 내려주어

^{군 자 만 년}
君子萬年을　　　　임금님은 만년토록

^{경 명 유 복}
景命有僕이로다.　　하늘의 명으로 가족 번성케 되는 거네.

^{기 복 유 하}
其僕維何오?　　　어떠한 가족일까?

^{리 이 여 사}
釐爾女士로다.　　　훌륭한 여자 내려주시는 거지.

^{리 이 여 사}
釐爾女士요　　　　훌륭한 여자 내려주시고

^{종 이 손 자}
從以孫子로다.　　　거기에서 자손들 낳게 하시는 거네.

註解　▫將(장)－드리다, 들다. ▫昭明(소명)－밝게 빛나는 것. 군자의 명성을 가리킨다. ▫有融(유융)－융연(融然), 밝게 빛나는 모양. ▫高朗(고랑)－고상하고 밝은 것. 군자의 인품을 형용한 말임. ▫令終(영종)－'내내 좋은 것'. ▫俶(숙)－후(厚)의 뜻(鄭箋). 유숙(有俶)은 두터운 것, 대단한 것, '영종(令終)'을 강조한 말. ▫公尸(공시)－군시(君尸). 주나라는 왕(王)이라 하였지만 옛 관습에 의하여 임금의 시(尸)를 공시라 한 것이다. 진(秦)나라에서 뒤에 임금을 황제(皇帝)라 한

뒤에도 그 자녀들을 공자(公子)나 공주(公主)라 부른 것과 같다(集傳). □尸(시)-시동(尸童). 신주(神主) 대신 역할을 하는 사람. 대개 제사지내는 사람의 형제가 담당하였다. □嘉告(가고)-좋은 말로 고하는 것, 칭찬하는 말(集傳). □籩(변)-제기(祭器)의 일종. □靜(정)-선(善)의 뜻이 있어, 정가(靜嘉)는 훌륭한 것(通釋). □朋友(붕우)-제사를 도운 여러 신하들을 가리킨다(鄭箋). □攝(섭)-일을 맡아 돕는 것(毛傳). □孔(공)-매우, 심히. □時(시)-시(是)와 통하여, 합당한 것(釋義). □君子(군자)-임금님을 가리킨다. □匱(궤)-효도가 다하는 것(毛傳). □錫(석)-사(賜)의 뜻, 내려주는 것. □類(류)-선(善), 복. □壼(곤)-곤치(捆致)의 뜻(鄭箋), 화목한 것(通釋). □祚胤(조윤)-후사・후손들을 말한다(釋義). □被(피)-덮어주다, 내려주다. □祿(녹)-하늘이 내리는 것이므로 곧 복(福)의 뜻. □景命(경명)-대명(大命)으로 하늘의 명을 말한다. □僕(복)-그에게 딸리는 식구를 말한다. □釐(리)-주다, 내려주다. □女士(여사)-훌륭한 여자.

|解說| 이 시는 천자가 제사를 지내고 난 뒤, 신하가 임금의 복을 빌면서 부른 노래이다.

「모시서」에서는 술에 취하고 덕에 배부르며, 사람들은 군자의 행실을 잃지 않는 태평함을 노래한 것이라 하였다.

4. 물오리와 갈매기(鳧鷖)

_{부 예 재 경}
鳧鷖在涇이어늘,　　물오리와 갈매기가 경수에 노는데,

_{공 시 래 연 래 녕}
公尸來燕來寧이로다. 임금님의 시동을 잔치하여 즐겁히네.

_{이 주 기 청}
爾酒旣淸하고　　　술은 맑고

_{이 효 기 형}
爾殽旣馨이로다.　　안주는 향기롭네.

_{공 시 연 음}
公尸燕飮하니　　　임금님의 시동 즐거이 술 마시니

<ruby>福祿來成<rt>복 록 래 성</rt></ruby>이로다.　　복과 녹이 내려지네.

<ruby>鳧鷖在沙<rt>부 예 재 사</rt></ruby>어늘,　　물오리와 갈매기가 모래밭에 노는데,

<ruby>公尸來燕來宜<rt>공 시 래 연 래 의</rt></ruby>로다.　임금님의 시동에게 잔치해주려 안주 장만했네.

<ruby>爾酒旣多<rt>이 주 기 다</rt></ruby>하고　　술은 많고

<ruby>爾殽旣嘉<rt>이 효 기 가</rt></ruby>로다.　　안주는 훌륭하네.

<ruby>公尸燕飮<rt>공 시 연 음</rt></ruby>하니　　임금님의 시동 즐거이 술 마시니

<ruby>福祿來爲<rt>복 록 래 위</rt></ruby>로다.　　복과 녹이 내려오네.

<ruby>鳧鷖在渚<rt>부 예 재 저</rt></ruby>어늘,　　물오리와 갈매기가 모래톱에 노는데,

<ruby>公尸來燕來處<rt>공 시 래 연 래 처</rt></ruby>로다.　임금님의 시동을 잔치하여 쉬게 하네.

<ruby>爾酒旣湑<rt>이 주 기 서</rt></ruby>하고　　술을 거르고

<ruby>爾殽伊脯<rt>이 효 이 포</rt></ruby>로다.　　안주로 건포도 있네.

<ruby>公尸燕飮<rt>공 시 연 음</rt></ruby>하니　　임금님의 시동 즐거이 술 마시니

<ruby>福祿來下<rt>복 록 래 하</rt></ruby>로다.　　복과 녹이 내려 쏟아지네.

<ruby>鳧鷖在潨<rt>부 예 재 총</rt></ruby>이어늘,　　물오리와 갈매기가 합수머리에 노는데,

<ruby>公尸來燕來宗<rt>공 시 래 연 래 종</rt></ruby>이로다.　임금님의 시동을 잔치하여 높여 드리네.

<ruby>旣燕于宗<rt>기 연 우 종</rt></ruby>하니　　종묘에서 잔치하니

복록유강
福祿攸降이로다.　　복과 녹이 내려지네.

공 시 연 음
公尸燕飮하니　　임금님의 시동 즐거이 술 마시니

복 록 래 숭
福祿來崇이로다.　　복과 녹이 거듭 내려지네.

부 예 재 문
鳧鷖在亹이어늘,　　물오리와 갈매기가 물가에 노니는데,

공 시 래 지 훈 훈
公尸來止熏熏이로다. 임금님의 시동 와서 쉬며 기뻐하게 해드리네.

지 주 흔 흔
旨酒欣欣하고　　맛있는 술 마시니 즐겁고

번 적 분 분
燔炙芬芬이로다.　　고기구이 향기롭네.

공 시 연 음
公尸燕飮하니　　임금님의 시동 즐거이 술 마시니

무 유 후 간
無有後艱이로다.　　이 뒤로는 아무런 재난 없겠네.

▲ 물오리

註解 ▫鳧(부)-물오리. ▫鷖(예)-갈매기.『창힐해고(蒼頡解詁)』에 예(鷖)는 구(鷗)라 하였으나, 노니는 장소가 강가임을 생각할 때 바다에서 보는 갈매기와는 다른 종류인 듯하다. ▫涇(경)-경수(涇水).「백유나무 떨기(棫樸)」시에 보였음. ▫來(래)-시(是), 조사(經傳釋詞). ▫燕(연)-잔치하다. ▫寧(녕)-편케 하여 주는 것. ▫馨(형)-향내가 멀리까지 풍기는 것. ▫燕(연)-즐기다. ▫福祿來成(복록래성)-주남(周南)「가지 늘어진 나무(樛木)」시의 "복리성지(福履成之)"와 같은 말, 행복과 벼슬이 이루어지다. ▫宜(의)-효(肴)의 뜻이며, 여기서는 동사로 쓰여 안주를 장만해 놓는 것(鄭風 '女曰雞鳴' 시 참조). ▫爲(위)-조(助), 돕는 것(鄭箋). ▫渚(저)-모래톱. ▫處(처)-지(止), 머물러 쉬는 것(毛傳). ▫湑(서)-술을 거르는 것. 소아(小雅)「나무를 베네(伐木)」시에 보였음. ▫伊(이)-조사. ▫脯(포)-건육, 육포. ▫下(하)-하늘로부터 내려주는 것. ▫潨(총)-지류가 본류와 합쳐지는 곳, '합수머리'. ▫宗(종)-높이다. 여기서는 종묘. ▫崇(숭)-중(重)과 통하여(毛傳), 중복의 뜻. ▫亹(문)-미(湄)와 뜻이 통한다(通釋), 물가. ▫熏熏(훈훈)-화열(和悅)하는 모양(毛傳), 마음이 부드럽고 기쁜 모양. 『설문해자』에는 훈훈(醺醺)으로 인용하고 있으니 '술이 얼근히 기분좋게 취한 모양'으로 보아도 좋다. ▫欣欣(흔흔)-즐거운 모양. ▫芬(분)-향기가 나는 것. ▫後艱(후간)-뒷날의 재난, 뒷날의 어려움.

解說 이 시는 임금의 제사지낸 다음날 역(繹)에 시(尸)를 모시고 즐겁게 해주는 것을 노래한 것이다(集傳). '역'은 역(禋)이라고도 쓰며, 제사를 마친 다음날 예에 따라 '시'와 더불어 잔치하는 것을 말한다.

「모시서」에서는 "이루어 놓은 공을 지켜 나가며 제사를 잘 드리어 모두가 안락하게 지내는 것"을 노래한 것이라 하였다.

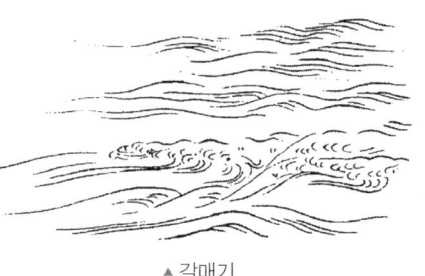

▲ 갈매기

5. 아름답고 즐거움(假樂)

假樂君子여!　　　아름답고 즐거운 임금님이어!
顯顯令德이로다.　훌륭한 덕이 밝고 밝네.
宜民宜人하여　　백성과 관리들을 잘 다스리시어
受祿于天이로다.　하늘로부터 복을 받으시네.
保右命之하시니　백성들 보호하고 돕고 명을 내리시니
自天申之하시니라.　하늘의 은총 거듭 내리네.

干祿百福하고　　복을 구하시어 모든 복 얻으셨고
子孫千億이로다.　자손은 헤아릴 수 없이 많네.
穆穆皇皇하여　　자손들 공경하고 아름답게
宜君宜王이로다.　임금 노릇 제후 노릇 다하네.
不愆不忘하여　　잘못도 실수도 없이
率由舊章이로다.　모든 일 옛 법도 따르네.

威儀抑抑하고　　위엄과 예의 빈틈없고
德音秩秩이로다.　하시는 말씀 법도에 맞네.
無怨無惡하니　　원망하는 이도 미워하는 이도 없으니
率由羣匹이로다.　모두 사람들의 뜻 따르기 때문이네.

　　　　수 복 무 강
　　　　受福無疆하고　　　받으시는 복 한없으시고
　　　　사 방 지 강
　　　　四方之綱이로다.　　온 세상 바로 다스리시네.

　　　　지 강 지 기
　　　　之綱之紀하여　　　바르고 옳게 다스리어
　　　　연 급 붕 우
　　　　燕及朋友로다.　　　여러 신하들도 모두 즐겁네.
　　　　백 벽 경 사
　　　　百辟卿士이　　　　여러 제후와 대신들은
　　　　미 우 천 자
　　　　媚于天子로다.　　　천자님을 아끼고 모시네.
　　　　불 해 우 위
　　　　不解于位하여　　　자기 임무 게을리 않으니
　　　　민 지 유 기
　　　　民之攸墍로다.　　　백성들 편히 쉬며 살게 되네.

註解　□假(가)-『중용』과『좌전』에 모두 '가(嘉)'로 인용되어 있으니, 아름다운 것(毛傳). □君子(군자)-이때의 임금님을 가리킨다. 「모시」에서는 이때의 임금님은 성왕(成王)이라고 보았으나 확실한 근거는 알 수 없다. □顯顯(현현)-밝고 밝은 모양. □令(령)-아름다운 것, 훌륭한 것. □宜(의)-잘 다스리다. □民(민)-인민. □人(인)-관리(毛傳). □保(보)-보호하는 것. □右(우)-우(佑)와 통하여, 돕는 것. □命(명)-하늘이 명을 내리는 것. 앞의「크게 밝음(大明)」시 참조. □申(신)-거듭하는 것. □干(간)-구하다, 추구하다. □祿(록)-역시 복의 뜻. □百福(백복)-여러 가지 복. □千億(천억)-무한히 많음을 뜻한다. □穆穆(목목)-공경하는 것. □皇皇(황황)-아름다운 것(集傳). □君(군)-제후. □王(왕)-천자(集傳). □愆(건)-허물, 잘못. □忘(망)-망(亡)과 통하여 실(失), 실수, 과실. □抑抑(억억)-빈틈이 없는 모양. 소아「손님 잔치(賓之初筵)」시에 보임. □德音(덕음)-임금님의 말씀. □秩秩(질질)-법도가 있는 모양, 질서가 있는 모양. 진풍(秦風)「병거(小戎)」시 참조. □羣匹(군필)-군중(羣衆), 여러 사람들(通釋). □之(지)-시(是)의 뜻. □綱(강)-법도대로 잘 다스려지는 것. □之(지)-시(是)의 뜻. □紀(기)-올바로 잘 다스리는 것. □燕(연)-

즐기다. □朋友(붕우)-여러 신하들을 말한다(毛傳). □百辟(백벽)-여러 제후들. □卿士(경사)-천자의 조정에 벼슬하는 사람들. □媚(미)-아끼고 모시는 것. □解(해)-해(懈)와 통하여 게으름 피는 것(釋義). □墍(기)-편히 쉬는 것.

<u>解說</u> 「모시서」에선 이 시를 성왕(成王)을 기린 것이라 하였다. 성왕인지는 모르나 적어도 주나라의 어느 임금님을 기린 시임에는 틀림없다. 다만 그 기린 대상이 성왕일 가능성은 많다.

주희는 앞의 「물오리와 갈매기(鳧鷖)」 시에 대하여 임금의 시(尸)가 답한 것이 이 시인 듯하다고 하였다.

6. 공류(公劉)

독 공 류
篤公劉이   공류께서는

비 거 비 강
匪居匪康하사   편히 계실 겨를도 없이

내 역 내 강
迺場迺疆하고   밭을 잘 정리하시고

내 적 내 창
迺積迺倉하시니라. 노적을 쌓기도 하고 창고에 거두어들이기도 하셨네.

내 과 후 량
迺裹餱糧하여   그리고 마른 음식과 곡식을 잘 싸서

우 탁 우 낭
于橐于囊하고,   전대와 자루에 넣고,

사 즙 용 광
思輯用光하사   나라를 평화롭고 빛나게 하시려고

궁 시 사 장
弓矢斯張하고   활과 화살 메고

간 과 척 양
干戈戚揚으로   방패와 창과 도끼 들고

원 방 계 행
爰方啓行하시니라. 비로소 길 떠나셨네.

754 • 새로 옮긴 시경

독공류	
篤公劉이	공류께서

^{우 서 사 원}
于胥斯原하시니 빈땅의 들을 둘러보시니

^{기 서 기 번}
旣庶旣繁이로다. 많은 백성들이 살고 있었네.

^{기 순 내 선}
旣順迺宣하니 그들과 잘 어울리고 정이 서로 통하니

^{이 무 영 탄}
而無永嘆이로다. 긴 탄식할 일 없어졌네.

^{척 즉 재 헌}
陟則在巘하고 산꼭대기로 올라갔다

^{복 강 재 원}
復降在原하시니 들판으로 내려왔다 하셨는데

^{하 이 주 지}
何以舟之오? 무엇을 지니고 계셨나?

^{유 옥 급 요}
維玉及瑤로 옥과 옥돌로

^{병 봉 용 도}
鞞琫容刀로다. 아래위 장식한 차는 칼일세.

^{독 공 류}
篤公劉이 공류께서

^{서 피 백 천}
逝彼百泉하사, 백천으로 가셔서,

^{첨 피 부 원}
瞻彼溥原하시고 부원을 살펴보신 뒤

^{내 척 남 강}
迺陟南岡하사 남쪽 산마루에 올라가

^{내 구 우 경}
乃覯于京하시니라. 경땅을 둘러보셨네.

^{경 사 지 야}
京師之野에 경 고을의 들에

^{우 시 처 처}
于時處處하고 살 곳을 정하고

$$\underset{\text{우 시 려 려}}{\text{于時廬旅}}\text{하며} \qquad \text{거기에 머물러 살며}$$

$$\underset{\text{우 시 언 언}}{\text{于時言言}}\text{하고} \qquad \text{서로 바른 말 하고}$$

$$\underset{\text{우 시 어 어}}{\text{于時語語}}\text{하시니라.} \quad \text{서로 의논하며 살아가게 되었네.}$$

$$\underset{\text{독 공 류}}{\text{篤公劉}}\text{이} \qquad\qquad \text{공류께서}$$

$$\underset{\text{우 경 사 의}}{\text{于京斯依}}\text{하사} \qquad \text{경땅에 기거하게 되자}$$

$$\underset{\text{창 창 제 제}}{\text{蹌蹌濟濟}}\text{하여} \qquad \text{많은 사람들이 달려와}$$

$$\underset{\text{비 연 비 궤}}{\text{俾筵俾几}}\text{하니} \qquad \text{자리 깔고 안석 벌여놓고 잔치 베푸니}$$

$$\underset{\text{기 등 내 의}}{\text{旣登乃依}}\text{로다.} \qquad \text{모두 잔치자리에 나와 안석에 기대어 앉네.}$$

$$\underset{\text{내 조 기 조}}{\text{乃造其曹}}\text{하여} \qquad \text{많은 짐승 기르는 곳으로 가서}$$

$$\underset{\text{집 시 우 로}}{\text{執豕于牢}}\text{하고,} \qquad \text{우리안의 돼지 잡고,}$$

$$\underset{\text{작 지 용 포}}{\text{酌之用匏}}\text{하여} \qquad \text{바가지로 술을 떠서}$$

$$\underset{\text{식 지 음 지}}{\text{食之飮之}}\text{하며} \qquad \text{먹고 마시며}$$

$$\underset{\text{군 지 종 지}}{\text{君之宗之}}\text{로다.} \qquad \text{임금님 받들어 모시네.}$$

$$\underset{\text{독 공 류}}{\text{篤公劉}}\text{이} \qquad\qquad \text{공류께서}$$

$$\underset{\text{기 부 기 장}}{\text{旣溥旣長}}\text{이어늘,} \quad \text{차지한 땅 넓고 아득한데,}$$

$$\underset{\text{기 영 내 강}}{\text{旣景廼岡}}\text{하여} \qquad \text{그림자로 향 재고 언덕에 올라 둘러보며}$$

$$\underset{\text{상 기 음 양}}{\text{相其陰陽}}\text{하고} \qquad \text{집의 음양 살피시고}$$

관 기 류 천
觀其流泉이러니   흐르는 샘물도 찾아보시는데

기 군 삼 단
其軍三單이로다.   군사들은 삼군이 찼네.

탁 기 습 원
度其隰原하고   진펄과 들판을 측량하고

철 전 위 량
徹田爲糧하며   전세 거두어 양곡 저축하며

탁 기 석 양
度其夕陽하니   그곳 산 서쪽기슭까지 재어보니

빈 거 윤 황
豳居允荒이로다.   빈땅은 정말로 넓기만 하네.

독 공 류
篤公劉이   공류께서

우 빈 사 관
于豳斯館하사,   빈땅에 머무시며,

섭 위 위 란
涉渭爲亂하여   위수를 가로질러 건너가

취 려 취 단
取厲取鍛하여   굵은 돌 잔돌 주워다

지 기 내 리
止基迺理하니,   터전을 이룩하자,

원 중 원 유
爰衆爰有하여   많은 사람들 모여들어

협 기 황 간
夾其皇澗하고   황간을 끼고

소 기 과 간
遡其過澗하니   과간을 향하여 집을 지으니

지 려 내 밀
止旅迺密하여   빽빽이 사람들 모여

예 국 지 즉
芮鞠之卽이로다.   물굽이 안팎에 살게 되었네.

註解   ㅁ篤(독)-「크게 밝음(大明)」시의 '독생무왕(篤生武王)'의 독(篤)과 같이 조사(釋義).   ㅁ公劉(공류)-후직(后稷)의 자손. 요(堯)임금 때 후직을 태(邰)

에 봉한 이래 10여세(世)에 공류(公劉)에 이르러 하(夏)나라가 쇠하여 횡포가 심하여졌으므로 걸(桀)임금을 피하여 빈(豳)땅으로 옮아갔던 것이다(傳疏). 이 시는 공류가 빈땅으로 천도한 일을 읊은 것이다. □匪居匪康(비거비강) – 불능안거(不能安居), 편히 살 겨를이 없이 일하였다는 뜻(集傳). □埸(역) – 밭 경계. □疆(강) – 땅의 경계. 강역(疆埸)은 소아「길게 뻗은 남산(信南山)」시에도 보였음. 여기서는 동사로 보아 '밭을 정리하는 것'(集傳). □迺(내) – 조사. □積(적) – 곡식을 모아 밖에 쌓아놓는 것. □倉(창) – 곡식을 창고로 모아 들이는 것. 이는 나라를 부하게 하였음을 노래한 것이다(鄭箋). □裹(과) – 보따리에 싸는 것. □餱(후) – 말린 양식. 건식(乾食). □糧(량) – 길을 떠날 때 가져가는 양식. 미숫가루 같은 것(集傳). □橐(탁) – 밑이 없이 물건을 넣고 몸에 잡아매도록 되어 있는 주머니(集傳). □囊(낭) – '자루'. 또 작은 것을 탁(橐), 큰 것을 낭(囊)이라고도 한다(毛傳). □思(사) – 조사(釋義). □輯(즙) – 평화로운 것. □用(용) – 이(以)의 뜻(釋義). '사즙용광(思輯用光)'은 백성들을 평화롭게 살게 하여 치적(治績)을 빛내는 것. □斯(사) – 조사. □張(장) – 드는 것. 활과 화살을 여러 사람들로 하여금 들게 한 것을 뜻한다. □干(간) – 방패. □戈(과) – 창. □戚(척) – 무기로 쓰는 도끼. □揚(양) – 월(鉞)로서(毛傳), 무기로 쓰는 도끼의 일종. □爰(원) – 이에. □方(방) – 비로소. □啓行(계행) – 길을 떠나는 것. 소아「유월」시에 보였음. 이상 제1절은 공류가 천도하려고 길을 떠나게 될 때까지의 준비와 형편을 노래한 것이다. □胥(서) – 상(相)과 통하여(毛傳), 살펴보는 것. □庶(서) – 여러, 많은 것. □繁(번) – 살고 있는 사람들이 많은 것을 말한다(鄭箋). □順(순) – 편안히 잘 어울리는 것. □宣(선) – 그들과 정이 서로 통하는 것(釋義). □無永嘆(무영탄) – '긴 탄식을 할 일이 없게 되었다'는 뜻. □陟(척) – 오르다. □巘(헌) – 산봉우리. 그곳 지세(地勢)를 살펴보려고 높은 곳에 올라가는 것이다. □舟(주) – 대(帶)의 뜻(毛傳), 곧 몸에 지니는 것. □瑤(요) – 옥돌. □鞞(병) – 칼집 끝에 장식한 것. □琫(봉) – 칼집 머리에 한 장식. 병봉(鞞琫)은 소아「낙수를 바라보니(瞻彼洛矣)」시에 보였음. □容刀(용도) – 패도(佩刀). 보통 차는 칼에는 용식(容飾)이 되어 있기 때문에 그렇게 부른다. 공류가 도읍터를 살피며 위의를 갖추고 정치를 잘함을 노래한 것이다. □逝(서) – 가다. □百泉(백천) – 지명(釋義). 어느 곳이었는지는 확실치 않다. □瞻(첨) – 우러러보다. □溥原(부원) – 지명. 왕국유(王國維)는「극종극정발(克鍾克鼎跋)」에서 극정(克鼎)의 "석여전우부

원(錫女田于豳原)"의 부원(豳原)과 같은 곳이라 하였다(釋義). □岡(강)-산등성이. □覯(구)-보다. □京(경)-지명(通釋). □師(사)-도읍을 말한다. 경사(京師)는 경(京) 고을의 뜻. □時(시)-시(是)의 뜻. □處處(처처)-거처, 살 곳(集傳). □廬(려)-기(寄)의 뜻(毛傳), 곧 머물러 사는 것. □旅(려)-려(廬)와 같은 음으로 뜻이 통하여, 머물러 사는 것(通釋). □言(언)-바른 말을 하는 것(毛傳), 곧 언언(言言)은 서로 바른 말을 주고받으며 지내는 것. □語(어)-서로 의견을 교환하는 것. 제3절은 공류가 경(京)땅에 거처함을 노래한 것이다. □依(의)-의지하여 사는 것. □蹌蹌(창창)-달려오는 모양. □濟濟(제제)-많은 모양. 이 구절은 소아「더부룩한 찔레나무(楚茨)」시에도 보였음. □筵(연)-자리를 깔고 잔치하는 것. □几(궤)-안석. □登(등)-잔치자리에 오르는 것. □依(의)-안석에 기대어 앉는 것. □造(조)-가다, 이르다. □曹(조)-많은 짐승들 기르는 곳. □執(집)-잡다. □豕(시)-돼지. □牢(로)-짐승 우리. □匏(포)-'바가지'. □宗(종)-높이다. 제4절은 공류가 경땅에 거처하면서 그를 따르는 신하들에게 잔치를 베풀어 상하 화합함을 노래한 것이다. □溥(부)-넓은 것. 공류가 다스리던 경땅이 넓고 길다는 뜻임. □景(영)-햇빛의 그림자로서 그 방향을 재는 것(毛傳). □岡(강)-높은 산등성이에 올라가 지세를 살피는 것(毛傳). □相(상)-집의 음양(陰陽)과 향배를 살펴보는 것. □其軍三單(기군삼단)-그를 따르는 사람들이 3군이 되고 남음이 없이 꼭 맞았다는 뜻. 단(單)은 남음없이 꼭 맞음을 뜻한다(鄭箋). 옛날 큰 나라에는 천자의 6군에 비하여 3군이 있었다(鄭箋). □度(탁)-측량하는 것. □徹(철)-생산의 10분지 1을 거둬들이는 세법(稅法)(鄭箋). □糧(량)-나라에서 쓰는 양곡. □夕陽(석양)-산의 서쪽. □豳(빈)-나라 이름. 지금의 섬서성 구읍현(枸邑縣) 서쪽 부근이었다. 빈거(豳居)는 빈땅의 뜻(釋義). □允(윤)-진실로. □荒(황)-넓다, 크다. 제5절은 공류가 지세를 살피어 빈땅에 나라를 옮기어 정착함을 노래한 것이다. □館(관)-동사로서 '머물러 사는 것'. □涉(섭)-건너다. □渭(위)-위수(渭水). □亂(란)-흐르는 물을 가로질러 건너는 것(毛傳). □厲(려)-려(礪)와 통하여, 굵은 돌(通釋). □鍛(단)-단(碬)과 통하여, 잔돌(通釋). □止(지)-지(址)와 통하여, 지기(止基)는 '터전'의 뜻(釋義). □理(리)-닦는 것. □有(유)-많은 것. 여기서는 일을 하는 사람들이 많았다는 뜻. □夾(협)-옆에 끼는 것. □皇澗(황간)-계곡 물의 이름(毛傳). □遡(소)-향하다. □過澗(과간)-계곡 물의 이름(毛傳). □止(지)-머물러 사는 것. □旅

(려)-민중. □密(밀)-빽빽이 많은 것. □芮(예)-예(汭)와 통하여, '물굽이 안쪽'(通釋). □鞫(국)-'물굽이 바깥쪽'(通釋). □卽(즉)-나아가다. 이 구절은 물굽이를 중심으로 하여 안팎 양쪽으로 모여 살게 되었다는 뜻. 이 제6절은 빈땅에 거처를 닦고 정착한 모습을 노래한 것임.

解説 이 시는 주나라의 선조 공류가 후직(后稷)이 봉함 받은 태(邰)땅으로부터 빈(豳)땅으로 옮아와 살게 된 것을 노래한 것이다.

「모시서」에서는 성왕이 정사를 맡을 때, 소강공(召康公) 석(奭)이 공류가 백성들을 위하여 이룩하신 공로를 찬양함으로써 훈계한 것이라 하였다. 그러나 이 시의 작자를 소강공이라 한 근거에 대하여는 알 수 없다.

7. 먼 곳의 물을 떠서(泂酌)

_{형 작 피 행 노}
泂酌彼行潦하여   저 멀리 길가에 흐르는 물을 떠서

_{읍 피 주 자}
挹彼注茲면   이곳에 갖다가 부으면

_{가 이 분 치}
可以餴饎로다.   찐밥 술밥 지을 수 있지.

_{개 제 군 자}
豈弟君子여   점잖으신 임금님은

_{민 지 부 모}
民之父母로다.   백성들의 부모시네.

_{형 작 피 행 노}
泂酌彼行潦하여   저 멀리 흐르는 물 떠서

_{읍 피 주 자}
挹彼注茲면   이곳에 갖다 부으면

_{가 이 탁 뢰}
可以濯罍로다.   술잔을 씻을 수 있지.

_{개 제 군 자}
豈弟君子여   점잖으신 임금님은

民^민之^지攸^유歸^귀로다.　　백성들이 믿고 따르는 분.

泂^형酌^작彼^피行^행潦^노하여　저 멀리 흐르는 물 떠서

挹^읍彼^피注^주玆^자면　　이곳에 갖다 부으면

可^가以^이濯^탁漑^개로다.　　술통을 씻을 수 있지.

豈^개弟^제君^군子^자여　　　점잖으신 임금님은

民^민之^지攸^유墍^기로다.　　백성을 편히 쉬게 하시는 분.

註解　ㅁ洞(형)-먼 것. ㅁ酌(작)-국자로 뜨는 것. ㅁ行潦(행노)-길가에 흐르는 물. ㅁ挹(읍)-떠내는 것. ㅁ注(주)-물을 붓는 것. ㅁ餴(분)-찐밥, 곧 류(餾)의 뜻(毛傳). ㅁ饎(치)-술밥. ㅁ濯(탁)-씻다. ㅁ罍(뢰)-술잔. 주남(周南) 「도꼬마리(卷耳)」 시에 보였음. ㅁ歸(귀)-마음속으로 믿고 따르는 것, 귀의(歸依)하는 것. ㅁ漑(개)-개(槪)와 통하여, 술통, 곧 준(樽)의 뜻(經義述聞). ㅁ墍(기)-쉬는 것. 식(息)의 뜻(鄭箋).

解説　이 시는 천자를 기린 것이다. 흐르는 물을 떠다 여기에 부으면 밥도 지을 수 있고 그릇도 씻을 수 있다는 것은 임금이 정치를 잘하면 백성들이 따르고 백성들을 편히 잘살게 하여 줄 수 있다는 것이다.

「모시서」에서는 이 시도 소강공이 성왕을 훈계하기 위하여 지은 노래라 하였다.

▲ 옛날 술그릇

8. 구부정한 언덕(卷阿)

有卷者阿에 굽이진 언덕에
飄風自南이로다. 회오리바람 남쪽으로부터 불어오네.
豈弟君子여! 점잖으신 군자님들이어!
來游來歌하여 놀러와 노래하며
以矢其音이로다. 노래판 벌이네.

伴奐爾游矣하고 한적하게 노시고
優游爾休矣로다. 유유히 쉬시네.
豈弟君子여! 점잖으신 군자님들이여!
俾爾彌爾性하여 오래오래 사시며
似先公酋矣리로다. 선공들의 하시던 일 계승하시기를.

爾土宇昄章하니 온 나라 크게 밝으니
亦孔之厚矣로다. 매우 큰 복 받겠네.
豈弟君子여! 점잖으신 군자님들이여!
俾爾彌爾性하여 오래오래 사시며
百神爾主矣로다. 여러 신들 제사지내시기를!

이 수 명 장 의	
爾受命長矣니	받으신 하늘의 명 오래되셨으니

爾受命長矣니　　　받으신 하늘의 명 오래되셨으니
불 록 이 강 의
茀祿爾康矣로다.　　많은 복 누리시겠네.
개 제 군 자
豈弟君子여!　　　점잖으신 군자님들이여!
비 이 미 이 성
俾爾彌爾性하여　　오래오래 사시며
순 가 이 상 의
純嘏爾常矣로다.　　큰 복 언제까지나 누리시기를!

유 풍 유 익
有馮有翼하고　　　의지할 이 있고 돕는 이 있고
유 효 유 덕
有孝有德하여　　　효도하는 이 있고 덕 있는 이 있도록
이 인 이 익
以引以翼이로다.　　이끌어주고 도와주시네.
개 제 군 자
豈弟君子여!　　　점잖으신 군자님들이여!
사 방 위 칙
四方爲則하리라.　　온 세상이 본뜨겠네.

옹 옹 앙 앙
顒顒卬卬하고　　　존엄하고 뜻이 높고
여 규 여 장
如圭如璋하며　　　서옥(瑞玉)처럼 순결하시며
영 문 령 망
令聞令望이니　　　아름다운 명성 들리네.
개 제 군 자
豈弟君子여!　　　점잖으신 군자님들이여!
사 방 위 강
四方爲綱하리라.　　온 세상이 법도로 삼네.

봉 황 우 비
鳳凰于飛하여　　　봉황새가 날아올라
홰 홰 기 우
翽翽其羽라가　　　날개를 펄럭이며 날다가

역 집 원 지	
亦集爰止로다.	머물 곳 찾아 내려앉네.

애 애 왕 다 길 사
藹藹王多吉士하시니　천자님의 여러 훌륭한 신하 모였으니

유 군 자 사
維君子使하여　　　　군자님들 부리시어

미 우 천 자
媚于天子로다.　　　 천자님을 아끼고 받들게 하네.

봉 황 우 비
鳳凰于飛하여　　　　봉황새가 날아가

홰 홰 기 우
翽翽其羽라가　　　　날개를 펄럭이며

역 부 우 천
亦傅于天이로다.　　　하늘 위로 올라가네.

애 애 왕 다 길 인
藹藹王多吉人하시니　임금님의 여러 훌륭한 신하 모였으니

유 군 자 명
維君子命하여　　　　군자님들에게 명하시어

미 우 서 인
媚于庶人이로다.　　　백성들을 사랑하고 돌보게 하네.

봉 황 명 의
鳳凰鳴矣하여　　　　봉황새가 울면서

우 피 고 강
于彼高岡이로다.　　　저 높은 산등성이에 앉았네.

오 동 생 의
梧桐生矣하여　　　　오동나무가 자라나

우 피 조 양
于彼朝陽이로다.　　　산 동쪽 기슭에 자랐네.

봉 봉 처 처
菶菶萋萋하고　　　　오동나무 무성하고

옹 옹 개 개
雝雝喈喈로다.　　　　봉황새 울음소리 조화되네.

君子之車(군자지거)이　　　　군자님들의 수레는
旣庶且多(기서차다)하고　　　많기도 하고
君子之馬(군자지마)이　　　　군자님들의 말은
旣閑且馳(기한차치)로다.　　의젓이 달려가네.
矢詩不多(시시부다)나　　　　읊은 시 많지는 않으나
維以遂歌(유이수가)니라.　　모두 노래로 부르네.

註解　□有卷(유권)-권연(卷然)으로 굽이진 것. □阿(아)-언덕, 큰 언덕(鄭箋). □飄風(표풍)-회오리바람. □君子(군자)-천자를 뵈러 온 제후들을 가리킴(釋義). □來游來歌(내유래가)-제후들이 천자를 뵈러 와 잔치를 벌이고 놀면서 노래하는 것. □矢(시)-진(陳)의 뜻(毛傳). 베풀다. □音(음)-노랫소리. '이시기음(以矢其音)'은 '노래판을 벌인다'는 뜻. □伴奐(반환)-주송(周頌)「처음부터 꾀하여(訪落)」시의 '판환(判奐)'과 같은 말이며(釋義), 한적하게 노니는 것(集傳). □優游(우유)-유유히 여유있게 지내는 것, 소아「흰 망아지(白駒)」시에도 보였다. □俾(비)-사(使)의 뜻, ……으로 하여금. □爾(이)-제후들을 가리킴. 미성(彌性)은 곧 미생(彌生)과 같은 말로 '오래오래 사는 것'(王國維『與友人論詩書中成語書』). 장수를 빈 것이다. □似(사)-사(嗣)의 뜻(毛傳), 계승하다. □酋(추)-유(猷)와 통하여, 계획하다, 또는 계획하던 옛 일을 뜻한다(于省吾『詩經新證』). □土宇(토우)-방가(邦家), 곧 나라의 뜻(于省吾『詩經新證』). □皈(판)-크게, 매우. □章(장)-밝다. □孔(공)-매우, 심히. □厚(후)-복록을 두터이 내리는 것(釋義). □百神(백신)-모든 여러 신들. 제법(祭法)에 '유천하자(有天下者), 제백신(祭百神)'이라 하였으니(孔疏), 모든

▲ 봉황새

▲ 오동나무

신들에게 제사지내는 것은 천자로서의 임무의 하나였다. □主(주)-제사를 주관하는 것. □芾(불)-복의 뜻. □純(순)-큰 것. □嘏(가)-복, 축복. □常(상)-언제나 변함없이 복을 받는 것. □馮(빙)-의지할 사람. □翼(익)-보좌할 사람. □孝(효)-효행이 있는 사람. □德(덕)-덕행이 있는 사람. □引(인)-앞에서 인도해 주는 것. □翼(익)-옆에서 보좌해 주는 것. 앞의 「길가의 갈대(行葦)」 시에도 이 구절이 보임. □則(칙)-온 세상이 그를 본받는 것. □顒顒(옹옹)-존엄한 모양. □卬卬(앙앙)-뜻이 높고 밝은 모양(鄭箋). □圭(규)-서옥(瑞玉)의 일종. □璋(장)-서옥(瑞玉)의 일종. '여규여장(如圭如璋)'은 서옥처럼 순결함을 뜻한다. □令聞令望(영문령망)-아름다운 명성과 명망이 있음을 말한다. □綱(강)-사방에서 그를 법도로 삼는다는 뜻. □鳳凰(봉황)-전설적인 새의 이름. □翽翽(홰홰)-새가 날갯짓 하는 소리. □集(집)-새가 나무에 내려앉는 것. □止(지)-봉황새가 '머무를 만한 곳'. □藹藹(애애)-제제(濟濟)나 마찬가지로(毛傳), 많은 모양. □吉士(길사)-선사(善士)(釋義), 훌륭한 신하. □媚(미)-사랑하고 돌보아주는 것. □傅(부)-부(附)와 통하여, '부우천(傅于天)'은 하늘에 닿을 듯이 높이 나는 것. □庶人(서인)-일반 백성들. □朝陽(조양)-산의 동쪽(毛傳). □菶菶(봉봉)-풀이나 나무가 무성한 모양. □萋萋(처처)-풀이나 나무가 우거진 모양. □雝雝(옹옹)-개개(喈喈)와 함께 봉황의 울음소리가 조화되는 모양. □旣庶且多(기서차다)-매우 많은 것. □閑(한)-아주 익숙한 것. 이는 내조하는 제후들의 수레와 말의 모습을 노래한 것이다. □矢(시)-진(陳)의 뜻, 베풀다, 읊다.

[解說] 이 시는 천자를 찾아뵙는 제후들을 기린 것이다(釋義). 제1절의 구부정한 언덕에 불어오는 회오리바람은 제후들의 위세를 노래한 것이며, 뒤의 봉황새도 제후들에 비긴 것이다.

「모시서」에서는 이것도 소강공(召康公)이 성왕을 훈계한 시라 하였다. 현명한 신하들을 구하고 좋은 사람들을 써 달라는 뜻이 담긴 노래라는 것이다.

9. 백성들의 수고로움(民勞)

民^민亦^역勞^로止^지니　　　　백성들 매우 수고로우니

汔^흘可^가小^소康^강이로다.　　제발 편케 하여 주기를.

惠^혜此^차中^중國^국하고　　　우리나라를 사랑하고

以^이綏^수四^사方^방이어다.　　온 세상 편케 해주기를.

無^무縱^종詭^궤隨^수하고　　　거짓말하고 속이는 자들 버려두지 말고

以^이謹^근無^무良^량하며,　　나쁜 자들은 단속하며,

式^식遏^알寇^구虐^학하고　　　약탈하고 포학한 짓 하는 자들 없애주고

憯^참不^불畏^외明^명이어다.　　공명함을 두려워하지 않는 자들 몰아내 주기를.

柔^유遠^원能^능邇^이하여　　　먼 곳 사람들 편케 해주고 가까운 곳 사람들은 따르게 하여

以^이定^정我^아王^왕이어다.　　우리 임금님 안정시켜 주기를.

民^민亦^역勞^로止^지니　　　　백성들 매우 수고로우니

汔^흘可^가小^소休^휴로다.　　제발 조금 쉬게 하여 주기를.

惠^혜此^차中^중國^국하고　　　우리나라를 사랑하고

이 위 민 구	
以爲民逑어다.	백성들의 벗이 되어 주기를.

무 종 궤 수
無縱詭隨하고   거짓말하고 속이는 자들 버려두지 말고

이 근 혼 노
以謹惽怓하며,   다투기 잘하는 자들 근신시키며,

식 알 구 학
式遏寇虐하고   약탈하고 포학한 짓 하는 자들 없애주고

무 비 민 우
無俾民憂어다.   백성들 근심하지 않도록 해주기를.

무 기 이 로
無棄爾勞하여   수고로움을 아끼지 말고

이 위 왕 휴
以爲王休어다.   임금님의 다스림 아름답게 하여 주기를.

민 역 로 지
民亦勞止니   백성들 매우 수고로우니

흘 가 소 식
汔可小息이로다.   제발 조금 쉬게 하여 주기를.

혜 차 경 사
惠此京師하고   우리나라를 사랑하고

이 수 사 국
以綏四國이어다.   온 세상 편케 해주기를.

무 종 궤 수
無縱詭隨하고   거짓말하고 속이는 자를 버려두지 말고

이 근 망 극
以謹罔極하며,   좋지 않은 자들을 근신시키며,

식 알 구 학
式遏寇虐하고   약탈하고 포학한 짓 하는 자들 없애주고

무 비 작 특
無俾作慝이어다.   나쁜 짓 하는 자들 꿈쩍도 못하게 해주기를.

경 신 위 의
敬愼威儀하여   위엄과 예의를 공경하고 삼가며

이 근 유 덕
以近有德이어다.   덕 있는 분들 가까이 하기를.

民亦勞止니 백성들 매우 수고로우니

汔可小愒로다. 제발 조금 쉬게 하여 주기를.

惠此中國하고 우리나라를 사랑하고

俾民憂泄어다. 백성들의 근심 없애 주기를.

無縱詭隨하고 거짓말하고 속이는 자를 버려두지 말고

以謹醜厲하며, 악하고 사나운 자들을 근신시키며,

式遏寇虐하고 약탈하고 포학한 짓 하는 자들 없애주고

無俾正敗어다. 정도를 어기는 자가 없도록 해주기를.

戎雖小子나 당신들은 임금님의 자식 같은 자들이나

而式弘大니라. 그 영향은 넓고 크다네.

民亦勞止니 백성들 매우 수고로우니

汔可小安이로다. 제발 조금 편케 하여 주기를.

惠此中國하고 우리나라를 사랑하고

國無有殘이어다. 나라를 해치는 자들 없애 주기를.

無縱詭隨하고 거짓말하고 속이는 자를 놔두지 말고

以謹繾綣하며, 일을 뒤엎는 자들을 근신케 하며,

式遏寇虐하고 약탈하고 포학한 짓 하는 자들을 없애주고

無俾正反이어다. 정도를 위반하는 자들 없게 해주기를.

제3편 대아(大雅) • **769**

왕 욕 옥 녀
王欲玉女시니　　임금님은 당신들을 중히 여기시니
시 용 대 간
是用大諫하노라.　그래서 크게 부탁하는 것이네.

註解　▫訖(흘)-기(幾)의 뜻(鄭箋), 제발. ▫小康(소강)-소안(小安), 조그만 편안함. ▫惠(혜)-사랑. ▫中國(중국)-중원의 나라. 주나라 도읍을 뜻하기도 함(毛傳). ▫綏(수)-편안하게 하다. ▫四方(사방)-사방의 나라, 온 세상. ▫縱(종)-내버려 두는 것. ▫詭隨(궤수)-'거짓말하고 속이고 하는 사람들'(經義述聞). ▫謹(근)-단속하는 것. ▫無良(무량)-좋지 못한 사람들. ▫式(식)-조사. ▫遏(알)-없애다. 그치다. ▫寇(구)-남의 물건을 약탈하는 것. ▫虐(학)-포학한 짓을 일삼는 것. ▫憯(참)-미워하다, 밀어내다. ▫明(명)-밝은 도(道), 곧 정도를 뜻한다. ▫柔(유)-안(安), 편케하는 것(毛傳). ▫遠(원)-먼 곳의 사람들, 먼 나라(鄭箋). ▫能(능)-어(伽)의 뜻으로, 순종케 하는 것(鄭箋). ▫邇(이)-가까운 것. ▫逑(구)-주남(周南)「물수리(關雎)」시의 '호구(好逑)'의 '구(逑)' 및 「토끼 그물(兎罝)」시의 호구(好仇)의 '구(仇)'와 비슷한 뜻으로, '민구(民逑)'는 '백성들의 벗'(釋義). ▫惽怓(혼노)-훤화(諠譁)의 뜻으로(鄭箋), 말다툼을 잘하는 사람들. ▫棄(기)-버리고 하지 않는 것. 무기이로(無棄爾勞)는 '그대의 수고로움을 버리고 하지 않는 일이 없도록 하라'는 뜻. ▫休(휴)-아름다운 것. ▫罔極(망극)-무량(無良), 좋지 못한 자들. ▫慝(특)-간사한 것. ▫有德(유덕)-덕이 있는 사람. ▫憩(게)-쉬다. 게(憩)와 통함. ▫憂泄(우예)-근심을 흩어 없애는 것. ▫醜(추)-악(惡), 악한 자(釋義). ▫厲(려)-사나운 것. ▫正敗(정패)-정도를 그르치는 것(鄭箋). ▫戎(융)-여(汝), 그대(鄭箋). ▫小子(소자)-자식. 천자의 입장에서 관리들을 가리켜 한 말. ▫式(식)-용(用), 작용, 영향. '식홍대(式弘大)'는 관리들의 영향이 넓고 크다는 뜻(鄭箋). ▫殘(잔)-해치다. ▫繾綣(견권)-반복(反覆)(毛傳), 일을 뒤엎는 것. ▫正反(정반)-정도를 위반하는 것. ▫玉女(옥녀)-임금님이 '그대들을 보배처럼 중히 여기는 것'(集傳). ▫用(용)-이(以)와 통하여, '시용'은 시이(是以), 그래서(釋義). ▫大諫(대간)-크게 간하는 것으로 이 시를 지은 것을 말한다.

解說　이 시는 관리들이 서로 나라를 위해 올바로 일을 할 것을 훈계하는 것이

다(集傳).

「모시서」에서는 소목공(召穆公)이 정사를 그르치고 있는 여왕(厲王)을 풍자한 것이라 하였다.

10. 하늘이 버리시면(板)

上帝板板이면 　　하늘이 버리시면
下民卒癉이로다. 　백성들 모두 고생하네.
出話不然하고 　　하는 말 옳지 못하고
爲猶不遠이로다. 　나라 다스리는 계획 멀리 내다보지 못하네.
靡聖管管하고 　　나라를 걱정하는 성인도 없고
不實於亶이로다. 　성실한 이도 없네.
猶之未遠이니 　　나라 다스리는 계획 오래 가지 못할 것이라
是用大諫하노라. 　이에 크게 간하는 바일세.

天之方難이시니 　하늘은 지금 어려움 내리시고 계시니
無然憲憲이로다. 　그처럼 즐기지만 말기를.
天之方蹶시니 　　하늘은 방금 성을 내고 계시니
無然泄泄로다. 　그처럼 떠들고만 있지 말기를.
辭之輯矣면 　　　내리는 명령이 부드러우면

民_민之_지洽_흡矣_의요,   백성들이 화합하게 되고,

辭_사之_지懌_역矣_의면   내리는 명령이 기쁘면

民_민之_지莫_막矣_의니라.   백성들이 안정된다네.

我_아雖_수異_이事_사로되   나는 비록 하는 일은 다르지만

及_급爾_이同_동僚_료로다.   그대들과 동료일세.

我_아卽_즉爾_이謀_모로되   내 그대들에게 좋은 방법 일러 주었으나

聽_청我_아囂_효囂_효로다.   내 말을 귓전에서 흘리네.

我_아言_언維_유服_복하고   내 말 잘 듣고

勿_물以_이爲_위笑_소하라.   비웃는 일 없기를.

先_선民_민有_유言_언하되   옛 분들 말씀에

詢_순于_우芻_추蕘_요로다.   나무꾼에게도 일을 물으라 하였네.

天_천之_지方_방虐_학이시니   하늘이 지금 벌을 내리고 계시니

無_무然_연謔_학謔_학이로다.   그처럼 장난치며 놀기만 하면 안 되네.

老_노夫_부灌_관灌_관이로되   이 늙은이는 성심으로 대하는데

小_소子_자蹻_갹蹻_갹이로다.   젊은 친구들은 교만하기만 하네.

匪_비我_아言_언耄_모어늘   내 말은 노망이 아닌데

爾_이用_용憂_우謔_학이로다.   그대들은 장난과 농담으로 받아들이네.

| 다 장 학 학
多將熇熇하여   말도 많이 하면 성만 나게 되어

| 불 가 구 약
不可救藥이니라.   그 병은 고칠 약도 없게 된다네.

| 천 지 방 제
天之方懠시니   하늘이 지금 노하고 계시니

| 무 위 과 비
無爲夸毗로다.   굽실거리며 아첨만 하지 말기를.

| 위 의 졸 미
威儀卒迷하여   위엄과 예의 모두 어지러워져서

| 선 인 재 시
善人載尸로다.   착한 사람들 맥을 못 추게 되네.

| 민 지 방 전 히
民之方殿屎어늘   백성들은 지금 신음하고 있거늘

| 즉 막 아 감 규
則莫我敢葵요,   그들을 전혀 생각도 안해 주고,

| 상 란 멸 자
喪亂蔑資어늘   혼란으로 멸망하게 되었거늘

| 증 막 혜 아 사
曾莫惠我師로다.   백성들을 걱정해 주지 않네.

| 천 지 유 민
天之牖民이   하늘이 백성들을 인도하심이

| 여 훈 여 지
如壎如篪하고   악기 소리처럼 조화롭고

| 여 장 여 규
如璋如圭하며   서옥이 합쳐 홀이 되듯 잘 맞으며

| 여 취 여 휴
如取如攜로다.   밀어주고 끌어주듯 하시네.

| 휴 무 왈 익
攜無曰益이면   잘 이끌어 주시는 것을 방해하지만 않는다면

| 유 민 공 이
牖民孔易로다.   백성들 인도하는 일은 매우 쉬울 것이네.

| 민 지 다 벽
民之多辟이니   백성들 중에 간사한 자 많으니

무 자 입 벽
無自立辟이어다.　그대들 스스로 간사한 짓 말기를.

개 인 유 번
价人維藩이오　갑옷 입은 군인은 나라의 울타리요

태 사 유 원
大師維垣이며,　높은 장관들은 나라의 담이 되고,

대 방 유 병
大邦維屛이오　제후들은 나라의 보호자요

대 종 유 한
大宗維翰이로다.　임금의 집안사람들은 나라의 기둥이네.

회 덕 유 녕
懷德維寧하고　덕을 닦은 이들은 나라를 편케 하고

종 자 유 성
宗子維城이로다.　임금님 자손들은 나라의 성이 되네.

무 비 성 괴
無俾城壞면　그 성 무너지지 않게 하면

무 독 사 외
無獨斯畏로다.　홀로 두려운 일 당하지 않을 것이네.

경 천 지 노
敬天之怒하여　하늘의 노여움을 공경하여

무 감 희 예
無敢戲豫하고,　감히 장난치고 놀지 말고,

경 천 지 유
敬天之渝하여　하늘의 변화를 공경히 받들어

무 감 치 구
無敢馳驅어다.　감히 멋대로 행동하지 말기를.

호 천 왈 명
昊天曰明하사　넓은 하늘 밝으시어

급 이 출 왕
及爾出王하시고,　그대가 나가 다니는 대로 언제나 함께하고 계시며,

호 천 왈 단
昊天曰旦하사　넓은 하늘 훤하시어

급 이 유 연
及爾游衍하시니라.　그대가 놀러 다니는 대로 언제나 함께하고 계시네.

註解 ☐板(판) – '판(版)'과 통용되어 판판(板板)은 판판(版版). 『이아(爾雅)』에 '판판(版版)은 벽야(僻也)'라 하였다. 벽(僻)은 벽원(僻遠), 멀리하다, 버리다(釋義). ☐卒(졸) – 모두의 뜻(鄭箋). 『한시외전(韓詩外傳)』엔 '췌(瘁)'로 인용하고 있으니 '병(病)'의 뜻으로 보아도 좋다. ☐癉(단) – 병로(病勞), 고생하는 것. ☐不然(불연) – 불합리(不合理)의 뜻(集傳). ☐猶(유) – 계획, 계책. ☐遠(원) – 멀리 내다보는 것, '원대(遠大)'의 뜻으로 보아도 좋다. ☐管管(관관) – 관관(悹悹)과 통하여 '근심하는 모양(後箋). ☐實(실) – 충실. ☐亶(단) – 성실한 것. ☐方(방) – 방금. ☐難(난) – 어려움을 백성들에게 내리고 있는 것. ☐憲憲(헌헌) – 흔흔(欣欣)과 같은 말로(毛傳), 즐기는 모양. ☐蹶(궤) – 성을 내는 것. ☐泄泄(예예) – 말이 많은 모양(通釋). ☐輯(즙) – 부드러운 것. ☐洽(흡) – 화합하다. 융합하다. ☐懌(역) – 기뻐하다. ☐莫(막) – 안정의 뜻. ☐異事(이사) – 다른 일에 종사하는 것. ☐僚(료) – 동료. ☐及(급) – 여(與), 더불어. ☐謀(모) – 계책을 얘기하는 것. ☐嚻嚻(효효) – 남의 말을 듣지 않는 모양(鄭箋). ☐服(복) – 용(用)의 뜻(釋義). 나의 말을 잘 듣고 이를 따르는 것. ☐詢(순) – 묻다. ☐蕘蕘(추요) – 꼴을 베고 나무를 하는 사람들. ☐虐(학) – 모질게 벌을 주는 것. ☐謔謔(학학) – 장난치고 노는 모양(釋義). ☐老夫(노부) – 늙은이, 작자 자신을 가리킴. ☐灌灌(관관) – 관관(款款)과 통하여(毛傳), 성실한 모양. ☐小子(소자) – 일반 관리들을 가리킨 말. ☐蹻蹻(갹갹) – 교만한 모양(毛傳). ☐耄(모) – 노인, 노망(老妄). 이 구절은 자기의 말이 단순한 늙은이의 망령은 아니라는 뜻. ☐用(용) – 이(以), 여기다. ☐憂謔(우학) – '우'는 우(優)와 통하여 '장난', '학'은 '농담'. ☐多(다) – 작자의 충고하는 말이 많은 것. ☐熇熇(학학) – 『주역』 가인(家人)의 학학(嗃嗃)과 통하여 엄하고 사나운 모양, 성낸 모양(釋義). ☐救藥(구약) – 이러한 관리들의 병폐를 고칠 약을 말한다. ☐懠(제) – 성내다, 노하다. ☐夸毗(과비) – 아첨하고 굽실거리는 것. ☐卒迷(졸미) – 모두 혼미하여진 것. ☐載(재) – 즉(則), 조사. ☐尸(시) – 여기서는 '여시(如尸)'의 뜻. 시체처럼 맥을 못추는 것. ☐殿屎(전히) – 신음하는 것(毛傳). ☐我(아) – 작자가 백성들의 입장에서 한 말. ☐葵(규) – 규(揆)와 통함(鄭箋). 헤아리다, 생각하다. ☐蔑(멸) – 멸(滅)과 통하여 멸망하는 것. ☐資(자) – 자(咨)와 통하여 탄식하는 것. '멸자'는 멸망의 뜻이다. ☐惠(혜) – 사랑하다, 걱정하다. ☐師(사) – 무리. 아사(我師)는 백성들을 가리킴. ☐牖(유) – 인도하다. ☐壎(훈) – 흙을 구워 만든 악기의 일종. ☐篪(지) –

횡적(橫笛). '여훈여지(如燻如篪)'는 악기들을 합주하는 것처럼 백성들 모두가 조화됨을 뜻한다. ㅁ璋(장)-서옥의 일종. 장(璋)을 두 개 합치면 규(圭)가 된다. 따라서 '여장여규(如璋如圭)'는 서로 잘 합하여짐을 말한다. ㅁ攜(휴)-이끌다. '여취여휴(如取如攜)'는 백성들을 밀어주고 이끌어 줌을 뜻한다. ㅁ曰(왈)-율(聿)과 같은 조사. ㅁ益(익)-액(搤)과 통하여 액(扼)의 뜻, 곧 이끌어주는 것을 잡고 막는 것(釋義). ㅁ辟(벽)-사벽(邪辟), 간사함(鄭箋). ㅁ立辟(입벽)-관리들 스스로가 '간사함을 내세우는 것', 곧 '간사한 짓을 하는 것'(釋義). ㅁ价(개)-개(介)의 뜻으로 '개인(价人)'은 갑옷을 입은 군인으로서 군의 지휘를 맡은 경사(卿士)를 가리킴(鄭箋). ㅁ藩(번)-울타리. ㅁ大師(태사)-정사를 맡은 삼공(三公)들(鄭箋), 높은 장관들. ㅁ垣(원)-낮은 담. ㅁ大邦(대방)-나라를 다스리는 제후들을 가리킴(鄭箋). ㅁ屛(병)-울타리처럼 가려 주고 보호하는 사람. ㅁ大宗(대종)-임금과 성이 같은 일가들(鄭箋). ㅁ翰(한)-간(幹)의 뜻(鄭箋)으로 '기둥'을 뜻한다. ㅁ懷德(회덕)-덕을 지닌 사람, 덕을 닦은 이들. ㅁ寧(녕)-나라를 편안케 하는 것. ㅁ宗子(종자)-임금님의 적자(嫡子)(鄭箋). ㅁ城(성)-나라의 성과 같다는 뜻. ㅁ獨(독)-성이 무너져 서로가 고립된 것. ㅁ畏(외)-두려워할 만한 일이 생긴다는 뜻. ㅁ戱豫(희예)-장난치고 노는 것(釋義). ㅁ渝(유)-변상, 변화. ㅁ馳驅(치구)-제멋대로 행동함을 뜻한다(毛傳). ㅁ昊(호)-넓고 큰 것. ㅁ曰(왈)-조사. '호천왈명(昊天曰明)'은 하늘은 매우 밝으셔서 모든 일을 아시고 계심을 뜻한다. ㅁ及(급)-여(與), 함께. ㅁ王(왕)-왕(往)의 뜻(毛傳), 가다. '급이출왕(及爾出王)'은 그대가 어디를 가 무슨 짓을 하더라도 하늘은 언제나 그대와 함께 계시어 모든 일을 알고 계시다는 것이다. ㅁ旦(단)-아침. 명(明), 밝은 것(毛傳). ㅁ衍(연)-락(樂)의 뜻. 하늘은 네가 아무리 가서 놀더라도 언제나 함께 계시니 행동을 삼가라는 뜻이다. 이상 4구절은 하늘을 빌어 관리들에게 고한 말이다.

解說 주희는 이 시도 앞의 「백성들의 수고로움」시와 같은 성질의 것이라 하였다. 다만, 나라와 시국을 걱정하는 뜻이 앞의 시보다는 더 깊다.

「모시서」에선 범백(凡伯)이 여왕(厲王)을 풍자한 시라 하였다.

제3 탕지습(蕩之什)

1. 위대하심(蕩)

<ruby>蕩蕩上帝<rt>탕 탕 상 제</rt></ruby>는　　　　위대하신 하늘은

<ruby>下民之辟<rt>하 민 지 벽</rt></ruby>이시로다.　　백성들을 다스리는 임금이시네.

<ruby>疾威上帝<rt>질 위 상 제</rt></ruby>는　　　　사나우신 하늘은

<ruby>其命多辟<rt>기 명 다 벽</rt></ruby>이로다.　　내리시는 명이 매우 까다로우시네.

<ruby>天生烝民<rt>천 생 증 민</rt></ruby>이시나　　하늘이 백성들을 낳으셨으나

<ruby>其命匪諶<rt>기 명 비 심</rt></ruby>이로다.　　하늘의 명은 믿고 있을 수만은 없는 것이네.

<ruby>靡不有初<rt>미 불 유 초</rt></ruby>나　　　　모두 시작은 하였지만

<ruby>鮮克有終<rt>선 극 유 종</rt></ruby>이니라.　　끝까지 잘된 이들은 드무네.

<ruby>文王曰咨<rt>문 왕 왈 자</rt></ruby>아!　　　　문왕께서 말씀하셨네. '아아!

<ruby>咨女殷商<rt>자 여 은 상</rt></ruby>이여!　　아아, 그대들 은상나라여!

<ruby>曾是彊禦<rt>증 시 강 어</rt></ruby>와　　　　포악한 사람들과

<ruby>曾是掊克<rt>증 시 부 극</rt></ruby>이　　　　백성들 착취하는 자들이

<ruby>曾是在位<rt>증 시 재 위</rt></ruby>하고　　　벼슬 차지하고

曾是在服이로다.　　나랏일을 하고 있었네.

天降慆德이나　　교만하고 불손하여 하늘은 벌을 내리시는데도

女興是力이로다.　　그대들은 나쁜 짓에 힘쓰고 있네.'

文王曰咨아!　　문왕께서 말씀하셨네. '아아!

咨女殷商이여!　　아아, 그대들 은상나라여!

而秉義類어늘　　그대들은 착한 사람들을 써야 하거늘

彊禦多懟로다.　　포악한 자들을 써서 많은 원한을 샀네.

流言以對하고　　허튼 말로 사람들을 대하고

寇攘式內하여　　도적들을 안으로 끌어들이어

侯作侯祝하니　　속이고 욕하고 있으니

靡屆靡究로다.　　어떻게 될지 모르게 되었네.'

文王曰咨아!　　문왕께서 말씀하셨네. '아아!

咨女殷商이여!　　아아, 그대들 은상나라여!

女炰烋于中國하고　　그대들은 나라 안에서 큰소리만 치고

斂怨以爲德이로다.　　원한을 갖게 하는 짓을 덕으로 아네.

不明爾德하여　　그대들은 덕을 닦지 않아

時無背無側하고　　뒤에도 곁에도 좋은 신하 없고

<ruby>爾德不明<rt>이 덕 불 명</rt></ruby>하여　　덕을 그대들은 닦지 않아

<ruby>以無陪無卿<rt>이 무 배 무 경</rt></ruby>이로다.　올바로 도와주는 대신들 하나도 없네.'

<ruby>文王曰咨<rt>문 왕 왈 자</rt></ruby>아!　　문왕께서 말씀하셨네. '아아!

<ruby>咨女殷商<rt>자 여 은 상</rt></ruby>이여!　아아, 그대들 은상나라여!

<ruby>天不湎爾以酒<rt>천 불 면 이 이 주</rt></ruby>시어늘 하늘은 그대들에게 술에 빠지지 말라 하셨는데

<ruby>不義從式<rt>불 의 종 식</rt></ruby>이로다.　그대들은 그 옳지 못한 일만 따라 하고 있네.

<ruby>旣愆爾止<rt>기 건 이 지</rt></ruby>하고　　그대들은 허물 많은 행동을

<ruby>靡明靡晦<rt>미 명 미 회</rt></ruby>하고　　낮도 밤도 없이 하면서

<ruby>式號式呼<rt>식 호 식 호</rt></ruby>하여　　호통치고 소리치며

<ruby>俾晝作夜<rt>비 주 작 야</rt></ruby>하도다.　낮도 밤도 없이 지내고 있네.'

<ruby>文王曰咨<rt>문 왕 왈 자</rt></ruby>아!　　문왕께서 말씀하셨네. '아아!

<ruby>咨女殷商<rt>자 여 은 상</rt></ruby>이여!　아아, 그대들 은상나라여!

<ruby>如蜩如螗<rt>여 조 여 당</rt></ruby>하고　　매미나 쓰르라미 울듯

<ruby>如沸如羹<rt>여 비 여 갱</rt></ruby>하여　　국이 끓듯 소란만 피우면서

<ruby>小大近喪<rt>소 대 근 상</rt></ruby>이어늘　낮은 자나 높은 자나 모두가 망해 가고 있거늘

<ruby>人尙乎由行<rt>인 상 호 유 행</rt></ruby>이로다.　사람들은 아직도 행실을 그대로 하고 있네.

<ruby>內奰于中國<rt>내 비 우 중 국</rt></ruby>하여　안으로 온 나라 사람들이 성을 내어

| 담 급 귀 방
覃及鬼方이로다. | 오랑캐 나라까지 노여움이 뻗어가고 있네.' |

| 문 왕 왈 자
文王曰咨아! | 문왕께서 말씀하셨네. '아아! |
| 자 여 은 상
咨女殷商이여! | 아아, 그대들 은상나라여! |
| 비 상 제 불 시
匪上帝不時요 | 하늘이 올바르지 않은 것이 아니고 |
| 은 불 용 구
殷不用舊니라. | 은나라가 옛 법도 따르지 않는 것이네. |
| 수 무 로 성 인
雖無老成人이나 | 비록 나이 많고 훌륭한 사람은 없다 하나 |
| 상 유 전 형
尙有典刑이어늘 | 여전히 법도는 있거늘 |
| 증 시 막 청
曾是莫聽하여 | 그것을 거들떠보지도 않아서 |
| 대 명 이 경
大命以傾이로다. | 나라의 운명이 기울어진 것일세.' |

| 문 왕 왈 자
文王曰咨아! | 문왕께서 말씀하셨네. '아아! |
| 자 여 은 상
咨女殷商이여! | 아아, 그대들 은상나라여! |
| 인 역 유 언
人亦有言하되 | 옛말에 이르기를 |
| 전 패 지 게
顚沛之揭면 | 넘어지고 뽑히어 뿌리가 드러났다면 |
| 지 엽 미 유 해
枝葉未有害라도 | 가지와 잎새엔 피해가 없다 해도 |
| 본 실 선 발
本實先撥이라 하니라. | 뿌리가 실은 이미 끊긴 거라 하였네. |
| 은 감 불 원
殷鑒不遠하니 | 은나라가 본뜰 거울 먼 곳에 있는 것 아니니 |
| 재 하 후 지 세
在夏后之世니라. | 바로 하나라 임금 때를 거울로 삼으라는 것이네.' |

註解 □蕩蕩(탕탕)-『논어』의 '탕탕호민무능명(蕩蕩乎民無能名)'의 '탕탕(蕩蕩)'과 같은 뜻으로 위대한 모양(釋義). □辟(벽)-임금. □疾威(질위)-포학한 것(集傳). 사나운 것. □辟(벽)-사벽(邪辟)의 뜻. 하늘이 까다로운 명을 내리시어 백성들을 어렵게 만드는 것은 반드시 까닭이 있다는 뜻. □烝民(증민)-백성들. □諶(심)-믿다. 비심(匪諶)은 하늘의 명은 '가만히 믿고만 있을 수 없는 것'이란 뜻. 왜냐하면 훌륭한 사람에게는 복을 내리지만, 악한 행동을 하면 벌을 내리고, 내렸던 명을 딴 사람에게 다시 옮겨주기도 하기 때문이다. □初(초)-명을 받았던 시초. □鮮(선)-드물다. □有終(유종)-끝까지 그 명을 잘 유지해 가는 것. □咨(자)-'아아'의 뜻. □女(여)-너. □殷商(은상)-주왕(紂王) 때의 은(殷)나라를 가리킨다. □曾(증)-내(乃)와 같은 조사(經傳釋詞). □彊禦(강어)-포학한 신하(集傳). □掊克(부극)-백성들에게서 착취하는 신하(集傳). □服(복)-일. 종사하는 것. □慆德(도덕)-하는 짓이 교만하고 불손한 것(釋義). '천강도덕(天降慆德)'은 사람들의 하는 짓이 교만하고 불손하여 벌을 내리는 것. □女興是力(여흥시력)-'그대는 일어나 이러한 나쁜 일에만 힘쓰고 있다'는 뜻. □而(이)-너. □秉(병)-용(用), 쓰다(釋義). □義類(의류)-선류(善類), 착한 사람들(通釋). □懟(대)-원망하다. □流言(유언)-근거없이 떠돌아다니는 말, 허튼 말. □對(대)-사람들을 대하는 것. □寇攘(구양)-도적질하는 자들. □式(식)-조사. □內(내)-안으로 들어오는 것. □侯(후)-유(維)와 같은 조사. □作(작)-사(詐)와 통함(釋義), 속이다. □祝(축)-저(詛)와 통함(毛傳), 저주하다, 욕하다. □屆(계)-극(極), 끝(毛傳). □究(구)-궁(窮), 결과. '미계미구(靡屆靡究)'는 종말과 결과가 어떻게 되는지도 모를 지경이라는 뜻. □熇烋(포효)-포효(咆哮)와 통하여 큰소리치며 횡포한 짓을 하는 것. □中國(중국)-중원의 나라. □斂怨(염원)-원한을 갖게 하는 것. □時(시)-시(是)의 뜻. □無背無側(무배무측)-'배무신(背無臣), 측무인(側無人)'의 뜻(毛傳), 곧 뒤에도 곁에도 훌륭한 신하가 없다는 말. □陪(배)-모시는 사람들. □卿(경)-경사(卿士)들. 배(陪)나 경(卿)이나 모두 대신들을 가리킨다. □湎(면)-술에 빠지는 것. □式(식)-용(用), 종식(從式)은 따라서 행하는 것. □愆(건)-허물. □止(지)-용지(容止)로서 행동을 가리킴. □明(명)-낮을 가리킴. □晦(회)-밤을 가리킴. '미명미회(靡明靡晦)'는 밤낮없이 죄짓는 짓만 하고 있다는 말. □式(식)-조사. □號(호)-호령하는 것, 호통치는 것. □呼(호)-서로 호응하여 소리치는 것. □俾晝作夜(비주작야)-밤낮없이 호통과

소리치며 나쁜 짓만 일삼고 있다는 뜻. □蜩(조)-쓰르라미. □螗(당)-말매미. 쓰르라미나 매미처럼 백성들이 괴로움에 울부짖고 있다는 말. □沸(비)-끓다. □羹(갱)-국. 끓는 물이나 뜨거운 국처럼 백성들이 걱정에 애를 태우고 있다는 말. □小大(소대)-얕은 백성에서 고관들까지 모두. □人尙乎由行(인상호유행)-'인상유차이행(人尙由此而行)', 곧 사람들은 여전히 악함을 고치지 아니하고 그대로 행동한다는 것임. □奰(비)-성내다, 노하다. □覃(담)-뻗다. □鬼方(귀방)-은나라와 주나라 시대에 서북쪽에 있던 오랑캐 나라의 이름. 소아「고사리 캐세(采薇)」시 참조. 노여움이 먼 오랑캐들의 나라에까지도 연장되었다는 뜻. □時(시)-시(是), 옳은 것, 착한 것(釋義). □舊(구)-구장(舊章), 옛날 법도. □老成人(노성인)-나이 많고 경험도 많은 사람. □典刑(전형)-법칙의 뜻. □大命(대명)-나라의 운명. □顚(전)-넘어지다. □沛(패)-뿌리가 뽑히어 넘어진 것. □揭(게)-뿌리가 드러나 있는 모양(毛傳). □本(본)-뿌리. □撥(발)-절(絶)(鄭箋), 끊이다. 이는 망해 가는 은나라를 넘어진 나무에 비유한 말임. □鑒(감)-거울로 삼을 만한 본보기. □夏后(하후)-하나라 임금, 곧 포학무도(暴虐無道)한 정치를 하여 나라를 망친 걸왕(桀王)은 그의 본보기가 되는데도 주왕(紂王)은 정신을 차리지 않는다는 뜻.

|解說| 「모시서」에서는 소목공(召穆公)이 주나라가 크게 어지러워졌음을 탄식한 작품이라 하였다. 여왕(厲王)이 무도하여 천하가 어지러워져 법도와 예의가 없어져 이 시를 지었다는 것이다.

굴만리(屈萬里)는 '이 시는 주나라 초기의 작품으로 문왕의 말씨를 빌어 은나라 사람들의 옳지 못함을 밝히고, 주나라 사람들이 나라를 다스리게 된 것이 정당함을 밝힌 것인 듯하다(釋義)' 고 하였다.

2. 빈틈없음(抑)

억 억 위 의
抑抑威儀는   빈틈없는 위의 지닌 이는

유덕지우 維德之隅니라.	덕이 모가진 듯 반듯하네.
인역유언 人亦有言하되	사람들이 말하기를
미철불우 靡哲不愚니라.	어진 이들은 어리석은 듯이 지내고 있다네.
서인지우 庶人之愚는	백성들의 어리석음은
역직유질 亦職維疾이로되	정말로 병폐라 하겠지만
철인지우 哲人之愚는	어진 이가 어리석은 듯함은
역유사려 亦維斯戾로다.	매우 도리에 어긋나는 일일세.

무경유인 無競維人을	비길 데 없이 착한 사람을
사방기훈지 四方其訓之하고,	온 세상이 교훈으로 삼고,
유각덕행 有覺德行을	그의 위대한 덕행을
사국순지 四國順之로다.	온 세상이 따라야 하네.
우모정명 訏謨定命이니	위대한 계획은 나라를 안정시키는 것이니
원유신고 遠猶辰告로다.	원대한 계책을 때때로 알려주어야 하네.
경신위의 敬愼威儀면	위엄 있는 몸가짐을 공경히 삼가 지닌다면
유민지칙 維民之則이니라.	백성들이 본뜰 것이네.

| 기재우금
其在于今하여는 | 지금은 |
| 흥미란우정
興迷亂于政하고 | 모두가 정사에 어두워 어지러운 짓만 하고 |

_{전 복 궐 덕}
顚覆厥德이요　　　자기 덕을 무너뜨리면서

_{황 담 우 주}
荒湛于酒로다.　　　술에 푹 빠져 지내고 있네.

_{여 수 담 락 종}
女雖湛樂從하여　　　그대들은 즐김에 빠져서

_{불 념 궐 소}
弗念厥紹로다.　　　하여야 할 일은 생각도 않고 있네.

_{망 부 구 선 왕}
罔敷求先王하여　　　선왕의 도를 널리 추구하며

_{극 공 명 형}
克共明刑이로다.　　　삼가 법도를 밝히지 않고 있네.

_{사 황 천 불 상}
肆皇天弗尙이시니　　이에 하늘은 그대들 돕지 않는 것이니

_{여 피 류 천}
如彼流泉으로　　　저 흐르는 샘물처럼

_{무 륜 서 이 망}
無淪胥以亡이어다.　　모두 함께 망하지 말기를.

_{숙 흥 야 매}
夙興夜寐하고　　　일찍 일어나 밤늦게 자고

_{쇄 소 정 내}
灑掃廷內하여　　　뜰 안을 쓸고 닦아

_{유 민 지 장}
維民之章이어다.　　　백성들의 모범이 되기를.

_{수 이 거 마}
修爾車馬와　　　그대의 수레와 말과

_{궁 시 융 병}
弓矢戎兵하여　　　활과 화살 및 무기를 닦아

_{용 계 융 작}
用戒戎作하고　　　전쟁이 일어남에 대비하고

_{용 적 만 방}
用逷蠻方이어다.　　　오랑캐 나라들을 다스려야 하네.

_{질 이 인 민}
質爾人民하고　　　그대의 백성들을 안정시키고

근 이 후 도	
謹爾侯度하여	제후로서의 법도를 삼가 지키어
용 계 불 우	
用戒不虞로다.	뜻밖의 사고에 대비해야 하네.
신 이 출 화	
愼爾出話하고	그대의 말을 삼가고
경 이 위 의	
敬爾威儀하여	그대의 위엄 있는 몸가짐을 공경히 하여
무 불 유 가	
無不柔嘉어다.	훌륭하지 않은 행동이 없어야 하네.
백 규 지 점	
白圭之玷은	흰 옥의 티는
상 가 마 야	
尙可磨也로되	그래도 갈아내면 되지만
사 언 지 점	
斯言之玷은	말 속의 티는
불 가 위 야	
不可爲也니라.	어떻게 할 수도 없는 거라네.

무 이 유 언	
無易由言하고	가벼이 말하지 말고
무 왈 구 의	
無曰苟矣어다.	함부로 지껄이지 말기를.
막 문 짐 설	
莫捫朕舌이나	내 혀는 아무도 건드리지 못하지만
언 불 가 서 의	
言不可逝矣니라.	한 말은 좇아가 잡을 수 없는 거라네.
무 언 불 수	
無言不讎요	어떤 말에든 보답이 있고
무 덕 불 보	
無德不報니,	어떤 행위에든 응보가 있는 것이니,
혜 우 붕 우	
惠于朋友하고	친구들을 사랑하고
서 민 소 자	
庶民小子면	백성들과 젊은이들을 위해주면

자손승승	
子孫繩繩하여	자손들 끊임없이 번성하여
만민미불승	
萬民靡不承이로다.	만민이 모두가 받들게 될 것이네.

시이우군자	
視爾友君子하노니,	그대 군자들에게 고하노니,
집유이안	
輯柔爾顔하면	그대의 얼굴을 부드럽게 지니면
불하유건	
不遐有愆이로다.	아무런 허물도 없게 될 걸세.
상재이실	
相在爾室하여	그대가 방안에서 반성할 적에
상불괴우옥루	
尙不愧于屋漏로다.	방 어두운 모퉁이에 대하여도 부끄러움 없어야만 하네.
무왈불현	
無曰不顯이니	드러나지 않을 것이니
막여운구	
莫予云覯어다.	아무도 나를 안볼 거라 생각지 말게.
신지격사	
神之格思는	신이 강림하시는 것은
불가탁사	
不可度思어늘	미리 알 수 없는 것이거늘
신가역사	
矧可射思아!	하물며 소홀히 할 수가 있겠는가!

벽이위덕	
辟爾爲德이면	그대를 본떠 덕을 닦게 하면
비장비가	
俾臧俾嘉로다.	착하고 아름답게 될 것이네.
숙신이지	
淑愼爾止하여	그대의 행동을 잘 삼가서
불건우의	
不愆于儀어다.	거동에 잘못 없기 바라네.
불참부적	
不僭不賊이면	도리에 어긋남이 없고 남을 해치는 일이 없으면

선 불 위 칙	
鮮不爲則이로다.	모두가 본받게 될 것이네.

투 아 이 도
投我以桃면　　　　　내게 복숭아를 던져 주면

보 지 이 리
報之以李로다.　　　그것에 대하여 오얏으로 갚는다 하였네.

피 동 이 각
彼童而角은　　　　　어린 양에게 뿔이 났다는 것 같은 말은

실 홍 소 자
實虹小子니라.　　　정말로 젊은이들을 속이는 것이네.

임 염 유 목
荏染柔木에　　　　　휘청거리는 부드러운 나무에

언 민 지 사
言緡之絲니라.　　　줄을 매어 활을 만들지.

온 온 공 인
溫溫恭人은　　　　　온순하고 공손한 사람은

유 덕 지 기
維德之基니라.　　　덕의 터전이 된다네.

기 유 철 인
其維哲人은　　　　　오직 어진 사람만이

고 지 화 언
告之話言하고　　　　훌륭한 말을 하고

순 덕 지 행
順德之行이로다.　　행동은 덕을 따른다네.

기 유 우 인
其維愚人은　　　　　어리석은 사람들은

복 위 아 참
覆謂我僭하니　　　　도리어 우리보고 속인다고 하니

민 각 유 심
民各有心이로다.　　사람들 마음은 제각각 다른 거라네.

어 호 소 자
於乎小子여!　　　　아아, 젊은이들이여!

미 지 장 부
未知臧否로다.　　　아직 선하고 악한 것을 알지 못하고 있네.

비 수 휴 지	
匪手攜之요	손으로 이끌어 줄 뿐만 아니라

언 시 지 사	
言示之事하고,	일의 옳고 그름 알려주고,

비 면 명 지	
匪面命之요	직접 명령할 뿐만 아니라

언 제 기 이	
言提其耳로다.	그들의 귀를 잡아 끌어 주어야 하네.

차 왈 미 지	
借曰未知라도	설사 그들이 알지 못한다 하더라도

역 기 포 자	
亦旣抱子로다.	나이 먹으면 자식들은 낳아 기를 것이네.

민 지 미 영	
民之靡盈이니	백성들은 수가 줄어들고 있으니

수 숙 지 이 막 성	
誰夙知而莫成이리요?	일찍이 그러함을 알면서도 정치를 안정시키지 못하는 것은 누구 때문인가?

호 천 공 소	
昊天孔昭로되	넓은 하늘은 매우 밝으신데

아 생 미 락	
我生靡樂이로다.	우리 삶은 즐겁지 않네.

시 이 몽 몽	
視爾夢夢하고	그대들을 보면 멍청해지고

아 심 참 참	
我心慘慘이로다.	내 마음 아파지네.

회 이 순 순	
誨爾諄諄이로되	그대들에게 간절히 타일러도

청 아 막 막	
聽我藐藐이로다.	내 말을 건성으로 듣네.

비 용 위 교	
匪用爲敎하고	가르침은 따르지 않고

복 용 위 학	
覆用爲虐이로다.	반대로 장난치는 것으로 여기네.

차 왈 미 지	
借曰未知로되	설사 아는 것은 없다 해도

_{역 율 기 모}
亦聿旣耄로다.　　　나이를 많이 먹었다네.

_{어 호 소 자}
於乎小子여!　　　아아, 젊은이들이여!

_{고 이 구 지}
告爾舊止하노라.　　그대들에게 옛 법도를 알려주는 것이네.

_{청 용 아 모}
聽用我謀면　　　　내 가르침을 따른다면

_{서 무 대 회}
庶無大悔리라.　　　아마도 크게 뉘우칠 일은 없게 될 것이네.

_{천 방 간 난}
天方艱難이니　　　하늘은 지금 재난을 내리고 계셔서

_{왈 상 궐 국}
曰喪厥國이로다.　　나라가 망할 지경이 되었네.

_{취 비 불 원}
取譬不遠이오　　　내가 비유로 말한 것은 먼 일이 아니고

_{호 천 불 특}
昊天不忒이로다.　　넓은 하늘은 어김이 없으시다네.

_{회 휼 기 덕}
回遹其德하여　　　그대들 행실이 그릇되고 편벽되어

_{비 민 대 극}
俾民大棘하도다.　　백성들은 매우 위급한 처지라네.

註解　□抑抑(억억)-빈틈없는 모양. 소아「손님 잔치(賓之初筵)」시에 보였음. □之(지)-시(是)의 뜻. □維德之隅(유덕지우)-유덕시우(維德是隅)로 '그 덕은 모가 난 듯이 반듯하다'는 뜻. □靡哲不愚(미철불우)-'모든 어진 사람들이 어리석은 듯이 지내고 있다'는 뜻, 세상이 어지러움을 말한 것이다. □職(직)-실(實), '실로'(釋義). □疾(질)-병폐가 되는 것. □亦維斯(역유사)-모두 조사, 강조의 뜻을 나타냄. □戾(려)-올바른 도리에 어긋나는 것. □無競維人(무경유인)-그의 선함이 아무도 다툴 이가 없을 만한 사람. □訓(훈)-교훈으로 삼는 것. □有覺(유각)-각연(覺然)으로, 위대한 모양. □訏(우)-큰 것. □謨(모)-계책. □定命(정명)-나라의 운명을 안정시키는 것(釋義). □遠(원)-원대(遠大)의 뜻. □猶(유)-계책. □辰告(신고)-때에 따라 고하여 시행케 하는 것

(鄭箋). □之(지)-시(是)의 뜻. □則(칙)-본받는 것. □興(흥)-거(擧)와 통하여, '거개(擧皆)' 곧 '모두'의 뜻(釋義). □顚覆(전복)-넘어지다. 쓰러지다. □荒(황)-크게, 매우. □湛(담)-즐거움에 빠지는 것. □雖(수)-유(惟)와 통함(經傳釋詞), 오직. □紹(소)-선인의 유업을 계승하는 것. □敷(부)-'널리'의 뜻(集傳). □共(공)-공(恭), 공손한 것. 이 구절은 앞 구절의 망(罔)에 모두 걸린다. □肆(사)-'고(故)로', 그러므로. □皇(황)-큰 것. □尙(상)-『이아(爾雅)』에 '우야(右也)'라 풀이하였는데, 우(右)는 우(佑)와 통한다(經義述聞). 돕다. □流泉(유천)-흐르는 샘물. □淪胥以亡(윤서이망)-상솔이망(相率以亡), 흐르는 물에 진흙조차 모두 실려 떠내려감은 백성들 모두가 함께 망함을 비유한 것이다. 이상 두 구절은 소아 「높은 하늘(小旻)」 시에 보였음. □寐(매)-잠자다. 이 구절은 위풍(衛風) 「한 남자(氓)」 시에 보였음. □灑(쇄)-물뿌리다. □廷內(정내)-정원과 궁실의 안을 말함. □章(장)-법도, 본보기의 뜻. □戎兵(융병)-병기, 무기. □戒(계)-대비하는 것. □戎作(융작)-전쟁이 일어나는 것. □逷(적)-치(治), 다스리다(鄭箋). □方(방)-오랑캐들의 '나라'. □質(질)-정(定)의 뜻(集傳), 안정시키는 것. □侯(후)-제후. □不虞(불우)-불려(不慮), 뜻밖의 사고. □出話(출화)-말하는 것. □柔(유)-가(嘉)와 함께 선(善)의 뜻을 지니고 있다(通釋), 훌륭한 것. □圭(규)-서옥(瑞玉). □玷(점)-옥에 티가 있는 것. □易(이)-쉬운 것, 가벼이 여기는 것. □由言(유언)-말로 하는 것. 소아 「갈가마귀(小弁)」 시 참조. □苟(구)-차(且)의 뜻으로, 말을 함부로 하는 것. □捫(문)-만지다, 건드리다. □逝(서)-가다. 불가서(不可逝)는 뒤쫓아 가서 다시 잡아올 수 없다는 뜻. □讎(수)-대(對) 또는 답(答)의 뜻(通釋). □庶民小子(서민소자)-백성과 젊은이들. 앞 구절의 혜(惠)에 걸린다. □繩繩(승승)-끊임없이 창성하는 것. 주남 「여치(螽斯)」 시에 보였음. □承(승)-떠받들며 따르는 것. □視(시)-시(示)와 통하여 '고하는 것.' □君子(군자)-제후들을 가리키며, 이우(爾友)와 동격임. □輯柔(집유)-유화(柔和), 부드러운 것. □遐(하)-조사(釋義). □愆(건)-허물. □相(상)-보다. □尙(상)-바라다. □屋漏(옥루)-방의 서북쪽 모퉁이, 가장 어둠침침한 곳. 아무도 방안에 없다 하더라도 반드시 행동을 삼가서 어두운 구석에서도 부끄러움이 없게 되기를 바란다는 뜻. □無曰(무왈)-…라 말하지 마라, …라 생각하지 마라. 다음 구절에까지 걸린다. □顯(현)-밝다, 밝히다. □云(운)-조사. □覯(구)-보다. □格(격)-강림(降臨), 내려오다(釋義).

▫思(사)-조사. ▫度(탁)-헤아리다. ▫矧(신)-하물며. ▫射(역)-염태(厭怠), 곧 싫어서 게을리하는 것, 소홀히 하는 것. ▫辟爾(벽이)-백성들이 그대를 본뜨는 것. ▫臧(장)-착한 것, 훌륭한 것. ▫嘉(가)-아름다운 것. ▫淑(숙)-선(善), 잘하는 것(鄭箋). ▫止(지)-용지(容止), 거동의 뜻. ▫愆(건)-허물. ▫儀(의)-위의의 뜻. ▫僭(참)-거짓말을 하다, 그릇된 짓을 하다. ▫賊(적)-남을 해치는 것. ▫鮮(선)-드물다. ▫爲則(위칙)-법도로 삼는 것. ▫報之以李(보지이리)-그것에 대하여 오얏으로 갚는다. 준 것이 있으면 반드시 더 좋은 것을 받게 된다는 뜻, 곧 모든 일에는 반드시 보답이 있다는 것이다. ▫童(동)-뿔이 아직 나지 않은 어린 양(羊)(毛傳). ▫角(각)-뿔이 났다는 뜻. ▫虹(홍)-홍(訌)과 통하여 속여 넘기는 것. ▫荏染(임염)-부드러운 모양. 소아「교묘한 말(巧言)」시에 보임. ▫柔木(유목)-잘 휘는 부드러운 나무. ▫緡(민)-피(被), 매다, 걸치다(毛傳). '민지사(緡之絲)'는 거기에 줄을 매어 활을 만드는 것. 이는 뒤의 두 구절을 비유로 먼저 표현한 것이다. ▫溫溫(온온)-온화한 모양. ▫恭人(공인)-공손한 사람. ▫話言(화언)-옛날의 좋은 말(毛傳). ▫覆(복)-반(反), 도리어(鄭箋). ▫僭(참)-도리에 어긋나는 것. ▫臧否(장부)-선부(善否), 선악(善惡). ▫攜(휴)-끌어주다. ▫言(언)-조사. ▫示之事(시지사)-일의 옳고 그름을 일러준다는 뜻. ▫面命(면명)-면전에서 직접 명령하는 것. ▫提(제)-잡아끌다. ▫借(차)-가(假)와 통하여, 가령, 설사. ▫抱子(포자)-자식을 안는 것, 곧 자식을 기름을 뜻한다. ▫盈(영)-만(滿)과 통하여 미영(靡盈)은 백성들이 줄어든다는 뜻. ▫夙知(숙지)-일찍 백성들이 줄어들고 있음을 아는 것. ▫成(성)-정사를 안정시키는 것. 이 구절은 임금이 정사를 이루지 못함은 그러한 일에 대한 무지에 연유한다는 뜻이다(鄭箋). ▫孔昭(공소)-매우 밝게 철저히 사람들의 부정을 살피는 것. ▫我生靡樂(아생미락)-우리 백성들은 정치를 올바로 하지 않은 덕분에 하늘의 노여움을 사서 즐거운 생활을 하지 못하고 있다는 뜻임. ▫夢夢(몽몽)-몽몽(憆憆)과 통하여, '어리둥절한 모양', 또는 '멍청한 모양'(釋義). ▫慘慘(참참)-시름에 마음 아픈 모양(毛傳). ▫誨(회)-가르치다, 깨우쳐 주다. ▫諄諄(순순)-간절한 모양. ▫藐藐(막막)-귓전으로 듣고 흘려 버리는 모양. ▫覆(복)-반(反), 도리어. ▫虐(학)-학(謔)과 통하여, '장난으로 하는 말', '농담'(通釋). ▫亦(역)-율(聿)과 함께 조사. ▫耄(모)-나이가 많은 것, 나이 많은 사람. ▫舊(구)-구장(舊章), 옛날 법도(釋義). ▫止(지)-조사. ▫庶

(서)-아마도, 거의. ▫曰(왈)-율(聿)과 같은 조사. ▫忒(특)-어긋나다. ▫回遹(회휼)-사벽(邪辟)의 뜻, 그릇되고 편벽된 것. ▫棘(극)-위급의 뜻.

解説 「모시서」에 "빈틈 없음"은 위(衛)나라 무공(武公)이 여왕(厲王, B.C. 878~828 재위)을 풍자하고 또한 스스로를 경계한 시이다."라고 하여 모두 이 설을 따라 풀이해 왔다.

그러나 굴만리(屈萬里)에 의하면 위나라 무공은 선왕(宣王) 16년(B.C. 812)에 임금 자리에 올라 있다가 평왕(平王) 13년(B.C. 758)에 죽었다. 여왕 때에는 무공은 즉위치 않았으니 「모시서」의 해설은 부당함이 명백하다.『국어(國語)』초어(楚語)엔 "좌사(左史) 의상(倚相)이 말하기를, 옛날 위나라 무공은 나이 95세였는데…… 이에 의계(懿戒)를 지어 자신을 경계토록 하였다고 했다."는 글이 있다. 의(懿)는 옛날엔 '억(抑)'과 통용되었으니 '의계'란 바로 이 「빈틈 없음」 시임을 알 수 있다. 이『국어』의 설과 시 중의 "제후로서의 법도를 삼가 지키어(謹爾侯度)"라는 말을 볼 때 「빈틈 없음」은 스스로를 깨우치기 위한 시였을 가능성이 가장 많음을 알겠다. 적어도 천자인 여왕보다는 다른 어떤 제후를 훈계한 시로 봄이 좋을 것이다(釋義).

3. 부드러운 뽕나무(桑柔)

菀彼桑柔는　　　　무성한 부드러운 뽕나무는
(울 피 상 유)

其下侯旬이로다.　　그 밑에 그늘 드리웠네.
(기 하 후 순)

捋采其劉라가　　　잎새 성근 가지의 잎새 훑느라
(랄 채 기 류)

瘼此下民이로다.　　밑의 백성들 병나겠네.
(막 차 하 민)

不殄心憂하여　　　끊임없이 마음 상하여
(부 진 심 우)

창황전혜	
倉兄塡兮로되,	병이 나 가슴 아픈데,
탁피호천	
倬彼昊天은	위대한 하늘은
영불아궁	
寧不我矜이로다.	나를 불쌍히 여기시지도 않네.

사무규규	
四牡騤騤하고	수레 끄는 네 마리 말은 늠름하고
여조유편	
旟旐有翩이로다.	많은 깃발 펄럭이네.
난생불이	
亂生不夷하고	난리 일어나 평화롭지 못하고
미국불민	
靡國不泯이로다.	온 나라가 어지럽네.
민미유려	
民靡有黎이나	백성들은 수 많다 하나
구화이진	
具禍以燼이로다.	모두 화를 입어 겨우 살아가고 있네.
오호유애	
於乎有哀로다!	아아, 슬프다!
국보사빈	
國步斯頻이로다!	나라 형편 정말 위급하고나!

국보멸자	
國步蔑資어늘	나라 실정은 물자도 없는데
천불아장	
天不我將하사,	하늘은 우리를 돕지 아니하시어,
미소지의	
靡所止疑하니	머물러 쉴 곳도 없으니
운조하왕	
云徂何往고?	어디로 가야만 하는가?
군자실유	
君子實維하고	임금은 성실하고
병심무경	
秉心無競이어늘,	마음가짐 견줄 데 없이 곧아야 하는데,

| 수 생 여 계
誰生厲階하여 | 누가 시작한 것인지 악한 짓을 많이 하여 |
| 지 금 위 경
至今爲梗고? | 지금 같은 괴로움에 시달리게 되었나? |

| 우 심 은 은
憂心慇慇하여 | 마음의 시름 하염없이 |
| 염 아 토 우
念我土宇로다. | 우리나라를 생각하네. |
| 아 생 불 신
我生不辰이니 | 나의 삶 때를 못 만나서 |
| 봉 천 탄 노
逢天僤怒로다. | 하늘의 큰 노여움 사고 있네. |
| 자 서 조 동
自西徂東으로 | 서쪽으로부터 동쪽에 이르기까지 |
| 미 소 정 처
靡所定處요, | 안정된 살 곳 없고, |
| 다 아 구 민
多我覯痻하여 | 많은 재난 일어나 |
| 공 극 아 어
孔棘我圉로다. | 우리나라 변경은 매우 위급하네. |

| 위 모 위 비
爲謀爲毖하면 | 계책을 신중히 세우면 |
| 난 황 사 삭
亂況斯削이로다. | 어지러운 형편 나아지리라. |
| 고 이 우 휼
告爾憂恤하고 | 걱정 근심 알려주고 |
| 회 이 서 작
誨爾序爵이로다. | 벼슬 올바르게 주는 법 깨우쳐 주고 싶네. |
| 수 능 집 열
誰能執熱하여 | 누가 뜨거운 물건 쥐고서 |
| 서 불 이 탁
逝不以濯이리요? | 달려가 물에 손 담그지 않겠는가? |
| 기 하 능 숙
其何能淑고? | 어찌하면 잘 되겠는가? |

재 서 급 익	
載胥及溺이로다.	모두 물에 빠진 꼴이 되었네.

여 피 소 풍	
如彼遡風하여	바람을 안은 듯

역 공 지 애	
亦孔之僾로다.	매우 숨 막히는 것 같네.

민 유 숙 심	
民有肅心이나	백성들은 착하게 살려는 마음 있어도

병 운 불 체	
荓云不逮로다.	그렇게 하지 못하게 막네.

호 시 가 색	
好是稼穡하여	농사지은 곡식이나 좋아하여

역 민 대 식	
力民代食이로다.	백성들의 것 빼앗아 대신 먹어 주고 있네.

가 색 유 보	
稼穡維寶로되	농사지은 곡식은 보배나 같은 것인데

대 식 유 호	
代食維好로다.	먹어주는 일만을 좋아하네.

천 강 상 란	
天降喪亂하사	하늘은 재난을 내리시어

멸 아 립 왕	
滅我立王이로다.	우리가 세운 임금 멸하려 하시네.

강 차 모 적	
降此蟊賊하여	굼벵이와 벌레 내리시어

가 색 졸 양	
稼穡卒痒이로다.	농사지은 곡식 모두 병들게 하였네.

애 통 중 국	
哀恫中國이	슬프게도 우리나라는

구 취 졸 황	
具贅卒荒이니,	완전히 위급해지고 황폐해졌으니,

미 유 여 력	
靡有旅力하여	아무런 다른 재간은 없어

이 념 궁 창	
以念穹蒼이로다.	하늘만을 생각하고 있네.

|유 차 혜 군|
|維此惠君|은 　　　　도리를 따르는 임금님은

|민 인 소 첨|
|民人所瞻|이로다. 　　　백성들이 우러르네.

|병 심 선 유|
|秉心宣猶|하사 　　　　지닌 마음 밝고 착하여

|고 신 기 상|
|考愼其相|이니라. 　　　신중히 보좌해줄 신하 생각하네.

|유 피 불 순|
|維彼不順|은 　　　　도리를 따르지 않는 임금은

|자 독 비 장|
|自獨俾臧|하고 　　　자기만 좋은 짓이나 하고

|자 유 폐 장|
|自有肺腸|하여 　　　자기 혼자만의 생각으로

|비 민 졸 광|
|俾民卒狂|이로다. 　　백성들 모두 정신 잃게 하네.

|첨 피 중 림|
|瞻彼中林|하니 　　　저 숲 속을 바라보니

|신 신 기 록|
|甡甡其鹿|이로다. 　　사슴들이 우글우글하네.

|붕 우 이 참|
|朋友已譖|하고 　　　여러 신하들 서로 속이며

|불 서 이 곡|
|不胥以穀|이로다. 　　함께 잘 지내지 못하네.

|인 역 유 언|
|人亦有言|하되 　　　옛말에

|진 퇴 유 곡|
|進退維谷|이로다. 　　진퇴유곡이라 한 말이 우리 형편일세.

|유 차 성 인|
|維此聖人|은 　　　　성인께서는

|첨 언 백 리|
|瞻言百里|시어늘, 　　백리 저 멀리 앞일도 미리 챙기시나,

|유 피 우 인|
|維彼愚人|은 　　　　어리석은 사람들은

복 광 이 희	
覆狂以喜로다.	반대로 잘못된 것을 기뻐하네.
비 언 불 능	
匪言不能이어늘	말할 줄 모르는 것도 아닌데
호 사 외 기	
胡斯畏忌오?	어째서 이렇게 두려워하며 말 못하나?

유 차 양 인
維此良人을　　　　훌륭한 사람은
불 구 불 적
弗求弗迪하고　　　구하지도 쓰지도 않고
유 피 인 심
維彼忍心을　　　　못된 마음 지닌 자 만을
시 고 시 복
是顧是復이로다.　 생각하고 또 생각하고 있네.
민 지 탐 란
民之貪亂하여　　　백성들은 더욱 어지러워지기 바라면서
영 위 도 독
寧爲荼毒이로다.　 쓰고 괴로운 생활 겪고 있네.

대 풍 유 수
大風有隧하니　　　큰 바람 씽씽
유 공 대 곡
有空大谷이로다.　 큰 골짜기에 불어오네.
유 차 양 인
維此良人은　　　　훌륭한 사람은
작 위 식 곡
作爲式穀이오　　　하는 일 다 올바르고
유 피 불 순
維彼不順은　　　　도리를 따르지 않는 자들은
정 이 중 구
征以中垢로다.　 때 묻은 더러운 속으로만 들어가네.

대 풍 유 수
大風有隧하여　　　큰 바람 씽씽 불어와
탐 인 패 류
貪人敗類로다.　 탐욕 많은 자들이 착한 이들 패망시키네.

청 언 즉 대	
聽言則對나	자기들에게 순종하는 말에는 대응하지만

송 언 여 취	
誦言如醉로다.	바로잡아 주려는 말은 취한 듯이 건성 듣네.

비 용 기 량	
匪用其良하고	좋은 사람 쓰지 못하고

복 비 아 패	
覆俾我悖로다.	반대로 우리에게 그릇된 일 하는 자들 쓰네.

차 이 붕 우	
嗟爾朋友여!	아아, 친구들이여!

여 기 부 지 이 작	
予豈不知而作이리오?	내 어찌 몰라서 이렇게 하고 있겠는가?

여 피 비 충	
如彼飛蟲이로되	나는 새들처럼 멋대로 굴지만

시 역 익 획	
時亦弋獲이로다.	주살에 맞아 잡히게 되고 말 것이네.

기 지 음 여	
旣之陰女어늘	그들을 돌보아주는데도

반 여 래 혁	
反予來赫이로다.	도리어 내게 성을 내네.

민 지 망 극	
民之罔極은	좋지 못한 자들은

직 량 선 배	
職涼善背니라.	정말로 배반을 잘하네.

위 민 불 리	
爲民不利하되	백성들에게 불리한 짓을

여 운 불 극	
如云不克이로다.	멋대로 하고 있네.

민 지 회 휼	
民之回遹은	간악한 자들은

직 경 용 력	
職競用力이로다.	오로지 다투듯 그런 일에만 힘쓰네.

민 지 미 려	
民之未戾는	좋지 않은 자들은

職盜爲寇라.　　　　오로지 도적질에만 힘쓰네.
涼曰不可로되　　　정말로 해서는 안 된다고 일러주어도
覆背善詈로다.　　　등 돌리면 곧잘 욕하네.
雖曰匪予로되　　　비록 나 때문은 아니라고들 하지만
旣作爾歌로다.　　　그대들을 위하여 이 노래 지었네.

註解　□菀(울)-무성한 것. □桑柔(상유)-부드러운 뽕나무. □侯(후)-조사. 유(維)와 같음. □旬(순)-그늘이 널리 든 것(毛傳). □捋(랄)-훑어 따는 것. 주남(周南)「질경이(芣苢)」시에 보임. □劉(류)-가지와 잎새가 다 떨어지고 조금밖에 남지 않은 것. □瘼(막)-병이 나다. □下民(하민)-뽕나무 밑에 쉬고 있는 백성들을 가리킨다. 처음엔 무성하고 그늘지던 뽕나무 잎새를 다 따버려 그늘도 시원찮은 나무 밑에 쉬고 있는 백성들을 보며 이 시를 읊었다. 뽕나무는 물론 나라에 비유한 것이다. □殄(진)-끊이다. □倉兄(창황)-유향(劉向)의「구변(九辯)」에 나오는 '창황(愴怳)'과 같은 말로, 슬프고 마음 언짢은 것(釋義). □塡(전)-전(瘨)과 통함(通釋). 병이 나다. □倬(탁)-커다란 것. □寧(녕)-내(乃)와 같은 조사. □矜(긍)-불쌍히 여기다. □騤騤(규규)-말이 건장한 모양. □旟(여)-새매를 그린 기. □旐(조)-거북과 뱀을 그린 기. □有翩(유편)-편연(翩然)의 뜻, 펄럭이다. □夷(이)-평(平), 평화로운 것(毛傳). □泯(민)-난(亂), 어지러운 것(經義述聞). □黎(려)-중(衆), 많은 것(釋義). □具(구)-구(俱)와 통하여 '모두'. □燼(진)-불타고 난 끄트머리. 많은 백성들이 모두 화를 입어 불탄 끄트머리처럼 쇠잔(衰殘)하였다는 말. □於乎(오호)-오호(嗚呼)와 같은 감탄사. □國步(국보)-나라의 형편(釋義). □頻(빈)-위급의 뜻(毛傳). □蔑資(멸자)-물자가 결핍된 것. 앞의「하나님이 버리시면(板)」시에 보임. □將(장)-돕다. □疑(의)-정(定), 안정(毛傳). 지의(止疑)는 머물러 안정하는 것. □云(운)-조사. □徂(조)-가다. □何往(하왕)-'어디로 가야 하는가?'. □君子(군자)-정사를 맡고 있는 사람들을 가리킨다. 제후들. □實維(실유)-진실하다, 성실하다. □無競(무경)-비길 데 없이 좋다는 뜻. 앞의「빈틈 없음(抑)」시에

보였음. □厲(려)-악(惡)의 뜻(毛傳). □厲階(여계)-악한 짓을 섬돌을 따라 올라가듯 더욱 많이 하는 것. □梗(경)-병이 나다. □慇慇(은은)-한이 없는 모양. □土宇(토우)-나라를 가리킴, 앞의「구부정한 언덕(卷阿)」시 참조. □不辰(불신)-좋지 못한 때. □逢(봉)-만나다. □僤(탄)-후(厚), 두터이, 매우. 탄노(僤怒)는 굉장한 노여움. □覯(구)-만나보다. □瘨(민)-병. □棘(극)-위급의 뜻. □圉(어)-국경 지방. □毖(비)-삼가다. □亂況(난황)-난상, 어지러운 모양(通釋). □削(삭)-삭감의 뜻(通釋). □恤(휼)-근심하다. □誨(회)-가르치다, 깨우치다. □序爵(서작)-어진 사람들을 분별하여 순서를 따라 등용하여 벼슬을 주는 것. □執熱(집열)-뜨거운 물건을 손으로 쥐는 것. □逝(서)-조사. □濯(탁)-뜨거운 손을 찬물에 담금을 뜻한다. 사람이면 누구나 모르고 뜨거운 물건을 쥐었다가 뜨거우면 손을 곁의 찬물에 담가 식힌다. 곧 위급한 일을 당하면 누구나 이 위난을 해결하려 든다는 데 비유한 말이다. □淑(숙)-착하다, 훌륭하다. □載(재)-즉(則)과 같은 조사. □胥(서)-서로. □溺(익)-물에 빠지다. 멸망을 뜻한다. □遡(소)-향하다. □優(애)-읍(唈)의 뜻(毛傳)으로, 숨이 막히는 것. 이 숨막히게 하는 바람은 어지러운 정치에 비유한 것이다. □肅(숙)-나아가는 것, 착해지려는 것. □荓(병)-사(使), 그렇게 하다(毛傳). □云(운)-조사. □逮(체)-미치다. □力民(역민)-백성들의 것을 빼앗는 것, 부세(賦稅)를 거둬들이는 것(通釋). □代食(대식)-백성들이 농사지은 곡식을 백성들 대신 먹어 버리는 것. □稼穡(가색)-백성들이 농사지은 곡식을 뜻함. □立王(입왕)-세워놓은 임금님. □蟊(모)-곡식의 뿌리를 먹는 해충. 굼벵이라 번역하였다. □賊(적)-곡식의 줄기를 먹는 해충(鄭箋). □卒(졸)-모두. □痒(양)-병들다. □恫(통)-마음 아픈 것. □具(구)-구(俱)의 뜻, '모두'. □贅(취)-촉(屬)의 뜻(毛傳)으로, 혹이 붙다. 곧 위험해진 것을 말한다(集傳). □卒(졸)-'모두'. □荒(황)-흉년이 든 것을 가리킨다. □旅(려)-려(膂), 힘(集傳). '미유여력(靡有旅力)'이란 이러한 재난을 어떻게 할 만한 힘도 없다는 뜻. □穹蒼(궁창)-푸른 하늘. □惠(혜)-순(順)과 통하여, '혜군(惠君)'은 도를 따르는 임금(鄭箋). □宣(선)-밝다. □猶(유)-유(猷)와 통하며, 바른 것, 착한 것(通釋). □考愼(고신)-신중히 생각하는 것. □相(상)-돕다. 여기서는 임금을 보좌할 신하를 뜻함. □不順(불순)-혜군(惠君)의 반대로 도를 따르지 않는 임금. □自獨(자독)-자기 혼자서만 멋대로. '자독비장(自獨俾臧)'은 자기 혼자서만 선하다고 생각하고 아무 일이나 멋대로 하는 것. ▫自有肺腸(자유폐장)-자기만의 독선적인 마음을 지니고 있는 것. ▫卒(졸)-'모두'. ▫狂(광)-정신 잃는 것. ▫甡甡(신신)-많은 모양(毛傳). ▫譖(참)-모함하다, 거짓말하다. ▫穀(곡)-선(善), 착한 것, 올바른 것. ▫言(언)-조사. ▫百里(백리)-먼 거리를 가리킨다. 곧 성인은 먼 앞날까지도 내다 보고 행동한다는 것이다. ▫覆(복)-반(反)과 통하여 반대의 뜻. ▫狂(광)-잘못된 것. ▫胡(호)-어찌. ▫畏(외)-두려워하다. ▫忌(기)-꺼리다. 내가 말 못할 것도 없는데 어째서 두려워하고 꺼리면서 입 다물고 있겠는가? 가만히 보고만 있지 못하겠기에 이 시를 쓴다는 것이다. ▫迪(적)-진용(進用) 또는 등용의 뜻. ▫忍心(인심)-잔인한 마음을 가진 사람. 양인(良人)의 반대. ▫是顧是復(시고시복)-돌아보고 또 돌아보는 것, 곧 잊지 못하는 것(小雅「蓼莪」시의 '顧我復我' 참조). ▫貪(탐)-욕(欲), 바라다. ▫貪亂(탐란)-어지러움으로 망하기를 바라는 것(鄭箋). ▫寧(영)-내(乃)와 같은 조사. ▫茶(도)-씀바귀. 백성들은 포학한 임금이 다스리는 나라는 차라리 망해버리기를 바라서 어지러움을 일으키어 쓴나물이나 독사의 독처럼 매서운 고생을 스스로 겪고 있다는 말. ▫有隧(유수)-수연(隧然)으로 바람이 구멍에서 나오듯 씽씽 불어오는 것. ▫有空(유공)-공연(空然)으로 큰 산골짜기를 바람이 횡하니 휩쓰는 것. 이 골짜기를 휩쓰는 바람은 사회악에 비유한 것이다. ▫作爲(작위)-하는 짓. ▫式(식)-조사. ▫穀(곡)-착하다. 선하다. ▫不順(불순)-도리를 따르지 않는 자. 양인(良人)의 반대. ▫中垢(중구)-구중(垢中). 때처럼 더러운 가운데. ▫貪人(탐인)-탐욕이 많은 자. ▫類(류)-선인, 착한 사람. ▫聽言(청언)-청종(聽從)하는 말, 곧 자기의 뜻에 따르는 말. ▫對(대)-응대(應對), 또는 대답하는 것. ▫誦(송)-풍(諷)과 통하여, 자기를 풍자하는 것. ▫如醉(여취)-취해서 아무것도 모르는 것처럼 행동하는 것. ▫覆(복)-반대로, 도리어. ▫悖(패)-이치에 반하는 행동을 하게 하는 것. ▫飛蟲(비충)-나는 새(釋義). ▫時(시)-시(是)의 뜻. ▫弋(익)-주살. ▫陰(음)-가리어 보호해 주는 것. ▫來(래)-시(是)의 뜻(釋義). ▫赫(혁)-성을 크게 내는 것. ▫職(직)-'실로'(釋義). ▫涼(량)-신(信)의 뜻으로(鄭箋), '정말로'. ▫善背(선배)-배반을 잘 하는 것. ▫云(운)-조사. ▫如云不克(여운불극)-할 수 없는 일을 하듯 온 힘을 기울여 하는 것. ▫回遹(회휼)-사벽(邪辟)한 자, 간악한 자(앞 「抑」시에 보임). ▫職(직)-'오로지 ······만 하는 것'. 직경(職競)은 '오로지 다투어 ······만 하는 것', 소아 「시월 초(十月之交)」시에 보임. □戾(려)-『광아(廣雅)』에 '선(善)'의 뜻이라 하였다. 미려(未戾)는 좋지 못한 자들. □職(직)-전문적으로 하는 것. □盜(도)-도적. □寇(구)-도적. □涼(량)-신(信)의 뜻, '정말로'. □覆(복)-반(反), 돌리다. 복배(覆背)는 등을 돌리는 것. □罵(리)-욕하다. □匪子(비여)-'나 때문이 아니라'는 뜻. □爾歌(이가)-'너를 위해 노래한다'는 뜻.

解説 『좌전』 문공(文公) 원년에 이 시의 '대풍유수(大風有隧)' 여섯 구절을 인용하고 예량부(芮良夫)의 시라 하고 있다.

「모시서」에서는 이를 따라 예백(芮伯)이 여왕(厲王)을 풍자한 시라 하였다. 예백은 황제가 직접 다스리던 지역 안에 있던 나라의 제후이며 양부(良夫)는 그의 자(字)이다(孔疏).

그러나 시의 본문에 "하늘은 재난을 내리시어(天降喪亂), 우리가 세운 임금 멸하려 하시네(滅我立王)."라는 말이 있으니, 이는 주나라가 동쪽으로 옮겨간 뒤, 곧 동주 초의 시국을 한탄한 시인 것도 같다.

4. 은하수(雲漢)

倬彼雲漢이 　환한 은하수는
昭回于天이로다. 　하늘에 밝게 둘러 있네.
王曰於乎라! 　임금님이 말씀하셨네. 아아!
何辜今之人고? 　지금 사람들이 무슨 죄가 있는가?
天降喪亂하사 　하늘은 재난을 내리시어
饑饉薦臻이로다. 　기근이 거듭 닥치네요.

_{미 신 불 거} 靡神不擧하고	모든 신에게 제사 드리면서
_{미 애 사 생} 靡愛斯牲하고	제물을 아끼지 아니하고
_{규 벽 기 졸} 圭璧旣卒이어늘	여러 가지 옥도 다 바쳤거늘
_{영 막 아 청} 寧莫我聽이로다.	내 소원은 들어주시지 않네.
_{한 기 대 심} 旱旣大甚하여	가뭄이 너무 심하여
_{온 륭 충 충} 蘊隆蟲蟲이로다.	뜨거운 기운이 훅훅 오르네.
_{부 진 인 사} 不殄禋祀하고	끊임없이 정결한 제사 지내면서
_{자 교 조 궁} 自郊徂宮으로	하늘과 땅 제사 지내고 종묘에도 가서
_{상 하 전 예} 上下奠瘞하여	위아래로 제물을 바치고 묻고 하며
_{미 신 부 종} 靡神不宗이로다.	모든 신을 받들었네.
_{후 직 불 극} 后稷不克하시고	그러나 후직께서도 모른 체하시고
_{상 제 불 림} 上帝不臨하시니,	하늘도 돌보아 주시지 않으니,
_{모 두 하 토} 耗斁下土시면	세상을 멸망시키려 하신다면
_{영 정 아 궁} 寧丁我躬이로다.	바로 내 한 몸으로 화를 받도록 해 주셨으면.
_{한 기 대 심} 旱旣大甚하여	가뭄이 너무 심하여
_{즉 불 가 추} 則不可推로다.	피할 수도 없게 되었네.
_{긍 긍 업 업} 兢兢業業하여	두렵고 불안해서

여 정 여 뢰	
如霆如雷로다.	천둥 울리고 벼락치는 것 같네.

주 여 려 민	
周餘黎民이	주나라의 남은 백성들은

미 유 혈 유	
靡有孑遺로다.	살아남을 자 없게 될 지경이네.

호 천 상 제	
昊天上帝이	하늘의 하나님께서

즉 불 아 유	
則不我遺로다.	내게 백성을 남겨주시지 않으려는 듯하네.

호 불 상 외	
胡不相畏리요?	어찌 두렵지 않으리?

선 조 우 최	
先祖于摧로다.	선조의 제사가 끊기고 말 것 같네.

한 기 대 심	
旱旣大甚하여	가뭄이 너무 심하여

즉 불 가 저	
則不可沮로다.	막을 수도 없게 되었네.

혁 혁 염 염	
赫赫炎炎하여	메마르고 뜨겁고 해서

운 아 무 소	
云我無所로다.	내 몸 둘 곳도 없네.

대 명 근 지	
大命近止니	나라의 운도 다한 듯

미 첨 미 고	
靡瞻靡顧로다.	아무도 거들떠 봐주지 않네.

군 공 선 정	
羣公先正은	여러 제후들과 여러 고관들도

즉 불 아 조	
則不我助로다.	나를 도와주지 않네.

부 모 선 조	
父母先祖는	부모님이나 선조님들께선

호 녕 인 여	
胡寧忍予오?	어찌 차마 저를 보시고만 계시나요?

한 기 대 심
旱旣大甚하여　　가뭄이 너무 심하여

척 척 산 천
滌滌山川이로다.　산과 냇물이 바싹 말랐네.

한 발 위 학
旱魃爲虐하여　　가뭄 귀신이 날뛰어

여 담 여 분
如惔如焚이로다.　마음이 불타는 듯하네.

아 심 탄 서
我心憚暑하여　　내 마음 더위에 지쳐

우 심 여 훈
憂心如熏이로다.　걱정하는 마음 불타는 듯하네.

군 공 선 정
羣公先正은　　　여러 제후들과 여러 고관들도

즉 불 아 문
則不我聞로다.　내 말을 들어주지 않네.

호 천 상 제
昊天上帝는　　　하늘의 하나님은

영 비 아 둔
寧俾我遯이로다.　나로 하여금 도망칠 수밖에 없도록 하시네.

한 기 대 심
旱旣大甚하니　　가뭄이 너무 심하니

민 면 외 거
黽勉畏去로다.　두려움에 애써 도망치려 하네.

호 녕 전 아 이 한
胡寧瘨我以旱고?　어찌하여 나를 가뭄으로 괴롭히시나?

참 부 지 기 고
憯不知其故로다.　정말 그 까닭을 모르겠네.

기 년 공 숙
祈年孔夙하고　　올해도 일찍이 풍년을 빌었고

방 사 불 모
方社不莫로되　　여러 가지 제사는 제때에 지냈으나

호 천 상 제
昊天上帝는　　　하늘의 하나님은

즉 불 아 우
則不我虞로다.　나를 도와주시지 않네.

제3편 대아(大雅) • 805

경 공 명 신	
敬恭明神이니	공경히 신에게 밝혔으니
의 무 회 노	
宜無悔怒니라.	나를 원망하거나 내게 성내서는 안될 거네.

한 기 대 심	
旱旣大甚하니	가뭄이 너무 심하니
산 무 우 기	
散無友紀로다.	어지러워져 기강이 없어졌네.
국 재 서 정	
鞫哉庶正하고	여러 관청의 우두머리들은 궁지에 몰렸고
구 재 총 재	
疚哉冢宰로다.	여러 장관들은 병이 났네.
취 마 사 씨	
趣馬師氏와	취마와 사씨와
선 부 좌 우	
膳夫左右이	선부와 여러 신하들도
미 인 부 주	
靡人不周하고	아무도 구해주지 못하고
무 불 능 지	
無不能止로다.	어려움을 막아주지도 못하네.
첨 앙 호 천	
瞻卬昊天하니	넓은 하늘만 우러르나니
운 여 하 리	
云如何里오?	이 시름 어이하면 좋나요?

첨 앙 호 천	
瞻卬昊天하니	넓은 하늘 우러르니
유 혜 기 성	
有嘒其星이로다.	별들만이 반짝이네.
대 부 군 자	
大夫君子이	대부와 군자들이
소 격 무 영	
昭假無贏이로다.	실수 없이 제사지냈네.
대 명 근 지	
大命近止라도	나라의 운명 다해 간다 해도

$$\underset{\text{무 기 이 성}}{\text{無棄爾成}}\text{이어다.}\qquad\text{각자의 직책은 버리지 않아야 하네.}$$

$$\underset{\text{하 구 위 아}}{\text{何求爲我}}\text{리요?}\qquad\text{어찌 나만을 위하여 비는 거겠나?}$$

$$\underset{\text{이 려 서 정}}{\text{以戾庶正}}\text{이니라.}\qquad\text{여러 고관들도 안정되기 바라는 거지.}$$

$$\underset{\text{첨 앙 호 천}}{\text{瞻卬昊天}}\text{하니}\qquad\text{넓은 하늘만 우러르나니}$$

$$\underset{\text{갈 혜 기 녕}}{\text{曷惠其寧}}\text{고?}\qquad\text{언제나 편안하여지려나?}$$

註解 □倬(탁)-밝은 모양(小雅 '甫田'시의 毛傳). □雲漢(운한)-은하수. □昭(소)-밝게. □回(회)-둘러 있는 것. □王曰(왕왈)-임금님의 말투를 인용한 것으로, 이 시의 맨 끝에까지 전부 걸린다. □於乎(오호)-오호(嗚呼)와 같은 감탄사. □辜(고)-허물. □饑饉(기근)-흉년으로 굶주리는 것. □薦(천)-중(重)과 통하여(毛傳), '거듭하는 것'. □臻(진)-이르다, 닥치다. □擧(거)-거행의 뜻으로 제사지내는 것을 뜻한다. □牲(생)-제물로 쓰는 짐승. □圭璧(규벽)-옥으로 만든 물건, 옛날 제사지낼 때에는 반드시 규(圭)나 벽(璧)을 바치며 소원을 빌었다. □卒(졸)-다하다. □聽(청)-말을 듣고 따르는 것. 지금 한창 심한 가뭄을 물리쳐 달라고 이토록 정성껏 빌었으나 자기의 축원을 들어주지 않는다는 것을 말한다. □蘊隆(온륭)-더운 기운이 오르는 것(通釋). □蟲蟲(충충)-『이아(爾雅)』의 '충충(爞爞)'과 같은 말로, 뜨거운 기운이 확확하는 모양(釋義). □殄(진)-끊다. □禋祀(인사)-여러 가지 제사. □郊(교)-하늘과 땅을 제사지내는 곳(集傳). □宮(궁)-종묘, 조상을 제사지내는 곳(鄭箋). □奠(전)-제물을 땅 위에 차려놓는 것. □瘞(예)-제사에 쓰인 물건을 땅속에 묻는 것. □后稷(후직)-주나라의 시조. □克(극)-각(刻)으로 씀이 옳으며, '각'은 식(識), 아는 것(鄭箋). 따라서 불극(不克)은 모른 체하는 것. □耗斁(모두)-못살고 멸망케 하는 것. □寧(녕)-내(乃)와 같은 조사. □丁(정)-당(當), 당하다, 받다(毛傳). □躬(궁)-'자신'. □兢兢(긍긍)-두려워하는 모양(毛傳). □業業(업업)-위험하여 불안한 모양(毛傳). □霆(정)-천둥. □周(주)-주나라. □黎民(여민)-백성들, 서민(庶民). □孑遺(혈유)-나머지, 찌꺼기, 살아남는 자들. □摧(최)-꺾이어 끊기는 것. 여기서는 조상들의 제사가 끊임을 뜻한다. □沮(저)-

막다. □赫赫(혁혁)-가뭄 기운(毛傳). □炎炎(염염)-뜨거운 기운(毛傳). □云(운)-조사. □無所(무소)-몸둘 곳이 없는 것. □大命(대명)-나라의 운명. □近(근)-거의. □止(지)-끝장이 나는 것. □靡瞻顧(미첨고)-신들이 거들떠보지도 않음을 뜻한다. □羣公(군공)-여러 제후들. □先正(선정)-여러 높은 관리들. □胡(호)-어찌. □忍(인)-'차마 돕지 않을 수가 있느냐?'는 뜻. □滌滌(척척)-가뭄기가 차 있는 것(毛傳), 곧 바싹 마른 모양. □魃(발)-가뭄귀신. □虐(학)-제멋대로 휩쓰는 것. □惔(담)-애태우는 것. □憚(탄)-여기서는 더위에 '지친 것'. □熏(훈)-불타다. □寧(녕)-어찌. □遯(둔)-가뭄을 피해 다른 나라로 달아나는 것. □黽勉(민면)-힘쓰다. □畏去(외거)-'가뭄이 두려워서 도망쳐 가 버리는 것'. □胡(호)-어찌. □瘨(전)-병든 것처럼 괴롭히는 것. □憯(참)-증(曾)의 뜻(鄭箋). 전혀, 정말. □祈年(기년)-봄에 하느님께 제사지내어 풍년을 비는 것(釋義). □方(방)-사방의 신에 지내는 제사(鄭箋). □社(사)-땅의 신에게 지내는 제사(集傳). □莫(모)-모(暮)의 본자(本字). '불모(不莫)'는 늦지 않게 제때에 여러 가지 제사들을 다 잘 지냈다는 뜻. □虞(우)-조(助)의 뜻(經義述聞), 돕다. □明神(명신)-신들에게 자기의 정성을 밝히고 제사를 잘 받드는 것. □悔(회)-한(恨), 한하다, 원망하다. □散(산)-난(亂)의 뜻. 산란한 것. □友(우)-유(有), 있는 것(釋義). □紀(기)-기강. □鞫(국)-궁(窮)의 뜻(鄭箋), 궁지로 몰리는 것. □庶正(서정)-여러 관장들. □疚(구)-병나다. □冢宰(총

▲ 벽(璧)

재)-관청의 장관들. □趣馬(취마)-말을 관리하는 관원(集傳). □師氏(사씨)-임금을 수호하는 군사들을 관장하는 관원. □膳夫(선부)-음식을 책임진 관원. □左右(좌우)-기타 임금을 섬기는 모든 관원들을 말한다. □周(주)-구(救), 구제하는 것(毛傳). '미인부주(靡人不周)'는 '아무도 이 가뭄을 구제하지 못한다'는 말. □止(지)-가뭄을 멈추게 하는 것. □瞻(첨)-우러러보다. □印(앙)-앙(仰)과 같은 자임. 우러러보다. □云(운)-조사. □里(리)-우(憂), 걱정, 시름(鄭箋). □嘒(혜)-혜(暳)와 통함. '유혜(有嘒)'는 혜연(暳然)으로 반짝거리는 모양. 소남(召南) 「작은 별(小星)」시 참조. □君子(군자)-벼슬하는 사람들을 가리킨다. □昭假(소격)-신령이 밝게 강림한다는 뜻. 신의 강림도 소격(昭假)이라 하지만 신의 강림을 비는 제사도 소격(昭假)이라 한다. 여기서는 후자를 뜻하며 제사를 가리킨다. □贏(잉)-과실 또는 잘못의 뜻(通釋). □成(성)-이루는 일, 곧 직업, 직책. □戾(려)-정(定)의 뜻으로(毛傳), 안정시키는 것. □曷(갈)-하시(何時), '언제면'의 뜻. □惠(혜)-유(維)와 같은 조사.

解説 이것은 가문 날씨를 걱정하는 시이다. 「모시서」에서는 선왕(宣王)이 여왕(厲王)의 뒤를 이은 뒤 큰 재난을 당하였으나 몹시 두려워하며 여러 가지로 정치를 잘하였으므로 백성들은 이를 기뻐하며 선왕을 기린 것이 이 시라 하였다.

5. 높다람(崧高)

崧^숭高^고維^유嶽^악이   높다랗게 오산(吳山)이

駿^준極^극于^우天^천이로다.   하늘에 치솟아 있네.

維^유嶽^악降^강神^신하여   오산의 신이 내려오셔서

生^생甫^보及^급申^신이로다.   보씨와 신씨를 낳으셨네.

維^유申^신及^급甫^보이   신씨와 보씨는

| 유 주 지 한
維周之翰이로다.	주나라의 기둥일세.
사 국 우 번
四國于蕃하고	사방의 나라들 주나라의 울타리 되게 하고
사 방 우 선
四方于宣이로다.	온 세상 나라들 주나라의 담이 되게 하였네.

| 미 미 신 백
亹亹申伯을	부지런한 신백에게
왕 찬 지 사
王纘之事하고	임금님은 나랏일을 맡게 하시고
우 읍 우 사
于邑于謝하여	사땅을 봉하여 주시어
남 국 시 식
南國是式이로다.	남쪽 나라들이 본뜨도록 하셨네.
왕 명 소 백
王命召伯하사	임금님은 소백에게 명하시어
정 신 백 지 택
定申伯之宅하시니,	신백의 거처를 정해 주시니,
등 시 남 방
登是南邦하사	남쪽 나라로 가서
세 집 기 공
世執其功이로다.	대대로 그곳 정사를 맡아보게 되셨네.

| 왕 명 신 백
王命申伯하사	임금님은 신백에게 명하시어
식 시 남 방
式是南邦하시고,	남방의 법도 되게 하시고,
인 시 사 인
因是謝人하여	사땅의 사람들로 하여금
이 작 이 용
以作爾庸이로다.	나랏일을 이룩하게 하셨네.
왕 명 소 백
王命召伯하사	임금님은 소백에게 명하시어
철 신 백 토 전
徹申伯土田하시고,	신백의 땅과 밭의 부세를 정해주고,

왕 명 부 어	
王命傅御하사	임금님은 부어에게 명하시어
천 기 사 인	
遷其私人하시다.	그가 부리던 사람들도 데리고 옮겨가게 하셨네.

신 백 지 공	
申伯之功을	신백의 일을 위하여
소 백 시 영	
召伯是營이로다.	소백이 터전을 마련해 주었네.
유 숙 기 성	
有俶其城하여	그곳에 성을 쌓기 시작하여
침 묘 기 성	
寢廟旣成이로다.	궁전과 종묘를 다 이룩하였네.
기 성 막 막	
旣成藐藐하니	아름답게 다 이뤄놓으니
왕 석 신 백	
王錫申伯이로다.	임금님은 신백에게 그 땅을 내리셨네.
사 무 갹 갹	
四牡蹻蹻하고	임금님이 내려주신 사마는 건장하고
구 응 탁 탁	
鉤膺濯濯이로다.	고리 달린 말 배띠는 산뜻하네.

왕 견 신 백	
王遣申伯할새	임금님이 신백을 보내시며
노 거 승 마	
路車乘馬로다.	큰 수레와 사마도 내리셨네.
아 도 이 거	
我圖爾居하니	'내가 그대 있을 곳 물색해 보니
막 여 남 토	
莫如南土로다.	남쪽 땅만 한 곳이 없소.
석 이 개 규	
錫爾介圭하여	그대에게 큰 홀을 내리어
이 작 이 보	
以作爾寶하노니,	그대의 보배로 삼게 하노니,
왕 근 왕 구	
往近王舅여!	가시오, 내 외삼촌이시여!

<u>남 토 시 보</u>
南土是保어다!　　　가서 남쪽 땅을 잘 다스리시오!'

<u>신 백 신 매</u>
申伯信邁할새　　　신백께선 성실히 준비하고 떠나시니

<u>왕 전 우 미</u>
王餞于郿로다.　　　임금님께선 미땅까지 가서 전송하셨네.

<u>신 백 환 남</u>
申伯還南하니　　　신백께서 남쪽으로 가시니

<u>사 우 성 귀</u>
謝于誠歸로다.　　　자신의 사땅으로 정말 돌아가신 거네.

<u>왕 명 소 백</u>
王命召伯하사　　　임금님께선 소백에게 명하시어

<u>철 신 백 토 강</u>
徹申伯土疆이로다.　신백의 땅의 부세를 걷게 하셨네.

<u>이 치 기 장</u>
以峙其粻하니　　　양식도 다 준비되어 있어서

<u>식 천 기 행</u>
式遄其行이로다.　　속히 사땅으로 갈 수 있었네.

<u>신 백 번 번</u>
申伯番番하사　　　신백은 늠름하게

<u>기 입 우 사</u>
旣入于謝하여　　　사땅으로 들어가

<u>도 어 탄 탄</u>
徒御嘽嘽하니　　　많은 부하들 이끄시니

<u>주 방 함 희</u>
周邦咸喜하여　　　주나라가 모두 기뻐하며

<u>융 유 량 한</u>
戎有良翰이로다.　　훌륭한 인재라 하였네.

<u>불 현 신 백</u>
不顯申伯은　　　　밝으신 신백께선

<u>왕 지 원 구</u>
王之元舅시니　　　임금의 큰외삼촌이시니

<u>문 무 시 헌</u>
文武是憲이로다.　　문관 무관이 모두 그를 법도로 삼네.

申^신伯^백之^지德^덕은　　　신백의 덕은

柔^유惠^혜且^차直^직이로다.　　부드러우면서도 곧다네.

揉^유此^차萬^만邦^방하여　　온 세상 바로잡으시어

聞^문于^우四^사國^국이로다.　　모든 나라에 명성 떨쳤네.

吉^길甫^보作^작誦^송하니　　길보가 노래를 지으니

其^기詩^시孔^공碩^석이로다.　　그 가사가 매우 훌륭하네.

其^기風^풍肆^사好^호하니　　이 좋은 노래를 지어

以^이贈^증申^신伯^백하노라.　　신백에게 바치는 바이네.

註解 □崧(숭)-산이 높은 모양. □嶽(악)-오악(吳嶽) 또는 오산(吳山)이라고도 하며『서경』우공(禹貢)에 보이는 견산(岍山)이다. 지금의 섬서성 농현(隴縣) 서남쪽에 있다(通釋). □駿極(준극)-높이 솟아 있는 것. □甫(보)-보(甫)나라의 제후. □申(신)-신백(申伯). 보(甫)나라와 신(申)나라는 모두 강(姜)씨의 후손임. □翰(한)-간(幹), 기둥의 뜻. □蕃(번)-번(藩)과 통함, 울타리. □于(우)-위(爲)와 통하여, 사방의 나라들이 주나라를 보호하여 주는 울타리가 되게 하였다는 뜻. □宣(선)-원(垣)의 가차자(通釋). 담. □亹亹(미미)-힘쓰는 모양. □纘(찬)-계승하다. 맡다. □謝(사)-나라 이름. 지금의 하남성(河南省) 신양현(信陽縣)에 있었다. 신나라와 사(謝)나라는 거리가 멀지 않으며, 사나라가 신나라보다 크기 때문에 신백(申伯)을 그곳에 옮기어 봉했던 것이다(通釋). □式(식)-법도로 삼는 것, 본뜨는 것. 사나라는 남쪽에 있었기 때문에 남쪽의 나라들이 본뜬다고 한 것이다. □김伯(소백)-소목공(召穆公) 호(虎). □宅(택)-집, 머무를 곳. 신백이 머무를 곳을 미리 마련하도록 하였던 것이다. □登(등)-올라가다, 가다(釋義). □世執(세집)-대대로 맡아보는 것. □功(공)-그곳을 다스리는 일. □式(식)-법도. □庸(용)-성(城), 나랏일을 뜻함(毛傳). '이작이용(以作爾庸)'은

'그대의 성, 곧 나랏일을 하다'는 말이 된다(集傳). □徹(철)－본 뜻은 부세(賦稅)의 일종이나, 여기서는 부세를 정하는 것(鄭箋). □傅御(부어)－신백의 아래 신하 중의 우두머리(集傳). □私人(사인)－신백의 집에서 부어 밑에 일하던 여러 사람들. 그들까지도 모두 신백을 따라 사(謝)땅으로 옮겨가도록 한 것이다. □營(영)－터전을 마련하다, 계획하고 돌보아주다. □俶(숙)－시작하는 것(集傳). □寢廟(침묘)－궁전과 종묘. □藐藐(막막)－아름다운 모양. □錫(석)－다 지은 궁전과 종묘가 있는 사나라를 신백에게 봉하여 주었다는 뜻. □蹻蹻(갹갹)－장대하고 튼튼한 모양. 앞「하나님이 버리시면(板)」시에도 보임. □鉤(구)－여기서는 띠의 고리. □膺(응)－말 배띠. '구응(鉤膺)'은 소아「시화를 뜯으러(采芑)」시에도 보였음. □濯濯(탁탁)－광명(光明)한 모양(毛傳), 산뜻한 것. □路車(노거)－제후들이 타는 큰 수레. □乘馬(승마)－이것을 끌 네 마리 말(毛傳). 노거와 사마도 내려주었다는 말. □圖(도)－꾀하다. 이 구절부터 이 절의 끝까지는 임금이 신백에게 한 말. □介圭(개규)－제후들이 갖는 큰 홀(笏)(集傳). 정현(鄭玄)은 개규(介圭)는 길이가 1척 2촌인데 제후의 규(圭)는 9촌 이하라 했다. 그래서 다음 구절에 그대의 보배로 삼으라고 하였다는 것이다(鄭箋). □近(근)－조사(鄭箋). 혜동(惠棟)은 이 '근(近)'자는 '기(远)'로 씀이 옳다고 『설문해자』에 의거하여 주장하였다(九經古義). □王舅(왕구)－임금님의 외삼촌. 임금은 선왕(宣王)을 가리킨다(毛傳). □信(신)－성(誠), 진실로. □邁(매)－사(謝)나라로 가는 것. □餞(전)－전송하는 것. □郿(미)－땅 이름. 지금의 섬서성 미현(郿縣)으로 호경(鎬京)의 서쪽에 있었다. 굴만리(屈萬里)는 주나라 서울로부터 사땅으로 감에는 미(郿)땅을 지나게 되지 않으니, 미는 미(湄)의 뜻, 곧 물가의 뜻으로 봄이 옳을 것이라 하였다(釋義). □謝于誠歸(사우성귀)－'성귀우사(誠歸于謝)', 정성을 가지고 사땅으로 돌아가는 것(鄭箋). □土疆(토강)－강토(疆土), 나라 땅. □峙(치)－갖추다. □粻(장)－신백이 사땅으로 가서 먹을 양식. □式(식)－조사. □遄(천)－빠르다. □番番(번번)－용감한 모양(毛傳), 늠름한 것. □徒(도)－걷는 사람. □御(어)－수레를 탄 사람. 도어(徒御)는 신백의 종자들을 가리킨다. □嘽嘽(탄탄)－소리가 굉장한 모양. 소아「사마(四牡)」시 참조. □戎(융)－조사(釋義). □翰(한)－기둥. '양한(良翰)'은 좋은 인재의 뜻. □不(불)－비(丕)의 뜻. 매우. □元(원)－큰 것. □文武(문무)－문인과 군인. □憲(헌)－신백을 법도로 삼는 것. □惠(혜)－순(順), 부드러운 것. □揉(유)－바로잡다. ▫聞(문)-명성이 들리는 것. ▫吉甫(길보)-이 시를 지은 작자 이름. 『모전』에선 윤길보(尹吉甫)라 하였으나, 왕국유(王國維)는 바로 혜갑반(兮甲盤)을 만든 혜갑(兮甲)이 길보임을 논증하였다(小雅「六月」시 참조). ▫誦(송)-노래의 뜻. ▫詩(시)-본시 가사였다. ▫碩(석)-큰 것, 훌륭한 것. ▫風(풍)-시, 노래. ▫肆(사)-조사.

|解說| 선왕(宣王)은 그의 외삼촌 신백(申伯)을 사(謝)나라에 봉하였다. 길보(吉甫)가 이때 이 시로써 사나라로 가는 신백을 전송한 것이다(集傳).
「모시서」에서는 「높다람」은 윤길보가 선왕을 기린 것이라 하였다. 선왕 때에 나라를 바로 세워 천하가 다시 평화로워져 제후들과 친하게 되고 신백을 포상한 것을 읊었다는 것이다.

6. 백성들(烝民)

天生烝民하시고 하늘이 백성들을 낳으시고
有物有則이로다. 사물에 법칙 있게 하셨네.
民之秉彝니 백성들 올바른 도를 지니게 되어
好是懿德이로다. 아름다운 덕을 좋아하네.
天監有周하시고 하늘은 주나라를 둘러보시고
昭假于下하사 세상으로 내려오시어
保茲天子하사 우리 천자님 보호하시어
生仲山甫시로다. 중산보를 낳게 하셨네.

제3편 대아(大雅) • **815**

_{중 산 보 지 덕}
仲山甫之德은　　　　중산보의 덕은

_{유 가 유 칙}
柔嘉維則이라.　　　　훌륭하고도 법도가 있네.

_{영 의 령 색}
令儀令色하고　　　　훌륭한 거동에 훌륭한 모습 지니고

_{소 심 익 익}
小心翼翼하고　　　　조심하고 공경하며

_{고 훈 시 식}
古訓是式하고　　　　옛 교훈을 본받고

_{위 의 시 력}
威儀是力하며,　　　　올바른 몸가짐에 힘쓰고,

_{천 자 시 약}
天子是若하며　　　　천자님을 따라서

_{명 명 사 부}
明命使賦로다.　　　　밝게 명령을 펴드리네.

_{왕 명 중 산 보}
王命仲山甫하사　　　임금님은 중산보에게 명하시어

_{식 시 백 벽}
式是百辟하고　　　　모든 제후의 법도가 되게 하셨고

_{찬 융 조 고}
纘戎祖考하여　　　　조상들을 계승하여

_{왕 궁 시 보}
王躬是保시니라.　　　임금의 몸을 편케 하라 하셨네.

_{출 납 왕 명}
出納王命하니　　　　임금님의 명령을 펴내고 받아들이고 하니

_{왕 지 후 설}
王之喉舌이오,　　　　임금님의 입인 셈이며,

_{부 정 우 외}
賦政于外하니　　　　밖으로 정사를 펴니

_{사 방 원 발}
四方爰發이로다.　　　온 세상이 그에게 호응하네.

_{숙 숙 왕 명}
肅肅王命을　　　　　엄하신 임금님의 명령을

$$\substack{중\ 산\ 보\ 장\ 지 \\ 仲山甫將之}$$하고,　　중산보가 받들어 시행하고,

$$\substack{방\ 국\ 약\ 부 \\ 邦國若否}$$를　　나라의 정치가 잘되고 안 됨을

$$\substack{중\ 산\ 보\ 명\ 지 \\ 仲山甫明之}$$로다.　　중산보가 책임지고 있네.

$$\substack{기\ 명\ 차\ 철 \\ 旣明且哲}$$하여　　밝고도 어질게

$$\substack{이\ 보\ 기\ 신 \\ 以保其身}$$하고,　　그의 몸 보전하고,

$$\substack{숙\ 야\ 비\ 해 \\ 夙夜匪解}$$하여　　일찍부터 늦게까지 꾸준히

$$\substack{이\ 사\ 일\ 인 \\ 以事一人}$$이로다.　　임금님 한 분만을 섬기네.

$$\substack{인\ 역\ 유\ 언 \\ 人亦有言}$$하되　　옛말에 이르기를

$$\substack{유\ 즉\ 여\ 지 \\ 柔則茹之}$$오　　부드러운 것은 먹고

$$\substack{강\ 즉\ 토\ 지 \\ 剛則吐之}$$라 하니라.　　딱딱한 것은 뱉으라 하였네.

$$\substack{유\ 중\ 산\ 보 \\ 維仲山甫}$$는　　그러나 중산보는

$$\substack{유\ 역\ 불\ 여 \\ 柔亦不茹}$$하고　　부드럽다고 먹지 않고

$$\substack{강\ 역\ 불\ 토 \\ 剛亦不吐}$$하며,　　딱딱하다고 뱉는 일 없이,

$$\substack{불\ 모\ 환\ 과 \\ 不侮矜寡}$$하고　　홀아비나 과부도 업신여기지 않고

$$\substack{불\ 외\ 강\ 어 \\ 不畏彊禦}$$로다.　　강하고 포악한 자라도 두려워하지 않네.

$$\substack{인\ 역\ 유\ 언 \\ 人亦有言}$$하되　　옛말에 이르기를

$$\substack{덕\ 유\ 여\ 모 \\ 德輶如毛}$$나　　덕은 가볍기 터럭과 같으나

民^민鮮^선克^극擧^거之^지로다.　　　백성 중엔 그것을 들어올리는 이 적다 하였네.

我^아儀^의圖^도之^지컨대　　　내가 살펴본 바로는

維^유仲^중山^산甫^보擧^거之^지니　　　중산보는 그것을 들었으니

愛^애莫^막助^조之^지로다.　　　그를 아끼는데도 도와줄 일이 없네.

袞^곤職^직有^유闕^궐이면　　　임금님의 일에 결함이 있으면

維^유仲^중山^산甫^보補^보之^지로다.　　　중산보는 바로 그것을 보충하네.

仲^중山^산甫^보出^출祖^조하니　　　중산보 길 떠날 제사 드리는데

四^사牡^무業^업業^업하고　　　그의 수레 끄는 네 마리 말은 건장하고

征^정夫^부捷^첩捷^첩이로되　　　부하들은 잽싼데도

每^매懷^회靡^미及^급이로다.　　　언제나 따라가지 못할까 걱정하네.

四^사牡^무彭^방彭^방하고　　　수레 끄는 네 마리 말은 터벅거리고

八^팔鸞^란鏘^장鏘^장하니,　　　말방울을 달랑거리며 가니,

王^왕命^명仲^중山^산甫^보하사　　　임금님이 중산보에게 명하시어

城^성彼^피東^동方^방이시로다.　　　동쪽 제나라에 성을 쌓게 하신 거네.

四^사牡^무騤^규騤^규하며　　　수레 끄는 네 마리 말은 튼튼하고

八^팔鸞^란喈^개喈^개로다.　　　말방울은 달랑거리네.

仲^중山^산甫^보徂^조齊^제하나니　　　중산보가 제나라로 가니

_{식 천 기 귀}
式遄其歸로다.　　　사람들은 그가 빨리 돌아오기 바라네.

_{길 보 작 송}
吉甫作誦하니　　　길보가 노래를 지으니

_{목 여 청 풍}
穆如淸風이로다.　　조화됨이 맑은 바람 같네.

_{중 산 보 영 회}
仲山甫永懷하여　　중산보는 언제나 이 노래 가슴에 품고

_{이 위 기 심}
以慰其心이로다.　　그 마음 위로받고 있네.

註解　□蒸民(증민)-여러 백성들. □物(물)-사물. □有則(유칙)-법칙이 있는 것. □秉(병)-지니고 있는 것. □彝(이)-도리, 올바른 도. □懿(의)-아름다운 것. □昭假(소격)-신이 강림하는 것. 앞의 「은하수(雲漢)」시에 보였음. □下(하)-세상을 가리킴. □天子(천자)-선왕(宣王)을 가리킴. □仲山甫(중산보)-선왕 때의 사람. 『국어(國語)』주어(周語)에는 번중산보(樊仲山甫)·번목중(樊穆仲), 진어(晋語)에선 번중(樊仲)이라 부르고 있다. 번(樊)은 나라 이름, 목(穆)은 시(謚), 중산보(仲山甫)는 자(字)이다(釋義). □柔(유)-가(嘉)와 함께 모두 착하다, 훌륭하다는 뜻. 「빈틈 없음(抑)」시에 보였음. □則(칙)-법도가 되는 것. □令(령)-선(善), 훌륭한 것. □儀(의)-거동. □色(색)-안색, 용모(鄭箋). □翼翼(익익)-공경하는 모양(鄭箋). □式(식)-법도로 삼는 것. □力(역)-힘쓰는 것. □若(약)-순(順), 따르는 것(毛傳). □賦(부)-포(布)의 뜻(毛傳), 펴다. □式(식)-법도가 되는 것. □辟(벽)-제후. □纘(찬)-계승의 뜻. □戎(융)-너, 그대. □祖考(조고)-조상들. □出(출)-왕명을 반포하는 것. □納(납)-신하들의 말을 임금님께 전달하는 것. □喉舌(후설)-목구멍과 혀. 대변인의 뜻. □賦(부)-포(布), 펴는 것. □四方(사방)-세상. □發(발)-발응(發應) 또는 호응의 뜻. □肅肅(숙숙)-엄한 모양(集傳). □將(장)-도맡아 시행하는 것. □若否(약부)-선부(善否)의 뜻(鄭箋), 나라의 정치가 잘되고 안되는 것. □解(해)-해(懈)와 통함, 게으름. □一人(일인)-천자를 가리킴. □茹(여)-먹다. □矜(환)-환(鰥)과 통하는 글자, 홀아비. □寡(과)-과부. □彊禦(강어)-강횡(强橫), 세고 횡포한 짓을 하는 자. 앞의 「위대하심(蕩)」시에 보였음. □輶(유)-

가벼운 것. □儀圖(의도) - 길보(吉甫)가 중산보(仲山甫)에 대하여 헤아려 보는 것. □擧之(거지) - 그 터럭을 들어올리는 것. □愛莫助之(애막조지) - 중산보를 아끼는 데도 일을 도와줄 필요가 없을 만큼 일을 잘 한다는 뜻. □袞職(곤직) - 천자의 일. □闕(궐) - 결함의 뜻. □祖(조) - 길을 떠날 때 지내는 제사(鄭箋). 조제(祖祭)는 문을 나선 뒤 지내므로 '출조(出祖)'라 한 것이다. □業業(업업) - 건장한 모양, 소아 「고사리 캐세(采薇)」 시에 보였음. □征夫(정부) - 중산보를 따라가는 부하들. □捷捷(첩첩) - 행동이 민첩한 모양. □每懷(매회) - 언제나 속으로 걱정하고 있는 것. □靡及(미급) - 따라가지 못하는 것. □彭彭(방방) - 터벅터벅 걷는 소리. 제풍(齊風)「수레 타고(載驅)」시 및 소아「수레 내어(出車)」시 등에 보였음. □鸞(란) - 말재갈 양편에 달린 방울. 네 마리 말이므로 팔란(八鸞)인 것이다. □鏘鏘(장장) - 방울 소리. □城(성) - 나라의 도읍을 옮기고 성을 쌓는 것. □東方(동방) - 제(齊)나라를 가리킨다(毛傳). 『사기』 제세가(齊世家)에는 강태공(姜太公)을 영구(營丘)에 봉한 뒤로 5세 호공(胡公)에 이르러 박고(薄姑)로 도읍을 옮겼고, 그의 아들 헌공(獻公)은 임치(臨菑)로 다시 옮겼는데 헌공 원년, 이왕(夷王) 때의 일이다. 위원(魏源)은 『시고미(詩古微)』에서 『수경주(水經注)』의 호공동관(胡公銅棺)에 의거, 호공이 6세임을 증명하였다. 『사기』에선 호공 전의 1세대를 빼먹었으니 헌공이 임금 자리에 올라 도읍을 옮긴 것은 선왕(宣王) 초년에 해당한다는 것이다. 굴만리는 『국어』에 번목중(樊穆仲)이 선왕 32년에 노(魯)나라 효공(孝公)을 기린 일을 기록하고 있음을 들면서 위원의 설에 찬동하였다(釋義). □騤騤(규규) - 말이 건장한 모양. □喈喈(개개) - 말방울이 달랑거리는 소리. □式(식) - 조사. □遄(천) - 빨리, 속히. □穆(목) - 조화되다, 화합되다. □永懷(영회) - 언제나 이 노래를 생각하는 것.

解說 이 시는 선왕의 명으로 중산보(仲山甫)가 제(齊)나라로 성을 쌓으러 갈 때, 길보(吉甫)가 이 시를 노래하며 전송한 것이다.

「모시서」에서는 역시 선왕이 어질고 능력 있는 사람들을 등용하여 주나라를 중흥시켰음을 길보가 기린 것이라 하였다.

7. 위대한 한나라(韓奕)

奕奕梁山은　　　높고 큰 양산은

維禹甸之러니,　　우임금이 다스린 고장에 있는데,

有倬其道하신　　도에 밝으신

韓侯受命이로다.　한나라 제후가 그곳 다스리는 임명을 받으셨네.

王親命之하사　　천자께서 친히 이렇게 명하셨네.

纘戎祖考하여　　'그대 조상들을 계승하여

無廢朕命하고　　나의 명을 저버리지 말고

夙夜匪解하여　　일찍부터 밤늦게까지 부지런히

虔共爾位면　　　그대 자리를 공경하고 삼가면

朕命不易하리라.　나에게 내려진 하늘의 명은 바뀌지 않을 것이요.

榦不庭方하여　　내조하지 않는 나라들을 다스리어

以佐戎辟하라.　그대 임금인 나를 보좌하오.'

四牡奕奕하니　　수레 끄는 네 마리 말은 웅장하게

孔脩且張이로다.　키도 크고 몸집도 크네.

韓侯入覲하여　　한나라 제후 천자님 뵈러 들어와서

以其介圭로　　　그의 큰 홀 들고

入覲于王이로다.　　천자님을 들어와 뵙네.

王錫韓侯하시니　　천자님이 한나라 제후에게 내리신 것은

淑旂綏章과　　　　아름다운 무늬 있는 깃대며 기장목과

簟茀錯衡과　　　　대자리 수레 가리개며 무늬 새긴 멍에와

玄袞赤舃와　　　　검은 용포며 붉은 신과

鉤膺鏤錫과　　　　고리 달린 말 배띠며 무늬 있는 말 이마 장식과

鞹鞃淺幭과　　　　가죽 붙인 수레앞턱나무며 호랑이 가죽 덮개와

鞗革金厄이로다.　 고리 달린 고삐며 멍에 쇠고리였네.

韓侯出祖하고　　　한나라 제후 돌아가려고 길제사 지내고

出宿于屠이로다.　 도땅에 나가 머무셨네.

顯父餞之하니　　　현보가 전송하는데

淸酒百壺로다.　　 맑은 술 백병으로 하였네.

其殽維何오?　　　 안주는 무엇이었나?

炰鼈鮮魚로다.　　 구운 자라와 생선이었지.

其蔌維何오?　　　 채소는 무엇이 있었나?

維筍及蒲로다.　　 죽순과 부들이 있었지.

其贈維何오?　　　 선물은 무엇이었나?

| 승 마 로 거 |
| 乘馬路車로다. | 수레 끄는 네 마리 말과 큰 수레였지.

| 변 두 유 저 |
| 籩豆有且하니 | 음식 그릇 많이 벌여놓으니

| 후 씨 연 서 |
| 侯氏燕胥로다. | 한후는 기뻐하며 즐기었네.

| 한 후 취 처 |
| 韓侯取妻하니 | 한나라 제후께서 장가드시니

| 분 왕 지 생 |
| 汾王之甥이요 | 여왕(厲王)의 생질 되시고

| 궤 보 지 자 |
| 蹶父之子로다. | 궤보의 따님 되시는 분이네.

| 한 후 영 지 |
| 韓侯迎止하니 | 한나라 제후 신부 마중하시러

| 우 궤 지 리 |
| 于蹶之里로다. | 궤씨네 마을까지 가셨네.

| 백 량 방 방 |
| 百兩彭彭하고 | 많은 수레들 덜컹거리고

| 팔 란 장 장 |
| 八鸞鏘鏘하니 | 말방울 달랑거리며

| 불 현 기 광 |
| 不顯其光이로다. | 매우 환한 빛을 발하였네.

| 제 제 종 지 |
| 諸娣從之하니 | 여러 신부의 동생들도 따라오니

| 기 기 여 운 |
| 祁祁如雲이로다. | 구름처럼 많기도 하네.

| 한 후 고 지 |
| 韓侯顧之하니 | 한나라 제후 그들을 돌아보니

| 난 기 영 문 |
| 爛其盈門이로다. | 아름답게 문 안에 가득 찼네.

| 궤 보 공 무 |
| 蹶父孔武하여 | 궤보는 매우 용감하시어

| 미 국 부 도 |
| 靡國不到로다. | 가보지 않은 나라가 없으시네.

爲韓姞相攸하니　한나라에 시집간 길씨 혼처 알아보셨는데

莫如韓樂이로다.　한나라보다 좋은 곳 없더라네.

孔樂韓土여!　즐거운 한나라 땅이여!

川澤訏訏하고　냇물 못물 넘쳐흐르고

魴鱮甫甫하며　방어 연어 큼직큼직하며

麀鹿噳噳하고　암사슴 수사슴이 우글우글하고

有熊有羆하며　곰도 있고 말곰도 있으며

有貓有虎로다.　살쾡이도 있고 범도 있다네.

慶旣令居하니　좋게 보시고 출가시키시니

韓姞燕譽로다.　한나라 길씨는 편히 즐기게 되셨다네.

溥彼韓城이여　커다란 한나라 성은

燕師所完이로다.　연나라 백성들이 완성시킨 것이네.

以先祖受命으로　선조들이 받으신 하늘의 명을 받들어

因時百蠻하니　오랑캐 나라들까지 다스리니

王錫韓侯하사　천자님은 한나라 제후에게

其追其貊이로다.　추나라 맥나라까지 맡기셨네.

奄受北國하여　북쪽 나라들을 모두 맡아

$\overset{인}{因}\overset{이}{以}\overset{기}{其}\overset{백}{伯}$하니,　　그곳의 방백(方伯)이 되시니,

$\overset{실}{實}\overset{용}{墉}\overset{실}{實}\overset{학}{壑}$하고　　성을 쌓고 해자를 파고

$\overset{실}{實}\overset{묘}{畝}\overset{실}{實}\overset{적}{籍}$이로다.　　밭을 다스리고 세금을 정하였네.

$\overset{헌}{獻}\overset{기}{其}\overset{비}{貔}\overset{피}{皮}$와　　천자님께 비 가죽과

$\overset{적}{赤}\overset{표}{豹}\overset{황}{黃}\overset{비}{羆}$로다.　　붉은 표범 누런 말곰 가죽 바치셨네.

註解　□奕奕(혁혁)-높고 큰 모양. □梁山(양산)-산 이름. 강영(江永)의 『시보의(詩補義)』에 "지금의 통주(通州) 서쪽에 양산(梁山)이 있는데 고안현(固安縣) 동북쪽에 해당한다."고 하였다. 양산은 한(韓)나라 경계에 있던 산이니, 이곳에서 말하는 한나라는 하북성(河北省) 고안현 근처에 있었다. 뒤의 전국시대의 한(韓)나라와는 다르다(朱右曾『詩地理徵』). □甸(전)-다스리다. □有倬(유탁)-탁연(倬然), 밝은 모양(集傳). □韓侯(한후)-한나라 제후. 무왕(武王)의 자손으로 희성(姬姓)이다(孔疏). 한후는 그의 아버지의 뒤를 이어 즉위하고 상복을 벗은 사복(士服)으로 천자님을 찾아뵙고 명을 받은 것이라 한다(集傳). □纘(찬)-잇다, 계승하다. □戎(융)-너, 그대. □虔(건)-공경스러운 것. □共(공)-공(恭)과 통함, 공손함. □榦(간)-『주역』의 간고(幹蠱)의 '간(幹)'자와 같은 뜻으로, '다스리는 것'(釋義). □庭(정)-궁정의 뜻으로, 부정(不庭)은 내조하지 않는 것. □方(빙)-나라의 뜻. □辟(벽)-천자 사신을 가리킴. □奕奕(혁혁)-웅장한 모양. 소아 「탄탄한 수레(車攻)」 시 등에 보였음. □脩(수)-키가 큰 것. □張(장)-대(大)의 뜻으로(毛傳), 몸집이 큰 것. □覲(근)-천자님을 찾아뵙는 것. □介圭(개규)-제후들이 드는 큰 홀. 앞의 「높다람(崧高)」 시 참조. □淑(숙)-선(善)의 뜻(毛傳), 아름다운 것, 훌륭한 것. □旂(기)-청황교룡(靑黃交龍)이 그려진 깃대. □綏(유)-유(緌)와 통함. 유장(綏章)은 깃발 위에 꽂는 기장목(集傳). □簟茀(점불)-대자리와 수레 가리개. 제풍(齊風) 「수레 타고(載驅)」 시에 보였음. □錯衡(착형)-무늬가 새겨진 멍에. 소아 「시화를 뜯으러(采芑)」 시에 보였음. □玄袞(현곤)-제후들이 입는 검은 곤룡 웃옷. □赤舄(적석)-제후들이 신는 붉은 신. 빈풍(豳風) 「늙은 이리(狼跋)」 시에 보였음. □鉤

䨲(구응)-고리 달린 말 배띠. 소아 「시화를 뜯으러(采芑)」 시에 보였음. ▫鏤錫(누양)-무늬가 새겨진 말 앞이마의 장식. ▫鞹鞃(곽굉)-수레 앞턱나무 중간을 가죽으로 싸서 사람이 그곳에 기댈 수 있도록 한 것(集傳). ▫淺(천)-털이 짧은 호랑이 가죽(虎皮)(毛傳). ▫幭(멱)-가죽 덮개. 수레앞턱 나무인 식(軾) 위를 덮어놓는 것. ▫儵革(조혁)-끝에 쇠고리가 달린 가죽 고삐. 소아 「길게 자란 다북쑥(蓼蕭)」 시 참조. ▫金厄(금액)-멍에 밑에 달린 쇠로 만든 고리(釋義). ▫祖(조)-길을 떠날 때 지내는 제사. 출조(出祖)는 앞 「백성들(烝民)」 시에도 보였음. ▫屠(도)-땅 이름. 송(宋)대의 학자들은 도(屠)가 동주(同州)의 도곡(鄙谷)이라 하나, 그 위치로 보아 아닐 것 같다. 주희는 도(屠)는 두(杜)땅을 말한다 하였는데 후세의 두릉(杜陵)이 아닐까 한다(後箋). ▫顯父(현보)-주나라의 경사(卿士) 이름(集傳). ▫壺(호)-호리병. ▫殽(효)-술안주. ▫炰(포)-굽는 것. ▫鼈(별)-자라. ▫蔌(속)-나물로 만든 안주(毛傳). ▫筍(순)-죽순. ▫蒲(포)-부들. ▫籩豆(변두)-음식을 담아놓는 그릇, 제사 그릇. ▫有且(유저)-저연(且然), 많은 모양(鄭箋). ▫侯氏(후씨)-한후(韓侯)를 가리킴. ▫燕胥(연서)-연락(燕樂), 즐기는 것(通釋). ▫汾王(분왕)-여왕(厲王)을 가리킨다. 여왕(厲王)은 체(彘)땅으로 귀양갔는데, 체 땅은 분수가에 있었으므로 사람들이 분왕이라고도 불렀다(鄭箋). ▫甥(생)-생질, 조카. 한후의 부인은 여왕의 생질녀라는 뜻. ▫蹶父(궤보)-주나라의 경사(卿士) 이름(集傳). ▫迎(영)-친영(親迎), 신랑이 직접 가서 신부를 모셔오는 것. ▫止(지)-조사. ▫百兩(백량)-많은 수레들을 가리킴. ▫彭彭(방방)-덜컹거리는 소리. ▫不(불)-비(丕)의 뜻, 크게, 매우. ▫顯(현)-밝히다. ▫娣(제)-옛날 여자가 제후에게 시집갈 때에는 본인의 누이들은 물론 조카들까지도 따라서 갔다. 이를 잉(媵)이라 하였는데, 제(娣)는 잉을 가리킨다. ▫祁祁(기기)-많은 모양. ▫爛其(난기)-난연(爛然), 찬란한 모양. ▫姞(길)-궤보(蹶父)의 성(毛傳). 따라서 한길(韓姞)은 한나라의 길씨(姞氏), 한후의 부인을 말한다. ▫相攸(상유)-출가시킬 곳을 물색하는 것. ▫訏訏(우우)-큰 모양, 크고 넓은 것. ▫魴(방)-방어. ▫鱮(서)-연어. ▫甫甫(보보)-큰 모양, 크고 살찐 것. ▫麀(우)-암사슴. ▫噳噳(우우)-많은 모양(毛傳). ▫羆(비)-말곰. ▫貓(묘)-산묘(山貓), 살쾡이. ▫慶(경)-선(善)의 뜻으로, 훌륭하다고 여긴 것. ▫令居(영거)-출가시키어 그곳에 살게 한 것. ▫燕譽(연예)-안락의 뜻. 소아 「길게 자란 다북쑥(蓼蕭)」 시 참조. ▫溥(부)-큰 것. ▫燕(연)-나라 이름.

□師(사) - 백성들. □時(시) - 시(是)의 뜻. □百蠻(백만) - 여러 오랑캐들을 통솔하였다는 뜻. □追(추) - 맥(貊)과 함께 오랑캐 나라 이름(毛傳). □奄(엄) - 복(覆)과 통하여 '모두'의 뜻(釋義). □伯(백) - 제후의 우두머리. □實(실) - 시(是)의 뜻(鄭箋). □墉(용) - 성을 쌓는 것(集傳). □壑(학) - 성 둘레에 해자를 파는 것(集傳). □畝(묘) - 밭을 정리하는 것. □籍(적) - 부세(賦稅)를 정하는 것(鄭箋). □貔(비) - 백호(白狐)라고도 하고 호랑이와 비슷하다고도 하며, 또 백곰을 말한다고도 하니, 확실히 어떤 짐승인지 알 수 없다(孔疏). □豹(표) - 표범. 이러한 짐승의 모피들을 한후가 천자에게 공물로 바쳤다는 것이다.

|解説| 한(韓)나라 제후가 즉위하고 바로 내조하여 천자의 명을 받고 돌아갈 때 시인이 이 시를 지어 전송하였다(集傳).

「모시서」에서는 윤길보(尹吉甫)가 선왕(宣王)을 기린 작품이라 하였다. 선왕보다는 이 시의 내용은 거의 전편이 한후(韓侯)를 기린 것이라 봄이 좋을 것이다. 다만 앞에 나온 두 편의 길보(吉甫)의 작품과 문장이 매우 비슷하다.

8. 강수와 한수(江漢)

江漢浮浮하고 강수와 한수 넘실거리고
武夫滔滔로다. 병사들은 씨글씨글하네.
匪安匪遊요 즐기고 놀려고 가는 것이 아니라
淮夷來求니라. 회땅의 오랑캐 찾아가는 것이네.
既出我車하고 병거를 내고
既設我旟하니 깃발을 세우니
匪安匪舒요 편히 놀러가는 것이 아니라

회 이 래 포
淮夷來鋪니라.　　회땅의 오랑캐 치려는 것일세.

강 한 상 상
江漢湯湯하고　　강수와 한수 넘실거리고

무 부 광 광
武夫洸洸이로다.　병사들은 씩씩하네.

경 영 사 방
經營四方하고　　온 세상 바로잡고

고 성 우 왕
告成于王이로다.　성공을 임금님께 아뢰네.

사 방 기 평
四方旣平하니　　온 세상 평정되니

왕 국 서 정
王國庶定이로다.　온 나라 안정되네.

시 미 유 쟁
時靡有爭하니　　전쟁이 없어지니

왕 심 재 녕
王心載寧이로다.　임금님 마음 편안하시겠네.

강 한 지 호
江漢之滸여　　　강수와 한수 가에서

왕 명 소 호
王命召虎하사　　임금님이 소호에게 명하시어

식 벽 사 방
式辟四方하고　　온 세상 평정하고

철 아 강 토
徹我疆土로다.　 나라 땅의 부세 걷게 하셨네.

비 구 비 극
匪疚匪棘이니　　어려움도 위급함도 없어졌으니

왕 국 래 극
王國來極이로다.　우리나라 바로잡혔네.

우 강 우 리
于疆于理하여　　나라 땅 다스리어

지 우 남 해
至于南海로다.　 남쪽 바다에까지 이르렀네.

| 왕 명 소 호
王命召虎하시되 | 임금님이 소호에게 명하시기를 |

來旬來宣하라.   '두루 정사를 펴시오.

문 무 수 명
文武受命하시니   문왕과 무왕이 하늘의 명을 받으셨을 적에

소 공 유 한
召公維翰이로다.   소공께선 기둥이셨소.

무 왈 여 소 자
無曰予小子하고   나는 부족한 사람이라 말하지 말고

소 공 시 사
召公是似니라.   소공께서 하셨던 일을 계승하시오.

조 민 융 공
肇敏戎公하여   군대 일을 잘 처리하여

용 석 이 지
用錫爾祉어다.   복을 받도록 하시오.'

이 이 규 찬
釐爾圭瓚과   '그대에게 옥잔과

거 창 일 유
秬鬯一卣하로다.   검은 기장술 한 병을 내리오.

고 우 문 인
告于文人하고   선왕들께 아뢴 다음

석 산 토 전
錫山土田이로다.   산과 땅을 내리는 바이오.

우 주 수 명
于周受命하여   주나라가 받은 하늘의 명을 받들어

자 소 조 명
自召祖命이어다.   소공 할아버지 본을 따르오.'

호 배 계 수
虎拜稽首하고   소호는 엎드려 머리 조아리고

천 자 만 년
天子萬年이로다.   천자님 만세를 빌었네.

호 배 계 수
虎拜稽首하고   소호는 엎드려 머리 조아리고

대 양 왕 휴
對揚王休로다.　　임금님의 업적을 이어 발전시키게 되었네.

작 소 공 고
作召公考하고　　소공을 받들어 효도하겠다 하고

천 자 만 수
天子萬壽로다.　　천자님의 만수를 빌었네.

명 명 천 자
明明天子는　　　밝고 밝은 천자님은

령 문 불 이
令聞不已하시고　아름다운 명성 끝없으시고

시 기 문 덕
矢其文德하사　　그의 훌륭한 덕을 펴시어

흡 차 사 국
洽此四國하니라.　온 세상을 평화롭게 하시네.

註解　□浮浮(부부) - 많고 억센 모양(毛傳), 강물이 넘실거리는 모양. 한수(漢水)는 강수(江水)와 합쳐 굉장한 형세로 흐름을 형용한 것이다. □武夫(무부) - 군사들. □滔滔(도도) - 광대한 모양(毛傳), 많은 사람들이 씨글씨글한 모양. 왕인지(王引之)는 '강한도도(江漢滔滔), 무부부부(武夫浮浮)'라 씀이 옳다고 주장하였다(經義述聞). □安(안) - 낙(樂), 즐기다. '비안비유(匪安匪遊)'는 이처럼 많은 군사들은 즐기고 놀기 위하여 가는 사람들이 아니라는 뜻. □淮夷(회이) - 회하(淮河) 유역의 오랑캐(釋義). □來(래) - 시(是)의 뜻. □求(구) - 토벌하려고 찾아가는 것. □車(거) - 병거(兵車). □旟(여) - 여러 가지 장수의 깃발을 모두 가리킨다. □舒(서) - 여유있게 서서히 움직이다. □鋪(포) - 정벌, 또는 징계의 뜻. 소아「끝없는 비(雨無正)」시 참조. □湯湯(상상) - 물결치는 모양. □洸洸(광광) - 무모(武貌)(毛傳), 씩씩한 모양. □成(성) - 성공. □定(정) - 안정의 뜻. □載(재) - 즉(則)의 뜻. □滸(호) - 물가. □召虎(소호) - 소목공(召穆公). 선왕(宣王)이 소목공으로 하여금 회이(淮夷)를 평정하도록 명을 내린 것이다(毛傳). □式(식) - 조사. □辟(벽) - 벽(闢)의 뜻으로, 평정하는 것. □徹(철) - 부세(賦稅)를 정하는 것. □疚(구) - 병이 나는 것. 비구(匪疚)는 병폐나 고난이 없어지는 것. □棘(극) - 위급한 것. □來(래) - 시(是)의 뜻. □極(극) - 정(正)의 뜻으로(釋義), 바로잡히는 것. □旬(순) - 두루. □宣(선) - 정치를 펴는 것. □文武(문무) - 문왕(文王)과 무왕(武王). □召公(소공) - 소강공(召康公) 석(奭)(毛傳). □翰(한) -

간(幹)의 뜻, 일의 중심이 되는 기둥. □小子(소자) - 나이도 적고 경험도 적은 사람. 소호(召虎)에게 너무 겸손하여 일을 사양하지 말라는 뜻임. □召公(소공) - 역시 소강공(召康公) 석(奭). □似(사) - 계승의 뜻. □肇敏戎公(조민융공) - 군대 일을 잘 처리하는 것. 금문(金文)에 자주 보이는 글귀이다. 조(肇)는 모(謀)의 뜻. 민(敏)은 금문에 '민(勄)' 또는 '회(誨)'로도 쓰는데, 우성오(于省吾)에 의하면 역시 모(謀)의 뜻. 따라서 '조민(肇敏)'은 일을 도모하는 것. 융(戎)은 군사, 군대 일. 공(公)자는 금문에서 '공(工)' 또는 '공(攻)'으로도 쓰는데, '융공(戎工)'은 병사(兵事) · 군사(軍事)의 뜻(王國維 〈與友人論詩書中成語書〉). □用(용) - 이(以)의 뜻. □錫(석) - 주다. □祉(지) - 복. 이 구절은 그대에게 복이 주어지도록 하라는 뜻. □釐(리) - 사(賜), 내려주는 것. □圭瓚(규찬) - 옥으로 만든 술잔. 앞의 「한산 기슭(旱麓)」 시에 보였음. □秬(거) - 검은 기장. □鬯(창) - 술의 일종. 거창(秬鬯)은 검은 기장으로 빚은 술로 제사 때 신을 불러 내려오게 하기 위하여 쓰인다. □卣(유) - 술통, 술병. □文人(문인) - 문덕(文德)있는 사람(毛傳). 주희는 문왕(文王)을 가리킨다 하였다(集註). □自(자) - 용(用), 쓰다(鄭箋). □召祖(소조) - 소공(召公) 할아버지, 소강공(召康公) 석(奭)(鄭箋). '자소조명(自召祖命)'은 소공 석이 천자의 명을 받들어 나라를 위하여 많은 공을 세웠듯이 일을 잘해 달라는 말. □虎(호) - 소호(召虎). □拜稽首(배계수) - 몸을 굽혀 절하고 머리를 조아리는 것. □對揚(대양) - 금문 가운데 자주 보이는 말. 이어 발전시키는 것. 대(對)는 수(遂)의 뜻. 양(揚)은 발양(發揚)의 뜻(釋義). □休(휴) - 은덕(恩德), 업적. □考(고) - 금문에서 '효(孝)'와 통용된다. 그리고 '작소공고(作召公考)'는 '작고소공(作考召公)'의 뜻이며, '작고'는 '추효(追孝)'의 뜻(于省吾 『詩經新證』). 곧 소공의 뜻을 잘 받들어 효도하겠다는 뜻. □令(령) - 아름다운 것. □聞(문) - 명성. □矢(시) - 시(施)의 뜻, 펴다. □洽(흡) - 평화롭게 하다, 조화시키다.

解說 주나라 선왕이 소목공(召穆公)에게 명하여 회수(淮水) 남쪽의 오랑캐들을 평정케 하였다. 시인이 그러한 선왕의 선정과 소호(召虎)의 공로를 기린 것이 이 시이다.

「모시서」에선 이것도 윤길보의 작이라 하였다.

9. 덕 있는 무용(常武)

赫赫明明히 　　　엄하고도 분명하게
王命卿士하시니, 　임금님은 경사를 임명하셨는데,
南仲大祖하고 　　남중을 태조의 묘당에서 임명하시고
大師皇父로다. 　　황보는 태사에 임명하시었네.
整我六師하여 　　우리 전군을 정돈하여
以脩我戎하고 　　우리 군사를 다스리고
旣敬旣戒하여 　　경계하고 무력 갖추어
惠此南國하니라. 　남쪽 나라들을 순종케 하셨네.

王謂尹氏하사 　　임금님은 윤씨에게 분부하시어
命程伯休父로다. 　정나라 제후 휴보를 대사마에 명하셨네.
左右陳行하고 　　좌우로 군사들 늘어서게 하고
戒我師旅하되 　　군사들에게 훈계하기를
率彼淮浦하여 　　'회수 가를 따라
省此徐土하고 　　서나라 땅을 살피고
不留不處하라 하니 　적들이 머물러 살지 못하게 하라' 하니
三事就緖로다. 　　삼경도 모두 이에 따랐네.

| 혁 혁 업 업
赫赫業業하여 | 삼엄하고 어마어마한 군사 거느린

| 유 엄 천 자
有嚴天子로다. | 위엄 있는 천자님이실세.

| 왕 서 보 작
王舒保作이시나 | 임금님은 천천히 편안히 가시지만

| 비 소 비 유
匪紹匪遊로다. | 쓸데없는 짓 하시거나 노시는 건 아니네.

| 서 방 역 소
徐方繹騷하여 | 서나라가 소란스러워져서

| 진 경 서 방
震驚徐方하니 | 서나라 지방이 놀라 떠니

| 여 뢰 여 정
如雷如霆하여 | 벼락치고 천둥 울리듯 정벌하여

| 서 방 진 경
徐方震驚이로다. | 서나라가 놀라 뒤흔들리네.

| 왕 분 궐 무
王奮厥武하사 | 임금님이 군사를 이끌고 떨치고 일어나셔서

| 여 진 여 노
如震如怒로다. | 벼락 치듯 성을 내시네.

| 진 궐 호 신
進厥虎臣하시니 | 호랑이 같은 신하들 내보내니

| 함 여 효 호
闞如虓虎로다. | 성난 호랑이가 울부짖는 것 같네.

| 포 퇴 회 분
鋪敦淮濆하고 | 회수 가에서 치고 죽이고 하고

| 잉 집 추 로
仍執醜虜로다. | 많은 추악한 포로를 잡았네.

| 절 피 회 포
截彼淮浦는 | 다스려진 회수 가는

| 왕 사 지 소
王師之所로다. | 임금님 군사 머무는 곳 되었네.

| 왕 려 탄 탄
王旅嘽嘽하고 | 임금님의 군사들은 막강하고

여 비 여 한	
如飛如翰하며,	날개 치며 나는 것 같으며,

여 강 여 한
如江如漢하고　　한수와 강수처럼 막힘이 없고

여 산 지 포
如山之苞하며,　　산 밑동같이 튼튼하며,

여 천 지 류
如川之流하며　　냇물의 흐름처럼 움직이고

면 면 익 익
綿綿翼翼하며,　　끊임없이 정연하며,

불 측 불 극
不測不克하여　　헤아릴 수도 당해낼 수도 없는 모습으로

탁 정 서 국
濯征徐國이로다.　서나라를 크게 정벌하네.

왕 유 윤 색
王猶允塞하시니　임금님의 계책 정말로 확실하셔서

서 방 기 래
徐方旣來로다.　　서나라가 항복해 왔네.

서 방 기 동
徐方旣同은　　　서나라가 함께하게 된 것은

천 자 지 공
天子之功이로다.　임금님의 공일세.

사 방 기 평
四方旣平하니　　온 세상 평정되니

서 방 내 정
徐方來庭이로다.　서나라도 내조하네.

서 방 불 회
徐方不回하니　　서나라가 배반하지 않게 되자

왕 왈 환 귀
王曰還歸로다.　　임금님은 그제서야 돌아 오셨다네.

註解　▫赫赫(혁혁)－위엄있는 모습, 엄한 모양(釋義). 명명(明明)과 함께 임금님의 명이 엄하고 분명함을 형용한 말. ▫卿士(경사)－대장(大將)으로서의 경사임(鄭箋). ▫南仲(남중)－소아 「수레 내어(出車)」 시에도 보였던 선왕(宣王) 때

사람. □大祖(태조)－태조의 묘(廟). 태조의 묘에서 남중을 경사에 임명한 것이다(毛傳). □大師(태사)－삼공(三公)의 하나로 군사를 장악하는 관리. □皇父(황보)－소아「시월 초(十月之交)」에 보인 황보와 동일인인 듯하며(釋義),「시월초」에서는 '경사(卿士)'라 하였다. 황보도 태조의 묘에서 태사로 임명한 것임(毛傳). □六師(육사)－육군(六軍), 천자의 전군. 이 시는 선왕의 친정(親征)을 기린 것임. □戎(융)－군사. □敬(경)－경(警)의 뜻(鄭箋), 경계하다. □戒(계)－비(備)의 뜻(釋義), 군비를 갖추는 것. □惠(혜)－순종케 하는 것. □尹氏(윤씨)－경사(卿士)들의 임면(任免)을 관장하는 관리. 소아「높은 저 남산(節彼南山)」참조. □命(명)－군대를 지휘하는 대사마에 임명한 것임(毛傳). 정나라의 옛 성이 지금의 하남성 낙양현(洛陽縣) 근처에 있다. □程伯休父(정백휴보)－『국어』초어(楚語)에도 관사보(觀射父)가 정백휴보(程伯休父)는 선왕 때의 사마씨(司馬氏)였다고 말하고 있다. 위소(韋昭)의 주에 의하면 정(程)은 나라 이름, 백(伯)은 작위, 휴보(休父)가 이름이다. □陳行(진항)－진열하는 것(鄭箋). □戒(계)－훈시하는 것. □率(솔)－따르다. □浦(포)－물가, 포구. □省(성)－순시하는 것. □徐土(서토)－서나라의 땅. 서나라는 서방(徐方)이라 부르며 회이(淮夷) 중의 하나로 회수의 북쪽에 있었다. □不留不處(불류불처)－그 서나라 오랑캐들을 머물러 살지 못하게 하라는 말. □三事(삼사)－삼경(三卿)(孔疏). 소아「끝 없는 비(雨無正)」시에 보임. □就緖(취서)－전쟁에 대비하여 삼경들이 모두 그들의 직분에 따라 질서있게 일하는 것. 천자의 친정이므로 삼경도 종군한 것이다(釋義). □業業(업업)－성한 모양, 어마어마한 것. 소아「고사리 캐세(采薇)」시 참조. □有嚴(유엄)－엄연(嚴然)으로 위엄이 있는 모양. □舒(서)－느리다, 천천히. □保(보)－편안한 것. □作(작)－행(行)의 뜻(鄭箋), 행진하는 것. □紹(소)－더딘 것, 쓸데없는 짓을 하는 것(經義述聞). □匪紹匪遊(비소비유)－임금님의 군대가 천천히 편안히 행진하고 있지만 '쓸데없는 짓을 하거나 놀며 가는 것은 아니다', 곧 많은 전쟁과 일을 하며 가고 있는 것이라는 뜻. □繹騷(역소)－요동・소동의 뜻(通釋). □震驚(진경)－놀라서 떠는 것. □霆(정)－천둥. □奮(분)－떨치다. □震(진)－벼락치다. □闞(함)－호랑이가 노한 모양(鄭箋). □虓(효)－호랑이가 울부짖는 것. □鋪(포)－벌(伐), 치다. □敦(퇴)－『주서(周書)』의 '대국(憝國)'의 대(憝)와 통하며, 살벌(殺伐), 치고 죽이고 하는 것(釋義). □濆(분)－물가. □仍(잉)－취(就)의 뜻, 나아가다. □醜(추)－추악한 것. □虜(로)－포로. □截(절)－다스리는 것(毛

傳). ▫王師(왕사)-임금님의 군대. ▫所(소)-처(處), 머무르는 곳. ▫旅(려)-군대. ▫嘽嘽(탄탄)-막강한 모양, 무척 많은 모양(集傳). ▫翰(한)-새깃을 펄럭이며 나는 것. 행동의 민첩함을 말한다. ▫苞(포)-뿌리, 밑동. ▫綿綿(면면)-끊임없이 계속하여 오는 것. ▫翼翼(익익)-군사들이 많고 정연한 모양(釋義). ▫不測(불측)-군세가 헤아릴 수 없는 것(鄭箋). ▫不克(불극)-당해낼 수 없는 것(鄭箋). ▫濯(탁)-큰 것. ▫猶(유)-작전 계획. ▫允(윤)-진실로. ▫塞(색)-실(實)의 뜻으로(鄭箋), 빈틈이 없고 충실한 것. ▫來(래)-귀순하여 오는 것. ▫同(동)-동화되어 복종하는 것. ▫來庭(내정)-내조하는 것. ▫回(회)-왕명이나 정도(正道)를 어기는 것.

|解説| 선왕이 서나라를 친히 정벌하여 평정하였는데 시인이 이를 기린 것이 이 시이다. 제목 「덕 있는 무용」 시의 내용을 대표하는 것이다. 곧 선왕의 위대한 덕을 바탕으로 하여 떨친 무용을 노래한 것이 이 시인 것이다.

「모시서」에선 소목공(召穆公) 이 선왕을 찬미한 시라고 하였다.

10. 우러러봄(瞻卬)

첨 앙 호 천 瞻卬昊天하니	넓은 하늘 우러러보니
즉 불 아 혜 則不我惠로다.	우리를 사랑하지 않는 것만 같네.
공 전 불 녕 孔塡不寧하니	매우 괴롭고 편치 않게
강 차 대 려 降此大厲로다.	이처럼 큰 재난 내리셨네.
방 미 유 정 邦靡有定하고	나라는 안정되지 못하고
사 민 기 채 士民其瘵로다.	관리나 백성들 모두 고통 겪고 있네.
모 적 모 질 蟊賊蟊疾하여	해충이 곡식을 해치는 것 같은

미 유 이 계	
靡有夷屆하고	재난 끊임없고

죄 고 불 수	
罪罟不收하여	죄 그물 거두지 않아

미 유 이 추	
靡有夷瘳로다.	어려움 낳아질 가망 없네.

인 유 토 전	
人有土田을	남의 땅을

여 반 유 지	
女反有之하고,	그대는 빼앗았고,

인 유 민 인	
人有民人을	남의 사람들을

여 복 탈 지	
女覆奪之하고,	그대는 또 채어갔고,

차 의 무 죄	
此宜無罪를	죄 없는 사람들을

여 반 수 지	
女反收之하고,	그대는 도리어 잡아 가두고,

피 의 유 죄	
彼宜有罪를	죄 많은 사람들을

여 복 열 지	
女覆說之로다.	그대는 오히려 좋아하고 있네.

철 부 성 성	
哲夫成城이나	지혜 많은 남자는 성을 이룩하지만

철 부 경 성	
哲婦傾城이로다.	지혜 많은 여자는 성을 기울어뜨린다네.

의 궐 철 부	
懿厥哲婦이	아아, 지혜 많은 여자가

위 효 위 치	
爲梟爲鴟로다.	올빼미나 부엉이 같은 짓 하고 있네.

부 유 장 설	
婦有長舌하여	여자에겐 긴 혀가 있어

유 려 지 계	
維厲之階로다.	화란을 일으키고 있네.

난 비 강 자 천	
亂匪降自天이요	화란은 하늘이 내리신 것이 아니라

생 자 부 인
生自婦人이니라.   여자로 인하여 생겨난 것이네.

비 교 비 회
匪敎匪誨니   가르쳐도 안 되고 깨우쳐도 안 되는 자가

시 유 부 시
時維婦寺니라.   바로 이 사랑을 받고 있는 여인이네.

국 인 기 특
鞫人忮忒하고   남의 잘못은 엄격하고 악독하게 따지고

참 시 경 배
譖始竟背니라.   남을 모함하는 말로 시작하여 배반으로 일을 맺네.

기 왈 불 극
豈曰不極이리요?   어찌 바르지 않다 스스로 말하겠소?

이 호 위 특
伊胡爲慝이로다.   그게 무슨 잘못이냐 시침 떼고 있네.

여 고 삼 배
如賈三倍를   세 곱 장사를 하려는 자들 처럼

군 자 시 식
君子是識이로다.   장관들은 아첨 밖에 모르네.

부 무 공 사
婦無公事어늘   여자는 공적인 직무도 없으면서

휴 기 잠 직
休其蠶織이로다.   누에치고 길쌈하는 일은 하지 않네.

천 하 이 척
天何以刺고?   하늘은 무엇으로 책하시려는 것인가?

하 신 불 부
何神不富오?   신들은 어찌하여 복을 내리지 않겠는가?

사 이 개 적
舍爾介狄하고   나라의 큰 걱정은 버려두고

유 여 서 기
維予胥忌로다.   우리에 대해서 투기만 하고 있네.

불 조 불 상
不弔不祥하고   불행하고 상서롭지 못하고

| 위의불류
威儀不類로다. | 몸가짐은 형편없네. |
| 인지운망
人之云亡이니 | 어진 사람 없으니 |
| 방국진췌
邦國殄瘁로다. | 온 나라가 고난에 허덕이네. |

| 천지강망
天之降罔하니 | 하늘이 벌을 내리시는데 |
| 유기우의
維其優矣로다. | 너무도 벌이 무겁네. |
| 인지운망
人之云亡하니 | 어진 사람이 없으니 |
| 심지우의
心之憂矣로다. | 마음은 시름에 잠기네. |
| 천지강망
天之降罔하니 | 하늘이 벌을 내리시니 |
| 유기기의
維其幾矣로다. | 재난이 닥친 걸세. |
| 인지운망
人之云亡하니 | 어진 사람 없으니 |
| 심지비의
心之悲矣로다. | 마음만 슬퍼지네. |

| 필비함천
觱沸檻泉이여 | 솟아오르는 샘물은 |
| 유기심의
維其深矣로다. | 깊기도 하네. |
| 심지우의
心之憂矣여! | 마음의 시름이어! |
| 영자금의
寧自今矣로다. | 지금도 시름겨워 하고 있네. |
| 부자아선
不自我先이오 | 내게서 먼저 시작된 것도 아니오 |
| 부자아후
不自我後로다. | 내게서 늦게 시작된 것도 아니네. |

막막 호 천
藐藐昊天은   아득히 넓은 하늘은

무 불 극 공
無不克鞏이시니   튼튼히 하지 않는 일 없으시니

무 첨 황 조
無忝皇祖면   선조님들 욕되게 하지 않으면

식 구 이 후
式救爾後라.   그대의 자손들은 구원받으리라.

註解 □瞻(첨)-우러러보다. □卬(앙)-仰과 통함, 우러르다. □惠(혜)-사랑하다. □塡(전)-瘨과 통하여(釋義), 병고나 고난을 당하는 것. □厲(려)-악(惡)의 뜻으로(毛傳), 재난을 뜻한다. □瘵(채)-고통, 병고. □蟊(모)-해충을 말함. □賊(적)-해치다. □疾(질)-해충이 병들게 해치는 것. □夷(이)-『맹자』 '이자기행(夷者其行)'의 이(夷)와 같은 조사. □屆(계)-지(止), 멎는 것(通釋). 해충이 곡식을 해치는 것 같은 고난이 멎어지지 않는 것. □罟(고)-그물. '죄고(罪罟)'는 위정자들이 백성들에게 죄를 씌워 잡는 것을 비유한 것이다. □夷(이)-조사. □瘳(추)-병이 낫는 것. □人(인)-제후나 경대부들을 주로 가리킨다. □有(유)-천자가 제후나 경대부들의 토지를 부당하게 멋대로 빼앗아 갖는 것. □覆(복)-반(反), 반대로(鄭箋). □收(수)-수감하는 것, 잡아 가두는 것. □說(열)-기쁜 것. □懿(의)-아픔에 탄식하는 소리(鄭箋), 희(噫)와 통하는 감탄사(釋義). □梟(효)-올빼미. □鴟(치)-부엉이. 밤에만 활동하는 올빼미나 부엉이와 같이 나쁜 짓을 한다는 것. □厲之階(여지계)-환란이 일어나게 하는 것. □時(시)-시(是)의 뜻. □婦寺(부시)-『안자춘추(晏子春秋)』의 '부시(婦侍)'와 같은 말로, 총애하는 부인을 말한다(釋義). □鞫(국)-따지는 것. □忮(기)-사납다, 엄하다. □忒(특)-악(惡)의 뜻(鄭箋). □譖(참)-참소하다. □背(배)-배반. □極(극)-중정(中正), 올바른 것. □伊(이)-조사. □胡(호)-어찌. □慝(특)-악(惡)의 뜻. □賈(고)-장사하는 것. □三倍(삼배)-3배의 이익을 남기는 것. □識(식)-알다. 장관인 군자들이 3배나 이익이 남는 장사를 할 줄 아는 것 같다는 것은, 출세의 빠른 길로 유왕이 총애하는 포사(褒姒)에게 아첨함을 비유한 것이다. □休(휴)-집어치우는 것. □蠶織(잠직)-누에 치고 길쌈하는 것. 그런 여자가 할 일을 집어치우고 안한다는 것은 여자가 자기의 할

일은 집어치우고 엉뚱한 나랏일에 손을 대고 있다는 뜻(鄭箋). □剌(척)-책(責), 질책하다(毛傳). □富(부)-복(福), 복을 내리는 것(毛傳). '어째서 신들이 복을 내리지 않겠는가?'는 신들이 재해를 내렸음을 뜻하는 것이다(鄭箋). □舍(사)-버리다. □介(개)-크다. □狄(적)-척(惄)과 통하며, 척(惄)은 척(惕)과 같은 자로 나라의 위급을 가리킨다(釋義). □胥(서)-서로. □不弔(부조)-불행의 뜻(釋義). □類(류)-선(善), 바른 것. □人(인)-현명한 사람(鄭箋). □云(운)-조사. □殄(진)-멸하다. □瘁(췌)-병들다. □罔(망)-망(網)의 뜻으로 천벌 또는 천재를 가리킨다(鄭箋). □優(우)-너무한 것, 많다, 무겁다. □幾(기)-거의 모두가 멸망할 지경에 이르렀다는 말. □觱沸(필불)-샘물이 솟아오르는 모양. □檻泉(함천)-막 솟아나고 있는 샘물. 이 구절은 소아「콩을 따세(采菽)」시에도 보임. □寧(녕)-내(乃), 조사(釋義). 이상 두 구는 앞의 '영자금의(寧自今矣)'를 거듭 강조한 것이다. □藐藐(막막)-높고 먼 모양, 아득한 모양(集傳). □鞏(공)-굳다, 튼튼하다. 하늘의 도는 공고하다, 곧 틀림이 없다는 말. □忝(첨)-욕되는 것. □後(후)-후손들.

[解說] 이 시는 유왕(幽王)이 그의 비(妃) 포사(褒姒)를 지나치게 총애하여 나라를 어지럽히고 있음을 풍자한 것이다.

「모시서」에서는 범백(凡伯)이 유왕이 나라를 크게 그릇치고 있는 것을 풍자한 시라 하였다. 유왕은 포사에게 빠져 나라를 어지럽힌 끝에 견융(犬戎)의 침입을 받아 자신도 목숨을 잃고 주나라로 하여금 동쪽 낙읍(洛邑)으로 도읍을 옮겨가지 않을 수 없게 만들었다.

11. 소공과 하늘(召旻)

旻天疾威하사 하늘이 미워하여 벌하시려고
민 천 질 위
天篤降喪이로다. 심한 재앙을 내리셨네.
천 독 강 상

| 전 아 기 근
瘨我饑饉하사 | 우리를 흉년으로 괴롭히어 |

民卒流亡하니 백성들은 모두 떠돌아다니게 되었으니

我居圉卒荒이로다. 우리나라는 어떤 곳이나 황폐하였네.

天降罪罟하사 하늘이 죄그물을 내리시니

蟊賊內訌이로다. 해충이 들끓듯 내란이 심하네.

昏椓靡共하고 시끄럽게 떠들며 남을 모함하는 자들은 공손할 줄 모르고

潰潰回遹이나 어지러이 나쁜 짓 일삼는데도

實靖夷我邦이로다. 우리나라를 그들에게 다스리게 하네.

皋皋訿訿로되 서로 속이고 욕하면서도

曾不知其玷하고, 자기 잘못은 전혀 깨닫지 못하고,

兢兢業業하여 서로 다투고 난동을 부리어

孔塡不寧하니 매우 오랫동안 편치 않으니

我位孔貶이로다. 우리 처지는 매우 위태롭게 되었네.

如彼歲旱에 가뭄이 든 해에

草不潰茂하고 풀이 무성히 못 자라듯

如彼棲苴하니, 나무 위의 시든 풀같이 되었으니,

아 상 차 방	
我相此邦컨대	우리나라를 보건대

無^무不^불潰^궤止^지로다.   어지럽기 짝이 없네.

維^유昔^석之^지富^부엔   옛날 잘살 적엔

不^불如^여時^시하고,   이렇지 않았고,

維^유今^금之^지疚^구도   근래에 겪은 어려움도

不^불如^여茲^자로다.   이렇지는 않았네.

彼^피疏^소斯^사粺^패어늘   거친 쌀인지 고운 쌀인지 모르겠는데도

胡^호不^부自^자替^체하여   어째서 스스로 그릇된 짓을 그만두지 않고

職^직兄^항斯^사引^인고?   오로지 시름만 더하게 하는가?

池^지之^지竭^갈矣^의어늘   못물이 마르고 있는데

不^불云^운自^자頻^빈이로다.   물가로부터 물이 줄어들고 있다고 아니하네.

泉^천之^지竭^갈矣^의어늘   샘물이 마르고 있는데

不^불云^운自^자中^중이로다.   샘물이 속에서 말라가고 있다고 아니하네.

溥^부斯^사害^해矣^의하여   널리 해가 미치게 하여

職^직兄^항斯^사弘^홍하니   오로지 시름만을 더해 주니

不^부烖^재哉^재我^아躬^궁가?   우리 몸에 재난이 닥치지 않겠는가?

昔^석先^선王^왕受^수命^명엔   옛날 선왕께서 하늘의 명을 받으실 적엔

유여소공 有如召公하여	소공 같은 분이 계셔서
일벽국백리 日辟國百里러니	날로 백 리씩 나라를 넓혔는데
금야일축국백리 今也日蹙國百里로다.	오늘날엔 날로 백 리씩 나라 땅이 주네.
어호애재 於乎哀哉라!	아아, 슬프다!
유금지인 維今之人엔	지금 사람들 중엔
불상유구 不尙有舊아?	옛날 분 같은 사람이 없단 말인가!

註解 □旻(민)-하늘. □疾(질)-미워하다. □威(위)-벌을 내리는 것. □篤(독)-매우, 심히. □喪(상)-재앙, 벌. □瘨(전)-괴롭히는 것. □饑饉(기근)-흉년이 들어 굶주리는 것. □卒(졸)-전부. □流亡(유망)-정처없이 떠돌아다니는 것. □圉(어)-성(城)과 통하여, '거어(居圉)'는 곧 나라를 가리킨다. □內訌(내홍)-내분·내란과 비슷한 말임. □昏(혼)-시끄럽게 떠들어 어지럽히는 자(通釋). □椓(작)-착(諑)의 가차로서, 터무니없는 말로 남을 모함하는 자(通釋). □共(공)-공(恭), 공손한 것(通釋). □潰(궤)-어지러운 것. □回遹(회휼)-나쁜 짓을 일삼는 것. □靖(정)-다스리다. □夷(이)-못된 자들에게 나라를 다스리도록 하는 것. □皐皐(고고)-서로 속이는 것(通釋). □訿訿(자자)-서로 비난하는 것(通釋). □玷(점)-잘못. □兢兢(긍긍)-서로 다투는 모양. □業業(업업)-성한 모양(小雅「采薇」앞의「常武」시에 보임). 난동을 부리는 모양. □塡(전)-오랫동안. □貶(폄)-위태롭게 되다, 벼슬자리에서 쫓겨나는 것. □潰(궤)-휘(彙)와 통하여 무성한 모양(釋義). □苴(저)-왕일(王逸)의『구장장구(九章章句)』에 "산 풀은 초(草)라 하고 마른 풀은 저(苴)라 한다."고 했다. '서저(棲苴)'는 나무 위에 있는 마른 풀(釋義). 이 시든 풀은 고난에 허덕이는 백성들에게 비유한 것이다. □潰(궤)-어지러운 것. □止(지)-조사. □時(시)-시(是)의 뜻. □玆(자)-이처럼. 옛날에 잘살았을 때는 물론 근래의 고난이라 하더라도 지금처럼 어려웠던 적은 없었다는 말. □疏(소)-조(粗)와 통하여 곱게 빻지 않은 거친 쌀(鄭箋). □粺(패)-곱게 빻은 쌀(精米). '피소사패(彼疏斯粺)'는 세상이 어

지러워 거친 쌀과 고운 쌀이 섞여있어 분별할 수 없듯이 선인과 악인을 가릴 수가 없다는 말. ▫替(체)—폐(廢)의 뜻(毛傳), 동란을 그만두는 것. ▫職(직)—전주(專主)의 뜻, 오로지 ……을 하게 하는 것. ▫兄(항)—황(怳)과 통하여 창황(愴悅)의 뜻, 곧 마음 아파하는 것(集傳). ▫引(인)—끌어 길게하다, 더하게 하는 것(集傳). ▫云(운)—조사. ▫頻(빈)—빈(濱)의 뜻. 물가. ▫池之渴(지지갈)—못물이 마르다. 못물은 가로부터 줄어들고 샘물은 속으로부터 줄어든다. 그것은 못물은 밖에서 물이 흘러들어 괸 것이고 샘물은 속에서 솟아난 것이기 때문이다. 그런데도 사람들이 이런 사실을 인정하지 않는다는 것은 지금의 혼란이 악인들에게 원인이 있음을 인정하지 않는다는 뜻이다. ▫溥(부)—넓은 것. ▫弘(홍)—큰 것. ▫烖(재)—재(災)의 본 글자, 재앙. ▫先王(선왕)—문왕·무왕을 가리킴. ▫召公(소공)—소강공(召康公) 석(奭). ▫辟(벽)—벽(闢)의 뜻, 개척하여 넓히는 것. ▫蹙(축)—축소의 뜻. ▫舊(구)—옛날 소공과 같은 어진 사람.

解說 이 시는 유왕이 소인을 임용하여 나라를 어려움과 기근에 빠뜨렸음을 풍자한 시이다. 제목을 「소공과 하늘」이라 하였음은 제1절 첫머리의 '민천(旻天)'에서 '민(旻)'자 곧 '하늘'을 따고 끝절 첫머리에 나오는 '소공(召公)'을 딴 것이다(集傳).

「모시서」에선 이 시도 범백이 유왕이 나라를 크게 망치고 있는 것을 풍자한 것이라 하였다. 그리고 '민'을 '민(閔: 불쌍히 여기다)'의 뜻으로 보고, '소민(召閔)'이란 천하에 '소공과 같은 신하가 없음을 가슴 아파한 것'이라 하였다.

제4편

송(頌)

송(頌)은 임금이 종묘에서 제사를 지낼 때 조상의 위대한 덕을 기리고 이루어 놓은 공을 드러내어 조상들의 신에게 아뢰는 노래의 가사이다. 청나라 때의 학자 완원(阮元)은 「석송(釋頌)」이란 글에서 옛날에는 '송'이 '용(容)'자와 통용되었음을 지적하고 노래에 춤을 겸했음을 뜻한다고 하였다(揅經室一集). 따라서 송은 공덕의 송양(頌揚)이란 뜻도 지니고 있지만, 춤도 함께 추었다는 뜻도 나타내고 있는 것이다. 그렇지만 모든 '송'에는 반드시 함께 춤이 곁들여졌다고 보는 것은 위험하다. 그리고 '풍'이나 '아' 속에도 춤을 추면서 부르던 노래들이 적지 않았을 것이다.

주송(周頌)

정현은 『시보(詩譜)』에서 "주송은 주나라 왕실이 공을 이루어 태평하고 덕이 성하던 때의 시로서, 주공(周公)이 섭정하던 성왕(成王) 즉위 초의 작품이다."라고 하였다. 그러나 주희는 강왕(康王) 이후의 시들도 들어있다고 하였다. 시 본문을 통하여 성왕 이후의 작품임을 알 수 있는 작품들이 있기 때문이다. 그러나 주송은 대부분 압운(押韻)하지 않고, 글귀에도 옛 티가 많으므로 『시경』 가운데에서 가장 오래된 작품이라고 할 수 있다.

제1 청묘지습(淸廟之什)

1. 청묘(淸廟)

<u>오 목 청 묘</u>
於穆淸廟에   아아, 아름다운 청묘에

<u>숙 옹 현 상</u>
肅雝顯相이로다.   공경스럽고 의젓한 덕 많은 제사 돕는 대신들
                   모였네.

<u>제 제 다 사</u>
濟濟多士이   수많은 사람들이

<u>병 문 지 덕</u>
秉文之德하고   문왕의 덕을 받들어,

<u>대 월 재 천</u>
對越在天하여   하늘에 계신 분의 뜻을 드러내며

<u>준 분 주 재 묘</u>
駿奔走在廟로다.   바쁘게 묘당을 뛰어다니고 있네.

<u>불 현 불 승</u>
不顯不承이니   문왕의 신령께서 분명히 나타나셔서 사람들을
                   돌봐주고 계시니,

<u>무 역 어 인 사</u>
無射於人斯로다.   사람들은 싫증을 낼 줄 모르네.

註解 □於(오)-감탄사, '아아'. □穆(목)-미(美)의 뜻(毛傳), 아름다운 것. □淸廟(청묘)-청정한 묘당(廟堂)의 뜻. 여기서는 문왕의 묘를 가리킨다. □肅(숙)-공경하는 것. □雝(옹)-화(和)의 뜻(毛傳), 의젓한 것. □顯(현)-덕이 밝은 것(鄭箋). □相(상)-여기서는 명사로 '조제자(助祭者)', 곧 제사를 돕는 공경(公卿) 제후(諸侯)들을 말한다(集傳). □濟濟(제제)-많은 모양. □士(사)-제사에 참례하여 일 보는 사람들을 가리킴(集傳). □秉(병)-병승(秉承)의 뜻으로 받드는 것. □文(문)-문왕. 「무왕(武)」시의 '사무수지(嗣武受之)'의 무(武)가

무왕(武王)을 가리킴과 같다(釋義). ☐對越(대월) – '대양(對揚)'과 같은 말(經義述聞), 문왕의 뜻을 따라 높이 드러내는 것. ☐在天(재천) – 하늘에 계신 분. 문왕의 신령이 하늘에 계시다고 믿고 있다. ☐駿(준) – 빨리 달리다. ☐不(불) – 두 자 모두 비(丕)의 뜻(釋義), 매우. ☐承(승) – 받들다. '불현불승(不顯不承)'은 '문왕의 신령이 분명히 나타나시어 후인들을 돌보아주시고 계시다'는 뜻(釋義). ☐射(역) – 싫증내다. ☐斯(사) – 조사.

[解說] 이 시는 문왕을 제사지내는 노래이다. 「모시서」에 의하면 주공이 동쪽에 낙읍(洛邑)을 이루어 놓은 뒤 제후들을 거느리고 문왕을 제사지낼 때 부른 노래이다.

주공의 낙읍 경영은 『서경』의 주서(周書) 소고(召誥)와 낙고(洛誥)편에 보인다. 주공이 나라의 정치를 맡은 지 5년째 낙읍을 완성하고, 6년째 제후들이 내조하여 문왕에게 제사를 드렸다 한다(孔疏).

▲ 주나라 문왕

2. 하늘의 명(維天之命)

<ruby>維天之命<rt>유 천 지 명</rt></ruby>은   하늘의 명은

<ruby>於穆不已<rt>오 목 불 이</rt></ruby>로다.   아름답기 그지없네.

<ruby>於乎不顯<rt>오 호 불 현</rt></ruby>토다   아아, 밝기도 해라

<ruby>文王之德之純<rt>문 왕 지 덕 지 순</rt></ruby>이여!   문왕의 덕의 순수함이여!

<ruby>假以溢我<rt>가 이 일 아</rt></ruby>시니   크게 우리를 이롭게 하셨으니

<ruby>我其收之<rt>아 기 수 지</rt></ruby>하여   우리는 그 뜻을 이어받아

<ruby>駿惠我文王<rt>준 혜 아 문 왕</rt></ruby>하리니   힘써 우리 문왕 따르리니

<ruby>曾孫篤之<rt>증 손 독 지</rt></ruby>로다.   자손들도 이대로 계속 받들 것이네.

[註解] □於(오)-감탄사. □穆(목)-미(美), 아름다운 것. □不(불)-비(조), 매우(釋義). □純(순)-순수한 것. □假(가)-대(大), 크게(釋義). □溢(일)-익(益)의 뜻(釋義), 이익되게 하는 것. □收(수)-수(受)의 뜻(釋義), 받아들이다. □駿(준)-크게, 힘써. □惠(혜)-순종하는 것(集傳). □曾孫(증손)-후왕(後王)들을 가리킴(集傳). 손자의 아들 이하는 옛날에는 모두 증손이라 불렀다(釋義). □篤(독)-독실히 잘 받드는 것.

[解說] 이것도 문왕을 제사지내는 시이다(集傳). 「모시서」에선 태평함을 문왕에게 고한 것이라 하였다.

3. 맑고 밝음(維淸)

維淸緝熙하니
_{유 청 즙 희}
맑고 밝게 끊이지 않고 이어오니

文王之典이로다.
_{문 왕 지 전}
문왕의 법도일세.

肇禋하여
_{조 인}
제사지내기 시작하여

迄用有成하니
_{흘 용 유 성}
지금까지 그 법도로 나라 이뤄놓았으니

維周之禎이로다.
_{유 주 지 정}
주나라의 복일세.

註解 □淸(청)-청명한 것. □緝熙(즙희)-계속되어 끊이지 않는 것. 대아(大雅)「문왕(文王)」시에 보임. □典(전)-법도. □肇(조)-시작하는 것. 조인(肇禋)은 문왕을 '제사지내기 시작한 이래'. □迄(흘)-지금까지. □用(용)-문왕의 법도를 쓰는 것. □成(성)-나라를 이루어 놓는 것. □禎(정)-상서로움, 복.

解説 이것도 문왕을 제사지내는 노래이다(集傳).
「모시서」에선 이 시는 상무(象舞)를 출 때 부르는 노래라 하였다. 상무는 전쟁할 때 싸우는 모습을 상징하는 춤이다(毛傳).

4. 공덕 많음(烈文)

烈文辟公이여!
_{열 문 벽 공}
공 많고 덕 많은 제후들이여!

錫玆祉福하고
_{석 자 지 복}
우리 조상께서 복을 내려주셨고

惠我無疆하니
_{혜 아 무 강}
우리를 사랑하심 한이 없으니

_{자 손 보 지}
子孫保之로다.　　　자손들 유업을 잘 보전하여야 하네.

_{무 봉 미 우 이 방}
無封靡于爾邦하면　　제후들이 나라를 망치는 짓 하지 않으면

_{유 왕 기 숭 지}
維王其崇之로다.　　　임금님은 그를 높여줄 것이네.

_{염 자 융 공}
念玆戎功하여　　　선인들의 큰 공 생각하여

_{계 서 기 황 지}
繼序其皇之어다.　　　그분들이 하시던 일 계승 발전시키기를.

_{무 경 유 인}
無競維人을　　　이를 데 없이 훌륭한 사람을

_{사 방 기 훈 지}
四方其訓之하고　　　온 세상은 본받을 것이고

_{불 현 유 덕}
不顯維德을　　　밝은 덕 있는 분을

_{백 벽 기 형 지}
百辟其刑之로다.　　　모든 제후들이 법도로 삼을 것이네.

_{어 호 전 왕 불 망}
於乎前王不忘이어다!　아아, 옛 임금님들을 잊지 말기를!

[註解] □烈文(열문) – '열(烈)'은 무공(武功), '문(文)'은 문덕(文德)을 말한다(通釋). □辟公(벽공) – 제후들. 천자는 벽왕(辟王)이라 한다(通釋). □錫(석) – 사(賜), 내려주다. □祉(지) – 복. □惠(혜) – 사랑. □無疆(무강) – 한없는 것, 끝없는 것. □保之(보지) – 이전 훌륭한 임금들의 유업(遺業)을 보전하는 것. □封(봉) – 큰 것. □靡(미) – 손(損) 또는 괴(壞)의 뜻(通釋), 곧 망치는 것. □崇(숭) – 높여주다, 대우를 잘하다. □戎(융) – 큰 것. □序(서) – 서(緖)와 통하여(通釋), 유서(遺緖), 이전 임금들이 하시던 일. □皇(황) – 큰 것. □無競(무경) – 견줄 데 없는 것. □人(인) – 어진 사람. 이 구절은 대아(大雅) 「빈틈 없음(抑)」 시에 보임. □不(불) – 비(丕), 매우. □辟(벽) – 제후. □刑(형) – 법도로 삼는 것. □前王(전왕) – 전대의 임금님. 문왕과 무왕.

[解說] 이것은 주나라의 옛 임금들을 제사지내는 시이다. 제사를 지내면서 제

사를 돕고 있는 제후들을 훈계한 것이다.
「모시서」에선 성왕(成王)이 정치를 직접 맡으면서 제사를 지낼 때 제후들이 제사를 돕고 있는 것을 노래한 것이라 하였다.

5. 하늘이 만드심(天作)

天作高山^{천작고산}이시어늘 하늘이 높은 산을 만드셨는데
大王荒之^{대왕황지}로다. 태왕께선 그것을 다스리셨네.
彼作矣^{피작의}시어늘 태왕께서 일으키신 나라를
文王康之^{문왕강지}로다. 문왕께서 이어받아 편안케 하셨네.
彼徂矣^{피조의}하시니 태왕께서 가시니
岐有夷之行^{기유이지행}이로다. 기산으로 평평한 길이 났네.
子孫保之^{자손보지}어다! 자손들은 이 나라 잘 보전하기를!

註解 □荒(황) - 치(治), 다스리다(集傳). □彼(피) - 태왕(太王)을 가리킴. □作(작) - 나라를 일으키는 것. □徂(조) - 태왕이 빈(豳)땅으로부터 기산(岐山) 아래로 나라를 옮긴 것을 말한다. □岐(기) - 기산 지방. 문왕도 풍(豐)땅으로 나라를 옮기기 전까지 이곳에서 나라를 다스렸다. □夷之行(이지행) - 평평한 길. 주나라로 모여드는 백성들이 많아서 평평한 길이 생겼다는 뜻.

解說 이것은 태왕(大王)을 제사하는 노래이다(集傳). 태왕은 바로 고공단보(古公亶父)이다.
「모시서」에선 선왕과 선공(先公)들을 제사하는 노래라 하였다.

6. 하늘의 밝은 명(昊天有成命)

<ruby>昊天有成命<rt>호 천 유 성 명</rt></ruby>이시어늘 넓은 하늘의 밝은 명을

<ruby>二后受之<rt>이 후 수 지</rt></ruby>로다. 문왕과 무왕께서 받으셨네.

<ruby>成王不敢康<rt>성 왕 불 감 강</rt></ruby>하사 성왕께선 편히 노시지 못하시고

<ruby>夙夜基命宥密<rt>숙 야 기 명 유 밀</rt></ruby>하시니라. 새벽부터 늦게까지 하늘의 명을 바탕으로 하여 관대하고 안정된 다스림 펴셨네.

<ruby>於緝熙<rt>오 즙 희</rt></ruby>하시며 아아, 끊이지 않고 이어받아

<ruby>單厥心<rt>단 궐 심</rt></ruby>하시니 성심을 다하시니

<ruby>肆其靖之<rt>사 기 정 지</rt></ruby>시니라. 마침내 안락하게 되었네.

註解 ㅁ成(성) – 明(명)과 뜻이 통하여, '성명(成命)'은 밝은 하늘의 명(通釋). ㅁ二后(이후) – 문왕과 무왕. ㅁ夙夜(숙야) – 일찍부터 밤 늦게까지 부지런히 힘쓰는 것. ㅁ宥(유) – 寬(관)의 뜻(毛傳), 관대한 것. ㅁ密(밀) – 寧(영)의 뜻(毛傳), 안정된 것. ㅁ於(오) – 감탄사. ㅁ緝熙(즙희) – 계속 끊임없이 이어받는 것. ㅁ單(단) – 殫(탄)과 통하여, 성심을 다하는 것. ㅁ肆(사) – 조사. ㅁ靖(정) – 편안한 것.

解説 『국어』 진어(晋語)에 숙향(叔向)이 "하늘의 밝은 명」은 성왕의 덕을 노래한 것이다."라고 하였다. 주희는 이에 의거하여 성왕을 제사하는 시라 하였다. 「모시서」에선 하늘과 땅에 제사를 드리는 시라 하였다.

7. 받들어 올림(我將)

^{아 장 아 향} 我將我享이	우리가 받들어 올리는 제물로
^{유 양 유 우} 維羊維牛니,	양과 소가 있는데
^{유 천 기 우 지} 維天其右之리로다.	하늘이 제사를 받고 우리를 도와주시네.
^{의 식 형 문 왕 지 전} 儀式刑文王之典하여	문왕의 법도를 잘 본받아
^{일 정 사 방} 日靖四方하면	매일 세상을 잘 다스리면
^{이 가 문 왕} 伊嘏文王이	위대하신 문왕께선
^{기 우 향 지} 旣右饗之시리라.	제사를 흠향하시리라.
^{아 기 숙 야} 我其夙夜로	나는 일찍부터 밤늦게까지
^{외 천 지 위} 畏天之威하고	하늘의 위엄을 두려워하며
^{우 시 보 지} 于時保之리라.	문왕의 유업을 보전하리라.

註解 □將(장)−봉(奉), 받들다(鄭箋). □享(향)−제물로 바치는 것. □右(우)−우(佑)의 뜻(鄭箋), 돕다. □儀(의)−선(善)의 뜻(毛傳), 잘하는 것. □式刑(식형)−본뜨는 것. □典(전)−전칙(典則) 또는 법도의 뜻. □日(일)−매일. □靖(정)−다스리다. □伊(이)−조사. □嘏(가)−위대한 것. □右(우)−유(侑)와 통하여, 신을 대표하는 시(尸)에게 제물을 먹게 하는 것(釋義). □饗(향)−신이 제사를 흠향하는 것. □時(시)−시(是)의 뜻. □保之(보지)−문왕의 유업을 보전하는 것.

解説 이것도 문왕을 제사하는 노래이다.「모시서」에서도 문왕을 명당(明堂)에서 제사하는 노래라 하였다. 명당이란『고공기(考工記)』의 정주(鄭注)에 의하

면 '정치와 교화(敎化)를 밝히는 당(堂)'의 뜻으로 주나라 시대에 제후들을 접견하고 제사와 노인들을 돌보아주고(養老)·교육을 하고(敎學)·훌륭한 인재를 뽑고(選士) 하는 중요한 행사를 하던 장소이다.

8. 철 따라 순찰하심(時邁)

시 매 기 방
時邁其邦하니　　　철 따라 나라를 순찰 하시니

호 천 기 자 지
昊天其子之하여　　하늘은 저분을 사랑하시어

실 우 서 유 주
實右序有周로다.　　주나라를 착실히 돕고 순조롭게 하시네.

박 언 진 지
薄言震之하니　　　한번 진노하시자

막 불 진 첩
莫不震疊이로다.　　떨며 두려워하지 않는 이 없네.

회 유 백 신
懷柔百神하여　　　여러 신들을 달래면서

급 하 교 악
及河喬嶽하니　　　황하와 높은 오산에 이르니

윤 왕 유 후
允王維后시로다.　　정말로 임금님은 참다운 임금이실세.

명 소 유 주
明昭有周이　　　　밝은 주나라에선

식 서 재 위
式序在位로다.　　　질서 따라 벼슬내리네.

재 즙 간 과
載戢干戈하고　　　방패와 창 모아 감추고

재 고 궁 시
載櫜弓矢로다.　　　활과 화살도 자루에 넣어두었네.

아 구 의 덕
我求懿德하여　　　아름다운 덕을 추구하여

^{사 우 시 하}
肆于時夏하니   중원 땅에 폈으니
^{윤 왕 보 지}
允王保之시로다.   진실로 임금님은 나라를 잘 보전하시네.

註解 ▫時(시)-'제때에'. 주나라에서는 12년에 한 번씩 지방을 돌면서 산천의 여러 신들에게 제사하였다(孔疏). ▫邁(매)-나라를 천자가 돌아다니면서 시찰하는 것. ▫子(자)-자식처럼 사랑하는 것. ▫右(우)-우(佑)와 통함, 돕다. ▫序(서)-순(順)과 통하여 순조롭게 하는 것(通釋), 질서있게 한다는 뜻으로 보아도 좋다. ▫薄言(박언)-모두 조사. ▫震(진)-진동시키다, 진노하다. ▫疊(첩)-두려워하다. ▫懷柔(회유)-달래는 것. 여기서는 공경히 제사함을 뜻한다. ▫河(하)-황하. ▫喬(교)-높은 것. ▫嶽(악)-오악(吳嶽) 또는 오산(吳山)(大雅 '崧高' 시 참조). 돌아다니면서 산천을 제사하는 것을 뜻한다. ▫允(윤)-진실로. ▫后(후)-참다운 임금의 뜻. ▫式(식)-조사. ▫序(서)-질서가 있는 것. ▫在位(재위)-여러 관리들을 뜻한다. ▫載(재)-즉(則), 곧. ▫戢(즙)-모아서 저장하는 것. ▫櫜(고)-활집에 넣다, 자루 속에 넣어두다. 이상 두 구절은 무력을 사용하지 않음을 뜻한다. ▫懿(의)-아름다운 것. ▫肆(사)-펴는 것. ▫時(시)-시(是)의 뜻. ▫夏(하)-중하(中夏), 곧 중원을 가리킨다. ▫保之(보지)-주나라를 보전하는 것.

解說 이 시는 천자가 철을 따라 나라를 돌아다니며 시찰하고 나서 조회하며 결과를 아뢰는 제사를 지내는 노래이다(集傳).

「모시서」에서는 나라 안을 돌아다니며 시찰한 뒤 여러 신과 산천을 제사함을 노래한 것이라 하였다. 그런데 『좌전』 선공(宣公) 12년에는 '재즙간과(載戢干戈)' 이하의 5구절을 인용하고 무왕이 상나라를 멸한 뒤 노래한 것이라 하였다. 『국어』 주어(周語) 상에선 채(蔡)나라의 공모보(公謀父)

▲ 주나라 무왕

제4편 송(頌) • **859**

가 이 5구절을 인용하며 주나라 문공(文公)의 송(頌)이라 하였다. 굴만리(屈萬里)는 『국어』의 설이 가장 합리적이라 하였다(釋義). 곧 주공이 나라 안을 돌면서 시찰한 뒤에 무왕을 제사한 노래로 보는 것이다.

9. 강하심 (執競)

執競武王은	강하신 무왕은
無競維烈이로다.	비길 데 없이 공 많으시네.
不顯成康은	밝으신 성왕과 강왕은
上帝是皇이로다.	하늘이 훌륭하게 여기시네.
自彼成康으로	성왕과 강왕으로부터 시작하여
奄有四方하고	온 세상 다스리며
斤斤其明이로다.	밝게 다스리시네.
鐘鼓喤喤하고	종과 북 덩덩 울리고
磬筦將將하니	경과 피리 연주하니
降福穰穰이로다.	많은 복 내려주시네.
降福簡簡하고	내리시는 복 크고
威儀反反이로다.	몸가짐이 장중하네.
旣醉旣飽하여	신이 취하고 배부르시어

$\underset{\text{복 록 래 반}}{\text{福祿來反}}$이로다.   복과 녹을 돌려주시네.

[註解] □競(경)-강(强)의 뜻(鄭箋). □執競(집경)-강함을 지닌 것. □無競(무경)-'다툴 리 없이', '비길 데 없이'. □烈(열)-공로가 많은 것. □不(불)-비(丕)의 뜻, 매우. □成康(성강)-성왕(成王)과 강왕(康王)(集傳). □皇(황)-미(美), 아름다운 것, 훌륭한 것(毛傳). □奄(엄)-문득, 이에. □斤斤(근근)-잘 살피는 모양, 밝게 다스리는 모양(毛傳). □喤喤(횡횡)-큰 소리(釋義). □磬(경)-돌로 만든 타악기. □筦(관)-관(管)과 같은 글자. 관악기(管樂器). □穰穰(양양)-많은 모양(毛傳). □簡簡(간간)-큰 모양(毛傳). □反反(반반)-신중한 모양, 장중한 모양. □既醉既飽(기취기포)-신(神:尸)이 취하고 배부른 것. 제물을 많이 드신 것이다. □反(반)-많이 돌아오는 것.

[解說] 이것은 무왕과 성왕·강왕을 제사하는 시이다(集傳).
「모시서」에선 '성강(成康)'을 '큰 공을 이룩(成)하고 나라를 편안케(康) 하는 것'으로 풀이하고 "무왕을 제사하는 것"이라 하였다. 주희는 '성강'을 '성왕과 강왕'이라 풀이한 것이다.

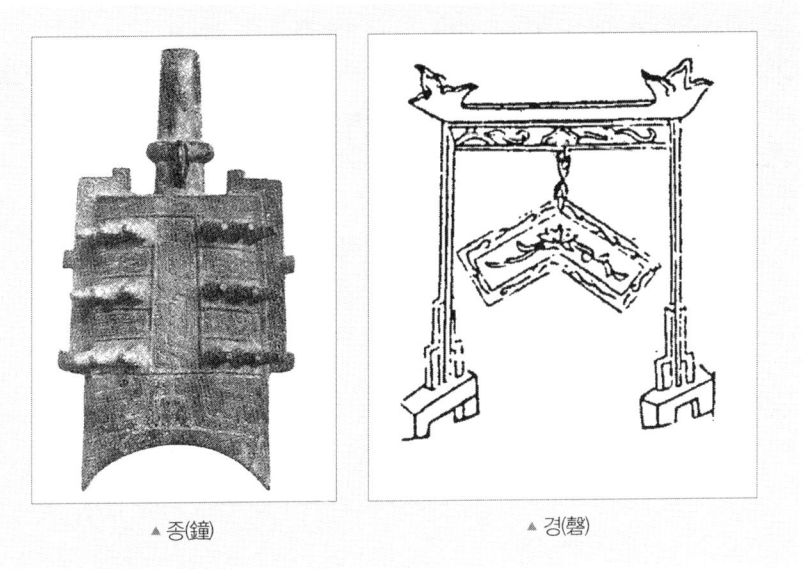

▲ 종(鐘)   ▲ 경(磬)

제4편 송(頌) • 861

10. 문덕 있으심(思文)

_{사 문 후 직}
思文后稷은　　　　문덕 많으신 후직께서는

_{극 배 피 천}
克配彼天이로다.　　하늘의 짝이 되실 만한 어른일세.

_{입 아 중 민}
立我烝民이　　　　우리 백성들이 안정된 것은

_{막 비 이 극}
莫匪爾極이니라.　　모두 그분의 은덕이네.

_{이 아 래 모}
貽我來牟하사　　　우리에게 보리와 밀씨 내리시어

_{제 명 솔 육}
帝命率育이니라.　　하늘의 명으로 백성들 두루 길러 주셨네.

_{무 차 강 이 계}
無此疆爾界로　　　이곳저곳을 막론하고

_{진 상 우 시 하}
陳常于時夏시로다.　온 중국 땅에 바른 도를 펴시었네.

[註解] □思(사)-조사(集傳). □文(문)-문덕(文德)의 뜻(鄭箋). □后稷(후직)-주나라의 시조. □立(입)-정(定), 안정(經義述聞·通釋). □烝民(증민)-중민(衆民), 인민. □極(극)-중정(中正)의 뜻이나, 명사로 쓰일 때엔 '덕혜(德惠)', '은덕'의 뜻임(釋義). □貽(이)-주다, 내려주다. □來(래)-소맥(小麥), 밀(集傳). □牟(모)-보리. 옛날 요(堯)임금 때 홍수로 백성들은 굶주림에 시달렸는데, 이때 후직이 여러 가지 곡식을 재배하여 흉년을 건졌다 한다. □率(솔)-'다', '두루'의 뜻. □育(육)-백성들을 기르는 것. □此疆爾界(차강이계)-이곳이건 저곳이건, 이곳 저곳 할 것 없이. □陳(진)-펴다. □常(상)-올바른 도. □時(시)-시(是)의 뜻. □夏(하)-중국, 중원(中原).

[解說] 이 시는 후직(后稷)을 제사지낼 때 불렀던 노래이다. 「모시서」에서는 후직을 하늘에 짝 지우는 노래라 하였다. 후직은 주나라의 시조이다.

　『국어』 주어(周語)에서는 채(祭)나라 공모보(公謀父)가 이 시를 인용, 주나라 문공(文公)의 작품이라 하였다.

제2 신공지습(臣工之什)

1. 관리들(臣工)

차차신공	
嗟嗟臣工이여!	아아, 관리들이여!

<u>경 이 재 공</u>
敬爾在公이어다.　신중히 직무를 수행하오.

<u>왕 희 이 성</u>
王釐爾成하시니　임금님은 당신들이 이룩하는 업적을 기뻐하시니

<u>래 자 래 여</u>
來咨來茹어다.　묻고 헤아리며 일하여 주오.

<u>차 차 보 개</u>
嗟嗟保介여!　아아, 신하들이여!

<u>유 모 지 춘</u>
維莫之春이니　봄도 다 갔는데

<u>역 우 하 구</u>
亦又何求오?　또 무엇을 바라고 있소?

<u>여 하 신 여</u>
如何新畬오?　새로 일궈놓은 밭들은 어떤 모양인가요?

<u>오 황 래 모</u>
於皇來牟여!　아아, 아름다운 밀 보리여!

<u>장 수 궐 명</u>
將受厥明이로다.　풍년이 들게 되었구려.

<u>명 소 상 제</u>
明昭上帝이　밝으신 하늘이

<u>흘 용 강 년</u>
迄用康年이시로다.　안락한 한 해를 마련해 주셨소.

<u>명 아 중 인</u>
命我衆人하여　우리 백성들께 명하여

<u>치 내 전 박</u>
庤乃錢鎛어다.　가래와 호미를 준비토록 하오.

제4편 송(頌) • 863

엄 관 질 예
奄觀銍艾리로다. 그러면 뒤에 곡식 많이 거둬들이게 될 거요.

註解 ▫嗟嗟(차차) - 거듭 감탄하는 것(集傳). ▫臣工(신공) - 군신(羣臣), 여러 관리들(集傳). ▫敬(경) - 신(愼), 신중히, 삼가(釋義). ▫公(공) - 공가(公家), 관청, 관리들의 직장. ▫釐(희) - 희(喜)와도 통함(釋義), 기뻐하다. ▫成(성) - 일을 성취하여 농사가 풍년이 들도록 하는 것(通釋). ▫來(래) - 시(是)의 뜻. ▫咨(자) - 자(諮)와 통함, 묻다. ▫茹(여) - 헤아리다. ▫保介(보개) - 부관(副官), 신하들. 원일(元日) 기곡제(祈穀祭) 뒤에 천자는 날을 가리어 친경적전(親耕籍田)을 했는데 공경대부들은 이때 임금을 따라 도왔다. 따라서 이곳의 보개(保介)는 이때의 부관격인 삼공(三公) 이하 여러 신하들을 가리킨다(傳疏). ▫莫(모) - 모(暮), 날이 저물다, 날이 다 가다. ▫新(신) - 밭을 일군 지 2년 된 것(毛傳). ▫畬(여) - 일군 지 3년 된 밭. ▫於(오) - 감탄사. ▫皇(황) - 아름다운 것. ▫來牟(내모) - 밀 보리. 앞 「문덕 있으심(思文)」 시에 보임. ▫明(명) - 성(成)과 옛날에는 통하였으며, 성(成)은 그 해에 곡식이 잘 여문 것을 뜻함(經義述聞). ▫迄(흘) - 흘(汔)과 통하여, 서기(庶幾)의 뜻, 바람을 나타낸다(釋義). ▫用(용) - 이(以)와 통함. ▫康(강) - 낙(樂)과 통하여 강년(康年)은 『맹자』에 보이는 '낙세(樂歲)'의 뜻. 풍년이 들어 즐겁게 지내는 해. ▫庤(치) - 갖추다. ▫錢(전) - 조(銚)의 뜻(毛傳), 가래. ▫鎛(박) - 호미. ▫奄(엄) - 오랜 뒤, 그러면. ▫銍(질) - 확(穫)의 뜻(毛傳), 거둬들이는 것. ▫艾(예) - 예(刈)와 통하여 곡식을 베어 들이는 것.

解説 이 시는 봄에 풍년을 비는 기곡제(祈穀祭) 때 부른 노래인 듯하다(釋義). 「모시서」에선 제사를 지낼 때 와서 제사를 도와준 제후들을 묘당으로부터 돌려 보낼 때에 부른 노래라 하였다. 그리고 『집전』에선 농사를 지도하는 관리를 훈계하는 시로 보았다.

2. 아아(噫嘻)

^{희 희 성 왕}
噫嘻成王이여!   아아, 성왕이시여!

^{기 소 격 이}
旣昭假爾로다.   밝게 강림하셨네.

^{솔 시 농 부}
率時農夫하여   농부들을 거느리고

^{파 궐 백 곡}
播厥百穀하라.   여러 가지 곡식을 심게 하오.

^{준 발 이 사}
駿發爾私하고   속히 그대들 밭을 갈아

^{종 삼 십 리}
終三十里하고,   30리 너비의 밭 경작하고,

^{역 복 이 경}
亦服爾耕하되   밭갈이를 하는 일에는

^{십 천 유 우}
十千維耦하라.   모든 사람들 동원하오.

註解   □噫嘻(희희) – 차차(嗟嗟)와 같은 감탄사. □成王(성왕) – 무왕의 아들. □昭假(소격) – 소격(昭格)과 같은 말로 신이 밝게 강림하시는 것(釋義). □爾(이) – 의(矣)와 같은 조사(經傳釋詞). □時(시) – 시(是)의 뜻. □播(파) – 씨뿌리다. □駿(준) – 빨리, 속히. □發(발) – 발토(發土)의 뜻으로 밭을 가는 것을 뜻함. □終(종) – 경(竟)의 뜻, 끝내다, 이룩하다. □三十里(삼십리) – 정현은 『주례(周禮)』에 무릇 들판의 밭을 다스림에 있어서 간(間)에는 수(遂)가 있고 수(遂) 위에는 경(徑)이 있으며, 십부(十夫)에겐 구(溝)가 있고 구(溝) 위에는 진(畛)이 있으며, 백부(百夫)에겐 혁(洫)이 있고 혁(洫) 위에는 도(塗)가 있으며, 천부(千夫)에겐 회(澮)가 있고 회(澮) 위에는 도(道)가 있으며, 만부(萬夫)에겐 천(川)이 있고 천(川) 위에는 노(路)가 있다 하였다. 이 만부의 땅을 계산하면 33리 평방에 반 리가 모자란다. 30리란 그 개략적인 수를 말한 것으로 만부의 땅을 말한다.'고 하였다. □服(복) – 일하다. □十千(십천) – 만인(萬人). □耦(우) – 쟁기를 들고 밭가는 것. 앞의 30리 평방이 만부(萬夫)의 땅이므로 만인을 든 것이다.

解説 이 시는 봄과 여름에 하늘께 풍년을 빌 때 부르던 노래이다(「모시서」). 앞의 「관리들(臣工)」 시와 비슷한 성격의 것이어서, 주희는 다 같이 농관을 훈계하는 노래라 하였다.

3. 떼 지어 나는 백로(振鷺)

振鷺于飛하여 (진로우비)　　떼 지어 백로들이 날아서
于彼西雝이로다. (우피서옹)　서쪽 옹택으로 가고 있네.
我客戾止하니 (아객려지)　　우리 손님 오셨는데
亦有斯容이로다. (역유사용)　백로 같은 모습이네.
在彼無惡하고 (재피무오)　　저쪽에서도 미워하지 않고
在此無斁이로다. (재차무역)　이쪽에서도 싫어하지 않네.
庶幾夙夜하여 (서기숙야)　　일찍부터 밤늦게까지 노력하여
以永終譽로다. (이영종예)　　영원히 기림받기 바라네.

▶ 백로

註解 □振(진)-떼 지어 나는 모양(毛傳). □鷺(로)-백로. 백로를 제사를 도우러 오는 손님에 비유한 것이다. □雝(옹)-못 이름(毛傳), 옹택(雝澤). 옹수(雍水)가 괴어 이루어진 못으로, 기주(岐周)의 서남쪽에 있다(釋義引 朱右曾說). □客(객)-이왕(二王)의 후손(毛傳). 하(夏)나라의 후손인 기(杞)나라 제후와 은(殷)나라의 후손인 송(宋)나라 제후를 말한다(鄭箋). □戾(려)-이르다. □止(지)-조사. □亦有斯容(역유사용)-백로(白鷺)와 같은 희고 깨끗한 모습을 말한다. □斁(역)-싫어하다, 싫증내다. □庶幾(서기)-바람을 나타내며 다음 구에까지 걸린다. □夙夜(숙야)-부지런히 제사를 돕는 일에 힘쓰는 것을 말한다. □終(종)-영(永)의 뜻(詩經新義). 영종(永終)은 영원의 뜻. □譽(예)-기림, 기리다.

解說 「모시서」에 이 시는 두 왕조의 후손들이 제사를 도우러 온 것을 노래한 악가라 하였다. 두 왕조의 후손이란 하(夏)나라의 후손인 기(杞)나라 제후와 은(殷)나라의 후손인 송(宋)나라 제후를 말한다.

4. 풍년(豐年)

_{풍 년 다 서 다 도}
豐年多黍多稌하여   풍년 들어 기장이며 벼가 풍성하여

_{역 유 고 름}
亦有高廩엔   높다란 창고에는

_{만 억 급 자}
萬億及秭로다.   한없이 많은 곡식이 쌓여 있네.

_{위 주 위 례}
爲酒爲醴하여   술 빚고 단술 걸러

_{증 비 조 비}
烝畀祖妣하여   조상들께 바치며

_{이 흡 백 례}
以洽百禮하니   갖가지 예를 다하니

강 복 공 개
降福孔皆로다.　　　내리시는 복 아름답기 짝이 없네.

[註解]　□稌(도)-도(稻)의 뜻, 벼. □廩(름)-쌀곳간, 창고. □秭(자)-만억(萬億). □萬億及秭(만억급자)-이루 헤아릴 수도 없는 많은 곡식을 형용한 말이다. □醴(례)-단술. □烝(증)-진(進)의 뜻(毛傳), 바치다, 올리다. □畀(비)-주다, 드리다. '증비(烝畀)'는 바쳐 올리는 것. □祖妣(조비)-할아버지 할머니의 양쪽 조상들. □洽(흡)-여러 가지 예절을 다 갖추는 것. □皆(개)-가(嘉)의 뜻(通釋), 아름다운 것.

[解說]　이 시는 풍년에 가을과 겨울 보제(報祭)에서 부르던 노래이다.(「모시서」). 보제란 추수를 감사하는 제사. 가을과 겨울의 보제 때엔 반드시 하늘을 비롯하여 곡식을 익게 하는 데 공이 있는 모든 신들에게 제사하며 이 노래를 불렀다(後箋).

5. 장님 악공(有瞽)

유 고 유 고
有瞽有瞽여　　　장님 악공이

재 주 지 정
在周之庭이로다.　　주나라 종묘 뜰에 있네.

설 업 설 거
設業設虡하고　　　종틀 경틀 세우고

숭 아 수 우
崇牙樹羽로다.　　그 틀에는 오색 깃을 꽂았네.

응 전 현 고
應田縣鼓와　　　작은북 큰북 달아매고

도 경 축 어
鞉磬柷圉를　　　손북과 경과 축과 어도

기 비 내 주
旣備乃奏하니　　다 갖추어 연주하니

簫_소管_관備_비擧_거로다.　　퉁소 피리도 이에 화하네.

喤_황喤_황厥_궐聲_성이　　덩덩 음악 소리가

肅_숙雝_옹和_화鳴_명하니　　엄숙하고 조화롭게 울리니

先_선祖_조是_시聽_청이로다.　　선조들께서 들으시네.

我_아客_객戾_려止_지하여　　손님들도 오셔서

永_영觀_관厥_궐成_성이로다.　　오래도록 이 악장 즐기시네.

註解　□瞽(고)-장님. 옛날의 악관은 모두가 장님이었다. □庭(정)-종묘의 뜰. □業(업)-종경(鐘磬) 틀 위에 가로 댄 나무인 순(栒)을 덮은 큰 나무판. □虡(거)-종경 틀의 기둥. 이상 대아 「영대(靈臺)」시에 보임. □崇牙(숭아)-업(業) 위에 종(鐘)이나 경(磬)을 매어다는 곳. □應(응)-작은북(毛傳). □田(전)-큰북. □縣鼓(현고)-주나라 제도로, 응(應)과 전(田)을 매어달아 놓는 것(釋義). □鞉(도)-도(鼗)와 같은 글자로서 자루가 달린 손에 들고 흔드는 작은북. □柷(축)-음악이 시작할 때 울리는 악기. □圉(어)-어(敔)로서 음악을 그치게 할 때 울리는 아기. □簫(소)-퉁소. □管(관)-저(笛). □備擧(비거)-다 함께 연주하는 것. □肅(숙)-엄숙한 것. □雝(옹)-조화되는 것. □客(객)-하(夏)나라 후손인 기(杞)나라 제후와 은(殷)나라 후손인 송(宋)나라 제후를 가리킴. 앞 「떼 지어 나는 백로(振鷺)」시 참조. □戾(려)-이르다. □止(지)-조사. □成(성)-소소구성(簫韶九成)의 성(成)으로서 '악장'을 가리킨다(毛傳).

解說　이 시는 처음으로 음악을 작곡하여 태조(太

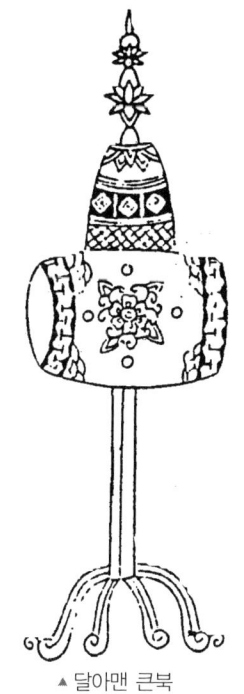
▲ 달아맨 큰북

祖)의 묘에서 합주할 때 부르던 것이다(「모시서」). 악곡을 만들어 가장 높은 태조의 묘에서 신에게 고하는 것은, 음악이 사람의 성정에 미치는 효과를 중국의 옛날 사람들은 굉장히 중시하였기 때문이다.

6. 물속(潛)

猗與漆沮엔 아아, 칠저수엔
_{의 여 칠 저}

潛有多魚로다. 물속에 고기가 많네.
_{잠 유 다 어}

有鱣有鮪하고 전어며 유어가 있고
_{유 전 유 유}

鰷鱨鰋鯉로다. 피라미며 날치며 메기며 잉어가 있네.
_{조 상 언 리}

以享以祀하여 이를 잡아 제물로 삼아 제사지내며
_{이 향 이 사}

以介景福이로다. 큰 복을 비네.
_{이 개 경 복}

註解 □猗與(의여) – 감탄사(鄭箋). □漆沮(칠저) – 강물 이름. 소아 「좋은 날(吉日)」시 참조. □潛(잠) – 삼(椮)으로(毛傳), 나무를 물속에 많이 집어 넣어 고기를 보호하여 기르도록 한 곳(孔疏). 혹 '잠길 잠' 자 그대로 해석하여 '물속 깊이'라 해석하기도 한다(集傳). □鱣(전) – 전어. □鮪(유) – 유어. 모두 위풍(衛風) 「높으신 님(碩人)」시에 보임. □鰷(조) – 피라미. □鱨(상) – 날치. □鰋(언) – 메기. □鯉(리) – 잉어. □享(향) – 앞에 나온 것 같은 물고기들을 잡아 제물로 바치는 것. □介(개) – 빌다. □景(경) – 큰 것.

解說 이 시는 늦은 겨울에는 고기를 제물로 바치고, 봄에는 유어(鮪魚)를 바치며 제사지낼 때 부르는 노래이다(「모시서」).

『예기』월령(月令)에 의하면 늦은 겨울엔 고기잡이에게 명하여 고기잡이를 시작하게 하고, 천자는 친히 가서 물고기 맛을 보고 먼저 침묘(寢廟)에 물고기를 올린다. 그리고 늦봄에는 침묘에 유어를 올렸다 하였다. 이것은 그때 부르던 악가이다(集傳).

7. 온화함(雝)

유래옹옹 有來雝雝하고	오시는 모습 온화하고
지지숙숙 至止肅肅이로다.	도착하신 모습 엄숙하네.
상유벽공 相維辟公이요	제사를 돕는 이는 제후들이고
천자목목 天子穆穆이로다.	천자는 아름답네.
오천광무 於薦廣牡하여	큰 짐승을 제물로 바치며
상여사사 相予肆祀하니,	천자를 도와 제물 바치며 제사지내니,
가재황고 假哉皇考하사	위대한 아버님의 혼 강림하시어
수여효자 綏予孝子로다.	이 자식 편케 해주시네.
선철유인 宣哲維人이오	밝고 어진 인품이셨고
문무유후 文武維后시니,	문덕 있고 무용 있는 임금이셨으니,
연급황천 燕及皇天하여	평화로움이 하늘에까지도 미치게 하시어
극창궐후 克昌厥後시로다.	후손들 번성케 되었네.
수아미수 綏我眉壽하고	나를 편히 수하게 하시고

介㊀以㊁繁㊂祉하니,　　많은 복으로 도우셨으니,
　개　이　번　지

旣㊀右㊁烈㊂考하고　　공 많으신 아버님께 제물 권하고
　기　우　렬　고

亦㊀右㊁文㊂母로다.　　문덕 많으신 어머님께도 제물 올리네.
　역　우　문　모

註解　□有來(유래) – 제사 지낼 사람들이 오는 것. □雝雝(옹옹) – 모습이 온화한 것. □至(지) – 묘당에 이르는 것. □止(지) – 조사. □肅肅(숙숙) – 공경하는 모습, 엄숙한 모양. □相(상) – 제사 일을 돕는 사람. □辟公(벽공) – 제후들. □穆穆(목목) – 아름다운 모양(孔疏). □於(오) – 감탄사. □薦(천) – 제물을 올리는 것. □廣(광) – 대(大), 큰 것(毛傳). □牡(무) – 수컷. 제물로 쓰는 짐승. □相(상) – 돕다. □肆(사) – 제물로 바치는 짐승을 통째로 들어 올리는 것(通釋). □假(가) – 크다, 위대하다. □皇考(황고) – 아버지. 문왕을 가리킴. □綏(수) – 편안한 것. □孝子(효자) – 무왕이 자신을 가리키는 말. □宣(선) – 명(明), 밝은 것. □維人(유인) – '사람됨', 문왕의 인품을 말함. □文武(문무) – 윤문윤무(允文允武), 문덕(文德)도 있고 무용(武勇)도 있는 것. □維后(유후) – '임금됨', 임금으로서의 자질을 말함. □燕(연) – 편안하다, 평화롭다. □後(후) – 후손. □眉壽(미수) – 노수(老壽), 오래 살게 하는 것. □介(개) – 돕다. □繁(번) – 많은 것. □祉(지) – 복. □右(우) – 유(侑)와 통하여, 제물을 잡숫도록 권하는 것. □烈考(열고) – 공이 많은 아버지. 무왕이 문왕을 가리킨 말. □文母(문모) – 문덕 많으신 어머니.

解說　무왕이 문왕을 제사할 때 부르는 노래(集傳).
　「모시서」에선 태조(太祖)의 묘당에서 큰 제사(禘)를 지낼 때 부른 노래라 하였다.

8. 처음 뵘(載見)

^{재 현 벽 왕}
載見辟王하고　　　천자님을 처음으로 뵙고

^{왈 구 궐 장}
曰求厥章이로다.　　그분의 법도를 추구하네.

^{용 기 양 양}
龍旂陽陽하고　　　용 그린 깃발은 산뜻하고

^{화 령 앙 앙}
和鈴央央하며　　　수레와 깃대의 방울 짤랑거리며

^{조 혁 유 창}
鞗革有鶬하고　　　고삐 고리 달랑거리고

^{휴 유 열 광}
休有烈光이로다.　　아름답게 광채가 나네.

^{솔 현 소 고}
率見昭考하고　　　다 같이 무왕 묘 찾아가

^{이 효 이 향}
以孝以享하여　　　제물 바쳐 제사지내며

^{이 개 미 수}
以介眉壽로다.　　　만수무강을 비네.

^{영 언 보 지}
永言保之하고　　　영원토록 수를 보전하고

^{사 황 다 호}
思皇多祜어다.　　　크고 많은 복 누리시기를.

^{열 문 벽 공}
烈文辟公이　　　　공 많고 문덕 있는 제후들이

^{수 이 다 복}
綏以多福하여　　　많은 복 누리게 하여

^{비 즙 희 우 순 가}
俾緝熙于純嘏로다.　큰 복 계속 이어받게 되었네.

註解　□載見(재현) – 처음으로 뵙는 것. □辟王(벽왕) – 천자. 성왕(成王)을 가리킴(鄭箋). □曰(왈) – 조사. □厥(궐) – 성왕을 가리킴. □章(장) – 법도(集傳). 정현(鄭玄)은 거복례의(車服禮儀)의 문장제도(文章制度)로 보았는데(鄭箋) 역시

통한다. ▫旂(기) - 청황색의 교룡(交龍)을 그린 기. ▫陽陽(양양) - 선명한 모양(釋義). ▫和(화) - 수레 앞턱나무 앞쪽에 달린 방울(毛傳). ▫鈴(령) - 기(旂) 위에 달린 방울(毛傳). ▫央央(앙앙) - 방울이 짤랑거리는 소리. ▫儵革(조혁) - 고삐 끝에 고리가 달린 것. 앞에서 여러 번 보였음. ▫鶬(창) - 창(鏘)과 통하여, 유창(有鶬)은 장연(鏘然)으로 짤랑거리는 것. ▫休(휴) - 아름다운 것. ▫烈光(열광) - 광채. ▫率(솔) - '다 같이'. ▫昭考(소고) - 덕이 밝으신 선왕, 무왕을 가리킴(毛傳). ▫孝(효) - 향(享)과 같은 뜻, 제물을 바쳐 제사지내는 것(通釋). ▫思(사) - 조사. ▫皇(황) - 큰 것. ▫祜(호) - 복. ▫烈(열) - 공로가 많은 것. ▫文(문) - 문덕(文德)이 있는 것. ▫辟公(벽공) - 제후들, 옛날의 제후들을 가리킨다. ▫綏(수) - 편히 누리게 하는 것. ▫緝熙(즙희) - 계속되는 것(釋義). ▫純(순) - 대(大), 큰 것(釋義). ▫嘏(가) - 복.

|解説| 이 시는 성왕을 제후들이 내조하여 처음으로 뵙고 무왕 묘당에 가 무왕을 제사지내는 노래이다.

「모시서」에서는 제후들이 처음으로 무왕의 묘당을 참배하는 노래라 하였다.

▲ 용그린 깃발

9. 손님(有客)

_{유 객 유 객}
有客有客이어!   오시는 손님이어, 오시는 손님이어!

_{역 백 기 마}
亦白其馬로다.   그분의 말은 희기만 하네.

_{유 처 유 저}
有萋有且하니   굉장하고 많은 사람들이 따라오는데

_{퇴 탁 기 려}
敦琢其旅로다.   모두 잘 고른 사람들 같네.

_{유 객 숙 숙}
有客宿宿하고   손님을 묵고

_{유 객 신 신}
有客信信하며,   또 묵게 하기 위하여,

_{언 수 지 집}
言授之縶하여   말고삐 내어 주어

_{이 집 기 마}
以縶其馬로다.   말을 매어놓게 하네.

_{박 언 추 지}
薄言追之하여   손님을 뒤따르며

_{좌 우 수 지}
左右綏之로다.   신하들이 편케 해드리네.

_{기 유 음 위}
旣有淫威하니   큰 덕이 있으시니

_{강 복 공 이}
降福孔夷로다.   매우 큰 복 받으시겠네.

註解   □客(객)-미자(微子)를 가리킴. 미자는 은나라 주왕(紂王)의 서형. 성왕은 은나라 후손인 무경(武庚)의 반란을 진압하고 송(宋)나라에 봉해졌던 미자로 하여금 은나라 조상들의 제사를 받들도록 하였다. 미자는 그러한 명을 받고 내조하는 것이다(毛傳). □有萋(유처)-처연(萋然)으로, 성한 모양. □有且(유저)-저연(且然). 대아 「위대한 한나라(韓奕)」 시의 『모전』에 '많은 모양'이라 하였다. 「유처유저(有萋有且)」는 미자의 종자들이 많은 것을 형용한 말임(釋義).

▫敦(퇴)-마(磨)의 뜻, 갈다. ▫琢(탁)-옥을 쪼아 다듬다. '돈탁(敦琢)'은 대아「백유나무 떨기(棫樸)」시의 '추탁(追琢)'과 같은 말로 조탁(彫琢)의 뜻. 여기서는 '잘 고른 것'을 뜻한다. ▫旅(려)-무리, 종자들을 가리킨다. ▫宿(숙)-하루 묵는 것. ▫信(신)-이틀 묵는 것. ▫縶(집)-말고삐, 말을 매어놓는 것. 말을 매어놓는다는 것은 미자가 돌아감을 만류함을 뜻한다. ▫薄言(박언)-조사. ▫追(추)-뒤따르다. ▫左右(좌우)-성왕의 신하들. ▫淫(음)-대(大), 큰 것(毛傳). ▫威(위)-'덕(德)'의 뜻(廣雅). ▫夷(이)-대(大), 큰 것(通釋).

解說 이 시는 미자(微子)가 조상의 묘당을 찾아뵐 때 부른 노래이다.(「모시서」). 앞 네 구절은 미자가 올 때의 모습을, 다음 네 구절은 천자인 성왕이 미자를 마중하여 붙들고 오래 묵어가도록 하는 모습을, 끝 네 구절은 손님을 편안히 모시어 많은 복을 받는 모습을 노래한 것이다.

10. 무왕(武)

於皇武王은　　　아아, 위대한 무왕은
無競維烈이로다.　비길 데 없이 공 많으시네.
允文文王은　　　진실로 문덕 많으신 문왕은
克開厥後로다.　　후손들에게 길 열어 주셨네.
嗣武受之하사　　맏아들 무왕이 그 유업을 이어받아
勝殷遏劉하여　　은나라를 쳐서 포학한 정치 막아
耆定爾功이시로다. 위대한 공을 세우셨네.

註解　□於(오)-감탄사. □皇(황)-크다, 위대하다. □允(윤)-진실로. □文(문)-문덕(文德)이 많은 것. □開(개)-길을 열어 주는 것. □嗣(사)-사자(嗣子), '맏아들'. □武(무)-무왕. □遏(알)-그치게 하다, 막다. □劉(류)-사람을 죽이는 것과 같은 포학한 정치. □耆(지)-치(致)의 뜻(毛傳), 이룩하다. □爾(이)-차(此), 이것.

解說　「모시서」에 '무(武)는 대무(大武)를 출 때 부르던 노래' 라 하였다. 대무는 주공(周公)이 무왕의 공로를 칭송하기 위하여 만든 춤이다(集傳). 『여씨춘추(呂氏春秋)』 고악(古樂)편에선 무왕이 은나라를 쳐부순 뒤 주공에게 명하여 대무를 짓게 하였다 하였고, 『좌전』 선공(宣公) 12년에는 이 시를 무왕이 지은 것이라 하였다. 그러나 시에 무왕이란 시호를 쓰고 있으니 주공이 뒤에 지은 것으로 봄이 좋을 것이다.

▶ 산동(山東) 곡부(曲阜)의 천성묘(天聖廟)에 조각되어 있는 주공의 모습

제3 민예소자지습(閔予小子之什)

1. 소자를 가엾게 여기소서(閔予小子)

민 여 소 자
閔予小子하시이다!　소자를 가엾게 여기소서!

조 가 부 조
遭家不造하여　　　집안의 불행을 겪고

경 경 재 구
嬛嬛在疚로다.　　　홀로 괴로워하고 있나이다.

오 호 황 고
於乎皇考여!　　　　아아, 아버님이시여!

영 세 극 효
永世克孝하시이다.　영원히 효도를 다하게 해주소서.

염 자 황 조
念茲皇祖하니　　　할아버님 생각하니

척 강 정 지
陟降庭止하여,　　　마치 뜰에 왔다 갔다 하고 계신 듯하여,

유 여 소 자
維予小子이　　　　이 소자는

숙 야 경 지
夙夜敬止니이다.　　일찍부터 밤늦게까지 공경히 지내고 있나이다.

오 호 황 왕
於乎皇王이여!　　　아아, 할아버님과 아버님이시여!

계 서 사 불 망
繼序思不忘이로다.　끼치신 일 어김없이 계승하겠나이다.

註解　□閔(민) – 민(憫)과 통함, 가엾게 여기다. □小子(소자) – 성왕이 자신을 가리키는 말. □遭(조) – 만나다, 당하다. □造(조) – 성(成)과 통하며(鄭箋), 성(成)은 또 선(善)과 뜻이 통한다. 부조(不造)는 불선 또는 불숙(不淑)과 같은 말로

(通釋), 불행. 무왕이 돌아가신 일을 가리킨다(鄭箋). ▫嬛嬛(경경)-'경경(煢煢)' 또는 '경경(惸惸)'과 같은 말로, '의지할 곳 없이 외로운 것'(釋義). ▫皇考(황고)-성왕이 돌아가신 아버지 무왕을 가리키는 말. ▫皇祖(황조)-위대한 할아버지, 문왕을 가리킴. ▫陟降(척강)-왕래의 뜻. 대아「문왕(文王)」시에 보였음. 이 구절은 위대한 할아버지의 신령이 뜰에 왕래하고 있는 듯하다는 뜻. ▫皇王(황왕)-문왕과 무왕을 모두 가리킴. ▫序(서)-서(緒)와 통하여, 문왕과 무왕이 물려주신 일. ▫思(사)-조사. ▫忘(망)-망(亡)과 통하여, '불망(不忘)'은 어김없는 것.

解説 「모시서」에 "이 시는 임금 자리를 물려받은 임금이 종묘에 가 인사드리는 것"이라 하였는데 『정전(鄭箋)』에 임금 자리를 물려받은 임금은 성왕을 말한다 하였다.
　주희는 "성왕이 복상(服喪)을 끝내고 처음으로 선왕들의 묘당을 찾아갔을 때 부른 노래"로 보았다(集傳).

2. 처음부터 계획을 세워(訪落)

訪予落止하여 _{방 여 락 지}	처음부터 나는 계획을 세워
率時昭考로다. _{솔 시 소 고}	밝으신 아버님 뜻 따르고 있네.
於乎悠哉라 _{오 호 유 재}	아아, 그 길은 아득하기만 하여
朕未有艾로다. _{짐 미 유 예}	나는 제대로 하지 못하고 있네.
將予就之하여 _{장 여 취 지}	그러나 나는 나아가
繼猶判渙이로다. _{계 유 판 환}	그분의 도를 이어 크게 빛내리라.

^{유 여 소 자}
維予小子는　　　이 소자는

^{미 감 가 다 난}
未堪家多難이로다.　집안의 많은 어려움을 감당 못하네.

^{소 정 상 하}
紹庭上下하고　　신령께서 집안 위아래를 밝히시며

^{척 강 궐 가}
陟降厥家하시니,　집안에 왕래하고 계시니,

^{휴 의 황 고}
休矣皇考로　　　아름다우신 아버님 따라

^{이 보 명 기 신}
以保明其身하리라.　내 자신 밝게 보전하리라.

註解　▫訪(방) – 모(謀)의 뜻(毛傳), 꾀하다, 계획하다. ▫落(락) – 시(始)의 뜻(毛傳), 시작하다. ▫止(지) – 조사. ▫率(솔) – 따르다. ▫時(시) – 시(是)의 뜻. ▫昭考(소고) – 밝으신 아버님. 무왕을 가리킨다. 앞의 「처음 뵘(載見)」 시에 보였음. ▫艾(예) – 예(乂)와 통하며, 불예(不艾)는 '다스리지 못하다', '제대로 하지 못하다.' ▫猶(유) – 유(猷)와 통함. 도, 법도. ▫判渙(판환) – 대아 「구부정한 언덕(卷阿)」 시의 '반환(伴奐)'과 같은 말로 '크게 하다', '크게 빛내다', 곧 무왕의 도를 계승하여 넓히고 빛내겠다는 뜻(通釋). ▫多難(다난) – 무왕의 돌아가심을 뜻함. ▫紹(소) – 소(昭)의 뜻으로 무왕의 신령이 밝힌다는 뜻임. ▫其身(기신) – 성왕 자신을 말함. 대아 「백성들(烝民)」 시의 '기명차철(旣明且哲), 이보기신(以保其身)'은 이 구절을 풀이한 것이라 볼 수 있겠다.

解說　「모시서」에서는 "임금 자리를 물려받은 임금이 묘당에서 나라 다스릴 일을 꾀하는 노래이다."고 하였다. 이 시는 성왕이 묘당을 찾아가 여러 신하들과 정사를 의논한 것을 시인이 노래한 것이다(孔疏).

3. 공경하라(敬之)

敬_경之_지敬_경之_지어다!	공경하고 공경하라!
天_천維_유顯_현思_사요	하늘은 밝으시고
命_명不_불易_이哉_재로다.	하늘의 명은 간직하기 쉽지 않은 것이네.
無_무曰_왈高_고高_고在_재上_상이어다!	높이 윗자리에 있다고 뽐내지 마라!
陟_척降_강厥_궐士_사하여	하늘은 해와 달을 오르락내리락하게 하는 일을 하시며
日_일監_감在_재茲_자로다.	매일 아래 땅을 감시하고 계신다.
維_유予_여小_소子_자이	이 소자는
不_불聰_총敬_경止_지나,	총명하지 못하여 공경히 일을 하지 못하고 있으나,
日_일就_취月_월將_장하고	나날이 이루고 다달이 발전하고
學_학有_유緝_즙熙_희于_우光_광明_명이로다.	빛나고 밝은 경지를 이어가는 일을 본뜨리라.
佛_필時_시仔_자肩_견하여	책임진 신하들은 나를 도와
示_시我_아顯_현德_덕行_행하라!	나를 밝은 덕의 길로 이끌어주기를!

註解 ▫顯(현)-하늘이 밝게 굽어 살피시고 계시다는 뜻. ▫思(사)-조사. ▫命(명)-천명. 국명(國命)이나 국운(國運)으로 보아도 좋다. ▫不易(불이)-지탱하기 쉽지 않다는 뜻. ▫陟降(척강)-하늘이 해와 달을 오르락내리락하게 하는 것. ▫士(사)-사(事), 일을 하다(毛傳). ▫監(감)-살피다, 감시하다. ▫在茲(재자)-어차(於此)의 뜻. 이곳. 아래 땅. ▫聰(총)-총명. ▫止(지)-조사.

□不(불)-총(聰)과 경(敬)에 모두 걸린다. □就(취)-성취의 뜻. □將(장)-나아가다, 발전하다. □緝熙(즙희)-계속하다, 이어가다. □佛(필)-보(輔)의 뜻(鄭箋). 돕다, 보좌하다. □仔肩(자견)-책임진 사람, 일을 맡은 신하들. □示(시)-보여주다. □行(행)-덕으로 '나아가는 길'.

解説 이 시는 임금이 제사를 지내면서 스스로 잘못됨을 경계한 것이다.
「모시서」에선 여러 신하들이 임금 자리를 이어 받은 성왕에게 묘당에서 경계하여야 할 일을 아뢴 것이라 하였다.

4. 일을 삼감(小毖)

여 기 징
予其懲은   내가 경계함은

이 비 후 환
而毖後患이로다.   후환을 삼가는 것일세.

막 여 병 봉
莫予荓蜂으로   나는 벌이

자 구 신 석
自求辛螫이로다.   독한 바늘로 남을 쏘는 것 같은 짓은 하지 않으려네.

조 윤 피 도 충
肇允彼桃蟲이로되   처음에는 정말 뱁새 새끼 같다 하더라도

번 비 유 조
拚飛維鳥로다.   뒤에는 펄펄 큰새처럼 날게 될 것이네.

미 감 가 다 난
未堪家多難하여   그러나 왕가의 많은 어려움 감당 못하여

여 우 집 우 료
予又集于蓼로다.   나는 여전히 뱁새 새끼처럼 여뀌풀 위에 앉아 있네.

註解 □懲(징)-마음 아픈 바가 있어 경계하는 것(集傳). □毖(비)-삼가다.

□拼(병)-사(使), …으로 하여금(集傳), 대아 「부드러운 뽕나무(桑柔)」 시 『모시』에도 보임. □蜂(봉)-벌. □辛(신)-신독(辛毒), 독한 것. □螫(석)-벌레가 쏘는 바늘. 벌로 하여금 자기의 독한 바늘을 가지고 사람들을 쏘지 않도록 하겠다는 것은, 악인들로 하여금 나쁜 일들을 못하도록 하겠다는 뜻. □肇(조)-시초, 처음. □允(윤)-진실로. □桃蟲(도충)-초료(鷦鷯)라고도 부르는 조그만 벌레 같은 새, '뱁새'(?). 중국 풍속에 초료(鷦鷯)가 조(鵰), 곧 수리를 낳는다 한다. 그래서 『역림(易林)』에도 '도충생조(桃蟲生鵰)'라 하였다(釋義). □拚(번)-나는 모양. 새끼였을 적에는 뱁새였던 것이 자라서는 커다란 수리가 되어 날 듯 자기 자신을 발전시키고 싶다는 말. □蓼(료)-쓴 나물 이름, 여뀌. 이렇게 발전하고 싶지만 여전히 어려움이 많아 뱁새가 여뀌에 앉아 있던 제자리걸음이라고 자책하는 것이다.

|解説| 앞의 「공경하라(敬之)」 시와 마찬가지로 임금이 스스로 잘못됨을 경계하는 노래이다.

「모시서」에선 성왕이 충신들의 도움을 바라는 노래라 보았다.

5. 풀뽑기(載芟)

_{재 삼 재 책} 載芟載柞하여	풀을 뽑고 나무를 베어내고
_{기 경 택 택} 其耕澤澤이로다.	펄썩펄썩 땅을 갈아엎네.
_{천 우 기 운} 千耦其耘하니	수많은 사람이 밭 갈고 김매러
_{조 습 조 진} 徂隰徂畛이로다.	진펄로 밭둔덕 길로 나아가네.
_{후 주 후 백} 侯主侯伯과	집안 어른과 맏아들과
_{후 아 후 려} 侯亞侯旅와	작은아버지와 자제들과

| 후 강 후 이
侯彊侯以가 | 일 돕는 사람들과 일꾼들이 |

| 유 탐 기 엽
有嗿其饁이로다. | 맛있게 들밥을 먹네. |

| 사 미 기 부
思媚其婦이 | 밥 날라 온 아름다운 부인들은 |

| 유 의 기 사
有依其士로다. | 그들의 남편을 위로해 주네. |

| 유 략 기 사
有略其耜로 | 남편은 날카로운 쟁기로 |

| 숙 재 남 무
俶載南畝로다. | 양지 밭을 갈기 시작하네. |

| 파 궐 백 곡
播厥百穀하여 | 여러 가지 곡식 씨 뿌리어 |

| 실 함 사 활
實函斯活이로다. | 곡식이 흙 기운에 자라나네. |

| 역 역 기 달
驛驛其達하여 | 뾰죽뾰죽 싹이 솟아 |

| 유 염 기 걸
有厭其傑하고, | 아름답게 자라나고, |

| 염 염 기 묘
厭厭其苗하니 | 곡식 싹 무성하니 |

| 면 면 기 표
緜緜其麃로다. | 정성껏 김매 주네. |

| 재 확 제 제
載穫濟濟하니 | 풍성한 곡식 거두게 되자 |

| 유 실 기 적
有實其積이 | 커다란 노적가리가 |

| 만 억 급 자
萬億及秭로다. | 한없이 많네. |

| 위 주 위 례
爲酒爲醴하여 | 술과 감주 담그어 |

| 증 비 조 비
烝畀祖妣하고 | 조상님께 바치며 |

| 이 흡 백 례
以洽百禮로다. | 모든 예절 갖추어 제사지내네. |

有_유飶_필其_기香_향하니 　향긋한 그 향기는

邦_방家_가之_지光_광이오, 　나라의 빛이 되고,

有_유椒_초其_기馨_형하니 　향기 은은하니

胡_호考_고之_지寧_녕이로다. 　장수하여 안락 누리게 되네.

匪_비且_저有_유且_저요 　저절로 이렇게 된 것 아니며

匪_비今_금斯_사今_금이며 　지금와서 이렇게 된 것이 아니라

振_진古_고如_여玆_자로다. 　옛날부터 이러하였다네.

註解　▫載(재)－조사. ▫茇(삼)－풀을 뽑다. ▫柞(책)－나무를 베다. 이 구절은 풀을 뽑고 나무를 베어낸 뒤 밭을 일구는 것이다. ▫澤澤(택택)－흙이 부드럽게 흩어지는 모양(鄭箋). ▫耦(우)－쟁기로 밭을 가는 것. ▫耘(운)－김을 매다. 앞의 「아아(噫嘻)」 시의 '십천유우(十千維耦)'를 참조할 것. ▫徂(조)－가다. ▫隰(습)－진펄. ▫畛(진)　밭 둔덕 길. ▫侯(후)－유(維)와 같은 조사, 이하 같음. ▫主(주)－가장(家長), 집안 어른(毛傳). ▫伯(백)－장자(長子), 맏아들(毛傳). ▫亞(아)－중숙(仲叔), 둘째 삼촌(毛傳). ▫旅(려)－자제들(毛傳). ▫彊(강)－백성들 가운데 여력이 있어 도우러 온 사람들(集傳). ▫以(이)－품삯을 받고 일하는 일꾼. ▫嗿(탐)－여럿이 음식을 먹는 소리. ▫饁(엽)－들점심 먹는 것. ▫思(사)－조사. ▫媚(미)－미(美), 아름다운 것(釋義). ▫依(의)－아끼다, 위해주다(鄭箋). 여기서는 위로하는 것. ▫士(사)－그의 남편(集傳). ▫略(략)－날카로운 것. 유략(有略)은 약연(略然)으로 날카로운 모양. ▫耜(사)－보습. ▫俶(숙)－시작하는 것. ▫載(재)－밭일을 하는 것. ▫實(실)－곡식의 열매. ▫函(함)－함(含)과 같은 뜻으로, 흙기운에 싸이는 것. ▫活(활)－생(生)의 뜻으로 자라나는 것. ▫驛驛(역역)－곡식 싹이 나는 모양(集傳). ▫達(달)－땅 위로 돋는 것(鄭箋). ▫厭(염)－염(壓)의 생략된 모양으로, 잘 자란 모양. ▫傑(걸)－먼저 자란 곡식 싹을 말함(鄭箋). ▫厭厭(염염)－많은 곡식 싹이 가지런히 무성한 모양(鄭箋).

□緜緜(면면)-빈틈없는 모양, 정성을 들이는 모양(集傳). □穮(표)-김을 매는 것. □載(재)-즉(則), 곧. □濟濟(제제)-많은 모양. □實(실)-대(大)의 뜻으로, '유실(有實)'은 실연(實然), 커다란 모양(釋義). □積(적)-곡식을 노적하는 것. □億(억)-만만(萬萬). □秭(자)-만억(萬億). □醴(례)-단술. □烝(증)-진(進), 올리다, 바치다. □畀(비)-주다. 증비(烝畀)는 제물을 바치며 제사지냄을 뜻한다. □祖妣(조비)-조상들. □洽(흡)-합하다, 갖추다. 이상 4구절은 앞의「풍년(豐年)」시에 보였음. □有飶(유필)-필연(飶然), 음식이 맛있는 것. □椒(초)-향기. 유초(有椒)는 초연(椒然)으로 향기가 나는 모양. □馨(형)-향내가 멀리 나는 것. □胡考(호고)-장수를 하는 것. 호(胡)는 수(壽), 고(考)는 이룩되는 것(毛傳). □之(지)-시(是)와 같은 말. □且(저)-여차(如此), 이와 같은 것. □振(진)-자(自)의 뜻으로(毛傳), 진고(振古)는 '옛날부터'.

解說 이 시는 봄에 임금이 몸소 밭갈며 농사를 권하고 땅의 신과 곡식의 신에게 풍년을 비는 노래이다(「모시서」).

6. 좋은 보습(良耜)

畟畟良耜로
측측량사
날카로운 좋은 보습으로

俶載南畝하고
숙재남무
양지 밭을 갈아엎고

播厥百穀하니
파궐백곡
여러 가지 곡식 씨 뿌리니

實函斯活이로다.
실함사활
곡식이 흙 기운에 자라나네.

或來瞻女하니
혹래첨여
어떤 이가 일하는 이들 돌보아주러 오는데

載筐及筥로
재광급거
모난 광주리 둥근 광주리에

其饟伊黍로다.
기향이서
기장밥 지어다 주네.

其_기笠_립伊_이糾_규하고　　삿갓 동여 쓰고

其_기鎛_박斯_사趙_조하며　　호미로 푹푹 파며

以_이薅_호荼_도蓼_료로다.　　잡초들을 뽑아내네.

荼_도蓼_료朽_후止_지하니　　잡초들이 시드니

黍_서稷_직茂_무止_지로다.　　곡식 싹이 무성해지네.

穫_확之_지挃_질挃_질하여　　써걱써걱 곡식을 베어

積_적之_지栗_율栗_률하니,　　수북이 쌓아놓으니,

其_기崇_숭如_여墉_용하고　　높기가 성벽 같고

其_기比_비如_여櫛_즐이로다.　　빗살처럼 줄지어 쌓여있네.

以_이開_개百_백室_실하여　　모든 집들 곡식 날라들이어

百_백室_실盈_영止_지하니　　모든 집에 곡식이 차니

婦_부子_자寧_녕止_지로다.　　처자들이 편히 먹고 지내네.

殺_살時_시犉_순牡_무하니　　누런 소를 잡고 보니

有_유捄_구其_기角_각이로다.　　그 뿔은 구부정하네.

以_이似_사以_이續_속하여　　모든 일 계승하여

續_속古_고之_지人_인이로다.　　옛 분들의 뜻을 잇네.

|註解| ▫挃挃(즐즐)-날카로운 모습. ▫耜(사)-보습. 이상 세 구절은 앞 「풀 뽑기(載芟)」 시에 보였음. ▫或(혹)-어떤 이. 일하는 남편 부인을 가리킴. 점심

밥을 갖고 와 바라본다는 것이다. □女(여)-일하는 이들을 가리킴. □筐(광)-모진 대광주리. □筥(거)-둥근 대광주리. □饟(향)-餉과 같은 자. 밥을 갖다주는 것. □黍(서)-기장밥. □笠(립)-삿갓. □糾(규)-동여매다. □鎛(박)-호미. □趙(조)-땅을 파는 것. □薅(호)-풀을 뽑는 것. □荼(도)-마른 땅에 나는 풀(集傳). □蓼(요)-수초, 물에 자라는 풀(毛傳). 도료(荼蓼)는 밭이나 논에 자라는 모든 잡초를 말한다. □朽(후)-썩다. □止(지)-조사. □挃挃(질질)-벼를 베는 소리. □栗栗(율률)-많은 모양(毛傳). □墉(용)-담. 성벽. □櫛(즐)-빗. □開(개)-집의 문을 열어놓고 곡식을 끌어들이는 것. □百室(백실)-모든 집들. □犉(순)-누렇고 입술 꺼먼 소. 순무(犉牡)는 입술 까만 누런 황소. □有捄(유구)-구연(捄然)으로 구부정한 모양. □似(사)-사(嗣)와 통함, 잇다, 계승하다.

解説 이 시는 가을에 추수를 감사드리는 뜻으로 땅의 신과 곡식의 신에게 제사지낼 때 부르던 노래이다(「모시서」).

7. 제복(絲衣)

_{사 의 기 부}
絲衣其紑하고   제복은 정결하고

_{재 변 구 구}
載弁俅俅로다.   쓴 관은 얌전하네.

_{자 당 저 기}
自堂徂基하니   묘당에서 문전으로 나아가니

_{자 양 저 우}
自羊徂牛하고   양에서 시작하여 소 잡아놓은 것이 있고

_{내 정 급 재}
鼐鼎及鼒로다.   크고 작은 솥의 음식이 보이네.

_{시 굉 기 구}
兕觥其觩하고   소뿔 잔은 구부정한데

_{지 주 사 유}
旨酒思柔로다.   맛있는 술 잘 담겨 있네.

不吳不敖하니　떠들지도 않고 오만한 행동도 않으니
　　불 오 불 오

胡考之休로다.　장수하는 복을 누리게 되네.
　　호 고 지 휴

[註解]　□絲衣(사의)-제복(祭服)(毛傳). □紑(부)-옷이 정결한 것. □載(재)-조사. □弁(변)-주나라의 관(冠). □俅俅(구구)-공순(恭順)한 모양, 얌전한 것. □徂(조)-나아가다. □基(기)-문전의 터(毛傳), 곧 문전 근처를 말함. 제삿날 다음에 또 지내는 역례(繹禮)에 의하면 문당(門堂)으로 올라갔다 여러 제문과 제기들을 둘러보고 문기(門基)로 내려간다. □自羊徂牛(자양저우)-제물로 잡아놓은 양으로부터 소에 이르기까지 쭉 훑어보면서 노래한 것이다. □鼐(내)-큰솥. □鼎(정)-솥. □鼒(재)-작은 솥. 제물을 익히고 있는 여러 가지 솥들도 훑어보는 것이다. □兕(시)-외뿔난 들소. □觥(굉)-뿔 술잔. □其觩(기구)-뿔이 구부정한 모양. □旨酒(지주)-맛있는 술. □思(사)-조사. □柔(유)-가(嘉)와 뜻이 통함(通釋), 훌륭한 것. □吳(오)-화(吳)와 통하여, '떠드는 것'. □敖(오)-오(傲)와 통함, 오만한 것. □胡考(호고)-앞「풀 뽑기(載芟)」시에 보였음. 수(壽)를 누리는 것. □休(휴)-복을 받다.

[解說]「모시서」에서 이 시는 "역제(繹祭)에서 신의 역할을 한 시(尸)를 대접할 때 부르던 노래"라 하였다. 역제란 제사를 지낸 다음날 또 간단히 지내는 제사이다. 「모시서」에는 다시 "고자(高子)가 말하기를, 이는 영성(靈星)의 시(尸)라 하였다."는 말을 하고 있는데, 고자는 어떤 사람이고 영성이 어떤 별인지도 알 수가 없다.

▲ 서주시대 청동기 솥

8. 작(酌)

오 삭 왕 사
於鑠王師여!　　아아, 아름다운 임금님의 군대여!

준 양 시 회
遵養時晦러니　　다스림이 어두웠던 세상을

시 순 희 의
時純熙矣하여　　크게 빛내시어

시 용 대 개
是用大介시로다.　위대하고 훌륭하게 하셨네.

아 롱 수 지
我龍受之하니　　우리는 이러한 은혜 입었으니

교 교 왕 지 조
蹻蹻王之造로다.　용맹스런 임금님의 업적이시네.

재 용 유 사
載用有嗣는　　　우리가 선조들의 유업을 계승함은

실 유 이 공
實維爾公이니　　실로 그 분의 공이니

윤 사
允師로다.　　　　진실로 본받아야 할 분일세.

註解　□於(오)-감탄사, 아아. □鑠(삭)-아름다운 것. □師(사)-군대. 왕사(王師)는 무왕(武王)의 군대(孔疏). □遵養(준양)-양(養)은 유월(俞樾)이 『주례』 정주(鄭注)를 인용하여 '치(治)'와 같은 뜻이라 하였으니, 세상을 다스리는 것(釋義). □時(시)-시(是)의 뜻. □晦(회)-어두운 정치. 은(殷)나라 주왕(紂王)의 정치를 가리킨다. □時(시)-시(是)의 뜻. □純(순)-크게. □熙(희)-빛나다. □介(개)-『이아(爾雅)』에 '선(善)'의 뜻이라 하였다, 훌륭한 것. □龍受(용수)-응수(膺受)로(通釋), 무왕의 은덕을 받는 것. □蹻蹻(교교)-무모(武貌)(毛傳), 용맹스런 모양. □造(조)-업적의 뜻. □載(재)-내(乃)의 뜻(傳疏), 조사. □有嗣(유사)-선인의 유업을 계승하는 것. □公(공)-공(功)의 뜻. □允(윤)-진실로. □師(사)-스승이 될 만한 분, 본받을 만한 분.

[解説] 이 시의 제목인 「작(酌)」은 『좌전』 선공(宣公) 12년엔 「작(汋)」으로 인용하고 있는데, '작(汋)' 이란 『의례』나 『예기』에 보이는 '무작(舞勺)'의 '작(勺)'과 같은 말로 악무(樂舞)의 명칭이다. 엄찬(嚴粲)은 『시집(詩緝)』에서 이는 '무(武)'의 제 1장인 듯하다고 하였다(釋義).

「모시서」에선 "위대한 무공(武功)을 이루었음을 고하는 노래이다. 선조들의 도를 취하여 천하를 잘 보살핀 것이다."고 설명하고 있다. 『공소(孔疏)』에선 주공이 섭정한 지 6년 만에 무왕의 일을 상징하여 '대무' 란 음악을 만들어 묘당에 아뢰었다. 그러자 시이이 '대무' 의 춤과 음악을 통하여 무왕의 위대한 무공을 생각하며 이 노래를 지은 것이라 풀이하였다.

9. 용감함(桓)

綏萬邦하시니	온 세상 평화롭게 하시니
婁豊年이요	풍년이 거듭 들고
天命匪解로다.	하늘의 명 게을리 하지 않고 받드네.
桓桓武王은	용감한 무왕께서는
保有厥士하사,	신하들을 보살피시어,
于以四方하여	세상을 다스리게 하심으로써
克定厥家로다.	나라를 안정시키셨네.
於昭于天하여	아아, 하늘에 밝게 알리어져
皇以間之시로다.	하늘은 은나라 명을 대신케 하셨네.

註解　ㅁ婁(루)-누(屢)와 통함, 풍년이 거듭 드는 것.　ㅁ解(해)-해(懈)와 통함, 게을리하다.　ㅁ桓桓(환환)-용감한 모양, 위세가 있는 모양(鄭箋)　ㅁ士(사)-경사(卿士)의 사(士)로서 신하들을 가리킴.　ㅁ于以(우이)-이용(以用)의 뜻. 우이사방(于以四方)은 그 신하들을 세상 다스리는 데 쓰는 것.　ㅁ於(오)-감탄사.　ㅁ皇(황)-황천(皇天), 하늘, 하나님(釋義).　ㅁ間(간)-대(代)의 뜻으로(毛傳), 간지(間之)는 무왕으로 은나라 주왕을 대신하여 세상을 다스리게 하셨다는 뜻.

解說　이것도 무왕의 공을 칭송한 시이다(集傳).
「모시서」에서는 "전쟁 준비를 끝내고 군대에서 유제(類祭)와 마제(禡祭)를 지낼 때 부르는 노래이다. 환(桓)은 용감한 뜻을 나타낸다." 하였다. 군대에서 유제는 하늘에 지내는 제사이고, 마제는 정벌하는 곳의 땅의 신에게 지내는 제사이다.

10. 은덕을 내리심(賚)

文王既勤止시어늘　　문왕께서 수고하여 이루신 업적을

我應受之하여　　우리 무왕이 물려받아

敷時繹思로다.　　이 문왕의 공덕 널리 펴며 일을 잘 하시네.

我徂維求定하니　　우리 무왕이 가서서 은나라를 쳐 부수고 세상을 안정시키니

時周之命이로다.　　이것은 주나라가 받은 천명이네.

於繹思어다!　　아아, 잘 해야지!

註解　ㅁ勤(근)-부지런히 일하신 것.　ㅁ止(지)-조사.　ㅁ應受(응수)-응수(膺受), 문왕의 그러한 업적을 물려받는 것.　ㅁ敷(부)-펴다. 부시(敷時)는 이러한

문왕의 덕을 펴는 것. ▫繹(역) - 심역(尋繹)의 뜻, 일을 찾아 잘 하는 것. ▫思(사) - 조사. ▫徂(조) - 무왕이 은나라 주왕(紂王)을 치러 가는 것. ▫於(오) - 감탄사.

解說 이것은 문왕의 공을 칭송한 노래이다(集傳).『좌전』선공(宣公) 12년에서는 이를 '무(武)'의 제3장이라 하였다.

「모시서」에서는 무왕이 주왕(紂王)을 쳐부수고 "묘당에서 공신들을 제후로 봉하며 부른 노래이다. 뢰(賚)는 준다는 뜻으로 훌륭한 사람들에게 상을 주는 것을 말한다."고 하였다.

11. 즐거움(般)

於皇時周여!   아아, 위대한 이 주나라여!
陟其高山하니   높은 산에 올라가 보니
隋山喬嶽이   긴 산줄기며 높은 산들이
允猶翕河로다.   순조로이 통하여 물을 황하로 합쳐지게 하네.
敷天之下에   온 세상에
裒時之對하니   산들이 모여서 마주 대하고 있으니
時周之命이니라.   주나라의 명을 상징하는 듯하네.

註解 ▫於(오) - 감탄사. ▫皇(황) - 위대한 것. ▫陟(척) - 오르다. ▫隋(타) - 산이 좁으면서도 길게 뻗어 있는 것(集傳). ▫喬嶽(교악) - 높은 산. ▫允(윤) - 순(順), 순조로운 것(釋義). ▫猶(유) - 유(猷), 통하는 것(釋義). ▫翕(흡) - 합쳐

지다. ▫河(하) – 황하. 주나라의 산줄기들이 동서로 뻗어 황하를 중심으로 순조롭게 모여 있다는 말. ▫敷(부) – 보(普)의 뜻, '널리' '모든'. ▫裒(부) – 산들이 모여 있는 것. ▫對(대) – 황하를 중심으로 마주보고 또 서로 대하고 있다는 말. ▫時(시) – 시(是)의 뜻으로, 이러한 산천의 형세.

解說 「모시서」에서 이 시는 "임금이 나라를 순찰하면서 산과 강과 바다를 제사지내는 노래"라고 하였다.

▲ 산동(山東) 무씨전석실(武氏前石室)에 새겨져 있는 문왕의 모습

노송(魯頌)

주공(周公)

주나라 성왕은 주공의 맏아들 백금(伯禽)을 노나라에 봉하였는데 노나라의 옛날 성이 지금의 산동성 곡부현(曲阜縣)에 있다. 정현의 『시보(詩譜)』에 따르면 "처음에 성왕은 주공이 천하를 태평케 하고 법도를 제정한 큰 공로가 있다 하여 백금에게 천자의 예로 하늘과 산천 및 바다를 제사지내도록 하였다. 그러므로 공자는 천자의 후손과 마찬가지로 보고 그 시의 송(頌)을 『시경』에 끼워 넣은 것이다."라고 하였다. 그러나 국풍을 보면 노시(魯詩)가 없고 노송 4편은 모두 묘당에서 신을 제사하는 가사가 아니라 풍(風)과 아(雅)를 겸한 풍격을 띤 것이어서 송과는 다르다. 그럼에도 이것을 '송' 사이에 끼워놓은 것은 이『시경』의 편집자가 노나라 사람이어서 노나라를 천자와 같이 높인 것이 아닌가 한다(釋義). 곧 공자가 이 '노송'과 '상송'을 '주송'과 함께 '송' 가운데 끼워놓았다고 보는 것이다. 금문가(今文家)들은 이 노송 4편을 모두 노나라 희공(僖公) 때 사람인 해사(奚斯)의 작품이라 보고 있다. 이것은「비궁(閟宮)」시의 문장을 잘못 읽어 '묘당(廟堂)을 짓는 것'을 '송(頌)을 짓는 것'이라 본 때문이다.

1. 살찌고 큼(駉)

駉駉牡馬이 살찌고 튼튼한 수레 끄는 네 마리 말이
在坰之野로다. 먼 들판에 달리고 있네.
薄言駉者는 이 살찌고 튼튼한 네 마리 말 중에는
有驈有皇하고 사타구니 흰 검은 말과 흰털 섞인 누런 말이 있고
有驪有黃하니 검은 말과 누런 말이 있는데
以車彭彭이로다. 수레를 힘차게 끌고 있네.
思無疆하니 한없이
思馬斯臧이로다. 말들이 훌륭하기만 하네.

駉駉牡馬이 살찌고 튼튼한 수레 끄는 네 마리 말이
在坰之野로다. 먼 들판에 달리고 있네.
薄言駉者는 이 살찌고 튼튼한 네 마리 말 중에는
有騅有駓하고 푸르고 흰 얼룩말과 누렇고 흰 얼룩말이 있고
有騂有騏하니 붉누런 말과 검푸른 말이 있는데
以車伾伾로다. 수레를 잘 끌고 달리네.
思無期하니 한없이
思馬斯才로다. 말의 재주 뛰어나네.

^{경 경 무 마}
駉駉牡馬이　　살찌고 튼튼한 수레 끄는 네 마리 말이

^{재 경 지 야}
在坰之野로다.　먼 들판에 달리고 있네.

^{박 언 경 자}
薄言駉者는　　이 살찌고 튼튼한 네 마리 말 중에는

^{유 탄 유 락}
有驒有駱하고　돈점박이 말과 검은 갈기의 흰 말이 있고

^{유 류 유 락}
有駵有雒하니　검은 갈기의 붉은 말과 흰 갈기의 검은 말이 있는데

^{이 거 역 역}
以車繹繹이로다.　수레를 끌고 잘도 달리네.

^{사 무 역}
思無斁하니　　싫증내지 않고

^{사 마 사 작}
思馬斯作이로다.　말은 힘차게 달리네.

^{경 경 무 마}
駉駉牡馬이　　살찌고 튼튼한 수레 끄는 네 마리 말이

^{재 경 지 야}
在坰之野로다.　먼 들판에 달리고 있네.

^{박 언 경 자}
薄言駉者는　　이 살찌고 튼튼한 네 마리 말 중에는

^{유 인 유 하}
有駰有騢하고　잿빛 흰빛 얼룩말과 붉고 흰 얼룩말이 있고

^{유 담 유 어}
有驔有魚하니　정강이 흰 말과 양 눈 흰 말이 있는데

^{이 거 거 거}
以車祛祛로다.　수레를 힘차게도 끌고 가네.

^{사 무 사}
思無邪하니　　딴 생각 하지 않고

^{사 마 사 조}
思馬斯徂로다.　말은 달려가고만 있네.

註解　□駉駉(경경) – 말이 비대(肥大)한 모양, 살찌고 튼튼한 모양. □坰(경) – 먼 들판(毛傳). □薄言(박언) – 조사. □駵(율) – 사타구니가 흰 검은 말.

□皇(황) - 흰털이 섞여 있는 누런 말(毛傳). □驪(려) - 검은 말. □黃(황) - 누런 말. □彭彭(방방) - 힘있게 수레를 끌고 가는 모양. □思(사) - 조사. □無疆(무강) - 말의 힘찬 모양이 한이 없는 것. □斯(사) - 조사. □臧(장) - 선(善)과 통하여 훌륭한 것. □騅(추) - 몸에 푸른 털과 흰 털이 섞여있는 말(毛傳). □駓(비) - 몸에 누런 털과 흰 털이 섞여있는 말(毛傳). □騂(성) - 적황색의 말(毛傳). □騏(기) - 청흑색의 말(集傳). □伾伾(비비) - 초혼(招魂)의 '비비(駓駓)'와 같은 말로, 왕일(王逸) 주(注)에 '뛰는 모양'이라 하였다(釋義). 여기서는 말이 수레를 끌고 달리는 모양. □思無期(사무기) - '한없이'. 뒤의 말의 재주를 형용하는 말임. □才(재) - 재능, 재질의 뜻(集傳). □驒(탄) - 털빛이 얼룩덜룩하고, 고기 비늘처럼 반점이 붙어 있는 말로서, 후세엔 연전총(連錢驄)이라 부른 말임(集傳). □駱(락) - 검은 갈기의 흰 말. □駵(류) - 검은 갈기의 붉은 말. 유(騮)와 같은 글자임. □雒(락) - 흰 갈기의 검은 말(毛傳). □繹繹(역역) - 말이 잘 달려가는 모양(毛傳). □無斁(무역) - 싫증을 내지 않는 것. □作(작) - 흥(興)과 통하여, '힘찬 것'. □駰(인) - 몸에 잿빛 털과 흰 털이 섞여있는 말(毛傳). □騢(하) - 붉은 털과 흰털이 섞여 있는 말(毛傳). □驔(담) - 정강이가 흰 말. □魚(어) - 두 눈 언저리가 흰 말(毛傳). □祛祛(거거) - 힘차게 수레를 끌고 가는 모양(毛傳). □思無邪(사무사) - 생각에 아무런 사악함이 없는 것. 말이 전념하고 있음을 말한 것이다. 공자는 『논어』에서 이 구절을 인용하여 『시경』을 평하였다. □徂(조) - 말이 수레를 끌고 달려가는 것.

|解說|「모시서」에서는 이 「살찌고 큰(駉)」이란 시를 이렇게 해설하고 있다. "노나라 희공(僖公)을 칭송한 것이다. 희공은 말의 전문가인 백금(伯禽)의 방법을 써서 검소하면서도 쓰기에 풍족하게 해주고 너그럽게 백성들을 사랑하여 농사에 힘쓰고 곡식을 중히 여기며 넓은 들에서 말을 기르게 하였다. 노나라 사람들은 그를 존경하게 되었고, 계손항보(季孫行父)는 노나라 조정에 소청하여 사극(史克)으로 하여금 이 시를 짓게 하였다."

여기에 '계손항보'는 『좌전』 문공(文公) 18년에 보이는 계문자(季文子)로 노나라의 대부이고 '사극'은 노나라의 사관인 태사(太史)였고 이름이 '극'이다. 「모시서」에서 이 두 사람까지 끌어낸 근거는 알 수가 없다.

2. 살찌고 억셈(有駜)

유 필 유 필
有駜有駜하니　　살찌고 억센 살찌고 억센

필 피 승 황
駜彼乘黃이로다.　누런 네 마리 말이 수레 끌고 달리네.

숙 야 재 공
夙夜在公하니　　일찍부터 밤늦게까지 관청 일 보니

재 공 명 명
在公明明이로다.　관청 일 밝게 다스려지네.

진 진 로
振振鷺여!　　　　훨훨 나는 백로여!

로 우 하
鷺于下로다.　　　백로가 날아가다 내려앉네.

고 연 연
鼓咽咽하고　　　 북소리 둥둥 울리고

취 언 무
醉言舞하니　　　 취하여 춤을 추니

우 서 락 혜
于胥樂兮로다.　　모두가 즐거워하네.

유 필 유 필
有駜有駜하니　　살찌고 억센 살찌고 억센

필 피 승 무
駜彼乘牡로다.　　네 마리 수말이 수레 끌고 달리네.

숙 야 재 공
夙夜在公하니　　일찍부터 밤늦게까지 관청 일 보고

재 공 음 주
在公飮酒로다.　　관청에서 술 마시네.

진 진 로
振振鷺여!　　　　훨훨 나는 백로여!

로 우 비
鷺于飛로다.　　　백로가 날고 있네.

고 연 연
鼓咽咽하고　　　 북소리 둥둥 울리고

醉言歸하니　　　취하여 돌아가니
于胥樂兮로다.　　모두가 즐거워하네.

有駜有駜하니　　　살찌고 억센 살찌고 억센
駜彼乘騜이로다.　　검푸른 네 마리 말이 끄는 수레가 달려가네.
夙夜在公하니　　　일찍부터 밤늦게까지 관청에서 일 보고
在公載燕이로다.　　관청에서 잔치하네.
自今以始하여　　　금년부터는
歲其有로다.　　　　해마다 풍년이 들리라.
君子有穀하여　　　군자님은 녹이 있어
詒孫子하니　　　　그것을 자손에게 물리시니
于胥樂兮로다.　　모두가 즐거워하네.

註解　□駜(필)-말이 살찌고 강해 보이는 것(毛傳). '유필(有駜)'은 필연(駜然). □乘黃(승황)-누런 빛깔의 네 마리 말. □明明(명명)-밝게 잘 다스려지는 것(集傳). □振振(진진)-여러 마리가 나는 모양(毛傳). □鷺(로)-백로. 백로는 잔치하며 즐기는 군자들에 비유한 것이다. □于(우)-원(爰)과 통하여, 우하(于下)는 날아가다 내려앉는 것(釋義). □咽咽(연연)-북소리가 둥둥 울리는 것(集傳). □言(언)-조사. □于(우)-조사(傳疏). □胥(서)-'모두'의 뜻(鄭箋). □騜(현)-청흑색의 말(毛傳). □載(재)-즉(則), 조사. □燕(연)-잔치하다. □有(유)-유년(有年)의 뜻으로, '풍년'을 뜻한다(毛傳). 왕질(王質)은 『시총문(詩總聞)』에서 "금년부터는" 이라 노래하고 있으니 앞 몇년 동안에는 풍년이 없었음을 말한다. 『춘추』의 장공(莊公)에서 민공(閔公)·희공(僖公)에 이르는 10여 년

간만 보아도 장공 25년에는 큰 장마가 졌었고, 27년에는 보리나 벼를 거두지 못하였으며, 29년에는 메뚜기떼가 심했고, 희공 2년과 3년에는 봄·여름·가을을 거쳐 비가 오지 않았다. 이 시는 이 해 뒤의 작품일 것이다."라고 하였다. 이로 보아 이 시는 희공 때의 작품임을 알겠다. □穀(곡)-녹(祿), 월급으로 받는 곡식(集傳). □詒(이)-내려주다. □孫子(손자)-자손.

|解說| 「모시서」에 이 시는 희공 때 임금이나 신하가 모두 도(道)가 있음을 기린 것이라 하였다.
 주희는 또 잔치하고 술 마시며 임금을 기리고 풍년을 비는 노래라 하였다.

3. 반궁의 물(泮水)

_{사 락 반 수}
思樂泮水에 　　즐거운 반궁의 물에서

_{박 채 기 근}
薄采其芹이로다. 미나리를 캐네.

_{노 후 려 지}
魯侯戾止하니 　노나라 임금 오시는데

_{언 관 기 기}
言觀其旂로다. 　그 깃발이 보이네.

_{기 기 패 패}
其旂茷茷하고 　깃발은 펄럭펄럭

_{난 성 훼 훼}
鸞聲噦噦하니 　방울 소리는 달랑달랑

_{무 소 무 대}
無小無大히 　　애 어른 할 것 없이

_{종 공 우 매}
從公于邁로다. 　모두 임금 따라 나아가네.

_{사 락 반 수}
思樂泮水에 　　즐거운 반궁의 물에서

박 채 기 조
薄采其藻로다.   마름 풀을 뜯네.

노 후 려 지
魯侯戾止하니   노나라 임금 오시는데

기 마 교 교
其馬蹻蹻로다.   수레 끄는 말 억세게 보이네.

기 마 교 교
其馬蹻蹻하고   말은 억세고

기 음 소 소
其音昭昭로다.   방울 소리는 밝게 울리네.

재 색 재 소
載色載笑하고   부드러운 얼굴에 웃음 띠고

비 노 이 교
匪怒伊敎로다.   화내시는 일 없이 백성들 이끌어 주시네.

사 락 반 수
思樂泮水에   즐거운 반궁의 물에서

박 채 기 묘
薄采其茆로다.   순 나물을 뜯네.

노 후 려 지
魯侯戾止하사   노나라 임금 오셔서

재 반 음 주
在泮飮酒로다.   반궁에서 술을 마시네.

기 음 지 주
旣飮旨酒하니   맛있는 술 마시니

영 석 난 로
永錫難老로다.   영원한 수명 내리시겠네.

순 피 장 도
順彼長道하여   저 큰 길을 따라

굴 차 군 추
屈此羣醜로다.   오랑캐 무리들 굴복해 오네.

목 목 노 후
穆穆魯侯이   점잖으신 노나라 임금님은

경 명 기 덕
敬明其德이로다.   그의 덕을 공경히 밝히시네.

| 경 신 위 의 |
| 敬愼威儀하니 | 몸가짐을 공경히 삼가시니

유 민 지 칙
維民之則이로다. 백성들의 본 되시네.

윤 문 윤 무
允文允武하사 진실로 문덕과 무용을 함께 갖추시어

소 가 렬 조
昭假烈祖하시니, 공 많은 조상들이 밝게 강림하시니,

미 유 불 효
靡有不孝하여 온전히 효도 다하여

자 구 이 호
自求伊祜로다. 스스로 복을 구하셨네.

명 명 노 후
明明魯侯이 밝고 밝은 노나라 임금님은

극 명 기 덕
克明其德이로다. 그의 덕을 밝히시네.

기 작 반 궁
旣作泮宮하니 반궁을 이룩하니

회 이 유 복
淮夷攸服이로다. 회땅 오랑캐들 굴복해 오네.

교 교 호 신
矯矯虎臣이 용감한 장군들이

재 반 헌 괵
在泮獻馘하고 반궁에서 베어 온 적의 목 바치고

숙 문 여 고 요
淑問如皐陶이 고요처럼 잘 신문하는 이가

재 반 헌 수
在泮獻囚로다. 반궁에서 포로들을 심사하네.

제 제 다 사
濟濟多士이 많은 신하들이

극 광 덕 심
克廣德心하고 덕 있는 마음 넓히고

환 환 우 정
桓桓于征하여 용감하게 정벌에 나서서

적 피 동 남
狄彼東南이로다.　동남쪽 오랑캐들 다스리네.

증 증 황 황
烝烝皇皇이로되　대단하고 굉장하지만

불 오 불 양
不吳不揚하고　떠들지도 소리 내지도 않고

불 고 우 흉
不告于訩하며　서로 다투는 일도 없이

재 반 헌 공
在泮獻功이리로다.　반궁에서 공을 아뢰네.

각 궁 기 구
角弓其觩하고　뿔 장식한 활은 구부정하고

속 시 기 수
束矢其搜로다.　화살은 다발로 묶여 있네.

융 거 공 박
戎車孔博하고　병거는 매우 많고

도 어 무 역
徒御無斁이로다.　걷는 이 수레 모는 이 모두 기꺼이 따르고 있네.

기 극 회 이
旣克淮夷하니　회땅의 오랑캐 쳐부수니

공 숙 불 역
孔淑不逆이로다.　양순하게 명을 거스리지 않게 되었네.

식 고 이 유
式固爾猶하여　당신의 계책대로 다 되어

회 이 졸 획
淮夷卒獲이로다.　회땅의 오랑캐 모두 잡았네.

편 피 비 효
翩彼飛鴞이　펄펄 나는 올빼미가

집 우 반 림
集于泮林이로다.　반궁 숲에 내려앉네.

식 아 상 심
食我桑黮하고　오디를 따먹고는

회 아 호 음
懷我好音이로다.　우리의 호의를 생각하네.

경 피 회 이
　　憬彼淮夷이　　　각성한 회땅의 오랑캐들이

　　내 헌 기 침
　　來獻其琛하니　　찾아와 보물을 바치는데

　　원 귀 상 치
　　元龜象齒와　　　큰 거북과 상아와

　　대 로 남 금
　　大賂南金이로다.　남쪽에서 나는 금을 많이 보냈네.

註解　□思(사)-조사. □泮(반)-반궁(泮宮), 제후들의 학궁(學宮)으로 공부하고 덕을 닦는 곳. 천자의 학궁은 벽옹(辟廱)이라 하였다. □泮水(반수)-반궁의 물. 반궁의 동서남쪽으로 반벽(半璧) 모양의 물이 있었는데, 그것은 꼭 벽옹(辟廱)의 물의 반쪽 모양이다. 그 물이 벽옹의 반이란 데서 '반(泮)'이란 이름이 붙여진 것이다. □薄(박)-조사. □芹(근)-미나리. □戾(려)-이르다. □止(지)-조사. □魯侯(노후)-노나라 희공(僖公)을 가리키는 듯하다(毛傳). □言(언)-조사. □旂(기)-노나라 제후의 여러 가지 깃발들. □茷茷(패패)-깃발이 펄럭이는 모양(集傳). □鸞(란)-말 재갈 양편에 달린 방울. □噦噦(훼훼)-말방울 소리. 딸랑딸랑. □小大(소대)-노소(老少), 노인과 젊은이들(釋義). □邁(매)-나아가다. □藻(조)-마름풀. □蹻蹻(교교)-억센 모양. □音(음)-방울 소리. □載(재)-즉(則), 조사. □色(색)-부드러운 안색을 하는 것(鄭箋). □匪怒伊敎(비노이교)-가르치기만 하고 성내지는 않는 것. □茆(묘)-순나물. □錫(석)-주다. □難老(난로)-장수, 늙지 않는 것(鄭箋). □長道(장도)-대로(大路), 한 길(集傳). □屈(굴)-굴복하여 오는 것. □羣醜(군추)-추한 무리들. 뒤에 나오는 회이(淮夷)를 가리킨다. □穆穆(목목)-공경하는 것, 점잖은 것. □昭假(소가)-밝게 신이 강림하는 것. □祜(호)-복. □淮夷(회이)-회수(淮水) 근방의 오랑캐. □服(복)-굴복해 오는 것. □矯矯(교교)-용맹스런 모양. □虎臣(호신)-무신(武臣), 군인 신하들. □馘(괵)-목을 베어 온 것. 전공(戰功)의 증거로 옛날에는 죽은 적의 왼편 귀를 잘라다 바쳤다. □淑(숙)-선(善), 잘하는 것. □問(문)-심문하는 것. □皐陶(고요)-순(舜)임금 때의 옥관(獄官)인 사(士)였던 사람으로, 그는 옥사를 잘 처리하였다. □囚(수)-적의 포로들. □德心(덕심)-선의의 뜻(集傳). □桓桓(환환)-용맹스런 모양. □狄(적)-척(剔)과 통하여 치(治),

다스리는 것(鄭箋). ▫東南(동남)−동남쪽에 있던 회이(淮夷)를 가리킴. ▫烝烝(증증)−황황(皇皇)과 함께 모두 성대한 모양(集傳). ▫吳(오)−시끄럽게 떠드는 것. ▫揚(양)−양성(揚聲)으로 소리지르는 것. ▫訩(흉)−말로 다투다, 송사를 하다. '불고우흉(不告于訩)'은 서로 다투지 아니하는 것. ▫角弓(각궁)−뿔로 장식을 한 활. 소아「뿔 활(角弓)」시에 보였음. ▫其觩(기구)−활대가 구부정한 모양. ▫搜(수)−모아놓다. ▫博(박)−많은 것. ▫無斁(무역)−싫증내지 않다, 곧 기꺼워하는 것. ▫逆(역)−명을 거스리는 것. ▫式(식)−조사. ▫猶(유)−계책. ▫翩(편)−나는 모양. ▫鴞(효)−올빼미. 악한 새로서 회이에 비긴 것이다. ▫黮(심)−오디. 심(葚)과 같은 자. 노나라 임금의 덕에 비유한 말임. ▫好音(호음)−선의의 뜻. 노나라 임금의 덕에 끌리어 착한 노나라 임금의 마음을 생각하게 된 것이다. ▫憬(경)−깨닫는 것. ▫琛(침)−보배. ▫元龜(원귀)−큰 거북으로, 거북점을 치는 데에는 거북이 클수록 영험하다 한다. ▫象齒(상치)−상아(象牙). ▫賂(로)−선물로 보내주는 것. ▫大賂(대로)−위아래로 걸리어 원귀(元龜)와 상아 및 남금(南金)을 많이 보내어 왔다는 뜻. ▫南金(남금)−형주(荊州)·양주(揚州) 등 남쪽 지방에서 나는 금(毛傳).

|解說| 「모시서」에서는 노나라 희공이 반궁(泮宮)을 잘 건사하였음을 노래한 것이라 하였다.

다시 굴만리(屈萬里)는 혜주척(惠周惕)의 설을 인용하여 "이 시는 시종 반궁에 있어서의 노나라 제후의 일을 읊고 있으니, 노후가 회땅의 오랑캐를 정벌한 뒤에 석채(釋菜)라는 간단한 제사를 지내고 손님들을 대접하는 것이다. 석전(釋奠)과 석채는 간략한 제사이며 춤이 없다. 시에 음악에 대한 언급이 없으니 이것은 석채임을 알 수 있다."라고 하였다.

『예기』 왕제(王制)에는 "출정하여 반역자들을 잡으면 학궁(學宮)에서 석전을 지내며 적의 귀 벤 것을 바치고 포로들을 심문한다."고 하였다.

4. 비궁(閟宮)

閟宮有侐하니 　　강원의 묘 비궁은 고요한데

實實枚枚로다. 　　튼튼하고도 빈틈없이 지었네.

赫赫姜嫄은 　　밝고 밝으신 강원은

其德不回하사 　　덕에 어긋남이 없으시어

上帝是依하니 　　하늘만을 의지하시니

無災無害로다. 　　재난도 해로움도 없으셨네.

彌月不遲하사 　　열 달이 차자 어김없이

是生后稷이로다. 　　후직을 낳으셨네.

降之百福하니 　　온갖 복이 함께 내려졌으니

黍稷重穋과 　　메기장 차기장과 이른 곡식 늦은 곡식에

稙穉菽麥이로다. 　　올벼 늦벼와 콩과 보리였네.

奄有下國하사 　　이에 모든 나라들을 다스리시어

俾民稼穡하니, 　　백성들로 하여금 농사짓게 하시니,

有稷有黍하고 　　메기장과 차기장이 있게 되었고

有稻有秬로다. 　　벼와 검은 기장이 있게 되었네.

奄有下土하사 　　이에 온 세상을 다스리시어

纘禹之緒나라. 우임금의 끼치신 일을 계승하셨네.

后稷之孫이 후직의 손자가

實維大王이니, 바로 태왕이시니,

居岐之陽하사 기산 남쪽 기슭에 거하시며

實始翦商이니라. 실제로 상나라를 치기 시작하셨다네.

至于文武하여 문왕과 무왕에 이르러

纘大王之緒하사, 태왕이 끼치신 일을 계승하시어,

致天之屆를 하늘의 벌주심을

于牧之野하니라. 목땅의 들에서 이루셨네.

無貳無虞어다, 딴 마음 갖지 말고 근심하지 말지니,

上帝臨女시니라. 하늘이 당신 위에 임하고 계시네.

敦商之旅하여 상나라의 무리들을 쳐 죽이어

克咸厥功이니라. 큰 공을 이루셨네.

王曰叔父여! 성왕께서 말씀하시기를, '아저씨!

建爾元子하여 당신의 맏아들을 세워

俾侯于魯하노니, 노나라의 제후를 삼노니,

大啓爾宇하여 그 나라를 크게 발전시키어

爲周室輔어다. 주나라 왕실을 보좌하도록 하시오.'

| 내 명 로 공
乃命魯公하사 | 이에 백금에게 명하시어 |

| 비 후 우 동
俾侯于東하고, | 동녘 땅의 제후를 삼으시고, |

| 석 지 산 천
錫之山川과 | 산과 냇물과 |

| 토 전 부 용
土田附庸이로다. | 땅과 이에 붙은 작은 나라들까지 함께 내려주셨네. |

| 주 공 지 손
周公之孫이며 | 주공의 손자이며 |

| 장 공 지 자
莊公之子이 | 장공의 아들 되는 희공이 |

| 용 기 승 사
龍旂承祀하니 | 용 기 세우고 제사를 지내러 가시는데 |

| 육 비 이 이
六轡耳耳로다. | 수레 모는 여섯 가닥의 말고삐 철렁이네. |

| 춘 추 비 해
春秋匪解하고 | 봄가을로 태만함 없이 |

| 향 사 불 특
享祀不忒이로다. | 어김없이 제사지내네. |

| 황 황 후 제
皇皇后帝와 | 위대한 하늘과 |

| 황 조 후 직
皇祖后稷께 | 위대한 할아버지 후직께 |

| 향 이 성 희
享以騂犧하니, | 붉은 소 잡아 바치니, |

| 시 향 시 의
是饗是宜하여 | 제물을 받고 제사를 받아들여 |

| 강 복 기 다
降福旣多니라. | 많은 복을 내리셨네. |

| 주 공 황 조
周公皇祖도 | 위대한 할아버지 주공께서도 |

| 역 기 복 여
亦其福女시니라. | 당신에게 복을 주시네. |

| 추 이 재 상
秋而載嘗이라 | 가을에 제사지내기 위하여 |

제4편 송(頌) • **909**

| 하 이 복 형
夏而楅衡하고 | 여름부터 제물로 쓸 소뿔에 나무를 대어 뜨개질 못하게 하고 |

| 백 무 성 강
白牡騂剛이로다. | 흰 수소와 붉은 수소 모두 갖추었네. |

| 희 준 장 장
犧尊將將하고 | 술잔도 가지런히 놓였고 |

| 모 포 자 갱
毛炰胾羹이오 | 통째로 굽기도 하고 고기 썰어 국도 끓이며 |

| 변 두 대 방
籩豆大房이니라. | 여러 가지 제기의 제물 갖추었네. |

| 만 무 양 양
萬舞洋洋하니 | 만무 너울너울 추니 |

| 효 손 유 경
孝孫有慶이로다. | 자손 희공께서 복 받으시네. |

| 비 이 치 이 창
俾爾熾而昌하고 | 당신을 창성케 하고 |

| 비 이 수 이 장
俾爾壽而臧이로다. | 당신을 수하고 잘되도록 밀어주네. |

| 보 피 동 방
保彼東方하여 | 동쪽 나라들을 보전하여 |

| 노 방 시 상
魯邦是常하니 | 노나라는 영원히 안정되니 |

| 불 휴 불 붕
不虧不崩하고 | 부서지지도 무너지지도 않고 |

| 부 진 부 등
不震不騰이로다. | 떨리지도 움직이지도 않게 되었네. |

| 삼 수 작 붕
三壽作朋하여 | 나이 수하신 분들과 벗하시어 |

| 여 강 여 릉
如岡如陵이로다. | 산이나 언덕처럼 영원할 것이네. |

| 공 거 천 승
公車千乘이오 | 희공의 수레는 천 대이고 |

| 주 영 녹 등
朱英綠縢이며 | 창에 붉은 수실 달고 활대엔 녹색 실을 감았으며 |

| 이 모 중 궁 |
| 二矛重弓이로다. | 두 개의 창과 두 개의 활 지니셨네.

| 공 도 삼 만 |
| 公徒三萬이오 | 희공의 무리는 3만 명인데

| 패 주 주 침 |
| 貝冑朱綅하고 | 조개 장식 갑옷을 붉은 실로 꿰맸고

| 증 도 증 증 |
| 烝徒增增이로다. | 많은 무리들 시끌시끌하네.

| 융 적 시 응 |
| 戎狄是膺하고 | 오랑캐들 무찌르고

| 형 서 시 징 |
| 荊舒是懲하니 | 남쪽 나라를 정벌하니

| 즉 막 아 감 승 |
| 則莫我敢承이로다. | 아무도 감히 우리에 맞서지 않네.

| 비 이 창 이 치 |
| 俾爾昌而熾하고 | 당신을 창성케 하고

| 비 이 수 이 부 |
| 俾爾壽而富하여, | 당신을 수하고 부하게 하여,

| 황 발 태 배 |
| 黃髮台背이 | 나이 많은 분들과

| 수 서 여 시 |
| 壽胥與試로다. | 서로 수를 견주게 되었네.

| 비 이 창 이 대 |
| 俾爾昌而大하고 | 당신을 창성하고 커지게 하고

| 비 이 기 이 애 |
| 俾爾耆而艾하여 | 당신을 오래오래 살게 하여

| 만 유 천 세 |
| 萬有千歲토록 | 만세 천세토록 수하심에

| 미 수 무 유 해 |
| 眉壽無有害로다. | 아무런 장애도 없을 것이네.

| 태 산 암 암 |
| 泰山巖巖하니 | 태산이 우뚝하여

| 노 방 소 첨 |
| 魯邦所詹이로다. | 노나라 어디서나 우러러보네.

| 엄 유 구 몽 |
| 奄有龜蒙하여 | 그리고 구산과 몽산도 있는데

　　　　수 황 대 동
　　　　遂荒大東이로다.　　마침내 넓은 동쪽 지방에 군림하고 있네.

　　　　지 우 해 방
　　　　至于海邦하니　　　바닷가 지방에까지 세력이 퍼지니

　　　　회 이 래 동
　　　　淮夷來東하여　　　회땅의 오랑캐들 동쪽으로 와서

　　　　막 불 솔 종
　　　　莫不率從하니　　　모두가 우리를 따르니

　　　　노 후 지 공
　　　　魯侯之功이로다.　　노나라 임금의 공로일세.

　　　　보 유 부 역
　　　　保有鳧繹하고　　　부산과 역산을 차지하고

　　　　수 황 서 택
　　　　遂荒徐宅하여　　　마침내는 서나라 땅까지 평정하여

　　　　지 우 해 방
　　　　至于海邦이로다.　　바닷가 지방에까지 세력을 떨쳤네.

　　　　회 이 만 맥
　　　　淮夷蠻貊과　　　　회땅을 비롯한 여러 오랑캐들과

　　　　급 피 남 이
　　　　及彼南夷이　　　　남쪽 오랑캐들이

　　　　막 불 솔 종
　　　　莫不率從하고　　　모두 순종하고

　　　　막 감 불 락
　　　　莫敢不諾하여　　　모두가 복종하여

　　　　노 후 시 약
　　　　魯侯是若이로다.　　노나라 임금을 따르게 되었네.

　　　　천 석 공 순 가
　　　　天錫公純嘏하시니　하늘이 희공께 큰 복을 내리시니

　　　　미 수 보 로
　　　　眉壽保魯로다.　　　오래도록 노나라를 보전하게 되었네.

　　　　거 상 여 허
　　　　居常與許하여　　　상땅과 허땅도 차지하여

　　　　복 주 공 지 우
　　　　復周公之宇시니라.　주공의 나라를 회복하셨네.

노 후 연 희
魯侯燕喜하니　　노나라 임금은 즐기며 기뻐하시는데

영 처 수 모
令妻壽母로다.　　착한 부인과 수하신 어머니도 함께 계시네.

의 대 부 서 사
宜大夫庶士하여　　대부들과 여러 관리들을 잘 거느리어

방 국 시 유
邦國是有로다.　　나라를 바로 다스리시네.

기 다 수 지
旣多受祉하여　　많은 복을 받으시어

황 발 아 치
黃髮兒齒로다.　　늙으셨어도 아이들처럼 튼튼한 이 가지셨네.

조 래 지 송
徂來之松과　　조래산의 소나무와

신 보 지 백
新甫之栢을　　신보산의 잣나무를

시 단 시 탁
是斷是度하고　　자르고 쪼개며

시 심 시 척
是尋是尺하여　　재고 말라서

송 각 유 석
松桷有舃하니　　커다란 소나무 재목 만드니

노 침 공 석
路寢孔碩이로다.　　웅장한 궁전 이룩되네.

신 묘 혁 혁
新廟奕奕하니　　새로운 묘당 큼지막한데

해 사 소 작
奚斯所作이로다.　　이것도 함께 이룩한 것일세.

공 만 차 석
孔曼且碩하고　　궁전과 묘당 길고 크고

만 민 시 약
萬民是若이로다.　　온 백성들 모두 순종하네.

註解　　□閟(비궁)-강원(姜嫄:后稷의 어머니)의 묘 이름(毛傳). □有侐(유혁)-혁연(侐然)으로 청정(淸靜)한 모양, 고요한 모양(毛傳). □實實(실실)-견

고한 모양(集傳). 그 터와 구조를 형용한 것임(釋義). □枚枚(매매)－세밀한 것, 빈틈 없는 것(孔疏). 기둥·서까래 등 재목의 구조를 형용한 말(釋義). □姜嫄(강원)－대아「사람을 낳으심(生民)」시에 보였음. □回(회)－사(邪)의 뜻, 잘못되는 것, 어긋나는 것. □彌月(미월)－아기를 배어 열 달이 꼭 차는 것. □不遲(부지)－늦지 않은 것, 곧 '제때에'. □黍(서)－메기장. □稷(직)－차기장. □重(중)－늦곡식. □穋(륙)－올곡식. 빈풍(豳風)「칠월」시에도 이 구절이 보임. □稙(직)－이른 벼. □穉(치)－늦벼. □菽(숙)－콩. □秬(거)－검은 기장. □纘(찬)－잇다, 계승하다. □緖(서)－유서(遺緖), 유업(遺業). □岐(기)－기산(岐山). □陽(양)－산의 남쪽 기슭. □翦(전)－토벌하는 것. □屆(계)－극(殛)의 뜻으로, 잡아 죽이는 것. □牧(목)－상(商)나라 도읍 조가(朝歌)의 교외 지명. 무왕은 이 목땅의 들에서 주(紂)의 군대를 쳐부수었다. □貳(이)－이심(二心), 딴 마음을 먹는 것. □虞(우)－염려하다, 걱정하다. □女(여)－너, 당신. □敦(퇴)－대(譈)와 통하여, '쳐죽이는 것'. 대아「덕 있는 무용(常武)」시에 보였음. □咸(함)－비(備)와 통하며 잘 갖추는 것, 잘 이룩하는 것(通釋). □王(왕)－성왕(成王). □叔父(숙부)－주공(周公)을 말함(毛傳). 숙부 이하는 성왕이 한 말. □元子(원자)－맏아들로, 노나라의 시조 백금(伯禽)임. □啓(계)－발전시키는 것. □宇(우)－국가의 뜻. □輔(보)－보좌. □魯公(노공)－노나라 제후, 백금(伯禽)을 가리킴. □東(동)－동쪽 땅, 곧 노나라를 가리킴. □錫(석)－주다. □附庸(부용)－속성(屬城)과 같은 말로, 직접 천자에 예속되지 않고 큰 제후의 나라에 붙어 있는 작은 나라(集傳). □莊公(장공)－아들은 희공(僖公)임. □龍旂(용기)－용이 그려진 깃발. 상공(上公)의 기(旂)로서, 주송「처음 뵘(載見)」시에 보임. □六轡(육비)－네 마리 말의 여섯 줄 고삐. 가운데 두 줄은 수레 턱 나무에 매어두기 때문에 여섯 줄임. □耳耳(이이)－부드럽게 철렁이는 모양. □解(해)－해(懈)와 통함, 게으르다. □忒(특)－어긋나는 것. □皇皇(황황)－위대한 것. □后帝(후제)－상제(上帝), 하늘. □騂(성)－붉은 소. □犧(희)－털빛이 순수한 빛깔을 지닌 제물로 쓰는 짐승. '성희(騂犧)'는 순전한 붉은 색의 희생(犧牲). □饗(향)－흠향하다, 제사를 받아들이는 것. □宜(의)－신이 제사를 옳게 여기고 받아들이는 것. □載(재)－즉(則), 조사. □嘗(상)－가을 제사 이름. □楅衡(복형)－쇠뿔에 가로 막대기를 대어 사람을 뜨지 못하도록 하는 것. 여름부터 가을 제사에 쓸 희생을 골라 복형(楅衡)함으로써 불길함을 막았던 것이다. 『주례』 봉인(封人)에도 '모든 제사에는 그 우생(牛牲)을 장식하고 복형(福衡)을 베푼다'고 하였다. ▫白牡(백무)-백색의 수소로, 주공을 제사지낼 때 쓰던 짐승(毛傳). ▫剛(강)-강(犅)의 가차로서, 노공(魯公)을 제사지낼 때 쓰던 붉은 수소(毛傳). ▫犧尊(희준)-짐승 모양으로 만든 술그릇, 그 속에 술을 담도록 되어 있다(釋義). ▫將將(장장)-가지런한 모양(釋義). ▫炰(포)-포(炮)와 같은 글자. 모포(毛炰)는 짐승을 털째로 진흙에 싸서 굽는 것. ▫胾(자)-썬 고기. '자갱(胾羹)'은 썬 고기를 넣어 끓인 국. ▫籩(변)-두(豆)와 함께 제사 그릇. ▫大房(대방)-반쪽의 생(牲)을 담는 제사 그릇. 다리 밑에 집의 방(房) 같은 받침이 있어 대방이라 부른다(集傳). ▫萬(만)-춤의 한 종류. 패풍(邶風)「춤(簡兮)」시 참조. ▫洋洋(양양)-춤의 가지수가 많은 모양(傳疏). ▫孝孫(효손)-희공을 가리킴. ▫慶(경)-복의 뜻(釋義). ▫熾(치)-성한 것. ▫臧(장)-선(善), 훌륭한 것. ▫常(상)-영원한 것. ▫虧(휴)-일그러지다. ▫崩(붕)-무너지다. 노나라의 안정을 다음 구와 함께 형용한 말임. ▫震(진)-진동하다. ▫騰(등)-놀라서 펄쩍 뛰는 것. ▫三壽(삼수)-상수(上壽)와 중수(中壽)·하수(下壽)를 말한다. 상수는

▲ 준(尊) : 술잔

120세, 중수는 100세, 하수는 80세임(通釋). 이 삼수란 말은 금문 가운데 자주 보인다(釋義). ▫作朋(작붕)－삼수지인(三壽之人)과 희공의 수(壽)가 맞먹게 된다는 뜻. ▫千乘(천승)－큰 나라들이 갖고 있는 병거의 수임. ▫朱英(주영)－창의 장식으로 붉은 물을 들인 실을 감아 창의 장식을 만든 것(孔疏). ▫綠縢(녹등)－활대에 녹색의 실을 감은 것. ▫二矛重弓(이모중궁)－한 수레의 위에 두 개의 창과 두 개의 활이 있는 것. 정풍(鄭風) 「청고을 사람(淸人)」시 참조. ▫貝冑(패주)－조개로써 갑옷을 장식한 것. ▫朱綅(주침)－붉은 실로 조개를 엮은 것(毛傳). ▫烝(증)－무리. ▫增增(증증)－많은 모양(毛傳). ▫戎(융)－본시 서융(西戎). 적(狄)은 본시 북적(北狄)이나, 여기서는 회이(淮夷)를 가리킨다(釋義). ▫膺(응)－『맹자』조기(趙岐) 주(注)에 '격(擊)'의 뜻이라 하였다, 치다. ▫荊(형)－초(楚)나라. 『춘추』에서 희공 원년에 비로소 형을 초라 부른다. ▫舒(서)－형과 가까이하는 나라 이름(毛傳). 지금의 안휘성(安徽省) 합비(合肥) 일대였다. ▫懲(징)－징계하다. 희공 4년에 초나라를 쳤다는 기록이 『좌전』에 있다. ▫承(승)－어(禦)의 뜻(鄭箋), 곧 '당해내는 것'. ▫黃髮(황발)－나이 많은 노인, 노인의 머리는 희어졌다가 다시 오래 가면 누레진다 한다(小雅 「南山有臺」시 참조). ▫台背(태배)－노인의 등에 태어(鮐魚) 같은 무늬가 생기는 것(大雅 「行葦」시 참조). 모두 늙어서 오래 사는 이의 모양임. ▫胥(서)－서로. ▫試(시)－서로 견주는 것(通釋). ▫耇(기)－늙도록 오래 사는 것. ▫艾(애)－늙은이, 늙도록 오래 살다. ▫眉壽(미수)－오래도록 장수하는 것. 빈풍(豳風) 「칠월」시에 보임. ▫巖巖(암암)－높은 모양. 소아 「높은 저 남산(節彼南山)」시에 보임. ▫詹(첨)－첨(瞻)과 통함. 『한시외전(韓詩外傳)』및 『설원(說苑)』엔 모두 '첨(瞻)'으로 인용되어 있다. 우러러보다. ▫龜(구)－산 이름. 지금의 산동성 사수현(泗水縣)에 있다. ▫蒙(몽)－산 이름. 지금의 산동성 몽음현(蒙陰縣)에 있다. ▫荒(황)－덮다, 가리다, 군림하다. ▫大東(대동)－노나라 동부 일대. 소아 「대동(大東)」시 참조. ▫海邦(해방)－해안 지방. ▫東(동)－동쪽 나라, 노나라를 가리킴. ▫鳧(부)－산 이름. 지금의 산동성 어대현(魚臺縣)에 있다. ▫繹(역)－역산(嶧山). 지금의 산동성 역현(嶧縣)에 있다. ▫徐宅(서택)－서(徐)나라 사람들이 사는 곳, 곧 서나라를 말함. ▫蠻(만)－남쪽 오랑캐. ▫貊(맥)－오랑캐. ▫諾(낙)－복종하다. ▫若(약)－순종하다. ▫錫(석)－내려주다. ▫純(순)－큰 것. ▫嘏(가)－복. ▫常(상)－당(棠)이라고도 쓰며, 지명으로 지금의 산동성 어대현에 있었다. 『국어』제어(齊

語)에 '반기침지당잠(反其侵地棠潛)'이라 하였는데, 『관자(管子)』소광편(小匡篇)엔 '상잠(常潛)'으로 쓰고 있다. ▫許(허) – 노나라의 고을 이름. 지금의 어디에 해당하는지 알 길이 없다. ▫宇(우) – 나라 땅. 상(常)과 허(許)는 모두 제(齊)나라에 침략당했었는데, 희공에 이르러 노나라가 되찾은 것이다. ▫燕(연) – 즐기다. ▫令妻(영처) – 훌륭한 처. 희공의 부인. ▫壽母(수모) – 오래도록 장수하는 어머니로 희공의 어머니를 뜻한다. ▫宜(의) – 합당하게 해주는 것. ▫庶士(서사) – 여러 관리들. ▫兒齒(아치) – 아이들처럼 튼튼하고 가지런한 이빨. ▫徂來(조래) – 산 이름. 지금의 산동성 태안현(泰安縣) 동쪽에 있다. ▫新甫(신보) – 양보산(梁甫山)을 뜻하는 듯하다. 지금의 산동성 신태현(新泰縣)에 있다(通釋). ▫度(탁) – 탁(剫)의 생략자임(通釋), 쪼개다. ▫尋(심) – 8척, 길이의 단위. ▫桷(각) – 네모진 서까래. ▫有舄(유석) – 석연(舄然)으로 큰 모양. ▫路寢(노침) – 왕궁의 정침(正寢). ▫奕奕(혁혁) – 큰 모양, 웅대한 모양. ▫曼(만) – 긴 것.

解説 「모시서」에서 이 시는 노나라 희공이, 주공이 처음에 정벌하여 넓혔던 옛 땅을 되찾고 훌륭한 정치를 베푸는 것을 칭송한 것이라 하였다.

상송(商頌)

「굉장하기도 해라(那)」시의 「모시서」에 "미자(微子)로부터 대공(戴公)에 이르는 사이에 예악이 어지러워지고 무너졌다. 정고보(正考父)라는 사람이 주나라의 태사(大師)로부터 상송 12편을 얻었는데 「굉장하기도 해라」시가 첫머리에 있었다."고 하였다. 이는 『국어』노어(魯語)의 기록에 근거한 것인데 노어에서는 "상나라의 명송(名頌) 12편을 교정하였다."고 말하고 있다. 그리고 『한시(韓詩)』와 『사기』에서는 모두 상송을 정고보가 지은 것이라 하고 송(宋)나라 양공(襄公, B.C. 650~B.C. 637 재위)을 기린 것이라 하였다. 마서진(馬瑞辰)은 "정고보는 대공(戴公, B.C. 779~B.C. 766 재위) · 무공(武公, B.C. 765~B.C. 748 재위) · 선공(宣公, B.C. 747~B.C. 729 재위)의 3대를 섬겼음이 『좌전』에 보인다. 또 그의 아들 공보가(孔父嘉)는 상공(殤公, B.C. 719~B.C. 710 재위) 때의 대사마(大司馬)였음이 『좌전』에 보인다. 상공 뒤로 송공(宋公, B.C. 709~B.C. 692 재위) · 민공(湣公, B.C. 691~B.C. 682 재위) · 환공(桓公, B.C. 681~B.C. 651 재위)을 거쳐 비로소 양공에게로 이르는데, 대공 · 무공 · 선공 때로부터 너무나 거리가 멀다. 정고보가 양공을 기리는 송을 지을 수가 없었을 것이다."(通釋)라고 하였다.

그런데 「은나라의 무용」 시를 보면 송나라 양공을 기렸음에 틀림없다. 다만 정고보의 작품은 아닐 것이다. 다른 편들도 송 양공 때 작품인 듯하다. 양공은 어짐과 의로움의 윤리를 닦아 일시 패자(覇者)가 되었으며 스스로 은나라 임금의 후손임을 생각하고 예악을 제정하여 주나라를 본떴으니 이러한 송을 지었다는 것은 자연스러운 일이다. 마치 노나라의 희공과 비슷하다. 지금은 12편 가운데 다섯 편만이 남아있는데 그 문장은 주송과 대아의 형식을 따르고 있으며, 「은나라의 무용」에서 읊은 사실 같은 것은 송 양공이 아니면 못 읊을 내용이다. 상송은 상나라 때에 지은 것이 아니라 그 후손인 송나라에서 지은 것이다(釋義).

1. 굉장하기도 해라(那)

<small>의 여 나 여</small>
猗與那與여!   굉장하기도 해라!

<small>치 아 도 고</small>
置我鞉鼓하고   자루 달린 북 큰북 벌여놓고

<small>주 고 간 간</small>
奏鼓簡簡하니   둥둥 북 울리니

<small>간 아 열 조</small>
衎我烈祖로다.   우리 공 많으신 조상님 즐거워하시네.

<small>탕 손 주 격</small>
湯孫奏假하니   탕임금의 손자 양공이 신의 강림 비니

<small>수 아 사 성</small>
綏我思成이로다.   많은 복을 내려 우리를 편케 하네.

<small>도 고 연 연</small>
鞉鼓淵淵하고   자루 달린 북 큰북 덩덩 울리고

<small>혜 혜 관 성</small>
嘒嘒管聲이로다.   삐삐 관악기 소리 나네.

<small>기 화 차 평</small>
旣和且平하여   조화되고 고르게

<small>의 아 경 성</small>
依我磬聲이로다.   경소리를 따르네.

<small>오 혁 탕 손</small>
於赫湯孫이여!   아아, 빛나는 탕임금의 손자여!

<small>목 목 궐 성</small>
穆穆厥聲이로다.   그 음악 아름답기도 하네.

<small>용 고 유 역</small>
庸鼓有斁하고   큰 종과 북소리 한데 어울리고

<small>만 무 유 혁</small>
萬舞有奕하니,   춤은 무르익는데,

<small>아 유 가 객</small>
我有嘉客이   참석한 우리의 손들은

<small>역 불 이 역</small>
亦不夷懌이로다.   크게 기꺼워하네.

<small>자 고 재 석</small>
自古在昔에   옛날부터

先民有作하니　　옛 분들이 이룩해 놓으신 규범 있으니
溫恭朝夕하고　　아침저녁으로 따뜻이 공경하고
執事有恪하니라.　일을 함에 신중한 것이라네.
顧予烝嘗하시니　우리 제사를 신께서 받아 드시는데
湯孫之將이로다.　이 제사는 탕임금의 손자가 올리시는 거라네.

註解　□猗那(의나) – 의나(猗儺) 또는 아나(阿難)와 같은 말로, 아름답고 굉장한 모양(通釋). □與(여) – 조사, 혜(兮)와 같은 말(經傳釋詞). □鼗(도) – 도(鼓)와 같은 글자로, 손에 들고 흔들도록 자루가 달린 작은북. 주송「장님 악공(有瞽)」시에 보임. □簡簡(간간) – 소리가 큰 모양(鄭箋). □衎(간) – 낙(樂)의 뜻(毛傳), 즐거워하다. □烈祖(열조) – 많은 공이 있는 조상, 탕(湯)임금을 말함(毛傳). □湯孫(탕손) – 제사를 지내는 탕임금의 손자, 송(宋)나라 양공(襄公)을 가리키는 듯하다(釋義). □奏(주) – 진(進), 나아오다. □假(격) – 격(格)의 뜻으로, 신이 내림(來臨)하는 것. '주격(奏假)'은 신이 내림하는 것, 또는 신의 내림을 비는 것. 여기서는 후자의 뜻임(釋義). □綏(수) – 편안한 것. □思(사) – 조사. □成(성) – 비(備)와 통하여 '복(福)'의 뜻. 이 구절은 '많은 복으로 우리를 편케 해주신다'는 뜻(通釋). □淵淵(연연) – 북소리가 나직하고 굵게 울리는 모양. □嘒嘒(혜혜) – 관악기의 소리를 형용한 것임. □和平(화평) – 악기 소리가 잘 조화됨을 말한 것임. □於(오) – 감탄사. □赫(혁) – 빛나다. □穆穆(목목) – 아름다운 것(鄭箋). □厥聲(궐성) – 연주하는 악기들의 소리. □庸(용) – 용(鏞), 큰 종. □有斁(유역) – 역연(斁然)으로 잘 어울리어 굉장한 모양(毛傳). □萬舞(만무) – 문무(文舞)・무무(武舞)를 모두 가리킴. □有奕(유혁) – 혁연(奕然)으로 역시 굉장한 모양(釋義). □嘉客(가객) – 훌륭한 손님, 제사를 도우러 온 손님들. □不(불) – 비(丕)의 뜻, 크게, 매우. □夷懌(이역) – 기뻐하다. □有作(유작) – 작위(作爲)가 있는 것, 곧 어떤 규범을 이룩하여 놓은 것을 말한다. 그리고 이 유작은 다음의 '조석(朝夕)'을 말한다. □朝夕(조석) – 소아「끝없는 비(雨無正)」의 '막긍조석(莫肯朝夕)'의 '조석'과 같은 말로, 조석으로 조정에서 만나는 것을 말한다. 이 말은 제사를 돕

고 있는 사람들에게 한 것이다. □恪(각)-삼가다, 신중히 하다. □顧(고)-탕(湯)임금의 신령이 돌아보는 것, 곧 제사를 흠향하는 것. □烝(증)-상(嘗)과 함께 제사의 이름. □將(장)-받들어 올리다.

[解說] 「모시서」에 이 시는 탕임금을 제사지내는 것이다. 미자로부터 대공(戴公)에 이르는 사이에 예악이 어지러워지고 무너졌었는데, 정고보라는 사람이 주나라 태사(太師)로부터 상송 12편을 얻었다. "굉장하기도 해라(那)」 시가 첫 번째였다."고 해설하고 있다.

  그러나 그 후손인 송나라 양공이 은나라 부흥의 대야망을 품고 탕임금께 제사드리는 시라고 여겨진다(앞의 상송 해설 참조). 위원(魏源)은 탕의 손자 태갑(太甲)이 탕을 제사지내는 시라 하였다(『詩古微』卷六).

▲ 탕(湯)임금

2. 공 많으신 조상(烈祖)

嗟嗟烈祖(차차열조)여!   아아, 공 많으신 조상이여!

有秩斯祜(유질사호)로다.   받은 복 크기도 하네.

申錫無疆(신석무강)하여   끝없이 거듭 복을 내리시어

及爾斯所(급이사소)로다.   지금까지 이르렀네.

旣載淸酤(기재청고)하니   맑은 술 차려놓으니

賚我思成(뢰아사성)하고   우리에게도 복을 내려주시고

亦有和羹(역유화갱)하니   갖은 양념한 국도 있는데

旣戒旣平(기계기평)이로다.   조심조심 잘 간을 맞추었네.

鬷假無言(종격무언)하여   말 없이 신의 강림을 빌어

時靡有爭(시미유쟁)하니,   아무런 다툼도 없게 되니,

綏我眉壽(수아미수)하여   우리를 오래도록 수하여

黃耉無疆(황구무강)이로다.   한없이 오래 살게 하실 걸세.

約軧錯衡(약기착형)이오   가죽으로 묶은 바퀴통과 채색 무늬의 멍에 달린 수레 타고 오는데

八鸞鶬鶬(팔란창창)이로다.   여덟 개 말방울만 짤랑짤랑 울리네.

以假以享(이격이향)하니   신의 강림을 빌고 제사 드리는데

我受命溥將(아수명부장)이로다.   우리는 천자의 명을 받고 널리 제사를 돕네.

자 천 강 강
　　自天降康하여　　　하늘이 편히 살 복 내리시어
　　풍 년 양 양
　　豐年穰穰이로다.　　풍성한 풍년이 들었네.
　　내 격 래 향
　　來假(來饗)하여　　신께서도 강림하셔서 제사 흠향하시며
　　강 복 무 강
　　降福無疆이로다.　　한없는 복 내려주시네.
　　고 여 증 상
　　顧予烝嘗하시니　　우리 제사를 신께서 돌보시는데
　　탕 손 지 장
　　湯孫之將이니라.　　탕임금의 손자가 올리시는 제사라네.

註解　□嗟嗟(차차) – 아아, 감탄사임. □烈祖(열조) – 여기에서도 탕임금을 가리킴. □秩(질) – 『경의술문(經義述聞)』에 '큰 모양〔大貌〕'이라 하였다. '유질(有秩)'은 질연(秩然). □祜(호) – 복. □申(신) – 거듭되는 것. □錫(석) – 내려주다. '신석(申錫)'은 거듭하여 복을 내리시는 것. □斯所(사소) – 이곳, 이때의 임금님을 가리킨다. 이때의 임금은 역시 송나라 양공일 가능성이 많다. □載(재) – 설(設)의 뜻, 차려놓다. 대아「한산 기슭(旱麓)」시 참조. □酤(고) – 술. □賚(뢰) – 주다. □成(성) – 복(福)의 뜻. 앞「굉장하기도 해라」시 참조. □和羹(화갱) – 오미(五味)를 조화시켜 끓인 국(鄭箋). □戒(계) – 신중히 하다, 조심하다. □平(평) – 화(和)의 뜻으로 맛이 잘 조화되는 것(集傳). □鬷假(종격) – 『중용』에 '주격(奏假)'으로 인용되어 있으며(集傳), '신의 강림을 비는 것'. 앞「굉장하기도 해라」시 참조. □時靡有爭(시미유쟁) – 다툼이 없는 것. □耉(구) – 오래 사는 것. □約(약) – 가죽으로 수레바퀴 통을 묶는 것. □軝(기) – 수레바퀴 통. □錯(착) – 채색 무늬의 뜻. □衡(형) – 수레의 멍에. □鸞(란) – 말방울. 팔란(八鸞)은 네 마리 말 양편에 달린 방울. □鶬鶬(창창) – 창창(瑲瑲)과 같은 말로, 방울 소리. 이상 2구절은 소아「시화를 뜯으러(采芑)」시에 보임. □假(격) – 신의 강림을 비는 것. □享(향) – 제사드리는 것. □溥(부) – 널리. □將(장) – 돕다, 제사를 돕는 것. □降康(강강) – 강녕(康寧)을 내려주시는 것. □穰穰(양양) – 풍성한 모양. □來(래) – 시(是)와 같은 조사. □假(격) – 신이 강림하시는 것. □饗(향) – 흠향하다.

解説 이것도 탕임금을 제사지내는 노래이다. 「모시서」에선 상(商)나라 중종(中宗 : 탕임금의 고손자)을 제사하는 노래라 하였다. 내용으로 볼 때 탕임금을 송나라 양공이 제사지내는 것이라 여겨진다.

3. 제비(玄鳥)

天命玄鳥하사　　　　하늘이 제비에게 명하여

降而生商하고　　　　내려와 상나라 조상을 낳게 하고

宅殷土芒芒이시로다.　광대한 은나라 땅을 다스리게 하셨네.

古帝命武湯하사　　　옛날에 하늘이 용맹하신 탕임금께 명하시어

正域彼四方하시니라.　온 세상의 땅을 바로 다스리게 하셨네.

方命厥后하고　　　　그리고 널리 제후들에게 명을 내리시고

奄有九有로다.　　　　모든 나라 다스리게 되었네.

商之先后이　　　　　상나라의 옛 임금님들께서는

受命不殆하여　　　　받으신 하늘의 명 잘 보전하시어

在武丁孫子시니라.　　손자 무정 임금에게까지 이르렀네.

武丁孫子는　　　　　손자 무정 임금은

武王靡不勝하니,　　　용맹하신 탕임금만 못하신 것 없으시니,

龍旂十乘으로　　　　용 기 꽂은 열 채의 수레로

대 치 시 승
大糦是承이로다.　　많은 제물 갖다 바치네.

방 기 천 리
邦畿千里는　　사방 천리의 천자가 직접 다스리는 땅은

유 민 소 지
維民所止니　　백성들이 머물러 사는 곳인데

조 역 피 사 해
肇域彼四海로다.　　여기서 시작하여 온 세상을 다스리셨네.

사 해 래 격
四海來假하니　　온 세상 제후들이 제사 도우러

내 격 기 기
來假祁祁로다.　　시끌시끌 많이도 몰려오네.

경 원 유 하
景員維河며　　큰 나라 땅은 황하에 걸쳐 있고

은 수 명 함 의
殷受命咸宜라　　은나라의 받은 명은 모두가 합당하여

백 록 시 하
百祿是何로다.　　갖가지 복을 받게 되었네.

註解　□玄鳥(현조)-제비. 고신씨(高辛氏)의 비(妃) 간적(簡狄:有娀氏의 딸)은 제비 알을 삼키고서 설(契)을 낳았다 한다. 설은 요(堯)임금 때의 사도(司徒)로서 공을 세워 상(商)땅에 봉함을 받았다(鄭箋). □商(상)-상나라의 시조 설(契)을 말한다. □宅(택)-살며 다스리는 것. □殷土(은토)-은나라 땅. □芒芒(망망)-큰 모양(毛傳). □古帝(고제)-옛날의 상제(上帝). □武湯(무탕)-무공 있는 탕임금의 뜻. □正域(정역)-나라 땅을 바로 다스리는 것(通釋). □方(방)-방(旁)과 옛날에는 통하여, '두루', '널리'의 뜻. □后(후)-제후들(集傳). □九有(구유)-구역(九域), 모든 나라들. 『문선(文選)』 주(注)에는 『한시(韓詩)』를 인용 '구역'으로 쓰고 있다. 옛날에는 '구주(九州)'의 뜻이라 하였으나, '구역(九域)'으로 봄이 옳다(釋義). □不殆(불태)-위태롭지 않게 정치를 잘하는 것. □武丁(무정)-은나라를 중흥시킨 임금. □孫子(손자)-자손의 뜻. □武王(무왕)-무공 있는 임금으로, 탕임금을 가리킨다(集傳). □靡不勝(미불승)-'아무것도 못한 것이 없다'는 뜻. □龍旂(용기)-제후들이 꽂는 교룡(交龍)을 그린 깃발. □糦(치)-희(饎)와 같은 글자. '대치(大糦)'는 성찬(盛饌)을 말하며, 제사에 쓰이는

술과 음식. □承(승)-진봉(進奉)의 뜻. 여기서는 제후들이 많은 술과 음식을 장만해 가지고 제사를 도우러 오는 것을 말한다. □邦畿(방기)-왕기(王畿)로서, 천자가 직접 다스리는 지역. □止(지)-머물러 사는 것. □肇域(조역)-세상 땅을 다스리기 시작하는 것. □假(격)-지(至), 이르다(鄭箋). 본시는 신의 강림을 뜻하는 글자였으나 뒤에 일반화되어 '온다'는 뜻이 생긴 것이다. 여기서는 온 세상의 임금들이 천자를 뵈려고 찾아옴을 말한다(釋義). □祁祁(기기)-수가 많은 모양(鄭箋). □景(경)-큰 것. □員(원)-영토, 나라 땅의 너비. □河(하)-황하. 이 구절은 광대한 은나라의 영토가 황하에 걸쳐 있었다는 뜻(釋義). □宜(의)-합당한 것. □何(하)-하(荷)와 통하여 복을 누리는 것.

|解說| 이 시는 은나라의 고종(高宗) 무정(武丁) 임금을 제사하는 것이다(「모시서」). 무정은 상나라 제20대 임금으로 그의 백부 반경(盤庚) 임금이 수도를 은으로 옮기고 국호를 은이라 고친 뒤, 상나라를 중흥시켰던 위대한 임금이다.

4. 오래 두고 나타남(長發)

濬哲維商에 　　　　예지 있고 명철한 상나라 임금에게
長發其祥이로다. 　　오래 두고 상서가 나타났네.
洪水芒芒이어늘 　　장마물이 질펀 하자
禹敷下土方하고, 　　우임금이 세상 땅을 다스리고,
外大國是疆하여 　　밖의 큰 나라들을 강역 속에 집어넣어
幅隕旣長이로다. 　　나라 땅이 커졌네.
有娀方將이러니 　　유융씨의 딸을 맞아오니

帝立子生商하시니라. 하늘은 자식을 점지하여 상나라 조상을 낳게 하셨네.

玄王桓撥하사 설께서는 크게 잘 다스리시어
受小國是達하고 작은 나라를 맡아 정치를 잘하였고
受大國是達이로다. 큰 나라를 맡아서도 정치를 잘하였네.
率履不越하니 예법을 따라 도를 넘지 않으니
遂視旣發이로다. 두루 법도가 행하여지게 되었네.
相土烈烈하여 설의 손자 상토도 위엄과 용기가 있으시어
海外有截이로다. 나라 밖까지도 안정되게 하셨네.

帝命不違하사 하늘의 명은 어김없으시어
至于湯齊하시니라. 탕임금에 이르러 큰 공 이루게 하셨네.
湯降不遲하여 탕임금은 꼭 알맞게 나오시어
聖敬日躋로다. 그 성스럽고 공경하는 덕을 날로 높이셨네.
昭假遲遲하고 오래 두고 신의 강림 비시고
上帝是祗하니 하늘만을 공경하시니
帝命式于九圍하시니라. 하늘은 모든 나라가 법도로 삼도록 명하시었네.

^{수 소 구 대 구}
受小球大球하여   작은 법 큰 법 모두 하늘에서 받아

^{위 하 국 체 류}
爲下國綴旒하니   온 세상의 본보기가 되시니

^{하 천 지 휴}
何天之休로다.   하늘의 복 주심을 누리게 되었네.

^{불 경 불 구}
不競不絿하고   다투지 않고 서두르지도 않고

^{불 강 불 유}
不剛不柔하여   강하지도 않고 부드럽지도 않게

^{부 정 우 우}
敷政優優하니   정치를 베푸시기를 잘 하시니

^{백 록 시 주}
百祿是遒로다.   여러 가지 복이 다 모여들었네.

^{수 소 공 대 공}
受小共大共하여   작은 법도 큰 법도 모두 하늘로부터 받아

^{위 하 국 준 방}
爲下國駿厖하니   세상 나라들을 크게 감싸주니

^{하 천 지 룡}
何天之龍이로다.   하늘의 은총을 누리게 되었네.

^{부 주 기 용}
敷奏其勇하여   그의 무용을 널리 펴서

^{부 진 부 동}
不震不動하고   떨리지도 움직이지도 않게 하고

^{불 난 불 송}
不戁不竦하니   겁내지도 두려워하지도 않게 하니

^{백 록 시 총}
百祿是總이로다.   여러 가지 복록이 다 모여들었네.

^{무 왕 재 패}
武王載旆하고   용맹하신 탕임금께선 깃발 세우고

^{유 건 병 월}
有虔秉鉞하니,   공경히 도끼 잡으시니,

^{여 화 열 렬}
如火烈烈하여   불꽃이 훨훨 타오르듯

즉 막 아 감 알	
則莫我敢曷이로다.	아무도 당해내지 못하였네.

포 유 삼 얼
苞有三蘖이 하나라 뿌리에서 난 움 같은 세 나라들도

막 수 막 달
莫遂莫達하고 꼼짝을 못하게 되고

구 유 유 절
九有有截이로다. 모든 나라들이 따르게 되었네.

위 고 기 벌
韋顧旣伐하고 위나라와 고나라를 치시고

곤 오 하 걸
昆吾夏桀이로다. 또 곤오를 친 다음 하나라 걸임금도 치셨네.

석 재 중 엽
昔在中葉하여 옛날 탕임금 전의 중세에는

유 진 차 업
有震且業이러니, 떨리고 위태로웠는데,

윤 야 천 자
允也天子께 진실한 천자께

강 우 경 사
降于卿士하시니 훌륭한 신하까지 내려주시니

실 유 아 형
實維阿衡이오 바로 아형 이윤이 그분이며

실 좌 우 상 왕
實左右商王이로다. 그분이 상나라 임금님을 보좌하신 거라네.

註解　□濬(준)-마서진(馬瑞辰)은 예(睿)의 가차로서, 예지(睿智)의 뜻이라 하였다(通釋). □哲(철)-명철(明哲), 밝은 것. □商(상)-상나라 임금. □長(장)-구(久)의 뜻(鄭箋), '오래 두고'. □發(발)-상서가 '나타나는 것'. □芒芒(망망)-넓고 큰 모양. □敷(부)-포(鋪)와 뜻이 통하여, '펴다, 잘 다스리다. □下土方(하토방)-하국(下國) 밑의 나라, 세상. 이 구절은 우(禹)임금이 세상의 강물과 땅을 다스린 이후로 상나라가 있게 되었다는 뜻임. □外(외)-왕기(王畿)의 밖. □大國(대국)-큰 나라, 왕기 밖의 제후들. □疆(강)-모두 영토 안에 넣는 것. □幅隕(폭원)-나라 땅의 넓이. □長(장)-장대(長大), 길고 큰 것. □有娀(유

융)-나라 이름. 옛 땅은 대략 지금의 산서성(山西省) 영제현(永濟縣) 근처에 있었다. 설(契)의 어머니 간적(簡狄)은 유융씨의 딸이었으므로, 여기서 유융은 간적을 가리킨다. ロ將(장)-'백량장지(百兩將之)'의 장(將)과 같은 뜻으로, 결혼 때 신부를 맞이하여 오는 것을 말한다(釋義). ロ立子生商(입자생상)-하느님이 제비에게 명하여 알을 보내어 간적이 이를 삼키고 설을 낳아 상나라의 선조가 되게 한 것을 말한다. ロ玄王(현왕)-임금 설(契)임(毛傳). ロ桓(환)-큰 것. ロ撥(발)-다스리는 것(毛傳). ロ受(수)-천자로부터 위임받는 것. ロ達(달)-정치를 통달되게 잘하는 것. 임금은 처음에 설을 작은 나라에 봉하였는데, 순임금 말년에 이르러 땅을 더 붙여주어 큰 나라가 되었다 한다(鄭箋). ロ率(솔)-따르다. ロ履(리)-예(禮)의 뜻(毛傳). ロ不越(불월)-예법에 벗어나지 않는 것. ロ遂(수)-'두루'(鄭箋). ロ發(발)-법(灋)과 옛날에는 통용되어(詩經新證), 법도가 행하여지는 것. ロ相土(상토)-설(契)의 손자 이름(毛傳). ロ烈烈(열렬)-위엄이 있고 용기가 있는 모양(鄭箋). ロ海外(해외)-'사해의 밖까지'. ロ截(절)-가지런한 것. '유절(有截)'은 절연(截然)과 같은 말로, 사해의 밖까지 모두 깨끗이 다스려졌다는 뜻임. ロ齊(제)-제(濟)와 통하여, 성공의 뜻(釋義). '지우탕제(至于湯齊)'는 '탕임금에 이르러 큰 공을 이루었다'는 뜻임. ロ降(강)-생(生)의 뜻(集傳). ロ不遲(부지)-늦지 않고 때에 꼭 알맞은 것. ロ日躋(일제)-날로 승진되는 것. ロ昭假(소격)-신의 강림을 비는 것(釋義). ロ遲遲(지지)-오랫동안(集傳). ロ圍(위)-성(城)·유(有)와 모두 뜻이 통하여, '구위(九圍)'는 모든 나라들을 뜻함(通釋). ロ受(수)-하늘로부터 받는 것. ロ球(구)-공(共)과 함께 모두 법의 뜻. 구(球)는 구(捄), 공(共)은 공(拱)과 같은 뜻인데, 『광아(廣雅)』에 '공(拱)과 구(捄)는 법의 뜻'이라 하였다(經義述聞). ロ綴(체)-표(表)의 뜻(毛傳). ロ旒(류)-장(章)의 뜻(毛傳). '체류(綴旒)'는 밑의 제후들의 나라의 표장(表章), 곧 '본보기'의 뜻. ロ何(하)-하(荷)와 통함, 짊어지다. ロ休(휴)-복의 뜻. ロ不競(불경)-다투지 않는 것. ロ不絿(불구)-서두르지 않는 것. ロ敷(부)-펴다. ロ優優(우우)-훌륭하고 부드러운 모양. ロ遒(주)-모여들다. ロ小共大共(소공대공)-앞의 '소구대구(小球大球)' 주(註) 참조. ロ厖(방)-『순자(荀子)』 영욕(榮辱)편 및 『대대례(大戴禮)』 장군문자(將軍文子)편에 모두 '몽(蒙)'으로 인용하고 있다. '몽'은 뒤집어쓴다는 뜻으로, '준방(駿厖)'은 여러 나라들이 모두 그 보호를 받음을 뜻한다(通釋). ロ龍(용)-총(寵)의 뜻(鄭箋). 은총. ロ奏(주)-펴는 것. '부주(敷奏)'

는 널리 펴는 것. □戁(난)-두려워하다. □竦(송)-두려워하다. □總(총)-모이다. □武王(무왕)-탕(湯)임금(毛傳). □斾(패)-깃발. 깃발을 세운다는 것은 전쟁을 하려는 것이다. □有虔(유건)-건연(虔然), 경건한 모양. □鉞(월)-무기로 쓰이던 도끼. □曷(알)-알(遏)과 통함, 막다.『순자』의병(議兵)편,『한서』형법지(刑法志)엔 모두 '알(遏)'로 인용되고 있다. □苞(포)-밑뿌리. 하나라에 비유한 것임. □三櫱(삼얼)-3개의 움. 뒤에 나오는 하나라를 따르는 위(韋)나라와 고(顧)나라 및 곤오(昆吾) 세 나라를 말하는 것이다(集傳). □遂(수)-달(達)과 함께 모두 순조롭게 자라는 것. □九有(구유)-구역(九域), 모든 나라들. □有截(유절)-절연(截然)으로 모두가 정연히 따르는 것. □韋(위)-지금의 하남성 활현(滑縣)에 있던 나라. □顧(고)-지금의 산동성 범현(范縣)에 있던 나라. □昆吾(곤오)-지금의 하북성(河北省) 복양현(濮陽縣)에 있던 나라. 탕임금은 먼저 걸(桀)임금을 따르던 위·고·곤오의 세 나라를 친 다음 하나라를 쳤던 것이다. □中葉(중엽)-중세. 탕임금이 아직 일어나지 않았을 때. □業(업)-위(危), 위태로운 것(毛傳). □有震且業(유진차업)-나라의 정세가 불안했음을 말한다. □卿士(경사)-높은 벼슬아치, 뒤의 아형(阿衡)을 가리킨다. □阿衡(아형)-벼슬 이름으로 이윤(伊尹)을 말한다. 이윤은 탕임금의 재상으로 상나라를 세우는 데 지대한 공을 세운 사람이다. □左右(좌우)-좌우(佐佑)로서 보좌의 뜻.

▲ 하나라 우임금의 입상

解說 「모시서」에선 이 시는 대제(大禘) 때 부른 노래라 하였다. 대제란 하늘과 선조를 제사하는 나라의 큰 행사이다.

주희는 대제엔 여러 묘당에 모신 신들까지 제사하는 것은 아니므로 합제(祫祭) 때의 시인 듯하다고 했다. 합제란 선조들을 태조 묘에서 한꺼번에 제사지내는 것이다.

그러나 내용으로 볼 때 역시 송나라 양공이 그의 조상 탕임금을 제사지내는 시가 아닌가 한다.

5. 은나라의 무용(殷武)

달 피 은 무 撻彼殷武이	용감하고 씩씩한 은나라의 무인이
분 벌 형 초 奮伐荊楚로다.	일어나 초나라를 쳐부수었네.
미 입 기 조 采入其阻하여	그 험한 땅에까지 깊이 들어가
부 형 지 려 裒荊之旅하고,	초나라의 군사들을 포로로 잡고,
유 절 기 소 有截其所하니	그 나라를 다스리니
탕 손 지 서 湯孫之緒로다.	탕임금의 자손들의 공로일세.

유 여 형 초 維女荊楚이	그대들 초나라는
거 국 남 향 居國南鄉이로다.	남쪽 땅을 차지하고 있네.
석 유 성 탕 昔有成湯하니	옛날 탕임금 때에는
자 피 저 강 自彼氐羌이	그곳으로부터 저나라 강나라에 이르기까지

막 감 불 래 향
莫敢不來享하고　　모두 조공을 왔고

막 감 불 래 왕
莫敢不來王하여　　모두 천자를 섬기어

왈 상 시 상
曰商是常이니라.　　상나라만을 받들었네.

천 명 다 벽
天命多辟하사　　하늘은 여러 제후들에게 명하시어

설 도 우 우 지 적
設都于禹之績이로다. 우임금이 다스리신 땅에 나라를 세우게 하였네.

세 사 내 벽
歲事來辟하니　　해마다 내조(來朝)하여 천자님 뵈니

물 여 화 적
勿予禍適하고　　잘못을 추궁 당하는 일 없게 되었고

가 색 비 해
稼穡匪解로다.　　농사일도 게을리 하지 않게 되었네.

천 명 강 감
天命降監이니　　하늘의 명은 아래 백성들을 보살피어

하 민 유 엄
下民有嚴이로다.　　밑의 백성들을 엄연히 다루게 하셨네.

불 참 불 람
不僭不濫하고　　지나치거나 함부로 벌주지 말고

불 감 태 황
不敢怠遑이로다.　　감히 게을리 해서는 안 되네.

명 우 하 국
命于下國하여　　밑의 나라에 명하시어

봉 건 궐 복
封建厥福하니라.　　땅을 떼어 주고 그곳을 다스리게 하였네.

상 읍 익 익
商邑翼翼하니　　상땅의 도읍은 정연하니

사 방 지 극
四方之極이로다.　　온 세상의 중앙이 되네.

혁 혁 궐 성
赫赫厥聲하고　　그의 명성 대단하고

| 탁탁궐령 | |
| 濯濯厥靈이로다. | 그의 정치 업적 빛나네. |

수 고 차 녕
壽考且寧하여　　　　오래도록 수하고 안녕하시어

이 보 아 후 생
以保我後生이로다.　　우리 백성들 보호하실 것이네.

척 피 경 산
陟彼景山하니　　　　경산에 올라가니

송 백 환 환
松栢丸丸이로다.　　　소나무와 잣나무 쭉쭉 뻗어 있네.

시 단 시 천
是斷是遷하여　　　　이것을 자르고 옮겨다가

방 착 시 건
方斲是虔하니,　　　　깎고 자르고 하니,

송 각 유 천
松桷有梴하고　　　　모진 서까래 길쭉길쭉하고

여 영 유 한
旅楹有閑하며　　　　많은 기둥 굵직굵직하며

침 성 공 안
寢成孔安이로다.　　　매우 평온히 궁전 이룩하네.

註解　□撻(달)－용감하고 씩씩한 모양(通釋). □殷武(은무)－은나라의 무인. 이 시는 송나라 양공을 기린 것으로서 춘추시대에는 송나라를 은상(殷商)이라 흔히 불렀다. □奮(분)－떨치고 일어나는 것. 송나라 양공이 초나라를 친 기사로는 『좌전』에 의하면 노(魯)나라 희공(僖公) 15년에 양공은 무구(牡丘)에서 제후들과 회맹하여 초나라를 쳐 서(徐)나라를 구할 것을 모의했고, 22년에는 초나라 사람들과 홍(泓)땅에서 싸워 송나라 군대들이 졌다. 송시(頌詩)엔 아무래도 과분한 찬사가 들어가기 마련이다. 또 이전 노나라 희공 4년에는 제(齊)나라를 따라 송나라 환공(桓公)이 초나라를 쳤는데 이것까지 아울러 노래하고 있는 것인지도 모른다(鄭箋). □采(미)－깊은 것. □阻(조)－초나라의 험준한 곳. □裒(부)－부(捊)와 통하여, 포로로 잡는 것(經義述聞·通釋). □旅(려)－초나라 군사들. □有截(유절)－절연(截然)으로, 정제히 다스리는 것. □其所(기소)－'그곳', 초땅을 가리킴. □湯孫(탕손)－송나라 양공임. □緖(서)－선조의 유업. 제1절은 송양공

의 공적을 노래한 것이다. ▫南鄕(남향)-남향, 남방의 뜻. 초는 송나라 남방에 있었다. ▫彼(피)-초나라를 가리킴. ▫氐(저)-오랑캐 이름. ▫羌(강)-오랑캐. 저·강은 모두 서방에 있던 오랑캐 나라 이름. 享(향)-공물을 바쳐 오는 것. ▫來王(내왕)-천자로서 섬기는 것. ▫王(왕)-먼 곳의 제후가 1세(世)에 적어도 천자를 한 번은 알현하는 것(鄭箋). ▫曰(왈)-조사. ▫常(상)-尙(상)과 통용되어, '받드는 것'. 이 제2절은 송나라의 조상인 상나라 탕임금의 업적을 노래한 것이다. ▫辟(벽)-제후들. ▫設都(설도)-도읍을 이룩하는 것, 곧 나라를 세우는 것. ▫禹之績(우지적)-우(禹)임금이 강물과 산을 다스린 땅. ▫歲事(세사)-해마다 천자를 찾아뵙는 일(鄭箋). ▫來辟(내벽)-와서 천자를 찾아 뵙는 것. ▫禍(화)-과(過), 잘못(經義述聞). ▫適(적)-적(謫)과 통함(通釋), 꾸짖다. ▫稼穡(가색)-농사를 말함. ▫解(해)-해(懈)와 통함, 게으르다. 이 제3절은 상나라가 강성할 때 제후들이 모두 복종하던 일을 노래한 것이며, 한편 주나라 천자 밑에 있는 송나라의 숨겨진 야망이 엿보인다. ▫有嚴(유엄)-엄연의 뜻으로, 금문에 자주 뵈는 글귀임. 왕국유(王國維)는 「여우인논시서중성어서(與友人論詩書中成語書)」에서 "천명강감(天命降監), 하민유엄(下民有嚴)이란 말은 뜻으로 볼 때 천명유엄(天命有嚴), 강감하민(降監下民)이라 봄이 좋다. 이처럼 구절을 전도시킨 것은 운을 맞추기 위한 것이다."라고 하였다. ▫降監(강감)-아래로 내려다보며 살피는 것임. ▫僭(참)-분수에 지나친 것. ▫濫(람)-형벌을 함부로 쓰는 것. ▫不敢怠遑(불감태황)-잠시도 정치를 게을리하지 않는 것. ▫封建(봉건)-땅을 나누어주고 다스리게 하는 것. ▫福(복)-복(服)과 통하여(詩經新證), 그곳을 다스리는 것. 이 제4절도 상나라 임금이 부지런히 정치에 종사하였음을 노래한 것이다. 송나라 양공은 이러한 위대한 전통을 계승하였다는 것이다. ▫商邑(상읍)-송나라 도읍을 말한다. 송나라는 상구(商丘)에 도읍하고 있었다. ▫翼翼(익익)-정연한 모양(集傳). ▫極(극)-중앙, 가운데. ▫赫赫(혁혁)-밝고 성한 모양. ▫厥聲(궐성)-송나라 양공의 명성. ▫濯濯(탁탁)-밝고 빛나는 모양(集傳). ▫靈(령)-영(令)과 옛날에는 통용되어, 여기서는 양공의 정치 명령 또는 정치 업적을 말한다(釋義). 이 제5절은 앞에서 읊은 상나라의 전통을 계승한 송나라 양공의 치적을 노래한 것이다. ▫景山(경산)-상구 부근에 있는 산 이름(王國維〈說商頌〉下). ▫丸丸(환환)-곧은 모양(毛傳). ▫遷(천)-운반의 뜻. ▫斵(착)-깎다. ▫虔(건)-절(截)의 뜻(集傳), 자르다. ▫桷(각)-네

모진 서까래. □有梴(유천)-천연(梴然), 나무가 긴 모양. □旅(려)-무리가 많은 것. □楹(영)-기둥. □有閑(유한)-한연(閑然)으로 큰 모양(集傳). □寢(침)-침묘(寢廟)를 모두 가리킴, 곧 궁전과 묘당을 모두 뜻함. 이 끝 구절은 송나라 국위를 상징하는 궁전의 건축을 노래한 것이다.

|解説| 이 시는 송나라 양공을 기린 것이다. 「모시서」에선 은나라 고종(高宗)을 제사하는 시라 하였다.

그러나 역시 송나라 때의 시로 봄이 좋다. 초나라라는 칭호만 보더라도 『춘추』에서 희공(僖公) 원년에 처음 보이는데, 이처럼 늦게 생긴 초나라라는 국호를 이곳에 쓰고 있다는 사실도 이 시가 상나라 때나 서주 때의 작품이 아님을 말해준다.

여러 나라 임금들의 계보(系譜)※

상(商)

탕(湯, B.C. 1766-1754)-태갑(太甲, B.C. 1753-1721)-옥정(沃丁, B.C. 1720-1692)-태강(太康, B.C. 1691-1667)-소갑(小甲)-옹기(雍己)-태무(太戊)-중정(仲丁)-외임(外壬)-하단갑(河亶甲)-조을(祖乙)-조신(祖辛)-강갑(羌甲)-조정(祖丁)-남경(南庚)-호갑(虎甲)-반경(盤庚, B.C. 1401-1374)-소신(小辛)-소을(小乙)-무정(武丁)-조경(祖庚)-조갑(祖甲)-늠신(廩辛)-강정(康丁)-무을(武乙)-문무정(文武丁)-제을(帝乙)-주(紂, B.C. 1154-1122)

송(宋)

미자(微子)-미중(微仲)-송공계(宋公稽)-정공(丁公)-민공(湣公)-양공(煬公)-여공(厲公)-희공(釐公, B.C. 859-831)-혜공(惠公)-대공(戴公)-무공(武公)-선공(宣公)-목공(穆公)-상공(殤公)-송공(宋公)-민공(湣公)-환공(桓公)-양공(襄公)-성공(成公)-소공(昭公)-문공(文公)-공공(共公)-평공(平公)-원공(元公)-경공(景公)-소공(昭公)-도공(悼公)-휴공(休公)-벽공(辟公)-척성(剔成)-원왕언(元王偃, B.C. 328-286)

※ 상(商)·주(周)의 서기 연대는 『歷代帝王年表』(淸 齊召南 지음, 1956 台北 世界書局 編印) 의거.

주(周)

후직(后稷 : 棄) – ············· – 〔빈(豳)〕 공류(公劉)············· – 〔기주(岐周)〕 태왕(太王 : 古公亶父) – 왕계(王季 : 季歷) – 문왕(文王) – 〔서주(西周)〕 무왕(武王, B.C. 1134-1116) – 성왕(成王, B.C. 1115-1079) – 강왕(康王, B.C. 1078-1053) – 소왕(昭王) – 목왕(穆王) – 공왕(共王) – 의왕(懿王) – 효왕(孝王 : 共王의 弟) – 이왕(夷王 : 懿王의 子) – 여왕(厲王) – 선왕(宣王, B.C. 827-782) – 유왕(幽王) – 〔동주(東周)〕 평왕(平王, B.C. 770-720) – 환왕(桓王) – 장왕(莊王) – 희왕(僖王) – 혜왕(惠王) – 양왕(襄王) – 경왕(頃王) – 광왕(匡王) – 정왕(定王) – 간왕(簡王) – 영왕(靈王) – 경왕(景王) – 경왕(敬王) – 원왕(元王) – 정정왕(貞定王) – 고왕(考王) – 위열왕(威烈王) – 안왕(安王) – 열왕(烈王) – 현왕(顯王) – 신정왕(愼靚王) – 난왕(赧王, B.C. 314-256)

노(魯)

백금(伯禽) – 고공(考公) – 척공(煬公) – 유공(幽公) – 위공(魏公) – 여공(厲公) – 헌공(獻公) – 진공(眞公) – 무공(武公) – 의공(懿公) – 효공(孝公) – 혜공(惠公) – 은공(隱公) – 장공(莊公) – 민공(閔公) – 희공(僖公) – 문공(文公) – 선공(宣公) – 성공(成公) – 양공(襄公) – 소공(昭公) – 정공(定公) – 애공(哀公) – 도공(悼公) – 원공(元公) – 목공(穆公) – 공공(共公) – 강공(康公) – 경공(景公) – 평공(平公) – 민공(湣公) – 경공(頃公, B.C. 273-249)

위(衛)

강숙(康叔) — 강백(康伯) — 효백(孝伯) — 사백(嗣伯) — 첩백(庴伯) — 정백(靖伯) — 정백(貞伯) — 경후(頃侯) — 희후(釐侯, B.C. 855-813) — 무공(武公) — 장공(莊公) — 환공(桓公) — 선공(宣公) — 혜공(惠公) — 검모(黔牟) — 혜공(惠公, 복위) — 의공(懿公) — 대공(戴公) — 문공(文公) — 성공(成公) — 목공(穆公) — 정공(定公) — 헌공(獻公) — 상공(殤公) — 헌공(獻公, 복위) — 양공(襄公) — 영공(靈公) — 출공(出公) — 장공(莊公) — 반사(班師) — 군기(君起) — 출공(出公) — 도공(悼公) — 경공(敬公) — 소공(昭公) — 회공(懷公) — 신공(愼公) — 성공(声公) — 성후(成侯) — 평후(平侯) — 사군(嗣君) — 회군(懷君) — 원군(元君) — 군각(君角, B.C. 229-209)

정(鄭)

환공(桓公, B.C. 806-771) — 무공(武公) — 장공(莊公, B.C. 743-701) — 여공(厲公) — 소공(昭公) — 자미(子亹) — 자영(子嬰) — 여공(厲公, 복위) — 문공(文公) — 목공(穆公) — 영공(靈公) — 양공(襄公) — 도공(悼公) — 성공(成公) — 희공(釐公) — 간공(簡公) — 정공(定公) — 헌공(獻公) — 성공(声公) — 애공(哀公) — 공공(共公) — 유공(幽公) — 수공(繻公) — 강공(康公, B.C. 395-375)

제(齊)

태공(太公) — 정공(丁公) — 을공(乙公) — 계공(癸公) — 애공(哀公) — 호공(胡公) — 헌공(獻公) — 무공(武公, B.C. 851-826) — 여공(厲公) — 문

공(文公)-성공(成公)-장공(莊公)-희공(釐公)-양공(襄公)-환공(桓公), B.C. 685-643)-효공(孝公)-소공(昭公)-의공(懿公)-혜공(惠公)-경공(頃公)-영공(靈公)-장공(莊公)-경공(景公)-안유자(晏孺子)-도공(悼公)-간공(簡公)-평공(平公)-선공(宣公)-강공(康公)-환공(桓公)-위왕(威王)-선왕(宣王)-민왕(湣王)-양왕(襄王)-왕건(王建, B.C. 264-221)

당(唐) 곧 〔진(晋)〕

당숙(唐叔)-〔진(晋)〕후섭(侯燮)-무후(武侯)-성후(成侯)-여후(厲侯)-정공(靖公, B.C. 824-841)-희후(釐侯)-헌공(獻公)-목공(穆公)-상숙(殤叔)-문후(文侯)-소후(昭侯)-효후(孝侯)-악후(鄂侯)-애후(哀侯)-소자(小子)-민(緡)-무공(武公)-헌공(獻公)-혜공(惠公)-문공(文公, B.C. 636-628)-양공(襄公)-영공(靈公)-성공(成公)-경공(景公)-여공(厲公)-도공(悼公)-평공(平公)-소공(昭公)-경공(頃公)-정공(定公)-출공(出公)-애공(哀公)-유공(幽公)-열공(烈公)-효공(孝公)-정공(靜公, B.C. 377-376)

진(秦)

비자(非子)-진후(秦侯)-공백(公伯)-진중(秦仲, B.C. 844-822)-장공(莊公)-양공(襄公)-문공(文公)-영공(甯公)-출공(出公)-무공(武公)-덕공(德公)-선공(宣公)-성공(成公)-목공(穆公, B.C. 659-621)-강공(康公)-공공(共公)-환공(桓公)-경공(景公)-애공(哀

公) – 혜공(惠公) – 도공(悼公) – 여공공(厲共公) – 조공(躁公) – 회공(懷公) – 영공(靈公) – 간공(簡公) – 혜공(惠公) – 출자(出子) – 헌공(獻公) – 효공(孝公) – 혜문왕(惠文王) – 무왕(武王) – 소왕(昭王) – 효문왕(孝文王) – 장양왕(莊襄王) – 시황제(始皇帝, B.C. 246-211) – 호해(胡亥, 二世, B.C. 209-207) – 자영(子嬰, 三世, B.C. 207)

진(陳)

호공(胡公) – 신공(申公) – 상공(相公) – 효공(孝公) – 신공(愼公) – 유공(幽公, B.C. 855-832) – 희공(釐公) – 무공(武公) – 이공(夷公) – 평공(平公) – 문공(文公) – 환공(桓公) – 여공(厲公) – 장공(莊公) – 선공(宣公) – 목공(穆公) – 공공(共公) – 영공(靈公) – 성공(成公) – 애공(哀公) – 혜공(惠公) – 회공(懷公) – 민공(湣公, B.C. 501-478)

조(曹)

진탁(振鐸) – 태백(太伯) – 중군(仲君) – 궁백(宮伯) – 효백(孝伯) – 이백(夷伯, B.C. 865-835) – 유백(幽伯) – 대백(戴伯) – 혜백(惠伯) – 목공(繆公) – 환공(桓公) – 장공(莊公) – 희공(釐公) – 소공(昭公) – 공공(共公) – 문공(文公) – 선공(宣公) – 성공(成公) – 무공(武公) – 평공(平公) – 도공(悼公) – 양공(襄公) – 은공(隱公) – 정공(靖公) – 백양(伯陽, B.C. 501-488)

찾아보기

ㄱ

가담게게(葭莢揭揭) ·················· 220
가락군자(假樂君子) ················ 752
가매영탄(假寐永嘆) ················ 573
가백유재(家伯維宰) ················ 553
가보작송(家父作誦) ················ 540
가빈식연수지(嘉賓式燕綏之) ······ 481
가빈식연우사(嘉賓式燕又思) ······ 482
가빈식연이간(嘉賓式燕以衎) ······ 481
가빈식연이낙(嘉賓式燕以樂) ······ 481
가빈식연이오(嘉賓式燕以敖) ······ 446
가색비해(稼穡匪解) ················ 933
가색유보(稼穡維寶) ················ 795
가색졸양(稼穡卒痒) ················ 795
가아기주(駕我騏駴) ················ 364
가아미로(嘉我未老) ················ 607
가아승마(駕我乘馬) ················ 396
가언조동(駕言徂東) ················ 504
가언출유(駕言出遊) ·········· 178, 229

가언행수(駕言行狩) ················ 504
가여여귀(駕予與歸) ················ 286
가여여행(駕予與行) ················ 286
가여오가(可與晤歌) ················ 389
가여오어(可與晤語) ················ 389
가여오언(可與晤言) ················ 389
가의능언(哿矣能言) ················ 561
가의부인(哿矣富人) ················ 547
가이공옥(可以攻玉) ················ 519
가이구관(可以漚菅) ················ 389
가이구마(可以漚麻) ················ 389
가이구저(可以漚紵) ················ 389
가이리상(可以履霜) ·········· 320, 598
가이봉상(可以縫裳) ················ 320
가이분치(可以餴饎) ················ 760
가이서지(可以棲遲) ················ 387
가이신지(歌以訊之) ················ 392
가이요기(可以樂飢) ················ 387
가이위착(可以爲錯) ················ 518
가이일아(假以溢我) ················ 852

가이탁개(可以濯漑) ············ 761	갈우국지(曷又鞠止) ············ 307
가이탁뢰(可以濯罍) ············ 760	갈우종지(曷又從止) ············ 306
가재천명(假哉天命) ············ 693	갈우회지(曷又懷止) ············ 306
가재황고(假哉皇考) ············ 871	갈운기환(曷云其還) ············ 612
가피사락(駕彼四駱) ············ 450	갈운능곡(曷云能穀) ············ 604
가피사무(駕彼四牡) ····· 467, 505, 540	갈운능래(曷云能來) ············ 160
가효비각(嘉殽脾臄) ············ 743	갈월여환귀재(曷月予還歸哉)···247, 248
각경이신(各敬爾身) ············ 560	갈유기망(曷維其亡) ············ 145
각경이의(各敬爾儀) ············ 569	갈유기이(曷維其已) ············ 145
각궁기구(角弓其觩) ············ 904	갈음식지(曷飮食之) ············ 353
각주이능(各奏爾能) ············ 652	갈지담혜(葛之覃兮) ·········· 93, 94
각침찬혜(角枕粲兮) ············ 354	갈지재(曷至哉) ················· 244
간과척양(干戈戚揚) ············ 754	갈혜기녕(曷惠其寧) ············ 807
간관거지할혜(間關車之舝兮) ····· 647	감감고아(坎坎鼓我) ············ 459
간록개제(干祿豈弟) ············ 712	감감벌단혜(坎坎伐檀兮) ········ 329
간록백복(干祿百福) ············ 752	감감벌륜혜(坎坎伐輪兮) ········ 330
간부정방(榦不庭方) ············ 821	감감벌폭혜(坎坎伐輻兮) ········ 329
간아열조(衎我烈祖) ············ 919	감거대방(敢距大邦) ············ 721
간혜간혜(簡兮簡兮) ············ 174	감관사방(監觀四方) ············ 718
갈구오량(葛屨五兩) ············ 306	감기격고(坎其擊鼓) ············ 384
갈기유극(曷其有極) ············ 350	감기격부(坎其擊缶) ············ 384
갈기유상(曷其有常) ············ 350	감심수질(甘心首疾) ············ 235
갈기유소(曷其有所) ············ 349	감여자동몽(甘與子同夢) ········ 299
갈기유활(曷其有佸) ············ 244	감역유광(監亦有光) ············ 599
갈류류지(葛藟纍之)············· 99	감호류지(甘瓠纍之) ············ 481
갈류영지(葛藟縈之)············· 99	강관우상(降觀于桑) ············ 200
갈류황지(葛藟荒之)············· 99	강기사방(綱紀四方) ············ 711
갈불숙옹(曷不肅雝) ············ 136	강복간간(降福簡簡) ············ 860
갈생몽극(葛生蒙棘) ············ 354	강복공개(降福孔皆) ············ 868
갈생몽초(葛生蒙楚) ············ 354	강복공이(降福孔夷) ············ 875
갈여정지(曷予靖之) ············ 667	강복기다(降福旣多) ············ 909

강복무강(降福無疆)	923	개이소명(介爾昭明)	746
강복양양(降福穰穰)	860	개인유번(价人維藩)	774
강상기근(降喪饑饉)	559	개제군자(豈弟君子)	489, 650, 712
강어다대(彊禦多懟)	778		713, 714, 760, 761, 762, 763
강역불토(剛亦不吐)	817	개지부심(漑之釜鬵)	404
강역유과(疆埸有瓜)	626	개풍자남(凱風自南)	157
강역익익(疆埸翼翼)	626	거국남향(居國南鄉)	932
강우경사(降于卿士)	929	거기명특(去其螟螣)	633
강유사(江有氾)	132	거기지양(居岐之陽)	722, 908
강유저(江有渚)	132	거상여허(居常與許)	912
강유타(江有沱)	133	거수일일(擧醻逸逸)	651
강이생상(降而生商)	924	거업유종(廣業維樅)	727
강이하복(降爾遐福)	462	거연생자(居然生子)	736
강즉토지(剛則吐之)	817	거유사씨(楀維師氏)	553
강지백복(降之百福)	907	거이흉긍(居以凶矜)	667
강지영의(江之永矣)	106, 107	거저부진(籧篨不殄)	186
강차국흉(降此鞠訩)	539	거저불선(籧篨不鮮)	186
강차대려(降此大厲)	836	거창일유(秬鬯一卣)	829
강차대려(降此大戾)	539	거하지미(居河之麋)	581
강차모적(降此蟊賊)	795	건공이위(虔共爾位)	821
강한부부(江漢浮浮)	827	건상섭유(褰裳涉洧)	284
강한상상(江漢湯湯)	828	건상섭진(褰裳涉溱)	284
강한지호(江漢之滸)	828	건이원자(建爾元子)	908
개기탄의(嘅其嘆矣)	249	건조설모(建旐設旄)	505
개락음주(豈樂飮酒)	658	건피모의(建彼旄矣)	471
개아오탄(憬我寤嘆)	413	건후이건(乾餱以愆)	459
개역물사(蓋亦勿思)	324, 325	격고기당(擊鼓其鏜)	154
개운귀재(蓋云歸哉)	673	견차량인(見此良人)	344
개운귀처(蓋云歸處)	673	견차찬자(見此粲者)	345
개이경복(介爾景福)	614, 746	견차해후(見此邂逅)	344
개이번지(介以繁祉)	872	견천지매(俔天之妹)	699

견현왈류(見睍曰流) ·············· 665
견현왈소(見睍曰消) ·············· 664
결습기차(決拾旣佽) ·············· 505
결이우양(絜爾牛羊) ·············· 619
겸가창창(蒹葭蒼蒼) ·············· 368
겸가채채(蒹葭采采) ·············· 369
겸가처처(蒹葭淒淒) ·············· 368
경경무마(駉駉牡馬) ········ 896, 897
경경불매(耿耿不寐) ·············· 141
경경재구(嬛嬛在疚) ·············· 878
경공명신(敬恭明神) ·············· 806
경관장장(磬筦將將) ·············· 860
경광히지(頃筐墍之) ·············· 130
경괴옥패(瓊瑰玉佩) ·············· 380
경기영거(慶旣令居) ·············· 824
경명기덕(敬明其德) ·············· 902
경명유복(景命有僕) ·············· 747
경무불의(罄無不宜) ·············· 462
경사지야(京師之野) ·············· 755
경산여경(景山與京) ·············· 200
경시물극(經始勿亟) ·············· 727
경시영대(經始靈臺) ·············· 726
경신위의(敬慎威儀) ····· 768, 783, 903
경실지부(京室之婦) ·············· 715
경영사방(經營四方) ····· 608, 687, 828
경원유하(景員維河) ·············· 925
경이위의(敬爾威儀) ·············· 785
경이위탁(涇以渭濁) ·············· 166
경이재공(敬爾在公) ·············· 863
경이청지(敬而聽之) ·············· 590
경지경지(敬之敬之) ·············· 881

경지영지(經之營之) ·············· 727
경천지노(敬天之怒) ·············· 774
경천지유(敬天之渝) ·············· 774
경피회이(憬彼淮夷) ·············· 905
경행행지(景行行止) ·············· 648
계계오탄(契契寤歎) ·············· 598
계기명의(鷄旣鳴矣) ·············· 298
계기상여(戒其傷女) ·············· 268
계녀사기(季女斯飢) ·············· 409
계명개개(鷄鳴喈喈) ·············· 288
계명교교(鷄鳴膠膠) ·············· 288
계명불이(鷄鳴不已) ·············· 289
계사아일(繼嗣我日) ·············· 475
계서기황지(繼序其皇之) ·········· 854
계서사불망(繼序思不忘) ·········· 878
계서우걸(鷄棲于桀) ·············· 244
계서우시(鷄棲于塒) ·············· 244
계아사려(戒我師旅) ·············· 832
계유판환(繼猶判渙) ·············· 879
계지벽지(啓之辟之) ·············· 719
고고불승(鼖鼓弗勝) ·············· 706
고고자자(皋皋訿訿) ·············· 842
고고출일(杲杲出日) ·············· 234
고공단보(古公亶父) ·············· 704
고구고상(羔裘翶翔) ·············· 400
고구소요(羔裘逍遙) ·············· 399
고구안혜(羔裘晏兮) ·············· 274
고구여고(羔裘如膏) ·············· 400
고구여유(羔裘如濡) ·············· 274
고구표거(羔裘豹袪) ·············· 348
고구표수(羔裘豹褎) ·············· 348

찾아보기 • 945

고구표식(羔裘豹飾)	274	고지인무역(古之人無斁)	716
고랑령종(高朗令終)	746	고지화언(告之話言)	787
고문유항(皐門有伉)	706	고첨주도(顧瞻周道)	404
고반재간(考槃在澗)	217	고훈시식(古訓是式)	816
고반재륙(考槃在陸)	217	곡단우서(穀旦于逝)	386
고반재아(考槃在阿)	217	곡단우채(穀旦于差)	385
고복유왕(考卜維王)	733	곡즉이실(穀則異室)	257
고산앙지(高山仰止)	648	곤오하걸(昆吾夏桀)	929
고성우왕(告成于王)	828	곤의수상(袞衣繡裳)	437
고슬고금(鼓瑟鼓琴)	446, 616	곤이태의(混夷駾矣)	706
고슬취생(鼓瑟吹笙)	445	곤직유궐(袞職有闕)	818
고신기상(考慎其相)	796	공거천승(公車千乘)	910
고아복아(顧我復我)	595	공귀무소(公歸無所)	437
고아즉소(顧我則笑)	152	공귀불복(公歸不復)	437
고안위곡(高岸爲谷)	553	공극아어(孔棘我圉)	794
고양지봉(羔羊之縫)	126	공극차태(孔棘且殆)	561
고양지피(羔羊之皮)	126	공도삼만(公徒三萬)	911
고양지혁(羔羊之革)	126	공락한토(孔樂韓土)	824
고여증상(顧予烝嘗)	920, 923	공만차석(孔曼且碩)	913
고연연(鼓咽咽)	899	공무유력(孔武有力)	274
고용불수(賈用不售)	167	공무지복(共武之服)	495
고우문인(告于文人)	829	공손석부(公孫碩膚)	438, 439
고이구지(告爾舊止)	789	공수차장(孔脩且張)	821
고이우휼(告爾憂恤)	794	공숙불역(孔淑不逆)	904
고제명무탕(古帝命武湯)	924	공시가고(公尸嘉告)	746
고종개개(鼓鐘喈喈)	616	공시래연래녕(公尸來燕來寧)	748
고종벌고(鼓鐘伐鼛)	616	공시래연래의(公尸來燕來宜)	749
고종송시(鼓鐘送尸)	621	공시래연래종(公尸來燕來宗)	749
고종우궁(鼓鐘于宮)	678	공시래연래처(公尸來燕來處)	749
고종장장(鼓鐘將將)	615	공시래지훈훈(公尸來止熏熏)	750
고종흠흠(鼓鐘欽欽)	616	공시연음(公尸燕飮)	748, 749, 750

공언석작(公言錫爵) ……………… 175	괴변여성(會弁如星) ……………… 214
공연개제(孔燕豈弟) ……………… 487	교교백구(皎皎白駒) ………… 521, 522
공왈좌지(公曰左之) ……………… 362	교교상호(交交桑扈) ………… 570, 640
공우대방(控于大邦) ……………… 210	교교왕지조(蹻蹻王之造) ………… 890
공유지역(邛有旨鷊) ……………… 393	교교착신(翹翹錯薪) ……………… 107
공유지초(邛有旨苕) ……………… 393	교교호신(矯矯虎臣) ……………… 903
공전불녕(孔塡不寧) ………… 836, 842	교교황조(交交黃鳥) ………… 372, 373
공정만무(公庭萬舞) ……………… 174	교란사국(交亂四國) ……………… 650
공지미자(公之媚子) ……………… 362	교상위유(交相爲瘉) ……………… 664
공축치고(工祝致告) ………… 620, 621	교소지차(巧笑之瑳) ……………… 229
공혜공시(孔惠孔時) ……………… 622	교소천혜(巧笑倩兮) ……………… 219
공후간성(公侯干城) ……………… 103	교언여류(巧言如流) ……………… 561
공후복심(公侯腹心) ……………… 104	교언여황(巧言如簧) ……………… 581
공후지궁(公侯之宮) ……………… 116	교인료혜(佼人僚兮) ……………… 394
공후지사(公侯之事) ……………… 115	교인호호(驕人好好) ……………… 589
공후호구(公侯好仇) ……………… 104	교지회지(敎之誨之) ………… 680, 681
과라부지(蜾蠃負之) ……………… 569	교창이궁(交韔二弓) ……………… 365
과라지실(果蠃之實) ……………… 430	교추창혜(巧趨蹌兮) ……………… 316
과려시참(騧驪是驂) ……………… 364	교회이자(敎誨爾子) ……………… 569
과질봉봉(瓜瓞唪唪) ……………… 737	구기우성(求其友聲) ……………… 458
곽굉천몌(鞹鞃淺幭) ……………… 822	구로우야(劬勞于野) ……………… 511
관관저구(關關雎鳩) ……………… 90	구마유유(驅馬悠悠) ……………… 209
관기류천(觀其流泉) ……………… 757	구모옥순(厹矛鋈錞) ……………… 365
관명우질(鶴鳴于垤) ……………… 430	구무기갈(苟無飢渴) ……………… 245
관유쌍지(冠緌雙止) ……………… 306	구민기다(覯閔旣多) ……………… 142
관이재로(串夷載路) ……………… 719	구민지막(求民之莫) ……………… 718
관장우경(祼將于京) ……………… 694	구복불회(求福不回) ……………… 714
관혜작혜(寬兮綽兮) ……………… 214	구십기순(九十其犉) ……………… 533
광동지광야저(狂童之狂也且) …… 284	구십기의(九十其儀) ……………… 431
광부구구(狂夫瞿瞿) ……………… 305	구아서사(求我庶士) ………… 129, 130
광지거지(筐之筥之) ……………… 659	구아이인(構我二人) ……………… 650

구양식내(寇攘式內)	778	
구역무신(苟亦無信)	356	
구역무여(苟亦無與)	356	
구역무연(苟亦無然)	356, 357	
구역무종(苟亦無從)	357	
구역지어(九罭之魚)	437	
구왈여성(具曰予聖)	545	
구월수의(九月授衣)	416	
구월숙상(九月肅霜)	420	
구월숙저(九月叔苴)	419	
구월재호(九月在戶)	418	
구월축장포(九月築場圃)	420	
구유유절(九有有截)	929	
구응루양(鉤膺鏤錫)	822	
구응조혁(鉤膺鞗革)	499	
구응탁탁(鉤膺濯濯)	811	
구이신특(求爾新特)	527	
구이신혼(覯爾新昏)	648	
구재총재(疚哉冢宰)	806	
구중유리(丘中有李)	259	
구중유마(丘中有麻)	259	
구중유맥(丘中有麥)	259	
구지부득(求之不得)	90	
구지잉잉(捄之陾陾)	705	
구취졸황(具贅卒荒)	795	
구화이진(具禍以燼)	793	
국기졸참(國旣卒斬)	537	
국무유잔(國無有殘)	769	
국보멸자(國步蔑資)	793	
국보사빈(國步斯頻)	793	
국수미지(國雖靡止)	566	
국위무초(鞫爲茂草)	573	
국인기특(鞫人忮忒)	838	
국인지지(國人知之)	391	
국재서정(鞫哉庶正)	806	
군공선정(羣公先正)	804, 805	
군려백성(羣黎百姓)	463	
군부막막(君婦莫莫)	620	
군왈복이(君曰卜爾)	463	
군자낙서(君子樂胥)	640	
군자누맹(君子屢盟)	579	
군자도도(君子陶陶)	246	
군자래조(君子來朝)	659, 660	
군자만년(君子萬年)	636, 637, 642, 643, 746, 747	
군자무이유언(君子無易由言)	576	
군자병심(君子秉心)	575	
군자불혜(君子不惠)	575	
군자소계(君子所屆)	660	
군자소리(君子所履)	597	
군자소의(君子所依)	467	
군자수지(君子樹之)	580	
군자시식(君子是識)	838	
군자시칙시효(君子是則是傚)	446	
군자신도(君子信盜)	579	
군자신참(君子信讒)	575, 579	
군자실유(君子實維)	793	
군자양양(君子陽陽)	246	
군자여계(君子如屆)	539	
군자여노(君子如怒)	579	
군자여이(君子如夷)	539	
군자여지(君子如祉)	579	

군자우역(君子于役)	244	궐유익익(厥猶翼翼)	693
군자유곡(君子有穀)	900	궐작관장(厥作祼將)	694
군자유녕(君子攸寧)	529	궐초생민(厥初生民)	735
군자유연(君子維宴)	646	궤궤회휼(潰潰回遹)	842
군자유우(君子攸芋)	529	궤보공무(蹶父孔武)	823
군자유제(君子攸躋)	529	궤보지자(蹶父之子)	823
군자유주(君子有酒)	478, 481, 482, 682, 683	궤유취마(蹶維趣馬)	553
		귀녕부모(歸寧父母)	94
군자유지(君子有之)	639	귀비시시(歸飛提提)	572
군자유효자(君子有孝子)	746	귀언위후(歸唁衛侯)	209
군자유휘유(君子有徽猷)	664	귀우기거(歸于其居)	355
군자의지(君子宜之)	639	귀우기실(歸于其室)	355
군자작가(君子作歌)	605	귀재귀재(歸哉歸哉)	128
군자작지(君子作之)	580	규규갈구(糾糾葛屨)	320, 598
군자지거(君子之車)	467, 765	규규무부(赳赳武夫)	103, 104
군자지마(君子之馬)	765	규벽기졸(圭璧旣卒)	803
군자지지(君子至止)	370, 514, 636, 637	규지이일(揆之以日)	200
군자해로(君子偕老)	193	극개궐후(克開厥後)	876
군자호구(君子好逑)	90	극공명형(克共明刑)	784
군지종지(君之宗之)	756	극광덕심(克廣德心)	903
굴차군추(屈此羣醜)	902	극기극억(克岐克嶷)	736
궁시기조(弓矢旣調)	505	극기승옥(亟其乘屋)	420
궁시사장(弓矢斯張)	651, 754	극명극류(克明克類)	720
궁시융병(弓矢戎兵)	784	극명기덕(克明其德)	903
궁자도의(躬自悼矣)	225	극배상제(克配上帝)	694
궁질훈서(穹窒熏鼠)	419	극배피천(克配彼天)	862
권권회고(睠睠懷顧)	612	극순극비(克順克比)	720
권발여채(卷髮如蠆)	669	극심요요(棘心夭夭)	157
권언고지(睠言顧之)	597	극인극사(克禋克祀)	735
궐덕불회(厥德不回)	699	극인란란혜(棘人欒欒兮)	401
궐성재로(厥聲載路)	736	극장극군(克長克君)	720

찾아보기 • 949

극장기유(克壯其猶) ·················· 501
극정궐가(克定厥家) ·················· 891
극창궐후(克昌厥後) ·················· 871
극함궐공(克咸厥功) ·················· 908
근근기명(斤斤其明) ·················· 860
근도여이(菫荼如飴) ·················· 704
근이후도(謹爾侯度) ·················· 785
금금란혜(錦衾爛兮) ·················· 354
금석하석(今夕何夕) ·········· 344, 345
금슬격고(琴瑟擊鼓) ·················· 630
금슬우지(琴瑟友之) ···················· 90
금슬재어(琴瑟在御) ·················· 277
금아래사(今我來思) ·········· 468, 472
금아불락(今我不樂) ·········· 336, 337
금야매식무여(今也每食無餘) ······ 381
금야매식불포(今也每食不飽) ······ 381
금야일축국백리(今也日蹙國百里) ··· 844
금여하민(今女下民) ·················· 426
금옥기상(金玉其相) ·················· 711
금의호구(錦衣狐裘) ·················· 370
금자불락(今者不樂) ·················· 360
금자지정(今玆之正) ·················· 546
금적남묘(今適南畝) ·················· 629
금차하민(今此下民) ·················· 552
급기모적(及其蟊賊) ·················· 633
급이동료(及爾同僚) ·················· 772
급이동사(及爾同死) ·················· 165
급이사소(及爾斯所) ·················· 922
급이여관(及爾如貫) ·················· 585
급이유연(及爾游衍) ·················· 774
급이전복(及爾顚覆) ·················· 167
급이출왕(及爾出王) ·················· 774
급이해로(及爾偕老) ·················· 226
급피남이(及彼南夷) ·················· 912
급하교악(及河喬嶽) ·················· 858
긍긍긍긍(矜矜兢兢) ·················· 534
긍긍업업(兢兢業業) ·········· 803, 842
긍지거비(恒之秠秠) ·················· 738
긍차로인(矜此勞人) ·················· 589
기각즙즙(其角濈濈) ·················· 533
기감애지(豈敢愛之) ·········· 263, 264
기감여제(其甘如薺) ·················· 165
기감정거(豈敢定居) ·················· 467
기감탄행(豈敢憚行) ·········· 680, 681
기거기재(其車旣載) ·················· 546
기거삼천(其車三千) ·········· 499, 500
기건이지(旣愆爾止) ·················· 779
기견군자(旣見君子) ······ 109, 288, 289
341, 360, 472, 486, 487, 492
493, 644, 645, 675, 676
기견기호(旣堅旣好) ·················· 633
기견복관(旣見復關) ·················· 223
기경기계(旣敬旣戒) ·················· 832
기경택택(其耕澤澤) ·················· 883
기계기평(旣戒旣平) ·················· 922
기고유하(其告維何) ·················· 746
기관기렬(其灌其栵) ·················· 719
기광기칙(旣匡旣敕) ·················· 621
기구안택(其究安宅) ·················· 511
기구여지하(其舊如之何) ············ 431
기군삼단(其軍三單) ·················· 757
기군야재(其君也哉) ·················· 370

기극유정(旣克有定) ·············· 544
기극지차(旣亟只且) ········· 182, 183
기극회이(旣克淮夷) ·············· 904
기근천진(饑饉薦臻) ·············· 802
기기공유(其祁孔有) ·············· 508
기기비비(其旂淠淠) ·············· 660
기기식어(豈其食魚) ·············· 387
기기여운(祁祁如雲) ·············· 823
기기여천(旣其女遷) ·············· 589
기기취처(豈其取妻) ·············· 387
기기패패(其旂茷茷) ·············· 901
기길차한(旣佶且閑) ·············· 496
기년공숙(祈年孔夙) ·············· 805
기다수지(旣多受祉) ········· 496, 913
기담왈락(其湛日樂) ·············· 652
기대유옹(其大有顒) ·············· 495
기대이사(其帶伊絲) ········· 410, 411
기덕극명(其德克明) ·············· 720
기덕미회(其德靡悔) ·············· 720
기덕불상(其德不爽) ·············· 486
기덕불유(其德不猶) ·············· 616
기덕불회(其德不回) ········· 616, 907
기독대고(其毒大苦) ·············· 611
기동기의(其桐其椅) ·············· 489
기등내의(旣登乃依) ·············· 756
기락여하(其樂如何) ·············· 675
기락지저(其樂只且) ·············· 246
기류상상(其流湯湯) ·············· 516
기류시중(騏駵是中) ·············· 364
기류유하(其類維何) ·············· 747
기리불억(其麗不億) ·············· 693

기립이규(其笠伊糾) ·············· 887
기립지감(旣立之監) ·············· 654
기마교교(其馬蹻蹻) ·············· 902
기명개개(其鳴喈喈) ··············· 94
기명다벽(其命多辟) ·············· 777
기명비심(其命匪諶) ·············· 777
기명유신(其命維新) ·············· 692
기명차철(旣明且哲) ·············· 817
기무기인(豈無居人) ·············· 266
기무고목(豈無膏沐) ·············· 234
기무복마(豈無服馬) ·············· 266
기무음주(豈無飮酒) ·············· 266
기무타사(豈無他士) ·············· 284
기무타인(豈無他人) ··· 284, 346, 347, 348
기미차종(旣微且尰) ·············· 581
기미취지(其未醉止) ········· 652, 653
기박사조(其鎛斯趙) ·············· 887
기방기조(旣方旣皁) ·············· 633
기백기도(旣伯旣禱) ·············· 508
기벌우숭(旣伐于崇) ·············· 732
기변이기(其弁伊騏) ·············· 411
기보(祈父) ······················ 520
기복기고(旣伏其辜) ·············· 559
기복유하(其僕維何) ·············· 747
기부기장(旣溥旣長) ·············· 756
기불숙야(豈不夙夜) ·············· 124
기불아가(旣不我嘉) ·············· 209
기불이사(豈不爾思) ······ 229, 257, 287, 399, 400
기불이수(豈不爾受) ·············· 589
기불일계(豈不日戒) ·············· 468

기불회귀(豈不懷歸)	…… 448, 449, 450, 472, 611, 612, 613	기실지식(其實之食)	……………… 324
기비내사(旣備乃事)	……………… 633	기실지효(其實之殽)	……………… 324
기비내주(旣備乃奏)	……………… 868	기실칠혜(其實七兮)	……………… 129
기비여즐(其比如櫛)	……………… 887	기심공간(其心孔艱)	……………… 583
기비여천(其飛戾天)	……………… 500	기심색연(其心塞淵)	……………… 148
기생기육(旣生旣育)	……………… 167	기아호상중(期我乎桑中)	…… 196, 197
기서기번(旣庶旣繁)	……………… 755	기안차녕(旣安且寧)	……………… 455
기서부지(期逝不至)	……………… 476	기어방서(其魚魴鱮)	……………… 312
기서차다(旣庶且多)	……………… 765	기어방환(其魚魴鰥)	……………… 311
기설아여(旣設我旟)	……………… 827	기어유유(其魚唯唯)	……………… 312
기성막막(旣成藐藐)	……………… 811	기여망지(跂予望之)	……………… 233
기성불수(飢成不遂)	……………… 560	기여여유(棄予如遺)	……………… 592
기성아복(旣成我服)	……………… 494	기연우종(旣燕于宗)	……………… 749
기소격이(旣昭假爾)	……………… 865	기염기자(其擪其柘)	……………… 719
기소야가(其嘯也歌)	……………… 133	기엽봉봉(其葉蓬蓬)	……………… 660
기속유하(其蔌維何)	……………… 822	기엽서서(其葉湑湑)	……………… 346
기수상상(淇水湯湯)	……………… 225	기엽서혜(其葉湑兮)	…… 638, 648
기수유유(淇水漫漫)	……………… 229	기엽옥약(其葉沃若)	……………… 224
기수재우(淇水在右)	……………… 229	기엽유나(其葉有難)	……………… 675
기수제지(旣受帝祉)	……………… 720	기엽유옥(其葉有沃)	……………… 675
기수지지(其誰知之)	…… 324, 325	기엽유유(其葉有幽)	……………… 676
기순내선(旣順迺宣)	……………… 755	기엽장장(其葉牂牂)	……………… 390
기숭여용(其崇如墉)	……………… 887	기엽진진(其葉蓁蓁)	……………… 102
기승즉직(其繩則直)	……………… 705	기엽처처(其葉萋萋)	……………… 475
기시공석(其詩孔碩)	……………… 813	기엽청청(其葉菁菁)	…… 346, 686
기시파백곡(其始播百穀)	……………… 420	기엽패패(其葉肺肺)	……………… 390
기신공가(其新孔嘉)	……………… 431	기영내강(旣景迺岡)	……………… 756
기실삼혜(其實三兮)	……………… 129	기왈고지(旣曰告止)	……………… 307
기실이리(其實離離)	……………… 489	기왈귀지(旣曰歸止)	……………… 306
기실즉이(其室則邇)	……………… 287	기왈득지(旣曰得止)	……………… 307
		기왈무의(豈曰無衣)	…… 377, 378

기왈무의육혜(豈曰無衣六兮) ······ 352
기왈무의칠혜(豈曰無衣七兮) ······ 351
기왈불극(豈曰不極) ··············· 838
기왈불시(豈曰不時) ··············· 554
기왈용지(既曰庸止) ··············· 306
기왕기래(既往既來) ··············· 598
기용불개(其容不改) ··············· 668
기우기악(既優既渥) ··············· 626
기우기우(其雨其雨) ··············· 234
기우렬고(既右烈考) ··············· 872
기우향지(既右饗之) ··············· 857
기위표풍(其爲飄風) ··············· 584
기유비무(既有肥牡) ··············· 459
기유비저(既有肥羜) ··············· 458
기유우인(其維愚人) ··············· 787
기유음위(既有淫威) ··············· 875
기유이지행(岐有夷之行) ········· 855
기유철인(其維哲人) ··············· 787
기윤유하(其胤維何) ··············· 747
기음소소(其音昭昭) ··············· 902
기음지주(既飲旨酒) ··············· 902
기읍황황(其泣喤喤) ··············· 530
기의불특(其儀不忒) ··············· 411
기의일혜(其儀一兮) ··············· 410
기이기역(既夷既懌) ··············· 540
기이습습(其耳濕濕) ··············· 533
기이아이(既詒我肄) ··············· 167
기이이인(豈伊異人) ······ 644, 645
기이장혜(頎而長兮) ··············· 316
기인미차권(其人美且鬈) ········· 310
기인미차인(其人美且仁) ········· 310

기인심원(其人甚遠) ··············· 287
기인여옥(其人如玉) ··············· 523
기입우사(既入于謝) ··············· 812
기자재극(其子在棘) ··············· 411
기자재매(其子在梅) ··············· 410
기자재진(其子在榛) ··············· 411
기자칠혜(其子七兮) ··············· 410
기작반궁(既作泮宮) ··············· 903
기작이가(既作爾歌) ··············· 799
기장아궁(既張我弓) ··············· 509
기재우금(其在于今) ··············· 783
기재청고(既載清酤) ··············· 922
기점기족(既霑既足) ··············· 626
기정기거(其檉其椐) ··············· 719
기정불획(其政不獲) ··············· 718
기정이공(耆定爾功) ··············· 876
기정차석(既庭且碩) ··············· 633
기제기직(既齊既稷) ··············· 621
기조아덕(既阻我德) ··············· 167
기조앙앙(旂旐央央) ········ 471, 500
기조유하(其釣維何) ······· 136, 672
기종기계(既種既戒) ··············· 633
기종여수(其從如水) ··············· 312
기종여우(其從如雨) ··············· 312
기종여운(其從如雲) ··············· 312
기즉유안(淇則有岸) ··············· 226
기증유하(其贈維何) ··············· 822
기지음여(既之陰女) ··············· 798
기지적야(其之翟也) ··············· 193
기지전야(其之展也) ··············· 194
기직여시(其直如矢) ··············· 597

기채아마(旣差我馬) ·············· 508	길보연희(吉甫燕喜) ·············· 496
기추기맥(其追其貊) ·············· 824	길보작송(吉甫作誦) ······· 813, 819
기출아거(旣出我車) ·············· 827	길사유지(吉士誘之) ·············· 134
기취기포(旣醉旣飽) ······· 622, 860	길일경오(吉日庚午) ·············· 508
기취아자(旣取我子) ·············· 426	길일유무(吉日維戊) ·············· 508
기취이주(旣醉以酒) ······· 745, 746	
기취이출(旣醉而出) ·············· 654	**ㄴ**
기치기예(其旂其旟) ·············· 718	
기칙불원(其則不遠) ·············· 436	낙교낙교(樂郊樂郊) ·············· 333
기파아부(旣破我斧) ·············· 434	낙국낙국(樂國樂國) ·············· 333
기포이덕(旣飽以德) ·············· 745	낙이처노(樂爾妻帑) ·············· 456
기풍사호(其風肆好) ·············· 813	낙자지무가(樂子之無家) ·········· 403
기피직녀(跂彼織女) ·············· 599	낙자지무실(樂子之無室) ·········· 403
기하능숙(其何能淑) ·············· 794	낙자지무지(樂子之無知) ·········· 402
기하유곡(其下維穀) ·············· 518	낙주금석(樂酒今夕) ·············· 646
기하유탁(其下維蘀) ·············· 518	낙지군자(樂只君子) ······· 99, 483, 484
기하후순(其下侯旬) ·············· 792	660, 661
기한차치(旣閑且馳) ·············· 765	낙차유의(樂且有儀) ·············· 492
기향시승(其香始升) ·············· 739	낙토낙토(樂土樂土) ·············· 332
기향이서(其饟伊黍) ·············· 886	낙피지원(樂彼之園) ·············· 518
기허기사(其虛其邪) ········ 182, 183	난기영문(爛其盈門) ·············· 823
기협사후(旣挾四鍭) ·············· 743	난리막의(亂離瘼矣) ·············· 603
기협아시(旣挾我矢) ·············· 509	난미유정(亂靡有定) ·············· 539
기화차평(旣和且平) ·············· 919	난비강자천(亂匪降自天) ·········· 838
기황이운(其黃而隕) ·············· 224	난생불이(亂生不夷) ·············· 793
기회여림(其會如林) ·············· 700	난서천이(亂庶遄已) ·············· 579
기효유하(其殽維何) ·············· 822	난서천저(亂庶遄沮) ·············· 579
기후야처(其後也處) ·············· 133	난성훼훼(鸞聲噦噦) ·············· 901
기후야회(其後也悔) ·············· 132	난시용담(亂是用餤) ·············· 580
길견위치(吉蠲爲饎) ·············· 463	난시용장(亂是用長) ·············· 579
길몽유하(吉夢維何) ·············· 530	난시용포(亂是用暴) ·············· 579

난아변두(亂我籩豆) ············ 653
난아심곡(亂我心曲) ············ 364
난여차무(亂如此憮) ············ 579
난지우생(亂之又生) ············ 579
난지초생(亂之初生) ············ 579
난황사삭(亂況斯削) ············ 794
남간지빈(南澗之濱) ············ 120
남국시식(南國是式) ············ 810
남국지기(南國之紀) ············ 604
남동기묘(南東其畝) ············ 626
남방지원(南方之原) ············ 386
남산열렬(南山烈烈) ············ 595
남산유고(南山有栲) ············ 484
남산유구(南山有枸) ············ 484
남산유기(南山有杞) ············ 483
남산유대(南山有臺) ············ 482
남산유상(南山有桑) ············ 483
남산율률(南山律律) ············ 595
남산조제(南山朝隮) ············ 409
남산최최(南山崔崔) ············ 306
남유가어(南有嘉魚) ············ 481
남유교목(南有喬木) ············ 106
남유규목(南有樛木) ······· 99, 481
남자지상(男子之祥) ············ 530
남중태조(南仲大祖) ············ 832
남토시보(南土是保) ············ 812
낭발기호(狼跋其胡) ············ 438
낭치기미(狼疐其尾) ············ 439
내가우주(來嫁于周) ············ 698
내강내리(迺疆迺理) ············ 705
내격기기(來假祁祁) ············ 925

내격래향(來假來饗) ············ 923
내견광차(乃見狂且) ············ 280
내견교동(乃見狡童) ············ 281
내과후량(酒裹餱糧) ············ 754
내구만사상(乃求萬斯箱) ······ 631
내구우경(乃覯于京) ············ 755
내구천사창(乃求千斯倉) ······ 631
내권서고(乃眷西顧) ············ 718
내귀자호(來歸自鎬) ············ 496
내급왕계(乃及王季) ············ 698
내기이보(乃棄爾輔) ············ 547
내립고문(迺立皐門) ············ 706
내립응문(迺立應門) ············ 706
내립총토(迺立冢土) ············ 706
내명로공(乃命魯公) ············ 909
내방인사(來方禋祀) ············ 634
내비우중국(內奰于中國) ······ 779
내빈삼천(駓牡三千) ············ 201
내생남자(乃生男子) ············ 530
내생녀자(乃生女子) ············ 530
내선내묘(迺宣迺畝) ············ 705
내소사공(乃召司空) ············ 705
내소사도(乃召司徒) ············ 705
내순래선(來旬來宣) ············ 829
내안사침(乃安斯寢) ············ 529
내여지인야(乃如之人也) ······ 203
내여지인혜(乃如之人兮) ····· 150, 151
내역내강(迺場迺疆) ············ 754
내위내지(迺慰迺止) ············ 705
내유래가(來游來歌) ············ 762
내적내창(迺積迺倉) ············ 754

내점아몽(乃占我夢)	529	노후연희(魯侯燕喜)	913
내정급재(鼐鼎及鼒)	888	노후지공(魯侯之功)	912
내조기조(乃造其曹)	756	녹의황리(綠衣黃裏)	145
내조주마(來朝走馬)	704	녹의황상(綠衣黃裳)	145
내좌내우(迺左迺右)	705	녹죽여책(綠竹如簀)	214
내즉아모(來卽我謀)	223	녹죽의의(綠竹猗猗)	213
내척남강(迺陟南岡)	755	녹죽청청(綠竹靑靑)	213
내침내흥(乃寢乃興)	529	녹혜사혜(綠兮絲兮)	146
내헌기침(來獻其琛)	905	녹혜의혜(綠兮衣兮)	145
녁언여도(惄焉如擣)	573	농부극민(農夫克敏)	630
노거승마(路車乘馬)	659, 811	농부지경(農夫之慶)	630, 631
노거승황(路車乘黃)	379	누고이복(屢顧爾僕)	547
노거유석(路車有奭)	499	능불아갑(能不我甲)	231
노도유탕(魯道有蕩)	306, 314	능불아지(能不我知)	231
노마반위구(老馬反爲駒)	664		
노방소첨(魯邦所詹)	911	**ㄷ**	
노방시상(魯邦是常)	910		
노부관관(老夫灌灌)	772	다아구민(多我覯痻)	794
노사아원(老使我怨)	226	다장학학(多將熇熇)	773
노심단단혜(勞心慱慱兮)	401	다차지(多且旨)	478
노심달달(勞心怛怛)	309	단거천천(檀車幝幝)	476
노심도도(勞心忉忉)	309	단거황황(檀車煌煌)	701
노심참혜(勞心慘兮)	395	단궐심(單厥心)	856
노심초혜(勞心悄兮)	394	단기연호(亶其然乎)	456
노영령(盧令令)	310	단불총(亶不聰)	520
노인초초(勞人草草)	589	단석폭호(襢裼暴虎)	268
노중환(盧重環)	310	단피행위(敦彼行葦)	742
노침공석(路寢孔碩)	913	단후다장(亶侯多藏)	554
노피관모(露彼菅茅)	677	달피은무(撻彼殷武)	932
노후려지(魯侯戾止)	901, 902	담공유사(譚公維私)	219
노후시약(魯侯是若)	912	담급귀방(覃及鬼方)	780

담피량모(髧彼兩髦) ············· 189
담해이천(醓醢以薦) ············· 743
당체지화(唐棣之華) ············· 136
대거톤톤(大車啍啍) ············· 257
대거함함(大車檻檻) ············· 256
대계이우(大啓爾宇) ············· 908
대로남금(大賂南金) ············· 905
대립치촬(臺笠緇撮) ············· 669
대명근지(大命近止) ······ 804, 806
대명이경(大命以傾) ············· 780
대무신야(大無信也) ············· 203
대방위수(大邦爲讎) ············· 501
대방유병(大邦維屛) ············· 774
대방유자(大邦有子) ············· 699
대부군자(大夫君子) ······ 210, 806
대부발섭(大夫跋涉) ············· 209
대부불균(大夫不均) ············· 607
대부숙퇴(大夫夙退) ············· 219
대식유호(代食維好) ············· 795
대양왕휴(對揚王休) ············· 830
대왕황지(大王荒之) ············· 855
대월재천(對越在天) ············· 850
대인점지(大人占之) ······ 530, 534
대전다가(大田多稼) ············· 632
대종유한(大宗維翰) ············· 774
대즉유여(帶則有餘) ············· 670
대치시승(大糦是承) ············· 925
대포부영(大庖不盈) ············· 506
대풍유수(大風有隧) ············· 797
대후기항(大侯旣抗) ············· 651
덕유여모(德輶如毛) ············· 817

덕음공교(德音孔膠) ············· 676
덕음공소(德音孔昭) ············· 446
덕음래활(德音來括) ············· 647
덕음막위(德音莫違) ············· 165
덕음무량(德音無良) ············· 151
덕음불망(德音不忘) ············· 279
덕음불이(德音不已) ············· 483
덕음불하(德音不瑕) ············· 439
덕음시무(德音是茂) ············· 484
덕음질질(德音秩秩) ············· 752
도경축어(鞉磬柷圉) ············· 868
도고연연(鞉鼓淵淵) ············· 919
도기선원(度其鮮原) ············· 722
도도강한(滔滔江漢) ············· 604
도도불귀(慆慆不歸) ···· 429, 430, 431
도료후지(荼蓼朽止) ············· 887
도복도혈(陶復陶穴) ············· 704
도어무역(徒御無斁) ············· 904
도어불경(徒御不驚) ············· 506
도어탄탄(徒御嘽嘽) ············· 812
도언공감(盜言孔甘) ············· 580
도조차우(道阻且右) ············· 369
도조차장(道阻且長) ············· 368
도조차제(道阻且躋) ············· 368
도지요요(桃之夭夭) ············· 102
도지운원(道之云遠) ······ 160, 680
도지전지(倒之顚之) ············· 304
도혜달혜(挑兮達兮) ············· 289
독공류(篤公劉) ····· 754, 755, 756, 757
독매오가(獨寐寤歌) ············· 217
독매오숙(獨寐寤宿) ············· 217

독매오언(獨寐寤言) ·············· 217
독생무왕(篤生武王) ·············· 700
독위비민(獨爲匪民) ·············· 687
독행경경(獨行睘睘) ·············· 346
독행우우(獨行踽踽) ·············· 346
돌이변혜(突而弁兮) ·············· 309
동관유위(彤管有煒) ·············· 184
동궁지매(東宮之妹) ·············· 218
동궁초혜(彤弓弨兮) ······ 490, 491
동문지률(東門之栗) ·············· 287
동문지분(東門之枌) ·············· 385
동문지선(東門之墠) ·············· 287
동문지양(東門之楊) ·············· 390
동문지지(東門之池) ·············· 389
동방명의(東方明矣) ·············· 298
동방미명(東方未明) ·············· 304
동방미희(東方未晞) ·············· 304
동방자출(東方自出) ·············· 151
동방지월혜(東方之月兮) ········ 303
동방지일혜(東方之日兮) ········ 303
동아부자(同我婦子) ·············· 416
동유계명(東有啓明) ·············· 600
동유보초(東有甫草) ·············· 504
동이형제(同爾兄弟) ·············· 722
동인지자(東人之子) ·············· 598
동일열렬(冬日烈烈) ·············· 604
동자패접(童子佩韘) ·············· 231
동자패휴(童子佩觿) ·············· 231
동지야(冬之夜) ···················· 355
득죄우천자(得罪于天子) ········ 561
득차척시(得此戚施) ·············· 186

등시남방(登是南邦) ·············· 810

ㄹ

란성장장(鸞聲將將) ·············· 514
란성혜혜(鸞聲噦噦) ·············· 660
란성홰홰(鸞聲噦噦) ·············· 514
랄채기류(捋采其劉) ·············· 792
래자래여(來咨來茹) ·············· 863
렴만우야(蘞蔓于野) ·············· 354
렴만우역(蘞蔓于域) ·············· 354
령문불이(令聞不已) ·············· 830
로우비(鷺于飛) ···················· 899
로우하(鷺于下) ···················· 899
록사지분(鹿斯之奔) ·············· 574
뢰아사성(賚我思成) ·············· 922
료여자동귀혜(聊與子同歸兮) ····· 401
료여자여일혜(聊與子如一兮) ····· 401
루무기기(婁舞僛僛) ·············· 653
루무사사(婁舞傞傞) ·············· 654
루무선선(婁舞僊僊) ·············· 653
루풍년(婁豊年) ···················· 891
리이여사(釐爾女士) ·············· 747
리제무민(履帝武敏) ·············· 735

ㅁ

마맥몽몽(麻麥幪幪) ·············· 737
마의여설(麻衣如雪) ·············· 407
막감불락(莫敢不諾) ·············· 912
막감불래왕(莫敢不來王) ········ 933

막감불래향(莫敢不來享) ……… 933
막감혹황(莫敢或遑) ……………… 127
막감황식(莫敢遑息) ……………… 128
막고비산(莫高匪山) ……………… 576
막긍념란(莫肯念亂) ……………… 515
막긍숙야(莫肯夙夜) ……………… 559
막긍용신(莫肯用訊) ……………… 560
막긍조석(莫肯朝夕) ……………… 559
막긍하유(莫肯下遺) ……………… 664
막막갈류(莫莫葛藟) ……………… 713
막막호천(藐藐昊天) ……………… 840
막문짐설(莫捫朕舌) ……………… 785
막불령덕(莫不令德) ……………… 489
막불령의(莫不令儀) ……………… 489
막불솔종(莫不奉從) ……………… 912
막불정호(莫不靜好) ……………… 277
막불진첩(莫不震疊) ……………… 858
막비왕신(莫非王臣) ……………… 607
막비왕토(莫非王土) ……………… 607
막비이극(莫匪爾極) ……………… 862
막수막달(莫遂莫達) ……………… 929
막아긍고(莫我肯顧) ……………… 332
막아긍덕(莫我肯德) ……………… 332
막아긍로(莫我肯勞) ……………… 333
막여남토(莫如南土) ……………… 811
막여병봉(莫予拜蜂) ……………… 882
막여운구(莫予云覯) ……………… 786
막여한락(莫如韓樂) ……………… 824
막여형제(莫如兄弟) ……………… 454
막왕막래(莫往莫來) ……………… 153
막원구경(莫怨具慶) ……………… 622

막원구이(莫遠具爾) ……………… 742
막위모심(莫慰母心) ……………… 158
막적비호(莫赤匪狐) ……………… 183
막준비천(莫浚匪泉) ……………… 576
막지감지(莫之敢指) ……………… 203
막지기우(莫知其尤) ……………… 604
막지기타(莫知其他) ……………… 567
막지아간(莫知我艱) ……………… 180
막지아애(莫知我哀) ……………… 468
막지아예(莫知我勩) ……………… 559
막차하민(瘼此下民) ……………… 792
막혹황처(莫或遑處) ……………… 128
막흑비오(莫黑匪烏) ……………… 183
만무양양(萬舞洋洋) ……………… 910
만무유혁(萬舞有奕) ……………… 919
만민미불승(萬民靡不承) ……… 786
만민소망(萬民所望) ……………… 668
만민시약(萬民是若) ……………… 913
만방위헌(萬邦爲憲) ……………… 496
만방작부(萬邦作孚) ……………… 695
만방지방(萬邦之方) ……………… 722
만방지병(萬邦之屛) ……………… 640
만복래구(萬福來求) ……………… 641
만복유동(萬福攸同) ……… 487, 661
만수무강(萬壽無疆) …… 421, 463, 619
　　　　　　　　　　　　627, 631
만수무기(萬壽無期) ……………… 483
만수유작(萬壽攸酢) ……………… 620
만억급자(萬億及秭) ……… 884, 867
만유천세(萬有千歲) ……………… 911
만형래위(蠻荊來威) ……………… 501

말지최지(秣之摧之)	643	명성유란(明星有爛)	276
망부구선왕(罔敷求先王)	784	명성제제(明星晢晢)	390
망아대덕(忘我大德)	593	명성황황(明星煌煌)	390
망아실다(忘我實多)	375, 376	명소상제(明昭上帝)	863
망초여당(望楚與堂)	200	명소유주(明昭有周)	858
매갑유혁(秣鞈有奭)	636	명아중인(命我衆人)	863
매유량붕(每有良朋)	454, 455	명우하국(命于下國)	933
매지동의(沫之東矣)	197	명정백휴보(命程伯休父)	832
매지북의(沫之北矣)	196	명조혜혜(鳴蜩嘒嘒)	574
매지향의(沫之鄕矣)	196	명지불이(命之不易)	695
매회미급(每懷靡及)	452, 818	명차문왕(命此文王)	700
맥기덕음(貊其德音)	720	명피관인(命彼倌人)	201
맹지치치(氓之蚩蚩)	223	명피후거(命彼後車)	680, 681
면만황조(緜蠻黃鳥)	680, 681	모구지갈혜(旄丘之葛兮)	172
면면갈류(緜緜葛藟)	254	모두하토(耗斁下土)	803
면면과질(緜緜瓜瓞)	704	모부공다(謀夫孔多)	565
면면기표(緜緜其麃)	884	모사유의(髦士攸宜)	710
면면아왕(勉勉我王)	711	모씨구로(母氏劬勞)	157
면면익익(綿綿翼翼)	834	모씨노고(母氏勞苦)	158
면이둔사(勉爾遁思)	522	모씨성선(母氏聖善)	158
면피비준(沔彼飛隼)	516	모야천지(母也天只)	189, 190
면피유수(沔彼流水)	515, 516	모왈(母曰)	326
멸아립왕(滅我立王)	795	모욕참언(謀欲譖言)	589
명령유자(螟蛉有子)	569	모욕참인(謀欲譖人)	588
명명노후(明明魯侯)	903	모유회휼(謀猶回遹)	564
명명사부(明命使賦)	816	모장부종(謀臧不從)	564
명명상천(明明上天)	611	모적내홍(蟊賊內訌)	842
명명재하(明明在下)	698	모적모질(蟊賊蟊疾)	836
명명천자(明明天子)	830	모지기장(謀之其臧)	565
명발불매(明發不寐)	569	모지부장(謀之不臧)	565
명불이재(命不易哉)	881	모포자갱(毛炰胾羹)	910

모혜국아(母兮鞠我) ·················· 595
목목궐성(穆穆厥聲) ·················· 919
목목노후(穆穆魯侯) ·················· 902
목목문왕(穆穆文王) ·················· 693
목목황황(穆穆皇皇) ·················· 752
목야양양(牧野洋洋) ·················· 701
목여청풍(穆如淸風) ·················· 819
목인내몽(牧人乃夢) ·················· 534
몽벌유원(蒙伐有苑) ·················· 365
몽수주공(矇瞍奏公) ·················· 728
몽피추치(蒙彼縐絺) ·················· 194
묘문유극(墓門有棘) ·················· 391
묘문유매(墓門有梅) ·················· 391
무감아세혜(無感我帨兮) ············ 134
무감치구(無敢馳驅) ·················· 774
무감희예(無敢戲豫) ·················· 774
무경유렬(無競維烈) ·········· 860, 876
무경유인(無競維人) ········· 783, 854
무교노승목(毋敎猱升木) ············ 664
무권무용(無拳無勇) ·················· 581
무금옥이음(毋金玉爾音) ············ 523
무기상견(無幾相見) ·················· 646
무기이로(無棄爾勞) ·················· 768
무기이보(無棄爾輔) ·················· 547
무기이성(無棄爾成) ·················· 807
무념이조(無念爾祖) ·················· 694
무덕불보(無德不報) ·················· 785
무독사외(無獨斯畏) ·················· 774
무동무하(無冬無夏) ·················· 384
무륜서이망(無淪胥以亡) ············ 784
무륜서이패(無淪胥以敗) ············ 566

무모하시(無母何恃) ·················· 594
무목불위(無木不萎) ·················· 593
무발아구(毋發我笱) ·················· 166
무발아구(無發我笱) ·················· 576
무봉미우이방(無封靡于爾邦之) ··· 854
무부광광(武夫洸洸) ·················· 828
무부도도(武夫滔滔) ·················· 827
무부모이리(無父母詒罹) ············ 531
무부하호(無父何怙) ·················· 594
무불궤지(無不潰止) ·················· 843
무불극공(無不克鞏) ·················· 840
무불능지(無不能止) ·················· 806
무불유가(無不柔嘉) ·················· 785
무불이혹승(無不爾或承) ············ 464
무비대태(無俾大怠) ·················· 654
무비무의(無非無儀) ·················· 531
무비민우(無俾民憂) ·················· 768
무비성괴(無俾城壞) ·················· 774
무비작특(無俾作慝) ·················· 768
무비정반(無俾正反) ·················· 769
무비정패(無俾正敗) ·················· 769
무사규로(無使君勞) ·················· 219
무사방야폐(無使尨也吠) ············ 134
무사백우(無思百憂) ·················· 610
무사불복(無思不服) ·················· 733
무사아심비혜(無使我心悲兮) ······ 437
무사원인(無思遠人) ·················· 309
무상유의(無相猶矣) ·················· 528
무서아량(毋逝我梁) ·················· 166
무서아량(無逝我梁) ·················· 576
무서여자증(無庶子子憎) ············ 299

찾아보기 • 961

무서원의(無胥遠矣) ………… 663	무왕성지(武王成之) ………… 733
무성무취(無聲無臭) ………… 695	무왕재패(武王載旆) ………… 928
무소무대(無小無大) ………… 901	무왕증재(武王烝哉) ………… 733
무소인태(無小人殆) ………… 538	무원무오(無怨無惡) ………… 752
무시아릉(無矢我陵) ………… 721	무위과비(無爲夸毗) ………… 773
무식상심(無食桑葚) ………… 224	무유아리(無踰我里) ………… 263
무식아맥(無食我麥) ………… 332	무유아원(無踰我園) ………… 264
무식아묘(無食我苗) ………… 333	무유아장(無踰我牆) ………… 264
무식아서(無食我黍) ………… 332	무유후간(無有後艱) ………… 750
무신인지언(無信人之言) …… 291	무음아천(無飮我泉) ………… 721
무신참언(無信讒言) ………… 650	무의무갈(無衣無褐) ………… 416
무아오혜(無我惡兮) ………… 275	무이대강(無已大康) …… 336, 337
무아유우(無我有尤) ………… 210	무이무우(無貳無虞) ………… 908
무아추혜(無我魗兮) ………… 275	무이아공귀혜(無以我公歸兮) …… 437
무알이궁(無遏爾躬) ………… 695	무이유언(無易由言) ………… 785
무언부질(無言不疾) ………… 561	무이이심(無貳爾心) ………… 700
무언불수(無言不讎) ………… 785	무이하체(無以下體) ………… 165
무여사탐(無與士耽) ………… 224	무인동정(武人東征) …… 684, 685
무역어인사(無射於人斯) …… 850	무자닐언(無自暱焉) ………… 666
무역역보(無射亦保) ………… 716	무자입벽(無自立辟) ………… 774
무연반원(無然畔援) ………… 721	무자채언(無自瘵焉) ………… 667
무연예예(無然泄泄) ………… 771	무장대거(無將大車) …… 609, 610
무연학학(無然謔謔) ………… 772	무재무해(無菑無害) ………… 736
무연헌헌(無然憲憲) ………… 771	무재무해(無災無害) ………… 907
무연흠선(無然歆羨) ………… 721	무전보전(無田甫田) ………… 309
무왈고고재상(無曰高高在上) …… 881	무절아수기(無折我樹杞) ……… 263
무왈구의(無曰苟矣) ………… 785	무절아수단(無折我樹檀) ……… 264
무왈불현(無曰不顯) ………… 786	무절아수상(無折我樹桑) ……… 264
무왈여소자(無曰予小子) …… 829	무정손자(武丁孫子) ………… 924
무왕기불사(武王豈不仕) …… 733	무종궤수(無縱詭隨) …… 767, 768, 769
무왕미불승(武王靡不勝) …… 924	무죄무고(無罪無辜) …… 555, 578

무주고아(無酒酤我) ················ 459	문왕왈자(文王曰咨) ··· 777, 778, 779, 780
무즉선혜(舞則選兮) ················ 317	문왕유성(文王有聲) ················ 731
무집우곡(無集于穀) ················ 524	문왕이녕(文王以寧) ················ 693
무집우상(無集于桑) ················ 524	문왕재상(文王在上) ················ 692
무집우허(無集于栩) ················ 525	문왕증재(文王烝哉) ············ 731, 732
무차강이계(無此疆爾界) ············ 862	문왕지덕지순(文王之德之純) ······ 852
무첨이소생(無忝爾所生) ············ 570	문왕지모(文王之母) ················ 715
무첨황조(無忝皇祖) ················ 840	문왕지전(文王之典) ················ 853
무초불사(無草不死) ················ 593	문왕척강(文王陟降) ················ 692
무침확신(無浸穫薪) ················ 598	문왕초재(文王初載) ················ 699
무탁아량(無啄我粱) ················ 524	문우사국(聞于四國) ················ 813
무탁아서(無啄我黍) ················ 525	문인창곡(文茵暢轂) ················ 364
무탁아속(無啄我粟) ················ 524	문정궐상(文定厥祥) ················ 699
무폐짐명(無廢朕命) ················ 821	물기다의(物其多矣) ················ 479
무항안식(無恒安息) ················ 613	물기유의(物其有矣) ················ 479
무항안처(無恒安處) ················ 613	물기지의(物其旨矣) ················ 479
무해아전치(無害我田穉) ············ 633	물망군자(勿罔君子) ················ 538
무훼아실(無毀我室) ················ 426	물사행매(勿士行枚) ················ 429
문무길보(文武吉甫) ················ 496	물여화적(勿予禍適) ················ 933
문무수명(文武受命) ················ 829	물이위소(勿以爲笑) ················ 772
문무시헌(文武是憲) ················ 812	물전물배(勿翦勿拜) ················ 122
문무유후(文武維后) ················ 871	물전물벌(勿翦勿伐) ················ 122
문수도도(汶水滔滔) ················ 314	물전물패(勿翦勿敗) ················ 122
문수상상(汶水湯湯) ················ 314	물체인지(勿替引之) ················ 622
문아제고(問我諸姑) ················ 177	미감가다난(未堪家多難) ······ 880, 882
문왕가지(文王嘉止) ················ 699	미견군자(未見君子) ··· 109, 117, 118, 360
문왕강지(文王康之) ················ 855	375, 376, 472, 644, 645
문왕궤궐생(文王蹶厥生) ············ 707	미계미구(靡屆靡究) ················ 778
문왕기근지(文王旣勤止) ············ 892	미국부도(靡國不到) ················ 823
문왕손자(文王孫子) ················ 692	미국불민(靡國不泯) ················ 793
문왕수명(文王受命) ················ 731	미군지고(微君之故) ················ 171

미군지궁(微君之躬)	171		미여영(美如英)	322
미기견혜(未幾見兮)	309		미여옥(美如玉)	322
미맹강의(美孟姜矣)	196		미역강지(薇亦剛止)	466
미맹용의(美孟庸矣)	197		미역유지(薇亦柔止)	466
미맹익의(美孟弋矣)	196		미역작지(薇亦作止)	465
미명미회(靡明靡晦)	779		미우서인(媚于庶人)	764
미목반혜(美目盼兮)	219		미우천자(媚于天子)	753, 764
미목양혜(美目揚兮)	316		미월부지(彌月不遲)	907
미목청혜(美目淸兮)	316		미유가실(未有家室)	704
미무도(美無度)	322		미유불효(靡有不孝)	903
미미문왕(亹亹文王)	692		미유여력(靡有旅力)	795
미미신백(亹亹申伯)	810		미유이계(靡有夷屆)	837
미불유초(靡不有初)	777		미유이추(靡有夷瘳)	837
미사귀빙(靡使歸聘)	466		미유조의(靡有朝矣)	225
미성관관(靡聖管管)	771		미유혈유(靡有孑遺)	804
미소여동(靡所與同)	172		미의비모(靡依匪母)	573
미소정처(靡所定處)	794		미인부주(靡人不周)	806
미소지거(靡所止居)	520		미인불승(靡人弗勝)	544
미소지려(靡所止戾)	559		미인지이(美人之貽)	185
미소지의(靡所止疑)	793		미일불사(靡日不思)	177
미소지지(靡所底止)	520		미입기조(采入其阻)	932
미수무유해(眉壽無有害)	911		미자일인(媚玆一人)	730
미수보로(眉壽保魯)	912		미지장부(未知臧否)	787
미신부종(靡神不宗)	803		미철불우(靡哲不愚)	783
미신불거(靡神不擧)	803		미첨미고(靡瞻靡顧)	804
미실로의(靡室勞矣)	225		미첨비부(靡瞻匪父)	573
미실미가(靡室靡家)	466		민각유심(民各有心)	787
미아무주(微我無酒)	142		민구이첨(民具爾瞻)	537
미아불고(微我弗顧)	459		민금방태(民今方殆)	544
미아유구(微我有咎)	459		민금지무록(民今之無祿)	547
미애사생(靡愛斯牲)	803		민막불곡(民莫不穀)	572, 595, 604

민막불일(民莫不逸) ············ 555
민면구지(黽勉求之) ············ 166
민면동심(黽勉同心) ············ 165
민면외거(黽勉畏去) ············ 805
민면종사(黽勉從事) ············ 554
민미유려(民靡有黎) ············ 793
민서연의(民胥然矣) ············ 663
민서효의(民胥傚矣) ············ 663
민선극거지(民鮮克舉之) ········ 818
민소료의(民所燎矣) ············ 713
민수미무(民雖靡膴) ············ 566
민언무가(民言無嘉) ············ 538
민여소자(閔予小子) ············ 878
민역로지(民亦勞止) ····· 767, 768, 769
민유숙심(民有肅心) ············ 795
민인소첨(民人所瞻) ············ 796
민졸류망(民卒流亡) ············ 842
민지다벽(民之多辟) ············ 773
민지막의(民之莫矣) ············ 772
민지망극(民之罔極) ············ 798
민지무고(民之無辜) ············ 544
민지무량(民之無良) ············ 664
민지미려(民之未戾) ············ 798
민지미영(民之靡盈) ············ 788
민지방전히(民之方殿屎) ········ 773
민지병이(民之秉彝) ············ 815
민지부모(民之父母) ······· 483, 760
민지실덕(民之失德) ············ 459
민지와언(民之訛言) ····· 516, 543, 545
민지유귀(民之攸歸) ············ 761
민지유기(民之攸墍) ······· 753, 761
민지질의(民之質矣) ············ 463
민지초생(民之初生) ············ 704
민지탐란(民之貪亂) ············ 797
민지회휼(民之回遹) ············ 798
민지흡의(民之洽矣) ············ 772
민천질위(旻天疾威) ···· 559, 564, 841
밀인불공(密人不恭) ············ 721

ㅂ

박벌서융(薄伐西戎) ············ 472
박벌험윤(薄伐玁狁) ······· 495, 496
박송아기(薄送我畿) ············ 165
박수우오(搏獸于敖) ············ 505
박언결지(薄言袺之) ············ 105
박언경자(薄言駉者) ······· 896, 897
박언관자(薄言觀者) ············ 672
박언귀목(薄言歸沐) ············ 671
박언랄지(薄言捋之) ············ 105
박언왕소(薄言往愬) ············ 142
박언유지(薄言有之) ············ 105
박언진지(薄言震之) ············ 858
박언채기(薄言采芑) ············ 499
박언채지(薄言采之) ············ 105
박언철지(薄言掇之) ············ 105
박언추지(薄言追之) ············ 875
박언환귀(薄言還歸) ······· 116, 473
박언힐지(薄言襭之) ············ 105
박오아사(薄汚我私) ············· 94
박채기근(薄采其芹) ············ 901
박채기묘(薄采其茆) ············ 902

찾아보기 • **965**

박채기조(薄采其藻)	902	방인제우(邦人諸友)	515
박환아의(薄澣我衣)	94	방장만무(方將萬舞)	174
반시불사(反是不思)	226	방지걸혜(邦之桀兮)	234
반여래혁(反予來赫)	798	방지사직(邦之司直)	274
반이아위수(反以我爲讎)	167	방지언혜(邦之彦兮)	274
반피여사(弁彼鸒斯)	572	방지원야(邦之媛也)	194
반환이유의(伴奐爾游矣)	762	방지주지(方之舟之)	166
발언영정(發言盈庭)	565	방착시건(方斲是虔)	934
발즉유여(髮則有旟)	670	방포방체(方苞方體)	742
발피소파(發彼小豝)	509	방하위기(方何爲期)	364
발피유적(發彼有的)	651	방환환혜(方渙渙兮)	295
방가지광(邦家之光)	483, 885	백규지점(白圭之玷)	785
방가지기(邦家之基)	483	백도개작(百堵皆作)	511
방국시유(邦國是有)	913	백도개흥(百堵皆興)	706
방국약부(邦國若否)	817	백량방방(百兩彭彭)	823
방국진췌(邦國殄瘁)	839	백량성지(百兩成之)	114
방군제후(邦君諸侯)	559	백량아지(百兩御之)	114
방기천리(邦畿千里)	925	백량장지(百兩將之)	114
방례(魴鱧)	478	백례기지(百禮既至)	652
방명궐후(方命厥后)	924	백로미이(白露未已)	369
방무이악(方茂爾惡)	540	백로미희(白露未晞)	368
방미유정(邦靡有定)	836	백로위상(白露爲霜)	368
방병간혜(方秉蕳兮)	295	백록시주(百祿是遒)	928
방사불모(方社不莫)	805	백록시총(百祿是總)	928
방서보보(魴鱮甫甫)	824	백록시하(百祿是何)	925
방숙리지(方叔涖止)	499, 500	백료시시(百僚是試)	599
방숙솔지(方叔率止)	499, 500, 501	백모돈속(白茅純束)	134
방숙원로(方叔元老)	501	백모속혜(白茅束兮)	677
방어정미(魴魚䞓尾)	109	백모포지(白茅包之)	134
방여락지(訪予落止)	879	백무성강(白牡騂剛)	910
방유작소(防有鵲巢)	392	백벽경사(百辟卿士)	753

백벽기형지(百辟其刑之)	854	벌고연연(伐鼓淵淵)	501
백벽위헌(百辟爲憲)	640	벌기조매(伐其條枚)	109
백부지방(百夫之防)	373	벌기조이(伐其條肄)	109
백부지어(百夫之禦)	373	벌목기의(伐木掎矣)	575
백부지특(百夫之特)	372	벌목우판(伐木于阪)	459
백석인린(白石粼粼)	341	벌목쟁쟁(伐木丁丁)	458
백석착착(白石鑿鑿)	341	벌목호호(伐木許許)	458
백석호호(白石皓皓)	341	범금지인(凡今之人)	454
백세지후(百歲之後)	355	범민유상(凡民有喪)	166
백신이주의(百神爾主矣)	762	범백군자(凡百君子)	560
백실영지(百室盈止)	887	범범기경(汎汎其景)	187
백씨취훈(伯氏吹壎)	585	범범기서(汎汎其逝)	187
백야집수(伯也執殳)	234	범범양주(汎汎楊舟)	493, 661
백이군자(百爾君子)	160	범주지사(凡周之士)	693
백이소사(百爾所思)	210	범차음주(凡此飮酒)	654
백조학학(白鳥翯翯)	727	범피백주(汎彼柏舟)	141, 189
백천비등(百川沸騰)	553	벽언불신(辟言不信)	560
백패앙앙(白斾央央)	495	벽이위덕(辟爾爲德)	786
백혜흘혜(伯兮朅兮)	234	변두대방(籩豆大房)	910
백화관혜(白華菅兮)	677	변두유저(籩豆有且)	823
백훼구비(百卉具腓)	603	변두유천(籩豆有踐)	436, 459
번번호엽(幡幡瓠葉)	682	변두유초(籩豆有楚)	651
번비유조(抃飛維鳥)	882	변두정가(籩豆靜嘉)	746
번연영국(蕃衍盈匊)	343	변위이덕(徧爲爾德)	463
번연영승(蕃衍盈升)	343	병구종량견혜(並驅從兩肩兮)	300
번유사도(番維司徒)	553	병구종량랑혜(並驅從兩狼兮)	300
번적분분(燔炙芬芬)	750	병국지균(秉國之均)	538
번지적지(燔之炙之)	683	병기신복(并其臣僕)	544
번지포지(燔之炮之)	683	병문지덕(秉文之德)	850
벌가벌가(伐柯伐柯)	436	병봉용도(鞞琫容刀)	755
벌가여하(伐柯如何)	435	병봉유필(鞞琫有珌)	636

병비염화(秉畀炎火)	633	복록래위(福祿來爲)	749
병수기복(並受其福)	654	복록래하(福祿來下)	749
병심무경(秉心無競)	793	복록비지(福祿膍之)	661
병심색연(秉心塞淵)	201	복록수지(福祿綏之)	643
병심선유(秉心宣猶)	796	복록신지(福祿申之)	660
병운불체(拼云不逮)	795	복록애지(福祿艾之)	643
병좌고슬(並坐鼓瑟)	360	복록여자(福祿如茨)	636
병좌고황(並坐鼓簧)	360	복록유강(福祿攸降)	713, 750
병지경의(餠之罄矣)	594	복록의지(福祿宜之)	642
보기가방(保其家邦)	637	복리성지(福履成之)	99
보기가실(保其家室)	636	복리수지(福履綏之)	99
보아불술(報我不述)	152	복리장지(福履將之)	99
보예이후(保艾爾後)	484	복배선리(覆背善詈)	799
보우명이(保右命爾)	700	복부황췌(僕夫況瘁)	471
보우명지(保右命之)	752	복비아패(覆俾我悖)	798
보유궐사(保有厥士)	891	복서해지(卜筮偕止)	476
보유부역(保有鳧繹)	912	복아방가(復我邦家)	526
보이개복(報以介福) ··· 619, 620, 627, 631		복아방족(復我邦族)	524
보자천자(保茲天子)	815	복아제부(復我諸父)	525
보지이경거(報之以瓊琚)	238	복아제형(復我諸兄)	524
보지이경구(報之以瓊玖)	238	복용위학(覆用爲虐)	788
보지이경요(報之以瓊瑤)	238	복운기길(卜云其吉)	200
보지이리(報之以李)	787	복원기정(覆怨其正)	540
보피동방(保彼東方)	910	복위아참(覆謂我僭)	787
복강재원(復降在原)	755	복이백복(卜爾百福)	620
복광이희(覆狂以喜)	797	복주공지우(復周公之宇)	912
복기명복(服其命服)	500	복지무역(服之無斁)	94
복록기동(福祿旣同)	637	복출위악(覆出爲惡)	560
복록래반(福祿來反)	861	본실선발(本實先撥)	780
복록래성(福祿來成)	749	본지백세(本支百世)	693
복록래숭(福祿來崇)	750	봉건궐복(封建厥福)	933

봉봉기맥(芃芃其麥)	210	부예재문(鳧鷖在亹)	750
봉봉서묘(芃芃黍苗)	413, 673	부예재사(鳧鷖在沙)	749
봉봉역복(芃芃棫樸)	710	부예재저(鳧鷖在渚)	749
봉봉처처(菶菶萋萋)	764	부예재총(鳧鷖在潨)	749
봉시신무(奉時辰牡)	362	부왈(父曰)	326
봉장아아(奉璋峨峨)	710	부우하토(敷于下土)	564
봉차백리(逢此百罹)	251	부유굴열(蜉蝣掘閱)	407
봉차백우(逢此百憂)	252	부유장설(婦有長舌)	837
봉차백흉(逢此百凶)	252	부유시우(蜉蝣之羽)	406
봉천탄노(逢天僤怒)	794	부유지익(蜉蝣之翼)	406
봉피지노(逢彼之怒)	142	부이사지(斧以斯之)	391
봉황명의(鳳凰鳴矣)	764	부자녕지(婦子寧止)	887
봉황우비(鳳凰于飛)	763, 764	부자아선(不自我先)	543, 839
부계육가(副笄六珈)	193	부자아후(不自我後)	543, 839
부난지야(否難知也)	585	부자위정(不自爲政)	539
부대성이색(不大聲以色)	722	부장하이혁(不長夏以革)	722
부모공이(父母孔邇)	109	부재재아궁(不烖 哉我躬)	843
부모생아(父母生我)	543	부적기마(不績其麻)	386
부모선조(父母先祖)	804	부정우외(賦政于外)	816
부모지언(父母之言)	263	부정우우(敷政優優)	928
부모하상(父母何嘗)	350	부조호천(不弔昊天)	538, 539
부모하식(父母何食)	349	부주기용(敷奏其勇)	928
부모하호(父母何怙)	349	부준기덕(不駿其德)	558
부무공사(婦無公事)	838	부지기기(不知其期)	244
부사해의(溥斯害矣)	843	부지기우(不知其郵)	653
부시역사(敷時繹思)	892	부지기질(不知其秩)	653
부시지대(裒時之對)	893	부지덕행(不知德行)	160
부아육아(拊我畜我)	595	부지명야(不知命也)	203
부야불량(夫也不良)	391, 392	부지소계(不知所屆)	574
부여응지(膚如凝脂)	219	부지아자(不知我者)	241, 242, 324
부예재경(鳧鷖在涇)	748	부진부동(不震不動)	928

부진부등(不震不騰) ……………… 910	불가선야(不可選也) ……………… 142
부진심우(不殄心憂) ……………… 792	불가설야(不可說也) ……………… 224
부진인사(不殄禋祀) ……………… 803	불가소야(不可埽也) ……………… 191
부징기심(不懲其心) ……………… 540	불가속야(不可束也) ……………… 191
부천지하(溥天之下) ………… 607, 893	불가양야(不可襄也) ……………… 191
부탄우실(婦歎于室) ……………… 430	불가여명(不可與明) ……………… 524
부피한성(溥彼韓城) ……………… 824	불가여처(不可與處) ……………… 525
부형지려(裒荊之旅) ……………… 932	불가영사(不可泳思) ………… 106, 107
부혜모혜(父兮母兮) ……………… 151	불가외야(不可畏也) ……………… 430
부혜생아(父兮生我) ……………… 595	불가위야(不可爲也) ……………… 785
북류괄괄(北流活活) ……………… 220	불가이거(不可以據) ……………… 142
북산유뉴(北山有杻) ……………… 484	불가이여(不可以茹) ……………… 142
북산유래(北山有萊) ……………… 483	불가이읍주장(不可以挹酒漿) …… 600
북산유리(北山有李) ……………… 483	불가이파양(不可以簸揚) ………… 600
북산유양(北山有楊) ……………… 483	불가전야(不可轉也) ……………… 142
북산유유(北山有楰) ……………… 484	불가탁사(不可度思) ……………… 786
북풍기개(北風其喈) ……………… 182	불가휴식(不可休息) ……………… 106
북풍기량(北風其涼) ……………… 182	불간역입(不諫亦入) ……………… 716
분고유용(賁鼓維鏞) ……………… 727	불감고로(不敢告勞) ……………… 554
분벌형초(奮伐荊楚) ……………… 932	불감불국(不敢不局) ……………… 545
분연래사(賁然來思) ……………… 522	불감불척(不敢不蹐) ……………… 545
분왕지생(汾王之甥) ……………… 823	불감빙하(不敢馮河) ……………… 567
불가구사(不可求思) ……………… 106	불감이고인(不敢以告人) ………… 341
불가구약(不可救藥) ……………… 773	불감태황(不敢怠遑) ……………… 933
불가권야(不可卷也) ……………… 142	불감폭호(不敢暴虎) ……………… 567
불가도야(不可道也) ……………… 191	불감희담(不敢戲談) ……………… 537
불가독야(不可讀也) ……………… 192	불강불유(不剛不柔) ……………… 928
불가미망(不可弭忘) ……………… 516	불강인사(不康禋祀) ……………… 736
불가방사(不可方思) ………… 106, 107	불건불망(不愆不忘) ……………… 752
불가불색(不稼不穡) ………… 329, 330	불건불붕(不騫不崩) ………… 464, 534
불가상야(不可詳也) ……………… 191	불건우의(不愆于儀) ……………… 786

불견기신(不見其身)	584
불견복관(不見復關)	223
불견자도(不見子都)	280
불견자충(不見子充)	280
불경불구(不競不絿)	928
불고기후(不顧其後)	664
불고불고(弗鼓弗考)	339
불고우훙(不告于訩)	904
불괴우인(不愧于人)	584
불구불적(弗求弗迪)	797
불구우생(不求友生)	458
불궁불친(弗躬弗親)	538
불궐풍초(芾厥豐草)	737
불기불구(不忮不求)	160
불난불송(不戁不竦)	928
불념궐소(弗念厥紹)	784
불념석자(不念昔者)	167
불녕불령(不寧不令)	553
불능분비(不能奮飛)	143
불능선반(不能旋反)	209
불능선제(不能旋濟)	209
불능신야(不能辰夜)	305
불능예도량(不能蓺稻粱)	350
불능예서직(不能蓺黍稷)	349
불능예직서(不能蓺稷黍)	349
불랑불유(不稂不莠)	633
불량인지(不諒人只)	189, 190
불려불도(弗慮弗圖)	559
불령형제(不令兄弟)	663
불록이강의(芾祿爾康矣)	763
불류불처(不留不處)	832

불류속신(不流束薪)	247, 291
불류속초(不流束楚)	247, 291
불류속포(不流束蒲)	247
불리우리(不離于裏)	574
불리유지(紼纚維之)	661
불명이덕(不明爾德)	778
불모환과(不侮矜寡)	817
불문불사(弗問弗仕)	538
불문역식(不聞亦式)	716
불사구인(不思舊姻)	527
불사기반(不思其反)	226
불사하사(不死何俟)	205
불사하위(不死何爲)	205
불상게언(不尙愒焉)	667
불상식언(不尙息焉)	666
불상유구(不尙有舊)	844
불서구지(不舒究之)	575
붙서이곡(不胥以穀)	796
불설체야(不屑髢也)	193
불성보장(不成報章)	599
불소손혜(不素飧兮)	330
불소식혜(不素食兮)	330
불소찬혜(不素餐兮)	329
불쇄불소(弗洒弗埽)	339
불수기구(不遂其媾)	408
불수불렵(不狩不獵)	329, 330
불수이재(不輸爾載)	547
불숙즉모(不夙則莫)	305
불승권여(不承權輿)	381
불식부지(不識不知)	722
불실기치(不失其馳)	505

불실어단(不實於亶) ………… 771	불오불양(不吳不揚) ………… 904
불아고유(不我告猶) ………… 565	불오불오(不吳不敖) ………… 889
불아과(不我過) …………… 133	불외강어(不畏彊禦) ………… 817
불아긍곡(不我肯穀) ………… 524	불외우천(不畏于天) …… 560, 584
불아능휵(不我能慉) ………… 166	불용기량(不用其良) ………… 552
불아설이(不我屑以) ………… 166	불용기행(不用其行) ………… 552
불아신혜(不我信兮) ………… 156	불운자빈(不云自頻) ………… 843
불아여(不我與) …………… 133	불운자중(不云自中) ………… 843
불아이(不我以) …………… 132	불원이이(不遠伊邇) ………… 165
불아이귀(不我以歸) ………… 155	불위학혜(不爲虐兮) ………… 214
불아하기(不我遐棄) ………… 109	불유기익(不濡其翼) ………… 408
불아활혜(不我活兮) ………… 155	불유기주(不濡其咮) ………… 408
불여무생(不如無生) ………… 686	불은유일로(不憖遺一老) …… 554
불여사지구의(不如死之久矣) … 594	불의공아사(不宜空我師) …… 538
불여숙야(不如叔也) ………… 266	불의수상(黻衣繡裳) ………… 370
불여시(不如時) …………… 843	불의유노(不宜有怒) ………… 165
불여아동부(不如我同父) …… 346	불의종식(不義從式) ………… 779
불여아동성(不如我同姓) …… 347	불이기장(不以其長) ………… 599
불여아소지(不如我所之) …… 210	불이복상(不以服箱) ………… 599
불여아수보(不與我戍甫) …… 247	불이유왕(不易維王) ………… 698
불여아수신(不與我戍申) …… 247	불일불월(不日不月) ………… 244
불여아수허(不與我戍許) …… 248	불일성지(不日成之) ………… 727
불여아식혜(不與我食兮) …… 283	불일유예(不日有曀) ………… 153
불여아언혜(不與我言兮) …… 283	불입아문(不入我門) ………… 583
불여우생(不如友生) ………… 455	불입언아(不入唁我) ………… 583
불여자(不如茲) …………… 843	불잠호야(不寁好也) ………… 275
불여자지의(不如子之衣) … 351, 352	불장복용(不臧覆用) ………… 565
불영경광(不盈頃筐) …………… 96	불조불상(不弔不祥) ………… 838
불영일국(不盈一匊) ………… 671	불즉아모(不卽我謀) ………… 554
불영일첨(不盈一襜) ………… 671	불즙불난(不戢不難) ………… 641
불예불루(弗曳弗婁) ………… 338	불참부적(不僭不賊) ………… 786

불참불람(不僭不濫) ………… 933	불휴불붕(不虧不崩) ………… 910
불촉우모(不屬于毛) ………… 574	붕우유섭(朋友攸攝) ………… 746
불총경지(不聰敬止) ………… 881	붕우이참(朋友已譖) ………… 796
불출우경(不出于頌) ………… 610	붕주사향(朋酒斯饗) ………… 421
불출정혜(不出正兮) ………… 317	비강자천(匪降自天) ………… 555
불취무귀(不醉無歸) ………… 488	비거걸혜(匪車偈兮) ………… 404
불취반치(不醉反恥) ………… 654	비거부동(匪車不東) ………… 172
불측불극(不測不克) ………… 834	비거비강(匪居匪康) ………… 754
불치불구(弗馳弗驅) ………… 338	비기표혜(匪車嘌兮) ………… 404
불칭기복(不稱其服) ………… 408	비계즉명(匪鷄則鳴) ………… 298
불탁불복(不坼不副) ………… 735	비교비회(匪敎匪誨) ………… 838
불평위하(不平謂何) ………… 537	비구비극(匪疚匪棘) ………… 828
불하유건(不遐有愆) ………… 786	비궁유혁(閟宮有侐) ………… 907
불하유좌(不遐有佐) ………… 730	비궁처휴(俾躬處休) ………… 561
불하유해(不瑕有害) …… 178, 188	비극기욕(匪棘其欲) ………… 732
불해우위(不解于位) ………… 753	비금사금(匪今斯今) ………… 885
불현기광(不顯其光) …… 700, 823	비기비갈(匪飢匪渴) ………… 647
불현불승(不顯不承) ………… 450	비기지공(匪其止共) ………… 580
불현성강(不顯成康) ………… 860	비녀지위미(匪女之爲美) …… 184
불현신백(不顯申伯) ………… 812	비노이교(匪怒伊敎) ………… 902
불현역림(不顯亦臨) ………… 716	비단비연(匪鶉匪鳶) ………… 605
불현역세(不顯亦世) ………… 693	비대유시경(匪大猶是經) ……… 566
불현유덕(不顯維德) ………… 854	비동방즉명(匪東方則明) …… 299
불황가매(不遑假寐) ………… 574	비래무사(匪來貿絲) ………… 223
불황계거(不遑啓居) …… 466, 472	비립실가(俾立室家) ………… 705
불황계처(不遑啓處) …… 449, 467	비매부득(匪媒不得) …… 307, 436
불황장모(不遑將母) ………… 449	비면명지(匪面命之) ………… 788
불황장부(不遑將父) ………… 449	비무우혜(俾無訧兮) ………… 146
불황조의(不皇朝矣) ………… 684	비물사려(比物四驪) ………… 494
불황출의(不皇出矣) ………… 684	비민가색(俾民稼穡) ………… 907
불황타의(不皇他矣) ………… 685	비민대극(俾民大棘) ………… 789

비민불녕(俾民不寧)	539	비언연사(備言燕私)	621
비민불미(俾民不迷)	538	비여우독(比子于毒)	167
비민심결(俾民心関)	539	비여정지(俾子靖之)	666, 667
비민우예(俾民憂泄)	769	비연비궤(俾筵俾几)	756
비민졸광(俾民卒狂)	796	비용기량(匪用其良)	798
비방타의(俾滂沱矣)	684	비용위교(匪用爲敎)	788
비보야(匪報也)	238	비우문왕(比于文王)	720
비부불극(匪斧不克)	307, 436	비유물어(匪由勿語)	655
비상제불시(匪上帝不時)	780	비이권지(匪伊卷之)	670
비선민시정(匪先民是程)	566	비이기이애(俾爾耆而艾)	911
비설시출(匪舌是出)	561	비이다익(俾爾多益)	462
비소비유(匪紹匪遊)	833	비이단후(俾爾單厚)	462
비수아왕(俾守我王)	554	비이미이성(俾爾彌爾性)	762, 763
비수휴지(匪手攜之)	788	비이수이부(俾爾壽而富)	911
비시비호(匪兕匪虎)	687	비이수이장(俾爾壽而臧)	910
비아건기(匪我愆期)	223	비이수지(匪伊垂之)	670
비아기야(俾我祇也)	585	비이전곡(俾爾戩穀)	462
비아독혜(俾我獨兮)	677	비이창이대(俾爾昌而大)	911
비아사저(匪我思且)	293	비이창이치(俾爾昌而熾)	911
비아사존(匪我思存)	292	비이치이창(俾爾熾而昌)	910
비아시빈(畀我尸賓)	626	비장비가(俾臧俾嘉)	786
비아언모(匪我言耄)	772	비재비래(匪載匪來)	476
비아이위(匪莪伊蔚)	594	비저유저(匪且有且)	885
비아이호(匪莪伊蒿)	594	비적주림(匪適株林)	395
비아저혜(俾我疷兮)	679	비전비유(匪鱣匪鮪)	605
비안비서(匪安匪舒)	827	비주작야(俾晝作夜)	779
비안비유(匪安匪遊)	827	비즙희우순가(俾緝熙于純嘏)	873
비야가망(俾也可忘)	151	비지양양(泌之洋洋)	387
비양불희(匪陽不晞)	488	비직야인(匪直也人)	201
비언물언(匪言勿言)	654	비출동고(俾出童羖)	655
비언불능(匪言不能)	797	비풍발혜(匪風發兮)	404

비풍표혜(匪風飄兮) ………… 404
비피경주(浟彼涇舟) ………… 711
비피괴목(譬彼壞木) ………… 574
비피주류(譬彼舟流) ………… 574
비피천수(毖彼泉水) ………… 177
비후우동(俾侯于東) ………… 909
비후우로(俾侯于魯) ………… 908
빈거윤황(幽居允荒) ………… 757
빈기취지(賓旣醉止) ………… 653
빈이변두(儐爾籩豆) ………… 455
빈재수구(賓載手仇) ………… 652
빈지초연(賓之初筵) ……… 651, 652

ㅅ

사간지시(師干之試) ……… 499, 500
사개도도(駟介陶陶) ………… 271
사개방방(駟介旁旁) ………… 271
사개표표(駟介麃麃) ………… 271
사국무정(四國無政) ………… 552
사국순지(四國順之) ………… 783
사국시와(四國是吪) ………… 434
사국시주(四國是遒) ………… 434
사국시황(四國是皇) ………… 434
사국우번(四國于蕃) ………… 810
사국유왕(四國有王) ………… 413
사군수고(使君壽考) ………… 622
사기익익(四騏翼翼) ………… 499
사기정지(肆其靖之) ………… 856
사기좌천(舍其坐遷) ………… 653
사락반수(思樂泮水) ……… 901, 902

사려제제(四驪濟濟) ………… 314
사련계녀서혜(思孌季女逝兮) …… 647
사마기한(四馬旣閑) ………… 362
사마사작(思馬斯作) ………… 897
사마사장(思馬斯臧) ………… 896
사마사재(思馬斯才) ………… 896
사마사조(思馬斯徂) ………… 897
사명불유(舍命不渝) ………… 274
사무강(思無疆) ………… 896
사무갹갹(四牡蹻蹻) ………… 811
사무공부(四牡孔阜) …… 364, 504, 508
사무관관(四牡痯痯) ………… 476
사무규규(四牡騤騤) … 494, 467, 793, 818
사무기(思無期) ………… 896
사무기길(四牡旣佶) ………… 496
사무농롱(四牡龐龐) ………… 504
사무방방(四牡彭彭) ……… 607, 818
사무비비(四牡騑騑) …… 448, 449, 648
사무사(思無邪) ………… 897
사무수광(四牡脩廣) ………… 495
사무수지(嗣武受之) ………… 876
사무업업(四牡業業) ……… 467, 818
사무역(思無斁) ………… 897
사무유교(四牡有驕) ………… 219
사무익익(四牡翼翼) ………… 468
사무항령(四牡項領) ………… 540
사무혁혁(四牡奕奕) ……… 505, 821
사문후직(思文后稷) ………… 862
사미기부(思媚其婦) ………… 884
사미주강(思媚周姜) ………… 715
사민기채(士民其瘵) ………… 836

사발즉획(舍拔則獲)	362	사아농인(食我農人)	629
사방기평(四方旣平)	828, 834	사아불능식혜(使我不能息兮)	283
사방기훈지(四方其訓之)	783, 854	사아불능찬혜(使我不能餐兮)	283
사방래하(四方來賀)	730	사아소원(思我小怨)	593
사방시유(四方是維)	538	사아심구(使我心疚)	598
사방우선(四方于宣)	810	사아심매(使我心痗)	235
사방원발(四方爰發)	816	사아어당호이(俟我於堂乎而)	302
사방위강(四方爲綱)	763	사아어성우(俟我於城隅)	184
사방위칙(四方爲則)	763	사아어저호이(俟我於著乎而)	301
사방유동(四方攸同)	732	사아어정호이(俟我於庭乎而)	301
사방유선(四方有羨)	555	사아호당혜(俟我乎堂兮)	285
사방이무모(四方以無侮)	723	사아호항혜(俟我乎巷兮)	285
사방이무불(四方以無拂)	723	사야망극(士也罔極)	225
사방지강(四方之綱)	753	사언지점(斯言之玷)	785
사방지극(四方之極)	933	사여귀처(士如歸妻)	162
사벌대상(肆伐大商)	701	사여녀(士與女)	295, 296
사부기동(射夫旣同)	505, 651	사연설석(肆筵設席)	742
사부진궐온(肆不殄厥慍)	706	사왈기저(士曰旣且)	295, 296
사불협사방(使不挾四方)	698	사왈매단(士曰昧旦)	276
사사공명(祀事孔明)	619, 627	사우성귀(謝于誠歸)	812
사상무일(死喪無日)	645	사우시하(肆于時夏)	859
사상지위(死喪之威)	454	사원방방(駟騵彭彭)	701
사생결활(死生契闊)	155	사월수요(四月秀葽)	418
사선공추의(似先公酋矣)	762	사월유하(四月維夏)	603
사성인유덕(肆成人有德)	716	사융질부진(肆戎疾不殄)	716
사속비조(似續妣祖)	528	사의기부(絲衣其紑)	888
사수여조(思須與漕)	178	사이개적(舍爾介狄)	838
사시기균(舍矢旣均)	743	사이기행(士貳其行)	225
사시반혜(四矢反兮)	317	사인지자(私人之子)	599
사시여파(舍矢如破)	505	사전사전(舍旃舍旃)	356, 357
사아농부(食我農夫)	419	사제태임(思齊大任)	715

사즉관혜(射則貫兮) ······ 317	산유포력(山有苞櫟) ······ 375
사즉동혈(死則同穴) ······ 257	산유포체(山有苞棣) ······ 375
사즉장혜(射則臧兮) ······ 316	산천유원(山川悠遠) ······ 684
사즙용광(思輯用光) ······ 754	산총줄붕(山冢崒崩) ······ 553
사지역의(辭之懌矣) ······ 772	살시순무(殺時犉牡) ······ 887
사지일거지(四之日舉趾) ······ 416	삼백유군(三百維群) ······ 533
사지일기조(四之日其蚤) ······ 420	삼백적불(三百赤芾) ······ 408
사지즙의(辭之輯矣) ······ 771	삼사대부(三事大夫) ······ 559
사지탐혜(士之耽兮) ······ 224	삼시취시(三事就緒) ······ 832
사철공부(馴驥孔阜) ······ 362	삼성재류(三星在罶) ······ 686
사폭재하(邪幅在下) ······ 660	삼성재우(三星在隅) ······ 344
사피유죄(舍彼有罪) ······ 559, 576	삼성재천(三星在天) ······ 344
사해래격(四海來假) ······ 925	삼성재호(三星在戶) ······ 345
사황기가(四黃旣駕) ······ 505	삼세관여(三歲貫女) ······ 332, 333
사황다사(思皇多士) ······ 693	삼세식빈(三歲食貧) ······ 225
사황다호(思皇多祜) ······ 873	삼세위부(三歲爲婦) ······ 225
사황천불상(肆皇天弗尙) ······ 784	삼수작붕(三壽作朋) ······ 910
사후기균(四鍭旣鈞) ······ 743	삼십유물(三十維物) ······ 534
사후여수(四鍭如樹) ······ 743	삼영찬혜(三英粲兮) ······ 274
삭루빙빙(削屢馮馮) ······ 706	삼오재동(三五在東) ······ 131
삭일신묘(朔日辛卯) ······ 552	삼작불식(三爵不識) ······ 655
산무우기(散無友紀) ······ 806	삼지일납우능음(三之日納于凌陰) ··· 420
산언출체(潸焉出涕) ······ 597	삼지일우사(三之日于耜) ······ 416
산유가훼(山有嘉卉) ······ 604	삼집자지거혜(摻執子之袪兮) ······ 275
산유고(山有栲) ······ 338	삼후재천(三后在天) ······ 729
산유교송(山有橋松) ······ 280	상가마야(尙可磨也) ······ 785
산유궐미(山有蕨薇) ······ 605	상가재야(尙可載也) ······ 598
산유부소(山有扶蘇) ······ 280	상구기자(尙求其雌) ······ 574
산유진(山有榛) ······ 175	상금경상(裳錦褧裳) ······ 285, 286
산유추(山有樞) ······ 338	상기음양(相其陰陽) ······ 756
산유칠(山有漆) ······ 339	상기지부(嘗其旨否) ······ 630

상란기평(喪亂旣平)	455	상제기명(上帝旣命)	694
상란멸자(喪亂蔑資)	773	상제기지(上帝耆之)	718
상란홍다(喪亂弘多)	538	상제림여(上帝臨女)	700, 908
상매무각(尙寐無覺)	252	상제불녕(上帝不寧)	736
상매무와(尙寐無吪)	251	상제불림(上帝不臨)	803
상매무총(尙寐無聰)	252	상제시의(上帝是依)	907
상무용(尙無庸)	252	상제시지(上帝是祇)	927
상무위(尙無爲)	251	상제시황(上帝是皇)	860
상무조(尙無造)	252	상제심도(上帝甚蹈)	666, 667
상미어복(象弭魚服)	468	상제판판(上帝板板)	771
상복보후(常服黼冔)	694	상지낙의(桑之落矣)	224
상복시의(象服是宜)	193	상지미락(桑之未落)	224
상불괴우옥루(尙不愧于屋漏)	786	상지선후(商之先后)	924
상사(鱨鯊)	478	상지손자(商之孫子)	693
상상자화(裳裳者華)	638	상지이경영호이(尙之以瓊瑩乎而)	
상서유체(相鼠有體)	205		301, 302
상서유치(相鼠有齒)	205	상지체야(象之掃也)	193
상서유피(相鼠有皮)	205	상천동운(上天同雲)	626
상신전재(上愼旃哉)	326, 327	상천지재(上天之載)	695
상여사사(相子肆祀)	871	상체지화(常棣之華)	454
상여지하(傷如之何)	397	상토열렬(相土烈烈)	927
상원일방(相怨一方)	664	상피조의(相彼鳥矣)	458
상유벽공(相維辟公)	871	상피천수(相彼泉水)	604
상유전형(尙有典刑)	780	상피투토(相彼投兎)	575
상읍익익(商邑翼翼)	933	상하전예(上下奠瘞)	803
상이모의(相爾矛矣)	540	상혹근지(尙或墐之)	575
상입집궁공(上入執宮功)	420	상혹선지(尙或先之)	575
상자예예혜(桑者泄泄兮)	328	색향근호(塞向墐戶)	419
상자한한혜(桑者閑閑兮)	328	생경동음(笙磬同音)	616
상재이실(相在爾室)	786	생민여하(生民如何)	735
상제거흠(上帝居歆)	739	생보급신(生甫及申)	809

생아구로(生我劬勞) ················ 594	서방불회(徐方不回) ················ 834
생아노췌(生我勞瘁) ················ 594	서방역소(徐方繹騷) ················ 833
생아백곡(生我百穀) ················ 626	서방지인혜(西方之人兮) ········ 175
생우도좌(生于道左) ················ 353	서방진경(徐方震驚) ················ 833
생우도주(生于道周) ················ 353	서병지게(西柄之揭) ················ 600
생자부인(生自婦人) ················ 838	서불고처(逝不古處) ················ 150
생중산보(生仲山甫) ················ 815	서불상호(逝不相好) ················ 151
생차문왕(生此文王) ················ 698	서불이탁(逝不以濯) ················ 794
생차왕국(生此王國) ················ 693	시빈이불모(序賓以不侮) ········ 743
생추일속(生芻一束) ················ 522	서빈이현(序賓以賢) ················ 743
서강얼얼(庶姜孼孼) ················ 220	서사유걸(庶士有朅) ················ 220
서견소관혜(庶見素冠兮) ········ 401	서사읍혈(鼠思泣血) ················ 561
서견소의혜(庶見素衣兮) ········ 401	서왈식장(庶日式臧) ················ 559
서견소필혜(庶見素韠兮) ········ 401	서요교혜(舒窈糾兮) ················ 394
서긍래유(噬肯來遊) ················ 353	서요소혜(舒夭紹兮) ················ 394
서긍적아(噬肯適我) ················ 353	서우이양(瘋憂以痒) ················ 543
서기숙야(庶幾夙夜) ················ 866	서유수혜(舒懮受兮) ················ 394
서기열역(庶幾說懌) ················ 644	서유장경(西有長庚) ················ 600
서기유장(庶幾有臧) ················ 645	서이태태혜(舒而脫脫兮) ········ 134
서남기호(西南其戶) ················ 528	서인지우(庶人之愚) ················ 783
서무대회(庶無大悔) ················ 789	서인지자(西人之子) ················ 598
서무죄회(庶無罪悔) ················ 739	서자기망(逝者其亡) ················ 360
서민공지(庶民攻之) ················ 727	서자기질(逝者其耋) ················ 360
서민불신(庶民弗信) ················ 538	서장거여(逝將去女) ········ 332, 333
서민소자(庶民小子) ················ 785	서직도량(黍稷稻粱) ················ 631
서민자래(庶民子來) ················ 727	서직무지(黍稷茂止) ················ 887
서민채지(庶民采之) ················ 569	서직방화(黍稷方華) ················ 472
서방기동(徐方旣同) ················ 834	서직욱욱(黍稷彧彧) ················ 626
서방기래(徐方旣來) ················ 834	서직의의(黍稷薿薿) ················ 629
서방내정(徐方來庭) ················ 834	서직중륙(黍稷重穋) ········ 420, 907
서방미인(西方美人) ················ 175	서피백천(逝彼百泉) ················ 755

찾아보기 • 979

석기작신(析其柞薪)	648	선도효효(選徒嘽嘽)	504
석대무붕(碩大無朋)	343	선민유언(先民有言)	772
석대차권(碩大且卷)	397	선민유작(先民有作)	920
석대차독(碩大且篤)	343	선민지생(鮮民之生)	594
석대차엄(碩大且儼)	397	선부좌우(膳夫左右)	806
석산토전(錫山土田)	829	선불위칙(鮮不爲則)	787
석서석서(碩鼠碩鼠)	332, 333	선생여달(先生如達)	735
석선왕수명(昔先王受命)	843	선선혜(詵詵兮)	100
석신여지하(析薪如之何)	307	선소의문(宣昭義問)	695
석신타의(析薪扡矣)	575	선아구이(鮮我覯爾)	648
석아백붕(錫我百朋)	493	선아방장(鮮我方將)	607
석아왕의(昔我往矣)	468, 472, 612	선인재시(善人載尸)	773
석유성탕(昔有成湯)	932	선조비인(先祖匪人)	603
석육공육국(昔育恐育鞫)	167	선조시청(先祖是聽)	869
석이개규(錫爾介圭)	811	선조시황(先祖是皇)	619, 627
석이순가(錫爾純嘏)	652	선조우최(先祖于摧)	804
석이출거(昔爾出居)	561	선집유산(先集維霰)	645
석인기기(碩人其頎)	218	선철유인(宣哲維人)	871
석인오오(碩人敖敖)	219	선희학혜(善戲謔兮)	214
석인우우(碩人俁俁)	174	설도우우지적(設都于禹之績)	933
석인지과(碩人之薖)	217	설업설거(設業設虡)	868
석인지관(碩人之寬)	217	설차조의(設此旐矣)	471
석인지축(碩人之軸)	217	섬섬여수(摻摻女手)	320
석자지복(錫玆祉福)	853	섬아양인(殲我良人)	372, 373, 374
석재중엽(昔在中葉)	929	섬집자지수혜(摻執子之手兮)	275
석지산천(錫之山川)	909	섭벌대상(燮伐大商)	700
석지수수(釋之叟叟)	738	섭위위란(涉渭爲亂)	757
선가이포(鮮可以飽)	686	섭이위의(攝以威儀)	746
선거언매(還車言邁)	178	성경일제(聖敬日躋)	927
선군지사(先君之思)	148	성무기비(騂牡旣備)	713
선극유종(鮮克有終)	777	성문우야(聲聞于野)	518

성문우외(聲聞于外)	678	소가렬조(昭假烈祖)	903
성문우천(聲聞于天)	518	소가상야(所可詳也)	191
성불이부(成不以富)	527	소가상회(嘯歌傷懷)	677
성성각궁(騂騂角弓)	663	소격무잉(昭假無贏)	806
성시남기(成是南箕)	588	소격우하(昭假于下)	815
성시패금(成是貝錦)	588	소격지지(昭假遲遲)	927
성언숙가(星言夙駕)	201	소공시사(召公是似)	829
성왕불감강(成王不敢康)	856	소공유한(召公維翰)	829
성왕지부(成王之孚)	729	소관비거(簫管備擧)	869
성인막지(聖人莫之)	580	소기과간(遡其過澗)	757
성차서토(省此徐土)	832	소대계수(小大稽首)	622
성피동방(城彼東方)	818	소대근상(小大近喪)	779
성피삭방(城彼朔方)	471	소동대동(小東大東)	597
세기유(歲其有)	900	소명유융(昭明有融)	746
세덕작구(世德作求)	729	소백로지(召伯勞之)	673
세사내벽(歲事來辟)	933	소백성지(召伯成之)	674
세역모지(歲亦莫止)	465	소백소게(召伯所憩)	122
세역양지(歲亦陽止)	466	소백소발(召伯所茇)	122
세우농교(說于農郊)	219	소백소세(召伯所說)	122
세우상전(說于桑田)	201	소백시영(召伯是營)	811
세우주야(說于株野)	396	소백영지(召伯營之)	674
세유철왕(世有哲王)	729	소백유성(召伯有成)	674
세율기모(歲聿其莫)	336	소사비지(素絲紕之)	206
세율기서(歲聿其逝)	336	소사상제(昭事上帝)	699
세율운모(歲聿云莫)	612	소사오역(素絲五緎)	126
세작전가(洗爵奠斝)	743	소사오총(素絲五總)	126
세지불현(世之不顯)	693	소사오타(素絲五紽)	126
세집기공(世執其功)	810	소사조지(素絲組之)	206
세취십천(歲取十千)	629	소사축지(素絲祝之)	207
소가도야(所可道也)	191	소소마명(蕭蕭馬鳴)	505
소가독야(所可讀也)	192	소소재호(蠨蛸在戶)	430

소수지주(搔首踟躕) ················ 184	솔토지빈(率土之濱) ················ 607
소심익익(小心翼翼) ········ 699, 816	솔피광야(率彼曠野) ················ 687
소어졸획(笑語卒獲) ················ 620	솔피유초(率彼幽草) ················ 688
소위이인(所謂伊人) ··· 368, 369, 521, 522	솔피중릉(率彼中陵) ················ 516
소유종지(遡游從之) ········ 368, 369	솔피회포(率彼淮浦) ················ 832
소융천수(小戎俴收) ················ 363	솔현소고(率見昭考) ················ 873
소의주박(素衣朱襮) ················ 341	송각유석(松桷有舃) ················ 913
소의주수(素衣朱繡) ················ 341	송각유천(松桷有梴) ················ 934
소이삭도(宵爾索綯) ················ 420	송백사태(松栢斯兌) ················ 719
소인소비(小人所腓) ················ 467	송백환환(松栢丸丸) ················ 934
소인소시(小人所視) ················ 597	송아호기지상의(送我乎淇之上矣) ······
소인여촉(小人與屬) ················ 664	196, 197
소자갹갹(小子蹻蹻) ················ 772	송언여취(誦言如醉) ················ 798
소자내허(昭茲來許) ················ 730	송자섭기(送子涉淇) ················ 223
소자유조(小子有造) ················ 716	쇄소궁질(洒埽穹窒) ················ 430
소재사복(昭哉嗣服) ················ 730	쇄소정내(灑掃廷內) ················ 784
소정상하(紹庭上下) ················ 880	쇄쇄인아(瑣瑣姻亞) ················ 539
소피고로(召彼故老) ················ 545	쇄혜미혜(瑣兮尾兮) ················ 173
소피복부(召彼僕夫) ················ 470	수감집기구(誰敢執其咎) ············ 565
소회우천(昭回于天) ················ 802	수고만년(壽考萬年) ················ 626
소회종지(遡洄從之) ········ 368, 369	수고불망(壽考不忘) ········ 371, 486
속고지인(續古之人) ················ 887	수고유기(壽考維祺) ················ 744
속속방유곡(蔌蔌方有穀) ············ 547	수고차녕(壽考且寧) ················ 934
속시기수(束矢其搜) ················ 904	수궤유집어(授几有緝御) ············ 742
솔리불월(率履不越) ················ 927	수급백자(遂及伯姊) ················ 178
솔서수호(率西水滸) ················ 704	수급아사(遂及我私) ················ 634
솔시농부(率時農夫) ················ 865	수기시지(誰其尸之) ················ 120
솔시소고(率時昭考) ················ 879	수능집열(誰能執熱) ················ 794
솔유구장(率由舊章) ················ 752	수능팽어(誰能亨魚) ················ 404
솔유군필(率由羣匹) ················ 752	수대계혜(垂帶悸兮) ················ 231
솔장탁속(率場啄粟) ················ 570	수대국시달(受大國是達) ············ 927

수대이려(垂帶而厲)	················	669
수록무상(受祿無喪)	················	720
수록우천(受祿于天)	················	752
수만방(綏萬邦)	························	891
수명기고(受命旣固)	················	719
수명불태(受命不殆)	················	924
수모불소(受侮不少)	················	143
수무가효(雖無嘉殽)	················	648
수무덕여녀(雖無德與女)	············	648
수무로성인(雖無老成人)	············	780
수무부모(誰無父母)	················	515
수무여지(雖無予之)	················	659
수무지주(雖無旨酒)	················	648
수무호우(雖無好友)	················	647
수병국성(誰秉國成)	················	539
수복무강(受福無疆)	················	753
수복불나(受福不那)	················	641
수비니니(垂轡瀰瀰)	················	314
수생여계(誰生厲階)	················	794
수서여시(壽胥與試)	················	911
수석연의(誰昔然矣)	················	391
수소공대공(受小共大共)	············	928
수소구대구(受小球大球)	············	928
수소국시달(受小國是達)	············	927
수속아송(雖速我訟)	················	124
수속아옥(雖速我獄)	················	124
수숙지이막성(誰夙知而莫成)	·····	788
수시기발(遂視旣發)	················	927
수아갑병(修我甲兵)	················	378
수아과모(修我戈矛)	················	377
수아모극(修我矛戟)	················	378
수아미수(綏我眉壽)	········	871, 922
수아사성(綏我思成)	················	919
수양지동(首陽之東)	················	357
수양지전(首陽之巓)	················	356
수양지하(首陽之下)	················	356
수언고지(受言囊之)	················	491
수언장지(受言藏之)	················	490
수언재지(受言載之)	················	490
수여독단(誰與獨旦)	················	355
수여독식(誰與獨息)	················	354
수여독처(誰與獨處)	················	354
수여비봉(首如飛蓬)	················	234
수여유제(手如柔荑)	················	219
수여효자(綏子孝子)	················	871
수왈비여(雖曰匪予)	················	799
수위도고(誰謂荼苦)	················	165
수위서무아(誰謂鼠無牙)	············	124
수위송원(誰謂宋遠)	················	233
수위여무가(誰謂女無家)	············	124
수위이무양(誰謂爾無羊)	············	533
수위이무우(誰謂爾無牛)	············	533
수위작무각(誰謂雀無角)	············	124
수위차화(誰爲此禍)	················	583
수위하광(誰謂河廣)	················	233
수유형제(雖有兄弟)	················	455
수이거마(修爾車馬)	················	784
수이다복(綏以多福)	················	873
수이호공로(殊異乎公路)	············	322
수이호공족(殊異乎公族)	············	322
수이호공행(殊異乎公行)	············	322
수인수극(誰因誰極)	················	210

수작불양(受爵不讓) ·················· 664	숙숙보항(肅肅鴇行) ·················· 350
수장서귀(誰將西歸) ·················· 404	숙숙사공(肅肅謝功) ·················· 673
수적여모(誰適與謀) ········· 588, 589	숙숙소정(肅肅宵征) ·················· 131
수적위용(誰適爲容) ·················· 234	숙숙왕명(肅肅王命) ·················· 816
수종목공(誰從穆公) ··········· 372, 373	숙숙재묘(肅肅在廟) ·················· 716
수종작이실(誰從作爾室) ············ 562	숙숙토저(肅肅兔罝) ··········· 103, 104
수주여미(誰侜予美) ·················· 393	숙신기신(淑慎其身) ·················· 148
수즉구로(雖則劬勞) ·················· 511	숙신이지(淑慎爾止) ·················· 786
수즉여도(雖則如荼) ·················· 293	숙야경지(夙夜敬止) ·················· 878
수즉여운(雖則如雲) ·················· 292	숙야기명유밀(夙夜基命宥密) ······ 856
수즉여훼(雖則如燬) ·················· 109	숙야무매(夙夜無寐) ·················· 326
수즉칠양(雖則七襄) ·················· 599	숙야무이(夙夜無已) ·················· 326
수즉패접(雖則佩鞢) ·················· 231	숙야비해(夙夜匪解) ··········· 817, 821
수즉패휴(雖則佩觿) ·················· 231	숙야재공(夙夜在公) ··· 116, 131, 899, 900
수지소동(獸之所同) ·················· 508	숙야필해(夙夜必偕) ·················· 327
수지영호(誰之永號) ·················· 333	숙옹현상(肅雝顯相) ·················· 850
수지오지자웅(誰知烏之雌雄) ······ 545	숙옹화명(肅雝和鳴) ·················· 869
수지진률(樹之榛栗) ·················· 200	숙우수(叔于狩) ······················· 266
수지평지(脩之平之) ·················· 718	숙우전(叔于田) ············ 266, 267, 268
수천백록(受天百祿) ·················· 462	숙인군자(淑人君子) ··· 410, 411, 615, 616
수천지호(受天之祜) ····· 627, 640, 730	숙재남묘(俶載南畝) ·················· 633
수황대동(遂荒大東) ·················· 912	숙재남무(俶載南畝) ··········· 884, 886
수황서택(遂荒徐宅) ·················· 912	숙재수(叔在藪) ············ 267, 268, 269
숙기유장(淑旂綏章) ·················· 822	숙적야(叔適野) ······················· 266
숙마만기(叔馬慢忌) ·················· 269	숙혜백혜(叔兮伯兮) ····· 172, 172, 173
숙문여고요(淑問如皐陶) ············ 903	282, 286
숙발한기(叔發罕忌) ·················· 269	숙흥야매(夙興夜寐) ····· 225, 570, 784
숙선사기(叔善射忌) ·················· 268	순가이상의(純嘏爾常矣) ············ 763
숙숙기우(肅肅其羽) ·················· 511	순덕지행(順德之行) ·················· 787
숙숙보우(肅肅鴇羽) ·················· 349	순미차도(洵美且都) ·················· 279
숙숙보익(肅肅鴇翼) ·················· 349	순미차무(洵美且武) ·················· 266

순미차이(洵美且異) ……………… 184	습유유룡(隰有游龍) ……………… 280
순미차인(洵美且仁) ……………… 266	습유육박(隰有六駮) ……………… 375
순미차호(洵美且好) ……………… 266	습유장초(隰有萇楚) ………… 402, 403
순백로지(鄎伯勞之) ……………… 413	습유하화(隰有荷華) ……………… 280
순우차락(洵訏且樂) ……………… 296	습즉유반(隰則有泮) ……………… 226
순우추요(詢于芻蕘) ……………… 772	승광시장(承筐是將) ……………… 445
순유정혜(洵有情兮) ……………… 384	승기사기(乘其四騏) ……………… 499
순이구방(詢爾仇方) ……………… 722	승기사락(乘其四駱) ………… 638, 639
순제지칙(順帝之則) ……………… 722	승기조무(繩其祖武) ……………… 730
순지분분(鶉之奔奔) ……………… 198	승마로거(乘馬路車) ……………… 823
순직차후(洵直且侯) ……………… 274	승마재구(乘馬在廄) ………… 642, 643
순피장도(順彼長道) ……………… 902	승승마(乘乘馬) …………………… 267
숭고유악(崧高維嶽) ……………… 809	승승보(乘乘鴇) …………………… 268
숭아수우(崇牙樹羽) ……………… 868	승승혜(繩繩兮) …………………… 100
숭용언언(崇墉言言) ……………… 723	승승황(乘乘黃) …………………… 268
숭용흘흘(崇墉仡仡) ……………… 723	승아승구(乘我乘駒) ……………… 396
숭조기우(崇朝其雨) ……………… 203	승은알류(勝殷遏劉) ……………… 876
슬피옥찬(瑟彼玉瓚) ……………… 712	승피궤원(乘彼垝垣) ……………… 223
슬피작역(瑟彼柞棫) ……………… 713	승피대부(升彼大阜) ……………… 508
슬혜한혜(瑟兮僩兮) ………… 213, 214	승피허의(升彼虛矣) ……………… 200
습상유아(隰桑有阿) ……………… 675	시고시복(是顧是復) ……………… 797
습습곡풍(習習谷風) ………… 165, 592	시고활활(施罟濊濊) ……………… 220
습요기우(熠燿其羽) ……………… 431	시굉기구(兕觥其觩) ………… 641, 888
습요소행(熠燿宵行) ……………… 430	시구시도(是究是圖) ……………… 456
습유기이(隰有杞桋) ……………… 605	시구재상(鳲鳩在桑) ………… 410, 411
습유뉴(隰有杻) …………………… 339	시기문덕(矢其文德) ……………… 830
습유령(隰有苓) …………………… 175	시단시천(是斷是遷) ……………… 934
습유률(隰有栗) ……………… 339, 360	시단시탁(是斷是度) ……………… 913
습유수수(隰有樹檖) ……………… 376	시류시마(是類是禡) ……………… 723
습유양(隰有楊) …………………… 360	시만시억(時萬時億) ……………… 621
습유유(隰有榆) …………………… 338	시매기방(時邁其邦) ……………… 858

시무배무측(時無背無側) ············ 778
시미유쟁(時靡有爭) ············ 828, 922
시민부조(視民不恌) ············ 446
시박시저(是剝是菹) ············ 626
시벌시사(是伐是肆) ············ 723
시생후직(是生后稷) ············ 907
시설반야(是紲袢也) ············ 194
시순희의(時純熙矣) ············ 890
시시부다(矢詩不多) ············ 765
시심시척(是尋是尺) ············ 913
시아매매(視我邁邁) ············ 678
시아주행(示我周行) ············ 445
시아현덕행(示我顯德行) ············ 881
시역익획(時亦弋獲) ············ 798
시예시확(是刈是濩) ··················· 94
시왈기취(是曰旣醉) ············ 653
시용대간(是用大諫) ············ 770, 771
시용대개(是用大介) ············ 890
시용부득우도(是用不得于道) ····· 566
시용부집(是用不集) ············ 565
시용불궤우성(是用不潰于成) ····· 566
시용작가(是用作歌) ············ 450
시용효향(是用孝享) ············ 463
시우목야(矢于牧野) ············ 700
시우송상(施于松上) ············ 645
시우중규(施于中逵) ············ 103
시우중림(施于中林) ············ 104
시위벌덕(是謂伐德) ············ 654
시유강원(時維姜嫄) ············ 735
시유부시(時維婦寺) ············ 838
시유응양(時維鷹揚) ············ 701

시유후직(時維后稷) ············ 735
시이몽몽(視爾夢夢) ············ 788
시이부장(視爾不臧) ············ 209
시이사지(是以似之) ············ 639
시이여교(視爾如荍) ············ 386
시이우군자(視爾友君子) ············ 786
시이위자(是以爲刺) ············ 320
시이유경의(是以有慶矣) ············ 638
시이유곤의혜(是以有袞衣兮) ····· 437
시이유모(是以有侮) ············ 543
시이유예처혜(是以有譽處兮) ··· 486, 638
시인망극(視人罔極) ············ 586
시인맹자(寺人孟子) ············ 590
시인지령(寺人之令) ············ 360
시임시부(是任是負) ············ 738
시자불여금(始者不如今) ············ 584
시절시홀(是絕是忽) ············ 723
시주유여(釃酒有藇) ············ 458
시주유연(釃酒有衍) ············ 459
시주지명(時周之命) ············ 892, 893
시증시향(是烝是享) ············ 627
시천몽몽(視天夢夢) ············ 544
시치시부(是致是附) ············ 723
시피교인(視彼驕人) ············ 589
시향시의(是饗是宜) ············ 909
시호불식(豺虎不食) ············ 589
시확시묘(是穫是畝) ············ 738
식가차무(式歌且舞) ············ 648
식거루교(式居婁驕) ············ 665
식고이유(式固爾猶) ············ 904
식곡사지(式穀似之) ············ 569

식곡이녀(式穀以女) ·················· 613
식구이후(式救爾後) ·················· 840
식례막건(式禮莫愆) ·················· 620
식명부동(寔命不同) ·················· 131
식명불유(寔命不猶) ·················· 131
식물종위(式勿從謂) ·················· 654
식미식미(式微式微) ·················· 171
식벽사방(式辟四方) ·················· 828
식상호의(式相好矣) ·················· 528
식서재위(式序在位) ·················· 858
식시남방(式是南邦) ·················· 810
식시백벽(式是百辟) ·················· 816
식식기정(殖殖其庭) ·················· 529
식식기지(湜湜其沚) ·················· 166
식식서기(式食庶幾) ·················· 648
식아상심(食我桑黮) ·················· 904
식아장곽(食我場藿) ·················· 522
식아장묘(食我場苗) ·················· 521
식알구학(式遏寇虐) ····· 767, 768, 769
식야지금(食野之芩) ·················· 446
식야지평(食野之苹) ·················· 445
식야지호(食野之蒿) ·················· 446
식연차예(式燕且譽) ·················· 647
식연차희(式燕且喜) ·················· 647
식와이심(式訛爾心) ·················· 540
식월사생(式月斯生) ·················· 539
식음서기(式飮庶幾) ·················· 648
식이식이(式夷式已) ·················· 538
식지음지(食之飮之) ·················· 756
식천기귀(式遄其歸) ·················· 819
식천기행(式遄其行) ·················· 812

식호식호(式號式呼) ·················· 779
신가역사(矧可射思) ·················· 786
신감다우(矧敢多又) ·················· 655
신구취지(神具醉止) ·················· 621
신기음식(神嗜飮食) ··········· 620, 622
신대유자(新臺有泚) ·················· 186
신대유최(新臺有洒) ·················· 186
신망시원(神罔時怨) ·················· 715
신망시통(神罔時恫) ·················· 715
신묘혁혁(新廟奕奕) ·················· 913
신무공석(辰牡孔碩) ·················· 362
신백번번(申伯番番) ·················· 812
신백신매(申伯信邁) ·················· 812
신백지공(申伯之功) ·················· 811
신백지덕(申伯之德) ·················· 813
신백환남(申伯還南) ·················· 812
신보시격(神保是格) ·················· 620
신보시향(神保是饗) ·················· 619
신보율귀(神保聿歸) ·················· 621
신보지백(新甫之栢) ·················· 913
신서단단(信誓旦旦) ·················· 226
신석무강(申錫無疆) ·················· 922
신소로의(神所勞矣) ·················· 713
신시확신(薪是穫薪) ·················· 598
신신기록(牲牲其鹿) ·················· 796
신신정부(駪駪征夫) ·················· 452
신여불고(訊予不顧) ·················· 392
신이언야(愼爾言也) ·················· 588
신이우유(愼爾優游) ·················· 522
신이인의(矧伊人矣) ·················· 458
신이출화(愼爾出話) ·················· 785

신지격사(神之格思) ············ 786	실유풍년(實維豐年) ············ 535
신지유지(薪之槱之) ············ 710	실유하기(實維何期) ············ 644
신지점몽(訊之占夢) ············ 545	실인교편적아(室人交徧讁我) ····· 181
신지조의(神之弔矣) ············ 463	실인교편최아(室人交徧摧我) ····· 181
신지청지(神之聽之) ····· 458, 613, 614	실인입우(室人入又) ············ 652
신피남산(信彼南山) ············ 625	실정이아방(實靖夷我邦) ········· 842
신피석녀(辰彼碩女) ············ 647	실종실유(實種實褎) ············ 737
실가군왕(室家君王) ············ 530	실좌우상왕(實左右商王) ········· 929
실가부족(室家不足) ············ 124	실함사활(實函斯活) ······· 884, 886
실가지곤(室家之壼) ············ 747	실홍소자(實虹小子) ············ 787
실가진진(室家溱溱) ············ 535	실획아심(實獲我心) ············ 146
실견실호(實堅實好) ············ 737	심곡위릉(深谷爲陵) ············ 553
실담실우(實覃實訐) ············ 736	심언도도(心焉忉忉) ············ 393
실로아심(實勞我心) ····· 148, 160, 678	심언수지(心焉數之) ············ 580
실묘실적(實畝實籍) ············ 825	심언척척(心焉惕惕) ············ 393
실발실수(實發實秀) ············ 737	심여결혜(心如結兮) ············ 410
실방실포(實方實苞) ············ 737	심역우지(心亦憂止) ············ 466
실솔재당(蟋蟀在堂) ······· 336, 337	심즉려(深則厲) ················ 162
실솔좌우(悉率左右) ············ 509	심지비의(心之悲矣) ············ 839
실시전상(實始翦商) ············ 908	심지우의(心之憂矣) ··· 143, 145, 237, 324
실실매매(實實枚枚) ············ 907	325, 406, 407, 516, 546, 573, 574
실영실률(實穎實栗) ············ 737	575, 611, 612, 613, 686, 839
실용실학(實墉實壑) ············ 825	심호애의(心乎愛矣) ············ 676
실우서유주(實右序有周) ········· 858	십묘지간혜(十畝之間兮) ········· 328
실유아의(實維我儀) ············ 189	십묘지외혜(十畝之外兮) ········· 328
실유아특(實維我特) ············ 189	십월납화가(十月納禾稼) ········· 420
실유아형(實維阿衡) ············ 929	십월실솔(十月蟋蟀) ············ 418
실유이공(實維爾公) ············ 890	십월운탁(十月隕蘀) ············ 418
실유이하(實維伊何) ············ 644	십월지교(十月之交) ············ 552
실유재수(實維在首) ············ 645	십월척장(十月滌場) ············ 420
실유태왕(實維大王) ············ 908	십월확도(十月穫稻) ············ 419

십천유우(十千維耦) ················ 865

ㅇ

아가기동(我稼旣同) ················ 420
아가차요(我歌且謠) ················ 324
아강아리(我疆我理) ················ 626
아객려지(我客戾止) ········ 866, 869
아거기공(我車旣攻) ················ 504
아거아우(我車我牛) ················ 673
아거어졸황(我居圉卒荒) ·········· 842
아고작피금뢰(我姑酌彼金罍) ········ 96
아고작피시굉(我姑酌彼兕觥) ········ 97
아공한의(我孔熯矣) ················ 620
아구의덕(我求懿德) ················ 858
아구지자(我覯之子) ····· 436, 437, 638
아궁불열(我躬不閱) ········ 166, 576
아귀기염(我龜旣厭) ················ 565
아기수지(我其收之) ················ 852
아기숙야(我其夙夜) ················ 857
아나기실(猗儺其實) ················ 403
아나기지(猗儺其枝) ················ 402
아나기화(猗儺其華) ················ 403
아도아어(我徒我御) ················ 673
아도이거(我圖爾居) ················ 811
아독거우(我獨居憂) ················ 555
아독남행(我獨南行) ················ 155
아독부졸(我獨不卒) ················ 596
아독불감휴(我獨不敢休) ··········· 555
아독우리(我獨于罹) ················ 573
아독하해(我獨何害) ········ 595, 604

아동왈귀(我東曰歸) ················ 429
아래자동(我來自東) ····· 429, 430, 431
아로여하(我勞如何) ················ 680
아롱수지(我龍受之) ················ 890
아릉아아(我陵我阿) ················ 721
아마기동(我馬旣同) ················ 504
아마도의(我馬瘏矣) ·················· 97
아마유구(我馬維駒) ················ 452
아마유기(我馬維騏) ················ 452
아마유락(我馬維駱) ················ 452
아마유인(我馬維駰) ················ 453
아마현황(我馬玄黃) ·················· 97
아마회퇴(我馬虺隤) ·················· 96
아무령인(我無令人) ················ 158
아문기성(我聞其聲) ················ 584
아문유명(我聞有命) ················ 341
아복기성(我服旣成) ················ 494
아복부의(我僕痡矣) ·················· 97
아불감효아우자일(我不敢傚我友自逸) ··· 555
아불견혜(我不見兮) ········ 669, 670
아사고인(我思古人) ················ 146
아사공서(我事孔庶) ················ 612
아사불비(我思不閟) ················ 209
아사불원(我思不遠) ················ 209
아사비천(我思肥泉) ················ 178
아사아려(我師我旅) ················ 673
아상차방(我相此邦) ················ 843
아생미락(我生靡樂) ················ 788
아생불신(我生不辰) ················ 794
아생지초(我生之初) ········ 251, 252
아생지후(我生之後) ········ 251, 252

찾아보기 • **989**

아서여여(我黍與與) ……………… 618	아언유복(我言維服) ……………… 772
아송구씨(我送舅氏) ……………… 379	아예서직(我蓺黍稷) ……………… 618
아수명부장(我受命溥將) ………… 922	아왕불녕(我王不寧) ……………… 540
아수미정(我戍未定) ……………… 466	아우경의(我友敬矣) ……………… 516
아수이사(我雖異事) ……………… 772	아위공폄(我位孔貶) ……………… 842
아시모유(我視謀猶) ……………… 565	아유가객(我有嘉客) ……………… 919
아시용급(我是用急) ……………… 494	아유가빈(我有嘉賓) … 445, 446, 490, 491
아시용우(我是用憂) ……………… 665	아유유억(我庾維億) ……………… 618
아신안재(我辰安在) ……………… 574	아유지주(我有旨酒) ……………… 446
아심불열(我心不說) ……………… 669	아유지축(我有旨蓄) ……………… 167
아심비감(我心匪鑒) ……………… 142	아응수지(我應受之) ……………… 892
아심비석(我心匪席) ……………… 142	아의도지(我儀圖之) ……………… 818
아심비석(我心匪石) ……………… 142	아이위군(我以爲君) ……………… 199
아심사혜(我心寫兮) …… 486, 638, 648	아이위형(我以爲兄) ……………… 198
아심상비(我心傷悲) … 118, 449, 468, 476	아일구화(我日構禍) ……………… 604
아심상비혜(我心傷悲兮) ………… 401	아일사매(我日斯邁) ……………… 570
아심서비(我心西悲) ……………… 429	아임아련(我任我輦) ……………… 673
아심온결혜(我心蘊結兮) ………… 401	아입자외(我入自外) ……………… 181
아심우상(我心憂傷) … 400, 543, 568, 573	아장아향(我將我享) ……………… 857
아심원결(我心苑結) ……………… 669	아전기장(我田旣臧) ……………… 630
아심유유(我心悠悠) ……………… 178	아정율지(我征聿至) ……………… 430
아심이야(我心易也) ……………… 585	아정조서(我征徂西) ……………… 611
아심즉열(我心則說) ……………… 118	아조동산(我徂東山) … 429, 430, 431
아심즉우(我心則憂) ……………… 209	아조유구정(我徂維求定) ………… 892
아심즉이(我心則夷) ……………… 118	아종사독현(我從事獨賢) ………… 607
아심즉휴(我心則休) ……………… 493	아죄이하(我罪伊何) ……………… 573
아심즉희(我心則喜) ……………… 493	아주공양(我朱孔陽) ……………… 417
아심참참(我心慘慘) ……………… 788	아즉이모(我卽爾謀) ……………… 772
아심칙강(我心則降) ……………… 117	아지회의(我之懷矣) ……………… 160
아심칙항(我心則降) ……………… 472	아직익익(我稷翼翼) ……………… 618
아심탄서(我心憚暑) ……………… 805	아창기영(我倉旣盈) ……………… 618

아천아지(我泉我池)	722	애애왕다길인(藹藹王多吉人)	764
아첨사방(我瞻四方)	540	애이불견(愛而不見)	184
아출아거(我出我車)	470, 471	애재불능언(哀哉不能言)	561
아취기진(我取其陳)	629	애재위유(哀哉爲猶)	566
아행기야(我行其野)	210, 526, 527	애차경독(哀此惸獨)	547
아행기집(我行旣集)	673	애차환과(哀此鰥寡)	511
아행불래(我行不來)	467	애통중국(哀恫中國)	795
아행영구(我行永久)	496	앵기명의(嚶其鳴矣)	458
악구입주(樂具入奏)	622	야미앙(夜未央)	514
악기화주(樂旣和奏)	652	야미예(夜未艾)	514
악부위위(鄂不韡韡)	454	야여하기(夜如何其)	514
악속출복(握粟出卜)	570	야유만초(野有蔓草)	294
안여순영(顔如舜英)	279	야유사균(野有死麕)	134
안여순화(顔如舜華)	278	야유사록(野有死鹿)	134
안여악단(顔如渥丹)	370	야향신(夜鄉晨)	514
안지후의(顔之厚矣)	581	약기착형(約軝錯衡)	500, 922
안차길혜(安且吉兮)	351	약무생고(籥舞笙鼓)	652
안차욱혜(安且燠兮)	352	약시증상(禴祠烝嘗)	463
앙성우두(卬盛于豆)	739	약지각각(約之閣閣)	528
앙수아우(卬須我友)	163	약차무죄(若此無罪)	559
앙홍우심(卬烘于煁)	677	양기좌우(攘其左右)	630
애금지인(哀今之人)	545, 553	양류의의(楊柳依依)	468
애막조지(愛莫助之)	818	양마사지(良馬四之)	206
애명오오(哀鳴嗷嗷)	512	양마오지(良馬五之)	206
애아소심(哀我小心)	543	양마육지(良馬六之)	207
애아인사(哀我人斯)	434, 435, 544	양복상양(兩服上襄)	268
애아전과(哀我塡寡)	570	양복제수(兩服齊首)	269
애아정부(哀我征夫)	687	양불아지(諒不我知)	585
애아탄인(哀我憚人)	598	양사구구(良士瞿瞿)	336
애애부모(哀哀父母)	594	양사궤궤(良士蹶蹶)	336
애애왕다길사(藹藹王多吉士)	764	양사휴휴(良士休休)	337

| 양왈불가(涼日不可) ················ 799
| 양우하괄(羊牛下括) ················ 244
| 양우하래(羊牛下來) ················ 244
| 양원지도(楊園之道) ················ 590
| 양저지석야(揚且之晳也) ············ 193
| 양저지안야(揚且之顔也) ············ 194
| 양지수(揚之水) ············ 247, 291, 341
| 양지척지(攘之剔之) ················ 719
| 양참불의(兩驂不猗) ················ 505
| 양참안행(兩驂鴈行) ················ 268
| 양참여무(兩驂如舞) ················ 267
| 양참여수(兩驂如手) ················ 269
| 양피무왕(涼彼武王) ················ 701
| 어려우류(魚麗于罶) ················ 478
| 어만사년(於萬斯年) ················ 730
| 어망지설(魚網之設) ················ 186
| 어아호매식사궤(於我乎每食四簋) ··· 381
| 어아호하옥거거(於我乎夏屋渠渠) ··· 381
| 어약우연(魚躍于淵) ················ 713
| 어언가객(於焉嘉客) ················ 522
| 어언소요(於焉逍遙) ················ 522
| 어여신숙(於女信宿) ················ 437
| 어여신처(於女信處) ················ 437
| 어잠재연(魚潛在淵) ················ 518
| 어재우소(魚在于沼) ················ 547
| 어재우저(魚在于渚) ················ 518
| 어재재조(魚在在藻) ················ 658
| 어호소자(於乎小子) ·········· 787, 789
| 어호애재(於乎哀哉) ················ 844
| 어호전왕불망(於乎前王不忘) ······ 854
| 억경공기(抑磬控忌) ················ 268

억석붕기(抑釋棚忌) ················ 269
억약양혜(抑若揚兮) ················ 316
억억위의(抑抑威儀) ················ 782
억종송기(抑縱送忌) ················ 268
억차황보(抑此皇父) ················ 553
억창궁기(抑鬯弓忌) ················ 269
언고사씨(言告師氏) ·················· 94
언고언귀(言告言歸) ·················· 94
언관기기(言觀其旂) ····· 514, 660, 901
언귀사복(言歸斯復) ················ 526
언기수의(言旣遂矣) ················ 225
언념군자(言念君子) ·········· 364, 365
언득훤초(焉得諼草) ················ 235
언륜지승(言綸之繩) ················ 672
언리(鰋鯉) ························· 478
언말기구(言秣其駒) ················ 107
언말기마(言秣其馬) ················ 107
언민지사(言緡之絲) ················ 787
언불가서의(言不可逝矣) ············ 785
언사기종(言私其豵) ················ 418
언선언귀(言旋言歸) ·········· 524, 525
언소안안(言笑晏晏) ················ 226
언수지배(言樹之背) ················ 235
언수지집(言授之縶) ················ 875
언시지사(言示之事) ················ 788
언예기루(言刈其蔞) ················ 107
언예기초(言刈其楚) ················ 107
언제기이(言提其耳) ················ 788
언종지매(言從之邁) ················ 669
언지어조(言至於漕) ················ 209
언지욕야(言之辱也) ················ 192

992 · 새로 옮긴 시경

언지장야(言之長也) ·················· 191	여규여장(如圭如璋) ·················· 763
언지추야(言之醜也) ·················· 191	여금여석(如金如錫) ·················· 214
언창기궁(言韔其弓) ·················· 672	여기부지이작(予豈不知而作) ······ 798
언채기궐(言采其蕨) ·················· 117	여기사익(如跂斯翼) ·················· 529
언채기근(言采其芹) ·················· 660	여기서직(與其黍稷) ·················· 634
언채기기(言采其杞) ·········· 476, 607	여기여식(如幾如式) ·················· 621
언채기망(言采其蝱) ·················· 209	여기징(子其懲) ······················· 882
언채기모(言采其莫) ·················· 321	여남산지수(如南山之壽) ············ 464
언채기미(言采其薇) ·················· 118	여담여분(如惔如焚) ·················· 805
언채기복(言采其葍) ·················· 527	여도도부(如塗塗附) ·················· 664
언채기상(言采其桑) ·················· 322	여려재판(茹藘在阪) ·················· 287
언채기속(言采其蓫) ·················· 322	여력방강(旅力方剛) ·················· 608
언채기축(言采其蓫) ·················· 526	여뢰여정(如雷如霆) ·················· 833
언추기극(言抽其棘) ·················· 618	여리박빙(如履薄冰) ·········· 567, 570
언취이거(言就爾居) ·················· 526	여림심연(如臨深淵) ·················· 567
언취이숙(言就爾宿) ·················· 526	여림우곡(如臨于谷) ·················· 570
엄관질예(奄觀銍艾) ·················· 864	여만여모(如蠻如髦) ·················· 665
엄수북국(奄受北國) ·················· 824	여미무차(子美亡此) ·················· 354
엄유구몽(奄有龜蒙) ·················· 911	여미소소(子尾脩脩) ·················· 427
엄유구유(奄有九有) ·················· 924	여반수지(女反收之) ·················· 837
엄유사방(奄有四方) ·········· 720, 860	여반유지(女反有之) ·················· 837
엄유하국(奄有下國) ·················· 907	여발곡국(子髮曲局) ·················· 671
엄유하토(奄有下土) ·················· 907	여복열지(女覆說之) ·················· 837
에차대시(殪此大兕) ·················· 509	여복탈지(女覆奪之) ·················· 837
여가속혜(如可贖兮) ····· 372, 373, 374	여불아극(如不我克) ·················· 546
여강여릉(如岡如陵) ·········· 463, 910	여불아득(如不我得) ·················· 546
여강여한(如江如漢) ·················· 834	여비여갱(如沸如羹) ·················· 779
여고삼배(如賈三倍) ·················· 838	여비여한(如飛如翰) ·················· 834
여고슬금(如鼓瑟琴) ·················· 455	여비한의(如匪澣衣) ·················· 143
여구졸도(予口卒瘏) ·················· 426	여비행매모(如匪行邁謀) ············ 566
여규여벽(如圭如璧) ·················· 214	여산여부(如山如阜) ·················· 462

여산여하(如山如河) ·················· 193
여산지포(如山之苞) ·················· 834
여삼세혜(如三歲兮) ·················· 256
여삼월혜(如三月兮) ········· 256, 289
여삼추혜(如三秋兮) ·················· 256
여상수의(如相醻矣) ·················· 540
여소랄도(予所捋荼) ·················· 426
여소축조(予所蓄租) ·················· 426
여소치혜(女所治兮) ·················· 146
여송무의(如松茂矣) ·················· 528
여송백지무(如松栢之茂) ·········· 464
여수길거(予手拮据) ·················· 426
여수담락종(女雖湛樂從) ·········· 784
여시사극(如矢斯棘) ·················· 529
여식의어(如食宜饇) ·················· 664
여신무고(予慎無辜) ·················· 579
여신무죄(予慎無罪) ·················· 579
여실교교(予室翹翹) ·················· 427
여심비지(女心悲止) ·················· 476
여심상비(女心傷悲) ·················· 417
여심상지(女心傷止) ·················· 475
여아희양(與我犧羊) ·················· 629
여야불상(女也不爽) ·················· 225
여영유한(旅楹有閑) ·················· 934
여왈계명(女曰鷄鳴) ·················· 276
여왈관호(女曰觀乎) ········· 295, 296
여왈유분주(予曰有奔奏) ·········· 707
여왈유선후(予曰有先後) ·········· 707
여왈유소부(予曰有疏附) ·········· 707
여왈유어모(予曰有禦侮) ·········· 707
여왕지조사(予王之爪士) ·········· 520
여왕지조아(予王之爪牙) ·········· 520
여우집우료(予又集于蓼) ·········· 882
여우초초(予羽譙譙) ·················· 427
여운불극(如云不克) ·················· 798
여월지긍(如月之恒) ·················· 463
여유은우(如有隱憂) ·················· 141
여유음효효(予維音嘵嘵) ·········· 427
여이림충(與爾臨衝) ·················· 722
여일지승(如日之升) ·················· 463
여자동구(與子同仇) ·················· 377
여자동상(與子同裳) ·················· 378
여자동탁(與子同澤) ·················· 377
여자동포(與子同袍) ·················· 377
여자선회(女子善懷) ·················· 210
여자성설(與子成說) ·················· 155
여자여량(如茨如梁) ·················· 631
여자유행(女子有行) ····· 177, 203, 229
여자의지(與子宜之) ·················· 276
여자지상(女子之祥) ·················· 530
여자해로(與子偕老) ········· 155, 277
여자해작(與子偕作) ·················· 378
여자해장(與子偕臧) ·················· 294
여자해행(與子偕行) ·················· 378
여작공취(如酌孔取) ·················· 664
여장여규(如璋如圭) ·················· 773
여전기여(女轉棄予) ·················· 592
여절여차(如切如磋) ·················· 213
여정여뢰(如霆如雷) ········· 501, 804
여조사혁(如鳥斯革) ·················· 529
여조여당(如蜩如螗) ·················· 779
여조유편(旟旐有翩) ·················· 793

여죽포의(如竹苞矣) ·············· 528
여지여경(如坻如京) ·············· 631
여지여헌(如輊如軒) ·············· 496
여지타의(子之佗矣) ·············· 576
여지탐혜(女之耽兮) ·············· 224
여지하물사(如之何勿思) ········ 244
여진여노(如震如怒) ·············· 833
여집우목(如集于木) ·············· 570
여집의광(女執懿筐) ·············· 416
여차량인하(如此良人何) ········ 344
여차찬자하(如此粲者何) ········ 345
여차해후하(如此邂逅何) ········ 345
여천지류(如川之流) ·············· 834
여천지방지(如川之方至) ········ 463
여촌탁지(子忖度之) ·············· 580
여취여휴(如取如攜) ·············· 773
여탁여마(如琢如磨) ·············· 213
여포효우중국(女炰烋于中國) ······ 778
여피류천(如彼流泉) ······ 566, 784
여피비충(如彼飛蟲) ·············· 798
여피서저(如彼棲苴) ·············· 842
여피세한(如彼歲旱) ·············· 842
여피소풍(如彼遡風) ·············· 795
여피우설(如彼雨雪) ·············· 645
여피축실우도모(如彼築室于道謀) ··· 566
여피행매(如彼行邁) ·············· 560
여하신여(如何新畬) ·············· 863
여하여하(如何如何) ······ 375, 376
여하호천(如何昊天) ·············· 560
여형여제(如兄如弟) ·············· 165
여혹결지(如或結之) ·············· 546

여혹수지(如或醻之) ·············· 575
여화열렬(如火烈烈) ·············· 928
여회명덕(子懷明德) ·············· 722
여훈여지(如壎如箎) ·············· 773
여휘사비(如翬斯飛) ·············· 529
여흥시력(女興是力) ·············· 778
역가식야(亦可息也) ·············· 598
역가외야(亦可畏也) ······ 263, 264
역각유행(亦各有行) ·············· 210
역거기휴(役車其休) ·············· 337
역공지가(亦孔之嘉) ·············· 434
역공지고(亦孔之固) ·············· 462
역공지공(亦孔之邛) ·············· 565
역공지매(亦孔之痗) ·············· 555
역공지애(亦孔之僾) ·············· 795
역공지애(亦孔之哀) ······ 552, 565
역공지작(亦孔之炤) ·············· 547
역공지장(亦孔之將) ······ 434, 543
역공지추(亦孔之醜) ·············· 552
역공지후의(亦孔之厚矣) ········ 762
역공지휴(亦孔之休) ·············· 435
역기견지(亦旣見止) ······ 117, 118
역기구지(亦旣覯止) ······ 117, 118
역기복여(亦其福女) ·············· 909
역기포자(亦旣抱子) ·············· 788
역류우기(亦流于淇) ·············· 177
역막아고(亦莫我顧) ·············· 254
역막아문(亦莫我聞) ·············· 255
역막아유(亦莫我有) ·············· 254
역민대식(力民代食) ·············· 795
역백기마(亦白其馬) ·············· 875

역범기류(亦汎其流)	141	연급황천(燕及皇天)	871
역복이경(亦服爾耕)	865	연비려천(鳶飛戾天)	713
역부우천(亦傅于天)	667, 764	연사소완(燕師所完)	824
역불아력(亦不我力)	546	연소어혜(燕笑語兮)	486
역불여종(亦不女從)	124	연연우비(燕燕于飛)	147, 148
역불운궐문(亦不隕厥問)	706	연연자촉(蜎蜎者蠋)	429
역불이역(亦不夷懌)	919	연완지구(燕婉之求)	186
역불황사(亦不遑舍)	584	연이신혼(宴爾新昏)	165, 166, 167
역비극락(亦匪克樂)	547	연피제희(變彼諸姬)	177
역시려의(亦是戾矣)	661	열가불하(烈假不瑕)	716
역시솔종(亦是率從)	661	열렬정사(烈烈征師)	674
역여주기(怒如調飢)	109	열문벽공(烈文辟公)	853, 873
역역기달(驛驛其達)	884	열역녀미(說懌女美)	184
역우문모(亦右文母)	872	열피하천(冽彼下泉)	412, 413
역우하구(亦又何求)	863	염국지위학(念國之爲虐)	547
역운가사(亦云可使)	561	염석선인(念昔先人)	569
역유고름(亦有高廩)	867	염아독혜(念我獨兮)	543, 547, 612
역유사려(亦維斯戾)	783	염아무록(念我無祿)	544
역유사용(亦有斯容)	866	염아토우(念我土宇)	794
역유형제(亦有兄弟)	142	염염기묘(厭厭其苗)	884
역유화갱(亦有和羹)	922	염염야음(厭厭夜飮)	488, 489
역율기모(亦聿旣耄)	789	염염양인(厭厭良人)	365
역이어동(亦以御冬)	167	염원이위덕(斂怨以爲德)	778
역이언재(亦已焉哉)	226	염자융공(念玆戎功)	854
역이우우(亦施于宇)	430	염자조조(念子懆懆)	678
역이태심(亦已大甚)	588	염자황조(念玆皇祖)	878
역재거하(亦在車下)	429	염처선방처(豔妻煽方處)	553
역지이이(亦祗以異)	527	염피경사(念彼京師)	413
역직유질(亦職維疾)	783	염피경주(念彼京周)	413
역집원지(亦集爰止)	500, 764	염피공인(念彼共人)	611, 612, 613
연급붕우(燕及朋友)	753	염피부적(念彼不蹟)	516

염피석인(念彼碩人)	677	영시불훤(永矢弗諼)	217
염피주경(念彼周京)	413	영언배명(永言配命)	694, 729
엽엽진전(燁燁震電)	553	영언보지(永言保之)	873
엽읍행로(厭浥行露)	124	영언효사(永言孝思)	729, 730
엽피남묘(饁彼南畝)	416, 634	영여추제(領如蝤蠐)	219
엽피남무(饁彼南畝)	630	영영백운(英英白雲)	677
영관궐성(永觀厥成)	869	영영청승(營營靑蠅)	650
영덕래교(令德來敎)	647	영우기령(靈雨旣零)	200
영덕수개(令德壽豈)	487	영우기몽(零雨其濛)	429, 430, 431
영로농농(零露濃濃)	487	영위도독(寧爲荼毒)	797
영로니니(零露泥泥)	487	영의령색(令儀令色)	816
영로단혜(零露漙兮)	294	영이위호야(永以爲好也)	238
영로서혜(零露湑兮)	486	영자금의(寧自今矣)	839
영로양양(零露瀼瀼)	294, 486	영적불래(寧適不來)	459
영막아유(寧莫我有)	605	영정아궁(寧丁我躬)	803
영막아청(寧莫我聽)	803	영종유숙(令終有俶)	746
영막지지(寧莫之知)	575	영지유지(泳之游之)	166
영막지징(寧莫之懲)	516, 545	영처수모(令妻壽母)	913
영문령망(令聞令望)	763	영혹멸지(寧或滅之)	546
영문불이(令聞不已)	692	예국지즉(芮鞫之卽)	757
영불아고(寧不我顧)	150	예마여지하(藝麻如之何)	306
영불아긍(寧不我矜)	793	예모사사(譽髦斯士)	716
영불아보(寧不我報)	151	예예기우(泄泄其羽)	160
영비아둔(寧俾我遯)	805	예예기음(噎噎其陰)	153
영석난로(永錫難老)	902	예의기비(禮儀旣備)	621
영석이극(永錫爾極)	621	예의졸도(禮儀卒度)	620
영석이류(永錫爾類)	747	예즉연의(禮則然矣)	554
영석조윤(永錫祚胤)	747	예지임숙(藝之荏菽)	737
영세극효(永世克孝)	878	오노시위(惡怒是違)	539
영시불고(永矢弗告)	217	오동생의(梧桐生矣)	764
영시불과(永矢弗過)	217	오락벽옹(於樂辟廱)	727

오론고종(於論鼓鐘)	727	오황무왕(於皇武王)	876
오만사년(於萬斯年)	730	오황시주(於皇時周)	893
오매구지(寤寐求之)	90	옥이결납(鋈以觼軜)	364
오매무위(寤寐無爲)	397, 398	옥지진야(玉之瑱也)	193
오매사복(寤寐思服)	90	온공조석(溫恭朝夕)	920
오목불이(於穆不已)	852	온기여옥(溫其如玉)	364
오목양주(五椇梁輈)	363	온기재읍(溫其在邑)	364
오목청묘(於穆淸廟)	850	온륭충충(蘊隆蟲蟲)	803
오벽유표(寤辟有摽)	143	온온공인(溫溫恭人)	570, 787
오삭왕사(於鑠王師)	890	온온기공(溫溫其恭)	652
오소우천(於昭于天)	692, 891	온우군소(慍于群小)	142
오아귀세(於我歸說)	407	옹옹개개(雝雝喈喈)	764
오아귀식(於我歸息)	407	옹옹명안(雝雝鳴鴈)	162
오아귀처(於我歸處)	406	옹옹앙앙(顒顒卬卬)	763
오언불매(寤言不寐)	153	옹옹재궁(雝雝在宮)	716
오역사(於繹思)	892	완구지도(宛丘之道)	384
오월명조(五月鳴蜩)	418	완구지상혜(宛丘之上兮)	384
오월사종동고(五月斯螽動股)	418	완구지하(宛丘之下)	384
오인어약(於牣魚躍)	727	완구지허(宛丘之栩)	385
오일위기(五日爲期)	671	완기사의(宛其死矣)	338, 339
오즙희(於緝熙)	856	완여청양(婉如淸揚)	294
오즙희경지(於緝熙敬止)	693	완연좌피(宛然左辟)	320
오찬쇄소(於粲洒埽)	459	완재수중앙(宛在水中央)	368
오천광무(於薦廣牡)	871	완재수중지(宛在水中坻)	368
오혁탕손(於赫湯孫)	919	완재수중지(宛在水中沚)	369
오호불현(於乎不顯)	852	완피명구(宛彼鳴鳩)	568
오호유애(於乎有哀)	793	완혜련혜(婉兮孌兮)	309, 409
오호유재(於乎悠哉)	879	왈구궐장(曰求厥章)	873
오호황고(於乎皇考)	878	왈귀왈귀(曰歸曰歸)	465, 466
오호황왕(於乎皇王)	878	왈기취지(曰旣醉止)	653
오황래모(於皇來牟)	863	왈부모저(曰父母且)	578

왈빈우경(曰嬪于京) ……………… 698
왈살고양(曰殺羔羊) ……………… 421
왈상궐국(曰喪厥國) ……………… 789
왈상시상(曰商是常) ……………… 933
왈여미유실가(曰予未有室家) … 426, 561
왈여부장(曰予不戕) ……………… 554
왈위개세(曰爲改歲) ……………… 419
왈지왈시(曰止曰時) ……………… 705
왈지위양(曰至渭陽) ……………… 379
왕견신백(王遣申伯) ……………… 811
왕공이탁(王公伊濯) ……………… 732
왕국극생(王國克生) ……………… 693
왕국래극(王國來極) ……………… 828
왕국서정(王國庶定) ……………… 828
왕궁시보(王躬是保) ……………… 816
왕근왕구(往近王舅) ……………… 811
왕래행언(往來行言) ……………… 580
왕려탄탄(王旅嘽嘽) ……………… 833
왕명경사(王命卿士) ……………… 832
왕명남중(王命南仲) ……………… 471
왕명부어(王命傅御) ……………… 811
왕명소백(王命召伯) ………… 810, 812
왕명소호(王命召虎) ………… 828, 829
왕명신백(王命申伯) ……………… 810
왕명중산보(王命仲山甫) …… 816, 818
왕배우경(王配于京) ……………… 729
왕분궐무(王奮厥武) ……………… 833
왕사다난(王事多難) ………… 470, 472
왕사미고(王事靡盬) …… 349, 350, 449
467, 475, 476, 607
왕사방방(王事傍傍) ……………… 607
왕사적아(王事適我) ……………… 180
왕사지소(王師之所) ……………… 833
왕사퇴아(王事敦我) ……………… 181
왕서보작(王舒保作) ……………… 833
왕석신백(王錫申伯) ……………… 811
왕석한후(王錫韓侯) ………… 822, 824
왕성우방(往城于方) ……………… 471
왕실여훼(王室如燬) ……………… 109
왕심재녕(王心載寧) ……………… 828
왕심즉녕(王心則寧) ……………… 674
왕왈숙부(王曰叔父) ……………… 908
왕왈오호(王曰於乎) ……………… 802
왕왈환귀(王曰還歸) ……………… 834
왕욕옥녀(王欲玉女) ……………… 770
왕우출정(王于出征) ………… 494, 495
왕우흥사(王于興師) ………… 377, 378
왕위윤씨(王謂尹氏) ……………… 832
왕유윤새(王猶允塞) ……………… 834
왕재영소(王在靈沼) ……………… 727
왕재영유(王在靈囿) ……………… 727
왕재재호(王在在鎬) ……………… 658
왕전우미(王餞于郿) ……………… 812
왕지신신(王之藎臣) ……………… 694
왕지원구(王之元舅) ……………… 812
왕지후설(王之喉舌) ……………… 816
왕차대방(王此大邦) ……………… 720
왕찬지사(王纘之事) ……………… 810
왕친명지(王親命之) ……………… 821
왕혁사노(王赫斯怒) ……………… 721
왕후유한(王后維翰) ……………… 732
왕후증재(王后烝哉) ……………… 732

왕희이성(王釐爾成) ······ 863	용기십승(龍旂十乘) ······ 924
왕희지거(王姬之車) ······ 136	용기양양(龍旂陽陽) ······ 873
외대국시강(外大國是疆) ······ 926	용석이지(用錫爾祉) ······ 829
외불능극(畏不能極) ······ 681	용순지합(龍盾之合) ······ 364
외불능추(畏不能趨) ······ 681	용약용병(踊躍用兵) ······ 154
외아부모(畏我父母) ······ 263	용적만방(用遏蠻方) ······ 784
외아제형(畏我諸兄) ······ 264	용혜수혜(容兮遂兮) ······ 231
외어기무(外禦其務) ······ 455	우간지중(于澗之中) ······ 115
외인지다언(畏人之多言) ······ 264	우강우리(于疆于理) ······ 828
외자불감(畏子不敢) ······ 257	우견획지(遇犬獲之) ······ 580
외자불분(畏子不奔) ······ 257	우결아구(又缺我銶) ······ 434
외차간서(畏此簡書) ······ 472	우결아의(又缺我錡) ······ 434
외차견노(畏此譴怒) ······ 612	우결아장(又缺我斨) ······ 434
외차반복(畏此反覆) ······ 613	우경사의(于京斯依) ······ 756
외차죄고(畏此罪罟) ······ 611	우공선왕(于公先王) ······ 463
외천지위(畏天之威) ······ 857	우군음우(又窘陰雨) ······ 546
요가여오(聊可與娛) ······ 293	우궤지리(于蹶之里) ······ 823
요락아원(聊樂我員) ······ 292	우금삼년(于今三年) ······ 431
요아호상궁(要我乎上宮) ······ 196, 197	우두우등(于豆于登) ······ 739
요여지모(聊與之謀) ······ 177	우량어기(又良御忌) ······ 268
요요초충(喓喓草蟲) ······ 117, 472	우록우우(麀鹿噳噳) ······ 508, 824
요이행국(聊以行國) ······ 324	우록유복(麀鹿攸伏) ······ 727
요조숙녀(窈窕淑女) ······ 90, 91	우록탁탁(麀鹿濯濯) ······ 727
요지극지(要之襋之) ······ 320	우림지하(于林之下) ······ 155
요지방양(燎之方揚) ······ 546	우모정명(訏謨定命) ······ 783
요지옥옥(夭之沃沃) ······ 402, 403	우목지야(于牧之野) ······ 908
욕보지덕(欲報之德) ······ 595	우부하토방(禹敷下土方) ······ 926
용계불우(用戒不虞) ······ 785	우빈사관(于豳斯館) ······ 757
용계융작(用戒戎作) ······ 784	우삼십리(于三十里) ······ 494
용고유역(庸鼓有斁) ······ 919	우서락혜(于胥樂兮) ······ 899, 900
용기승사(龍旂承祀) ······ 909	우서사원(于胥斯原) ······ 755

| 우설기방(雨雪其雱) ················ 182
| 우설기비(雨雪其霏) ················ 182
| 우설부부(雨雪浮浮) ················ 665
| 우설분분(雨雪雰雰) ················ 626
| 우설비비(雨雪霏霏) ················ 468
| 우설재도(雨雪載塗) ················ 472
| 우설표표(雨雪瀌瀌) ················ 664
| 우소우지(于沼于沚) ················ 115
| 우수병적(右手秉翟) ················ 175
| 우수지옥(于誰之屋) ················ 544
| 우시려려(于時廬旅) ················ 756
| 우시보지(于時保之) ················ 857
| 우시어어(于時語語) ················ 756
| 우시언언(于時言言) ················ 756
| 우시처처(于時處處) ················ 755
| 우심경경(憂心京京) ················ 543
| 우심경경(憂心惸惸) ················ 544
| 우심공구(憂心孔疚) ·········· 476, 467
| 우심미락(憂心靡樂) ················ 375
| 우심병병(憂心怲怲) ················ 645
| 우심여담(憂心如惔) ················ 537
| 우심여정(憂心如酲) ················ 539
| 우심여취(憂心如醉) ················ 376
| 우심여훈(憂心如熏) ················ 805
| 우심열렬(憂心烈烈) ················ 466
| 우심유유(憂心愈愈) ················ 543
| 우심유충(憂心有忡) ················ 155
| 우심은은(憂心殷殷) ····· 180, 547, 794
| 우심차비(憂心且悲) ················ 616
| 우심차상(憂心且傷) ················ 615
| 우심차추(憂心且妯) ················ 616

우심참참(憂心慘慘) ················ 547
우심철철(憂心惙惙) ················ 117
우심초초(憂心悄悄) ··········· 142, 471
우심충충(憂心忡忡) ··········· 117, 472
우심혁혁(憂心奕奕) ················ 644
우심흠흠(憂心欽欽) ················ 375
우아공전(雨我公田) ················ 634
우아부모(憂我父母) ·········· 476, 607
우양물천리(牛羊勿踐履) ·········· 742
우양비자지(牛羊腓字之) ·········· 736
우예질궐성(虞芮質厥成) ·········· 706
우유가효(又有嘉殽) ················ 547
우유이휴의(優游爾休矣) ·········· 762
우읍우사(于邑于謝) ················ 810
우이구지(于以求之) ················ 155
우이사방(于以四方) ················ 891
우이상지(于以湘之) ················ 120
우이성지(于以盛之) ················ 120
우이용지(于以用之) ················ 115
우이전지(于以奠之) ················ 120
우이채번(于以采蘩) ················ 115
우이채빈(于以采蘋) ················ 120
우이채조(于以采藻) ················ 120
우인지간난의(遇人之艱難矣) ····· 249
우인지불숙의(遇人之不淑矣) ····· 249
우재유재(優哉游哉) ················ 661
우주수명(于周受命) ················ 829
우주우경(于周于京) ················ 700
우지우지(右之右之) ················ 639
우차구혜(于嗟鳩兮) ················ 224
우차린혜(于嗟麟兮) ··········· 111, 112

우차여혜(于嗟女兮)	…………	224
우차중향(于此中鄕)	…………	499
우차치묘(于此菑畝)	…………	499
우차현혜(于嗟洵兮)	…………	156
우차호(于嗟乎)	…………	381
우차호추우(于嗟乎騶虞)	…………	138
우차활혜(于嗟闊兮)	…………	155
우초아유방(右招我由房)	…………	246
우초아유오(右招我由敖)	…………	246
우탁우낭(于橐于囊)	…………	754
우피고강(于彼高岡)	…………	764
우피교의(于彼郊矣)	…………	471
우피목의(于彼牧矣)	…………	470
우피서옹(于彼西雝)	…………	866
우피신전(于彼新田)	…………	499
우피원습(于彼原隰)	…………	452
우피조양(于彼朝陽)	…………	764
우피행로(于彼行潦)	…………	120
우하기진(于何其臻)	…………	667
우하부장(于何不臧)	…………	552
우하여지(又何予之)	…………	659
우하종록(于何從祿)	…………	544
욱일시단(旭日始旦)	…………	162
운기황의(芸其黃矣)	…………	638, 685
운불가사(云不可使)	…………	561
운불아가(云不我可)	…………	584
운수명함의(殷受命咸宜)	…………	925
운수지사(云誰之思)	……	175, 196, 197
운아무소(云我無所)	…………	804
운여지하(云如之何)	…………	193, 573
운여하리(云如何里)	…………	806
운우이폭(員于爾輻)	…………	547
운조하왕(云徂何往)	…………	793
운하기우(云何其盱)	…………	585
운하기우(云何其憂)	…………	341
운하불락(云何不樂)	…………	341, 675
운하우의(云何盱矣)	…………	97, 670
운호불료(云胡不瘳)	…………	288
운호불이(云胡不夷)	…………	288
운호불희(云胡不喜)	…………	289
울피류사(菀彼柳斯)	…………	574
울피북림(鬱彼北林)	…………	375
울피상유(菀彼桑柔)	…………	792
웅비시구(熊羆是裘)	…………	599
웅치우비(雄雉于飛)	…………	159, 160
웅호수수(雄狐綏綏)	…………	306
원거원처(爰居爰處)	…………	155, 528
원계아귀(爰契我龜)	…………	704
원구원탁(爰究爰度)	…………	718
원구유상(爰求柔桑)	…………	417
원귀상치(元龜象齒)	…………	905
원급강녀(爰及姜女)	…………	704
원급궁인(爰及矜人)	…………	511
원급붕우(怨及朋友)	…………	561
원기적귀(爰其適歸)	…………	604
원득아소(爰得我所)	…………	332
원득아직(爰得我直)	…………	333
원막치지(遠莫致之)	…………	229
원방계행(爰方啓行)	…………	754
원벌금슬(爰伐琴瑟)	…………	200
원부모형제(遠父母兄弟)	…	177, 203, 229
원상기마(爰喪其馬)	…………	155

원소원어(爰笑爰語)	528	월출호혜(月出皓兮)	394
원송우남(遠送于南)	148	위강위릉(爲岡爲陵)	545
원송우야(遠送于野)	147	위고기벌(韋顧旣伐)	929
원습기평(原隰旣平)	674	위공자구(爲公子裘)	418
원습부의(原隰裒矣)	454	위공자상(爲公子裳)	417
원시원모(爰始爰謀)	704	위귀위역(爲鬼爲蜮)	586
원앙우비(鴛鴦于飛)	642	위두공서(爲豆孔庶)	620
원앙재량(鴛鴦在梁)	642, 678	위룡위광(爲龍爲光)	486
원언사백(願言思伯)	234, 235	위모위비(爲謀爲毖)	794
원언사자(願言思子)	187	위민불리(爲民不利)	798
원언즉체(願言則嚔)	153	위빈위객(爲賓爲客)	620
원언칙회(願言則懷)	153	위산개비(謂山蓋卑)	544
원우장지(遠于將之)	148	위아구로(謂我劬勞)	512
원유극(園有棘)	324	위아래의(謂我來矣)	470
원유도(園有桃)	323	위아사야교(謂我士也驕)	324
원유수단(爰有樹檀)	518	위아사야망극(謂我士也罔極)	324
원유신고(遠猶辰告)	783	위아선교(謂我宣驕)	512
원유한천(爰有寒泉)	158	위아심우(謂我心憂)	241, 242
원융십승(元戎十乘)	496	위아하구(謂我何求)	241, 242
원정기려(爰整其旅)	721	위여불신(謂予不信)	257
원조저(遠條且)	343	위왕전구(爲王前驅)	234
원중원유(爰衆爰有)	757	위위타타(委委佗佗)	193
원채당의(爰采唐矣)	196	위유불원(爲猶不遠)	771
원채맥의(爰采麥矣)	196	위유장다(爲猶將多)	581
원채봉의(爰采葑矣)	197	위의공시(威儀孔時)	746
원형제부모(遠兄弟父母)	203	위의반반(威儀反反)	653, 860
월리우필(月離于畢)	684	위의번번(威儀幡幡)	653
월이종매(越以鬷邁)	386	위의불류(威儀不類)	839
월출교혜(月出皎兮)	394	위의시력(威儀是力)	816
월출조혜(月出照兮)	394	위의억억(威儀抑抑)	653, 752
월출지광(月出之光)	299	위의졸미(威儀卒迷)	773

| 위의체체(威儀棣棣) ·············· 142
| 위의필필(威儀怭怭) ·············· 653
| 위이불신(謂爾不信) ·············· 589
| 위이위이(委蛇委蛇) ·············· 126
| 위이천우왕도(謂爾遷于王都) ······ 561
| 위장우천(爲章于天) ·············· 711
| 위조공석(爲俎孔碩) ·············· 619
| 위주실보(爲周室輔) ·············· 908
| 위주위례(爲酒爲醴) ········· 867, 884
| 위지개후(謂地蓋厚) ·············· 545
| 위지윤길(謂之尹吉) ·············· 669
| 위지재의(謂之載矣) ·············· 470
| 위지재지(謂之載之) ·········· 680, 681
| 위지하재(謂之何哉) ·········· 180, 181
| 위차춘주(爲此春酒) ·············· 419
| 위천개고(謂天蓋高) ·············· 545
| 위치위격(爲絺爲綌) ··············· 94
| 위타인곤(謂他人昆) ·············· 255
| 위타인모(謂他人母) ·············· 254
| 위타인부(謂他人父) ·············· 254
| 위하국준방(爲下國駿厖) ··········· 928
| 위하국체류(爲下國綴旒) ··········· 928
| 위한길상유(爲韓姞相攸) ··········· 824
| 위행다로(謂行多露) ·············· 124
| 위효위치(爲梟爲鴟) ·············· 837
| 위후지처(衛侯之妻) ·············· 218
| 유가설야(猶可說也) ·············· 224
| 유가유칙(柔嘉維則) ·············· 816
| 유각기영(有覺其楹) ·············· 529
| 유각덕행(有覺德行) ·············· 783
| 유개유지(攸介攸止) ·············· 629

유객숙숙(有客宿宿) ·············· 875
유객신신(有客信信) ·············· 875
유객유객(有客有客) ·············· 875
유거란표(輶車鸞鑣) ·············· 362
유거린린(有車鄰鄰) ·············· 360
유거유비(維柜維秠) ·············· 738
유건병월(有虔秉鉞) ·············· 928
유고유고(有瞽有瞽) ·············· 868
유공대곡(有空大谷) ·············· 797
유광급거(維筐及筥) ·············· 120
유광유궤(有洸有潰) ·············· 167
유곡안안(攸馘安安) ·············· 723
유구거지(維鳩居之) ·············· 114
유구극비(有捄棘匕) ·············· 597
유구기각(有捄其角) ·············· 887
유구방지(維鳩方之) ·············· 114
유구영지(維鳩盈之) ·············· 114
유구우성(猶求友聲) ·············· 458
유구천필(有捄天畢) ·············· 600
유군자명(維君子命) ·············· 764
유군자사(維君子使) ·············· 764
유궁시췌(維躬是瘁) ·············· 561
유권자아(有卷者阿) ·············· 762
유귀정지(維龜正之) ·············· 733
유규자변(有頍者弁) ·············· 644
유금지구(維今之疚) ·············· 843
유금지인(維今之人) ·············· 844
유기가의(維其嘉矣) ·············· 479
유기고의(維其高矣) ·············· 684
유기극의(維其棘矣) ·············· 470
유기급부(維錡及釜) ·············· 120

유기기의(維其幾矣) ············· 839	유래무사(猶來無死) ············· 327
유기령의(維其令儀) ············· 654	유래무지(猶來無止) ············· 326
유기로의(維其勞矣) ············· 684	유래옹옹(有來雝雝) ············· 871
유기상의(維其傷矣) ············· 686	유략기사(有略其耜) ············· 884
유기시의(維其時矣) ············· 479	유려유황(有驪有黃) ············· 896
유기심의(維其深矣) ············· 839	유려지계(維厲之階) ············· 837
유기우의(維其優矣) ············· 839	유력여호(有力如虎) ············· 174
유기유당(有紀有堂) ············· 370	유뢰지치(維罍之恥) ············· 594
유기유장의(維其有章矣) ········· 638	유류유락(有駵有雒) ············· 897
유기유지(維其有之) ············· 639	유륜유척(有倫有脊) ············· 545
유기인지(維其忍之) ············· 575	유리지자(流離之子) ············· 173
유기줄의(維其卒矣) ············· 684	유마백전(有馬白顚) ············· 360
유기진지(維其盡之) ············· 622	유명기집(有命旣集) ············· 699
유기청의(瀏其淸矣) ············· 296	유명자천(有命自天) ············· 700
유기해의(維其偕矣) ············· 479	유명창경(有鳴倉庚) ············· 416
유기훼의(維其喙矣) ············· 706	유모지시옹(有母之尸饔) ········· 520
유나기거(有那其居) ············· 658	유모지춘(維莫之春) ············· 863
유남유기(維南有箕) ············· 600	유몽궤손(有篨簋飧) ············· 597
유녀동거(有女同車) ············· 278	유묘유호(有貓有虎) ············· 824
유녀동행(有女同行) ············· 279	유문무성(有聞無聲) ············· 506
유녀비리(有女仳離) ······ 249, 250	유문유기(維麋維芑) ············· 738
유녀여도(有女如荼) ············· 293	유물유칙(有物有則) ············· 815
유녀여옥(有女如玉) ············· 134	유미일인(有美一人) ······ 294, 397
유녀여운(有女如雲) ············· 292	유미제영(有瀰濟盈) ············· 162
유녀회춘(有女懷春) ············· 134	유민공이(牖民孔易) ············· 773
유담유어(有驔有魚) ············· 897	유민소지(維民所止) ············· 925
유덕지기(維德之基) ············· 787	유민지장(維民之章) ············· 784
유덕지우(維德之隅) ············· 783	유민지칙(維民之則) ······ 783, 903
유덕지행(維德之行) ············· 698	유방급서(維魴及鱮) ············· 672
유도유거(有稻有秬) ············· 907	유봉자호(有芃者狐) ············· 688
유래무기(猶來無棄) ············· 326	유북불수(有北不受) ············· 590

유북유두(維北有斗) ·················· 600	유엄유익(有嚴有翼) ·················· 495
유분기수(有頒其首) ·················· 658	유엄처처(有渰萋萋) ·················· 633
유분기실(有蕡其實) ·················· 102	유엄천자(有嚴天子) ·················· 833
유비군자(有匪君子) ·········· 213, 214	유여교일(有如曒日) ·················· 257
유사상보(維師尙父) ·················· 701	유여서기(維子胥忌) ·················· 838
유사여녀(維士與女) ·················· 296	유여소공(有如召公) ·················· 844
유사이민(維絲伊緡) ·················· 136	유여소자(維子小子) ···· 878, 880, 881
유산최외(維山崔嵬) ·················· 593	유여여녀(維子與女) ············ 291, 592
유삼여묘(維參與昴) ·················· 131	유여이인(維子二人) ·················· 291
유상손자(有商孫子) ·················· 693	유여충이(褎如充耳) ·················· 173
유상여재(維桑與梓) ·················· 573	유여형초(維女荊楚) ·················· 932
유상지도(有相之道) ·················· 737	유여후흥(維子侯興) ·················· 700
유상지화(維常之華) ·················· 467	유역불여(柔亦不茹) ·················· 817
유석암암(維石巖巖) ·················· 537	유열궤천(有洌氿泉) ·················· 598
유석지부(維昔之富) ·················· 843	유염기걸(有厭其傑) ·················· 884
유성유기(有駪有駸) ·················· 896	유엽니니(維葉泥泥) ·················· 742
유수앙앙(維水泱泱) ·················· 636	유엽막막(維葉莫莫) ··················· 94
유숙기성(有俶其城) ·················· 811	유엽처처(維葉萋萋) ··················· 94
유순급포(維筍及蒲) ·················· 822	유옥급요(維玉及瑤) ·················· 755
유시백적(有豕白蹢) ·················· 684	유왈우사(維日于仕) ·················· 561
유시변심(維是褊心) ·················· 320	유왕기숭지(維王其崇之) ··········· 854
유신급보(維申及甫) ·················· 809	유왕지공(維王之邛) ·················· 580
유신기미(有莘其尾) ·················· 658	유요치명(有鷕雉鳴) ·················· 162
유실기아(有實其猗) ·················· 537	유우북원(遊于北園) ·················· 362
유실기적(有實其積) ·················· 884	유우용로(維憂用老) ·················· 573
유악강신(維嶽降神) ·················· 809	유우은자천(有虞殷自天) ··········· 695
유앵기령(有鶯其領) ·················· 640	유우전지(維禹甸之) ············ 625, 821
유앵기우(有鶯其羽) ·················· 640	유우지적(維禹之績) ·················· 732
유양유우(維羊維牛) ·················· 857	유울기특(有菀其特) ·················· 545
유언이대(流言以對) ·················· 778	유울자류(有菀者柳) ············ 666, 667
유언자구(莠言自口) ·················· 543	유웅유비(維熊維羆) ·················· 530

유웅유비(有熊有羆) ················ 824
유원능이(柔遠能邇) ················ 767
유유걸걸(維葦桀桀) ················ 309
유유교교(維葦驕驕) ················ 309
유유남산(幽幽南山) ················ 528
유유남행(悠悠南行) ················ 673
유유녹명(呦呦鹿鳴) ······· 445, 446
유유아리(悠悠我里) ················ 555
유유아사(悠悠我思) ··· 153, 160, 289, 380
유유아심(悠悠我心) ················ 289
유유창천(悠悠蒼天) ··· 241, 242, 349, 350
유유패정(悠悠旆旌) ················ 505
유유호천(悠悠昊天) ················ 578
유율유황(有驈有皇) ················ 896
유융방장(有娀方將) ················ 926
유의기사(有依其士) ················ 884
유이고애(維以告哀) ················ 605
유이불영상(維以不永傷) ········· 97
유이불영회(維以不永懷) ········· 96
유이수가(維以遂歌) ················ 765
유이언시쟁(維邇言是爭) ········· 566
유이언시청(維邇言是聽) ········· 566
유인유하(有駰有騢) ················ 897
유일부족(維日不足) ················ 462
유임유림(有壬有林) ················ 652
유자지고(維子之故) ········ 283, 348
유자지호(維子之好) ················ 348
유자칠인(有子七人) ················ 158
유작유소(維鵲有巢) ······· 113, 114
유작지지(維柞之枝) ················ 660
유잔지거(有棧之車) ················ 688
유재유재(悠哉悠哉) ················· 90
유전면목(有靦面目) ················ 586
유전유유(有鱣有鮪) ················ 870
유절기소(有截其所) ················ 932
유제계녀(有齊季女) ················ 120
유제재량(維鵜在梁) ················ 408
유조고비(有鳥高飛) ················ 667
유조유매(有條有梅) ················ 370
유족기기(維足伎伎) ················ 574
유주불현(有周不顯) ················ 692
유주서아(有酒湑我) ················ 459
유주식시의(唯酒食是議) ········· 531
유주지저(維周之氐) ················ 538
유주지정(維周之楨) ········ 693, 853
유주지한(維周之翰) ················ 810
유중산보(維仲山甫) ················ 817
유중산보거지(維仲山甫舉之) ··· 818
유중신보보지(維仲山甫補之) ··· 818
유즉여지(柔則茹之) ················ 817
유지미원(猶之未遠) ················ 771
유직유서(有稷有黍) ················ 907
유진명명(維塵冥冥) ················ 610
유진옹혜(維塵雍兮) ················ 610
유진차업(有震且業) ················ 929
유질사호(有秩斯祜) ················ 922
유집유교(有集維鷮) ················ 647
유차만방(揉此萬邦) ················ 813
유차무공(有此武功) ················ 731
유차문왕(維此文王) ················ 698
유차성인(維此聖人) ················ 796
유차양인(維此良人) ················ 797

유차엄식(維此奄息) ·············· 372	유포함담(有蒲菡萏) ·············· 397
유차왕계(維此王季) ······ 719, 720	유풍급우(維風及雨) ·············· 592
유차육월(維此六月) ·············· 494	유풍급퇴(維風及頹) ·············· 592
유차이국(維此二國) ·············· 718	유풍유익(有馮有翼) ·············· 763
유차중항(維此仲行) ·············· 373	유풍지원(維豐之垣) ·············· 732
유차철인(維此哲人) ·············· 512	유피불순(維彼不順) ······ 796, 797
유차침호(維此鍼虎) ·············· 373	유피사국(維彼四國) ·············· 718
유차혜군(維此惠君) ·············· 796	유피석인(維彼碩人) ······ 677, 678
유창총형(有瑲葱珩) ·············· 500	유피우인(維彼愚人) ······ 512, 796
유처유저(有妻有且) ·············· 875	유피인심(維彼忍心) ·············· 797
유천가실(有踐家室) ·············· 287	유필기향(有飶其香) ·············· 885
유천기우지(維天其右之) ········· 857	유필유필(有駜有駜) ······ 899, 900
유천유한(維天有漢) ·············· 599	유학재림(有鶴在林) ·············· 678
유천지명(維天之命) ·············· 852	유혜기성(有嘒其星) ·············· 806
유청즙희(維淸緝熙) ·············· 853	유혜차직(柔惠且直) ·············· 813
유체지두(有杕之杜) ····· 346, 353, 475	유호사언(維號斯言) ·············· 545
유초기형(有椒其馨) ·············· 885	유호수수(有狐綏綏) ······ 236, 237
유최자연(有漼者淵) ·············· 574	유환기실(有晥其實) ·············· 475
유추유비(有騅有駓) ·············· 896	유환협구(游環脅驅) ·············· 363
유추재량(有鶖在梁) ·············· 678	유황상제(有皇上帝) ·············· 544
유취지언(由醉之言) ·············· 655	유회우위(有懷于衛) ·············· 177
유탁기도(有倬其道) ·············· 821	유회이인(有懷二人) ·············· 569
유탄유락(有驒有駱) ·············· 897	유효유덕(有孝有德) ·············· 763
유탐기엽(有噉其饁) ·············· 884	유효취지(有鴞萃止) ·············· 391
유토사수(有兎斯首) ······ 682, 683	유훼유사(維虺維蛇) ·············· 530
유토원원(有兎爰爰) ······ 251, 252	육륙자아(蓼蓼者莪) ·············· 594
유퇴과고(有敦瓜苦) ·············· 430	육비기균(六轡旣均) ·············· 453
유편사석(有扁斯石) ·············· 678	육비여금(六轡如琴) ·············· 648
유포여간(有蒲與蕑) ·············· 397	육비여사(六轡如絲) ·············· 452
유포여하(有蒲與荷) ·············· 397	육비여유(六轡如濡) ·············· 452
유포지운(維暴之云) ·············· 583	육비옥약(六轡沃若) ······ 452, 639

육비이이(六轡耳耳)	909	융성불퇴(戎成不退)	560
육비재수(六轡在手)	362, 364	융수소자(戎雖小子)	769
육사급지(六師及之)	711	융유량한(戎有良翰)	812
육월사계진우(六月莎雞振羽)	418	융적시응(戎狄是膺)	911
육월서서(六月棲棲)	494	융추유행(戎醜攸行)	706
육월식울급욱(六月食鬱及薁)	419	은감불원(殷鑒不遠)	780
육월조서(六月徂暑)	603	은기뢰(殷其雷)	127, 128
육일불첨(六日不詹)	671	은기영의(殷其盈矣)	296
육자지민사(鬻子之閔斯)	426	은불용구(殷不用舊)	780
육피소사(蓼彼蕭斯)	486, 487	은사근사(恩斯勤斯)	426
윤문문왕(允文文王)	876	은사부민(殷士膚敏)	694
윤문윤무(允文允武)	903	은상지려(殷商之旅)	700
윤사(允師)	890	은지미상사(殷之未喪師)	694
윤서이포(淪胥以鋪)	559	음어제우(飮御諸友)	496
윤씨대사(尹氏大師)	538	음우고지(陰雨膏之)	413, 673
윤야천자(允也天子)	929	음인옥속(陰靷鋈續)	363
윤왕보지(允王保之)	859	음전우녜(飮餞于禰)	177
윤왕유후(允王維后)	858	유전우언(飮餞于言)	178
윤유흡하(允猶翕河)	893	음주공가(飮酒孔嘉)	654
윤윤원습(昀昀原隰)	625	음주공해(飮酒孔偕)	651
윤의군자(允矣君子)	506	음주락개(飮酒樂豈)	658
율래서우(聿來胥宇)	704	음주온극(飮酒溫克)	569
율수궐덕(聿脩厥德)	694	음주지어(飮酒之飫)	455
율피비준(鴥彼飛隼)	500, 515, 516	음지사지(飮之食之)	680, 681
율피신풍(鴥彼晨風)	375	음차서의(飮此湑矣)	460
율회다복(聿懷多福)	699	읍아위아장혜(挹我謂我臧兮)	300
융거공박(戎車孔博)	904	읍아위아현혜(挹我謂我儇兮)	300
융거기가(戎車旣駕)	467	읍아위아호혜(挹我謂我好兮)	300
융거기안(戎車旣安)	496	읍체여우(泣涕如雨)	147
융거기칙(戎車旣飭)	494	읍체연련(泣涕漣漣)	223
융거탄탄(戎車嘽嘽)	501	읍피주자(挹彼注玆)	760, 761

응문장장(應門將將)	706
응전현고(應田縣鼓)	868
응후순덕(應侯順德)	730
의감우은(宜鑑于殷)	694
의군의왕(宜君宜王)	752
의궐철부(懿厥哲婦)	837
의금경의(衣錦褧衣)	218, 285, 286
의기가실(宜其家室)	102
의기가인(宜其家人)	102
의기성혜(儀旣成兮)	316
의기실가(宜其室家)	102
의기재경(依其在京)	721
의기하복(宜其遐福)	642
의대부서사(宜大夫庶士)	913
의동자칠(椅桐梓漆)	200
의무회노(宜無悔怒)	806
의민의인(宜民宜人)	752
의상초초(衣裳楚楚)	406
의식형문왕지전(儀式刑文王之典)	857
의아경성(依我磬聲)	919
의안의옥(宜岸宜獄)	570
의언음주(宜言飮酒)	277
의여나여(猗與那與)	919
의여칠저(猗與漆沮)	870
의우기포(依于其蒲)	658
의우묘구(猗于畝丘)	590
의이실가(宜爾室家)	456
의이자손(宜爾子孫)	100, 101
의중교혜(猗重較兮)	214
의차련혜(猗嗟變兮)	317
의차명혜(猗嗟名兮)	316

의차창혜(猗嗟昌兮)	316
의피여상(猗彼女桑)	417
의피평림(依彼平林)	647
의형문왕(儀刑文王)	695
의형의제(宜兄宜弟)	487
이가문왕(伊嘏文王)	857
이가회야(伊可懷也)	430
이개경복(以介景福)	619, 634, 713, 744, 870
이개미수(以介眉壽)	419, 873
이개백실(以開百室)	887
이개아직서(以介我稷黍)	630
이거거거(以車祛祛)	897
이거도기하(爾居徒幾何)	581
이거방방(以車彭彭)	896
이거비비(以車伾伾)	896
이거역역(以車繹繹)	897
이거조상(以居徂向)	554
이격이향(以假以享)	922
이계기모(以啓其毛)	627
이곡아사녀(以穀我士女)	630
이공이후(爾公爾侯)	522
이과부지리(伊寡婦之利)	634
이광왕국(以匡王國)	494
이구왕흉(以究王訩)	540
이궐손모(詒厥孫謀)	733
이귀조사(以歸肇祀)	738
이극반측(以極反側)	586
이근견권(以謹繾綣)	769
이근망극(以謹罔極)	768
이근무량(以謹無良)	767

이근유덕(以近有德) ·················· 768
이근추려(以謹醜厲) ················ 769
이근혼노(以謹惛恘) ················ 768
이기감우(以祈甘雨) ················ 630
이기개규(以其介圭) ················ 821
이기부자(以其婦子) ·········· 630, 634
이기상학(伊其相謔) ················ 296
이기성흑(以其騂黑) ················ 634
이기이작(以祈爾爵) ················ 651
이기장학(伊其將謔) ················ 296
이기황구(以祈黃耇) ················ 744
이념궁창(以念穹蒼) ················ 795
이다위휼(而多爲恤) ················ 476
이대우천하(以對于天下) ·········· 721
이덕불명(爾德不明) ················ 779
이독우주호(以篤于周祜) ·········· 721
이려서정(以戾庶正) ················ 807
이막부증(以莫不增) ················ 463
이막불서(以莫不庶) ················ 462
이막불흥(以莫不興) ················ 462
이망복관(以望復關) ················ 223
이망초의(以望楚矣) ················ 200
이모중교(二矛重喬) ················ 271
이모중궁(二矛重弓) ················ 911
이모중영(二矛重英) ················ 271
이목래사(爾牧來思) ················ 534
이무망혜(而無望兮) ················ 384
이무배무경(以無陪無卿) ·········· 779
이무영탄(而無永嘆) ················ 755
이벌숭용(以伐崇墉) ················ 723
이벌원양(以伐遠揚) ················ 417

이병의류(而秉義類) ················ 778
이보기신(以保其身) ················ 817
이보명기신(以保明其身) ·········· 880
이보아후생(以保我後生) ·········· 934
이복이서(爾卜爾筮) ················ 224
이불무자(以弗無子) ················ 735
이불아휵(爾不我畜) ················ 526
이비후환(而毖後患) ················ 882
이사아우(以寫我憂) ·········· 178, 230
이사이방(以社以方) ················ 629
이사이속(以似以續) ················ 887
이사일인(以事一人) ················ 817
이삼기덕(二三其德) ·········· 225, 678
이생즉구(爾牲則具) ················ 534
이선계행(以先啓行) ················ 496
이선조수명(以先祖受命) ·········· 824
이속우원(耳屬于垣) ················ 576
이속제구(以速諸舅) ················ 459
이속제부(以速諸父) ················ 458
이손자(詒孫子) ······················· 900
이수명장의(爾受命長矣) ·········· 763
이수방국(以受方國) ················ 699
이수사국(以綏四國) ················ 768
이수사방(以綏四方) ················ 767
이수아융(以脩我戎) ················ 832
이수운종(伊誰云從) ················ 583
이수운증(伊誰云憎) ················ 544
이수후록(以綏後祿) ················ 622
이시기음(以矢其音) ················ 762
이식홍대(而式弘大) ················ 769
이신이증(以薪以蒸) ················ 534

찾아보기 • 1011

이아동관(貽我彤管)	184	
이아래모(貽我來牟)	862	
이아발혜(履我發兮)	303	
이아악초(貽我握椒)	386	
이아어궁(以我御窮)	167	
이아염사(以我覃耜)	633	
이아이남(以雅以南)	616	
이아제명(以我齊明)	629	
이아즉혜(履我卽兮)	303	
이아패구(貽我佩玖)	259	
이아회천(以我賄遷)	224	
이안조려(以按徂旅)	721	
이약불참(以篰不僭)	616	
이양래사(爾羊來思)	533, 534	
이어란혜(以禦亂兮)	317	
이어빈객(以御賓客)	509	
이어우가방(以御于家邦)	716	
이어전조(以御田祖)	630	
이언재(已焉哉)	180, 181	
이여래기(伊余來墍)	167	
이연락가빈지심(以燕樂嘉賓之心)	446	
이연익자(以燕翼子)	733	
이연천자(以燕天子)	509	
이영금석(以永今夕)	522	
이영금조(以永今朝)	521	
이영종예(以永終譽)	866	
이오이유(以敖以遊)	142	
이왕증상(以往烝嘗)	619	
이용우학(爾用憂謔)	772	
이용이하(爾勇伊何)	581	
이우래사(爾牛來思)	533	

이우손자(施于孫子)	720	
이우송백(施于松栢)	644	
이우조매(施于條枚)	714	
이우중곡(施于中谷)	93, 94	
이우호지(伊于胡底)	565	
이욱과인(以勖寡人)	149	
이월사정(而月斯征)	570	
이월초길(二月初吉)	611	
이위기심(以慰其心)	819	
이위민구(以爲民逑)	768	
이위아심(以慰我心)	649	
이위왕휴(以爲王休)	768	
이위재실(伊威在室)	430	
이위주식(以爲酒食)	618, 626	
이유하심(而有遐心)	523	
이음이우(以陰以雨)	165	
이이거래(以爾車來)	224	
이이구원(以爾鉤援)	722	
이이규찬(釐爾圭瓚)	829	
이이다복(詒爾多福)	463	
이이석언(蛇蛇碩言)	580	
이인이익(以引以翼)	744, 763	
이인종행(二人從行)	583	
이자승주(二子乘舟)	187	
이자이웅(以雌以雄)	534	
이작육사(以作六師)	636	
이작이보(以作爾寶)	811	
이작이용(以作爾庸)	810	
이정아왕(以定我王)	767	
이정왕국(以定王國)	495	
이조우기(以釣于淇)	229	

이조이사(以詛爾斯) ·············· 585
이좌융벽(以佐戎辟) ·············· 821
이좌천자(以佐天子) ·············· 495
이주기다(爾酒旣多) ·············· 749
이주기서(爾酒旣湑) ·············· 749
이주기지(爾酒旣旨) ········ 644, 645
이주기청(爾酒旣淸) ·············· 748
이주부공(以奏膚公) ·············· 495
이주이시(以奏爾時) ·············· 652
이증신백(以贈申伯) ·············· 813
이지교의(爾之敎矣) ·············· 663
이지극행(爾之亟行) ·············· 585
이지비혜(履之卑兮) ·············· 678
이지안행(爾之安行) ·············· 584
이지원의(爾之遠矣) ·············· 663
이지일기동(二之日其同) ·········· 418
이지일율렬(二之日栗烈) ·········· 416
이지일착빙충충(二之日鑿氷沖沖) ··· 420
이집기마(以縶其馬) ·············· 875
이취구식(以就口食) ·············· 737
이치기장(以峙其粻) ·············· 812
이타이유(以妥以侑) ·············· 619
이토우판장(爾土宇昄章) ·········· 762
이향이사(以享以祀) ··· 619, 634, 713, 870
이혁궐령(以赫厥靈) ·············· 736
이호도료(以薅荼蓼) ·············· 887
이호위특(伊胡爲慝) ·············· 838
이환이입(爾還而入) ·············· 585
이효기가(爾殽旣嘉) ········ 644, 749
이효기부(爾殽旣阜) ·············· 645
이효기시(爾殽旣時) ·············· 644

이효기장(爾殽旣將) ········ 622, 746
이효기형(爾殽旣馨) ·············· 748
이효이포(爾殽伊脯) ·············· 749
이효이향(以孝以享) ·············· 873
이후수지(二后受之) ·············· 856
이휵만방(以畜萬邦) ·············· 541
이흘우금(以迄于今) ·············· 739
이흡백례(以洽百禮) ····· 652, 867, 884
이흥사세(以興嗣歲) ·············· 738
익부여안(弋鳧與鴈) ·············· 276
익언가지(弋言加之) ·············· 276
익지이맥목(益之以黍稷) ·········· 626
인가이식(人可以食) ·············· 686
인무형제(人無兄弟) ········ 346, 347
인백기신(人百其身) ····· 372, 373, 374
인상호유행(人尙乎由行) ·········· 779
인섭앙부(人涉卬否) ·············· 162
인시백만(因時百蠻) ·············· 824
인시사인(因是謝人) ·············· 810
인실광여(人實迂女) ·············· 291
인실불신(人實不信) ·············· 291
인심즉우(因心則友) ·············· 719
인역유언(人亦有言) ··· 780, 783, 796, 817
인유민인(人有民人) ·············· 837
인유토전(人有土田) ·············· 837
인이기백(因以其伯) ·············· 825
인이무례(人而無禮) ·············· 205
인이무의(人而無儀) ·············· 205
인이무지(人而無止) ·············· 205
인지각(麟之角) ·················· 112
인지기일(人知其一) ·············· 567

인지다언(人之多言)	264	일지방중(日之方中)	174
인지무량(人之無良)	198	일지석의(日之夕矣)	244
인지운망(人之云亡)	839	일지일우학(一之日于貉)	418
인지위언(人之爲言)	356, 357	일지일필발(一之日觱發)	416
인지정(麟之定)	111	일출유요(日出有曜)	400
인지제성(人之齊聖)	569	일취월장(日就月將)	881
인지지(麟之趾)	111	일취일부(壹醉日富)	569
인지호아(人之好我)	445	임기혈(臨其穴)	372, 373
일감재자(日監在玆)	881	임숙패패(荏菽旆旆)	737
일거월저(日居月諸)	143, 150, 151	임염유목(荏染柔木)	580, 787
일발오종(壹發五豵)	138	임유복속(林有樸樕)	134
일발오파(壹發五豝)	138	임충불불(臨衝茀茀)	723
일벽국백리(日辟國百里)	844	임충한한(臨衝閑閑)	723
일예무기(逸豫無期)	522	임하유혁(臨下有赫)	718
일용음식(日用飮食)	463	입근우왕(入覲于王)	822
일월고흉(日月告凶)	552	입아상하(入我牀下)	419
일월기도(日月其慆)	337	입아증민(立我烝民)	862
일월기매(日月其邁)	336	입즉미지(入則靡至)	595
일월기제(日月其除)	336	입차실처(入此室處)	419
일월방욱(日月方奧)	612	잉집추로(仍執醜虜)	833
일월방제(日月方除)	612		
일월삼첩(一月三捷)	467	ㅈ	
일월양지(日月陽止)	475		
일위항지(一葦杭之)	233	자거엄식(子車奄息)	372
일유식지(日有食之)	552	자거중항(子車仲行)	372
일일불견(一日不見)	255, 256, 289	자거침호(子車鍼虎)	373
일자지래(壹者之來)	585	자고유년(自古有年)	629
일정사방(日靖四方)	857	자고재석(自古在昔)	919
일조수지(一朝醻之)	491	자공령지(自公令之)	305
일조우지(一朝右之)	491	자공소지(自公召之)	304
일조향지(一朝饗之)	490	자공퇴식(自公退食)	126

자교조궁(自郊徂宮) ……… 803	자유의상(子有衣裳) ……… 338
자구다복(自求多福) ……… 694	자유정내(子有廷內) ……… 339
자구신석(自求辛螫) ……… 882	자유종고(子有鐘鼓) ……… 339
자구이호(自求伊祜) ……… 903	자유주식(子有酒食) ……… 339
자금이시(自今以始) ……… 900	자유폐장(自有肺腸) ……… 796
자남자북(自南自北) ……… 733	자이이조(自詒伊阻) ……… 160
자녕불래(子寧不來) ……… 289	자이이척(自詒伊戚) ……… 613
자녕불사음(子寧不嗣音) … 289	자자손손(子子孫孫) ……… 622
자당저기(自堂徂基) ……… 888	자중지자(子仲之子) ……… 385
자독비장(自獨俾臧) ……… 796	자지무혜(子之茂兮) ……… 300
자목귀제(自牧歸荑) ……… 184	자지봉혜(子之丰兮) ……… 285
자무양매(子無良媒) ……… 223	자지불숙(子之不淑) ……… 193
자백지동(自伯之東) ……… 234	자지선혜(子之還兮) ……… 300
자불아사(子不我思) ……… 284	자지영탄(茲之永歎) ……… 178
자불아즉(子不我卽) ……… 287	자지창혜(子之昌兮) … 285, 300
자서자동(自西自東) ……… 733	자지청양(子之淸揚) ……… 194
자서조동(自西徂東) … 705, 794	자지탕혜(子之湯兮) ……… 384
자석하위(自昔何爲) ……… 618	자천강강(自天降康) ……… 923
자소조명(自召祖命) ……… 829	자천신지(自天申之) ……… 752
자손기담(子孫其湛) ……… 652	자천자소(自天子所) ……… 470
자손보지(子孫保之) … 854, 855	자태백왕계(自大伯王季) … 719
자손승승(子孫繩繩) ……… 786	자토저칠(自土沮漆) ……… 704
자손천억(子孫千億) ……… 752	자피성강(自彼成康) ……… 860
자아불견(自我不見) ……… 431	자피은상(自彼殷商) ……… 698
자아인거거(自我人居居) … 348	자피저강(自彼氐羌) ……… 932
자아인구구(自我人究究) … 348	자하능곡(自何能穀) ……… 570
자아조이(自我徂爾) ……… 224	자혜사아(子惠思我) ……… 284
자양저우(自羊徂牛) ……… 888	자혜자혜(子兮子兮) … 344, 345
자여은상(咨女殷商) … 777, 778, 779, 780	자흥시야(子興視夜) ……… 276
자왈하기(子曰何其) … 324, 325	작도우상(作都于向) ……… 554
자유거마(子有車馬) ……… 338	작묘익익(作廟翼翼) ……… 705

작소공고(作召公考)	830	장공장구(將恐將懼)	592
작언상지(酌言嘗之)	682	장공지자(莊公之子)	909
작언수지(酌言醻之)	683	장기래시시(將其來施施)	259
작언작지(酌言酢之)	683	장기래식(將其來食)	259
작언헌지(酌言獻之)	682	장모래심(將母來諗)	450
작역발의(柞棫拔矣)	706	장발기상(長發其祥)	926
작역사발(柞棫斯拔)	719	장백조여(將伯助子)	547
작우초궁(作于楚宮)	200	장수궐명(將受厥明)	863
작우초실(作于楚室)	200	장숙무뉴(將叔無狃)	268
작위식곡(作爲式穀)	797	장아육아(長我育我)	595
작위차시(作爲此詩)	590	장안장락(將安將樂)	592
작읍우풍(作邑于豐)	732	장양분수(牂羊墳首)	686
작이대두(酌以大斗)	743	장여취지(將子就之)	879
작작기화(灼灼其華)	102	장유자(牆有茨)	191
작작유유(綽綽有裕)	663	장자무노(將子無怒)	223
작지강강(鵲之彊彊)	198	장자유행(長子維行)	700
작지병지(作之屛之)	718	장중자혜(將仲子兮)	263, 264
작지용포(酌之用匏)	756	장중효우(張仲孝友)	497
작차호가(作此好歌)	586	재갈재기(載渴載飢)	468
작풍이필(作豐伊匹)	732	재경지야(在坰之野)	896, 897
작피강작(酌彼康爵)	652	재고궁시(載櫜弓矢)	858
잠도우연(潛逃于淵)	605	재공명명(在公明明)	899
잠불고야(憯不故也)	275	재공음주(在公飮酒)	899
잠수복의(潛雖伏矣)	547	재공재연(在公載燕)	900
잠월조상(蠶月條桑)	417	재광급거(載筐及筥)	886
잠유다어(潛有多魚)	870	재구박박(載驅薄薄)	314
잠잠로사(湛湛露斯)	488, 489	재기재갈(載飢載渴)	466
잡패이문지(雜佩以問之)	277	재기재행(載起載行)	516
잡패이보지(雜佩以報之)	277	재기판옥(在其板屋)	364
잡패이증지(雜佩以贈之)	277	재남산지양(在南山之陽)	127
장고장상(將翱將翔)	276, 279	재남산지측(在南山之側)	128

재남산지하(在南山之下)	128	재아달혜(在我闥兮)	303
재렴헐교(載獫歇驕)	362	재아실혜(在我室兮)	303
재롱지와(載弄之瓦)	531	재용유사(載用有嗣)	890
재롱지장(載弄之璋)	530	재위지사(在渭之涘)	699
재리한서(載離寒暑)	611	재위지장(在渭之將)	722
재모재유(載謀載惟)	738	재의지상(載衣之裳)	530
재무정손자(在武丁孫子)	924	재의지체(載衣之裼)	531
재반음주(在泮飲酒)	902	재전상처(在前上處)	174
재반헌공(在泮獻功)	904	재제좌우(在帝左右)	692
재반헌괵(在泮獻馘)	903	재종재고(在宗載考)	489
재반헌수(在泮獻囚)	903	재주지정(在周之庭)	868
재발기호(載跋其胡)	439	재준지교(在浚之郊)	206
재번재렬(載燔載烈)	738	재준지도(在浚之都)	206
재변구구(載弁俅俅)	888	재준지성(在浚之城)	207
재비재명(載飛載鳴)	569	재준지하(在浚之下)	158
재비재양(載飛載揚)	516	재즙간과(載戢干戈)	858
재비재지(載飛載止)	449, 515	재지재할(載脂載舝)	178
재비재하(載飛載下)	449	재진재숙(載震載夙)	735
재삼재책(載芟載柞)	883	재차무역(在此無斁)	866
재색재소(載色載笑)	902	재찬무공(載纘武功)	418
재생재육(載生載育)	735	재참재사(載驂載駟)	660
재서급익(載胥及溺)	795	재청재탁(載淸載濁)	604
재석지광(載錫之光)	720	재취침침(載驟駸駸)	450
재성궐혜(在城闕兮)	289	재치기미(載寘其尾)	438
재소재언(載笑載言)	223	재치재구(載馳載驅)	209, 452, 453
재수이재(載輸爾載)	547	재침재부(載沉載浮)	493
재수일방(在水一方)	368	재침재흥(載寢載興)	365
재수지미(在水之湄)	368	재침지상(載寢之牀)	530
재수지사(在水之涘)	369	재침지지(載寢之地)	531
재시상복(載是常服)	494	재피공곡(在彼空谷)	522
재시지행(載施之行)	600	재피기극(在彼杞棘)	489

재피기량(在彼淇梁)	236	적적죽간(籊籊竹竿)	229
재피기려(在彼淇厲)	237	적적참토(躍躍毚兔)	580
재피기측(在彼淇側)	237	적지율률(積之栗栗)	887
재피무오(在彼無惡)	866	적표황비(赤豹黃羆)	825
재피중릉(在彼中陵)	493	적피낙교(適彼樂郊)	333
재피중아(在彼中阿)	492	적피낙국(適彼樂國)	333
재피중지(在彼中沚)	492	적피낙토(適彼樂土)	332
재피중하(在彼中河)	189	적피동남(狄彼東南)	904
재피풍초(在彼豐草)	489	전거기호(田車旣好)	504, 508
재피하측(在彼河側)	189	전도사여(顚倒思予)	392
재하지사(在河之涘)	254	전도상의(顚倒裳衣)	304
재하지순(在河之漘)	254	전도의상(顚倒衣裳)	304
재하지주(在河之洲)	90	전복궐덕(顚覆厥德)	784
재하지호(在河之滸)	254	전아기근(瘨我饑饉)	842
재하후지세(在夏后之世)	780	전아생혜(展我甥兮)	317
재현벽왕(載見辟王)	873	전야대성(展也大成)	506
재현재황(載玄載黃)	417	전여지인혜(展如之人兮)	194
재호기음(載好其音)	158	전유발발(鱣鮪發發)	220
재호재노(載號載呶)	653	전의군자(展矣君子)	160
재확제제(載穫濟濟)	884	전전긍긍(戰戰兢兢)	567, 570
재흡기설(載翕其舌)	600	전전반측(輾轉反側)	90
재흡지양(在洽之陽)	699	전전복침(輾轉伏枕)	398
저립이읍(佇立以泣)	148	전조유신(田祖有神)	633
저축기공(杼柚其空)	597	전졸오래(田卒汙萊)	554
적불금석(赤芾金舃)	505	전준지희(田畯至喜)	416, 630, 634
적불이조(翟茀以朝)	219	전지도지(顚之倒之)	304
적불재고(赤芾在股)	660	전천자지방(殿天子之邦)	661
적석궤궤(赤舃几几)	438	전패지게(顚沛之揭)	780
적아원혜(適我願兮)	294	절류번포(折柳樊圃)	305
적자지관혜(適子之館兮)	262	절피남산(節彼南山)	537
적적부종(趯趯阜螽)	117, 472	절피회포(截彼淮浦)	833

점거유상(漸車帷裳)	……………	225
점불어복(簟茀魚服)	……………	499
점불주곽(簟茀朱鞹)	……………	314
점불착형(簟茀錯衡)	……………	822
정거초호(整居焦穫)	……………	495
정공이위(靖共爾位)	……………	613
정녀기련(靜女其孌)	……………	184
정녀기주(靜女其姝)	……………	184
정대부리거(正大夫離居)	…………	559
정료유휘(庭燎有煇)	……………	514
정료절절(庭燎晰晰)	……………	514
정료지광(庭燎之光)	……………	514
정벌험윤(征伐玁狁)	……………	501
정부귀지(征夫歸止)	……………	476
정부불원(征夫不遠)	……………	476
정부이지(征夫邇止)	……………	477
정부첩첩(征夫捷捷)	……………	818
정부황지(征夫遑止)	……………	475
정사유축(政事愈蹙)	……………	612
정사일비유아(政事一埤遺我)	…	181
정사일비익아(政事一埤益我)	…	180
정시국인(正是國人)	……………	411
정시사국(正是四國)	……………	411
정신백지택(定申伯之宅)	………	810
정아육사(整我六師)	……………	832
정언사지(靜言思之)	……… 143, 225
정역피사방(正域彼四方)	………	924
정월번상(正月繁霜)	……………	543
정이중구(征以中垢)	……………	797
정인벌고(鉦人伐鼓)	……………	500
정지방중(定之方中)	……………	200
정직시여(正直是與)	……………	613
정탄녹장(町畽鹿場)	……………	430
제립자생상(帝立子生商)	………	927
제명불시(帝命不時)	……………	692
제명불위(帝命不違)	……………	927
제명솔육(帝命率育)	……………	862
제명식우구위(帝命式于九圍)	…	927
제부형제(諸父兄弟)	……………	621
제성기산(帝省其山)	……………	719
제영불유궤(濟盈不濡軌)	………	162
제위문왕(帝謂文王)	……… 720, 722
제유심섭(濟有深涉)	……………	162
제이청주(祭以淸酒)	……………	627
제자개제(齊子豈弟)	……………	314
제자고상(齊子翶翔)	……………	314
제자귀지(齊子歸止)	……… 311, 312
제자발석(齊子發夕)	……………	314
제자용지(齊子庸止)	……………	306
제자유귀(齊子由歸)	……………	306
제자유오(齊子遊敖)	……………	315
제작방작대(帝作邦作對)	………	719
제재군부(諸宰君婦)	……………	621
제제다사(濟濟多士)	… 693, 850, 903
제제벽왕(濟濟辟王)	……………	710
제제종지(諸娣從之)	……………	823
제제창창(濟濟蹌蹌)	……………	619
제천명덕(帝遷明德)	……………	719
제탁기심(帝度其心)	……………	720
제피공당(躋彼公堂)	……………	421
제피상의(制彼裳衣)	……………	429
제피척령(題彼脊令)	……………	569

제형지언(諸兄之言)	264	조조공자(佻佻公子)	598
제후지자(齊侯之子)	136, 218	조종우해(朝宗于海)	515
조가부조(遭家不造)	878	조주위량(造舟爲梁)	700
조궁기견(敦弓旣堅)	743	조혁금액(鞗革金厄)	822
조궁기구(敦弓旣句)	743	조혁유창(鞗革有鶬)	873
조기소의(條其歗矣)	249	조혁충충(鞗革沖沖)	487
조기영의(朝旣盈矣)	298	졸로백성(卒勞百姓)	540
조기창의(朝旣昌矣)	299	종격무언(鬷假無言)	922
조내거의(鳥乃去矣)	736	종고기계(鐘鼓旣戒)	621
조래지송(徂來之松)	913	종고기설(鐘鼓旣設)	490, 491, 651
조뢰효손(徂賚孝孫)	620	종고락지(鐘鼓樂之)	91
조림하토(照臨下土)	150, 611	종고횡횡(鐘鼓喤喤)	860
조명앵앵(鳥鳴嚶嚶)	458	종공우매(從公于邁)	901
조민융공(肇敏戎公)	829	종공우수(從公于狩)	362
조복익지(鳥覆翼之)	736	종구차빈(終窶且貧)	180
조상언리(鱨鯊鰋鯉)	870	종기군추(從其羣醜)	508
조서유거(鳥鼠攸去)	529	종기영회(終其永懷)	546
조석불하(朝夕不暇)	687	종남하유(終南何有)	370
조석종사(朝夕從事)	607	종불가훤혜(終不可諼兮)	213, 214
조습조진(徂隰徂畛)	883	종사우(螽斯羽)	100, 101
조식우주(朝食于株)	396	종삼십리(終三十里)	865
조아거시(助我擧柴)	505	종선차유(終善且有)	630
조아호노지간혜(遭我乎猲之間兮)	300	종선형제(終鮮兄弟)	291
조아호노지도혜(遭我乎猲之道兮)	300	종손자중(從孫子仲)	155
조아호노지양혜(遭我乎猲之陽兮)	300	종실유하(宗室牖下)	120
조여여라(蔦與女蘿)	644, 645	종아불왕(縱我不往)	289, 290
조역피사해(肇域彼四海)	925	종언윤장(終焉允臧)	200
조유여의(旐維旟矣)	534	종온차혜(終溫且惠)	148
조윤피도충(肇允彼桃蟲)	882	종원형제(終遠兄弟)	254
조인(肇禋)	853	종유절험(終踰絕險)	547
조제우서(朝隮于西)	203	종이성무(從以騂牡)	627

종이손자(從以孫子)	747	주공황조(周公皇祖)	909
종일석후(終日射侯)	317	주기화지(酒旣和旨)	651
종일칠양(終日七襄)	599	주도여지(周道如砥)	597
종자우곡(從子于鵠)	341	주도위지(周道委遲)	448
종자우옥(從子于沃)	341	주례유유(酒醴維醹)	743
종자유성(宗子維城)	774	주무속신(綢繆束薪)	344
종조채람(終朝采藍)	671	주무속초(綢繆束楚)	345
종조채록(終朝采綠)	671	주무속추(綢繆束芻)	344
종지황무(種之黃茂)	737	주무유호(綢繆牖戶)	426
종풍차매(終風且霾)	153	주방함희(周邦咸喜)	812
종풍차예(終風且曀)	153	주분표표(朱幩鑣鑣)	219
종풍차포(終風且暴)	152	주불사황(朱芾斯皇)	500, 530
종하남(從夏南)	395, 396	주수구방(周雖舊邦)	692
종화차평(終和且平)	458	주여려민(周餘黎民)	804
좌선우추(左旋右抽)	271	주영녹등(朱英綠縢)	910
좌수집약(左手執籥)	175	주왕수고(周王壽考)	711
좌우류지(左右流之)	90	주왕우매(周王于邁)	711
좌우모지(左右芼之)	91	주원무무(周原膴膴)	704
좌우봉장(左右奉璋)	710	주원자모(周爰咨謀)	452
좌우수지(左右綏之)	875	주원자순(周爰咨詢)	453
좌우진항(左右陳行)	832	주원자추(周爰咨諏)	452
좌우질질(左右秩秩)	651	주원자탁(周爰咨度)	453
좌우채지(左右采之)	90	주원집사(周爰執事)	705
좌우취지(左右趣之)	710	주이우모(晝爾于茅)	420
좌지좌지(左之左之)	639	주인지자(舟人之子)	599
좌집도(左執翿)	246	주종기멸(周宗旣滅)	559
좌집황(左執簧)	246	주직여발(綢直如髮)	669
죄고불수(罪罟不收)	837	죽폐곤등(竹閉緄縢)	365
주고간간(奏鼓簡簡)	919	준극우천(駿極于天)	809
주공동정(周公東征)	434	준답배증(噂沓背憎)	555
주공지손(周公之孫)	909	준대로혜(遵大路兮)	275

준명불이(駿命不易)	695	중심조혜(中心弔兮)	404
준발이사(駿發爾私)	865	중심호지(中心好之)	353, 491
준방(鱒魴)	437	중심황지(中心貺之)	490
준분주재묘(駿奔走在廟)	850	중심희지(中心喜之)	490
준양시회(遵養時晦)	890	중씨임지(仲氏任只)	148
준이만형(蠢爾蠻荊)	501	중씨취지(仲氏吹篪)	585
준준무아(蹲蹲舞我)	460	중원유숙(中原有菽)	569
준철유상(濬哲維商)	926	중유어의(衆維魚矣)	534
준피미행(遵彼微行)	417	중윤선부(仲允膳夫)	553
준피여분(遵彼汝墳)	109	중전유려(中田有廬)	626
준혜아문왕(駿惠我文王)	852	중치차광(衆穉且狂)	210
중가회야(仲可懷也)	263, 264	즉구시위(則具是違)	565
중곡유퇴(中谷有蓷)	249	즉구시의(則具是依)	565
중구지언(中冓之言)	191	즉독기경(則篤其慶)	720
중군작호(中軍作好)	271	즉막아감규(則莫我敢葵)	773
중당유벽(中唐有甓)	393	즉막아감승(則莫我敢承)	911
중산보명지(仲山甫明之)	817	즉막아감알(則莫我敢遏)	929
중산보영회(仲山甫永懷)	819	즉무무사(則無膴仕)	539
중산보장지(仲山甫將之)	817	즉미소진(則靡所臻)	560
중산보조제(仲山甫徂齊)	818	즉백사남(則百斯男)	715
중산보지덕(仲山甫之德)	816	즉불가득(則不可得)	586
중산보출조(仲山甫出祖)	818	즉불가저(則不可沮)	804
중심달혜(中心怛兮)	404	즉불가추(則不可推)	803
중심시도(中心是悼)	153, 400	즉불아문(則不我聞)	805
중심양양(中心養養)	187	즉불아우(則不我虞)	805
중심여열(中心如噎)	242	즉불아유(則不我遺)	804
중심여취(中心如醉)	241	즉불아조(則不我助)	804
중심연연(中心悁悁)	397	즉불아혜(則不我惠)	836
중심요요(中心搖搖)	241	즉우기형(則友其兄)	719
중심유위(中心有違)	165	즉유기상(則維其常)	552
중심장지(中心藏之)	676	즉유태가실(卽有邰家室)	737

| 즙기좌익(戢其左翼) ………… 642, 678
| 즙즙편편(緝緝翩翩) ………… 588
| 증간열조(烝衎烈祖) ………… 652
| 증기식곽(憎其式廓) ………… 718
| 증도즙지(烝徒楫之) ………… 711
| 증도증증(烝徒增增) ………… 911
| 증막혜아사(曾莫惠我師) ……… 773
| 증부지기점(曾不知其玷) ……… 842
| 증불숭조(曾不崇朝) ………… 233
| 증불용도(曾不容刀) ………… 233
| 증비조비(烝畀祖妣) ……… 867, 884
| 증섭파의(烝涉波矣) ………… 684
| 증손독지(曾孫篤之) ………… 852
| 증손래지(曾孫來止) ……… 630, 634
| 증손불노(曾孫不怒) ………… 630
| 증손수고(曾孫壽考) ………… 627
| 증손시약(曾孫是若) ………… 633
| 증손유주(曾孫維主) ………… 743
| 증손전지(曾孫田之) ………… 625
| 증손지가(曾孫之稼) ………… 631
| 증손지색(曾孫之穡) ………… 626
| 증손지유(曾孫之庾) ………… 631
| 증시강어(曾是彊禦) ………… 777
| 증시막청(曾是莫聽) ………… 780
| 증시부극(曾是掊克) ………… 777
| 증시불의(曾是不意) ………… 547
| 증시재복(曾是在服) ………… 778
| 증시재위(曾是在位) ………… 777
| 증아모사(烝我髦士) ………… 629
| 증아설어(曾我暬御) ………… 560
| 증야무융(烝也無戎) ………… 455

증연래사(烝然來思) ………… 482
증연산산(烝然汕汕) ………… 481
증연조조(烝然罩罩) ………… 481
증재상야(烝在桑野) ………… 429
증재율신(烝在栗薪) ………… 431
증증황황(烝烝皇皇) ………… 904
증지부부(烝之浮浮) ………… 738
증지이작약(贈之以勺藥) ……… 296
지강지기(之綱之紀) ………… 753
지교아심(祇攪我心) ………… 584
지금위경(至今爲梗) ………… 794
지기내리(止基迺理) ………… 757
지려내밀(止旅迺密) ………… 757
지병지한(之屛之翰) ………… 640
지사시미타(之死矢靡他) ……… 189
지사시미특(之死矢靡慝) ……… 190
지아여차(知我如此) ………… 686
지아자(知我者) ………… 241, 242
지엽미유해(枝葉未有害) ……… 780
지우경양(至于涇陽) ………… 495
지우구아(止于丘阿) ………… 680
지우구야(至于芁野) ………… 611
지우구우(止于丘隅) ………… 680
지우구측(止于丘側) ………… 681
지우극(止于棘) ……… 372, 650
지우기사망(至于己斯亡) ……… 664
지우기하(至于岐下) ………… 704
지우남해(至于南海) ………… 828
지우대원(至于大原) ………… 496
지우돈구(至于頓丘) ………… 223
지우문무(至于文武) ………… 908

지우번(止于樊)	650	
지우상(止于桑)	372	
지우진(止于榛)	650	
지우초(止于楚)	373	
지우탕제(至于湯齊)	927	
지우포의(至于暴矣)	225	
지우해방(至于海邦)	912	
지우형제(至于兄弟)	716	
지이불이(知而不已)	391	
지자귀(之子歸)	132, 133	
지자무대(之子無帶)	237	
지자무량(之子無良)	678	
지자무복(之子無服)	237	
지자무상(之子無裳)	237	
지자불유(之子不猶)	677	
지자우귀(之子于歸)	102, 107, 114	
	147, 148, 431	
지자우묘(之子于苗)	504	
지자우수(之子于狩)	671	
지자우원(之子于垣)	511	
지자우정(之子于征)	506, 511	
지자우조(之子于釣)	672	
지자저혜(祇自疧兮)	610	
지자중혜(祇自重兮)	610	
지자지래지(知子之來之)	277	
지자지순지(知子之順之)	277	
지자지원(之子之遠)	677, 678	
지자지호지(知子之好之)	277	
지자진혜(祇自塵兮)	610	
지주사유(旨酒思柔)	641, 888	
지주흔흔(旨酒欣欣)	750	

지중씨임(摯仲氏任)	698	
지지갈의(池之竭矣)	843	
지지숙숙(至止肅肅)	871	
지차다(旨且多)	478	
지차유(旨且有)	478	
직경용력(職競用力)	798	
직경유인(職競由人)	555	
직도위구(職盜爲寇)	799	
직량선배(職涼善背)	798	
직로불래(職勞不來)	598	
직문조장(織文鳥章)	495	
직사기거(職思其居)	336	
직사기외(職思其外)	336	
직사기우(職思其憂)	337	
직위난계(職爲亂階)	581	
직치숙맥(植穉菽麥)	907	
직항사인(職兄斯引)	843	
직항사홍(職兄斯弘)	843	
진경서방(震驚徐方)	833	
진고여자(振古如茲)	885	
진궐호신(進厥虎臣)	833	
진궤팔궤(陳饋八簋)	459	
진려전전(振旅闐闐)	501	
진로우비(振鷺于飛)	866	
진발여운(鬒髮如雲)	193	
진사국려(陳師鞠旅)	501	
진상우시하(陳常于時夏)	862	
진석재주(陳錫哉周)	692	
진수아미(螓首蛾眉)	219	
진여유(溱與洧)	295, 296	
진여질수(疢如疾首)	573	

진진공성(振振公姓)	111	집우포허(集于苞栩)	349, 449
진진공자(振振公子)	111	집유이안(輯柔爾顔)	786
진진공족(振振公族)	112	집자지수(執子之手)	155
진진군자(振振君子)	127, 128	집지유지(縶之維之)	521, 522
진진로(振振鷺)	899	집집혜(揖揖兮)	101
진진혜(振振兮)	100	집찬적적(執爨踖踖)	619
진췌이사(盡瘁以仕)	604		
진퇴유곡(進退維谷)	796	**ㅊ**	
진호제제(榛楛濟濟)	712		
질용무지(疾用無枝)	575	차령형제(此令兄弟)	663
질위상제(疾威上帝)	777	차방지인(此邦之人)	524, 525
질이인민(質爾人民)	784	차아농부(嗟我農夫)	420
질질대유(秩秩大猷)	580	차아부자(嗟我婦子)	419
질질덕음(秩秩德音)	365	차아형제(嗟我兄弟)	515
질질사간(秩秩斯干)	528	차아회인(嗟我懷人)	96
짐명불역(朕命不易)	821	차여계행역(嗟予季行役)	326
짐미유예(朕未有艾)	879	차여자행역(嗟予子行役)	326
집경무왕(執競武王)	860	차여제행역(嗟予弟行役)	327
집기란도(執其鸞刀)	627	차왈미지(借曰未知)	788
집비여조(執轡如組)	175, 267	차왕관호유지외(且往觀乎洧之外)	296
집사유각(執事有恪)	920	차유불렴제(此有不斂穧)	634
집시우로(執豕于牢)	756	차유여택(此維與宅)	718
집신연련(執訊連連)	723	차유체수(此有滯穗)	634
집신획추(執訊獲醜)	473, 501	차의무죄(此宜無罪)	837
집아구구(執我仇仇)	546	차이군자(嗟爾君子)	613
집우관목(集于灌木)	94	차이붕우(嗟爾朋友)	798
집우반림(集于泮林)	904	차이영일(且以永日)	339
집우중택(集于中澤)	511	차이작례(且以酌醴)	509
집우포극(集于苞棘)	349	차이희락(且以喜樂)	339
집우포기(集于苞杞)	449	차일이미(此日而微)	552
집우포상(集于苞桑)	350	차일이식(此日而食)	552

찾아보기 • **1025**

차차보개(嗟嗟保介)	863	창여요녀(倡予要女)	282
차차신공(嗟嗟臣工)	863	창여화녀(倡予和女)	282
차차열조(嗟嗟烈祖)	922	창창제제(蹌蹌濟濟)	756
차차피유옥(佌佌彼有屋)	547	창천창천(蒼天蒼天)	589
차하인재(此何人哉)	241, 242	창황전혜(倉兄填兮)	793
차행지인(嗟行之人)	346, 347	채고채고(采苦采苦)	356
차혜차혜(玼兮玼兮)	193	채도신저(采荼薪樗)	419
차혜차혜(瑳兮瑳兮)	194	채령채령(采苓采苓)	356
착지쟁쟁(椓之丁丁)	103	채미채미(采薇采薇)	465, 466
착지탁탁(椓之橐橐)	528	채번기기(采蘩祁祁)	417, 473
찬녀유신(纘女維莘)	700	채봉채봉(采葑采葑)	357
찬우지서(纘禹之緒)	908	채봉채비(采葑采菲)	165
찬융조고(纘戎祖考)	816, 821	채소확숙(采蕭穫菽)	613
찬찬의복(粲粲衣服)	599	채숙채숙(采菽采菽)	659
찬태왕지서(纘大王之緒)	908	채지팽지(采之亨之)	682
참구효효(讒口囂囂)	555	채채권이(采采卷耳)	96
참막징차(憯莫懲嗟)	538	채채부이(采采芣苢)	105
참벌사국(斬伐四國)	559	채채의복(采采衣服)	406
참부지기고(憯不知其故)	805	처기이풍(凄其以風)	146
참불외명(憯不畏明)	767	처자호합(妻子好合)	455
참시경배(譖始竟背)	838	처혜비혜(萋兮斐兮)	588
참시기함(僭始旣涵)	579	척강궐가(陟降厥家)	880
참언기흥(讒言其興)	516	척강궐사(陟降厥士)	881
참언즉퇴(譖言則退)	560	척강정지(陟降庭止)	878
참인망극(讒人罔極)	650	척기고산(陟其高山)	893
참참일췌(慘慘日瘁)	560	척령재원(脊令在原)	454
참참지석(漸漸之石)	684	척아고강(陟我高岡)	721
참치행채(參差荇菜)	90	척즉재헌(陟則在巘)	755
창경개개(倉庚喈喈)	473	척척산천(滌滌山川)	805
창경우비(倉庚于飛)	431	척척주도(踧踧周道)	573
창승지성(蒼蠅之聲)	298	척척형제(戚戚兄弟)	742

척피강혜(陟彼岡兮) ················ 327	천불면이이주(天不湎爾以酒) ······ 779
척피경산(陟彼景山) ················ 934	천불아장(天不我將) ················ 793
척피고강(陟彼高岡) ············ 97, 648	천사공군(倓駉孔群) ················ 364
척피기혜(陟彼屺兮) ················ 326	천생증민(天生烝民) ··········· 777, 815
척피남산(陟彼南山) ············ 117, 118	천석공순가(天錫公純嘏) ············ 912
척피북산(陟彼北山) ············ 476, 607	천실위지(天實爲之) ··········· 180, 181
척피아구(陟彼阿丘) ················ 209	천요시착(天夭是椓) ················ 547
척피저의(陟彼岨矣) ················· 97	천우교목(遷于喬木) ················ 458
척피최외(陟彼崔嵬) ················· 96	천우기운(千耦其耘) ················ 883
척피호혜(陟彼岵兮) ················ 326	천원재좌(泉源在左) ················ 229
천감유주(天監有周) ················ 815	천위은적(天位殷適) ················ 698
천감재하(天監在下) ················ 699	천유현사(天維顯思) ················ 881
천강도덕(天降慆德) ················ 778	천자규지(天子葵之) ················ 661
천강상란(天降喪亂) ··········· 795, 802	천자만년(天子萬年) ················ 829
천강죄고(天降罪罟) ················ 842	천자만수(天子萬壽) ················ 830
천기사인(遷其私人) ················ 811	천자명아(天子命我) ················ 471
천난침사(天難忱斯) ················ 698	천자명지(天子命之) ················ 660
천독강상(天篤降喪) ················ 841	천자목목(天子穆穆) ················ 871
천류기정(泉流旣淸) ················ 674	천자소여(天子所予) ················ 660
천립궐배(天立厥配) ················ 719	천자시비(天子是毗) ················ 538
천명강감(天命降監) ················ 933	천자시약(天子是若) ················ 816
천명다벽(天命多辟) ················ 933	천자지공(天子之功) ················ 834
천명미상(天命靡常) ················ 694	천자지소(天子之所) ················ 508
천명불우(天命不又) ················ 569	천작고산(天作高山) ················ 855
천명불철(天命不徹) ················ 555	천작지합(天作之合) ················ 699
천명비해(天命匪解) ················ 891	천즉게(淺則揭) ···················· 162
천명현조(天命玄鳥) ················ 924	천지갈의(泉之竭矣) ················ 843
천방간난(天方艱難) ················ 789	천지강망(天之降罔) ················ 839
천방천차(天方薦瘥) ················ 537	천지방궤(天之方蹶) ················ 771
천보간난(天步艱難) ················ 677	천지방난(天之方難) ················ 771
천보정이(天保定爾) ················ 462	천지방제(天之方懠) ················ 773

천지방학(天之方虐)	772	첨피판전(瞻彼阪田)	545
천지생아(天之生我)	574	첨피한록(瞻彼旱麓)	712
천지올아(天之扤我)	546	첩첩번번(捷捷幡幡)	589
천지유민(天之牖民)	773	청아막막(聽我藐藐)	788
천진우위(澗臻于衛)	178	청아효효(聽我囂囂)	772
천택우우(川澤訏訏)	824	청양완혜(淸揚婉兮)	294, 317
천피이록(天被爾祿)	747	청언즉답(聽言則答)	560
천하이척(天何以刺)	838	청언즉대(聽言則對)	798
철기읍의(啜其泣矣)	250	청용아모(聽用我謀)	789
철부경성(哲婦傾城)	837	청인재소(淸人在消)	271
철부성성(哲夫成城)	837	청인재축(淸人在軸)	271
철신백토강(徹申伯土疆)	812	청인재팽(淸人在彭)	271
철신백토전(徹申伯土田)	810	청주기재(淸酒旣載)	713
철아강토(徹我疆土)	828	청주백호(淸酒百壺)	822
철아장옥(徹我牆屋)	554	청청자금(靑靑子衿)	289
철인지우(哲人之愚)	783	청청자아(菁菁者莪)	492, 493
철전위량(徹田爲糧)	757	청청자패(靑靑子佩)	289
철피상토(徹彼桑土)	426	체기운지(涕旣隕之)	575
첨망모혜(瞻望母兮)	326	체동재동(蝃蝀在東)	203
첨망부혜(瞻望父兮)	326	체령여우(涕零如雨)	611
첨망불급(瞻望弗及)	147, 148	체무구언(體無咎言)	224
첨망형혜(瞻望兄兮)	327	체사방타(涕泗滂沱)	397
첨앙호천(瞻卬昊天)	806, 807, 836	초료저(椒聊且)	343
첨언백리(瞻言百里)	796	초료지실(椒聊之實)	343
첨오원지(瞻烏爰止)	544	초불궤무(草不潰茂)	842
첨피기욱(瞻彼淇奧)	213, 214	초지화(苕之華)	685, 686
첨피락의(瞻彼洛矣)	636	초초자자(楚楚者茨)	618
첨피부원(瞻彼溥原)	755	초초주자(招招舟子)	162
첨피일월(瞻彼日月)	160	초피상신(樵彼桑薪)	677
첨피중림(瞻彼中林)	544, 796	총각관혜(總角丱兮)	309
첨피중원(瞻彼中原)	508	총각지연(總角之宴)	226

최지말지(摧之秣之)	642	출화불연(出話不然)	771
추이위기(秋以爲期)	223	충비훙훙(蟲飛薨薨)	299
추이재상(秋而載嘗)	909	충이수실(充耳琇實)	669
추일처처(秋日淒淒)	603	충이수영(充耳琇瑩)	214
추자내사(棸子內史)	553	충이이소호이(充耳以素乎而)	301
추탁기장(追琢其章)	711	충이이청호이(充耳以靑乎而)	302
축성이혁(築城伊淢)	732	충이이황호이(充耳以黃乎而)	302
축실백도(築室百堵)	528	췌췌기률(惴惴其慄)	372, 373
축실우자(築室于玆)	705	췌췌소심(惴惴小心)	570
축제우팽(祝祭于祊)	619	취기심의(就其深矣)	166
축지등등(築之登登)	705	취기천의(就其淺矣)	166
축축미소빙(蹙蹙靡所騁)	540	취기혈료(取其血膋)	627
축판이재(縮版以載)	705	취려취단(取厲取鍛)	757
춘일재양(春日載陽)	416	취마사씨(趣馬師氏)	806
춘일지지(春日遲遲)	417, 473	취비불원(取譬不遠)	789
춘추비해(春秋匪解)	909	취생고황(吹笙鼓簧)	445
출거방방(出車彭彭)	471	취소제지(取蕭祭脂)	738
출기동문(出其東門)	292	취언귀(醉言歸)	900
출기인도(出其闉闍)	292	취언무(醉言舞)	899
출납왕명(出納王命)	816	취의여담(毳衣如菼)	256
출숙우간(出宿于干)	178	취의여문(毳衣如璊)	257
출숙우도(出宿于屠)	822	취이불출(醉而不出)	654
출숙우제(出宿于泲)	177	취저이발(取瓝以軷)	738
출언유장(出言有章)	668	취처여지하(取妻如之何)	306, 307
출입복아(出入復我)	595	취처여하(取妻如何)	436
출자구의(出自口矣)	581	취피극신(吹彼棘薪)	157
출자동방(出自東方)	151	취피극심(吹彼棘心)	157
출자북문(出自北門)	180	취피부장(取彼斧斨)	417
출자유곡(出自幽谷)	458	취피참인(取彼譖人)	589
출즉함휼(出則銜恤)	594	취피호리(取彼狐狸)	418
출차삼물(出此三物)	585	측변지아(側弁之俄)	654

찾아보기 • **1029**

측측량사(畟畟良耜) ……………… 886
치기로도(值其鷺翿) ……………… 384
치기로우(值其鷺羽) ……………… 384
치내전박(庤乃錢鎛) ……………… 863
치리우라(騅離于羅) ……………… 251
치리우부(騅離于罦) ……………… 252
치리우충(騅離于罿) ……………… 252
치명구기무(雉鳴求其牡) ………… 162
치아도고(置我鞉鼓) ……………… 919
치여우회(寘予于懷) ……………… 592
치여호서(齒如瓠犀) ……………… 219
치의지석혜(緇衣之席兮) ………… 262
치의지의혜(緇衣之宜兮) ………… 261
치의지호혜(緇衣之好兮) ………… 262
치지기우(差池其羽) ……………… 147
치지조구(雉之朝雊) ……………… 574
치지하지간혜(寘之河之干兮) …… 329
치지하지순혜(寘之河之漘兮) …… 330
치지하지측혜(寘之河之側兮) …… 329
치천지계(致天之屆) ……………… 908
치피주행(寘彼周行) ………………… 96
치혜격혜(締兮綌兮) ……………… 146
치혜치혜(哆兮哆兮) ……………… 588
치효치효(鴟鴞鴟鴞) ……………… 426
친결기리(親結其縭) ……………… 431
친영우위(親迎于渭) ……………… 699
칠월명격(七月鳴鵙) ……………… 417
칠월식과(七月食瓜) ……………… 419
칠월유화(七月流火) ……… 416, 417
칠월재야(七月在野) ……………… 418
칠월팽규급숙(七月亨葵及菽) …… 419

칠저지종(漆沮之從) ……………… 508
침묘기성(寢廟旣成) ……………… 811
침성공안(寢成孔安) ……………… 934
침원조공(侵阮徂共) ……………… 721
침자원강(侵自阮疆) ……………… 721
침피도전(浸彼稻田) ……………… 677
침피포랑(浸彼苞稂) ……………… 413
침피포소(浸彼苞蕭) ……………… 413
침피포시(浸彼苞蓍) ……………… 413
침호급방(侵鎬及方) ……………… 495
칩칩혜(蟄蟄兮) …………………… 101
칭피시굉(稱彼兕觥) ……………… 421

ㅋ

쾌쾌기정(噲噲其正) ……………… 529

ㅌ

타고봉봉(鼉鼓逢逢) ……………… 728
타산교악(墮山喬嶽) ……………… 893
타산지석(它山之石) ………… 518, 519
타인시보(他人是保) ……………… 339
타인시유(他人是愉) ……………… 338
타인유심(他人有心) ……………… 580
타인입실(他人入室) ……………… 339
탁기석양(度其夕陽) ……………… 757
탁기습원(度其隰原) ……………… 757
탁정서국(濯征徐國) ……………… 834
탁지홍홍(度之薨薨) ……………… 705
탁탁궐령(濯濯厥靈) ……………… 934

탁피보전(倬彼甫田)	629	태아하의(迨我暇矣)	460
탁피운한(倬彼雲漢)	711, 802	태임유신(大任有身)	698
탁피호천(倬彼昊天)	793	태천지미음우(迨天之未陰雨)	426
탁혜탁혜(檡兮檡兮)	282	택삼유사(擇三有事)	554
탄강가종(誕降嘉種)	737	택시호경(宅是鎬京)	733
탄미궐월(誕彌厥月)	735	택유거마(擇有車馬)	554
탄선등우안(誕先登于岸)	721	택은토망망(宅殷土芒芒)	924
탄실포복(誕實匍匐)	736	토국성조(土國城漕)	155
탄아불하(憚我不暇)	612	토진부용(土田附庸)	909
탄아사여하(誕我祀如何)	738	퇴상지려(敦商之旅)	908
탄치지애항(誕寘之隘巷)	736	퇴식자공(退食自公)	126
탄치지평림(誕寘之平林)	736	퇴탁기려(敦琢其旅)	875
탄치지한빙(誕寘之寒冰)	736	퇴피독숙(敦彼獨宿)	429
탄탄락마(嘽嘽駱馬)	449	투비시호(投畀豺虎)	589
탄탄퇴퇴(嘽嘽焞焞)	501	투비유북(投畀有北)	589
탄후직지색(誕后稷之穡)	737	투비유호(投畀有昊)	590
탐인패류(貪人敗類)	797	투아이도(投我以桃)	787
탕강부지(湯降不遲)	927	투아이목과(投我以木瓜)	238
탕손주격(湯孫奏假)	919	투아이목도(投我以木桃)	238
탕손지서(湯孫之緒)	932	투아이목리(投我以木李)	238
탕손지장(湯孫之將)	920, 923		
탕탕상제(蕩蕩上帝)	777	**ㅍ**	
태급공자동귀(殆及公子同歸)	417		
태기금혜(迨其今兮)	130	파궐백곡(播厥百穀)	633, 865, 884, 886
태기길혜(迨其吉兮)	129	파사기하(婆娑其下)	385
태기위지(迨其謂之)	130	판유상(阪有桑)	360
태빙미반(迨冰未泮)	162	판유칠(阪有漆)	360
태사사휘음(大姒嗣徽音)	715	팔란개개(八鸞喈喈)	818
태사유원(大師維垣)	774	팔란장장(八鸞鏘鏘)	818, 823
태사황보(大師皇父)	832	팔란창창(八鸞瑲瑲)	500
태산암암(泰山巖巖)	911	팔란창창(八鸞鶬鶬)	922

팔월기확(八月其穫)	418	포유고엽(匏有苦葉)	162
팔월단호(八月斷壺)	419	포유삼얼(苞有三蘖)	929
팔월박조(八月剝棗)	419	포지번지(炮之燔之)	682
팔월재우(八月在宇)	418	포퇴회분(鋪敦淮濆)	833
팔월재적(八月載績)	417	포포무사(抱布貿絲)	223
팔월환위(八月萑葦)	417	폭원기장(幅隕既長)	926
패기상체(佩其象揥)	320	표유매(摽有梅)	129, 130
패야파사(市也婆娑)	386	표표사사(儦儦俟俟)	508
패옥경거(佩玉瓊琚)	279	표풍발발(飄風發發)	595, 604
패옥지나(佩玉之儺)	229	표풍불불(飄風弗弗)	595
패옥창창(佩玉將將)	279, 371	표풍자남(飄風自南)	762
패주주침(貝胄朱綅)	911	풍기취녀(風其吹女)	282
편기반의(翩其反矣)	663	풍기표여(風其漂女)	282
편편자추(翩翩者鵻)	449, 482	풍년다서다도(豐年多黍多稌)	867
편피비효(翩彼飛鴞)	904	풍년양양(豐年穰穰)	923
평왕지손(平王之孫)	136	풍수동주(豐水東注)	732
평진여송(平陳與宋)	155	풍수유기(豐水有芑)	733
평평좌우(平平左右)	661	풍우소소(風雨瀟瀟)	288
폐구재량(敝笱在梁)	311, 312	풍우소표요(風雨所漂搖)	427
폐비감당(蔽芾甘棠)	122	풍우여회(風雨如晦)	289
폐비기저(蔽芾其樗)	526	풍우유제(風雨攸除)	528
폐여우개위혜(敝予又改爲兮)	262	풍우처처(風雨淒淒)	288
폐여우개작혜(敝予又改作兮)	262	퓨지북류(滮池北流)	677
폐여우개조혜(敝予又改造兮)	262	피교동혜(彼狡童兮)	283
폐위잔적(廢爲殘賊)	604	피교비서(彼交匪紓)	660
폐철부지(廢徹不遲)	621	피교비오(彼交匪敖)	641
포금여주(抱衾與裯)	131	피구아칙(彼求我則)	546
포별선어(炰鼈鮮魚)	822	피군자녀(彼君子女)	669
포별회리(炰鼈膾鯉)	496	피군자혜(彼君子兮)	329, 330, 353
포복구지(匍匐救之)	166	피기지자(彼其之子)	247, 274, 321
포사혈지(褒姒烕之)	546		322, 343, 408

피도인사(彼都人士)	668, 669	피직지묘(彼稷之苗)	241
피동이각(彼童而角)	787	피직지수(彼稷之穗)	241
피로사하(彼路斯何)	467	피직지실(彼稷之實)	242
피류자국(彼留子國)	259	피참인자(彼譖人者)	588, 589
피류자차(彼留子嗟)	259	피창자천(彼蒼者天)	372, 373
피류지자(彼留之子)	259	피채갈혜(彼采葛兮)	255
피미맹강(彼美孟姜)	279	피채소혜(彼采蕭兮)	256
피미숙희(彼美淑姬)	389	피채애혜(彼采艾兮)	256
피미인혜(彼美人兮)	175	피취부장(彼醉不臧)	654
피분일곡(彼汾一曲)	322	피택지파(彼澤之陂)	397
피분일방(彼汾一方)	322	피하인사(彼何人斯)	581, 583, 584
피분저여(彼汾沮洳)	321	피혼부지(彼昏不知)	569
피서이리(彼黍離離)	241, 242	피후인혜(彼候人兮)	408
피소사패(彼疏斯粺)	843	필고부모(必告父母)	306
피여조사(彼旟旐斯)	471	필공경지(必恭敬止)	573
피월이미(彼月而微)	552	필래기승(畢來旣升)	534
피월이식(彼月而食)	552	필분효사(苾芬孝祀)	620
피유불확치(彼有不穫穉)	634	필불함천(觱沸檻泉)	659, 839
피유유병(彼有遺秉)	634	필송지자(必宋之子)	387
피유지주(彼有旨酒)	547	필시자견(佛時仔肩)	881
피의유죄(彼宜有罪)	837	필유여야(必有與也)	172
피이유하(彼爾維何)	467	필유이야(必有以也)	172
피인시재(彼人是哉)	324, 325	필제지강(必齊之姜)	387
피인지심(彼人之心)	667	필지라지(畢之羅之)	642
피작의(彼作矣)	855	필피승무(駜彼乘牡)	899
피절자가(彼苴者葭)	138	필피승현(駜彼乘駽)	900
피절자봉(彼苴者蓬)	138	필피승황(駜彼乘黃)	899
피조의(彼徂矣)	855	필필분분(苾苾芬芬)	627
피주자자(彼姝者子)	206, 207, 303	필하지리(必河之鯉)	387
피지기기(被之祁祁)	116	필하지방(必河之魴)	387
피지동동(被之僮僮)	116		

ㅎ

하고금지인(何辜今之人) ……… 802
하고우천(何辜于天) ……… 573
하과여대(何戈與祋) ……… 408
하관상점(下莞上簟) ……… 529
하구위아(何求爲我) ……… 807
하기구야(何其久也) ……… 172
하기처야(何其處也) ……… 172
하다일야(何多日也) ……… 172
하무유주(下武維周) ……… 729
하민유엄(下民有嚴) ……… 933
하민졸단(下民卒癉) ……… 771
하민지벽(下民之辟) ……… 777
하민지얼(下民之孽) ……… 555
하민지왕(下民之王) ……… 722
하복부제(何福不除) ……… 462
하부작인(遐不作人) ……… 711, 713
하불미수(遐不眉壽) ……… 484
하불위의(遐不謂矣) ……… 676
하불일고슬(何不日鼓瑟) ……… 339
하불황구(遐不黃耇) ……… 484
하사위사(何斯違斯) ……… 127, 128
하사하립(何蓑何笠) ……… 534
하상기음(下上其音) ……… 148, 160
하상호고상(河上乎翱翔) ……… 271
하상호소요(河上乎逍遙) ……… 271
하석여지(何錫予之) ……… 659
하수매매(河水浼浼) ……… 186
하수미미(河水瀰瀰) ……… 186
하수양양(河水洋洋) ……… 220

하수청차련의(河水淸且漣猗) …… 329
하수청차륜의(河水淸且淪猗) …… 330
하수청차직의(河水淸且直猗) …… 329
하신불부(何神不富) ……… 838
하용부장(何用不臧) ……… 160
하용불감(何用不監) ……… 537
하유하무(何有何亡) ……… 166
하이고지(何以告之) ……… 207
하이복형(夏而楅衡) ……… 910
하이비지(何以畀之) ……… 206
하이속아송(何以速我訟) ……… 124
하이속아옥(何以速我獄) ……… 124
하이여지(何以予之) ……… 206
하이졸세(何以卒歲) ……… 416
하이주지(何以舟之) ……… 755
하이증지(何以贈之) ……… 379, 380
하이천아옥(何以穿我屋) ……… 124
하이천아용(何以穿我墉) ……… 124
하인부장(何人不將) ……… 687
하인불긍(何人不矜) ……… 687
하일망지(何日忘之) ……… 676
하일불행(何日不行) ……… 687
하일사저(何日斯沮) ……… 564
하지일(夏之日) ……… 355
하차급의(何嗟及矣) ……… 250
하천지룡(何天之龍) ……… 928
하천지휴(何天之休) ……… 928
하초불현(何草不玄) ……… 687
하초불황(何草不黃) ……… 687
하탄지절혜(何誕之節兮) ……… 172
하토시모(下土是冒) ……… 151

하토지식(下土之式) ·············· 729
하피농의(何彼襛矣) ·············· 136
학랑소오(謔浪笑敖) ·············· 153
학명우구고(鶴鳴于九皐) ·········· 518
학유즙희우광명(學有緝熙于光明) ···881
한기건의(嘆其乾矣) ·············· 249
한기대심(旱旣大甚) ··· 803, 804, 805, 806
한기수의(嘆其脩矣) ·············· 249
한기습의(嘆其濕矣) ·············· 250
한길연예(韓姞燕譽) ·············· 824
한발위학(旱魃爲虐) ·············· 805
한비려천(翰飛戾天) ·········· 568, 605
한유유녀(漢有游女) ·············· 106
한지광의(漢之廣矣) ·········· 106, 107
한지유칙(閑之維則) ·············· 494
한후고지(韓侯顧之) ·············· 823
한후수명(韓侯受命) ·············· 821
한후영지(韓侯迎止) ·············· 823
한후입근(韓侯入覲) ·············· 821
한후출조(韓侯出祖) ·············· 822
한후취처(韓侯取妻) ·············· 823
할기몰의(曷其沒矣) ·············· 684
함여효호(闞如虓虎) ·············· 833
항무거인(巷無居人) ·············· 266
항무복마(巷無服馬) ·············· 266
항무음주(巷無飮酒) ·············· 266
항지미기(恒之糜芑) ·············· 738
해사소작(奚斯所作) ·············· 913
해외유절(海外有截) ·············· 927
해해사자(偕偕士子) ·············· 607
해환해부(害澣害否) ··············· 94

해후상우(邂逅相遇) ·············· 294
행귀우주(行歸于周) ·············· 668
행도지지(行道遲遲) ·········· 165, 468
행도태의(行道兌矣) ·············· 706
행매미미(行邁靡靡) ·········· 241, 242
행여자서혜(行與子逝兮) ·········· 328
행여자선혜(行與子還兮) ·········· 328
행유사인(行有死人) ·············· 575
행인방방(行人彭彭) ·············· 314
행인표표(行人儦儦) ·············· 314
행피주도(行彼周道) ·············· 688
행피주행(行彼周行) ·············· 598
향사불특(享祀不忒) ·············· 909
향우조고(享于祖考) ·············· 627
향이성희(享以騂犧) ·············· 909
허인우지(許人尤之) ·············· 210
헌견우공(獻豣于公) ·············· 418
헌고제구(獻羔祭韭) ·············· 420
헌기비피(獻其貔皮) ·············· 825
헌수교착(獻醻交錯) ·············· 620
헌우공소(獻于公所) ·············· 268
헌이발공(獻爾發功) ·············· 651
헌지황조(獻之皇祖) ·············· 627
험윤공극(玁狁孔棘) ·············· 468
험윤공치(玁狁孔熾) ·············· 494
험윤비여(玁狁匪茹) ·············· 495
험윤우양(玁狁于襄) ·············· 471
험윤우이(玁狁于夷) ·············· 473
험윤지고(玁狁之故) ·············· 466
혁여악자(赫如渥赭) ·············· 175
혁혁강원(赫赫姜嫄) ·············· 907

찾아보기 • 1035

| 혁혁궐성(赫赫厥聲) ･･････････････ 933
| 혁혁남중(赫赫南仲) ･････ 471, 472, 473
| 혁혁명명(赫赫明明) ･･････････････ 832
| 혁혁사윤(赫赫師尹) ･･････････････ 537
| 혁혁양산(奕奕梁山) ･･････････････ 821
| 혁혁업업(赫赫業業) ･･････････････ 833
| 혁혁염염(赫赫炎炎) ･･････････････ 804
| 혁혁재상(赫赫在上) ･･････････････ 698
| 혁혁종주(赫赫宗周) ･･････････････ 546
| 혁혁침묘(奕奕寢廟) ･･････････････ 580
| 혁혜훤혜(赫兮咺兮) ･････････ 213, 214
| 현곤급보(玄袞及黼) ･･････････････ 659
| 현곤적석(玄袞赤舃) ･･････････････ 822
| 현보전지(顯父餞之) ･･････････････ 822
| 현왕환발(玄王桓撥) ･･････････････ 927
| 현윤군자(顯允君子) ･･････････････ 489
| 현윤방숙(顯允方叔) ･･････････････ 501
| 현현령덕(顯顯令德) ･･････････････ 752
| 현현패수(鞙鞙佩璲) ･･････････････ 599
| 현환황조(睍睆黃鳥) ･･････････････ 158
| 혈혈간모(孑孑干旄) ･･････････････ 206
| 혈혈간여(孑孑干旟) ･･････････････ 206
| 혈혈간정(孑孑干旌) ･･････････････ 207
| 협기황간(夾其皇澗) ･･････････････ 757
| 형급제의(兄及弟矣) ･･････････････ 528
| 형문지하(衡門之下) ･･････････････ 387
| 형서시징(荊舒是懲) ･･････････････ 911
| 형왈(兄曰) ･････････････････････ 327
| 형우과처(刑于寡妻) ･･････････････ 715
| 형작피행노(泂酌彼行潦) ･････ 760, 761
| 형제공회(兄弟孔懷) ･･････････････ 454

형제구래(兄弟具來) ･･････････････ 645
형제구의(兄弟求矣) ･･････････････ 454
형제급난(兄弟急難) ･･････････････ 454
형제기구(兄弟旣具) ･･････････････ 455
형제기흡(兄弟旣翕) ･･････････････ 455
형제무원(兄弟無遠) ･･････････････ 459
형제부지(兄弟不知) ･･････････････ 225
형제비타(兄弟匪他) ･･････････････ 644
형제생구(兄弟甥舅) ･･････････････ 645
형제혁우장(兄弟鬩于牆) ･･････････ 455
형제혼인(兄弟昏姻) ･･････････････ 663
형후지이(邢侯之姨) ･･････････････ 219
혜아무강(惠我無疆) ･･････････････ 853
혜연긍래(惠然肯來) ･･････････････ 153
혜우붕우(惠于朋友) ･･････････････ 785
혜우종공(惠于宗公) ･･････････････ 715
혜이호아(惠而好我) ･･････････ 182, 183
혜차경사(惠此京師) ･･････････････ 768
혜차남국(惠此南國) ･･････････････ 832
혜차중국(惠此中國) ･･････････ 767, 769
혜피소성(嚖彼小星) ･･････････････ 131
혜혜관성(嘒嘒管聲) ･･････････････ 919
호경벽옹(鎬京辟廱) ･･････････････ 733
호고지녕(胡考之寧) ･･････････････ 885
호고지휴(胡考之休) ･･････････････ 889
호구몽융(狐裘蒙戎) ･･････････････ 172
호구이조(狐裘以朝) ･･････････････ 399
호구재당(狐裘在堂) ･･････････････ 400
호구황황(狐裘黃黃) ･･････････････ 668
호녕인여(胡寧忍予) ･･････････ 603, 804
호녕전아이한(胡寧瘨我以旱) ･････ 805

호능유정(胡能有定) ·········· 150, 151	호의기건(縞衣綦巾) ············ 292
호득언(胡得焉) ··············· 356, 357	호의여려(縞衣茹藘) ············ 293
호락무황(好樂無荒) ········· 336, 337	호이무역(好爾無射) ············ 647
호배계수(虎拜稽首) ················ 829	호인복지(好人服之) ············ 320
호부자남(胡不自南) ················ 584	호인제제(好人提提) ············ 320
호부자북(胡不自北) ················ 584	호전여우휼(胡轉予于恤) ······ 520
호부자체(胡不自替) ················ 843	호질이미(胡迭而微) ············ 143
호불귀(胡不歸) ························ 171	호참막징(胡憯莫懲) ············ 553
호불만년(胡不萬年) ················ 411	호창루응(虎韔鏤膺) ············ 365
호불비언(胡不比焉) ········· 346, 347	호천공소(昊天孔昭) ············ 788
호불상외(胡不相畏) ········· 560, 804	호천기자지(昊天其子之) ······ 858
호불차언(胡不佽焉) ········· 346, 347	호천망극(昊天罔極) ············ 595
호불천사(胡不遄死) ················ 205	호천불용(昊天不傭) ············ 539
호불패패(胡不旆旆) ················ 471	호천불특(昊天不忒) ············ 789
호비아유(胡俾我瘉) ················ 543	호천불평(昊天不平) ············ 540
호사외기(胡斯畏忌) ················ 797	호천불혜(昊天不惠) ············ 539
호서아량(胡逝我梁) ········· 583, 584	호천상제(昊天上帝) ······ 804, 805
호서아진(胡逝我陳) ················ 584	호천왈단(昊天曰旦) ············ 774
호시가색(好是稼穡) ················ 795	호천왈명(昊天曰明) ············ 774
호시의덕(好是懿德) ················ 815	호천유성명(昊天有成命) ······ 856
호시정직(好是正直) ················ 613	호천이위(昊天已威) ············ 579
호언자구(好言自口) ················ 543	호천태무(昊天泰憮) ············ 579
호언려의(胡然厲矣) ················ 546	호첨이정유현순혜(胡瞻爾庭有縣鶉兮) ··· 330
호연아념지(胡然我念之) ········· 364	호첨이정유현특혜(胡瞻爾庭有縣特兮) ··· 330
호연이제야(胡然而帝也) ········· 193	호첨이정유현훤혜(胡瞻爾庭有縣貆兮) ··· 329
호연이천야(胡然而天也) ········· 193	호취단시(胡臭亶時) ············ 739
호위아작(胡爲我作) ················ 554	호취화삼백균혜(胡取禾三百囷兮) ··· 330
호위호니중(胡爲乎泥中) ········· 171	호취화삼백억혜(胡取禾三百億兮) ··· 329
호위호주림(胡爲乎株林) ········· 395	호취화삼백전혜(胡取禾三百廛兮) ··· 329
호위호중로(胡爲乎中露) ········· 171	호호호천(浩浩昊天) ············ 558
호위훼역(胡爲虺蜴) ················ 545	혹가혹악(或歌或咢) ············ 743

찾아보기 • 1037

혹감모여(或敢侮予) ……… 426	혹출입풍의(或出入風議) ……… 608
혹강우아(或降于阿) ……… 533	혹취혹부(或醉或否) ……… 654
혹군혹우(或羣或友) ……… 509	혹침혹와(或寢或訛) ……… 533
혹담락음주(或湛樂飮酒) ……… 608	혹파혹유(或簸或蹂) ……… 738
혹래첨여(或來瞻女) ……… 886	혹헌혹작(或獻或酢) ……… 743
혹미사불위(或靡事不爲) ……… 608	혹황혹백(或黃或白) ……… 638
혹박혹형(或剝或亨) ……… 619	혼이위기(昏以爲期) ……… 390
혹번혹적(或燔或炙) ……… 620, 743	혼인공운(昏姻孔云) ……… 547
혹부기후(或負其餱) ……… 534	혼인지고(昏姻之故) ……… 526
혹부지규호(或不知叫號) ……… 608	혼작미공(昏椓靡共) ……… 842
혹불이우행(或不已于行) ……… 608	홍비준륙(鴻飛遵陸) ……… 437
혹사지연(或肆之筵) ……… 742	홍비준저(鴻飛遵渚) ……… 437
혹사혹장(或肆或將) ……… 619	홍수망망(洪水芒芒) ……… 926
혹서지언앙(或棲遲偃仰) ……… 608	홍안우비(鴻鴈于飛) ……… 511
혹성혹부(或聖或否) ……… 566	홍즉리지(鴻則離之) ……… 186
혹수지궤(或授之几) ……… 742	화락차담(和樂且湛) ……… 455, 446
혹숙혹예(或肅或艾) ……… 566	화락차유(和樂且孺) ……… 455
혹식언재상(或息偃在牀) ……… 608	화란옹옹(和鸞雝雝) ……… 487
혹연언거식(或燕燕居息) ……… 608	화렬구거(火烈具擧) ……… 267
혹왕사앙장(或王事鞅掌) ……… 608	화렬구양(火烈具揚) ……… 268
혹용혹유(或舂或揄) ……… 738	화령앙앙(和鈴央央) ……… 873
혹운혹자(或耘或耔) ……… 629	화마숙맥(禾麻菽麥) ……… 420
혹음우지(或飮于池) ……… 533	화여도리(華如桃李) ……… 136
혹이기주(或以其酒) ……… 599	화역수수(禾役穟穟) ……… 737
혹잠재연(或潛在淵) ……… 518	화열구부(火烈具阜) ……… 269
혹재우저(或在于渚) ……… 518	화이장묘(禾易長畝) ……… 630
혹좌지사(或佐之史) ……… 654	확지질질(穫之挃挃) ……… 887
혹진췌사국(或盡瘁事國) ……… 608	환란지엽(芄蘭之葉) ……… 231
혹참참구로(或慘慘劬勞) ……… 608	환란지지(芄蘭之支) ……… 231
혹참참외구(或慘慘畏咎) ……… 608	환여수자지찬혜(還子授子之粲兮) … 262
혹철혹모(或哲或謀) ……… 566	환위비비(萑葦淠淠) ……… 574

환이불입(還而不入) ·········· 585	회벌평림(會伐平林) ·········· 736
환피견우(睆彼牽牛) ·········· 599	회수개개(淮水湝湝) ·········· 616
환환무왕(桓桓武王) ·········· 891	회수상상(淮水湯湯) ·········· 615
환환우정(桓桓于征) ·········· 903	회아호음(懷我好音) ·········· 904
황구무강(黃耈無疆) ·········· 922	회언근지(會言近止) ·········· 477
황구태배(黃耈台背) ·········· 744	회여부장혜(悔予不將兮) ····· 285
황담우주(荒湛于酒) ·········· 784	회여불송혜(悔予不送兮) ····· 285
황류재중(黃流在中) ·········· 713	회유백신(懷柔百神) ·········· 858
황박기마(皇駁其馬) ·········· 431	회유삼주(淮有三洲) ·········· 616
황발아치(黃髮兒齒) ·········· 913	회윤불망(懷允不忘) ·········· 615
황발태배(黃髮台背) ·········· 911	회이래구(淮夷來求) ·········· 827
황보경사(皇父卿士) ·········· 553	회이래동(淮夷來東) ·········· 912
황보공성(皇父孔聖) ·········· 554	회이래포(淮夷來鋪) ·········· 828
황시재기(皇尸載起) ·········· 621	회이만맥(淮夷蠻貊) ·········· 912
황야영탄(況也永歎) ·········· 454	회이서작(誨爾序爵) ·········· 794
황왕유벽(皇王維辟) ·········· 732	회이순순(誨爾諄諄) ·········· 788
황왕증재(皇王烝哉) ·········· 733	회이유복(淮夷攸服) ·········· 903
황의상제(皇矣上帝) ·········· 718	회이졸획(淮夷卒獲) ·········· 904
황이간지(皇以間之) ·········· 891	회재회재(懷哉懷哉) ····· 247, 248
황조우비(黃鳥于飛) ············ 94	회조청명(會朝清明) ·········· 701
황조황조(黃鳥黃鳥) ·········· 524	회즙송주(檜楫松舟) ·········· 229
황조후직(皇祖后稷) ·········· 909	회지호음(懷之好音) ·········· 404
황지이거(遑脂爾車) ·········· 585	회차귀의(會且歸矣) ·········· 299
황황궐성(喤喤厥聲) ·········· 869	회혜위혜(薈兮蔚兮) ·········· 408
황황자화(皇皇者華) ·········· 452	회혼인야(懷昏姻也) ·········· 203
황황후제(皇皇后帝) ·········· 909	회휼기덕(回遹其德) ·········· 789
황휼아후(遑恤我後) ····· 166, 576	횡종기묘(衡從其畝) ·········· 306
홰홰기명(噦噦其冥) ·········· 529	효사유칙(孝思維則) ·········· 729
홰홰기우(翽翽其羽) ····· 763, 764	효손유경(孝孫有慶) ····· 619, 910
회덕유녕(懷德維寧) ·········· 774	효손조위(孝孫徂位) ·········· 621
회동유역(會同有繹) ·········· 505	효자불궤(孝子不匱) ·········· 746

찾아보기 • 1039

효핵유려(殽核維旅) ……………… 651	휴수동행(攜手同行) ……………… 182
후강후이(侯彊侯以) ……………… 884	휴유열광(休有烈光) ……………… 873
후문왕손자(侯文王孫子) ………… 692	휴의황고(休矣皇考) ……………… 880
후복우주(侯服于周) ……………… 694	휵아부졸(畜我不卒) ……………… 151
후수재의(侯誰在矣) ……………… 496	흘관궐성(遹觀厥成) ……………… 731
후신후증(侯薪侯蒸) ……………… 544	흘구궐녕(遹求厥寧) ……………… 731
후씨연서(侯氏燕胥) ……………… 823	흘준유성(遹駿有聲) ……………… 731
후아후려(侯亞侯旅) ……………… 883	흘추내효(遹追來孝) ……………… 732
후여극언(後予極焉) ……………… 667	흘가소강(汔可小康) ……………… 767
후여매언(後予邁焉) ……………… 667	흘가소게(汔可小愒) ……………… 769
후우주복(侯于周服) ……………… 694	흘가소식(汔可小息) ……………… 768
후율후매(侯栗侯梅) ……………… 604	흘가소안(汔可小安) ……………… 769
후작후축(侯作侯祝) ……………… 778	흘가소휴(汔可小休) ……………… 767
후주후백(侯主侯伯) ……………… 883	흘용강년(迄用康年) ……………… 863
후직고의(后稷呱矣) ……………… 736	흘용유성(迄用有成) ……………… 853
후직불극(后稷不克) ……………… 803	흠유개유지(歆攸介攸止) ………… 735
후직조사(后稷肇祀) ……………… 739	흡비기린(洽比其鄰) ……………… 547
후직지손(后稷之孫) ……………… 908	흡차사국(洽此四國) ……………… 830
훙훙혜(薨薨兮) …………………… 100	흡흡자자(潝潝訿訿) ……………… 565
훼목처지(卉木萋止) ……………… 476	흥미란우정(興迷亂于政) ………… 783
훼목처처(卉木萋萋) ……………… 473	흥언출숙(興言出宿) ……………… 613
훼훼기뢰(虺虺其靁) ……………… 153	흥우기기(興雨祁祁) ……………… 633
휘지이굉(麾之以肱) ……………… 534	희기소의(咥其笑矣) ……………… 225
휴기잠직(休其蠶織) ……………… 838	희준장장(犧尊將將) ……………… 910
휴무왈익(攜無曰益) ……………… 773	희희성왕(噫嘻成王) ……………… 865
휴수동거(攜手同車) ……………… 183	힐지항지(頡之頏之) ……………… 148
휴수동귀(攜手同歸) ……………… 182	

새로 옮긴 시경(詩經)

초판 1쇄 발행 _ 2010년 12월 15일
초판 4쇄 발행 _ 2023년 1월 20일

역저자 _ 김학주
발행자 _ 김동구
본문 편집 _ 이명숙, 양철민
발행처 _ 명문당(1923. 10. 1 창립)
서울시 종로구 윤보선길 61(안국동)
우체국 010579-01-000682
 Tel (영)733-3039, 734-4798
       (편)733-4748 Fax 734-9209
Homepage : www.myungmundang.net
E-mail : mmdbook1@hanmail.net
등록 1977. 11. 19. 제1~148호
• 낙장 및 파본은 교환해 드립니다.
• 불허복제
값 35,000원
ISBN 978-89-7270-971-8   93140

김학주 교수의 대표선집

중국고대문학사

김학주 著
신국판 양장 / 값 20,000원

노자와 도가사상

김학주 著
신국판 / 값 12,000원

신완역
근사록

주희·여조겸 編著 · 김학주 譯
신국판 양장 / 값 25,000원

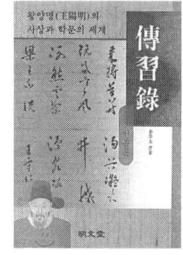

전습록

김학주 譯著
신국판 양장 / 값 25,000원

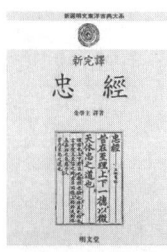

신완역
충경

김학주 譯著
신국판 / 값 8,000원

신역
시경선

김학주 譯著
신국판 양장 / 값 20,000원

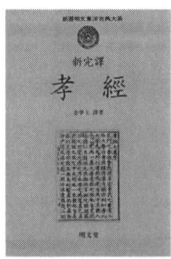

신완역
효경

김학주 譯著
신국판 / 값 10,000원

서화담문집

김학주 譯
신국판 양장 / 값 25,000원

신완역
고문진보(전·후집)

황견 편찬 · 김학주 譯著
신국판(전) 20,000원 양장(전) 25,000원
신국판(후) 25,000원 양장(후) 30,000원

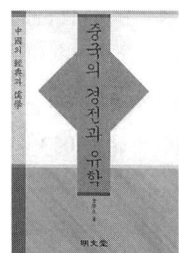

중국의 경전과 유학

김학주 著
신국판 양장 / 값 20,000원

개정증보 신역
도연명

김학주 譯
신국판 양장 / 값 12,000원

수정신판
한대(漢代)의 문인과 시

김학주 著
신국판 양장 / 값 15,000원

신완역
맹자(孟子)

김학주 譯著
신국판 / 값 20,000원

신완역
묵자(墨子)
(上·下)

김학주 譯著
신국판 / 값 각 15,000원

(사)한국출판인회의 이달의 책
선정도서(2000. 1·2월호)

중국고전희곡선
원잡극선

김학주 編譯
신국판 양장 / 값 20,000원

한대(漢代)의 문학과 부

김학주 著
신국판 양장 / 값 15,000원

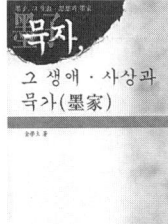

수정증보
묵자, 그 생애·사상과 묵가

김학주 著
신국판 양장 / 값 20,000원

공자의 생애와 사상

김학주 著
신국판 / 값 12,000원

개정증보판
중국 고대의 가무희

김학주 著
신국판 양장 / 값 17,000원

동서양의 사상과 종교를 찾아서

임어당 著·김학주 譯
신국판 / 값 7,500원

위대한 중국의 대중예술 경극 이야기

위대한 중국의
대중예술 경극(京劇)

- 김학주 著 / 크라운판
- 20,000원

경극(京劇)이란
어떤 연극인가?

- 김학주 著 / 크라운판
- 20,000원

중국의 탈놀이와 탈

- 김학주 著 / 크라운판
- 20,000원

중국의 전통연극과
희곡문물·민간연예를 찾아서

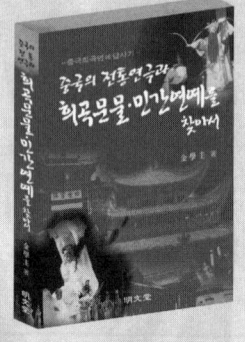

- 김학주 著 / 신국판
- 15,000원